图书在版编目（CIP）数据

中国房地产行业统计年鉴．2025 / 中指研究院编著．
北京 : 企业管理出版社，2025. 9. -- ISBN 978-7-5164-3329-4

Ⅰ. F299. 233-54

中国国家版本馆 CIP 数据核字第 20255WP235 号

书　　名：中国房地产行业统计年鉴2025
作　　者：中指研究院
责任编辑：尚　尉　韩明慧
书　　号：ISBN 978-7-5164-3329-4
出版发行：企业管理出版社
地　　址：北京市海淀区紫竹院南路17号　　　邮编：100048
网　　址：http：//www.emph.cn
电　　话：编辑部（010）68414643　发行部（010）68701816
电子信箱：qiguan1961@163.com
印　　刷：三河市东方印刷有限公司
经　　销：新华书店
规　　格：210毫米 × 297毫米　16开本　　57.75（彩插1）印张　1425千字
版　　次：2025年9月第1版　2025年9月第1次印刷
定　　价：500.00元

CHINA REAL ESTATE INDUSTRY
STATISTICS YEARBOOK 2025

中国房地产行业

统计年鉴 2025

中指研究院　编著

企业管理出版社
ENTERPRISE MANAGEMENT PUBLISHING HOUSE

前　言

2024 年至 2025 年上半年的中国房地产市场延续深度调整态势，如同一场在薄雾中缓慢前行的跋涉。在行业调整及转型过程中，数据的重要性日益凸显，各方应以数据为基础，准确把握行业形势和改革趋势，升级运营模式，实现高质量发展。为了用数据反映中国房地产市场的发展状况，中指研究院编辑出版了《中国房地产行业统计年鉴 2025》。

自 1999 年起，中指研究院已连续 27 年出版房地产行业年鉴，通过收集和整理全国及主要城市的房地产开发投资、交易量价变化以及存量资产经营等数据，为各界提供全面客观分析房地产市场的辅助工具，用数据记录了中国房地产行业的发展与变化。

《中国房地产行业统计年鉴 2025》是中指研究院在长期对房地产市场进行跟踪调查的基础上，反复核对、认真编排后推出的。《中国房地产行业统计年鉴 2025》延续了以往的篇章体系，共分五篇，即土地篇、住宅市场篇、企业篇、政策篇和报告篇。同时我们结合市场变化，进一步丰富了年鉴的数据类型，增加了住房租赁企业、产业园区、康养政策等几类数据，力图反映房地产从“增量开发”向“存量运营”的转型轨迹。

（一）土地篇

土地是民生之本，也是房地产企业的生命线。土地市场被称为房地产市场的“晴雨表”。土地篇收录了全国 300 城土地推出和成交情况的统计数据，包括推出和成交的宗数、建设用地面积、规划建筑面积、楼面均价等重要指标，全面反映重点城市的土地市场概况。

（二）住宅市场篇

房地产开发过程中，从立项、规划、建设到销售，积累了大量数据，这些数据背后蕴含着巨大价值。住宅市场篇收录了 2024 年全国、各省（自治区、直辖市）和重点城市的开发经营数据，以及新房和二手房住宅市场的年度和月度供求统计数据。

2025 年住宅市场篇第五章增加了“住房租赁企业规模”和“产业园区项目”两类新数据。

住房租赁产业是未来房地产新发展模式的重要方向，中指研究院汇总整理了中国头部住房租赁企业经营管理情况，从在管和开业两个方面展示头部长租企业的月度管理规模和变化情况。

伴随着产业结构升级与城市空间优化需求日益迫切，产业园区成为承载实体经济、推动产城融合的重要载体。中指研究院系统收集整理了全国 125 个重点城市有代表性的产业园项目数据，全面反映产业地产市场的最新项目布局特征。

（三）企业篇

企业篇整理收录了中国标杆房地产企业 2024 年的财务和运营数据，以及 2024 年度企业销售和拿地排行，帮助读者了解品牌地产企业布局战略与市场重心，综合判断上市房地产企业盈利及抗风险能力。

（四）政策篇

房地产政策关乎国民经济增长的大局，又与广大民众安居乐业息息相关，因此从政策的制定到实施均受社会各方面的关注。中指研究院系统梳理了 2024 年全国 100 个主要城市的重要政策，包含宏观经济政策、金融财政政策、市场调控监管政策、住房保障政策、公积金政策、城市更新政策、全国康养政策等。

2025 年，政策篇第八章新增了“全国康养政策”。随着我国人口老龄化趋势加剧，康养地产市场需求呈现出快速多元增长的趋势。在政策层面，国家对于养老服务业的发展给予了高度重视，出台一系列政策措施鼓励支持康养地产的发展。我们汇总整理了 2024 年全国主要城市的康养政策以飨读者。

（五）报告篇

报告篇收录了中国房地产 TOP10 研究组 2025 年对于房地产企业的研究成果，包括中国房地产百强企业研究、中国房地产上市公司研究等。2025 年新增了《中国房地产代建发展报告》，以期帮助读者清晰地了解中国房地产企业的综合实力和市场表现。

中指研究院是房地产专业研究机构，基于二十多年来积累的海量房、地、人、企等详实数据，整合空间、宏观、移动、规划、POI 等多维信息，构建扎实的数据底层，致力于以大数据和创新技术赋能中国房地产市场。中指研究院拥有近千位优秀的数据研发工程师和专业分析师，分支机构遍布中国主要城市。

《中国房地产行业统计年鉴 2025》的成功出版，要感谢中指研究院年鉴编辑部的全体成员，他们持续对庞大的房地产统计数据进行收集、整理、计算、分类，形成了中指数据库比较完备的数据体系和中国房地产指数系统资料库。还要感谢房天下，在我们进行数据采集、整理和分析当中给予了大力支持。鉴于本书所载内容涉及面广，数据量浩大，如有遗漏和不足，敬请读者及业内人士谅解，并提出宝贵意见，我们会在编写下一年度《中国房地产行业统计年鉴》时予以修正。

中指研究院院长　莫天全

2025 年 8 月

目 录

土 地 篇

住宅市场篇

企业篇

政 策 篇

报 告 篇

附录：指标说明

土地篇

第一章　2024年全国300城土地推出情况

1-1　2024年全国300城土地推出统计

城市	推出土地宗数（宗）	推出建设用地面积（万平方米）	推出规划建筑面积（万平方米）	推出土地均价（元/平方米）	推出楼面均价（元/平方米）
一线城市					
北京市	88	520.96	894.59	34599	20148
上海市	213	704.30	1515.23	20652	9593
广州市	349	1167.40	3849.49	10575	3208
深圳市	51	239.44	695.23	14530	5004
二线城市					
长春市	235	658.77	859.76	2585	1978
长沙市	367	1469.80	3036.21	3579	1733
成都市	446	1478.82	3516.88	5769	2423
重庆市	1179	4061.51	5621.47	1457	1035
大连市	214	1091.09	1192.84	1200	1093
福州市	348	886.35	2088.69	6870	2915
贵阳市	220	959.59	1840.99	1818	940
哈尔滨市	113	376.79	450.42	1155	966
海口市	67	246.12	474.52	5861	3040
杭州市	504	1314.32	3131.40	10344	4341
合肥市	331	1401.77	2175.26	4889	3150
呼和浩特市	220	1101.75	1263.90	842	733
济南市	482	1300.33	2224.57	4001	2322
昆明市	318	964.90	1674.67	1333	766
兰州市	179	1088.14	1100.95	805	787
南昌市	129	495.51	809.36	2436	1489
南京市	331	1057.39	2047.86	7219	3728
南宁市	220	605.25	1130.43	1067	571
宁波市	388	1293.58	2949.92	3950	1731
青岛市	329	897.67	1410.82	2221	1410
三亚市	34	145.39	234.14	12658	7861
沈阳市	228	808.83	898.67	1480	1322
石家庄市	665	1918.60	3466.69	2309	1284
苏州市	586	1909.49	3631.19	4096	2154
太原市	179	524.90	1156.11	2825	1263
天津市	291	1171.01	1923.37	3532	2149
温州市	474	1038.61	2629.71	3751	1480
乌鲁木齐市	222	1101.60	1233.33	1861	1632

1-1 续表 1

城市	推出土地宗数（宗）	推出建设用地面积（万平方米）	推出规划建筑面积（万平方米）	推出土地均价（元/平方米）	推出楼面均价（元/平方米）
无锡市	319	1164.84	1941.97	5244	3145
武汉市	344	1556.00	2395.25	5106	3296
西安市	318	1471.45	3038.04	7149	3462
西宁市	26	133.16	146.71	1573	1428
厦门市	84	396.30	1010.46	8128	3188
银川市	140	584.97	549.07	788	832
郑州市	376	2092.04	5026.17	1705	708
三四线城市					
安康市	220	246.85	498.75	1646	803
安庆市	193	814.18	980.36	538	445
安顺市	298	718.58	951.09	828	625
安阳市	170	338.84	481.86	1480	1040
鞍山市	141	363.16	363.27	697	683
巴彦淖尔市	158	693.17	487.05	202	283
巴中市	179	385.09	688.24	1118	624
白城市	60	212.50	203.30	433	435
白山市	49	116.85	126.83	674	621
白银市	98	428.05	446.16	258	247
百色市	418	471.86	772.41	776	473
包头市	275	1613.54	1485.60	356	383
宝鸡市	198	564.24	1030.05	945	511
保定市	559	1332.04	2418.80	2551	1410
保山市	228	229.37	307.93	857	638
北海市	86	267.78	621.27	680	293
本溪市	61	88.89	87.41	1147	1167
蚌埠市	154	628.32	857.18	1243	904
毕节市	318	767.97	1043.52	928	680
滨州市	496	2335.37	2494.08	803	751
亳州市	297	769.33	1115.26	1310	903
沧州市	484	1741.58	2687.95	1039	673
常德市	118	231.74	326.23	1217	864
常州市	412	1406.97	2112.76	6136	4086
长治市	171	408.76	570.15	1164	832
朝阳市	101	254.74	257.01	494	482

1-1　续表 2

城市	推出土地宗数（宗）	推出建设用地面积（万平方米）	推出规划建筑面积（万平方米）	推出土地均价（元/平方米）	推出楼面均价（元/平方米）
潮州市	44	111.30	396.01	1748	491
郴州市	416	545.15	970.72	1512	849
承德市	175	365.76	408.90	1467	1305
池州市	137	352.38	501.54	386	270
赤峰市	353	1240.39	861.34	447	621
崇左市	228	631.40	1317.99	481	229
滁州市	542	1452.93	2016.48	1480	1064
达州市	175	573.62	887.98	1512	977
大庆市	90	338.60	366.26	692	640
大同市	158	615.48	593.39	430	423
丹东市	93	134.31	162.46	731	604
儋州市	11	46.85	39.04	539	647
德阳市	250	1062.69	1725.26	1455	943
德州市	640	1507.84	1849.68	1149	937
定西市	117	209.77	298.41	472	332
东莞市	149	553.76	1729.66	2068	662
东营市	286	1131.88	1082.65	776	812
鄂尔多斯市	412	2525.55	1581.19	279	407
鄂州市	122	484.79	810.87	2337	1397
恩施土家族苗族自治州	275	356.64	567.77	1190	746
防城港市	40	351.75	512.94	326	222
佛山市	405	1140.59	3690.94	3918	1201
抚顺市	47	164.68	156.07	1005	1060
抚州市	463	956.32	1315.30	1159	843
阜新市	215	226.66	192.54	364	426
阜阳市	422	1248.38	1796.24	1095	759
赣州市	583	1461.39	2147.68	1135	772
固原市	61	141.07	149.22	423	399
广安市	100	334.07	534.16	1012	632
广元市	168	475.46	687.41	1091	752
贵港市	313	613.75	860.63	492	352
桂林市	213	338.94	641.68	1381	729
哈密市	148	1511.27	1214.14	142	177
海东市	36	72.23	108.01	559	374

1-1 续表 3

城市	推出土地宗数（宗）	推出建设用地面积（万平方米）	推出规划建筑面积（万平方米）	推出土地均价（元/平方米）	推出楼面均价（元/平方米）
邯郸市	729	2060.87	2348.13	771	674
汉中市	119	190.41	236.49	1436	1132
河池市	190	217.13	321.83	593	399
河源市	123	229.03	545.02	521	219
菏泽市	416	1408.21	2035.25	1890	1235
贺州市	153	321.30	612.33	690	362
鹤壁市	42	125.46	127.08	459	453
鹤岗市	20	40.28	41.65	591	572
黑河市	58	165.84	140.07	277	325
衡水市	597	876.28	1106.56	860	679
衡阳市	313	606.10	1073.90	2665	1503
呼伦贝尔市	111	493.13	399.03	388	473
葫芦岛市	70	229.73	272.29	796	672
湖州市	518	1304.60	2848.27	2538	1162
怀化市	278	489.96	811.13	1288	751
淮安市	450	1963.35	2773.05	2014	1426
淮北市	111	422.02	554.21	969	738
淮南市	145	523.08	605.63	769	662
黄冈市	342	1225.98	1507.75	571	466
黄山市	120	232.97	331.08	1239	872
黄石市	209	854.18	1249.19	1377	944
惠州市	297	1305.56	2300.18	1002	567
鸡西市	30	103.86	96.76	307	330
吉安市	769	1053.98	1453.25	602	436
吉林市	117	286.07	255.76	642	718
济宁市	746	1924.93	2704.66	1715	1221
佳木斯市	54	118.71	126.92	321	300
嘉兴市	603	1471.54	3931.26	1605	600
嘉峪关市	32	58.16	51.98	636	468
江门市	242	733.07	2067.05	1186	419
焦作市	93	324.58	400.92	802	649
揭阳市	102	255.47	759.38	939	308
金昌市	48	266.01	196.88	142	191
金华市	775	1588.10	4062.39	3560	1391
锦州市	87	365.98	319.39	412	470
晋城市	107	353.41	442.49	1117	893

1-1　续表 4

城市	推出土地宗数（宗）	推出建设用地面积（万平方米）	推出规划建筑面积（万平方米）	推出土地均价（元 / 平方米）	推出楼面均价（元 / 平方米）
晋中市	163	445.94	687.67	1263	819
荆门市	238	827.19	1103.34	735	551
荆州市	288	1243.43	1435.82	554	480
景德镇市	180	710.67	1156.08	2347	1442
九江市	397	1081.29	1296.91	922	765
酒泉市	163	1270.27	871.43	98	139
开封市	211	778.77	1102.78	1033	729
克拉玛依市	59	255.10	235.73	250	271
来宾市	80	271.82	354.67	512	374
廊坊市	219	554.09	872.09	1807	1148
乐山市	245	921.24	1339.50	899	618
丽江市	54	123.13	176.78	695	484
丽水市	367	838.67	1490.64	2238	1259
连云港市	275	1124.77	1414.07	1763	1403
辽阳市	37	85.91	118.95	1186	857
辽源市	64	261.04	242.43	461	496
聊城市	338	921.86	1501.15	1881	1155
临沧市	70	132.15	188.57	561	396
临汾市	117	501.21	545.08	872	802
临沂市	597	2157.24	2998.31	1225	881
柳州市	169	267.49	533.89	1424	713
六安市	188	619.69	795.31	567	441
六盘水市	267	603.01	774.36	973	754
龙岩市	142	468.20	1027.45	1193	544
陇南市	103	153.29	279.42	813	446
娄底市	270	374.47	852.04	1355	594
泸州市	171	594.05	1143.75	876	465
洛阳市	316	1403.06	1870.97	1781	1332
漯河市	164	569.79	835.40	1185	808
吕梁市	144	426.85	563.10	817	626
马鞍山市	172	718.20	780.92	787	727
茂名市	155	451.24	798.78	1546	873
眉山市	205	769.32	1203.65	1803	1150
梅州市	76	153.86	245.35	787	491
绵阳市	214	734.91	1602.07	1401	640

1-1 续表 5

城市	推出土地宗数（宗）	推出建设用地面积（万平方米）	推出规划建筑面积（万平方米）	推出土地均价（元 / 平方米）	推出楼面均价（元 / 平方米）
牡丹江市	39	114.03	117.88	496	480
南充市	273	750.67	1607.38	1372	636
南平市	181	404.58	963.33	1441	605
南通市	625	2370.14	3281.38	3478	2512
南阳市	700	1184.56	1668.22	961	682
内江市	145	445.30	684.17	1601	1039
宁德市	173	435.24	1006.72	1388	598
攀枝花市	101	220.98	199.75	540	582
盘锦市	52	177.94	300.32	1354	802
平顶山市	262	782.94	1087.16	954	686
平凉市	82	155.90	169.96	895	762
萍乡市	176	415.28	1077.01	2822	1088
莆田市	65	239.05	659.66	3691	1338
濮阳市	184	534.68	680.63	880	709
普洱市	316	218.79	378.42	1019	588
七台河市	22	43.83	40.99	353	377
齐齐哈尔市	64	152.39	190.04	829	664
黔南布依族苗族自治州	1025	1064.01	1181.62	811	730
钦州市	215	566.93	1041.00	901	488
秦皇岛市	215	421.73	492.53	1327	1124
清远市	330	621.73	1332.46	960	448
庆阳市	103	302.80	444.76	631	472
衢州市	348	821.53	1070.54	1051	805
曲靖市	146	456.70	617.22	835	614
泉州市	336	914.74	2468.91	3401	1260
日照市	246	768.53	904.76	1655	1402
三门峡市	70	211.20	395.45	697	368
三明市	111	377.78	891.71	556	236
汕头市	46	178.54	599.85	3718	1107
汕尾市	80	242.36	486.50	1273	634
商洛市	110	146.59	202.65	898	643
商丘市	360	1105.07	1480.43	1091	814
上饶市	521	1242.30	1811.47	1185	813
韶关市	147	536.58	644.78	473	393
邵阳市	322	252.00	385.70	1324	865
绍兴市	384	1072.41	2185.63	2633	1291

1-1　续表 6

城市	推出土地宗数（宗）	推出建设用地面积（万平方米）	推出规划建筑面积（万平方米）	推出土地均价（元/平方米）	推出楼面均价（元/平方米）
十堰市	269	761.41	1251.67	1132	689
石嘴山市	51	213.17	163.23	140	183
双鸭山市	39	66.80	60.77	305	336
朔州市	115	248.38	205.95	228	263
四平市	75	224.11	246.48	454	413
松原市	44	333.54	282.59	311	367
宿迁市	440	1440.41	2102.60	1327	909
宿州市	355	1091.86	1394.97	858	679
绥化市	95	226.21	286.62	648	511
随州市	164	419.82	486.13	574	495
遂宁市	166	570.18	846.87	924	630
台州市	402	1266.27	2631.58	2331	1122
泰安市	156	596.03	913.95	1915	1249
泰州市	293	989.69	1575.54	4238	2662
唐山市	601	3915.41	4120.69	728	690
天水市	78	163.04	173.52	393	360
铁岭市	315	167.94	136.17	270	326
通化市	69	142.54	182.12	1450	1126
通辽市	214	849.31	807.17	375	394
铜川市	17	103.08	123.63	563	470
铜陵市	154	461.22	585.99	1580	1244
铜仁市	347	455.08	690.70	1048	691
吐鲁番市	141	456.87	504.23	228	207
威海市	418	1144.88	1659.96	2060	1419
潍坊市	1227	2922.58	3941.04	1678	1237
渭南市	226	660.63	1243.16	1085	576
乌海市	320	963.45	673.99	162	230
乌兰察布市	256	1201.96	1160.30	187	193
芜湖市	268	1178.75	1585.54	1079	791
吴忠市	147	590.39	463.16	306	383
梧州市	145	496.94	845.28	1028	604
武威市	134	369.10	297.39	122	151
咸宁市	303	681.91	865.20	785	617
咸阳市	186	729.23	1215.15	964	579
湘潭市	93	325.85	473.22	1314	905

1-1 续表 7

城市	推出土地宗数（宗）	推出建设用地面积（万平方米）	推出规划建筑面积（万平方米）	推出土地均价（元/平方米）	推出楼面均价（元/平方米）
襄阳市	295	901.02	998.56	883	804
孝感市	417	1314.00	1863.98	943	664
忻州市	150	362.04	473.23	883	655
新乡市	223	728.82	1029.58	836	594
新余市	85	226.89	356.19	1476	949
信阳市	345	788.53	1268.98	1223	766
邢台市	810	1598.38	2640.09	975	590
徐州市	553	2219.88	3065.23	2118	1534
许昌市	234	574.25	889.08	1172	757
宣城市	407	967.89	1279.18	782	591
雅安市	131	321.41	451.88	827	588
烟台市	312	1275.92	1435.17	1296	1152
延安市	156	342.68	369.73	1120	1038
盐城市	570	2049.31	3229.38	3497	2219
扬州市	465	1635.26	2683.44	3483	2125
阳江市	96	209.89	308.44	864	579
阳泉市	92	239.73	321.16	658	490
伊春市	16	13.43	16.39	753	617
伊犁哈萨克自治州	427	1461.62	1679.25	357	311
宜宾市	240	947.75	1339.97	1028	723
宜昌市	438	1740.68	2129.22	1050	853
宜春市	416	982.58	1318.06	1427	1060
益阳市	96	149.85	204.52	588	427
鹰潭市	91	320.91	501.17	1569	1004
营口市	54	211.65	144.45	428	627
永州市	501	647.80	955.15	869	574
榆林市	380	2446.87	1905.44	298	381
玉林市	816	361.41	913.98	1169	462
玉溪市	127	427.25	595.34	896	643
岳阳市	353	982.53	1283.18	1420	1086
云浮市	89	209.15	256.78	547	446
运城市	230	575.32	774.47	659	489
枣庄市	256	781.67	1174.02	3210	2137
湛江市	144	416.83	753.10	1200	658
张家界市	23	28.29	52.47	1128	608
张家口市	315	740.02	1011.20	1215	889

1-1　续表 8

城市	推出土地宗数（宗）	推出建设用地面积（万平方米）	推出规划建筑面积（万平方米）	推出土地均价（元 / 平方米）	推出楼面均价（元 / 平方米）
张掖市	134	515.35	498.94	146	151
漳州市	237	1122.24	3000.69	2215	828
昭通市	230	584.90	1085.07	975	524
肇庆市	335	596.80	1174.14	1450	737
镇江市	394	1064.93	1747.68	4095	2495
中山市	89	237.40	820.07	2207	639
中卫市	60	256.87	277.03	308	285
舟山市	98	339.64	617.30	1540	847
周口市	558	1195.08	1742.56	1064	730
珠海市	56	221.84	598.71	4103	1518
株洲市	300	638.09	1224.63	2280	1188
驻马店市	409	1137.90	1999.81	1217	699
资阳市	132	359.96	777.65	2068	957
淄博市	230	676.35	1068.86	2382	1507
自贡市	52	159.53	222.59	1389	1025
遵义市	1199	1391.08	2214.48	1062	667

数据来源：中指数据库监测。

1-2 2024年全国300城土地推出宗数统计

单位：宗

城市	1月	2月	3月	4月	5月	6月	7月	8月	9月	10月	11月	12月	汇总
一线城市													
北京市	7	7	7	6	9	6	6	6	7	11	5	11	88
上海市	9	18	14	20	16	19	16	8	7	24	21	41	213
广州市	11	12	18	24	15	42	22	35	37	33	50	50	349
深圳市	2	3	1	9	4	0	3	4	5	1	13	6	51
二线城市													
长春市	8	12	7	17	21	36	18	20	32	9	16	39	235
长沙市	13	14	1	15	28	18	14	19	14	30	45	156	367
成都市	27	12	3	37	9	30	48	17	31	30	81	121	446
重庆市	48	70	70	52	52	153	63	60	116	67	176	252	1179
大连市	12	16	12	8	12	13	5	10	18	10	15	83	214
福州市	20	14	27	12	33	29	21	25	35	27	59	46	348
贵阳市	7	12	8	11	8	5	20	10	13	9	74	43	220
哈尔滨市	8	17	7	14	9	8	13	8	12	4	6	7	113
海口市	8	0	0	4	4	7	9	4	5	0	7	19	67
杭州市	62	50	14	41	33	43	37	38	29	48	35	74	504
合肥市	12	24	23	3	44	43	31	23	21	31	24	52	331
呼和浩特市	19	7	6	15	20	20	31	13	36	21	7	25	220
济南市	57	41	25	41	19	35	23	14	55	33	58	81	482
昆明市	6	33	16	12	14	21	16	33	24	27	31	85	318
兰州市	20	16	0	20	9	11	15	10	7	9	18	44	179
南昌市	13	13	5	8	6	17	11	10	13	8	11	14	129
南京市	16	23	12	26	26	24	19	40	40	14	38	53	331
南宁市	18	9	8	8	51	15	12	5	17	13	36	28	220
宁波市	18	24	65	17	23	28	18	25	20	25	43	82	388
青岛市	22	25	14	12	22	20	41	7	31	20	37	78	329
三亚市	2	2	0	1	0	5	2	1	8	2	1	10	34
沈阳市	9	20	24	12	16	15	14	22	15	21	16	44	228
石家庄市	64	78	71	40	36	25	28	39	57	57	58	112	665
苏州市	35	58	16	44	47	55	57	26	49	60	69	70	586
太原市	6	23	8	18	11	28	26	5	21	8	8	17	179
天津市	14	17	23	17	24	48	12	20	23	14	21	58	291
温州市	27	77	16	15	34	30	63	40	33	28	35	76	474
乌鲁木齐市	14	3	7	6	15	45	39	21	32	9	13	18	222

1-2　续表 1　　单位：宗

城市	1 月	2 月	3 月	4 月	5 月	6 月	7 月	8 月	9 月	10 月	11 月	12 月	汇总
无锡市	15	10	10	26	15	24	27	20	7	38	61	66	319
武汉市	5	11	8	16	22	37	11	17	32	23	37	125	344
西安市	20	15	19	6	29	35	22	15	49	31	32	45	318
西宁市	0	6	3	1	0	1	0	1	2	4	2	6	26
厦门市	4	5	5	6	6	13	5	10	8	4	6	12	84
银川市	8	13	11	17	7	16	10	11	13	5	25	4	140
郑州市	35	27	5	14	22	16	21	20	61	30	38	87	376
三四线城市													
安康市	12	17	19	16	13	27	26	12	19	9	26	24	220
安庆市	14	15	29	12	13	24	11	21	16	13	11	14	193
安顺市	49	15	3	17	35	31	34	23	5	12	34	40	298
安阳市	7	7	26	32	10	14	7	9	14	17	18	9	170
鞍山市	9	10	4	11	2	20	10	11	21	15	11	17	141
巴彦淖尔市	6	7	8	23	9	10	15	30	9	16	9	16	158
巴中市	6	10	5	16	13	7	16	14	16	24	25	27	179
白城市	4	2	9	4	5	6	3	6	8	6	5	2	60
白山市	4	4	6	1	3	3	12	1	3	1	7	4	49
白银市	14	3	3	2	2	5	5	7	36	6	3	12	98
百色市	27	21	42	14	50	34	18	19	54	45	27	67	418
包头市	29	13	26	12	27	26	21	2	18	33	39	29	275
宝鸡市	39	19	12	8	8	20	51	15	3	4	2	17	198
保定市	41	35	63	54	25	99	17	40	37	9	45	94	559
保山市	48	55	2	10	11	19	6	5	22	8	19	23	228
北海市	9	3	5	2	6	7	2	13	7	13	6	13	86
本溪市	3	0	0	2	8	4	13	2	14	3	2	10	61
蚌埠市	10	12	4	14	20	9	14	2	17	5	24	23	154
毕节市	2	12	16	31	16	13	16	39	53	32	73	15	318
滨州市	8	59	38	16	21	40	9	35	31	52	80	107	496
亳州市	18	27	11	22	32	23	34	13	9	43	44	21	297
沧州市	43	39	48	20	57	100	32	31	34	14	26	40	484
常德市	13	8	4	8	5	4	11	9	6	7	19	24	118
常州市	23	23	24	13	16	14	15	22	39	71	74	78	412
长治市	11	16	3	3	5	14	13	21	14	20	23	28	171
朝阳市	11	5	14	11	15	2	8	7	5	9	4	10	101
潮州市	3	6	2	3	2	5	3	2	3	1	2	12	44

1-2 续表 2　　单位：宗

城市	1月	2月	3月	4月	5月	6月	7月	8月	9月	10月	11月	12月	汇总
郴州市	26	16	32	6	23	18	18	8	40	51	80	98	416
承德市	14	5	7	37	14	16	22	13	12	5	2	28	175
池州市	3	7	5	10	18	10	6	12	10	22	3	31	137
赤峰市	15	15	15	39	75	25	47	27	19	26	33	17	353
崇左市	21	10	10	19	8	22	18	16	10	14	42	38	228
滁州市	28	21	14	21	30	52	11	115	36	46	105	63	542
达州市	4	15	1	2	12	5	14	8	11	14	10	79	175
大庆市	7	10	8	10	6	0	4	2	14	8	14	7	90
大同市	7	9	3	21	14	11	20	10	7	9	16	31	158
丹东市	2	4	1	2	7	16	10	3	5	16	10	17	93
儋州市	0	0	0	0	2	0	0	0	1	0	2	6	11
德阳市	6	4	16	6	6	4	26	14	37	45	29	57	250
德州市	35	43	59	26	69	61	27	49	101	59	24	87	640
定西市	3	12	10	6	13	9	17	10	12	9	9	7	117
东莞市	13	10	2	8	6	10	13	40	8	9	11	19	149
东营市	12	27	22	30	15	41	9	20	22	12	26	50	286
鄂尔多斯市	37	36	42	17	49	41	31	48	33	23	14	41	412
鄂州市	10	13	2	4	3	11	7	10	11	10	14	27	122
恩施土家族苗族自治州	29	11	10	7	9	5	10	20	8	25	20	121	275
防城港市	5	1	0	1	3	2	11	3	4	1	5	4	40
佛山市	22	24	11	20	27	37	24	27	32	40	44	97	405
抚顺市	5	6	4	4	2	3	3	3	5	5	4	3	47
抚州市	12	24	10	6	25	22	54	29	33	37	82	129	463
阜新市	1	3	35	70	8	3	69	7	5	1	6	7	215
阜阳市	35	28	12	31	33	24	22	18	73	37	28	81	422
赣州市	65	20	21	16	77	20	50	42	33	66	75	98	583
固原市	7	4	2	3	4	2	5	7	8	3	8	8	61
广安市	4	1	5	7	1	9	9	9	12	14	14	15	100
广元市	5	8	5	12	6	7	6	3	15	21	12	68	168
贵港市	25	12	18	1	48	16	45	4	31	79	16	18	313
桂林市	59	10	1	6	15	14	11	18	17	20	12	30	213
哈密市	6	6	7	8	7	19	11	7	16	5	40	16	148
海东市	3	3	4	2	5	4	3	3	3	1	2	3	36
邯郸市	45	95	13	118	66	46	63	45	82	31	33	92	729
汉中市	7	16	6	17	4	1	14	9	5	4	7	29	119

1-2　续表 3　　单位：宗

城市	1月	2月	3月	4月	5月	6月	7月	8月	9月	10月	11月	12月	汇总
河池市	10	15	5	18	6	47	15	15	11	20	10	18	190
河源市	8	8	5	11	14	13	16	11	2	12	7	16	123
菏泽市	39	23	13	35	29	34	36	40	31	17	76	43	416
贺州市	16	5	13	7	1	9	18	8	9	5	16	46	153
鹤壁市	7	8	2	2	3	7	10	0	0	0	1	2	42
鹤岗市	2	1	2	1	0	1	2	3	2	3	0	3	20
黑河市	4	2	10	3	8	8	7	2	4	6	0	4	58
衡水市	56	45	34	25	38	39	39	22	115	55	32	97	597
衡阳市	27	12	4	17	12	23	26	14	19	20	58	81	313
呼伦贝尔市	7	3	8	8	9	6	6	8	7	11	23	15	111
葫芦岛市	2	6	2	4	9	2	10	4	7	18	3	3	70
湖州市	62	93	8	18	37	32	33	41	30	42	71	51	518
怀化市	18	13	5	14	30	19	28	9	38	16	42	46	278
淮安市	28	53	15	34	34	21	26	88	49	34	36	32	450
淮北市	7	8	8	17	15	9	15	8	6	5	9	4	111
淮南市	24	2	7	11	13	13	14	7	11	12	14	17	145
黄冈市	39	39	35	27	20	18	23	30	20	22	21	48	342
黄山市	6	4	4	5	4	10	6	15	15	14	22	15	120
黄石市	25	2	6	6	6	12	14	8	13	13	57	47	209
惠州市	21	43	7	21	25	9	9	33	36	31	33	29	297
鸡西市	2	1	2	3	4	2	4	1	5	2	3	1	30
吉安市	98	86	25	33	100	61	36	56	44	129	52	49	769
吉林市	10	10	7	9	14	7	4	8	19	4	23	2	117
济宁市	34	47	54	28	29	72	34	52	45	80	126	145	746
佳木斯市	4	3	4	5	5	3	6	3	14	2	3	2	54
嘉兴市	51	53	37	28	54	77	22	23	53	45	32	128	603
嘉峪关市	0	0	15	1	1	1	2	4	1	2	1	4	32
江门市	9	33	7	6	23	12	15	11	18	33	42	33	242
焦作市	12	5	5	7	14	11	2	7	6	6	10	8	93
揭阳市	0	8	12	3	6	4	7	13	18	2	14	15	102
金昌市	10	0	4	6	3	5	8	0	0	4	0	8	48
金华市	73	55	84	87	55	84	38	31	39	38	63	128	775
锦州市	0	14	9	4	3	4	4	7	6	13	4	19	87
晋城市	1	11	6	3	7	18	1	14	5	11	22	8	107
晋中市	25	9	3	8	5	7	11	15	15	10	13	42	163
荆门市	16	3	4	21	24	12	27	17	23	18	53	20	238
荆州市	17	14	8	11	24	16	21	21	17	14	61	64	288

1-2 续表 4

单位：宗

城市	1月	2月	3月	4月	5月	6月	7月	8月	9月	10月	11月	12月	汇总
景德镇市	1	2	1	1	10	55	1	1	7	26	40	35	180
九江市	13	19	8	18	28	35	37	25	32	42	73	67	397
酒泉市	7	8	12	17	19	12	12	22	16	14	14	10	163
开封市	18	3	6	7	9	17	19	19	8	24	33	48	211
克拉玛依市	2	3	3	2	2	6	3	5	9	8	13	3	59
来宾市	6	5	1	1	8	8	0	11	6	9	15	10	80
廊坊市	29	34	36	9	16	25	9	2	14	16	7	22	219
乐山市	26	10	1	12	10	7	12	9	15	17	73	53	245
丽江市	7	13	3	3	0	1	1	0	4	6	2	14	54
丽水市	24	34	16	27	24	38	27	17	27	25	48	60	367
连云港市	27	23	6	12	19	14	15	35	19	19	46	40	275
辽阳市	9	5	2	0	7	0	1	1	2	2	1	7	37
辽源市	7	4	2	5	4	5	2	11	8	6	8	2	64
聊城市	9	57	18	21	21	44	16	22	31	20	34	45	338
临沧市	3	10	1	3	5	2	5	6	3	16	2	14	70
临汾市	5	12	1	4	13	19	7	12	11	12	9	12	117
临沂市	40	33	28	53	66	56	47	52	60	50	48	64	597
柳州市	15	4	1	26	27	15	6	20	4	7	10	34	169
六安市	8	12	25	15	10	18	16	16	10	18	14	26	188
六盘水市	4	23	3	7	7	9	9	29	36	20	51	69	267
龙岩市	6	6	5	10	5	10	13	15	9	16	19	28	142
陇南市	4	6	10	7	10	1	10	16	12	10	11	6	103
娄底市	76	14	3	20	22	13	12	9	4	21	30	46	270
泸州市	1	8	0	4	4	12	25	13	38	14	41	11	171
洛阳市	28	15	12	7	19	16	15	10	19	18	60	97	316
漯河市	3	5	0	13	4	2	10	7	23	9	29	59	164
吕梁市	5	3	0	5	22	9	15	9	14	12	30	20	144
马鞍山市	29	10	17	1	11	8	14	15	13	13	17	24	172
茂名市	3	8	4	4	3	24	5	13	11	15	24	41	155
眉山市	11	6	7	6	9	19	9	15	7	4	40	72	205
梅州市	13	4	5	9	5	3	6	6	9	5	9	2	76
绵阳市	3	8	4	5	30	2	15	21	8	12	34	72	214
牡丹江市	3	2	2	0	2	1	2	3	2	6	9	7	39
南充市	29	11	8	9	17	38	6	9	43	6	28	69	273
南平市	9	4	6	7	9	22	19	15	20	13	20	37	181
南通市	57	74	34	34	36	53	34	43	66	53	94	47	625

1-2　续表5　　单位：宗

城市	1月	2月	3月	4月	5月	6月	7月	8月	9月	10月	11月	12月	汇总
南阳市	63	52	10	48	49	50	74	33	102	36	39	144	700
内江市	2	5	1	4	9	16	10	10	11	25	19	33	145
宁德市	11	22	2	11	10	19	12	22	7	9	26	22	173
攀枝花市	0	46	0	15	5	0	1	1	0	1	4	28	101
盘锦市	2	0	3	7	4	6	0	0	2	2	1	25	52
平顶山市	44	11	7	15	25	14	24	29	14	18	38	23	262
平凉市	4	1	6	4	6	6	7	7	24	2	6	9	82
萍乡市	11	10	11	20	7	10	8	5	5	30	30	29	176
莆田市	11	2	2	0	2	2	3	4	9	15	13	2	65
濮阳市	9	5	8	6	7	23	11	25	3	14	32	41	184
普洱市	42	7	36	38	48	9	15	35	33	11	25	17	316
七台河市	1	3	1	1	3	2	2	3	2	0	3	1	22
齐齐哈尔市	9	2	4	7	3	10	8	7	6	2	2	4	64
黔南布依族苗族自治州	63	14	1	24	18	149	49	47	191	59	284	126	1025
钦州市	35	5	0	4	11	11	6	56	10	13	17	47	215
秦皇岛市	5	12	7	11	20	12	25	10	61	12	9	31	215
清远市	26	13	14	7	48	30	20	12	12	38	37	73	330
庆阳市	15	16	1	13	3	11	7	4	3	9	6	15	103
衢州市	41	35	14	25	30	26	29	36	15	20	25	52	348
曲靖市	9	12	7	6	4	4	5	17	17	13	12	40	146
泉州市	20	15	18	22	23	16	13	39	28	41	37	64	336
日照市	5	25	8	31	14	4	11	18	16	12	34	68	246
三门峡市	6	4	9	9	5	3	5	7	2	7	7	6	70
三明市	10	1	5	4	7	6	8	7	5	11	4	43	111
汕头市	6	5	0	5	3	4	3	5	4	3	7	1	46
汕尾市	13	5	2	6	4	7	5	9	6	2	4	17	80
商洛市	18	8	6	2	5	16	7	8	2	15	11	12	110
商丘市	15	16	11	46	5	32	6	46	28	33	60	62	360
上饶市	38	24	16	26	44	39	40	39	31	47	50	127	521
韶关市	9	20	8	13	10	11	12	15	10	13	11	15	147
邵阳市	29	11	4	10	55	34	22	14	20	41	3	79	322
绍兴市	30	39	13	25	31	38	28	27	27	25	23	78	384
十堰市	12	9	14	14	8	24	7	25	16	43	61	36	269
石嘴山市	3	4	1	6	2	4	3	2	13	6	5	2	51
双鸭山市	1	7	1	5	1	2	6	4	4	2	0	6	39

1–2 续表 6 单位：宗

城市	1月	2月	3月	4月	5月	6月	7月	8月	9月	10月	11月	12月	汇总
朔州市	2	1	0	10	16	29	8	4	8	3	16	18	115
四平市	1	2	0	16	11	8	17	7	3	3	0	7	75
松原市	2	6	2	5	10	3	5	3	2	4	1	1	44
宿迁市	22	32	37	25	50	14	53	24	29	56	43	55	440
宿州市	24	13	10	45	17	23	42	42	41	32	19	47	355
绥化市	3	4	8	8	9	11	15	7	4	6	2	18	95
随州市	11	16	54	8	6	17	8	5	4	6	14	15	164
遂宁市	14	1	5	0	6	8	16	14	7	15	23	57	166
台州市	24	37	39	22	36	18	18	36	65	23	27	57	402
泰安市	20	10	12	4	12	10	13	8	12	24	17	14	156
泰州市	18	28	1	11	6	6	20	14	24	34	98	33	293
唐山市	34	19	56	24	69	78	66	54	59	43	33	66	601
天水市	0	1	5	0	9	6	12	9	10	4	16	6	78
铁岭市	6	118	4	3	12	7	0	1	162	1	0	1	315
通化市	3	3	1	5	10	9	11	9	6	5	2	5	69
通辽市	15	20	2	24	22	24	24	14	13	13	21	22	214
铜川市	3	0	2	0	0	0	1	2	2	2	3	2	17
铜陵市	5	8	3	10	13	7	5	33	7	13	25	25	154
铜仁市	6	4	16	8	11	8	34	11	23	56	74	96	347
吐鲁番市	3	5	4	11	6	4	60	8	6	13	9	12	141
威海市	34	52	38	9	25	19	33	17	8	35	95	53	418
潍坊市	81	110	71	84	69	67	125	76	75	122	159	188	1227
渭南市	8	7	7	18	19	8	51	28	17	36	15	12	226
乌海市	30	9	5	52	21	13	65	78	1	36	2	8	320
乌兰察布市	26	18	12	7	30	22	35	30	14	13	16	33	256
芜湖市	34	16	17	19	19	17	18	21	31	22	24	30	268
吴忠市	23	8	4	2	7	16	16	14	15	15	12	15	147
梧州市	4	9	1	8	11	14	13	9	5	33	20	18	145
武威市	15	10	8	14	8	19	2	9	18	10	10	11	134
咸宁市	51	42	9	7	4	9	10	11	10	12	43	95	303
咸阳市	21	3	7	15	26	8	23	13	23	13	23	11	186
湘潭市	11	2	0	11	9	6	8	2	2	1	21	20	93
襄阳市	26	18	25	18	19	15	21	18	29	22	26	58	295
孝感市	40	27	11	21	23	33	20	13	34	68	85	42	417
忻州市	15	8	8	4	8	16	14	11	12	12	29	13	150
新乡市	12	18	23	17	19	16	22	16	13	20	13	34	223
新余市	1	9	2	1	3	4	8	1	12	11	9	24	85

1-2　续表 7　　　　单位：宗

城市	1月	2月	3月	4月	5月	6月	7月	8月	9月	10月	11月	12月	汇总
信阳市	43	11	13	24	18	32	44	8	30	54	16	52	345
邢台市	37	85	103	39	69	44	60	41	50	107	83	92	810
徐州市	7	19	34	23	28	21	21	25	58	65	108	144	553
许昌市	6	12	18	22	3	6	12	28	0	28	39	60	234
宣城市	46	35	17	50	25	44	25	42	35	37	22	29	407
雅安市	10	4	7	10	8	6	4	3	7	12	41	19	131
烟台市	38	32	6	17	11	10	23	13	25	48	32	57	312
延安市	6	5	10	14	31	8	18	6	14	13	20	11	156
盐城市	42	33	27	33	32	24	29	29	45	94	82	100	570
扬州市	18	41	13	27	43	14	23	42	41	51	86	66	465
阳江市	8	6	4	5	0	6	8	8	4	17	13	17	96
阳泉市	3	2	0	0	5	4	4	0	36	2	14	22	92
伊春市	0	2	0	0	1	3	4	1	1	2	1	1	16
伊犁哈萨克自治州	22	21	35	29	46	41	24	43	34	39	51	42	427
宜宾市	20	13	6	5	9	11	9	25	35	22	22	63	240
宜昌市	21	19	11	30	23	17	29	20	59	40	89	80	438
宜春市	51	33	15	42	20	29	27	24	21	35	45	74	416
益阳市	10	10	2	1	7	16	10	5	7	3	6	19	96
鹰潭市	8	9	0	8	3	4	7	3	5	5	22	17	91
营口市	0	2	1	3	2	8	8	5	3	4	7	11	54
永州市	90	42	6	9	14	21	20	75	54	41	31	98	501
榆林市	18	57	19	31	10	48	85	26	25	21	7	33	380
玉林市	233	84	4	73	201	2	46	12	12	12	65	72	816
玉溪市	10	5	7	8	4	5	9	20	16	16	11	16	127
岳阳市	53	32	5	9	9	17	23	15	22	20	54	94	353
云浮市	18	17	3	5	4	18	2	1	6	3	2	10	89
运城市	10	11	12	4	29	20	17	27	38	11	13	38	230
枣庄市	8	7	25	14	12	21	22	10	12	30	57	38	256
湛江市	8	11	1	15	3	18	6	11	22	4	17	28	144
张家界市	3	2	3	1	0	5	1	0	0	1	2	5	23
张家口市	24	18	17	31	15	26	26	11	15	44	42	46	315
张掖市	16	6	7	12	8	13	11	10	22	6	15	8	134
漳州市	28	16	6	19	15	14	9	15	30	25	38	22	237
昭通市	15	12	0	18	13	40	14	11	3	6	19	79	230
肇庆市	47	11	21	27	21	31	29	18	18	13	30	69	335

1-2 续表 8 单位：宗

城市	1月	2月	3月	4月	5月	6月	7月	8月	9月	10月	11月	12月	汇总
镇江市	23	8	1	25	62	12	6	83	24	49	70	31	394
中山市	7	4	6	10	6	3	3	9	6	6	20	9	89
中卫市	6	6	3	12	5	5	4	3	3	5	3	5	60
舟山市	0	13	5	6	13	26	5	3	4	9	5	9	98
周口市	33	71	12	56	59	9	67	63	43	70	35	40	558
珠海市	15	2	2	1	3	3	6	2	4	8	5	5	56
株洲市	6	12	4	1	24	28	31	21	21	36	40	76	300
驻马店市	20	17	9	10	44	18	32	28	40	39	77	75	409
资阳市	13	4	3	10	9	14	11	3	3	0	19	43	132
淄博市	10	7	5	17	11	11	19	13	9	16	66	46	230
自贡市	6	1	2	7	3	5	1	1	1	4	11	10	52
遵义市	66	48	27	23	110	94	64	107	112	137	224	187	1199

数据来源：中指数据库监测。

1-3　2024 年全国 300 城土地推出建设用地面积统计

单位：万平方米

城市	1月	2月	3月	4月	5月	6月	7月	8月	9月	10月	11月	12月	合计
一线城市													
北京市	32.17	46.12	32.32	36.03	63.05	25.41	78.55	35.23	38.65	36.87	35.86	60.68	520.96
上海市	14.65	59.88	39.35	83.43	50.48	74.31	45.17	82.62	12.38	40.26	45.88	155.89	704.30
广州市	110.43	40.83	64.96	77.79	48.52	113.96	60.39	112.59	146.06	128.34	110.68	152.84	1167.40
深圳市	7.58	17.44	0.62	45.54	10.70	0	46.26	16.61	17.76	3.00	61.33	12.60	239.44
二线城市													
长春市	16.24	28.85	10.99	60.32	52.92	84.26	63.22	51.62	61.83	41.28	55.35	131.89	658.77
长沙市	30.02	36.87	0.31	58.60	156.54	90.25	27.62	62.06	44.07	98.54	213.57	651.34	1469.80
成都市	120.46	38.51	7.38	100.49	17.41	120.84	170.92	41.46	99.59	121.59	250.70	389.46	1478.82
重庆市	178.25	195.38	287.14	149.37	133.04	501.88	250.26	225.20	404.19	244.42	560.65	931.74	4061.51
大连市	19.89	84.07	40.00	23.74	32.13	52.09	17.16	254.10	119.52	63.89	36.23	348.28	1091.09
福州市	64.38	18.56	62.46	29.34	75.37	86.18	76.19	56.91	62.69	82.44	142.96	128.88	886.35
贵阳市	68.42	35.83	112.67	14.56	39.66	11.39	78.68	34.63	52.62	37.80	326.55	146.79	959.59
哈尔滨市	22.05	92.55	14.63	49.27	38.73	12.49	38.72	34.62	22.84	10.97	9.79	30.15	376.79
海口市	42.45	0	0	11.56	31.12	9.79	23.69	10.96	14.34	0	12.47	89.75	246.12
杭州市	162.36	108.93	42.67	122.49	90.40	105.00	78.19	106.40	82.92	94.62	102.11	218.24	1314.32
合肥市	30.64	48.78	187.87	6.96	198.51	143.80	124.26	135.79	100.41	101.58	113.60	209.58	1401.77
呼和浩特市	257.56	50.70	26.59	16.15	136.48	85.31	156.49	74.12	111.03	50.06	30.08	107.20	1101.75
济南市	179.59	136.85	74.61	68.38	73.81	89.40	61.49	72.25	101.67	74.58	183.73	183.96	1300.33
昆明市	15.18	74.01	33.21	40.04	30.18	87.67	45.65	63.28	120.90	60.50	161.59	232.68	964.90
兰州市	68.54	191.18	0	122.81	24.48	137.95	142.08	42.00	15.29	52.47	99.06	192.27	1088.14
南昌市	78.65	53.12	18.19	42.70	37.12	44.85	42.40	44.90	33.87	10.71	38.40	50.61	495.51
南京市	67.45	96.97	42.34	81.95	47.81	72.39	54.18	139.17	120.38	57.68	117.00	160.06	1057.39
南宁市	70.95	38.26	70.01	10.78	91.81	70.40	33.52	21.45	52.75	15.94	50.28	79.10	605.25
宁波市	37.76	103.76	214.60	36.19	73.41	91.56	67.88	55.37	91.85	103.30	137.97	279.92	1293.58
青岛市	63.53	93.61	46.24	24.54	47.02	52.26	89.94	15.18	121.60	29.32	105.75	208.69	897.67
三亚市	19.58	13.06	0	2.18	0	25.19	7.13	2.86	13.02	7.93	2.01	52.45	145.39
沈阳市	35.86	93.60	33.00	41.37	68.90	59.46	11.63	71.40	68.52	74.01	41.17	209.91	808.83
石家庄市	151.49	219.78	135.54	88.03	99.56	91.53	114.01	145.61	142.46	102.94	222.89	404.75	1918.60
苏州市	106.36	168.67	63.27	127.63	113.74	181.61	196.22	89.95	138.53	229.13	225.02	269.36	1909.49
太原市	3.98	48.15	21.44	30.84	29.31	45.43	95.23	19.63	60.99	26.04	44.64	99.22	524.90
天津市	39.53	61.26	57.55	45.33	62.07	271.54	40.56	61.59	132.02	46.92	114.13	238.51	1171.01
温州市	59.89	138.56	58.23	27.26	68.57	72.42	157.61	154.57	55.28	40.49	53.11	152.60	1038.61
乌鲁木齐市	128.72	12.00	25.31	15.42	40.94	371.30	131.63	136.44	83.43	44.31	46.72	65.38	1101.60

1-3 续表 1　　单位：万平方米

城市	1月	2月	3月	4月	5月	6月	7月	8月	9月	10月	11月	12月	合计
无锡市	49.13	45.07	19.96	94.33	44.98	79.82	87.38	99.25	11.91	122.89	211.21	298.90	1164.84
武汉市	29.97	40.10	21.57	53.62	80.60	196.87	50.45	64.96	95.23	53.03	154.18	715.41	1556.00
西安市	171.27	54.89	66.56	21.96	192.62	211.91	76.49	80.90	204.36	104.14	104.46	181.89	1471.45
西宁市	0	0.26	11.30	69.28	0	0.11	0	2.83	7.56	4.96	5.08	31.78	133.16
厦门市	10.35	46.22	69.34	54.55	28.61	37.13	10.02	66.25	12.13	16.34	13.11	32.26	396.30
银川市	18.39	87.55	47.77	79.03	14.01	66.19	70.67	26.36	47.73	9.37	95.36	22.55	584.97
郑州市	104.34	127.71	28.98	64.02	86.48	67.41	125.89	66.91	265.53	296.44	474.69	383.63	2092.04
三四线城市													
安康市	16.17	36.08	5.66	11.85	16.84	32.02	15.06	8.04	10.00	24.68	53.61	16.84	246.85
安庆市	125.00	44.36	170.90	51.38	48.55	115.90	32.48	64.62	53.58	18.15	42.87	46.39	814.18
安顺市	79.65	21.32	1.82	19.05	65.07	65.93	50.74	43.36	10.27	16.45	174.70	170.23	718.58
安阳市	23.16	30.31	28.63	31.69	25.46	21.29	13.84	21.27	27.21	41.35	46.41	28.22	338.84
鞍山市	11.54	31.33	10.20	17.26	2.16	79.56	18.98	40.74	59.05	19.75	19.09	53.51	363.16
巴彦淖尔市	19.95	14.05	50.69	45.82	15.38	42.68	100.79	107.05	18.35	188.22	20.17	70.01	693.17
巴中市	18.04	26.12	15.16	41.26	22.43	11.32	49.05	48.69	42.32	22.49	25.98	62.22	385.09
白城市	26.89	4.63	18.92	11.71	55.79	17.68	7.01	17.32	11.36	14.48	20.74	5.98	212.50
白山市	7.35	12.56	5.36	1.73	11.88	4.10	26.59	1.72	5.95	0.00	11.68	27.92	116.85
白银市	43.28	5.73	4.34	10.60	0.81	5.42	22.34	270.42	3.97	16.59	14.00	30.55	428.05
百色市	13.84	33.63	8.02	57.64	33.20	71.74	13.31	5.45	9.90	64.23	81.27	79.62	471.86
包头市	122.23	87.20	144.87	145.07	98.36	123.67	179.78	26.37	117.50	276.16	141.42	150.92	1613.54
宝鸡市	124.17	68.32	12.64	10.14	25.22	108.57	95.90	29.44	12.84	12.72	3.51	60.77	564.24
保定市	121.01	89.47	176.28	109.99	85.92	147.26	30.74	81.51	106.79	23.91	144.56	214.61	1332.04
保山市	4.90	38.02	2.77	2.42	5.06	42.11	16.34	10.21	7.85	3.98	23.48	72.21	229.37
北海市	20.45	12.13	23.52	4.59	7.55	26.84	3.99	36.94	2.12	50.84	28.57	50.24	267.78
本溪市	3.17	0	0	3.51	16.03	7.66	14.71	9.97	3.90	0.70	1.03	28.22	88.89
蚌埠市	40.37	42.34	14.12	61.76	79.78	39.99	95.22	7.58	54.01	16.09	88.08	88.98	628.32
毕节市	0.81	25.03	40.79	50.02	47.79	17.78	32.93	36.04	118.68	45.16	309.79	43.14	767.97
滨州市	29.75	154.02	321.16	65.85	47.70	111.15	33.24	275.25	120.22	249.58	610.20	317.25	2335.37
亳州市	27.46	46.11	35.95	53.02	78.01	13.57	96.16	62.64	25.35	89.92	165.89	75.26	769.33
沧州市	108.70	190.59	105.63	71.46	141.21	488.19	85.16	107.85	81.90	54.23	190.92	115.74	1741.58
常德市	13.55	15.68	10.11	7.31	3.45	6.19	17.76	30.37	2.12	6.07	74.85	44.28	231.74
常州市	67.52	51.24	65.06	68.31	46.00	32.47	39.08	198.36	121.35	189.45	219.21	308.94	1406.97
长治市	47.18	46.68	8.48	4.96	8.87	50.47	24.09	31.93	25.70	25.61	68.71	66.07	408.76
朝阳市	19.14	14.52	21.18	39.86	27.82	1.03	10.41	11.78	12.38	27.43	15.79	53.40	254.74
潮州市	8.30	22.20	4.40	14.78	1.96	14.11	5.47	2.61	5.52	1.02	2.04	28.89	111.30

1-3　续表 2　　单位：万平方米

城市	1月	2月	3月	4月	5月	6月	7月	8月	9月	10月	11月	12月	合计
郴州市	21.58	51.35	24.31	5.03	35.43	54.19	6.06	17.57	22.60	70.26	85.51	151.26	545.15
承德市	22.70	9.94	10.53	85.17	23.60	35.50	51.23	30.62	11.06	5.28	0.24	79.89	365.76
池州市	4.96	28.50	15.32	16.97	27.41	22.84	32.03	61.46	25.88	26.27	3.39	87.35	352.38
赤峰市	23.10	29.27	27.39	124.12	76.31	269.14	275.45	147.86	27.39	102.84	87.60	49.94	1240.39
崇左市	31.85	18.49	41.07	28.94	34.43	68.31	56.26	50.41	50.18	35.62	105.75	110.10	631.40
滁州市	79.99	78.11	31.70	93.04	124.01	158.15	31.18	208.30	67.74	184.99	255.28	140.43	1452.93
达州市	10.07	48.55	2.82	1.86	18.92	8.63	31.72	23.15	32.01	48.56	35.60	311.73	573.62
大庆市	66.51	13.58	46.17	27.49	9.34	0	23.26	3.54	49.65	22.47	41.25	35.33	338.60
大同市	74.66	46.07	5.41	114.72	72.80	12.92	31.97	20.70	11.01	11.93	99.68	113.61	615.48
丹东市	1.45	4.81	3.37	1.09	4.44	19.01	20.27	8.17	24.80	23.91	8.23	14.76	134.31
儋州市	0	0	0	0	1.86	0	0	0	10.00	0	5.25	29.74	46.85
德阳市	21.80	11.53	46.72	10.27	26.97	5.32	46.12	55.93	189.65	228.70	121.28	298.39	1062.69
德州市	72.82	98.21	73.90	64.81	225.18	181.57	56.10	108.72	188.04	80.10	78.41	279.98	1507.84
定西市	1.72	25.40	12.12	10.47	11.57	20.25	48.91	20.59	30.62	12.37	10.40	5.35	209.77
东莞市	37.66	29.90	2.57	28.39	27.78	26.14	41.54	171.47	28.60	13.74	28.15	117.82	553.76
东营市	66.27	104.39	95.59	55.22	67.23	107.31	72.22	94.13	31.35	45.25	121.32	271.60	1131.88
鄂尔多斯市	230.95	191.48	549.13	89.81	342.35	310.71	263.14	129.82	62.16	133.71	67.50	154.80	2525.55
鄂州市	44.34	26.90	3.68	23.33	10.70	46.86	17.84	62.55	34.44	14.30	75.43	124.42	484.79
恩施土家族苗族自治州	40.20	12.55	6.68	9.74	9.74	4.41	21.01	31.74	28.05	14.57	32.78	145.17	356.64
防城港市	160.67	2.45	0	3.65	6.45	11.60	69.41	14.54	43.64	13.01	20.92	5.39	351.75
佛山市	79.59	53.01	27.56	54.57	58.41	83.38	78.01	92.25	82.99	115.44	106.05	309.34	1140.59
抚顺市	7.11	85.96	2.34	10.01	23.09	0.91	3.41	3.60	3.74	7.23	9.06	8.22	164.68
抚州市	35.11	43.13	17.83	17.73	104.37	67.04	62.90	96.75	124.60	87.24	82.49	217.12	956.32
阜新市	0.43	3.19	3.53	26.73	40.83	31.38	10.07	52.94	38.26	5.99	4.64	8.67	226.66
阜阳市	89.46	65.34	35.45	101.83	109.63	82.25	81.36	63.91	118.34	124.08	101.73	275.00	1248.38
赣州市	91.84	94.04	54.11	37.30	185.05	37.59	95.11	103.12	107.86	128.00	246.06	281.30	1461.39
固原市	15.11	9.55	3.92	13.00	4.42	0.87	6.67	19.26	23.35	2.60	30.41	11.91	141.07
广安市	18.32	7.20	27.45	12.35	1.89	13.85	14.02	19.83	31.66	72.82	73.81	40.86	334.07
广元市	15.91	10.76	10.00	23.47	35.84	5.69	6.04	5.02	25.97	84.41	36.15	216.19	475.46
贵港市	61.18	32.69	18.38	2.00	67.68	64.92	62.03	8.80	41.59	15.19	139.97	99.33	613.75
桂林市	43.89	49.57	6.34	23.36	26.74	32.00	8.01	36.89	25.06	40.28	7.44	39.35	338.94
哈密市	19.22	15.27	16.12	70.08	6.84	226.49	396.64	148.00	179.28	34.15	294.85	104.33	1511.27
海东市	1.34	7.08	10.22	5.00	5.96	6.92	4.10	4.22	19.15	3.48	0.77	3.98	72.23
邯郸市	329.36	382.68	37.36	389.01	114.49	113.00	156.47	97.04	116.06	114.55	96.44	114.41	2060.87
汉中市	5.72	9.39	53.82	6.46	1.01	1.36	9.42	4.09	14.06	12.46	3.96	68.66	190.41
河池市	12.99	1.32	7.98	0.59	24.68	35.95	49.05	35.47	1.54	4.33	13.08	30.15	217.13

1–3 续表 3

单位：万平方米

城市	1月	2月	3月	4月	5月	6月	7月	8月	9月	10月	11月	12月	合计
河源市	21.98	19.99	22.48	17.81	27.29	23.76	22.13	28.37	1.10	11.78	6.97	25.36	229.03
菏泽市	95.14	70.65	47.08	137.36	91.74	67.46	129.25	115.96	155.85	78.13	252.53	167.06	1408.21
贺州市	26.86	0.14	12.02	10.04	0.36	16.81	40.46	20.13	17.02	21.67	36.88	118.92	321.30
鹤壁市	11.36	19.44	6.67	1.90	13.66	22.99	34.14	0	0	0	2.41	12.89	125.46
鹤岗市	8.32	1.25	0.91	0.05	0	4.50	5.37	10.85	3.13	2.95	0	2.95	40.28
黑河市	4.18	16.30	21.52	10.04	16.64	43.70	14.86	12.07	12.00	4.75	0	9.80	165.84
衡水市	66.10	67.41	79.09	54.75	84.77	91.93	67.43	23.15	34.32	37.04	138.81	131.49	876.28
衡阳市	52.01	32.01	4.20	18.23	12.78	54.99	39.06	17.17	49.81	35.38	66.65	223.82	606.10
呼伦贝尔市	6.65	11.87	11.31	16.25	32.50	5.77	4.86	90.25	11.31	146.07	131.47	24.82	493.13
葫芦岛市	8.98	51.36	19.29	6.91	34.87	3.09	14.78	22.15	25.24	26.86	4.31	11.90	229.73
湖州市	114.61	268.15	9.56	56.76	100.95	112.03	98.62	79.68	63.21	92.95	154.50	153.58	1304.60
怀化市	34.14	20.26	13.82	32.55	16.50	12.39	51.31	23.64	21.69	33.34	97.23	133.11	489.96
淮安市	128.30	219.46	75.81	140.48	128.24	134.30	66.53	392.12	245.27	125.74	189.50	117.62	1963.35
淮北市	27.99	29.82	27.24	45.13	65.37	34.05	52.01	36.69	32.72	19.57	27.72	23.72	422.02
淮南市	68.66	6.93	62.90	84.17	27.53	43.59	37.57	13.78	33.39	32.78	64.43	47.36	523.08
黄冈市	141.98	227.29	142.97	113.94	34.46	126.12	86.83	46.71	32.86	78.84	25.43	168.56	1225.98
黄山市	7.00	4.05	6.01	5.14	6.55	36.58	13.68	23.63	22.77	26.05	44.25	37.27	232.97
黄石市	115.63	1.47	16.81	8.22	23.76	80.59	68.27	68.86	38.94	42.39	204.79	184.45	854.18
惠州市	66.54	146.40	16.56	76.26	66.97	21.37	20.41	76.79	105.00	304.61	325.55	79.09	1305.56
鸡西市	2.13	0.20	24.52	1.84	33.95	6.05	16.81	5.21	7.51	0.65	4.51	0.48	103.86
吉安市	107.12	112.07	65.39	111.83	84.68	73.76	55.54	64.67	76.02	64.14	113.22	125.54	1053.98
吉林市	12.05	6.73	26.94	16.79	68.58	14.68	34.62	15.05	53.35	11.40	17.29	8.59	286.07
济宁市	123.83	112.42	142.46	72.38	37.95	155.42	69.94	128.43	185.29	250.59	248.90	397.32	1924.93
佳木斯市	6.36	8.43	22.50	18.41	13.44	3.67	7.83	3.75	22.26	2.39	4.91	4.76	118.71
嘉兴市	115.82	126.12	183.61	74.38	85.55	161.65	50.77	54.78	116.06	128.80	65.42	308.59	1471.54
嘉峪关市	0	0	6.64	0.39	4.89	0.78	0.86	24.48	10.83	2.00	1.03	6.26	58.16
江门市	21.82	62.31	11.83	41.83	51.87	44.56	42.81	31.09	33.65	112.02	210.66	68.61	733.07
焦作市	32.50	17.82	15.39	14.60	36.57	57.74	5.70	42.83	9.46	25.43	29.18	37.36	324.58
揭阳市	0	46.05	19.83	16.53	17.57	13.00	11.03	24.07	38.08	9.45	43.96	15.89	255.47
金昌市	38.03	0	44.18	19.03	53.65	23.63	38.10	0	0	19.72	0	29.67	266.01
金华市	106.33	148.08	79.16	64.27	46.84	172.86	83.29	67.26	114.30	99.78	168.41	437.53	1588.10
锦州市	0	148.63	58.82	15.44	4.85	3.19	8.03	62.47	22.66	9.40	7.23	25.27	365.98
晋城市	24.42	6.67	9.58	5.55	22.44	48.78	0.48	22.43	7.18	38.12	121.27	46.47	353.41
晋中市	39.74	19.12	5.74	16.43	7.96	24.60	12.32	38.20	26.40	29.81	69.22	156.41	445.94
荆门市	63.51	33.65	10.84	70.31	67.88	33.52	59.75	82.03	101.97	56.80	170.51	76.42	827.19
荆州市	78.20	49.12	32.05	31.06	125.35	46.84	73.01	32.28	75.34	32.73	274.47	392.99	1243.43
景德镇市	0.64	15.65	4.71	1.59	28.17	186.49	1.35	0.80	36.97	121.97	126.31	186.00	710.67

1-3　续表 4　　　　单位：万平方米

城市	1月	2月	3月	4月	5月	6月	7月	8月	9月	10月	11月	12月	合计
九江市	31.89	62.60	36.21	23.39	69.62	105.81	79.79	63.88	71.20	126.75	219.87	190.28	1081.29
酒泉市	33.37	25.06	131.49	491.74	185.70	47.01	50.75	110.91	34.75	63.44	58.61	37.43	1270.27
开封市	78.04	9.54	27.61	20.84	46.85	58.38	49.09	66.99	24.01	62.47	89.69	245.27	778.77
克拉玛依市	12.42	4.70	8.01	2.66	18.92	16.89	3.35	29.80	24.58	35.96	92.58	5.23	255.10
来宾市	21.20	16.21	0.63	3.98	19.61	64.97	0	16.80	24.59	8.37	25.81	69.64	271.82
廊坊市	44.65	61.84	114.50	15.19	38.77	74.42	15.43	1.03	36.47	76.17	9.96	65.66	554.09
乐山市	163.91	11.51	0.06	45.03	40.23	11.02	23.99	29.56	56.71	49.05	299.78	190.40	921.24
丽江市	7.22	21.03	15.40	10.66	0	6.29	1.91	0	10.62	4.92	13.61	31.47	123.13
丽水市	69.15	32.44	24.37	39.32	19.74	60.31	85.39	28.09	70.07	120.23	106.31	183.25	838.67
连云港市	104.72	188.91	18.92	52.22	58.34	89.47	47.51	175.94	56.53	62.80	156.53	112.88	1124.77
辽阳市	14.15	10.76	3.66	0	7.20	0	0.83	1.07	3.32	22.09	2.91	19.91	85.91
辽源市	71.70	40.14	6.35	12.09	12.86	11.11	1.40	32.85	15.28	6.36	46.03	4.87	261.04
聊城市	11.57	130.34	28.73	46.92	50.70	119.73	39.60	56.63	81.75	37.50	96.45	221.95	921.86
临沧市	6.16	19.23	5.73	12.05	21.34	1.63	8.02	5.21	2.47	28.83	0.50	20.96	132.15
临汾市	22.31	53.67	0.45	21.44	70.55	43.49	35.68	44.69	38.23	43.83	27.91	98.96	501.21
临沂市	193.67	155.81	117.46	197.73	212.91	131.04	234.59	195.17	179.93	161.23	172.54	205.17	2157.24
柳州市	47.19	14.07	4.05	21.24	25.34	34.48	17.52	29.30	5.07	7.19	8.50	53.52	267.49
六安市	25.29	28.04	102.19	31.25	13.49	47.17	50.20	53.00	25.47	78.47	35.00	130.12	619.69
六盘水市	3.50	40.45	4.07	10.20	23.27	26.44	13.48	50.28	65.58	43.14	211.37	111.24	603.01
龙岩市	25.38	14.68	18.49	27.99	12.55	34.09	36.65	36.09	23.83	41.21	65.05	132.19	468.20
陇南市	4.11	6.37	18.98	13.33	14.56	1.83	14.55	32.13	11.52	7.03	15.36	13.51	153.29
娄底市	32.31	18.83	13.21	4.20	46.09	10.47	17.28	26.15	7.04	48.64	67.70	82.56	374.47
泸州市	1.97	10.20	0	7.23	19.27	40.57	98.53	25.61	112.36	25.84	172.02	80.44	594.05
洛阳市	169.25	104.86	43.14	37.28	66.03	53.24	62.53	55.44	77.47	62.88	248.34	422.60	1403.06
漯河市	4.77	36.62	0	59.29	42.76	7.78	14.69	18.59	97.22	30.24	71.71	186.13	569.79
吕梁市	11.75	1.74	0	12.86	67.67	33.28	47.83	25.02	40.16	51.38	65.61	69.53	426.85
马鞍山市	97.16	57.89	12.67	7.50	27.04	8.19	84.27	28.53	45.93	48.28	37.78	262.95	718.20
茂名市	5.68	13.24	10.36	2.20	10.23	60.86	14.69	22.19	35.03	24.14	78.21	174.43	451.24
眉山市	80.20	6.90	29.69	35.12	31.43	83.72	33.95	59.69	14.58	12.82	147.68	233.52	769.32
梅州市	29.99	16.23	18.26	9.22	7.00	4.00	8.61	8.17	19.98	11.14	13.55	7.69	153.86
绵阳市	11.59	16.57	2.63	17.73	85.14	8.71	41.77	78.53	50.77	40.96	122.60	257.92	734.91
牡丹江市	5.30	10.15	1.88	0	0.93	1.55	3.95	4.96	2.41	11.93	31.82	39.17	114.03
南充市	70.33	25.85	25.17	24.73	50.91	66.68	26.83	39.13	126.46	10.04	103.86	180.68	750.67
南平市	11.81	14.28	26.71	11.73	10.67	45.07	32.16	29.47	44.12	21.79	48.56	108.20	404.58
南通市	177.31	228.30	97.13	79.92	109.30	195.80	113.88	104.39	303.76	226.66	576.91	156.77	2370.14
南阳市	101.67	111.80	8.55	65.74	83.35	82.12	67.44	37.85	103.70	125.12	96.27	300.95	1184.56

1-3 续表 5 单位：万平方米

城市	1月	2月	3月	4月	5月	6月	7月	8月	9月	10月	11月	12月	合计
内江市	12.72	17.20	0.47	15.75	20.60	40.14	37.93	22.22	41.59	57.93	71.77	106.99	445.30
宁德市	35.23	20.45	2.72	4.49	27.87	95.85	21.01	16.55	37.09	29.22	34.67	110.10	435.24
攀枝花市	0	3.29	0	12.47	10.21	0	1.34	40.36	0	0.56	62.59	90.18	220.98
盘锦市	1.71	0	36.20	9.18	15.52	9.41	0	0	1.25	10.55	10.17	83.96	177.94
平顶山市	112.99	9.02	27.72	81.48	87.72	43.08	52.58	62.67	20.99	68.17	121.08	95.45	782.94
平凉市	4.38	0.50	6.96	4.31	3.92	22.92	18.47	12.73	25.14	2.06	14.04	40.47	155.90
萍乡市	7.43	26.88	43.28	44.78	4.63	29.19	27.93	13.65	19.68	63.17	81.68	52.96	415.28
莆田市	51.27	4.54	2.49	0	29.18	1.51	8.58	19.09	18.05	38.85	55.84	9.65	239.05
濮阳市	41.39	22.95	37.55	19.17	42.57	91.50	18.66	36.75	13.08	36.32	59.30	115.45	534.68
普洱市	25.81	10.87	10.77	23.79	12.83	22.29	6.16	18.66	40.12	12.80	3.17	31.52	218.79
七台河市	0.60	15.72	2.04	0.51	5.84	0.85	1.51	3.45	8.06	0	3.26	1.99	43.83
齐齐哈尔市	27.43	5.54	15.67	15.37	2.22	34.90	7.88	3.42	5.95	3.20	0.27	30.54	152.39
黔南布依族苗族自治州	3.59	14.52	2.68	30.02	44.23	50.06	121.55	18.28	186.60	31.59	345.80	215.08	1064.01
钦州市	30.33	8.47	0	9.99	13.65	23.08	21.21	19.98	12.18	38.74	65.91	323.38	566.93
秦皇岛市	37.88	36.08	26.06	20.25	30.93	43.83	15.02	27.79	23.48	24.68	56.01	79.73	421.73
清远市	27.12	15.29	28.11	15.31	88.22	27.03	21.52	29.67	22.04	81.97	105.76	159.68	621.73
庆阳市	42.59	29.62	6.99	26.46	14.15	36.20	21.74	3.77	2.82	48.73	18.44	51.29	302.80
衢州市	126.04	63.69	54.37	45.30	71.67	48.14	64.02	66.13	22.69	41.89	42.55	175.05	821.53
曲靖市	37.77	24.94	25.95	10.51	15.76	18.13	28.40	24.25	40.94	104.01	50.10	75.94	456.70
泉州市	37.32	50.70	12.75	58.29	48.97	71.49	49.33	95.38	65.64	98.17	117.55	209.17	914.74
日照市	34.74	58.41	22.10	48.33	42.64	16.16	45.11	50.97	43.83	59.98	124.59	221.67	768.53
三门峡市	21.93	16.05	33.45	13.93	23.39	14.51	11.94	30.73	2.14	15.60	13.68	13.82	211.20
三明市	12.21	3.31	16.89	30.37	10.11	26.48	33.64	7.26	19.43	19.31	12.09	186.69	377.78
汕头市	2.72	12.08	0	21.53	14.38	12.53	1.48	9.27	43.35	27.33	32.79	1.07	178.54
汕尾市	52.86	28.59	3.46	28.12	16.50	8.40	2.45	21.53	27.08	12.87	11.45	29.05	242.36
商洛市	28.52	13.17	5.49	13.85	11.77	14.63	10.73	16.79	0.71	10.11	13.86	6.96	146.59
商丘市	26.09	80.64	46.04	164.87	25.27	147.80	17.13	65.98	123.86	87.48	83.46	236.45	1105.07
上饶市	86.74	143.27	34.73	101.09	51.36	94.17	77.17	115.45	68.53	90.18	93.28	286.33	1242.30
韶关市	25.03	61.60	12.04	48.04	19.16	14.33	34.67	89.26	98.13	36.54	24.88	72.92	536.58
邵阳市	23.66	4.74	2.48	11.92	32.14	17.39	16.93	14.48	26.84	31.36	15.22	54.84	252.00
绍兴市	80.13	97.58	61.28	54.67	74.51	95.06	74.15	59.07	70.50	60.21	70.73	274.53	1072.41
十堰市	39.86	25.86	41.46	20.85	21.50	69.86	20.56	81.42	80.48	99.27	129.40	130.89	761.41
石嘴山市	11.38	39.84	7.40	30.35	9.30	8.74	2.37	5.88	51.22	6.78	23.64	16.26	213.17
双鸭山市	2.16	13.18	2.65	8.71	0.52	2.54	4.24	9.52	2.03	13.37	0	7.88	66.80
朔州市	1.25	7.81	0	11.36	14.93	78.06	35.54	5.28	23.60	5.04	40.72	24.80	248.38

1-3　续表 6　　　　单位：万平方米

城市	1月	2月	3月	4月	5月	6月	7月	8月	9月	10月	11月	12月	合计
四平市	2.49	0.85	0	66.39	51.72	7.46	49.13	21.06	3.78	12.47	0	8.77	224.11
松原市	4.20	14.73	63.04	117.88	72.10	3.75	40.86	3.74	2.32	5.46	0.20	5.26	333.54
宿迁市	45.07	107.40	98.35	116.11	132.47	91.53	173.19	47.65	102.72	105.95	233.67	186.31	1440.41
宿州市	139.62	95.86	44.89	93.71	86.34	110.29	97.62	63.35	50.75	50.46	111.79	147.16	1091.86
绥化市	2.10	4.97	41.95	20.08	32.59	18.22	28.55	9.03	12.21	9.09	10.03	37.38	226.21
随州市	29.89	39.38	106.67	15.97	43.28	32.26	13.93	6.90	12.45	10.93	26.71	81.46	419.82
遂宁市	56.08	2.10	32.16	0	25.78	4.61	77.18	26.91	47.27	43.70	69.77	184.62	570.18
台州市	137.53	102.27	113.67	56.11	125.55	60.39	56.72	70.20	203.42	60.84	73.31	206.26	1266.27
泰安市	88.37	27.36	71.38	9.61	46.60	36.34	41.49	14.53	38.64	92.64	74.67	54.40	596.03
泰州市	77.90	93.01	2.93	43.43	17.03	16.29	53.59	31.47	57.84	66.30	358.43	171.47	989.69
唐山市	247.67	85.36	574.14	86.61	127.35	343.39	407.72	419.04	477.77	219.46	616.02	310.89	3915.41
天水市	0	0.23	6.49	0	8.06	15.34	14.19	21.24	18.63	12.25	30.56	36.05	163.04
铁岭市	6.24	20.65	12.85	9.66	33.86	32.20	0	6.70	41.00	4.65	0	0.14	167.94
通化市	8.98	0.73	1.51	5.76	32.71	21.56	34.76	5.71	11.34	3.23	1.38	14.86	142.54
通辽市	29.31	67.68	2.92	120.13	34.57	184.98	61.74	63.93	55.48	27.44	58.01	143.10	849.31
铜川市	10.40	0	4.02	0	0	0	6.68	3.29	2.35	48.34	12.96	15.04	103.08
铜陵市	11.60	14.02	6.78	21.97	42.16	27.56	5.62	45.33	18.54	22.53	75.54	169.58	461.22
铜仁市	15.45	8.50	5.02	7.86	14.87	28.65	59.61	15.30	42.62	57.72	97.85	101.63	455.08
吐鲁番市	15.89	10.13	8.46	50.75	5.46	38.55	62.53	33.98	44.03	104.76	19.27	63.06	456.87
威海市	79.23	104.22	138.43	17.78	34.81	57.48	75.51	27.61	63.77	109.10	189.31	247.64	1144.88
潍坊市	143.46	256.88	153.67	142.77	189.93	149.47	263.35	202.93	180.69	288.01	440.61	510.83	2922.58
渭南市	6.29	18.72	18.55	78.38	38.85	49.08	73.57	68.80	65.84	127.12	62.04	53.39	660.63
乌海市	69.23	59.99	10.03	189.82	70.05	130.94	134.65	163.81	13.55	92.44	0.87	28.05	963.45
乌兰察布市	109.20	81.55	37.89	10.99	92.59	171.91	119.18	110.90	61.71	146.24	89.45	170.34	1201.96
芜湖市	141.98	34.40	99.31	88.04	47.84	64.10	78.16	55.95	149.80	175.44	63.12	180.60	1178.75
吴忠市	123.94	41.96	12.43	18.82	13.00	74.71	18.67	55.68	93.55	52.46	19.30	65.88	590.39
梧州市	51.83	44.47	0.20	18.35	32.62	24.51	60.25	11.80	17.95	129.74	44.87	60.36	496.94
武威市	9.84	33.80	20.92	56.17	31.66	77.00	2.24	36.33	34.47	17.00	30.80	18.86	369.10
咸宁市	158.40	36.14	12.47	21.21	13.17	36.28	8.92	22.61	30.29	23.11	158.77	160.52	681.91
咸阳市	105.33	1.43	45.91	58.56	80.80	25.92	63.31	20.99	68.68	41.77	72.62	143.91	729.23
湘潭市	78.84	7.01	0	31.85	18.52	15.79	56.81	1.72	4.08	4.76	49.32	57.14	325.85
襄阳市	62.26	62.57	52.48	78.04	62.13	80.98	68.87	60.15	40.74	91.90	38.68	202.22	901.02
孝感市	169.19	79.63	55.56	54.48	71.37	109.53	54.12	26.18	91.83	240.26	237.98	123.88	1314.00
忻州市	34.02	26.22	10.06	8.07	9.06	49.34	37.55	23.84	53.22	26.45	70.68	13.53	362.04
新乡市	41.47	66.62	62.25	48.44	50.35	62.18	64.89	64.05	37.18	65.73	26.39	139.26	728.82
新余市	0.65	43.69	1.53	4.41	6.09	8.03	10.53	3.31	40.02	28.11	26.73	53.79	226.89
信阳市	74.13	36.88	24.97	50.97	74.76	45.17	72.06	65.28	50.28	100.17	25.72	168.15	788.53

1-3 续表 7 单位：万平方米

城市	1月	2月	3月	4月	5月	6月	7月	8月	9月	10月	11月	12月	合计
邢台市	83.63	182.49	185.57	77.53	103.68	88.23	75.92	104.79	83.35	163.73	195.21	254.26	1598.38
徐州市	34.60	200.95	191.32	114.07	90.49	150.13	37.28	101.13	218.93	203.45	382.12	495.41	2219.88
许昌市	18.78	89.41	14.60	22.31	13.18	46.61	26.44	20.59	0	57.76	74.24	190.34	574.25
宣城市	83.58	70.64	60.06	85.79	57.82	129.26	40.24	111.49	88.90	105.78	46.36	87.96	967.89
雅安市	40.62	7.52	32.42	24.69	10.87	21.53	7.13	2.14	29.81	47.40	39.93	57.34	321.41
烟台市	82.38	73.23	7.93	83.70	52.97	32.80	131.17	30.31	181.48	271.52	150.31	178.12	1275.92
延安市	35.64	22.13	40.49	40.06	43.54	13.38	46.65	8.93	15.31	30.15	31.00	15.42	342.68
盐城市	207.54	113.51	114.40	104.96	110.44	81.31	144.47	70.97	134.45	336.75	300.63	329.89	2049.31
扬州市	63.31	99.02	81.14	97.46	148.15	36.76	78.77	110.45	139.46	162.54	336.26	281.93	1635.26
阳江市	29.10	7.73	5.06	9.74	0	3.86	29.06	34.24	14.71	29.23	8.02	39.15	209.89
阳泉市	17.37	10.41	0	0	15.06	13.64	16.83	0	24.63	7.90	46.33	87.54	239.73
伊春市	0	2.97	0	0	0.48	4.25	0.76	0.50	0.80	1.68	0.99	0.99	13.43
伊犁哈萨克自治州	75.58	43.61	97.39	116.45	123.76	122.28	98.08	84.14	57.97	190.37	222.50	229.51	1461.62
宜宾市	105.81	43.93	13.06	53.72	88.04	26.62	54.64	59.62	55.60	48.06	78.46	320.20	947.75
宜昌市	55.44	79.40	20.47	77.45	110.47	62.45	67.46	88.29	262.94	156.69	370.92	388.70	1740.68
宜春市	86.35	60.37	29.98	84.69	56.57	47.49	28.11	83.37	64.44	98.60	130.30	212.33	982.58
益阳市	17.26	21.45	9.80	0.48	8.14	26.51	21.76	3.82	2.85	2.66	8.43	26.67	149.85
鹰潭市	35.76	15.06	0	31.39	4.89	16.44	14.36	3.41	15.07	19.60	83.79	81.13	320.91
营口市	0	8.39	4.00	3.99	44.24	6.36	18.33	26.09	2.76	5.07	16.55	75.88	211.65
永州市	55.02	18.31	28.44	14.67	38.31	34.12	110.30	48.29	32.15	30.35	32.94	204.91	647.80
榆林市	64.80	93.81	177.81	577.62	87.54	222.38	128.19	194.75	44.55	86.87	498.66	269.89	2446.87
玉林市	76.47	26.32	5.88	11.99	32.26	8.70	51.95	23.81	23.92	20.02	24.25	55.85	361.41
玉溪市	71.86	13.21	15.95	27.88	31.49	27.96	13.68	78.80	42.96	34.91	15.04	53.51	427.25
岳阳市	341.76	40.90	5.01	22.81	32.16	62.34	59.38	36.98	70.97	19.05	145.94	145.23	982.53
云浮市	33.94	10.78	9.04	12.45	18.03	32.16	0.53	1.11	7.70	40.27	0.65	42.49	209.15
运城市	13.68	27.51	47.23	4.95	60.76	67.89	51.34	64.89	58.39	53.94	49.89	74.86	575.32
枣庄市	38.33	11.37	64.68	23.69	33.28	75.86	54.02	51.79	28.87	77.49	172.86	149.43	781.67
湛江市	29.88	10.82	7.24	90.11	13.77	30.49	17.52	39.00	60.50	14.90	36.50	66.11	416.83
张家界市	1.75	1.39	3.38	2.23	0	7.15	0.26	0	0	0.26	1.25	10.63	28.29
张家口市	41.21	44.90	37.01	69.10	53.46	48.01	70.52	26.80	31.09	146.31	48.38	123.23	740.02
张掖市	59.39	17.37	18.10	53.97	22.55	30.67	72.31	37.44	68.56	9.56	70.41	55.03	515.35
漳州市	105.10	143.74	31.55	85.18	55.34	162.64	22.02	36.95	64.97	103.29	231.76	79.71	1122.24
昭通市	29.71	6.87	0	65.69	69.80	127.88	36.44	17.94	35.22	26.37	74.01	94.97	584.90
肇庆市	59.49	29.06	25.37	33.83	49.58	27.92	60.15	28.08	30.42	28.65	43.81	180.44	596.80
镇江市	47.89	23.04	1.28	74.18	143.71	23.49	12.29	247.03	61.34	124.62	235.82	70.26	1064.93

1-3　续表 8　　　　单位：万平方米

城市	1 月	2 月	3 月	4 月	5 月	6 月	7 月	8 月	9 月	10 月	11 月	12 月	合计
中山市	16.49	9.61	23.77	54.84	19.01	7.88	6.05	12.01	13.71	6.97	47.63	19.43	237.40
中卫市	5.82	20.26	69.56	20.42	38.37	18.96	18.65	1.66	8.40	24.53	7.14	23.10	256.87
舟山市	0	99.95	13.04	13.86	57.98	78.14	8.68	5.01	10.88	20.43	19.14	12.54	339.64
周口市	130.20	157.60	22.90	110.61	115.37	38.34	133.50	104.01	81.01	84.75	86.42	130.38	1195.08
珠海市	68.50	3.65	2.80	5.37	7.01	15.17	20.42	4.94	8.91	39.63	22.23	23.19	221.84
株洲市	7.57	41.83	12.28	0.06	51.03	30.25	24.27	22.05	56.45	122.94	123.66	145.68	638.09
驻马店市	68.70	84.37	8.28	26.74	58.35	56.00	47.28	112.10	103.05	78.76	236.54	257.75	1137.90
资阳市	57.63	13.34	7.94	25.66	19.11	36.16	29.53	6.79	1.29	0	67.41	95.10	359.96
淄博市	36.59	74.30	22.11	16.00	22.45	24.18	38.18	22.96	20.88	49.48	192.91	156.31	676.35
自贡市	13.40	2.09	2.90	17.46	15.89	32.94	2.55	4.89	0.66	13.71	26.10	26.93	159.53
遵义市	99.93	71.69	30.60	37.32	89.99	108.90	67.90	59.73	64.37	188.08	276.58	295.98	1391.08

数据来源：中指数据库监测。

1-4 2024年全国300城土地推出规划建筑面积统计

单位：万平方米

城市	1月	2月	3月	4月	5月	6月	7月	8月	9月	10月	11月	12月	合计
一线城市													
北京市	80.46	81.16	48.34	40.54	132.09	48.41	115.27	53.89	59.39	68.01	76.48	90.55	894.59
上海市	32.02	142.74	82.71	179.75	103.69	165.14	94.68	127.85	34.71	105.00	101.92	345.02	1515.23
广州市	357.35	153.82	250.84	250.04	181.95	382.78	142.26	330.02	486.01	440.10	365.80	508.52	3849.49
深圳市	31.55	71.96	2.39	99.88	48.01	0	101.70	61.58	53.35	15.00	165.27	44.55	695.23
二线城市													
长春市	13.65	36.13	10.18	56.64	64.44	109.71	85.70	45.33	75.57	53.37	87.22	221.84	859.76
长沙市	58.62	68.81	0.25	99.85	337.38	176.33	54.71	120.83	95.60	223.42	414.41	1386.00	3036.21
成都市	306.28	96.09	13.97	219.09	43.61	304.67	422.15	105.15	232.24	300.53	568.85	904.25	3516.88
重庆市	255.96	242.50	293.73	216.83	169.81	668.03	358.15	267.35	568.60	402.06	801.43	1377.02	5621.47
大连市	23.06	52.40	44.99	23.02	33.27	27.45	19.41	264.91	139.83	62.98	40.36	461.15	1192.84
福州市	160.42	48.86	144.55	70.48	175.89	194.79	182.96	109.45	154.09	214.38	342.80	290.03	2088.69
贵阳市	91.38	67.67	282.52	22.46	74.51	20.79	106.45	86.34	94.45	74.30	619.89	300.23	1840.99
哈尔滨市	18.57	87.68	14.96	60.86	68.70	15.72	51.21	42.29	27.61	19.59	9.04	34.19	450.42
海口市	118.69	0	0	18.25	32.59	32.22	41.65	25.97	30.57	0	27.53	147.05	474.52
杭州市	404.81	258.68	93.80	310.72	174.69	276.81	223.24	230.78	202.33	237.93	235.40	482.22	3131.40
合肥市	44.26	92.01	247.48	9.48	253.29	259.08	211.73	205.59	163.90	180.66	168.93	338.84	2175.26
呼和浩特市	210.34	47.68	32.42	19.81	118.03	111.56	200.16	129.76	136.48	47.97	52.74	156.95	1263.90
济南市	304.32	194.74	129.75	134.54	129.16	127.96	133.06	100.49	217.96	142.67	321.76	288.15	2224.57
昆明市	22.06	135.40	67.24	45.57	65.06	136.24	119.95	123.06	193.56	72.67	248.76	445.10	1674.67
兰州市	111.31	143.28	0	93.06	19.98	92.68	91.27	24.52	11.40	45.48	68.00	399.97	1100.95
南昌市	114.60	80.09	36.20	72.34	42.51	67.22	108.01	66.19	57.37	16.14	65.94	82.75	809.36
南京市	129.63	205.41	94.84	168.47	120.14	136.58	99.28	260.74	233.67	106.27	187.73	305.10	2047.86
南宁市	97.95	102.26	140.07	14.00	120.71	120.25	53.54	23.15	112.83	31.22	112.72	201.72	1130.43
宁波市	87.87	278.29	432.96	115.41	178.04	193.89	131.60	127.05	217.08	214.42	347.94	625.37	2949.92
青岛市	87.48	92.27	75.38	31.78	72.84	102.75	130.81	21.34	216.25	49.30	168.45	362.16	1410.82
三亚市	12.14	19.59	0	5.45	0	47.26	5.83	6.29	33.07	9.79	6.02	88.70	234.14
沈阳市	46.10	99.39	28.60	50.12	106.93	80.43	9.29	64.46	71.47	73.24	35.46	233.18	898.67
石家庄市	306.70	384.56	295.84	176.87	177.55	192.53	230.53	226.67	248.14	168.70	404.47	654.13	3466.69
苏州市	230.11	334.54	87.29	329.76	232.06	369.07	400.12	151.82	259.07	359.43	366.38	511.55	3631.19
太原市	8.12	76.70	41.11	50.80	56.36	139.56	257.62	68.01	131.29	88.11	67.94	170.49	1156.11
天津市	64.79	94.27	115.48	60.86	88.14	444.84	80.28	114.39	234.58	63.50	216.88	345.37	1923.37
温州市	147.51	391.98	153.30	69.59	200.25	173.95	331.77	396.93	158.24	103.71	155.96	346.51	2629.71
乌鲁木齐市	108.75	7.20	38.19	15.79	64.78	114.20	189.22	241.90	95.38	136.96	52.12	168.82	1233.33

1-4　续表 1　　　　　　　　　　　　　　　　　　　　　　　　单位：万平方米

城市	1月	2月	3月	4月	5月	6月	7月	8月	9月	10月	11月	12月	合计
无锡市	102.62	77.35	34.73	163.55	71.76	143.79	127.19	177.67	17.01	201.15	323.13	502.03	1941.97
武汉市	36.12	64.01	45.84	65.63	115.23	343.36	81.41	90.58	137.26	73.16	241.46	1101.19	2395.25
西安市	344.32	134.92	169.25	46.94	352.45	389.71	135.71	156.45	419.67	234.73	287.58	366.30	3038.04
西宁市	0	0.22	22.72	41.57	0	0.17	0	4.25	8.39	7.67	10.46	51.26	146.71
厦门市	30.16	101.65	203.95	163.64	64.04	113.51	29.74	116.41	30.79	49.01	31.71	75.85	1010.46
银川市	28.08	40.39	51.90	58.61	13.95	72.36	78.87	32.20	57.67	10.65	79.61	24.77	549.07
郑州市	268.23	330.70	69.28	129.38	209.50	165.13	293.03	169.59	667.29	632.99	1262.15	828.90	5026.17
三四线城市													
安康市	25.59	88.60	9.32	19.82	37.43	59.95	29.12	15.74	19.77	53.49	103.03	36.87	498.75
安庆市	147.74	49.32	196.91	66.62	55.57	141.76	47.79	78.52	57.26	20.17	52.02	66.68	980.36
安顺市	81.40	25.41	2.04	30.32	79.46	88.65	61.24	43.32	20.90	38.45	230.18	249.71	951.09
安阳市	32.04	22.86	34.41	44.88	36.55	34.78	12.66	28.90	35.10	70.85	76.10	52.72	481.86
鞍山市	14.70	30.09	8.61	12.71	1.73	26.96	21.03	54.07	104.60	25.18	15.25	48.34	363.27
巴彦淖尔市	15.24	15.03	39.47	35.27	11.12	39.57	94.46	104.23	12.01	55.62	13.26	51.77	487.05
巴中市	28.26	43.15	19.61	47.28	34.95	16.49	105.26	98.55	82.00	51.17	46.81	114.70	688.24
白城市	28.08	4.22	19.81	6.02	54.09	16.82	5.86	24.98	16.51	15.34	5.93	5.64	203.30
白山市	6.02	12.06	5.37	4.31	23.70	3.96	29.65	1.89	6.95	0	16.28	16.62	126.83
白银市	43.62	14.65	11.38	11.84	1.47	4.58	21.63	275.16	4.87	15.68	8.65	32.63	446.16
百色市	24.55	39.56	10.20	105.53	58.98	69.37	15.54	5.84	13.94	127.93	140.41	160.56	772.41
包头市	106.73	87.58	113.16	146.69	110.45	95.06	205.36	17.18	139.69	168.80	136.06	158.82	1485.60
宝鸡市	285.72	70.26	25.85	12.44	31.44	166.93	173.28	49.69	29.10	20.06	12.17	153.09	1030.05
保定市	226.96	170.98	279.97	178.43	171.31	276.43	87.02	140.77	226.48	54.88	269.54	336.03	2418.80
保山市	13.53	49.20	3.33	5.11	8.32	31.30	21.69	18.38	10.06	4.75	38.29	103.97	307.93
北海市	38.78	30.32	53.65	11.46	20.91	64.47	12.91	85.54	4.05	118.54	71.55	109.08	621.27
本溪市	2.19	0	0	1.77	12.09	6.05	19.73	16.65	5.27	0.60	0.51	22.54	87.41
蚌埠市	61.78	49.17	16.27	93.19	117.03	47.19	115.48	10.45	69.92	23.86	141.35	111.48	857.18
毕节市	0.97	25.82	45.98	71.02	45.22	21.45	49.66	53.05	103.36	66.47	464.70	95.83	1043.52
滨州市	28.27	148.03	302.66	42.36	49.16	78.72	21.29	283.89	153.66	273.73	639.76	472.56	2494.08
亳州市	37.17	49.56	50.16	66.10	99.51	14.84	149.84	89.85	35.33	129.88	283.40	109.60	1115.26
沧州市	151.11	268.14	156.94	138.33	198.32	761.53	127.44	181.82	130.04	91.40	282.62	200.27	2687.95
常德市	28.85	14.79	11.30	7.20	5.15	12.27	27.81	63.54	1.37	4.47	84.35	65.13	326.23
常州市	111.25	74.80	97.06	114.04	76.14	60.10	54.68	192.27	174.78	320.87	377.07	459.69	2112.76
长治市	58.82	66.53	8.48	4.27	11.30	79.57	42.52	29.83	57.45	36.45	86.54	88.38	570.15
朝阳市	18.69	16.86	18.03	36.29	23.93	1.52	11.05	14.02	20.66	25.97	16.48	53.51	257.01
潮州市	35.02	69.26	13.19	56.89	6.16	53.49	15.46	11.73	24.83	4.58	8.80	96.60	396.01

1-4 续表 2

单位：万平方米

城市	1月	2月	3月	4月	5月	6月	7月	8月	9月	10月	11月	12月	合计
郴州市	29.72	74.81	65.57	7.01	96.82	108.43	15.61	40.95	32.57	120.72	143.79	234.72	970.72
承德市	29.94	8.82	7.47	83.27	21.00	55.90	51.34	42.98	9.98	8.29	0.60	89.31	408.90
池州市	4.08	7.00	34.13	23.07	48.68	38.35	46.27	90.68	35.67	34.31	6.01	133.29	501.54
赤峰市	29.84	28.73	42.52	85.04	70.24	145.98	93.64	125.02	45.05	70.42	77.75	47.12	861.34
崇左市	54.98	34.96	122.67	65.15	82.77	114.55	134.21	84.77	98.88	80.89	237.91	206.26	1317.99
滁州市	100.42	77.11	34.45	115.47	153.82	229.73	39.29	309.14	93.48	268.08	417.39	178.11	2016.48
达州市	10.04	89.09	7.88	2.04	31.38	17.77	61.15	40.00	36.43	69.89	61.65	460.67	887.98
大庆市	36.03	10.82	34.38	25.20	16.81	0	30.43	3.29	50.00	32.83	75.25	51.21	366.26
大同市	36.39	70.87	3.26	108.03	54.44	16.68	32.01	16.72	17.28	12.11	96.36	129.23	593.39
丹东市	2.99	4.27	2.70	1.09	6.30	18.83	37.25	10.99	21.60	29.47	6.03	20.93	162.46
儋州市	0	0	0	0	5.17	0	0	0	6.00	0	5.43	22.44	39.04
德阳市	23.62	22.78	62.19	11.17	23.70	98.06	64.17	62.58	280.70	323.90	217.75	534.65	1725.26
德州市	90.83	127.28	74.94	81.47	238.69	224.84	49.58	148.06	205.59	100.30	88.30	419.79	1849.68
定西市	1.33	21.65	13.71	20.93	19.41	43.08	73.38	30.93	25.51	30.31	11.43	6.74	298.41
东莞市	127.84	98.41	8.62	85.23	64.68	64.16	143.89	581.31	102.10	46.11	92.18	315.11	1729.66
东营市	61.24	111.20	111.34	38.16	74.03	106.54	57.61	86.40	22.54	43.14	130.19	240.26	1082.65
鄂尔多斯市	162.86	104.59	226.83	69.75	200.47	205.64	181.88	161.42	51.43	91.28	37.27	87.77	1581.19
鄂州市	67.52	35.36	5.52	24.61	11.20	113.96	26.66	66.58	75.27	14.87	104.28	265.04	810.87
恩施土家族苗族自治州	61.86	21.37	12.91	14.20	11.77	6.65	35.12	46.26	36.30	17.94	52.60	250.78	567.77
防城港市	260.25	4.91	0	10.96	12.54	10.88	67.78	25.49	73.92	13.01	25.15	8.06	512.94
佛山市	229.93	176.23	98.31	192.22	208.16	269.01	253.66	293.32	269.47	365.95	351.84	982.83	3690.94
抚顺市	8.81	69.95	1.46	6.70	13.68	0.55	4.65	2.94	2.98	8.68	17.74	17.94	156.07
抚州市	45.97	57.21	18.11	16.68	121.00	124.07	105.14	105.21	153.67	112.65	129.41	326.19	1315.30
阜新市	0.43	2.97	3.19	29.56	31.35	25.26	8.90	48.67	30.60	0.90	2.54	8.17	192.54
阜阳市	131.05	78.99	42.56	122.23	167.51	116.63	96.77	80.73	175.27	200.33	138.97	445.21	1796.24
赣州市	142.09	124.37	71.87	60.03	276.82	63.48	118.45	159.75	154.97	175.22	361.33	439.30	2147.68
固原市	20.44	11.21	2.36	14.22	3.74	0.70	7.41	21.58	22.70	1.27	32.17	11.41	149.22
广安市	26.63	4.32	47.87	21.28	1.51	23.94	29.17	33.51	63.96	102.64	106.61	72.71	534.16
广元市	37.63	17.75	16.50	36.61	17.25	8.59	9.55	6.89	26.08	105.61	70.43	334.51	687.41
贵港市	95.59	97.93	24.30	3.00	102.27	64.22	84.84	14.40	69.83	40.79	156.37	107.09	860.63
桂林市	111.27	89.79	12.69	45.19	57.26	39.17	17.01	81.16	33.76	78.22	6.59	69.57	641.68
哈密市	21.17	12.67	16.47	49.23	8.14	213.93	262.83	126.94	186.05	33.67	210.16	72.88	1214.14
海东市	2.67	8.22	18.49	4.34	10.75	11.70	11.42	8.67	20.77	3.48	1.52	5.97	108.01
邯郸市	355.77	387.98	42.54	465.01	157.37	129.72	127.63	145.38	163.30	130.46	111.02	131.95	2348.13
汉中市	9.27	6.74	4.42	3.61	1.64	1.09	13.06	6.16	17.19	11.78	5.41	156.13	236.49

1-4　续表 3　　单位：万平方米

城市	1月	2月	3月	4月	5月	6月	7月	8月	9月	10月	11月	12月	合计
河池市	17.94	2.06	13.72	1.26	25.44	45.85	81.87	38.71	4.57	20.16	23.18	47.08	321.83
河源市	51.20	52.43	84.55	52.87	71.45	56.77	45.42	43.45	1.42	21.16	8.37	55.94	545.02
菏泽市	166.18	87.67	63.15	89.52	149.32	106.48	207.57	169.86	195.11	83.85	415.25	301.29	2035.25
贺州市	38.44	0.19	18.78	11.36	0.36	32.96	80.30	40.21	25.67	40.71	73.28	250.07	612.33
鹤壁市	9.09	17.52	3.60	1.69	11.22	27.32	35.85	0	0	0	2.41	18.38	127.08
鹤岗市	8.56	2.25	1.18	0.02	0	3.15	7.65	0.54	4.74	6.78	0	6.78	41.65
黑河市	6.82	17.58	22.64	7.85	17.83	25.04	6.98	14.39	6.42	4.05	0	10.47	140.07
衡水市	94.26	73.92	84.64	54.58	129.23	105.26	77.36	33.93	46.40	46.51	154.64	205.83	1106.56
衡阳市	91.32	49.19	4.52	15.93	15.38	115.86	47.35	30.38	63.44	46.35	105.56	488.63	1073.90
呼伦贝尔市	4.53	14.55	17.66	22.29	28.03	4.00	5.94	58.84	17.62	106.17	89.90	29.49	399.03
葫芦岛市	17.96	49.84	31.07	9.62	29.62	1.81	11.83	39.88	22.06	31.01	4.33	23.28	272.29
湖州市	276.82	620.05	18.66	133.13	266.59	237.15	235.28	198.06	130.26	213.34	261.81	257.13	2848.27
怀化市	49.23	34.16	20.67	23.30	31.21	30.48	56.03	33.95	26.44	75.10	145.09	285.46	811.13
淮安市	152.77	234.56	89.54	214.72	141.77	145.59	68.38	673.38	380.74	177.57	347.59	146.43	2773.05
淮北市	48.93	21.15	36.59	44.29	71.19	47.89	69.54	59.89	49.07	36.36	38.78	30.52	554.21
淮南市	81.09	13.44	54.74	94.56	35.76	50.85	54.44	17.73	34.72	41.49	79.76	47.06	605.63
黄冈市	164.70	347.56	174.55	134.31	38.97	110.51	90.76	48.38	33.10	83.86	34.18	246.86	1507.75
黄山市	10.43	7.52	7.11	7.49	7.24	50.66	19.36	35.79	31.38	37.47	63.15	53.49	331.08
黄石市	184.64	2.20	18.67	9.65	43.57	105.42	67.76	117.87	46.00	46.25	331.62	275.53	1249.19
惠州市	157.63	290.04	40.94	146.31	114.27	34.72	60.73	168.71	208.37	420.40	472.92	185.15	2300.18
鸡西市	1.93	0.08	19.61	1.87	29.61	8.57	13.32	11.46	8.53	0.68	0.80	0.29	96.76
吉安市	163.69	155.31	62.17	146.61	119.77	94.84	91.59	81.74	97.76	106.90	160.75	172.13	1453.25
吉林市	18.49	6.68	24.81	17.21	60.59	12.60	25.59	12.57	40.69	7.76	19.32	9.45	255.76
济宁市	191.66	112.02	205.27	78.83	44.96	201.61	89.31	222.29	235.23	333.96	415.39	574.13	2704.66
佳木斯市	5.61	5.06	20.50	20.97	14.16	3.68	5.90	3.75	23.56	3.46	8.93	11.33	126.92
嘉兴市	276.36	316.77	587.28	223.35	229.07	392.66	136.93	136.38	286.30	368.42	177.09	800.65	3931.26
嘉峪关市	0	0	7.31	0.15	10.26	0.55	1.02	17.27	2.17	3.36	1.03	8.86	51.98
江门市	69.96	211.00	42.93	136.37	167.95	108.11	108.72	100.41	94.72	283.85	537.13	205.89	2067.05
焦作市	57.20	19.15	18.33	14.89	39.96	67.36	4.85	57.65	14.54	31.13	34.41	41.45	400.92
揭阳市	0	102.64	65.80	62.14	34.01	25.89	12.76	80.86	128.46	30.16	168.37	48.28	759.38
金昌市	29.61	0	23.44	14.18	32.19	35.77	30.72	0	0	10.09	0	20.89	196.88
金华市	267.68	373.86	269.57	184.61	134.51	428.59	169.34	166.44	263.57	243.34	428.72	1132.16	4062.39
锦州市	0	130.53	56.86	16.98	2.06	3.66	17.25	33.54	18.81	13.07	6.29	20.33	319.39
晋城市	19.54	6.62	18.25	14.74	33.83	80.72	0.72	40.49	18.73	37.90	123.85	47.12	442.49
晋中市	75.20	23.00	5.10	27.33	7.74	44.04	20.79	51.42	50.60	53.92	100.90	227.63	687.67
荆门市	64.66	34.28	10.84	82.25	86.04	39.91	86.15	112.26	120.55	91.45	279.64	95.31	1103.34
荆州市	75.59	51.13	42.74	33.75	172.10	57.10	93.48	37.96	83.04	35.01	366.45	387.46	1435.82

1-4 续表 4　　　　单位：万平方米

城市	1月	2月	3月	4月	5月	6月	7月	8月	9月	10月	11月	12月	合计
景德镇市	0.52	31.30	9.42	3.18	39.80	318.03	2.43	0.96	56.08	155.84	197.96	340.57	1156.08
九江市	36.23	70.03	36.05	35.50	85.25	114.52	73.72	73.83	86.81	161.82	261.56	261.60	1296.91
酒泉市	28.62	25.24	77.64	317.39	124.05	40.88	42.24	53.06	30.02	54.73	49.82	27.73	871.43
开封市	93.96	11.24	40.99	23.63	49.98	60.21	65.20	105.15	45.25	106.05	130.42	370.70	1102.78
克拉玛依市	10.20	2.43	12.11	2.92	15.14	14.59	2.84	22.33	22.46	36.36	89.65	4.68	235.73
来宾市	23.62	46.91	0.69	2.39	38.30	57.77	0	18.13	26.73	15.76	57.94	66.41	354.67
廊坊市	64.96	103.27	173.00	24.02	59.57	118.16	31.65	1.24	45.31	117.04	20.44	113.44	872.09
乐山市	186.26	30.87	0.07	89.04	52.53	16.00	47.36	61.60	77.98	60.48	350.08	367.24	1339.50
丽江市	11.72	38.66	33.51	18.11	0	5.04	6.69	0	8.24	2.99	13.61	38.20	176.78
丽水市	94.81	38.16	34.37	71.20	30.59	119.17	145.10	45.89	125.50	234.66	204.56	346.63	1490.64
连云港市	92.52	161.45	18.93	44.27	62.78	81.33	80.43	227.64	90.34	95.61	256.89	201.86	1414.07
辽阳市	17.93	9.44	2.19	0	8.12	0	0.25	0.64	5.13	42.05	3.50	29.70	118.95
辽源市	40.07	24.72	11.36	14.53	21.84	10.42	1.12	35.62	29.87	4.52	40.64	7.71	242.43
聊城市	22.19	194.67	33.96	66.72	67.08	236.19	48.30	94.17	133.71	68.80	150.17	385.19	1501.15
临沧市	7.55	24.44	2.87	17.27	27.90	2.47	15.26	7.41	4.59	45.96	0.84	32.01	188.57
临汾市	21.94	50.86	0.23	22.12	52.30	81.10	34.30	68.86	41.54	74.71	31.38	65.73	545.08
临沂市	228.77	164.58	139.01	246.55	280.23	191.86	318.73	310.76	271.21	253.67	272.03	320.91	2998.31
柳州市	96.74	23.30	8.11	41.59	28.27	62.67	36.64	54.61	8.18	56.27	15.40	102.10	533.89
六安市	32.11	31.74	132.48	37.87	17.06	61.26	71.49	40.62	31.88	124.80	42.68	171.31	795.31
六盘水市	3.50	63.86	7.97	17.65	17.96	57.64	18.29	66.36	92.63	58.93	217.07	152.50	774.36
龙岩市	70.55	44.05	40.21	70.62	20.25	50.77	65.57	60.10	45.83	98.05	171.46	289.98	1027.45
陇南市	4.08	6.74	17.78	18.59	44.78	1.47	28.06	67.46	18.64	11.90	23.39	36.54	279.42
娄底市	77.64	38.13	18.72	6.87	113.89	18.17	42.51	47.82	13.82	120.46	153.66	200.36	852.04
泸州市	4.91	20.89	0	4.93	38.92	80.82	190.56	47.17	241.70	38.84	348.04	126.97	1143.75
洛阳市	185.88	91.28	89.44	35.72	91.19	71.45	88.92	86.30	92.89	93.20	268.29	676.41	1870.97
漯河市	6.27	51.63	0	45.19	33.51	18.05	32.30	35.35	116.98	81.09	104.48	310.54	835.40
吕梁市	12.22	5.47	0	26.07	70.71	55.26	44.24	23.04	70.93	77.28	98.98	78.91	563.10
马鞍山市	165.49	89.94	21.31	15.00	41.07	9.60	98.51	36.01	56.40	66.51	52.79	128.29	780.92
茂名市	18.97	30.44	10.71	1.86	22.90	100.35	15.26	33.75	60.66	52.29	142.64	308.95	798.78
眉山市	118.06	9.89	43.26	31.00	38.49	111.15	47.06	74.27	18.06	25.07	256.32	431.03	1203.65
梅州市	51.58	37.52	28.74	11.35	9.96	6.54	13.24	12.32	37.35	11.25	15.77	9.74	245.35
绵阳市	6.76	22.47	7.88	46.27	178.06	17.35	69.85	161.98	142.32	105.39	276.68	567.05	1602.07
牡丹江市	7.40	9.52	2.63	0	0.88	1.39	4.23	4.59	6.48	13.99	36.51	30.26	117.88
南充市	88.75	50.64	36.47	55.41	77.68	104.31	27.64	62.58	161.26	463.71	167.68	311.25	1607.38
南平市	28.99	42.83	65.91	30.61	27.82	106.45	62.82	61.54	99.55	55.54	94.00	287.27	963.33
南通市	252.25	313.15	131.60	145.68	166.17	219.83	163.78	186.60	461.39	357.46	634.45	249.00	3281.38

1-4　续表 5　　　　单位：万平方米

城市	1月	2月	3月	4月	5月	6月	7月	8月	9月	10月	11月	12月	合计
南阳市	191.10	157.18	20.18	68.16	117.96	125.97	99.36	58.46	130.98	167.85	157.79	373.22	1668.22
内江市	15.73	17.46	0.47	18.77	24.71	47.84	46.09	41.34	69.78	106.08	118.04	177.85	684.17
宁德市	76.03	53.05	7.21	13.58	76.81	180.78	60.56	46.36	75.41	72.19	84.93	259.80	1006.72
攀枝花市	0	2.84	0	2.91	9.65	0	0.80	32.29	0	1.12	38.34	111.81	199.75
盘锦市	2.06	0	54.29	7.92	49.46	8.13	0	0	0.88	40.97	40.67	95.94	300.32
平顶山市	178.80	15.55	68.45	111.79	124.89	59.96	64.17	87.15	36.69	62.36	117.43	159.89	1087.16
平凉市	4.76	0.95	8.69	6.06	2.21	20.65	21.14	14.73	19.43	0.58	15.89	54.86	169.96
萍乡市	9.89	90.78	46.42	120.55	5.65	29.01	109.15	13.74	63.93	210.94	182.56	194.41	1077.01
莆田市	140.59	12.80	7.46	0	87.02	2.80	22.70	64.88	43.91	105.29	150.22	21.97	659.66
濮阳市	31.67	14.47	57.59	28.93	49.67	96.94	27.97	62.77	9.20	51.25	72.60	177.58	680.63
普洱市	42.52	21.75	23.24	42.07	21.39	40.02	11.14	26.92	66.85	21.60	4.27	56.66	378.42
七台河市	0.66	9.05	2.35	0.35	6.19	0.23	1.24	4.48	9.16	0	3.69	3.58	40.99
齐齐哈尔市	41.59	8.65	23.05	16.66	2.07	39.89	6.86	5.23	10.36	3.32	0.35	32.02	190.04
黔南布依族苗族自治州	6.36	26.96	2.68	23.38	43.97	50.63	114.63	24.57	148.83	54.25	466.31	219.05	1181.62
钦州市	75.68	17.48	0	10.67	16.01	22.06	31.56	30.39	16.15	64.37	217.44	539.19	1041.00
秦皇岛市	41.97	46.96	42.92	21.01	32.68	51.29	18.60	29.75	24.27	28.31	51.11	103.68	492.53
清远市	47.59	26.30	44.02	23.01	104.86	63.56	52.80	54.23	57.11	187.50	298.84	372.63	1332.46
庆阳市	52.14	38.99	10.49	46.26	15.80	49.68	29.92	6.07	5.05	65.07	23.19	102.11	444.76
衢州市	143.74	89.56	62.96	50.74	95.16	64.39	75.11	87.94	35.67	64.39	68.07	232.81	1070.54
曲靖市	63.25	33.09	44.49	21.28	13.34	28.26	74.65	58.09	42.82	107.17	44.00	86.80	617.22
泉州市	114.99	151.74	36.29	143.87	110.05	187.93	134.12	291.62	222.39	266.61	278.71	530.59	2468.91
日照市	27.05	73.24	22.54	46.28	53.02	21.27	54.52	62.49	50.62	72.41	134.92	286.42	904.76
三门峡市	49.61	13.84	74.61	20.41	68.91	12.56	22.58	59.98	4.69	20.65	20.52	27.10	395.45
三明市	26.74	9.92	41.48	87.40	26.17	56.60	99.03	15.18	33.56	55.20	12.99	427.44	891.71
汕头市	9.17	43.36	0	90.87	31.91	40.85	3.93	32.58	142.85	100.31	99.88	4.15	599.85
汕尾市	128.03	31.10	10.56	31.38	45.70	21.74	2.93	48.28	41.50	15.87	32.52	76.88	486.50
商洛市	44.96	16.20	8.40	8.76	16.88	18.09	20.74	10.08	2.56	19.13	15.07	21.79	202.65
商丘市	42.93	118.54	48.81	173.50	37.35	184.52	25.54	73.28	211.77	108.12	93.04	363.04	1480.43
上饶市	125.73	163.59	41.88	162.71	74.91	140.70	122.85	146.66	100.94	143.13	155.88	432.49	1811.47
韶关市	30.29	94.31	16.15	62.57	21.04	20.91	37.08	97.00	97.41	48.70	35.87	83.45	644.78
邵阳市	37.20	7.43	3.66	14.13	47.39	28.00	34.66	23.24	29.36	41.93	36.74	81.95	385.70
绍兴市	167.22	188.47	138.04	123.51	185.11	174.54	161.19	120.11	150.15	131.75	137.90	507.63	2185.63
十堰市	69.35	46.72	77.83	27.77	34.05	102.62	35.83	135.10	151.76	189.90	165.13	215.61	1251.67
石嘴山市	8.01	29.83	5.18	20.44	6.59	6.80	1.10	4.37	45.77	5.03	18.72	11.38	163.23
双鸭山市	3.24	10.36	1.86	7.23	0.78	2.40	3.82	10.54	3.50	6.68	0	10.36	60.77

1-4 续表 6

单位：万平方米

城市	1月	2月	3月	4月	5月	6月	7月	8月	9月	10月	11月	12月	合计
朔州市	1.97	3.90	0	10.63	13.21	49.80	34.34	4.74	23.69	5.66	37.23	20.78	205.95
四平市	7.22	0.99	0	67.31	50.43	9.19	50.70	27.95	8.92	15.02	0	8.74	246.48
松原市	3.96	12.84	44.23	85.34	61.13	3.25	48.64	5.37	1.37	13.00	0.31	3.16	282.59
宿迁市	52.40	128.57	169.77	131.64	161.01	106.89	337.72	78.07	147.29	137.77	370.39	281.07	2102.60
宿州市	192.89	108.38	36.94	103.75	113.25	135.22	115.27	87.59	71.18	63.45	183.87	183.17	1394.97
绥化市	4.01	10.33	40.26	24.60	37.48	30.77	42.97	9.32	15.10	12.09	7.52	52.17	286.62
随州市	28.75	39.22	106.40	16.76	64.56	27.86	14.14	7.26	9.78	17.17	37.03	117.20	486.13
遂宁市	90.70	4.20	18.24	0	33.46	9.26	74.61	45.61	61.72	70.49	133.53	305.05	846.87
台州市	316.01	189.35	215.42	121.26	223.32	124.79	124.17	132.06	466.63	129.65	137.06	451.85	2631.58
泰安市	95.74	42.86	102.13	16.86	68.34	50.51	47.27	26.59	69.44	172.10	129.78	92.30	913.95
泰州市	150.02	127.32	5.85	49.79	31.45	28.72	82.72	51.96	103.71	88.94	587.54	267.51	1575.54
唐山市	227.34	81.05	588.41	84.71	168.10	334.67	462.50	383.66	480.14	277.69	660.49	371.93	4120.69
天水市	0	0.99	10.67	0	11.84	12.43	20.99	16.78	21.89	18.78	36.11	23.03	173.52
铁岭市	11.01	15.88	11.59	8.91	26.72	23.64	0	5.36	28.31	4.65	0	0.11	136.17
通化市	14.28	0.07	1.21	8.39	46.72	21.84	49.99	7.28	5.42	1.19	1.03	24.70	182.12
通辽市	33.65	56.24	0.52	104.31	30.70	168.73	74.99	56.61	55.79	43.66	43.67	138.31	807.17
铜川市	26.06	0	8.97	0	0	0	6.68	4.29	3.14	48.34	8.73	17.41	123.63
铜陵市	13.96	21.27	5.41	26.97	43.78	27.84	6.30	57.20	21.77	39.88	100.85	220.76	585.99
铜仁市	15.57	8.95	10.94	4.86	20.74	42.44	90.10	24.94	54.69	75.47	172.25	169.76	690.70
吐鲁番市	24.28	9.37	7.27	50.69	6.49	41.05	71.78	25.17	44.99	115.70	18.42	89.02	504.23
威海市	90.64	148.54	204.64	18.19	46.37	94.16	132.95	31.25	70.03	193.98	331.39	297.82	1659.96
潍坊市	224.00	285.83	206.79	202.18	200.30	166.66	275.72	223.59	259.55	416.91	657.18	822.35	3941.04
渭南市	14.04	21.60	28.02	119.27	68.77	70.32	99.38	92.16	164.40	318.33	117.64	129.23	1243.16
乌海市	43.55	35.32	7.25	113.33	37.99	86.25	122.19	115.46	9.48	76.07	0.61	26.49	673.99
乌兰察布市	163.36	92.23	40.88	14.55	77.50	126.11	111.17	101.79	51.39	110.35	103.21	167.74	1160.30
芜湖市	163.97	44.47	143.28	119.96	67.92	88.58	115.00	73.74	191.43	237.93	81.64	257.63	1585.54
吴忠市	75.10	31.76	11.13	15.72	21.64	93.72	8.54	64.01	56.37	42.79	13.64	28.74	463.16
梧州市	92.26	49.20	0.12	49.51	27.37	57.31	133.47	20.78	33.59	230.56	54.64	96.48	845.28
武威市	8.98	24.38	21.95	45.58	29.74	61.85	2.31	31.04	31.13	11.72	15.66	13.06	297.39
咸宁市	188.79	48.92	21.07	25.40	13.49	39.23	10.38	28.17	26.87	31.07	226.95	204.85	865.20
咸阳市	124.82	4.27	74.85	145.16	158.40	104.88	99.06	38.48	106.53	40.85	78.40	239.44	1215.15
湘潭市	91.59	13.46	0	59.07	28.42	34.34	70.53	3.06	4.89	9.51	75.23	83.12	473.22
襄阳市	62.42	60.27	62.13	86.86	69.56	86.97	77.84	56.86	50.23	89.42	65.25	230.76	998.56
孝感市	185.02	134.31	64.79	114.22	73.41	145.44	58.44	28.26	108.60	371.96	363.31	216.23	1863.98
忻州市	42.76	40.71	8.89	7.44	9.35	97.41	58.25	30.92	45.68	36.53	73.08	22.23	473.23
新乡市	74.07	103.02	110.14	71.02	65.96	84.21	85.24	80.20	44.91	65.18	41.98	203.66	1029.58
新余市	0.46	47.05	3.05	9.70	7.24	9.23	14.58	6.62	83.62	41.06	52.50	81.09	356.19

1-4　续表 7　　　　单位：万平方米

城市	1月	2月	3月	4月	5月	6月	7月	8月	9月	10月	11月	12月	合计
信阳市	127.58	48.26	41.92	69.37	113.59	67.04	84.53	67.97	131.20	173.21	31.69	312.62	1268.98
邢台市	173.11	266.98	311.48	101.90	165.16	149.41	123.44	175.74	139.98	241.72	321.34	469.84	2640.09
徐州市	32.74	119.86	213.25	181.78	147.19	155.17	45.73	112.58	307.87	341.11	615.30	792.64	3065.23
许昌市	36.24	82.97	13.86	29.43	21.04	68.31	52.73	35.21	0	93.55	116.12	339.61	889.08
宣城市	113.34	88.06	80.96	107.62	70.39	177.56	50.86	145.21	131.09	133.34	62.92	117.82	1279.18
雅安市	67.83	8.64	33.11	20.64	20.16	10.86	16.48	1.17	16.99	105.07	65.69	85.24	451.88
烟台市	98.32	84.21	6.51	78.28	54.25	37.90	115.79	47.12	152.52	315.68	193.89	250.69	1435.17
延安市	18.18	20.92	34.29	65.66	54.92	16.49	55.85	8.33	13.53	14.97	49.98	16.60	369.73
盐城市	314.61	177.14	212.28	199.15	152.01	117.20	169.99	142.53	247.77	562.77	441.30	492.64	3229.38
扬州市	102.19	154.21	152.68	141.08	228.25	65.01	140.34	181.04	216.19	287.60	544.86	470.00	2683.44
阳江市	57.95	15.16	6.85	15.13	0	3.09	28.55	55.81	7.48	42.47	10.54	65.42	308.44
阳泉市	19.03	10.41	0	0	17.73	9.55	24.29	0	49.67	5.53	73.97	110.98	321.16
伊春市	0	6.08	0	0	0.48	4.14	0.72	0.50	0.80	1.68	0.99	0.99	16.39
伊犁哈萨克自治州	103.28	49.63	128.99	92.06	165.18	153.39	93.82	105.35	83.36	211.55	237.36	255.27	1679.25
宜宾市	142.68	50.35	24.83	71.80	101.47	37.01	91.24	96.18	76.13	81.09	130.85	436.34	1339.97
宜昌市	77.36	98.46	19.84	86.24	85.49	60.65	92.29	40.48	304.15	215.84	574.30	474.14	2129.22
宜春市	105.58	83.14	41.74	102.09	82.84	61.43	30.92	86.43	114.76	110.27	204.30	294.56	1318.06
益阳市	29.51	25.65	15.17	0.24	8.39	27.71	31.82	10.60	5.48	1.21	11.62	37.11	204.52
鹰潭市	57.15	24.44	0	37.39	10.00	21.08	26.20	5.66	27.78	26.07	138.21	127.20	501.17
营口市	0	6.71	4.00	3.19	26.68	6.54	15.76	13.62	2.22	4.19	24.26	37.26	144.45
永州市	107.11	43.76	32.16	21.86	48.48	43.38	18.07	84.81	41.54	46.55	46.85	420.58	955.15
榆林市	59.85	135.67	133.29	426.93	56.89	159.21	114.44	143.56	50.41	59.80	353.96	211.42	1905.44
玉林市	222.77	76.08	8.60	31.11	63.39	10.03	133.86	51.87	79.76	25.57	44.24	166.69	913.98
玉溪市	62.10	13.78	16.09	45.48	24.14	68.76	16.25	135.18	65.64	53.61	29.55	64.76	595.34
岳阳市	300.23	49.08	11.49	27.01	45.76	117.77	88.85	39.03	134.85	38.35	192.93	237.84	1283.18
云浮市	51.86	12.75	6.33	23.01	17.23	47.03	0.45	1.11	9.73	35.08	2.02	50.17	256.78
运城市	28.22	34.07	69.51	5.88	85.79	75.99	49.72	105.27	78.56	59.73	48.57	133.14	774.47
枣庄市	57.74	21.74	107.85	31.28	45.98	105.10	70.31	67.88	39.67	115.01	271.60	239.86	1174.02
湛江市	73.35	19.74	5.79	134.43	27.12	61.72	52.55	67.83	113.17	43.45	73.77	80.19	753.10
张家界市	5.46	2.78	5.36	4.45	0	13.51	0.47	0	0	0.47	2.50	17.46	52.47
张家口市	62.39	73.18	50.30	78.97	55.97	57.49	89.68	35.27	50.49	179.25	80.62	197.59	1011.20
张掖市	69.87	18.85	17.05	43.92	20.73	29.54	69.33	30.26	90.81	16.80	51.23	40.55	498.94
漳州市	247.91	388.43	77.31	226.18	146.27	477.68	66.06	111.34	136.03	261.25	648.52	213.70	3000.69
昭通市	56.71	16.88	0	120.27	115.85	296.12	89.17	22.30	13.77	44.97	146.85	162.18	1085.07
肇庆市	124.99	60.48	49.55	66.22	94.96	53.22	106.81	61.76	63.03	46.91	90.61	355.60	1174.14

1-4 续表 8 单位：万平方米

城市	1月	2月	3月	4月	5月	6月	7月	8月	9月	10月	11月	12月	合计
镇江市	86.42	29.90	1.53	154.64	239.44	29.69	22.77	399.82	94.58	205.32	371.85	111.73	1747.68
中山市	58.68	34.09	59.46	197.32	69.24	27.59	22.42	43.05	51.99	25.60	165.11	65.52	820.07
中卫市	4.43	19.85	69.56	20.42	39.26	36.87	15.63	2.57	13.26	18.13	7.14	29.93	277.03
舟山市	0	138.85	31.26	27.06	120.71	177.20	18.80	10.33	23.48	13.34	33.94	22.33	617.30
周口市	165.26	196.22	38.67	148.72	175.39	66.49	211.57	156.28	113.50	140.98	118.92	210.57	1742.56
珠海市	173.29	10.96	8.28	9.66	19.07	52.49	59.13	11.19	27.67	112.96	64.98	49.03	598.71
株洲市	8.30	68.66	26.03	0.03	97.51	63.41	46.35	30.06	123.46	237.20	265.24	258.39	1224.63
驻马店市	136.16	125.93	10.54	45.13	83.21	71.58	60.65	227.21	194.67	123.76	499.44	421.54	1999.81
资阳市	137.73	13.86	17.03	67.13	41.94	83.74	66.10	7.68	1.29	0	136.24	204.92	777.65
淄博市	55.06	52.95	33.22	24.28	44.22	30.23	49.05	37.35	25.64	85.12	308.31	323.43	1068.86
自贡市	15.78	1.68	6.01	32.55	21.51	32.69	2.04	2.93	0.66	27.29	29.74	49.71	222.59
遵义市	172.58	129.31	47.36	44.27	120.55	173.87	122.38	62.65	70.44	285.39	416.22	569.47	2214.48

数据来源：中指数据库监测。

1-5 2024年全国300城土地推出楼面均价统计

单位：元/平方米

城市	1月	2月	3月	4月	5月	6月	7月	8月	9月	10月	11月	12月	全年
一线城市													
北京市	18849	17190	15074	2224	22377	24866	12727	14759	20696	28263	37932	20095	20148
上海市	3902	926	15441	7167	10088	6025	11189	2312	39832	18119	25856	6811	9593
广州市	363	2649	376	5469	375	2279	1680	4547	5314	3650	4423	3674	3208
深圳市	291	7779	6222	409	4929	--	331	1196	16694	459	9419	1268	5004
二线城市													
长春市	356	1175	896	1196	990	2235	1798	1008	1739	1190	2408	2986	1978
长沙市	1245	822	798	1913	2281	1953	730	1128	2006	2175	2332	1447	1733
成都市	929	1039	11853	6656	476	2720	3915	907	1980	1434	2012	2078	2423
重庆市	802	417	2023	699	809	1243	659	433	961	602	935	1355	1035
大连市	865	566	2674	746	3585	881	681	832	533	949	3866	974	1093
福州市	1428	1459	8462	467	679	1165	2288	3826	2528	2018	5489	2226	2915
贵阳市	416	186	224	854	185	353	1067	372	634	749	1571	1110	940
哈尔滨市	875	950	381	900	1746	294	400	261	2092	2045	1598	204	966
海口市	1074	--	--	3994	3264	4857	4262	6581	8460	--	4550	1680	3040
杭州市	2114	5074	9988	11481	3278	2201	2947	4033	3234	3975	4020	3328	4341
合肥市	291	4999	246	117	1934	4248	3120	1004	3608	4916	3083	5492	3150
呼和浩特市	311	406	237	581	577	1080	403	1203	1441	335	2493	340	733
济南市	2127	629	1005	3365	2769	1811	2145	752	2518	2434	3160	3282	2322
昆明市	479	725	250	476	648	589	501	848	638	679	413	1289	766
兰州市	739	500	--	330	471	560	489	469	608	1054	311	1220	787
南昌市	444	596	1711	853	1486	517	3137	545	2883	814	1756	2609	1489
南京市	1334	5326	309	1122	325	2425	3061	5330	4633	2202	6825	4873	3728
南宁市	314	217	583	438	251	575	253	641	465	792	1036	907	571
宁波市	1008	345	2717	1036	724	3061	1644	1162	809	5243	859	1506	1731
青岛市	577	305	3198	3164	400	4921	418	342	807	606	1861	1156	1410
三亚市	4427	12475	--	6486	--	9232	9154	6186	8550	9544	12035	5973	7861
沈阳市	877	598	655	1432	880	1821	1903	1530	1118	1589	977	1758	1322
石家庄市	2859	1394	536	1224	830	1549	1216	1076	1337	1619	1064	1000	1284
苏州市	1086	680	6568	1074	1653	415	1567	1888	3478	3814	4488	2053	2154
太原市	1692	1038	953	967	862	1580	1276	1836	1766	1840	397	807	1263
天津市	418	3514	2634	2361	1025	1374	1596	2921	1082	2813	1305	4191	2149
温州市	1653	632	259	929	1182	1245	2809	2269	1039	1539	1224	1473	1480
乌鲁木齐市	304	337	2526	1378	2537	1257	1701	1719	2717	1573	1050	1683	1632

1-5 续表 1

单位：元 / 平方米

城市	1月	2月	3月	4月	5月	6月	7月	8月	9月	10月	11月	12月	全年
无锡市	432	278	459	3825	373	348	648	3348	619	4787	6057	3402	3145
武汉市	1637	1049	5000	1270	573	4111	480	5459	1942	2685	2943	3879	3296
西安市	2133	5109	5834	3914	1894	2950	2627	3255	3550	4995	3427	4350	3462
西宁市	--	2680	3525	544	--	402	--	517	551	290	783	1734	1428
厦门市	165	201	1934	155	403	9022	392	571	813	146	18959	13367	3188
银川市	469	710	750	214	350	1260	1064	235	1885	183	729	298	832
郑州市	1881	373	402	1181	737	1105	356	297	1138	405	260	1103	708
三四线城市													
安康市	604	1140	386	641	539	681	441	965	254	1316	850	381	803
安庆市	560	284	218	591	205	639	302	554	322	205	355	841	445
安顺市	608	687	623	637	525	481	505	534	724	726	758	605	625
安阳市	645	553	969	572	928	1528	858	1175	1382	1052	1318	1013	1040
鞍山市	527	452	416	408	316	2088	1118	538	572	877	776	309	683
巴彦淖尔市	169	476	287	225	333	594	132	202	231	537	150	258	283
巴中市	694	921	1142	695	663	743	426	591	487	730	521	652	624
白城市	202	255	478	653	406	244	241	635	653	609	267	562	435
白山市	305	384	473	864	676	280	582	539	241	--	1220	541	621
白银市	472	317	974	91	912	229	367	101	335	292	203	824	247
百色市	348	794	712	231	220	456	235	596	437	425	428	757	473
包头市	480	164	255	371	575	438	401	338	269	584	426	206	383
宝鸡市	640	367	213	384	470	474	568	1201	167	245	424	296	511
保定市	1995	1904	1239	1196	2281	973	1314	934	1244	1487	1402	1214	1410
保山市	485	471	526	1539	1112	294	561	674	441	512	881	709	638
北海市	528	90	275	174	430	188	864	190	1763	198	146	483	293
本溪市	290	--	--	640	497	594	1057	1126	2430	455	899	1663	1167
蚌埠市	744	147	756	1019	448	508	355	492	2295	759	1423	963	904
毕节市	874	748	525	627	549	477	372	531	553	607	817	643	680
滨州市	890	652	176	1192	1350	436	751	319	928	861	598	1436	751
亳州市	542	308	579	855	491	149	1055	935	621	994	1081	1243	903
沧州市	768	442	1154	1213	441	402	1362	389	931	855	358	1438	673
常德市	841	537	508	622	574	886	942	1523	1051	746	678	625	864
常州市	756	1309	1213	499	887	336	3080	1463	5739	5345	6889	5272	4086
长治市	648	604	255	537	320	505	400	441	1486	458	1243	1222	832
朝阳市	425	668	440	335	366	886	349	370	685	358	277	698	482
潮州市	263	267	732	150	1328	230	670	116	143	2467	114	1041	491

1–5　续表 2　　　　单位：元 / 平方米

城市	1 月	2 月	3 月	4 月	5 月	6 月	7 月	8 月	9 月	10 月	11 月	12 月	全年
郴州市	465	351	453	464	1043	1054	776	255	691	871	1049	999	849
承德市	1668	1119	545	1302	657	1372	1268	818	631	610	1744	1773	1305
池州市	328	537	75	273	126	198	278	154	233	1166	1034	199	270
赤峰市	1140	634	772	361	672	465	292	602	1274	228	935	1176	621
崇左市	169	526	89	172	224	240	374	189	110	512	119	289	229
滁州市	624	148	207	101	377	1019	722	1567	673	1375	1588	866	1064
达州市	235	1289	756	255	2206	961	1564	674	266	791	1532	817	977
大庆市	219	218	471	178	248	--	760	878	563	605	860	1182	640
大同市	816	276	367	401	403	423	370	337	717	428	319	484	423
丹东市	869	535	281	450	763	852	684	192	394	374	429	1027	604
儋州市	--	--	--	--	291	--	--	--	875	--	862	615	647
德阳市	1202	1674	591	420	262	827	906	1217	972	663	969	1110	943
德州市	644	1048	436	1488	405	762	449	1145	853	590	692	1505	937
定西市	914	205	356	208	314	253	406	460	268	375	206	378	332
东莞市	685	701	578	678	487	2516	353	276	428	467	860	1198	662
东营市	292	990	599	921	1059	1029	637	536	1755	2129	613	693	812
鄂尔多斯市	283	292	209	485	436	198	256	921	744	426	273	860	407
鄂州市	1144	376	233	946	271	2290	706	408	1457	350	1360	1703	1397
恩施土家族苗族自治州	547	674	773	652	407	377	989	629	703	189	724	868	746
防城港市	107	128	--	1650	144	256	212	244	433	241	191	507	222
佛山市	1521	776	530	695	775	2601	550	524	1288	2180	1637	900	1201
抚顺市	743	1059	5099	384	933	751	1033	371	731	1213	1216	1197	1060
抚州市	507	780	99	115	616	315	868	452	290	1651	1387	1148	843
阜新市	152	131	137	795	401	406	240	383	378	933	185	142	426
阜阳市	479	394	416	480	504	367	372	489	693	1125	345	1339	759
赣州市	591	398	501	832	950	548	390	942	972	817	910	733	772
固原市	801	250	265	152	94	868	491	313	470	124	412	188	399
广安市	160	200	904	694	850	574	287	316	1176	322	688	830	632
广元市	447	619	209	1281	326	1212	103	248	304	417	494	996	752
贵港市	253	644	508	180	595	293	232	150	270	260	266	279	352
桂林市	652	970	402	178	427	580	586	954	542	968	464	915	729
哈密市	269	187	246	126	320	198	79	157	471	91	72	66	177
海东市	392	322	339	318	311	387	744	337	307	562	440	120	374
邯郸市	674	597	552	664	504	877	877	912	697	551	400	848	674
汉中市	313	421	108	586	325	2306	451	390	475	364	829	1481	1132

1-5 续表 3

单位：元 / 平方米

城市	1月	2月	3月	4月	5月	6月	7月	8月	9月	10月	11月	12月	全年
河池市	777	882	540	655	523	297	300	381	588	648	443	257	399
河源市	231	125	101	502	360	210	147	168	295	177	185	152	219
菏泽市	1303	665	1072	686	794	1270	919	1075	1483	878	1491	1647	1235
贺州市	407	2250	273	874	803	255	266	241	314	225	377	423	362
鹤壁市	386	347	706	1000	434	754	378	--	--	--	236	226	453
鹤岗市	412	544	125	652	--	294	113	13853	588	498	--	507	572
黑河市	747	538	235	171	403	288	349	156	329	194	--	221	325
衡水市	873	616	459	538	750	526	333	699	839	453	650	927	679
衡阳市	664	558	494	595	595	1755	1080	1018	1038	1157	2419	1729	1503
呼伦贝尔市	226	712	280	578	504	863	494	265	363	664	399	362	473
葫芦岛市	624	422	783	838	895	710	300	902	344	557	270	1073	672
湖州市	852	667	677	396	892	1597	401	456	370	1252	2474	3236	1162
怀化市	513	466	425	764	712	858	1091	793	608	828	779	749	751
淮安市	406	463	389	1182	297	215	200	1372	2230	1803	3404	893	1426
淮北市	982	324	687	471	299	767	574	922	1163	1261	909	551	738
淮南市	290	583	687	218	341	777	693	213	308	589	1620	1148	662
黄冈市	254	513	645	556	211	195	214	597	220	211	602	702	466
黄山市	137	659	446	501	807	1269	144	403	604	1102	1266	894	872
黄石市	983	222	316	832	1029	515	369	1162	370	491	980	1267	944
惠州市	552	530	493	542	911	1116	368	393	586	630	552	458	567
鸡西市	257	378	113	248	142	781	230	1001	197	185	1755	215	330
吉安市	381	259	708	544	244	144	345	489	475	558	675	454	436
吉林市	675	485	288	488	607	334	514	670	614	640	1816	2612	718
济宁市	904	695	1099	996	761	1254	838	871	896	1073	1593	1680	1221
佳木斯市	76	114	159	527	257	196	282	172	338	372	158	478	300
嘉兴市	374	696	259	345	787	765	691	378	1025	602	899	631	600
嘉峪关市	--	--	--	--	--	--	--	--	--	--	144	506	468
江门市	201	202	236	169	215	496	438	456	443	334	577	707	419
焦作市	1060	560	173	483	776	603	868	517	1415	533	443	498	649
揭阳市	--	234	194	187	505	280	419	191	291	647	305	658	308
金昌市	189	--	80	127	143	324	218	--	--	174	--	180	191
金华市	438	1165	1119	803	1033	1221	1501	2319	1336	2745	1771	1386	1391
锦州市	--	362	409	1302	2527	1638	929	338	237	463	384	417	470
晋城市	440	277	1284	1104	1126	914	299	1118	1495	823	862	492	893
晋中市	524	466	494	509	1332	302	512	1280	1273	1619	625	799	819
荆门市	209	169	161	395	617	283	619	459	344	705	786	618	551
荆州市	250	529	122	218	214	378	437	303	441	180	814	459	480

1-5　续表 4　　　　单位：元 / 平方米

城市	1 月	2 月	3 月	4 月	5 月	6 月	7 月	8 月	9 月	10 月	11 月	12 月	全年
景德镇市	506	225	2771	300	673	2063	1772	475	410	1723	1893	819	1442
九江市	585	483	222	239	722	436	1067	363	457	498	1208	1022	765
酒泉市	81	115	170	83	112	89	235	100	305	76	536	112	139
开封市	494	489	604	551	395	438	643	617	1062	1010	621	878	729
克拉玛依市	329	314	250	136	212	322	267	205	224	305	289	213	271
来宾市	176	258	485	400	221	--	--	312	212	532	539	575	374
廊坊市	1652	1110	931	977	502	1549	1286	696	774	1105	2228	1151	1148
乐山市	454	233	1298	97	717	870	782	441	1183	394	621	757	618
丽江市	166	489	803	293	--	441	419	--	629	821	147	468	484
丽水市	589	1133	449	364	2496	906	771	766	1966	2443	1280	937	1259
连云港市	503	351	280	499	236	429	2761	1308	1462	1623	2039	2339	1403
辽阳市	543	377	629	--	554	--	1321	630	860	1117	850	931	857
辽源市	678	655	867	848	342	577	737	302	272	535	382	449	496
聊城市	1066	901	1053	1473	927	897	818	1367	870	1522	1521	1321	1155
临沧市	232	264	1861	293	229	862	764	545	443	326	910	446	396
临汾市	260	452	748	284	527	808	497	538	441	1043	680	2085	802
临沂市	924	488	532	598	594	729	684	1077	990	890	1291	1318	881
柳州市	2032	614	61	139	710	249	250	238	589	222	230	828	713
六安市	157	163	500	278	669	190	209	1169	224	222	204	788	441
六盘水市	915	897	425	544	620	697	470	903	558	548	739	959	754
龙岩市	117	55	257	1324	2245	3149	143	1312	105	769	161	147	544
陇南市	551	499	641	578	346	637	333	336	304	543	970	372	446
娄底市	784	626	301	226	173	925	236	215	227	548	975	694	594
泸州市	156	304	--	1664	1452	451	247	523	562	574	435	540	465
洛阳市	796	588	1661	1656	941	963	1496	2492	622	1903	1673	1324	1332
漯河市	867	314	--	402	709	1412	865	1028	599	1127	645	943	808
吕梁市	731	777	--	1194	599	531	835	841	233	434	770	689	626
马鞍山市	200	433	170	100	443	271	557	902	948	618	935	1842	727
茂名市	376	255	766	844	1344	1026	645	885	426	613	928	1000	873
眉山市	363	427	555	948	757	350	663	614	283	1198	1504	1666	1150
梅州市	577	194	236	220	299	611	233	340	1020	677	426	776	491
绵阳市	965	754	117	164	1367	322	501	348	356	525	342	801	640
牡丹江市	746	336	69	--	261	176	149	358	1004	861	381	411	480
南充市	510	997	581	333	904	647	624	1143	631	6	1167	1155	636
南平市	227	44	81	445	200	355	675	1102	467	591	1800	534	605
南通市	674	334	1742	2014	1263	301	637	3129	2764	5213	4227	2662	2512

1–5 续表 5 单位：元 / 平方米

城市	1 月	2 月	3 月	4 月	5 月	6 月	7 月	8 月	9 月	10 月	11 月	12 月	全年
南阳市	873	840	820	537	652	777	781	735	472	516	476	716	682
内江市	144	146	585	1236	225	753	664	1299	1628	1272	1160	1175	1039
宁德市	88	1060	72	229	235	969	369	163	342	2022	470	385	598
攀枝花市	--	1887	--	1406	648	--	430	210	--	314	330	719	582
盘锦市	3288	--	332	315	636	377	--	--	436	494	495	1442	802
平顶山市	737	1126	857	464	404	591	378	757	843	614	578	1082	686
平凉市	437	853	295	622	484	173	883	828	300	1015	292	1131	762
萍乡市	1501	1200	208	1094	556	214	1247	268	1266	1215	774	1434	1088
莆田市	615	443	134	--	421	1420	3217	212	1523	3550	1236	1621	1338
濮阳市	526	310	582	495	923	477	1316	398	320	632	504	968	709
普洱市	287	133	1297	896	525	800	243	544	607	295	655	518	588
七台河市	192	354	167	764	320	1278	195	580	276	--	516	537	377
齐齐哈尔市	746	673	447	651	182	789	370	434	517	219	637	791	664
黔南布依族苗族自治州	366	385	293	390	542	613	671	389	464	896	785	980	730
钦州市	264	275	--	315	215	431	189	289	448	406	788	459	488
秦皇岛市	1570	453	1588	624	487	473	631	384	1019	1471	810	2367	1124
清远市	434	620	383	637	728	277	295	368	408	348	431	488	448
庆阳市	552	385	--	429	--	336	252	132	--	885	162	229	472
衢州市	572	692	285	974	277	343	758	668	507	1259	406	1544	805
曲靖市	604	385	635	873	323	497	1187	594	755	383	558	431	614
泉州市	296	1563	622	1683	1004	1090	1087	1588	1404	832	1860	1127	1260
日照市	448	1537	466	529	889	421	1628	1394	729	1085	1584	1913	1402
三门峡市	145	353	139	1050	289	474	183	178	1839	833	617	836	368
三明市	205	35	50	61	92	313	67	172	993	89	1343	261	236
汕头市	615	616	--	328	1598	3875	3164	612	420	437	2549	362	1107
汕尾市	825	1628	709	846	207	154	2244	326	293	362	133	792	634
商洛市	599	386	371	629	536	330	491	622	700	412	1326	1377	643
商丘市	1050	571	305	433	612	621	733	662	1604	687	569	910	814
上饶市	529	332	374	108	964	698	436	883	1106	1046	846	1322	813
韶关市	610	254	559	319	477	281	484	344	262	666	589	430	393
邵阳市	793	566	494	372	682	662	681	875	681	910	683	1401	865
绍兴市	1366	728	1348	900	752	1439	1526	1172	1176	1653	1739	1471	1291
十堰市	272	529	241	279	528	1035	287	920	647	575	500	1127	689
石嘴山市	126	114	116	159	199	122	612	96	244	199	252	136	183
双鸭山市	132	194	174	281	2743	990	230	240	836	379	--	214	336

1-5　续表 6　　　　单位：元 / 平方米

城市	1月	2月	3月	4月	5月	6月	7月	8月	9月	10月	11月	12月	全年
朔州市	379	285	--	248	219	356	215	318	213	261	226	256	263
四平市	908	597	--	316	326	599	337	536	739	648	--	346	413
松原市	342	535	186	286	476	166	394	400	420	653	2027	686	367
宿迁市	125	157	87	238	203	211	72	2380	1396	547	1785	2246	909
宿州市	785	298	470	785	566	809	260	1062	806	548	747	724	679
绥化市	691	785	378	344	362	400	626	513	373	543	325	764	511
随州市	375	211	223	273	740	262	315	221	333	1078	325	840	495
遂宁市	99	165	551	--	209	1072	425	2722	140	843	934	671	630
台州市	474	976	484	739	1456	942	1526	1974	1153	1478	2906	905	1122
泰安市	1764	698	545	243	646	1798	1536	1063	1303	1145	1824	1330	1249
泰州市	840	879	188	985	242	240	309	3223	2134	4124	4528	1684	2662
唐山市	385	312	454	445	1022	519	613	426	715	1015	484	1865	690
天水市	--	--	--	--	1614	--	--	362	--	2010	309	462	360
铁岭市	262	435	239	206	247	465	--	241	367	124	--	684	326
通化市	981	14503	197	642	694	705	647	657	1409	1752	756	3601	1126
通辽市	421	190	565	135	548	452	563	173	77	539	102	735	394
铜川市	412	--	519	--	--	--	355	333	464	439	494	684	470
铜陵市	688	2022	467	513	391	328	214	456	625	1855	1835	1511	1244
铜仁市	537	420	446	804	729	720	731	664	595	654	706	733	691
吐鲁番市	35	172	173	380	344	208	184	255	70	111	257	340	207
威海市	1002	1622	1252	553	1061	1511	1558	707	703	1671	1480	1590	1419
潍坊市	1432	606	476	825	1225	1190	653	789	1373	1353	1469	1676	1237
渭南市	317	432	214	301	551	241	333	460	625	758	436	1044	576
乌海市	173	257	128	172	134	210	249	139	134	372	173	698	230
乌兰察布市	167	96	154	129	175	307	205	156	311	209	131	217	193
芜湖市	255	396	287	355	894	1146	1372	573	1244	549	1018	1151	791
吴忠市	110	135	465	145	989	650	199	444	257	490	105	276	383
梧州市	286	520	17009	587	461	842	230	656	1032	900	552	520	604
武威市	136	135	91	215	139	107	125	156	179	228	213	95	151
咸宁市	402	352	548	425	196	139	278	546	482	606	1094	537	617
咸阳市	438	868	1814	522	742	345	301	373	1035	558	433	276	579
湘潭市	1062	260	--	248	555	750	719	240	1002	255	1338	1344	905
襄阳市	455	342	709	335	859	703	1099	473	1085	590	1740	959	804
孝感市	614	757	728	994	365	483	497	320	554	580	671	953	664
忻州市	311	329	224	378	701	569	667	1407	1571	799	613	1025	655
新乡市	929	240	264	538	834	635	264	440	1025	449	752	849	594
新余市	147	190	75	68	215	946	853	571	1221	1520	1177	1017	949

1-5 续表 7

单位：元 / 平方米

城市	1 月	2 月	3 月	4 月	5 月	6 月	7 月	8 月	9 月	10 月	11 月	12 月	全年
信阳市	758	339	1108	328	687	393	1021	1200	359	620	496	1071	766
邢台市	385	237	697	448	619	581	749	642	584	405	657	811	590
徐州市	245	326	1380	720	305	398	746	380	2086	2115	1637	2114	1534
许昌市	806	462	427	508	1011	564	1139	980	--	588	902	797	757
宣城市	811	251	425	425	267	327	205	981	958	327	313	1210	591
雅安市	237	901	158	729	2254	839	291	2505	408	296	372	1139	588
烟台市	1120	391	1259	937	467	2185	1590	1660	798	889	1462	1487	1152
延安市	804	657	458	2309	488	501	542	420	344	1029	1719	792	1038
盐城市	645	385	1423	2135	623	234	347	2870	3816	2101	3743	3650	2219
扬州市	1111	247	180	2581	1523	210	864	1363	2517	2453	3304	2872	2125
阳江市	598	332	339	550	--	3880	329	669	1130	332	787	593	579
阳泉市	442	307	--	--	497	304	607	--	278	296	649	503	490
伊春市	--	890	--	--	352	458	482	213	210	444	639	639	617
伊犁哈萨克自治州	614	317	311	316	395	325	356	396	404	179	271	186	311
宜宾市	352	282	754	340	992	368	1055	657	426	958	1466	656	723
宜昌市	502	650	221	524	635	265	1012	611	575	1470	1138	693	853
宜春市	581	580	157	441	830	659	687	545	1884	1259	1454	1381	1060
益阳市	250	310	220	4205	494	337	499	155	558	808	886	600	427
鹰潭市	368	795	--	508	694	431	527	1920	1567	901	1364	1161	1004
营口市	--	370	288	301	478	871	479	572	380	398	940	720	627
永州市	900	619	407	200	387	372	470	213	557	717	639	617	574
榆林市	191	113	229	578	461	334	291	933	166	351	269	240	381
玉林市	356	308	148	483	434	155	477	208	637	500	330	729	462
玉溪市	627	434	313	1414	774	134	476	546	990	639	522	687	643
岳阳市	1170	1286	1205	756	831	1064	679	839	1311	1043	1074	1114	1086
云浮市	204	596	643	333	606	456	631	270	653	452	1185	546	446
运城市	448	536	449	212	457	448	359	498	601	676	369	501	489
枣庄市	2232	3393	2966	1338	2525	1651	1403	698	1282	1948	1992	2889	2137
湛江市	772	365	400	947	997	514	160	167	1222	333	501	449	658
张家界市	562	514	419	69	--	366	1109	--	--	1109	2136	776	608
张家口市	706	754	730	623	470	760	551	477	875	955	1615	1173	889
张掖市	206	77	320	67	131	112	73	90	133	541	172	178	151
漳州市	1036	301	1756	1184	167	768	660	102	2370	1515	560	846	828
昭通市	495	262	--	305	379	670	584	652	1079	341	646	405	524
肇庆市	652	369	396	333	653	410	360	287	1057	423	1316	1049	737

1-5　续表 8　　　　单位：元 / 平方米

城市	1 月	2 月	3 月	4 月	5 月	6 月	7 月	8 月	9 月	10 月	11 月	12 月	全年
镇江市	1795	361	800	2228	2548	382	2103	2873	2892	2590	2859	1454	2495
中山市	314	702	431	480	532	317	368	344	369	345	389	3060	639
中卫市	134	191	114	118	321	545	126	536	737	140	239	470	285
舟山市	--	1818	432	771	520	365	1060	1497	901	849	446	1160	847
周口市	478	618	328	583	623	938	912	743	849	855	871	810	730
珠海市	2075	146	155	282	3867	345	185	203	195	182	6166	240	1518
株洲市	445	754	1187	6720	1852	1654	1475	702	927	1126	999	1343	1188
驻马店市	481	636	428	313	234	538	196	1458	1255	651	486	745	699
资阳市	729	199	1207	887	1052	186	1294	503	160	--	1291	1151	957
淄博市	1098	646	1378	1187	1864	1331	1285	1219	603	2294	1248	1901	1507
自贡市	3080	244	1646	295	1384	923	225	375	150	236	675	1104	1025
遵义市	557	488	609	650	820	502	450	555	543	752	795	706	667

数据来源：中指数据库监测。

1-6 2024年全国300城土地推出土地均价统计

单位：元 / 平方米

城市	1月	2月	3月	4月	5月	6月	7月	8月	9月	10月	11月	12月	全年
一线城市													
北京市	47145	30246	22544	2503	46881	47383	18676	22575	31800	52131	80890	29986	34599
上海市	8529	2206	32456	15441	20723	13518	23452	3578	111624	47259	57433	15074	20652
广州市	1173	9981	1452	17579	1407	7656	3957	13329	17682	12516	14571	12223	10575
深圳市	1211	32086	23893	897	22128	--	727	4433	50132	2293	25384	4481	14530
二线城市													
长春市	299	1471	830	1123	1205	2939	2437	885	2125	1539	3794	5023	2585
长沙市	2432	1536	638	3260	4915	3816	1447	2196	4353	4932	4526	3079	3579
成都市	2362	2591	22448	14538	1191	6859	9685	2312	4616	3543	4587	4824	5769
重庆市	1175	551	2551	988	1056	1662	878	546	1399	940	1341	1956	1457
大连市	1032	353	3007	724	3713	553	771	867	623	936	4306	1290	1200
福州市	3558	3841	19582	1121	1584	2633	5494	7357	6213	5248	13163	5009	6870
贵阳市	598	352	562	1318	347	644	1444	927	1138	1473	2983	2271	1818
哈尔滨市	737	900	390	1112	3098	370	529	318	2529	3652	1476	232	1155
海口市	3002	--	--	6307	3418	15981	7495	15592	18039	--	10043	2753	5861
杭州市	5271	12050	21957	29123	6335	5802	8414	8748	7890	9997	9267	7356	10344
合肥市	421	9429	324	159	2468	7654	5317	1520	5926	8743	4585	8879	4889
呼和浩特市	254	382	289	716	499	1413	515	2107	1772	321	4371	498	842
济南市	3593	895	1752	6671	4754	2625	4641	1046	5817	4735	5535	5142	4001
昆明市	697	1326	506	542	1396	915	1316	1660	1025	824	636	2469	1333
兰州市	1200	398	--	263	384	376	314	313	560	913	213	2538	805
南昌市	646	898	3405	1445	1701	775	8030	803	4883	1226	3015	4266	2436
南京市	2564	11282	692	2307	816	4575	5609	9986	8992	4057	10951	9288	7219
南宁市	434	580	1167	569	330	982	404	692	995	1552	2323	2314	1067
宁波市	2359	926	5482	3305	1756	6496	3187	2666	1911	10882	2171	3364	3950
青岛市	839	320	5214	4097	619	9676	609	497	1331	1021	2965	2007	2221
三亚市	2746	18712	--	16216	--	17321	7484	13608	21724	11781	36104	10101	12658
沈阳市	1127	635	568	1735	1375	2464	1862	1431	1166	1586	841	1953	1480
石家庄市	5788	2442	1169	2458	1480	3258	2487	1631	2160	2652	1931	1616	2309
苏州市	2349	1350	9060	2775	3372	842	3194	3187	6504	5982	7307	3898	4096
太原市	3453	1653	1828	1592	1670	4853	3866	6362	3801	6228	604	1402	2825
天津市	686	5407	5286	3185	1455	2251	3169	5426	1923	3807	2480	6076	3532
温州市	4073	1788	681	2372	3451	2991	5905	5825	2978	3942	3595	3344	3751
乌鲁木齐市	257	202	3812	1411	4014	493	2428	3048	3106	4864	1171	4346	1861

1-6　续表1　　单位：元 / 平方米

城市	1月	2月	3月	4月	5月	6月	7月	8月	9月	10月	11月	12月	全年
无锡市	902	477	798	6631	595	627	943	5993	884	7837	9267	5714	5244
武汉市	1973	1674	10624	1554	819	7169	775	8372	2801	3704	4609	5970	5106
西安市	4288	12559	14835	8367	3466	5425	4660	6295	7290	11258	9436	8761	7149
西宁市	--	2289	7089	326	--	603	--	775	611	449	1611	2796	1573
厦门市	481	441	5687	465	903	27576	1163	1003	2064	437	45873	31431	8128
银川市	716	372	815	162	348	1377	1188	287	2278	208	608	328	788
郑州市	4918	966	961	2387	1786	2706	829	753	2860	867	690	2382	1705
三四线城市													
安康市	1241	2798	636	1071	1199	1276	852	1889	502	2853	1634	834	1646
安庆市	662	315	251	766	235	781	444	673	386	228	431	1209	538
安顺市	621	819	698	1014	642	647	609	534	1474	1696	999	888	828
安阳市	893	417	1165	811	1333	2496	785	1626	1782	1802	2161	1893	1480
鞍山市	672	435	351	300	252	707	1238	713	1066	1118	620	315	697
巴彦淖尔市	129	509	223	215	245	551	123	197	151	159	122	191	202
巴中市	1086	1543	1477	810	1033	1082	914	1196	943	1660	939	1202	1118
白城市	210	233	500	336	393	232	201	916	950	645	248	530	433
白山市	250	369	473	2160	1350	271	649	593	281	--	1701	322	674
白银市	476	811	2555	102	1651	193	355	102	410	276	125	880	258
百色市	617	934	906	423	401	441	275	639	615	847	740	1527	776
包头市	419	165	199	376	646	337	458	220	320	377	410	217	356
宝鸡市	1472	378	437	471	586	729	1050	2515	379	387	1469	746	945
保定市	3742	3638	1968	1941	4547	1771	3719	1612	2638	3412	2615	1901	2551
保山市	1341	610	631	3243	1830	218	744	1213	566	610	1434	1020	857
北海市	1000	225	628	434	1191	451	2795	439	3365	461	365	1049	680
本溪市	201	--	--	323	375	469	1418	1880	3283	392	450	1328	1147
蚌埠市	1138	171	870	1537	709	601	430	678	2971	1125	2284	1206	1243
毕节市	1050	772	592	890	519	576	562	782	482	931	1230	1429	928
滨州市	846	627	166	767	1391	324	481	329	1186	948	627	2139	803
亳州市	734	331	808	1066	626	163	1644	1341	866	1435	1846	1810	1310
沧州市	1067	621	1714	2348	619	627	2039	656	1486	1442	530	2489	1039
常德市	1790	507	568	613	856	1757	1474	3190	680	549	764	919	1217
常州市	1246	1911	1810	833	1468	622	4309	1418	8266	9052	11851	7845	6136
长治市	807	861	255	461	408	796	706	412	3321	652	1565	1657	1164
朝阳市	415	776	417	305	314	1313	371	441	1143	339	289	721	494
潮州市	1110	834	2197	577	4170	870	1893	521	645	11102	492	3480	1748

1-6 续表 2 单位：元 / 平方米

城市	1月	2月	3月	4月	5月	6月	7月	8月	9月	10月	11月	12月	全年
郴州市	641	511	1221	646	2850	2110	1999	595	997	1497	1764	1552	1512
承德市	2201	992	440	1273	585	2161	1271	1148	759	957	4410	1982	1467
池州市	270	132	167	372	225	332	401	227	321	1523	1831	309	386
赤峰市	1472	626	1198	267	621	252	160	509	2096	156	834	1110	447
崇左市	345	995	266	387	538	402	892	317	216	1162	267	541	481
滁州市	785	146	225	125	467	1480	910	2326	976	1992	2597	1098	1480
达州市	234	2366	2117	279	3635	1978	3016	1165	303	1139	2653	1208	1512
大庆市	119	173	351	163	447	--	994	815	567	885	1569	1713	692
大同市	473	424	221	377	395	574	376	272	1126	474	309	553	430
丹东市	1790	475	225	450	1083	844	1258	258	343	461	314	1456	731
儋州市	--	--	--	--	809	--	--	--	525	--	891	464	539
德阳市	1552	3307	786	457	231	1487	1302	1242	1448	939	1675	1995	1455
德州市	804	1355	442	1871	429	943	397	1559	932	739	779	2256	1149
定西市	709	175	403	415	527	539	610	691	223	918	227	476	472
东莞市	2326	2308	1939	2035	1135	6176	1222	936	1529	1568	2814	3203	2068
东营市	270	1054	697	638	1166	1022	508	492	1262	2029	658	613	776
鄂尔多斯市	200	214	155	377	261	132	179	1151	626	309	184	515	279
鄂州市	1742	494	350	998	284	5569	1054	434	3185	363	1880	3628	2337
恩施土家族苗族自治州	842	1147	1494	950	492	569	1653	917	910	233	1162	1507	1190
防城港市	173	257	--	4950	280	240	207	428	815	241	230	759	326
佛山市	4394	2591	1891	2449	2764	8460	1931	1667	4250	7026	5432	2860	3918
抚顺市	920	862	3175	257	553	450	1406	304	582	1456	2380	2611	1005
抚州市	664	1034	100	108	714	583	1451	491	358	2132	2176	1725	1159
阜新市	152	122	124	889	308	327	212	352	302	140	159	134	364
阜阳市	702	476	500	577	770	521	443	617	1028	1816	502	2168	1095
赣州市	914	526	665	1339	1421	926	485	1460	1397	1120	1336	1145	1135
固原市	1083	294	160	166	79	694	546	351	456	98	436	180	423
广安市	233	120	1577	1195	680	993	596	534	2471	454	993	1478	1012
广元市	1058	1021	344	1998	157	1833	187	340	360	522	963	1542	1091
贵港市	395	1929	672	270	900	290	317	246	454	685	297	300	492
桂林市	1652	1758	804	345	914	710	1245	2098	730	1880	411	1618	1381
哈密市	296	155	252	89	381	187	53	134	489	89	51	46	142
海东市	781	374	614	276	561	654	2073	690	333	562	870	180	559
邯郸市	730	620	629	794	693	1006	721	1359	976	627	461	978	771
汉中市	507	345	97	389	524	1845	625	587	581	344	1134	3368	1436

1-6　续表 3　　　　单位：元 / 平方米

城市	1月	2月	3月	4月	5月	6月	7月	8月	9月	10月	11月	12月	全年
河池市	1073	1380	990	1385	539	379	500	416	1746	3018	785	401	593
河源市	537	327	378	1491	942	503	302	258	380	319	223	335	521
菏泽市	2276	825	1416	1059	1292	2705	1468	1574	1857	942	2526	2970	1890
贺州市	582	3152	427	989	803	501	527	480	473	423	750	890	690
鹤壁市	309	313	381	890	357	896	397	--	--	--	236	322	459
鹤岗市	423	979	161	274	--	206	161	693	891	1145	--	1165	591
黑河市	1220	580	248	178	432	165	164	187	176	166	--	236	277
衡水市	1249	675	492	541	1143	602	395	979	1135	569	728	1452	860
衡阳市	1166	857	531	588	716	3698	1309	1801	1322	1515	3832	3775	2665
呼伦贝尔市	154	873	438	793	435	598	604	173	566	483	292	430	388
葫芦岛市	1248	409	1261	1167	760	416	240	1625	301	643	271	2099	796
湖州市	2057	1543	1320	929	2357	3381	955	1133	767	2874	4192	5419	2538
怀化市	740	786	636	1215	1347	2112	1191	1140	757	1864	1163	1605	1288
淮安市	483	495	459	1807	329	233	205	2356	3462	2547	6244	1112	2014
淮北市	1717	230	922	463	325	1078	768	1504	1744	2344	1273	710	969
淮南市	343	1132	598	245	444	906	1004	275	321	755	2006	1160	769
黄冈市	292	784	774	655	239	171	223	618	222	225	809	1028	571
黄山市	204	1225	528	729	892	1757	204	611	833	1585	1807	1283	1239
黄石市	1570	332	351	976	1887	673	367	1989	381	535	1588	1893	1377
惠州市	1308	1051	1218	1039	1555	1813	1095	863	1163	870	802	1113	1002
鸡西市	233	151	90	252	124	1106	182	2203	224	196	313	129	307
吉安市	582	361	677	714	346	185	570	619	611	930	959	622	602
吉林市	1036	481	265	500	536	287	380	559	468	435	2029	2875	642
济宁市	1399	693	1583	1085	901	1627	1070	1508	1137	1430	2656	2427	1715
佳木斯市	67	69	145	600	271	196	212	172	357	540	287	1138	321
嘉兴市	910	1747	831	1037	2108	1860	1863	941	2530	1721	2435	1636	1605
嘉峪关市	--	--	--	--	--	--	--	--	--	--	144	717	636
江门市	645	685	856	550	695	1203	1111	1473	1248	846	1493	2121	1186
焦作市	1865	602	206	493	848	703	738	696	2174	652	522	553	802
揭阳市	--	522	643	703	977	557	1062	641	981	2067	1166	1999	939
金昌市	147	--	43	95	86	491	176	--	--	89	--	127	142
金华市	1101	2940	3810	2306	2968	3033	3051	5740	3080	6684	4508	3587	3560
锦州市	--	318	395	1714	1075	1876	1996	181	197	645	334	335	412
晋城市	352	287	2444	3486	1697	1512	448	2017	3899	819	895	499	1117
晋中市	992	560	439	847	1295	540	864	1723	2440	2929	910	1163	1263
荆门市	213	172	161	463	782	337	892	628	406	1135	1289	770	735
荆州市	242	551	163	236	294	461	560	357	486	193	1087	453	554

1-6 续表 4

单位：元 / 平方米

城市	1月	2月	3月	4月	5月	6月	7月	8月	9月	10月	11月	12月	全年
景德镇市	405	450	5542	600	951	3519	3190	570	622	2202	2967	1503	2347
九江市	671	541	221	363	885	474	1010	425	557	639	1437	1414	922
酒泉市	81	82	100	52	75	77	201	95	263	68	456	83	98
开封市	595	575	897	625	422	452	854	969	2002	1714	903	1327	1033
克拉玛依市	270	163	377	150	169	278	227	153	205	308	280	190	250
来宾市	196	748	533	240	432	--	--	337	230	1003	1013	548	512
廊坊市	2403	1853	1406	1545	771	2459	2639	835	962	1698	4572	1989	1807
乐山市	519	624	1428	192	936	1263	1543	920	1626	486	725	1459	899
丽江市	269	899	1747	497	--	353	1466	--	488	500	147	568	695
丽水市	808	1332	633	658	3868	1790	1309	1251	3520	4767	2463	1772	2238
连云港市	444	300	281	423	254	390	4674	1692	2336	2470	3346	4183	1763
辽阳市	688	331	377	--	624	--	396	378	1329	2127	1020	1388	1186
辽源市	379	404	1552	1020	580	541	590	328	531	400	338	710	461
聊城市	2045	1346	1245	2094	1227	1770	998	2273	1423	2792	2369	2293	1881
临沧市	285	335	930	421	300	1300	1453	775	822	519	1517	655	561
临汾市	256	429	374	293	391	1506	478	829	479	1778	764	1385	872
临沂市	1099	516	629	746	782	1067	930	1715	1493	1400	2035	2061	1225
柳州市	4165	1016	122	273	792	453	524	444	989	1740	416	1583	1424
六安市	200	204	648	337	846	247	298	896	281	353	249	1037	567
六盘水市	915	1416	833	941	478	1520	638	1192	788	749	771	1315	973
龙岩市	325	165	560	3341	3622	4690	256	2185	202	1830	424	323	1193
陇南市	547	528	601	805	1064	510	642	705	492	919	1477	1006	813
娄底市	1927	1268	426	370	428	1605	581	394	445	1357	2212	1684	1355
泸州市	390	623	--	1406	2797	898	474	926	1132	863	879	852	876
洛阳市	874	516	3444	1586	1300	1292	2128	3880	751	2821	1835	2119	1781
漯河市	1142	442	--	307	556	3277	1902	1954	721	3022	940	1573	1185
吕梁市	760	2437	--	2421	640	1410	773	666	411	653	1167	621	817
马鞍山市	340	673	286	199	673	318	633	1138	1163	851	1307	899	787
茂名市	1256	586	792	712	3009	1692	670	1347	738	1329	1692	1772	1546
眉山市	534	666	808	837	1019	465	919	763	351	2343	2611	3075	1803
梅州市	992	448	372	271	425	998	426	512	1906	683	495	982	787
绵阳市	563	1023	352	429	2886	642	837	718	998	1386	771	1764	1401
牡丹江市	1041	315	96	--	247	158	160	331	2705	1010	437	317	496
南充市	644	1953	842	747	1379	1012	642	1828	803	272	1883	1989	1372
南平市	557	132	199	1162	521	839	1318	2301	1054	1505	3484	1419	1441
南通市	960	458	2360	3670	1920	338	916	5594	4198	8221	4648	4228	3478

1–6　续表 5　　　　单位：元 / 平方米

城市	1月	2月	3月	4月	5月	6月	7月	8月	9月	10月	11月	12月	全年
南阳市	1642	1181	1936	556	923	1193	1151	1135	596	692	779	888	961
内江市	178	148	585	1473	270	900	1037	2533	2667	2329	1902	1953	1601
宁德市	252	2751	191	693	649	1828	1063	457	696	4995	1151	910	1388
攀枝花市	--	1655	--	535	647	--	258	168	--	627	202	892	540
盘锦市	3945	--	498	271	2026	326	--	--	306	1920	1980	1648	1354
平顶山市	1167	1940	2116	637	575	823	461	1068	1473	547	560	1813	954
平凉市	475	1620	372	874	290	212	1010	958	232	287	330	1557	895
萍乡市	1996	4054	223	2945	678	212	4873	270	4113	4057	1729	5264	2822
莆田市	1685	1250	402	--	1256	2644	8507	720	3705	9622	3325	3688	3691
濮阳市	402	195	893	748	1077	510	2262	472	225	843	617	1488	880
普洱市	473	267	2798	1585	875	1437	439	804	1011	498	881	931	1019
七台河市	213	204	192	520	339	348	160	754	314	--	583	966	353
齐齐哈尔市	1131	1049	658	705	170	901	322	664	900	227	827	830	829
黔南布依族苗族自治州	650	715	293	304	539	620	633	523	370	1538	1059	998	811
钦州市	658	568	--	336	253	518	281	439	594	675	2599	766	901
秦皇岛市	1739	589	2614	647	529	554	781	457	1099	1616	739	3231	1327
清远市	761	1066	599	957	865	652	725	672	1056	795	1219	1139	960
庆阳市	717	570	--	886	--	333	201	163	--	1053	262	394	631
衢州市	652	973	368	1091	368	459	890	888	797	1935	649	2053	1051
曲靖市	1011	510	1088	1767	273	775	3119	1452	789	395	492	484	835
泉州市	912	4679	1771	4154	2257	2865	2962	4856	4756	2259	4411	2858	3401
日照市	442	1929	475	507	1105	554	1968	1709	842	1310	1715	2472	1655
三门峡市	327	399	310	1539	852	410	345	348	4022	1102	925	1639	697
三明市	450	106	124	175	239	669	197	360	1716	253	1443	599	556
汕头市	2071	2210	--	1385	3545	12628	8396	2153	1385	1603	7766	1406	3718
汕尾市	1999	1772	2161	944	573	399	2688	732	449	447	377	2096	1273
商洛市	983	475	567	398	770	418	949	373	2531	779	1317	4314	898
商丘市	1727	839	323	459	904	775	1092	736	2743	849	643	1397	1091
上饶市	767	379	451	174	1406	1043	694	1122	1629	1659	1414	1997	1185
韶关市	738	389	750	416	524	410	518	374	260	888	849	492	473
邵阳市	1247	886	729	441	1006	1066	1394	1404	745	1217	1649	2093	1324
绍兴市	2850	1406	3036	2086	1868	2642	3318	2383	2504	3616	3390	2720	2633
十堰市	474	955	452	372	836	1520	501	1527	1221	1102	638	1856	1132
石嘴山市	89	85	81	107	141	95	286	72	218	148	200	95	140
双鸭山市	198	152	122	234	4114	934	207	266	1439	189	--	282	305

1-6 续表 6 单位：元 / 平方米

城市	1 月	2 月	3 月	4 月	5 月	6 月	7 月	8 月	9 月	10 月	11 月	12 月	全年
朔州市	600	143	--	232	194	237	220	285	214	293	222	240	228
四平市	2633	697	--	320	318	738	348	712	1744	780	--	345	454
松原市	323	467	130	207	404	144	469	574	248	1555	3040	412	311
宿迁市	145	188	150	269	246	246	140	3899	2002	711	2830	3390	1327
宿州市	1084	337	387	869	743	992	274	1407	1099	689	1229	902	858
绥化市	1317	1631	363	421	416	675	942	530	462	722	243	1066	648
随州市	361	210	222	286	1104	227	320	232	261	1694	457	1208	574
遂宁市	163	330	313	--	272	2144	410	5013	172	1354	1747	1109	924
台州市	1089	1807	917	1596	2589	1946	3341	3709	2640	3150	5403	1983	2331
泰安市	1912	1093	780	427	948	2499	1750	1944	2341	2128	3171	2257	1915
泰州市	1617	1203	375	1129	447	424	478	5320	3826	5533	7422	2628	4238
唐山市	353	296	465	436	1409	528	692	390	718	1272	519	2232	728
天水市	--	--	--	--	4681	--	--	544	--	402	363	555	393
铁岭市	463	334	216	190	195	342	--	193	277	124	--	547	270
通化市	1560	1472	158	935	991	735	930	837	701	899	564	5982	1450
通辽市	483	158	100	119	489	412	684	154	78	857	77	710	375
铜川市	1034	--	1157	--	--	--	355	434	621	439	333	791	563
铜陵市	829	3068	373	630	406	331	241	575	734	3284	2450	1967	1580
铜仁市	541	443	970	497	1017	1067	1105	1082	763	855	1242	1225	1048
吐鲁番市	54	159	149	380	408	222	211	189	72	122	246	480	228
威海市	1152	2312	1850	565	1413	2475	2742	801	771	2989	2592	1912	2060
潍坊市	2260	713	667	1166	1297	1353	658	885	1942	1953	2175	2666	1678
渭南市	708	498	324	461	975	345	450	616	1561	1899	827	2526	1085
乌海市	109	152	93	102	88	138	226	98	94	306	121	659	162
乌兰察布市	250	109	166	171	147	225	191	143	259	158	151	214	187
芜湖市	295	512	414	483	1269	1583	2019	787	1678	744	1316	1659	1079
吴忠市	75	102	423	121	1646	815	91	510	176	400	74	121	306
梧州市	509	575	10206	1585	387	1970	510	1145	1931	1600	672	831	1028
武威市	124	98	95	174	131	86	129	134	161	160	108	66	122
咸宁市	480	476	925	561	201	151	324	680	428	815	1564	685	785
咸阳市	520	2604	2958	1304	1455	1396	464	683	1605	546	468	459	964
湘潭市	1233	499	--	460	852	1631	893	495	1200	510	2040	1956	1314
襄阳市	457	329	839	344	962	755	1246	444	1356	574	2935	1080	883
孝感市	671	1276	849	2109	376	643	537	358	655	898	1024	1663	943
忻州市	391	512	198	349	724	1156	1035	1824	813	1104	634	1684	883
新乡市	1660	372	468	788	1093	860	342	490	1283	445	1197	1248	836
新余市	103	204	150	150	255	1087	1181	1141	2706	2221	2273	1533	1476

1-6　续表 7　　单位：元 / 平方米

城市	1 月	2 月	3 月	4 月	5 月	6 月	7 月	8 月	9 月	10 月	11 月	12 月	全年
信阳市	1306	444	1863	446	1044	583	1198	1250	949	1072	612	1992	1223
邢台市	797	347	1169	589	987	983	1221	1077	980	597	1084	1499	975
徐州市	231	194	1538	1148	497	411	916	423	2934	3546	2635	3382	2118
许昌市	1555	429	406	670	1614	827	2272	1675	--	953	1410	1422	1172
宣城市	1099	312	573	533	325	449	259	1285	1412	413	425	1620	782
雅安市	395	1036	161	610	4180	423	672	1362	233	655	611	1694	827
烟台市	1337	450	1034	877	478	2524	1403	2581	670	1034	1886	2093	1296
延安市	410	622	388	3785	616	617	650	391	304	511	2772	853	1120
盐城市	978	601	2644	4051	863	337	408	5765	7033	3511	5494	5450	3497
扬州市	1793	385	338	3736	2347	358	1539	2233	3902	4340	5353	4788	3483
阳江市	1192	652	458	854	--	3104	323	1090	752	482	1034	991	864
阳泉市	485	307	--	--	585	213	876	--	575	207	1035	637	658
伊春市	--	1823	--	--	352	446	459	213	210	444	639	639	753
伊犁哈萨克自治州	839	361	412	250	527	408	341	496	581	199	289	207	357
宜宾市	475	344	1434	454	1143	512	1762	1123	584	1616	2444	895	1028
宜昌市	700	806	215	584	491	257	1384	415	665	2025	1762	848	1050
宜春市	711	799	218	532	1215	852	852	565	3365	1408	2279	1923	1427
益阳市	427	374	340	2102	510	383	730	429	1071	366	1221	834	588
鹰潭市	589	1290	--	605	1419	553	962	3190	2887	1198	2249	1821	1569
营口市	--	296	288	241	288	897	412	299	307	328	1379	353	428
永州市	1752	1480	461	298	490	472	209	374	720	1100	909	1266	869
榆林市	179	164	171	427	300	239	260	688	188	262	191	195	298
玉林市	1038	891	216	1252	851	179	1226	453	2123	638	608	2175	1169
玉溪市	542	453	316	2307	593	330	566	936	1513	982	1027	831	896
岳阳市	1029	1543	2765	895	1183	2011	1016	916	2491	2101	1419	1825	1420
云浮市	312	705	450	616	579	667	538	270	825	394	3693	644	547
运城市	924	663	661	252	645	502	348	808	808	748	359	891	659
枣庄市	3362	6489	4946	1767	3488	2287	1825	915	1761	2892	3131	4637	3210
湛江市	1894	829	320	1413	1964	1041	479	291	2381	971	1014	544	1200
张家界市	1755	1027	664	137	--	691	1997	--	--	1997	4295	1274	1128
张家口市	1069	1229	992	715	492	910	700	628	1422	1170	2691	1881	1215
张掖市	243	84	301	54	120	108	70	73	176	951	125	131	146
漳州市	2445	813	4304	3145	441	2255	1981	311	4963	3832	1567	2267	2215
昭通市	945	644	--	559	629	1560	1430	810	422	582	1282	692	975
肇庆市	1370	769	778	652	1250	781	640	633	2190	693	2722	2068	1450

1-6 续表 8　　单位：元 / 平方米

城市	1 月	2 月	3 月	4 月	5 月	6 月	7 月	8 月	9 月	10 月	11 月	12 月	全年
镇江市	3239	469	960	4645	4245	482	3897	4649	4458	4267	4509	2312	4095
中山市	1116	2488	1077	1727	1937	1111	1363	1231	1399	1269	1349	10317	2207
中卫市	128	187	114	118	329	1060	105	827	1163	104	239	609	308
舟山市	--	2525	1036	1506	1083	827	2296	3084	1945	555	791	2067	1540
周口市	607	769	553	784	948	1626	1446	1117	1189	1422	1201	1308	1064
珠海市	5250	439	458	507	10513	1193	542	460	605	519	18023	508	4103
株洲市	488	1238	2515	3360	3539	3466	2816	957	2026	2172	2142	2382	2280
驻马店市	953	950	546	528	347	688	245	2971	2324	1024	1007	1218	1217
资阳市	1742	206	2587	2321	2309	431	2896	570	160	--	2609	2480	2068
淄博市	1652	461	2071	1802	3672	1664	1651	1982	740	3946	1994	3934	2382
自贡市	3627	195	3411	550	1900	905	180	225	150	462	769	2037	1389
遵义市	962	881	968	771	1098	801	810	590	594	1130	1197	1358	1062

数据来源：中指数据库监测。

第二章

2024年全国300城土地成交情况

2-1　2024 年全国 300 城土地成交统计

城市	成交土地宗数（宗）	成交建设用地面积（万平方米）	成交规划建筑面积（万平方米）	成交土地均价（元 / 平方米）	成交楼面均价（元 / 平方米）	土地出让金（亿元）	平均溢价率（%）
一线城市							
北京市	85	515.71	884.35	33970	19810	1751.86	2.72
上海市	215	723.71	1560.43	22717	10536	1644.02	9.29
广州市	303	1032.73	3423.84	9407	2837	971.45	3.43
深圳市	53	232.20	685.60	17911	6066	415.90	19.62
二线城市							
长春市	188	524.44	675.29	2757	2137	144.57	2.41
长沙市	357	1422.10	2963.16	3844	1845	546.59	2.34
成都市	422	1402.25	3381.18	5772	2391	809.38	6.85
重庆市	1048	3418.51	4577.39	1488	1067	508.82	1.35
大连市	196	1013.54	1093.46	1021	942	103.53	0.05
福州市	299	782.63	1861.38	6872	2889	537.84	3.56
贵阳市	176	761.29	1516.19	1706	857	129.87	2.28
哈尔滨市	90	291.26	350.82	1147	953	33.42	0.31
海口市	50	207.25	412.38	5826	2928	120.74	0.82
杭州市	498	1264.00	3057.39	11257	4654	1422.93	12.99
合肥市	308	1254.72	1928.81	4994	3249	626.61	7.27
呼和浩特市	167	906.91	1010.33	799	717	72.46	1.47
济南市	428	1168.69	1955.06	3591	2127	419.67	1.45
昆明市	279	763.26	1397.86	1470	801	112.20	0.44
兰州市	147	817.25	845.95	867	830	70.84	0.58
南昌市	116	426.78	653.30	1775	1154	75.77	4.45
南京市	325	1043.40	2011.56	6878	3568	717.70	1.06
南宁市	185	548.45	992.60	1234	682	67.67	14.37
宁波市	371	1247.42	2845.31	4018	1761	501.21	2.90
青岛市	306	829.63	1300.25	2242	1410	181.42	3.85
三亚市	32	131.46	221.59	13984	8296	183.83	6.50
沈阳市	194	726.02	787.67	1463	1337	106.24	0.34
石家庄市	566	1613.15	2866.99	2224	1251	358.90	2.58
苏州市	584	1879.10	3557.07	4159	2197	781.46	1.35
太原市	150	406.11	918.46	3243	1434	131.70	0.29
天津市	255	921.28	1497.35	3852	2368	354.91	1.73
温州市	428	919.71	2344.86	3709	1454	341.11	2.58

2-1 续表 1

城市	成交土地宗数（宗）	成交建设用地面积（万平方米）	成交规划建筑面积（万平方米）	成交土地均价（元/平方米）	成交楼面均价（元/平方米）	土地出让金（亿元）	平均溢价率（%）
乌鲁木齐市	173	723.98	726.38	1646	1612	119.14	3.64
无锡市	309	1134.60	1892.30	5357	3212	607.79	0.15
武汉市	319	1497.87	2292.21	4906	3184	734.79	0.79
西安市	289	1343.93	2786.03	6976	3365	937.56	1.08
西宁市	17	102.40	91.10	1077	1211	11.03	0.00
厦门市	79	386.25	975.45	8541	3382	329.89	2.98
银川市	118	460.52	390.38	530	615	24.43	2.32
郑州市	293	1689.22	4146.79	1675	680	283.02	1.83
三四线城市							
安康市	171	157.86	303.91	1465	761	23.13	9.48
安庆市	166	654.29	776.17	468	392	30.63	6.63
安顺市	149	470.53	544.00	683	591	32.13	0.17
安阳市	124	242.26	355.62	1500	1020	36.35	4.86
鞍山市	120	347.30	345.20	724	714	25.14	0.27
巴彦淖尔市	130	568.99	362.29	172	264	9.97	0.00
巴中市	127	273.92	460.29	1039	617	28.45	0.04
白城市	42	174.39	162.54	386	392	6.87	0.00
白山市	43	68.93	85.97	702	562	5.29	0.00
白银市	87	401.99	426.62	250	235	10.03	0.70
百色市	193	327.16	538.18	817	496	26.73	2.47
包头市	220	1109.86	982.42	329	366	36.57	1.33
宝鸡市	147	401.06	705.25	807	459	32.38	3.62
保定市	460	1116.59	2099.50	2808	1493	313.50	2.89
保山市	175	198.78	246.20	844	681	16.78	2.26
北海市	67	226.03	514.18	672	295	15.18	2.08
本溪市	50	60.60	58.39	922	957	5.59	0.00
蚌埠市	134	539.17	737.03	1400	1024	75.46	4.03
毕节市	222	531.32	726.35	1142	833	60.69	15.80
滨州市	396	1710.44	1851.08	1068	985	182.59	9.01
亳州市	240	666.35	973.72	1471	1007	98.04	11.82
沧州市	415	1376.98	2085.72	995	656	136.98	0.76
常德市	95	225.81	301.93	1118	836	25.24	0.96
常州市	340	1202.37	1805.63	6416	4273	771.50	0.93
长治市	134	324.35	445.88	1218	884	39.51	6.24

2-1　续表 2

城市	成交土地宗数（宗）	成交建设用地面积（万平方米）	成交规划建筑面积（万平方米）	成交土地均价（元/平方米）	成交楼面均价（元/平方米）	土地出让金（亿元）	平均溢价率（%）
朝阳市	78	185.93	184.38	489	482	9.09	0.00
潮州市	34	90.12	319.03	1653	467	14.90	0.01
郴州市	284	459.40	781.24	1500	881	68.90	4.08
承德市	139	274.46	274.72	1360	1349	37.32	0.22
池州市	127	298.52	436.41	439	299	13.13	9.08
赤峰市	269	975.17	619.93	381	567	37.45	2.93
崇左市	177	435.28	896.46	518	250	22.55	2.35
滁州市	460	1275.81	1770.11	1551	1116	197.82	1.78
达州市	141	430.68	675.57	1600	1020	68.89	6.61
大庆市	60	198.18	200.40	540	534	10.70	7.87
大同市	125	465.26	421.81	424	435	19.71	0.29
丹东市	83	124.43	150.89	712	587	8.86	0.00
儋州市	6	31.98	29.65	456	492	1.46	0.00
德阳市	219	912.10	1479.39	1493	913	136.14	0.51
德州市	520	1277.05	1580.06	1189	961	151.89	0.75
定西市	81	126.99	172.21	439	323	5.57	3.33
东莞市	140	495.07	1564.64	1803	570	89.25	0.18
东营市	239	872.44	827.03	820	865	71.56	5.96
鄂尔多斯市	341	2229.09	1370.97	254	373	56.78	6.44
鄂州市	96	412.72	676.83	2255	1375	93.05	0.27
恩施土家族苗族自治州	192	276.02	445.95	1300	802	35.88	0.65
防城港市	34	372.10	576.43	292	188	10.86	0.02
佛山市	348	993.54	3234.00	3776	1154	375.15	0.37
抚顺市	33	141.01	107.48	726	953	10.24	1.31
抚州市	378	815.32	1103.16	1197	885	97.62	8.45
阜新市	204	123.11	109.66	418	464	5.14	2.98
阜阳市	370	994.69	1386.40	1044	747	103.84	7.05
赣州市	439	1260.57	1808.40	1122	782	141.38	8.89
固原市	41	128.26	104.50	369	452	4.74	8.07
广安市	77	268.14	402.58	967	644	25.92	0.43
广元市	134	391.69	557.07	1170	820	46.18	1.40
贵港市	169	512.85	600.49	329	281	16.86	0.98
桂林市	111	258.45	515.23	1088	546	28.12	0.65
哈密市	134	1377.45	1061.99	122	158	16.77	0.17
海东市	29	55.10	78.35	532	374	2.93	0.00

2–1 续表 3

城市	成交土地宗数（宗）	成交建设用地面积（万平方米）	成交规划建筑面积（万平方米）	成交土地均价（元 / 平方米）	成交楼面均价（元 / 平方米）	土地出让金（亿元）	平均溢价率（%）
邯郸市	578	1465.23	1746.09	822	686	120.55	4.68
汉中市	87	155.48	180.89	1456	1223	22.64	0.00
河池市	102	108.74	196.81	691	380	7.52	3.80
河源市	106	198.75	458.98	375	163	7.46	0.00
菏泽市	355	1197.56	1646.83	1932	1314	231.36	3.78
贺州市	103	181.83	348.16	771	403	14.02	1.65
鹤壁市	33	100.00	100.47	488	485	4.88	0.62
鹤岗市	12	25.96	34.07	493	375	1.28	0.24
黑河市	44	110.35	95.56	357	412	3.94	17.34
衡水市	496	584.18	732.92	811	646	47.40	0.80
衡阳市	234	473.41	777.78	2368	1439	112.08	0.10
呼伦贝尔市	85	269.88	233.25	405	458	10.94	9.13
葫芦岛市	49	159.39	180.70	831	733	13.25	0.00
湖州市	484	1207.06	2638.03	2406	1101	290.37	1.27
怀化市	246	440.57	739.72	1258	719	55.43	0.15
淮安市	396	1756.20	2486.23	2179	1539	382.73	3.77
淮北市	91	345.17	414.45	945	787	32.62	22.27
淮南市	120	439.50	488.26	781	701	34.33	0.82
黄冈市	266	1045.37	1265.44	547	452	57.21	4.57
黄山市	110	222.04	313.41	1250	885	27.75	0.39
黄石市	169	679.72	929.82	1265	925	85.98	1.77
惠州市	249	906.56	1732.78	1021	534	92.54	0.04
鸡西市	24	70.90	61.45	250	288	1.77	4.89
吉安市	352	841.06	1152.29	503	367	42.32	7.52
吉林市	106	264.44	239.77	666	735	17.62	0.00
济宁市	654	1700.87	2375.04	1776	1272	302.12	3.21
佳木斯市	46	95.69	97.36	304	299	2.91	0.31
嘉兴市	576	1391.92	3731.57	1596	594	222.10	1.40
嘉峪关市	30	38.85	38.46	444	448	1.72	0.00
江门市	228	701.66	1981.80	1206	425	84.60	0.10
焦作市	90	313.70	387.71	725	587	22.74	0.69
揭阳市	92	243.41	730.85	864	279	21.02	0.29
金昌市	40	233.65	173.83	183	246	4.28	26.01
金华市	709	1471.51	3766.97	3578	1398	526.46	6.65
锦州市	70	266.21	263.34	467	472	12.43	0.00

2–1　续表 4

城市	成交土地宗数（宗）	成交建设用地面积（万平方米）	成交规划建筑面积（万平方米）	成交土地均价（元/平方米）	成交楼面均价（元/平方米）	土地出让金（亿元）	平均溢价率（%）
晋城市	79	278.60	342.20	1205	976	33.58	13.61
晋中市	107	234.76	366.86	1149	735	26.97	0.01
荆门市	200	661.34	911.12	855	621	56.57	11.60
荆州市	233	985.16	1133.41	589	512	57.99	3.73
景德镇市	161	604.40	985.20	2468	1513	149.17	1.39
九江市	347	967.17	1141.79	971	819	93.86	9.33
酒泉市	122	863.71	589.05	92	125	7.94	4.32
开封市	167	654.17	927.35	1040	734	68.02	5.85
克拉玛依市	46	181.60	167.72	247	268	4.49	0.17
来宾市	56	229.25	271.25	450	380	10.32	0.72
廊坊市	183	423.49	624.43	1534	1040	64.95	2.08
乐山市	218	858.70	1217.21	945	666	81.11	5.79
丽江市	38	64.97	94.45	782	538	5.09	0.56
丽水市	312	723.25	1289.95	2295	1287	165.97	0.32
连云港市	250	1033.39	1279.45	1889	1526	195.20	1.98
辽阳市	27	53.61	62.43	881	756	4.72	1.50
辽源市	51	230.80	190.16	449	544	10.36	0.00
聊城市	299	872.51	1401.24	1837	1144	160.26	3.10
临沧市	53	106.86	143.73	616	458	6.58	13.92
临汾市	93	321.62	340.49	1066	1006	34.28	6.46
临沂市	490	1747.19	2414.13	1178	852	205.89	0.10
柳州市	140	220.77	446.96	1723	851	38.03	2.92
六安市	169	525.26	679.13	551	426	28.97	2.74
六盘水市	237	548.32	682.24	965	771	52.89	0.64
龙岩市	130	420.05	895.14	1304	612	54.76	0.78
陇南市	73	109.29	202.33	906	489	9.90	1.91
娄底市	163	266.05	591.02	1009	454	26.85	0.65
泸州市	158	538.83	1044.39	920	473	49.56	7.99
洛阳市	273	1148.39	1555.27	1906	1407	218.92	0.36
漯河市	146	479.73	710.12	1205	814	57.81	1.81
吕梁市	127	393.97	485.07	795	643	31.30	1.28
马鞍山市	159	674.26	729.01	933	863	62.94	8.62
茂名市	121	357.80	644.38	1541	855	55.12	0.89
眉山市	197	729.62	1130.01	1796	1157	131.03	0.65
梅州市	66	136.17	221.79	836	511	11.39	0.02

2–1 续表 5

城市	成交土地宗数（宗）	成交建设用地面积（万平方米）	成交规划建筑面积（万平方米）	成交土地均价（元 / 平方米）	成交楼面均价（元 / 平方米）	土地出让金（亿元）	平均溢价率（%）
绵阳市	184	635.53	1423.04	1543	686	98.06	7.86
牡丹江市	31	81.23	77.29	461	484	3.74	3.20
南充市	220	631.02	1404.25	1374	618	86.73	1.42
南平市	160	355.32	853.10	1486	619	52.80	0.76
南通市	571	2185.55	3026.50	3416	2466	746.55	0.14
南阳市	557	835.17	1151.13	963	699	80.47	1.50
内江市	132	405.22	617.29	1697	1114	68.75	5.80
宁德市	140	345.17	845.42	1521	618	52.50	2.02
攀枝花市	93	127.72	119.43	622	639	7.94	0.00
盘锦市	26	92.31	151.46	1097	668	10.12	0.00
平顶山市	161	563.27	738.81	955	728	53.81	2.06
平凉市	60	90.44	105.40	1097	941	9.92	4.70
萍乡市	154	374.79	997.27	2885	1084	108.14	0.00
莆田市	61	245.10	677.26	3563	1289	87.32	2.51
濮阳市	160	468.65	598.22	853	668	39.96	2.10
普洱市	175	148.31	243.39	794	482	11.77	2.39
七台河市	18	24.01	25.84	395	367	0.95	0.00
齐齐哈尔市	46	95.99	122.46	830	650	7.96	0.75
黔南布依族苗族自治州	506	774.96	863.65	827	742	64.12	0.67
钦州市	141	536.26	985.75	919	498	49.29	1.47
秦皇岛市	173	280.51	300.82	1112	1029	31.25	1.58
清远市	240	503.85	1133.63	1023	455	51.56	0.04
庆阳市	55	147.82	200.87	1065	783	15.74	6.46
衢州市	314	749.42	961.66	1106	860	82.89	4.51
曲靖市	99	327.76	437.20	695	521	22.79	2.37
泉州市	330	878.38	2358.96	3483	1297	305.92	1.71
日照市	222	694.94	814.69	1685	1433	117.09	1.19
三门峡市	53	124.68	179.51	989	678	12.33	0.03
三明市	110	385.88	923.13	586	245	22.63	7.70
汕头市	41	153.10	506.58	3134	947	47.97	1.92
汕尾市	56	158.28	302.68	892	467	14.12	1.80
商洛市	92	126.94	170.46	837	623	10.63	3.67
商丘市	236	778.71	1022.86	1245	946	96.91	4.47
上饶市	435	1036.09	1522.47	1350	919	139.85	18.51
韶关市	113	342.91	433.64	542	429	18.60	2.08

2–1　续表 6

城市	成交土地宗数（宗）	成交建设用地面积（万平方米）	成交规划建筑面积（万平方米）	成交土地均价（元 / 平方米）	成交楼面均价（元 / 平方米）	土地出让金（亿元）	平均溢价率（%）
邵阳市	235	191.19	262.54	1310	954	25.05	0.87
绍兴市	365	1030.68	2089.06	2689	1324	277.12	1.87
十堰市	222	605.05	970.99	1222	761	73.93	14.37
石嘴山市	42	151.27	115.51	144	189	2.18	1.54
双鸭山市	32	57.18	49.94	245	280	1.40	0.95
朔州市	108	223.14	175.68	229	275	5.11	1.65
四平市	45	70.89	93.86	717	541	5.08	0.00
松原市	36	166.62	165.98	359	361	5.98	0.00
宿迁市	396	1324.56	1955.29	1432	970	189.68	1.41
宿州市	271	837.23	1070.77	824	644	68.97	2.22
绥化市	60	139.98	169.63	660	544	9.23	3.41
随州市	144	363.82	413.84	546	480	19.87	1.14
遂宁市	132	453.33	682.53	1168	776	52.95	28.24
台州市	360	1121.20	2363.42	2401	1139	269.24	6.73
泰安市	131	522.22	806.76	1974	1278	103.09	0.00
泰州市	269	931.54	1423.90	4345	2843	404.77	8.69
唐山市	508	3443.90	3657.05	737	692	253.72	1.38
天水市	66	103.60	118.04	914	799	9.47	3.82
铁岭市	307	151.67	119.63	270	334	4.09	0.00
通化市	51	90.18	122.80	1016	734	9.17	0.09
通辽市	172	533.51	491.56	321	348	17.20	0.00
铜川市	12	75.10	77.61	454	439	3.41	0.00
铜陵市	133	395.70	503.06	1774	1395	70.19	0.15
铜仁市	250	360.16	556.19	1110	719	39.97	0.36
吐鲁番市	128	359.08	399.14	251	226	9.02	2.51
威海市	306	804.85	1106.06	1755	1275	141.24	5.30
潍坊市	1094	2547.12	3487.98	1774	1294	451.83	3.78
渭南市	202	583.24	1101.10	1129	598	65.87	0.37
乌海市	250	712.08	482.54	144	211	10.29	0.91
乌兰察布市	196	845.09	804.56	165	173	13.95	0.82
芜湖市	247	1102.10	1475.05	1138	838	125.40	1.05
吴忠市	130	461.49	337.85	237	315	10.96	6.36
梧州市	85	404.06	683.40	1246	737	50.36	26.82
武威市	119	335.97	268.71	162	202	5.43	0.31
咸宁市	222	464.52	599.11	899	697	41.76	0.32

2-1 续表 7

城市	成交土地宗数（宗）	成交建设用地面积（万平方米）	成交规划建筑面积（万平方米）	成交土地均价（元 / 平方米）	成交楼面均价（元 / 平方米）	土地出让金（亿元）	平均溢价率（%）
咸阳市	159	530.79	817.43	1101	714	58.45	0.14
湘潭市	86	308.63	437.25	1332	940	41.11	0.00
襄阳市	245	731.98	814.68	969	870	70.91	2.86
孝感市	349	1108.31	1545.63	945	676	104.70	4.91
忻州市	112	244.46	325.04	760	572	18.58	7.96
新乡市	182	552.40	758.57	779	567	43.02	3.33
新余市	75	204.45	307.57	1410	937	28.83	1.10
信阳市	259	504.67	724.60	1222	850	61.65	1.83
邢台市	639	1087.25	1704.84	843	537	91.61	3.52
徐州市	488	1893.61	2555.67	2163	1603	409.64	0.06
许昌市	184	463.12	673.37	1156	795	54.27	2.03
宣城市	361	833.33	1079.75	767	592	63.91	2.34
雅安市	105	277.15	382.62	869	629	24.08	5.33
烟台市	282	1215.30	1351.10	1303	1172	158.37	1.15
延安市	137	361.17	348.92	634	656	22.89	3.98
盐城市	542	1898.43	3088.78	3720	2286	706.20	1.84
扬州市	431	1530.46	2505.88	3982	2432	609.40	20.89
阳江市	74	170.42	258.65	861	557	14.67	10.68
阳泉市	72	153.17	197.90	668	516	10.24	0.00
伊春市	12	10.26	13.29	785	606	0.81	0.06
伊犁哈萨克自治州	310	1037.34	1194.85	406	353	42.16	1.35
宜宾市	207	887.05	1254.86	1096	774	97.25	7.50
宜昌市	361	1382.84	1705.13	1181	950	163.33	0.17
宜春市	329	719.13	963.92	1424	1059	102.37	6.77
益阳市	78	139.36	179.81	553	424	7.70	0.00
鹰潭市	75	278.43	441.56	1708	1077	47.54	9.50
营口市	37	106.80	82.75	482	622	5.15	1.25
永州市	358	562.92	805.82	816	552	45.91	0.92
榆林市	358	2368.01	1818.73	301	390	71.27	0.61
玉林市	244	278.73	688.23	1099	445	30.62	2.79
玉溪市	89	295.44	375.40	762	600	22.51	0.63
岳阳市	294	794.91	992.08	1432	1146	113.83	1.71
云浮市	56	161.70	196.37	519	427	8.38	0.53
运城市	177	389.02	507.06	690	529	26.82	6.16
枣庄市	231	699.29	1037.66	3229	2176	225.78	1.13

2–1　续表 8

城市	成交土地宗数（宗）	成交建设用地面积（万平方米）	成交规划建筑面积（万平方米）	成交土地均价（元 / 平方米）	成交楼面均价（元 / 平方米）	土地出让金（亿元）	平均溢价率（%）
湛江市	120	352.32	617.05	865	488	30.46	6.55
张家界市	18	12.95	24.26	1231	657	1.59	0.63
张家口市	241	584.43	832.38	1364	958	79.74	1.42
张掖市	105	371.41	379.52	140	137	5.19	0.90
漳州市	226	1089.49	2938.54	2132	790	232.30	0.49
昭通市	118	346.65	563.06	834	513	28.91	4.20
肇庆市	288	536.96	1048.36	1503	769	80.68	1.21
镇江市	344	939.70	1526.94	4165	2563	391.34	0.00
中山市	86	229.93	793.47	1896	549	43.58	0.00
中卫市	52	274.60	275.90	190	188	5.20	0.01
舟山市	96	354.42	650.33	1478	806	52.40	0.99
周口市	281	721.01	1019.70	986	697	71.15	1.58
珠海市	50	166.69	435.43	4747	1817	79.13	0.00
株洲市	251	526.68	1020.47	2306	1190	121.43	1.01
驻马店市	284	841.75	1488.29	1277	722	107.50	10.78
资阳市	106	315.08	684.06	2064	951	65.03	0.36
淄博市	212	621.96	966.85	2341	1506	145.60	1.81
自贡市	41	127.88	171.71	1296	963	16.58	10.50
遵义市	827	972.73	1538.75	1054	666	102.53	5.87

数据来源：中指数据库监测。

2-2　2024年全国300城土地成交宗数统计

单位：宗

城市	1月	2月	3月	4月	5月	6月	7月	8月	9月	10月	11月	12月	合计
一线城市													
北京市	9	7	8	5	4	8	7	4	5	7	10	11	85
上海市	13	18	13	20	15	15	15	12	5	25	23	41	215
广州市	11	6	16	22	14	27	29	21	32	28	24	73	303
深圳市	7	2	1	3	10	0	3	3	3	3	5	13	53
二线城市													
长春市	8	5	14	11	14	27	14	13	29	8	4	41	188
长沙市	20	10	5	12	28	5	21	21	15	23	30	167	357
成都市	25	12	9	26	10	21	52	15	28	30	63	131	422
重庆市	43	62	64	44	46	126	50	50	93	75	122	273	1048
大连市	10	8	18	4	14	13	6	9	13	10	9	82	196
福州市	20	7	29	9	30	22	15	24	31	22	56	34	299
贵阳市	4	6	15	7	7	8	18	4	15	4	22	66	176
哈尔滨市	4	3	17	12	10	3	8	10	10	4	4	5	90
海口市	6	2	0	2	3	4	6	2	4	0	3	18	50
杭州市	69	31	40	35	31	31	47	35	29	47	25	78	498
合肥市	15	22	21	2	37	22	45	25	17	31	22	49	308
呼和浩特市	13	6	8	11	16	13	18	18	28	16	8	12	167
济南市	53	20	36	26	32	37	10	22	34	45	38	75	428
昆明市	6	26	18	16	10	14	17	15	31	27	27	72	279
兰州市	7	22	0	18	7	7	4	9	4	11	16	42	147
南昌市	12	9	4	8	5	17	9	10	12	8	9	13	116
南京市	19	4	27	23	31	16	20	41	36	18	30	60	325
南宁市	15	5	11	4	48	9	15	6	10	15	28	19	185
宁波市	16	20	68	16	23	19	23	21	23	23	35	84	371
青岛市	22	25	13	12	20	16	36	7	30	19	36	70	306
三亚市	0	4	0	0	1	5	1	1	8	1	1	10	32
沈阳市	9	9	29	12	11	15	10	16	16	20	19	28	194
石家庄市	40	57	84	40	25	27	25	25	45	54	54	90	566
苏州市	49	31	37	27	56	60	41	37	55	53	56	82	584
太原市	10	3	13	12	5	29	26	5	19	7	4	17	150
天津市	11	15	20	13	23	45	13	8	22	15	12	58	255
温州市	21	24	71	12	28	17	56	40	37	23	29	70	428
乌鲁木齐市	7	3	4	5	6	50	21	21	15	15	8	18	173

2-2　续表 1　　单位：宗

城市	1月	2月	3月	4月	5月	6月	7月	8月	9月	10月	11月	12月	合计
无锡市	6	11	19	24	17	23	17	20	17	36	40	79	309
武汉市	8	6	12	13	22	27	8	18	26	28	31	120	319
西安市	25	10	21	9	15	26	34	17	20	48	27	37	289
西宁市	0	4	2	1	0	1	0	0	2	4	1	2	17
厦门市	5	6	5	4	6	9	6	7	7	9	6	9	79
银川市	2	11	9	12	9	8	8	13	11	6	9	20	118
郑州市	33	10	18	13	13	10	10	21	37	28	26	74	293
三四线城市													
安康市	20	2	21	16	6	9	31	6	20	2	14	24	171
安庆市	12	12	33	8	13	16	8	14	14	14	7	15	166
安顺市	12	12	2	16	5	25	15	17	2	4	16	23	149
安阳市	5	3	20	27	9	9	6	6	5	16	13	5	124
鞍山市	10	7	6	3	6	15	11	13	11	15	8	15	120
巴彦淖尔市	8	9	4	12	11	8	7	23	13	13	5	17	130
巴中市	6	1	8	11	6	5	8	4	16	17	19	26	127
白城市	4	1	9	2	5	3	4	2	4	2	2	4	42
白山市	5	1	4	5	1	4	3	7	1	3	5	4	43
白银市	10	3	5	1	2	4	2	3	42	1	7	7	87
百色市	16	16	15	8	14	24	8	13	25	15	18	21	193
包头市	26	11	18	18	20	14	10	7	20	26	23	27	220
宝鸡市	27	22	16	4	8	17	27	10	3	1	1	11	147
保定市	40	22	53	53	18	82	18	12	46	8	22	86	460
保山市	37	36	2	7	5	20	3	6	17	9	11	22	175
北海市	3	3	4	3	2	10	3	11	4	10	4	10	67
本溪市	3	0	0	1	7	5	11	1	10	4	2	6	50
蚌埠市	8	1	13	9	15	12	9	6	15	3	14	29	134
毕节市	4	6	7	23	14	6	17	15	16	28	57	29	222
滨州市	2	37	21	24	29	24	9	23	34	31	65	97	396
亳州市	12	18	12	13	20	14	28	11	6	40	45	21	240
沧州市	40	18	45	26	45	81	29	26	32	13	17	43	415
常德市	18	2	5	6	7	4	5	12	6	8	6	16	95
常州市	12	18	20	25	13	18	11	23	32	60	58	50	340
长治市	9	7	6	4	5	7	11	22	13	13	19	18	134
朝阳市	8	3	12	4	14	4	4	5	4	9	2	9	78
潮州市	1	4	2	3	2	2	1	4	2	1	0	12	34

2-2 续表 2 单位：宗

城市	1月	2月	3月	4月	5月	6月	7月	8月	9月	10月	11月	12月	合计
郴州市	21	2	22	3	15	17	1	5	17	54	36	91	284
承德市	8	6	6	32	14	11	17	10	12	5	2	16	139
池州市	8	6	6	6	18	7	10	4	17	15	5	25	127
赤峰市	3	15	12	23	79	16	28	19	17	19	21	17	269
崇左市	6	17	13	14	9	9	18	10	13	11	18	39	177
滁州市	25	16	15	17	31	41	16	90	49	44	86	30	460
达州市	8	11	3	2	10	5	11	7	8	11	9	56	141
大庆市	4	6	9	5	6	2	3	0	5	11	7	2	60
大同市	5	7	6	11	6	15	8	12	6	10	5	34	125
丹东市	1	5	1	0	7	6	16	5	4	14	1	23	83
儋州市	0	0	0	0	0	1	0	0	1	0	1	3	6
德阳市	4	3	15	6	4	3	11	20	40	38	29	46	219
德州市	26	27	61	32	51	53	23	27	75	49	22	74	520
定西市	3	11	6	7	7	3	11	5	11	5	6	6	81
东莞市	7	13	6	5	8	5	10	34	17	9	4	22	140
东营市	11	21	22	31	12	14	21	19	19	13	15	41	239
鄂尔多斯市	29	30	42	15	38	36	34	25	27	11	22	32	341
鄂州市	9	11	1	6	3	8	3	13	3	9	11	19	96
恩施土家族苗族自治州	26	2	7	9	6	2	7	16	5	19	14	79	192
防城港市	2	4	0	1	3	0	10	2	3	0	3	6	34
佛山市	16	18	14	18	31	14	30	18	32	35	39	83	348
抚顺市	2	4	2	4	2	3	3	2	2	7	1	1	33
抚州市	15	13	17	5	23	18	44	24	24	23	71	101	378
阜新市	1	0	6	94	9	3	2	70	3	4	2	10	204
阜阳市	37	17	18	14	38	18	22	16	68	29	18	75	370
赣州市	35	17	19	10	60	16	35	39	24	38	64	82	439
固原市	6	2	3	1	5	2	2	5	4	4	4	3	41
广安市	4	0	3	3	4	1	4	12	8	9	17	12	77
广元市	3	4	5	10	6	1	3	3	9	13	15	62	134
贵港市	17	16	14	2	17	6	21	7	9	30	14	16	169
桂林市	12	1	6	7	9	5	10	11	12	9	10	19	111
哈密市	2	7	8	6	7	17	10	7	11	3	35	21	134
海东市	1	2	2	3	3	2	4	3	1	3	0	5	29
邯郸市	23	79	13	93	58	29	18	40	78	34	20	93	578
汉中市	6	4	4	16	7	1	12	5	4	3	5	20	87

2-2　续表 3

单位：宗

城市	1 月	2 月	3 月	4 月	5 月	6 月	7 月	8 月	9 月	10 月	11 月	12 月	合计
河池市	6	12	1	6	5	10	7	10	11	15	4	15	102
河源市	8	3	3	7	13	6	20	8	6	10	6	16	106
菏泽市	31	17	21	25	26	23	37	23	39	16	45	52	355
贺州市	9	2	8	9	5	5	7	3	8	4	13	30	103
鹤壁市	2	6	4	1	3	3	11	0	0	0	0	3	33
鹤岗市	1	1	2	1	0	1	2	0	0	1	0	3	12
黑河市	3	2	9	1	4	4	6	3	4	4	3	1	44
衡水市	34	47	30	18	29	23	45	19	109	47	17	78	496
衡阳市	26	8	3	6	16	13	21	13	7	22	45	54	234
呼伦贝尔市	5	1	5	7	9	7	3	7	5	9	8	19	85
葫芦岛市	0	3	2	3	7	3	5	7	2	13	1	3	49
湖州市	54	78	19	16	36	30	31	37	28	41	68	46	484
怀化市	21	10	7	14	28	9	19	22	33	14	20	49	246
淮安市	28	35	28	15	39	19	23	58	66	36	34	15	396
淮北市	3	8	0	19	15	5	15	5	8	4	4	5	91
淮南市	21	2	4	13	11	9	9	7	6	9	13	16	120
黄冈市	29	36	27	30	21	16	14	28	8	12	11	34	266
黄山市	6	7	6	1	2	10	4	4	19	13	14	24	110
黄石市	16	2	0	10	4	5	8	10	7	16	27	64	169
惠州市	11	19	31	10	21	6	10	12	30	41	23	35	249
鸡西市	2	0	2	2	5	1	1	3	2	2	1	3	24
吉安市	32	15	21	30	63	22	20	23	19	37	23	47	352
吉林市	3	11	3	13	13	4	6	5	20	2	24	2	106
济宁市	11	47	49	30	27	70	17	45	42	51	84	181	654
佳木斯市	0	7	0	3	7	1	6	3	10	4	2	3	46
嘉兴市	45	38	47	27	53	72	28	17	53	43	20	133	576
嘉峪关市	0	0	15	1	1	1	2	2	1	2	1	4	30
江门市	8	5	30	8	16	17	7	17	17	28	19	56	228
焦作市	18	3	7	6	11	9	2	2	10	7	10	5	90
揭阳市	1	3	17	1	5	3	7	13	13	6	8	15	92
金昌市	2	8	4	5	3	5	6	0	0	3	0	4	40
金华市	58	52	63	75	72	72	46	31	27	41	44	128	709
锦州市	4	8	8	7	3	3	2	3	6	14	3	9	70
晋城市	2	6	8	2	1	8	7	8	3	8	15	11	79
晋中市	16	3	4	4	6	4	12	7	14	9	4	24	107
荆门市	11	2	4	12	30	5	30	11	16	22	33	24	200
荆州市	17	14	6	9	19	10	19	13	14	11	32	69	233

2-2 续表 4

单位：宗

城市	1月	2月	3月	4月	5月	6月	7月	8月	9月	10月	11月	12月	合计
景德镇市	1	2	1	1	10	45	8	0	5	15	46	27	161
九江市	13	12	9	16	27	27	30	29	15	37	60	72	347
酒泉市	6	4	10	13	12	9	12	11	16	14	7	8	122
开封市	12	3	5	7	5	14	9	10	12	20	32	38	167
克拉玛依市	1	0	4	3	0	3	5	3	6	9	6	6	46
来宾市	2	5	1	1	2	9	1	7	6	4	13	5	56
廊坊市	26	32	33	9	14	17	6	2	10	11	6	17	183
乐山市	18	11	2	10	6	6	9	8	7	16	59	66	218
丽江市	0	12	2	2	0	1	1	0	3	5	0	12	38
丽水市	18	20	17	28	14	35	19	22	18	18	42	61	312
连云港市	17	23	10	11	19	9	11	22	30	24	25	49	250
辽阳市	8	0	7	0	7	0	1	0	1	1	1	1	27
辽源市	6	5	2	2	5	3	1	4	6	8	6	3	51
聊城市	10	14	50	19	13	40	24	8	32	23	17	49	299
临沧市	3	3	6	3	3	2	4	5	3	8	3	10	53
临汾市	7	5	9	3	11	6	9	8	10	5	9	11	93
临沂市	25	14	33	46	56	42	37	36	59	48	42	52	490
柳州市	12	3	2	22	23	12	8	11	7	7	4	29	140
六安市	8	10	18	21	9	10	19	12	11	17	12	22	169
六盘水市	1	10	3	6	6	1	16	6	43	25	35	85	237
龙岩市	10	5	3	11	6	5	11	18	5	19	8	29	130
陇南市	4	3	6	5	7	0	4	13	10	6	9	6	73
娄底市	36	10	6	1	20	4	3	15	1	19	15	33	163
泸州市	1	8	0	3	5	8	24	9	38	16	35	11	158
洛阳市	26	9	17	5	12	13	13	10	5	27	45	91	273
漯河市	4	3	2	9	3	0	9	8	17	7	22	62	146
吕梁市	6	4	3	4	6	16	14	7	10	20	16	21	127
马鞍山市	27	9	15	3	9	9	10	14	16	10	17	20	159
茂名市	3	5	7	2	4	9	8	5	12	17	20	29	121
眉山市	11	5	5	7	6	17	11	16	7	4	35	73	197
梅州市	11	4	4	8	5	3	6	6	6	5	7	1	66
绵阳市	5	2	9	4	27	0	11	14	12	11	17	72	184
牡丹江市	3	1	2	1	1	1	1	2	0	7	6	6	31
南充市	16	14	11	2	18	15	11	9	32	10	24	58	220
南平市	9	1	6	6	10	19	8	19	18	9	14	41	160
南通市	58	35	64	30	32	48	39	42	48	57	72	46	571

2-2　续表 5　　　　　　　　　　　　　　　　　　　　　　　　　单位：宗

城市	1月	2月	3月	4月	5月	6月	7月	8月	9月	10月	11月	12月	合计
南阳市	56	24	11	39	38	41	61	18	91	30	21	127	557
内江市	6	5	2	1	11	14	6	10	8	22	14	33	132
宁德市	11	13	6	9	11	8	5	24	2	13	16	22	140
攀枝花市	3	46	0	15	4	0	1	0	0	1	4	19	93
盘锦市	1	0	0	10	1	6	0	0	0	2	0	6	26
平顶山市	10	8	9	8	20	5	16	13	23	15	18	16	161
平凉市	5	1	1	5	5	2	4	4	20	2	2	9	60
萍乡市	8	9	4	15	5	8	7	8	2	27	34	27	154
莆田市	9	4	0	2	1	3	2	2	11	14	11	2	61
濮阳市	8	4	7	6	5	20	9	25	1	7	33	35	160
普洱市	38	3	15	12	29	8	13	23	8	5	5	16	175
七台河市	1	0	3	0	3	2	2	0	3	1	1	2	18
齐齐哈尔市	5	2	4	4	1	8	4	6	7	1	2	2	46
黔南布依族苗族自治州	11	9	3	12	22	40	29	17	54	50	176	83	506
钦州市	18	14	1	4	10	6	10	6	6	11	17	38	141
秦皇岛市	3	2	11	6	20	8	26	9	56	9	8	15	173
清远市	12	13	16	9	9	13	11	19	12	22	33	71	240
庆阳市	11	3	3	3	2	6	1	4	2	6	4	10	55
衢州市	38	31	15	25	29	21	21	37	10	18	16	53	314
曲靖市	6	3	3	7	4	2	6	9	15	10	8	26	99
泉州市	31	9	22	16	24	16	6	38	30	39	35	64	330
日照市	4	22	8	29	11	4	11	15	11	12	30	65	222
三门峡市	6	2	6	7	4	4	4	3	2	6	3	6	53
三明市	10	1	2	7	4	8	10	4	7	11	3	43	110
汕头市	2	4	4	2	5	2	2	5	4	1	4	6	41
汕尾市	8	3	1	6	2	6	4	6	6	1	3	10	56
商洛市	17	5	3	7	2	11	7	12	2	15	5	6	92
商丘市	12	6	7	48	3	21	5	30	24	23	18	39	236
上饶市	30	22	13	16	25	33	35	36	27	44	42	112	435
韶关市	12	7	15	9	12	3	15	8	4	8	5	15	113
邵阳市	19	9	5	5	46	31	19	12	15	16	1	57	235
绍兴市	23	41	17	21	28	29	34	24	27	23	21	77	365
十堰市	9	6	9	13	10	18	4	23	7	23	62	38	222
石嘴山市	2	3	2	4	2	3	3	2	3	10	6	2	42
双鸭山市	1	1	6	3	2	1	4	2	4	4	0	4	32

2-2 续表6

单位：宗

城市	1月	2月	3月	4月	5月	6月	7月	8月	9月	10月	11月	12月	合计
朔州市	6	2	0	4	12	24	12	4	3	11	6	24	108
四平市	1	0	1	4	4	5	12	7	2	2	0	7	45
松原市	4	2	4	4	6	2	4	5	2	2	0	1	36
宿迁市	17	11	54	16	55	8	45	29	22	57	26	56	396
宿州市	18	6	9	37	10	12	39	13	36	36	14	41	271
绥化市	0	1	8	6	6	5	15	4	3	2	1	9	60
随州市	11	16	14	36	5	4	19	4	4	7	9	15	144
遂宁市	8	1	1	2	6	7	11	18	0	11	15	52	132
台州市	22	22	42	22	27	17	14	27	61	24	20	62	360
泰安市	12	14	7	5	6	9	6	13	10	16	21	12	131
泰州市	16	12	21	6	11	2	18	13	20	42	72	36	269
唐山市	16	26	57	19	34	87	55	55	57	30	25	47	508
天水市	3	1	1	3	5	6	10	7	5	6	9	10	66
铁岭市	5	0	120	3	13	4	0	1	44	117	0	0	307
通化市	1	5	0	4	3	15	5	9	4	3	1	1	51
通辽市	20	6	13	17	14	19	17	13	11	11	8	23	172
铜川市	1	0	2	0	0	0	0	0	3	3	3	0	12
铜陵市	8	2	3	6	9	8	7	33	4	14	6	33	133
铜仁市	5	0	19	6	8	7	19	18	14	36	32	86	250
吐鲁番市	8	0	6	10	5	1	54	11	3	13	3	14	128
威海市	29	33	17	18	25	7	37	12	6	25	52	45	306
潍坊市	57	93	67	87	67	41	90	79	60	113	150	190	1094
渭南市	6	4	6	11	20	5	38	35	6	29	28	14	202
乌海市	23	8	0	47	21	10	37	59	9	24	8	4	250
乌兰察布市	24	13	14	9	15	19	15	37	7	11	11	21	196
芜湖市	34	13	20	19	16	13	14	22	26	24	15	31	247
吴忠市	29	4	7	3	2	6	15	14	14	16	11	9	130
梧州市	4	2	5	2	8	6	10	5	3	19	9	12	85
武威市	10	4	7	19	4	22	1	8	10	15	7	12	119
咸宁市	17	35	7	7	7	4	9	5	10	9	18	94	222
咸阳市	28	2	6	10	25	7	15	13	20	10	14	9	159
湘潭市	8	2	0	10	8	3	11	1	3	1	6	33	86
襄阳市	16	19	19	18	20	8	21	11	22	18	18	55	245
孝感市	23	27	9	21	16	19	25	12	24	66	74	33	349
忻州市	11	4	2	11	5	14	9	8	10	8	21	9	112
新乡市	8	10	27	15	17	12	15	13	11	19	12	23	182
新余市	4	8	2	1	1	5	5	3	9	11	6	20	75

2-2　续表 7　　　　单位：宗

城市	1月	2月	3月	4月	5月	6月	7月	8月	9月	10月	11月	12月	合计
信阳市	31	5	8	27	10	27	4	46	4	44	10	43	259
邢台市	25	29	140	34	55	34	33	37	44	93	55	60	639
徐州市	13	8	18	38	29	22	11	26	49	58	80	136	488
许昌市	3	7	7	19	3	3	6	27	0	22	38	49	184
宣城市	38	29	19	42	23	34	23	35	38	36	20	24	361
雅安市	5	5	6	10	8	6	3	3	4	11	27	17	105
烟台市	34	21	29	14	9	9	22	11	20	43	14	56	282
延安市	15	3	8	6	12	26	8	11	16	12	17	3	137
盐城市	39	24	33	35	36	19	27	25	41	83	78	102	542
扬州市	18	23	24	28	40	15	17	39	40	51	72	64	431
阳江市	5	9	3	1	3	1	2	13	2	14	6	15	74
阳泉市	2	0	0	0	1	1	7	0	33	3	6	19	72
伊春市	0	0	2	0	1	0	5	2	0	2	0	0	12
伊犁哈萨克自治州	11	19	26	30	34	26	30	36	18	37	21	22	310
宜宾市	21	11	7	7	7	7	13	10	15	35	22	52	207
宜昌市	18	10	12	28	14	7	28	17	43	41	59	84	361
宜春市	42	25	12	36	14	22	20	21	15	26	43	53	329
益阳市	15	5	5	0	3	10	11	6	6	2	2	13	78
鹰潭市	6	5	3	8	3	3	8	1	4	5	12	17	75
营口市	1	0	2	0	4	7	5	5	2	0	4	7	37
永州市	74	22	1	10	8	13	19	10	83	31	16	71	358
榆林市	8	9	69	25	15	46	55	53	26	7	16	29	358
玉林市	45	17	10	15	24	15	16	10	12	7	42	31	244
玉溪市	7	3	3	10	5	2	7	13	3	13	9	14	89
岳阳市	53	12	18	13	2	6	23	16	15	21	25	90	294
云浮市	15	2	11	4	5	5	4	0	4	2	0	4	56
运城市	10	2	8	11	18	11	14	17	40	11	12	23	177
枣庄市	11	3	24	10	14	16	17	13	10	27	26	60	231
湛江市	7	3	11	2	9	7	11	9	13	9	13	26	120
张家界市	6	3	0	4	0	2	0	0	0	1	0	2	18
张家口市	12	4	16	28	11	14	17	10	20	38	31	40	241
张掖市	8	9	6	5	8	10	7	10	8	15	9	10	105
漳州市	26	17	8	14	11	12	13	10	32	22	22	39	226
昭通市	11	5	6	8	9	24	10	6	3	4	5	27	118
肇庆市	44	10	19	24	18	18	23	12	17	13	28	62	288

2-2　续表 8　　单位：宗

城市	1 月	2 月	3 月	4 月	5 月	6 月	7 月	8 月	9 月	10 月	11 月	12 月	合计
镇江市	20	4	7	14	42	6	12	54	47	40	50	48	344
中山市	6	7	6	5	7	5	4	5	8	8	8	17	86
中卫市	6	6	3	6	12	0	2	4	4	5	2	2	52
舟山市	2	8	8	8	11	22	7	3	4	8	5	10	96
周口市	15	30	4	31	24	5	23	29	30	25	33	32	281
珠海市	5	8	3	1	3	1	8	0	5	7	2	7	50
株洲市	18	7	6	5	11	5	32	18	19	31	29	70	251
驻马店市	11	14	5	7	17	11	29	15	25	18	62	70	284
资阳市	8	4	4	9	8	6	11	3	0	0	14	39	106
淄博市	5	7	9	9	13	10	13	16	10	14	31	75	212
自贡市	3	1	1	5	3	4	0	2	1	1	8	12	41
遵义市	57	31	33	16	75	96	44	70	81	94	80	150	827

数据来源：中指数据库监测。

2-3　2024年全国300城土地成交建设用地面积统计

单位：万平方米

城市	1月	2月	3月	4月	5月	6月	7月	8月	9月	10月	11月	12月	合计
一线城市													
北京市	32.91	57.34	34.15	11.19	15.99	83.36	84.37	17.31	32.14	38.22	42.84	65.90	515.71
上海市	36.69	59.88	38.30	83.43	48.89	59.02	48.91	73.98	10.39	41.89	66.45	155.89	723.71
广州市	112.77	18.27	70.98	75.71	38.38	68.19	85.67	75.36	123.87	103.15	48.46	211.92	1032.73
深圳市	19.14	15.04	2.40	6.26	42.54	0	46.26	8.51	7.08	13.68	5.89	65.40	232.20
二线城市													
长春市	13.72	7.30	36.31	47.22	34.04	53.93	46.96	51.66	41.44	34.55	12.06	145.25	524.44
长沙市	60.89	32.52	9.18	45.04	161.63	45.17	61.99	49.65	59.05	88.60	118.74	689.64	1422.10
成都市	108.69	58.22	27.59	67.64	19.38	77.17	173.07	59.82	78.75	114.64	179.91	437.37	1402.25
重庆市	162.00	179.97	263.61	140.38	118.26	381.81	144.32	167.65	361.93	216.53	369.23	912.83	3418.51
大连市	11.49	24.62	99.74	8.21	44.06	47.57	17.63	236.13	52.72	101.34	23.42	346.62	1013.54
福州市	62.53	11.57	62.47	11.60	56.22	70.36	40.31	93.55	56.69	76.80	128.84	111.68	782.63
贵阳市	9.90	10.84	143.89	9.32	11.31	35.34	72.16	11.96	55.35	12.12	137.37	251.73	761.29
哈尔滨市	12.85	4.62	93.61	34.64	39.83	5.26	26.31	27.25	16.31	14.04	3.76	12.77	291.26
海口市	36.97	5.48	0	6.19	30.26	7.49	19.94	3.14	12.02	0	2.11	83.66	207.25
杭州市	193.12	82.76	71.08	109.86	74.41	87.12	101.23	100.72	74.66	91.40	73.96	203.70	1264.00
合肥市	36.86	39.43	167.90	3.76	165.43	72.22	167.19	139.57	78.76	96.53	109.88	177.20	1254.72
呼和浩特市	244.26	39.26	42.44	6.21	57.37	94.85	132.02	78.09	64.89	55.53	24.27	67.71	906.91
济南市	179.48	75.37	110.07	80.49	61.11	102.64	30.01	62.61	86.06	93.38	118.19	169.28	1168.69
昆明市	13.55	34.26	57.70	42.74	19.61	70.90	44.28	27.18	72.66	63.33	135.27	181.78	763.26
兰州市	21.24	198.20	0	121.70	20.89	54.75	50.24	26.28	11.27	49.83	91.42	171.43	817.25
南昌市	75.32	39.06	13.59	42.70	31.02	44.85	12.85	44.90	33.46	10.71	34.38	43.95	426.78
南京市	76.70	34.58	89.01	80.03	57.58	52.92	59.72	129.01	122.43	50.62	118.66	172.15	1043.40
南宁市	73.97	5.88	70.65	19.95	78.26	49.61	32.87	34.97	36.31	24.01	49.36	72.61	548.45
宁波市	32.97	91.17	221.59	35.24	71.50	61.68	84.05	50.64	97.09	97.95	109.13	294.42	1247.42
青岛市	63.53	93.61	43.38	24.54	38.40	43.72	67.74	15.18	121.35	27.45	102.75	187.98	829.63
三亚市	0	32.64	0	0	2.18	25.19	0.20	2.86	13.02	0.93	2.01	52.45	131.46
沈阳市	56.73	49.53	62.77	34.27	44.38	71.50	11.36	38.79	43.01	74.03	57.13	182.51	726.02
石家庄市	87.60	174.48	167.78	103.95	65.43	81.36	99.49	87.04	108.89	78.94	213.50	344.70	1613.15
苏州市	174.81	82.75	121.97	75.90	141.81	176.05	155.54	136.27	161.10	199.49	179.04	274.37	1879.10
太原市	10.70	2.94	32.34	31.55	4.11	58.42	74.66	18.49	54.22	24.44	18.40	75.84	406.11
天津市	31.03	51.67	43.97	31.15	47.03	268.19	40.89	16.72	65.98	49.65	46.16	228.83	921.28
温州市	48.86	44.69	157.90	27.69	49.11	25.47	141.85	94.12	122.26	38.96	51.38	117.44	919.71
乌鲁木齐市	30.58	12.00	5.63	14.53	12.18	270.76	74.71	133.79	48.28	37.45	41.23	42.82	723.98

2-3 续表 1 单位：万平方米

城市	1月	2月	3月	4月	5月	6月	7月	8月	9月	10月	11月	12月	合计
无锡市	23.31	29.47	64.07	84.83	54.48	75.57	66.69	87.01	48.16	113.88	152.76	334.37	1134.60
武汉市	61.29	28.31	32.01	43.31	83.39	170.65	21.86	71.10	83.69	51.62	150.22	700.42	1497.87
西安市	166.31	56.76	78.94	28.10	140.01	102.65	188.10	82.11	96.95	165.11	96.37	142.51	1343.93
西宁市	0	0.16	2.62	69.28	0	0.11	0	0	3.01	8.89	3.45	14.88	102.40
厦门市	10.98	48.56	69.34	25.43	47.63	30.41	16.32	22.16	50.11	24.14	13.11	28.07	386.25
银川市	7.06	38.71	69.74	54.99	17.45	33.69	26.08	53.97	39.65	14.24	32.15	72.79	460.52
郑州市	85.87	62.99	44.41	44.80	44.85	31.96	61.49	114.08	185.23	244.63	231.97	536.93	1689.22
三四线城市													
安康市	39.77	1.29	8.63	8.69	3.84	14.17	18.45	1.98	6.59	3.25	19.89	31.31	157.86
安庆市	48.56	101.34	182.94	17.75	26.40	79.82	21.60	46.42	36.85	22.74	9.94	59.94	654.29
安顺市	52.52	23.54	3.76	13.95	2.93	53.23	34.39	22.52	23.10	5.87	59.00	175.74	470.53
安阳市	9.17	24.97	19.74	23.68	21.02	9.27	13.74	9.06	15.66	37.80	43.69	14.46	242.26
鞍山市	38.70	28.02	13.84	2.26	9.42	74.63	10.88	29.24	54.63	17.20	14.77	53.70	347.30
巴彦淖尔市	77.45	21.66	7.67	24.35	26.24	34.51	21.06	96.71	64.28	113.24	5.55	76.27	568.99
巴中市	14.88	6.49	21.48	28.80	9.16	9.24	15.80	22.88	42.32	20.76	21.23	60.89	273.92
白城市	34.35	2.39	12.82	10.72	53.09	10.15	11.10	7.55	6.25	2.49	3.50	19.96	174.39
白山市	7.62	2.92	9.88	5.12	1.73	6.97	4.21	11.52	1.59	4.36	10.69	2.32	68.93
白银市	38.73	8.75	9.29	1.77	9.24	4.19	14.58	7.67	274.01	0.38	22.43	10.96	401.99
百色市	8.42	12.84	5.06	23.84	9.91	63.39	3.81	4.02	8.17	39.98	80.06	67.67	327.16
包头市	71.95	57.43	110.58	86.52	92.13	60.78	26.62	56.12	143.87	231.72	107.23	64.92	1109.86
宝鸡市	98.06	28.54	61.86	2.79	21.84	79.54	33.79	22.44	4.06	0.53	0.25	47.36	401.06
保定市	115.96	64.44	165.13	101.66	79.49	125.48	22.49	46.56	102.95	24.36	76.92	191.16	1116.59
保山市	1.52	34.26	2.77	2.39	0.08	45.92	3.93	9.95	5.99	4.49	9.56	77.91	198.78
北海市	10.79	2.36	12.25	10.92	5.49	13.58	19.31	35.26	2.06	39.05	24.80	50.17	226.03
本溪市	3.17	0	0	0.04	8.08	16.60	4.74	6.68	2.97	0.81	1.03	16.47	60.60
蚌埠市	27.17	0.40	47.70	32.88	54.43	61.07	81.67	16.86	52.46	12.86	41.13	110.53	539.17
毕节市	2.17	11.03	14.82	42.49	17.88	6.50	25.19	17.04	64.61	39.78	184.15	105.67	531.32
滨州市	6.41	86.12	68.44	146.49	60.88	53.38	56.48	153.12	141.90	165.68	504.30	267.24	1710.44
亳州市	31.10	30.01	38.88	39.03	58.50	15.55	68.07	40.33	32.02	73.05	166.22	73.59	666.35
沧州市	96.85	58.27	169.58	66.02	80.06	379.35	92.55	48.53	53.27	50.24	178.35	103.92	1376.98
常德市	32.39	6.97	8.31	10.22	6.84	5.73	7.15	38.90	4.06	6.31	6.22	92.71	225.81
常州市	39.52	48.67	57.75	87.09	49.67	41.45	16.30	214.75	103.66	153.92	138.59	251.02	1202.37
长治市	20.56	35.52	14.87	11.11	9.53	37.67	21.06	35.75	19.09	16.59	52.41	50.16	324.35
朝阳市	13.37	3.82	27.67	11.65	29.69	8.57	3.44	3.10	9.18	20.09	9.61	45.74	185.93
潮州市	1.02	4.22	17.98	13.11	2.34	8.29	1.03	7.08	3.32	1.67	0	30.07	90.12

2-3　续表 2

单位：万平方米

城市	1月	2月	3月	4月	5月	6月	7月	8月	9月	10月	11月	12月	合计
郴州市	37.35	0.42	63.11	5.04	14.72	63.07	1.46	10.99	18.59	76.09	31.62	136.95	459.40
承德市	4.30	16.56	4.88	75.39	22.14	26.85	31.10	21.92	13.81	3.99	0.24	53.29	274.46
池州市	7.35	26.03	15.53	6.71	30.03	17.67	37.87	11.21	65.38	20.96	1.37	58.40	298.52
赤峰市	5.74	16.95	25.09	95.44	75.00	135.26	279.89	38.50	112.08	94.62	66.05	30.53	975.17
崇左市	7.92	24.73	49.05	23.56	30.54	18.30	42.37	18.95	57.43	22.54	57.82	82.07	435.28
滁州市	70.72	62.30	31.05	82.60	127.51	127.52	48.49	139.69	110.13	163.93	192.30	119.57	1275.81
达州市	32.56	36.50	4.32	1.86	18.05	5.58	25.73	15.27	22.46	35.88	25.23	207.23	430.68
大庆市	45.04	7.50	33.14	20.35	6.02	4.18	8.54	0	18.78	23.68	16.55	14.39	198.18
大同市	66.42	37.20	18.18	46.59	48.17	30.49	11.25	16.49	20.26	11.57	10.58	148.05	465.26
丹东市	0.39	5.86	3.37	0	3.51	9.87	23.34	12.22	24.28	20.65	1.46	19.46	124.43
儋州市	0	0	0	0	0	1.06	0	0	10.00	0	4.00	16.93	31.98
德阳市	11.24	11.55	38.15	14.01	24.32	2.05	32.72	47.25	193.54	175.61	108.14	253.52	912.10
德州市	49.34	62.79	97.29	71.79	190.08	112.62	84.03	55.76	189.76	56.58	59.18	247.81	1277.05
定西市	1.72	22.07	8.27	10.55	4.26	7.55	23.89	10.50	17.35	7.27	7.18	6.39	126.99
东莞市	10.69	29.80	18.55	19.24	21.23	11.31	32.45	127.30	74.28	15.11	8.95	126.18	495.07
东营市	64.60	79.90	75.74	61.46	61.80	22.72	60.93	92.92	14.42	49.75	46.62	241.59	872.44
鄂尔多斯市	241.46	180.69	556.52	48.28	213.97	257.80	305.04	68.61	71.26	43.14	113.01	129.30	2229.09
鄂州市	41.69	21.19	1.84	27.01	10.70	36.37	2.31	75.49	1.85	12.11	70.55	111.61	412.72
恩施土家族苗族自治州	39.36	3.67	4.81	9.04	7.83	0.46	12.59	20.50	3.89	22.82	24.42	126.62	276.02
防城港市	53.59	159.67	0	3.65	6.45	0	69.56	6.93	33.93	0	24.25	14.07	372.10
佛山市	59.39	30.96	52.96	27.54	73.19	40.22	88.01	60.49	68.75	118.24	104.73	269.05	993.54
抚顺市	2.99	15.66	69.80	10.51	23.09	0.91	3.41	1.96	2.41	8.38	0.43	1.46	141.01
抚州市	54.04	29.81	22.65	6.47	103.52	48.01	39.51	67.53	109.27	75.03	75.52	183.98	815.32
阜新市	0.43	0	5.42	17.77	18.60	2.58	1.11	20.00	35.57	10.79	1.51	9.33	123.11
阜阳市	93.93	8.28	47.40	41.37	108.55	88.96	57.97	58.94	105.28	70.07	32.20	281.74	994.69
赣州市	75.21	82.10	42.60	24.63	152.70	32.49	80.53	96.14	50.32	142.70	222.43	258.75	1260.57
固原市	55.08	5.93	5.65	0.82	7.49	0.87	1.90	11.53	14.31	2.34	18.21	4.13	128.26
广安市	18.32	0	21.76	6.11	6.19	0.13	7.17	22.28	27.77	16.10	111.03	31.26	268.14
广元市	6.38	4.48	11.27	19.93	37.46	0.40	4.56	5.72	16.01	44.61	64.12	176.76	391.69
贵港市	66.18	19.07	13.06	3.86	44.10	17.49	93.87	9.74	33.96	13.66	108.22	89.64	512.85
桂林市	19.11	0.30	44.45	29.70	21.87	14.22	15.73	11.99	40.48	25.96	16.93	17.70	258.45
哈密市	9.08	14.67	22.79	64.78	10.63	216.32	382.48	142.71	104.50	10.30	206.65	192.52	1377.45
海东市	0.42	0.76	4.99	5.29	2.63	4.13	3.60	6.40	1.11	21.01	0	4.75	55.10
邯郸市	120.38	329.77	28.47	296.50	85.30	58.36	29.75	114.06	108.42	122.95	25.90	145.37	1465.23
汉中市	1.97	0.33	52.73	5.88	2.68	1.36	8.61	2.38	7.96	11.79	3.86	55.93	155.48

2-3 续表 3　　单位：万平方米

城市	1月	2月	3月	4月	5月	6月	7月	8月	9月	10月	11月	12月	合计
河池市	8.05	1.29	0.69	0.97	23.82	5.37	26.92	12.43	7.11	4.30	4.32	13.46	108.74
河源市	20.54	4.55	12.71	30.27	24.16	8.73	31.49	20.96	10.44	8.58	2.87	23.45	198.75
菏泽市	78.14	52.90	67.80	99.39	91.36	34.99	126.54	75.43	176.50	55.43	149.43	189.65	1197.56
贺州市	13.20	3.85	5.45	7.29	8.56	9.51	9.01	3.93	23.41	12.41	11.13	74.06	181.83
鹤壁市	0.63	13.94	12.16	0.42	13.66	6.26	37.63	0	0	0	0	15.29	100.00
鹤岗市	5.84	2.49	2.12	0.05	0	4.50	5.37	0	0	2.65	0	2.95	25.96
黑河市	2.65	3.80	24.76	0.14	14.17	26.90	7.46	8.59	15.86	4.57	1.36	0.11	110.35
衡水市	42.13	51.04	62.84	26.73	73.91	48.52	86.77	21.41	20.01	30.50	29.02	91.30	584.18
衡阳市	66.86	29.10	2.20	14.19	13.30	33.50	36.24	14.57	33.40	39.95	41.68	148.43	473.41
呼伦贝尔市	2.90	0.35	9.80	17.48	29.97	10.30	2.22	6.39	10.46	85.29	19.27	75.45	269.88
葫芦岛市	0	9.41	22.19	6.73	29.27	8.27	5.78	28.76	13.69	21.63	1.44	12.22	159.39
湖州市	98.83	240.09	24.44	49.54	97.81	101.99	90.55	68.32	58.81	92.29	150.09	134.31	1207.06
怀化市	27.82	25.88	13.80	16.34	32.49	7.02	18.36	36.76	12.13	26.65	55.94	167.36	440.57
淮安市	122.14	162.68	111.74	50.70	155.67	131.19	49.82	222.31	370.56	144.56	168.71	66.14	1756.20
淮北市	9.26	36.23	0	62.72	53.90	16.17	55.00	24.25	31.67	14.95	14.27	26.76	345.17
淮南市	55.33	5.28	53.65	88.08	24.60	34.47	19.92	11.85	15.87	21.96	53.45	55.04	439.50
黄冈市	85.15	227.92	106.23	106.49	56.70	79.48	108.61	39.86	15.08	29.42	60.75	129.67	1045.37
黄山市	5.38	8.28	8.14	0.65	2.04	39.37	7.17	9.66	29.01	29.76	29.63	52.95	222.04
黄石市	75.28	1.47	0	20.39	14.44	15.39	82.01	58.05	15.92	50.20	70.86	275.71	679.72
惠州市	25.99	64.14	90.98	26.91	74.74	12.64	21.80	21.57	100.28	80.39	55.34	331.78	906.56
鸡西市	2.13	0	0.82	1.41	34.38	3.73	0.37	16.44	2.91	3.72	3.63	1.36	70.90
吉安市	99.86	44.62	64.95	105.66	72.26	45.26	56.31	61.54	45.15	39.86	80.98	124.60	841.06
吉林市	2.43	10.51	1.59	38.24	71.20	2.83	20.36	31.88	54.18	1.19	21.42	8.59	264.44
济宁市	50.54	114.58	129.95	55.91	53.90	141.82	28.18	110.49	175.44	202.25	173.81	464.00	1700.87
佳木斯市	0	14.79	0	17.64	22.08	0.81	7.22	5.99	5.58	11.92	2.99	6.68	95.69
嘉兴市	105.96	81.67	207.35	77.16	85.99	150.29	63.76	43.33	113.95	104.93	39.28	318.25	1391.92
嘉峪关市	0	0	6.64	0.39	4.89	0.78	0.86	5.17	10.83	2.00	1.03	6.26	38.85
江门市	18.42	9.39	61.27	17.69	60.82	61.23	12.32	54.73	38.78	68.39	76.65	221.98	701.66
焦作市	55.06	5.53	27.58	8.29	26.93	48.49	12.80	8.02	37.25	29.98	29.18	24.59	313.70
揭阳市	2.44	11.16	54.73	1.02	19.90	22.03	11.27	24.07	26.24	15.50	8.84	46.22	243.41
金昌市	16.27	21.76	44.18	16.33	53.65	23.63	26.47	0	0	16.09	0	15.28	233.65
金华市	74.77	106.12	110.82	63.54	53.24	151.10	87.63	58.66	87.98	112.98	92.44	472.22	1471.51
锦州市	13.07	93.18	22.89	61.91	9.08	2.76	1.16	7.31	4.70	25.13	4.63	20.38	266.21
晋城市	4.96	30.34	4.25	6.11	0.67	32.40	16.30	14.02	2.84	16.03	86.32	64.38	278.60
晋中市	16.42	9.06	8.65	7.15	14.21	17.15	12.78	11.24	29.91	17.94	6.96	83.26	234.76
荆门市	39.48	7.86	33.46	28.83	71.62	22.03	68.58	44.84	66.36	83.42	111.33	83.52	661.34
荆州市	83.83	50.34	28.14	20.01	79.54	37.25	76.76	15.01	45.19	36.31	120.19	392.60	985.16

2-3　续表 4　　　　单位：万平方米

城市	1 月	2 月	3 月	4 月	5 月	6 月	7 月	8 月	9 月	10 月	11 月	12 月	合计
景德镇市	0.64	15.65	4.71	1.59	28.17	131.20	30.82	0	21.97	96.36	140.25	133.03	604.40
九江市	46.48	44.07	43.73	27.03	59.24	83.40	46.19	91.17	27.70	139.88	152.40	205.88	967.17
酒泉市	11.50	17.83	29.67	440.77	76.38	35.46	53.00	37.03	88.31	47.41	13.20	13.14	863.71
开封市	39.33	31.20	17.90	31.41	15.58	52.90	27.18	27.15	47.36	52.18	95.89	216.09	654.17
克拉玛依市	1.88	0	9.54	4.99	0	8.08	9.98	16.84	12.02	38.58	20.81	58.88	181.60
来宾市	18.53	3.41	1.23	3.98	16.24	32.35	20.00	3.85	33.77	6.49	20.28	69.11	229.25
廊坊市	38.91	54.49	101.33	15.66	25.28	40.62	10.27	1.03	25.18	58.86	4.70	47.16	423.49
乐山市	61.77	96.59	8.64	27.77	30.42	8.34	15.06	31.96	21.03	45.94	102.38	408.79	858.70
丽江市	0	11.75	6.41	4.24	0	6.29	1.91	0	2.67	2.84	0	28.87	64.97
丽水市	34.25	42.77	28.45	37.56	15.07	52.47	58.75	40.24	51.07	95.09	90.50	177.04	723.25
连云港市	97.10	143.07	45.34	42.72	58.34	69.50	44.23	104.90	115.62	77.53	62.71	172.32	1033.39
辽阳市	12.64	0	14.41	0	7.20	0	0.83	0	1.07	2.14	2.91	12.41	53.61
辽源市	40.40	70.54	6.35	8.64	5.89	10.44	7.00	19.86	7.25	7.76	21.59	25.08	230.80
聊城市	36.99	18.34	116.20	52.54	44.78	103.26	51.96	21.50	93.93	49.75	49.23	234.05	872.51
临沧市	6.16	3.49	18.05	12.05	20.89	1.63	7.48	5.12	2.47	14.51	6.95	8.05	106.86
临汾市	5.34	26.17	29.90	21.04	43.03	6.86	19.64	25.87	21.92	8.12	37.89	75.83	321.62
临沂市	113.21	69.42	163.95	189.57	157.44	98.17	155.41	168.05	187.74	157.74	149.60	136.88	1747.19
柳州市	36.14	11.75	5.39	7.26	24.22	24.55	19.83	16.13	8.10	7.19	7.83	52.37	220.77
六安市	25.29	25.27	40.69	74.72	11.71	25.59	40.55	39.09	28.89	70.16	33.43	109.86	525.26
六盘水市	1.74	13.61	2.86	5.05	22.88	2.85	36.84	16.71	69.30	47.13	138.15	191.19	548.32
龙岩市	31.49	13.73	5.97	39.54	13.51	29.64	7.94	57.01	5.40	47.67	6.65	161.48	420.05
陇南市	5.18	2.55	9.89	12.24	9.30	0	4.84	25.94	7.09	5.38	13.38	13.51	109.29
娄底市	6.76	7.21	16.85	3.05	45.85	2.93	2.47	35.32	2.03	46.92	30.14	66.52	266.05
泸州市	1.97	10.20	0	6.29	20.22	24.37	97.69	19.64	116.05	26.41	146.66	69.34	538.83
洛阳市	63.15	28.66	105.99	34.91	46.31	28.59	71.12	52.14	31.74	99.66	210.79	375.34	1148.39
漯河市	5.69	31.86	4.76	17.06	39.53	0	10.27	27.21	77.12	33.80	60.55	171.89	479.73
吕梁市	16.40	10.72	1.74	9.85	6.83	83.70	46.85	9.51	27.89	75.78	14.24	90.45	393.97
马鞍山市	85.53	62.02	6.62	7.42	25.13	14.62	70.67	27.23	47.51	46.54	36.69	244.27	674.26
茂名市	6.72	7.58	14.84	3.35	7.40	47.54	19.10	9.08	31.43	29.38	62.60	118.79	357.80
眉山市	76.00	5.17	29.15	35.34	21.52	72.17	42.09	63.08	14.58	12.82	127.84	229.86	729.62
梅州市	29.78	16.23	15.43	9.06	7.00	4.00	8.61	8.17	11.40	11.14	8.48	6.86	136.17
绵阳市	13.42	9.83	16.01	14.57	69.08	0	23.93	59.77	49.50	38.50	80.44	260.47	635.53
牡丹江市	3.08	2.80	7.71	1.51	0.55	0.38	1.05	3.96	0	12.24	12.92	35.03	81.23
南充市	32.27	32.85	28.76	7.10	58.57	11.26	30.08	40.77	105.88	23.40	101.23	158.86	631.02
南平市	11.90	0.89	26.39	11.36	13.72	34.04	12.87	31.15	42.79	19.39	36.94	113.88	355.32
南通市	178.59	109.26	181.33	63.04	87.29	183.77	136.00	99.47	201.95	238.46	289.23	417.16	2185.55

2-3 续表 5 单位：万平方米

城市	1月	2月	3月	4月	5月	6月	7月	8月	9月	10月	11月	12月	合计
南阳市	82.24	66.47	42.86	44.13	28.53	46.20	39.85	23.92	58.63	70.43	63.14	268.77	835.17
内江市	18.52	18.89	3.45	6.97	23.57	33.37	32.11	22.22	33.17	49.63	52.96	110.36	405.22
宁德市	36.00	8.47	13.90	3.20	28.50	23.42	54.06	21.57	4.73	35.87	26.06	89.38	345.17
攀枝花市	0.68	3.29	0	12.47	8.63	0	1.34	0	0	0.56	62.59	38.16	127.72
盘锦市	9.70	0	0	45.37	4.65	9.41	0	0	0	0.99	0	22.18	92.31
平顶山市	51.88	11.61	28.39	23.39	110.27	14.57	28.55	53.53	23.19	63.01	75.85	79.02	563.27
平凉市	9.04	0.50	0.90	3.86	5.55	4.65	6.11	3.44	8.34	2.06	4.73	41.26	90.44
萍乡市	3.89	26.51	26.15	29.92	7.26	27.24	10.05	30.46	7.80	57.24	96.55	51.71	374.79
莆田市	56.64	10.07	0	2.49	2.67	28.02	6.46	9.58	27.56	36.72	55.25	9.65	245.10
濮阳市	51.99	17.35	31.84	19.17	26.89	88.68	6.38	36.75	5.27	22.74	63.52	98.07	468.65
普洱市	24.90	4.40	0.87	13.21	12.10	14.20	4.95	19.36	1.95	27.03	1.07	24.26	148.31
七台河市	0.60	0	3.40	0	2.48	0.85	1.51	0	3.45	7.27	1.76	2.70	24.01
齐齐哈尔市	14.77	3.91	17.58	9.75	0.66	32.59	1.03	4.86	7.64	0.34	0.27	2.60	95.99
黔南布依族苗族自治州	1.99	10.74	3.89	16.09	59.37	37.35	22.35	22.64	170.67	21.06	230.83	177.97	774.96
钦州市	27.93	7.49	1.00	9.99	12.14	21.73	17.37	19.56	6.52	38.17	65.91	308.45	536.26
秦皇岛市	16.25	2.55	37.95	7.64	28.64	17.72	28.05	20.72	19.23	16.56	48.80	36.40	280.51
清远市	26.28	14.60	19.65	28.81	10.53	23.74	19.23	31.59	20.60	40.41	77.67	190.76	503.85
庆阳市	31.24	9.93	4.56	4.36	6.68	22.07	7.47	3.64	2.14	32.82	2.68	20.24	147.82
衢州市	118.59	57.60	54.92	45.99	70.98	42.17	41.11	68.34	13.89	36.97	21.77	177.11	749.42
曲靖市	29.46	11.05	9.83	15.20	15.76	6.87	32.67	16.43	37.61	71.01	3.14	78.73	327.76
泉州市	53.15	19.32	33.72	38.05	48.56	72.13	25.31	85.47	71.22	98.59	119.09	213.77	878.38
日照市	26.79	52.44	22.10	42.91	27.62	16.16	45.11	39.18	32.31	59.98	110.60	219.74	694.94
三门峡市	13.53	9.27	15.76	12.23	6.19	10.49	15.38	6.13	2.14	14.62	5.45	13.48	124.68
三明市	22.91	0.15	7.98	39.02	6.50	31.33	35.98	1.75	23.30	19.82	11.36	185.79	385.88
汕头市	1.41	1.31	3.95	11.47	21.24	4.48	1.20	6.48	7.20	37.09	30.18	27.09	153.10
汕尾市	16.24	16.42	3.03	26.55	4.22	12.46	3.35	7.19	27.08	10.87	10.86	19.99	158.28
商洛市	24.98	6.57	3.91	16.94	4.70	13.37	6.01	24.68	0.71	10.11	8.26	6.69	126.94
商丘市	29.77	27.01	30.28	172.49	17.34	95.13	9.40	36.23	69.81	94.26	44.83	152.17	778.71
上饶市	54.97	100.52	27.73	86.57	49.95	75.62	65.52	105.25	52.91	84.08	84.07	248.90	1036.09
韶关市	26.91	15.72	60.23	17.23	23.22	2.84	26.62	26.95	8.07	52.11	11.44	71.56	342.91
邵阳市	21.47	3.03	2.49	4.01	24.37	10.47	11.35	13.70	11.61	38.85	8.78	41.06	191.19
绍兴市	75.07	88.36	72.85	35.69	69.04	88.95	84.71	56.43	69.97	57.49	60.81	271.30	1030.68
十堰市	22.71	25.17	31.31	29.43	16.70	51.22	10.66	72.41	31.73	20.68	166.18	126.86	605.05
石嘴山市	3.73	15.27	20.45	13.85	7.60	5.34	5.24	3.85	12.86	32.04	14.79	16.26	151.27
双鸭山市	0.18	2.16	12.31	3.29	7.25	2.02	2.16	0.50	9.51	13.94	0	3.87	57.18

2-3　续表 6　　单位：万平方米

城市	1月	2月	3月	4月	5月	6月	7月	8月	9月	10月	11月	12月	合计
朔州市	10.70	8.46	0	4.74	10.64	31.15	49.62	13.99	2.59	28.64	11.48	51.14	223.14
四平市	2.49	0	0.14	7.93	8.04	5.03	11.06	21.06	1.63	4.75	0	8.77	70.89
松原市	12.68	5.55	9.18	65.79	20.32	1.63	33.90	12.81	2.32	2.24	0	0.20	166.62
宿迁市	37.89	37.07	159.95	50.61	178.43	51.61	165.53	61.18	72.58	119.58	150.26	239.87	1324.56
宿州市	122.36	42.95	36.79	52.71	32.96	83.82	92.88	34.82	34.81	66.16	98.35	138.61	837.23
绥化市	0	0.07	13.25	46.25	15.21	13.10	18.91	3.11	13.40	0.70	0.40	15.60	139.98
随州市	34.00	41.20	36.60	43.51	31.14	24.04	34.00	7.33	9.51	15.39	15.79	71.32	363.82
遂宁市	38.45	0.17	2.10	2.66	25.78	3.72	73.98	28.32	0	61.86	48.49	167.80	453.33
台州市	131.77	54.18	129.41	55.60	94.73	56.18	49.28	51.21	196.61	55.46	44.21	202.55	1121.20
泰安市	89.52	24.99	26.80	29.55	23.70	38.28	25.63	24.47	29.76	66.23	87.12	56.18	522.22
泰州市	98.43	34.31	70.15	23.00	38.27	6.45	51.65	20.42	55.17	87.16	258.41	188.12	931.54
唐山市	84.56	188.48	602.00	72.40	81.28	239.88	368.57	416.86	433.39	171.66	592.20	192.61	3443.90
天水市	1.38	0.23	1.03	3.84	5.97	2.92	10.59	19.87	10.56	13.39	19.73	14.10	103.60
铁岭市	4.18	0	26.99	8.57	39.80	27.77	0	6.70	31.52	6.15	0	0	151.67
通化市	5.64	4.07	0	3.77	10.94	31.29	17.79	3.65	9.14	2.49	1.13	0.25	90.18
通辽市	17.56	11.71	56.02	24.56	100.74	106.45	38.84	36.08	16.74	45.84	7.46	71.51	533.51
铜川市	4.13	0	4.02	0	0	0	0	0	3.71	50.27	12.96	0	75.10
铜陵市	15.94	5.23	5.37	16.01	19.11	29.99	24.92	37.18	20.22	22.87	30.00	168.86	395.70
铜仁市	8.50	0	12.94	7.51	10.75	24.93	37.08	26.37	28.13	29.92	56.96	117.07	360.16
吐鲁番市	27.60	0	10.96	47.65	3.42	16.24	48.27	36.90	9.65	104.76	3.54	50.10	359.08
威海市	65.82	48.64	57.98	53.43	40.42	13.98	99.67	14.66	27.95	107.23	80.03	195.05	804.85
潍坊市	108.54	196.90	134.95	172.14	173.30	59.23	206.01	158.18	145.68	230.50	395.77	565.93	2547.12
渭南市	3.46	6.34	22.14	39.66	57.07	34.96	50.24	76.32	10.85	114.13	111.79	56.30	583.24
乌海市	35.02	35.69	0	152.84	70.05	108.10	49.29	132.84	44.91	72.15	4.82	6.36	712.08
乌兰察布市	71.94	63.56	27.73	26.81	56.96	126.28	66.97	111.05	13.15	104.32	84.75	91.59	845.09
芜湖市	88.90	68.92	97.40	84.96	57.16	47.84	70.27	56.90	132.81	178.62	49.05	169.28	1102.10
吴忠市	90.53	29.85	25.28	24.57	1.19	17.35	46.78	44.35	81.00	63.57	17.72	19.30	461.49
梧州市	51.83	0.71	30.61	3.08	33.80	21.07	59.69	6.51	2.23	93.95	40.09	60.49	404.06
武威市	19.57	4.04	22.83	65.85	12.32	88.16	0.32	34.76	20.24	24.89	19.50	23.47	335.97
咸宁市	42.90	23.38	12.76	12.37	25.74	3.71	14.09	8.03	31.57	16.33	46.55	227.08	464.52
咸阳市	121.18	1.85	22.90	40.47	98.40	18.44	34.35	21.89	62.80	25.79	47.08	35.61	530.79
湘潭市	73.36	7.01	0	30.99	8.51	13.00	62.74	1.53	4.27	4.76	8.68	93.78	308.63
襄阳市	39.92	55.98	33.37	52.08	70.21	31.56	63.72	48.34	44.18	66.71	35.58	190.33	731.98
孝感市	84.31	106.25	33.72	57.58	49.57	59.54	80.54	23.35	56.94	243.95	212.67	99.87	1108.31
忻州市	19.99	7.75	12.73	16.79	2.96	43.37	24.11	19.14	15.00	12.82	62.68	7.12	244.46
新乡市	16.76	15.50	101.48	47.45	46.56	47.92	43.94	40.37	38.30	53.44	39.97	60.71	552.40
新余市	8.16	39.28	1.53	4.41	5.76	7.60	6.19	7.60	27.29	28.11	21.19	47.34	204.45

2-3 续表 7　　单位：万平方米

城市	1月	2月	3月	4月	5月	6月	7月	8月	9月	10月	11月	12月	合计
信阳市	36.35	23.54	18.96	48.14	43.85	30.33	19.25	70.97	7.41	59.87	18.16	127.85	504.67
邢台市	55.56	80.95	246.35	74.91	77.25	62.07	55.31	58.28	95.72	113.67	57.59	109.60	1087.25
徐州市	39.80	161.88	54.57	211.29	56.89	156.90	21.10	54.23	167.13	236.02	262.38	471.43	1893.61
许昌市	12.92	68.64	24.60	15.58	13.18	32.82	13.11	19.35	0	42.13	72.35	148.43	463.12
宣城市	73.41	59.79	62.54	75.07	49.00	70.79	44.38	76.28	100.51	105.74	40.96	74.86	833.33
雅安市	24.85	11.40	4.93	43.76	12.65	21.19	5.63	2.96	24.72	41.71	29.06	54.27	277.15
烟台市	127.88	57.30	61.12	77.43	17.18	59.91	129.52	19.31	178.20	229.28	105.56	152.60	1215.30
延安市	98.53	25.21	52.24	15.80	31.64	17.08	15.10	34.24	15.65	27.55	23.35	4.77	361.17
盐城市	185.97	84.41	140.72	108.42	116.57	73.96	112.66	58.09	125.51	245.24	236.23	410.65	1898.43
扬州市	50.28	76.23	98.04	100.94	137.34	42.10	59.49	103.56	132.28	161.54	245.02	323.65	1530.46
阳江市	11.97	23.57	5.61	4.56	3.57	0.53	2.61	56.37	7.13	17.48	16.02	20.99	170.42
阳泉市	14.39	0	0	0	1.74	1.57	25.50	0	13.38	8.57	22.92	65.09	153.17
伊春市	0	0	2.97	0	0.48	0	4.39	0.93	0	1.49	0	0	10.26
伊犁哈萨克自治州	38.21	59.10	63.69	110.20	106.05	84.72	93.10	68.60	40.18	128.10	64.68	180.70	1037.34
宜宾市	112.11	16.02	29.07	56.29	76.93	17.08	65.52	44.39	30.08	56.91	66.50	316.14	887.05
宜昌市	48.21	38.24	25.86	66.70	103.46	6.55	65.42	28.35	219.39	163.54	248.88	368.25	1382.84
宜春市	69.87	48.62	16.40	81.46	28.28	44.13	24.41	40.56	50.19	57.28	102.55	155.39	719.13
益阳市	30.84	5.97	16.40	0	5.03	11.88	32.48	8.66	2.64	2.64	4.61	18.21	139.36
鹰潭市	33.66	13.69	1.30	31.39	4.89	13.33	17.48	0.39	15.32	15.44	52.29	79.25	278.43
营口市	0.56	0	8.39	0	4.67	49.40	6.17	16.48	0.06	0	4.25	16.81	106.80
永州市	49.89	15.40	6.68	24.33	31.22	22.61	25.29	121.77	44.98	24.62	31.49	164.64	562.92
榆林市	19.75	35.56	89.97	587.53	229.22	221.42	81.91	142.88	123.96	67.78	33.81	734.20	2368.01
玉林市	42.77	31.50	22.86	1.37	5.23	11.43	23.58	41.09	24.15	14.94	16.28	43.53	278.73
玉溪市	45.94	24.41	11.50	32.53	11.62	10.78	10.28	55.26	3.42	29.62	14.12	45.96	295.44
岳阳市	354.50	20.81	10.05	27.10	0.86	13.47	78.64	28.50	35.16	51.06	67.69	107.08	794.91
云浮市	25.05	3.65	14.41	8.09	20.17	14.09	5.19	0	5.86	40.10	0	25.10	161.70
运城市	14.78	5.60	38.89	17.14	39.56	20.85	52.70	42.02	57.72	24.45	24.80	50.50	389.02
枣庄市	40.39	3.19	55.61	24.05	28.14	67.90	50.80	50.18	22.96	69.29	86.03	200.75	699.29
湛江市	44.52	1.81	17.84	3.84	64.55	14.99	11.88	34.42	36.78	35.00	24.57	62.12	352.32
张家界市	4.06	1.52	0	5.61	0	0.20	0	0	0	0.26	0	1.30	12.95
张家口市	14.49	7.81	39.55	67.49	32.00	39.83	55.26	12.85	47.18	111.56	58.92	97.48	584.43
张掖市	20.67	44.42	9.71	18.33	23.54	24.52	23.33	55.28	18.29	36.66	27.34	69.30	371.41
漳州市	82.26	82.48	104.76	63.42	39.22	49.34	165.03	23.44	72.00	71.32	110.41	225.82	1089.49
昭通市	15.96	4.28	0.66	8.59	56.57	79.41	23.36	6.84	43.53	2.09	15.35	90.02	346.65
肇庆市	55.24	25.89	21.35	26.80	43.01	25.75	52.76	17.59	30.42	28.65	40.07	169.43	536.96

2-3　续表 8　　单位：万平方米

城市	1 月	2 月	3 月	4 月	5 月	6 月	7 月	8 月	9 月	10 月	11 月	12 月	合计
镇江市	47.03	1.26	22.21	34.29	108.92	13.26	22.52	184.18	110.17	95.39	145.46	154.99	939.70
中山市	11.75	19.21	17.92	19.08	46.38	17.39	9.35	10.34	12.03	10.84	28.30	27.34	229.93
中卫市	71.79	8.68	8.65	69.94	45.02	0	4.35	18.65	9.24	23.87	6.14	8.27	274.60
舟山市	21.65	89.84	14.69	22.31	55.50	72.83	9.61	5.01	10.88	19.55	19.59	12.97	354.42
周口市	37.84	110.42	9.40	82.37	63.54	21.99	71.86	78.10	34.27	48.09	51.89	111.22	721.01
珠海市	9.68	25.71	4.80	5.37	7.01	11.64	23.96	0	11.20	21.96	11.30	34.06	166.69
株洲市	5.95	25.57	16.68	12.34	21.64	5.59	27.28	13.57	48.14	118.40	100.55	130.97	526.68
驻马店市	26.37	70.43	3.32	11.12	34.40	33.86	40.79	59.74	83.23	48.91	208.74	220.84	841.75
资阳市	32.73	25.77	10.61	23.40	15.36	30.99	30.81	6.79	0	0	52.70	85.92	315.08
淄博市	19.11	27.25	88.37	6.52	23.04	13.42	39.32	28.84	20.06	41.47	92.75	221.81	621.96
自贡市	2.83	2.09	2.39	14.77	15.89	32.14	0	7.44	0.66	0.67	20.55	28.45	127.88
遵义市	45.25	19.66	75.57	17.85	66.16	111.48	39.40	46.69	41.82	156.11	119.94	232.79	972.73

数据来源：中指数据库监测。

2-4 2024年全国300城土地成交规划建筑面积统计

单位：万平方米

城市	1月	2月	3月	4月	5月	6月	7月	8月	9月	10月	11月	12月	合计
一线城市													
北京市	79.23	107.17	50.53	18.90	46.90	128.57	130.96	33.11	46.45	57.14	88.31	97.07	884.35
上海市	84.08	142.74	80.60	179.75	98.94	136.15	98.12	113.01	29.91	109.48	142.63	345.02	1560.43
广州市	370.19	68.47	273.33	244.35	138.59	255.29	235.45	196.33	423.33	356.80	168.30	693.41	3423.84
深圳市	75.20	62.82	9.14	14.59	121.20	0	101.70	34.65	22.43	45.92	26.10	171.85	685.60
二线城市													
长春市	11.40	6.74	42.16	40.60	33.79	65.27	69.82	40.38	54.21	47.98	14.68	248.25	675.29
长沙市	133.04	61.03	16.17	70.43	344.27	97.28	116.72	105.66	118.84	203.66	230.71	1465.35	2963.16
成都市	279.93	160.45	57.84	153.12	50.53	179.25	434.50	156.42	184.37	288.20	387.67	1048.90	3381.18
重庆市	228.54	214.02	243.09	193.70	145.29	508.15	181.99	205.23	487.95	333.55	493.80	1342.06	4577.39
大连市	11.46	15.77	83.02	9.47	33.81	25.66	19.89	237.96	64.63	108.75	24.74	458.31	1093.46
福州市	152.82	28.38	152.66	23.96	129.70	171.76	81.60	202.16	131.34	208.62	321.29	257.09	1861.38
贵阳市	25.07	21.90	346.96	9.32	27.80	75.51	86.39	29.78	131.37	24.45	231.18	506.46	1516.19
哈尔滨市	9.34	10.05	82.37	45.61	60.90	5.93	34.54	42.34	17.35	24.34	5.33	12.72	350.82
海口市	110.16	8.54	0	17.18	30.45	24.69	35.39	9.67	20.17	0	2.11	154.03	412.38
杭州市	488.43	181.33	193.15	281.95	146.70	205.54	281.94	230.73	168.00	216.34	169.94	493.34	3057.39
合肥市	51.90	71.98	218.87	5.64	218.19	113.50	281.68	213.30	133.57	174.85	163.57	281.76	1928.81
呼和浩特市	193.25	31.24	54.18	5.17	63.18	83.40	165.03	116.61	89.41	58.24	46.06	104.57	1010.33
济南市	291.32	101.05	170.13	168.33	108.69	142.91	67.50	110.90	172.17	180.34	191.01	250.72	1955.06
昆明市	21.42	49.63	122.00	48.17	48.90	116.24	108.23	79.76	98.81	81.78	222.22	400.69	1397.86
兰州市	26.16	138.82	0	93.06	16.65	30.89	38.94	21.87	9.07	42.47	62.18	365.83	845.95
南昌市	107.94	53.83	25.61	72.34	33.36	67.22	18.36	66.19	57.25	16.14	60.30	74.75	653.30
南京市	150.15	71.74	191.21	167.80	139.94	93.93	113.44	233.57	238.66	102.02	185.19	323.91	2011.56
南宁市	104.80	13.14	178.18	6.28	73.96	94.48	42.39	46.69	76.38	58.12	113.29	184.89	992.60
宁波市	74.08	245.87	459.70	112.55	175.22	119.10	175.39	122.80	223.32	202.88	264.88	669.51	2845.31
青岛市	87.48	92.27	67.08	31.78	57.74	90.77	97.51	21.34	216.05	46.49	164.85	326.89	1300.25
三亚市	0	31.74	0	0	5.45	47.26	0.28	6.29	33.07	2.79	6.02	88.70	221.59
沈阳市	53.83	56.28	59.68	42.14	77.73	93.14	10.01	30.87	43.33	79.29	52.53	188.83	787.67
石家庄市	205.22	284.86	342.13	191.53	108.35	172.91	184.71	147.25	201.36	101.39	404.31	522.95	2866.99
苏州市	315.89	166.12	221.06	167.33	339.97	344.87	339.69	255.57	291.86	293.69	292.32	528.71	3557.07
太原市	16.94	4.18	56.69	53.58	4.94	171.50	210.38	67.20	110.54	80.77	19.13	122.61	918.46
天津市	56.29	82.86	87.55	43.10	68.66	425.94	79.74	30.13	92.68	67.09	65.89	397.40	1497.35
温州市	100.46	140.40	430.92	83.51	144.12	51.59	330.81	243.47	324.94	95.54	148.05	251.05	2344.86
乌鲁木齐市	30.24	7.20	8.67	14.81	24.03	151.00	91.52	195.20	35.52	50.45	47.15	70.59	726.38

2-4　续表 1　　　　单位：万平方米

城市	1月	2月	3月	4月	5月	6月	7月	8月	9月	10月	11月	12月	合计
无锡市	44.29	63.80	110.64	144.00	91.31	139.11	90.23	162.33	72.59	186.74	227.74	559.53	1892.30
武汉市	99.93	47.88	60.34	49.53	125.34	275.23	33.33	90.04	125.92	67.70	236.56	1080.38	2292.21
西安市	370.28	123.82	195.06	72.27	223.44	204.83	359.00	154.47	183.98	363.53	214.71	320.64	2786.03
西宁市	0	0.13	2.76	41.57	0	0.17	0	0	4.52	12.00	3.79	26.16	91.10
厦门市	31.30	108.69	203.95	76.28	116.35	93.96	48.65	56.43	72.45	72.41	31.71	63.27	975.45
银川市	7.35	31.37	27.70	32.89	18.37	30.49	39.09	51.73	51.31	8.95	32.68	58.44	390.38
郑州市	263.75	123.21	103.31	115.73	114.23	83.82	175.73	249.92	481.88	571.21	672.51	1191.49	4146.79
三四线城市													
安康市	83.90	3.49	16.31	15.56	9.49	29.49	24.61	4.52	10.32	7.53	30.85	67.83	303.91
安庆市	66.75	107.31	209.17	30.50	33.31	96.91	27.69	56.49	40.34	15.70	11.54	80.47	776.17
安顺市	51.77	20.13	8.75	25.00	3.75	59.22	31.68	31.88	18.63	20.80	103.08	169.33	544.00
安阳市	15.63	15.33	25.92	34.63	32.12	16.88	12.56	15.61	18.59	62.69	71.47	34.21	355.62
鞍山市	36.49	28.14	13.11	2.24	8.05	21.15	11.75	34.20	96.80	28.10	17.26	47.91	345.20
巴彦淖尔市	41.21	16.64	10.99	17.08	20.88	28.24	16.05	95.93	51.68	14.16	3.67	45.74	362.29
巴中市	20.05	9.74	32.26	30.18	9.58	18.40	20.52	36.46	82.00	48.01	40.37	112.72	460.29
白城市	33.15	4.78	18.67	5.36	49.83	11.65	8.56	9.97	5.75	6.06	3.10	5.64	162.54
白山市	6.23	4.38	7.75	5.30	4.31	10.84	7.11	13.48	2.70	4.25	15.78	3.82	85.97
白银市	31.53	13.46	23.83	1.24	10.89	4.13	9.24	8.95	279.08	0.95	18.38	24.93	426.62
百色市	19.98	14.67	6.57	46.79	10.21	60.50	4.64	4.29	10.23	100.47	120.71	139.13	538.18
包头市	75.21	71.88	82.63	101.26	102.14	42.25	18.94	63.17	156.88	126.41	84.31	57.34	982.42
宝鸡市	245.18	38.79	64.06	5.91	24.16	123.68	51.95	25.86	3.25	2.93	0.74	118.74	705.25
保定市	217.55	116.55	263.46	161.40	166.05	237.33	35.56	122.54	190.04	52.58	165.40	371.04	2099.50
保山市	2.90	37.76	3.33	4.95	0.34	37.17	5.08	15.35	6.02	5.76	17.18	110.36	246.20
北海市	12.14	2.94	30.62	27.30	15.38	31.69	51.21	81.34	3.80	88.70	60.22	108.83	514.18
本溪市	2.19	0	0	0.04	5.44	13.21	3.08	13.36	3.34	0.67	0.51	16.55	58.39
蚌埠市	39.05	0.20	55.21	55.68	87.44	72.48	96.97	23.85	68.00	19.98	57.39	160.78	737.03
毕节市	4.57	7.74	10.02	55.21	18.81	5.96	42.98	18.10	54.75	40.26	278.54	189.43	726.35
滨州市	9.94	85.09	64.73	98.19	65.83	38.16	35.84	159.65	167.26	182.33	540.99	403.06	1851.08
亳州市	40.75	33.23	50.99	51.36	68.41	17.87	104.15	60.02	43.33	111.10	284.92	107.59	973.72
沧州市	130.74	92.88	228.68	133.49	127.12	556.80	145.98	69.17	74.59	83.40	269.69	173.19	2085.72
常德市	50.39	8.30	5.30	11.91	7.44	10.27	7.93	79.40	6.81	4.71	8.62	100.84	301.93
常州市	74.99	77.16	81.64	134.35	86.81	76.68	23.81	211.71	141.62	266.19	238.56	392.10	1805.63
长治市	31.94	54.22	13.43	11.11	8.84	58.80	18.91	47.75	45.94	20.67	63.82	70.45	445.88
朝阳市	12.40	8.30	23.54	13.57	25.97	7.27	3.62	3.96	13.70	22.15	9.61	40.26	184.38
潮州市	2.24	17.23	52.02	52.38	5.85	37.29	4.65	22.69	14.95	7.50	0	102.23	319.03

2-4 续表 2 单位：万平方米

城市	1 月	2 月	3 月	4 月	5 月	6 月	7 月	8 月	9 月	10 月	11 月	12 月	合计
郴州市	42.17	0.61	112.20	9.22	32.11	137.78	1.46	21.99	28.88	127.05	28.74	239.03	781.24
承德市	4.86	13.54	2.54	69.88	23.13	46.94	27.79	24.59	13.71	3.72	0.60	43.44	274.72
池州市	6.86	3.97	34.39	6.35	54.44	32.70	52.80	15.24	95.76	31.43	1.64	100.82	436.41
赤峰市	4.45	19.89	30.44	63.04	65.53	52.82	99.28	38.81	94.35	60.14	49.56	41.62	619.93
崇左市	18.90	37.67	134.50	59.19	63.18	31.76	97.50	40.68	118.31	48.60	112.98	133.19	896.46
滁州市	85.79	56.20	35.56	100.95	153.65	197.10	57.38	199.56	163.86	228.44	310.00	181.62	1770.11
达州市	33.67	57.28	5.37	2.04	30.16	14.33	50.38	31.33	25.33	42.05	38.47	345.17	675.57
大庆市	24.40	4.80	23.08	17.14	7.64	10.03	9.82	0	23.58	32.73	30.24	16.94	200.40
大同市	23.53	67.43	14.59	30.05	44.00	14.93	16.42	15.12	19.27	14.55	8.08	153.81	421.81
丹东市	0.24	7.02	2.70	0	5.78	9.21	40.80	15.45	20.82	26.67	1.17	21.04	150.89
儋州市	0	0	0	0	0	3.17	0	0	6.00	0	4.80	15.68	29.65
德阳市	5.03	22.19	43.08	20.85	21.65	2.06	128.28	56.78	281.58	257.56	198.28	442.06	1479.39
德州市	64.31	73.43	115.29	72.87	215.78	127.43	97.40	65.10	231.89	74.66	75.47	366.41	1580.06
定西市	1.33	19.65	5.63	18.03	5.35	12.26	42.34	17.51	14.89	19.65	8.00	7.56	172.21
东莞市	39.30	94.93	63.01	57.54	63.66	13.67	119.59	443.13	239.04	50.90	28.53	351.33	1564.64
东营市	60.91	78.51	85.72	50.74	69.99	18.87	42.72	84.45	7.00	41.86	41.92	244.34	827.03
鄂尔多斯市	181.04	104.97	221.57	35.18	178.59	93.78	227.38	73.08	78.38	25.17	74.46	77.36	1370.97
鄂州市	64.87	29.28	2.21	30.13	11.20	93.62	5.21	83.37	1.52	11.58	95.81	248.02	676.83
恩施土家族苗族自治州	59.93	6.63	8.59	14.57	9.07	0.46	24.05	28.92	4.83	29.59	40.68	218.63	445.95
防城港市	106.19	259.25	0	10.96	12.54	0	66.33	14.09	61.46	0	23.50	22.11	576.43
佛山市	165.97	109.35	176.12	103.57	262.44	142.03	307.27	219.29	247.13	319.87	350.75	830.21	3234.00
抚顺市	3.61	20.12	41.89	6.68	13.68	0.55	4.65	1.96	1.45	10.12	0.72	2.05	107.48
抚州市	82.26	43.65	23.36	5.18	118.02	77.11	72.04	70.68	130.99	86.48	125.21	268.18	1103.16
阜新市	0.43	0	4.95	24.39	11.43	2.50	0.79	22.83	28.87	4.74	0.00	8.73	109.66
阜阳市	125.63	5.93	53.52	60.55	124.53	139.62	65.27	68.11	154.21	110.20	46.24	432.59	1386.40
赣州市	114.21	101.21	53.35	34.32	221.85	54.27	100.32	141.62	75.97	187.54	309.48	414.27	1808.40
固原市	32.78	4.75	6.00	0.82	7.12	0.70	3.48	12.71	9.22	1.48	20.17	5.28	104.50
广安市	26.63	0	20.20	8.60	12.26	0.07	14.71	43.57	51.78	25.81	135.85	63.11	402.58
广元市	12.14	6.18	19.59	32.30	19.71	0.20	3.24	10.07	16.57	56.43	92.73	287.91	557.07
贵港市	92.04	53.74	14.69	5.79	39.87	23.78	80.84	31.06	55.95	35.42	79.97	87.33	600.49
桂林市	54.39	1.35	89.25	57.88	46.43	25.96	20.44	18.29	76.04	57.57	26.57	41.05	515.23
哈密市	9.08	14.67	23.14	45.77	11.13	191.56	261.41	108.91	103.45	9.82	142.38	140.67	1061.99
海东市	1.04	1.91	6.40	5.07	3.64	4.22	9.36	13.75	4.46	21.01	0	7.50	78.35
邯郸市	126.38	341.94	33.37	350.00	131.15	83.06	46.23	120.49	166.90	146.89	36.94	162.73	1746.09
汉中市	1.77	0.33	0.63	5.87	3.16	1.09	11.23	4.32	8.27	11.03	4.41	128.80	180.89

2-4　续表 3　　　　单位：万平方米

城市	1月	2月	3月	4月	5月	6月	7月	8月	9月	10月	11月	12月	合计
河池市	13.42	1.91	1.04	0.69	24.66	8.11	43.00	49.63	7.24	19.98	7.18	19.94	196.81
河源市	48.97	10.06	35.89	107.19	69.37	20.64	69.81	30.62	14.49	13.05	7.33	31.57	458.98
菏泽市	155.88	57.95	81.83	69.08	100.96	30.53	212.70	127.74	217.19	51.09	225.56	316.32	1646.83
贺州市	21.11	7.33	6.56	13.21	8.37	19.83	16.31	7.14	42.19	22.18	22.29	161.64	348.16
鹤壁市	0.50	13.12	8.00	0.21	11.22	6.43	40.20	0	0	0	0	20.79	100.47
鹤岗市	4.09	4.48	3.41	0.02	0	3.15	7.65	0	0	4.50	0	6.78	34.07
黑河市	1.01	6.26	29.09	0.21	14.48	13.51	4.57	10.25	10.79	4.46	0.77	0.16	95.56
衡水市	54.86	64.98	63.55	25.98	109.42	50.39	92.98	25.99	24.50	36.24	39.85	144.16	732.92
衡阳市	105.05	41.69	2.52	13.30	13.59	72.56	38.23	22.10	40.44	47.31	52.87	328.13	777.78
呼伦贝尔市	1.43	0.35	14.36	24.14	30.39	8.12	3.74	5.39	11.38	60.00	20.15	53.81	233.25
葫芦岛市	0	16.06	13.21	9.28	19.61	11.61	4.59	45.07	11.18	25.14	1.15	23.81	180.70
湖州市	241.80	556.76	56.66	116.60	268.93	212.55	212.04	158.64	121.98	211.35	250.38	230.32	2638.03
怀化市	43.57	43.10	14.21	23.46	30.19	14.14	29.33	50.50	17.11	53.36	100.10	320.66	739.72
淮安市	146.76	160.93	135.17	53.26	176.61	145.37	52.15	394.33	584.79	222.19	294.39	120.28	2486.23
淮北市	19.21	27.70	0	60.46	54.87	24.16	72.00	36.33	42.42	28.06	14.15	35.09	414.45
淮南市	65.10	10.69	42.03	99.25	31.55	39.91	22.88	15.24	19.16	25.32	61.14	56.00	488.26
黄冈市	118.44	305.80	126.69	127.08	64.30	64.52	109.89	42.16	15.42	24.11	71.65	195.37	1265.44
黄山市	8.20	12.60	11.37	0.98	2.45	52.35	9.59	12.91	41.52	43.35	43.80	74.31	313.41
黄石市	71.75	2.20	0	22.33	34.26	32.55	85.88	54.56	17.31	58.74	101.99	448.25	929.82
惠州市	55.57	163.72	187.77	69.03	136.72	24.80	53.26	59.43	202.82	165.73	114.00	499.93	1732.78
鸡西市	1.93	0	0.57	1.56	29.92	6.72	0.51	12.80	4.26	2.09	0.11	0.98	61.45
吉安市	148.43	75.18	72.70	129.69	106.79	54.57	90.00	80.60	58.27	68.11	110.79	157.16	1152.29
吉林市	3.21	15.84	1.99	37.56	60.63	4.69	18.53	21.08	42.15	1.20	23.45	9.45	239.77
济宁市	91.84	114.34	185.77	50.88	64.35	185.21	48.36	169.66	209.61	270.21	274.64	710.19	2375.04
佳木斯市	0	10.67	0	14.11	27.56	0.81	6.11	5.16	4.72	7.95	7.40	12.86	97.36
嘉兴市	255.84	241.93	612.82	232.38	232.17	370.25	167.83	111.86	287.87	272.40	86.05	860.16	3731.57
嘉峪关市	0	0	7.31	0.15	10.26	0.55	1.02	3.76	2.17	3.36	1.03	8.86	38.46
江门市	60.64	27.51	211.54	60.94	194.23	164.66	30.62	151.67	122.23	200.35	151.31	606.10	1981.80
焦作市	83.46	5.11	32.39	9.84	31.39	46.52	17.42	16.03	42.64	37.95	34.41	30.56	387.71
揭阳市	12.21	35.35	133.09	3.05	70.47	35.86	12.98	80.86	90.04	51.22	34.32	171.39	730.85
金昌市	11.22	18.39	23.44	12.01	32.19	35.77	22.41	0	0	7.91	0	10.49	173.83
金华市	152.88	303.01	302.14	192.59	149.90	388.85	188.03	134.13	215.47	289.31	227.69	1222.97	3766.97
锦州市	9.52	93.23	17.92	59.44	10.39	3.31	2.07	15.53	4.59	25.94	3.70	17.69	263.34
晋城市	11.01	24.38	6.68	17.57	0.80	44.28	32.39	20.11	7.33	25.22	78.05	74.39	342.20
晋中市	31.63	8.89	12.06	8.58	19.98	34.32	13.82	11.27	48.57	27.06	16.10	134.58	366.86
荆门市	39.43	8.49	33.46	40.77	81.49	25.84	97.59	70.33	71.38	128.10	184.49	129.76	911.12
荆州市	84.61	52.47	37.70	21.20	115.76	58.12	91.61	17.99	45.03	34.96	176.28	397.68	1133.41

2–4 续表 4

单位：万平方米

城市	1月	2月	3月	4月	5月	6月	7月	8月	9月	10月	11月	12月	合计
景德镇市	0.52	31.30	9.42	3.18	39.80	213.77	69.99	0	33.58	108.43	234.69	240.54	985.20
九江市	47.80	65.42	35.83	29.74	74.75	90.53	48.95	78.18	41.87	161.49	159.29	307.94	1141.79
酒泉市	3.83	20.99	22.99	278.74	60.88	29.13	49.36	31.76	24.95	39.03	9.52	17.87	589.05
开封市	46.34	35.77	27.95	34.03	18.03	54.73	33.73	29.54	87.68	98.10	133.64	327.81	927.35
克拉玛依市	2.83	0	12.64	4.32	0	4.47	10.94	13.51	10.25	37.67	22.20	48.89	167.72
来宾市	20.03	6.20	0.98	2.39	32.24	33.38	16.00	6.98	33.31	12.79	49.15	57.78	271.25
廊坊市	54.36	84.35	144.79	23.61	39.80	61.57	21.69	1.24	22.73	82.29	9.91	78.08	624.43
乐山市	106.42	75.56	23.06	37.28	35.61	12.05	21.32	73.80	46.20	49.91	159.89	576.11	1217.21
丽江市	0	20.33	19.63	3.83	0	5.04	6.69	0	4.26	0.81	0	33.85	94.45
丽水市	58.29	51.63	33.44	69.58	22.60	88.74	127.28	64.13	82.05	174.88	182.12	335.22	1289.95
连云港市	79.88	109.37	54.69	38.08	62.78	61.61	62.65	143.62	157.49	121.95	113.79	273.52	1279.45
辽阳市	15.06	0	11.64	0	8.12	0	0.25	0	0.64	2.14	3.50	21.09	62.43
辽源市	21.09	42.97	11.36	4.54	14.59	17.27	5.60	15.62	10.33	5.64	17.27	23.87	190.16
聊城市	46.32	24.64	168.96	65.49	63.91	171.47	98.29	32.61	158.73	85.15	83.78	401.90	1401.24
临沧市	7.55	4.41	16.88	17.27	26.34	2.47	14.44	7.22	4.59	21.40	10.51	10.64	143.73
临汾市	10.98	22.20	29.87	21.92	34.56	12.28	27.45	31.64	24.24	7.15	63.11	55.08	340.49
临沂市	125.74	86.78	173.38	226.17	193.16	151.57	211.59	250.18	285.56	257.42	235.39	217.19	2414.13
柳州市	77.29	18.49	11.44	14.85	25.27	44.53	39.91	28.58	14.97	56.27	14.11	101.23	446.96
六安市	32.11	28.51	54.84	94.24	14.74	36.12	57.05	27.93	37.14	112.34	41.28	142.83	679.13
六盘水市	1.74	13.87	2.96	9.55	17.56	2.85	74.09	11.52	94.83	64.26	124.30	264.70	682.24
龙岩市	74.49	41.20	13.98	95.12	21.98	40.81	18.48	88.69	10.56	96.60	15.81	377.43	895.14
陇南市	4.48	3.72	7.72	16.84	30.31	0	5.64	55.77	10.32	10.89	20.11	36.54	202.33
娄底市	16.89	13.08	23.07	3.96	113.78	4.74	2.69	74.16	4.05	111.88	70.17	152.54	591.02
泸州市	4.91	20.89	0	3.98	39.86	46.58	189.05	41.20	244.13	39.83	287.74	126.21	1044.39
洛阳市	109.58	25.86	114.86	32.87	68.96	44.99	96.45	83.16	36.31	138.38	252.44	551.41	1555.27
漯河市	7.20	45.92	5.71	17.06	25.44	0	19.84	52.31	89.68	61.27	90.23	295.47	710.12
吕梁市	44.98	11.60	5.47	25.93	6.92	87.71	42.80	18.79	29.85	109.40	17.88	83.72	485.07
马鞍山市	148.72	100.06	11.60	11.09	43.44	17.97	83.26	32.70	58.08	61.14	55.29	105.65	729.01
茂名市	18.39	22.33	18.65	2.01	20.66	68.88	25.72	7.89	67.48	55.88	107.82	228.66	644.38
眉山市	106.69	7.64	42.50	31.18	26.59	93.62	51.32	78.67	18.06	25.07	231.38	417.29	1130.01
梅州市	50.84	37.52	21.67	11.02	9.96	6.54	13.24	12.32	28.77	11.25	10.44	8.23	221.79
绵阳市	38.48	6.42	23.77	36.80	145.00	0	47.05	110.40	144.11	105.39	195.13	570.50	1423.04
牡丹江市	5.25	3.64	6.24	2.26	0.77	0.11	1.05	3.39	0	14.62	13.55	26.41	77.29
南充市	38.27	35.87	40.72	9.72	108.87	15.15	48.61	47.24	130.49	485.90	166.27	277.16	1404.25
南平市	26.63	2.66	66.54	28.95	38.45	73.66	32.12	73.18	96.83	50.18	62.62	301.29	853.10
南通市	254.97	136.99	261.19	102.09	153.94	198.34	199.95	161.39	292.15	410.77	435.81	418.91	3026.50

2–4　续表 5　　　　单位：万平方米

城市	1 月	2 月	3 月	4 月	5 月	6 月	7 月	8 月	9 月	10 月	11 月	12 月	合计
南阳市	147.14	98.27	38.97	31.03	39.95	78.98	58.05	32.83	80.85	111.24	99.65	334.17	1151.13
内江市	18.04	21.15	2.85	4.18	27.68	47.07	36.06	41.34	54.18	88.12	97.41	179.21	617.29
宁德市	82.09	12.49	39.15	9.71	78.72	55.47	107.91	60.63	14.18	94.85	63.49	226.72	845.42
攀枝花市	0.55	2.84	0	2.91	6.51	0	0.80	0	0	1.12	38.34	66.37	119.43
盘锦市	16.50	0	0	62.21	8.37	8.13	0	0	0	0.61	0	55.65	151.46
平顶山市	59.09	23.50	66.12	40.29	126.54	24.65	33.06	67.94	44.84	52.71	71.70	128.39	738.81
平凉市	7.93	0.95	1.44	5.98	5.23	2.33	7.66	6.95	6.12	0.58	3.79	56.46	105.40
萍乡市	3.61	89.77	28.69	88.53	8.28	27.05	10.05	97.77	4.50	189.82	256.93	192.29	997.27
莆田市	159.22	26.85	0	7.46	7.47	82.35	14.22	36.36	72.44	99.11	149.81	21.97	677.26
濮阳市	28.99	11.11	51.88	28.93	35.73	106.60	11.56	62.77	3.16	22.75	81.05	153.69	598.22
普洱市	41.04	8.79	1.18	21.56	19.83	22.22	9.28	27.70	2.50	41.14	1.43	46.72	243.39
七台河市	0.66	0	3.30	0	3.27	0.23	1.24	0	4.48	7.27	1.38	3.99	25.84
齐齐哈尔市	20.31	3.91	26.80	14.09	0.40	36.66	1.01	2.66	12.99	0.34	0.35	2.96	122.46
黔南布依族苗族自治州	2.52	13.61	6.85	12.92	55.50	32.46	23.92	50.94	126.83	30.98	282.74	224.40	863.65
钦州市	68.71	17.72	0.50	10.67	13.75	19.98	27.92	27.69	9.24	64.03	217.44	508.11	985.75
秦皇岛市	10.68	3.28	52.50	6.98	30.61	16.84	35.47	20.08	16.91	19.42	44.61	43.44	300.82
清远市	38.10	38.63	33.52	37.10	23.27	56.32	54.30	48.82	53.27	104.59	202.48	443.24	1133.63
庆阳市	39.90	8.61	4.76	3.33	9.82	34.33	5.98	6.35	4.03	42.22	3.19	38.37	200.87
衢州市	130.38	82.05	63.37	51.78	93.11	57.54	48.53	91.51	22.46	54.90	28.99	237.05	961.66
曲靖市	45.41	6.08	19.10	24.59	13.34	18.29	60.18	52.80	38.93	78.34	2.79	77.35	437.20
泉州市	144.81	64.76	92.43	98.97	111.00	188.63	69.66	255.25	225.06	288.49	283.05	536.82	2358.96
日照市	19.10	56.34	22.54	41.28	38.01	21.27	54.52	48.37	41.23	72.41	115.91	283.72	814.69
三门峡市	11.25	9.32	20.63	16.34	8.88	29.05	27.67	4.08	4.69	18.29	8.76	20.57	179.51
三明市	64.35	0.44	23.92	107.72	11.77	72.20	104.98	4.88	38.96	56.73	10.81	426.36	923.13
汕头市	4.54	4.63	14.90	45.13	71.24	10.88	5.12	20.50	28.06	116.84	94.86	89.88	506.58
汕尾市	45.96	30.59	3.63	26.41	11.33	34.64	8.78	7.77	41.50	10.87	31.65	49.55	302.68
商洛市	39.31	8.40	4.10	14.76	5.64	15.92	9.05	27.97	2.56	19.13	7.30	16.33	170.46
商丘市	50.08	35.27	45.17	174.08	17.30	111.68	15.13	40.23	81.57	165.84	46.41	240.10	1022.86
上饶市	71.18	131.09	33.79	139.25	76.43	122.74	104.49	135.23	77.94	128.88	137.70	363.76	1522.47
韶关市	32.23	19.94	97.02	16.56	30.48	7.75	28.46	35.91	7.37	63.78	12.64	81.51	433.64
邵阳市	30.24	5.37	3.70	4.55	27.69	19.90	15.32	21.19	17.30	45.50	17.55	54.22	262.54
绍兴市	153.63	161.47	170.35	76.71	172.06	174.52	165.11	120.69	144.22	122.25	120.63	507.43	2089.06
十堰市	30.85	53.31	56.41	45.80	28.39	71.74	18.09	116.26	60.20	33.85	253.68	202.42	970.99
石嘴山市	2.65	11.11	14.31	8.89	5.40	4.76	2.73	2.75	15.09	24.80	11.64	11.38	115.51
双鸭山市	0.18	3.24	9.49	2.31	5.96	1.61	2.42	0.11	10.96	7.31	0	6.36	49.94

2–4 续表 6　　单位：万平方米

城市	1月	2月	3月	4月	5月	6月	7月	8月	9月	10月	11月	12月	合计
朔州市	8.26	4.69	0	5.39	9.18	30.76	19.08	11.25	2.53	29.35	9.27	45.92	175.68
四平市	7.22	0	0.28	8.74	9.11	7.21	13.55	27.95	3.75	7.30	0	8.74	93.86
松原市	9.94	2.87	9.96	49.87	29.14	1.13	43.28	12.84	1.37	5.27	0	0.31	165.98
宿迁市	52.06	38.61	244.18	56.88	212.93	53.09	296.67	108.10	102.36	169.37	215.91	405.14	1955.29
宿州市	164.28	51.96	38.00	59.06	42.22	86.01	111.57	47.45	53.39	80.79	167.64	168.40	1070.77
绥化市	0	0.16	25.36	34.16	22.81	13.77	34.89	2.94	14.68	0.97	0.77	19.13	169.63
随州市	28.63	42.08	36.45	42.52	40.11	34.08	29.15	7.87	10.53	17.64	23.15	101.61	413.84
遂宁市	63.30	0.13	4.20	1.60	33.46	7.49	70.76	46.76	0	87.98	95.14	271.71	682.53
台州市	309.92	111.36	234.83	121.10	167.03	116.74	101.09	100.18	456.45	120.17	87.26	437.28	2363.42
泰安市	100.29	33.65	44.21	52.12	34.64	53.75	29.12	34.99	53.88	131.90	141.56	96.64	806.76
泰州市	140.06	52.43	97.22	23.51	58.30	6.71	83.53	39.99	88.04	131.58	405.42	297.11	1423.90
唐山市	91.16	157.77	612.07	67.31	138.20	238.22	399.50	428.58	429.76	217.48	620.22	256.78	3657.05
天水市	2.14	0.99	4.40	4.65	6.05	6.56	9.74	15.10	10.42	23.12	17.43	17.42	118.04
铁岭市	8.95	0	20.95	8.57	32.24	17.92	0	5.36	25.22	0.42	0	0	119.63
通化市	11.27	3.08	0	3.66	11.90	44.57	36.80	5.90	4.25	0.34	0.90	0.13	122.80
通辽市	18.32	11.59	46.93	16.83	74.22	82.12	57.34	31.53	14.80	59.26	5.13	73.50	491.56
铜川市	4.13	0	8.97	0	0	0	0	0	5.50	50.27	8.73	0	77.61
铜陵市	18.11	8.80	6.44	17.27	20.98	28.87	26.67	47.14	23.10	39.99	46.13	219.55	503.06
铜仁市	8.91	0	19.30	4.47	11.63	35.19	45.03	49.01	37.92	37.91	100.76	206.08	556.19
吐鲁番市	35.99	0	10.33	44.95	3.42	16.24	57.35	32.25	10.61	115.70	3.54	68.77	399.14
威海市	81.94	71.14	54.59	70.42	50.09	20.03	173.44	14.66	34.06	153.63	162.63	219.44	1106.06
潍坊市	154.24	213.90	198.11	225.69	195.22	74.98	204.30	175.02	213.15	324.14	583.31	925.94	3487.98
渭南市	4.18	5.32	28.60	55.77	98.05	49.51	65.79	108.01	12.01	303.12	241.88	128.86	1101.10
乌海市	27.80	20.83	0	91.67	37.99	70.22	46.93	84.88	33.13	51.29	6.51	11.30	482.54
乌兰察布市	102.41	58.51	30.41	31.77	47.55	106.66	33.55	121.36	8.61	77.35	91.02	95.37	804.56
芜湖市	103.45	82.86	136.87	117.09	83.08	62.61	102.98	80.96	171.78	237.35	59.90	236.12	1475.05
吴忠市	44.25	27.62	20.32	19.69	1.23	16.19	49.65	46.32	34.14	56.94	12.69	8.82	337.85
梧州市	92.26	0.36	23.44	7.69	30.34	47.97	130.34	12.12	3.17	190.91	53.72	91.08	683.40
武威市	15.33	3.96	18.74	58.74	7.30	71.03	0.78	29.60	21.01	17.46	5.87	18.90	268.71
咸宁市	57.41	26.38	16.44	12.04	30.40	3.38	18.32	11.00	32.44	23.35	53.11	314.84	599.11
咸阳市	162.94	6.41	61.05	58.14	182.22	33.22	62.38	30.03	110.15	28.15	37.46	45.28	817.43
湘潭市	83.34	13.46	0	58.22	17.06	14.33	83.53	3.06	4.89	9.51	18.46	131.37	437.25
襄阳市	38.97	56.86	34.56	62.27	84.79	32.81	70.88	45.87	48.31	63.41	59.86	216.10	814.68
孝感市	108.42	110.83	28.79	118.03	54.86	83.48	80.12	23.90	73.99	372.10	319.68	171.42	1545.63
忻州市	24.93	18.19	21.70	14.99	2.99	80.03	34.15	27.69	7.76	20.33	63.70	8.59	325.04
新乡市	23.97	10.66	188.96	65.58	53.24	68.17	60.48	46.90	51.46	47.24	64.66	77.25	758.57
新余市	11.72	37.35	3.05	9.70	6.91	8.03	8.01	13.05	60.18	41.06	39.42	69.10	307.57

2-4 续表 7

单位：万平方米

城市	1月	2月	3月	4月	5月	6月	7月	8月	9月	10月	11月	12月	合计
信阳市	57.73	27.87	18.92	73.45	58.27	39.63	33.71	70.95	11.11	64.46	26.10	242.41	724.60
邢台市	95.21	143.86	369.00	96.43	121.39	93.14	83.16	87.17	162.67	159.01	94.13	199.68	1704.84
徐州市	37.88	76.07	72.82	229.70	86.43	163.74	24.28	60.30	228.21	360.31	435.19	780.74	2555.67
许昌市	25.70	59.22	25.94	24.03	21.04	36.36	25.33	31.87	0	58.94	114.61	250.33	673.37
宣城市	98.90	73.93	83.68	94.25	59.09	93.23	52.78	97.84	142.54	133.31	55.21	94.99	1079.75
雅安市	42.60	16.51	5.15	38.99	20.82	10.68	14.23	2.94	6.82	93.69	51.43	78.77	382.62
烟台市	115.18	61.96	76.13	73.48	20.10	61.72	111.80	30.26	143.51	285.09	149.42	222.46	1351.10
延安市	82.80	13.40	45.11	26.93	33.01	30.92	18.68	43.89	13.27	14.11	22.15	4.65	348.92
盐城市	269.13	146.85	234.99	208.33	187.21	84.93	161.54	101.43	238.31	426.63	413.50	615.93	3088.78
扬州市	82.99	126.29	172.04	149.77	198.80	73.52	110.25	175.06	193.38	278.42	395.23	550.13	2505.88
阳江市	34.66	34.93	9.02	11.87	1.98	0.42	2.29	78.13	0.76	31.50	15.52	37.57	258.65
阳泉市	16.05	0	0	0	4.88	1.10	21.41	0	15.98	7.46	34.58	96.44	197.90
伊春市	0	0	6.08	0	0.48	0	4.32	0.93	0	1.49	0	0	13.29
伊犁哈萨克自治州	66.57	73.33	76.25	82.76	136.98	96.81	103.92	84.58	51.32	151.56	66.94	203.83	1194.85
宜宾市	148.52	20.65	43.10	74.51	87.03	24.17	103.59	81.88	42.17	88.83	117.78	422.62	1254.86
宜昌市	66.84	37.27	39.12	73.70	75.38	5.99	89.85	33.00	187.79	232.36	400.62	463.22	1705.13
宜春市	79.80	73.38	26.60	93.44	28.73	63.36	30.05	46.00	83.89	70.91	144.98	222.80	963.92
益阳市	37.60	6.08	25.86	0	5.03	11.31	42.11	15.60	4.82	1.06	6.92	23.44	179.81
鹰潭市	54.71	22.93	1.21	37.39	10.00	16.41	30.86	0.86	26.14	18.64	92.12	130.29	441.56
营口市	0.33	0	6.71	0	3.74	31.92	6.04	5.93	0.07	0	3.16	24.85	82.75
永州市	98.06	33.50	10.02	30.28	37.31	31.49	31.40	62.56	46.68	41.27	48.43	334.83	805.82
榆林市	26.36	26.70	121.91	443.60	147.09	158.45	88.09	114.18	80.06	47.01	23.17	542.12	1818.73
玉林市	61.24	93.13	55.92	4.90	9.51	31.01	85.14	67.89	79.38	22.82	31.85	145.44	688.23
玉溪市	42.86	15.90	11.50	49.62	14.48	8.54	10.42	95.85	2.22	40.68	27.26	56.06	375.40
岳阳市	326.97	18.16	15.52	37.77	0.96	34.30	120.19	28.38	73.38	100.59	69.35	166.50	992.08
云浮市	48.77	3.82	13.72	8.47	22.99	14.72	13.05	0	7.69	34.75	0	28.39	196.37
运城市	20.41	10.46	54.74	24.43	53.37	24.11	51.06	56.00	70.12	48.84	44.80	48.71	507.06
枣庄市	62.01	6.67	93.95	35.57	33.24	91.37	64.18	64.09	31.22	102.91	154.90	297.55	1037.66
湛江市	122.13	3.40	25.31	13.56	63.19	20.90	20.74	92.28	43.17	94.74	49.65	67.99	617.05
张家界市	7.89	3.02	0	9.81	0	0.24	0	0	0	0.47	0	2.84	24.26
张家口市	29.50	14.50	61.98	83.00	30.20	46.16	66.40	17.65	75.26	139.89	99.81	168.02	832.38
张掖市	28.22	47.37	14.19	14.86	19.60	23.94	28.38	50.12	19.81	57.24	26.46	49.33	379.52
漳州市	197.35	205.86	302.00	160.90	113.90	134.79	491.05	72.65	163.84	165.46	301.18	629.56	2938.54
昭通市	29.20	8.32	0.84	19.65	83.49	190.60	46.88	12.11	19.03	3.02	33.38	116.54	563.06
肇庆市	118.39	54.15	41.51	49.95	78.84	48.79	93.49	35.89	63.01	46.91	83.13	334.29	1048.36

2-4 续表 8 单位：万平方米

城市	1月	2月	3月	4月	5月	6月	7月	8月	9月	10月	11月	12月	合计
镇江市	85.77	1.26	28.28	65.84	196.34	11.99	40.47	288.29	184.77	163.22	226.39	234.33	1526.94
中山市	40.16	69.62	63.34	27.50	181.77	64.43	33.97	36.96	45.11	39.19	99.83	91.61	793.47
中卫市	72.50	7.78	9.32	69.94	48.59	0	7.63	15.63	13.98	17.57	6.14	6.81	275.90
舟山市	43.30	109.78	39.89	47.50	117.24	168.53	20.65	10.33	23.48	12.16	34.05	23.40	650.33
周口市	60.02	126.67	23.41	96.85	88.15	40.38	102.96	108.23	49.54	74.76	75.26	173.46	1019.70
珠海市	24.02	51.99	14.27	9.66	19.07	39.57	72.05	0	30.91	59.93	33.91	80.05	435.43
株洲市	9.22	36.22	29.62	26.06	33.45	6.56	52.55	22.10	101.09	231.96	221.75	249.89	1020.47
驻马店市	59.99	101.50	4.17	18.50	53.22	35.96	50.64	125.93	163.47	84.29	431.09	359.54	1488.29
资阳市	77.50	44.50	19.70	61.47	37.06	78.20	67.38	7.68	0	0	103.33	187.25	684.06
淄博市	44.36	36.38	74.12	10.32	41.16	32.94	35.10	45.68	24.30	66.64	144.08	411.77	966.85
自贡市	6.46	1.68	5.51	27.31	21.51	31.49	0	4.97	0.66	0.74	25.12	46.27	171.71
遵义市	68.34	28.65	123.55	29.12	87.40	159.79	62.86	48.34	44.17	238.75	206.76	441.02	1538.75

数据来源：中指数据库监测。

2-5　2024年全国300城土地成交楼面均价统计

单位：元 / 平方米

城市	1月	2月	3月	4月	5月	6月	7月	8月	9月	10月	11月	12月	汇总
一线城市													
北京市	24914	19566	15640	9491	21637	21275	13534	12930	19776	18994	34926	14826	19810
上海市	9597	926	17216	7532	11126	592	10151	12035	50207	17580	22239	7605	10536
广州市	383	5536	328	1450	431	1342	1190	5255	4729	3062	5725	4294	2837
深圳市	520	8846	548	1746	2134	--	331	1614	12901	14855	7731	11709	6066
二线城市													
长春市	367	574	1130	1449	497	1742	1971	1810	2171	1242	514	3234	2137
长沙市	4025	509	1662	1965	2213	1117	2561	929	1902	2299	1942	1586	1845
成都市	811	404	4476	7352	1356	3693	3900	991	2002	1058	2747	1990	2391
重庆市	891	300	1953	989	914	1395	397	464	952	589	904	1366	1067
大连市	840	749	1648	739	720	1209	676	603	520	585	3880	1002	942
福州市	1509	2838	7030	379	871	792	3424	2225	1878	1989	5523	2220	2889
贵阳市	386	252	214	337	660	186	481	1126	459	1284	1172	1453	857
哈尔滨市	585	976	906	346	1516	292	425	321	997	2947	2413	336	953
海口市	1127	382	--	4543	3329	4851	4953	5839	9310	--	711	2335	2928
杭州市	1902	7194	4735	11261	3877	2241	2946	4857	4157	5063	6433	4131	4654
合肥市	284	4809	243	113	2208	4888	2122	1078	4361	5078	3184	7084	3249
呼和浩特市	300	295	372	244	1108	209	853	350	2069	304	2853	315	717
济南市	2235	533	1015	1319	3094	1672	1001	2473	2037	2203	3038	3246	2127
昆明市	606	1671	237	473	763	446	618	810	1217	615	411	1223	801
兰州市	353	296	--	333	418	558	718	721	556	1154	319	1309	830
南昌市	461	148	127	853	1056	517	486	548	2822	814	1613	3260	1154
南京市	1525	349	2758	1119	328	3751	2673	5971	4549	2281	6119	5125	3568
南宁市	298	890	590	716	397	485	362	248	582	702	1321	1012	682
宁波市	1072	365	2610	1143	772	3571	1487	1173	826	5476	1026	1463	1761
青岛市	577	305	2937	3164	444	6205	440	342	715	600	1453	1159	1410
三亚市	--	9431	--	--	6498	10204	670	6193	8571	11701	12050	6693	8296
沈阳市	615	588	810	1647	1099	1613	1065	1010	1197	1964	543	1883	1337
石家庄市	2811	728	1305	1169	1444	1284	648	535	1773	877	1474	984	1251
苏州市	920	954	2588	1663	861	915	1498	810	4218	4040	4487	2765	2197
太原市	1394	358	714	852	474	1434	1643	1840	1829	1832	526	1044	1434
天津市	394	4010	2480	3116	1132	1358	1611	1970	3292	2655	3350	3249	2368
温州市	1547	957	420	738	1417	970	2254	2599	1548	1737	1257	1554	1454
乌鲁木齐市	345	343	2311	1409	4339	1372	1804	1428	2071	1806	1126	2037	1612

2–5 续表 1

单位：元 / 平方米

城市	1月	2月	3月	4月	5月	6月	7月	8月	9月	10月	11月	12月	汇总
无锡市	429	434	333	4221	486	340	573	3411	1148	4761	5030	4596	3212
武汉市	763	1091	4487	1370	633	2941	5394	4357	2039	2258	2947	3947	3184
西安市	2017	6382	5711	3765	1452	2019	2880	2824	4425	3268	4052	4278	3365
西宁市	--	2665	255	544	--	402	--	--	575	408	408	2963	1211
厦门市	363	200	2390	173	272	10710	292	307	998	146	18959	15986	3382
银川市	231	853	946	214	257	406	160	1541	205	247	231	941	615
郑州市	2270	594	495	985	545	740	220	394	414	700	192	835	680
三四线城市													
安康市	909	1034	278	504	907	374	398	834	383	1242	270	1241	761
安庆市	1087	327	221	639	274	263	325	341	350	208	944	492	392
安顺市	601	840	537	706	564	453	395	617	467	819	805	479	591
安阳市	658	646	1288	395	919	1500	441	1590	603	981	1459	976	1020
鞍山市	888	436	548	354	315	2477	546	1027	412	813	870	408	714
巴彦淖尔市	207	160	508	338	251	645	189	132	192	1097	228	167	264
巴中市	803	363	1251	632	533	611	389	321	487	714	513	656	617
白城市	291	192	466	342	432	187	281	512	784	477	275	562	392
白山市	304	500	338	446	864	213	698	446	268	224	1230	308	562
白银市	369	648	635	234	78	522	233	427	102	820	280	843	235
百色市	350	857	277	288	802	484	224	306	403	275	453	761	496
包头市	927	152	193	172	428	396	1542	74	281	488	368	262	366
宝鸡市	729	269	419	140	295	245	317	436	225	816	2325	312	459
保定市	1956	2360	1106	1531	2373	933	1564	1230	1187	822	2242	1172	1493
保山市	1335	519	526	1562	823	451	878	683	714	448	1130	693	681
北海市	257	536	275	213	476	326	286	202	1732	191	104	501	295
本溪市	290	--	--	178	754	439	689	1205	869	554	899	1412	957
蚌埠市	709	6280	538	1070	882	425	451	422	2367	894	2070	1101	1024
毕节市	575	963	710	614	592	481	353	394	540	502	974	1037	833
滨州市	2478	920	602	555	1060	756	355	431	810	484	705	2088	985
亳州市	449	383	624	929	158	156	1103	1079	542	1341	1277	1303	1007
沧州市	723	866	594	1137	516	390	677	692	527	724	376	1594	656
常德市	606	380	1054	515	610	899	1054	1375	1020	724	3450	352	836
常州市	2141	436	1920	475	713	337	716	1972	5596	5677	5602	8002	4273
长治市	697	744	727	348	319	567	368	405	1626	364	1083	1480	884
朝阳市	343	947	509	222	415	438	273	443	594	478	412	553	482
潮州市	241	213	285	290	191	196	106	494	115	211	--	894	467

2–5　续表 2　　　　单位：元 / 平方米

城市	1 月	2 月	3 月	4 月	5 月	6 月	7 月	8 月	9 月	10 月	11 月	12 月	汇总
郴州市	453	312	345	687	1155	1031	300	156	695	892	2012	1047	881
承德市	2488	1238	882	1311	910	1579	760	1476	574	579	1744	1938	1349
池州市	273	894	76	598	110	257	266	154	186	1162	1900	303	299
赤峰市	1370	824	316	507	295	464	455	521	817	197	497	1557	567
崇左市	94	217	128	164	272	197	402	275	149	281	296	363	250
滁州市	163	155	182	102	210	1173	531	1443	1388	1370	1337	2195	1116
达州市	454	1119	215	267	2259	1554	1849	882	264	337	1919	875	1020
大庆市	209	305	334	555	286	219	842	--	809	581	546	941	534
大同市	878	348	223	442	472	467	383	378	553	435	408	408	435
丹东市	630	674	281	--	851	256	839	429	340	410	480	773	587
儋州市	--	--	--	--	--	151	--	--	875	--	859	301	492
德阳市	700	1720	600	499	357	207	256	1245	977	753	1071	1086	913
德州市	698	1034	694	685	740	519	1083	923	834	736	718	1567	961
定西市	1361	223	373	294	218	135	356	500	265	377	159	369	323
东莞市	400	519	814	790	435	1607	368	268	337	448	469	1143	570
东营市	285	1370	694	988	943	945	922	581	931	2216	784	723	865
鄂尔多斯市	183	197	252	258	371	366	237	808	929	249	351	963	373
鄂州市	1179	413	228	815	271	2299	1185	406	3998	380	1424	1660	1375
恩施土家族苗族自治州	545	622	704	808	430	1434	833	643	350	756	782	934	802
防城港市	86	106	--	1650	145	--	183	220	409	--	266	247	188
佛山市	1618	510	797	813	759	2351	680	386	800	2077	1725	1071	1154
抚顺市	713	1789	526	1307	933	751	1033	306	496	1179	945	560	953
抚州市	122	1103	213	174	574	274	1295	573	310	2094	1404	1089	885
阜新市	152	--	133	915	425	289	224	348	392	319	--	153	464
阜阳市	337	341	328	714	379	288	575	502	807	1422	640	1064	747
赣州市	451	113	327	638	1032	501	352	689	1489	762	947	901	782
固原市	518	187	455	1042	88	868	907	590	177	212	557	139	452
广安市	160	--	109	1417	135	7140	516	241	1218	765	574	942	644
广元市	57	180	454	1360	349	10718	287	71	279	514	412	1110	820
贵港市	116	482	494	120	377	411	307	64	210	388	236	322	281
桂林市	284	445	205	227	457	575	551	531	738	1196	261	1086	546
哈密市	176	109	186	115	253	119	64	212	658	166	77	64	158
海东市	395	395	219	329	310	446	400	667	258	314	--	185	374
邯郸市	541	611	632	623	702	847	1808	957	819	509	388	578	686
汉中市	549	377	257	314	355	2306	445	240	490	356	917	1525	1223

2–5 续表 3 单位：元 / 平方米

城市	1月	2月	3月	4月	5月	6月	7月	8月	9月	10月	11月	12月	汇总
河池市	511	908	151	561	522	508	320	119	511	735	391	388	380
河源市	73	59	141	307	50	69	126	163	204	249	78	224	163
菏泽市	1362	555	1057	711	787	1133	1212	1276	1506	924	1373	1786	1314
贺州市	451	181	302	285	527	230	342	215	246	349	651	463	403
鹤壁市	496	337	525	5477	434	475	649	--	--	--	--	227	485
鹤岗市	360	459	401	652	--	294	113	--	--	588	--	507	375
黑河市	373	802	582	260	406	328	274	162	258	157	377	125	412
衡水市	775	700	373	515	598	612	293	555	647	519	549	1066	646
衡阳市	630	459	670	492	718	1879	732	781	822	1059	2692	1856	1439
呼伦贝尔市	480	162	699	326	835	518	898	189	499	262	749	329	458
葫芦岛市	--	460	500	846	941	756	394	831	336	598	278	1053	733
湖州市	545	622	408	391	656	1718	440	485	367	1266	2606	2952	1101
怀化市	393	514	586	821	694	1161	757	697	690	772	1092	649	719
淮安市	417	370	675	166	295	220	207	1804	1634	2295	3373	2839	1539
淮北市	1092	346	--	588	262	762	717	757	1624	1468	870	734	787
淮南市	316	711	865	215	352	996	212	259	265	907	1681	1175	701
黄冈市	420	360	733	663	165	217	182	345	236	336	205	766	452
黄山市	118	135	659	86	309	1222	211	629	345	1029	834	1304	885
黄石市	226	226	--	560	1245	1177	201	379	544	707	892	1271	925
惠州市	583	520	455	365	665	1324	423	273	523	607	590	522	534
鸡西市	260	--	974	204	146	908	160	233	165	305	11813	198	288
吉安市	226	128	265	607	176	168	114	447	266	537	872	374	367
吉林市	1339	560	447	387	581	465	318	649	687	659	1546	2612	735
济宁市	1413	700	1027	558	1050	1098	1053	648	984	1137	1285	1822	1272
佳木斯市	--	94	--	145	495	427	203	263	134	248	116	464	299
嘉兴市	382	316	463	323	761	790	618	387	897	785	1529	541	594
嘉峪关市	--	--	201	392	561	109	335	219	725	753	144	506	448
江门市	312	244	196	230	196	387	975	368	391	385	569	597	425
焦作市	785	294	372	511	856	471	443	489	419	805	444	498	587
揭阳市	150	135	241	340	197	319	363	191	246	341	769	307	279
金昌市	202	181	80	134	143	571	224	--	--	182	--	210	246
金华市	980	542	1045	486	1318	1463	848	3438	1000	2305	1946	1496	1398
锦州市	463	300	508	409	1691	1762	465	981	464	312	539	381	472
晋城市	1181	429	693	1661	1387	1093	1295	760	1273	1459	1008	606	976
晋中市	490	388	421	362	940	300	482	500	1352	627	457	827	735
荆门市	251	247	142	655	422	138	774	670	177	725	880	723	621
荆州市	238	538	107	280	184	545	175	457	381	134	1202	529	512

2–5　续表 4

单位：元 / 平方米

城市	1 月	2 月	3 月	4 月	5 月	6 月	7 月	8 月	9 月	10 月	11 月	12 月	汇总
景德镇市	506	225	2771	300	673	2089	1884	--	551	1598	1908	880	1513
九江市	308	555	234	421	812	687	332	420	700	477	922	1423	819
酒泉市	556	115	392	82	86	131	123	89	101	209	393	263	125
开封市	416	634	887	379	384	425	703	896	658	926	647	870	734
克拉玛依市	427	--	260	174	--	309	327	148	315	306	497	142	268
来宾市	185	169	234	400	108	378	216	402	223	218	672	547	380
廊坊市	1854	1219	924	686	528	1593	1218	715	980	490	2712	768	1040
乐山市	599	259	242	149	758	211	1320	341	1584	696	760	702	666
丽江市	--	690	328	1394	--	441	423	--	244	1654	--	519	538
丽水市	826	864	598	401	2856	476	971	945	2498	2159	1931	877	1287
连云港市	461	478	446	457	238	488	3200	1360	1260	1984	1895	2648	1526
辽阳市	531	--	424	--	640	--	1321	--	630	299	850	1174	756
辽源市	804	623	867	942	814	213	366	395	252	575	318	439	544
聊城市	685	786	763	663	1412	1080	408	1560	994	1433	1893	1429	1144
临沧市	232	213	509	293	374	862	923	554	450	482	237	495	458
临汾市	1012	463	470	264	564	564	951	479	371	496	1243	2589	1006
临沂市	771	532	478	478	523	792	661	1006	930	941	1324	1341	852
柳州市	2599	184	821	148	625	389	237	412	472	224	399	836	851
六安市	167	168	834	202	763	232	200	1369	246	121	154	811	426
六盘水市	302	1021	662	828	516	954	647	486	938	403	682	894	771
龙岩市	100	55	625	996	2195	3916	202	951	176	765	1089	120	612
陇南市	502	343	493	602	444	--	540	355	329	497	1132	375	489
娄底市	545	338	368	208	174	358	281	211	225	548	913	533	454
泸州市	156	308	--	2004	953	821	246	493	333	598	514	651	473
洛阳市	759	493	1440	1752	954	1398	1400	2188	721	1510	1715	1370	1407
漯河市	804	337	125	257	567	--	1376	813	676	1103	643	952	814
吕梁市	985	736	778	1154	991	466	864	423	723	373	746	672	643
马鞍山市	407	407	214	133	452	233	256	1815	1075	647	1281	2337	863
茂名市	159	382	543	802	1424	1196	1017	511	447	648	810	1016	855
眉山市	156	527	560	963	1053	223	635	587	283	1201	1682	1631	1157
梅州市	575	194	283	215	299	611	233	340	1243	677	491	675	511
绵阳市	584	615	691	190	986	--	919	493	388	525	422	864	686
牡丹江市	658	622	163	44	164	918	135	368	--	923	374	393	484
南充市	275	535	679	1678	635	198	705	1149	650	25	1154	1240	618
南平市	111	73	56	481	60	504	192	993	457	474	2278	592	619
南通市	524	390	851	1451	1388	931	541	2898	3118	3346	5964	2502	2466

2–5 续表 5

单位：元 / 平方米

城市	1月	2月	3月	4月	5月	6月	7月	8月	9月	10月	11月	12月	汇总
南阳市	854	925	592	493	531	809	974	743	526	508	389	734	699
内江市	162	127	221	500	286	728	385	1817	1181	1270	1377	1328	1114
宁德市	169	2193	196	247	239	2116	476	212	40	1617	307	431	618
攀枝花市	252	1887	--	1406	347	--	430	--	--	314	330	771	639
盘锦市	778	--	--	330	1125	377	--	--	--	595	--	989	668
平顶山市	491	1183	773	550	450	537	611	657	887	618	632	1210	728
平凉市	559	853	544	297	725	922	832	1103	363	1377	347	1188	941
萍乡市	1703	1210	174	1026	396	225	222	1165	461	1182	947	1434	1084
莆田市	529	349	--	134	3857	144	4528	114	1124	3634	1284	1621	1289
濮阳市	547	310	636	495	1180	429	1174	507	315	431	443	995	668
普洱市	284	145	898	1464	511	338	267	516	389	183	518	602	482
七台河市	192	--	247	--	444	1278	195	--	580	183	294	557	367
齐齐哈尔市	880	122	558	519	298	815	998	237	456	1298	637	268	650
黔南布依族苗族自治州	454	473	550	410	493	687	437	918	473	471	767	1008	742
钦州市	272	264	907	315	231	386	310	259	414	382	788	466	498
秦皇岛市	544	973	929	595	651	589	567	889	746	1369	928	2286	1029
清远市	595	250	426	438	1202	266	264	376	376	237	622	465	455
庆阳市	544	281	543	1497	122	1269	312	392	431	597	878	1220	783
衢州市	591	747	272	1018	266	326	721	647	713	1271	676	1584	860
曲靖市	549	416	808	795	323	461	440	605	772	277	763	522	521
泉州市	254	3360	396	1596	987	1107	1831	1860	1375	734	1812	1221	1297
日照市	478	1416	466	557	1112	421	1628	1338	1194	1085	1436	1925	1433
三门峡市	1088	339	255	393	1844	584	199	537	1839	880	946	1002	678
三明市	98	50	32	62	171	258	74	321	903	87	1606	293	245
汕头市	402	934	1379	241	920	725	1079	634	989	293	359	2828	947
汕尾市	514	803	267	1227	106	127	257	989	293	443	106	480	467
商洛市	587	330	560	536	1227	335	305	545	968	413	1430	1171	623
商丘市	1347	846	313	479	424	717	790	459	738	1841	641	1082	946
上饶市	906	328	412	128	746	910	474	815	1144	972	805	1665	919
韶关市	544	346	181	566	425	219	343	734	295	578	669	446	429
邵阳市	842	694	499	460	592	832	477	887	677	873	375	1850	954
绍兴市	1565	834	1125	1399	792	1246	1574	1152	1265	1701	1671	1472	1324
十堰市	190	558	234	225	391	950	234	1401	416	256	532	1310	761
石嘴山市	124	102	136	157	123	114	338	73	421	112	342	136	189
双鸭山市	131	132	199	178	304	138	980	673	231	368	--	243	280

2-5　续表 6　　单位：元 / 平方米

城市	1月	2月	3月	4月	5月	6月	7月	8月	9月	10月	11月	12月	汇总
朔州市	278	273	--	239	199	253	568	261	151	228	235	237	275
四平市	908	--	554	325	389	670	429	536	642	910	--	346	541
松原市	327	495	547	251	415	85	299	686	420	386	--	2027	361
宿迁市	271	265	97	167	274	443	77	878	1759	1023	1159	2558	970
宿州市	724	128	316	923	489	535	395	824	1072	469	815	689	644
绥化市	--	545	463	305	488	325	654	252	399	4863	547	1044	544
随州市	409	199	231	303	607	560	294	224	254	1046	293	744	480
遂宁市	97	1650	165	7	212	637	393	894	--	831	1174	943	776
台州市	415	1014	701	993	1116	1020	1981	1759	1082	1538	2481	1346	1139
泰安市	1012	1920	1127	212	347	1992	611	1851	1242	989	1412	2120	1278
泰州市	989	1617	325	1424	394	303	278	1757	3660	3124	5610	2130	2843
唐山市	405	396	421	542	1158	432	601	430	755	1064	415	2475	692
天水市	782	876	2817	467	567	1113	261	2265	342	612	356	336	799
铁岭市	286	--	381	239	240	500	--	241	361	673	--	--	334
通化市	1125	778	--	629	564	688	622	722	1498	2715	230	5163	734
通辽市	260	88	198	243	283	89	588	298	98	376	363	747	348
铜川市	247	--	519	--	--	--	--	--	420	433	494	--	439
铜陵市	581	3628	197	783	342	421	277	504	389	1926	1009	2103	1395
铜仁市	777	--	429	812	631	773	654	793	618	757	691	759	719
吐鲁番市	30	--	230	316	203	17	183	395	242	112	115	472	226
威海市	1093	1593	802	706	1045	697	1649	442	879	1211	1328	1472	1275
潍坊市	1108	646	414	715	1123	1499	898	816	1450	1777	1280	1806	1294
渭南市	443	344	277	271	437	214	312	487	359	765	590	979	598
乌海市	148	369	--	181	134	220	278	124	176	120	148	1451	211
乌兰察布市	193	148	161	129	182	150	530	152	152	181	144	133	173
芜湖市	400	304	327	313	798	1496	1531	472	1384	556	1303	1205	838
吴忠市	203	61	495	131	130	317	539	416	118	424	106	253	315
梧州市	286	481	348	183	525	899	217	1099	891	1320	1033	621	737
武威市	1000	124	108	169	260	118	93	160	165	214	286	138	202
咸宁市	490	372	151	915	276	198	232	367	418	700	527	924	697
咸阳市	519	113	2066	753	737	265	256	332	1024	477	434	373	714
湘潭市	1146	260	--	199	827	401	846	240	1002	255	891	1411	940
襄阳市	1003	268	951	532	797	537	1426	515	546	685	1638	975	870
孝感市	508	727	395	990	383	317	349	353	750	605	699	1128	676
忻州市	289	447	350	340	4044	575	812	371	1662	1097	373	320	572
新乡市	724	627	219	267	783	847	366	473	745	1077	569	1003	567
新余市	140	221	75	68	215	681	1387	358	1610	1594	405	1106	937

2–5 续表 7 单位：元 / 平方米

城市	1 月	2 月	3 月	4 月	5 月	6 月	7 月	8 月	9 月	10 月	11 月	12 月	汇总
信阳市	915	349	252	637	472	229	572	1142	731	661	405	1253	850
邢台市	588	277	402	437	621	530	596	763	429	419	1120	737	537
徐州市	467	409	2031	833	478	391	318	599	2376	1667	1971	1997	1603
许昌市	866	468	455	547	1105	846	1321	994	--	781	916	760	795
宣城市	710	253	430	440	246	220	250	1247	860	328	341	1237	592
雅安市	63	153	530	187	2293	1056	181	2092	545	422	361	1219	629
烟台市	1086	908	724	968	745	1451	1657	1510	955	882	1341	1581	1172
延安市	605	637	572	1624	677	356	692	388	383	977	604	1110	656
盐城市	824	660	268	2535	837	284	238	3167	3688	2413	3681	3540	2286
扬州市	302	953	183	3615	639	351	360	1815	2781	4278	4031	2805	2432
阳江市	513	679	366	832	335	651	692	583	269	570	309	490	557
阳泉市	462	--	--	--	987	288	307	--	411	488	603	537	516
伊春市	--	--	891	--	352	--	462	205	--	189	--	--	606
伊犁哈萨克自治州	848	506	282	382	378	302	479	265	613	184	370	184	353
宜宾市	345	301	1167	338	1114	476	927	684	691	650	1624	709	774
宜昌市	634	725	865	570	609	309	1019	691	686	1327	1401	680	950
宜春市	498	429	151	281	220	595	714	482	1980	1693	1282	1615	1059
益阳市	319	286	209	--	335	524	415	178	502	698	956	827	424
鹰潭市	137	572	4762	508	694	533	459	1781	1876	477	1523	1538	1077
营口市	398	--	370	--	310	469	378	847	543	--	450	964	622
永州市	913	453	120	398	290	238	516	106	497	815	515	608	552
榆林市	158	202	135	577	282	340	275	1097	295	255	383	254	390
玉林市	381	144	189	1625	732	146	476	203	633	480	332	778	445
玉溪市	600	359	458	1257	753	537	543	270	700	666	444	682	600
岳阳市	1186	699	1944	868	391	676	985	620	1082	1355	1169	1302	1146
云浮市	398	350	628	485	491	504	159	--	488	452	--	357	427
运城市	403	638	395	363	566	336	620	523	499	800	481	575	529
枣庄市	2360	902	3024	2300	1642	1761	1185	650	1225	1901	2763	2502	2176
湛江市	155	1210	484	800	290	485	412	140	1085	976	374	693	488
张家界市	972	564	--	260	--	1072	--	--	--	1109	--	1142	657
张家口市	622	825	708	610	368	841	618	560	766	783	1893	1281	958
张掖市	238	186	235	74	153	85	44	77	120	95	213	168	137
漳州市	760	211	735	1500	280	697	586	108	1840	2214	621	619	790
昭通市	571	249	728	215	370	552	726	739	891	534	813	350	513
肇庆市	664	388	427	375	346	406	324	613	1057	451	1408	1096	769

2–5　续表 8　　　　单位：元 / 平方米

城市	1月	2月	3月	4月	5月	6月	7月	8月	9月	10月	11月	12月	汇总
镇江市	1803	575	378	1592	2251	476	1322	3128	2533	2090	3273	2942	2563
中山市	459	426	304	1049	519	307	332	309	404	338	298	1547	549
中卫市	131	157	168	115	281	--	183	126	704	135	243	135	188
舟山市	240	2218	316	646	521	305	1138	1497	901	1012	456	1123	806
周口市	584	631	290	521	405	1002	656	698	875	816	965	821	697
珠海市	914	4138	152	282	3867	374	426	--	204	190	453	4960	1817
株洲市	612	387	843	1193	1697	1434	1531	1030	1067	1145	1068	1436	1190
驻马店市	481	316	543	665	179	374	349	1386	1058	854	528	866	722
资阳市	833	210	1065	936	1175	133	1268	506	--	--	1397	1123	951
淄博市	2592	603	798	649	1568	1874	1293	1172	545	1909	1519	1624	1506
自贡市	2180	244	1962	155	1466	941	--	313	150	191	766	1159	963
遵义市	621	432	383	464	692	536	592	512	582	873	758	702	666

数据来源：中指数据库监测。

2-6 2024年全国300城土地成交土地均价统计

单位：元 / 平方米

城市	1月	2月	3月	4月	5月	6月	7月	8月	9月	10月	11月	12月	汇总
一线城市													
北京市	59985	36569	23143	16027	63483	32814	21008	24738	28582	28394	71990	21840	33970
上海市	21990	2206	36235	16227	22515	1365	20364	18385	144556	45949	47736	16833	22717
广州市	1259	20748	1263	4680	1556	5023	3270	13690	16161	10594	19885	14049	9407
深圳市	2042	36938	2088	4071	6081	--	727	6571	40860	49850	34267	30767	17911
二线城市													
长春市	305	530	1313	1246	493	2152	2931	1415	2840	1725	626	5527	2757
长沙市	8794	956	2933	3073	4714	2407	4822	1976	3828	5285	3774	3370	3844
成都市	2090	1112	9386	16685	3535	8579	9791	2634	4693	2660	5919	4784	5772
重庆市	1281	377	2311	1371	1149	1894	501	625	1331	909	1248	2011	1488
大连市	888	480	1372	851	553	749	763	608	638	628	4099	1325	1021
福州市	3687	6965	17179	783	2009	1934	6932	4807	4350	5402	13774	5110	6872
贵阳市	976	510	517	337	1623	398	575	2804	1089	2591	1973	2923	1706
哈尔滨市	425	2125	797	455	2318	329	558	499	1060	5108	3424	335	1147
海口市	3359	595	--	12615	3350	15995	8792	18006	15615	--	711	4300	5826
杭州市	4811	15763	12868	28902	7644	5287	8204	11128	9354	11985	14781	10006	11257
合肥市	399	8778	317	170	2912	7682	3576	1647	7396	9198	4739	11265	4994
呼和浩特市	237	234	474	214	1221	184	1066	522	2850	319	5413	487	799
济南市	3664	715	1569	2801	5503	2356	2252	4379	4365	4254	4911	4807	3591
昆明市	958	2421	501	533	1902	731	1510	2375	1664	802	675	2700	1470
兰州市	435	231	--	254	333	315	556	600	447	1016	217	2794	867
南昌市	661	205	238	1445	1136	775	1014	808	4828	1226	2829	5546	1775
南京市	2986	725	5924	2346	797	6658	5078	10811	8867	4597	9551	9643	6878
南宁市	422	1991	1488	225	376	924	467	331	1224	1698	3033	2577	1234
宁波市	2424	984	5415	3650	1891	6915	3102	2843	1900	11342	2497	3327	4018
青岛市	839	320	4543	4097	667	12881	633	497	1272	1017	2331	2015	2242
三亚市	--	9170	--	--	16244	19144	961	13625	21776	35103	36151	11319	13984
沈阳市	584	668	770	2026	1939	2101	1293	872	1228	2117	500	1948	1463
石家庄市	6586	1188	2664	2153	2392	2729	1203	904	3279	1126	2791	1493	2224
苏州市	1662	1915	4693	3666	2063	1792	3271	1519	7642	5947	7327	5328	4159
太原市	2208	509	1252	1447	569	4211	4629	6688	3729	6053	547	1688	3243
天津市	715	6430	4938	4376	1653	2156	3152	3550	4624	3589	4782	5650	3852
温州市	3180	3006	1145	2227	4158	1965	5265	6723	4113	4259	3621	3322	3709
乌鲁木齐市	341	206	3560	1437	8562	841	2210	2085	1524	2432	1289	3357	1646

2-6　续表 1　　　　单位：元 / 平方米

城市	1 月	2 月	3 月	4 月	5 月	6 月	7 月	8 月	9 月	10 月	11 月	12 月	汇总
无锡市	814	939	575	7166	814	625	775	6363	1730	7809	7499	7690	5357
武汉市	1244	1846	8459	1567	951	4743	8223	6212	3068	2961	4641	6088	4906
西安市	4491	13922	14111	9683	2317	4029	5497	5312	8398	7196	9027	9624	6976
西宁市	--	2153	269	326	--	603	--	--	862	550	449	5210	1077
厦门市	1035	448	7028	519	665	33091	871	782	1443	438	45873	36040	8541
银川市	241	692	432	133	271	367	239	1478	266	155	235	756	530
郑州市	6973	1299	1152	2545	1387	1942	629	863	1077	1634	558	1852	1675
三四线城市													
安康市	1917	2805	525	903	2243	778	531	1910	600	2875	419	2688	1465
安庆市	1494	346	253	1098	346	320	416	415	383	242	1097	660	468
安顺市	592	718	1252	1266	721	504	364	873	376	2904	1406	462	683
安阳市	1121	397	1691	578	1403	2731	403	2807	716	1627	2387	2310	1500
鞍山市	837	438	519	351	269	702	590	1201	730	1511	1016	399	724
巴彦淖尔市	110	123	728	315	202	528	144	131	154	137	151	106	172
巴中市	1082	545	1878	682	558	1218	505	512	943	1651	975	1214	1039
白城市	281	384	679	171	405	214	217	677	721	1160	244	338	386
白山市	248	750	265	462	2160	332	1179	522	455	218	1817	506	702
白银市	300	997	1630	164	92	515	148	498	104	2049	230	1917	250
百色市	831	978	360	566	863	462	274	327	504	691	683	1564	817
包头市	969	190	144	201	475	275	1097	83	306	290	290	232	329
宝鸡市	1822	366	434	297	327	381	487	503	180	4488	6974	782	807
保定市	3670	4268	1764	2431	4956	1764	2474	3236	2191	1774	4821	2274	2808
保山市	2547	572	631	3230	3293	365	1134	1054	717	574	2029	982	844
北海市	289	669	687	533	1335	760	759	465	3204	434	251	1086	672
本溪市	201	--	--	178	507	349	448	2411	975	457	450	1419	922
蚌埠市	1018	3140	622	1812	1418	505	536	597	3068	1388	2888	1601	1400
毕节市	1215	676	480	798	622	441	602	419	458	508	1474	1876	1142
滨州市	3842	909	569	372	1146	540	255	450	955	539	756	3150	1068
亳州市	589	424	818	1222	185	180	1688	1605	734	2040	2190	1904	1471
沧州市	976	1381	801	2298	820	572	1068	986	750	1202	568	2657	995
常德市	943	452	672	600	664	1612	1169	2809	1711	540	4780	383	1118
常州市	4062	691	2715	733	1247	624	1046	1944	7646	9818	9643	12500	6416
长治市	1083	1135	657	348	296	885	330	541	3912	453	1319	2095	1218
朝阳市	318	2059	465	258	363	371	288	566	887	527	412	513	489
潮州市	531	870	825	1160	477	881	475	1583	516	948	--	3037	1653

2–6 续表 2

单位：元 / 平方米

城市	1月	2月	3月	4月	5月	6月	7月	8月	9月	10月	11月	12月	汇总
郴州市	511	458	613	1258	2521	2251	300	312	1080	1489	1829	1829	1500
承德市	2811	1012	575	1215	951	2760	679	1656	569	1066	4410	1579	1360
池州市	254	136	169	566	199	475	371	209	272	1743	2280	530	439
赤峰市	1063	966	388	361	260	181	221	526	687	125	373	2135	381
崇左市	224	398	351	412	563	343	925	590	308	606	579	589	518
滁州市	198	145	209	125	253	1813	629	2061	2094	1909	2155	3334	1551
达州市	470	1757	267	292	3775	3990	3621	1810	298	396	2925	1457	1600
大庆市	113	195	233	467	362	526	969	--	1016	803	997	1108	540
大同市	395	631	179	285	431	463	575	347	526	589	312	426	424
丹东市	378	807	225	--	1400	239	1466	543	291	530	384	835	712
儋州市	--	--	--	--	--	452	--	--	525	--	1031	279	456
德阳市	738	3307	677	742	318	208	1104	1496	1434	1104	1964	1893	1493
德州市	909	1210	822	696	840	587	1255	1078	1019	972	916	2317	1189
定西市	1056	198	254	503	274	219	632	834	228	1018	177	437	439
东莞市	1470	1652	2766	2364	1303	1943	1355	933	1085	1510	1496	3183	1803
东营市	269	1346	785	817	1068	785	647	528	452	1864	705	731	820
鄂尔多斯市	137	172	168	188	313	138	178	871	1022	158	252	576	254
鄂州市	1834	571	274	909	284	5918	2669	449	3277	364	1934	3688	2255
恩施土家族苗族自治州	829	1122	1258	1301	498	1434	1591	907	434	980	1303	1620	1300
防城港市	170	172	--	4950	282	--	175	448	741	--	258	389	292
佛山市	4521	1823	2652	3057	2722	8302	2375	1401	2874	5781	5777	3304	3776
抚顺市	861	2300	316	830	553	450	1406	306	297	1424	1578	784	726
抚州市	186	1615	220	139	654	440	2360	600	372	2414	2328	1588	1197
阜新市	152	--	121	1270	261	279	159	398	318	140	177	143	418
阜阳市	451	244	371	1045	435	451	647	580	1182	2236	919	1645	1044
赣州市	685	139	410	889	1499	838	438	1015	2248	1003	1317	1443	1122
固原市	308	149	484	1042	84	694	1664	651	114	176	617	178	369
广安市	233	--	101	1994	266	3570	1059	472	2273	1226	702	1902	967
广元市	108	248	789	2204	184	5359	237	126	379	650	596	1808	1170
贵港市	161	1359	556	180	341	558	264	204	346	1006	174	314	329
桂林市	810	2001	412	443	970	1050	716	811	1387	2653	409	2518	1088
哈密市	176	109	189	81	265	105	44	161	652	158	53	46	122
海东市	987	988	281	315	429	455	1040	1432	1034	314	--	292	532
邯郸市	575	652	740	735	1079	1206	2810	1011	1262	609	554	647	822
汉中市	491	377	93	381	418	1845	581	435	509	333	1046	3512	1456

2-6　续表 3　　　　单位：元 / 平方米

城市	1月	2月	3月	4月	5月	6月	7月	8月	9月	10月	11月	12月	汇总
河池市	852	1341	226	903	540	767	510	474	521	3420	650	575	691
河源市	174	131	399	1086	143	163	280	237	283	378	198	302	375
菏泽市	2717	608	1275	840	1414	2339	2036	2161	1853	852	2197	2979	1932
贺州市	720	345	363	516	515	479	619	391	443	624	1303	1011	771
鹤壁市	397	317	345	2738	357	487	693	--	--	--	--	309	488
鹤岗市	252	826	646	274	--	206	161	--	--	1000	--	1165	493
黑河市	142	1320	684	389	415	165	168	194	175	153	213	188	357
衡水市	1009	892	377	511	885	636	314	673	792	616	772	1684	811
衡阳市	990	658	767	461	828	4071	772	1185	995	1255	3415	4103	2368
呼伦贝尔市	236	162	1024	451	847	409	1510	160	543	184	783	269	405
葫芦岛市	--	784	297	1166	630	1061	313	1303	275	695	222	2050	831
湖州市	1333	1442	947	921	1803	3581	1029	1126	766	2899	4348	5064	2406
怀化市	615	855	603	1179	1314	2337	1210	957	1001	1547	1955	1244	1258
淮安市	501	366	816	174	335	243	217	3200	2579	3528	5885	5164	2179
淮北市	2267	264	--	567	267	1139	939	1134	2175	2755	863	962	945
淮南市	371	1440	678	242	451	1153	243	333	320	1061	1922	1212	781
黄冈市	584	483	874	792	187	176	185	365	241	275	242	1154	547
黄山市	180	205	921	129	371	1625	282	841	494	1499	1233	1830	1250
黄石市	216	339	--	614	2953	2490	211	356	592	828	1284	2066	1265
惠州市	1248	1327	938	936	1216	2597	1033	753	1057	1252	1215	787	1021
鸡西市	236	--	684	226	127	1634	223	181	241	171	354	143	250
吉安市	337	216	299	745	261	203	183	585	343	917	1193	472	503
吉林市	1765	843	557	380	495	772	290	429	534	664	1692	2875	666
济宁市	2567	698	1468	508	1254	1434	1807	995	1176	1519	2031	2788	1776
佳木斯市	--	68	--	116	617	427	172	227	114	166	287	894	304
嘉兴市	941	936	1367	974	2056	1950	1628	998	2266	2038	3348	1463	1596
嘉峪关市	--	--	222	145	1178	76	399	159	145	1262	144	717	444
江门市	1026	715	677	792	627	1040	2425	1021	1233	1127	1123	1651	1206
焦作市	1190	271	437	606	998	452	603	979	480	1019	523	619	725
揭阳市	749	428	586	1021	698	519	983	641	845	1128	2987	1137	864
金昌市	139	153	43	98	86	865	190	--	--	90	--	144	183
金华市	2003	1546	2849	1473	3709	3765	1820	7861	2448	5903	4792	3873	3578
锦州市	337	300	398	393	1935	2115	835	2083	454	322	431	331	467
晋城市	2620	345	1109	4778	1665	1494	2574	1091	3287	2294	933	700	1205
晋中市	943	381	587	434	1322	600	521	501	2194	945	1057	1336	1149
荆门市	251	267	142	926	480	162	1101	1051	191	1114	1458	1123	855
荆州市	241	560	144	296	268	851	209	548	380	129	1763	536	589

2-6 续表 4 单位：元 / 平方米

城市	1月	2月	3月	4月	5月	6月	7月	8月	9月	10月	11月	12月	汇总
景德镇市	405	450	5542	600	951	3404	4278	--	842	1798	3194	1597	2468
九江市	321	824	192	463	1024	747	375	364	1057	554	963	2134	971
酒泉市	218	136	303	52	69	108	114	76	90	172	283	358	92
开封市	490	727	1384	411	445	440	873	975	1218	1741	902	1320	1040
克拉玛依市	641	--	344	151	--	171	359	119	268	299	530	118	247
来宾市	200	307	187	240	215	390	172	729	220	429	1630	458	450
廊坊市	2589	1887	1321	1034	832	2414	2570	859	885	685	5726	1272	1534
乐山市	1032	202	645	200	887	305	1868	787	3480	756	1187	989	945
丽江市	--	1195	1005	1259	--	353	1481	--	391	472	--	608	782
丽水市	1405	1043	703	742	4282	805	2104	1505	4013	3971	3886	1660	2295
连云港市	379	366	537	407	256	433	4533	1862	1716	3121	3439	4203	1889
辽阳市	632	--	343	--	721	--	396	--	378	299	1020	1995	881
辽源市	420	379	1552	495	2016	352	293	311	358	434	254	418	449
聊城市	857	1055	1109	826	2015	1794	771	2367	1680	2453	3222	2454	1837
临沧市	285	270	476	421	472	1300	1782	781	836	710	359	654	616
临汾市	2121	392	469	275	453	1009	1330	586	411	437	2071	1881	1066
临沂市	870	665	505	570	641	1223	901	1498	1415	1535	2083	2128	1178
柳州市	5560	290	1744	303	652	705	476	729	872	1754	720	1618	1723
六安市	212	211	1124	254	960	328	282	978	317	194	190	1054	551
六盘水市	302	1040	686	1565	396	954	1301	335	1284	550	633	1238	965
龙岩市	238	165	1463	2395	3571	5391	469	1479	344	1550	2589	281	1304
陇南市	434	501	385	828	1447	--	629	762	479	1007	1702	1014	906
娄底市	1361	613	504	270	431	579	306	443	450	1308	2125	1223	1009
泸州市	390	631	--	1582	1879	1570	476	1034	701	901	1009	1186	920
洛阳市	1317	445	1564	1650	1420	2200	1898	3489	825	2101	2054	2013	1906
漯河市	1017	486	150	257	365	--	2658	1564	786	2000	957	1636	1205
吕梁市	2703	797	2440	3040	1005	499	789	835	774	539	965	622	795
马鞍山市	707	656	374	199	781	286	301	2179	1314	851	1930	1011	933
茂名市	435	1126	683	481	3975	1733	1370	445	960	1233	1396	1955	1541
眉山市	220	851	816	850	1436	289	774	732	351	2349	3044	2961	1796
梅州市	982	449	397	261	425	998	426	512	3136	683	604	810	836
绵阳市	1676	402	1026	481	2102	--	1806	911	1128	1438	1042	1892	1543
牡丹江市	1124	809	132	66	230	275	135	315	--	1103	393	296	461
南充市	327	584	962	2297	1181	267	1140	1332	801	527	1896	2164	1374
南平市	248	219	140	1226	168	1090	478	2332	1034	1228	3862	1565	1486
南通市	755	489	1226	2350	2448	1005	796	4702	4510	5763	8987	2512	3416

2-6　续表 5　　　　单位：元 / 平方米

城市	1月	2月	3月	4月	5月	6月	7月	8月	9月	10月	11月	12月	汇总
南阳市	1528	1368	539	346	744	1387	1419	1019	726	802	614	913	963
内江市	157	142	183	300	336	1027	433	3380	1929	2254	2532	2157	1697
宁德市	385	3493	552	749	660	5010	949	596	121	4275	747	1094	1521
攀枝花市	202	1655	--	535	303	--	258	--	--	627	202	1340	622
盘锦市	1323	--	--	452	2025	326	--	--	--	365	--	2482	1097
平顶山市	559	2394	1801	947	516	908	707	834	1715	517	597	1966	955
平凉市	490	1620	870	460	683	463	1043	2228	266	389	277	1626	1097
萍乡市	1579	4098	191	3035	452	224	222	3739	266	3919	2519	5332	2885
莆田市	1486	931	--	402	10800	422	9961	433	2954	9810	3481	3688	3563
濮阳市	305	198	1036	748	1568	515	2127	866	189	431	566	1559	853
普洱市	469	290	1221	2390	838	529	499	757	498	279	690	1159	794
七台河市	213	--	240	--	587	348	160	--	754	183	230	824	395
齐齐哈尔市	1210	122	850	751	179	917	979	130	774	1298	827	304	830
黔南布依族苗族自治州	575	600	968	329	461	597	468	2066	352	693	939	1271	827
钦州市	670	625	454	336	262	468	498	367	586	641	2599	768	919
秦皇岛市	415	1253	1286	544	710	560	717	861	699	1606	848	2728	1112
清远市	863	660	727	564	2655	631	744	581	973	614	1622	1081	1023
庆阳市	695	243	567	1143	179	1974	250	683	812	768	1045	2313	1065
衢州市	650	1065	352	1146	349	445	851	866	1153	1887	900	2120	1106
曲靖市	846	229	1570	1286	273	1228	810	1943	799	306	695	513	695
泉州市	693	11263	1086	4151	2255	2896	5039	5558	4346	2147	4306	3065	3483
日照市	462	1523	475	536	1531	554	1968	1651	1524	1310	1505	2485	1685
三门峡市	904	341	430	525	2646	1617	358	358	4022	1101	1519	1529	989
三明市	275	150	97	172	309	594	216	898	1510	248	1528	673	586
汕头市	1295	3292	5200	949	3086	1761	4600	2007	3858	922	1128	9384	3134
汕尾市	1456	1496	320	1221	286	353	674	1069	449	443	308	1189	892
商洛市	923	422	587	467	1473	400	459	618	3501	782	1263	2857	837
商丘市	2266	1105	467	487	423	842	1270	510	862	3238	683	1707	1245
上饶市	1173	427	502	205	1141	1477	756	1047	1686	1490	1319	2433	1350
韶关市	652	438	292	544	558	599	367	977	270	708	740	508	542
邵阳市	1185	1229	741	522	673	1580	644	1372	1008	1022	750	2442	1310
绍兴市	3203	1525	2630	3159	1974	2445	3068	2464	2607	3616	3314	2753	2689
十堰市	259	1182	421	350	664	1331	398	2250	789	419	812	2090	1222
石嘴山市	88	74	95	101	87	101	176	52	494	86	269	95	144
双鸭山市	131	198	153	125	250	110	1099	144	266	193	--	399	245

2-6 续表 6 单位：元 / 平方米

城市	1月	2月	3月	4月	5月	6月	7月	8月	9月	10月	11月	12月	汇总
朔州市	238	151	--	272	172	250	243	210	148	233	190	237	229
四平市	2633	--	1107	358	441	960	526	712	1478	1398	--	345	717
松原市	256	256	593	191	595	59	382	688	248	910	--	3040	359
宿迁市	372	276	148	188	327	456	138	1551	2481	1449	1665	4320	1432
宿州市	973	155	326	1034	627	549	474	1123	1645	572	1389	837	824
绥化市	--	1309	887	225	732	341	1206	238	437	6784	1067	1279	660
随州市	344	203	230	296	782	794	252	240	281	1199	429	1061	546
遂宁市	160	1320	330	4	275	1282	376	1476	--	1181	2304	1527	1168
台州市	977	2085	1272	2163	1967	2120	4063	3442	2513	3332	4898	2906	2401
泰安市	1134	2585	1859	374	507	2798	694	2648	2248	1970	2295	3647	1974
泰州市	1408	2470	451	1456	600	316	450	3442	5840	4717	8802	3365	4345
唐山市	437	331	428	504	1969	461	651	442	749	1348	434	3300	737
天水市	1215	3750	12030	565	625	2506	245	1722	337	1057	314	415	914
铁岭市	612	--	295	239	195	323	--	193	289	202	--	--	270
通化市	2250	588	--	610	613	994	1288	1167	730	700	184	2581	1016
通辽市	272	87	166	174	209	69	869	262	87	486	249	768	321
铜川市	247	--	1157	--	--	--	--	--	622	433	333	--	454
铜陵市	660	6110	236	844	376	406	296	639	445	3366	1552	2734	1774
铜仁市	813	--	640	483	682	1091	794	1474	833	960	1222	1335	1110
吐鲁番市	39	--	216	298	203	17	218	345	266	123	115	648	251
威海市	1367	2330	755	930	1295	998	2869	442	1072	1753	2698	1656	1755
潍坊市	1574	722	608	938	1265	1897	890	903	2121	2499	1886	2956	1774
渭南市	536	289	357	388	751	303	408	690	397	2032	1277	2241	1129
乌海市	118	215	--	108	88	143	264	79	130	86	200	2575	144
乌兰察布市	275	137	177	153	152	127	266	166	100	134	154	139	165
芜湖市	465	365	459	431	1160	1958	2244	700	1890	739	1591	1699	1138
吴忠市	111	57	402	105	135	295	572	434	74	380	76	116	237
梧州市	509	241	266	457	471	2046	474	2044	1269	2681	1385	935	1246
武威市	783	122	88	151	154	95	224	136	171	152	86	111	162
咸宁市	655	420	194	890	327	181	302	504	430	1001	602	1281	899
咸阳市	698	389	5506	1082	1370	478	465	456	1797	521	346	474	1101
湘潭市	1302	499	--	374	1658	442	1126	480	1175	510	1896	1976	1332
襄阳市	979	272	985	636	962	558	1591	489	597	651	2756	1107	969
孝感市	654	758	337	2058	424	444	347	380	974	922	1051	1935	945
忻州市	361	1049	598	303	4092	1060	1150	537	860	1739	380	386	760
新乡市	1036	431	408	368	896	1205	503	550	1001	952	921	1276	779
新余市	200	210	150	150	258	720	1793	615	3551	2329	752	1614	1410

2-6　续表 7　　　　单位：元 / 平方米

城市	1 月	2 月	3 月	4 月	5 月	6 月	7 月	8 月	9 月	10 月	11 月	12 月	汇总
信阳市	1458	414	252	973	628	299	1002	1142	1096	712	582	2377	1222
邢台市	1008	492	602	562	977	796	897	1142	729	586	1830	1342	843
徐州市	444	192	2711	905	726	408	366	667	3244	2545	3269	3306	2163
许昌市	1723	404	480	843	1765	937	2552	1637	--	1093	1452	1282	1156
宣城市	957	312	575	552	297	290	298	1599	1220	413	459	1569	767
雅安市	108	221	553	166	3773	532	459	2075	150	948	638	1769	869
烟台市	978	981	902	919	872	1494	1431	2367	769	1097	1899	2304	1303
延安市	509	339	494	2768	707	645	855	497	325	500	572	1083	634
盐城市	1193	1149	447	4874	1349	326	342	5530	7002	4198	6443	5309	3720
扬州市	498	1579	322	5363	925	613	668	3069	4066	7372	6502	4769	3982
阳江市	1487	1006	588	2164	185	521	606	808	393	1026	299	878	861
阳泉市	516	--	--	--	2764	202	258	--	517	425	910	796	668
伊春市	--	--	1824	--	352	--	455	205	--	189	--	--	785
伊犁哈萨克自治州	1477	628	337	287	488	346	535	327	783	218	383	208	406
宜宾市	457	444	1730	448	1261	673	1465	1261	969	1015	2876	949	1096
宜昌市	879	707	1308	630	444	282	1400	804	642	1885	2256	857	1181
宜春市	569	647	246	322	224	855	934	546	3310	2096	1812	2325	1424
益阳市	389	291	334	--	335	566	538	321	916	279	1434	1065	553
鹰潭市	223	957	4445	605	1419	656	810	3917	3201	575	2683	2529	1708
营口市	239	--	296	--	248	303	370	305	605	--	334	1425	482
永州市	1795	985	180	495	347	332	641	175	516	1366	792	1236	816
榆林市	211	155	182	436	181	243	296	877	190	203	263	190	301
玉林市	546	426	462	5797	1329	396	1717	336	2081	733	659	2600	1099
玉溪市	560	234	458	1918	939	426	550	468	455	914	858	832	762
岳阳市	1095	610	3002	1210	437	1721	1506	657	2258	2669	1197	2025	1432
云浮市	775	366	598	508	560	527	398	--	640	392	--	403	519
运城市	557	1191	556	517	764	389	600	697	606	1597	870	554	690
枣庄市	3624	1883	5109	3401	1939	2370	1497	830	1666	2823	4975	3708	3229
湛江市	425	2276	884	2829	284	676	719	376	1274	2642	756	758	865
张家界市	1886	1119	--	455	--	1272	--	--	--	1997	--	2503	1231
张家口市	1267	1532	1110	753	347	975	743	769	1222	982	3207	2208	1364
张掖市	325	199	343	60	128	83	53	70	130	149	206	120	140
漳州市	1822	528	2119	3806	812	1904	1743	335	4189	5138	1694	1727	2132
昭通市	1046	484	922	493	546	1324	1456	1309	390	771	1769	453	834
肇庆市	1423	812	836	699	634	768	575	1251	2190	738	2921	2163	1503

2–6 续表 8　　单位：元 / 平方米

城市	1 月	2 月	3 月	4 月	5 月	6 月	7 月	8 月	9 月	10 月	11 月	12 月	汇总
镇江市	3287	575	481	3057	4058	431	2376	4897	4248	3577	5093	4448	4165
中山市	1569	1544	1073	1512	2034	1138	1205	1106	1514	1221	1049	5184	1896
中卫市	134	141	180	115	303	--	321	105	1065	100	243	111	190
舟山市	480	2710	859	1375	1101	707	2448	3084	1945	629	793	2027	1478
周口市	926	724	722	613	562	1839	940	968	1266	1269	1403	1281	986
珠海市	2269	8367	451	507	10513	1270	1281	--	564	519	1358	11657	4747
株洲市	950	548	1498	2519	2623	1682	2950	1677	2240	2244	2354	2740	2306
驻马店市	1094	455	682	1106	278	397	440	2921	2078	1471	1091	1410	1277
资阳市	1971	363	1977	2460	2836	335	2772	572	--	--	2739	2448	2064
淄博市	6016	804	669	1027	2802	4603	1154	1857	660	3068	2359	3015	2341
自贡市	4981	195	4512	288	2011	922	--	210	150	210	936	1886	1296
遵义市	939	630	630	781	914	768	944	532	622	1335	1307	1329	1054

数据来源：中指数据库监测。

2-7 2024年全国300城土地成交溢价率统计

单位：%

城市	1月	2月	3月	4月	5月	6月	7月	8月	9月	10月	11月	12月	全年
一线城市													
北京市	5.36	5.27	7.56	0	0	0.43	2.12	0	0	0	5.26	0.05	2.72
上海市	5.88	0	8.74	5.09	6.09	0.75	7.69	9.52	9.84	0.38	18.98	11.66	9.29
广州市	0	0	0	0.02	5.29	1.63	0.07	0.05	18.06	0	0.10	0.14	3.43
深圳市	0	0.18	0	0	0	--	0	1.64	34.36	0	11.18	41.09	19.62
二线城市													
长春市	0	0	0	0	0	0	0	0	0.31	0	0	4.38	2.41
长沙市	21.68	0	0.07	0	0.55	0	3.79	0	0	0	0	0.63	2.34
成都市	0.01	0	9.49	12.91	0	3.47	1.71	0	24.98	0.17	11.46	6.79	6.85
重庆市	3.18	0	1.39	0	2.06	2.95	2.00	2.73	0.70	0.01	0	1.21	1.35
大连市	0	0	0	8.03	0	0	0	0	0	0	0	0	0.05
福州市	5.11	35.14	2.87	0.02	11.45	2.15	3.29	13.09	9.38	1.89	0.03	3.21	3.56
贵阳市	0	0	0.02	0	0	0	0.02	33.95	0	0	0.01	2.86	2.28
哈尔滨市	0	0	0.01	6.05	0	0	0	0	0.05	0.01	0.78	0	0.31
海口市	0	0	--	14.24	0	0	0	0	0.02	--	0	0	0.82
杭州市	12.95	15.90	8.63	0.79	0.39	15.84	21.06	19.83	5.47	16.05	26.51	27.61	12.99
合肥市	0.15	26.53	0	0	0.94	5.88	2.34	10.92	0.05	0.05	0.17	16.15	7.27
呼和浩特市	0	0	0	0.08	16.51	1.71	0	0	0.16	0	0	0	1.47
济南市	0.17	2.32	0	0	0.30	0.17	0	0.37	0	0	1.21	6.26	1.45
昆明市	0	6.35	0	0	0	0	0	0	0	0	0	0	0.44
兰州市	0.48	2.59	--	0.84	11.94	0.31	0.67	0.18	0.50	0.26	0.89	0.27	0.58
南昌市	0	0	0	0	0	0	23.04	0.58	0	0	0.87	13.39	4.45
南京市	2.10	0	0	0	0	9.72	3.41	0.01	0.64	0.87	0.03	1.21	1.06
南宁市	0.04	9.25	21.75	0.02	0	14.35	1.20	0	5.18	0	29.35	14.12	14.37
宁波市	0.08	0	6.95	6.29	6.63	2.08	0.57	0	0.92	0.82	3.85	1.68	2.90
青岛市	0	0	0	0	7.36	13.14	0	0	0	0	0	0	3.85
三亚市	--	0.38	--	--	0.18	10.53	3.26	0.12	0.24	0.91	0.13	12.06	6.50
沈阳市	0	1.19	4.95	0	0	0	5.73	0.16	0	0.01	0	0	0.34
石家庄市	0.04	0.01	0.11	0.04	10.84	0.24	7.70	0.22	6.24	0	7.85	0.02	2.58
苏州市	2.25	0.38	14.78	0	0.52	0.19	0.63	1.54	0.01	0.04	0.19	0.82	1.35
太原市	0.77	0.61	0.99	0.41	0.46	0.69	0.23	0.02	0.04	0.01	1.01	0.18	0.29
天津市	0	1.62	4.41	0.96	0.49	0.25	0	0	0.46	0	0.36	3.22	1.73
温州市	7.00	1.21	2.57	0.39	1.15	0	4.92	0.41	0.86	2.22	8.54	1.83	2.58
乌鲁木齐市	1.31	1.65	12.17	0.55	0.25	8.59	8.38	0.67	6.99	0.62	0.54	0.63	3.64

2-7 续表 1 单位：%

城市	1月	2月	3月	4月	5月	6月	7月	8月	9月	10月	11月	12月	全年
无锡市	0	0	0	0	0	0.02	0	0.09	0.01	0.10	0.01	0.30	0.15
武汉市	0	0	11.15	2.72	0	0	0	0	0	0	0.14	0.65	0.79
西安市	0	0	2.12	0	0.08	0.12	0.01	0	0	0	5.33	2.38	1.08
西宁市	--	0	0	0	--	0	--	--	0	0	0	0	0
厦门市	0	0	23.58	0	0	0.15	0	0	1.26	0	0	0	2.98
银川市	36.00	0	3.01	0	0	4.39	7.22	0.92	0	0	0	4.86	2.32
郑州市	3.66	0	0	0	0	0	0	1.08	0.50	0	0.04	2.84	1.83
三四线城市													
安康市	19.95	0	1.50	0.86	41.03	0.55	1.22	7.67	0.48	28.29	0.54	2.94	9.48
安庆市	26.29	0.13	0.37	1.05	9.89	0.50	0	4.61	4.99	5.85	4.19	0.82	6.63
安顺市	0	0	0	0	0	1.72	0.08	0	0	0	0	0.09	0.17
安阳市	0.71	0	7.57	0.29	7.92	2.74	0	12.50	0.79	0.57	8.60	0.05	4.86
鞍山市	0	0	2.16	0	0	0	9.00	0	0	0	0	0	0.27
巴彦淖尔市	0	0	0	0	0	0	0	0	0	0	0	0	0
巴中市	0	0	0	0	0	0	1.53	0	0	0	0	0	0.04
白城市	0	0	0	0	0	0	0	0	0	0	0	0	0
白山市	0	0	0	0	0	0	0	0	0	0	0	0	0
白银市	0.61	0.06	0.46	0	0	1.27	0.23	0	0.15	2.63	0.59	2.09	0.70
百色市	19.58	6.71	20.58	0.34	4.26	0.72	0	19.22	22.26	0.23	2.66	1.10	2.47
包头市	0.15	0.60	0	0	0.46	0.93	8.60	0	1.37	0.69	2.98	0.03	1.33
宝鸡市	4.15	11.37	2.03	1.34	2.34	1.59	2.79	1.86	1.95	0	3.01	3.30	3.62
保定市	0.22	0	0.28	0.09	2.64	0.13	6.03	0.07	2.82	0.32	20.58	0.40	2.89
保山市	15.08	0.18	0	1.36	8.41	10.88	0	0	31.97	0	1.88	0	2.26
北海市	0	0	0	0	0	0	0.34	4.59	0	0.12	0	4.43	2.08
本溪市	0	--	--	0	0	0	0	0	0	0	0	0	0
蚌埠市	1.46	180.71	61.66	0.57	3.69	4.17	20.99	10.39	0.70	0.94	0.52	1.05	4.03
毕节市	0	0	0	0	0	0	0.03	0.56	0	1.12	23.39	18.60	15.80
滨州市	0	3.75	15.95	0	0	53.18	1.40	4.56	0	0.19	2.25	16.78	9.01
亳州市	0.63	0.39	7.93	1.47	2.33	0.90	5.30	4.07	2.69	20.77	20.29	3.07	11.82
沧州市	2.77	0.14	2.06	0.10	2.40	0.08	0.02	0.77	0.05	0.30	0.41	0.74	0.76
常德市	0	0	60.19	0	0	0	0	0	0	0	0.98	0	0.96
常州市	0.32	2.50	3.40	1.64	0.24	0.04	1.85	0.34	0.45	0.61	0.91	1.20	0.93
长治市	0.01	2.13	3.35	6.92	2.28	2.31	1.52	2.59	9.79	5.86	10.15	7.09	6.24
朝阳市	0	0	0	0	0	0	0	0	0	0	0	0	0
潮州市	0	0.08	0	0	0.90	0	0	0	0	0	--	0	0.01

2–7　续表 2　　　　单位：%

城市	1月	2月	3月	4月	5月	6月	7月	8月	9月	10月	11月	12月	全年
郴州市	14.39	0	0	0	0	0	0	0	7.93	6.19	0.01	7.17	4.08
承德市	4.23	0	0	0.02	0	0.01	1.49	0	0	0	0	0	0.22
池州市	0.05	1.54	0.23	0.05	1.29	14.75	0.20	0.30	0.04	7.14	1.63	30.25	9.08
赤峰市	0	0.02	20.49	0	1.53	0.04	0.02	11.70	6.06	0	8.02	0.52	2.93
崇左市	0	4.68	0.83	0	0	0	11.61	0	0	0	1.92	0	2.35
滁州市	0.24	2.34	0.79	0.01	0.02	0.55	0	0.26	0.81	3.18	5.15	0.14	1.78
达州市	5.42	1.71	1.32	4.81	1.07	24.77	1.73	12.65	5.25	8.86	5.34	9.40	6.61
大庆市	0	0.07	0	0	0	0	66.35	--	0	14.45	14.59	0	7.87
大同市	0	0	1.88	0.61	0.34	0.28	0.62	1.78	0.19	0.29	0.61	0.20	0.29
丹东市	0	0	0	--	0	0	0	0	0	0	0	0	0
儋州市	--	--	--	--	--	0	--	--	0	--	0	0	0
德阳市	0.01	0.11	0.90	34.42	0	0	0.26	0.01	0.55	0.38	0.65	0.04	0.51
德州市	0.11	2.87	0	1.94	0.98	0	0	0	0	0.09	0	1.16	0.75
定西市	48.97	4.55	2.12	0.14	4.11	0.24	4.31	1.62	2.33	0.26	1.37	0.68	3.33
东莞市	0	0	0	0	0	4.77	0	0	0	0	0	0.15	0.18
东营市	0	37.61	2.08	0	3.29	12.88	0	7.73	1.72	0.24	0	0.96	5.96
鄂尔多斯市	0.16	0.40	0.40	0.65	0.14	0.50	16.20	0.02	0.05	17.53	15.00	39.49	6.44
鄂州市	0	3.42	0	0	0	0	0	6.51	0	0	0	0	0.27
恩施土家族苗族自治州	3.83	0.73	0.83	1.12	0.88	0	0.53	1.31	1.81	0	0.03	0.24	0.65
防城港市	0	0	--	0	0.81	--	0	0	0	--	0	0.15	0.02
佛山市	0.31	1.57	0.13	2.17	0	0	0.65	0	0	0.38	0	0.70	0.37
抚顺市	0	3.81	0	0	0	0	0	0	0	0	0	0	1.31
抚州市	4.47	18.26	2.58	0.22	0.20	3.57	29.37	0.32	1.09	26.63	2.97	0.81	8.45
阜新市	0	--	0	6.22	0.66	0.56	0	0.29	0.97	0	0	0	2.98
阜阳市	1.16	5.14	8.19	7.55	1.56	2.09	11.94	1.04	6.49	10.03	0.42	8.32	7.05
赣州市	16.57	0	1.28	0	12.03	1.04	26.00	5.78	0.29	9.54	7.29	11.24	8.89
固原市	4.94	0	28.16	7.05	0	0	0	38.34	0	0	0	0	8.07
广安市	0	--	0	0.69	0	0	0	0.01	1.17	0	0.38	0	0.43
广元市	0	0	0	0.01	0	37.18	0.46	0.02	0	0.07	1.15	1.70	1.40
贵港市	0	0	0.14	0	1.11	3.39	0	0	0	1.26	0	3.61	0.98
桂林市	0	0	0	0	0	6.26	8.40	0.26	0.02	0	0	0.04	0.65
哈密市	0	0.06	0.30	0.04	0	0.45	0.62	0	0	0.68	0.10	0.38	0.17
海东市	0	0	0	0	0	0	0	0	0	0	--	0	0
邯郸市	0.14	0.95	0.02	6.15	1.33	6.76	24.09	10.84	0.73	0.03	0.03	5.51	4.68
汉中市	–0	0.99	0	0	0	0	0	0	0	0	0	0	0

2-7 续表 3

单位：%

城市	1月	2月	3月	4月	5月	6月	7月	8月	9月	10月	11月	12月	全年
河池市	1.48	19.02	0	0	0	0	0.03	1.05	10.08	14.29	1.45	1.28	3.80
河源市	0	0	0	0	0	0	0	0	0	0	0	0.02	0
菏泽市	0.05	0	13.33	0	8.13	0	0.22	31.11	0.01	0.02	0.11	4.26	3.78
贺州市	0.54	0	1.02	0	0	0	0.27	0	0.38	8.40	0	2.12	1.65
鹤壁市	0	0	0	0	0	0	1.16	--	--	--	--	0	0.62
鹤岗市	0	0	0.74	0	--	0	0	--	--	0.76	--	0	0.24
黑河市	0.27	0.12	48.07	0	4.55	1.17	0.52	0.03	0.11	0.07	0.35	0	17.34
衡水市	0	0.28	0.15	0.28	1.73	0.46	0	8.61	0.28	3.06	0.24	0.31	0.80
衡阳市	0.04	0	0	0	9.39	0.04	0.29	0	0	0.02	0	0	0.10
呼伦贝尔市	0.29	3.62	0.01	48.66	14.14	0.12	35.57	0.20	21.92	0	11.03	0.05	9.13
葫芦岛市	--	0	0	0	0	0	0	0	0	0	0	0	0
湖州市	7.37	0.43	0	0	0.16	1.35	8.26	0	0	0.46	1.96	0	1.27
怀化市	4.43	0.31	0.12	0	0	0	0	0	0	0	0	0.02	0.15
淮安市	0	0.75	15.02	0	0.08	5.20	0	3.17	9.42	0.01	2.16	0	3.77
淮北市	17.90	14.87	--	18.56	7.81	10.44	31.14	8.83	52.51	15.35	11.02	7.20	22.27
淮南市	0	0.43	0.73	0	0.21	3.94	0.16	5.76	0.46	0.03	0.70	0	0.82
黄冈市	44.09	2.12	4.71	0.78	0.02	0.03	5.76	0.63	0.06	4.09	0.12	1.50	4.57
黄山市	0	0	0	0	0	0.04	0	0	8.08	0	0	0	0.39
黄石市	0.15	2.05	--	2.55	0	0	0.09	0.12	1.07	0.18	0.13	2.51	1.77
惠州市	0	0	0	0	0.36	0	0	0	0	0	0	0	0.04
鸡西市	1.21	--	275.72	0.32	0	0	1.23	0	133.67	0	0.39	0.52	4.89
吉安市	8.20	1.99	0.02	11.09	50.94	0.74	0.04	17.32	5.06	6.88	3.25	1.93	7.52
吉林市	0	0	0	0	0	0	0.08	0	0	0	0	0	0
济宁市	58.04	9.50	0	0.02	0	0.01	0	0	0.41	0.54	3.71	1.91	3.21
佳木斯市	--	0	--	0	0.15	0	4.64	0	0.22	0.51	0	0.06	0.31
嘉兴市	0	1.80	0	0.47	0	0.30	0	0.31	0.01	0.85	0.77	5.69	1.40
嘉峪关市	--	--	--	--	--	--	--	--	--	--	0	0	0
江门市	0	0	0	0	0	0	0	0	0	0.50	0.30	0.06	0.10
焦作市	2.26	1.35	0	0	0	0	0	0	0	0.16	0.26	0	0.69
揭阳市	0	0	0.16	0	0	0.88	0	0.01	0	0	1.73	0	0.29
金昌市	0	0	0	0	0	76.19	0	--	--	0	--	0	26.01
金华市	2.71	0.61	4.55	15.48	9.33	9.05	2.56	0.38	0.01	10.60	9.15	7.41	6.65
锦州市	0	0	0	0	0	0	0	0	0	0	0	0	0
晋城市	15.09	2.36	2.19	22.25	11.00	18.48	20.52	13.53	3.04	19.21	3.50	19.35	13.61
晋中市	0.02	0	0	0	0	0	0	0	0	0.08	0	0	0.01
荆门市	0.31	0	0	7.70	0.41	0	25.39	5.80	13.56	22.43	13.47	1.12	11.60
荆州市	0.10	0.88	0.10	14.13	0.01	33.57	3.08	1.50	1.03	0.09	1.15	4.29	3.73

2-7　续表 4　　　　单位：%

城市	1月	2月	3月	4月	5月	6月	7月	8月	9月	10月	11月	12月	全年
景德镇市	0	0	0	0	0	4.17	0	--	0	0.87	0	0.47	1.39
九江市	9.81	0	0	0	0.02	37.48	1.10	6.17	0.03	29.36	0.19	10.50	9.33
酒泉市	0.34	0.63	6.59	4.84	2.66	26.87	0.23	4.79	3.90	0.92	0	0.77	4.32
开封市	0	0	18.68	4.64	0.95	0.09	1.76	0.19	15.47	3.45	0.78	8.00	5.85
克拉玛依市	0	--	0	0	--	0	0	0	0	0.39	0	0.44	0.17
来宾市	0	0	0	0	0	0.11	--	0	2.45	0	1.67	0.23	0.72
廊坊市	0.51	0.41	0.93	2.02	1.25	10.09	0.19	2.78	1.51	0.83	1.15	0.76	2.08
乐山市	0	0.01	0	0	35.21	0	5.64	0.80	0.01	1.02	1.57	9.01	5.79
丽江市	--	0	0	0	--	0	1.03	--	3.42	0	--	1.26	0.56
丽水市	0.61	2.58	0.63	5.69	0	1.10	0	0.03	0	0.05	0.34	0.11	0.32
连云港市	0	0	0	0	0.54	0	0	5.77	0	8.23	4.22	0.01	1.98
辽阳市	0	--	0	--	15.58	--	0	--	0	0	0	0	1.50
辽源市	0	0	0	0	0	0	0	0	0	0	0	0	0
聊城市	0	0.01	0.53	0.21	0.11	0.27	0	0	0.35	2.15	4.56	6.86	3.10
临沧市	0	0	0	0	103.01	0	17.20	2.09	1.64	6.37	0	7.20	13.92
临汾市	2.79	2.67	4.03	0.57	0.59	4.20	7.53	0.75	4.07	3.20	12.16	6.21	6.46
临沂市	0	0	0	0	0	0	0	0	0.23	0	0	0.47	0.10
柳州市	1.94	0	1.08	0	0	0.58	0.04	51.29	0	0.80	82.01	0.07	2.92
六安市	6.14	2.89	4.20	18.59	0.90	1.08	2.20	0.41	12.96	1.95	0.63	0.44	2.74
六盘水市	0.67	0.23	0.22	32.99	0.02	0.37	0.19	0.30	0.17	0.64	0.38	0.25	0.64
龙岩市	0	0	0	0	5.26	0.57	13.31	0.09	14.15	0.06	0.12	0.20	0.78
陇南市	4.85	0.95	2.42	1.16	1.32	--	0.53	0.72	0.56	1.98	4.45	0.82	1.91
娄底市	1.86	3.32	5.14	0	1.72	0.02	2.03	0.19	0	0.14	0.21	0.51	0.65
泸州市	0	1.16	--	0.58	0.21	26.19	3.19	2.68	2.25	4.15	4.96	22.31	7.99
洛阳市	0.30	0	0.02	0.08	0.11	4.07	1.50	0	0	1.48	0	0	0.36
漯河市	0	0	0	0	0	--	0	0	9.17	4.57	3.89	0.02	1.81
吕梁市	0.01	1.48	0.12	1.01	1.15	0.77	1.05	3.60	1.43	1.30	5.50	1.67	1.28
马鞍山市	0.07	0.24	0	0	10.65	0.87	3.27	0.29	16.37	4.84	39.30	7.11	8.62
茂名市	0	0	3.26	0	0	0.06	2.00	0	0	2.87	3.49	0	0.89
眉山市	0	0.23	0	2.04	0.03	5.03	0.09	0	0	0.25	1.75	0.01	0.65
梅州市	0	0.25	0	0	0	0	0	0	0	0	0	0	0.02
绵阳市	1.36	0	0	0.01	1.06	--	36.89	22.23	0	0	7.09	9.50	7.86
牡丹江市	0.03	0	0.46	0	0.52	0.51	0.50	0.32	--	6.07	0.77	3.37	3.20
南充市	0.19	0.76	0.26	2.23	5.18	3.92	0.56	0.35	0.86	0.22	2.62	0.58	1.42
南平市	0.68	5.43	0	0.87	0	0.27	0.33	1.74	1.51	0	0.56	0.57	0.76
南通市	0	2.25	0.25	1.33	0	0	4.33	0	0.20	0.01	0	0.04	0.14

2-7 续表 5 单位：%

城市	1月	2月	3月	4月	5月	6月	7月	8月	9月	10月	11月	12月	全年
南阳市	0.71	3.31	3.40	2.00	0.33	0.09	0	3.39	2.48	2.58	0.26	1.47	1.50
内江市	0.02	0	0	0	31.26	0	0	0	0	0	0.04	13.52	5.80
宁德市	10.84	5.63	0	17.31	1.11	0.39	1.38	6.01	0	0.92	3.20	3.20	2.02
攀枝花市	0.73	0	--	0	0	--	0	--	--	0	0	0	0
盘锦市	0	--	--	0	0	0	--	--	--	0	--	0	0
平顶山市	0.61	2.24	0	2.25	9.98	1.46	15.13	0.45	0	0.51	0.29	0.70	2.06
平凉市	0.12	0	0	0	0.07	0	0.09	0	0	35.66	0	6.46	4.70
萍乡市	0	0	0	0	0	0	0	0	0	0	0	0	0
莆田市	0	0	--	0	0	0	0	0	6.47	0.67	7.89	0	2.51
濮阳市	0	0	2.06	0	0	1.80	3.31	23.89	0	1.93	9.06	1.46	2.10
普洱市	1.78	0	4.06	0.08	2.12	6.37	26.12	1.17	4.40	0	3.35	3.96	2.39
七台河市	0	--	0	--	0	0	0	--	0	0	0	0	0
齐齐哈尔市	0	0	0.34	0.01	0	0	115.31	0	0.03	0	0	0	0.75
黔南布依族苗族自治州	0	0	0	0	0.71	0.51	1.33	7.54	0.01	0.15	0.23	0.01	0.67
钦州市	7.96	1.17	0	0	0.03	0	23.07	0	0.26	0	0	1.76	1.47
秦皇岛市	0	0	0	0	0.09	0.70	4.06	0.03	0.11	0.36	8.36	0.43	1.58
清远市	0	0	0.14	0	0	0	0	0	0.10	0	0	0.07	0.04
庆阳市	11.76	8.00	--	2.63	--	25.68	--	2.63	--	0	7.70	9.38	6.46
衢州市	0	2.52	0	6.14	0.10	0	10.32	2.57	3.31	11.29	0.15	5.27	4.51
曲靖市	0	0	47.06	0	0.05	0	0.09	0.50	0	0.46	0.13	0.01	2.37
泉州市	0	0	0	0.01	0	1.63	0.75	2.06	0	0.76	3.21	3.14	1.71
日照市	0	0	0	0.13	0	0	0	0	0	0	5.02	1.08	1.19
三门峡市	0.06	0	0.37	0	0	0	0	0	0	0	0	0	0.03
三明市	6.05	0	0	4.72	0	2.20	9.13	0	2.68	0	0	12.16	7.70
汕头市	1.33	12.74	6.43	1.21	2.03	1.02	1.08	2.14	1.05	1.00	2.12	1.65	1.92
汕尾市	0	0	0	0	0	0	0	48.17	0	0	0	0	1.80
商洛市	0.29	2.14	0.04	0.06	0.16	0.99	2.05	2.07	38.33	0.37	29.29	0.03	3.67
商丘市	9.07	6.42	0	5.01	0	8.25	0	1.23	1.73	6.25	0.68	1.79	4.47
上饶市	16.85	31.38	0	7.60	0	18.32	1.48	10.97	27.89	0.22	10.87	29.53	18.51
韶关市	0	0	0.51	0	0	0	0	0	0	0	0	11.32	2.08
邵阳市	2.11	0	0	24.36	0.74	0	0	0	0	0.08	0	1.09	0.87
绍兴市	8.16	0.04	0	9.16	0.18	0	3.05	1.24	3.18	0.39	0	0.97	1.87
十堰市	2.98	0.02	7.68	0	0.90	3.79	0.09	34.54	2.41	0.08	5.83	17.05	14.37
石嘴山市	0	0	0	0	0	0	0	0	5.48	0	0	0	1.54
双鸭山市	0	0	0	0.24	6.46	0	0	0	0	0.79	--	0	0.95

2-7　续表 6　　　　单位：%

城市	1 月	2 月	3 月	4 月	5 月	6 月	7 月	8 月	9 月	10 月	11 月	12 月	全年
朔州市	0.83	0	--	2.87	3.22	3.13	0.63	1.73	0	2.50	1.77	1.26	1.65
四平市	0	--	0	0	0	0	0	0	0	0	--	0	0
松原市	0	0	0	0	0	0	0	0	0	0	--	0	0
宿迁市	0	0	0.01	0	20.71	30.71	0	6.42	2.00	0.27	0	0.10	1.41
宿州市	0.20	0	0.87	6.40	2.47	4.15	0.73	0.48	2.54	0.94	2.85	2.29	2.22
绥化市	--	0.58	0	0.05	0.13	0	0.05	1.37	0	173.71	1.20	0	3.41
随州市	0	0	0	20.25	0	0	0	0	0	0	0	0.08	1.14
遂宁市	0	83.33	0	0	1.06	0	0	28.42	--	23.28	24.67	38.55	28.24
台州市	4.19	8.30	17.20	18.26	11.61	4.87	10.10	1.06	5.77	7.87	2.73	3.83	6.73
泰安市	0	0	0	0	0	0	0	0.02	0	0	0	0	0
泰州市	0.01	0.98	0.51	0.06	0.60	0	3.02	1.34	5.81	13.03	12.63	0.11	8.69
唐山市	0.48	0.02	0.26	18.70	0.24	6.09	0.30	0.01	0.02	6.40	0.51	0.86	1.38
天水市	--	--	--	--	--	51.56	--	--	57.27	--	0.70	0	3.82
铁岭市	0	--	0	0	0	0	--	0	0	0	--	--	0
通化市	0	0	--	0	0	0	0	0	0	0	0	14.04	0.09
通辽市	0	0	0	0	0	0	0	0	0	0	0	0	0
铜川市	0	--	0	--	--	--	--	--	0	0	0	--	0
铜陵市	0.08	0	0.28	0.77	0.41	0	0.44	0.40	0.10	0.03	0	0.16	0.15
铜仁市	0.07	--	1.08	0.14	0	0.07	0	0.03	0	0.09	0.44	0.63	0.36
吐鲁番市	0	--	22.46	0	0	0	0	15.10	0	0.78	0	0	2.51
威海市	0	0	0	0	0	0	9.83	0	0	0	6.83	10.88	5.30
潍坊市	1.18	1.38	0	2.07	0.24	0	0.49	0.50	16.21	13.22	4.30	0.74	3.78
渭南市	0.27	1.39	0.70	0.13	0.62	0	0.26	0.98	0.37	0.13	0.08	0.88	0.37
乌海市	0	12.77	--	0	0.08	0	0	0	0	0.81	0	0	0.91
乌兰察布市	0.10	0.39	0.90	0.93	0.25	0.14	0.10	2.41	1.23	0.06	3.33	0.39	0.82
芜湖市	0	3.86	0	1.47	0.31	0	0.03	20.75	1.59	0.38	0	0.02	1.05
吴忠市	39.90	0	56.89	0	0	0	0	0	0	0	0	0	6.36
梧州市	0	0	0	0	0.61	1.05	4.77	22.73	23.07	53.54	11.11	17.03	26.82
武威市	0.22	1.24	0.26	0.19	0.26	0.32	2.83	0.18	0.46	0.22	0.84	0.45	0.31
咸宁市	0.34	0.08	0	0.81	0	0	0.12	0	1.82	0	0.10	0.32	0.32
咸阳市	0.24	0.42	0	0.10	0.05	0.37	0.31	0.31	0.05	1.50	0.50	0.26	0.14
湘潭市	0	0	--	0	0	0	0	0	0	0	0	0	0
襄阳市	0	0	14.47	0	9.16	0	10.33	0	0.09	0	0.01	0.18	2.86
孝感市	5.51	2.72	5.03	2.42	5.89	2.70	1.29	8.92	5.36	4.19	3.74	10.12	4.91
忻州市	4.66	1.03	3.40	13.99	119.35	1.44	15.07	3.38	1.76	0.29	3.35	5.82	7.96
新乡市	0.20	0.01	0.17	0	0.20	0	0.10	0.30	0	1.01	0	18.38	3.33
新余市	0	0	0	0	0	0.09	0	0	0	4.86	0	0	1.10

2-7 续表 7　　　　单位：%

城市	1月	2月	3月	4月	5月	6月	7月	8月	9月	10月	11月	12月	全年
信阳市	0.10	0	0.27	0.14	0	1.22	0	0.01	80.17	9.59	0	1.17	1.83
邢台市	0.52	0.72	2.75	2.78	2.58	5.58	3.96	0.92	1.19	18.49	5.19	1.38	3.52
徐州市	0	0	0.01	0	0	0	1.85	0	0	0.20	0.03	0.05	0.06
许昌市	0.09	0.20	0.42	0.72	9.31	0	14.27	0.61	--	0.16	0.73	1.82	2.03
宣城市	0.05	0.28	2.86	0.17	0.12	0.47	0	2.12	2.45	0.01	0.04	7.14	2.34
雅安市	0	0	0	0	0.34	17.24	0	21.57	0	29.88	0	0.18	5.33
烟台市	0	0	0	0	16.31	0	0	0	0.52	0	4.77	1.75	1.15
延安市	6.67	2.30	1.94	1.79	1.01	22.41	4.04	3.23	3.62	2.22	2.30	2.54	3.98
盐城市	10.08	0	0	0	0	17.62	0.76	0.04	8.69	0	2.17	0.02	1.84
扬州市	0	4.45	0	49.25	4.81	0	0	24.18	24.00	56.36	18.32	1.26	20.89
阳江市	2.01	10.19	25.92	34.24	0	0	0	1.83	0.36	70.90	2.83	0	10.68
阳泉市	0	--	--	--	0	0	0	--	0	0	0	0	0
伊春市	--	--	0.09	--	0	--	0	0	--	0	--	--	0.06
伊犁哈萨克自治州	0	0.01	0.07	0.08	8.23	0.17	0.69	0.02	1.28	0	3.60	0	1.35
宜宾市	0	0	92.10	0	0	0	5.67	0.91	13.93	0.55	0	12.86	7.50
宜昌市	0.29	0.14	0.01	0.33	1.92	1.04	0.25	0.44	0.18	0.02	0.02	0.24	0.17
宜春市	0.16	0.04	0	0.21	0.46	75.63	0	15.76	0.59	4.02	7.87	7.86	6.77
益阳市	0	0	0	--	0	0	0	0	0	0	0	0	0
鹰潭市	0	0	0	0	0	0	0	0	0	47.21	6.94	17.12	9.50
营口市	0	--	0	--	0	0	0	0	0	--	0	2.73	1.25
永州市	1.60	0.51	0	0.48	0.02	4.31	1.10	0.14	0.68	0.43	4.95	0.32	0.92
榆林市	3.84	0.90	3.14	0.15	2.71	1.70	1.00	0.35	0.92	0.07	0.30	0.20	0.61
玉林市	11.25	4.37	0.03	25.12	12.94	0.13	0.45	1.81	0	3.16	8.78	1.22	2.79
玉溪市	0	0	0	0	3.34	0	0	2.90	0	0	0.83	0.59	0.63
岳阳市	0.57	1.20	0.43	0.39	5.65	0.25	1.10	1.77	0.71	0.81	13.09	1.78	1.71
云浮市	0.96	0	0.90	0	0.27	0	0	--	0	0	--	1.50	0.53
运城市	11.78	0.76	12.87	0.73	24.26	0.98	4.25	1.51	2.98	5.11	4.51	2.06	6.16
枣庄市	0	0	0	0	0	0	0	0	0	0.01	4.70	0.82	1.13
湛江市	0.03	1.23	64.39	0.02	0	0	5.03	0	1.16	0.12	0.36	30.42	6.55
张家界市	0	0	--	0	--	65.36	--	--	--	0	--	0	0.63
张家口市	2.92	0	7.28	0	0	0.03	0	0	3.88	0	2.32	0.58	1.42
张掖市	0.11	0.01	0.09	0	15.42	0.40	0.28	0.60	0.18	0.17	0	0.03	0.90
漳州市	0	1.24	3.16	0	0	1.53	0	0.22	0	0.35	0.68	0.01	0.49
昭通市	0.21	18.62	0.82	4.21	16.35	3.75	3.04	0.18	0.01	0.22	0.05	5.04	4.20
肇庆市	0	5.31	4.02	0	0	0.76	0	31.35	0	6.44	0.17	0.39	1.21

2-7　续表 8　　单位：%

城市	1月	2月	3月	4月	5月	6月	7月	8月	9月	10月	11月	12月	全年
镇江市	0.03	0	0.18	0	0	0	0	0.01	0	0	0	0	0
中山市	0	0	0	0	0	0	0	0	0	0	0	0	0
中卫市	0	0	0	0	0.02	--	0	0	0	0	0	0	0.01
舟山市	0	0	0.02	0.02	0	0.59	15.19	0	0	15.27	0.32	0.21	0.99
周口市	4.44	0.22	0	0.18	4.23	0	0.95	1.99	3.34	0	0.45	2.89	1.58
珠海市	0	0	0	0	0	0	0	--	0	0	0	0	0
株洲市	0.12	0.01	0	0	0	0.21	0	22.50	0	0	0.04	2.23	1.01
驻马店市	4.10	7.11	0.89	32.76	29.45	20.76	2.29	10.94	0.46	4.89	6.69	20.54	10.78
资阳市	0.39	16.41	0	0.52	0.28	0	0	0.52	--	--	0	0.16	0.36
淄博市	0	0	0	0	0	0	0	0	12.76	0	8.34	1.15	1.81
自贡市	42.79	0	13.68	0	5.82	1.92	--	0	0	0	0.22	17.20	10.50
遵义市	0.36	0	0	0	0	0	0	0	0	19.62	6.30	4.80	5.87

数据来源：中指数据库监测。

2-8　2024年全国300城土地成交出让金统计

单位：亿元

城市	1月	2月	3月	4月	5月	6月	7月	8月	9月	10月	11月	12月	合计
一线城市													
北京市	197.39	209.68	79.03	17.94	101.48	273.54	177.25	42.81	91.85	108.53	308.43	143.92	1751.86
上海市	80.69	13.21	138.77	135.38	110.08	8.05	99.59	136.00	150.18	192.47	317.18	262.40	1644.02
广州市	14.20	37.90	8.96	35.43	5.97	34.25	28.02	103.17	200.19	109.27	96.36	297.73	971.45
深圳市	3.91	55.57	0.50	2.55	25.87	0	3.36	5.59	28.94	68.21	20.18	201.22	415.90
二线城市													
长春市	0.42	0.39	4.77	5.88	1.68	11.60	13.76	7.31	11.77	5.96	0.75	80.27	144.57
长沙市	53.55	3.11	2.69	13.84	76.20	10.87	29.89	9.81	22.60	46.82	44.81	232.39	546.59
成都市	22.71	6.47	25.89	112.85	6.85	66.21	169.45	15.76	36.96	30.49	106.50	209.23	809.38
重庆市	20.75	6.79	60.91	19.25	13.59	72.33	7.23	10.48	48.17	19.68	46.09	183.54	508.82
大连市	1.02	1.18	13.68	0.70	2.43	3.56	1.34	14.35	3.36	6.36	9.60	45.93	103.53
福州市	23.06	8.06	107.32	0.91	11.29	13.61	27.94	44.97	24.66	41.49	177.46	57.07	537.84
贵阳市	0.97	0.55	7.43	0.31	1.84	1.41	4.15	3.35	6.03	3.14	27.10	73.59	129.87
哈尔滨市	0.55	0.98	7.46	1.58	9.23	0.17	1.47	1.36	1.73	7.17	1.29	0.43	33.42
海口市	12.42	0.33	0	7.80	10.14	11.98	17.53	5.65	18.78	0	0.15	35.97	120.74
杭州市	92.92	130.45	91.47	317.51	56.88	46.06	83.05	112.08	69.84	109.54	109.32	203.81	1422.93
合肥市	1.47	34.61	5.32	0.06	48.17	55.48	59.78	22.99	58.25	88.78	52.07	199.61	626.61
呼和浩特市	5.79	0.92	2.01	0.13	7.00	1.74	14.08	4.08	18.50	1.77	13.14	3.30	72.46
济南市	65.77	5.39	17.28	22.55	33.63	24.18	6.76	27.42	37.57	39.73	58.04	81.37	419.67
昆明市	1.30	8.29	2.89	2.28	3.73	5.18	6.69	6.46	12.09	5.08	9.13	49.08	112.20
兰州市	0.92	4.58	0	3.10	0.70	1.72	2.79	1.58	0.50	5.06	1.98	47.90	70.84
南昌市	4.98	0.80	0.32	6.17	3.52	3.48	1.30	3.63	16.16	1.31	9.73	24.37	75.77
南京市	22.91	2.51	52.73	18.77	4.59	35.23	30.32	139.47	108.56	23.27	113.32	166.02	717.70
南宁市	3.12	1.17	10.51	0.45	2.94	4.59	1.53	1.16	4.44	4.08	14.97	18.71	67.67
宁波市	7.99	8.97	119.99	12.86	13.52	42.65	26.07	14.40	18.45	111.09	27.25	97.95	501.21
青岛市	5.33	2.34	19.70	10.06	2.56	56.32	4.29	0.75	15.44	2.79	23.95	37.89	181.42
三亚市	0	29.93	0	0	3.54	48.22	0.02	3.90	28.35	3.26	7.25	59.37	183.83
沈阳市	3.31	3.31	4.84	6.94	8.60	15.02	1.47	3.38	5.28	15.68	2.85	35.56	106.24
石家庄市	57.69	20.73	44.69	22.38	15.65	22.21	11.96	7.87	35.70	8.97	59.59	51.46	358.90
苏州市	29.06	15.85	57.24	27.83	29.26	31.55	50.88	20.71	123.11	118.64	131.17	146.18	781.46
太原市	2.36	0.15	4.05	4.57	0.23	24.60	34.56	12.37	20.21	14.80	1.01	12.80	131.70
天津市	2.22	33.22	21.72	13.63	7.78	57.83	12.89	5.93	30.51	17.82	22.08	129.29	354.91
温州市	15.54	13.43	18.09	6.17	20.42	5.00	74.68	63.27	50.29	16.59	18.61	39.01	341.11
乌鲁木齐市	1.04	0.25	2.00	2.09	10.43	22.77	16.51	27.89	7.36	9.11	5.31	14.38	119.14

2-8　续表 1　　　　单位：亿元

城市	1 月	2 月	3 月	4 月	5 月	6 月	7 月	8 月	9 月	10 月	11 月	12 月	合计
无锡市	1.90	2.77	3.69	60.79	4.44	4.72	5.17	55.37	8.33	88.93	114.55	257.15	607.79
武汉市	7.62	5.22	27.08	6.79	7.93	80.94	17.98	44.17	25.68	15.29	69.72	426.39	734.79
西安市	74.68	79.02	111.40	27.21	32.44	41.36	103.40	43.62	81.47	118.81	86.99	137.16	937.56
西宁市	0	0.04	0.07	2.26	0	0.01	0	0	0.26	0.49	0.15	7.75	11.03
厦门市	1.14	2.17	48.74	1.32	3.17	100.64	1.42	1.73	7.23	1.06	60.12	101.15	329.89
银川市	0.17	2.68	3.01	0.73	0.47	1.24	0.62	7.97	1.05	0.22	0.75	5.50	24.43
郑州市	59.88	8.18	5.12	11.40	6.22	6.21	3.87	9.84	19.95	39.97	12.93	99.45	283.02
三四线城市													
安康市	7.63	0.36	0.45	0.78	0.86	1.10	0.98	0.38	0.40	0.94	0.83	8.42	23.13
安庆市	7.26	3.51	4.62	1.95	0.91	2.55	0.90	1.92	1.41	0.55	1.09	3.96	30.63
安顺市	3.11	1.69	0.47	1.77	0.21	2.68	1.25	1.97	0.87	1.70	8.29	8.12	32.13
安阳市	1.03	0.99	3.34	1.37	2.95	2.53	0.55	2.54	1.12	6.15	10.43	3.34	36.35
鞍山市	3.24	1.23	0.72	0.08	0.25	5.24	0.64	3.51	3.99	2.60	1.50	2.15	25.14
巴彦淖尔市	0.85	0.27	0.56	0.77	0.53	1.82	0.30	1.27	0.99	1.71	0.08	0.81	9.97
巴中市	1.61	0.35	4.03	1.96	0.51	1.12	0.80	1.17	3.99	3.43	2.07	7.40	28.45
白城市	0.96	0.09	0.87	0.18	2.15	0.22	0.24	0.51	0.59	0.29	0.09	0.67	6.87
白山市	0.19	0.22	0.26	0.24	0.37	0.23	0.50	0.60	0.07	0.55	1.94	0.12	5.29
白银市	1.16	0.87	1.51	0.03	0.09	0.22	0.22	0.38	2.86	0.08	0.52	2.10	10.03
百色市	0.70	1.26	0.18	1.35	0.86	2.93	0.10	0.13	0.41	2.76	5.47	10.58	26.73
包头市	6.97	1.09	1.60	1.74	4.38	1.67	2.92	0.46	4.40	6.73	3.11	1.50	36.57
宝鸡市	17.86	1.04	2.69	0.08	0.71	3.03	1.64	1.13	0.07	0.24	0.17	3.71	32.38
保定市	42.55	27.50	29.13	24.72	39.40	22.14	5.56	15.07	22.55	4.32	37.09	43.47	313.50
保山市	0.39	1.96	0.17	0.77	0.03	1.68	0.45	1.05	0.43	0.26	1.94	7.65	16.78
北海市	0.31	0.16	0.84	0.58	0.73	1.03	1.46	1.64	0.66	1.69	0.62	5.45	15.18
本溪市	0.06	0	0	0.00	0.41	0.58	0.21	1.61	0.29	0.04	0.05	2.34	5.59
蚌埠市	2.77	0.13	2.97	5.96	7.72	3.08	4.37	1.01	16.10	1.79	11.88	17.70	75.46
毕节市	0.26	0.75	0.71	3.39	1.11	0.29	1.52	0.71	2.96	2.02	27.14	19.82	60.69
滨州市	2.46	7.83	3.90	5.45	6.98	2.88	1.44	6.88	13.55	8.93	38.12	84.17	182.59
亳州市	1.83	1.27	3.18	4.77	1.08	0.28	11.49	6.47	2.35	14.90	36.39	14.02	98.04
沧州市	9.45	8.04	13.59	15.17	6.56	21.71	9.88	4.79	4.00	6.04	10.13	27.61	136.98
常德市	3.05	0.32	0.56	0.61	0.45	0.92	0.84	10.93	0.69	0.34	2.97	3.55	25.24
常州市	16.05	3.36	15.68	6.39	6.19	2.59	1.71	41.74	79.25	151.12	133.64	313.77	771.50
长治市	2.23	4.03	0.98	0.39	0.28	3.33	0.70	1.93	7.47	0.75	6.92	10.51	39.51
朝阳市	0.43	0.79	1.29	0.30	1.08	0.32	0.10	0.18	0.81	1.06	0.40	2.35	9.09
潮州市	0.05	0.37	1.48	1.52	0.11	0.73	0.05	1.12	0.17	0.16	0	9.14	14.90

2–8 续表 2 单位：亿元

城市	1月	2月	3月	4月	5月	6月	7月	8月	9月	10月	11月	12月	合计
郴州市	1.91	0.02	3.87	0.63	3.71	14.20	0.04	0.34	2.01	11.33	5.78	25.05	68.90
承德市	1.21	1.68	0.28	9.16	2.11	7.41	2.11	3.63	0.79	0.43	0.10	8.42	37.32
池州市	0.19	0.36	0.26	0.38	0.60	0.84	1.40	0.23	1.81	3.65	0.31	3.10	13.13
赤峰市	0.61	1.64	0.97	3.44	1.95	2.45	6.19	2.02	7.70	1.48	2.46	6.52	37.45
崇左市	0.18	0.98	1.72	0.97	1.72	0.63	3.92	1.12	1.77	1.37	3.35	4.83	22.55
滁州市	1.40	0.91	0.65	1.03	3.22	23.12	3.05	28.79	23.06	31.30	41.43	39.87	197.82
达州市	1.53	6.41	0.12	0.05	6.81	2.23	9.32	2.76	0.67	1.42	7.38	30.19	68.89
大庆市	0.51	0.15	0.77	0.95	0.22	0.22	0.83	0	1.91	1.90	1.65	1.59	10.70
大同市	2.62	2.35	0.32	1.33	2.08	1.41	0.65	0.57	1.07	0.68	0.33	6.31	19.71
丹东市	0.01	0.47	0.08	0	0.49	0.24	3.42	0.66	0.71	1.09	0.06	1.63	8.86
儋州市	0	0	0	0	0	0.05	0	0	0.52	0	0.41	0.47	1.46
德阳市	0.83	3.82	2.58	1.04	0.77	0.04	3.61	7.07	27.75	19.39	21.24	47.99	136.14
德州市	4.49	7.60	8.00	4.99	15.96	6.61	10.55	6.01	19.34	5.50	5.42	57.43	151.89
定西市	0.18	0.44	0.21	0.53	0.12	0.17	1.51	0.88	0.40	0.74	0.13	0.28	5.57
东莞市	1.57	4.92	5.13	4.55	2.77	2.20	4.40	11.88	8.06	2.28	1.34	40.16	89.25
东营市	1.74	10.76	5.95	5.02	6.60	1.78	3.94	4.91	0.65	9.28	3.29	17.66	71.56
鄂尔多斯市	3.31	3.10	9.34	0.91	6.71	3.56	5.44	5.98	7.46	0.68	2.84	7.45	56.78
鄂州市	7.65	1.21	0.05	2.46	0.30	21.52	0.62	3.39	0.61	0.44	13.65	41.16	93.05
恩施土家族苗族自治州	3.26	0.41	0.61	1.18	0.39	0.07	2.00	1.86	0.17	2.24	3.18	20.52	35.88
防城港市	0.91	2.74	0	1.81	0.18	0	1.21	0.31	2.52	0	0.63	0.55	10.86
佛山市	26.85	5.65	14.04	8.42	19.92	33.39	20.90	8.47	19.76	68.36	60.50	88.88	375.15
抚顺市	0.26	3.60	2.20	0.87	1.28	0.04	0.48	0.06	0.07	1.19	0.07	0.11	10.24
抚州市	1.01	4.82	0.50	0.09	6.77	2.11	9.33	4.05	4.06	18.11	17.58	29.21	97.62
阜新市	0.01	0	0.07	2.26	0.49	0.07	0.02	0.80	1.13	0.15	0.03	0.13	5.14
阜阳市	4.24	0.20	1.76	4.32	4.72	4.02	3.75	3.42	12.45	15.67	2.96	46.35	103.84
赣州市	5.15	1.14	1.75	2.19	22.89	2.72	3.53	9.76	11.31	14.31	29.29	37.34	141.38
固原市	1.70	0.09	0.27	0.09	0.06	0.06	0.32	0.75	0.16	0.04	1.12	0.07	4.74
广安市	0.43	0	0.22	1.22	0.16	0.05	0.76	1.05	6.31	1.98	7.80	5.95	25.92
广元市	0.07	0.11	0.89	4.39	0.69	0.21	0.11	0.42	0.61	2.90	3.82	31.96	46.18
贵港市	1.06	2.59	0.73	0.07	1.50	0.98	2.48	0.20	1.17	1.37	1.89	2.81	16.86
桂林市	1.55	0.06	1.83	1.32	2.12	1.49	1.13	0.97	5.61	6.89	0.69	4.46	28.12
哈密市	0.16	0.16	0.43	0.53	0.28	2.28	1.67	2.30	6.81	0.16	1.10	0.89	16.77
海东市	0.04	0.08	0.14	0.17	0.11	0.19	0.37	0.92	0.12	0.66	0	0.14	2.93
邯郸市	6.92	21.50	2.11	21.81	9.21	7.04	8.36	11.53	13.76	7.48	1.43	9.41	120.55
汉中市	0.10	0.01	0.49	0.22	0.11	0.25	0.50	0.10	0.41	0.39	0.40	19.64	22.64

2-8　续表 3　　　　单位：亿元

城市	1月	2月	3月	4月	5月	6月	7月	8月	9月	10月	11月	12月	合计
河池市	0.69	0.17	0.02	0.09	1.29	0.41	1.37	0.59	0.37	1.47	0.28	0.77	7.52
河源市	0.36	0.06	0.51	3.29	0.34	0.14	0.88	0.50	0.30	0.32	0.06	0.71	7.46
菏泽市	21.23	3.22	8.65	8.35	12.92	8.18	25.77	16.30	32.70	4.72	32.83	56.49	231.36
贺州市	0.95	0.13	0.20	0.38	0.44	0.46	0.56	0.15	1.04	0.77	1.45	7.49	14.02
鹤壁市	0.02	0.44	0.42	0.12	0.49	0.31	2.61	0	0	0	0	0.47	4.88
鹤岗市	0.15	0.21	0.14	0.00	0	0.09	0.09	0	0	0.26	0	0.34	1.28
黑河市	0.04	0.50	1.69	0.01	0.59	0.44	0.13	0.17	0.28	0.07	0.03	0.00	3.94
衡水市	4.25	4.55	2.37	1.37	6.54	3.09	2.72	1.44	1.59	1.88	2.24	15.37	47.40
衡阳市	6.62	1.91	0.17	0.65	1.10	13.64	2.80	1.73	3.32	5.01	14.23	60.90	112.08
呼伦贝尔市	0.07	0.01	1.00	0.79	2.54	0.42	0.34	0.10	0.57	1.57	1.51	2.03	10.94
葫芦岛市	0	0.74	0.66	0.78	1.85	0.88	0.18	3.75	0.38	1.50	0.03	2.51	13.25
湖州市	13.18	34.62	2.31	4.56	17.64	36.52	9.32	7.70	4.50	26.75	65.26	68.01	290.37
怀化市	1.71	2.21	0.83	1.93	4.27	1.64	2.22	3.52	1.21	4.12	10.93	20.82	55.43
淮安市	6.12	5.96	9.12	0.88	5.22	3.19	1.08	71.14	95.57	51.00	99.30	34.15	382.73
淮北市	2.10	0.96	0	3.56	1.44	1.84	5.16	2.75	6.89	4.12	1.23	2.58	32.62
淮南市	2.05	0.76	3.64	2.13	1.11	3.97	0.48	0.39	0.51	2.33	10.27	6.67	34.33
黄冈市	4.97	11.00	9.29	8.43	1.06	1.40	2.01	1.45	0.36	0.81	1.47	14.96	57.21
黄山市	0.10	0.17	0.75	0.01	0.08	6.40	0.20	0.81	1.43	4.46	3.65	9.69	27.75
黄石市	1.62	0.05	0	1.25	4.27	3.83	1.73	2.07	0.94	4.16	9.10	56.97	85.98
惠州市	3.24	8.51	8.54	2.52	9.09	3.28	2.25	1.62	10.60	10.07	6.72	26.10	92.54
鸡西市	0.05	0	0.06	0.03	0.44	0.61	0.01	0.30	0.07	0.06	0.13	0.02	1.77
吉安市	3.36	0.96	1.94	7.87	1.88	0.92	1.03	3.60	1.55	3.66	9.66	5.89	42.32
吉林市	0.43	0.89	0.09	1.45	3.52	0.22	0.59	1.37	2.89	0.08	3.62	2.47	17.62
济宁市	12.97	8.00	19.08	2.84	6.76	20.34	5.09	10.99	20.63	30.73	35.30	129.38	302.12
佳木斯市	0	0.10	0	0.20	1.36	0.03	0.12	0.14	0.06	0.20	0.09	0.60	2.91
嘉兴市	9.97	7.64	28.35	7.51	17.68	29.31	10.38	4.32	25.82	21.39	13.15	46.57	222.10
嘉峪关市	0	0	0.15	0.01	0.58	0.01	0.03	0.08	0.16	0.25	0.01	0.45	1.72
江门市	1.89	0.67	4.15	1.40	3.81	6.37	2.99	5.59	4.78	7.70	8.61	36.64	84.60
焦作市	6.55	0.15	1.21	0.50	2.69	2.19	0.77	0.78	1.79	3.06	1.53	1.52	22.74
揭阳市	0.18	0.48	3.21	0.10	1.39	1.14	1.11	1.54	2.22	1.75	2.64	5.26	21.02
金昌市	0.23	0.33	0.19	0.16	0.46	2.04	0.50	0	0	0.14	0	0.22	4.28
金华市	14.98	16.41	31.57	9.36	19.75	56.89	15.95	46.11	21.54	66.69	44.30	182.90	526.46
锦州市	0.44	2.79	0.91	2.43	1.76	0.58	0.10	1.52	0.21	0.81	0.20	0.67	12.43
晋城市	1.30	1.05	0.47	2.92	0.11	4.84	4.19	1.53	0.93	3.68	8.05	4.51	33.58
晋中市	1.55	0.35	0.51	0.31	1.88	1.03	0.67	0.56	6.56	1.70	0.74	11.13	26.97
荆门市	0.99	0.21	0.48	2.67	3.44	0.36	7.55	4.72	1.26	9.29	16.23	9.38	56.57
荆州市	2.02	2.82	0.40	0.59	2.13	3.17	1.61	0.82	1.72	0.47	21.19	21.06	57.99

2-8 续表 4　　单位：亿元

城市	1月	2月	3月	4月	5月	6月	7月	8月	9月	10月	11月	12月	合计
景德镇市	0.03	0.70	2.61	0.10	2.68	44.66	13.19	0	1.85	17.33	44.79	21.25	149.17
九江市	1.49	3.63	0.84	1.25	6.07	6.23	1.73	3.32	2.93	7.75	14.68	43.94	93.86
酒泉市	0.25	0.24	0.90	2.29	0.52	0.38	0.61	0.28	0.80	0.82	0.37	0.47	7.94
开封市	1.93	2.27	2.48	1.29	0.69	2.33	2.37	2.65	5.77	9.09	8.65	28.52	68.02
克拉玛依市	0.12	0	0.33	0.08	0	0.14	0.36	0.20	0.32	1.15	1.10	0.69	4.49
来宾市	0.37	0.10	0.02	0.10	0.35	1.26	0.34	0.28	0.74	0.28	3.31	3.16	10.32
廊坊市	10.08	10.28	13.39	1.62	2.10	9.81	2.64	0.09	2.23	4.03	2.69	6.00	64.95
乐山市	6.37	1.95	0.56	0.56	2.70	0.25	2.81	2.51	7.32	3.47	12.15	40.44	81.11
丽江市	0	1.40	0.64	0.53	0	0.22	0.28	0	0.11	0.13	0	1.76	5.09
丽水市	4.81	4.46	2.00	2.79	6.45	4.23	12.36	6.06	20.49	37.76	35.17	29.39	165.97
连云港市	3.68	5.23	2.44	1.74	1.49	3.01	20.05	19.54	19.84	24.19	21.57	72.43	195.20
辽阳市	0.80	0	0.49	0	0.52	0	0.03	0	0.04	0.06	0.30	2.48	4.72
辽源市	1.70	2.68	0.99	0.43	1.19	0.37	0.20	0.62	0.26	0.34	0.55	1.05	10.36
聊城市	3.17	1.94	12.89	4.34	9.02	18.52	4.01	5.09	15.78	12.20	15.86	57.44	160.26
临沧市	0.18	0.09	0.86	0.51	0.99	0.21	1.33	0.40	0.21	1.03	0.25	0.53	6.58
临汾市	1.13	1.03	1.40	0.58	1.95	0.69	2.61	1.52	0.90	0.35	7.85	14.26	34.28
临沂市	9.85	4.62	8.28	10.81	10.10	12.01	14.00	25.17	26.56	24.21	31.15	29.13	205.89
柳州市	20.09	0.34	0.94	0.22	1.58	1.73	0.94	1.18	0.71	1.26	0.56	8.47	38.03
六安市	0.54	0.53	4.57	1.90	1.12	0.84	1.14	3.82	0.92	1.36	0.64	11.58	28.97
六盘水市	0.05	1.42	0.20	0.79	0.91	0.27	4.79	0.56	8.90	2.59	8.75	23.67	52.89
龙岩市	0.75	0.23	0.87	9.47	4.82	15.98	0.37	8.43	0.19	7.39	1.72	4.54	54.76
陇南市	0.22	0.13	0.38	1.01	1.35	0	0.30	1.98	0.34	0.54	2.28	1.37	9.90
娄底市	0.92	0.44	0.85	0.08	1.98	0.17	0.08	1.56	0.09	6.14	6.41	8.14	26.85
泸州市	0.08	0.64	0	0.99	3.80	3.83	4.65	2.03	8.13	2.38	14.80	8.22	49.56
洛阳市	8.32	1.28	16.58	5.76	6.58	6.29	13.50	18.19	2.62	20.93	43.31	75.56	218.92
漯河市	0.58	1.55	0.07	0.44	1.44	0	2.73	4.25	6.06	6.76	5.80	28.13	57.81
吕梁市	4.43	0.85	0.43	2.99	0.69	4.18	3.70	0.79	2.16	4.08	1.37	5.63	31.30
马鞍山市	6.05	4.07	0.25	0.15	1.96	0.42	2.13	5.93	6.24	3.96	7.08	24.70	62.94
茂名市	0.29	0.85	1.01	0.16	2.94	8.24	2.62	0.40	3.02	3.62	8.74	23.23	55.12
眉山市	1.67	0.44	2.38	3.00	3.09	2.08	3.26	4.62	0.51	3.01	38.91	68.05	131.03
梅州市	2.92	0.73	0.61	0.24	0.30	0.40	0.37	0.42	3.58	0.76	0.51	0.56	11.39
绵阳市	2.25	0.39	1.64	0.70	14.52	0	4.32	5.44	5.59	5.54	8.38	49.28	98.06
牡丹江市	0.35	0.23	0.10	0.01	0.01	0.01	0.01	0.12	0	1.35	0.51	1.04	3.74
南充市	1.05	1.92	2.77	1.63	6.92	0.30	3.43	5.43	8.48	1.23	19.19	34.37	86.73
南平市	0.30	0.02	0.37	1.39	0.23	3.71	0.62	7.27	4.42	2.38	14.27	17.83	52.80
南通市	13.49	5.34	22.23	14.81	21.37	18.47	10.82	46.77	91.08	137.43	259.94	104.80	746.55

2-8　续表 5　　　　单位：亿元

城市	1月	2月	3月	4月	5月	6月	7月	8月	9月	10月	11月	12月	合计
南阳市	12.56	9.09	2.31	1.53	2.12	6.41	5.66	2.44	4.30	5.65	3.88	24.53	80.47
内江市	0.29	0.27	0.06	0.21	0.79	3.43	1.39	7.51	6.40	11.19	13.41	23.80	68.75
宁德市	1.38	2.96	0.77	0.24	1.88	11.74	5.13	1.28	0.06	15.33	1.95	9.78	52.50
攀枝花市	0.01	0.55	0	0.67	0.26	0	0.03	0	0	0.04	1.27	5.12	7.94
盘锦市	1.28	0	0	2.05	0.94	0.31	0	0	0	0.04	0	5.50	10.12
平顶山市	2.90	2.78	5.11	2.21	5.69	1.32	2.02	4.47	3.98	3.26	4.53	15.54	53.81
平凉市	0.44	0.08	0.08	0.18	0.38	0.22	0.64	0.77	0.22	0.08	0.13	6.71	9.92
萍乡市	0.61	10.86	0.50	9.08	0.33	0.61	0.22	11.39	0.21	22.43	24.32	27.57	108.14
莆田市	8.42	0.94	0	0.10	2.88	1.18	6.44	0.42	8.14	36.02	19.23	3.56	87.32
濮阳市	1.59	0.34	3.30	1.43	4.22	4.57	1.36	3.18	0.10	0.98	3.60	15.29	39.96
普洱市	1.17	0.13	0.11	3.16	1.01	0.75	0.25	1.47	0.10	0.75	0.07	2.81	11.77
七台河市	0.01	0	0.08	0	0.15	0.03	0.02	0	0.26	0.13	0.04	0.22	0.95
齐齐哈尔市	1.79	0.05	1.49	0.73	0.01	2.99	0.10	0.06	0.59	0.04	0.02	0.08	7.96
黔南布依族苗族自治州	0.11	0.64	0.38	0.53	2.74	2.23	1.05	4.68	6.01	1.46	21.68	22.62	64.12
钦州市	1.87	0.47	0.05	0.34	0.32	1.02	0.86	0.72	0.38	2.44	17.13	23.70	49.29
秦皇岛市	0.67	0.32	4.88	0.42	2.03	0.99	2.01	1.78	1.34	2.66	4.21	9.93	31.25
清远市	2.27	0.96	1.43	1.62	2.80	1.50	1.43	1.84	2.00	2.48	12.60	20.63	51.56
庆阳市	2.17	0.24	0.26	0.50	0.12	4.36	0.19	0.25	0.17	2.52	0.28	4.68	15.74
衢州市	7.70	6.13	1.93	5.27	2.48	1.88	3.50	5.92	1.60	6.98	1.96	37.54	82.89
曲靖市	2.49	0.25	1.54	1.95	0.43	0.84	2.64	3.19	3.00	2.17	0.22	4.04	22.79
泉州市	3.68	21.76	3.66	15.79	10.95	20.89	12.75	47.50	30.96	21.17	51.28	65.52	305.92
日照市	1.24	7.99	1.05	2.30	4.23	0.89	8.88	6.47	4.92	7.86	16.65	54.61	117.09
三门峡市	1.22	0.32	0.68	0.64	1.64	1.70	0.55	0.22	0.86	1.61	0.83	2.06	12.33
三明市	0.63	0.00	0.08	0.67	0.20	1.86	0.78	0.16	3.52	0.49	1.74	12.50	22.63
汕头市	0.18	0.43	2.05	1.09	6.55	0.79	0.55	1.30	2.78	3.42	3.40	25.42	47.97
汕尾市	2.36	2.46	0.10	3.24	0.12	0.44	0.23	0.77	1.22	0.48	0.33	2.38	14.12
商洛市	2.31	0.28	0.23	0.79	0.69	0.53	0.28	1.53	0.25	0.79	1.04	1.91	10.63
商丘市	6.75	2.98	1.41	8.40	0.73	8.01	1.19	1.85	6.02	30.53	3.06	25.97	96.91
上饶市	6.45	4.29	1.39	1.78	5.70	11.17	4.95	11.02	8.92	12.53	11.09	60.56	139.85
韶关市	1.75	0.69	1.76	0.94	1.29	0.17	0.98	2.63	0.22	3.69	0.85	3.64	18.60
邵阳市	2.55	0.37	0.18	0.21	1.64	1.65	0.73	1.88	1.17	3.97	0.66	10.03	25.05
绍兴市	24.05	13.47	19.16	11.27	13.63	21.75	25.99	13.91	18.24	20.79	20.15	74.70	277.12
十堰市	0.59	2.97	1.32	1.03	1.11	6.82	0.42	16.29	2.50	0.87	13.50	26.51	73.93
石嘴山市	0.03	0.11	0.19	0.14	0.07	0.05	0.09	0.02	0.63	0.28	0.40	0.16	2.18
双鸭山市	0.00	0.04	0.19	0.04	0.18	0.02	0.24	0.01	0.25	0.27	0	0.15	1.40

2-8 续表 6　　单位：亿元

城市	1月	2月	3月	4月	5月	6月	7月	8月	9月	10月	11月	12月	合计
朔州市	0.25	0.13	0	0.13	0.18	0.78	1.20	0.29	0.04	0.67	0.22	1.21	5.11
四平市	0.66	0	0.02	0.28	0.35	0.48	0.58	1.50	0.24	0.66	0	0.30	5.08
松原市	0.32	0.14	0.55	1.25	1.21	0.01	1.29	0.88	0.06	0.20	0	0.06	5.98
宿迁市	1.41	1.02	2.36	0.95	5.83	2.35	2.29	9.49	18.01	17.32	25.02	103.62	189.68
宿州市	11.90	0.67	1.20	5.45	2.07	4.60	4.41	3.91	5.73	3.79	13.66	11.60	68.97
绥化市	0	0.01	1.17	1.04	1.11	0.45	2.28	0.07	0.58	0.47	0.04	2.00	9.23
随州市	1.17	0.84	0.84	1.29	2.44	1.91	0.86	0.18	0.27	1.85	0.68	7.56	19.87
遂宁市	0.62	0.02	0.07	0.00	0.71	0.48	2.78	4.18	0	7.31	11.17	25.62	52.95
台州市	12.87	11.30	16.46	12.03	18.64	11.91	20.02	17.63	49.40	18.48	21.65	58.86	269.24
泰安市	10.15	6.46	4.98	1.11	1.20	10.71	1.78	6.48	6.69	13.05	19.99	20.49	103.09
泰州市	13.86	8.48	3.16	3.35	2.30	0.20	2.32	7.03	32.22	41.11	227.45	63.30	404.77
唐山市	3.69	6.25	25.75	3.65	16.00	11.05	24.00	18.43	32.46	23.15	25.72	63.56	253.72
天水市	0.17	0.09	1.24	0.22	0.37	0.73	0.26	3.42	0.36	1.42	0.62	0.58	9.47
铁岭市	0.26	0	0.80	0.20	0.78	0.90	0	0.13	0.91	0.12	0	0	4.09
通化市	1.27	0.24	0	0.23	0.67	3.11	2.29	0.43	0.67	0.17	0.02	0.06	9.17
通辽市	0.48	0.10	0.93	0.43	2.11	0.73	3.37	0.95	0.15	2.28	0.19	5.49	17.20
铜川市	0.10	0	0.47	0	0	0	0	0	0.23	2.18	0.43	0	3.41
铜陵市	1.05	3.19	0.13	1.35	0.72	1.22	0.74	2.38	0.90	7.70	4.66	46.16	70.19
铜仁市	0.69	0	0.83	0.36	0.73	2.72	2.95	3.89	2.34	2.87	6.96	15.63	39.97
吐鲁番市	0.11	0	0.24	1.42	0.07	0.03	1.05	1.27	0.26	1.29	0.04	3.25	9.02
威海市	9.00	11.33	4.38	4.97	5.23	1.40	28.60	0.65	2.99	18.80	21.59	32.30	141.24
潍坊市	17.08	14.21	8.20	16.14	21.92	11.24	18.34	14.28	30.90	57.61	74.64	167.29	451.83
渭南市	0.19	0.18	0.79	1.54	4.29	1.06	2.05	5.27	0.43	23.19	14.27	12.62	65.87
乌海市	0.41	0.77	0	1.66	0.62	1.54	1.30	1.05	0.58	0.62	0.10	1.64	10.29
乌兰察布市	1.98	0.87	0.49	0.41	0.87	1.60	1.78	1.84	0.13	1.40	1.31	1.27	13.95
芜湖市	4.13	2.52	4.47	3.66	6.63	9.37	15.77	3.98	25.10	13.20	7.80	28.76	125.40
吴忠市	1.00	0.17	1.02	0.26	0.02	0.51	2.68	1.93	0.60	2.42	0.13	0.22	10.96
梧州市	2.64	0.02	0.82	0.14	1.59	4.31	2.83	1.33	0.28	25.19	5.55	5.65	50.36
武威市	1.53	0.05	0.20	0.99	0.19	0.84	0.01	0.47	0.35	0.38	0.17	0.26	5.43
咸宁市	2.81	0.98	0.25	1.10	0.84	0.07	0.43	0.40	1.36	1.64	2.80	29.08	41.76
咸阳市	8.46	0.07	12.61	4.38	13.49	0.88	1.60	1.02	11.28	1.34	1.63	1.69	58.45
湘潭市	9.55	0.35	0	1.16	1.41	0.57	7.07	0.07	0.50	0.24	1.64	18.53	41.11
襄阳市	3.91	1.52	3.29	3.31	6.76	1.76	10.14	2.36	2.64	4.34	9.81	21.07	70.91
孝感市	5.51	8.06	1.14	11.85	2.10	2.64	2.80	0.89	5.55	22.49	22.34	19.33	104.70
忻州市	0.72	0.81	0.76	0.51	1.21	4.60	2.77	1.03	1.29	2.23	2.38	0.27	18.58
新乡市	1.74	0.67	4.14	1.75	4.17	5.78	2.21	2.22	3.83	5.09	3.68	7.75	43.02
新余市	0.16	0.83	0.02	0.07	0.15	0.55	1.11	0.47	9.69	6.55	1.59	7.64	28.83

2-8　续表 7　　　　单位：亿元

城市	1 月	2 月	3 月	4 月	5 月	6 月	7 月	8 月	9 月	10 月	11 月	12 月	合计
信阳市	5.30	0.97	0.48	4.68	2.75	0.91	1.93	8.10	0.81	4.26	1.06	30.39	61.65
邢台市	5.60	3.98	14.83	4.21	7.55	4.94	4.96	6.65	6.98	6.66	10.54	14.71	91.61
徐州市	1.77	3.11	14.79	19.13	4.13	6.40	0.77	3.61	54.22	60.06	85.77	155.88	409.64
许昌市	2.23	2.77	1.18	1.31	2.33	3.08	3.35	3.17	0	5.33	10.50	19.03	54.27
宣城市	7.02	1.87	3.59	4.14	1.46	2.05	1.32	12.20	12.26	4.37	1.88	11.75	63.91
雅安市	0.27	0.25	0.27	0.73	4.77	1.13	0.26	0.62	0.37	3.95	1.85	9.60	24.08
烟台市	12.51	5.62	5.51	7.11	1.50	8.95	18.53	4.57	13.71	25.15	20.04	35.16	158.37
延安市	5.01	0.85	2.58	4.37	2.24	1.10	1.29	1.70	0.51	1.38	1.34	0.52	22.89
盐城市	22.18	9.70	6.30	52.84	15.73	2.41	3.85	32.12	87.89	102.96	152.21	218.01	706.20
扬州市	2.50	12.04	3.16	54.14	12.70	2.58	3.97	31.78	53.79	119.09	159.31	154.34	609.40
阳江市	1.78	2.37	0.33	0.99	0.07	0.03	0.16	4.55	0.28	1.79	0.48	1.84	14.67
阳泉市	0.74	0	0	0	0.48	0.03	0.66	0	0.69	0.36	2.09	5.18	10.24
伊春市	0	0	0.54	0	0.02	0	0.20	0.02	0	0.03	0	0	0.81
伊犁哈萨克自治州	5.64	3.71	2.15	3.16	5.18	2.93	4.98	2.24	3.15	2.79	2.48	3.76	42.16
宜宾市	5.12	0.71	5.03	2.52	9.70	1.15	9.60	5.60	2.91	5.78	19.13	30.00	97.25
宜昌市	4.24	2.70	3.38	4.20	4.59	0.19	9.16	2.28	14.07	30.83	56.14	31.56	163.33
宜春市	3.97	3.14	0.40	2.62	0.63	3.77	2.28	2.22	16.61	12.00	18.58	36.13	102.37
益阳市	1.20	0.17	0.55	0	0.17	0.67	1.75	0.28	0.24	0.07	0.66	1.94	7.70
鹰潭市	0.75	1.31	0.58	1.90	0.69	0.87	1.42	0.15	4.90	0.89	14.03	20.04	47.54
营口市	0.01	0	0.25	0	0.12	1.50	0.23	0.50	0.00	0	0.14	2.40	5.15
永州市	8.96	1.52	0.12	1.20	1.08	0.75	1.62	2.13	2.32	3.36	2.49	20.36	45.91
榆林市	0.42	0.55	1.64	25.59	4.14	5.39	2.42	12.53	2.36	1.37	0.89	13.97	71.27
玉林市	2.34	1.34	1.06	0.80	0.70	0.45	4.05	1.38	5.03	1.09	1.07	11.32	30.62
玉溪市	2.57	0.57	0.53	6.24	1.09	0.46	0.57	2.59	0.16	2.71	1.21	3.82	22.51
岳阳市	38.83	1.27	3.02	3.28	0.04	2.32	11.84	1.87	7.94	13.63	8.11	21.68	113.83
云浮市	1.94	0.13	0.86	0.41	1.13	0.74	0.21	0	0.38	1.57	0	1.01	8.38
运城市	0.82	0.67	2.16	0.89	3.02	0.81	3.16	2.93	3.50	3.91	2.16	2.80	26.82
枣庄市	14.63	0.60	28.41	8.18	5.46	16.09	7.60	4.17	3.83	19.56	42.80	74.44	225.78
湛江市	1.89	0.41	1.58	1.09	1.83	1.01	0.85	1.30	4.69	9.25	1.86	4.71	30.46
张家界市	0.77	0.17	0	0.26	0	0.03	0	0	0	0.05	0	0.32	1.59
张家口市	1.84	1.20	4.39	5.08	1.11	3.88	4.10	0.99	5.77	10.96	18.90	21.53	79.74
张掖市	0.67	0.88	0.33	0.11	0.30	0.20	0.12	0.39	0.24	0.55	0.56	0.83	5.19
漳州市	14.99	4.35	22.19	24.13	3.19	9.39	28.77	0.78	30.16	36.64	18.70	39.00	232.30
昭通市	1.67	0.21	0.06	0.42	3.09	10.51	3.40	0.90	1.70	0.16	2.72	4.08	28.91
肇庆市	7.86	2.10	1.78	1.87	2.73	1.98	3.03	2.20	6.66	2.11	11.70	36.64	80.68

2-8 续表 8 单位：亿元

城市	1月	2月	3月	4月	5月	6月	7月	8月	9月	10月	11月	12月	合计
镇江市	15.46	0.07	1.07	10.48	44.20	0.57	5.35	90.19	46.80	34.12	74.09	68.94	391.34
中山市	1.84	2.97	1.92	2.88	9.43	1.98	1.13	1.14	1.82	1.32	2.97	14.17	43.58
中卫市	0.96	0.12	0.16	0.80	1.36	0	0.14	0.20	0.98	0.24	0.15	0.09	5.20
舟山市	1.04	24.35	1.26	3.07	6.11	5.15	2.35	1.55	2.12	1.23	1.55	2.63	52.40
周口市	3.51	8.00	0.68	5.05	3.57	4.05	6.75	7.56	4.36	6.10	7.28	14.25	71.15
珠海市	2.20	21.51	0.22	0.27	7.37	1.48	3.07	0	0.63	1.14	1.53	39.71	79.13
株洲市	0.56	1.40	2.50	3.11	5.68	0.94	8.05	2.28	10.78	26.57	23.67	35.89	121.43
驻马店市	2.88	3.20	0.23	1.23	0.96	1.35	1.80	17.45	17.29	7.19	22.78	31.15	107.50
资阳市	6.45	0.94	2.10	5.76	4.36	1.04	8.54	0.39	0	0	14.43	21.03	65.03
淄博市	11.50	2.19	5.91	0.67	6.45	6.18	4.54	5.35	1.33	12.72	21.88	66.87	145.60
自贡市	1.41	0.04	1.08	0.42	3.19	2.96	0	0.16	0.01	0.01	1.92	5.37	16.58
遵义市	4.25	1.24	4.76	1.39	6.05	8.57	3.72	2.49	2.60	20.85	15.68	30.94	102.53

数据来源：中指数据库监测。

2-9　2024 年全国土地成交地块成交总价排行榜

排名	宗地名称	城市	规划用途	成交总价（万元）	规划建筑面积（平方米）	建设用地面积（平方米）	楼面价（元/平方米）	溢价率（%）
1	南山区粤海街道	深圳市	二类居住用地＋商业用地＋道路用地	1851200.00	263000.00	38566.56	70388	46.32
2	北京市朝阳区酒仙桥旧城区改建项目 1019-0014 地块、小红门乡剩余土地一级开发项目 XHM-10、12 地块、十八里店朝阳港一期土地一级开发项目 1303-692、683、1301-L01、L02 地块	北京市	R2 二类居住用地、B4 综合性商业金融服务业用地、A334 托幼用地	1533200.00	394008.70	146982.88	38913	0.21
3	天河区临江大道北侧 AT080722 地块	广州市	二类居住用地 R2 兼容商业用地 B1, 商务用地 B2	1175509.00	175561.00	47448.67	66957	33.35
4	北京市朝阳区酒仙桥旧城区改建项目 1019-0005、0006、0007 地块、孙河乡前苇沟组团棚户区改造土地开发项目 3006-006、008、009、010、011 地块、中关村朝阳园北区 2905-001	北京市	R2 二类居住用地、F3 其他类多功能用地、B1 商业用地、A61 机构养老用地、A8 社区综合服务设施用地、A514 社区卫生服务中心用地、A334 托幼用地	1120000.00	282977.15	156998.51	39579	0
5	北京市丰台区万泉寺村棚户区改造土地开发项目 FT00-0613-0024 地块 R2 二类居住用地	北京市	R2 二类居住用地	1105400.00	178283.00	63672.49	62003	0
6	北京市海淀区西北旺镇永丰产业基地（新）H 地块 HD00-0401-0120、0132、0162 地块二类城镇住宅用地、零售商业用地	北京市	二类城镇住宅用地、零售商业用地	890100.00	162894.59	85584.57	54643	3.50
7	未来科技城单元 YH090702-05、090702-10 等地块	杭州市	公共设施用地、商务金融用地、社会福利用地、文化设施用地、零售商业用地、普通商品房	849543.00	461981.00	244418.00	18389	0
8	北京市海淀区西北旺镇永丰产业基地（新）0411 街区 HD00-0411-0055、0058、0064、0072 地块二类城镇住宅用地、商业服务业用地/地面公共交通场站用地	北京市	二类城镇住宅用地、商业服务业用地/地面公共交通场站用地	791700.00	222463.30	89529.80	35588	1.50
9	浦东新区 Z000602 单元 20B-12 地块	上海市	居住用地	789690.00	106104.72	53052.36	74426	40.37

2-9 续表 1

排名	宗地名称	城市	规划用途	成交总价（万元）	规划建筑面积（平方米）	建设用地面积（平方米）	楼面价（元/平方米）	溢价率（%）
10	北京经济技术开发区亦庄新城0503街区YZ00-0503-B19R1、B19A1、B19A2、B25B1地块R2二类居住用地、A4体育用地、A33基础教育用地、B1S3商业用地混合基础设施用地	北京市	R2二类居住用地、A4体育用地、A33基础教育用地、B1S3商业用地混合基础设施用地	753800.00	332097.21	147727.42	22698	0.51
11	宝安区航城街道、福永街道	深圳市	二类居住用地+公园绿地+交通用地	666500.00	289854.00	98685.10	22994	0
12	北京市海淀区学院路北端A、B、C、J地　块B4综合性商业金融服务业用地、B23研发设计用地	北京市	B4综合性商业金融服务业用地、B23研发设计用地	642000.00	285523.00	70601.06	22485	0
13	北京市海淀区功德寺棚户区改造项目HD-GDS-002地块R2二类居住用地	北京市	R2二类居住用地	638250.00	89173.23	42463.44	71574	15.00
14	北京市朝阳区十八里店朝阳港一期土地一级开发项目1303-686地块R2二类居住用地、1303-687地块A334托幼用地	北京市	R2二类居住用地、A334托幼用地	638000.00	125853.39	47661.92	50694	0
15	静安区灵石社区N070402单　元094a-14地块	上海市	居住用地，办公楼	636561.00	93228.05	31602.73	68280	0
16	湖里区湖边水库片区金湫路与金旺路交叉口西北侧	厦门市	二类城镇住宅用地、零售商业用地、城镇社区服务设施用地、幼儿园用地、其他商业服务业用地、供电用地、城镇村道路用地	577000.00	149020.00	48847.88	38720	0
17	湖里区06-08五缘湾片区钟宅南路与钟宅中路交叉口东北侧（D05地块）	厦门市	0701城镇住宅用地（二类居住用地）、0501零售商业用地（商业、生鲜超市中心店）、0806社会福利用地（社区老年人日间照料中心）、0809公用设施用地（附建式环网站）	576000.00	131000.00	42170.96	43969	0
18	北京市石景山区首钢园区东南区土地一级开发项目1612-830、831地块R2二类居住用地、1612-763地块F2公建混合住宅用地	北京市	R2二类居住用地、F2公建混合住宅用地	575000.00	205364.00	68004.71	27999	0

2-9　续表 2

排名	宗地名称	城市	规划用途	成交总价（万元）	规划建筑面积（平方米）	建设用地面积（平方米）	楼面价（元/平方米）	溢价率（%）
19	静安区曹家渡社区C050301单元9A-20地块	上海市	居住用地	565987.00	49584.77	18501.78	114145	31.20
20	闵行区梅陇社区03单元01-26-01地块	上海市	居住用地	546350.00	112866.64	56433.32	48407	10.00
21	松江区泗泾镇SJS20005单元14-01、16-02、17-07号地块	上海市	居住用地，商业用地，文体用地，交通运输用地	525080.00	297764.75	129624.71	17634	9.33
22	东延路南、西华林街东	苏州市	普通商品住房用地	519881.00	89634.64	87877.10	58000	0
23	龙华区民治街道	深圳市	二类居住用地＋道路用地	517900.00	216570.00	46763.51	23914	0.19
24	北京市海淀区功德寺棚户区改造项目HD-GDS-001地块R2二类居住用地	北京市	R2二类居住用地	517500.00	72825.10	34678.62	71061	15.00
25	虹口区C080301单元hk191A-03地块	上海市	居住用地	513608.00	55266.00	14280.63	92934	11.97
26	浦东新区北蔡楔形绿地C11-01、C11-05地块	上海市	居住用地	497517.00	89363.32	44681.66	55674	10.00
27	江汉区沿江大道和大兴一路交叉口、民族路和勤劳一街交叉口	武汉市	住宅、办公、商业、商服、公园与绿地	489380.00	290000.00	37825.00	16875	0
28	北京市大兴区西红门镇DX04-0102-6035地块R2二类居住用地	北京市	住宅、其他商业服务设施	487600.00	117588.68	47035.47	41467	15.00
29	徐汇区斜土街道xh128D-07地块	上海市	居住用地	480480.00	36665.29	16666.04	131045	30.00
30	海珠区AH101314地块	广州市	二类居住用地	474495.00	151700.00	30340.00	31279	0
31	西兴单元BJ030101-10地块	杭州市	普通商品住房用地（二类）、零售商业用地	449028.00	100514.70	30459.00	44673	59.78
32	徐汇区S030501单元N06-22地块	上海市	居住用地	438240.00	34777.88	21872.88	126011	40.00
33	蜀山区规划仙龙湖路以北、规划荷叶地路以西	合肥市	居住用地	437958.90	156880.64	87155.91	27917	40.76
34	天河区金融城西区员村二横路以西AT080721地块	广州市	二类居住用地（R2）	432792.00	84650.30	27306.54	51127	0
35	北京市顺义区后沙峪镇西泗上村棚户区改造土地开发项目SY00-1801-0104、0105、0106、0107地块R2二类居住用地、B1商业用地、A334托幼用地	北京市	R2二类居住用地、A334托幼用地、B1商业用地	432000.00	185879.60	171090.53	23241	0
36	宝山区N12-0402单元K1-11地块	上海市	居住用地，商业用地	430693.00	124852.49	56751.13	34496	16.03

2-9 续表 3

排名	宗地名称	城市	规划用途	成交总价（万元）	规划建筑面积（平方米）	建设用地面积（平方米）	楼面价（元/平方米）	溢价率（%）
37	宁波市东部新城核心区以东片区 A5# 区块	宁波市	普通商品住房用地（一类）、商务金融用地、零售商业用地、普通商品住房用地（二类）、娱乐用地、租赁型商品住房用地（二类）	425382.15	227595.48	130802.00	18690	0
38	北京市海淀区清河站北-安宁庄综合开发地块综合性商业金融服务业用地	北京市	综合性商业金融服务业用地	423000.00	249924.67	78101.46	16925	0
39	北京市丰台区东铁营棚户区改造和环境整治项目 FT00-0512-0010、FT00-0512-0015 地块 R2 二类居住用地	北京市	R2 二类居住用地	401300.00	72100.00	33303.12	55659	0
40	奥体博览中心单元 BJ1706-10 地块	杭州市	普通商品住房用地（二类）	395430.00	82063.80	30394.00	48186	33.85
41	宁波市东部新城核心区以东片区 A6# 区块	宁波市	商务金融用地、普通商品住房用地（二类）、零售商业用地	389563.42	320383.70	120445.00	12159	0
42	北京市丰台区卢沟桥街道大瓦窑新村项目二期 DWY-L42 地块 R2 二类居住用地	北京市	R2 二类居住用地	385250.00	69600.00	24857.29	55352	15.00
43	北京市丰台区卢沟桥街道大瓦窑馨城项目二期 DWY-L44 地块 F1 住宅混合公建用地	北京市	住宅、办公	384100.00	90221.00	30073.51	42573	15.00
44	运河新城单元 GS1003-R21-06-1、2 地块	杭州市	普通商品房	382234.00	182424.00	82920.00	20953	0
45	西兴单元 BJ030202-15、BJ030202-20 地块	杭州市	商务金融用地、普通商品房	371434.00	130081.20	41767.00	28554	23.63
46	天河区岐山路 AT1010005、AT1010007 地块	广州市	二类居住用地 R2	364500.00	170890.00	48806.58	21330	0
47	杨浦区 N090602 单元 K8-05 地块	上海市	居住用地	364500.00	49735.47	21624.12	73288	16.33
48	四堡七堡单元 JG1405-19、JG1405-20 地块	杭州市	普通商品房	359497.00	112318.20	48834.00	32007	0
49	海珠区 AH050314 地块	广州市	商住混合用地	355955.00	104692.50	13959.00	34000	0
50	北京市昌平区百善镇中心区西部地块土地一级开发项目 CP01-0901-0004、0006、0013、0014 地块 R2 二类居住用地、A33 基础教育用地	北京市	R2 二类居住用地、A33 基础教育用地	350000.00	148831.22	120847.74	23517	0

数据来源：中指数据库监测。

住宅市场篇

第三章　2024年房地产开发投资情况

3-1　2020—2024 年全国房地产开发投资

单位：万平方米、亿元、元 / 平方米

指标	2020 年	2021 年	2022 年	2023 年	2024 年
房地产开发投资	132014	137633	123848	112142	100280
房地产开发投资：住宅	97122	103282	93420	84961	76040
房地产开发投资：办公楼	6180	5685	5035	4571	4160
房地产开发投资：商业营业用房	11952	11363	9722	8067	6944
房地产开发企业本年到位资金	193115	201132	148210	129766	107661
房地产开发企业本年到位资金：国内贷款	26676	23296	17424	16213	15217
房地产开发企业本年到位资金：利用外资	192	107	78	43	32
房地产开发企业本年到位资金：自筹资金	63377	65428	52406	42699	37746
房地产开发企业本年到位资金：定金及预收款	66547	73946	49085	43621	33571
房地产开发企业本年到位资金：个人按揭贷款	29976	32388	23655	21709	15661
土地购置费	44452	43505	41348	39058	35655
房屋施工面积	926759	975387	904500	840157	733247
房屋施工面积：住宅	655558	690319	638784	589884	513330
房屋施工面积：办公楼	37084	37730	34909	33132	29858
房屋施工面积：商业营业用房	93198	90677	79806	72181	63195
房屋新开工面积	224433	198895	119944	95958	73893
房屋新开工面积：住宅	164329	146379	87621	69669	53660
房屋新开工面积：办公楼	6604	5224	3175	2620	1893
房屋新开工面积：商业营业用房	18012	14106	8121	6493	4980
房屋竣工面积	91218	101412	85358	101999	73743
房屋竣工面积：住宅	65910	73016	61829	72433	53741
房屋竣工面积：办公楼	3042	3376	2608	2890	1940
房屋竣工面积：商业营业用房	8621	8718	6713	7023	4894
商品房销售面积	158819	161354	122154	111762	97385
商品房销售面积：住宅	139927	141007	103306	94819	81450
商品房销售面积：办公楼	3057	3088	2986	2715	2403
商品房销售面积：商业营业用房	8172	7934	7228	6360	5986
商品房销售额	162752	170159	124720	116661	96750
商品房销售额：住宅	145320	152637	109583	103013	84864
商品房销售额：办公楼	4798	4460	4295	3742	3208
商品房销售额：商业营业用房	8897	8702	7298	6628	5728

3-1 续表 1 单位：万平方米、亿元、元 / 平方米

指标	2020 年	2021 年	2022 年	2023 年	2024 年
商品房待售面积	49850	51023	56573	68102	75327
商品房待售面积：住宅	22379	22761	27103	33643	39088
商品房待售面积：办公楼	3796	3795	4122	4892	5313
商品房待售面积：商业营业用房	12934	12767	12561	14357	14437
商品房销售价格	10248	10546	10210	10438	9935
商品房销售价格：住宅	10385	10825	10608	10864	10419
商品房销售价格：办公楼	15697	14444	14385	13781	13350
商品房销售价格：商业营业用房	10887	10969	10097	10422	9569

数据来源：国家统计局。

3-2　2024 年全国房地产开发投资

单位：万平方米、亿元、元 / 平方米

指标	1~2 月	1~3 月	1~4 月	1~5 月	1~6 月	1~7 月	1~8 月	1~9 月	1~10 月	1~11 月	1~12 月
房地产开发投资	11842	22082	30928	40632	52529	60877	69284	78680	86309	93634	100280
房地产开发投资：住宅	8823	16585	23392	30824	39883	46230	52627	59701	65644	71190	76040
房地产开发投资：办公楼	579	990	1336	1693	2160	2493	2807	3178	3487	3803	4160
房地产开发投资：商业营业用房	894	1597	2172	2800	3611	4175	4731	5389	5895	6430	6944
房地产开发企业本年到位资金	16193	25689	34036	42571	53538	61901	69932	78898	87235	96575	107661
房地产开发企业本年到位资金：国内贷款	3144	4554	5583	6810	8207	9216	10229	11466	12400	13476	15217
房地产开发企业本年到位资金：利用外资	5	7	9	11	13	17	20	29	30	30	32
房地产开发企业本年到位资金：自筹资金	5374	8681	11736	14816	18862	22057	25150	28680	31483	34676	37746
房地产开发企业本年到位资金：定金及预收款	4630	7435	10002	12584	15999	18693	21078	23593	26444	29624	33571
房地产开发企业本年到位资金：个人按揭贷款	2214	3643	4953	6191	7749	8748	9920	11079	12436	13911	15661
土地购置费	3709	7517	11214	15290	19813	23166	26408	29409	32232	34617	35655
房屋施工面积	666902	678501	687544	688896	696818	703286	709421	715968	720660	726014	733247
房屋施工面积：住宅	466636	474580	480647	481557	487437	491532	496052	501051	504493	508389	513330
房屋施工面积：办公楼	27574	28114	28473	28470	28595	28977	29084	29317	29371	29521	29858
房屋施工面积：商业营业用房	58618	59247	60227	60142	60690	61284	61734	61908	62210	62553	63195
房屋新开工面积	9429	17283	23510	30090	38023	43733	49465	56051	61227	67308	73893
房屋新开工面积：住宅	6796	12534	17006	21760	27748	31684	35909	40745	44569	48989	53660
房屋新开工面积：办公楼	327	546	708	822	964	1179	1279	1454	1577	1724	1893
房屋新开工面积：商业营业用房	602	1043	1442	1919	2381	2883	3288	3716	4058	4517	4980
房屋竣工面积	10395	15259	18860	22245	26519	30017	33394	36816	41995	48152	73743
房屋竣工面积：住宅	7694	11148	13746	16199	19259	21867	24393	26871	30702	35197	53741
房屋竣工面积：办公楼	275	448	521	598	733	799	854	945	1030	1200	1940
房屋竣工面积：商业营业用房	741	1103	1375	1653	2007	2246	2408	2618	2924	3272	4894
商品房销售面积	11369	22668	29252	36642	47916	54149	60602	70284	77930	86118	97385
商品房销售面积：住宅	9559	18942	24507	30744	40114	45401	50812	58788	65368	72224	81450
商品房销售面积：办公楼	268	581	715	879	1202	1327	1490	1757	1891	2081	2403
商品房销售面积：商业营业用房	697	1378	1767	2192	2853	3220	3601	4286	4673	5204	5986

3-2 续表 1

单位：万平方米、亿元、元 / 平方米

指标	1~2 月	1~3 月	1~4 月	1~5 月	1~6 月	1~7 月	1~8 月	1~9 月	1~10 月	1~11 月	1~12 月
商品房销售额	10566	21355	28067	35665	47133	53330	59723	68880	76855	85125	96750
商品房销售额：住宅	9227	18523	24453	31163	41270	46787	52425	60240	67486	74871	84864
商品房销售额：办公楼	332	759	958	1160	1567	1722	1934	2304	2469	2688	3208
商品房销售额：商业营业用房	689	1386	1762	2220	2833	3181	3528	4200	4543	4996	5728
商品房待售面积	75969	74833	74553	74256	73894	73926	73783	73177	73057	73286	75327
商品房待售面积：住宅	40500	39458	39088	38712	38287	38238	38103	37679	37523	37652	39088
商品房待售面积：办公楼	5113	5204	5217	5214	5211	5242	5215	5175	5180	5197	5313
商品房待售面积：商业营业用房	14437	14246	14219	14308	14273	14311	14270	14234	14232	14269	14437
商品房销售价格	9294	9421	9595	9733	9837	9849	9855	9800	9862	9885	9935
商品房销售价格：住宅	9653	9779	9978	10136	10288	10305	10317	10247	10324	10366	10419
商品房销售价格：办公楼	12352	13068	13404	13193	13041	12972	12980	13111	13055	12918	13350
商品房销售价格：商业营业用房	9882	10053	9971	10131	9931	9880	9800	9799	9722	9601	9569

数据来源：国家统计局。

3-3　2020—2024 年全国各地区房地产开发投资额

单位：亿元

省份	2020 年	2021 年	2022 年	2023 年	2024 年
北京	3939	4139	4178	4202	3758
上海	4699	5035	4980	6062	6229
天津	2609	2770	2128	1232	1262
重庆	4352	4355	3217	2797	2566
广东	17313	17466	14963	13693	11198
浙江	11414	12389	12940	13319	11983
江西	2378	2529	2209	1605	1470
安徽	7042	7263	6203	4677	4016
黑龙江	983	936	629	458	330
江苏	13171	13477	12407	11932	10702
广西	3846	3734	2206	1337	1163
福建	6027	6196	5134	4414	3474
吉林	1461	1541	1015	823	641
内蒙古	1176	1234	978	1010	937
海南	1342	1380	1158	1169	1208
河南	7782	7874	5685	4225	3908
河北	4601	5024	4092	3094	2885
山西	1830	1945	1764	1760	1671
陕西	4404	4441	4255	3278	3295
西藏	165	142	61	79	45
湖南	4880	5428	4858	3852	3351
湖北	4889	6122	5934	5468	5147
四川	7315	7832	7216	5322	4794
山东	9450	9820	9180	8541	7544
辽宁	2979	2901	2362	1743	1394
云南	4505	4310	3152	1719	1229
贵州	3419	3383	1814	1191	1191
甘肃	1356	1526	1482	1264	1167
新疆	1261	1501	1159	1238	1155
青海	421	443	296	201	146
宁夏	433	467	420	436	423

数据来源：国家统计局。

3–4 2024年全国各地区房地产开发投资额

单位：亿元

省份	1~2月	1~3月	1~4月	1~5月	1~6月	1~7月	1~8月	1~9月	1~10月	1~11月	1~12月
北京	462	943	1248	1685	2228	2538	2906	3306	3467	3620	3758
上海	929	1351	1806	2273	2775	3359	3889	4413	4941	5489	6229
天津	187	320	404	500	641	731	823	939	1031	1126	1262
重庆	304	633	829	1034	1357	1534	1750	2027	2222	2388	2566
广东	1417	2506	3533	4619	5893	6746	7613	8665	9492	10320	11198
浙江	1508	2590	3569	4666	6099	7202	8324	9560	10380	11270	11983
江西	230	400	566	729	899	1013	1111	1239	1320	1402	1470
安徽	519	927	1329	1733	2192	2514	2861	3198	3492	3769	4016
黑龙江	3	32	58	91	140	169	199	247	278	305	330
江苏	1630	2831	3852	4948	6046	6970	7815	8699	9487	10176	10702
广西	152	306	402	495	622	707	786	895	960	1035	1163
福建	582	1000	1324	1645	2070	2299	2543	2819	3059	3281	3474
吉林	20	49	82	158	292	340	421	527	572	615	641
内蒙古	32	99	161	259	419	533	643	772	845	910	937
海南	142	282	359	447	559	661	752	860	949	1078	1208
河南	445	971	1340	1673	2133	2418	2731	3055	3321	3589	3908
河北	151	421	691	927	1304	1557	1830	2121	2445	2671	2885
山西	93	278	415	549	829	987	1131	1323	1444	1555	1671
陕西	229	584	865	1227	1607	1873	2151	2450	2779	3081	3295
西藏	2	6	10	15	23	27	32	36	39	43	45
湖南	337	649	979	1255	1621	1861	2124	2458	2758	3060	3351
湖北	470	1035	1554	2113	2759	3161	3581	4053	4459	4812	5147
四川	701	1085	1519	1978	2473	2902	3325	3718	4114	4503	4794
山东	818	1661	2339	3183	4146	4816	5405	5997	6621	7197	7544
辽宁	99	277	388	542	774	880	1018	1176	1255	1333	1394
云南	145	312	434	548	691	776	860	974	1055	1159	1229
贵州	179	278	379	525	668	735	789	893	996	1097	1191
甘肃	36	129	229	366	549	668	780	920	1022	1108	1167
新疆	14	60	148	278	465	590	724	888	1006	1104	1155
青海	0	16	31	50	70	91	107	124	137	142	146
宁夏	11	53	83	121	184	219	259	328	362	397	423

数据来源：国家统计局。

3-5　2020—2024 年全国各地区房地产开发企业房屋施工面积

单位：万平方米

省份	2020 年	2021 年	2022 年	2023 年	2024 年
北京	13919	14055	13333	12531	11310
上海	15740	16628	16678	17618	16818
天津	12035	12628	11085	9587	7677
重庆	27368	26893	22647	20498	17107
广东	91642	94248	88663	82899	72574
浙江	56725	58819	55955	55986	46075
江西	23581	25220	22715	21595	19272
安徽	44975	46813	40842	34954	28143
黑龙江	11262	10741	9968	9085	7736
江苏	67889	68480	62512	57415	50061
广西	32184	34176	32203	29555	24881
福建	34557	34667	31670	27696	22302
吉林	12341	13062	11580	10514	9870
内蒙古	15311	16395	15312	14170	12010
海南	8589	8939	9057	9098	8429
河南	58438	62688	57197	52064	46311
河北	31408	35681	33652	31697	29334
山西	21938	24930	25351	24601	22167
陕西	28358	29978	28712	28580	25719
西藏	945	945	698	647	545
湖南	40757	42661	38367	31959	27120
湖北	35419	37741	34919	31528	29393
四川	50756	54249	51948	47767	41981
山东	79792	82772	75799	71310	63100
辽宁	24003	25424	22974	20845	17457
云南	25801	29148	27403	24984	20732
贵州	26923	28750	26243	24780	21726
甘肃	11328	13198	12268	12115	11196
新疆	14268	16454	16076	16067	15646
青海	2944	3399	3349	3150	2622
宁夏	5563	5607	4918	4861	3933

数据来源：国家统计局。

3-6　2024年全国各地区房地产开发企业房屋施工面积

单位：万平方米

省份	1~2月	1~3月	1~4月	1~5月	1~6月	1~7月	1~8月	1~9月	1~10月	1~11月	1~12月
北京	10038	10323	10360	10581	10755	10824	10870	11004	11078	11202	11310
上海	12819	13820	14283	14730	14678	15239	15426	15581	15987	16196	16818
天津	7033	7190	7184	7283	7385	7418	7443	7495	7595	7644	7677
重庆	16361	16545	16590	16512	16605	16639	16813	16946	17047	17104	17107
广东	70262	70768	71265	71316	71900	72362	72631	73098	73253	73813	72574
浙江	39896	41418	42363	42603	42548	44004	44467	45078	45420	45701	46075
江西	17835	18037	18177	18243	18390	18545	18654	18881	19015	19163	19272
安徽	24887	25532	25908	26229	26586	26840	27040	27311	27520	27757	28143
黑龙江	7524	7514	7606	7486	7584	7535	7633	7718	7797	7726	7736
江苏	44336	45012	46240	46767	47427	47817	48244	48583	49025	49541	50061
广西	24555	24626	24657	24551	24596	24662	24833	24997	25114	25149	24881
福建	21166	21391	21495	21473	21613	21658	21852	21999	21977	22131	22302
吉林	8953	8657	8970	9300	9433	9554	9602	9716	9791	9791	9870
内蒙古	10567	10419	10782	10951	11220	11295	11421	11628	11843	11905	12010
海南	7452	7643	7749	7696	7790	7904	8006	8162	8248	8387	8429
河南	43057	43484	43868	43630	44064	44337	44807	45170	45520	45861	46311
河北	24965	25881	26329	26279	27107	27497	27910	28252	28401	28736	29334
山西	19460	20829	21082	20500	20972	21358	21492	21678	21834	21689	22167
陕西	21723	23236	23575	23776	24273	24355	24656	24879	25213	25420	25719
西藏	553	558	552	531	535	531	540	546	548	548	545
湖南	25174	25336	25730	25682	25922	26031	26251	26518	26701	26948	27120
湖北	24691	24963	25126	24883	25114	25359	25784	26050	26386	26814	29393
四川	38903	39245	39715	39780	40214	40456	40770	40977	41206	41585	41981
山东	57994	58682	59304	59485	60270	60735	61272	61855	62030	62668	63100
辽宁	16366	16543	16617	16734	16906	17007	17087	17206	17319	17403	17457
云南	20331	20572	20661	20369	20451	20408	20427	20526	20599	20756	20732
贵州	20628	20908	21065	21139	21329	21427	21601	21627	21312	21508	21726
甘肃	9770	9979	10040	10034	10318	10437	10630	10900	10993	11124	11196
新疆	13419	13260	13933	14052	14488	14666	14821	15098	15329	15189	15646
青海	2507	2424	2551	2562	2568	2574	2593	2604	2626	2620	2622
宁夏	3676	3705	3767	3739	3776	3812	3846	3884	3930	3934	3933

数据来源：国家统计局。

3-7　2020—2024 年全国各地区房地产开发企业房屋新开工面积

单位：万平方米

省份	2020 年	2021 年	2022 年	2023 年	2024 年
北京	3007	1896	1774	1257	1287
上海	3441	3846	2940	2388	2186
天津	2162	1885	667	1037	785
重庆	5948	4873	2222	1975	1432
广东	18408	16097	8535	6884	5227
浙江	15875	12305	7989	7719	4894
江西	5302	5282	3629	2694	1877
安徽	11786	10435	6843	5197	3589
黑龙江	2222	1738	991	738	726
江苏	17673	16873	9907	8210	5869
广西	7878	5329	3034	1870	1619
福建	6638	6439	4134	3536	2349
吉林	2662	3121	870	949	859
内蒙古	3288	2912	1629	1614	1375
海南	1065	1341	1058	1055	1004
河南	14114	13653	8525	5630	4621
河北	10232	9069	5395	4967	4172
山西	5796	4348	3454	2499	1971
陕西	5797	5970	4413	4291	2954
西藏	223	222	81	44	34
湖南	10916	10168	5523	3883	2842
湖北	8453	7844	4269	3596	3337
四川	13940	11494	8330	5804	4621
山东	20204	16572	10521	7938	5823
辽宁	4404	4598	2379	1578	1035
云南	7538	6462	2923	2149	1469
贵州	5441	4528	2155	1809	1802
甘肃	3534	3370	2105	1582	1450
新疆	4526	4035	2623	2069	2012
青海	923	791	423	233	162
宁夏	1039	1397	766	765	508

数据来源：国家统计局。

3-8 2024年全国各地区房地产开发企业房屋新开工面积

单位：万平方米

省份	1~2月	1~3月	1~4月	1~5月	1~6月	1~7月	1~8月	1~9月	1~10月	1~11月	1~12月
北京	115	267	313	591	725	790	857	984	1031	1154	1287
上海	108	343	605	801	924	1213	1347	1492	1755	1969	2186
天津	96	306	347	387	471	515	539	584	684	736	785
重庆	294	481	551	645	772	852	1037	1171	1290	1369	1432
广东	872	1472	2027	2225	2707	3090	3367	3886	4055	4592	5227
浙江	520	1114	1555	1960	2552	3110	3393	4024	4268	4558	4894
江西	461	642	850	1041	1199	1308	1410	1518	1630	1745	1878
安徽	725	1090	1334	1675	2064	2312	2507	2776	2986	3233	3589
黑龙江		24	110	204	300	425	525	608	678	708	726
江苏	1093	1702	2258	2642	3182	3514	3957	4506	4938	5424	5869
广西	262	389	475	711	776	878	1079	1215	1343	1430	1619
福建	634	926	1051	1280	1499	1628	1824	1952	2026	2170	2349
吉林	0	82	186	292	432	516	585	700	771	828	859
内蒙古	10	63	202	383	637	745	839	1001	1218	1332	1375
海南	178	247	357	384	453	559	645	760	859	949	1004
河南	887	1323	1711	2056	2493	2751	3212	3553	3905	4259	4621
河北	171	576	935	1389	1930	2242	2628	3030	3341	3719	4172
山西	81	287	441	598	891	1178	1299	1458	1604	1697	1971
陕西	260	714	963	1283	1595	1792	2086	2264	2515	2701	2954
西藏		1	9	9	13	16	25	31	33	33	34
湖南	410	671	892	1185	1436	1565	1779	2046	2229	2505	2842
湖北	310	520	727	1036	1247	1502	1777	2044	2375	2783	3337
四川	724	1265	1681	2067	2562	2887	3273	3515	3835	4197	4621
山东	644	1260	1787	2307	3079	3566	3988	4502	4800	5337	5823
辽宁	51	177	256	353	560	645	735	844	911	992	1035
云南	254	483	599	685	893	954	1053	1163	1241	1397	1469
贵州	194	421	555	686	857	977	1107	1271	1423	1600	1802
甘肃	61	222	258	389	635	782	942	1175	1250	1381	1450
新疆	4	115	274	568	793	999	1176	1450	1652	1865	2012
青海		11	50	65	70	87	106	117	132	149	162
宁夏	11	89	152	193	275	336	370	410	450	495	508

数据来源：国家统计局。

3-9　2020—2024年全国各地区房地产开发企业房屋竣工面积

单位：万平方米

省份	2020年	2021年	2022年	2023年	2024年
北京	1546	1984	1938	2112	1653
上海	2878	2740	1676	2112	1709
天津	1634	1893	1504	1864	814
重庆	3774	4196	2793	3302	1668
广东	7764	8043	8161	8284	6562
浙江	6693	6387	6130	10095	7682
江西	2239	2517	1463	1994	1421
安徽	5101	7013	5945	5742	4548
黑龙江	1438	968	732	840	601
江苏	11151	9141	7892	8943	7325
广西	2129	2433	2345	2651	1488
福建	3804	4042	4034	4311	3205
吉林	965	845	724	689	607
内蒙古	841	1052	1101	1310	848
海南	687	475	751	752	819
河南	5413	6842	6317	6193	3437
河北	2367	2523	2523	3447	2175
山西	1481	2639	2127	2364	2096
陕西	1746	1770	1976	2197	2340
西藏	28	88	36	68	8
湖南	3964	4604	3436	4374	2709
湖北	2647	3398	3086	3866	2407
四川	4546	4379	4073	4371	4370
山东	9326	11374	6686	8965	5278
辽宁	1848	2339	1946	2243	1675
云南	1638	2541	2565	3332	1727
贵州	862	916	963	1585	857
甘肃	881	1463	918	1241	791
新疆	902	1502	1141	1434	1965
青海	154	160	248	270	143
宁夏	772	1144	627	1048	813

数据来源：国家统计局。

3-10 2024年全国各地区房地产开发企业房屋竣工面积

单位：万平方米

省份	1~2月	1~3月	1~4月	1~5月	1~6月	1~7月	1~8月	1~9月	1~10月	1~11月	1~12月
北京	120	204	302	344	410	509	555	743	893	1129	1653
上海	377	534	645	674	717	782	887	899	1048	1202	1709
天津	122	196	211	242	330	359	456	479	544	610	814
重庆	321	474	623	699	818	878	1012	1100	1375	1478	1668
广东	1060	1459	1852	2241	2566	2834	3207	3394	3947	4559	6562
浙江	661	1428	1662	2086	2833	3312	3670	4175	4643	5139	7682
江西	434	573	568	724	745	805	882	939	979	1058	1421
安徽	709	855	1063	1226	1406	1588	1731	1933	2091	2675	4548
黑龙江	49	73	116	120	148	167	192	213	324	423	601
江苏	872	1297	1593	2044	2623	3090	3341	3699	4341	4809	7325
广西	365	534	662	862	936	977	1025	1111	1158	1256	1489
福建	514	669	862	1044	1214	1307	1462	1622	1793	2038	3205
吉林	52	63	90	122	145	166	186	211	262	316	607
内蒙古	61	143	165	191	258	318	395	408	467	538	848
海南	59	154	184	241	282	357	391	440	509	609	819
河南	665	898	1119	1243	1469	1641	1726	1904	2005	2208	3437
河北	176	257	338	355	488	560	616	681	780	1048	2175
山西	67	162	211	335	478	605	721	735	854	1172	2096
陕西	191	275	344	383	435	537	586	648	888	1097	2340
西藏	2	2	5	7	8	8	8	8	8	8	8
湖南	540	682	846	874	1137	1230	1350	1460	1694	1895	2709
湖北	407	545	788	819	952	1026	1076	1179	1469	1581	2407
四川	870	1177	1370	1483	1664	1790	1945	2160	2548	3037	4370
山东	863	1272	1445	1577	1786	2036	2306	2516	2734	3028	5278
辽宁	160	252	317	415	532	657	721	817	883	997	1675
云南	316	420	578	669	767	893	989	1048	1137	1256	1727
贵州	116	173	235	256	282	334	389	403	506	560	857
甘肃	29	90	123	146	169	203	278	335	361	413	791
新疆	130	255	351	623	673	765	937	1014	1068	1185	1965
青海	23	37	37	37	43	47	61	81	116	140	143
宁夏	63	103	156	165	207	232	291	461	572	686	813

数据来源：国家统计局。

3-11　2020—2024 年全国各地区商品房销售面积

单位：万平方米

省份	2020 年	2021 年	2022 年	2023 年	2024 年
北京	971	1107	1040	1132	1119
上海	1789	1880	1853	1812	1657
天津	1307	1435	974	1179	1184
重庆	6143	6198	4143	3557	2980
广东	14908	14011	10591	9582	7488
浙江	10250	9991	6815	6107	5116
江西	6733	7676	6703	3418	2913
安徽	9534	10461	6757	4674	3841
黑龙江	1494	1348	926	855	751
江苏	15427	16552	12115	11024	10388
广西	6729	6178	4193	2878	2467
福建	6607	6976	5452	4225	3229
吉林	1831	1836	1001	1047	912
内蒙古	2046	1859	1381	1544	1409
海南	752	889	644	906	938
河南	14101	13277	9260	6967	6203
河北	6028	6133	4616	4339	4103
山西	2685	3204	2257	2356	1949
陕西	4452	4260	3309	2719	2488
西藏	93	141	60	80	75
湖南	9437	9189	6653	5626	4719
湖北	6588	7941	6084	5259	5286
四川	13258	13693	9321	8005	6394
山东	13272	14273	11686	11285	9833
辽宁	3743	3434	2182	2067	1921
云南	4857	3881	2938	2489	1967
贵州	5553	5586	2908	2215	2066
甘肃	1968	2224	1470	1498	1410
新疆	1964	2399	1516	1987	1786
青海	470	386	204	238	243
宁夏	1095	1014	716	691	549

数据来源：国家统计局。

3-12 2024年全国各地区商品房销售面积

单位：万平方米

省份	1~2月	1~3月	1~4月	1~5月	1~6月	1~7月	1~8月	1~9月	1~10月	1~11月	1~12月
北京	115	233	303	374	510	587	658	767	847	938	1119
上海	201	394	505	611	783	920	1038	1206	1328	1470	1657
天津	108	325	393	491	656	730	803	901	999	1072	1184
重庆	413	866	1088	1331	1646	1836	2069	2365	2569	2770	2980
广东	901	1717	2253	2846	3663	4161	4624	5302	5974	6607	7488
浙江	644	1403	1719	2079	2768	3053	3333	3926	4249	4582	5116
江西	337	624	809	1026	1298	1534	1766	2068	2315	2578	2913
安徽	517	961	1270	1600	2096	2304	2570	2930	3176	3484	3841
黑龙江	57	149	211	273	330	385	450	521	583	655	751
江苏	1031	1995	2651	3472	4713	5296	5978	7124	7990	8994	10388
广西	340	745	884	1082	1343	1465	1604	1843	2014	2182	2467
福建	553	1004	1243	1512	1863	2034	2205	2454	2673	2913	3229
吉林	81	173	235	332	423	488	547	657	727	805	912
内蒙古	117	283	375	472	616	707	839	967	1082	1218	1409
海南	91	165	226	308	414	500	587	656	718	801	938
河南	739	1492	1982	2356	3223	3636	4073	4566	5031	5524	6203
河北	315	792	1052	1339	1855	2118	2385	2786	3093	3445	4103
山西	137	398	552	709	940	1075	1214	1393	1545	1716	1949
陕西	251	504	676	863	1062	1233	1380	1625	1843	2146	2488
西藏	3	6	9	15	28	32	39	43	52	58	75
湖南	484	1001	1291	1599	2137	2429	2689	3287	3752	4169	4719
湖北	599	1162	1510	1885	2374	2684	3003	3436	3918	4427	5286
四川	1127	1782	2205	2688	3304	3665	4031	4598	5103	5672	6394
山东	980	2165	2770	3571	5099	5804	6497	7699	8331	9007	9833
辽宁	168	412	548	699	959	1080	1219	1448	1597	1745	1921
云南	293	504	644	793	940	1079	1224	1371	1536	1708	1967
贵州	368	586	730	884	1061	1214	1369	1541	1713	1879	2066
甘肃	158	340	441	557	724	820	921	1062	1170	1277	1410
新疆	160	320	459	608	763	903	1040	1216	1395	1579	1786
青海	22	43	58	71	88	108	128	158	186	209	243
宁夏	59	124	161	197	235	270	318	369	422	486	549

数据来源：国家统计局。

3-13　2020—2024年全国各地区商品房销售额

单位：亿元

省份	2020年	2021年	2022年	2023年	2024年
北京	3657	4486	3977	4255	3577
上海	6047	6789	7468	7278	6873
天津	2114	2323	1516	1896	1754
重庆	5071	5391	3102	2450	2056
广东	22573	22320	15870	15103	11895
浙江	17145	19052	12660	11510	8609
江西	5223	5894	4905	2469	2024
安徽	7346	8143	5160	3872	2874
黑龙江	1064	858	569	553	474
江苏	19409	21361	14812	12690	10775
广西	4251	3672	2295	1667	1349
福建	7498	8217	5872	4654	3324
吉林	1382	1291	696	725	603
内蒙古	1365	1215	868	1020	928
海南	1232	1559	1098	1501	1410
河南	9364	8658	5679	4548	3918
河北	4950	5053	3702	3549	3332
山西	1886	2171	1515	1597	1359
陕西	4375	4146	3270	2978	2655
西藏	84	122	51	67	68
湖南	5947	6041	4239	3689	2909
湖北	6088	7250	5203	4617	4297
四川	10394	10797	7600	7174	5495
山东	11066	12156	9808	9530	7824
辽宁	3366	3066	1815	1556	1435
云南	3970	2963	1999	1700	1331
贵州	3224	3244	1686	1252	1162
甘肃	1293	1345	835	902	838
新疆	1146	1377	883	1211	1071
青海	383	294	145	168	164
宁夏	698	675	502	480	368

数据来源：国家统计局。

3-14 2024年全国各地区商品房销售额

单位：亿元

省份	1~2月	1~3月	1~4月	1~5月	1~6月	1~7月	1~8月	1~9月	1~10月	1~11月	1~12月
北京	355	691	966	1222	1643	1885	2117	2374	2684	3023	3577
上海	613	1444	2009	2481	3261	3705	4233	4825	5428	6076	6873
天津	178	428	532	694	914	1018	1126	1266	1442	1570	1754
重庆	275	565	722	898	1112	1260	1426	1617	1776	1918	2056
广东	1195	2475	3282	4253	5642	6413	7158	8311	9411	10288	11895
浙江	1055	2059	2657	3330	4475	5022	5522	6400	7030	7722	8609
江西	237	446	577	737	927	1099	1266	1471	1637	1805	2024
安徽	382	692	930	1169	1506	1669	1859	2088	2291	2574	2874
黑龙江	36	93	131	174	208	241	281	329	371	416	474
江苏	1065	2048	2738	3617	4905	5556	6260	7384	8297	9314	10775
广西	183	399	469	578	732	797	873	1014	1103	1195	1349
福建	591	994	1213	1473	1842	2008	2175	2404	2658	2954	3324
吉林	51	123	155	223	285	325	363	432	480	531	603
内蒙古	75	199	258	318	414	473	557	636	717	802	928
海南	146	261	361	469	650	774	910	1005	1090	1223	1410
河南	452	918	1236	1471	2027	2280	2549	2845	3151	3470	3918
河北	245	653	863	1092	1512	1735	1945	2260	2516	2799	3332
山西	94	273	384	497	661	754	852	976	1083	1201	1359
陕西	289	576	781	1015	1260	1442	1600	1865	2088	2357	2655
西藏	3	5	8	13	23	27	33	37	45	52	68
湖南	298	606	779	995	1360	1540	1721	2058	2333	2582	2909
湖北	468	943	1226	1558	2001	2232	2485	2820	3186	3550	4297
四川	777	1330	1709	2126	2655	2965	3297	3789	4293	4868	5495
山东	757	1674	2170	2850	4079	4611	5148	6100	6608	7135	7824
辽宁	123	309	404	523	707	807	907	1072	1184	1301	1435
云南	190	329	428	531	630	723	819	916	1039	1162	1331
贵州	191	314	399	489	588	677	764	866	965	1062	1162
甘肃	88	197	257	325	428	481	542	628	693	756	838
新疆	99	197	273	358	461	544	627	733	841	949	1071
青海	15	30	41	50	62	78	90	108	128	141	164
宁夏	38	87	111	136	163	187	219	251	288	329	368

数据来源：国家统计局。

3-15　2020—2024 年全国各地区商品房销售价格

单位：元 / 平方米

省份	2020 年	2021 年	2022 年	2023 年	2024 年
北京	37665	40526	38240	37595	31976
上海	33798	36102	40302	40170	41484
天津	16172	16182	15572	16087	14819
重庆	8255	8699	7486	6888	6898
广东	15141	15930	14985	15762	15884
浙江	16726	19070	18576	18847	16827
江西	7757	7678	7318	7225	6949
安徽	7705	7784	7637	8284	7482
黑龙江	7121	6365	6152	6470	6311
江苏	12581	12906	12226	11511	10373
广西	6318	5944	5473	5791	5469
福建	11348	11779	10771	11015	10294
吉林	7544	7030	6955	6923	6608
内蒙古	6674	6535	6288	6605	6585
海南	16394	17541	17050	16571	15024
河南	6641	6521	6133	6528	6317
河北	8212	8239	8021	8180	8121
山西	7023	6775	6713	6780	6971
陕西	9828	9733	9884	10954	10675
西藏	9000	8645	8510	8373	9083
湖南	6302	6574	6372	6556	6164
湖北	9241	9130	8553	8778	8128
四川	7840	7885	8153	8961	8595
山东	8338	8517	8393	8445	7957
辽宁	8993	8930	8315	7526	7469
云南	8173	7634	6804	6833	6767
贵州	5807	5807	5799	5652	5623
甘肃	6572	6047	5682	6022	5942
新疆	5835	5740	5827	6092	5993
青海	8160	7623	7093	7049	6738
宁夏	6375	6655	7016	6946	6700

数据来源：国家统计局。

3-16 2024年全国各地区商品房销售价格

单位：元/平方米

省份	1~2月	1~3月	1~4月	1~5月	1~6月	1~7月	1~8月	1~9月	1~10月	1~11月	1~12月
北京	30861	29674	31820	32689	32216	32145	32166	30967	31673	32228	31976
上海	30548	36622	39777	40585	41638	40262	40773	40015	40880	41338	41484
天津	16471	13155	13555	14143	13930	13938	14021	14059	14441	14643	14819
重庆	6663	6524	6636	6744	6754	6863	6894	6835	6912	6922	6898
广东	13254	14413	14569	14943	15401	15413	15480	15675	15754	15572	15884
浙江	16382	14676	15452	16015	16166	16449	16569	16304	16544	16853	16827
江西	7043	7139	7142	7180	7141	7169	7168	7114	7071	7001	6949
安徽	7398	7205	7326	7303	7184	7246	7234	7126	7215	7386	7482
黑龙江	6316	6239	6234	6374	6295	6261	6235	6327	6354	6351	6311
江苏	10336	10263	10330	10418	10409	10491	10471	10364	10384	10356	10373
广西	5398	5359	5299	5341	5449	5441	5441	5502	5477	5474	5469
福建	10681	9903	9758	9744	9887	9874	9862	9797	9945	10142	10294
吉林	6362	7119	6578	6717	6739	6652	6643	6577	6594	6594	6608
内蒙古	6434	7043	6885	6727	6715	6698	6640	6582	6620	6588	6585
海南	16157	15833	15991	15192	15725	15494	15494	15312	15183	15265	15024
河南	6110	6150	6235	6246	6288	6269	6257	6231	6263	6282	6317
河北	7795	8244	8201	8158	8148	8193	8155	8110	8135	8125	8121
山西	6854	6861	6955	7013	7029	7015	7017	7005	7009	6996	6971
陕西	11528	11442	11546	11765	11868	11703	11595	11476	11326	10982	10675
西藏	8378	8090	8896	8929	8363	8390	8433	8475	8694	8946	9082
湖南	6150	6054	6034	6226	6367	6342	6400	6262	6218	6192	6164
湖北	7804	8115	8116	8263	8426	8316	8276	8207	8133	8020	8128
四川	6894	7465	7751	7910	8035	8091	8181	8240	8412	8583	8595
山东	7730	7734	7833	7982	8000	7944	7924	7922	7932	7922	7957
辽宁	7329	7493	7370	7479	7381	7469	7438	7401	7413	7453	7469
云南	6493	6518	6642	6701	6697	6706	6692	6686	6763	6804	6767
贵州	5190	5352	5462	5537	5543	5577	5582	5619	5637	5652	5623
甘肃	5582	5787	5819	5839	5911	5871	5887	5907	5923	5923	5942
新疆	6175	6137	5946	5891	6037	6025	6029	6030	6032	6009	5993
青海	6750	6990	7145	7031	7055	7176	7055	6877	6897	6745	6738
宁夏	6338	6964	6907	6916	6931	6917	6889	6798	6831	6776	6700

数据来源：国家统计局。

3-17　2024年重点城市商品房施工面积

单位：万平方米

地区	1~2月	1~3月	1~4月	1~5月	1~6月	1~7月	1~8月	1~9月	1~10月	1~11月	1~12月
北京	10038	10323	10360	10581	10755	10824	10870	11004	11078	11202	11310
上海	12819	13820	14283	14730	14678	15239	15426	15581	15987	16196	16818
广州	11477	11737	11822	11860	12020	12087	12100	12430	12461	12602	12589
深圳	9658	9723	9802	9761	9821	9868	9891	9935	9959	10108	10011
重庆	16361	16545	16590	16512	16605	16639	16813	16946	17047	17104	17107
海口	2857	2856	2893	2852	2880	2924	2946	3001	3018	3099	3087
杭州	11160	12223	12698	12674	12469	12856	13020	13182	13229	13316	13400
合肥	4987	5485	5553	5673	5795	5930	5961	6082	6148	6173	6491
济南	--	--	--	--	--	--	--	--	--	--	8043
南宁	--	--	--	--	--	--	--	--	--	--	--
宁波	--	--	--	--	--	--	--	--	--	--	--
青岛	7802	7830	7848	7866	7945	7973	7996	8030	8044	8121	8120
三亚	1084	1119	1163	1149	1161	1173	1205	1261	1316	1322	1334
苏州	7399	7555	8132	8296	8500	8566	8647	8739	8598	8679	8768
天津	7033	7190	7184	7283	7385	7418	7443	7495	7595	7644	7677
温州	4129	4253	4317	4269	4326	4412	4409	4533	4558	4599	4698
银川	2328	2349	--	2334	2370	2385	--	2396	--	--	2405
百色	--	--	--	--	--	--	--	--	--	--	--
保定	2565	2642	2681	2721	2840	2877	2916	2965	2942	2971	3050
北海	--	--	--	--	--	--	--	--	--	--	--
常州	--	2810	--	--	2986	--	--	3038	--	--	3118
儋州	--	--	--	--	--	--	--	--	--	--	--
德阳	1612	1613	1628	1616	1619	--	--	--	--	--	--
鄂尔多斯	1878	1845	1969	2066	2134	2185	2204	2250	--	2386	2410
防城港	--	--	--	--	--	--	--	--	--	--	--
佛山	5560	5595	5640	5698	5720	5736	5773	5782	5786	5782	5793
贵港	--	--	--	--	--	--	--	--	--	--	--
桂林	--	--	--	--	--	--	--	--	--	--	--
河源	1422	1425	1426	1428	1431	1439	1440	1317	1320	1322	1276
贺州	--	--	--	--	--	--	--	--	--	--	--
衡阳	2073	2105	2128	2129	2141	2171	2199	2228	2253	2310	2331
湖州	--	--	--	--	--	--	--	--	--	--	6426
淮南	1426	1442	1476	1526	1544	1544	1564	1569	1580	1599	1605

3-17 续表 1 单位：万平方米

地区	1~2 月	1~3 月	1~4 月	1~5 月	1~6 月	1~7 月	1~8 月	1~9 月	1~10 月	1~11 月	1~12 月
惠州	6680	6641	6640	6635	6665	6656	6683	6712	6720	6736	6440
嘉兴	3197	3209	3256	3282	3336	3339	3356	3376	3401	3436	3462
金华	2463	2862	2699	2841	2919	3289	3477	3533	3626	3657	3657
晋城	1187	--	1211	--	1237	1287	1288	1325	1350	1340	--
丽江	--	418	418	418	418	422	422	422	428	--	431
丽水	1837	1711	1739	1730	1722	1752	1772	1780	1805	1815	1837
临沂	4407	4439	4498	4549	4586	4597	4612	4671	4701	4766	4806
柳州	--	--	--	--	--	--	--	--	--	--	3056
龙岩	1015	1017	1030	1032	1034	1044	--	1049	1052	1071	1080
茂名	2978	2969	2978	2953	2987	3022	3062	3071	3089	3106	3099
梅州	1621	1584	1584	1596	1601	1635	1653	1658	1663	1666	1667
齐齐哈尔	--	510	528	503	512	475	480	481	484	485	410
钦州	--	--	--	--	--	--	--	--	--	--	--
清远	--	--	--	--	--	--	--	--	--	--	--
衢州	880	890	1009	991	985	1068	1072	1032	1086	1092	1104
日照	1593	1595	1600	1632	1647	1655	--	--	--	--	--
汕头	2513	2627	2641	2640	2666	2722	2722	2723	2745	2779	2710
韶关	--	--	--	--	--	--	--	--	--	--	--
绍兴	3090	3149	3178	3152	3247	--	--	3436	3446	3449	3492
台州	--	--	--	--	--	--	--	--	--	4021	4026
泰安	2146	2160	2187	2197	2234	2221	2245	2239	2252	2270	2281
泰州	1468	1490	1485	1498	1534	1552	1558	1572	1594	1628	1648
唐山	2334	2370	2410	2395	2447	2461	2481	2511	2527	2529	2596
咸宁	1008	1006	1025	1032	1038	1051	1051	1062	1068	1106	1184
湛江	3223	3226	3241	3257	3265	3270	3277	3301	3298	3305	3256
肇庆	--	--	--	--	--	--	--	--	--	--	2680
中山	3286	3251	3376	--	3210	3226	3234	3238	3253	3248	3258
舟山	--	--	--	--	--	--	--	--	--	--	--
珠海	2798	2829	2842	2882	2942	2950	2959	3024	2920	2922	2929
万宁	--	--	--	--	--	--	--	--	--	--	--
文昌	--	--	--	--	--	--	--	--	--	--	--
澄迈	--	--	--	--	--	--	--	--	--	--	--

数据来源：国家统计局。

3-18 2024年重点城市商品房新开工面积

单位：万平方米

地区	1~2月	1~3月	1~4月	1~5月	1~6月	1~7月	1~8月	1~9月	1~10月	1~11月	1~12月
北京	115	267	313	591	725	790	857	984	1031	1154	1287
上海	108	343	605	801	924	1213	1347	1492	1755	1969	2186
广州	--	--	--	--	--	--	--	--	--	--	--
深圳	--	--	--	--	--	--	--	--	--	--	--
重庆	294	481	551	645	772	852	1037	1171	1290	1369	1432
海口	46	62	95	101	110	151	160	214	232	289	303
杭州	74	238	349	477	598	683	843	998	1042	1129	1207
合肥	153	221	288	431	568	650	681	790	882	978	1122
济南	--	--	--	--	--	--	--	--	--	--	--
南宁	--	--	--	--	--	--	--	--	--	--	--
宁波	--	--	--	--	--	--	--	--	--	--	--
青岛	27	64	86	115	185	213	231	279	293	364	387
三亚	47	60	102	111	123	140	172	190	237	243	246
苏州	207	310	451	490	627	675	795	874	985	1059	1110
天津	96	306	347	387	471	515	539	584	684	736	785
温州	50	111	133	153	226	268	275	399	424	465	488
银川	--	51	--	--	119	144	--	157	--	--	217
百色	--	--	--	--	--	--	--	--	--	--	--
保定	--	--	--	--	--	--	--	--	--	--	--
北海	--	--	--	--	--	--	--	--	--	--	--
常州	--	110	171	198	242	255	268	291	300	323	367
儋州	--	--	--	--	--	--	--	--	--	--	--
德阳	--	--	--	--	--	--	--	--	--	--	--
鄂尔多斯	--	13	31	84	128	179	195	245	--	350	361
防城港	--	--	--	--	--	--	--	--	--	--	--
佛山	63	66	109	168	190	198	235	244	259	293	374
贵港	--	--	--	--	--	--	--	--	--	--	--
桂林	--	--	--	--	--	--	--	--	--	--	--
河源	9	12	13	14	17	25	27	33	35	37	40
贺州	--	--	--	--	--	--	--	--	--	--	--
衡阳	--	83	--	--	135	--	--	--	--	--	--
湖州	101	135	195	213	239	263	246	322	329	346	352
淮南	126	142	144	181	198	212	232	237	248	266	272

3–18 续表 1 单位：万平方米

地区	1~2 月	1~3 月	1~4 月	1~5 月	1~6 月	1~7 月	1~8 月	1~9 月	1~10 月	1~11 月	1~12 月
惠州	--	--	--	--	--	--	--	--	--	--	--
嘉兴	35	69	101	129	162	168	185	205	205	209	229
金华	60	76	76	130	271	354	390	446	539	577	--
晋城	--	--	--	--	--	--	--	--	--	--	--
丽江	--	16	16	16	16	20	20	20	26	--	29
丽水	13	51	57	70	89	106	120	128	153	163	190
临沂	51	80	136	194	230	244	252	315	344	402	441
柳州	--	--	--	--	--	--	--	--	--	--	--
龙岩	22	23	37	39	43	52	--	58	60	70	79
茂名	31	47	54	62	100	135	173	182	198	213	225
梅州	--	--	--	--	--	--	--	--	--	--	--
齐齐哈尔	--	0	18	22	30	40	46	47	50	50	55
钦州	--	--	--	--	--	--	--	--	--	--	--
清远	--	--	--	--	--	--	--	--	--	--	--
衢州	3	7	29	30	52	88	91	92	94	100	--
日照	--	--	--	--	--	--	--	--	--	--	--
汕头	--	--	--	--	--	--	--	--	--	--	--
韶关	--	--	--	--	--	--	--	--	--	--	--
绍兴	45	85	110	135	184	--	--	373	383	386	419
台州	--	--	--	--	--	--	--	--	--	532	553
泰安	--	--	--	--	--	--	--	--	--	--	--
泰州	43	82	91	99	133	151	158	168	199	233	253
唐山	--	--	--	--	--	--	--	--	--	--	--
咸宁	--	--	--	--	--	--	--	--	--	--	--
湛江	--	--	--	--	--	--	--	--	--	--	--
肇庆	--	--	--	--	--	--	--	--	--	--	132
中山	--	--	--	--	--	--	--	--	--	--	--
舟山	--	--	--	--	--	--	--	--	--	--	--
珠海	--	--	--	--	--	--	--	--	--	--	--
万宁	--	--	--	--	--	--	--	--	--	--	--
文昌	--	--	--	--	--	--	--	--	--	--	--
澄迈	--	--	--	--	--	--	--	--	--	--	--

数据来源：国家统计局。

3-19　2024年重点城市商品房竣工面积

单位：万平方米

地区	1~2月	1~3月	1~4月	1~5月	1~6月	1~7月	1~8月	1~9月	1~10月	1~11月	1~12月
北京	120	204	302	344	410	509	555	743	893	1129	1653
上海	377	534	645	674	717	782	887	899	1048	1202	1709
广州	81	99	123	173	215	249	293	353	465	522	823
深圳	87	92	158	167	211	220	250	251	345	442	752
重庆	321	474	623	699	818	878	1012	1100	1375	1478	1668
海口	12	15	22	22	27	59	59	87	43	161	173
杭州	118	227	248	363	569	631	714	775	842	1092	1728
合肥	176	222	290	362	390	413	477	557	585	900	1634
济南	--	--	--	--	--	--	--	--	--	--	--
南宁	--	--	--	--	--	--	--	--	--	--	--
宁波	--	--	--	--	--	--	--	--	--	--	--
青岛	165	217	255	273	344	371	393	443	476	508	1112
三亚	8	13	21	52	53	54	64	86	128	129	206
苏州	116	170	227	303	460	557	618	700	819	915	1326
天津	122	196	211	242	330	359	456	479	544	610	814
温州	56	144	189	211	308	369	386	459	495	606	1016
银川	8	35	--	69	98	--	--	304	--	--	306
百色	--	--	--	--	--	--	--	--	--	--	--
保定	1	11	26	30	31	35	35	36	38	73	271
北海	--	--	--	--	--	--	--	--	--	--	--
常州	--	99	--	--	198	--	--	243	--	--	580
儋州	--	--	--	--	--	--	--	--	--	--	--
德阳	86	117	134	146	153	--	--	--	--	--	--
鄂尔多斯	1	3	3	3	8	10	10	25	--	43	50
防城港	--	--	--	--	--	--	--	--	--	--	--
佛山	67	82	110	114	139	139	147	168	272	374	567
贵港	--	--	--	--	--	--	--	--	--	--	--
桂林	--	--	--	--	--	--	--	--	--	--	--
河源	99	106	106	106	106	108	108	25	25	28	49
贺州	--	--	--	--	--	--	--	--	--	--	--
衡阳	1	14	25	19	20	28	37	38	87	101	175
湖州	--	--	--	--	--	--	--	--	--	--	--
淮南	32	48	73	79	95	102	102	104	110	111	240

3-19 续表 1 单位：万平方米

地区	1~2 月	1~3 月	1~4 月	1~5 月	1~6 月	1~7 月	1~8 月	1~9 月	1~10 月	1~11 月	1~12 月
惠州	55	128	166	189	209	262	289	302	342	382	476
嘉兴	19	87	63	76	105	188	189	200	247	281	415
金华	93	205	222	147	167	229	289	302	400	354	552
晋城	--	--	--	--	--	--	--	--	--	--	--
丽江	--	7	7	7	7	8	8	8	8	--	13
丽水	24	47	57	51	74	91	91	115	130	130	172
临沂	37	47	38	65	67	98	123	140	153	174	265
柳州	--	--	--	--	--	--	--	--	--	--	165
龙岩	63	107	128	149	169	169	--	185	200	242	273
茂名	--	--	--	--	--	--	--	--	--	--	--
梅州	21	35	41	45	77	81	86	115	127	158	176
齐齐哈尔	--	21	22	19	19	4	15	15	15	31	53
钦州	--	--	--	--	--	--	--	--	--	--	--
清远	61	84	109	141	144	154	181	190	214	236	317
衢州	13	40	54	35	63	79	79	106	118	123	142
日照	41	60	70	87	93	93	--	--	--	--	--
汕头	67	120	160	211	236	246	322	336	336	383	472
韶关	--	--	--	--	--	--	--	--	--	--	--
绍兴	--	--	--	--	--	--	--	--	--	--	--
台州	--	--	--	--	--	--	--	--	--	302	689
泰安	60	76	105	128	139	138	174	185	172	191	206
泰州	21	25	26	25	44	49	55	71	124	134	235
唐山	8	7	8	13	17	19	30	44	46	54	200
咸宁	26	29	44	47	49	57	48	52	57	60	101
湛江	--	--	--	--	--	--	--	--	--	--	--
肇庆	--	--	--	--	--	--	--	--	--	--	332
中山	50	78	93	--	104	110	129	156	184	201	314
舟山	--	--	--	--	--	--	--	--	--	--	--
珠海	86	137	140	154	182	207	240	243	251	268	347
万宁	--	--	--	--	--	--	--	--	--	--	--
文昌	--	--	--	--	--	--	--	--	--	--	--
澄迈	--	--	--	--	--	--	--	--	--	--	--

数据来源：国家统计局。

3-20　2024 年重点城市商品房销售面积

单位：万平方米

地区	1~2 月	1~3 月	1~4 月	1~5 月	1~6 月	1~7 月	1~8 月	1~9 月	1~10 月	1~11 月	1~12 月
北京	115	233	303	374	510	587	658	767	847	938	1119
上海	201	394	505	611	783	920	1038	1206	1328	1470	1657
广州	109	267	354	458	631	717	803	967	--	--	--
深圳	53	131	181	229	320	365	408	480	565	669	839
重庆	413	866	1088	1331	1646	1836	2069	2365	2569	2770	2980
海口	30	51	75	112	153	193	225	253	275	313	381
杭州	107	209	268	348	475	551	618	700	782	886	1038
合肥	80	190	262	341	521	560	611	684	730	843	974
济南	115	240	299	386	486	559	638	816	881	940	1036
南宁	74	264	296	360	454	474	510	621	650	700	807
宁波	103	235	281	336	420	439	474	598	652	697	796
青岛	84	207	271	391	681	744	811	975	1033	1089	1194
三亚	21	41	55	72	90	103	122	139	144	151	162
苏州	--	--	--	--	--	--	--	--	--	--	1617
天津	108	325	393	491	656	730	803	901	999	1072	1184
温州	102	203	243	303	399	431	464	530	571	607	654
银川	25	58	79	95	114	132	--	173	--	--	263
百色	23	39	51	64	85	98	111	124	136	149	166
保定	32	94	127	179	249	275	300	351	385	419	532
北海	13	30	40	51	64	71	78	88	98	107	123
常州	--	--	--	--	--	--	--	--	--	--	388
儋州	6	9	13	18	23	27	30	34	37	43	46
德阳	65	89	110	126	151	--	--	--	--	--	--
鄂尔多斯	19	62	84	101	117	135	156	196	--	261	305
防城港	7	10	15	16	21	27	31	38	43	49	55
佛山	84	152	206	263	329	381	427	480	--	--	--
贵港	26	56	67	85	101	113	123	133	144	151	157
桂林	22	42	49	60	77	85	93	107	120	133	146
河源	18	35	44	54	65	71	77	94	105	112	133
贺州	10	21	25	30	39	44	49	57	67	75	89
衡阳	34	86	112	133	165	196	239	296	345	392	435
湖州	39	79	109	128	188	202	220	251	262	277	296
淮南	28	50	64	78	86	94	103	117	128	135	138

3-20 续表 1 单位：万平方米

地区	1~2 月	1~3 月	1~4 月	1~5 月	1~6 月	1~7 月	1~8 月	1~9 月	1~10 月	1~11 月	1~12 月
惠州	104	187	254	322	433	501	569	648	730	810	885
嘉兴	50	116	126	143	192	206	219	269	289	314	351
金华	56	169	191	235	288	324	342	411	444	463	496
晋城	10	--	39	--	67	75	88	--	--	--	--
丽江	--	8	11	14	17	20	23	27	35	--	44
丽水	14	59	73	80	114	120	130	181	197	205	241
临沂	83	210	261	343	512	566	622	731	819	897	981
柳州	24	52	62	77	94	104	113	129	141	153	164
龙岩	18	36	43	52	63	69	75	83	89	94	109
茂名	49	81	106	129	150	166	184	203	237	268	298
梅州	21	37	46	57	68	75	82	90	102	116	133
齐齐哈尔	--	15	21	25	29	35	39	44	48	56	62
钦州	38	53	60	71	87	93	104	114	130	142	158
清远	37	71	97	130	161	186	204	229	263	287	324
衢州	7	19	22	25	41	44	46	55	60	64	73
日照	19	46	56	78	115	125	--	--	--	--	--
汕头	28	54	77	100	134	152	170	189	215	238	270
韶关	23	41	50	63	75	86	98	112	130	145	160
绍兴	76	159	217	250	339	386	436	494	521	553	610
台州	79	134	162	200	265	295	324	371	402	440	481
泰安	41	86	113	139	190	222	254	301	329	365	409
泰州	59	103	124	160	213	251	290	331	386	451	540
唐山	31	65	87	106	130	154	176	202	234	260	331
咸宁	33	66	83	99	118	129	140	160	178	195	214
湛江	37	60	81	104	121	139	155	173	204	226	255
肇庆	40	77	96	121	150	168	181	209	230	250	271
中山	36	77	101	138	176	199	222	257	286	313	354
舟山	10	21	27	32	49	54	59	65	69	75	79
珠海	41	71	80	93	131	143	152	180	194	211	251
万宁	4	7	10	12	20	23	27	30	34	38	43
文昌	3	5	7	10	14	17	21	23	26	28	32
澄迈	3	7	11	17	24	27	33	37	41	43	47

数据来源：国家统计局。

3-21 2024年重点城市商品房销售额

单位：亿元

地区	1~2月	1~3月	1~4月	1~5月	1~6月	1~7月	1~8月	1~9月	1~10月	1~11月	1~12月
北京	355	691	966	1222	1643	1885	2117	2374	2684	3023	3577
上海	613	1444	2009	2481	3261	3705	4233	4825	5428	6076	6873
广州	--	--	--	--	--	--	--	--	--	--	--
深圳	--	--	--	--	--	--	--	--	--	--	--
重庆	275	565	722	898	1112	1260	1426	1617	1776	1918	2056
海口	42	74	112	151	217	260	288	313	338	389	469
杭州	296	555	738	984	1390	1605	1801	2032	2280	2600	2962
合肥	105	212	299	379	539	602	665	736	810	973	1135
济南	126	290	369	477	586	668	751	915	1014	1090	1208
南宁	56	165	182	227	301	318	344	425	448	484	561
宁波	155	310	393	491	631	665	722	878	985	1075	1241
青岛	115	280	368	551	917	995	1086	1316	1398	1482	1643
三亚	50	91	126	159	210	244	297	328	347	367	402
苏州	--	--	--	--	--	--	--	--	--	--	--
天津	178	428	532	694	914	1018	1126	1266	1442	1570	1754
温州	138	271	331	425	567	614	664	747	801	858	932
银川	20	52	68	84	100	115	--	148	--	--	219
百色	8	16	23	28	38	44	49	55	60	66	74
保定	--	--	--	--	--	--	--	--	--	--	--
北海	8	17	23	28	35	38	43	49	55	60	69
常州	--	--	--	--	--	--	--	--	--	--	--
儋州	6	9	12	16	21	24	26	29	32	38	40
德阳	32	44	53	61	72	--	--	--	--	--	--
鄂尔多斯	16	52	67	78	89	103	119	146	--	189	220
防城港	3	6	7	8	9	11	13	16	17	19	21
佛山	--	--	--	--	--	--	--	--	--	--	--
贵港	13	28	34	41	48	54	59	63	68	71	74
桂林	13	24	28	34	43	48	53	60	68	75	82
河源	10	17	23	27	32	36	39	45	50	54	66
贺州	4	8	10	12	16	18	21	23	27	30	34
衡阳	16	40	52	61	75	89	107	130	150	170	189
湖州	43	84	118	140	195	213	231	270	281	298	322
淮南	19	34	43	51	57	63	69	78	83	87	89

3-21 续表 1 单位：亿元

地区	1~2 月	1~3 月	1~4 月	1~5 月	1~6 月	1~7 月	1~8 月	1~9 月	1~10 月	1~11 月	1~12 月
惠州	94	171	230	290	382	439	493	557	625	691	773
嘉兴	69	130	147	170	230	252	272	339	363	401	448
金华	86	187	251	316	390	464	499	599	661	697	736
晋城	7	--	26	--	44	50	59	--	--	--	--
丽江	--	5	7	9	11	13	16	18	24	--	31
丽水	19	56	68	77	103	110	118	149	164	175	208
临沂	--	--	--	--	--	--	--	--	--	--	--
柳州	16	34	40	51	62	68	74	84	92	100	107
龙岩	12	24	30	35	44	47	52	57	60	64	75
茂名	30	51	67	82	94	104	115	125	146	163	181
梅州	11	19	24	30	36	40	44	48	55	62	71
齐齐哈尔	--	9	12	14	16	20	22	24	27	31	34
钦州	16	23	26	31	38	41	45	50	56	61	68
清远	25	45	61	79	94	107	117	132	151	164	185
衢州	10	24	27	32	48	51	55	63	70	75	87
日照	15	38	47	65	90	99	--	--	--	--	--
汕头	--	--	--	--	--	--	--	--	--	--	--
韶关	13	22	27	35	42	48	54	61	71	79	87
绍兴	123	241	326	369	489	563	628	725	775	832	905
台州	103	177	224	286	374	420	460	520	564	618	669
泰安	30	68	85	102	134	155	173	202	220	241	274
泰州	68	116	136	173	225	260	297	332	383	431	496
唐山	24	52	69	85	105	124	144	165	191	212	270
咸宁	16	30	37	45	53	58	62	70	78	84	92
湛江	33	55	74	95	110	126	141	157	185	205	229
肇庆	23	45	--	70	85	94	102	119	129	142	154
中山	36	75	101	--	173	199	223	258	287	313	347
舟山	13	25	33	39	59	66	72	79	85	92	98
珠海	--	--	--	--	--	--	--	--	--	--	--
万宁	5	9	13	17	28	33	39	42	48	55	63
文昌	3	6	8	11	16	19	24	25	29	30	35
澄迈	4	8	13	20	28	32	37	42	45	48	53

数据来源：国家统计局。

3-22　2024年重点城市房地产开发投资额

单位：亿元

地区	1~2月	1~3月	1~4月	1~5月	1~6月	1~7月	1~8月	1~9月	1~10月	1~11月	1~12月
北京	462	943	1248	1685	2228	2538	2906	3306	3467	3620	3758
上海	929	1351	1806	2273	2775	3359	3889	4413	4941	5489	6229
广州	419	690	990	1284	1623	1807	2037	2371	2643	2885	3066
深圳	332	580	857	1204	1558	1828	2090	2393	2649	2925	--
重庆	304	633	829	1034	1357	1534	1750	2027	2222	2388	2566
海口	46	91	120	150	189	234	266	306	336	393	443
杭州	470	833	1202	1564	2083	2451	2845	3278	3591	3940	4222
合肥	191	325	456	608	788	920	1067	1204	1328	1451	1582
济南	177	362	496	691	880	1017	1146	1301	1406	1503	1558
南宁	52	121	155	189	242	271	294	336	357	384	444
宁波	266	457	630	814	1050	1223	1397	1587	1661	1769	1873
青岛	117	256	373	614	840	927	1076	1169	1308	1425	1512
三亚	44	93	111	141	170	199	231	267	293	327	351
苏州	395	722	994	1299	1639	1827	2002	2181	2364	2470	2509
天津	187	320	404	500	641	731	823	939	1031	1126	1262
温州	155	281	380	531	676	792	898	1012	1093	1194	1259
银川	7	33	49	68	106	126	150	192	211	234	253
百色	6	17	22	27	35	40	45	53	57	63	72
保定	--	--	--	--	--	--	--	--	--	--	--
北海	8	16	21	25	31	34	38	42	45	47	51
常州	94	171	248	316	399	460	523	559	602	634	672
儋州	6	10	13	17	21	24	27	30	34	37	39
德阳	--	--	--	--	--	--	--	--	--	--	--
鄂尔多斯	5	19	32	55	90	111	135	156	--	193	201
防城港	5	6	7	8	10	13	14	16	17	19	22
佛山	87	192	291	378	481	571	663	742	810	880	942
贵港	8	17	25	32	40	49	57	65	69	71	72
桂林	11	16	23	27	34	38	42	53	55	59	65
河源	12	20	29	36	47	53	58	67	73	77	--
贺州	4	8	13	16	20	24	27	31	34	38	44
衡阳	20	37	53	65	87	101	117	134	150	166	184
湖州	109	147	191	238	284	335	382	435	476	518	549
淮南	19	38	53	68	83	90	100	109	123	133	143

3–22 续表 1

单位：亿元

地区	1~2 月	1~3 月	1~4 月	1~5 月	1~6 月	1~7 月	1~8 月	1~9 月	1~10 月	1~11 月	1~12 月
惠州	103	177	236	294	388	444	503	565	613	658	--
嘉兴	117	179	247	336	461	544	623	697	731	752	773
金华	84	173	201	271	370	469	561	680	788	881	939
晋城	4	18	29	40	56	74	93	113	131	144	156
丽江	--	8	12	14	18	20	21	23	24	--	28
丽水	40	59	84	106	130	157	187	223	253	289	333
临沂	64	135	199	258	300	348	379	424	471	508	530
柳州	12	22	27	36	46	53	59	67	73	78	86
龙岩	19	34	42	52	62	68	--	81	87	91	98
茂名	28	52	67	0	101	115	128	150	162	176	200
梅州	8	13	17	22	28	32	37	41	43	48	--
齐齐哈尔	--	1	4	7	12	14	15	18	19	20	21
钦州	7	11	15	18	22	26	30	34	38	43	49
清远	25	39	50	65	82	94	107	121	134	149	169
衢州	31	55	76	96	119	144	167	186	211	232	264
日照	19	35	48	56	98	116	127	146	158	176	192
汕头	28	56	80	102	142	162	177	191	208	227	243
韶关	13	20	25	32	42	48	54	61	68	75	--
绍兴	124	219	318	381	470	559	644	740	813	908	958
台州	96	161	208	292	407	473	561	652	688	708	733
泰安	33	52	76	101	140	162	177	190	201	214	221
泰州	52	89	104	134	169	191	210	235	262	290	309
唐山	--	--	--	--	--	--	--	--	--	--	--
咸宁	--	--	--	--	--	--	--	--	--	--	--
湛江	34	64	80	96	117	131	144	158	171	184	204
肇庆	23	45	58	71	81	90	99	111	119	127	--
中山	49	72	87	106	132	148	166	193	204	224	--
舟山	17	29	33	39	49	55	59	69	75	78	80
珠海	94	157	201	243	288	327	350	387	404	421	452
万宁	6	13	18	23	33	39	43	48	52	57	62
文昌	3	8	11	13	16	20	23	24	25	31	42
澄迈	6	13	17	21	28	32	34	36	40	43	49

数据来源：国家统计局。

第四章

2024年全国主要城市新房市场统计

4-1 2024年全国主要城市商品房供求全年汇总统计

城市	销售套数（套）	销售面积（万平方米）	销售价格（元/平方米）	销售额（亿元）	批准上市套数（套）	批准上市面积（万平方米）	可售套数（套）	可售面积（万平方米）	销供比
一线城市									
北京市	118926	1020.11	36572	3730.71	68325	570.79	355833	2174.92	1.79
上海市	165279	1487.91	41378	6156.74	220847	1814.77	506556	4144.81	0.82
广州市	140031	1118.94	32446	3630.47	76825	802.83	1012792	4935.00	1.39
深圳市	63541	690.03	52312	3609.66	54398	668.42	149262	1491.93	1.03
二线城市									
长春市	53215	567.10	9344	529.91	26603	283.85	101678	1106.84	2.00
长沙市	42628	566.00	14634	828.26	42402	585.09	142457	1434.85	0.97
成都市	303137	2325.53	14347	3336.45	333091	2273.51	1924298	9992.25	1.02
重庆市	116117	841.90	10734	903.70	136164	837.01	240509	1616.00	1.01
大连市	23340	248.94	15135	376.78	14013	179.90	177124	2757.89	1.38
福州市	98438	780.85	12347	964.14	50694	425.02	460741	2280.95	1.84
贵阳市	48806	479.38	10114	484.82	30458	302.22	227921	1985.61	1.59
哈尔滨市	11266	120.34	12491	150.32	18333	183.23	--	--	0.66
海口市	59881	551.64	13412	739.87	54023	478.46	277034	1958.86	1.15
杭州市	70992	997.88	29708	2964.47	62769	997.46	87397	1251.13	1.00
合肥市	57541	460.53	18397	847.24	60935	410.24	418688	2283.84	1.12
呼和浩特市	32548	390.30	12251	478.17	21910	240.47	--	--	1.62
济南市	145005	1134.37	11332	1285.43	108926	915.86	556751	3000.64	1.24
昆明市	73067	531.94	9717	516.89	62575	408.32	454864	2466.14	1.30
兰州市	31494	346.47	9380	325.00	25026	322.43	171476	2638.52	1.07
南昌市	27776	342.79	11348	389.01	28499	340.10	15444	206.47	1.01
南京市	72835	595.17	30566	1819.17	100256	482.17	692136	3128.74	1.23
南宁市	61186	505.80	11649	589.20	42152	322.15	418528	2857.28	1.57
宁波市	106373	667.07	18752	1250.86	92697	556.66	385195	1689.85	1.20
青岛市	98329	1164.54	14800	1723.48	55456	695.33	280542	3231.04	1.67
三亚市	14606	168.20	28539	480.02	16485	191.04	--	--	0.88
沈阳市	41984	496.91	12014	597.01	20227	279.30	189201	2021.56	1.78
石家庄市	40926	381.16	14248	543.07	25027	232.14	128152	766.39	1.64
苏州市	42970	576.27	23387	1347.74	32953	426.73	132119	1230.65	1.35
天津市	117049	1283.21	14489	1859.30	78068	947.14	103793	1115.59	1.35
温州市	64916	684.12	15189	1039.10	63485	658.61	179297	1882.05	1.04
无锡市	21639	258.06	21511	555.11	17208	237.94	79274	1018.40	1.08
武汉市	133171	1469.80	12903	1896.44	108523	1286.02	128039	1518.50	1.14

4-1 续表 1

城市	销售套数（套）	销售面积（万平方米）	销售价格（元/平方米）	销售额（亿元）	批准上市套数（套）	批准上市面积（万平方米）	可售套数（套）	可售面积（万平方米）	销供比
西安市	101649	976.17	17643	1722.24	152227	1309.60	484498	3341.67	0.75
西宁市	11784	122.46	10567	129.40	8586	89.09	54872	616.70	1.37
厦门市	42090	321.58	26639	856.66	24007	228.66	216189	1501.29	1.41
银川市	19664	263.62	8711	229.64	14525	176.93	--	--	1.49
郑州市	98125	1096.27	10381	1138.08	42278	520.02	468819	4944.49	2.11
三四线城市									
安庆市	6472	66.09	9304	61.49	3145	40.21	--	--	1.64
百色市	15785	167.91	4794	80.50	12309	138.52	114581	965.58	1.21
宝鸡市	6421	83.22	6450	53.67	55925	590.62	--	--	0.14
保定市	15522	188.45	11807	222.51	--	--	--	--	--
北海市	24501	205.68	7234	148.79	58775	452.82	82053	468.69	0.45
沧州市	16901	199.65	9591	191.48	21959	264.82	39010	394.09	0.75
常州市	44826	331.47	11824	391.92	47288	364.59	--	--	0.91
郴州市	3778	45.29	7124	32.27	--	--	--	--	--
池州市	4266	29.13	7205	20.99	1662	9.35	21369	124.21	3.12
滁州市	--	--	--	--	1681	20.27	--	--	--
儋州市	9384	81.51	12109	98.70	106240	870.60	65242	576.14	0.09
德阳市	21934	159.49	8452	134.80	13982	82.54	132496	754.00	1.93
东莞市	49140	395.96	20001	791.97	58249	528.87	199313	909.09	0.75
东营市	23074	244.36	7738	189.09	30958	280.72	100185	1150.97	0.87
鄂州市	3206	38.52	8454	32.56	--	--	--	--	--
防城港市	9724	72.56	4884	35.44	1014	5.47	58978	639.12	13.27
佛山市	113200	871.35	12398	1080.31	97285	835.80	372052	1676.15	1.04
抚州市	20602	229.73	6694	153.78	753	10.50	73406	642.34	21.88
阜阳市	--	--	--	--	5813	74.93	--	--	--
赣州市	60178	448.01	7451	333.80	93033	696.99	--	--	0.64
贵港市	11486	108.18	6800	73.56	21166	162.72	54020	372.42	0.66
桂林市	2720	28.70	10673	30.63	2642	27.37	15535	122.38	1.05
邯郸市	38017	453.59	8750	396.91	18253	192.96	73062	792.44	2.35
河源市	19563	171.73	7484	128.53	17655	113.68	55463	509.90	1.51
菏泽市	14426	154.61	6832	105.63	14827	140.40	109751	590.01	1.10
贺州市	15034	148.19	5040	74.69	7683	73.10	50609	386.94	2.03
鹤壁市	3212	31.58	6934	21.90	1194	13.60	27518	293.82	2.32
衡阳市	16560	180.31	7629	137.56	4851	48.93	119167	983.22	3.69

4–1　续表 2

城市	销售套数（套）	销售面积（万平方米）	销售价格（元 / 平方米）	销售额（亿元）	批准上市套数（套）	批准上市面积（万平方米）	可售套数（套）	可售面积（万平方米）	销供比
湖州市	12427	162.08	13748	222.84	18794	187.09	--	--	0.87
淮安市	31197	284.86	6797	193.62	29500	234.05	--	--	1.22
淮北市	9153	95.08	8261	78.55	10719	100.75	57929	717.70	0.94
淮南市	7975	87.35	7362	64.30	4162	54.56	--	--	1.60
黄石市	5536	67.89	6839	46.43	3515	48.38	14575	162.63	1.40
惠州市	46312	479.02	10339	495.27	27249	321.04	164750	1624.81	1.49
吉林市	11857	111.88	7730	86.48	--	--	--	--	--
济宁市	15077	200.73	8749	175.63	10247	169.20	35305	458.35	1.19
江门市	64745	502.30	6887	345.93	25882	293.38	88066	913.82	1.71
焦作市	2959	35.86	6308	22.62	1833	22.68	--	--	1.58
金华市	4029	45.53	17236	78.48	5040	61.37	28218	526.35	0.74
景德镇市	7071	87.90	7532	66.21	5020	59.87	15185	182.65	1.47
九江市	13104	133.63	9318	124.51	348	4.32	--	--	30.93
乐山市	7213	58.95	6512	38.39	13880	92.39	--	--	0.64
丽水市	21706	213.43	11554	246.61	24484	197.13	78245	666.36	1.08
连云港市	32973	359.35	8879	319.07	29811	261.15	143034	948.57	1.38
柳州市	30552	168.85	6795	114.74	28503	143.95	--	--	1.17
六安市	6038	63.54	6396	40.64	4539	51.50	47453	481.34	1.23
泸州市	32324	233.04	5954	138.74	40217	239.93	224121	1448.11	0.97
洛阳市	11971	135.59	8748	118.62	8832	90.16	182408	1577.94	1.50
漯河市	8077	92.32	6233	57.55	10154	122.25	25546	261.57	0.76
马鞍山市	4542	54.53	10653	58.09	2912	35.88	--	--	1.52
茂名市	25633	257.85	7378	190.23	44800	303.50	190771	1016.24	0.85
眉山市	55770	379.81	6537	248.28	--	--	--	--	--
梅州市	18585	168.92	6855	115.79	21339	123.23	122877	654.00	1.37
绵阳市	30341	219.06	7117	155.92	6240	66.76	--	--	3.28
南充市	36726	244.26	7597	185.56	43073	176.98	113871	525.76	1.38
南平市	455	4.03	5361	2.16	--	--	--	--	--
南通市	26599	215.68	14254	307.43	29199	226.57	139930	1018.66	0.95
南阳市	17355	200.04	7698	153.99	14757	173.71	--	--	1.15
宁德市	5175	51.10	11001	56.22	7651	66.43	21397	147.77	0.77
平顶山市	6382	76.58	7108	54.43	3067	42.44	43132	505.32	1.80
莆田市	14598	108.16	9657	104.45	7197	53.47	78678	488.44	2.02
濮阳市	2992	38.80	9144	35.48	2358	26.14	79522	525.66	1.48
钦州市	8389	99.29	5239	52.02	12601	108.06	85720	699.06	0.92

4-1 续表 3

城市	销售套数（套）	销售面积（万平方米）	销售价格（元/平方米）	销售额（亿元）	批准上市套数（套）	批准上市面积（万平方米）	可售套数（套）	可售面积（万平方米）	销供比
秦皇岛市	14280	134.18	9779	131.21	2043	19.84	--	--	6.76
清远市	54423	472.88	6638	313.90	59196	420.96	310988	1709.76	1.12
衢州市	3228	40.15	17797	71.46	2871	49.64	--	--	0.81
泉州市	38169	298.27	10616	316.64	45430	370.09	296860	1646.26	0.81
三明市	1289	8.52	8539	7.28	917	5.99	--	--	1.42
汕头市	28197	264.00	10591	279.61	28772	205.35	185182	840.56	1.29
上饶市	7988	91.67	9238	84.68	812	9.77	19165	265.57	9.38
韶关市	11075	114.95	5902	67.84	31431	331.00	--	--	0.35
绍兴市	4753	62.83	22278	139.97	2409	28.46	19651	251.85	2.21
宿州市	9959	114.67	7378	84.60	--	--	--	--	--
泰安市	12178	151.16	9359	141.47	6515	75.52	48231	586.98	2.00
泰州市	3367	41.74	14142	59.03	2004	24.83	20334	225.14	1.68
唐山市	38265	442.61	8462	374.55	28585	336.08	163846	1909.29	1.32
天水市	5493	57.14	9014	51.51	5249	56.37	58398	610.79	1.01
铜陵市	3289	28.51	6517	18.58	6499	46.15	92625	684.68	0.62
威海市	18393	137.26	11304	155.15	8286	68.72	131190	801.77	2.00
潍坊市	--	--	--	--	8040	129.27	--	--	--
渭南市	4373	53.34	6492	34.63	4690	62.26	40862	536.98	0.86
芜湖市	10384	120.33	10686	128.59	7482	71.05	26778	398.63	1.69
咸宁市	8477	93.82	5383	50.5	4128	40.18	56949	615.56	2.33
襄阳市	13513	160.81	8775	141.11	21731	246.69	121242	1322.61	0.65
新乡市	10882	136.8	7776	106.37	12567	147.31	--	--	0.93
信阳市	--	--	--	--	5490	77.09	--	--	--
徐州市	63934	729.98	9178	669.96	40180	422.39	236865	1639.92	1.73
烟台市	17658	223.71	12970	290.16	13511	172.73	86536	958.91	1.30
盐城市	9493	114.09	12515	142.78	6212	80.07	--	--	1.42
扬州市	9188	121.8	14534	177.02	5649	74.4	88647	549.54	1.64
阳江市	13795	145.1	5861	85.04	21286	198.8	123201	722.82	0.73
宜宾市	11381	130.76	8008	104.72	19836	222	15167	175.97	0.59
宜昌市	--	--	--	--	--	37.19	--	--	--
宜春市	892	10.14	10630	10.78	194	1.74	--	--	5.83
永州市	--	--	--	--	1379	15.97	--	--	--
岳阳市	20186	213.99	8787	188.03	5895	81.96	27004	298.6	2.61
云浮市	6172	57.9	11743	67.99	3948	21.26	33520	158.52	2.72
运城市	8753	118.64	6872	81.53	--	--	--	--	--
湛江市	35246	294.05	10109	297.25	47231	365.95	152963	768.55	0.80

4–1　续表 4

城市	销售套数（套）	销售面积（万平方米）	销售价格（元/平方米）	销售额（亿元）	批准上市套数（套）	批准上市面积（万平方米）	可售套数（套）	可售面积（万平方米）	销供比
漳州市	34225	325.63	7336	238.88	--	--	--	--	--
肇庆市	43258	283.78	6413	182	38315	205.07	190807	760.57	1.38
镇江市	32962	367.72	8953	329.21	12810	149.51	74430	674.4	2.46
中山市	48416	315.72	10176	321.29	18030	187.88	62902	763.37	1.68
舟山市	4511	49.5	15697	77.7	560	6.5	20229	197.55	7.62
珠海市	21671	225.51	22629	510.31	32463	323.25	112820	1298.56	0.70
资阳市	730	6.63	8527	5.65	974	6.14	34142	164.62	1.08
淄博市	43023	545.48	8191	446.81	15084	198.79	62612	694.98	2.74
遵义市	21613	166.4	5305	88.28	--	--	--	--	--

数据来源：中指数据库监测。

4-2 2024年全国主要城市商品房成交套数统计

单位：套

城市	1月	2月	3月	4月	5月	6月	7月	8月	9月	10月	11月	12月	汇总
一线城市													
北京市	14707	5462	9987	8679	9337	9590	10235	8981	7555	8518	11568	14307	118926
上海市	13876	4361	16076	13287	12146	14144	16230	14167	11016	15666	15638	18672	165279
广州市	7224	4499	11156	11759	9687	12978	9566	12381	11529	15199	13749	20304	140031
深圳市	3401	1281	3452	3396	3065	4363	4621	3966	4369	6949	12181	12497	63541
二线城市													
长春市	3316	1176	6423	5087	3641	4658	3638	3882	4808	4892	6274	5420	53215
长沙市	3219	1326	3090	2669	4467	7206	2940	2022	2790	4432	3741	4726	42628
成都市	28253	16690	22410	22037	34114	28854	27662	21314	17289	19018	29612	35884	303137
重庆市	8638	6440	11626	7540	11488	10697	7216	7648	9198	11010	11653	12963	116117
大连市	2323	1256	1168	5786	1574	1832	1588	1727	2438	1999	1169	480	23340
福州市	7503	5484	10206	10252	6863	7553	12394	5478	8803	9216	7910	6776	98438
贵阳市	4331	2316	5700	3127	3054	3809	3434	3920	4693	4212	4652	5558	48806
哈尔滨市	437	428	1140	984	914	620	803	898	1262	1154	752	1874	11266
海口市	3071	2016	2938	3574	4488	20564	3219	3343	2209	2910	5018	6531	59881
杭州市	4823	2020	6817	4621	5782	9353	5358	3943	5549	6033	7437	9256	70992
合肥市	4459	2652	4232	4613	5107	4653	4895	3449	3914	4956	6212	8399	57541
呼和浩特市	2231	1503	3181	2505	2502	2296	3140	2665	3228	3713	3110	2474	32548
济南市	14321	7293	16895	12075	12385	14123	12413	10820	13147	10201	9724	11608	145005
昆明市	5873	3461	5763	5441	7433	6610	3764	5463	5876	6857	7025	9501	73067
兰州市	1569	697	4340	2367	1723	1988	2372	3631	3110	4013	3241	2443	31494
南昌市	1816	1217	1745	1670	2012	2391	2361	1872	3058	4014	2809	2811	27776
南京市	5384	2693	6144	5686	4790	6622	7912	5856	5996	6113	7444	8195	72835
南宁市	4243	2858	7042	3268	4904	5918	4081	8237	2653	4792	5310	7880	61186
宁波市	7733	3106	9751	7381	8237	8441	5768	7951	10963	8939	9703	18400	106373
青岛市	6436	2476	9298	6515	8510	20252	7222	5675	11340	5625	6401	8579	98329
三亚市	2140	1308	1470	1860	1207	2279	1944	884	1514	--	--	--	14606
沈阳市	3652	2019	6493	2619	3238	4134	2580	2549	3628	2478	3910	4684	41984
石家庄市	3288	2029	4258	3764	3397	5146	5115	3076	2733	2614	2220	3286	40926
苏州市	2956	1667	3836	2333	2729	4280	2960	2407	2729	3864	4507	8702	42970
天津市	6196	6661	18947	6857	7957	19533	5663	5864	8336	10798	8753	11484	117049
温州市	3921	7306	8035	5003	5107	10777	3375	3281	5575	4947	4001	3588	64916
无锡市	2161	746	1931	2023	1529	1919	1371	1060	1664	1587	2219	3429	21639
武汉市	10427	4686	7528	6926	7678	9676	9117	7052	5625	11917	17545	34994	133171
西安市	9899	4481	7107	9467	8605	8596	8967	8382	8574	8482	10601	8488	101649

4-2　续表 1　　　　单位：套

城市	1 月	2 月	3 月	4 月	5 月	6 月	7 月	8 月	9 月	10 月	11 月	12 月	汇总
西宁市	1042	344	969	960	1158	705	749	796	1217	1139	978	1727	11784
厦门市	3602	2089	2582	2644	2404	3557	3331	1989	1943	5974	6251	5724	42090
银川市	1225	552	1052	2799	1325	1357	1667	2380	1598	2316	1759	1634	19664
郑州市	8695	4189	7553	5960	11579	11377	6259	7070	7694	7954	9104	10691	98125
三四线城市													
安庆市	657	868	305	1455	489	360	240	206	522	540	236	594	6472
百色市	851	821	892	3501	1074	1002	1246	991	967	1271	1739	1430	15785
宝鸡市	486	578	1072	841	978	512	426	278	459	324	260	207	6421
保定市	1161	526	886	1127	2367	1897	1703	1104	1666	941	967	1177	15522
北海市	--	--	--	--	2215	2816	2330	2865	3753	2511	2355	5655	24501
沧州市	720	496	829	715	1391	977	829	586	705	959	2433	6261	16901
常州市	3304	2701	3535	3628	3531	4791	3377	3881	4087	4687	3656	3648	44826
郴州市	278	292	286	177	554	191	405	208	325	349	384	329	3778
池州市	253	226	283	233	282	299	773	290	283	280	652	412	4266
儋州市	458	483	790	422	1913	1228	378	1540	714	344	525	589	9384
德阳市	1989	2225	3031	1915	1885	1839	1477	1453	1122	1232	1814	1952	21934
东莞市	6058	1136	3009	2645	2097	3656	1983	2355	5446	8800	5522	6433	49140
东营市	1727	806	1923	1246	1504	2969	1332	1621	1777	1411	2219	4539	23074
鄂州市	380	231	375	373	444	296	411	260	275	161	--	--	3206
防城港市	--	--	--	--	778	2503	3000	638	973	552	508	772	9724
佛山市	9335	4791	10124	8659	8535	10893	10472	8565	8809	11549	9596	11872	113200
抚州市	1070	2680	1318	1175	1378	1315	1008	963	967	1314	2710	4704	20602
赣州市	3308	7987	3630	5171	4775	4643	6193	3802	4315	5697	4816	5841	60178
贵港市	585	769	2723	486	1000	442	1151	353	315	887	2506	269	11486
桂林市	252	208	427	144	347	161	187	125	135	232	188	314	2720
邯郸市	3388	2431	3517	3218	3418	3613	2873	3061	1804	1870	3586	5238	38017
河源市	--	--	--	247	2939	1766	2530	1499	2975	2012	2272	3323	19563
菏泽市	1124	1129	1448	984	1915	1167	1247	1349	1191	1262	784	826	14426
贺州市	897	1053	1849	2696	1669	1209	665	610	603	2144	674	965	15034
鹤壁市	--	--	--	--	--	--	--	922	628	573	534	555	3212
衡阳市	728	1016	1038	923	2572	1382	721	898	1637	2928	2240	477	16560
湖州市	1259	692	1452	1005	863	1793	920	713	932	937	935	926	12427
淮安市	1483	4844	2772	3145	2193	3122	2463	4656	1548	1560	1824	1587	31197
淮北市	525	790	428	394	1060	531	508	1328	980	982	646	981	9153
淮南市	912	924	1132	455	574	546	718	459	1009	617	489	140	7975

4–2 续表 2 单位：套

城市	1月	2月	3月	4月	5月	6月	7月	8月	9月	10月	11月	12月	汇总
黄石市	592	373	535	666	248	470	535	349	408	611	186	563	5536
惠州市	4210	1777	3536	4240	3865	3451	3349	3388	3972	4484	4465	5575	46312
吉林市	2803	340	1034	510	612	937	1631	711	466	566	578	1669	11857
济宁市	167	26	17	1659	1056	3102	1855	1515	1322	1377	1423	1558	15077
江门市	5007	3408	5140	5391	5312	5406	5944	5318	4651	6672	5539	6957	64745
焦作市	385	138	344	193	288	202	100	6	354	180	610	159	2959
金华市	469	133	984	192	394	235	146	168	250	575	304	179	4029
景德镇市	525	232	359	330	572	355	453	410	258	377	2789	411	7071
九江市	1545	1460	1582	1540	1565	1434	1624	612	473	649	269	351	13104
乐山市	223	322	595	658	600	502	290	1599	504	415	541	964	7213
丽水市	1990	1130	2873	1075	1967	2196	1424	1063	3651	1485	846	2006	21706
连云港市	1966	1797	1980	1917	8896	2185	2723	2002	1174	1818	1895	4620	32973
柳州市	2067	1930	3131	2955	2360	1648	2013	2363	1586	2107	1945	6447	30552
六安市	536	627	709	576	614	391	444	552	322	261	526	480	6038
泸州市	2275	3026	2018	2796	2463	3341	2334	1542	2714	2922	2259	4634	32324
洛阳市	1194	480	1055	1213	1148	1032	936	1038	855	968	904	1148	11971
漯河市	979	969	1098	--	--	2036	261	82	486	829	344	993	8077
马鞍山市	--	519	517	221	368	280	272	211	689	864	280	321	4542
茂名市	963	1283	1373	1376	1810	1680	1846	2551	2329	3314	3996	3112	25633
眉山市	9504	5398	5330	4017	4763	5090	2106	2730	3907	3472	3940	5513	55770
梅州市	1924	1463	1792	1180	1348	2249	1548	1296	1675	1594	1266	1250	18585
绵阳市	2386	2221	3120	992	1324	2971	2701	3022	2369	1959	2999	4277	30341
南充市	1744	4489	6721	1808	1676	2185	3026	2090	2874	1512	4080	4521	36726
南平市	112	86	94	82	81	--	--	--	--	--	--	--	455
南通市	4390	1349	3204	2363	3456	1592	1415	2604	1564	1706	1295	1661	26599
南阳市	721	885	3037	1583	1076	2567	1564	2203	1979	601	522	617	17355
宁德市	313	410	346	261	587	194	237	305	475	474	741	832	5175
平顶山市	552	340	456	795	541	339	343	492	436	564	831	693	6382
莆田市	1441	1529	721	770	553	946	567	791	547	1200	3502	2031	14598
濮阳市	--	--	--	--	--	--	--	668	440	578	523	783	2992
钦州市	847	1489	321	381	607	1155	358	806	522	664	577	662	8389
秦皇岛市	341	549	1285	538	1104	1716	1559	--	1838	1819	1483	2048	14280
清远市	2619	1654	3043	2763	3806	5381	5379	7589	5462	6427	5346	4954	54423
衢州市	226	113	340	168	334	555	124	144	225	243	377	379	3228
泉州市	3473	2914	3504	2820	3033	3088	3713	2350	2934	3154	3346	3840	38169
三明市	221	370	227	230	241	--	--	--	--	--	--	--	1289
汕头市	2064	1974	2557	2523	2683	2503	2148	2216	1853	2831	2294	2551	28197
上饶市	1124	1531	1622	1158	1100	204	245	282	500	27	127	68	7988

4-2　续表 3　　单位：套

城市	1月	2月	3月	4月	5月	6月	7月	8月	9月	10月	11月	12月	汇总
韶关市	653	399	446	660	782	502	957	1235	1094	1747	1221	1379	11075
绍兴市	447	211	436	545	343	311	296	217	252	403	567	725	4753
宿州市	905	1986	1550	836	815	493	516	406	816	605	437	594	9959
泰安市	1013	739	1799	613	618	656	1039	940	738	1236	1231	1556	12178
泰州市	104	355	267	252	273	250	152	178	242	502	426	366	3367
唐山市	3030	1315	3784	2693	2744	2719	3402	2855	3937	4010	3146	4630	38265
天水市	785	210	532	586	336	327	434	472	462	701	255	393	5493
铜陵市	--	--	--	--	313	587	353	211	304	206	730	585	3289
威海市	1127	387	2537	1440	1157	1446	2029	1119	2479	2110	1166	1396	18393
渭南市	545	280	573	454	377	288	270	230	253	443	332	328	4373
芜湖市	482	571	580	579	628	673	1144	1335	564	812	1464	1552	10384
咸宁市	701	709	690	778	548	594	653	979	493	653	702	977	8477
襄阳市	796	633	796	889	1125	1111	843	740	1926	1394	1639	1621	13513
新乡市	2453	2514	3159	2756	--	--	--	--	--	--	--	--	10882
徐州市	4423	3258	3596	3108	4033	4647	3289	2966	3343	4063	9709	17499	63934
烟台市	1828	483	1702	1183	1083	801	1056	1091	1490	1994	1817	3130	17658
盐城市	655	1090	365	574	629	543	917	1148	495	1624	339	1114	9493
扬州市	1016	601	433	893	957	990	428	517	784	808	848	913	9188
阳江市	--	--	--	852	1921	1990	1428	1295	1095	1841	1629	1744	13795
宜宾市	1251	847	3079	444	742	594	639	647	329	779	872	1158	11381
宜春市	350	247	183	112	--	--	--	--	--	--	--	--	892
岳阳市	976	755	4754	1947	1863	1713	1458	1294	1840	1200	1209	1177	20186
云浮市	--	--	--	260	1000	1146	508	253	231	1113	1169	492	6172
运城市	829	585	952	780	894	863	905	730	487	582	622	524	8753
湛江市	2809	2254	2882	3015	2983	2381	2822	3074	2722	3914	3068	3322	35246
漳州市	2603	1266	3828	2815	2110	3488	2799	2055	2789	5441	3089	1942	34225
肇庆市	3524	3779	3349	2786	4399	3391	3853	3101	3969	3813	3570	3724	43258
镇江市	3824	1486	3669	2380	2486	4415	3321	1573	2293	2884	2642	1989	32962
中山市	5212	1188	3582	6796	3751	3272	3758	2985	4199	4447	4200	5026	48416
舟山市	220	124	570	299	384	1093	175	253	299	337	369	388	4511
珠海市	2052	1114	1691	2403	1262	2907	1611	1127	1213	1692	2238	2361	21671
资阳市	--	--	--	--	--	--	--	--	--	116	317	297	730
淄博市	2299	1304	2302	3808	4973	5549	3900	3617	3750	3885	3395	4241	43023
遵义市	1273	2439	1129	2295	823	3840	1774	2531	2170	1082	1179	1078	21613

数据来源：中指数据库监测。

4-3　2024年全国主要城市商品房成交面积统计

单位：万平方米

城市	1月	2月	3月	4月	5月	6月	7月	8月	9月	10月	11月	12月	汇总
一线城市													
北京市	127.14	37.33	85.55	67.76	66.58	87.39	87.87	78.69	72.64	74.78	98.83	135.55	1020.11
上海市	112.94	40.83	142.98	121.35	108.68	140.86	133.63	126.95	109.95	149.71	139.91	160.12	1487.91
广州市	57.78	37.04	84.44	76.77	78.55	106.93	85.82	96.89	78.49	137.95	118.82	159.46	1118.94
深圳市	34.54	12.84	36.00	35.77	31.21	44.38	46.56	46.12	49.00	68.22	117.40	167.99	690.03
二线城市													
长春市	33.41	12.27	62.28	55.01	44.33	48.86	33.89	44.21	54.76	50.29	65.73	62.06	567.10
长沙市	36.67	17.08	37.44	33.69	58.20	96.63	37.63	27.93	37.86	66.32	50.14	66.41	566.00
成都市	192.81	110.97	172.36	193.90	235.17	208.48	189.27	157.47	142.68	164.22	252.70	305.50	2325.53
重庆市	59.08	44.51	96.22	55.04	79.46	75.31	52.87	52.86	59.16	89.58	88.38	89.43	841.90
大连市	24.96	15.17	12.46	60.75	16.46	19.23	16.42	20.35	25.14	20.39	12.49	5.12	248.94
福州市	61.41	53.35	81.19	78.54	47.71	60.82	97.77	39.28	68.84	75.19	62.61	54.14	780.85
贵阳市	33.93	23.80	42.15	36.43	33.35	40.49	35.68	36.35	40.86	46.38	49.21	60.75	479.38
哈尔滨市	4.48	4.18	11.13	9.65	11.45	6.70	8.18	9.20	13.85	12.37	8.31	20.84	120.34
海口市	24.66	15.91	27.51	34.55	41.77	193.50	27.37	33.34	17.80	24.62	45.45	65.16	551.64
杭州市	82.07	26.05	105.18	61.61	78.48	140.04	66.30	57.08	75.98	78.68	97.23	129.18	997.88
合肥市	34.10	20.55	32.73	38.85	38.56	37.46	40.92	27.53	28.40	39.50	49.50	72.43	460.53
呼和浩特市	26.01	17.00	38.71	27.35	35.34	35.14	41.51	29.40	31.53	43.14	36.50	28.67	390.30
济南市	119.34	50.91	140.53	85.81	91.43	91.84	95.21	75.88	111.99	88.88	91.08	91.47	1134.37
昆明市	43.56	23.15	43.58	38.28	49.07	47.15	27.67	36.71	43.62	59.79	50.45	68.91	531.94
兰州市	17.37	7.50	46.33	25.74	18.24	21.50	25.41	48.27	33.90	39.48	34.78	27.95	346.47
南昌市	17.22	18.09	18.55	19.20	23.92	23.33	37.93	27.64	38.75	47.80	33.08	37.28	342.79
南京市	34.86	19.23	39.50	46.52	39.43	59.66	59.86	45.96	50.29	52.29	69.15	78.42	595.17
南宁市	31.29	41.64	55.29	27.48	36.79	53.65	34.86	58.13	20.06	41.75	44.59	60.27	505.80
宁波市	48.92	23.03	60.12	43.49	59.75	68.68	27.65	49.12	64.14	61.36	54.70	106.11	667.07
青岛市	74.58	30.01	111.20	73.55	105.28	234.48	72.83	70.91	130.17	67.12	79.19	115.22	1164.54
三亚市	24.53	14.49	16.80	19.99	13.48	26.04	24.30	10.93	17.64	--	--	--	168.20
沈阳市	40.10	22.81	70.22	38.76	37.53	47.92	32.21	28.94	42.34	29.27	49.95	56.86	496.91
石家庄市	29.41	18.30	33.79	33.94	31.31	54.18	38.03	28.93	27.90	28.56	25.58	31.23	381.16
苏州市	40.37	22.74	56.50	29.02	32.58	65.18	37.19	38.67	47.80	50.19	52.17	103.86	576.27
天津市	71.64	68.57	197.03	77.25	89.54	197.44	66.96	73.37	97.28	117.10	99.89	127.14	1283.21
温州市	48.20	78.71	84.73	48.75	55.75	96.55	34.84	36.63	53.75	55.87	46.05	44.29	684.12
无锡市	22.94	8.53	21.70	20.12	20.91	24.46	17.81	13.09	19.73	19.13	23.18	46.46	258.06
武汉市	100.18	46.45	82.74	72.04	85.97	118.90	97.09	79.18	61.53	137.86	196.28	391.58	1469.80
西安市	91.03	45.41	70.90	107.24	91.40	85.34	78.12	74.73	69.05	83.54	96.58	82.83	976.17

4-3　续表 1　　　　单位：万平方米

城市	1月	2月	3月	4月	5月	6月	7月	8月	9月	10月	11月	12月	汇总
西宁市	8.11	3.50	12.01	11.15	10.37	7.80	8.05	14.83	10.48	13.23	11.11	11.82	122.46
厦门市	29.07	18.31	17.90	20.84	17.31	30.29	24.48	17.13	14.52	47.72	42.53	41.48	321.58
银川市	15.75	14.90	13.70	37.83	17.19	17.45	21.28	29.47	20.59	32.14	22.48	20.84	263.62
郑州市	91.04	40.62	74.79	72.11	123.02	125.30	74.63	78.42	79.68	96.87	113.61	126.18	1096.27
三四线城市													
安庆市	6.39	9.58	3.65	9.00	6.44	4.40	2.55	2.48	6.09	6.57	2.55	6.39	66.09
百色市	8.77	8.60	9.50	35.33	11.14	11.60	13.06	9.82	11.31	14.73	19.30	14.75	167.91
宝鸡市	7.29	7.91	13.82	11.23	12.18	6.13	5.26	3.47	5.71	3.82	3.64	2.76	83.22
保定市	13.95	14.74	10.93	13.10	27.09	21.22	19.09	12.92	18.25	10.81	13.48	12.87	188.45
北海市	--	--	--	--	21.13	22.86	19.25	23.43	29.46	18.06	20.29	51.19	205.67
沧州市	9.01	5.71	9.03	8.22	17.63	11.82	10.83	7.32	8.73	13.45	27.61	70.29	199.65
常州市	24.39	18.15	26.25	21.83	30.16	30.57	25.96	29.88	31.72	32.94	27.79	31.83	331.47
郴州市	3.27	3.29	3.59	1.71	6.87	2.36	4.70	2.62	3.64	4.53	4.62	4.09	45.29
池州市	2.03	1.98	2.16	2.54	1.93	2.25	3.72	1.80	1.85	2.47	3.76	2.64	29.13
儋州市	4.68	4.44	7.73	4.03	17.31	9.08	4.02	11.07	6.12	3.42	4.64	4.97	81.51
德阳市	13.35	19.03	17.43	17.64	12.71	13.08	11.71	9.90	8.95	9.74	12.85	13.10	159.49
东莞市	43.09	9.86	29.87	28.14	31.16	34.71	17.78	20.01	45.23	63.45	32.53	40.13	395.96
东营市	18.89	8.19	19.60	13.42	16.20	32.70	14.72	22.70	18.83	16.53	22.20	40.38	244.36
鄂州市	5.21	2.84	4.73	4.23	5.05	3.42	4.82	3.11	3.31	1.80	--	--	38.52
防城港市	--	--	--	--	6.51	13.84	16.85	6.30	10.66	5.26	4.86	8.28	72.56
佛山市	81.35	34.89	68.51	65.20	74.75	81.80	72.91	55.89	66.28	100.10	81.50	88.17	871.35
抚州市	11.27	26.59	20.02	12.23	14.71	14.21	10.91	10.25	12.27	14.85	28.78	53.64	229.73
赣州市	19.64	51.31	26.90	37.53	34.45	40.07	36.15	28.98	33.17	47.93	38.87	53.01	448.01
贵港市	6.03	8.08	22.27	5.71	8.16	3.26	13.88	3.58	3.33	7.08	23.94	2.86	108.18
桂林市	2.63	2.28	4.80	1.38	3.26	1.79	1.87	1.30	1.49	2.57	2.15	3.18	28.70
邯郸市	48.76	29.30	38.85	36.93	39.05	48.47	34.29	35.88	19.33	20.55	41.02	61.16	453.59
河源市	--	--	--	2.33	20.90	16.43	19.70	15.89	20.63	18.68	23.61	33.56	171.73
菏泽市	13.81	12.50	15.91	10.94	15.62	13.08	14.44	13.02	11.51	15.08	9.32	9.38	154.61
贺州市	9.06	9.77	14.39	26.31	16.28	11.18	6.87	7.06	6.10	22.15	7.91	11.11	148.19
鹤壁市	--	--	--	--	--	--	--	7.19	6.68	6.54	5.60	5.57	31.58
衡阳市	7.89	11.20	10.18	9.05	28.60	14.41	8.23	10.09	21.84	26.24	23.25	9.33	180.31
湖州市	15.01	8.12	18.67	13.48	10.95	23.02	13.33	9.28	12.17	10.82	13.75	13.48	162.08
淮安市	13.58	36.17	29.17	28.61	20.30	26.92	26.72	36.94	15.66	15.62	18.12	17.05	284.86
淮北市	6.11	6.31	4.60	4.37	8.49	5.75	5.72	15.03	10.47	11.44	6.85	9.94	95.08
淮南市	9.86	10.59	12.13	4.98	6.14	5.87	7.26	5.09	10.63	6.87	4.97	2.96	87.35

4-3 续表 2 单位：万平方米

城市	1月	2月	3月	4月	5月	6月	7月	8月	9月	10月	11月	12月	汇总
黄石市	6.67	4.60	6.69	7.99	2.85	5.66	6.61	5.78	4.80	7.25	2.31	6.68	67.89
惠州市	41.46	17.56	40.78	44.67	39.19	36.23	35.15	33.29	40.11	44.87	49.14	56.57	479.02
吉林市	18.03	3.89	11.20	5.49	6.50	8.67	20.26	6.31	6.73	5.85	5.62	13.33	111.88
济宁市	2.08	0.24	0.16	23.18	13.11	37.01	26.09	21.20	20.60	17.78	18.83	20.45	200.73
江门市	47.72	29.32	43.88	40.61	44.14	38.42	42.53	34.59	35.25	51.27	42.25	52.32	502.30
焦作市	3.57	1.91	4.74	2.29	3.69	2.63	1.20	0.07	4.62	2.27	6.82	2.05	35.86
金华市	4.81	1.77	10.47	3.04	4.22	2.66	2.40	2.02	2.48	6.57	3.19	1.90	45.53
景德镇市	6.64	3.23	4.26	3.71	7.52	4.23	5.96	5.14	3.11	4.83	33.71	5.56	87.90
九江市	15.80	14.03	14.97	14.87	14.63	13.92	17.56	8.15	5.29	7.48	2.59	4.34	133.63
乐山市	1.86	2.32	5.29	7.55	4.64	3.58	2.05	13.26	4.07	3.57	4.31	6.45	58.95
丽水市	16.06	11.66	28.27	11.32	20.07	22.82	13.24	12.11	35.38	15.40	8.01	19.09	213.43
连云港市	19.40	21.05	21.06	20.36	96.62	25.82	34.44	22.96	13.00	19.19	20.90	44.55	359.35
柳州市	13.04	13.89	16.64	14.12	12.82	12.56	12.23	12.01	10.22	15.72	14.09	21.51	168.85
六安市	6.71	6.88	7.39	6.02	6.77	3.82	4.48	5.47	3.05	2.83	5.15	4.97	63.54
泸州市	16.69	25.46	15.27	19.11	17.32	20.03	20.32	11.25	19.30	22.61	19.41	26.27	233.04
洛阳市	13.30	5.80	11.80	13.62	13.08	11.27	10.16	12.23	9.36	11.15	10.62	13.20	135.59
漯河市	10.48	11.10	10.68	--	--	23.78	3.46	1.05	5.74	8.98	4.96	12.09	92.32
马鞍山市	--	5.38	5.99	2.91	4.51	4.42	3.41	2.60	6.95	10.17	3.60	4.59	54.53
茂名市	10.29	13.48	14.31	12.94	18.26	19.63	21.46	25.99	18.92	35.93	36.71	29.93	257.85
眉山市	50.63	41.71	36.79	32.81	35.64	37.45	16.42	14.88	22.14	19.02	28.32	44.00	379.81
梅州市	16.05	12.14	17.30	12.57	13.85	15.14	15.95	12.13	13.24	15.31	12.13	13.11	168.92
绵阳市	23.08	19.36	25.32	7.90	11.57	16.90	15.33	17.43	15.86	16.93	21.81	27.57	219.06
南充市	12.81	28.42	36.62	18.20	13.13	17.18	18.59	17.09	17.28	13.37	25.81	25.76	244.26
南平市	0.93	0.72	0.75	0.88	0.75	--	--	--	--	--	--	--	4.03
南通市	28.01	9.79	26.95	20.31	34.68	11.55	11.96	19.78	12.93	15.45	11.85	12.42	215.68
南阳市	8.71	11.13	39.98	19.00	11.42	25.25	18.88	30.96	19.77	4.94	4.90	5.10	200.04
宁德市	2.10	3.89	2.46	1.47	5.03	1.39	1.37	3.48	6.17	5.95	9.35	8.44	51.10
平顶山市	7.12	3.88	5.49	7.84	6.92	5.14	4.10	6.28	5.24	6.36	8.84	9.37	76.58
莆田市	13.48	10.20	7.27	6.52	4.59	5.38	3.95	2.89	2.70	8.42	27.28	15.48	108.16
濮阳市	--	--	--	--	--	--	--	9.02	5.35	7.18	6.78	10.47	38.80
钦州市	10.06	18.69	3.70	4.59	6.85	11.23	3.99	9.84	7.31	8.22	7.00	7.81	99.29
秦皇岛市	3.82	5.99	14.34	5.77	11.76	18.22	16.45	--	12.38	16.00	11.74	17.71	134.18
清远市	22.07	15.68	31.33	32.70	29.20	33.60	50.54	79.46	47.54	55.89	34.08	40.79	472.88
衢州市	2.43	1.21	6.01	1.23	3.65	9.06	1.17	2.19	2.65	2.40	3.79	4.36	40.15
泉州市	29.20	22.19	30.44	19.64	31.89	21.55	29.59	16.09	18.05	26.44	24.61	28.58	298.27
三明市	1.58	2.18	1.52	1.45	1.79	--	--	--	--	--	--	--	8.52
汕头市	19.15	18.86	24.40	22.14	27.05	21.92	18.25	20.04	17.28	28.82	22.30	23.79	264.00
上饶市	13.00	17.30	17.77	14.16	12.20	2.37	3.67	3.19	5.13	0.35	1.65	0.88	91.67

4-3　续表 3　　　　单位：万平方米

城市	1月	2月	3月	4月	5月	6月	7月	8月	9月	10月	11月	12月	汇总
韶关市	5.87	3.60	4.67	5.40	7.44	4.29	10.23	12.98	11.12	19.98	14.25	15.12	114.95
绍兴市	5.62	2.55	4.62	5.68	4.36	6.65	3.93	2.86	3.17	5.62	7.58	10.19	62.83
宿州市	10.67	22.70	17.16	8.41	9.60	5.85	6.31	5.04	8.97	7.28	5.31	7.37	114.67
泰安市	13.20	9.53	21.17	6.21	6.58	7.35	10.67	11.55	13.37	15.64	13.79	22.10	151.16
泰州市	1.36	3.38	3.31	3.17	3.34	3.14	1.86	2.21	3.11	6.86	5.31	4.69	41.74
唐山市	35.70	14.76	43.04	31.09	31.01	32.25	39.72	34.05	41.76	46.53	38.22	54.48	442.61
天水市	6.68	2.22	5.47	5.60	3.75	3.58	4.83	5.17	5.15	7.60	2.82	4.27	57.14
铜陵市	--	--	--	--	2.06	5.94	2.09	3.71	2.94	2.06	4.54	5.17	28.51
威海市	11.49	3.64	25.29	12.56	9.46	10.41	10.67	9.74	10.71	12.25	8.97	12.07	137.26
渭南市	6.52	3.32	6.67	5.48	4.61	3.57	3.29	3.05	3.22	5.55	4.04	4.02	53.34
芜湖市	5.12	5.59	6.79	6.63	7.23	6.95	12.70	15.43	8.27	9.60	16.51	19.51	120.33
咸宁市	8.21	8.60	7.71	7.86	6.49	6.31	7.19	10.24	5.98	7.08	7.71	10.44	93.82
襄阳市	10.97	8.18	9.62	10.83	13.73	12.75	10.78	8.42	22.00	15.42	19.02	19.09	160.81
新乡市	31.44	32.53	38.30	34.53	--	--	--	--	--	--	--	--	136.80
徐州市	49.96	38.55	40.52	34.89	47.74	45.41	36.13	34.55	39.28	47.68	109.01	206.26	729.98
烟台市	19.40	14.87	22.75	13.34	12.92	9.47	12.21	15.88	18.58	22.85	20.16	41.28	223.71
盐城市	8.01	14.47	4.30	5.79	7.19	6.41	10.22	11.36	8.07	17.24	4.31	16.72	114.09
扬州市	12.41	8.97	5.54	11.33	12.70	12.87	5.74	6.81	10.89	10.65	11.40	12.49	121.80
阳江市	--	--	--	7.79	14.82	14.59	12.40	13.67	15.02	23.88	19.84	23.09	145.10
宜宾市	13.90	9.14	35.40	5.39	8.78	6.87	7.72	7.44	3.79	8.97	10.57	12.79	130.76
宜春市	3.73	2.55	2.35	1.51	--	--	--	--	--	--	--	--	10.14
岳阳市	11.33	8.81	50.75	19.81	19.10	16.44	16.55	14.35	17.67	13.62	13.68	11.88	213.99
云浮市	--	--	--	2.86	10.34	10.58	3.82	1.84	1.81	8.70	13.37	4.58	57.90
运城市	10.22	6.94	11.85	9.92	11.25	10.89	11.01	16.45	6.70	7.86	8.30	7.25	118.64
湛江市	24.13	20.59	25.21	28.00	24.11	19.56	21.02	20.10	20.14	34.98	25.97	30.24	294.05
漳州市	25.64	10.33	36.31	28.44	23.59	32.80	26.83	18.50	26.68	43.99	33.18	19.34	325.63
肇庆市	28.33	22.29	22.21	22.96	29.13	21.67	22.56	19.24	23.56	25.38	23.07	23.38	283.78
镇江市	43.95	17.43	30.65	25.01	23.80	48.88	36.01	16.58	24.18	32.62	40.30	28.31	367.72
中山市	25.79	9.32	25.14	34.88	28.31	28.83	25.53	20.75	21.34	30.58	30.29	34.96	315.72
舟山市	2.22	1.46	6.01	3.23	4.17	11.82	1.70	2.55	3.30	3.79	3.98	5.27	49.50
珠海市	20.74	11.59	17.54	23.33	13.60	29.35	17.28	12.76	14.39	16.64	23.79	24.50	225.51
资阳市	--	--	--	--	--	--	--	--	--	1.09	3.02	2.52	6.63
淄博市	28.91	15.28	27.29	54.44	61.01	72.89	49.54	45.76	47.64	46.22	43.73	52.77	545.48
遵义市	14.73	11.97	12.93	17.49	8.74	21.10	10.66	15.32	15.87	12.82	14.37	10.40	166.40

数据来源：中指数据库监测。

4-4 2024年全国主要城市商品房成交价格统计

单位：元/平方米

城市	1月	2月	3月	4月	5月	6月	7月	8月	9月	10月	11月	12月	汇总
一线城市													
北京市	30942	29857	33434	39236	33395	41319	33959	32879	36895	44597	38636	40580	36572
上海市	31657	37911	51928	40616	42611	47792	33266	37625	45611	36317	45514	41758	41378
广州市	32979	35566	34376	34940	36997	36381	33025	29749	31561	30904	31462	28202	32446
深圳市	57740	60646	57082	58262	58137	57440	66592	52310	49311	46555	46011	49491	52312
二线城市													
长春市	9563	8749	8620	9388	8523	8283	8422	9352	8809	10595	10741	9932	9344
长沙市	15205	15285	14960	15105	15739	15298	15087	16157	15003	12764	12965	13811	14634
成都市	13665	12510	13359	14467	12604	14490	13868	13948	13847	15774	15626	16082	14347
重庆市	9276	10439	10898	9923	10424	10814	11409	10939	9770	11779	11618	10572	10734
大连市	17769	13362	17496	15697	15294	14060	16189	13472	12563	14034	15563	17877	15135
福州市	14613	11837	10806	11558	11705	12342	10882	12810	11782	12566	14843	14147	12347
贵阳市	10712	17901	9555	10678	10209	9724	9853	8929	7713	8277	8687	12019	10114
哈尔滨市	14049	12848	12705	12766	13098	12340	12105	11974	12570	12092	12540	12102	12491
海口市	17302	17031	17424	18128	13112	9349	14387	14224	15832	14726	15322	15805	13412
杭州市	27358	27740	29300	28793	31709	31825	30807	28260	30719	29585	27326	30202	29708
合肥市	16348	18940	18577	20146	19026	19767	17497	18754	16364	18867	18286	18135	18397
呼和浩特市	13579	11704	9239	11431	13329	11737	12016	12145	11521	11585	12617	17313	12251
济南市	10752	9761	12182	12413	11710	11454	11364	10437	9914	11440	12289	11525	11332
昆明市	10094	10212	9738	10791	8852	9866	9622	9422	8811	10336	10049	9206	9717
兰州市	10723	10063	9871	10405	9999	11736	9053	8892	9039	8794	8607	7735	9380
南昌市	12187	12741	13418	12730	13141	12064	9189	12108	9406	11012	11688	10727	11348
南京市	29716	25415	26646	31192	27387	32016	32791	27379	27516	30762	32022	35014	30566
南宁市	12279	7696	11772	14627	13922	12481	11114	9953	11974	10469	12908	12177	11649
宁波市	18335	22097	19239	19893	20877	21746	16963	18413	14322	19365	19635	16828	18752
青岛市	13254	15566	16147	13674	17579	13588	14223	13139	15566	13850	14685	16099	14800
三亚市	23399	26482	33074	28299	28705	30408	32775	31920	22510	--	--	--	28539
沈阳市	10685	11238	10618	11895	11969	11586	11836	12246	10699	13134	13321	14698	12014
石家庄市	14102	14696	14320	15285	16237	13038	13855	13028	13608	14454	15106	14311	14248
苏州市	24386	21441	21398	24298	22962	23232	23844	20831	22396	25832	27367	22546	23387
天津市	15569	13815	11343	15492	16864	12142	16965	15104	13842	16910	16089	15836	14489
温州市	15306	12617	14401	17138	15187	15233	16472	15723	14004	16293	15570	17096	15189
无锡市	21444	21946	20668	21997	19277	21434	22114	23694	19692	21892	20638	22897	21511
武汉市	12370	14283	14149	15108	14838	14097	13720	13300	13260	14695	12112	10845	12903
西安市	18151	18922	18574	17855	19428	18383	17480	16366	16310	17179	16545	16743	17643

4-4　续表 1　　　　单位：元 / 平方米

城市	1月	2月	3月	4月	5月	6月	7月	8月	9月	10月	11月	12月	汇总
西宁市	9074	9979	10754	9995	9501	9140	9999	18545	8885	8858	9406	8860	10567
厦门市	23240	38102	30047	27167	26757	30714	24288	24999	22097	27338	25241	23486	26639
银川市	8497	10271	8462	10004	9114	9373	8104	8469	8076	7712	8457	8093	8711
郑州市	9918	9450	10789	11739	10203	10689	9320	9894	9222	11394	10617	10540	10381
三四线城市													
安庆市	9918	9653	9135	7716	9044	9058	8629	9689	8817	8913	9311	11916	9304
百色市	4605	4409	4610	4795	4755	4750	4734	4886	4727	5021	5042	4806	4794
宝鸡市	8176	7088	6115	6135	6199	5830	6139	6295	5917	6267	7271	6560	6450
保定市	10684	16165	12671	11756	10644	11304	11676	12620	10296	11677	12265	11781	11807
北海市	--	--	6378	--	6882	8885	6717	7587	7864	6545	6297	6928	7234
沧州市	11037	11145	9325	9896	9782	10549	11051	9905	11456	10838	9446	8397	9591
常州市	12859	11335	12299	11356	12054	11625	11754	11249	10059	11766	13062	12544	11824
郴州市	6624	6731	6391	7334	7210	7973	7846	6872	7053	6651	7450	7317	7124
池州市	7683	8128	7107	9305	7225	7241	5424	7757	7755	9083	5860	6063	7205
儋州市	13325	11625	12719	12963	14030	14052	11371	8855	8302	12669	12169	11601	12109
德阳市	8426	7497	7067	16788	7272	7846	7467	7202	6536	7594	6960	7467	8452
东莞市	21051	28389	23681	19461	19808	27402	26371	26722	14804	14935	18306	17274	20001
东营市	7817	7889	7234	7368	8105	7697	8362	7358	8540	8198	7279	7601	7738
鄂州市	11914	6438	6989	6840	11251	10223	6852	7051	6827	7759	--	--	8454
防城港市	--	--	--	--	5917	4517	4092	5547	4240	5495	5459	5892	4884
佛山市	10699	12641	14110	12164	13291	13426	11988	11510	11243	12829	12516	12175	12398
抚州市	6594	6722	6277	6368	6028	6937	8381	8868	7817	7372	6609	5892	6694
赣州市	7354	6844	7351	7988	8009	7259	6538	7228	6996	6656	7970	8892	7451
贵港市	7362	6844	8176	6806	6581	7667	5502	8833	7778	7159	5617	6019	6800
桂林市	10328	10021	10745	10150	11076	10546	10700	10609	11074	10685	10573	11085	10673
邯郸市	8661	8902	8902	9608	7032	8341	9764	9686	9475	7531	8236	8966	8750
河源市	--	--	--	6727	6789	6800	12236	7708	6534	7111	7382	6273	7484
菏泽市	7023	6260	6724	7122	6638	6574	6948	6676	7082	6995	7104	7040	6832
贺州市	5215	5054	5886	4611	4245	5114	4653	4741	5569	4634	6545	5773	5040
鹤壁市	--	--	--	--	--	--	--	6856	5866	7269	8343	6505	6934
衡阳市	7522	7051	6619	7065	7372	7844	7308	7511	8397	6783	8202	10085	7629
湖州市	14043	13858	14135	14391	14680	12573	13892	13355	13962	12878	14676	13117	13748
淮安市	8101	5360	7333	6783	7339	6528	7273	5026	7443	7149	7993	8596	6797
淮北市	8195	8755	18671	9800	9256	8472	8026	6095	6503	5388	8825	9705	8261
淮南市	7675	6200	6380	8144	8257	7473	7651	7268	8265	7965	7797	5180	7362

4-4 续表 2 单位：元 / 平方米

城市	1 月	2 月	3 月	4 月	5 月	6 月	7 月	8 月	9 月	10 月	11 月	12 月	汇总
黄石市	7577	7002	7983	7307	6509	7379	6944	6296	5502	5382	7080	6796	6839
惠州市	11296	10800	10622	12283	12544	12062	10998	10100	9017	8701	8364	8809	10339
吉林市	7282	7971	9252	7612	7362	8078	7678	8914	6130	8578	7513	7029	7730
济宁市	9676	8671	8663	10745	9003	8109	8712	8497	8627	8044	8177	8965	8749
江门市	6239	7101	7192	6656	6825	6857	7259	7316	6623	6862	7585	6408	6887
焦作市	5346	5944	5949	6375	6379	6062	6775	6594	6696	6502	6649	6762	6308
金华市	18686	16645	18351	16767	17872	18449	16656	14093	15915	15813	15678	18946	17236
景德镇市	8142	8809	8240	8247	8221	8167	8281	8599	8210	9034	6402	7005	7532
九江市	8723	9613	9274	9261	9011	9249	9826	9849	9005	9116	9737	9550	9318
乐山市	5833	5408	6575	5697	5798	18642	5005	5753	5741	6135	5583	5148	6512
丽水市	13235	12196	10286	12596	16742	10998	9960	8083	8426	13029	14843	12757	11554
连云港市	8871	8699	8447	9165	7606	8293	8776	9506	9695	9119	10920	10599	8879
柳州市	7699	6457	6662	5779	6817	7841	7018	6822	6806	6904	7179	6135	6795
六安市	5540	6089	6467	6113	6469	6728	6276	5982	7397	6830	6719	7231	6396
泸州市	5905	6313	5884	5953	6025	5539	6033	6341	5605	6344	6421	5293	5954
洛阳市	9047	9944	9389	8953	8652	8929	8389	8732	7459	8894	7917	8832	8748
漯河市	6279	6050	6718	--	--	5398	6329	5672	7827	7013	7248	5844	6233
马鞍山市	--	9671	10086	12779	10470	10296	12047	13233	7574	10554	12292	12819	10653
茂名市	8034	7705	7155	7350	7439	6900	7707	7613	6984	7209	7497	7263	7378
眉山市	6777	9030	6840	7186	5463	5544	6515	5838	5478	5022	6443	6367	6537
梅州市	7441	6656	6661	7059	7267	6682	6862	6746	6659	7089	6675	6327	6855
绵阳市	7815	7712	7723	7697	7972	6176	6353	6376	6274	7636	6999	6767	7117
南充市	7758	7088	6126	7072	11519	8357	7095	8118	7371	8689	7444	7787	7597
南平市	5418	5308	4849	5216	6025	--	--	--	--	--	--	--	5361
南通市	13484	15266	12096	13765	15124	14644	14338	12887	12336	16388	18453	15317	14254
南阳市	7818	8763	7580	8656	9591	7675	6997	7672	4849	8959	9934	8829	7698
宁德市	12618	13725	13139	13088	7874	12727	12261	10305	11388	12922	10397	9050	11001
平顶山市	7080	7220	7102	7595	6747	7351	7343	7809	7713	6667	6738	6546	7108
莆田市	9656	9914	10629	11612	11157	10446	11350	9733	9781	11862	5308	13488	9657
濮阳市	--	--	--	--	--	--	--	9235	8843	8740	8819	9708	9144
钦州市	5372	4888	5503	5368	5107	4923	5448	5333	5488	5210	5802	5350	5239
秦皇岛市	9204	10656	10762	10743	10835	10569	10484	--	9270	7702	8336	9512	9779
清远市	6797	6002	5484	5666	6630	5663	7164	7954	6345	6614	6526	6524	6638
衢州市	16535	17669	12699	17446	20320	18189	12282	20032	19798	20794	20340	18020	17797
泉州市	11252	12188	11000	9767	10312	10504	10116	9866	8737	10089	10809	11793	10616
三明市	8252	8312	8538	8135	9398	--	--	--	--	--	--	--	8539
汕头市	11659	11155	11440	11375	10988	11373	11220	9981	10328	8594	9368	10301	10591
上饶市	9027	8840	9336	8414	8760	10585	7739	11154	9327	25700	18292	9666	9238

4-4　续表3　　　　单位：元 / 平方米

城市	1月	2月	3月	4月	5月	6月	7月	8月	9月	10月	11月	12月	汇总
韶关市	6064	6081	6164	5986	6125	5945	5830	5488	6416	6000	5547	5794	5902
绍兴市	24076	24361	21172	21246	24059	17723	24897	24555	22893	22572	22508	21877	22278
宿州市	7299	7068	7511	7288	7470	7888	7504	7825	6685	7970	7844	7223	7378
泰安市	9900	9457	9966	9146	9555	9878	9014	9097	8508	9340	8437	9650	9359
泰州市	17843	13592	16600	18412	18817	17916	17881	13171	11714	10920	11125	11703	14142
唐山市	8404	9314	9012	9722	8893	8984	8564	8125	7049	7930	8337	8325	8462
天水市	8027	8647	8245	7838	9396	9274	9216	9713	9542	9414	9859	9743	9014
铜陵市	--	--	--	--	6498	7535	6634	4860	6164	7935	6133	6472	6517
威海市	11917	12059	10764	12402	12590	11340	10864	10861	10382	11031	10803	11653	11304
渭南市	6596	6716	6362	6343	6140	6367	6309	6576	6525	6864	6560	6550	6492
芜湖市	10050	9263	11888	12791	11457	11964	9291	11230	8493	11493	10165	10838	10686
咸宁市	5427	5392	5823	5810	5387	5391	5342	4845	5317	5320	5293	5386	5383
襄阳市	9004	8891	9280	9300	8458	9685	9234	10128	8753	8077	8329	7840	8775
新乡市	7745	7397	7709	8235	--	--	--	--	--	--	--	--	7776
徐州市	9867	9430	10771	10590	10489	9938	8536	10051	10617	11526	8025	7699	9178
烟台市	13066	30508	12979	10080	11004	13152	10950	13306	9509	10543	10388	12742	12970
盐城市	12984	13492	12794	13371	15227	12804	10645	11304	11362	12497	12706	12288	12515
扬州市	15109	14333	16053	16399	15256	17087	16114	14560	12239	13507	13038	11876	14534
阳江市	--	--	--	5723	6129	6305	6123	6193	5073	5348	5885	6140	5861
宜宾市	8224	7691	7913	8335	8356	8189	8510	7782	7637	7881	8264	7608	8008
宜春市	12157	9831	9336	10225	--	--	--	--	--	--	--	--	10630
岳阳市	8524	8359	8317	10792	10814	10892	7364	8000	8569	7764	7861	7346	8787
云浮市	--	--	--	12225	12458	10569	15800	17965	15314	11125	10553	9892	11743
运城市	6633	7260	6695	6964	6634	7193	6878	6906	6857	6875	6688	7021	6872
湛江市	10643	9677	9995	9328	10280	10525	10704	10751	10783	10213	9959	9105	10109
漳州市	6613	7483	7575	7412	7330	8063	7325	7085	7065	7115	7620	7071	7336
肇庆市	5365	5124	5993	5637	5956	7233	7423	6706	6994	6727	7365	6805	6413
镇江市	9112	11640	9466	9129	9876	8340	8006	9930	8908	9278	8012	8255	8953
中山市	10277	10986	10807	8409	10983	11525	10712	10540	8583	11052	10280	8942	10176
舟山市	17306	20819	15487	17694	17602	14900	16147	15320	14924	14885	15028	14508	15697
珠海市	25689	26587	24759	23300	24468	18463	22564	21896	22812	19060	21518	23795	22629
资阳市	--	--	--	--	--	--	--	--	--	8353	8078	9140	8527
淄博市	8409	7871	9497	8845	7565	7728	8353	8429	7940	7931	8308	8179	8191
遵义市	4786	4160	6534	4360	6276	4869	4257	4781	6326	5417	6377	5371	5305

数据来源：中指数据库监测。

4-5 2024年全国主要城市商品房成交金额统计

单位：亿元

城市	1月	2月	3月	4月	5月	6月	7月	8月	9月	10月	11月	12月	汇总
一线城市													
北京市	393.42	111.45	286.04	265.86	222.34	361.10	298.40	258.72	268.01	333.51	381.85	550.05	3730.75
上海市	357.53	154.80	742.48	492.87	463.11	673.18	444.54	477.63	501.50	543.71	636.77	668.64	6156.76
广州市	190.56	131.75	290.27	268.25	290.63	389.03	283.43	288.24	247.72	426.31	373.83	449.70	3629.72
深圳市	199.45	77.88	205.50	208.43	181.47	254.93	310.08	241.25	241.64	317.58	540.17	831.40	3609.78
二线城市													
长春市	31.95	10.74	53.68	51.65	37.78	40.47	28.54	41.35	48.24	53.28	70.60	61.64	529.92
长沙市	55.76	26.11	56.01	50.89	91.59	147.83	56.77	45.12	56.80	84.64	65.00	91.72	828.24
成都市	263.47	138.83	230.25	280.52	296.41	302.08	262.47	219.65	197.57	259.03	394.87	491.30	3336.45
重庆市	54.80	46.46	104.86	54.61	82.82	81.45	60.32	57.83	57.79	105.52	102.68	94.55	903.69
大连市	44.36	20.27	21.81	95.36	25.18	27.04	26.58	27.42	31.59	28.61	19.44	9.16	376.82
福州市	89.73	63.14	87.74	90.78	55.85	75.07	106.40	50.32	81.11	94.48	92.94	76.58	964.14
贵阳市	36.34	42.61	40.27	38.90	34.04	39.37	35.15	32.46	31.52	38.39	42.75	73.01	484.81
哈尔滨市	6.29	5.36	14.14	12.32	15.00	8.27	9.91	11.02	17.40	14.95	10.42	25.22	150.30
海口市	42.67	27.09	47.93	62.64	54.77	180.90	39.38	47.42	28.18	36.25	69.64	102.99	739.86
杭州市	224.53	72.26	308.16	177.39	248.86	445.68	204.24	161.29	233.40	232.76	265.68	390.14	2964.39
合肥市	55.75	38.93	60.81	78.27	73.36	74.06	71.60	51.63	46.47	74.52	90.52	131.36	847.28
呼和浩特市	35.32	19.90	35.76	31.26	47.10	41.24	49.88	35.70	36.33	49.98	46.06	49.64	478.17
济南市	128.31	49.69	171.20	106.51	107.06	105.19	108.20	79.19	111.03	101.68	111.93	105.42	1285.41
昆明市	43.97	23.64	42.44	41.30	43.44	46.52	26.62	34.59	38.44	61.80	50.70	63.43	516.89
兰州市	18.62	7.55	45.74	26.78	18.24	25.24	23.01	42.92	30.64	34.72	29.93	21.62	325.01
南昌市	20.98	23.05	24.88	24.44	31.44	28.14	34.86	33.46	36.45	52.63	38.67	39.99	388.99
南京市	103.59	48.87	105.25	145.11	107.99	191.02	196.29	125.83	138.37	160.85	221.44	274.57	1819.18
南宁市	38.42	32.05	65.09	40.19	51.21	66.96	38.74	57.86	24.02	43.70	57.56	73.39	589.19
宁波市	89.69	50.90	115.67	86.51	124.74	149.36	46.91	90.44	91.85	118.82	107.40	178.56	1250.85
青岛市	98.86	46.72	179.56	100.57	185.07	318.60	103.59	93.17	202.62	92.96	116.29	185.49	1723.50
三亚市	57.41	38.37	55.56	56.58	38.69	79.18	79.64	34.88	39.70	--	--	--	480.01
沈阳市	42.85	25.63	74.56	46.11	44.92	55.52	38.13	35.44	45.29	38.44	66.55	83.57	597.01
石家庄市	41.48	26.89	48.39	51.87	50.83	70.64	52.69	37.69	37.97	41.27	38.63	44.69	543.04
苏州市	98.44	48.76	120.91	70.52	74.81	151.42	88.68	80.55	107.05	129.66	142.76	234.16	1347.72
天津市	111.54	94.74	223.48	119.68	151.00	239.73	113.59	110.82	134.65	198.01	160.71	201.34	1859.29
温州市	73.73	99.31	122.02	83.55	84.67	147.07	57.40	57.59	75.27	91.03	71.70	75.72	1039.06
无锡市	49.19	18.71	44.85	44.26	40.31	52.43	39.38	31.01	38.85	41.88	47.84	106.38	555.09
武汉市	123.92	66.35	117.06	108.84	127.57	167.62	133.20	105.31	81.59	202.58	237.74	424.67	1896.45
西安市	165.24	85.92	131.69	191.48	177.56	156.88	136.55	122.31	112.62	143.52	159.79	138.69	1722.25

4-5　续表 1　　单位：亿元

城市	1月	2月	3月	4月	5月	6月	7月	8月	9月	10月	11月	12月	汇总
西宁市	7.36	3.50	12.92	11.14	9.86	7.13	8.05	27.50	9.31	11.72	10.45	10.47	129.41
厦门市	67.56	69.76	53.77	56.61	46.31	93.03	59.47	42.83	32.09	130.44	107.36	97.42	856.65
银川市	13.38	15.30	11.60	37.85	15.66	16.36	17.25	24.96	16.63	24.78	19.01	16.87	229.65
郑州市	90.30	38.39	80.70	84.64	125.53	133.93	69.55	77.59	73.48	110.37	120.62	132.99	1138.09
三四线城市													
安庆市	6.33	9.25	3.33	6.94	5.82	3.99	2.20	2.40	5.37	5.86	2.38	7.62	61.49
百色市	4.04	3.79	4.38	16.94	5.30	5.51	6.18	4.80	5.34	7.40	9.73	7.09	80.50
宝鸡市	5.96	5.60	8.45	6.89	7.55	3.58	3.23	2.19	3.38	2.39	2.64	1.81	53.67
保定市	14.90	23.83	13.85	15.40	28.84	23.98	22.29	16.31	18.79	12.62	16.53	15.16	222.50
北海市	--	--	0.01	--	14.54	20.31	12.93	17.78	23.17	11.82	12.78	35.46	148.80
沧州市	9.94	6.37	8.42	8.14	17.24	12.47	11.96	7.25	10.00	14.57	26.08	59.03	191.47
常州市	31.36	20.58	32.28	24.79	36.35	35.54	30.51	33.61	31.90	38.76	36.30	39.92	391.90
郴州市	2.17	2.21	2.30	1.25	4.96	1.88	3.69	1.80	2.57	3.01	3.44	2.99	32.27
池州市	1.56	1.61	1.54	2.36	1.40	1.63	2.02	1.40	1.43	2.24	2.20	1.60	20.99
儋州市	6.24	5.16	9.84	5.23	24.29	12.76	4.57	9.80	5.08	4.33	5.65	5.77	98.72
德阳市	11.25	14.27	12.32	29.61	9.24	10.26	8.74	7.13	5.85	7.39	8.94	9.78	134.78
东莞市	90.71	27.98	70.70	54.77	61.73	95.12	46.88	53.48	66.95	94.75	59.55	69.32	791.94
东营市	14.76	6.46	14.18	9.89	13.13	25.17	12.31	16.70	16.08	13.55	16.16	30.69	189.08
鄂州市	6.21	1.83	3.30	2.89	5.68	3.50	3.30	2.19	2.26	1.40	--	--	32.56
防城港市	--	--	--	--	3.85	6.25	6.90	3.49	4.52	2.89	2.65	4.88	35.43
佛山市	87.04	44.10	96.66	79.31	99.35	109.83	87.40	64.33	74.52	128.41	102.00	107.35	1080.30
抚州市	7.43	17.87	12.57	7.79	8.87	9.86	9.14	9.09	9.59	10.95	19.02	31.60	153.78
赣州市	14.44	35.12	19.78	29.98	27.59	29.08	23.64	20.94	23.20	31.91	30.98	47.14	333.80
贵港市	4.44	5.53	18.21	3.89	5.37	2.50	7.64	3.16	2.59	5.06	13.45	1.72	73.56
桂林市	2.71	2.29	5.16	1.41	3.61	1.88	2.00	1.38	1.65	2.74	2.28	3.53	30.64
邯郸市	42.23	26.08	34.58	35.48	27.46	40.43	33.49	34.75	18.31	15.48	33.79	54.83	396.91
河源市	--	--	--	1.57	14.19	11.17	24.10	12.25	13.48	13.28	17.43	21.06	128.53
菏泽市	9.70	7.82	10.70	7.74	9.98	8.60	10.03	8.69	8.15	10.55	6.62	6.60	105.18
贺州市	4.73	4.94	8.47	12.13	6.91	5.72	3.20	3.35	3.40	10.27	5.18	6.41	74.71
鹤壁市	--	--	--	--	--	--	--	4.93	3.92	4.75	4.67	3.62	21.89
衡阳市	5.93	7.89	6.73	6.39	21.09	11.31	6.02	7.58	18.34	17.80	19.07	9.41	137.56
湖州市	21.08	11.26	26.38	19.40	16.08	28.94	18.52	12.39	17.00	13.93	20.17	17.68	222.83
淮安市	11.00	19.39	21.39	19.41	14.90	17.57	19.43	18.57	11.66	11.17	14.48	14.66	193.63
淮北市	5.01	5.52	8.59	4.28	7.86	4.87	4.59	9.16	6.81	6.16	6.05	9.64	78.54
淮南市	7.57	6.57	7.74	4.05	5.07	4.39	5.55	3.70	8.79	5.47	3.88	1.53	64.31

4-5 续表2

单位：亿元

城市	1月	2月	3月	4月	5月	6月	7月	8月	9月	10月	11月	12月	汇总
黄石市	5.06	3.22	5.34	5.84	1.86	4.18	4.59	3.64	2.64	3.90	1.63	4.54	46.44
惠州市	46.83	18.96	43.32	54.87	49.16	43.70	38.66	33.63	36.16	39.04	41.10	49.84	495.27
吉林市	13.13	3.10	10.36	4.18	4.79	7.01	15.56	5.63	4.12	5.02	4.23	9.37	86.50
济宁市	2.01	0.21	0.14	24.91	11.81	30.01	22.73	18.01	17.77	14.30	15.40	18.33	175.63
江门市	29.77	20.82	31.56	27.03	30.13	26.34	30.87	25.31	23.34	35.18	32.05	33.53	345.93
焦作市	1.91	1.14	2.82	1.46	2.35	1.59	0.81	0.05	3.09	1.47	4.54	1.39	22.62
金华市	8.99	2.94	19.22	5.09	7.54	4.91	3.99	2.84	3.95	10.38	5.01	3.60	78.46
景德镇市	5.41	2.54	3.12	2.52	5.19	2.94	4.50	4.12	2.07	4.20	21.58	3.89	62.08
九江市	13.78	13.49	13.88	13.77	13.18	12.87	17.25	8.03	4.76	6.81	2.52	4.14	124.48
乐山市	1.09	1.25	3.48	4.30	2.69	6.67	1.03	7.63	2.34	2.19	2.40	3.32	38.39
丽水市	21.25	14.22	29.08	14.26	33.60	25.09	13.19	9.79	29.81	20.07	11.89	24.35	246.60
连云港市	17.21	18.31	17.79	18.66	73.49	21.41	30.22	21.82	12.61	17.50	22.82	47.21	319.05
柳州市	10.04	8.97	11.09	8.16	8.74	9.85	8.59	8.20	6.96	10.85	10.11	13.20	114.76
六安市	3.72	4.19	4.78	3.68	4.38	2.57	2.81	3.27	2.26	1.94	3.46	3.60	40.66
泸州市	9.85	16.08	8.98	11.37	10.43	11.10	12.26	7.13	10.82	14.34	12.46	13.91	138.73
洛阳市	12.03	5.77	11.08	12.19	11.32	10.06	8.52	10.68	6.98	9.92	8.41	11.65	118.61
漯河市	6.58	6.72	7.17	--	--	12.83	2.19	0.60	4.49	6.29	3.60	7.07	57.54
马鞍山市	--	5.20	6.05	3.71	4.72	4.55	4.11	3.44	5.26	10.73	4.43	5.88	58.08
茂名市	8.27	10.39	10.24	9.51	13.59	13.55	16.54	19.78	13.21	25.90	27.53	21.74	190.25
眉山市	34.32	37.66	25.16	23.58	19.47	20.76	10.70	8.69	12.13	9.55	18.25	28.02	248.29
梅州市	11.94	8.08	11.53	8.87	10.07	10.12	10.95	8.18	8.81	10.85	8.09	8.30	115.79
绵阳市	18.03	14.93	19.55	6.08	9.23	10.44	9.74	11.11	9.95	12.93	15.27	18.66	155.92
南充市	9.94	20.14	22.43	12.87	15.13	14.36	13.19	13.87	12.74	11.61	19.21	20.06	185.55
南平市	0.51	0.38	0.36	0.46	0.45	--	--	--	--	--	--	--	2.16
南通市	37.76	14.95	32.60	27.95	52.45	16.92	17.14	25.49	15.95	25.32	21.88	19.03	307.44
南阳市	6.81	9.75	30.31	16.45	10.95	19.38	13.21	23.75	9.59	4.42	4.87	4.50	153.99
宁德市	2.65	5.34	3.23	1.92	3.96	1.77	1.68	3.59	7.03	7.69	9.72	7.64	56.22
平顶山市	5.04	2.80	3.90	5.96	4.67	3.78	3.01	4.91	4.04	4.24	5.96	6.13	54.44
莆田市	13.01	10.08	7.73	7.57	5.12	5.62	4.48	2.82	2.65	9.99	14.48	20.88	104.43
濮阳市	--	--	--	--	--	--	--	8.33	4.73	6.27	5.98	10.17	35.48
钦州市	5.41	9.14	2.03	2.46	3.50	5.53	2.17	5.25	4.01	4.28	4.06	4.18	52.02
秦皇岛市	3.51	6.38	15.43	6.20	12.74	19.26	17.25	--	11.48	12.32	9.79	16.84	131.20
清远市	15.00	9.41	17.18	18.53	19.36	19.03	36.20	63.20	30.16	36.96	22.24	26.61	313.88
衢州市	4.02	2.14	7.63	2.15	7.41	16.47	1.43	4.39	5.24	4.99	7.70	7.86	71.43
泉州市	32.86	27.05	33.48	19.18	32.89	22.64	29.93	15.87	15.77	26.67	26.60	33.70	316.64
三明市	1.30	1.81	1.30	1.18	1.68	--	--	--	--	--	--	--	7.27
汕头市	22.33	21.04	27.92	25.18	29.73	24.93	20.48	20.00	17.85	24.77	20.89	24.51	279.63
上饶市	11.73	15.29	16.59	11.91	10.69	2.51	2.84	3.56	4.79	0.90	3.02	0.85	84.68

4-5　续表 3　　单位：亿元

城市	1月	2月	3月	4月	5月	6月	7月	8月	9月	10月	11月	12月	汇总
韶关市	3.56	2.19	2.88	3.23	4.56	2.55	5.97	7.13	7.13	11.99	7.91	8.76	67.86
绍兴市	13.53	6.20	9.78	12.08	10.49	11.78	9.78	7.02	7.25	12.69	17.05	22.30	139.95
宿州市	7.79	16.04	12.89	6.13	7.17	4.62	4.74	3.95	6.00	5.80	4.16	5.32	84.61
泰安市	13.07	9.02	21.09	5.68	6.29	7.26	9.62	10.51	11.37	14.61	11.64	21.32	141.48
泰州市	2.43	4.59	5.49	5.83	6.28	5.63	3.32	2.91	3.64	7.49	5.91	5.49	59.01
唐山市	30.00	13.75	38.79	30.22	27.58	28.98	34.01	27.67	29.44	36.90	31.86	45.35	374.55
天水市	5.36	1.92	4.51	4.39	3.53	3.32	4.45	5.02	4.91	7.15	2.78	4.16	51.50
铜陵市	--	--	--	--	1.34	4.48	1.39	1.80	1.81	1.63	2.79	3.35	18.59
威海市	13.69	4.39	27.22	15.58	11.92	11.80	11.59	10.58	11.12	13.52	9.70	14.07	155.18
渭南市	4.30	2.23	4.24	3.48	2.83	2.27	2.07	2.01	2.10	3.81	2.65	2.63	34.62
芜湖市	5.15	5.18	8.07	8.49	8.28	8.32	11.80	17.33	7.03	11.03	16.78	21.14	128.60
咸宁市	4.45	4.64	4.49	4.57	3.50	3.40	3.84	4.96	3.18	3.77	4.08	5.62	50.50
襄阳市	9.87	7.27	8.92	10.07	11.61	12.35	9.95	8.53	19.26	12.46	15.84	14.97	141.10
新乡市	24.35	24.06	29.52	28.44	--	--	--	--	--	--	--	--	106.37
徐州市	49.30	36.35	43.65	36.95	50.07	45.13	30.84	34.73	41.70	54.95	87.49	158.81	669.97
烟台市	25.34	45.36	29.53	13.45	14.22	12.46	13.37	21.14	17.67	24.09	20.94	52.61	290.18
盐城市	10.39	19.52	5.50	7.75	10.94	8.21	10.88	12.85	9.17	21.55	5.48	20.54	142.78
扬州市	18.75	12.85	8.90	18.58	19.37	21.98	9.25	9.92	13.32	14.39	14.86	14.83	177.00
阳江市	--	--	--	4.46	9.08	9.20	7.59	8.47	7.62	12.77	11.67	14.18	85.04
宜宾市	11.43	7.03	28.01	4.49	7.34	5.63	6.57	5.79	2.89	7.07	8.74	9.73	104.72
宜春市	4.53	2.50	2.19	1.54	--	--	--	--	--	--	--	--	10.76
岳阳市	9.66	7.36	42.21	21.37	20.66	17.91	12.19	11.48	15.14	10.57	10.75	8.73	188.03
云浮市	--	--	--	3.50	12.89	11.18	6.03	3.30	2.77	9.68	14.11	4.53	67.99
运城市	5.08	5.04	7.93	6.86	6.35	7.83	6.32	11.36	4.31	5.02	5.55	5.09	76.74
湛江市	25.68	19.92	25.19	26.12	24.78	20.58	22.50	21.61	21.71	35.72	25.86	27.54	297.21
漳州市	16.96	7.73	27.51	21.08	17.29	26.45	19.65	13.10	18.85	31.30	25.28	13.68	238.88
肇庆市	15.20	11.42	13.31	12.94	17.35	15.67	16.74	12.90	16.48	17.07	16.99	15.91	181.98
镇江市	40.05	20.29	29.01	22.83	23.50	40.76	28.83	16.47	21.54	30.27	32.29	23.37	329.21
中山市	26.50	10.23	27.17	29.33	31.10	33.22	27.34	21.87	18.32	33.80	31.13	31.26	321.27
舟山市	3.84	3.04	9.31	5.64	7.34	17.62	2.74	3.91	4.93	5.64	5.98	7.65	77.64
珠海市	53.28	30.81	43.44	54.35	33.29	54.18	38.99	27.95	32.83	31.71	51.20	58.29	510.32
资阳市	--	--	--	--	--	--	--	--	--	0.91	2.44	2.30	5.65
淄博市	24.31	12.02	25.92	48.15	46.15	56.33	41.38	38.57	37.83	36.66	36.33	43.16	446.81
遵义市	7.05	4.98	8.45	7.63	5.48	10.27	4.54	7.32	10.04	6.95	9.16	5.58	87.45

数据来源：中指数据库监测。

4-6 2024年全国主要城市商品房批准上市套数统计

单位：套

城市	1月	2月	3月	4月	5月	6月	7月	8月	9月	10月	11月	12月	汇总
一线城市													
北京市	1513	3207	10575	5597	4270	6300	2918	6224	12677	3544	5611	5889	68325
上海市	18686	3731	23963	16331	15686	18177	18077	19407	19528	25425	19348	22488	220847
广州市	3796	2938	9182	7133	3151	11553	2738	4747	11809	4497	6773	8508	76825
深圳市	1889	2007	7440	2261	5495	4164	2518	4189	4251	6182	8371	5631	54398
二线城市													
长春市	727	591	5114	2902	1623	1312	2237	1408	3573	2343	2454	2319	26603
长沙市	3973	2503	1248	4940	3526	3742	2424	2833	5484	1523	3442	6764	42402
成都市	26214	18380	26396	28816	29442	42769	20435	24961	35085	16943	32294	31356	333091
重庆市	14666	6096	12234	17091	14670	12294	9841	6794	15222	7391	9030	10835	136164
大连市	311	119	414	5810	753	669	740	1650	1124	1051	396	976	14013
福州市	7626	3575	2722	6389	2920	2018	3846	2952	7950	961	4352	5383	50694
贵阳市	2705	2726	2281	1650	2815	2349	3518	3968	2783	2605	1446	1612	30458
哈尔滨市	--	--	--	--	2513	3216	2394	1343	5467	1126	1746	528	18333
海口市	3248	3753	1949	3254	3268	3861	5026	4460	3735	4666	9445	7358	54023
杭州市	2709	1786	6404	5570	7142	6538	5908	3834	6176	5073	4610	7019	62769
合肥市	5317	564	3439	5150	4239	5696	7684	3315	7905	4050	5577	7999	60935
呼和浩特市	2244	100	456	837	1309	6498	2311	2240	3433	828	1654	--	21910
济南市	14899	6179	18954	8640	9142	9258	4047	8824	9813	3825	7234	8111	108926
昆明市	570	2281	4008	17291	7863	5310	2361	3532	9150	3670	3862	2677	62575
兰州市	695	278	3461	1444	1103	4556	2937	2610	2986	3338	491	1127	25026
南昌市	3335	889	2105	5391	704	3753	1982	846	3557	1068	1487	3382	28499
南京市	5645	4676	10973	7290	13459	9042	11410	4454	11437	5403	6113	10354	100256
南宁市	3050	4533	2956	2873	3024	4528	1617	2140	4914	2054	4082	6381	42152
宁波市	4568	1550	7503	12020	5435	10478	3444	9215	9378	5846	15764	7496	92697
青岛市	4216	1322	6623	5186	12056	8494	2743	2589	3137	2031	4639	2420	55456
三亚市	1093	692	838	901	66	--	377	34	477	2864	3684	5459	16485
沈阳市	1287	474	4336	1634	475	1650	2111	2208	2428	1164	1580	880	20227
石家庄市	3388	2715	3068	3338	566	469	2615	1215	1732	1166	1782	2973	25027
苏州市	1357	2222	2980	2308	1905	3683	1600	1461	2434	1888	4871	6244	32953
天津市	4364	2599	13949	6975	4405	9358	6229	6133	7307	4806	6390	5553	78068
温州市	10929	4246	5777	7416	6118	2390	3024	6147	4356	3766	2603	6713	63485
无锡市	356	864	930	2580	1160	1956	1038	942	2849	1521	1656	1356	17208
武汉市	3052	2197	7360	6743	5710	12822	4785	4473	10562	2963	29126	18730	108523

4-6　续表 1　　　　单位：套

城市	1 月	2 月	3 月	4 月	5 月	6 月	7 月	8 月	9 月	10 月	11 月	12 月	汇总
西安市	15256	6991	11621	17362	9556	12035	10860	15120	14857	9759	10663	18147	152227
西宁市	1362	243	1104	130	180	170	828	--	1541	2181	316	531	8586
厦门市	1821	875	2536	1461	1733	1516	3103	2138	1241	2875	2563	2145	24007
银川市	365	994	626	1944	1505	1561	2426	1661	1117	1501	777	48	14525
郑州市	3140	3083	2564	4666	5642	2666	3533	3304	3667	2592	3603	3818	42278
三四线城市													
安庆市	343	927	--	227	222	238	118	12	467	139	194	258	3145
百色市	1175	1174	481	1262	279	1334	291	972	2007	212	1014	2108	12309
宝鸡市	7582	2640	10403	2729	1902	1669	7251	5046	4571	1098	4920	6114	55925
北海市	4917	4016	9377	7805	3508	4511	1473	1540	4276	6014	3807	7531	58775
沧州市	2187	139	1741	634	693	735	--	744	1857	2063	7180	3986	21959
常州市	7618	3205	2302	3719	2452	3839	3376	4599	1947	2107	2318	9806	47288
池州市	373	--	--	--	692	16	262	1	2	138	178	--	1662
滁州市	1096	36	370	179	--	--	--	--	--	--	--	--	1681
儋州市	11413	10160	8266	7551	15817	13958	6663	5662	8240	5138	11730	1642	106240
德阳市	2217	373	195	910	1053	3208	1436	401	407	1413	1578	791	13982
东莞市	5311	451	2227	3704	5335	2544	2104	3280	15602	1083	8280	8328	58249
东营市	3363	445	3530	3606	1186	4123	1882	3496	1741	594	2659	4333	30958
防城港市	--	--	--	--	--	--	1014	--	--	--	--	--	1014
佛山市	9692	7289	8411	14426	7379	6956	5025	8223	7402	4580	10697	7205	97285
抚州市	--	--	48	44	--	103	--	--	248	--	310	--	753
阜阳市	721	1168	407	613	116	232	209	752	926	223	359	87	5813
赣州市	11680	12356	5120	15182	4050	11309	6210	4878	5908	3147	6180	7013	93033
贵港市	919	3298	2125	2579	728	827	6027	243	769	1487	960	1204	21166
桂林市	288	324	209	111	166	256	175	161	--	316	437	199	2642
邯郸市	--	18	1365	1160	--	447	3704	3313	1628	1545	2604	2469	18253
河源市	2308	718	4409	847	362	1223	1492	1168	1262	759	217	2890	17655
菏泽市	515	929	543	706	1088	2500	710	1707	1847	1366	1992	924	14827
贺州市	189	1820	773	576	702	199	246	675	874	51	700	878	7683
鹤壁市	--	--	--	--	--	--	--	228	220	--	600	146	1194
衡阳市	818	152	467	375	972	405	--	32	659	269	--	702	4851
湖州市	1196	178	5673	2262	534	3109	956	227	4069	590	--	--	18794
淮安市	--	3418	3438	3073	6600	1031	2319	524	1346	759	1813	5179	29500
淮北市	769	1064	304	925	509	835	564	3337	862	142	225	1183	10719
淮南市	--	--	723	260	210	124	697	277	386	234	780	471	4162

4–6 续表 2

单位：套

城市	1 月	2 月	3 月	4 月	5 月	6 月	7 月	8 月	9 月	10 月	11 月	12 月	汇总
黄石市	388	28	--	92	2932	28	--	--	--	--	--	47	3515
惠州市	2377	2435	3285	2027	2055	965	2169	1873	2926	719	4743	1675	27249
济宁市	68	--	--	373	1995	487	647	1096	634	2757	1947	243	10247
江门市	1825	1365	973	2897	1557	1238	1890	3753	3050	2426	3252	1656	25882
焦作市	632	222	--	245	--	--	--	145	--	--	461	128	1833
金华市	406	268	747	315	348	1120	280	8	651	560	204	133	5040
景德镇市	1126	493	--	361	--	72	697	541	427	861	154	288	5020
九江市	--	--	--	--	--	--	--	--	--	131	12	205	348
乐山市	1929	1234	1192	1597	620	2242	402	712	1999	241	--	1712	13880
丽水市	1313	1754	3656	3354	1061	1930	425	3179	3008	268	817	3719	24484
连云港市	--	1919	5270	3023	1214	2385	6444	846	2539	1277	2443	2451	29811
柳州市	3415	823	1415	2261	1125	600	3449	6092	1907	1406	2064	3946	28503
六安市	599	379	91	1188	296	284	469	--	168	710	251	104	4539
泸州市	5872	1320	5042	4954	5473	941	2496	861	4112	3632	2956	2558	40217
洛阳市	990	951	446	1013	614	473	591	--	2660	--	44	1050	8832
漯河市	1619	580	217	82	72	2215	366	4589	316	92	6	--	10154
马鞍山市	--	216	209	456	97	90	116	2	733	782	72	139	2912
茂名市	4848	5947	3203	2154	1518	2784	3095	2679	5521	1403	2255	9393	44800
梅州市	1809	1380	1724	823	1038	5123	421	1022	4466	745	2491	297	21339
绵阳市	1200	--	--	--	682	625	260	624	785	--	656	1408	6240
南充市	1614	4053	6778	4534	280	815	7013	3179	2364	5665	913	5865	43073
南通市	2229	477	1041	6324	1940	3142	412	1579	5032	2792	959	3272	29199
南阳市	2680	1399	284	1900	517	--	999	5276	1457	--	245	--	14757
宁德市	--	805	178	770	1946	--	--	39	1022	590	2143	158	7651
平顶山市	573	--	50	68	100	956	129	88	441	96	131	435	3067
莆田市	457	1283	370	240	131	260	--	60	--	1740	383	2273	7197
濮阳市	--	--	--	--	--	--	--	781	814	289	429	45	2358
钦州市	954	74	92	720	1533	976	229	436	167	820	2859	3741	12601
秦皇岛市	17	484	--	--	--	--	--	--	--	--	--	1542	2043
清远市	6842	2023	4810	5161	4567	3862	7734	2753	7489	1334	4536	8085	59196
衢州市	321	548	258	390	318	98	270	32	158	--	326	152	2871
泉州市	4933	3066	5869	5146	1902	6812	3612	2798	2495	1754	2465	4578	45430
三明市	227	--	--	91	599	--	--	--	--	--	--	--	917
汕头市	3524	554	1358	4183	1234	1802	2019	2332	2888	3957	2829	2092	28772
上饶市	56	167	70	104	75	--	40	--	216	--	84	--	812
韶关市	698	35	1516	3447	1428	1685	2849	3836	6516	2187	3998	3236	31431

4-6 续表 3 单位：套

城市	1月	2月	3月	4月	5月	6月	7月	8月	9月	10月	11月	12月	汇总
绍兴市	506	120	132	422	171	--	220	301	21	52	202	262	2409
泰安市	56	1022	850	228	488	121	311	1040	133	652	418	1196	6515
泰州市	257	--	20	230	--	324	--	144	523	206	288	12	2004
唐山市	1929	832	1338	1965	1501	1981	3140	4729	2166	2168	2737	4099	28585
天水市	856	96	746	--	232	214	374	487	389	1662	193	--	5249
铜陵市	1700	795	964	1196	385	139	86	751	166	158	--	159	6499
威海市	142	433	146	618	664	532	641	1401	1789	278	1366	276	8286
潍坊市	1731	116	179	437	935	457	1153	1683	407	254	124	564	8040
渭南市	1244	1136	17	33	105	86	212	149	379	--	1063	266	4690
芜湖市	1039	285	46	632	862	279	181	71	110	2114	718	1145	7482
咸宁市	609	10	256	341	--	--	262	130	927	450	12	1131	4128
襄阳市	2178	1423	1265	1135	379	680	1601	204	825	1212	6971	3858	21731
新乡市	4929	2735	1545	3358	--	--	--	--	--	--	--	--	12567
信阳市	955	208	252	835	811	550	--	526	168	--	135	1050	5490
徐州市	5782	2618	1571	4013	1649	3075	1862	1233	4384	1351	2789	9853	40180
烟台市	703	498	759	1929	489	934	661	3839	1101	203	510	1885	13511
盐城市	657	1010	1169	1344	706	68	90	119	325	470	124	130	6212
扬州市	418	138	138	635	592	599	375	192	382	338	1279	563	5649
阳江市	1164	2874	535	2726	1082	4125	2064	354	988	2489	1266	1619	21286
宜宾市	1601	463	2003	562	887	374	778	2512	3791	5127	1002	736	19836
宜春市	--	186	8	--	--	--	--	--	--	--	--	--	194
永州市	259	662	--	65	--	--	--	--	--	--	--	393	1379
岳阳市	1222	220	6	453	35	422	10	536	117	3	1261	1610	5895
云浮市	1059	254	133	26	2	1127	158	--	428	503	258	--	3948
湛江市	7264	3287	2414	4908	2888	3892	4236	2082	6013	2235	2588	5424	47231
肇庆市	2514	6524	1548	4421	5869	408	2200	2357	6504	2154	955	2861	38315
镇江市	875	513	1882	1242	277	823	424	274	559	1163	1490	3288	12810
中山市	2295	484	1138	2733	2635	1086	1069	1226	1190	558	794	2822	18030
舟山市	--	--	133	30	56	--	--	--	60	27	185	69	560
珠海市	2880	1329	2203	7282	1466	1340	364	2916	2884	2656	4643	2500	32463
资阳市	--	--	--	--	--	--	--	--	--	--	240	734	974
淄博市	558	844	1150	1818	345	1813	1406	812	2395	1011	1325	1607	15084

数据来源：中指数据库监测。

4-7 2024年全国主要城市商品房批准上市面积统计

单位：万平方米

城市	1月	2月	3月	4月	5月	6月	7月	8月	9月	10月	11月	12月	汇总
一线城市													
北京市	12.45	13.67	108.54	39.65	37.62	62.03	20.72	49.68	100.90	42.59	46.23	36.71	570.79
上海市	138.35	25.15	186.65	131.78	143.72	157.62	121.40	175.82	169.36	199.53	178.61	186.78	1814.77
广州市	36.02	16.99	90.55	72.20	38.47	119.90	48.47	48.84	123.58	45.48	70.81	91.52	802.83
深圳市	24.62	22.25	73.62	31.73	54.83	58.58	33.38	50.83	38.71	68.24	102.60	109.03	668.42
二线城市													
长春市	7.98	5.36	54.89	28.02	16.47	18.42	23.54	15.34	35.80	28.61	25.57	23.85	283.85
长沙市	49.53	28.37	19.36	60.95	54.09	55.84	38.93	41.82	74.92	21.67	55.19	84.42	585.09
成都市	191.86	94.24	218.33	204.53	204.73	257.92	140.80	134.09	239.60	126.42	215.87	245.12	2273.51
重庆市	91.78	36.33	83.07	86.99	92.36	72.48	49.66	42.91	91.98	53.54	59.92	75.99	837.01
大连市	5.36	1.16	8.12	60.44	10.92	19.90	9.77	17.96	12.57	16.28	4.64	12.78	179.90
福州市	60.37	27.93	28.38	50.89	26.35	24.28	27.11	24.47	57.43	9.18	44.16	44.47	425.02
贵阳市	22.84	12.10	23.82	17.72	30.62	27.83	31.13	40.25	32.00	30.89	15.85	17.17	302.22
哈尔滨市	--	--	--	--	20.15	31.57	29.70	13.75	53.72	10.79	19.00	4.55	183.23
海口市	31.06	46.19	13.60	30.49	27.74	38.49	24.81	40.98	34.20	33.09	91.67	66.14	478.46
杭州市	46.14	21.37	100.90	94.20	125.80	114.25	98.09	57.94	85.27	78.20	60.39	114.91	997.46
合肥市	33.58	7.63	26.18	39.20	27.35	36.81	39.32	26.10	41.08	30.03	41.25	61.71	410.24
呼和浩特市	15.38	0.91	6.06	9.01	13.36	77.65	21.69	23.02	43.85	11.12	18.42	--	240.47
济南市	111.50	48.69	151.94	93.56	69.56	70.60	43.87	60.71	85.81	39.06	64.41	76.15	915.86
昆明市	6.49	14.79	29.36	99.11	39.34	33.77	14.68	31.23	52.17	34.30	25.57	27.51	408.32
兰州市	7.37	3.16	43.75	28.17	13.98	62.28	28.81	41.13	33.84	34.75	9.66	15.53	322.43
南昌市	40.39	7.30	25.62	45.14	10.15	41.80	27.52	22.22	54.22	12.14	19.56	34.04	340.10
南京市	39.39	16.82	36.37	39.41	53.62	54.47	40.18	25.12	45.20	35.48	38.80	57.31	482.17
南宁市	16.86	28.20	33.08	23.48	20.32	37.40	11.93	18.43	36.77	13.41	35.88	46.39	322.15
宁波市	32.06	9.37	33.72	101.46	28.32	62.37	32.76	51.89	42.15	32.17	77.56	52.83	556.66
青岛市	49.86	15.58	81.84	65.84	114.45	120.12	34.45	37.05	39.73	23.19	74.53	38.69	695.33
三亚市	18.04	7.50	9.56	8.54	1.09	--	2.39	0.40	5.93	25.26	41.84	70.49	191.04
沈阳市	21.37	6.20	39.88	20.92	8.75	29.36	27.10	22.74	40.37	15.00	26.29	21.32	279.30
石家庄市	21.13	22.07	26.23	38.33	3.72	4.49	22.96	12.69	18.06	11.85	17.23	33.38	232.14
苏州市	20.91	14.20	51.87	31.68	46.31	60.97	23.19	23.69	40.75	21.11	31.65	60.40	426.73
天津市	57.33	33.40	140.24	92.93	59.23	106.64	72.38	79.50	85.69	69.92	76.08	73.80	947.14
温州市	115.80	38.99	51.70	70.88	57.46	31.17	25.48	55.66	52.88	39.95	28.30	90.34	658.61
无锡市	4.75	11.89	14.39	38.39	14.66	21.97	13.72	11.31	40.89	21.62	21.82	22.53	237.94
武汉市	46.42	26.77	90.02	82.64	84.91	142.06	68.70	60.79	116.27	41.98	308.42	217.04	1286.02

4-7　续表 1　　　　单位：万平方米

城市	1 月	2 月	3 月	4 月	5 月	6 月	7 月	8 月	9 月	10 月	11 月	12 月	汇总
西安市	117.77	69.64	113.30	153.34	90.53	120.07	84.07	114.92	120.90	81.71	87.61	155.74	1309.60
西宁市	13.45	5.24	8.78	1.54	1.45	2.19	7.09	--	12.71	26.62	3.92	6.10	89.09
厦门市	27.85	4.75	24.47	11.68	12.65	11.09	22.70	28.48	21.96	22.91	13.54	26.58	228.66
银川市	4.29	12.74	6.60	19.63	20.62	19.53	28.83	20.60	13.34	19.59	10.40	0.76	176.93
郑州市	41.68	35.86	30.72	57.72	63.44	29.41	37.27	44.07	55.86	37.60	33.73	52.66	520.02
三四线城市													
安庆市	4.98	11.15	--	2.81	2.67	2.64	1.52	0.16	5.90	2.19	2.39	3.80	40.21
百色市	14.02	14.09	6.41	13.02	2.42	14.87	3.79	12.56	19.82	2.67	11.72	23.13	138.52
宝鸡市	90.42	32.15	79.53	25.59	20.94	15.78	74.05	49.26	58.39	14.89	64.32	65.30	590.62
北海市	36.51	29.34	74.17	53.24	29.84	35.61	10.71	13.96	36.71	42.72	32.10	57.91	452.82
沧州市	23.15	1.93	16.93	8.92	9.28	12.32	--	8.62	23.53	27.23	86.78	46.13	264.82
常州市	36.47	26.80	16.15	23.84	12.07	21.07	31.97	30.08	24.23	17.49	25.46	98.96	364.59
池州市	1.79	--	--	--	1.88	0.17	2.55	0.00	0.01	1.25	1.70	--	9.35
滁州市	13.11	0.50	4.63	2.03	--	--	--	--	--	--	--	--	20.27
儋州市	104.47	68.23	59.65	49.52	123.65	117.59	56.57	47.58	60.07	37.16	126.53	19.58	870.60
德阳市	14.43	2.67	2.43	7.74	4.49	12.98	8.16	3.65	3.33	7.76	6.77	8.13	82.54
东莞市	34.29	4.53	21.49	23.36	63.91	24.89	27.22	17.62	177.46	21.22	65.79	47.09	528.87
东营市	32.56	5.57	33.39	30.97	12.49	43.39	16.50	31.82	19.68	6.87	22.17	25.31	280.72
防城港市	--	--	--	--	--	--	5.47	--	--	--	--	--	5.47
佛山市	86.22	31.64	94.40	117.26	48.85	52.02	78.93	69.81	55.46	34.88	71.30	95.03	835.80
抚州市	--	--	0.51	0.48	--	1.21	--	--	3.96	--	4.34	--	10.50
阜阳市	9.54	16.70	5.50	7.76	1.37	1.94	3.19	9.20	11.28	2.54	4.81	1.10	74.93
赣州市	102.64	98.48	42.41	104.91	41.53	80.13	33.37	30.47	40.70	22.78	32.18	67.39	696.99
贵港市	10.07	33.96	13.57	10.46	4.12	3.11	40.67	3.51	10.60	6.42	9.26	16.97	162.72
桂林市	3.08	3.76	2.09	1.44	1.80	2.80	2.04	1.54	--	3.57	2.89	2.36	27.37
邯郸市	--	0.58	14.53	18.38	--	8.67	40.58	26.46	20.35	12.83	26.40	24.18	192.96
河源市	13.76	10.90	16.56	14.27	4.51	5.85	10.33	6.96	7.36	5.25	0.70	17.23	113.68
菏泽市	4.34	7.74	5.63	6.91	5.37	22.82	6.62	17.75	18.72	14.29	19.73	10.48	140.40
贺州市	1.88	10.91	4.35	7.03	8.60	2.93	1.35	5.56	10.59	0.90	9.48	9.52	73.10
鹤壁市	--	--	--	--	--	--	--	2.68	3.26	--	5.83	1.83	13.60
衡阳市	9.96	2.16	2.70	4.36	6.69	5.86	--	0.20	8.88	3.58	--	4.54	48.93
湖州市	14.94	5.46	44.53	21.84	7.74	43.20	5.73	3.71	30.51	9.43	--	--	187.09
淮安市	--	32.13	21.28	17.57	62.12	10.86	23.02	4.66	14.85	8.37	17.75	21.44	234.05
淮北市	5.06	11.47	3.38	4.55	5.58	10.95	6.05	35.19	9.37	1.92	2.58	4.65	100.75
淮南市	--	--	8.44	2.99	2.58	1.47	10.23	2.54	3.90	3.49	8.39	10.53	54.56

4-7 续表 2 单位：万平方米

城市	1月	2月	3月	4月	5月	6月	7月	8月	9月	10月	11月	12月	汇总
黄石市	5.96	0.86	--	1.16	39.74	0.29	--	--	--	--	--	0.37	48.38
惠州市	27.09	28.27	28.81	24.19	24.54	11.70	21.32	20.75	48.01	11.09	49.70	25.57	321.04
济宁市	0.97	--	--	9.78	31.59	10.09	12.84	24.56	7.76	32.11	36.52	2.98	169.20
江门市	22.16	14.62	11.68	30.68	19.06	17.23	22.57	35.77	33.43	28.79	38.43	18.96	293.38
焦作市	7.11	3.44	--	3.88	--	--	--	2.00	--	--	4.80	1.45	22.68
金华市	5.15	2.60	10.58	3.18	3.92	12.29	2.60	0.39	6.84	5.38	4.09	4.35	61.37
景德镇市	13.48	5.26	--	4.77	--	0.80	7.42	7.14	4.52	11.82	1.50	3.16	59.87
九江市	--	--	--	--	--	--	--	--	--	1.60	0.17	2.55	4.32
乐山市	10.94	9.20	7.10	12.67	6.80	12.52	4.53	4.63	14.74	2.24	--	7.02	92.39
丽水市	9.61	13.47	34.49	20.58	6.89	12.17	6.39	23.43	29.75	6.35	5.34	28.66	197.13
连云港市	--	21.15	41.30	30.70	11.72	23.14	39.85	6.55	34.16	11.24	18.28	23.06	261.15
柳州市	13.21	2.60	8.91	18.68	9.65	3.92	12.98	28.39	13.82	9.12	6.81	15.86	143.95
六安市	6.74	3.34	1.32	13.06	3.13	3.56	5.13	--	2.06	9.33	2.53	1.30	51.50
泸州市	30.20	13.44	24.30	18.26	34.64	9.86	12.97	5.74	30.23	19.16	16.83	24.30	239.93
洛阳市	10.60	10.67	7.97	10.38	6.29	6.28	4.86	--	18.81	--	0.63	13.67	90.16
漯河市	15.89	6.73	2.67	1.12	1.00	27.33	4.00	57.14	3.83	1.26	1.28	--	122.25
马鞍山市	--	2.85	2.68	4.79	2.14	1.53	1.45	0.03	8.36	9.18	0.91	1.96	35.88
茂名市	39.36	22.96	23.38	26.08	11.28	19.38	22.79	14.44	60.99	17.21	10.24	35.39	303.50
梅州市	7.80	7.83	13.08	7.46	8.10	12.86	5.16	5.44	39.38	5.27	9.49	1.36	123.23
绵阳市	14.60	--	--	--	7.44	5.54	3.35	7.90	10.74	--	6.74	10.45	66.76
南充市	10.09	16.26	22.64	26.06	4.07	7.40	24.18	14.32	12.37	16.74	2.43	20.42	176.98
南通市	18.85	4.25	9.20	40.49	17.56	23.48	4.75	9.72	27.94	19.73	27.40	23.20	226.57
南阳市	31.54	19.11	2.61	21.66	5.08	--	11.16	62.68	17.60	--	2.27	--	173.71
宁德市	--	9.50	2.07	8.52	15.08	--	--	3.30	11.11	6.53	7.73	2.59	66.43
平顶山市	6.42	--	0.55	1.12	1.24	14.05	1.71	1.42	5.27	3.34	1.75	5.57	42.44
莆田市	5.70	5.05	4.41	3.02	1.67	3.05	--	0.72	--	6.47	5.30	18.08	53.47
濮阳市	--	--	--	--	--	--	--	9.63	8.09	3.94	4.04	0.44	26.14
钦州市	12.05	2.27	0.89	8.44	10.60	10.82	2.99	5.08	2.38	9.79	18.67	24.08	108.06
秦皇岛市	2.32	5.10	--	--	--	--	--	--	--	--	--	12.42	19.84
清远市	38.38	16.14	43.62	27.30	55.33	55.32	32.71	24.82	52.30	10.66	26.61	37.77	420.96
衢州市	3.51	6.39	5.18	4.97	11.49	3.18	4.21	0.42	3.30	--	4.64	2.35	49.64
泉州市	32.33	35.87	33.69	37.67	24.69	63.62	19.42	17.69	35.06	20.25	20.36	29.44	370.09
三明市	1.86	--	--	0.34	3.79	--	--	--	--	--	--	--	5.99
汕头市	16.06	4.45	9.40	33.25	8.45	8.72	21.00	14.51	21.86	23.73	26.83	17.09	205.35
上饶市	0.71	2.50	0.83	1.07	0.85	--	0.45	--	2.49	--	0.87	--	9.77
韶关市	8.05	0.36	10.56	34.06	16.61	19.81	34.68	43.38	56.46	26.18	45.78	35.07	331.00

4–7　续表 3　　　　单位：万平方米

城市	1月	2月	3月	4月	5月	6月	7月	8月	9月	10月	11月	12月	汇总
绍兴市	6.40	1.35	1.51	4.97	1.91	--	2.59	3.09	0.55	0.71	2.27	3.11	28.46
泰安市	0.81	6.24	10.40	2.52	6.77	3.74	3.66	11.90	1.93	8.84	6.05	12.66	75.52
泰州市	2.93	--	0.37	3.25	--	4.10	--	1.86	5.87	2.61	3.72	0.12	24.83
唐山市	20.23	13.38	14.72	28.20	16.79	20.77	31.01	54.87	30.51	26.98	31.67	46.95	336.08
天水市	7.79	1.16	8.41	--	3.39	2.83	3.78	3.54	3.88	17.32	4.27	--	56.37
铜陵市	11.03	9.58	4.04	6.83	1.85	1.97	0.63	3.51	2.10	2.59	--	2.02	46.15
威海市	4.32	3.16	1.05	5.47	5.63	5.55	5.04	10.14	14.61	2.38	8.61	2.76	68.72
潍坊市	30.12	2.16	3.83	8.92	14.38	9.27	15.59	22.44	6.36	5.13	2.26	8.81	129.27
渭南市	15.62	15.95	0.05	0.25	1.17	1.12	2.97	2.02	5.04	--	14.24	3.83	62.26
芜湖市	8.73	3.20	0.61	8.96	10.59	3.53	2.23	0.81	1.35	7.48	8.61	14.95	71.05
咸宁市	3.27	0.13	3.18	3.29	--	--	3.97	1.62	6.28	4.70	0.03	13.71	40.18
襄阳市	29.22	16.21	14.59	13.59	4.45	7.97	19.31	2.13	11.71	14.79	65.59	47.13	246.69
新乡市	60.25	30.21	17.31	39.54	--	--	--	--	--	--	--	--	147.31
信阳市	21.77	2.50	3.14	9.52	10.22	6.27	--	6.79	2.00	--	1.38	13.50	77.09
徐州市	54.55	31.14	15.96	42.64	21.31	26.89	22.54	17.15	43.13	16.49	32.69	97.90	422.39
烟台市	9.40	5.83	19.34	20.22	8.30	22.22	8.56	32.35	14.42	3.00	6.11	22.98	172.73
盐城市	7.87	11.82	14.67	17.40	8.92	0.80	0.89	2.17	5.00	5.73	2.33	2.47	80.07
扬州市	4.78	1.64	1.88	8.12	8.31	8.41	5.30	2.16	5.25	4.36	16.79	7.40	74.40
阳江市	14.32	17.93	5.91	27.76	10.48	27.81	39.84	6.89	16.47	6.37	10.04	14.98	198.80
宜宾市	19.43	5.67	25.99	7.24	11.32	4.71	9.89	24.00	39.29	53.98	11.12	9.36	222.00
宜昌市	3.08	1.77	4.37	4.27	--	3.17	--	--	0.71	7.54	3.53	8.75	37.19
宜春市	--	1.59	0.15	--	--	--	--	--	--	--	--	--	1.74
永州市	3.02	7.61	--	0.81	--	--	--	--	--	--	--	4.53	15.97
岳阳市	15.13	2.52	0.07	7.23	0.50	5.73	0.16	27.17	1.80	0.06	13.15	8.44	81.96
云浮市	3.51	0.82	1.46	0.34	0.03	9.60	1.70	--	0.93	2.15	0.72	--	21.26
湛江市	45.81	29.82	21.54	35.10	20.34	29.60	23.77	17.70	52.73	21.19	23.13	45.22	365.95
肇庆市	18.10	32.75	8.17	25.73	16.91	4.58	11.83	11.26	37.44	12.03	6.68	19.59	205.07
镇江市	16.18	8.02	10.58	14.76	3.26	9.95	5.72	2.34	7.12	11.95	20.04	39.59	149.51
中山市	20.80	5.46	12.26	31.86	21.79	11.86	12.66	14.02	9.52	5.82	8.73	33.10	187.88
舟山市	--	--	1.49	0.23	0.77	--	--	--	0.83	0.28	1.96	0.94	6.50
珠海市	34.48	12.46	24.35	67.48	13.21	14.19	4.01	32.51	25.75	23.27	50.19	21.35	323.25
资阳市	--	--	--	--	--	--	--	--	--	--	1.85	4.29	6.14
淄博市	8.24	12.18	16.00	22.96	4.83	18.86	15.81	10.21	32.10	13.24	20.57	23.79	198.79

数据来源：中指数据库监测。

4-8 2024年全国主要城市商品房可售套数统计

单位：套

城市	1月	2月	3月	4月	5月	6月	7月	8月	9月	10月	11月	12月
一线城市												
北京市	377884	381634	387394	384888	388528	383243	379052	375985	383173	371772	367988	355833
上海市	468870	470801	483715	484333	485786	488467	492111	493566	499742	504316	505517	506556
广州市	555169	557568	557968	807480	808531	830367	834872	839024	841207	845395	849029	1012792
深圳市	125937	125577	146421	144918	145097	148425	143807	146735	147931	148899	151694	149262
二线城市												
长春市	113422	110840	110128	109409	108793	103601	101901	100034	97313	94749	92913	101678
长沙市	168143	169095	167098	166281	169546	136504	137123	138318	139950	139215	139467	142457
成都市	1923155	1927092	1934737	1945137	1943107	1872841	1912871	1919069	1918116	2030586	1924858	1924298
重庆市	226496	226152	226760	236309	239490	241086	243709	242855	248879	245260	242637	240509
大连市	182371	181587	180540	180790	180083	179200	178628	178355	178330	179826	179194	177124
福州市	511355	509105	504740	490128	485987	488646	492642	479783	463453	465144	460126	460741
贵阳市	232214	233220	229160	231530	230296	233007	232239	232955	234131	232501	230058	227921
海口市	245102	246962	243512	271766	269822	255318	257612	259606	260733	260946	265659	277034
杭州市	92211	94483	93769	94775	96125	93463	93759	93475	94167	91412	89048	87397
合肥市	410640	408753	407946	406803	407715	409814	415445	415147	419151	418767	418504	418688
济南市	601294	597299	591562	590644	588923	575793	574086	568228	571691	568821	557362	556751
昆明市	456570	458179	457127	465481	461721	454788	451807	449758	453822	453822	443976	454864
兰州市	173645	173167	172762	171920	171562	174203	174851	173729	174007	173686	171941	171476
南昌市	19868	18506	18131	17793	17910	17964	17515	17268	17095	16520	16156	15444
南京市	615200	617749	624822	628774	634490	625431	687050	686091	692395	690889	689387	692136
南宁市	404997	404470	381124	398333	398188	392068	392858	420707	419953	421028	421506	418528
宁波市	394789	394153	393889	396249	394324	397391	391901	393326	391463	389917	393872	385195
青岛市	287179	285190	283089	282878	285289	302212	301708	300743	291370	288922	285854	280542
沈阳市	215318	213947	209607	207636	203095	202189	198962	198670	197501	194903	192180	189201
苏州市	110328	111063	108848	108171	107660	107446	106365	105613	105766	134217	133852	132119
天津市	114806	114105	112869	113692	111809	110189	111117	111863	113794	108828	106997	103793
温州市	159046	156589	152844	156636	156270	148954	149598	152947	173604	175670	175013	179297
无锡市	84221	84320	83313	81891	81983	81862	82260	82299	81506	80732	81016	79274
武汉市	137074	136489	138597	140978	140348	138074	137070	136802	141089	135362	130920	128039
西安市	451171	450458	454820	460897	457643	466470	470462	471853	478198	479629	478787	484498
西宁市	56888	56949	56947	56664	55737	55262	55390	55719	55852	56341	56105	54872
厦门市	229865	230008	231051	230706	232786	229921	227550	227405	227159	223932	219254	216189
郑州市	503357	502213	496845	496845	490416	487755	486616	484752	482470	478340	473557	468819

4-8　续表 1　　　　单位：套

城市	1月	2月	3月	4月	5月	6月	7月	8月	9月	10月	11月	12月
三四线城市												
百色市	103156	102401	101504	115175	114838	115222	114404	114398	114266	114470	113715	114581
北海市	--	--	--	--	72528	71741	71885	73286	73073	74516	74438	82053
沧州市	40196	40010	39117	38558	37492	37295	35725	35823	36867	37787	42401	39010
池州市	--	--	--	--	22871	22737	22014	21734	21567	21509	21086	21369
儋州市	55755	56029	56082	55968	54773	57573	56735	56785	56423	56832	61654	65242
德阳市	105907	115729	120145	120860	126969	128985	129163	130202	128104	128806	130489	132496
东莞市	215520	215391	213643	--	207856	202828	203521	203287	204794	201663	202138	199313
东营市	41969	41969	41969	41969	--	126708	127677	127839	97492	98085	99679	100185
防城港市	--	--	--	--	63114	62230	62008	--	60977	60831	59469	58978
佛山市	435555	434837	431346	426564	424465	406902	402230	401278	393864	384343	384583	372052
抚州市	--	83444	82791	82519	81705	81098	80972	79585	78634	77738	75668	73406
赣州市	395166	395166	395166	395166	--	--	--	--	--	--	--	--
贵港市	42318	44660	44055	44788	45753	45422	50540	50745	50490	50073	53079	54020
桂林市	15437	15556	15356	15222	15141	15068	15098	15359	15284	15353	15668	15535
邯郸市	--	--	--	--	--	--	72830	73951	73868	74408	73942	73062
河源市	--	--	--	--	58218	57151	57365	57778	56410	55802	56226	55463
菏泽市	118223	118089	117006	116149	112794	112499	111428	110706	109976	110199	109493	109751
贺州市	55640	56421	55570	55917	55468	54438	53436	53251	53253	52291	51059	50609
鹤壁市	--	--	--	--	--	--	--	27369	27503	27343	27588	27518
衡阳市	128498	127830	127140	126523	126382	125173	124676	123867	122589	121984	118908	119167
淮北市	53898	54449	54254	54390	54586	54819	54268	57320	57162	56277	56084	57929
黄石市	15504	15550	15136	14350	14419	14419	12431	14236	13902	13105	12793	14575
惠州市	178890	177536	180412	184272	179054	174147	173788	170306	172616	168322	168358	164750
济宁市	31375	31380	--	36258	38188	36267	36015	36271	36442	35578	36660	35305
金华市	26122	26049	25364	25197	26950	27448	27367	27210	26806	26703	26603	28218
景德镇市	16709	17351	17549	17334	16888	16523	17642	17535	18558	18919	15122	15185
丽水市	--	--	--	--	--	--	--	75884	75852	76176	76256	78245
连云港市	143353	144244	148001	148574	141227	139624	140088	143389	144641	144028	144748	143034
六安市	51680	51213	50363	50087	49913	49409	49344	49060	48036	48154	47945	47453
泸州市	245724	337430	209108	212938	216270	214828	213891	214585	223357	225975	226419	224121
漯河市	33521	33133	32096	--	33447	35218	--	--	27076	26868	26266	25546
茂名市	117925	121809	106183	122101	178972	179612	191024	184491	186594	187182	185184	190771
梅州市	120375	122866	117697	123149	122908	121214	123369	121439	122705	124653	126233	122877
南充市	122315	118853	117569	119085	118225	116805	119271	119241	118509	116061	115296	113871
南平市	9441	9371	9281	9196	9139	--	--	--	--	--	--	--
南通市	138263	136546	133652	146466	134722	131408	139994	143854	142793	141167	141084	139930

4-8 续表 2 单位：套

城市	1月	2月	3月	4月	5月	6月	7月	8月	9月	10月	11月	12月
南阳市	--	--	--	--	--	210194	212486	--	218905	218905	260646	--
宁德市	25665	25996	23432	23090	22827	22630	22439	22331	22200	22153	21507	21397
平顶山市	40944	40821	40259	39588	39113	39449	39345	43978	44241	43702	43134	43132
莆田市	76932	76652	76084	75755	75111	73493	--	--	--	--	--	78678
濮阳市	--	--	--	--	--	--	--	80091	80433	80209	80158	79522
钦州市	83265	80125	79921	79709	81489	81283	81247	80895	80620	80600	82929	85720
清远市	211998	212160	211131	212873	215563	288755	312078	311622	312188	307804	306396	310988
泉州市	286133	288447	291120	293545	295168	299067	296952	296952	296845	294667	294504	296860
三明市	25113	25013	24957	24829	25203	--	--	--	--	--	--	--
汕头市	183408	185838	189571	187138	188937	186304	188879	188791	183965	184995	186717	185182
上饶市	17824	16857	16532	16532	32166	15912	15912	20622	22639	23904	23903	19165
绍兴市	23955	24052	23596	22898	22863	21853	21735	21758	21550	20926	20367	19651
泰安市	53158	52993	52254	51933	51921	50876	50124	50025	49728	48922	48258	48231
泰州市	20153	19975	19802	19628	19700	19809	19842	19853	20800	20393	20538	20334
唐山市	--	--	--	--	--	--	--	--	211493	159213	163224	163846
天水市	60166	59774	59847	59835	59290	59081	58348	58114	58248	58205	58425	58398
铜陵市	--	--	--	--	62150	62329	62076	62478	62590	62578	92067	92625
威海市	134905	134971	132886	133430	133384	132797	131682	131989	132429	131604	132002	131190
渭南市	40683	41542	41016	41025	40676	40574	40371	40469	40370	40124	39941	40862
芜湖市	29057	28880	28371	27575	27870	27580	28228	27355	26686	26526	26479	26778
咸宁市	--	--	--	--	--	55259	--	55153	56117	--	56240	56949
襄阳市	97573	98098	99246	99092	99137	99606	99609	101235	142672	144509	148077	121242
新乡市	164815	162774	159694	157876	--	--	--	--	--	--	--	--
徐州市	236529	233245	228931	226157	221979	218333	213061	211518	211794	208808	241298	236865
烟台市	102359	102139	101557	101229	101094	98988	99157	100536	89071	88264	87320	86536
扬州市	91127	90836	90606	90596	90207	89783	89788	89695	89472	89205	88922	88647
阳江市	--	--	--	--	121529	125896	126569	125227	124528	123411	123696	123201
宜宾市	13640	13721	12718	12806	12944	12841	12832	14625	12778	15443	15583	15167
岳阳市	39243	39158	29904	29444	29424	28526	28352	28553	27801	27573	27278	27004
云浮市	--	--	--	--	24208	29546	30077	30571	31634	32719	33509	33520
湛江市	145636	146709	145897	147035	147095	151360	152783	150376	152991	154251	151806	152963
肇庆市	--	--	--	--	--	--	--	--	--	195598	194467	190807
镇江市	83011	82855	82658	83276	81785	80354	78819	77602	76780	75640	72464	74430
中山市	318111	317636	315552	312034	311310	309286	308280	306289	301915	299491	296840	62902
舟山市	22831	22739	23161	22873	22594	21503	21443	21212	20931	20713	20540	20229
珠海市	114326	115076	115296	118998	120002	120010	119772	120824	122198	123165	124879	112820
淄博市	76090	75113	71860	71415	69516	65479	64965	64361	62790	63026	63385	62612

数据来源：中指数据库监测。

4-9　2024年全国主要城市商品房可售面积统计

单位：万平方米

城市	1月	2月	3月	4月	5月	6月	7月	8月	9月	10月	11月	12月
一线城市												
北京市	2347.73	2361.94	2418.39	2400.23	2409.75	2381.68	2324.54	2300.87	2350.32	2303.48	2268.76	2174.92
上海市	3942.25	3945.72	4030.27	4030.09	4046.45	4049.58	4062.55	4070.78	4119.02	4132.84	4135.34	4144.81
广州市	2532.40	2521.06	2576.75	3231.45	3249.48	3327.55	3369.07	3367.50	3430.13	3415.22	3429.37	4935.00
深圳市	1242.97	1243.21	1336.98	1332.73	1336.64	1387.75	1363.93	1403.08	1399.94	1423.11	1482.81	1491.93
二线城市												
长春市	1205.60	1186.87	1183.18	1174.27	1169.93	1129.69	1111.01	1093.34	1066.23	1039.47	1019.70	1106.84
长沙市	1733.29	1742.91	1720.90	1710.57	1782.45	1344.94	1356.28	1373.45	1406.67	1393.05	1409.22	1434.85
成都市	10215.19	10234.82	10298.00	10335.86	10314.42	9862.85	10027.01	10014.50	10063.79	10044.51	10025.21	9992.25
重庆市	1654.00	1646.00	1632.00	1664.00	1677.00	1674.00	1671.00	1661.00	1694.00	1658.00	1629.00	1616.00
大连市	2807.61	2799.61	2789.42	2791.58	2785.43	2783.21	2780.12	2775.25	2773.96	2788.57	2781.50	2757.89
福州市	2692.79	2673.17	2659.96	2520.05	2498.73	2527.57	2521.77	2475.52	2319.38	2328.98	2306.86	2280.95
贵阳市	2021.98	2015.99	1990.18	2023.16	2011.91	2037.94	2026.90	2035.48	2056.62	2038.47	2011.31	1985.61
海口市	1721.42	1746.28	1718.28	1932.07	1902.44	1767.49	1765.87	1792.04	1799.58	1801.34	1848.01	1958.86
杭州市	1248.46	1282.88	1272.23	1298.31	1324.30	1293.40	1311.57	1308.25	1315.91	1294.33	1266.57	1251.13
合肥市	2277.53	2267.18	2260.00	2254.66	2251.10	2257.28	2288.28	2292.43	2306.53	2305.22	2291.90	2283.84
济南市	3299.08	3275.82	3213.46	3232.03	3237.28	3178.30	3166.61	3127.71	3127.38	3104.20	3016.02	3000.64
昆明市	2577.58	2602.08	2594.39	2635.80	2584.61	2517.44	2493.43	2484.79	2501.81	2501.81	2437.39	2466.14
兰州市	2611.39	2607.43	2610.01	2612.93	2612.34	2654.06	2658.70	2655.43	2659.11	2657.48	2641.22	2638.52
南昌市	243.61	238.45	234.84	231.57	232.48	230.70	228.96	226.48	224.58	218.31	213.33	206.47
南京市	2870.57	2871.26	2870.04	2882.91	2886.51	2837.23	3204.44	3187.86	3188.70	3170.94	3148.15	3128.74
南宁市	4654.54	4639.34	2578.66	2699.23	2705.44	2657.06	2667.55	2840.99	2848.36	2837.67	2870.00	2857.28
宁波市	1779.69	1770.80	1754.01	1788.98	1765.54	1765.51	1752.43	1766.45	1741.76	1714.60	1727.91	1689.85
青岛市	3441.14	3416.15	3390.74	3397.02	3418.24	3465.18	3463.93	3457.38	3351.90	3321.01	3299.00	3231.04
沈阳市	2283.08	2267.53	2205.09	2178.12	2130.69	2125.41	2089.81	2087.82	2085.69	2058.89	2028.37	2021.56
苏州市	1281.74	1277.02	1270.63	1262.44	1271.21	1270.95	1264.94	1254.61	1264.64	1293.48	1268.02	1230.65
天津市	1231.95	1225.38	1210.90	1219.95	1189.94	1174.85	1187.67	1196.69	1219.34	1169.10	1148.75	1115.59
温州市	1639.54	1615.35	1568.10	1597.79	1593.60	1527.79	1530.29	1554.91	1812.63	1831.98	1823.84	1882.05
无锡市	1052.11	1054.47	1041.83	1031.62	1038.18	1036.77	1042.81	1044.81	1039.08	1029.65	1035.89	1018.40
武汉市	1642.66	1633.14	1659.91	1686.56	1681.61	1655.57	1642.03	1637.52	1687.84	1616.74	1563.43	1518.50
西安市	3092.81	3099.99	3133.93	3181.67	3169.74	3210.84	3232.47	3243.18	3292.40	3296.04	3280.54	3341.67
西宁市	638.08	639.08	636.11	630.33	622.75	618.50	616.38	615.47	614.39	620.26	622.41	616.70
厦门市	1570.35	1569.07	1589.61	1587.21	1601.24	1577.43	1556.44	1560.81	1570.31	1548.93	1513.29	1501.29
郑州市	5286.64	5281.49	5233.63	5233.63	5173.02	5135.67	5122.62	5107.48	5100.81	5056.86	4989.33	4944.49

4-9 续表 1 单位：万平方米

城市	1月	2月	3月	4月	5月	6月	7月	8月	9月	10月	11月	12月
三四线城市												
百色市	869.13	861.05	851.37	972.18	968.46	972.15	964.78	967.62	966.80	965.42	956.37	965.58
北海市	--	--	--	--	391.54	385.82	388.06	398.69	397.43	410.43	409.98	468.69
沧州市	406.08	403.40	394.37	388.86	378.60	377.64	355.84	356.08	368.17	378.23	430.79	394.09
池州市	--	--	--	--	132.13	131.31	129.75	128.00	126.58	126.28	124.75	124.21
儋州市	468.94	470.64	471.85	470.20	457.10	479.21	472.08	472.45	471.43	472.40	532.25	576.14
德阳市	621.36	690.71	710.70	712.05	732.99	739.69	739.20	752.72	733.82	736.80	740.27	754.00
东莞市	1163.72	1172.12	1047.82	--	1047.37	951.65	975.48	975.88	1003.11	928.70	935.13	909.09
东营市	437.84	437.84	437.84	437.84	--	1458.99	1467.52	1469.06	1131.95	1135.62	1150.53	1150.97
防城港市	--	--	--	--	650.74	647.85	659.41	--	653.70	652.15	644.40	639.12
佛山市	2034.70	2020.06	2020.62	1984.91	1958.44	1886.94	1890.53	1855.69	1795.41	1746.73	1735.80	1676.15
抚州市	--	742.91	736.52	735.70	726.95	721.27	716.10	702.19	694.84	683.74	665.75	642.34
赣州市	5698.17	5698.17	5698.17	5698.17	--	--	--	--	--	--	--	--
贵港市	281.99	302.53	294.33	293.28	297.96	295.81	330.92	333.58	334.19	330.79	358.26	372.42
桂林市	122.44	123.92	121.42	120.15	119.97	119.32	119.72	122.17	120.02	120.77	123.22	122.38
邯郸市	--	--	--	--	--	--	808.80	809.11	807.58	809.52	804.01	792.44
河源市	--	--	--	--	550.93	534.81	540.96	546.31	531.84	527.10	531.62	509.90
菏泽市	659.87	656.65	643.19	634.37	610.48	613.37	599.36	593.68	584.79	586.62	590.37	590.01
贺州市	436.93	437.46	426.14	431.26	426.64	416.97	411.35	404.00	401.63	397.64	391.94	386.94
鹤壁市	--	--	--	--	--	--	--	292.81	294.95	293.16	294.38	293.82
衡阳市	1085.87	1080.41	1072.37	1067.29	1060.40	1048.58	1043.71	1034.83	1018.40	1014.60	988.40	983.22
淮北市	685.64	692.18	690.10	689.16	690.75	694.33	688.09	720.20	718.82	708.64	708.16	717.70
黄石市	186.53	186.74	182.48	176.74	177.08	177.08	146.29	166.53	162.77	153.44	140.39	162.63
惠州市	1761.05	1743.39	1772.82	1807.42	1764.59	1716.98	1711.29	1677.40	1709.70	1651.25	1648.76	1624.81
济宁市	385.75	385.78	--	446.67	466.30	454.13	449.79	460.96	458.06	459.41	472.91	458.35
金华市	501.39	500.15	493.57	490.87	509.91	513.25	511.77	510.19	505.67	504.86	505.74	526.35
景德镇市	206.17	212.95	215.33	212.50	207.03	202.72	213.60	213.52	223.71	229.00	183.12	182.65
丽水市	--	--	--	--	--	--	--	648.87	649.25	654.47	653.17	666.36
连云港市	1004.44	1014.83	1041.82	1041.76	961.02	946.17	951.59	953.46	963.58	960.97	965.57	948.57
六安市	524.14	520.82	513.69	511.48	510.07	506.00	505.68	499.78	489.08	487.31	485.57	481.34
泸州市	1634.94	2068.89	1414.51	1428.02	1444.91	1440.33	1421.30	1416.70	1452.28	1465.01	1459.19	1448.11
漯河市	349.80	345.87	336.30	--	352.80	375.43	--	--	274.78	274.26	270.10	261.57
茂名市	594.50	602.34	510.72	598.72	1002.05	979.86	1027.82	1000.12	1032.24	1034.00	1002.57	1016.24
梅州市	694.95	693.31	663.29	686.14	681.17	675.48	663.88	663.34	676.63	679.74	681.81	654.00
南充市	599.51	580.27	565.92	579.81	574.00	571.08	563.50	556.74	554.91	543.98	537.98	525.76
南平市	89.89	89.18	88.46	87.39	86.77	--	--	--	--	--	--	--
南通市	986.61	976.49	945.59	1022.35	945.09	930.75	1008.09	1053.61	1055.82	1040.42	1031.73	1018.66
南阳市	--	--	--	--	--	2431.53	2458.41	--	2535.23	2535.23	2994.61	--

4–9　续表 2　　　　单位：万平方米

城市	1月	2月	3月	4月	5月	6月	7月	8月	9月	10月	11月	12月
宁德市	161.98	166.97	160.56	158.99	156.67	155.32	154.32	153.76	152.57	152.09	146.07	147.77
平顶山市	466.82	465.65	458.67	450.45	444.22	448.48	447.19	509.18	512.80	508.93	505.71	505.32
莆田市	425.69	420.17	418.01	416.06	412.60	407.69	--	--	--	--	--	488.44
濮阳市	--	--	--	--	--	--	--	536.68	539.06	536.77	534.60	525.66
钦州市	691.68	675.62	673.19	669.75	683.24	684.78	684.67	680.06	677.00	676.01	687.18	699.06
清远市	1054.67	1043.02	1036.01	1031.14	1067.94	1557.16	1771.84	1772.54	1757.51	1724.87	1705.86	1709.76
泉州市	1617.22	1630.57	1634.71	1645.94	1655.85	1686.05	1656.83	1656.83	1666.24	1650.30	1633.85	1646.26
三明市	140.18	138.16	138.06	137.22	139.28	--	--	--	--	--	--	--
汕头市	874.71	884.18	900.89	870.71	881.67	855.77	863.33	858.06	829.35	830.26	862.15	840.56
上饶市	238.01	230.50	226.79	226.79	439.45	217.84	217.84	269.98	296.75	310.77	310.75	265.57
绍兴市	306.57	307.29	301.94	293.73	294.21	281.65	280.10	279.87	279.12	270.82	261.20	251.85
泰安市	642.95	635.67	628.17	624.97	629.25	619.59	611.12	608.94	605.86	596.80	589.03	586.98
泰州市	222.73	221.17	219.21	217.36	218.56	220.01	220.40	220.59	231.59	226.13	227.69	225.14
唐山市	--	--	--	--	--	--	--	--	2456.90	1856.63	1905.70	1909.29
天水市	631.77	627.77	629.13	630.04	623.86	620.90	612.15	610.09	609.30	608.46	609.27	610.79
铜陵市	--	--	--	--	469.00	470.10	468.95	467.44	467.77	468.59	679.12	684.68
威海市	820.45	820.38	799.55	809.99	810.20	808.89	805.92	806.50	814.27	811.01	812.58	801.77
渭南市	531.29	543.93	537.85	538.11	533.86	532.53	530.33	531.58	529.43	526.20	524.59	536.98
芜湖市	422.11	419.69	414.08	406.81	411.17	408.63	414.71	403.61	394.69	393.22	392.59	398.63
咸宁市	--	--	--	--	--	601.85	--	598.52	603.71	--	607.65	615.56
襄阳市	1094.66	1100.04	1110.10	1108.21	1108.32	1113.20	1114.06	1136.34	1530.08	1556.81	1601.22	1322.61
新乡市	1779.76	1769.46	1727.84	1707.18	--	--	--	--	--	--	--	--
徐州市	1716.62	1691.68	1660.22	1644.76	1602.21	1578.99	1547.48	1536.94	1531.02	1502.81	1697.92	1639.92
烟台市	1089.06	1076.72	1069.35	1067.19	1064.79	1050.55	1052.97	1065.39	993.90	983.17	972.67	958.91
扬州市	583.72	578.61	575.79	575.64	571.31	566.33	566.67	564.92	560.89	557.93	553.80	549.54
阳江市	--	--	--	--	700.20	746.01	769.75	755.34	748.13	727.48	723.15	722.82
宜宾市	160.60	158.59	149.88	151.06	154.12	153.11	153.98	169.22	146.54	178.62	179.36	175.97
岳阳市	396.74	396.60	300.21	299.47	296.36	290.29	288.43	312.03	307.90	304.59	300.75	298.60
云浮市	--	--	--	--	100.41	149.39	151.50	156.88	159.26	162.37	159.50	158.52
湛江市	778.00	781.92	773.21	767.91	763.91	789.48	786.35	778.70	792.69	784.99	768.05	768.55
肇庆市	--	--	--	--	--	--	--	--	--	773.12	771.45	760.57
镇江市	752.33	751.40	747.43	753.92	747.89	728.17	706.34	694.61	693.80	679.41	654.34	674.40
中山市	1426.55	1424.61	1414.78	1416.21	1413.01	1400.45	1400.27	1388.51	1378.92	1361.26	1346.69	763.37
舟山市	226.65	226.33	231.14	227.90	225.18	212.55	211.96	209.53	206.37	203.84	201.84	197.55
珠海市	1307.61	1314.81	1319.25	1354.73	1362.71	1364.67	1361.32	1372.05	1382.91	1391.12	1407.10	1298.56
淄博市	870.42	861.26	814.36	811.14	790.93	741.61	742.06	727.75	703.52	705.28	702.76	694.98

数据来源：中指数据库监测。

4-10 2024年全国主要城市商品房销供比统计

城市	1月	2月	3月	4月	5月	6月	7月	8月	9月	10月	11月	12月	全年
一线城市													
北京市	10.21	2.73	0.79	1.71	1.77	1.41	4.24	1.58	0.72	1.76	2.14	3.69	1.79
上海市	0.82	1.62	0.77	0.92	0.76	0.89	1.10	0.72	0.65	0.75	0.78	0.86	0.82
广州市	1.60	2.18	0.93	1.06	2.04	0.89	1.77	1.98	0.64	3.03	1.68	1.74	1.39
深圳市	1.40	0.58	0.49	1.13	0.57	0.76	1.39	0.91	1.27	1.00	1.14	1.54	1.03
二线城市													
长春市	4.19	2.29	1.13	1.96	2.69	2.65	1.44	2.88	1.53	1.76	2.57	2.60	2.00
长沙市	0.74	0.60	1.93	0.55	1.08	1.73	0.97	0.67	0.51	3.06	0.91	0.79	0.97
成都市	1.00	1.18	0.79	0.95	1.15	0.81	1.34	1.17	0.60	1.30	1.17	1.25	1.02
重庆市	0.64	1.23	1.16	0.63	0.86	1.04	1.06	1.23	0.64	1.67	1.47	1.18	1.01
大连市	4.66	13.08	1.53	1.01	1.51	0.97	1.68	1.13	2.00	1.25	2.69	0.40	1.38
福州市	1.02	1.91	2.86	1.54	1.81	2.50	3.61	1.61	1.20	8.19	1.42	1.22	1.84
贵阳市	1.49	1.97	1.77	2.06	1.09	1.45	1.15	0.90	1.28	1.50	3.10	3.54	1.59
哈尔滨市	--	--	--	--	0.57	0.21	0.28	0.67	0.26	1.15	0.44	4.58	0.66
海口市	0.79	0.34	2.02	1.13	1.51	5.03	1.10	0.81	0.52	0.74	0.50	0.99	1.15
杭州市	1.78	1.22	1.04	0.65	0.62	1.23	0.68	0.99	0.89	1.01	1.61	1.12	1.00
合肥市	1.02	2.69	1.25	0.99	1.41	1.02	1.04	1.05	0.69	1.32	1.20	1.17	1.12
呼和浩特市	1.69	18.68	6.39	3.04	2.65	0.45	1.91	1.28	0.72	3.88	1.98	--	1.62
济南市	1.07	1.05	0.92	0.92	1.31	1.30	2.17	1.25	1.31	2.28	1.41	1.20	1.24
昆明市	6.71	1.57	1.48	0.39	1.25	1.40	1.88	1.18	0.84	1.74	1.97	2.50	1.30
兰州市	2.36	2.37	1.06	0.91	1.30	0.35	0.88	1.17	1.00	1.14	3.60	1.80	1.07
南昌市	0.43	2.48	0.72	0.43	2.36	0.56	1.38	1.24	0.71	3.94	1.69	1.10	1.01
南京市	0.88	1.14	1.09	1.18	0.74	1.10	1.49	1.83	1.11	1.47	1.78	1.37	1.23
南宁市	1.86	1.48	1.67	1.17	1.81	1.43	2.92	3.15	0.55	3.11	1.24	1.30	1.57
宁波市	1.53	2.46	1.78	0.43	2.11	1.10	0.84	0.95	1.52	1.91	0.71	2.01	1.20
青岛市	1.50	1.93	1.36	1.12	0.92	1.95	2.11	1.91	3.28	2.89	1.06	2.98	1.67
三亚市	1.36	1.93	1.76	2.34	12.37	--	10.17	27.33	2.97	--	--	--	0.88
沈阳市	1.88	3.68	1.76	1.85	4.29	1.63	1.19	1.27	1.05	1.95	1.90	2.67	1.78
石家庄市	1.39	0.83	1.29	0.89	8.42	12.07	1.66	2.28	1.54	2.41	1.48	0.94	1.64
苏州市	1.93	1.60	1.09	0.92	0.70	1.07	1.60	1.63	1.17	2.38	1.65	1.72	1.35
天津市	1.25	2.05	1.40	0.83	1.51	1.85	0.93	0.92	1.14	1.67	1.31	1.72	1.35
温州市	0.42	2.02	1.64	0.69	0.97	3.10	1.37	0.66	1.02	1.40	1.63	0.49	1.04
无锡市	4.83	0.72	1.51	0.52	1.43	1.11	1.30	1.16	0.48	0.88	1.06	2.06	1.08
武汉市	2.16	1.74	0.92	0.87	1.01	0.84	1.41	1.30	0.53	3.28	0.64	1.80	1.14
西安市	0.77	0.65	0.63	0.70	1.01	0.71	0.93	0.65	0.57	1.02	1.10	0.53	0.75
西宁市	0.60	0.67	1.37	7.24	7.15	3.56	1.14	--	0.82	0.50	2.83	1.94	1.37

4-10　续表 1

城市	1月	2月	3月	4月	5月	6月	7月	8月	9月	10月	11月	12月	全年
厦门市	1.04	3.85	0.73	1.78	1.37	2.73	1.08	0.60	0.66	2.08	3.14	1.56	1.41
银川市	3.67	1.17	2.08	1.93	0.83	0.89	0.74	1.43	1.54	1.64	2.16	27.42	1.49
郑州市	2.18	1.13	2.43	1.25	1.94	4.26	2.00	1.78	1.43	2.58	3.37	2.40	2.11
三四线城市													
安庆市	1.28	0.86	--	3.20	2.41	1.67	1.68	15.50	1.03	3.00	1.07	1.68	1.64
百色市	0.63	0.61	1.48	2.71	4.60	0.78	3.45	0.78	0.57	5.52	1.65	0.64	1.21
宝鸡市	0.08	0.25	0.17	0.44	0.58	0.39	0.07	0.07	0.10	0.26	0.06	0.04	0.14
北海市	--	--	0.00	--	0.71	0.64	1.80	1.68	0.80	0.42	0.63	0.88	0.45
沧州市	0.39	2.96	0.53	0.92	1.90	0.96	--	0.85	0.37	0.49	0.32	1.52	0.75
常州市	0.67	0.68	1.63	0.92	2.50	1.45	0.81	0.99	1.31	1.88	1.09	0.32	0.91
池州市	1.13	--	--	--	1.03	13.24	1.46	--	185.00	1.98	2.21	--	3.12
儋州市	0.04	0.07	0.13	0.08	0.14	0.08	0.07	0.23	0.10	0.09	0.04	0.25	0.09
德阳市	0.93	7.13	7.17	2.28	2.83	1.01	1.44	2.71	2.69	1.26	1.90	1.61	1.93
东莞市	1.26	2.18	1.39	1.20	0.49	1.39	0.65	1.14	0.25	2.99	0.49	0.85	0.75
东营市	0.58	1.47	0.59	0.43	1.30	0.75	0.89	0.71	0.96	2.41	1.00	1.60	0.87
防城港市	--	--	--	--	--	--	3.08	--	--	--	--	--	13.27
佛山市	0.94	1.10	0.73	0.56	1.53	1.57	0.92	0.80	1.20	2.87	1.14	0.93	1.04
抚州市	--	--	39.25	25.48	--	11.74	--	--	3.10	--	6.63	--	21.88
赣州市	0.19	0.52	0.63	0.36	0.83	0.50	1.08	0.95	0.81	2.10	1.21	0.79	0.64
贵港市	0.60	0.24	1.64	0.55	1.98	1.05	0.34	1.02	0.31	1.10	2.59	0.17	0.66
桂林市	0.85	0.61	2.30	0.96	1.81	0.64	0.92	0.84	--	0.72	0.74	1.35	1.05
邯郸市	--	50.52	2.67	2.01	--	5.59	0.84	1.36	0.95	1.60	1.55	2.53	2.35
河源市	--	--	--	0.16	4.63	2.81	1.91	2.28	2.80	3.56	33.73	1.95	1.51
菏泽市	3.18	1.61	2.83	1.58	2.91	0.57	2.18	0.73	0.61	1.06	0.47	0.90	1.10
贺州市	4.82	0.90	3.31	3.74	1.89	3.82	5.09	1.27	0.58	24.61	0.83	1.17	2.03
鹤壁市	--	--	--	--	--	--	--	2.68	2.05	--	0.96	3.04	2.32
衡阳市	0.79	5.19	3.77	2.08	4.28	2.46	--	50.45	2.46	7.33	--	2.06	3.69
湖州市	1.00	1.49	0.42	0.62	1.41	0.53	2.33	2.50	0.40	1.15	--	--	0.87
淮安市	--	1.13	1.37	1.63	0.33	2.48	1.16	7.93	1.05	1.87	1.02	0.80	1.22
淮北市	1.21	0.55	1.36	0.96	1.52	0.53	0.95	0.43	1.12	5.96	2.66	2.14	0.94
淮南市	--	--	1.44	1.67	2.38	3.99	0.71	2.00	2.73	1.97	0.59	0.28	1.60
黄石市	1.12	5.35	--	6.89	0.07	19.52	--	--	--	--	--	18.05	1.40
惠州市	1.53	0.62	1.42	1.85	1.60	3.10	1.65	1.60	0.84	4.05	0.99	2.21	1.49
济宁市	2.14	--	--	2.37	0.42	3.67	2.03	0.86	2.65	0.55	0.52	6.86	1.19
江门市	2.15	2.01	3.76	1.32	2.32	2.23	1.88	0.97	1.05	1.78	1.10	2.76	1.71

4–10 续表 2

城市	1月	2月	3月	4月	5月	6月	7月	8月	9月	10月	11月	12月	全年
焦作市	0.50	0.56	--	0.59	--	--	--	0.04	--	--	1.42	1.41	1.58
金华市	0.93	0.68	0.99	0.96	1.08	0.22	0.92	5.18	0.36	1.22	0.78	0.44	0.74
景德镇市	0.49	0.61	--	0.78	--	5.29	0.80	0.72	0.69	0.41	22.47	1.76	1.47
九江市	--	--	--	--	--	--	--	--	--	4.68	15.24	1.70	30.93
乐山市	0.17	0.25	0.75	0.60	0.68	0.29	0.45	2.86	0.28	1.59	--	0.92	0.64
丽水市	1.67	0.87	0.82	0.55	2.91	1.88	2.07	0.52	1.19	2.43	1.50	0.67	1.08
连云港市	--	1.00	0.51	0.66	8.24	1.12	0.86	3.51	0.38	1.71	1.14	1.93	1.38
柳州市	0.99	5.34	1.87	0.76	1.33	3.20	0.94	0.42	0.74	1.72	2.07	1.36	1.17
六安市	1.00	2.06	5.60	0.46	2.16	1.07	0.87	--	1.48	0.30	2.04	3.82	1.23
泸州市	0.55	1.89	0.63	1.05	0.50	2.03	1.57	1.96	0.64	1.18	1.15	1.08	0.97
洛阳市	1.25	0.54	1.48	1.31	2.08	1.79	2.09	--	0.50	--	16.86	0.97	1.50
漯河市	0.66	1.65	4.00	--	--	0.87	0.87	0.02	1.50	7.13	3.88	--	0.76
马鞍山市	--	1.89	2.24	0.61	2.11	2.89	2.35	86.67	0.83	1.11	3.96	2.34	1.52
茂名市	0.26	0.59	0.61	0.50	1.62	1.01	0.94	1.80	0.31	2.09	3.58	0.85	0.85
梅州市	2.06	1.55	1.32	1.68	1.71	1.18	3.09	2.23	0.34	2.91	1.28	9.64	1.37
绵阳市	1.58	--	--	--	1.56	3.05	4.58	2.21	1.48	--	3.24	2.64	3.28
南充市	1.27	1.75	1.62	0.70	3.23	2.32	0.77	1.19	1.40	0.80	10.62	1.26	1.38
南通市	1.49	2.30	2.93	0.50	1.97	0.49	2.52	2.03	0.46	0.78	0.43	0.54	0.95
南阳市	0.28	0.58	15.32	0.88	2.25	--	1.69	0.49	1.12	--	2.16	--	1.15
宁德市	--	0.41	1.19	0.17	0.33	--	--	1.05	0.56	0.91	1.21	3.26	0.77
平顶山市	1.11	--	9.98	7.00	5.58	0.37	2.40	4.42	0.99	1.90	5.05	1.68	1.80
莆田市	2.36	2.02	1.65	2.16	2.75	1.76	--	4.01	--	1.30	5.15	0.86	2.02
濮阳市	--	--	--	--	--	--	--	0.94	0.66	1.82	1.68	23.80	1.48
钦州市	0.83	8.23	4.16	0.54	0.65	1.04	1.33	1.94	3.07	0.84	0.37	0.32	0.92
秦皇岛市	1.65	1.17	--	--	--	--	--	--	--	--	--	1.43	6.76
清远市	0.58	0.97	0.72	1.20	0.53	0.61	1.55	3.20	0.91	5.24	1.28	1.08	1.12
衢州市	0.69	0.19	1.16	0.25	0.32	2.85	0.28	5.21	0.80	--	0.82	1.86	0.81
泉州市	0.90	0.62	0.90	0.52	1.29	0.34	1.52	0.91	0.51	1.31	1.21	0.97	0.81
三明市	0.85	--	--	4.26	0.47	--	--	--	--	--	--	--	1.42
汕头市	1.19	4.24	2.60	0.67	3.20	2.51	0.87	1.38	0.79	1.21	0.83	1.39	1.29
上饶市	18.31	6.92	21.41	13.23	14.35	--	8.16	--	2.06	--	1.90	--	9.38
韶关市	0.73	10.00	0.44	0.16	0.45	0.22	0.29	0.30	0.20	0.76	0.31	0.43	0.35
绍兴市	0.88	1.89	3.06	1.14	2.28	--	1.52	0.93	5.76	7.92	3.34	3.28	2.21
泰安市	16.30	1.53	2.04	2.46	0.97	1.97	2.92	0.97	6.93	1.77	2.28	1.75	2.00
泰州市	0.46	--	8.95	0.98	--	0.77	--	1.19	0.53	2.63	1.43	39.08	1.68
唐山市	1.76	1.10	2.92	1.10	1.85	1.55	1.28	0.62	1.37	1.72	1.21	1.16	1.32
天水市	0.86	1.91	0.65	--	1.11	1.27	1.28	1.46	1.33	0.44	0.66	--	1.01
铜陵市	--	--	--	--	1.11	3.02	3.32	1.06	1.40	0.80	--	2.56	0.62

4-10　续表 3

城市	1月	2月	3月	4月	5月	6月	7月	8月	9月	10月	11月	12月	全年
威海市	2.66	1.15	24.09	2.30	1.68	1.88	2.12	0.96	0.73	5.15	1.04	4.37	2.00
渭南市	0.42	0.21	133.40	21.92	3.94	3.19	1.11	1.51	0.64	--	0.28	1.05	0.86
芜湖市	0.59	1.75	11.13	0.74	0.68	1.97	5.70	19.05	6.13	1.28	1.92	1.31	1.69
咸宁市	2.51	66.15	2.42	2.39	--	--	1.81	6.32	0.95	1.51	257.00	0.76	2.33
襄阳市	0.38	0.50	0.66	0.80	3.09	1.60	0.56	3.95	1.88	1.04	0.29	0.41	0.65
新乡市	0.52	1.08	2.21	0.87	--	--	--	--	--	--	--	--	0.93
徐州市	0.92	1.24	2.54	0.82	2.24	1.69	1.60	2.01	0.91	2.89	3.33	2.11	1.73
烟台市	2.06	2.55	1.18	0.66	1.56	0.43	1.43	0.49	1.29	7.62	3.30	1.80	1.30
盐城市	1.02	1.22	0.29	0.33	0.81	8.01	11.48	5.24	1.61	3.01	1.85	6.77	1.42
扬州市	2.60	5.47	2.95	1.40	1.53	1.53	1.08	3.15	2.07	2.44	0.68	1.69	1.64
阳江市	--	--	--	0.28	1.41	0.52	0.31	1.98	0.91	3.75	1.98	1.54	0.73
宜宾市	0.72	1.61	1.36	0.74	0.78	1.46	0.78	0.31	0.10	0.17	0.95	1.37	0.59
宜春市	--	1.60	15.67	--	--	--	--	--	--	--	--	--	5.83
岳阳市	0.75	3.50	725.00	2.74	38.20	2.87	103.44	0.53	9.82	227.00	1.04	1.41	2.61
云浮市	--	--	--	8.41	344.67	1.10	2.25	--	1.95	4.05	18.57	--	2.72
湛江市	0.53	0.69	1.17	0.80	1.19	0.66	0.88	1.14	0.38	1.65	1.12	0.67	0.80
肇庆市	1.57	0.68	2.72	0.89	1.72	4.73	1.91	1.71	0.63	2.11	3.45	1.19	1.38
镇江市	2.72	2.17	2.90	1.69	7.30	4.91	6.30	7.09	3.40	2.73	2.01	0.72	2.46
中山市	1.24	1.71	2.05	1.09	1.30	2.43	2.02	1.48	2.24	5.25	3.47	1.06	1.68
舟山市	--	--	4.03	14.04	5.42	--	--	--	3.98	13.54	2.03	5.61	7.62
珠海市	0.60	0.93	0.72	0.35	1.03	2.07	4.31	0.39	0.56	0.72	0.47	1.15	0.70
资阳市	--	--	--	--	--	--	--	--	--	--	1.63	0.59	1.08
淄博市	3.51	1.25	1.71	2.37	12.63	3.86	3.13	4.48	1.48	3.49	2.13	2.22	2.74

数据来源：中指数据库监测。

4-11　2024年全国主要城市商品房出清周期统计

单位：月

城市	1月	2月	3月	4月	5月	6月	7月	8月	9月	10月	11月	12月
一线城市												
北京市	23.09	24.93	25.93	26.83	28.02	30.29	32.25	29.13	30.59	29.53	27.21	23.80
上海市	27.42	30.88	31.66	32.10	33.49	36.39	35.41	31.54	33.33	32.21	30.98	30.32
广州市	34.20	36.25	36.87	47.30	47.25	45.22	43.05	38.17	39.32	35.05	32.93	43.71
深圳市	32.17	35.35	37.29	37.69	39.31	42.76	39.58	35.07	33.19	29.91	23.94	18.07
二线城市												
长春市	25.79	29.99	28.18	27.03	27.13	26.46	25.97	22.73	22.76	22.57	20.55	21.36
长沙市	31.75	34.34	38.21	44.23	43.43	28.85	28.99	28.27	28.91	25.75	26.71	30.07
成都市	46.80	51.41	52.76	54.33	54.74	53.14	54.19	51.95	53.58	54.92	53.96	49.47
重庆市	20.78	21.68	21.08	24.68	23.64	24.52	24.85	24.20	27.13	24.31	23.37	22.43
大连市	113.03	124.44	122.76	93.33	108.36	112.05	118.73	114.31	105.11	141.80	146.37	165.62
福州市	43.56	46.51	43.45	38.01	39.00	39.59	36.08	36.65	35.41	35.87	34.22	34.40
贵阳市	43.98	67.48	76.39	59.37	59.29	58.19	57.39	54.41	55.30	52.47	48.47	44.25
海口市	58.92	68.55	64.06	69.06	64.07	31.38	31.11	30.03	31.00	31.94	32.41	54.99
杭州市	11.10	13.04	12.92	13.79	14.90	15.73	16.47	15.43	16.47	15.64	14.75	14.88
合肥市	45.40	49.71	55.99	61.48	62.46	66.97	65.67	63.66	65.37	65.13	61.58	53.05
济南市	28.61	29.60	32.04	32.84	32.01	32.89	34.19	32.32	33.98	33.55	32.61	32.47
昆明市	53.67	57.74	59.19	60.45	59.14	61.70	65.36	61.49	61.90	56.86	55.11	51.53
兰州市	93.25	115.86	104.49	103.78	108.47	116.51	110.23	85.89	92.19	85.36	77.94	75.46
南昌市	10.05	10.31	10.48	10.49	10.66	11.51	9.74	9.02	7.89	6.57	6.14	5.57
南京市	51.55	56.61	59.13	61.62	68.12	71.17	72.77	65.74	63.41	61.87	56.02	52.74
南宁市	84.43	87.15	47.71	53.29	57.66	64.77	64.10	64.03	73.99	69.43	68.05	66.02
宁波市	32.68	35.66	36.23	36.82	35.07	34.85	37.19	34.32	33.41	31.11	31.84	27.93
青岛市	32.86	35.99	38.11	37.97	35.20	33.05	33.13	31.04	29.26	29.27	30.23	36.21
沈阳市	46.29	52.83	49.12	49.45	49.33	49.55	50.27	49.01	54.96	56.61	52.77	50.63
苏州市	25.99	28.74	27.41	29.01	30.96	30.95	31.21	29.05	30.30	28.57	26.13	22.38
天津市	15.14	14.90	12.03	12.62	12.04	10.05	10.23	10.23	12.16	10.93	10.57	11.51
温州市	34.24	31.48	27.34	27.53	26.79	22.21	22.99	26.11	33.33	32.97	33.81	41.60
无锡市	44.97	49.14	49.56	50.25	50.53	52.42	55.11	53.09	53.69	53.66	52.94	43.83
武汉市	13.66	14.59	15.15	17.89	17.61	19.62	19.58	18.33	19.68	16.71	13.58	9.46
西安市	29.10	30.40	32.32	32.90	35.74	39.21	40.54	38.33	39.05	41.01	40.39	41.35
西宁市	60.19	74.02	69.34	64.79	63.12	70.10	69.94	57.51	58.81	57.47	57.01	53.22
厦门市	62.13	61.23	61.32	60.69	63.45	70.78	72.32	73.19	75.64	61.36	51.39	47.95
郑州市	50.54	55.26	57.53	62.05	59.21	58.48	60.21	55.89	55.33	52.50	52.66	52.10

4-11　续表 1　　　　单位：月

城市	1月	2月	3月	4月	5月	6月	7月	8月	9月	10月	11月	12月
三四线城市												
百色市	70.18	73.63	74.47	66.31	66.56	68.67	64.87	64.19	62.87	80.83	71.89	69.83
北海市	--	--	--	--	42.50	26.31	24.54	23.00	17.11	18.35	18.45	17.39
沧州市	45.82	48.72	47.06	47.31	39.06	36.89	33.76	32.94	34.22	32.52	32.41	17.11
池州市	--	--	--	--	60.98	61.12	53.40	53.33	53.90	54.04	47.22	45.89
儋州市	105.30	97.64	92.19	93.11	64.98	60.83	60.77	53.24	54.79	55.55	83.27	100.96
德阳市	38.57	41.04	40.63	40.22	43.45	47.60	48.42	54.76	59.51	66.89	67.06	68.29
东莞市	31.63	34.38	31.00	--	35.25	32.29	38.63	36.22	34.00	26.24	26.25	24.89
东营市	40.46	42.53	36.96	32.64	--	80.31	83.99	73.86	57.28	56.00	54.07	51.02
防城港市	--	--	--	--	99.96	63.67	53.18	--	60.35	65.85	66.93	73.45
佛山市	23.95	26.40	27.85	27.68	28.21	27.85	28.50	26.57	25.84	23.20	22.72	21.63
抚州市	--	44.25	40.62	43.14	41.01	43.70	43.55	51.17	55.90	53.14	43.77	29.49
赣州市	154.88	146.41	152.44	164.79	--	--	--	--	--	--	--	--
贵港市	46.76	42.88	24.27	27.87	29.65	33.17	32.36	35.20	52.88	50.52	39.03	40.87
桂林市	43.04	45.17	38.53	44.09	42.12	44.36	46.70	50.90	64.93	59.01	66.19	58.46
邯郸市	--	--	--	--	--	--	21.39	20.79	22.65	24.58	24.18	22.40
河源市	--	--	--	--	47.43	40.45	36.45	36.30	33.28	28.18	27.75	23.16
菏泽市	46.12	46.25	44.08	47.52	45.64	44.96	43.60	42.91	44.63	42.53	46.33	48.66
贺州市	45.93	44.17	40.16	33.39	30.00	28.76	29.10	29.53	32.65	34.26	38.38	37.94
鹤壁市	--	--	--	--	--	--	--	40.72	42.53	43.09	45.27	46.52
衡阳市	65.90	66.60	65.79	86.09	68.35	77.36	76.68	77.07	66.26	55.64	56.99	59.60
淮北市	103.28	96.83	110.56	142.09	117.94	116.92	117.15	98.30	86.55	74.72	76.89	72.43
黄石市	25.56	26.63	26.86	27.07	30.65	30.83	25.52	28.08	28.99	27.94	25.99	29.19
惠州市	32.54	36.57	41.17	42.54	45.27	46.85	48.07	43.89	44.87	43.29	41.43	37.62
济宁市	28.25	31.70	--	40.26	42.94	35.96	27.04	22.90	19.47	20.30	20.05	22.01
金华市	40.97	52.19	74.75	83.43	103.12	114.18	125.03	123.38	180.38	148.85	157.06	170.16
景德镇市	30.00	32.22	39.28	45.08	40.07	41.11	44.33	41.57	45.24	44.62	19.28	18.79
丽水市	--	--	--	--	--	--	--	36.11	33.89	32.99	36.64	38.73
连云港市	32.55	31.86	34.53	35.63	25.98	27.79	26.03	25.86	27.12	27.19	42.50	36.71
六安市	88.26	95.13	82.56	82.67	77.87	80.77	85.81	88.33	99.10	110.67	117.48	111.29
泸州市	93.38	106.48	71.92	73.95	74.24	75.89	72.57	82.29	81.19	79.31	77.53	72.92
漯河市	26.58	27.50	27.11	--	27.27	26.80	--	--	32.30	31.88	33.78	43.26
茂名市	58.78	56.80	45.30	51.34	75.26	66.12	61.62	53.30	52.85	44.25	37.92	36.09
梅州市	44.70	46.76	42.02	46.90	46.58	46.56	45.81	45.78	48.98	47.63	48.76	47.93
南充市	62.03	43.25	32.74	31.41	31.33	27.12	25.59	27.65	32.81	33.77	29.53	26.76
南平市	80.14	87.00	94.78	98.19	97.86	--	--	--	--	--	--	--
南通市	46.80	47.20	40.84	44.03	38.52	42.54	52.49	50.48	56.96	58.70	74.12	72.43
南阳市	--	--	--	--	--	126.32	117.38	--	121.42	136.77	171.61	--

4-11 续表 2　　　　单位：月

城市	1月	2月	3月	4月	5月	6月	7月	8月	9月	10月	11月	12月
宁德市	37.74	39.58	39.69	47.89	45.13	57.03	59.32	60.69	48.41	39.01	31.63	25.51
平顶山市	60.97	66.58	67.43	63.22	66.72	73.95	80.41	85.41	86.62	89.71	84.38	75.44
莆田市	38.14	36.91	39.94	46.37	47.91	51.56	--	--	--	--	--	48.26
濮阳市	--	--	--	--	--	--	--	59.50	75.03	74.72	75.48	67.74
钦州市	80.68	65.16	68.16	77.82	77.77	74.54	83.75	101.50	92.72	85.50	86.64	94.96
清远市	37.50	39.42	35.79	34.42	40.62	56.77	55.07	41.41	38.62	34.94	33.99	33.27
泉州市	47.98	54.93	54.63	57.81	58.74	65.30	64.01	66.63	73.08	68.95	71.91	68.90
三明市	64.01	58.46	65.95	70.13	75.08	--	--	--	--	--	--	--
汕头市	45.27	43.88	39.92	36.27	38.24	38.46	39.06	38.48	39.28	37.35	40.22	38.65
上饶市	10.65	10.55	11.88	12.13	27.50	17.02	19.37	30.36	43.73	69.29	113.97	107.16
绍兴市	57.34	60.41	57.51	53.71	59.84	57.32	60.47	59.76	62.84	61.11	52.57	45.31
泰安市	65.85	64.57	50.72	52.37	55.50	58.05	59.61	57.51	65.23	54.95	48.83	40.43
泰州市	85.45	78.38	75.16	74.40	73.30	74.58	72.66	77.72	82.56	66.12	60.74	56.19
唐山市	--	--	--	--	--	--	--	--	70.24	49.44	49.17	44.97
天水市	139.72	167.48	151.29	140.42	139.57	136.46	144.32	128.89	130.19	121.37	125.41	122.81
铜陵市	--	--	--	--	227.67	117.53	139.43	135.49	139.72	149.55	191.48	200.30
威海市	61.52	69.92	58.10	59.43	62.84	66.62	67.13	61.94	76.88	76.95	77.70	74.69
渭南市	80.19	86.64	82.79	89.24	105.75	105.91	118.11	119.59	136.80	135.56	138.54	139.05
芜湖市	56.75	59.26	57.46	61.04	67.15	64.00	54.22	43.45	41.39	39.20	33.91	29.16
咸宁市	--	--	--	--	--	79.93	--	78.41	82.19	--	81.91	75.93
襄阳市	86.92	92.97	92.20	104.76	95.89	101.08	101.45	103.10	116.93	112.41	108.69	83.77
新乡市	53.92	55.09	51.09	51.27	--	--	--	--	--	--	--	--
徐州市	19.26	20.88	24.41	26.54	27.83	36.85	38.17	38.55	38.60	35.95	32.65	20.81
烟台市	54.25	53.30	60.02	62.71	64.00	67.96	73.84	73.84	72.37	64.18	58.86	43.93
扬州市	69.07	66.20	65.64	59.16	54.14	53.24	59.49	61.64	55.77	56.11	56.94	56.87
阳江市	--	--	--	--	61.94	60.16	62.08	59.69	57.34	46.25	43.65	40.19
宜宾市	13.43	13.08	9.20	9.53	10.99	11.56	12.60	14.18	21.99	24.60	23.72	20.59
岳阳市	21.73	33.09	16.14	15.12	14.06	13.80	13.16	13.67	17.78	18.70	19.55	20.42
云浮市	--	--	--	--	15.21	18.85	21.96	26.64	30.58	26.27	23.85	27.88
湛江市	38.88	37.65	34.97	32.58	30.36	33.45	34.07	33.86	35.78	33.66	32.51	30.25
肇庆市	--	--	--	--	--	--	--	--	--	32.77	34.17	33.26
镇江市	16.66	18.93	20.73	23.28	24.17	23.03	23.31	23.03	23.86	22.39	19.77	22.73
中山市	47.34	53.20	53.60	51.62	51.93	55.18	55.27	50.97	51.83	52.58	51.36	28.02
舟山市	66.05	74.82	68.89	66.70	63.82	44.11	44.80	42.65	46.25	44.75	44.62	57.57
珠海市	62.85	66.01	63.90	64.56	73.28	70.50	72.48	72.30	74.95	80.24	73.92	71.25
淄博市	15.86	17.58	18.91	19.32	19.29	17.13	15.88	14.04	12.74	13.10	13.79	14.60

数据来源：中指数据库监测。

4-12　2024 年全国主要城市商品住宅成交统计

城市	销售套数（套）	销售面积（万平方米）	销售价格（元 / 平方米）	销售额（亿元）
一线城市				
北京市	49980	590.41	51155	3020.24
上海市	111546	1178.24	48361	5698.13
广州市	76025	836.56	35192	2944.03
深圳市	48946	500.14	55946	2798.06
二线城市				
长春市	40836	431.39	8397	362.24
长沙市	32230	482.81	14292	690.05
成都市	110288	1461.23	18972	2772.19
重庆市	44780	495.37	14524	719.47
大连市	18025	184.03	15011	276.25
福州市	60149	621.38	12954	804.92
贵阳市	34377	393.01	8788	345.37
哈尔滨市	10262	112.19	12247	137.39
海口市	41915	452.59	12792	578.94
杭州市	59689	792.25	31571	2501.25
合肥市	23159	293.10	21627	633.89
呼和浩特市	22106	262.83	10682	280.76
济南市	52783	651.87	13955	909.70
昆明市	25536	321.35	12689	407.75
兰州市	24354	279.07	8447	235.73
南昌市	20551	244.59	12209	298.61
南京市	36028	447.26	28529	1275.98
南宁市	29504	317.29	10729	340.44
宁波市	39055	480.41	20711	994.97
青岛市	73439	896.00	15167	1359.01
三亚市	12019	139.04	26864	373.52
沈阳市	34965	377.44	12490	471.44
石家庄市	22837	278.59	15531	432.67
苏州市	33944	454.73	25825	1174.32
天津市	108062	1113.73	15200	1692.89
温州市	49663	573.72	15645	897.56
无锡市	15486	203.19	24024	488.15
武汉市	106884	1220.45	13093	1597.91
西安市	51730	718.46	19051	1368.75

4-12 续表 1

城市	销售套数（套）	销售面积（万平方米）	销售价格（元/平方米）	销售额（亿元）
西宁市	8527	99.29	9463	93.95
厦门市	18093	193.61	34272	663.54
银川市	17333	226.17	8571	193.86
郑州市	75451	890.25	10850	965.91
三四线城市				
安庆市	4196	51.82	8494	44.01
百色市	11513	147.72	4897	72.34
宝鸡市	5973	76.59	5927	45.40
保定市	13047	155.59	10939	170.19
北海市	21358	188.80	7121	134.45
沧州市	15576	181.59	9101	165.26
常州市	15551	206.62	15620	322.74
郴州市	3267	42.47	6632	28.17
池州市	1496	16.56	8002	13.25
滁州市	--	--	--	--
儋州市	5695	56.72	12031	68.24
德阳市	8468	96.28	6890	66.34
东莞市	24612	278.25	22433	624.18
东营市	10179	164.91	7933	130.83
鄂州市	2743	31.28	6547	20.48
防城港市	4199	44.13	5070	22.38
佛山市	44686	524.19	16502	865.00
抚州市	15417	186.60	6211	115.91
阜阳市	--	--	--	--
赣州市	26335	327.15	7198	235.48
贵港市	6917	82.80	6505	53.86
桂林市	2451	27.42	10233	28.06
邯郸市	32619	393.51	8735	343.74
河源市	10081	126.98	6759	85.82
菏泽市	9585	126.41	6414	81.07
贺州市	9292	118.31	4560	53.95
鹤壁市	2566	27.83	6519	18.14
衡阳市	9828	125.03	7090	88.65
湖州市	9580	138.75	14324	198.75
淮安市	22166	235.42	6704	157.84

4–12　续表 2

城市	销售套数（套）	销售面积（万平方米）	销售价格（元 / 平方米）	销售额（亿元）
淮北市	7467	85.20	7178	61.16
淮南市	6751	77.18	6876	53.07
黄石市	4877	59.06	6224	36.76
惠州市	39137	420.84	10223	430.21
吉林市	6683	72.24	7516	54.29
济宁市	10993	151.88	8550	129.86
江门市	30285	339.78	8285	281.50
焦作市	2881	35.28	6240	22.02
金华市	3751	40.52	17452	70.71
景德镇市	6192	77.96	7281	56.76
九江市	6935	78.85	9097	71.73
乐山市	4486	46.57	6291	29.30
丽水市	16446	187.08	11286	211.13
连云港市	23986	298.91	8662	258.91
柳州市	11120	129.88	7056	91.64
六安市	3960	47.76	5963	28.48
泸州市	15519	165.36	6385	105.58
洛阳市	8855	104.08	9359	97.40
漯河市	6340	75.89	5771	43.79
马鞍山市	3862	45.78	10517	48.15
茂名市	15624	207.11	7262	150.40
眉山市	26969	263.82	6975	184.03
梅州市	10226	133.61	6746	90.13
绵阳市	12691	156.33	8520	133.19
南充市	14380	146.47	7707	112.88
南平市	286	2.96	6318	1.87
南通市	14151	169.42	15704	266.06
南阳市	13134	145.02	6981	101.24
宁德市	2676	31.70	10862	34.43
平顶山市	5324	64.62	6398	41.35
莆田市	7390	90.25	9486	85.61
濮阳市	2438	31.29	8817	27.59
钦州市	7169	92.35	5006	46.23
秦皇岛市	10175	116.31	10551	122.72
清远市	24367	268.64	7651	205.52
衢州市	2336	30.78	17876	55.02

4–12 续表 3

城市	销售套数（套）	销售面积（万平方米）	销售价格（元/平方米）	销售额（亿元）
泉州市	15885	204.53	11857	242.52
三明市	520	5.36	10996	5.89
汕头市	17647	211.46	9413	199.04
上饶市	5195	63.81	7392	47.17
韶关市	8166	102.76	5689	58.46
绍兴市	3954	54.02	24272	131.12
宿州市	8804	102.84	7166	73.70
泰安市	10367	131.89	9411	124.13
泰州市	2990	39.12	14268	55.82
唐山市	34359	399.78	8281	331.05
天水市	5161	54.89	8867	48.67
铜陵市	1371	17.24	7655	13.20
威海市	8403	94.26	11582	109.17
潍坊市	--	--	--	--
渭南市	4250	52.35	6419	33.61
芜湖市	8735	100.92	11322	114.26
咸宁市	6518	80.30	4996	40.12
襄阳市	12895	152.20	8649	131.63
新乡市	9579	125.31	7259	90.96
信阳市	--	--	--	--
徐州市	53816	644.40	8733	562.77
烟台市	14008	171.71	10230	175.67
盐城市	6534	83.81	12999	108.94
扬州市	9187	121.75	14535	176.96
阳江市	9438	110.31	6262	69.07
宜宾市	11381	130.76	8008	104.72
宜昌市	--	--	--	--
宜春市	543	6.77	8881	6.01
永州市	--	--	--	--
岳阳市	16388	186.78	7062	131.91
云浮市	3540	47.65	6209	29.58
运城市	8253	106.95	6684	71.48
湛江市	23538	256.25	9878	253.11
漳州市	18686	210.91	9114	192.23
肇庆市	16097	182.42	7107	129.65
镇江市	24967	285.77	8436	241.06

4–12　续表 4

城市	销售套数（套）	销售面积（万平方米）	销售价格（元/平方米）	销售额（亿元）
中山市	19875	219.31	12815	281.04
舟山市	3829	43.43	15327	66.56
珠海市	18247	195.33	23182	452.82
资阳市	458	4.97	7311	3.63
淄博市	35218	454.44	7741	351.79
遵义市	8043	95.51	5753	54.95

数据来源：中指数据库监测。

4-13 2024年全国主要城市商品住宅成交套数统计

单位：套

城市	1月	2月	3月	4月	5月	6月	7月	8月	9月	10月	11月	12月	汇总
一线城市													
北京市	7033	1547	3828	2971	3269	3722	4064	5291	2949	4909	4862	5535	49980
上海市	8591	2939	9536	9387	8365	10610	10518	9559	7763	12428	10575	11275	111546
广州市	3647	2239	5756	5385	5449	7431	5670	4820	5312	10878	8361	11077	76025
深圳市	2452	1036	2775	2792	2518	3808	3483	3056	2955	5603	9971	8497	48946
二线城市													
长春市	2498	928	4643	4281	2659	3917	2524	3252	4239	2890	4531	4474	40836
长沙市	1979	1002	2248	1969	3397	4787	2251	1563	2208	4051	2814	3961	32230
成都市	8085	4808	8182	9132	10784	8708	7748	6897	6087	9097	14308	16452	110288
重庆市	3062	2443	4562	2454	4049	4169	3102	2918	2653	5647	4978	4743	44780
大连市	1603	807	860	4845	1202	1423	1134	1384	1986	1510	928	343	18025
福州市	4074	3647	7590	6270	3385	4534	9365	3019	4865	5724	4349	3327	60149
贵阳市	2388	1310	2700	2519	2658	3265	2803	2656	2733	3533	3777	4035	34377
哈尔滨市	409	393	1068	909	851	576	731	837	1039	1019	672	1758	10262
海口市	1028	914	1697	2018	3384	18628	1710	2219	938	1603	3067	4709	41915
杭州市	3407	1548	5883	3342	4776	7952	4714	3275	4842	5412	6683	7855	59689
合肥市	1135	815	1389	1942	1802	1954	2713	1235	1115	2197	2861	4001	23159
呼和浩特市	1494	655	1706	1826	1980	1731	2318	2001	1716	3075	2316	1288	22106
济南市	4017	2394	6987	3460	4576	3762	4065	4685	5149	4933	4362	4393	52783
昆明市	1788	1058	1817	1825	2089	2203	1234	1750	2315	3495	2554	3408	25536
兰州市	1165	590	3196	1995	1417	1602	1956	3008	2291	2625	2410	2099	24354
南昌市	945	1021	1428	1292	1645	1565	1459	1519	1467	3645	2107	2458	20551
南京市	1558	1140	2394	2631	2492	3411	3500	2521	3568	3445	4558	4810	36028
南宁市	1334	1271	3507	1316	1952	3183	2350	3812	1174	3018	2772	3815	29504
宁波市	2783	1184	3275	2423	3606	4040	1257	3008	4054	4112	3275	6038	39055
青岛市	5222	1835	7740	4642	6095	13829	4901	4798	7815	4586	5301	6675	73439
三亚市	1797	991	1043	1365	944	1904	1765	789	1421	--	--	--	12019
沈阳市	3140	1764	6085	2222	2590	3029	2148	1896	2797	2178	3246	3870	34965
石家庄市	1576	1280	2216	2072	1992	3372	2011	1588	1771	1749	1468	1742	22837
苏州市	2349	1028	2864	2040	2094	3560	2307	1683	2272	3413	3366	6968	33944
天津市	5381	6353	18375	6282	7014	19000	5048	5093	7847	10284	7440	9945	108062
温州市	2842	5742	6610	3569	4225	7547	2522	2853	4211	3575	3090	2877	49663
无锡市	1318	540	1281	1218	1084	1355	1060	918	1157	1375	1201	2979	15486
武汉市	5380	2797	6013	4973	6058	8006	7819	5589	4191	10919	15196	29943	106884
西安市	4514	2190	4022	5070	5128	4621	3990	3765	3296	4830	5663	4641	51730

4–13　续表 1　　单位：套

城市	1 月	2 月	3 月	4 月	5 月	6 月	7 月	8 月	9 月	10 月	11 月	12 月	汇总
西宁市	601	261	915	895	820	528	591	694	655	1058	914	595	8527
厦门市	1085	728	1138	1083	985	1791	1509	1087	754	3251	2460	2222	18093
银川市	1128	469	974	2560	1150	1178	1324	2165	1403	1851	1597	1534	17333
郑州市	5730	2435	4693	5008	8589	9605	4770	4422	5579	7173	8247	9200	75451
三四线城市													
安庆市	354	638	268	248	453	333	200	186	457	526	187	346	4196
百色市	580	621	637	2456	742	831	891	665	779	986	1319	1006	11513
宝鸡市	428	557	1041	818	819	485	399	259	437	286	253	191	5973
保定市	993	441	763	884	2108	1606	1417	831	1414	777	792	1021	13047
北海市	--	--	1	--	1879	2307	1923	2411	3256	2167	2166	5248	21358
沧州市	605	419	752	626	1336	922	755	345	583	904	2234	6095	15576
常州市	1099	711	1233	946	1259	1375	1383	793	1853	1568	1381	1950	15551
郴州市	249	256	275	124	495	163	314	184	218	329	364	296	3267
池州市	139	138	127	123	80	103	116	95	103	148	184	140	1496
儋州市	336	456	682	339	1298	559	316	497	309	199	319	385	5695
德阳市	721	1289	716	733	676	645	621	549	550	575	711	682	8468
东莞市	1137	585	1478	1304	1193	1931	1355	1278	3986	5132	2154	3079	24612
东营市	726	402	708	672	728	1349	594	541	708	830	1070	1851	10179
鄂州市	278	195	334	325	421	260	338	245	225	122	--	--	2743
防城港市	--	--	--	--	498	653	611	368	804	336	322	607	4199
佛山市	2862	1519	3766	3086	3988	4449	3720	2939	3027	6225	4600	4505	44686
抚州市	709	2225	1100	712	945	773	652	641	591	985	1782	4302	15417
赣州市	1013	3270	1752	1931	1851	2343	1973	1712	1817	3182	2493	2998	26335
贵港市	336	590	1493	320	427	198	842	193	221	419	1682	196	6917
桂林市	229	199	415	135	316	151	151	108	119	221	172	235	2451
邯郸市	2824	2149	2967	2755	3285	2811	2585	2597	1283	1661	3007	4695	32619
河源市	--	--	--	143	1150	1089	1127	1024	1086	1147	1583	1732	10081
菏泽市	890	909	1081	654	958	669	929	831	523	974	585	582	9585
贺州市	504	681	750	1529	899	755	453	478	358	1798	478	609	9292
鹤壁市	--	--	--	--	--	--	--	565	624	565	459	353	2566
衡阳市	502	784	702	536	2006	960	597	709	898	826	1024	284	9828
湖州市	871	510	1185	827	670	1109	790	587	769	770	760	732	9580
淮安市	853	2783	2104	2233	1649	2204	1837	3295	1186	1369	1396	1257	22166
淮北市	475	467	327	330	586	445	470	1256	958	950	510	693	7467
淮南市	779	865	1045	385	506	519	556	393	669	541	412	81	6751

4-13 续表 2 单位：套

城市	1月	2月	3月	4月	5月	6月	7月	8月	9月	10月	11月	12月	汇总
黄石市	453	336	476	592	201	438	492	298	394	600	164	433	4877
惠州市	3317	1404	2847	3679	3179	3000	2915	2933	3285	3642	4210	4726	39137
吉林市	553	316	856	437	508	524	1174	368	328	440	467	712	6683
济宁市	160	26	17	1151	819	1902	1332	1105	1025	1171	1130	1155	10993
江门市	2396	2055	3086	2130	2733	2421	2760	2176	1970	3392	2560	2606	30285
焦作市	380	135	338	160	282	198	92	6	348	180	608	154	2881
金华市	435	107	902	171	378	224	137	151	237	558	299	152	3751
景德镇市	468	218	329	286	496	325	419	378	229	328	2326	390	6192
九江市	774	688	715	711	735	676	735	513	396	600	147	245	6935
乐山市	158	197	427	399	362	255	141	1066	331	280	350	520	4486
丽水市	1153	927	2286	853	1410	1902	976	857	2963	1141	579	1399	16446
连云港市	1130	1446	1393	1310	7482	1711	2178	1311	702	1242	1225	2856	23986
柳州市	907	895	1151	775	881	918	880	783	748	1117	976	1089	11120
六安市	384	491	509	392	381	246	280	313	167	185	291	321	3960
泸州市	1135	1875	1101	1264	1158	1054	1573	756	1301	1599	1474	1229	15519
洛阳市	909	375	766	855	878	682	632	773	572	803	685	925	8855
漯河市	756	900	680	--	--	1849	240	72	349	591	213	690	6340
马鞍山市	--	398	485	184	310	209	244	163	544	821	253	251	3862
茂名市	624	898	781	855	1247	1155	1235	1196	1057	2399	2191	1986	15624
眉山市	2849	2790	2501	2491	2751	3112	1468	785	1530	1175	2238	3279	26969
梅州市	804	849	1182	740	869	846	1045	800	618	1072	683	718	10226
绵阳市	1274	1254	1640	544	785	777	711	878	922	1121	1363	1422	12691
南充市	887	1820	1682	927	925	1143	911	1293	900	937	1424	1531	14380
南平市	67	51	48	49	71	--	--	--	--	--	--	--	286
南通市	1889	621	1559	1337	2779	587	747	1278	859	1033	750	712	14151
南阳市	575	682	2188	1260	926	1691	1328	2019	1700	278	231	256	13134
宁德市	111	294	157	47	456	80	68	197	333	333	283	317	2676
平顶山市	517	265	401	589	489	301	278	387	303	512	658	624	5324
莆田市	973	625	282	422	280	321	271	143	165	487	2464	957	7390
濮阳市	--	--	--	--	--	--	--	431	373	533	441	660	2438
钦州市	726	1318	280	356	513	772	297	740	468	630	503	566	7169
秦皇岛市	298	501	1172	490	996	1561	1415	--	810	1146	688	1098	10175
清远市	1146	820	1302	1618	1932	1319	2954	3837	2571	3232	1866	1770	24367
衢州市	189	99	298	66	270	461	98	76	62	169	230	318	2336
泉州市	1520	1243	1737	1038	1349	1068	1484	774	735	1558	1603	1776	15885
三明市	88	123	92	87	130	--	--	--	--	--	--	--	520
汕头市	1197	1215	1753	1698	1686	1530	1209	1361	1079	1834	1464	1621	17647
上饶市	621	1021	1025	818	687	154	192	165	424	3	51	34	5195

4-13　续表 3　　单位：套

城市	1 月	2 月	3 月	4 月	5 月	6 月	7 月	8 月	9 月	10 月	11 月	12 月	汇总
韶关市	415	263	331	400	565	326	747	939	703	1399	1066	1012	8166
绍兴市	375	171	299	348	316	252	250	187	224	369	515	648	3954
宿州市	741	1841	1250	642	636	453	498	395	791	562	420	575	8804
泰安市	958	684	1577	436	403	465	712	805	630	1168	1062	1467	10367
泰州市	104	193	230	220	245	234	137	162	234	488	411	332	2990
唐山市	2259	1133	3262	2354	2552	2479	3098	2578	3574	3860	2977	4233	34359
天水市	676	207	499	544	333	321	425	439	442	679	232	364	5161
铜陵市	--	--	--	--	88	382	64	74	158	121	143	341	1371
威海市	583	228	1665	729	594	739	631	634	557	748	602	693	8403
渭南市	515	275	552	441	363	283	261	227	250	434	328	321	4250
芜湖市	253	359	500	472	497	496	1071	1273	360	736	1331	1387	8735
咸宁市	569	653	473	536	488	443	485	640	413	461	531	826	6518
襄阳市	760	604	746	871	989	1065	818	733	1834	1309	1607	1559	12895
新乡市	2170	2316	2668	2425	--	--	--	--	--	--	--	--	9579
徐州市	3753	2611	2804	2456	3510	3950	2736	2665	2530	3262	8513	15026	53816
烟台市	1204	328	1291	926	967	655	908	854	1242	1512	1617	2504	14008
盐城市	530	951	281	282	497	398	664	608	386	948	315	674	6534
扬州市	1016	601	433	893	957	990	428	517	784	808	847	913	9187
阳江市	--	--	--	569	1125	1505	942	795	682	1459	1186	1175	9438
宜宾市	1251	847	3079	444	742	594	639	647	329	779	872	1158	11381
宜春市	163	144	150	86	--	--	--	--	--	--	--	--	543
岳阳市	807	676	4263	1397	1449	1169	1211	1122	1207	1032	1028	1027	16388
云浮市	--	--	--	210	706	763	213	94	112	490	670	282	3540
运城市	782	525	908	739	869	839	841	643	459	549	605	494	8253
湛江市	1902	1729	2058	2234	1998	1620	1673	1524	1546	2957	2135	2162	23538
漳州市	1603	567	2143	1431	1150	2050	1538	959	1495	2622	1955	1173	18686
肇庆市	1398	1373	1433	1268	1800	1168	1186	1004	1090	1642	1399	1336	16097
镇江市	3332	1127	2242	2052	1947	3208	2807	875	1916	2368	1913	1180	24967
中山市	1534	653	1669	1670	2061	2128	1683	1315	1135	2341	1871	1815	19875
舟山市	182	96	500	240	323	1021	111	211	241	296	320	288	3829
珠海市	1738	958	1480	2182	1069	2256	1282	930	853	1495	1966	2038	18247
资阳市	--	--	--	--	--	--	--	--	--	70	221	167	458
淄博市	1944	1061	1670	2737	4115	4807	3443	3044	3250	3085	2813	3249	35218
遵义市	901	496	774	570	586	633	397	637	886	938	578	647	8043

数据来源：中指数据库监测。

4–14 2024年全国主要城市商品住宅成交面积统计

单位：万平方米

城市	1月	2月	3月	4月	5月	6月	7月	8月	9月	10月	11月	12月	汇总
一线城市													
北京市	78.00	18.59	43.06	35.28	39.24	46.56	47.64	57.14	34.70	59.13	60.11	70.96	590.41
上海市	85.47	30.96	109.19	100.18	87.85	116.35	103.85	98.77	84.03	128.01	111.61	121.97	1178.24
广州市	40.77	25.75	63.56	58.01	59.08	81.30	67.08	51.85	57.94	118.55	92.61	120.06	836.56
深圳市	25.58	11.09	28.56	28.99	26.03	38.78	38.67	32.03	27.59	55.12	98.27	89.43	500.14
二线城市													
长春市	24.85	9.62	47.73	43.08	28.60	36.05	26.11	34.16	46.11	31.81	52.34	50.93	431.39
长沙市	27.70	14.91	32.45	28.95	50.76	75.60	32.67	23.70	33.29	61.58	41.41	59.79	482.81
成都市	108.68	64.60	107.07	123.10	140.36	117.39	104.61	89.48	80.67	120.23	187.37	217.67	1461.23
重庆市	31.95	26.01	50.64	26.98	43.73	46.00	34.60	32.26	29.67	62.67	56.85	54.01	495.37
大连市	16.05	8.28	9.11	45.54	12.83	14.80	12.74	15.01	19.52	16.09	10.19	3.87	184.03
福州市	42.81	46.37	70.46	63.84	35.37	48.44	85.75	29.81	52.09	60.15	48.94	37.35	621.38
贵阳市	26.86	15.19	30.43	28.81	30.50	36.98	31.96	30.48	31.31	40.49	43.39	46.61	393.01
哈尔滨市	4.24	3.96	10.59	9.06	11.03	6.33	7.53	8.85	12.54	11.39	7.58	19.09	112.19
海口市	12.75	11.01	20.32	24.98	36.32	184.05	20.15	24.66	10.75	18.24	36.33	53.03	452.59
杭州市	45.50	19.83	81.91	44.03	65.78	110.87	58.11	42.96	63.22	71.40	81.91	106.73	792.25
合肥市	14.55	11.15	18.02	23.98	23.84	25.40	31.60	16.02	14.47	28.63	35.93	49.51	293.10
呼和浩特市	17.86	7.87	19.98	20.80	22.64	20.62	28.64	23.11	20.16	36.53	29.20	15.42	262.83
济南市	46.53	26.52	77.52	39.71	56.29	46.56	53.26	49.36	67.23	67.12	59.77	62.00	651.87
昆明市	23.19	13.12	23.17	23.47	26.63	27.99	16.00	22.38	28.01	44.56	32.64	40.19	321.35
兰州市	13.74	6.85	36.83	22.87	16.31	18.85	22.53	33.16	26.89	29.11	27.63	24.30	279.07
南昌市	10.74	12.57	16.58	15.33	19.53	18.07	17.12	18.48	17.82	42.83	25.92	29.60	244.59
南京市	19.32	14.08	28.37	31.50	30.60	42.58	43.65	31.63	42.00	43.61	56.31	63.61	447.26
南宁市	14.55	12.58	37.50	13.87	21.29	34.78	24.20	39.21	12.59	33.01	30.56	43.15	317.29
宁波市	33.73	15.21	41.24	29.50	43.64	49.32	16.93	37.13	45.70	49.74	42.03	76.24	480.41
青岛市	59.95	22.97	88.75	55.79	74.08	170.13	57.95	59.98	98.48	56.89	66.46	84.57	896.00
三亚市	20.85	11.14	11.70	14.83	10.21	21.62	22.34	9.77	16.58	--	--	--	139.04
沈阳市	30.93	18.89	56.87	24.31	27.88	37.20	23.53	21.15	28.72	24.05	38.09	45.82	377.44
石家庄市	19.73	13.46	23.91	25.21	24.16	40.27	24.48	20.12	21.67	22.91	19.72	22.95	278.59
苏州市	31.56	13.46	36.42	26.53	27.16	46.45	30.72	22.91	31.48	47.33	47.65	93.06	454.73
天津市	57.31	63.27	177.62	68.00	75.77	187.20	54.91	56.06	80.12	109.29	79.88	104.30	1113.73
温州市	35.15	65.45	70.93	40.01	49.66	81.41	30.05	32.20	46.26	45.58	39.55	37.47	573.72
无锡市	17.63	6.91	16.18	15.31	14.01	17.84	14.33	11.82	14.63	17.20	16.40	40.93	203.19
武汉市	60.41	33.08	69.28	57.52	72.31	95.68	86.15	63.64	48.86	124.18	172.31	337.03	1220.45
西安市	62.24	31.58	55.21	69.48	71.66	64.92	55.47	51.48	46.84	67.41	78.07	64.10	718.46

4-14　续表 1　　　　单位：万平方米

城市	1月	2月	3月	4月	5月	6月	7月	8月	9月	10月	11月	12月	汇总
西宁市	6.73	3.00	11.28	10.29	9.17	5.81	7.24	8.11	7.59	12.64	10.49	6.94	99.29
厦门市	11.33	7.50	11.61	10.94	9.90	19.46	15.68	11.86	8.16	35.35	27.09	24.73	193.61
银川市	14.55	6.10	12.54	35.12	15.01	15.76	17.51	27.47	18.46	22.81	20.78	20.06	226.17
郑州市	67.53	28.47	55.42	60.15	99.66	107.17	61.42	53.92	62.78	82.71	100.46	110.56	890.25
三四线城市													
安庆市	4.64	7.79	3.29	3.03	5.61	4.18	2.32	2.30	5.57	6.43	2.22	4.44	51.82
百色市	7.54	7.79	8.29	30.85	9.53	10.82	11.57	8.54	10.19	12.58	17.22	12.80	147.72
宝鸡市	6.10	7.01	13.27	10.21	10.18	5.96	5.07	3.38	5.56	3.64	3.59	2.62	76.59
保定市	11.75	5.44	9.61	10.76	24.62	19.18	17.06	10.53	16.09	9.42	9.60	11.53	155.59
北海市	--	--	0.01	--	16.94	20.28	17.38	21.64	27.82	17.04	18.94	48.75	188.80
沧州市	7.26	5.06	8.52	7.33	16.83	11.30	8.88	4.21	7.06	10.88	25.85	68.41	181.59
常州市	15.15	9.70	16.28	12.65	16.88	18.49	18.24	11.14	22.72	21.80	19.19	24.38	206.62
郴州市	3.14	3.12	3.50	1.53	6.52	2.18	4.21	2.46	2.97	4.45	4.52	3.87	42.47
池州市	1.41	1.54	1.41	1.39	0.93	1.19	1.32	1.13	1.10	1.68	1.96	1.50	16.56
儋州市	3.71	3.98	6.58	3.41	11.30	5.48	3.54	5.46	3.41	2.22	3.62	4.01	56.72
德阳市	8.10	14.43	8.24	7.77	8.13	7.47	7.10	6.28	6.42	6.42	8.07	7.85	96.28
东莞市	13.95	7.24	16.85	13.31	13.90	24.22	15.81	15.08	41.95	56.76	25.31	33.87	278.25
东营市	11.67	6.53	12.17	10.89	11.47	22.63	10.04	8.90	12.01	13.77	16.15	28.68	164.91
鄂州市	3.15	2.30	3.85	3.72	4.79	2.93	3.79	2.85	2.49	1.41	--	--	31.28
防城港市	--	--	--	--	4.82	5.72	6.13	4.40	9.46	3.74	3.51	6.35	44.13
佛山市	31.85	17.39	44.10	34.73	45.99	52.98	43.11	33.23	34.91	75.63	55.58	54.69	524.19
抚州市	8.65	24.00	18.51	9.21	11.32	9.04	7.67	7.61	6.88	11.79	21.54	50.38	186.60
赣州市	12.45	41.25	19.99	24.07	23.35	28.31	24.57	21.46	22.77	39.88	30.32	38.73	327.15
贵港市	3.94	6.93	17.45	3.78	5.30	2.42	10.49	2.30	2.75	5.08	19.88	2.48	82.80
桂林市	2.52	2.25	4.76	1.34	3.09	1.73	1.76	1.23	1.42	2.51	2.05	2.76	27.42
邯郸市	35.06	24.95	32.96	31.98	37.81	40.53	31.13	32.37	16.34	18.79	35.88	55.71	393.51
河源市	--	--	--	1.75	14.05	13.69	14.14	12.76	13.93	14.66	20.10	21.90	126.98
菏泽市	12.37	11.72	14.06	8.73	12.25	8.58	12.14	10.74	7.29	12.80	7.87	7.86	126.41
贺州市	6.39	8.44	9.78	21.92	12.58	9.12	4.83	5.11	4.48	20.80	6.74	8.12	118.31
鹤壁市	--	--	--	--	--	--	--	5.77	6.56	6.39	5.13	3.98	27.83
衡阳市	6.53	10.01	8.67	6.89	25.33	12.15	7.44	8.73	12.12	10.71	12.69	3.76	125.03
湖州市	12.31	6.70	16.38	12.35	9.81	16.25	12.20	8.06	11.12	9.57	12.53	11.47	138.75
淮安市	9.44	28.30	23.04	23.97	18.28	22.97	19.59	31.75	13.06	14.72	15.57	14.73	235.42
淮北市	5.73	5.23	3.74	3.91	6.87	5.16	5.44	13.70	10.30	11.24	5.98	7.90	85.20
淮南市	9.06	10.18	11.68	4.56	5.63	5.67	6.40	4.63	7.68	6.31	4.48	0.90	77.18

4-14 续表 2　　　　单位：万平方米

城市	1月	2月	3月	4月	5月	6月	7月	8月	9月	10月	11月	12月	汇总
黄石市	5.70	4.28	5.84	7.05	2.45	5.40	5.89	3.58	4.67	7.09	2.07	5.04	59.06
惠州市	35.92	15.10	30.60	40.20	34.19	32.44	31.22	30.59	35.07	39.64	45.72	50.15	420.84
吉林市	5.56	3.36	9.20	4.48	5.75	5.97	13.21	3.84	3.56	4.79	4.92	7.60	72.24
济宁市	1.97	0.24	0.16	16.94	11.39	25.42	18.59	15.87	14.92	15.72	15.45	15.21	151.88
江门市	27.12	22.79	33.29	23.83	30.07	26.04	31.14	24.63	21.99	38.03	30.36	30.49	339.78
焦作市	3.52	1.90	4.70	2.16	3.67	2.61	1.16	0.07	4.53	2.27	6.70	1.99	35.28
金华市	4.35	1.13	9.57	2.18	4.02	2.50	1.72	1.57	2.34	6.38	3.14	1.62	40.52
景德镇市	5.86	2.84	3.91	3.40	6.26	3.86	5.09	4.79	2.93	3.98	29.92	5.12	77.96
九江市	8.66	7.54	7.83	8.01	8.34	7.60	8.24	6.08	4.71	7.06	1.76	3.02	78.85
乐山市	1.64	1.96	4.74	4.13	3.82	2.83	1.36	10.72	3.34	3.11	3.69	5.23	46.57
丽水市	13.13	10.43	25.44	9.97	16.58	21.33	10.97	9.42	33.38	12.61	6.78	17.04	187.08
连云港市	14.54	18.12	17.02	15.99	88.78	21.75	29.38	17.38	9.00	15.74	16.13	35.08	298.91
柳州市	10.62	10.57	12.97	8.82	10.21	10.60	10.20	9.10	8.74	13.12	11.51	13.42	129.88
六安市	4.56	5.96	6.13	4.74	4.67	2.90	3.37	3.80	2.05	2.28	3.33	3.97	47.76
泸州市	11.90	20.43	11.41	13.45	12.38	11.06	16.35	8.03	13.36	17.30	16.14	13.55	165.36
洛阳市	10.61	4.76	8.96	9.97	10.25	7.95	6.99	9.50	6.63	9.37	8.17	10.92	104.08
漯河市	8.80	10.47	8.20	--	--	22.19	3.03	0.95	4.38	7.05	2.52	8.30	75.89
马鞍山市	--	4.75	5.62	2.27	3.58	2.82	3.01	2.03	5.63	9.65	3.17	3.25	45.78
茂名市	8.32	11.51	9.99	10.93	16.09	15.78	16.89	15.85	14.29	31.90	29.20	26.36	207.11
眉山市	27.30	27.91	22.98	25.69	27.29	30.40	14.06	8.10	14.22	11.38	22.03	32.46	263.82
梅州市	10.71	10.62	15.30	10.00	11.34	11.75	12.84	10.03	8.11	13.73	9.16	10.02	133.61
绵阳市	19.03	16.14	19.04	6.43	9.37	9.02	8.76	10.64	11.26	13.40	16.02	17.22	156.33
南充市	8.90	17.80	16.89	9.63	9.39	11.75	9.23	12.51	9.19	9.56	14.59	17.03	146.47
南平市	0.70	0.54	0.51	0.52	0.69	--	--	--	--	--	--	--	2.96
南通市	21.11	7.54	19.08	15.52	32.29	7.30	9.07	15.43	10.53	13.04	9.66	8.85	169.42
南阳市	6.92	7.68	24.18	13.46	9.41	19.63	14.89	21.95	18.06	3.18	2.68	2.98	145.02
宁德市	1.34	3.56	1.84	0.59	4.48	0.92	0.87	2.55	4.33	4.03	3.22	3.97	31.70
平顶山市	6.77	3.28	4.91	6.88	5.85	3.45	3.41	4.96	3.71	5.97	7.55	7.88	64.62
莆田市	12.53	8.35	3.94	5.48	3.62	4.30	3.28	1.85	2.04	6.59	25.46	12.81	90.25
濮阳市	--	--	--	--	--	--	--	5.52	4.83	6.74	5.68	8.52	31.29
钦州市	9.47	17.77	3.50	4.50	6.37	9.98	3.70	9.50	5.91	7.97	6.30	7.38	92.35
秦皇岛市	3.37	5.87	13.99	5.61	11.39	17.87	16.06	--	8.95	12.92	7.84	12.44	116.31
清远市	12.49	8.79	13.75	16.86	20.67	14.82	31.74	42.72	28.89	37.72	20.40	19.79	268.64
衢州市	2.12	1.11	5.69	0.82	2.92	6.40	0.95	1.06	1.64	1.94	2.64	3.49	30.78
泉州市	19.96	16.68	22.48	13.19	17.10	14.50	20.17	10.03	9.88	19.00	19.42	22.12	204.53
三明市	0.88	1.30	0.96	0.87	1.35	--	--	--	--	--	--	--	5.36
汕头市	14.66	14.85	20.62	18.58	20.48	17.27	14.47	16.02	13.30	23.46	18.06	19.69	211.46
上饶市	7.57	13.28	12.54	10.13	8.22	1.90	2.45	2.06	4.40	0.05	0.71	0.50	63.81

4-14 续表3

单位：万平方米

城市	1月	2月	3月	4月	5月	6月	7月	8月	9月	10月	11月	12月	汇总
韶关市	5.10	3.20	3.99	4.70	6.76	3.84	9.42	11.98	9.16	17.88	13.48	13.25	102.76
绍兴市	5.11	2.37	3.81	4.61	4.18	3.36	3.53	2.67	2.95	5.33	7.12	8.98	54.02
宿州市	8.87	21.64	14.84	6.13	7.43	5.43	5.97	4.94	8.76	6.65	5.15	7.03	102.84
泰安市	12.73	8.72	20.04	5.26	5.16	6.18	8.87	10.32	7.94	15.06	12.55	19.06	131.89
泰州市	1.36	2.46	3.01	2.97	3.23	3.04	1.77	2.11	3.04	6.42	5.23	4.48	39.12
唐山市	27.30	13.02	37.87	27.71	29.05	29.30	36.09	29.73	38.53	44.77	36.40	50.01	399.78
天水市	6.02	2.20	5.31	5.41	3.73	3.56	4.77	4.83	5.02	7.45	2.54	4.05	54.89
铜陵市	--	--	--	--	1.06	4.75	0.78	0.94	2.19	1.54	2.10	3.88	17.24
威海市	6.72	2.63	19.06	8.46	6.71	7.73	7.21	6.88	6.12	8.66	6.50	7.58	94.26
渭南市	6.15	3.27	6.51	5.44	4.54	3.49	3.24	3.04	3.20	5.46	4.03	3.98	52.35
芜湖市	3.16	4.06	5.84	5.52	5.52	5.71	12.00	14.29	4.19	8.81	15.21	16.61	100.92
咸宁市	7.30	8.05	5.95	6.55	6.06	5.43	6.01	7.96	5.10	5.83	6.46	9.60	80.30
襄阳市	9.88	7.95	8.90	10.42	11.57	12.32	9.64	8.38	21.07	14.71	18.68	18.68	152.20
新乡市	28.63	30.36	34.07	32.25	--	--	--	--	--	--	--	--	125.31
徐州市	43.60	33.08	35.86	30.90	43.24	40.56	33.10	32.09	31.00	43.29	99.33	178.35	644.40
烟台市	15.25	4.27	15.74	11.19	12.04	8.14	10.96	10.29	15.40	19.20	18.64	30.59	171.71
盐城市	6.90	12.44	3.43	3.50	6.29	5.20	8.06	7.36	4.71	12.56	4.14	9.22	83.81
扬州市	12.41	8.97	5.54	11.33	12.70	12.87	5.74	6.81	10.89	10.65	11.35	12.49	121.75
阳江市	--	--	--	6.40	11.63	12.04	10.10	10.80	8.77	18.79	15.95	15.83	110.31
宜宾市	13.90	9.14	35.40	5.39	8.78	6.87	7.72	7.44	3.79	8.97	10.57	12.79	130.76
宜春市	1.91	1.73	1.99	1.14	--	--	--	--	--	--	--	--	6.77
岳阳市	9.34	7.87	46.97	16.38	16.85	13.60	14.05	13.04	13.72	12.02	12.07	10.87	186.78
云浮市	--	--	--	2.71	9.35	8.94	2.79	1.28	1.40	6.12	11.74	3.32	47.65
运城市	9.75	6.48	11.50	9.49	11.06	10.64	10.66	8.39	6.37	7.57	8.14	6.90	106.95
湛江市	21.19	18.79	22.03	24.35	21.49	17.70	18.51	16.46	17.18	31.74	23.04	23.77	256.25
漳州市	17.36	6.32	24.01	15.15	13.33	23.06	16.85	10.51	16.98	31.20	23.06	13.08	210.91
肇庆市	15.72	15.40	16.38	14.31	20.29	12.89	13.39	11.45	12.54	18.85	15.99	15.21	182.42
镇江市	36.19	12.95	25.49	21.60	21.86	36.85	32.76	10.87	21.87	28.60	22.41	14.32	285.77
中山市	16.88	7.07	17.90	18.38	22.79	23.23	18.44	14.22	12.70	25.26	21.39	21.05	219.31
舟山市	1.99	1.10	5.35	2.76	3.64	11.33	1.37	2.30	2.96	3.57	3.66	3.40	43.43
珠海市	18.62	10.35	16.08	21.79	12.13	23.19	14.38	10.28	9.29	15.34	21.60	22.28	195.33
资阳市	--	--	--	--	--	--	--	--	--	0.79	2.39	1.79	4.97
淄博市	25.56	13.19	21.34	34.64	51.78	60.93	44.69	40.68	42.17	39.32	37.22	42.92	454.44
遵义市	9.67	5.83	9.75	6.83	7.44	7.95	4.73	7.92	8.61	11.95	6.98	7.85	95.51

数据来源：中指数据库监测。

4-15 2024年全国主要城市商品住宅成交价格统计

单位：元 / 平方米

城市	1月	2月	3月	4月	5月	6月	7月	8月	9月	10月	11月	12月	汇总
一线城市													
北京市	40541	51044	52100	51499	50802	63995	50491	40599	48624	53511	55202	58669	51155
上海市	38209	39724	63834	46234	48017	54486	39771	44117	54068	40146	52838	51315	48361
广州市	37119	41262	37615	38099	39756	40808	35963	35251	33567	31536	32171	30701	35192
深圳市	61005	62132	60936	61843	61271	59673	68429	61562	52965	47995	47385	54877	55946
二线城市													
长春市	8194	8076	8335	8629	8335	7866	8132	8207	8379	8056	8936	8768	8397
长沙市	14021	14900	14803	15124	15403	15256	14600	15458	14271	12868	12824	13293	14292
成都市	18649	17882	17229	18769	17217	20369	20131	18940	18333	19125	19078	20322	18972
重庆市	12973	14502	16123	14136	14320	14723	14567	14486	14220	14378	14751	14234	14524
大连市	19002	15630	17549	13941	14921	14120	16780	14539	12471	13867	15708	19212	15011
福州市	14728	11965	10926	11611	13329	12455	10996	13286	12738	13940	16656	16652	12954
贵阳市	9771	9805	9637	9891	10027	8815	9258	8293	7826	8182	7916	7806	8788
哈尔滨市	13703	12808	12459	12350	12972	12239	11835	11833	12379	11923	12084	11748	12247
海口市	17522	18381	16950	17762	12352	9120	15041	14060	14938	13707	15721	15401	12792
杭州市	28803	27322	32153	32151	33112	34342	31323	30269	32229	30188	28360	32688	31571
合肥市	21987	23707	23143	23514	23014	23061	18824	22560	21498	22201	20969	19855	21627
呼和浩特市	10576	10249	10338	10496	10169	10409	11595	10279	11034	10787	11374	9731	10682
济南市	14922	12588	15646	16063	13881	14982	14384	12645	10779	13346	14473	13928	13955
昆明市	14153	13617	13527	14156	12559	12852	12869	12379	11228	12062	12673	11997	12689
兰州市	9788	9823	9252	9244	9454	10809	8220	7399	7491	7588	7787	7299	8447
南昌市	12745	14403	13494	13795	14104	12813	11480	12282	11213	11207	11540	10930	12209
南京市	27124	22008	24218	25035	25281	27537	32434	28694	24836	30120	29988	33572	28529
南宁市	11706	10895	12368	9548	12144	11783	10353	10093	9639	9729	9904	10218	10729
宁波市	20142	24687	22151	23057	22849	23996	18736	20083	15249	20737	21742	18565	20711
青岛市	13673	16376	16592	14013	16127	15078	15131	13106	16244	13947	14779	15866	15167
三亚市	21411	24008	29513	25834	26604	29420	32429	31021	21573	--	--	--	26864
沈阳市	10629	10665	10989	12700	12195	12256	12644	12675	12108	13381	14276	14746	12490
石家庄市	15480	16252	16112	16924	17707	13869	15619	15132	14238	15072	15573	15536	15531
苏州市	27876	26917	24435	25193	25155	26860	25741	24892	26182	26422	28828	23668	25825
天津市	16642	13973	11634	16419	18141	12029	18141	16916	15456	17431	17869	16935	15200
温州市	16145	12787	14816	17648	15615	15872	16831	15743	14269	17409	16072	17209	15645
无锡市	24206	23776	23257	23766	24061	25123	24174	24628	22279	22917	24568	24541	24024
武汉市	13034	13557	14468	15284	15460	14858	14031	13489	14071	14460	12057	10962	13093
西安市	19696	20588	19679	19803	20367	19989	19743	17343	18484	17954	17775	17787	19051

4-15　续表 1　　　　单位：元 / 平方米

城市	1月	2月	3月	4月	5月	6月	7月	8月	9月	10月	11月	12月	汇总
西宁市	9362	9838	10716	9849	9403	9382	9067	9773	9034	8640	9244	9281	9463
厦门市	38573	37434	39476	36490	35744	41337	30821	31036	30092	32632	32319	31375	34272
银川市	8399	8406	8681	9954	8992	9430	8161	8111	7887	7793	8350	7998	8571
郑州市	11269	10745	11169	12264	10922	10696	9600	10582	9915	11163	10842	10904	10850
三四线城市													
安庆市	9032	7927	8718	8649	7983	8910	8441	9150	8128	8563	9002	8699	8494
百色市	4669	4508	4785	4976	4957	4775	4910	5033	4761	4902	5110	4924	4897
宝鸡市	7564	5671	5790	5546	5286	5630	5890	6229	5588	6136	7222	6486	5927
保定市	10498	10810	12032	11742	10267	11109	11102	11766	9490	11418	11467	11132	10939
北海市	--	--	6378	--	6535	8579	6560	7610	7858	6480	6109	6899	7121
沧州市	9349	10739	8766	9274	9493	10274	9948	9910	9576	10807	9017	8237	9101
常州市	17568	16594	16475	16589	16724	17008	14293	16506	12141	15456	16329	14551	15620
郴州市	6331	6036	6181	6402	6740	6944	6645	6276	6615	6554	7316	7017	6632
池州市	7826	7832	7796	8540	7623	8733	8137	8056	7650	8402	7726	7708	8002
儋州市	13170	10958	12440	12695	13167	11823	11144	11034	9502	12030	12785	11492	12031
德阳市	6758	7086	6630	6960	7452	6916	6800	6596	6279	7209	6917	6793	6890
东莞市	30123	30661	30621	28423	30078	31579	26941	28795	14734	15711	20584	18644	22433
东营市	7670	8179	7578	7528	9077	8182	8322	7207	8726	8668	7225	7438	7933
鄂州市	7033	6476	6841	6708	5256	6948	6574	7017	6371	7191	--	--	6547
防城港市	--	--	--	--	5274	5156	5399	5237	4062	5407	5067	5712	5070
佛山市	16694	16649	17806	17465	18155	17738	16649	15325	15562	15429	15227	16070	16502
抚州市	6278	6480	6148	6035	6049	7500	6432	6210	6328	6898	6166	5742	6211
赣州市	7450	6991	7470	7907	7465	6636	7130	6948	6449	6751	7440	7899	7198
贵港市	7039	6629	7369	6903	6823	6955	5487	7271	6794	7314	5699	5568	6505
桂林市	9813	9775	10653	9876	10166	10147	10367	9852	10808	10490	10098	10228	10233
邯郸市	8716	8857	8692	9310	6939	8617	9743	9877	10054	7405	8124	8923	8735
河源市	--	--	--	6145	7135	6318	6492	6714	6965	6763	7007	6679	6759
菏泽市	6541	6156	6322	6432	6095	6301	6549	6359	6536	6642	6506	6644	6414
贺州市	4952	4926	5244	4524	3770	4338	4518	4733	4558	4332	4860	4871	4560
鹤壁市	--	--	--	--	--	--	--	6378	5710	7068	7011	6543	6519
衡阳市	7797	6921	6844	6965	6972	7059	7174	6910	7459	6912	7305	6849	7090
湖州市	14917	14298	14311	14556	14801	15181	14181	13575	14217	12991	14564	13484	14324
淮安市	8355	5747	7053	6542	7250	6372	6449	5240	7133	7061	7968	8471	6704
淮北市	7829	8394	7668	8524	8562	8229	7817	5605	6297	5208	8180	8595	7178
淮南市	7045	5873	6164	7209	7407	7094	7372	6793	7153	7693	7172	6700	6876

4–15 续表 2

单位：元 / 平方米

城市	1 月	2 月	3 月	4 月	5 月	6 月	7 月	8 月	9 月	10 月	11 月	12 月	汇总
黄石市	6834	6633	6949	6095	6450	6734	5931	5633	5283	5309	7008	6466	6224
惠州市	10934	10680	11534	12448	12483	11950	11002	9759	8792	8344	8250	8415	10223
吉林市	6831	7432	9436	7334	7187	7350	7021	7590	7842	7652	7432	6852	7516
济宁市	9869	8671	8663	9816	9110	8518	8413	8203	7950	8392	8099	8344	8550
江门市	8033	7868	7999	8257	8075	8236	8691	8656	8403	8113	8454	8649	8285
焦作市	5313	5924	5911	6036	6377	6035	6544	6594	6659	6502	6607	6526	6240
金华市	18277	18544	18672	17518	17586	18484	20529	15470	15735	15755	15640	16575	17452
景德镇市	7937	9023	8275	8012	8663	8055	8395	8491	7918	8016	5897	6954	7281
九江市	8876	8896	9266	9039	9025	8820	8912	9733	9163	9042	9551	9820	9097
乐山市	6261	5937	7061	6565	6573	7286	5479	5956	6097	6713	6091	5687	6291
丽水市	12297	12168	9993	11917	18266	10703	8768	7785	8386	12528	14280	12591	11286
连云港市	8545	8617	8111	8320	7484	8115	8650	9700	8459	8730	10830	10996	8662
柳州市	7596	6088	6776	6450	7237	7434	7240	7338	6788	6981	7066	7527	7056
六安市	5170	5768	5974	5762	6012	5812	5811	6137	6256	6439	6775	6303	5963
泸州市	6312	6313	5887	6397	6507	6105	6183	6589	6368	6609	6610	6668	6385
洛阳市	10080	10793	10421	9975	8971	9390	8979	9437	8440	8879	8172	8971	9359
漯河市	5935	5961	6009	--	--	5309	6052	5481	7203	5809	5751	5503	5771
马鞍山市	--	9864	9614	12323	9953	12875	11508	12218	7075	10301	12435	13100	10517
茂名市	7341	7174	7381	7211	7231	7087	7496	7416	7427	7078	7430	7080	7262
眉山市	8888	7563	8173	7152	5927	5883	6427	7263	5673	5658	7029	6942	6975
梅州市	6793	6693	6502	6906	6761	6529	6505	6563	6766	7105	7130	6837	6746
绵阳市	8541	8464	8791	8504	8687	8641	8775	8450	7740	8384	8344	8795	8520
南充市	7726	7814	8246	7619	7644	6971	7301	7921	7269	7464	7877	7934	7707
南平市	6737	6136	5978	6203	6374	--	--	--	--	--	--	--	6318
南通市	14211	16722	15456	15802	15251	16612	15631	13884	13230	17731	20002	18180	15704
南阳市	8440	7871	6269	8342	8915	7863	7075	6614	4211	7472	8043	6568	6981
宁德市	13748	14052	13622	12461	7338	13299	14886	8996	10055	11725	10276	9722	10862
平顶山市	6771	6456	6643	6509	6406	6440	6514	6438	6326	6440	5960	6129	6398
莆田市	9533	9748	10621	11763	11673	11049	11243	11439	10553	12539	5091	13062	9486
濮阳市	--	--	--	--	--	--	--	8799	8882	8638	8805	8940	8817
钦州市	5062	4652	5057	4917	4955	5055	5096	4944	5358	5167	5271	5144	5006
秦皇岛市	9961	10836	10907	10913	10995	10735	10656	--	11436	8604	10214	10805	10551
清远市	7311	7070	7091	7041	7236	7029	6601	11107	6085	7277	7098	7720	7651
衢州市	15538	16922	12657	20652	20641	21767	12048	15539	18602	20025	19326	17671	17876
泉州市	12649	13470	12211	10783	10084	12265	11010	11687	11037	11407	11772	12987	11857
三明市	12144	11563	10135	10592	10575	--	--	--	--	--	--	--	10996
汕头市	10145	9802	10011	9896	9988	10015	9954	9005	8606	8406	8703	8695	9413
上饶市	7353	7276	7590	7580	7394	7848	7940	6107	7313	8009	5617	6344	7392

4-15 续表 3

单位：元 / 平方米

城市	1月	2月	3月	4月	5月	6月	7月	8月	9月	10月	11月	12月	汇总
韶关市	5785	5939	6031	5950	6115	5801	5727	5381	5574	5701	5548	5603	5689
绍兴市	25360	25846	24060	24211	24692	24528	26376	25628	23869	23209	23164	23479	24272
宿州市	7098	6949	7202	6749	7247	7562	7411	7746	6519	7503	7780	7241	7166
泰安市	9921	9449	9933	8900	9657	9852	8971	9103	9228	9371	8501	9516	9411
泰州市	17843	14955	17146	18438	19035	18073	18221	12812	11530	11045	10989	11514	14268
唐山市	8299	8734	8865	9727	8755	8819	8026	8057	6846	7907	8282	8075	8281
天水市	8060	8499	8280	7717	9315	9225	9150	9290	9435	9244	9029	9515	8867
铜陵市	--	--	--	--	7709	8251	7653	8349	6802	7900	8204	6830	7655
威海市	11387	12863	10467	12026	12414	12158	12011	11473	11337	11727	11299	12257	11582
渭南市	6412	6656	6247	6308	6039	6285	6218	6550	6519	6856	6557	6467	6419
芜湖市	12385	9851	12303	12885	13018	12255	9294	11744	12282	11668	10139	11489	11322
咸宁市	5031	5104	5069	4864	4940	4943	5139	4686	5145	5201	5094	4886	4996
襄阳市	8736	8680	9116	9181	8750	9491	9823	10119	8437	7743	8171	7615	8649
新乡市	7273	6860	7290	7589	--	--	--	--	--	--	--	--	7259
徐州市	9376	8907	10758	9965	10253	9466	8216	9684	8663	10641	7905	7323	8733
烟台市	11947	10965	11096	10129	10451	10978	10552	10790	9068	9455	9060	10059	10230
盐城市	12801	13087	11702	11828	14788	12584	10511	13007	12334	13612	12617	14813	12999
扬州市	15109	14333	16053	16399	15256	17087	16114	14560	12239	13507	13039	11876	14535
阳江市	--	--	--	5956	6271	6438	6406	6608	6222	5872	6209	6456	6262
宜宾市	8224	7691	7913	8335	8356	8189	8510	7782	7637	7881	8264	7608	8008
宜春市	9338	7902	8534	10206	--	--	--	--	--	--	--	--	8881
岳阳市	7486	6959	7192	6977	6919	7180	6781	6901	7254	6941	7122	6799	7062
云浮市	--	--	--	4980	6566	6268	5692	6108	5643	6088	6091	7400	6209
运城市	6633	6712	6483	6667	6521	7040	6704	6524	6697	6735	6646	6935	6684
湛江市	9861	9134	9947	9289	9787	10145	9962	10013	10187	10278	10047	9821	9878
漳州市	7930	9201	9307	10299	9554	9939	9406	9114	8985	8586	8780	8656	9114
肇庆市	6793	6194	6501	6461	6660	6772	8677	7797	7958	7095	7662	7329	7107
镇江市	8695	10274	8833	8453	9432	8480	7524	8316	8248	8325	7355	8121	8436
中山市	13259	12894	12724	13478	12575	12746	13058	12928	12354	12521	12915	12504	12815
舟山市	17294	17039	15288	16173	16053	14773	16504	14925	14964	14655	14154	16141	15327
珠海市	26064	27062	25357	23522	25002	19172	23456	23028	21375	19332	22129	24576	23182
资阳市	--	--	--	--	--	--	--	--	--	7328	7334	7274	7311
淄博市	8130	7544	8227	8262	7395	7113	8072	8173	7635	7537	7834	7675	7741
遵义市	5184	6031	6139	5686	6066	5738	5741	5839	5736	5371	5544	5213	5753

数据来源：中指数据库监测。

4–16 2024年全国主要城市商品住宅成交金额统计

单位：亿元

城市	1月	2月	3月	4月	5月	6月	7月	8月	9月	10月	11月	12月	汇总
一线城市													
北京市	316.23	94.87	224.32	181.71	199.34	297.95	240.55	231.98	168.74	316.39	331.84	416.30	3020.24
上海市	326.58	123.00	696.99	463.16	421.80	633.92	413.01	435.72	454.34	513.92	589.73	625.91	5698.13
广州市	151.33	106.26	239.10	221.02	234.89	331.77	241.25	182.79	194.48	373.88	297.92	368.61	2944.03
深圳市	156.08	68.92	174.05	179.28	159.51	231.42	264.61	197.21	146.14	264.56	465.67	490.74	2798.06
二线城市													
长春市	20.36	7.77	39.79	37.17	23.84	28.35	21.24	28.04	38.64	25.62	46.77	44.65	362.24
长沙市	38.84	22.22	48.04	43.78	78.19	115.34	47.69	36.63	47.50	79.24	53.10	79.48	690.05
成都市	202.68	115.51	184.47	231.04	241.65	239.10	210.59	169.48	147.90	229.94	357.47	442.34	2772.19
重庆市	41.44	37.72	81.64	38.14	62.62	67.72	50.40	46.73	42.19	90.10	83.85	76.87	719.47
大连市	30.50	12.94	15.98	63.49	19.15	20.90	21.38	21.82	24.34	22.31	16.00	7.43	276.25
福州市	63.05	55.49	76.99	74.12	47.15	60.33	94.29	39.61	66.36	83.85	81.51	62.19	804.92
贵阳市	26.25	14.89	29.32	28.50	30.58	32.60	29.59	25.27	24.50	33.12	34.35	36.38	345.37
哈尔滨市	5.80	5.07	13.19	11.19	14.30	7.74	8.91	10.48	15.53	13.59	9.16	22.43	137.39
海口市	22.34	20.23	34.44	44.37	44.87	167.86	30.31	34.68	16.06	25.00	57.11	81.68	578.94
杭州市	131.05	54.17	263.36	141.57	217.81	380.74	182.03	130.02	203.74	215.53	232.31	348.89	2501.25
合肥市	31.98	26.43	41.70	56.40	54.86	58.58	59.48	36.13	31.11	63.55	75.35	98.31	633.89
呼和浩特市	18.89	8.06	20.66	21.83	23.03	21.46	33.21	23.76	22.25	39.40	33.21	15.01	280.76
济南市	69.42	33.39	121.28	63.79	78.14	69.76	76.61	62.41	72.47	89.57	86.51	86.36	909.70
昆明市	32.83	17.86	31.35	33.22	33.44	35.97	20.59	27.70	31.45	53.75	41.36	48.21	407.75
兰州市	13.45	6.73	34.07	21.14	15.42	20.37	18.52	24.53	20.14	22.09	21.51	17.73	235.73
南昌市	13.69	18.10	22.37	21.15	27.54	23.16	19.66	22.69	19.98	48.00	29.91	32.35	298.61
南京市	52.42	30.99	68.71	78.86	77.35	117.24	141.56	90.76	104.31	131.34	168.87	213.55	1275.98
南宁市	17.04	13.71	46.38	13.24	25.85	40.99	25.05	39.58	12.14	32.12	30.27	44.09	340.44
宁波市	67.95	37.54	91.36	68.01	99.71	118.35	31.72	74.58	69.69	103.15	91.38	141.54	994.97
青岛市	81.97	37.61	147.25	78.18	119.47	256.52	87.69	78.61	159.97	79.35	98.23	134.18	1359.01
三亚市	44.64	26.74	34.54	38.32	27.15	63.61	72.46	30.29	35.77	--	--	--	373.52
沈阳市	32.88	20.15	62.49	30.88	34.00	45.60	29.75	26.81	34.78	32.18	54.37	67.57	471.44
石家庄市	30.55	21.88	38.53	42.66	42.78	55.85	38.23	30.45	30.86	34.52	30.71	35.65	432.67
苏州市	87.97	36.22	88.98	66.84	68.33	124.77	79.07	57.03	82.41	125.04	137.37	220.27	1174.32
天津市	95.37	88.40	206.65	111.64	137.45	225.18	99.61	94.84	123.84	190.50	142.74	176.64	1692.89
温州市	56.71	83.69	105.09	70.61	77.54	129.22	50.57	50.69	66.01	79.35	63.56	64.49	897.56
无锡市	42.68	16.43	37.63	36.39	33.71	44.82	34.64	29.12	32.59	39.42	40.29	100.45	488.15
武汉市	78.74	44.85	100.24	87.91	111.80	142.16	120.88	85.84	68.75	179.56	207.74	369.44	1597.91
西安市	122.59	65.01	108.65	137.59	145.94	129.77	109.51	89.29	86.57	121.03	138.78	114.02	1368.75

4-16　续表 1　　单位：亿元

城市	1月	2月	3月	4月	5月	6月	7月	8月	9月	10月	11月	12月	汇总
西宁市	6.30	2.95	12.09	10.14	8.62	5.45	6.56	7.93	6.86	10.92	9.70	6.44	93.95
厦门市	43.72	28.07	45.83	39.94	35.39	80.43	48.32	36.80	24.56	115.37	87.56	77.58	663.54
银川市	12.22	5.12	10.89	34.96	13.50	14.86	14.29	22.28	14.56	17.77	17.35	16.04	193.86
郑州市	76.10	30.59	61.89	73.77	108.85	114.63	58.96	57.06	62.25	92.33	108.92	120.55	965.91
三四线城市													
安庆市	4.19	6.17	2.86	2.62	4.47	3.73	1.96	2.11	4.52	5.51	2.00	3.87	44.01
百色市	3.52	3.51	3.97	15.35	4.72	5.17	5.68	4.30	4.85	6.17	8.80	6.30	72.34
宝鸡市	4.61	3.97	7.68	5.66	5.38	3.36	2.99	2.10	3.11	2.23	2.59	1.70	45.40
保定市	12.33	5.88	11.56	12.63	25.28	21.30	18.94	12.38	15.27	10.75	11.01	12.83	170.19
北海市	--	--	0.01	--	11.07	17.40	11.40	16.47	21.86	11.04	11.57	33.64	134.45
沧州市	6.79	5.44	7.47	6.79	15.98	11.61	8.84	4.17	6.76	11.76	23.31	56.35	165.26
常州市	26.62	16.10	26.82	20.98	28.23	31.44	26.06	18.40	27.58	33.70	31.33	35.47	322.74
郴州市	1.99	1.89	2.16	0.98	4.39	1.51	2.80	1.55	1.96	2.91	3.31	2.72	28.17
池州市	1.10	1.21	1.10	1.19	0.71	1.03	1.07	0.91	0.84	1.41	1.51	1.16	13.25
儋州市	4.89	4.36	8.19	4.33	14.88	6.48	3.94	6.02	3.24	2.67	4.63	4.60	68.24
德阳市	5.47	10.23	5.46	5.41	6.06	5.17	4.83	4.14	4.03	4.63	5.58	5.33	66.34
东莞市	42.03	22.19	51.60	37.83	41.82	76.49	42.60	43.43	61.81	89.17	52.10	63.14	624.18
东营市	8.95	5.34	9.22	8.20	10.41	18.52	8.35	6.41	10.48	11.94	11.67	21.33	130.83
鄂州市	2.21	1.49	2.64	2.49	2.51	2.04	2.49	2.00	1.58	1.01	--	--	20.48
防城港市	--	--	--	--	2.54	2.95	3.31	2.30	3.84	2.02	1.78	3.63	22.38
佛山市	53.16	28.94	78.53	60.66	83.50	93.98	71.77	50.92	54.33	116.68	84.64	87.88	865.00
抚州市	5.43	15.55	11.38	5.56	6.85	6.78	4.93	4.73	4.35	8.13	13.28	28.93	115.91
赣州市	9.28	28.84	14.93	19.03	17.43	18.78	17.52	14.91	14.69	26.92	22.56	30.59	235.48
贵港市	2.77	4.59	12.86	2.61	3.62	1.68	5.75	1.67	1.87	3.72	11.33	1.38	53.86
桂林市	2.47	2.20	5.07	1.33	3.15	1.75	1.82	1.22	1.53	2.63	2.07	2.82	28.06
邯郸市	30.56	22.10	28.65	29.77	26.24	34.92	30.33	31.97	16.42	13.91	29.15	49.71	343.74
河源市	--	--	--	1.08	10.02	8.65	9.18	8.57	9.70	9.91	14.08	14.63	85.82
菏泽市	8.09	7.21	8.89	5.62	7.46	5.41	7.95	6.83	4.76	8.50	5.12	5.22	81.07
贺州市	3.16	4.16	5.13	9.92	4.74	3.95	2.18	2.42	2.04	9.01	3.28	3.95	53.95
鹤壁市	--	--	--	--	--	--	--	3.68	3.75	4.51	3.59	2.60	18.14
衡阳市	5.09	6.92	5.93	4.80	17.66	8.58	5.34	6.03	9.04	7.40	9.27	2.58	88.65
湖州市	18.37	9.57	23.44	17.98	14.51	24.66	17.31	10.95	15.81	12.43	18.25	15.47	198.75
淮安市	7.89	16.27	16.25	15.68	13.25	14.64	12.63	16.64	9.32	10.39	12.41	12.47	157.84
淮北市	4.49	4.39	2.86	3.33	5.88	4.25	4.25	7.68	6.48	5.85	4.89	6.79	61.16
淮南市	6.38	5.98	7.20	3.29	4.17	4.02	4.72	3.15	5.49	4.86	3.21	0.60	53.07

4–16 续表 2 单位：亿元

城市	1月	2月	3月	4月	5月	6月	7月	8月	9月	10月	11月	12月	汇总
黄石市	3.89	2.84	4.06	4.30	1.58	3.63	3.49	2.02	2.46	3.77	1.45	3.26	36.76
惠州市	39.27	16.12	35.30	50.04	42.68	38.76	34.35	29.86	30.84	33.07	37.72	42.20	430.21
吉林市	3.80	2.50	8.68	3.29	4.13	4.38	9.27	2.92	2.80	3.66	3.66	5.20	54.29
济宁市	1.94	0.21	0.14	16.63	10.38	21.66	15.64	13.02	11.86	13.19	12.51	12.69	129.86
江门市	21.78	17.93	26.63	19.68	24.28	21.45	27.07	21.32	18.48	30.86	25.67	26.37	281.50
焦作市	1.87	1.12	2.78	1.31	2.34	1.58	0.76	0.05	3.01	1.47	4.43	1.30	22.02
金华市	7.95	2.10	17.88	3.82	7.06	4.63	3.53	2.43	3.69	10.05	4.90	2.68	70.71
景德镇市	4.65	2.26	2.92	2.26	4.42	2.64	4.06	3.81	1.91	3.07	17.64	3.56	56.76
九江市	7.69	6.71	7.26	7.24	7.53	6.71	7.34	5.92	4.32	6.39	1.68	2.96	71.73
乐山市	1.03	1.16	3.35	2.71	2.51	2.06	0.74	6.39	2.04	2.08	2.25	2.98	29.30
丽水市	16.14	12.69	25.42	11.88	30.29	22.83	9.62	7.34	27.99	15.80	9.68	21.45	211.13
连云港市	12.42	15.61	13.81	13.31	66.44	17.65	25.41	16.85	7.62	13.74	17.46	38.58	258.91
柳州市	8.07	6.44	8.79	5.69	7.39	7.88	7.39	6.68	5.93	9.16	8.13	10.10	91.64
六安市	2.36	3.44	3.66	2.73	2.81	1.69	1.96	2.33	1.28	1.47	2.25	2.50	28.48
泸州市	7.51	12.90	6.72	8.61	8.06	6.75	10.11	5.29	8.51	11.43	10.67	9.04	105.58
洛阳市	10.70	5.14	9.33	9.95	9.20	7.47	6.28	8.97	5.59	8.32	6.68	9.79	97.40
漯河市	5.22	6.24	4.93	--	--	11.78	1.83	0.52	3.16	4.10	1.45	4.57	43.79
马鞍山市	--	4.69	5.40	2.80	3.57	3.64	3.46	2.47	3.98	9.94	3.94	4.26	48.15
茂名市	6.11	8.26	7.37	7.88	11.63	11.18	12.66	11.75	10.62	22.58	21.70	18.67	150.40
眉山市	24.26	21.11	18.78	18.38	16.18	17.88	9.04	5.89	8.07	6.44	15.48	22.53	184.03
梅州市	7.27	7.10	9.95	6.91	7.66	7.67	8.35	6.58	5.48	9.75	6.53	6.85	90.13
绵阳市	16.25	13.66	16.74	5.47	8.14	7.79	7.69	8.99	8.72	11.23	13.37	15.15	133.19
南充市	6.88	13.91	13.93	7.34	7.18	8.19	6.74	9.91	6.68	7.14	11.49	13.51	112.88
南平市	0.47	0.33	0.30	0.32	0.44	--	--	--	--	--	--	--	1.87
南通市	30.00	12.62	29.50	24.52	49.25	12.12	14.17	21.42	13.94	23.12	19.33	16.09	266.06
南阳市	5.84	6.05	15.16	11.23	8.39	15.43	10.53	14.51	7.61	2.37	2.16	1.95	101.24
宁德市	1.85	5.01	2.50	0.73	3.29	1.22	1.29	2.30	4.35	4.73	3.31	3.86	34.43
平顶山市	4.59	2.11	3.26	4.47	3.75	2.22	2.22	3.19	2.35	3.84	4.50	4.83	41.35
莆田市	11.95	8.14	4.19	6.45	4.22	4.75	3.69	2.12	2.15	8.26	12.96	16.74	85.61
濮阳市	--	--	--	--	--	--	--	4.86	4.29	5.83	5.00	7.62	27.59
钦州市	4.79	8.26	1.77	2.21	3.16	5.04	1.89	4.70	3.17	4.12	3.32	3.79	46.23
秦皇岛市	3.36	6.36	15.26	6.12	12.52	19.19	17.11	--	10.23	11.12	8.00	13.44	122.72
清远市	9.13	6.22	9.75	11.87	14.96	10.42	20.95	47.45	17.58	27.45	14.48	15.27	205.52
衢州市	3.30	1.88	7.20	1.70	6.02	13.94	1.14	1.64	3.05	3.88	5.09	6.17	55.02
泉州市	25.25	22.47	27.46	14.22	17.24	17.78	22.21	11.72	10.91	21.68	22.86	28.73	242.52
三明市	1.07	1.50	0.97	0.92	1.42	--	--	--	--	--	--	--	5.89
汕头市	14.87	14.56	20.65	18.39	20.46	17.30	14.40	14.43	11.44	19.72	15.71	17.12	199.04
上饶市	5.56	9.66	9.52	7.68	6.08	1.49	1.95	1.26	3.22	0.04	0.40	0.32	47.17

4-16　续表 3　　　　单位：亿元

城市	1 月	2 月	3 月	4 月	5 月	6 月	7 月	8 月	9 月	10 月	11 月	12 月	汇总
韶关市	2.95	1.90	2.41	2.80	4.14	2.23	5.39	6.45	5.10	10.19	7.48	7.42	58.46
绍兴市	12.96	6.11	9.16	11.16	10.32	8.23	9.30	6.83	7.05	12.38	16.49	21.08	131.12
宿州市	6.29	15.04	10.69	4.14	5.39	4.11	4.42	3.82	5.71	4.99	4.00	5.09	73.70
泰安市	12.63	8.24	19.91	4.68	4.98	6.09	7.96	9.40	7.33	14.11	10.67	18.13	124.13
泰州市	2.43	3.68	5.16	5.47	6.14	5.50	3.22	2.70	3.50	7.09	5.75	5.15	55.82
唐山市	22.65	11.38	33.57	26.95	25.43	25.84	28.97	23.95	26.38	35.40	30.14	40.38	331.05
天水市	4.85	1.87	4.40	4.17	3.47	3.28	4.37	4.49	4.74	6.89	2.30	3.85	48.67
铜陵市	--	--	--	--	0.82	3.92	0.60	0.78	1.49	1.22	1.73	2.65	13.20
威海市	7.65	3.38	19.95	10.17	8.33	9.40	8.66	7.89	6.94	10.16	7.35	9.30	109.17
渭南市	3.94	2.18	4.07	3.43	2.74	2.20	2.01	1.99	2.09	3.74	2.64	2.57	33.61
芜湖市	3.91	4.00	7.19	7.11	7.19	6.99	11.15	16.79	5.15	10.28	15.42	19.08	114.26
咸宁市	3.67	4.11	3.02	3.19	2.99	2.68	3.09	3.73	2.62	3.03	3.29	4.69	40.12
襄阳市	8.63	6.90	8.11	9.56	10.12	11.69	9.47	8.48	17.78	11.39	15.27	14.23	131.63
新乡市	20.82	20.83	24.84	24.48	--	--	--	--	--	--	--	--	90.96
徐州市	40.88	29.46	38.58	30.79	44.33	38.39	27.19	31.08	26.86	46.06	78.52	130.61	562.77
烟台市	18.22	4.68	17.47	11.34	12.58	8.94	11.57	11.11	13.96	18.15	16.89	30.78	175.67
盐城市	8.83	16.28	4.02	4.14	9.30	6.54	8.48	9.57	5.81	17.10	5.22	13.66	108.94
扬州市	18.75	12.85	8.90	18.58	19.37	21.98	9.25	9.92	13.32	14.39	14.80	14.83	176.96
阳江市	--	--	--	3.81	7.29	7.75	6.47	7.13	5.46	11.04	9.90	10.22	69.07
宜宾市	11.43	7.03	28.01	4.49	7.34	5.63	6.57	5.79	2.89	7.07	8.74	9.73	104.72
宜春市	1.79	1.37	1.70	1.16	--	--	--	--	--	--	--	--	6.01
岳阳市	6.99	5.48	33.78	11.43	11.66	9.76	9.53	9.00	9.95	8.34	8.60	7.39	131.91
云浮市	--	--	--	1.35	6.14	5.60	1.59	0.78	0.79	3.73	7.15	2.46	29.58
运城市	5.08	4.35	7.46	6.29	6.13	7.49	5.95	5.47	4.08	4.76	5.41	4.79	71.48
湛江市	20.90	17.16	21.92	22.62	21.04	17.96	18.44	16.48	17.50	32.62	23.15	23.34	253.11
漳州市	13.77	5.81	22.35	15.61	12.74	22.92	15.85	9.58	15.26	26.79	20.25	11.32	192.23
肇庆市	10.68	9.54	10.65	9.24	13.52	8.73	11.62	8.93	9.98	13.37	12.26	11.15	129.65
镇江市	31.46	13.31	22.52	18.26	20.62	31.25	24.65	9.04	18.04	23.81	16.48	11.63	241.06
中山市	22.39	9.11	22.77	24.77	28.66	29.61	24.08	18.39	15.69	31.63	27.62	26.32	281.04
舟山市	3.44	1.87	8.18	4.47	5.84	16.74	2.26	3.44	4.43	5.24	5.19	5.49	66.56
珠海市	48.53	28.01	40.78	51.25	30.33	44.47	33.74	23.67	19.87	29.65	47.79	54.75	452.82
资阳市	--	--	--	--	--	--	--	--	--	0.58	1.75	1.30	3.63
淄博市	20.78	9.95	17.56	28.62	38.29	43.34	36.07	33.25	32.20	29.63	29.15	32.95	351.79
遵义市	5.01	3.52	5.99	3.88	4.51	4.56	2.71	4.62	4.94	6.42	3.87	4.09	54.95

数据来源：中指数据库监测。

4-17 2024年全国主要城市商品住宅批准上市套数统计

单位：套

城市	1月	2月	3月	4月	5月	6月	7月	8月	9月	10月	11月	12月	汇总
一线城市													
北京市	628	419	6429	1872	2438	4199	1908	3732	4402	1865	1296	1123	30311
上海市	12096	1206	9579	9799	12486	12045	8446	12503	11263	12777	12752	12311	127263
广州市	2371	1177	6093	5755	2916	6450	2426	3345	9897	2876	5788	6263	55357
深圳市	1798	1874	6575	2026	3820	3443	1951	3608	1706	5006	5322	4168	41297
二线城市													
长春市	662	574	2693	2865	972	1248	2006	1342	3303	1647	2417	2230	21959
长沙市	2271	2088	992	3084	2719	3166	2073	2691	3566	1449	2962	6260	33321
成都市	8476	3181	8860	9626	9427	10961	6609	4837	9626	5857	9712	9468	96640
重庆市	2603	1758	3818	3203	4114	3589	1957	2125	4111	2932	3095	3138	36443
大连市	156	109	161	3323	731	459	629	1597	949	503	320	293	9230
福州市	3494	1543	1663	3765	1059	1359	2140	1564	5400	780	3885	3249	29901
贵阳市	1709	334	2223	1636	2748	2311	2118	3851	2577	2366	1300	1331	24504
哈尔滨市	--	--	--	--	1059	1993	1928	1224	3237	1012	1700	516	12669
海口市	1704	3152	808	1387	716	1692	799	2058	1848	1317	7156	3647	26284
杭州市	2384	1751	6090	4911	5507	5922	4654	3531	5955	4704	3259	6179	54847
合肥市	1199	406	1405	2616	1429	1384	1521	1676	1805	1300	1554	3083	19378
呼和浩特市	748	92	350	474	1045	5134	1118	1725	2393	631	717	--	14427
济南市	3473	2971	6052	4622	3682	3329	2548	3280	4164	1787	2863	3592	42363
昆明市	546	646	1720	3365	1708	1372	549	1754	2189	1504	1613	1624	18590
兰州市	530	228	2550	1223	1009	3999	1965	1447	2395	1111	51	522	17030
南昌市	2547	460	1724	2590	652	2183	1688	787	1964	729	1445	1427	18196
南京市	2097	568	1223	1940	2941	2344	1364	1468	1838	1574	2261	2884	22502
南宁市	391	1755	2142	1860	1079	2732	538	1414	2546	317	3159	1814	19747
宁波市	1831	455	1615	4436	2099	2731	1604	3510	2295	1546	4961	2154	29237
青岛市	2986	1208	5627	3878	6700	4709	2205	1922	2266	1887	3658	1799	38845
三亚市	220	351	794	827	--	--	23	34	383	867	1969	4865	10333
沈阳市	735	312	4274	1449	412	1362	1940	1983	2292	854	1416	764	17793
石家庄市	927	1363	1685	2506	204	370	1901	851	1425	665	1214	2171	15282
苏州市	1278	479	2892	2152	1471	3229	1585	869	2091	1309	2019	3446	22820
天津市	4111	2088	13406	6519	4021	9091	6094	5807	7012	4288	5919	4796	73152
温州市	9386	2484	3667	5275	3746	1858	1973	4391	3891	2156	2142	6536	47505
无锡市	320	848	930	2564	1097	1369	1028	942	2684	1520	1645	1177	16124
武汉市	2631	1757	6862	5784	4469	11963	3595	4244	8685	2792	26109	15961	94852

4-17　续表 1　　单位：套

城市	1月	2月	3月	4月	5月	6月	7月	8月	9月	10月	11月	12月	汇总
西安市	4747	2256	6241	6554	5193	5745	4119	5380	5649	4456	4457	8625	63422
西宁市	699	225	836	112	180	138	334	--	1488	2146	315	530	7003
厦门市	1204	335	188	639	946	750	929	598	928	751	820	1327	9415
银川市	292	751	467	1234	1412	1422	2028	1559	970	1462	748	36	12381
郑州市	2833	1241	1962	4476	4329	2177	3007	3162	2858	1893	2380	3708	34026
三四线城市													
安庆市	252	916	--	192	212	181	92	12	467	139	166	192	2821
百色市	850	1142	481	932	97	1021	248	826	1301	212	871	1380	9361
宝鸡市	7366	2520	9737	1808	1514	1066	4764	3556	4423	930	4646	4487	46817
北海市	3601	3593	8190	5003	2877	3992	1151	1453	3537	4865	3034	5519	46815
沧州市	1261	111	1245	521	654	607	--	673	1780	1892	6658	3598	19000
常州市	1388	918	817	1608	412	206	1988	1833	1392	584	1985	8693	21824
池州市	32	--	--	--	--	--	200	--	2	110	167	--	511
滁州市	1096	36	370	179	--	--	--	--	--	--	--	--	1681
儋州市	6818	7363	6533	4419	13549	11291	5784	4809	4359	4392	11438	1624	82379
德阳市	696	169	117	523	150	303	470	193	173	430	210	643	4077
东莞市	1312	426	721	876	1256	425	126	393	7091	826	3811	894	18157
东营市	1972	165	1888	1653	670	2125	750	1644	1138	390	938	577	13910
防城港市	--	--	--	--	--	--	14	--	--	--	--	--	14
佛山市	3136	984	2761	5376	2269	2618	1993	2406	3345	1607	3509	3464	33468
抚州市	--	--	48	44	--	102	--	--	--	--	285	--	479
阜阳市	721	1168	407	551	116	81	209	729	926	192	296	66	5462
赣州市	5355	5199	2236	4874	2810	3648	1096	1340	1998	1113	1398	3597	34664
贵港市	748	2470	809	273	169	--	1826	192	632	100	114	1125	8458
桂林市	263	258	175	111	150	242	160	156	--	309	367	192	2383
邯郸市	--	--	998	664	--	--	2642	1312	976	626	1787	1847	10852
河源市	703	686	242	767	362	608	620	186	476	295	14	271	5230
菏泽市	214	513	366	372	136	1338	459	1184	1152	949	1250	640	8573
贺州市	159	542	140	528	658	174	124	--	708	44	354	785	4216
鹤壁市	--	--	--	--	--	--	--	228	220	--	317	146	911
衡阳市	730	119	122	359	248	372	--	--	620	232	--	556	3358
湖州市	375	128	1751	965	499	1368	274	216	966	533	--	--	7075
淮安市	--	3079	993	645	6424	829	1912	290	783	523	911	587	16976
淮北市	332	987	304	275	509	811	564	3296	810	119	219	290	8516
淮南市	--	--	625	240	210	124	691	120	280	234	766	414	3704

4–17　续表 2　　　　　　　　　　　　　　　　　　　　　　　　　　单位：套

城市	1月	2月	3月	4月	5月	6月	7月	8月	9月	10月	11月	12月	汇总
黄石市	388	--	--	92	2729	--	--	--	--	--	--	--	3209
惠州市	2205	2064	2196	1762	1934	879	1617	1750	2534	635	4029	1585	23190
济宁市	68	--	--	339	546	330	596	1022	550	2522	1671	214	7858
江门市	1777	1262	941	2832	1351	1128	1811	2392	2934	1940	3214	1620	23202
焦作市	620	221	--	245	--	--	--	141	--	--	461	128	1816
金华市	406	268	746	315	348	1120	280	--	651	560	180	81	4955
景德镇市	759	431	--	336	--	72	676	528	354	804	108	267	4335
九江市	--	--	--	--	--	--	--	--	--	131	7	129	267
乐山市	695	552	369	1058	620	709	402	297	766	188	--	238	5894
丽水市	632	846	2809	1735	487	660	226	1533	2160	152	461	1920	13621
连云港市	--	1405	2357	957	732	1062	1239	268	2067	464	1041	1659	13251
柳州市	620	120	295	969	554	233	244	1033	687	675	256	631	6317
六安市	217	192	88	1063	184	284	385	--	148	--	251	104	2916
泸州市	1186	399	624	432	2228	634	611	300	1617	699	795	1805	11330
洛阳市	891	833	24	546	566	472	234	--	718	--	44	1017	5345
漯河市	1434	526	203	69	72	1287	288	4431	306	86	--	--	8702
马鞍山市	--	212	207	452	97	80	116	2	289	750	72	139	2416
茂名市	2756	933	704	1551	722	819	1026	599	3992	1266	495	1999	16862
梅州市	402	398	751	488	393	508	368	338	2264	265	428	71	6674
绵阳市	1200	--	--	--	682	625	260	624	785	--	656	1408	6240
南充市	535	467	64	1565	145	454	108	562	451	66	--	312	4729
南通市	722	324	738	1298	1353	1844	408	377	1328	1092	511	615	10610
南阳市	2613	1382	124	1845	272	--	866	4902	1444	--	245	--	13693
宁德市	--	795	164	658	1380	--	--	--	966	544	294	158	4959
平顶山市	452	--	--	60	90	433	112	79	398	68	127	410	2229
莆田市	448	311	330	229	122	250	--	60	--	222	376	1253	3601
濮阳市	--	--	--	--	--	--	--	619	638	219	296	20	1792
钦州市	888	40	41	615	538	685	217	395	153	716	669	1095	6052
秦皇岛市	--	412	--	--	--	--	--	--	--	--	--	816	1228
清远市	2342	849	2108	1254	1597	579	1654	949	3778	154	2657	1426	19347
衢州市	264	516	223	354	60	96	248	32	1	--	129	42	1965
泉州市	1413	1620	1344	2293	509	3578	710	1069	1153	193	1185	1353	16420
三明市	125	--	--	--	246	--	--	--	--	--	--	--	371
汕头市	1065	293	924	961	533	578	1419	890	1583	1147	1826	1194	12413
上饶市	56	161	70	104	75	--	40	--	216	--	84	--	806
韶关市	657	--	723	2452	1377	1518	2516	3628	3853	2037	3328	2293	24382

4–17 续表 3　　　　单位：套

城市	1月	2月	3月	4月	5月	6月	7月	8月	9月	10月	11月	12月	汇总
绍兴市	494	120	132	390	99	--	220	292	21	52	202	255	2277
泰安市	47	93	850	228	201	117	311	1040	117	606	418	791	4819
泰州市	176	--	20	230	--	324	--	144	465	206	288	--	1853
唐山市	1650	693	1320	1695	1158	1374	1857	4349	2084	1960	2178	3587	23905
天水市	760	96	725	--	221	176	368	470	365	1634	152	--	4967
铜陵市	723	790	74	154	70	127	14	132	166	104	--	154	2508
威海市	40	294	72	386	440	428	476	714	997	192	814	234	5087
潍坊市	750	36	116	399	803	453	1138	665	202	233	110	511	5416
渭南市	1218	1089	--	--	104	70	212	140	338	--	922	258	4351
芜湖市	631	285	32	632	862	279	172	68	110	385	712	1118	5286
咸宁市	104	10	256	163	--	--	236	125	272	436	--	1025	2627
襄阳市	2150	1423	1256	1135	373	676	1601	204	794	1150	4530	3802	19094
新乡市	4382	2333	1264	2986	--	--	--	--	--	--	--	--	10965
信阳市	618	208	252	657	726	520	--	383	168	--	135	1014	4681
徐州市	3804	1960	1037	2573	1322	1233	1520	1078	3188	1062	2512	7294	28583
烟台市	240	483	710	1924	437	866	584	1964	1051	168	481	1874	10782
盐城市	565	789	1038	1255	706	68	66	108	319	470	124	82	5590
扬州市	418	138	138	635	592	599	375	192	382	338	1279	563	5649
阳江市	1019	706	246	1775	556	1233	820	321	957	135	551	811	9130
宜宾市	1601	463	2003	562	887	374	778	2512	3791	5127	1002	736	19836
宜春市	--	184	8	--	--	--	--	--	--	--	--	--	192
永州市	259	662	--	65	--	--	--	--	--	--	--	393	1379
岳阳市	974	146	4	450	34	398	7	212	114	3	1145	325	3812
云浮市	96	--	95	26	2	597	138	--	--	--	--	--	954
湛江市	2438	1686	1315	2183	1265	1812	1070	1224	3164	1792	1932	2825	22706
肇庆市	1180	1798	574	1594	438	393	420	108	1768	670	504	1014	10461
镇江市	116	512	424	1120	223	627	394	155	558	832	1342	2841	9144
中山市	1808	477	1111	2474	1366	1051	1057	732	483	550	768	2726	14603
舟山市	--	--	133	--	56	--	--	--	60	16	185	66	516
珠海市	2458	1087	1635	3855	1308	1306	337	2357	1674	1061	4410	1119	22607
资阳市	--	--	--	--	--	--	--	--	--	--	152	304	456
淄博市	467	781	726	1503	320	554	831	650	1611	878	1230	1487	11038

数据来源：中指数据库监测。

4-18 2024年全国主要城市商品住宅批准上市面积统计

单位：万平方米

城市	1月	2月	3月	4月	5月	6月	7月	8月	9月	10月	11月	12月	汇总
一线城市													
北京市	9.97	5.05	84.30	23.18	32.18	53.40	19.73	39.64	51.13	27.64	20.04	13.27	379.53
上海市	114.07	13.68	117.78	104.20	123.00	127.31	85.90	121.58	123.27	124.90	129.18	125.61	1310.48
广州市	26.76	11.36	74.34	65.06	34.44	74.65	36.52	38.91	101.63	33.96	62.21	67.26	627.10
深圳市	15.34	17.81	65.61	21.27	37.13	39.05	22.33	35.78	16.42	52.21	62.15	41.98	427.08
二线城市													
长春市	6.87	5.16	27.69	27.07	11.27	15.42	21.05	14.46	32.38	18.93	24.77	22.89	227.96
长沙市	35.33	26.16	16.42	47.36	44.76	47.99	32.99	40.51	57.52	20.69	46.43	81.87	498.03
成都市	108.19	40.71	127.70	126.21	128.10	142.75	90.26	59.60	127.81	85.08	126.41	136.75	1299.57
重庆市	27.51	18.16	42.72	33.80	48.92	34.51	21.55	23.14	45.49	36.26	35.47	35.49	403.02
大连市	1.74	1.06	1.83	32.35	8.94	5.48	7.10	17.29	9.65	6.62	2.90	3.31	98.27
福州市	47.49	20.99	19.97	43.03	15.26	16.52	20.95	19.27	49.22	8.39	41.49	36.34	338.92
贵阳市	19.08	3.60	23.51	17.61	30.09	27.53	24.04	39.64	30.71	27.66	14.89	14.47	272.83
哈尔滨市	--	--	--	--	9.15	21.31	21.72	12.62	34.32	9.40	17.75	4.49	130.76
海口市	19.86	41.06	8.36	16.71	11.66	20.10	9.54	24.14	23.51	15.78	81.24	39.20	311.16
杭州市	35.56	20.81	85.16	65.22	75.76	91.33	55.11	46.95	79.41	66.32	44.06	88.61	754.30
合肥市	16.51	4.48	18.28	31.11	22.73	20.18	21.14	22.99	24.29	18.41	22.72	43.98	266.82
呼和浩特市	8.63	0.82	5.64	5.71	11.54	64.66	15.58	19.13	35.94	8.75	9.70	--	186.10
济南市	50.16	31.78	65.17	61.69	48.88	45.32	36.18	41.45	65.48	25.34	44.77	52.46	568.68
昆明市	6.26	7.95	21.33	39.47	19.28	16.84	7.69	24.77	27.80	19.41	18.70	19.39	228.89
兰州市	5.77	2.62	26.97	14.55	11.59	41.37	21.15	14.57	26.70	11.70	0.79	5.97	183.75
南昌市	29.66	5.18	21.01	31.93	7.16	27.40	21.67	10.53	23.75	9.72	19.14	19.24	226.39
南京市	23.82	7.56	16.29	23.47	33.75	31.06	18.91	19.94	27.55	20.59	31.81	35.64	290.39
南宁市	6.55	17.70	23.77	19.54	12.77	28.96	6.91	15.33	29.42	4.54	32.69	22.94	221.12
宁波市	25.67	5.07	22.17	57.53	23.17	33.75	20.46	43.12	28.22	23.98	60.43	39.57	383.14
青岛市	37.27	14.49	66.84	48.58	78.03	55.64	27.61	24.25	28.29	21.13	50.53	23.06	475.72
三亚市	2.47	4.20	9.01	7.80	--	--	0.25	0.40	4.97	10.46	21.83	64.59	125.98
沈阳市	7.86	3.41	36.28	18.45	4.91	16.95	22.02	16.33	29.05	10.62	14.62	11.18	191.68
石家庄市	13.73	18.40	22.62	34.94	2.63	3.75	21.79	11.15	17.38	9.60	15.80	31.60	203.39
苏州市	17.23	7.35	37.46	28.83	21.93	44.29	23.01	11.46	31.35	20.06	28.09	48.34	319.40
天津市	46.93	22.40	134.03	72.81	43.56	97.53	66.43	62.59	77.75	46.75	61.72	52.46	784.96
温州市	105.24	28.64	41.99	61.65	43.57	23.80	23.30	47.32	48.77	26.82	18.49	88.08	557.67
无锡市	3.90	11.79	14.39	38.27	14.13	18.53	13.57	11.31	34.39	21.32	21.67	18.37	221.64
武汉市	32.70	18.54	84.02	68.53	56.98	136.39	44.60	50.22	99.84	35.78	273.57	169.36	1070.53

4-18　续表 1　　单位：万平方米

城市	1 月	2 月	3 月	4 月	5 月	6 月	7 月	8 月	9 月	10 月	11 月	12 月	汇总
西安市	69.09	33.70	87.16	98.81	70.45	80.91	61.15	74.75	81.22	58.88	65.39	114.11	895.62
西宁市	9.77	3.64	6.91	1.33	1.45	1.76	4.04	--	12.23	25.75	3.76	6.09	76.73
厦门市	11.04	3.04	1.62	5.93	10.11	8.75	10.65	12.59	9.59	8.36	7.90	15.52	105.10
银川市	3.78	12.34	5.63	15.44	20.11	18.67	26.27	20.32	12.63	19.32	10.23	0.50	165.24
郑州市	32.69	15.75	26.41	54.76	51.49	26.79	33.94	36.82	37.73	23.62	26.68	48.60	415.28
三四线城市													
安庆市	3.49	10.94	--	2.55	2.54	2.21	1.07	0.16	5.90	2.19	1.99	2.41	35.45
百色市	11.79	13.77	6.41	11.76	1.76	13.08	3.35	11.28	16.75	2.67	10.93	20.28	123.83
宝鸡市	85.94	28.24	70.41	22.40	18.60	14.68	57.38	41.92	54.50	12.60	56.18	55.37	518.22
北海市	30.63	27.17	68.93	42.81	25.96	31.81	9.87	12.99	34.12	36.53	28.42	47.32	396.56
沧州市	15.08	1.72	14.90	7.78	9.01	7.04	--	7.89	21.16	23.71	73.75	41.19	223.23
常州市	15.53	11.06	11.61	16.69	6.30	3.49	23.61	21.65	19.12	7.52	23.95	93.25	253.78
池州市	0.37	--	--	--	--	--	2.32	--	0.01	1.16	1.63	--	5.49
滁州市	13.11	0.50	4.63	2.03	--	--	--	--	--	--	--	--	20.27
儋州市	56.98	48.41	49.91	31.42	103.39	103.56	49.16	40.04	34.33	33.33	119.14	19.33	689.00
德阳市	8.40	1.93	1.22	5.98	1.60	3.46	5.17	2.13	1.94	4.74	2.63	7.06	46.26
东莞市	16.84	4.30	9.05	10.14	14.15	6.06	1.31	3.91	112.99	9.58	55.82	10.14	254.29
东营市	29.37	3.19	29.33	24.28	11.08	33.83	11.81	24.99	17.95	6.12	14.30	8.67	214.92
防城港市	--	--	--	--	--	--	0.58	--	--	--	--	--	0.58
佛山市	36.02	12.40	38.28	69.59	28.24	34.93	24.43	29.43	47.14	19.95	45.99	41.85	428.25
抚州市	--	--	0.51	0.48	--	1.08	--	--	--	--	3.76	--	5.83
阜阳市	9.54	16.70	5.50	6.49	1.37	0.92	3.19	8.92	11.28	2.30	4.42	0.90	71.53
赣州市	69.85	66.97	27.78	64.70	35.14	46.02	14.38	19.70	27.06	17.26	17.84	50.03	456.73
贵港市	8.86	30.68	8.57	3.17	1.84	--	23.24	2.39	9.71	1.27	1.28	15.27	106.28
桂林市	2.99	3.32	1.93	1.44	1.73	2.73	1.69	1.52	--	3.55	2.67	2.33	25.90
邯郸市	--	--	11.00	5.68	--	--	32.01	18.30	13.90	7.21	21.30	20.29	129.69
河源市	8.96	9.84	3.26	9.68	4.51	3.89	7.58	1.87	5.42	3.29	0.20	3.47	61.97
菏泽市	2.85	6.45	4.89	5.22	1.94	17.01	5.59	15.43	14.46	12.85	16.41	8.86	111.96
贺州市	1.80	6.47	1.75	6.54	8.22	2.65	0.47	--	9.32	0.87	5.58	9.28	52.95
鹤壁市	--	--	--	--	--	--	--	2.68	3.26	--	4.25	1.83	12.02
衡阳市	9.35	1.72	1.51	4.15	3.03	5.39	--	--	7.82	3.32	--	3.44	39.73
湖州市	9.84	2.05	24.59	14.98	7.54	25.36	4.73	3.68	11.89	9.13	--	--	113.79
淮安市	--	29.98	13.19	9.49	61.19	9.92	20.05	3.53	8.57	6.12	9.43	6.90	178.37
淮北市	3.61	11.04	3.38	3.47	5.58	9.15	6.05	33.86	9.06	1.55	2.52	3.46	92.73
淮南市	--	--	6.93	2.89	2.58	1.47	10.15	1.37	3.10	3.49	8.23	5.50	45.71

4-18 续表 2　　　　单位：万平方米

城市	1月	2月	3月	4月	5月	6月	7月	8月	9月	10月	11月	12月	汇总
黄石市	5.96	--	--	1.16	33.59	--	--	--	--	--	--	--	40.71
惠州市	24.40	20.32	23.71	19.58	21.00	10.39	17.21	19.14	27.38	8.00	43.92	23.39	258.44
济宁市	0.97	--	--	4.71	6.65	4.57	8.13	18.36	6.44	30.41	25.17	2.78	108.19
江门市	19.73	13.92	10.45	30.41	14.47	13.76	22.05	28.24	32.62	23.43	38.18	18.71	265.97
焦作市	6.92	3.43	--	3.88	--	--	--	1.99	--	--	4.80	1.45	22.47
金华市	5.15	2.60	10.31	3.18	3.92	12.29	2.60	--	6.84	5.38	3.68	0.90	56.85
景德镇市	9.75	4.99	--	4.45	--	0.80	7.23	7.08	4.01	11.31	1.20	3.02	53.84
九江市	--	--	--	--	--	--	--	--	--	1.60	0.09	1.65	3.34
乐山市	7.03	6.96	4.00	10.92	6.80	7.83	4.53	3.35	10.45	1.88	--	2.35	66.10
丽水市	7.47	10.32	29.37	17.84	4.68	7.76	2.79	18.49	25.77	1.85	4.84	21.94	153.12
连云港市	--	17.64	27.48	13.37	10.17	14.79	15.01	3.78	24.75	6.64	13.38	19.38	166.39
柳州市	6.88	1.03	3.53	10.84	6.11	2.55	2.91	11.50	9.21	7.72	3.25	6.66	72.19
六安市	2.72	2.20	1.17	10.82	2.49	3.56	4.44	--	1.94	--	2.53	1.30	33.17
泸州市	14.59	4.37	7.07	4.62	22.33	7.07	6.61	3.24	17.71	8.21	7.91	20.68	124.41
洛阳市	9.70	10.21	0.53	7.59	5.88	6.26	2.73	--	9.09	--	0.63	13.05	65.67
漯河市	14.38	5.88	2.49	0.86	1.00	16.87	3.10	55.19	3.71	1.18	--	--	104.66
马鞍山市	--	2.81	2.65	4.48	2.14	1.25	1.45	0.03	3.39	8.50	0.91	1.96	29.57
茂名市	35.39	12.44	9.73	22.60	9.84	14.06	14.72	8.16	52.95	15.91	7.04	27.36	230.20
梅州市	5.14	5.16	10.65	6.12	6.19	6.68	4.86	4.37	30.65	4.30	5.66	0.95	90.73
绵阳市	14.60	--	--	--	7.44	5.54	3.35	7.90	10.74	--	6.74	10.45	66.76
南充市	5.31	4.63	0.68	15.72	1.30	4.87	1.00	5.68	6.61	0.71	--	3.13	49.64
南通市	9.73	3.87	8.74	15.67	16.26	21.17	4.71	5.51	15.51	14.52	7.40	10.00	133.09
南阳市	29.26	16.40	1.36	21.07	3.27	--	10.25	53.59	16.47	--	2.27	--	153.94
宁德市	--	9.45	1.99	7.96	12.57	--	--	--	10.73	6.28	4.48	2.59	56.05
平顶山市	5.66	--	--	0.95	1.20	5.24	1.56	1.31	4.75	1.07	1.68	5.19	28.61
莆田市	5.66	3.80	4.03	2.99	1.62	3.01	--	0.72	--	3.51	5.21	16.25	46.80
濮阳市	--	--	--	--	--	--	--	8.31	7.60	3.40	3.65	0.28	23.24
钦州市	10.89	0.47	0.74	7.59	6.27	8.19	2.88	4.84	2.30	9.14	9.62	14.07	77.00
秦皇岛市	--	4.29	--	--	--	--	--	--	--	--	--	9.68	13.97
清远市	27.13	9.90	15.22	12.82	16.85	6.55	18.50	11.71	40.26	1.77	17.61	14.93	193.25
衢州市	3.33	5.99	4.76	4.41	2.34	3.18	3.36	0.42	0.90	--	1.43	0.34	30.46
泉州市	18.63	19.39	17.60	27.66	6.92	42.35	7.69	12.01	13.48	2.53	15.91	16.66	200.83
三明市	1.32	--	--	--	2.59	--	--	--	--	--	--	--	3.91
汕头市	12.28	2.92	8.20	10.11	5.06	6.93	19.53	10.92	19.40	11.82	24.46	12.79	144.42
上饶市	0.71	2.23	0.83	1.07	0.85	--	0.45	--	2.49	--	0.87	--	9.50
韶关市	7.78	--	9.29	31.36	15.97	18.31	32.75	42.02	48.31	25.17	42.86	30.55	304.37

4-18　续表 3　　　　　　　　　　　　　　　　　　　　　　　　　单位：万平方米

城市	1月	2月	3月	4月	5月	6月	7月	8月	9月	10月	11月	12月	汇总
绍兴市	6.32	1.35	1.51	4.48	1.33	--	2.59	3.05	0.55	0.71	2.27	3.07	27.23
泰安市	0.75	1.44	10.40	2.52	2.54	1.60	3.66	11.90	1.51	7.30	6.05	10.70	60.37
泰州市	2.19	--	0.37	3.25	--	4.10	--	1.86	5.09	2.61	3.72	--	23.19
唐山市	18.26	8.54	14.22	20.30	14.22	16.29	20.55	46.57	27.35	24.20	25.37	41.18	277.05
天水市	7.10	1.16	8.24	--	3.15	2.12	3.76	3.42	3.71	17.09	3.90	--	53.65
铜陵市	7.63	9.22	0.72	1.65	0.83	1.68	0.15	1.55	2.10	1.44	--	2.00	28.97
威海市	0.60	2.91	0.91	4.97	5.06	4.66	4.37	8.93	11.46	1.74	7.36	2.59	55.56
潍坊市	10.44	0.49	1.51	6.02	12.54	9.08	15.39	10.60	2.73	4.79	1.16	7.66	82.41
渭南市	14.88	14.85	--	--	1.14	0.96	2.97	1.74	4.20	--	12.08	3.80	56.62
芜湖市	7.26	3.20	0.45	8.96	10.59	3.53	2.04	0.77	1.35	4.61	8.56	13.32	64.64
咸宁市	1.36	0.13	3.18	2.18	--	--	3.23	1.49	3.30	4.58	--	13.13	32.58
襄阳市	29.02	16.21	14.54	13.59	4.40	7.90	19.31	2.13	10.80	14.23	56.66	45.65	234.44
新乡市	57.54	27.91	15.50	37.16	--	--	--	--	--	--	--	--	138.11
信阳市	7.69	2.50	3.14	8.52	9.31	6.12	--	5.03	2.00	--	1.38	12.96	58.65
徐州市	48.56	25.83	14.85	33.41	16.98	15.73	17.89	16.06	38.78	14.88	29.30	86.80	359.07
烟台市	2.88	5.74	9.75	20.17	5.13	9.45	7.92	20.91	13.68	2.55	5.63	22.63	126.44
盐城市	6.98	10.12	13.60	14.63	8.92	0.80	0.77	2.01	4.97	5.73	2.33	1.45	72.31
扬州市	4.78	1.64	1.88	8.12	8.31	8.41	5.30	2.16	5.25	4.36	16.79	7.40	74.40
阳江市	13.50	10.63	3.42	24.29	8.29	18.73	12.62	4.43	15.46	1.78	7.30	12.50	132.95
宜宾市	19.43	5.67	25.99	7.24	11.32	4.71	9.89	24.00	39.29	53.98	11.12	9.36	222.00
宜昌市	3.08	1.77	4.37	4.27	--	3.17	--	--	0.71	7.54	3.53	8.75	37.19
宜春市	--	1.57	0.15	--	--	--	--	--	--	--	--	--	1.72
永州市	3.02	7.61	--	0.81	--	--	--	--	--	--	--	4.53	15.97
岳阳市	11.90	2.02	0.06	6.86	0.50	4.97	0.12	2.86	1.77	0.06	12.50	4.09	47.71
云浮市	1.33	--	1.12	0.34	0.03	8.01	1.62	--	--	--	--	--	12.45
湛江市	24.63	18.98	13.78	21.54	13.71	18.47	11.89	11.70	35.02	18.02	18.41	28.09	234.24
肇庆市	12.98	21.11	6.80	15.02	5.62	4.47	5.75	1.22	23.81	8.38	5.80	10.56	121.52
镇江市	1.97	7.61	5.05	13.83	2.82	7.09	5.29	2.04	6.82	9.59	14.98	32.03	109.12
中山市	18.52	5.40	12.12	25.51	14.59	11.64	12.40	6.86	5.42	5.76	8.19	32.07	158.48
舟山市	--	--	1.49	--	0.77	--	--	--	0.83	0.22	1.96	0.92	6.19
珠海市	25.97	10.84	17.13	36.88	12.29	13.61	3.22	24.37	16.73	9.58	44.39	11.54	226.55
资阳市	--	--	--	--	--	--	--	--	--	--	1.56	3.08	4.64
淄博市	6.67	11.25	12.11	19.73	4.35	9.24	11.09	8.83	23.05	11.16	19.20	22.70	159.38

数据来源：中指数据库监测。

4-19 2024年全国主要城市商品住宅可售套数统计

单位：套

城市	1月	2月	3月	4月	5月	6月	7月	8月	9月	10月	11月	12月
一线城市												
北京市	86293	84567	87855	86581	86469	85280	85500	82449	85930	83296	80648	75362
上海市	66147	66116	69627	68860	70154	70156	70338	68630	70663	67588	65499	66571
广州市	105166	104804	105155	118885	117664	118686	118494	117938	121501	118308	117395	144510
深圳市	75199	75616	98777	98069	98009	102093	98592	100566	98733	100585	99753	97627
二线城市												
长春市	61298	59945	59760	59602	57782	53726	52308	51666	49649	47917	47167	51560
长沙市	51172	52257	50766	50169	52216	43730	44057	45448	45954	45220	45583	48041
成都市	182531	181090	182573	183445	182241	175236	175859	173788	177687	174894	170492	164416
重庆市	61843	61158	60414	61162	61227	60647	59502	58709	60167	57452	55569	53964
大连市	92641	92111	91386	90105	89721	88931	88576	88494	88776	89450	88955	87476
福州市	112087	110138	106891	101256	98816	97751	92938	90903	84315	86375	86175	84012
贵阳市	77566	76833	76379	78547	77651	78106	77778	79052	81732	80123	76780	74061
海口市	61713	63494	61986	66684	62768	47205	46178	47830	48147	48243	51570	57757
杭州市	36077	38446	38347	39737	40484	38617	38236	38344	39561	37909	34862	33519
合肥市	28913	28489	28506	29083	28702	28605	30023	31122	31773	31380	30240	29469
济南市	95981	96067	93391	95167	96968	95063	93981	90859	90861	75313	72506	72131
昆明市	47056	48521	48588	50216	45472	40915	39532	39755	40271	40271	37595	36933
兰州市	100441	99939	99527	98717	98558	100992	101053	99262	99626	98388	96933	96082
南昌市	14162	14045	13671	13362	13499	13171	13133	12942	12874	12265	11999	11537
南京市	67108	66604	65458	66026	65610	62494	78104	77150	75726	73934	72248	70068
南宁市	62047	61815	59640	59443	59570	56726	56700	64964	65578	64011	64213	64016
宁波市	67622	67245	65835	66474	65464	64703	63932	64227	61957	59252	60023	57181
青岛市	165419	163887	161875	161676	162751	167156	165864	164832	158227	156270	153534	149638
沈阳市	114273	112662	110930	109173	105672	105302	102550	102621	102426	100069	97960	95359
苏州市	50823	50404	51297	50187	49694	49583	49032	48798	48844	47012	45347	42175
天津市	114806	114105	112869	113692	111809	110189	111117	111863	113794	108828	106997	103793
温州市	89675	87221	83337	85461	84531	78921	79202	81258	99384	100328	100152	104651
无锡市	36642	36878	35937	35084	35644	35946	36511	36645	36261	35612	35996	35396
武汉市	137074	136489	138597	140978	140348	138074	137070	136802	141089	135362	130920	128039
西安市	61200	60491	62487	65929	66001	67243	67870	68646	71119	71212	69974	74073
西宁市	23681	23706	23549	23064	22555	22317	21993	22269	22973	23485	23319	23165
厦门市	28431	28443	27940	27840	28713	27413	25448	25079	25564	23381	21906	21072
郑州市	275397	274075	270936	270936	266097	263406	262983	262361	260697	256411	251206	247178

4-19　续表 1　　　　单位：套

城市	1月	2月	3月	4月	5月	6月	7月	8月	9月	10月	11月	12月
三四线城市												
百色市	42536	41964	41296	48478	48188	48404	47881	48027	48007	47832	47194	47565
北海市	--	--	--	--	30372	30055	30663	31704	31573	32707	32371	37884
沧州市	28369	28041	27129	26594	25849	25728	24169	23960	25149	26120	30344	26859
池州市	--	--	--	--	5487	5449	5567	5482	5388	5355	5384	5223
儋州市	25014	25278	25379	25268	24255	25862	25415	25398	25331	25166	30028	33753
德阳市	21928	24531	24950	25409	25471	25577	25342	25789	24443	24439	24474	24664
东莞市	42366	43304	42831	--	41040	37861	38337	37534	40332	35788	37355	35424
东营市	14340	14340	14340	14340	--	43025	43447	43564	34963	35347	36070	36089
防城港市	--	--	--	--	36448	36035	37010	--	36137	36027	35845	35416
佛山市	67994	67575	67563	65898	65055	62733	61000	59514	57152	53515	53252	50543
抚州市	--	39811	38967	39091	38432	38172	37647	36503	35850	35132	34084	32068
赣州市	119035	119035	119035	119035	--	--	--	--	--	--	--	--
贵港市	8672	10165	9626	9218	9433	9304	10854	11177	11342	11067	12265	13198
桂林市	6859	6917	6695	6571	6504	6435	6491	6687	6563	6635	6890	6849
邯郸市	--	--	--	--	--	--	31244	30987	30809	30767	30458	29681
河源市	--	--	--	--	21204	20297	20022	20255	19235	18888	19027	17500
菏泽市	21419	21160	20116	19687	18859	19164	18321	17930	17654	17779	18083	18416
贺州市	24580	24452	23731	24066	24367	23723	23497	22719	22459	21459	20996	20799
鹤壁市	--	--	--	--	--	--	--	19246	19380	19220	19213	19120
衡阳市	36801	36404	35788	35554	34823	34018	33736	33300	32719	32849	31992	32261
淮北市	31700	32327	32204	32118	32336	32646	32126	35080	34870	33989	33862	34586
黄石市	9593	9388	9038	8695	8766	8766	7078	8894	8612	7859	7720	9153
惠州市	121964	121015	123776	124772	121584	117790	116978	114751	116119	112374	111567	109587
济宁市	20726	20763	--	19625	20351	19622	19362	19885	20047	20195	20943	19971
金华市	17688	17633	17018	16867	19802	20311	20239	20090	19699	19597	19478	21095
景德镇市	11298	11601	11712	11533	11150	10834	11957	11893	12864	13209	10296	10307
丽水市	--	--	--	--	--	--	--	35037	34949	35216	35091	35863
连云港市	44645	45221	46734	46199	39529	38111	38075	37222	38028	37845	38261	37363
六安市	20521	20205	19662	19496	19490	19201	19226	18985	18168	17938	17962	17832
泸州市	85890	92424	76628	76796	77795	77857	75572	74769	75242	75443	74499	74338
漯河市	22062	21605	21039	--	21376	22510	--	--	16932	16984	16710	16191
茂名市	20166	20339	15840	19480	38395	36434	38062	37145	39625	39486	37514	37937
梅州市	31889	31522	29868	30738	30373	30106	28954	29089	30208	29837	30022	28832
南充市	16099	15100	13881	15107	14908	14824	13761	13382	13453	13185	12693	11960
南平市	5106	5045	5000	4954	4909	--	--	--	--	--	--	--
南通市	32547	31999	30622	34047	30029	28709	32952	32844	33315	32268	31569	30952
南阳市	--	--	--	--	--	179307	181413	--	187531	187531	225452	--

4–19 续表 2 单位：套

城市	1月	2月	3月	4月	5月	6月	7月	8月	9月	10月	11月	12月
宁德市	4093	4538	4200	4156	3997	3921	3893	3855	3789	3786	3498	3549
平顶山市	28973	28902	28388	27758	27276	27326	27276	31402	31665	31234	30862	30821
莆田市	22065	21737	21649	21522	21274	21012	--	--	--	--	--	18757
濮阳市	--	--	--	--	--	--	--	22616	22833	22604	22481	21905
钦州市	36704	34176	33947	33695	34662	34889	34860	34518	34262	34175	34428	34795
清远市	33107	33288	32238	31493	32738	55442	67027	67601	67021	65344	64338	65000
泉州市	63653	64015	63629	64355	64951	66115	65982	65982	66271	64737	63723	64649
三明市	5888	5847	5856	5791	5920	--	--	--	--	--	--	--
汕头市	43331	43448	44004	42132	42457	40679	41257	41242	39937	39167	41856	39518
上饶市	10598	10138	9867	9867	19223	9459	9460	13365	16607	18353	15653	12061
绍兴市	15972	16107	15739	15460	15348	14398	14333	14368	14152	13552	13058	12442
泰安市	33252	32662	32126	31941	32270	31242	30796	30823	30798	29987	29426	29094
泰州市	13187	13067	12921	12767	12849	12976	13020	13045	13942	13549	13704	13520
唐山市	--	--	--	--	--	--	--	--	146165	110981	114710	114905
天水市	43228	42866	42957	42983	42441	42227	41503	41328	41426	41359	41382	41317
铜陵市	--	--	--	--	22201	22130	22090	21431	21461	21523	38653	39110
威海市	34997	35072	33528	34199	34408	34382	34412	34523	35106	34839	35155	34830
渭南市	25810	26645	26119	26069	25732	25623	25424	25515	25417	25188	24955	25794
芜湖市	14140	14041	13582	12888	13275	13115	13813	12947	12496	12377	12307	12271
咸宁市	--	--	--	--	--	35267	--	35241	35569	--	35849	36443
襄阳市	64629	65182	65742	65606	65777	66247	66258	67811	96620	98233	101564	77930
新乡市	93400	91660	89080	88009	--	--	--	--	--	--	--	--
徐州市	69321	68281	66813	67064	65579	63892	62251	61825	61613	60154	64825	60511
烟台市	62913	62803	62628	62553	62306	59983	60169	61025	54811	54170	53241	53015
扬州市	16824	16533	16303	16293	15904	15480	15485	15392	15169	14902	14620	14345
阳江市	--	--	--	--	33652	34348	34120	33322	33323	31805	31446	31939
宜宾市	13640	13721	12718	12806	12944	12841	12832	14625	12778	15443	15583	15167
岳阳市	24267	24300	16645	16616	16242	15915	15760	15711	15385	15161	14888	14537
云浮市	--	--	--	--	2957	6181	6309	6708	6670	6588	6466	6404
湛江市	43951	43870	42928	42644	42127	44481	44026	43524	44391	42729	41264	41576
肇庆市	--	--	--	--	--	--	--	--	--	26448	26679	26437
镇江市	43803	43736	43140	43610	42936	41806	39594	38855	38399	37312	36233	37914
中山市	44739	44675	44361	45438	44987	44412	44548	43776	43331	42101	41449	34730
舟山市	10861	10805	11296	11033	10794	9793	9821	9613	9392	9199	9063	8849
珠海市	64205	64972	65069	66471	67351	67224	67017	68032	68582	68480	70211	60050
淄博市	42978	42736	40894	40865	39591	36169	35664	34229	32714	32417	32072	31664

数据来源：中指数据库监测。

4-20　2024年全国主要城市商品住宅可售面积统计

单位：万平方米

城市	1月	2月	3月	4月	5月	6月	7月	8月	9月	10月	11月	12月
一线城市												
北京市	1058.28	1036.15	1088.00	1067.74	1065.84	1058.26	1058.86	1043.12	1086.01	1059.97	1031.59	966.00
上海市	786.20	784.78	828.31	827.50	841.79	840.53	844.47	829.68	859.78	827.17	801.71	816.10
广州市	1166.35	1159.43	1171.81	1319.02	1309.42	1329.39	1333.31	1332.36	1367.31	1331.63	1320.43	1669.58
深圳市	740.96	743.57	892.72	886.79	885.97	932.92	901.75	920.22	903.41	924.38	922.75	897.89
二线城市												
长春市	665.94	653.01	651.44	647.92	630.17	596.61	579.40	573.90	550.48	531.62	521.61	571.41
长沙市	717.82	729.00	709.26	700.54	743.02	633.24	643.45	665.48	678.95	666.29	673.93	698.52
成都市	2256.51	2234.79	2263.25	2271.68	2261.27	2183.36	2184.09	2152.97	2205.55	2177.28	2119.32	2049.11
重庆市	613.00	605.00	597.00	604.00	609.00	597.00	584.00	575.00	591.00	565.00	543.00	525.00
大连市	860.52	855.04	847.50	839.88	836.72	829.11	825.16	824.66	826.64	831.49	825.39	806.04
福州市	1196.10	1173.52	1156.46	1085.26	1066.37	1059.14	1013.55	1000.49	930.06	943.05	937.72	916.23
贵阳市	868.35	859.05	851.29	875.82	866.84	873.57	870.26	880.89	908.89	890.79	851.94	820.18
海口市	683.88	708.21	688.12	750.50	714.06	563.32	551.39	570.98	575.75	576.97	617.36	680.44
杭州市	442.24	471.67	471.35	489.26	499.79	476.89	470.75	474.10	491.19	472.40	439.12	425.68
合肥市	343.49	336.54	337.19	342.85	341.40	342.53	361.35	376.80	386.29	381.43	370.57	366.50
济南市	1103.48	1107.50	1079.47	1105.18	1132.55	1114.15	1099.90	1071.82	1078.36	1011.20	977.61	975.28
昆明市	605.01	620.95	622.65	642.45	589.40	530.93	514.16	517.76	524.17	524.17	488.05	480.41
兰州市	1109.32	1104.86	1097.79	1087.83	1086.60	1109.69	1108.84	1088.28	1090.91	1076.50	1058.11	1048.67
南昌市	157.26	155.98	152.23	148.63	149.96	146.19	145.80	143.79	143.00	136.48	133.34	127.97
南京市	824.54	819.59	806.70	811.60	806.88	770.73	974.47	963.79	953.82	931.18	914.69	883.73
南宁市	684.19	679.12	664.06	664.19	666.18	632.76	634.32	726.12	735.04	719.38	722.39	720.09
宁波市	783.09	775.38	762.09	767.84	751.12	746.27	731.57	737.76	715.16	687.88	697.34	675.13
青岛市	1966.21	1946.65	1924.43	1922.21	1934.94	1973.67	1962.69	1952.48	1869.51	1843.46	1812.18	1762.64
沈阳市	1102.71	1086.34	1063.22	1049.60	1015.62	1012.03	984.46	982.63	984.47	963.21	940.15	916.47
苏州市	690.08	684.59	698.26	673.73	670.23	670.87	665.73	663.00	665.76	642.08	616.76	576.77
天津市	1231.95	1225.38	1210.90	1219.95	1189.94	1174.85	1187.67	1196.69	1219.34	1169.10	1148.75	1115.59
温州市	1060.66	1033.74	991.03	1018.40	1007.96	952.14	956.14	976.91	1199.35	1212.33	1200.00	1260.46
无锡市	485.84	489.17	477.63	467.59	482.16	484.93	492.80	495.75	490.54	482.54	488.40	481.80
武汉市	1642.66	1633.14	1659.91	1686.56	1681.61	1655.57	1642.03	1637.52	1687.84	1616.74	1563.43	1518.50
西安市	779.60	768.80	800.19	855.46	853.87	871.36	886.10	900.96	936.45	934.86	921.24	972.70
西宁市	281.87	282.40	278.69	272.81	266.33	263.88	259.84	264.17	266.42	272.31	271.41	269.89
厦门市	312.84	312.46	307.01	305.74	315.34	303.33	283.35	288.10	292.74	271.22	250.97	242.56
郑州市	3103.74	3089.84	3055.98	3055.98	3003.01	2971.55	2964.40	2956.66	2943.47	2896.12	2830.74	2789.61

4–20 续表 1

单位：万平方米

城市	1月	2月	3月	4月	5月	6月	7月	8月	9月	10月	11月	12月
三四线城市												
百色市	554.73	547.39	538.68	630.01	626.86	629.38	622.86	625.61	625.68	623.34	614.42	622.05
北海市	--	--	--	--	267.38	264.48	268.27	277.99	277.20	288.30	286.41	329.47
沧州市	327.95	324.21	315.09	309.86	301.41	299.05	279.27	278.50	292.47	304.88	350.90	313.19
池州市	--	--	--	--	58.83	58.38	59.73	58.70	57.65	57.25	57.37	55.71
儋州市	251.07	252.96	254.33	252.82	243.77	260.34	255.32	254.77	254.20	252.34	308.97	352.92
德阳市	250.86	280.92	284.49	290.11	291.18	292.51	290.19	295.90	282.00	281.62	282.14	283.90
东莞市	490.94	500.03	422.66	--	472.73	429.11	439.85	429.39	463.85	414.54	428.33	406.03
东营市	222.78	222.78	222.78	222.78	--	693.67	700.46	702.38	561.09	565.01	576.96	577.79
防城港市	--	--	--	--	425.02	421.53	437.34	--	428.15	426.80	424.70	420.20
佛山市	769.38	766.18	771.53	759.75	754.11	732.19	714.90	699.54	675.20	633.42	632.88	598.98
抚州市	--	455.30	447.09	448.69	441.23	439.03	432.51	419.10	412.47	403.15	392.49	369.22
赣州市	1944.28	1944.28	1944.28	1944.28	--	--	--	--	--	--	--	--
贵港市	107.90	126.34	119.15	114.43	116.77	115.16	134.88	138.61	141.20	138.16	152.98	165.83
桂林市	77.47	78.52	75.91	74.68	74.59	73.97	74.42	76.26	74.73	75.50	76.92	76.53
邯郸市	--	--	--	--	--	--	417.43	413.83	412.46	411.03	407.38	395.41
河源市	--	--	--	--	277.54	263.22	265.03	267.35	255.27	250.95	253.12	232.97
菏泽市	281.95	278.78	265.59	260.18	253.44	257.45	246.07	240.90	236.45	238.35	242.52	246.92
贺州市	298.52	296.18	285.65	290.62	289.73	281.84	280.40	270.64	266.60	259.93	253.96	251.55
鹤壁市	--	--	--	--	--	--	--	217.87	220.01	218.22	218.50	217.31
衡阳市	413.52	408.83	401.04	397.74	387.60	377.94	374.53	369.66	361.50	364.09	353.57	353.30
淮北市	355.78	362.69	361.27	360.42	362.55	365.87	359.89	390.42	388.57	378.25	376.84	385.26
黄石市	117.16	114.58	110.19	105.98	106.40	106.40	84.33	106.22	103.16	94.36	92.31	110.93
惠州市	1311.78	1298.35	1327.20	1339.96	1308.73	1268.38	1259.18	1235.49	1246.41	1206.13	1199.08	1184.59
济宁市	274.67	275.03	--	253.15	263.59	254.14	250.81	261.12	259.15	262.73	276.22	265.26
金华市	191.83	191.20	185.29	183.33	242.25	245.75	244.95	243.40	239.01	237.99	238.52	256.47
景德镇市	143.81	147.74	148.83	146.82	141.94	138.23	149.84	149.62	160.10	165.53	130.55	130.03
丽水市	--	--	--	--	--	--	--	394.50	394.14	396.76	394.91	403.28
连云港市	565.52	573.39	590.68	585.00	506.78	488.67	487.21	476.97	486.47	485.43	490.30	478.73
六安市	213.31	209.72	204.31	202.35	202.56	199.47	199.84	196.59	187.27	184.44	185.30	183.68
泸州市	945.22	1017.92	836.01	838.35	847.57	848.71	826.15	817.63	819.74	823.48	812.98	810.69
漯河市	250.08	244.89	238.45	--	243.51	257.57	--	--	192.17	191.94	188.68	182.24
茂名市	265.20	267.69	210.99	258.03	514.07	488.37	510.78	501.50	534.89	531.53	505.39	511.74
梅州市	424.40	420.32	398.25	410.75	405.58	400.73	387.18	389.63	401.52	399.26	400.37	383.54
南充市	160.43	151.00	139.13	151.52	149.10	148.43	137.77	134.29	136.83	134.38	129.46	120.84
南平市	54.33	53.66	53.18	52.69	52.22	--	--	--	--	--	--	--
南通市	386.57	379.94	363.11	402.07	355.56	341.77	395.74	396.29	402.46	389.37	380.52	372.75
南阳市	--	--	--	--	--	2091.50	2116.19	--	2182.81	2182.81	2588.98	--

4–20　续表 2　　　　单位：万平方米

城市	1月	2月	3月	4月	5月	6月	7月	8月	9月	10月	11月	12月
宁德市	41.87	47.16	44.34	43.79	42.05	41.19	40.86	40.43	39.62	39.32	35.82	36.56
平顶山市	325.02	324.41	318.67	311.26	306.17	307.70	306.64	358.72	362.25	357.94	353.92	353.39
莆田市	255.14	250.23	248.81	247.34	244.42	241.26	--	--	--	--	--	226.65
濮阳市	--	--	--	--	--	--	--	257.04	259.25	256.86	255.20	247.76
钦州市	434.74	423.92	421.32	417.71	428.33	430.06	429.96	425.45	422.49	421.36	426.01	430.00
清远市	375.83	376.21	364.70	357.75	368.88	627.16	756.01	763.90	755.55	733.33	722.88	720.91
泉州市	781.85	786.77	782.73	792.68	799.76	805.06	797.76	797.76	800.05	781.48	770.75	781.17
三明市	61.95	61.15	61.22	60.62	61.72	--	--	--	--	--	--	--
汕头市	541.98	543.12	547.21	522.57	526.03	505.09	512.02	508.36	495.82	490.09	519.78	492.85
上饶市	138.63	133.13	130.06	130.06	253.42	124.83	124.83	169.73	209.21	236.57	200.99	154.19
绍兴市	204.93	205.82	200.94	194.80	194.51	182.32	181.12	180.96	180.12	171.98	162.89	155.01
泰安市	451.68	444.39	438.15	435.70	440.37	427.65	421.62	420.79	420.80	410.44	402.63	398.52
泰州市	168.89	167.41	165.66	163.97	165.23	166.79	167.26	167.52	177.82	172.80	174.41	171.94
唐山市	--	--	--	--	--	--	--	--	1562.58	1190.20	1235.92	1236.60
天水市	455.59	451.86	453.28	454.79	448.64	446.21	437.37	436.30	435.46	434.51	434.41	435.25
铜陵市	--	--	--	--	229.42	227.98	227.58	219.43	219.73	220.93	364.23	368.61
威海市	382.36	382.74	365.14	373.02	375.06	375.02	374.37	376.66	383.51	380.66	382.65	378.72
渭南市	328.82	341.20	334.94	334.69	330.49	329.03	326.85	327.82	326.23	323.26	320.41	331.91
芜湖市	168.42	167.24	161.92	155.65	160.96	159.37	166.15	156.11	151.45	149.96	149.20	148.52
咸宁市	--	--	--	--	--	415.36	--	414.75	417.56	--	421.23	428.58
襄阳市	743.34	748.87	756.08	754.41	756.41	761.05	761.55	783.43	1096.09	1119.53	1160.39	898.57
新乡市	1211.50	1201.98	1169.13	1154.19	--	--	--	--	--	--	--	--
徐州市	843.38	830.11	811.92	813.41	796.70	784.31	766.01	761.61	758.48	739.26	788.74	740.24
烟台市	732.64	730.59	729.23	728.62	724.56	709.02	711.61	721.56	632.41	623.59	613.04	609.01
扬州市	231.27	226.16	223.34	223.19	218.86	213.88	214.22	212.47	208.44	205.48	201.39	197.13
阳江市	--	--	--	--	364.79	391.53	390.41	381.94	383.20	364.21	359.97	370.60
宜宾市	160.60	158.59	149.88	151.06	154.12	153.11	153.98	169.22	146.54	178.62	179.36	175.97
岳阳市	267.15	268.05	183.96	185.08	180.77	177.12	175.45	175.15	171.75	169.28	165.76	163.28
云浮市	--	--	--	--	42.84	85.23	86.48	91.29	90.98	89.94	85.14	84.28
湛江市	485.03	484.67	474.47	470.01	464.59	486.61	481.45	475.09	485.67	466.82	449.80	449.67
肇庆市	--	--	--	--	--	--	--	--	--	278.91	281.69	278.32
镇江市	507.81	508.64	501.80	508.09	499.47	486.01	461.27	453.83	451.19	437.18	425.66	444.05
中山市	508.41	507.96	504.67	515.02	509.35	503.01	505.30	495.73	490.71	477.26	468.88	399.27
舟山市	121.39	121.43	126.58	123.55	120.98	109.80	109.75	107.42	104.62	102.22	100.48	98.05
珠海市	714.13	721.40	724.17	738.77	746.01	745.55	742.33	752.58	758.65	757.07	773.08	645.87
淄博市	569.61	566.94	544.35	543.60	527.36	483.92	477.97	459.32	439.54	435.85	431.39	427.05

数据来源：中指数据库监测。

4-21 2024年全国主要城市商品住宅销供比统计

城市	1月	2月	3月	4月	5月	6月	7月	8月	9月	10月	11月	12月	汇总
一线城市													
北京市	7.82	3.68	0.51	1.52	1.22	0.87	2.41	1.44	0.68	2.14	3.00	5.35	1.56
上海市	0.75	2.26	0.93	0.96	0.71	0.91	1.21	0.81	0.68	1.02	0.86	0.97	0.90
广州市	1.52	2.27	0.85	0.89	1.72	1.09	1.84	1.33	0.57	3.49	1.49	1.79	1.33
深圳市	1.67	0.62	0.44	1.36	0.70	0.99	1.73	0.90	1.68	1.06	1.58	2.13	1.17
二线城市													
长春市	3.62	1.86	1.72	1.59	2.54	2.34	1.24	2.36	1.42	1.68	2.11	2.22	1.89
长沙市	0.78	0.57	1.98	0.61	1.13	1.58	0.99	0.59	0.58	2.98	0.89	0.73	0.97
成都市	1.00	1.59	0.84	0.98	1.10	0.82	1.16	1.50	0.63	1.41	1.48	1.59	1.12
重庆市	1.16	1.43	1.19	0.80	0.89	1.33	1.61	1.39	0.65	1.73	1.60	1.52	1.23
大连市	9.22	7.81	4.98	1.41	1.44	2.70	1.79	0.87	2.02	2.43	3.51	1.17	1.87
福州市	0.90	2.21	3.53	1.48	2.32	2.93	4.09	1.55	1.06	7.17	1.18	1.03	1.83
贵阳市	1.41	4.22	1.29	1.64	1.01	1.34	1.33	0.77	1.02	1.46	2.91	3.22	1.44
哈尔滨市	--	--	--	--	1.21	0.30	0.35	0.70	0.37	1.21	0.43	4.25	0.86
海口市	0.64	0.27	2.43	1.49	3.11	9.16	2.11	1.02	0.46	1.16	0.45	1.35	1.45
杭州市	1.28	0.95	0.96	0.68	0.87	1.21	1.05	0.92	0.80	1.08	1.86	1.20	1.05
合肥市	0.88	2.49	0.99	0.77	1.05	1.26	1.49	0.70	0.60	1.56	1.58	1.13	1.10
呼和浩特市	2.07	9.60	3.54	3.64	1.96	0.32	1.84	1.21	0.56	4.17	3.01	--	1.41
济南市	0.93	0.83	1.19	0.64	1.15	1.03	1.47	1.19	1.03	2.65	1.34	1.18	1.15
昆明市	3.70	1.65	1.09	0.59	1.38	1.66	2.08	0.90	1.01	2.30	1.75	2.07	1.40
兰州市	2.38	2.61	1.37	1.57	1.41	0.46	1.07	2.28	1.01	2.49	34.97	4.07	1.52
南昌市	0.36	2.43	0.79	0.48	2.73	0.66	0.79	1.75	0.75	4.41	1.35	1.54	1.08
南京市	0.81	1.86	1.74	1.34	0.91	1.37	2.31	1.59	1.52	2.12	1.77	1.78	1.54
南宁市	2.22	0.71	1.58	0.71	1.67	1.20	3.50	2.56	0.43	7.27	0.93	1.88	1.43
宁波市	1.31	3.00	1.86	0.51	1.88	1.46	0.83	0.86	1.62	2.07	0.70	1.93	1.25
青岛市	1.61	1.59	1.33	1.15	0.95	3.06	2.10	2.47	3.48	2.69	1.32	3.67	1.88
三亚市	8.44	2.65	1.30	1.90	--	--	89.36	24.43	3.34	--	--	--	1.10
沈阳市	3.94	5.54	1.57	1.32	5.68	2.19	1.07	1.30	0.99	2.26	2.61	4.10	1.97
石家庄市	1.44	0.73	1.06	0.72	9.19	10.74	1.12	1.80	1.25	2.39	1.25	0.73	1.37
苏州市	1.83	1.83	0.97	0.92	1.24	1.05	1.34	2.00	1.00	2.36	1.70	1.93	1.42
天津市	1.22	2.82	1.33	0.93	1.74	1.92	0.83	0.90	1.03	2.34	1.29	1.99	1.42
温州市	0.33	2.29	1.69	0.65	1.14	3.42	1.29	0.68	0.95	1.70	2.14	0.43	1.03
无锡市	4.52	0.59	1.12	0.40	0.99	0.96	1.06	1.05	0.43	0.81	0.76	2.23	0.92
武汉市	1.85	1.78	0.82	0.84	1.27	0.70	1.93	1.27	0.49	3.47	0.63	1.99	1.14
西安市	0.90	0.94	0.63	0.70	1.02	0.80	0.91	0.69	0.58	1.14	1.19	0.56	0.80

4-21 续表 1

城市	1月	2月	3月	4月	5月	6月	7月	8月	9月	10月	11月	12月	汇总
西宁市	0.69	0.82	1.63	7.74	6.32	3.30	1.79	--	0.62	0.49	2.79	1.14	1.29
厦门市	1.03	2.47	7.17	1.84	0.98	2.22	1.47	0.94	0.85	4.23	3.43	1.59	1.84
银川市	3.85	0.49	2.23	2.27	0.75	0.84	0.67	1.35	1.46	1.18	2.03	40.12	1.37
郑州市	2.07	1.81	2.10	1.10	1.94	4.00	1.81	1.46	1.66	3.50	3.77	2.27	2.14
三四线城市													
安庆市	1.33	0.71	--	1.19	2.21	1.89	2.17	14.38	0.94	2.94	1.12	1.84	1.46
百色市	0.64	0.57	1.29	2.62	5.41	0.83	3.45	0.76	0.61	4.71	1.58	0.63	1.19
宝鸡市	0.07	0.25	0.19	0.46	0.55	0.41	0.09	0.08	0.10	0.29	0.06	0.05	0.15
北海市	--	--	0.00	--	0.65	0.64	1.76	1.67	0.82	0.47	0.67	1.03	0.48
沧州市	0.48	2.94	0.57	0.94	1.87	1.61	--	0.53	0.33	0.46	0.35	1.66	0.81
常州市	0.98	0.88	1.40	0.76	2.68	5.30	0.77	0.51	1.19	2.90	0.80	0.26	0.81
池州市	3.81	--	--	--	--	--	0.57	--	110.00	1.45	1.20	--	3.02
儋州市	0.07	0.08	0.13	0.11	0.11	0.05	0.07	0.14	0.10	0.07	0.03	0.21	0.08
德阳市	0.96	7.48	6.75	1.30	5.08	2.16	1.37	2.95	3.31	1.35	3.07	1.11	2.08
东莞市	0.83	1.68	1.86	1.31	0.98	4.00	12.07	3.86	0.37	5.92	0.45	3.34	1.09
东营市	0.40	2.05	0.41	0.45	1.04	0.67	0.85	0.36	0.67	2.25	1.13	3.31	0.77
防城港市	--	--	--	--	--	--	10.57	--	--	--	--	--	76.09
佛山市	0.88	1.40	1.15	0.50	1.63	1.52	1.76	1.13	0.74	3.79	1.21	1.31	1.22
抚州市	--	--	36.29	19.19	--	8.37	--	--	--	--	5.73	--	32.01
赣州市	0.18	0.62	0.72	0.37	0.66	0.62	1.71	1.09	0.84	2.31	1.70	0.77	0.72
贵港市	0.44	0.23	2.04	1.19	2.88	--	0.45	0.96	0.28	4.00	15.53	0.16	0.78
桂林市	0.84	0.68	2.47	0.93	1.79	0.63	1.04	0.81	--	0.71	0.77	1.18	1.06
邯郸市	--	--	3.00	5.63	--	--	0.97	1.77	1.18	2.61	1.68	2.75	3.03
河源市	--	--	--	0.18	3.12	3.52	1.87	6.82	2.57	4.46	100.50	6.31	2.05
菏泽市	4.34	1.82	2.88	1.67	6.31	0.50	2.17	0.70	0.50	1.00	0.48	0.89	1.13
贺州市	3.55	1.30	5.59	3.35	1.53	3.44	10.28	--	0.48	23.91	1.21	0.88	2.23
鹤壁市	--	--	--	--	--	--	--	2.15	2.01	--	1.21	2.17	2.32
衡阳市	0.70	5.82	5.74	1.66	8.36	2.25	--	--	1.55	3.23	--	1.09	3.15
湖州市	1.25	3.27	0.67	0.82	1.30	0.64	2.58	2.19	0.94	1.05	--	--	1.22
淮安市	--	0.94	1.75	2.53	0.30	2.32	0.98	8.99	1.52	2.41	1.65	2.13	1.32
淮北市	1.59	0.47	1.11	1.13	1.23	0.56	0.90	0.40	1.14	7.25	2.37	2.28	0.92
淮南市	--	--	1.69	1.58	2.18	3.86	0.63	3.38	2.48	1.81	0.54	0.16	1.69
黄石市	0.96	--	--	6.08	0.07	--	--	--	--	--	--	--	1.45
惠州市	1.47	0.74	1.29	2.05	1.63	3.12	1.81	1.60	1.28	4.96	1.04	2.14	1.63
济宁市	2.03	--	--	3.60	1.71	5.56	2.29	0.86	2.32	0.52	0.61	5.47	1.40

4–21 续表 2

城市	1月	2月	3月	4月	5月	6月	7月	8月	9月	10月	11月	12月	汇总
江门市	1.37	1.64	3.19	0.78	2.08	1.89	1.41	0.87	0.67	1.62	0.80	1.63	1.28
焦作市	0.51	0.55	--	0.56	--	--	--	0.04	--	--	1.40	1.37	1.57
金华市	0.84	0.43	0.93	0.69	1.03	0.20	0.66	--	0.34	1.19	0.85	1.80	0.71
景德镇市	0.60	0.57	--	0.76	--	4.83	0.70	0.68	0.73	0.35	24.93	1.70	1.45
九江市	--	--	--	--	--	--	--	--	--	4.41	19.56	1.83	23.61
乐山市	0.23	0.28	1.19	0.38	0.56	0.36	0.30	3.20	0.32	1.65	--	2.23	0.70
丽水市	1.76	1.01	0.87	0.56	3.54	2.75	3.93	0.51	1.30	6.82	1.40	0.78	1.22
连云港市	--	1.03	0.62	1.20	8.73	1.47	1.96	4.60	0.36	2.37	1.21	1.81	1.80
柳州市	1.54	10.26	3.67	0.81	1.67	4.16	3.51	0.79	0.95	1.70	3.54	2.02	1.80
六安市	1.68	2.71	5.24	0.44	1.88	0.81	0.76	--	1.06	--	1.32	3.05	1.44
泸州市	0.82	4.68	1.61	2.91	0.55	1.56	2.47	2.48	0.75	2.11	2.04	0.66	1.33
洛阳市	1.09	0.47	16.91	1.31	1.74	1.27	2.56	--	0.73	--	12.97	0.84	1.58
漯河市	0.61	1.78	3.29	--	--	1.32	0.98	0.02	1.18	5.97	--	--	0.73
马鞍山市	--	1.69	2.12	0.51	1.67	2.26	2.08	67.67	1.66	1.14	3.48	1.66	1.55
茂名市	0.24	0.93	1.03	0.48	1.64	1.12	1.15	1.94	0.27	2.01	4.15	0.96	0.90
梅州市	2.08	2.06	1.44	1.63	1.83	1.76	2.64	2.30	0.26	3.19	1.62	10.55	1.47
绵阳市	1.30	--	--	--	1.26	1.63	2.61	1.35	1.05	--	2.38	1.65	2.34
南充市	1.68	3.84	24.84	0.61	7.22	2.41	9.23	2.20	1.39	13.46	--	5.44	2.95
南通市	2.17	1.95	2.18	0.99	1.99	0.34	1.93	2.80	0.68	0.90	1.31	0.89	1.27
南阳市	0.24	0.47	17.78	0.64	2.88	--	1.45	0.41	1.10	--	1.18	--	0.94
宁德市	--	0.38	0.92	0.07	0.36	--	--	--	0.40	0.64	0.72	1.53	0.57
平顶山市	1.20	--	--	7.24	4.88	0.66	2.19	3.79	0.78	5.58	4.49	1.52	2.26
莆田市	2.21	2.20	0.98	1.83	2.23	1.43	--	2.57	--	1.88	4.89	0.79	1.93
濮阳市	--	--	--	--	--	--	--	0.66	0.64	1.98	1.56	30.43	1.35
钦州市	0.87	37.81	4.73	0.59	1.02	1.22	1.28	1.96	2.57	0.87	0.65	0.52	1.20
秦皇岛市	--	1.37	--	--	--	--	--	--	--	--	--	1.29	8.33
清远市	0.46	0.89	0.90	1.32	1.23	2.26	1.72	3.65	0.72	21.31	1.16	1.33	1.39
衢州市	0.64	0.19	1.20	0.19	1.25	2.01	0.28	2.52	1.82	--	1.85	10.26	1.01
泉州市	1.07	0.86	1.28	0.48	2.47	0.34	2.62	0.84	0.73	7.51	1.22	1.33	1.02
三明市	0.67	--	--	--	0.52	--	--	--	--	--	--	--	1.37
汕头市	1.19	5.09	2.51	1.84	4.05	2.49	0.74	1.47	0.69	1.98	0.74	1.54	1.46
上饶市	10.66	5.96	15.11	9.47	9.67	--	5.44	--	1.77	--	0.82	--	6.72
韶关市	0.66	--	0.43	0.15	0.42	0.21	0.29	0.29	0.19	0.71	0.31	0.43	0.34
绍兴市	0.81	1.76	2.52	1.03	3.14	--	1.36	0.88	5.36	7.51	3.14	2.93	1.98
泰安市	16.97	6.06	1.93	2.09	2.03	3.86	2.42	0.87	5.26	2.06	2.07	1.78	2.18
泰州市	0.62	--	8.14	0.91	--	0.74	--	1.13	0.60	2.46	1.41	--	1.69

4–21　续表 3

城市	1月	2月	3月	4月	5月	6月	7月	8月	9月	10月	11月	12月	汇总
唐山市	1.50	1.52	2.66	1.37	2.04	1.80	1.76	0.64	1.41	1.85	1.43	1.21	1.44
天水市	0.85	1.90	0.64	--	1.18	1.68	1.27	1.41	1.35	0.44	0.65	--	1.02
铜陵市	--	--	--	--	1.28	2.83	5.20	0.61	1.04	1.07	--	1.94	0.60
威海市	11.20	0.90	20.95	1.70	1.33	1.66	1.65	0.77	0.53	4.98	0.88	2.93	1.70
渭南市	0.41	0.22	--	--	3.98	3.64	1.09	1.75	0.76	--	0.33	1.05	0.92
芜湖市	0.44	1.27	12.98	0.62	0.52	1.62	5.88	18.56	3.10	1.91	1.78	1.25	1.56
咸宁市	5.37	61.92	1.87	3.00	--	--	1.86	5.34	1.55	1.27	--	0.73	2.46
襄阳市	0.34	0.49	0.61	0.77	2.63	1.56	0.50	3.93	1.95	1.03	0.33	0.41	0.65
新乡市	0.50	1.09	2.20	0.87	--	--	--	--	--	--	--	--	0.91
徐州市	0.90	1.28	2.41	0.92	2.55	2.58	1.85	2.00	0.80	2.91	3.39	2.05	1.79
烟台市	5.30	0.74	1.61	0.55	2.35	0.86	1.38	0.49	1.13	7.53	3.31	1.35	1.36
盐城市	0.99	1.23	0.25	0.24	0.71	6.50	10.47	3.66	0.95	2.19	1.78	6.36	1.16
扬州市	2.60	5.47	2.95	1.40	1.53	1.53	1.08	3.15	2.07	2.44	0.68	1.69	1.64
阳江市	--	--	--	0.26	1.40	0.64	0.80	2.44	0.57	10.56	2.18	1.27	0.83
宜宾市	0.72	1.61	1.36	0.74	0.78	1.46	0.78	0.31	0.10	0.17	0.95	1.37	0.59
宜春市	--	1.10	13.27	--	--	--	--	--	--	--	--	--	3.94
岳阳市	0.78	3.90	782.83	2.39	33.70	2.74	117.08	4.56	7.75	200.33	0.97	2.66	3.91
云浮市	--	--	--	7.97	311.67	1.12	1.72	--	--	--	--	--	3.83
湛江市	0.86	0.99	1.60	1.13	1.57	0.96	1.56	1.41	0.49	1.76	1.25	0.85	1.09
肇庆市	1.21	0.73	2.41	0.95	3.61	2.88	2.33	9.39	0.53	2.25	2.76	1.44	1.50
镇江市	18.37	1.70	5.05	1.56	7.75	5.20	6.19	5.33	3.21	2.98	1.50	0.45	2.62
中山市	0.91	1.31	1.48	0.72	1.56	2.00	1.49	2.07	2.34	4.39	2.61	0.66	1.38
舟山市	--	--	3.59	--	4.73	--	--	--	3.57	16.23	1.87	3.70	7.02
珠海市	0.72	0.95	0.94	0.59	0.99	1.70	4.47	0.42	0.56	1.60	0.49	1.93	0.86
资阳市	--	--	--	--	--	--	--	--	--	--	1.53	0.58	1.07
淄博市	3.83	1.17	1.76	1.76	11.90	6.59	4.03	4.61	1.83	3.52	1.94	1.89	2.85

数据来源：中指数据库监测。

4–22　2024年全国主要城市商品住宅出清周期统计

单位：月

城市	1月	2月	3月	4月	5月	6月	7月	8月	9月	10月	11月	12月
一线城市												
北京市	17.15	18.24	20.61	21.83	22.58	24.35	27.58	23.27	25.01	22.36	20.27	17.58
上海市	7.64	8.68	9.32	9.14	9.55	9.52	9.24	8.08	8.73	8.02	7.49	7.55
广州市	19.55	20.87	21.49	25.26	25.03	24.28	22.55	20.99	21.86	18.33	16.88	19.72
深圳市	26.22	28.91	34.03	34.03	35.06	35.20	31.43	28.60	28.22	25.42	19.06	15.79
二线城市												
长春市	17.37	19.94	19.10	18.71	19.07	18.85	18.18	15.96	15.43	15.73	13.81	14.20
长沙市	15.02	16.26	18.04	21.23	21.30	16.49	16.40	16.36	16.63	14.40	15.07	16.60
成都市	16.40	17.60	18.21	18.93	19.77	19.81	19.94	18.94	20.18	20.01	18.17	15.37
重庆市	13.17	13.52	13.92	16.89	15.96	15.90	15.37	14.73	16.63	13.62	12.43	11.66
大连市	50.82	55.86	54.30	39.15	46.11	46.66	47.93	44.97	41.18	54.83	56.05	62.47
福州市	27.64	28.67	24.75	21.22	21.05	20.68	17.36	17.99	17.70	18.16	17.30	17.50
贵阳市	26.09	43.61	44.89	34.59	32.89	31.06	30.03	27.94	28.70	26.50	23.82	21.95
海口市	31.38	38.32	35.85	37.73	32.66	11.68	11.15	11.03	11.48	11.77	12.59	25.02
杭州市	5.18	6.20	6.18	6.89	7.47	7.78	7.42	7.05	7.66	6.87	6.15	6.02
合肥市	12.07	13.46	15.24	16.25	16.48	17.57	16.18	16.28	17.13	16.35	14.62	12.48
济南市	22.48	24.38	21.83	23.53	22.67	22.81	22.01	19.93	20.71	17.85	17.09	16.31
昆明市	24.71	27.63	28.45	28.98	25.72	23.16	23.66	22.25	21.77	19.00	17.07	15.68
兰州市	47.06	57.53	53.26	52.39	54.62	57.67	53.55	43.37	46.55	43.98	40.14	38.46
南昌市	8.23	8.45	8.23	8.23	8.63	9.45	8.82	8.21	8.07	6.12	5.70	5.06
南京市	21.48	23.05	23.52	24.94	26.83	27.78	30.65	27.76	25.78	23.87	21.13	18.88
南宁市	20.24	21.40	20.16	21.79	24.61	28.21	26.39	25.50	30.22	26.15	24.86	23.65
宁波市	21.97	23.71	23.00	23.02	21.32	21.06	22.41	20.33	19.31	17.02	17.37	15.13
青岛市	24.08	26.45	27.14	27.35	25.75	25.11	25.07	23.12	21.72	21.37	21.32	24.92
沈阳市	29.01	32.35	30.48	31.76	31.43	30.97	31.31	30.88	36.28	35.56	32.66	30.32
苏州市	16.54	18.64	19.35	20.22	21.72	22.17	22.10	20.92	21.56	18.70	16.34	12.67
天津市	17.32	16.90	13.59	14.40	13.84	11.20	11.37	11.59	14.01	12.45	12.15	13.81
温州市	28.49	25.50	21.80	21.79	20.51	16.67	17.00	19.26	25.74	25.51	26.18	32.72
无锡市	27.62	29.89	29.50	29.63	31.78	33.11	34.96	33.24	33.47	32.23	31.78	25.07
武汉市	17.80	19.22	19.84	24.36	23.79	25.58	23.80	22.10	23.88	19.76	15.88	10.95
西安市	9.83	10.15	10.93	12.30	13.41	14.72	15.26	14.68	15.61	15.68	15.18	16.06
西宁市	32.18	39.97	36.61	33.32	30.90	34.21	33.32	30.54	33.16	32.32	31.39	30.55
厦门市	24.14	24.10	22.25	22.26	23.80	25.73	22.64	21.76	23.11	16.21	12.80	11.84
郑州市	40.73	44.60	44.61	48.30	44.68	42.61	43.14	40.53	39.68	37.16	36.26	35.47

4–22　续表 1　　　　单位：月

城市	1 月	2 月	3 月	4 月	5 月	6 月	7 月	8 月	9 月	10 月	11 月	12 月
三四线城市												
百色市	51.45	53.78	54.38	49.21	49.50	50.47	47.40	47.16	46.06	59.15	51.98	51.20
北海市	--	--	--	--	34.47	21.31	19.65	18.23	13.32	14.28	13.96	13.04
沧州市	41.78	44.86	41.99	42.28	34.43	31.87	28.93	29.28	31.56	30.92	30.88	15.00
池州市	--	--	--	--	43.26	44.51	46.06	47.79	48.99	46.73	41.08	38.46
儋州市	73.13	67.13	62.75	61.54	46.01	45.33	44.68	42.73	46.79	48.20	78.12	95.13
德阳市	29.87	29.12	29.26	30.92	31.60	32.42	32.77	39.46	39.19	40.40	40.54	40.42
东莞市	20.67	22.12	19.85	--	33.27	28.78	28.90	25.98	22.40	14.83	14.35	12.90
东营市	28.51	29.48	26.76	23.24	--	55.23	57.00	55.38	44.33	43.01	41.46	38.71
防城港市	--	--	--	--	88.18	79.99	78.71	--	70.12	74.72	77.31	75.06
佛山市	19.38	21.14	20.84	20.85	20.73	19.35	18.00	16.52	16.54	13.30	12.85	12.09
抚州市	--	33.64	29.86	32.34	30.54	32.63	32.54	39.69	47.84	44.54	36.49	20.92
赣州市	82.14	75.55	73.32	78.56	--	--	--	--	--	--	--	--
贵港市	27.39	23.25	12.62	14.26	15.61	17.35	17.45	19.92	31.33	29.25	21.39	23.15
桂林市	28.24	29.59	24.78	28.22	26.96	28.29	29.91	32.89	42.42	38.59	43.13	39.15
邯郸市	--	--	--	--	--	--	12.56	12.01	13.01	13.94	13.96	12.47
河源市	--	--	--	--	35.13	26.78	24.30	23.71	21.78	18.09	17.01	14.34
菏泽市	24.52	24.19	21.57	22.60	21.89	22.81	21.88	21.74	23.75	22.42	24.49	25.24
贺州市	39.82	37.63	35.51	29.16	26.41	24.78	25.23	25.64	27.56	27.40	29.83	30.14
鹤壁市	--	--	--	--	--	--	--	37.76	35.69	34.97	36.65	39.04
衡阳市	30.85	30.27	29.44	39.40	30.03	32.59	31.88	32.05	29.85	28.56	33.23	38.23
淮北市	57.28	54.68	63.51	83.92	71.37	71.65	71.15	60.34	51.38	43.06	43.63	42.37
黄石市	19.07	19.26	19.31	18.74	20.93	20.78	16.37	21.10	21.31	19.47	19.30	23.49
惠州市	28.41	31.45	35.82	36.80	39.59	40.38	41.12	37.21	36.71	35.62	33.51	30.58
济宁市	22.24	25.09	--	26.06	28.22	27.17	20.69	17.73	15.08	15.47	15.64	16.62
金华市	16.99	21.72	31.21	35.04	55.90	62.08	69.59	67.74	100.07	77.06	81.08	91.76
景德镇市	24.72	25.87	31.85	36.30	31.18	31.74	35.45	32.87	36.48	36.91	15.49	15.05
丽水市	--	--	--	--	--	--	--	25.26	23.26	22.83	25.08	26.83
连云港市	25.30	24.50	24.40	24.95	16.24	16.64	15.30	15.04	16.01	16.00	26.90	23.41
六安市	48.33	52.02	42.91	42.83	41.13	41.33	43.18	46.06	52.19	58.03	62.71	58.62
泸州市	76.28	73.45	59.42	60.11	60.66	63.16	58.26	67.50	65.90	62.96	59.31	57.41
漯河市	23.40	23.56	23.41	--	22.59	20.75	--	--	25.16	25.52	28.22	41.69
茂名市	34.31	31.49	23.70	28.11	47.24	40.35	37.75	35.18	35.73	28.78	24.47	22.83
梅州市	39.09	38.83	32.85	35.86	34.39	34.49	32.33	32.81	37.60	35.33	36.61	36.02
南充市	19.96	15.12	12.49	13.83	14.18	11.98	11.07	11.61	13.31	13.08	11.62	10.05
南平市	82.74	86.55	92.49	101.98	94.37	--	--	--	--	--	--	--
南通市	25.00	24.77	21.13	23.01	18.57	19.94	26.15	24.09	26.79	26.65	35.11	33.59
南阳市	--	--	--	--	--	154.39	142.26	--	134.46	150.33	193.23	--

4-22 续表 2

单位：月

城市	1月	2月	3月	4月	5月	6月	7月	8月	9月	10月	11月	12月
宁德市	11.90	13.19	13.17	16.89	15.22	19.41	20.00	21.56	17.30	13.73	13.50	11.56
平顶山市	46.78	51.64	52.38	48.67	52.20	59.29	66.23	73.06	76.91	78.52	73.10	63.33
莆田市	27.91	27.09	29.89	35.79	36.35	37.87	--	--	--	--	--	26.14
濮阳市	--	--	--	--	--	--	--	46.57	50.10	45.09	44.83	39.59
钦州市	54.66	43.33	45.19	51.51	51.74	50.02	56.30	67.98	63.44	58.21	58.95	63.30
清远市	27.63	30.40	27.99	28.16	26.34	43.06	42.54	32.61	29.12	24.92	24.60	23.86
泉州市	32.18	37.80	36.79	38.72	41.59	46.49	45.97	49.11	56.56	51.71	49.73	46.58
三明市	74.64	64.48	59.05	57.10	56.37	--	--	--	--	--	--	--
汕头市	34.20	33.38	29.93	26.92	28.91	28.47	28.91	28.39	29.71	28.01	30.40	28.16
上饶市	7.47	7.44	8.69	9.19	22.12	13.96	15.44	27.30	43.05	74.39	104.23	90.97
绍兴市	43.23	45.28	43.62	41.55	46.17	46.67	49.71	49.00	50.74	46.86	39.16	30.41
泰安市	50.69	49.01	37.88	39.35	42.39	44.17	46.65	45.22	57.74	46.00	39.65	32.40
泰州市	68.93	66.65	64.75	63.93	60.71	62.27	60.90	62.31	66.02	52.87	48.42	44.76
唐山市	--	--	--	--	--	--	--	--	49.24	34.42	34.52	31.50
天水市	107.03	127.40	115.24	106.97	105.56	102.07	105.05	94.81	95.64	88.80	92.53	91.12
铜陵市	--	--	--	--	216.43	78.48	103.60	116.56	113.03	117.72	177.67	193.50
威海市	40.23	46.01	35.68	37.63	40.06	43.85	43.36	40.32	53.38	52.74	53.27	52.91
渭南市	50.85	55.83	53.09	57.02	67.15	67.15	74.03	74.90	85.29	84.44	85.59	86.77
芜湖市	31.05	33.02	30.20	30.80	35.69	32.08	25.79	19.16	19.24	17.81	14.87	12.53
咸宁市	--	--	--	--	--	63.35	--	65.56	67.51	--	68.70	62.78
襄阳市	64.88	68.32	67.94	74.69	70.32	74.81	75.15	76.77	89.60	86.46	82.10	59.14
新乡市	42.44	42.52	39.19	38.71	--	--	--	--	--	--	--	--
徐州市	10.79	11.60	13.57	14.85	15.52	20.71	21.21	21.18	21.58	19.87	16.94	10.65
烟台市	46.10	50.18	59.45	61.54	60.58	63.85	68.49	63.33	55.78	49.21	44.51	34.77
扬州市	27.36	25.88	25.46	22.94	20.74	20.11	22.49	23.18	20.73	20.67	20.72	20.42
阳江市	--	--	--	--	40.46	39.06	38.88	37.47	38.49	30.30	28.25	27.71
宜宾市	13.43	13.08	9.20	9.53	10.99	11.56	12.60	14.18	21.99	24.60	23.72	20.59
岳阳市	28.17	30.43	11.71	11.18	9.78	9.57	9.10	8.69	11.76	12.20	12.67	12.93
云浮市	--	--	--	--	7.10	12.18	14.54	18.21	20.62	18.06	15.83	18.97
湛江市	32.16	30.51	27.75	25.68	23.41	23.25	23.51	23.65	25.19	22.76	21.65	20.64
肇庆市	--	--	--	--	--	--	--	--	--	18.72	19.86	19.10
镇江市	14.59	16.94	17.61	19.53	19.79	18.82	18.27	18.22	18.57	17.17	16.65	20.36
中山市	26.28	29.33	28.46	29.95	28.44	28.41	28.12	25.87	26.82	24.55	24.41	21.19
舟山市	45.87	51.42	45.59	44.10	41.13	25.17	25.77	24.09	25.77	24.37	23.93	34.08
珠海市	40.55	41.82	39.95	39.67	45.08	43.79	45.49	46.15	49.99	53.69	49.30	41.59
淄博市	15.20	17.43	19.20	19.65	17.99	14.00	12.66	10.85	9.59	9.35	9.77	10.37

数据来源：中指数据库监测。

第五章

2024年全国主要城市存量房市场统计

5-1　2024 年全国主要城市二手房供求全年汇总统计

城市	成交套数（套）	成交面积（万平方米）	参考成交价（元/平方米）	成交金额（亿元）	套均面积（平方米/套）
一线城市					
北京市	194186	1699.51	58597	9958.56	87.52
上海市	244188	1998.90	55082	11010.32	81.86
广州市	99786	910.59	32638	2971.96	91.25
深圳市	63217	554.13	65893	3651.36	87.66
二线城市					
长春市	21875	195.84	8768	171.72	89.53
长沙市	65586	750.87	12158	912.88	114.49
成都市	192745	1819.20	15933	2898.50	94.38
重庆市	110958	1125.05	12679	1426.48	101.39
大连市	44623	398.97	14695	586.29	89.41
福州市	35723	363.11	25187	914.55	101.65
贵阳市	14851	158.38	8494	134.54	106.65
哈尔滨市	50572	462.62	9815	454.07	91.48
海口市	7868	79.89	15679	125.26	101.54
杭州市	88559	866.29	36684	3177.93	97.82
合肥市	76977	752.23	18771	1412.02	97.72
济南市	55280	609.11	16784	1022.33	110.19
昆明市	11780	128.15	11904	152.55	108.79
南昌市	23602	240.04	12763	306.37	101.70
南京市	98605	900.26	26877	2419.67	91.30
南宁市	37541	399.79	10995	439.56	106.49
宁波市	63572	672.62	21767	1464.07	105.80
青岛市	67286	687.26	17799	1223.27	102.14
三亚市	997	8.79	31611	27.79	88.16
沈阳市	96224	861.79	9623	829.33	89.56
石家庄市	14396	148.57	12577	186.86	103.20
苏州市	66888	736.83	25995	1915.42	110.16
天津市	153913	1434.98	16589	2380.55	93.23
温州市	7806	88.44	20718	183.23	113.30
无锡市	18895	199.99	16745	334.89	105.84
武汉市	104464	1072.18	14646	1570.37	102.64
西安市	108315	1110.75	16244	1804.27	102.55
厦门市	28463	261.55	40469	1058.45	91.89

5-1 续表 1

城市	成交套数（套）	成交面积（万平方米）	参考成交价（元 / 平方米）	成交金额（亿元）	套均面积（平方米 / 套）
郑州市	73240	734.69	12647	929.14	100.31
三四线城市					
常州市	16347	177.41	14433	256.06	108.53
东莞市	32135	333.21	21149	704.69	103.69
佛山市	74349	807.87	15973	1290.45	108.66
惠州市	16716	168.01	9619	161.60	100.51
南通市	20892	227.37	14719	334.66	108.83
绍兴市	4640	51.01	18327	93.49	109.94
徐州市	6089	62.71	11327	71.03	102.99
烟台市	5903	56.52	8454	47.78	95.75
镇江市	8194	88.68	8594	76.22	108.23
珠海市	10017	103.64	21823	226.17	103.46

数据来源：中指数据库监测。

5-2　2024 年全国主要城市二手房月度供求成交套数统计

单位：套

城市	1月	2月	3月	4月	5月	6月	7月	8月	9月	10月	11月	12月	全年
一线城市													
北京市	13948	7025	15859	15013	14929	16478	17256	15929	14726	18914	20534	23575	194186
上海市	16893	7611	20931	18381	19224	26525	20176	18012	14704	24707	27391	29633	244188
广州市	8454	4869	6857	8420	6932	8570	9863	8888	8415	7367	9383	11768	99786
深圳市	4071	2030	4371	4725	4542	4809	5282	4417	3851	8186	7830	9103	63217
二线城市													
长春市	2169	1295	2125	1958	1795	1936	1886	1789	1698	1777	1757	1690	21875
长沙市	6449	2855	5560	5864	6175	6157	6074	4787	4876	5692	5823	5274	65586
成都市	14140	7372	15339	17120	15621	15414	18051	15388	13064	14280	20743	26213	192745
重庆市	8264	5126	10379	10016	10686	10360	10241	8690	7517	7790	9800	12089	110958
大连市	2432	1277	3251	3358	3571	5736	6336	5088	4503	3015	3139	2917	44623
福州市	3085	1405	3257	3712	3218	3398	3501	2750	2565	2735	2746	3351	35723
贵阳市	822	754	1476	1330	1406	1203	1143	1215	1174	1470	1356	1502	14851
哈尔滨市	4726	4547	4370	3887	3970	4058	4123	3897	3746	4251	4390	4607	50572
海口市	--	--	--	--	--	--	--	1430	1174	1783	1749	1732	7868
杭州市	6190	2303	8209	8106	7932	8605	7599	6296	5532	8861	9446	9480	88559
合肥市	5345	2755	7988	7815	7008	7738	5011	5533	5161	7046	8132	7445	76977
济南市	5348	2337	5807	5411	5017	4849	4586	4398	4144	4410	4361	4612	55280
昆明市	1350	850	1375	1127	1072	914	883	819	786	803	865	936	11780
南昌市	1392	849	2444	2312	1957	1881	2102	1787	1728	2158	2026	2966	23602
南京市	7890	4457	8478	10086	8526	9470	10127	8181	7250	6478	8055	9607	98605
南宁市	1593	1330	2779	3010	2462	3467	3829	3017	3376	4015	3885	4778	37541
宁波市	4472	2324	5890	5700	5379	7143	4598	4341	3999	5839	5811	8076	63572
青岛市	5233	2458	6182	6802	6284	5779	6266	5464	4191	5909	6046	6672	67286
三亚市	--	--	--	--	--	--	--	222	226	191	192	166	997
沈阳市	7058	4045	8415	8244	8129	7685	7945	7897	7378	9997	9701	9730	96224
石家庄市	--	--	--	--	--	--	--	2206	2386	3423	3100	3281	14396
苏州市	5534	2902	5380	7279	5573	5423	6082	5043	4558	4973	5474	8667	66888
天津市	11994	5556	13744	15195	14127	13739	13549	11693	10525	12959	14803	16029	153913
温州市	--	--	--	--	--	--	--	1434	1350	1400	1454	2168	7806
无锡市	--	--	--	--	--	--	--	3064	3191	4008	4388	4244	18895
武汉市	7529	3524	9456	9934	8879	9349	9608	8296	7497	8350	8947	13095	104464
西安市	9502	4304	10404	10034	9079	8619	9710	8446	8055	9936	10063	10163	108315
厦门市	2200	1037	1857	2593	2186	2386	2520	2265	1993	2525	3130	3771	28463

5-2 续表 1

单位：套

城市	1月	2月	3月	4月	5月	6月	7月	8月	9月	10月	11月	12月	全年
郑州市	6045	3041	5871	7380	6682	6557	7138	6212	6335	5065	5539	7375	73240
三四线城市													
常州市	--	--	--	--	--	--	--	2897	3142	3213	3367	3728	16347
东莞市	2363	952	2318	2819	2417	2647	2974	2604	2563	2769	3302	4407	32135
佛山市	6255	2723	4334	6258	7372	6810	7016	6606	6033	5907	6862	8173	74349
惠州市	--	--	--	--	--	--	--	3114	3272	2794	2911	4625	16716
南通市	1226	1444	1793	2150	2206	1614	1746	1877	1723	1729	1630	1754	20892
绍兴市	--	--	--	--	--	--	--	597	709	985	993	1356	4640
徐州市	--	--	--	--	--	--	--	1032	972	1521	1436	1128	6089
烟台市	794	485	623	1027	989	1002	983	--	--	--	--	--	5903
镇江市	1339	706	1183	1270	1371	1161	1164	--	--	--	--	--	8194
珠海市	--	--	--	--	--	--	--	1701	1621	2169	2321	2205	10017

数据来源：中指数据库监测。

5-3　2024 年全国主要城市二手房月度供求成交面积统计

单位：万平方米

城市	1月	2月	3月	4月	5月	6月	7月	8月	9月	10月	11月	12月	全年
一线城市													
北京市	120.96	61.17	135.8	129.12	130.98	145.31	153.05	140.85	129.09	161.73	177.24	214.21	1699.51
上海市	139.95	62.44	167.92	149.23	156.05	214.79	165.68	149.83	119.35	198.81	223.5	251.35	1998.9
广州市	77.6	44.37	63.79	76.8	64.24	74.14	87.77	79.85	76.7	68.65	86.18	110.5	910.59
深圳市	36.38	18.44	38.68	41.67	40.36	42.3	47.31	37.88	34.41	66.35	69.21	81.14	554.13
二线城市													
长春市	18.94	11.71	18.58	17.32	16.16	17.76	16.96	16.61	15.35	16.09	15.55	14.81	195.84
长沙市	73.56	32.57	62.44	68.1	71.26	70.51	70.83	54.51	55.82	65.75	66.63	58.89	750.87
成都市	136.39	71.01	143.54	161.63	147.41	146.32	169.39	143.54	122.54	133.62	188.43	255.38	1819.2
重庆市	82.97	51.39	104.93	101.34	111.72	104.95	101.92	89.12	74.8	77.98	99.81	124.12	1125.05
大连市	21.39	11.04	29.55	30.25	31.96	51.44	57.49	45.84	40.57	26.87	27.52	25.05	398.97
福州市	30.68	14.28	32.77	37.84	33.31	35.14	36.35	27.72	26.27	27.76	28.04	32.95	363.11
贵阳市	8.6	8.22	15.97	13.99	15.2	12.59	12.3	13.14	12.49	15.82	14.13	15.93	158.38
哈尔滨市	42.11	41.11	38.9	35.81	36.7	37.12	39.1	36.52	34.49	38.69	39.87	42.2	462.62
海口市	--	--	--	--	--	--	--	14.35	12.13	17.88	17.91	17.62	79.89
杭州市	59.76	22.78	78.02	76.23	75.81	83.44	74.52	61.59	53.92	88.93	95.71	95.58	866.29
合肥市	51.93	26.2	78.4	76.65	68.24	75.67	48	53.57	51.08	68.5	80.4	73.59	752.23
济南市	59.04	25.95	65.58	61.06	56.42	53.54	50.49	47.45	44.57	48.69	47.36	48.96	609.11
昆明市	14.52	9.43	15.06	12.74	11.84	10.05	9.52	9.04	8.44	8.61	8.88	10.02	128.15
南昌市	14.25	8.57	24.26	23.65	20.44	19.11	21.23	18.25	17.57	22.73	20.48	29.5	240.04
南京市	72.22	40.49	76.18	91.34	78.47	86.92	92.89	75	66.09	58.8	73.38	88.48	900.26
南宁市	16.75	14.07	29.19	31.7	26.13	37.24	40.83	32.31	36.23	43.15	41.46	50.73	399.79
宁波市	45.79	23.6	61.46	59.57	57.49	76.28	50.04	45.58	42.34	62.26	60.98	87.23	672.62
青岛市	51.97	24.56	63.6	70.17	63.49	59.43	65.04	55.28	43.14	61.74	63.38	65.46	687.26
三亚市	--	--	--	--	--	--	--	2.08	2.14	1.65	1.63	1.29	8.79
沈阳市	62.23	35.48	73.76	75	72.12	69.5	71.95	71.44	65.8	89.77	86.59	88.15	861.79
石家庄市	--	--	--	--	--	--	--	23.03	23.72	35.7	32.43	33.69	148.57
苏州市	59.16	31.25	58.13	79.14	60.13	60.19	67.3	57.29	50.34	54.89	61.62	97.39	736.83
天津市	117.08	54.76	124.37	137.16	124.85	120.73	123.52	117.96	104.03	117	134.65	158.87	1434.98
温州市	--	--	--	--	--	--	--	16.55	15.28	15.5	16.71	24.4	88.44
无锡市	--	--	--	--	--	--	--	32.8	33.98	41.95	46.37	44.89	199.99
武汉市	77.94	36.28	101.62	97.92	89.98	94.22	98.58	84.05	74.74	83.08	90.12	143.65	1072.18
西安市	96.32	43.76	105.57	102.87	92.95	88.28	100.54	86.09	82.29	102.58	104.07	105.43	1110.75
厦门市	21	9.83	17.24	24.33	20.48	22.36	22.35	19.9	17.58	23.65	28.74	34.09	261.55

5-3 续表 1

单位：万平方米

城市	1月	2月	3月	4月	5月	6月	7月	8月	9月	10月	11月	12月	全年
郑州市	60.95	29.87	57.7	75.09	67.54	62.93	72.18	62.71	64.35	50.8	56.45	74.12	734.69
三四线城市													
常州市	--	--	--	--	--	--	--	31.7	33.9	34.65	36.54	40.62	177.41
东莞市	24.01	9.74	24.09	29.09	25.21	26.85	30.46	26.88	26.64	29.37	34.51	46.36	333.21
佛山市	59.44	29.99	45.98	70.14	83.43	77.02	77.48	72.75	65.68	64.74	74.25	86.97	807.87
惠州市	--	--	--	--	--	--	--	30	33.49	28.16	29.13	47.23	168.01
南通市	13.04	15.65	19.46	23.67	24.44	17.59	19.11	20.67	18.44	18.77	17.55	18.98	227.37
绍兴市	--	--	--	--	--	--	--	6.49	7.75	10.58	11.08	15.11	51.01
徐州市	--	--	--	--	--	--	--	10.72	9.98	15.83	14.76	11.42	62.71
烟台市	7.74	4.52	6	9.74	9.78	9.29	9.45	--	--	--	--	--	56.52
镇江市	14.19	7.49	12.65	13.98	15.01	12.71	12.65	--	--	--	--	--	88.68
珠海市	--	--	--	--	--	--	--	17.15	16.92	22.87	24.44	22.26	103.64

数据来源：中指数据库监测。

5-4　2024年全国主要城市二手房月度供求参考成交价统计

单位：元 / 平方米

城市	1月	2月	3月	4月	5月	6月	7月	8月	9月	10月	11月	12月	全年
一线城市													
北京市	60972	62237	60370	58961	57944	60028	59390	58963	57565	54922	56953	58247	58597
上海市	58835	56190	55150	56310	56930	55417	54887	54696	53886	51661	54058	55050	55082
广州市	34132	35086	33265	33999	33169	33814	32837	31804	30954	31373	32034	31068	32638
深圳市	65650	66917	65303	65269	64892	66793	69386	65563	67857	64325	64977	65751	65893
二线城市													
长春市	9097	8866	8843	8978	8858	8913	8740	8876	8522	8458	8507	8437	8768
长沙市	12726	12456	12621	12519	12136	12718	12184	11955	12080	11782	11532	11083	12158
成都市	16525	16124	16002	16006	15869	16112	15988	15789	15606	15495	15900	15867	15933
重庆市	13129	13004	13034	13010	12923	12671	12626	12599	12261	12384	12466	12173	12679
大连市	15718	15342	15528	15154	14827	15002	15065	14780	14633	13637	13412	12842	14695
福州市	26182	26522	26379	26128	25434	25873	25052	24409	24112	24801	24292	23178	25187
贵阳市	8573	8634	8587	8426	8652	8417	8643	8587	8499	8413	8394	8234	8494
哈尔滨市	10022	9864	9737	9866	9948	9996	10041	9833	9737	9598	9698	9465	9815
海口市	--	--	--	--	--	--	--	15937	15736	15516	15647	15625	15679
杭州市	36455	37667	36234	37664	37055	36821	36695	36034	35788	37164	36782	36139	36684
合肥市	19960	20154	19175	19087	18878	18666	18916	18616	18686	18155	18381	17767	18771
济南市	17461	17132	17478	17032	16876	16761	16614	16532	16193	16294	16497	16187	16784
昆明市	12411	12481	12299	12493	12301	11550	11901	11434	11406	11638	11096	10966	11904
南昌市	12872	13125	12787	13062	12872	12440	12705	12922	12517	13485	12667	12083	12763
南京市	28450	27905	27619	27680	26513	26657	26541	25534	25698	27055	26763	26547	26877
南宁市	11543	11462	11392	11063	11215	11261	11045	11043	10894	10735	10792	10491	10995
宁波市	24021	22796	22707	22628	22165	22219	21007	21146	20680	20775	20219	21473	21767
青岛市	18956	18854	17910	18734	18137	18143	18184	17685	17445	16873	16914	16413	17799
三亚市	--	--	--	--	--	--	--	33456	30319	32260	31545	30032	31611
沈阳市	9952	9876	9769	9821	9644	9602	9606	9458	9287	9514	9582	9550	9623
石家庄市	--	--	--	--	--	--	--	12312	12494	12730	12794	12446	12577
苏州市	26205	27510	26932	26467	25539	25938	25460	25994	25236	25546	25949	25803	25995
天津市	17506	16633	16447	16461	16871	17333	16558	15871	15954	15829	16742	16740	16589
温州市	--	--	--	--	--	--	--	21193	20521	20488	20913	20533	20718
无锡市	--	--	--	--	--	--	--	17181	17001	16257	16862	16570	16745
武汉市	16351	16145	15210	14773	14502	14624	14621	14372	14039	14045	14276	14037	14646
西安市	16584	16713	16732	16630	16601	16266	16359	16175	15882	15777	15773	15686	16244
厦门市	44211	43045	44104	43244	40846	41793	41102	40886	39288	38179	37085	36895	40469

5-4 续表 1　　　　单位：元 / 平方米

城市	1月	2月	3月	4月	5月	6月	7月	8月	9月	10月	11月	12月	全年
郑州市	13196	12696	12893	12674	12699	12474	12774	12739	12592	12429	12315	12301	12647
三四线城市													
常州市	--	--	--	--	--	--	--	14528	14558	14417	14320	14371	14433
东莞市	23559	23216	23064	22533	22027	21604	21193	20529	20206	19887	19691	19616	21149
佛山市	16597	16739	16762	16548	16372	16284	15915	15849	15546	15410	15532	15021	15973
惠州市	--	--	--	--	--	--	--	10094	9600	9490	9506	9477	9619
南通市	16206	16030	15902	16100	15254	15215	14657	14599	14390	12810	12791	12714	14719
绍兴市	--	--	--	--	--	--	--	18465	17923	18092	18720	18352	18327
徐州市	--	--	--	--	--	--	--	11658	11498	11351	11227	10961	11327
烟台市	8833	8491	8628	8436	8474	8075	8389	--	--	--	--	--	8454
镇江市	8774	8673	8946	8560	8645	8386	8182	--	--	--	--	--	8594
珠海市	--	--	--	--	--	--	--	21971	20983	21649	22287	22017	21823

数据来源：中指数据库监测。

5-5　2024年全国主要城市二手房月度供求成交金额统计

单位：亿元

城市	1月	2月	3月	4月	5月	6月	7月	8月	9月	10月	11月	12月	合计
一线城市													
北京市	737.51	380.70	819.83	761.31	758.95	872.26	908.97	830.50	743.10	888.26	1009.44	1247.72	9958.56
上海市	823.39	350.85	926.08	840.32	888.40	1190.30	909.36	819.51	643.13	1027.07	1208.20	1383.69	11010.32
广州市	264.86	155.68	212.20	261.11	213.08	250.70	288.21	253.96	237.42	215.37	276.07	343.31	2971.96
深圳市	238.83	123.40	252.59	271.98	261.90	282.54	328.27	248.35	233.49	426.80	449.70	533.50	3651.36
二线城市													
长春市	17.23	10.38	16.43	15.55	14.32	15.83	14.82	14.74	13.08	13.61	13.23	12.50	171.72
长沙市	93.61	40.57	78.81	85.26	86.48	89.68	86.30	65.17	67.43	77.46	76.84	65.27	912.88
成都市	225.38	114.50	229.69	258.71	233.92	235.76	270.82	226.63	191.23	207.05	299.60	405.22	2898.50
重庆市	108.93	66.83	136.76	131.85	144.38	132.98	128.68	112.28	91.71	96.57	124.42	151.09	1426.48
大连市	33.62	16.94	45.88	45.84	47.39	77.17	86.61	67.75	59.37	36.64	36.91	32.17	586.29
福州市	80.33	37.87	86.44	98.87	84.72	90.92	91.06	67.66	63.34	68.85	68.12	76.37	914.55
贵阳市	7.37	7.10	13.71	11.79	13.15	10.60	10.63	11.28	10.62	13.31	11.86	13.12	134.54
哈尔滨市	42.20	40.55	37.88	35.33	36.51	37.11	39.26	35.91	33.58	37.14	38.66	39.94	454.07
海口市	--	--	--	--	--	--	--	22.87	19.09	27.74	28.02	27.53	125.26
杭州市	217.85	85.80	282.69	287.12	280.92	307.24	273.45	221.93	192.97	330.50	352.04	345.41	3177.93
合肥市	103.65	52.80	150.33	146.30	128.82	141.24	90.80	99.73	95.45	124.36	147.78	130.75	1412.02
济南市	103.09	44.46	114.62	104.00	95.21	89.74	83.88	78.45	72.17	79.34	78.13	79.25	1022.33
昆明市	18.02	11.77	18.52	15.92	14.56	11.61	11.33	10.34	9.63	10.02	9.85	10.99	152.55
南昌市	18.34	11.25	31.02	30.89	26.31	23.77	26.97	23.58	21.99	30.65	25.94	35.65	306.37
南京市	205.47	112.99	210.40	252.83	208.04	231.70	246.54	191.51	169.84	159.08	196.39	234.89	2419.67
南宁市	19.33	16.13	33.25	35.07	29.30	41.94	45.10	35.68	39.47	46.32	44.75	53.22	439.56
宁波市	109.99	53.80	139.56	134.79	127.43	169.48	105.12	96.38	87.56	129.34	123.30	187.31	1464.07
青岛市	98.51	46.31	113.91	131.46	115.15	107.82	118.27	97.76	75.26	104.17	107.20	107.44	1223.27
三亚市	--	--	--	--	--	--	--	6.96	6.49	5.32	5.14	3.87	27.79
沈阳市	61.93	35.04	72.06	73.65	69.55	66.74	69.12	67.57	61.11	85.41	82.97	84.19	829.33
石家庄市	--	--	--	--	--	--	--	28.35	29.64	45.44	41.49	41.93	186.86
苏州市	155.03	85.97	156.55	209.46	153.56	156.12	171.34	148.92	127.04	140.22	159.90	251.30	1915.42
天津市	204.96	91.08	204.55	225.78	210.64	209.26	204.52	187.22	165.96	185.19	225.43	265.94	2380.55
温州市	--	--	--	--	--	--	--	35.07	31.36	31.76	34.95	50.10	183.23
无锡市	--	--	--	--	--	--	--	56.35	57.77	68.20	78.19	74.38	334.89
武汉市	127.44	58.57	154.57	144.66	130.49	137.79	144.14	120.80	104.93	116.68	128.66	201.65	1570.37
西安市	159.73	73.14	176.64	171.07	154.30	143.60	164.47	139.25	130.69	161.84	164.15	165.38	1804.27
厦门市	92.84	42.31	76.04	105.21	83.65	93.45	91.86	81.36	69.07	90.29	106.58	125.78	1058.45

5-5 续表 1

单位：亿元

城市	1月	2月	3月	4月	5月	6月	7月	8月	9月	10月	11月	12月	合计
郑州市	80.43	37.92	74.39	95.17	85.77	78.50	92.21	79.89	81.03	63.14	69.52	91.18	929.14
三四线城市													
常州市	--	--	--	--	--	--	--	46.05	49.35	49.95	52.33	58.38	256.06
东莞市	56.57	22.61	55.56	65.55	55.53	58.01	64.55	55.18	53.83	58.41	67.95	90.94	704.69
佛山市	98.65	50.20	77.07	116.07	136.59	125.42	123.31	115.30	102.11	99.76	115.33	130.64	1290.45
惠州市	--	--	--	--	--	--	--	30.28	32.15	26.72	27.69	44.76	161.60
南通市	21.13	25.09	30.95	38.11	37.28	26.76	28.01	30.18	26.54	24.04	22.45	24.13	334.66
绍兴市	--	--	--	--	--	--	--	11.98	13.89	19.14	20.74	27.73	93.49
徐州市	--	--	--	--	--	--	--	12.50	11.47	17.97	16.57	12.52	71.03
烟台市	6.84	3.84	5.18	8.22	8.29	7.50	7.93	--	--	--	--	--	47.78
镇江市	12.45	6.50	11.32	11.97	12.98	10.66	10.35	--	--	--	--	--	76.22
珠海市	--	--	--	--	--	--	--	37.68	35.50	49.51	54.47	49.01	226.17

数据来源：中指数据库监测。

5-6　2024 年全国主要城市二手房月度供求套均面积统计

单位：平方米 / 套

城市	1月	2月	3月	4月	5月	6月	7月	8月	9月	10月	11月	12月	全年
一线城市													
北京市	86.72	87.07	85.63	86.01	87.74	88.18	88.69	88.42	87.66	85.51	86.32	90.86	87.52
上海市	82.84	82.04	80.23	81.19	81.17	80.98	82.12	83.18	81.17	80.47	81.60	84.82	81.86
广州市	91.79	91.13	93.03	91.21	92.67	86.51	88.99	89.84	91.15	93.19	91.85	93.90	91.25
深圳市	89.36	90.84	88.49	88.19	88.86	87.96	89.57	85.76	89.35	81.05	88.39	89.14	87.66
二线城市													
长春市	87.32	90.42	87.44	88.46	90.03	91.74	89.93	92.85	90.40	90.55	88.50	87.63	89.53
长沙市	114.06	114.08	112.30	116.13	115.40	114.52	116.61	113.87	114.48	115.51	114.43	111.66	114.49
成都市	96.46	96.32	93.58	94.41	94.37	94.93	93.84	93.28	93.80	93.57	90.84	97.42	94.38
重庆市	100.40	100.25	101.10	101.18	104.55	101.30	99.52	102.55	99.51	100.10	101.85	102.67	101.39
大连市	87.95	86.45	90.90	90.08	89.50	89.68	90.74	90.09	90.10	89.12	87.67	85.88	89.41
福州市	99.45	101.64	100.61	101.94	103.51	103.41	103.83	100.80	102.42	101.50	102.11	98.33	101.65
贵阳市	104.62	109.02	108.20	105.19	108.11	104.66	107.61	108.15	106.39	107.62	104.20	106.06	106.65
哈尔滨市	89.10	90.41	89.02	92.13	92.44	91.47	94.83	93.71	92.07	91.01	90.82	91.60	91.48
海口市	--	--	--	--	--	--	--	100.35	103.32	100.28	102.40	101.73	101.54
杭州市	96.54	98.91	95.04	94.04	95.57	96.97	98.07	97.82	97.47	100.36	101.32	100.82	97.82
合肥市	97.16	95.10	98.15	98.08	97.37	97.79	95.79	96.82	98.97	97.22	98.87	98.84	97.72
济南市	110.40	111.04	112.93	112.84	112.46	110.41	110.10	107.89	107.55	110.41	108.60	106.16	110.19
昆明市	107.56	110.94	109.53	113.04	110.45	109.96	107.81	110.38	107.38	107.22	102.66	107.05	108.79
南昌市	102.37	100.94	99.26	102.29	104.45	101.59	101.00	102.13	101.68	105.33	101.09	99.46	101.70
南京市	91.53	90.85	89.86	90.56	92.04	91.78	91.73	91.68	91.16	90.77	91.10	92.10	91.30
南宁市	105.15	105.79	105.04	105.32	106.13	107.41	106.63	107.09	107.32	107.47	106.72	106.17	106.49
宁波市	102.39	101.55	104.35	104.51	106.88	106.79	108.83	105.00	105.88	106.63	104.94	108.01	105.80
青岛市	99.31	99.92	102.88	103.16	101.03	102.84	103.80	101.17	102.93	104.48	104.83	98.11	102.14
三亚市	--	--	--	--	--	--	--	93.69	94.69	86.39	84.90	77.71	88.16
沈阳市	88.17	87.71	87.65	90.98	88.72	90.44	90.56	90.46	89.18	89.80	89.26	90.60	89.56
石家庄市	--	--	--	--	--	--	--	104.40	99.41	104.29	104.61	102.68	103.20
苏州市	106.90	107.68	108.05	108.72	107.90	110.99	110.65	113.60	110.44	110.38	112.57	112.37	110.16
天津市	97.62	98.56	90.49	90.27	88.38	87.87	91.17	100.88	98.84	90.28	90.96	99.11	93.23
温州市	--	--	--	--	--	--	--	115.41	113.19	110.71	114.92	112.55	113.30
无锡市	--	--	--	--	--	--	--	107.05	106.49	104.67	105.67	105.77	105.84
武汉市	103.52	102.95	107.47	98.57	101.34	100.78	102.60	101.31	99.69	99.50	100.73	109.70	102.64
西安市	101.37	101.67	101.47	102.52	102.38	102.42	103.54	101.93	102.16	103.24	103.42	103.74	102.55
厦门市	95.45	94.79	92.84	93.83	93.69	93.71	88.69	87.86	88.21	93.66	91.82	90.40	91.89

5–6 续表 1　　　　单位：平方米 / 套

城市	1 月	2 月	3 月	4 月	5 月	6 月	7 月	8 月	9 月	10 月	11 月	12 月	全年
郑州市	100.83	98.22	98.28	101.75	101.08	95.97	101.12	100.95	101.58	100.30	101.91	100.50	100.31
三四线城市													
常州市	--	--	--	--	--	--	--	109.42	107.89	107.84	108.52	108.96	108.53
东莞市	101.61	102.31	103.93	103.19	104.30	101.44	102.42	103.23	103.94	106.07	104.51	105.20	103.69
佛山市	95.03	110.14	106.09	112.08	113.17	113.10	110.43	110.13	108.87	109.60	108.20	106.41	108.66
惠州市	--	--	--	--	--	--	--	96.34	102.35	100.79	100.07	102.12	100.51
南通市	106.36	108.38	108.53	110.09	110.79	108.98	109.45	110.12	107.02	108.56	107.67	108.21	108.83
绍兴市	--	--	--	--	--	--	--	108.71	109.31	107.41	111.58	111.43	109.94
徐州市	--	--	--	--	--	--	--	103.88	102.67	104.08	102.79	101.24	102.99
烟台市	97.48	93.20	96.31	94.84	98.89	92.71	96.13	--	--	--	--	--	95.75
镇江市	105.97	106.09	106.93	110.08	109.48	109.47	108.68	--	--	--	--	--	108.23
珠海市	--	--	--	--	--	--	--	100.82	104.38	105.44	105.30	100.95	103.46

数据来源：中指数据库监测。

5-7　2024年全国主要城市精装修市场统计

城市	推出精装楼盘数（个）	精装修套数（套）	参考价格（元/平方米）
一线城市			
北京	55	33621	64904
上海	95	56476	99719
广州	52	43654	45704
深圳	63	53589	59278
二线城市			
长沙	9	5295	16233
成都	101	53862	28111
重庆	8	9315	19187
大连	7	3366	17786
福州	7	2418	44857
贵阳	7	10061	10457
海口	22	14923	19211
杭州	74	37986	38437
合肥	22	10688	27114
济南	21	13545	22967
南昌	7	4709	14457
南京	29	18728	42620
宁波	23	12820	32792
青岛	8	3393	28188
三亚	20	17287	36655
沈阳	11	8131	16545
石家庄	10	8192	17577
苏州	31	17468	37474
太原	6	3908	17750
天津	17	11128	26353
无锡	20	8717	27115
武汉	13	8159	28389
西安	16	13399	21505
厦门	13	12339	34269
三四线城市			
常州	7	4081	25071
东莞	12	7597	31234

5–7 续表 1　　单位：平方米 / 套

城市	推出精装楼盘数（个）	精装修套数（套）	参考价格（元 / 平方米）
佛山	30	25338	23787
惠州	8	9534	8423
江门	5	4453	11860
聊城	10	5196	8560
南通	10	6203	23700
清远	5	2414	6940
绍兴	8	6966	21943
湛江	15	10104	9440
中山	11	6609	13773
珠海	14	7524	26664
昆山	7	3179	24541
太仓	5	3286	17940

数据来源：中指数据库监测。

5-8　2024年全国主要城市精装楼盘推出统计

单位：个

城市	1月	2月	3月	4月	5月	6月	7月	8月	9月	10月	11月	12月	汇总
一线城市													
北京	5	2	3	7	5	4	3	4	4	6	--	12	55
上海	4	2	8	8	12	5	9	9	9	11	7	11	95
广州	3	1	4	6	5	4	9	4	5	6	1	4	52
深圳	1	2	4	5	3	3	4	6	8	6	9	12	63
二线城市													
长沙	1	--	--	--	1	--	1	--	2	3	1	--	9
成都	12	4	6	7	7	14	22	2	4	4	3	16	101
重庆	--	--	1	1	--	--	--	--	1	1	1	3	8
大连	--	--	--	--	--	1	--	1	2	--	1	2	7
福州	1	1	--	--	--	--	--	1	2	--	--	2	7
贵阳	--	--	--	--	1	2	--	2	--	--	--	2	7
海口	2	2	--	3	1	1	--	2	1	2	5	3	22
杭州	2	5	3	9	6	16	8	3	5	3	1	13	74
合肥	2	3	1	1	1	1	3	--	1	3	--	6	22
济南	2	1	--	1	1	--	--	2	--	7	4	3	21
南昌	1	1	1	--	--	--	--	--	--	1	--	3	7
南京	4	2	2	3	1	--	5	1	1	3	--	7	29
宁波	3	--	5	2	3	4	1	--	2	3	--	--	23
青岛	1	--	--	--	2	--	1	2	1	--	--	1	8
三亚	1	1	--	2	--	--	--	--	6	--	1	9	20
沈阳	1	--	--	--	--	--	--	1	3	2	1	3	11
石家庄	1	1	--	1	1	1	--	3	--	1	--	1	10
苏州	--	4	--	--	3	10	4	3	2	--	1	4	31
太原	1	--	--	--	--	1	1	2	1	--	--	--	6
天津	3	--	--	--	2	--	1	3	--	2	4	2	17
无锡	2	4	2	1	2	--	2	--	--	4	2	1	20
武汉	--	--	--	3	1	1	3	--	--	1	2	2	13
西安	--	1	2	1	3	2	2	--	3	1	1	--	16
厦门	2	--	--	2	--	2	--	5	--	2	--	--	13
三四线城市													
常州	2	--	--	--	1	--	--	1	1	--	--	2	7

5-8　续表 1　　单位：个

城市	1 月	2 月	3 月	4 月	5 月	6 月	7 月	8 月	9 月	10 月	11 月	12 月	汇总
东莞	1	2	1	--	2	1	2	--	2	--	--	1	12
佛山	--	6	--	3	2	3	8	--	1	--	--	7	30
惠州	3	1	--	1	--	--	--	1	--	1	1	--	8
江门	1	1	--	--	--	1	1	--	--	1	--	--	5
聊城	--	--	1	1	--	--	--	--	--	1	2	5	10
南通	--	1	1	--	1	1	1	4	--	--	--	1	10
清远	--	--	--	--	1	4	--	--	--	--	--	--	5
绍兴	2	--	--	--	1	1	1	2	--	--	--	1	8
湛江	4	5	1	--	3	1	--	--	--	1	--	--	15
中山	1	1	2	1	2	--	1	1	--	1	--	1	11
珠海	4	--	--	2	3	1	1	1	1	1	--	--	14
昆山	2	--	2	--	2	--	--	1	--	--	--	--	7
太仓	--	1	2	--	--	--	1	1	--	--	--	--	5

数据来源：中指数据库监测。

5-9　2024年全国主要城市精装房推出套数统计

单位：套

城市	1月	2月	3月	4月	5月	6月	7月	8月	9月	10月	11月	12月	汇总
一线城市													
北京	2852	907	1638	4257	4587	2866	1197	3147	3131	2563	--	6476	33621
上海	2406	849	7896	5036	9510	3236	3992	6106	4005	4911	3229	5300	56476
广州	1834	75	5196	5172	4434	2589	4164	4003	5672	6265	1221	3029	43654
深圳	974	2433	6661	2677	5242	1593	2561	4408	6949	6449	2930	10712	53589
二线城市													
长沙	326	--	--	--	890	--	150	--	1509	1213	1207	--	5295
成都	6248	2520	2454	4990	4957	8142	9830	618	2862	1254	1696	8291	53862
重庆	--	--	237	348	--	--	--	--	1711	1546	3841	1632	9315
大连	--	--	--	--	--	415	--	378	290	--	1302	981	3366
福州	119	112	--	--	--	--	--	248	1213	--	--	726	2418
贵阳	--	--	--	--	1000	3088	--	2650	--	--	--	3323	10061
海口	1070	1319	--	628	2322	517	--	3233	966	1095	2972	801	14923
杭州	898	2581	1994	5778	1973	5179	4348	2114	6880	2220	518	3503	37986
合肥	1767	790	598	424	226	734	1979	--	891	1192	--	2087	10688
济南	1751	182	--	264	798	--	--	1610	--	4848	2890	1202	13545
南昌	828	752	1123	--	--	--	--	--	--	1061	--	945	4709
南京	2437	2180	1202	2629	528	--	4324	1055	500	1072	--	2801	18728
宁波	1465	--	3237	1102	2243	1691	413	--	1243	1426	--	--	12820
青岛	186	--	--	--	717	--	182	1670	100	--	--	538	3393
三亚	1026	1460	--	1970	--	--	--	--	3552	--	540	8739	17287
沈阳	2116	--	--	--	--	--	--	780	1072	1347	768	2048	8131
石家庄	672	374	--	184	42	684	--	3268	--	436	--	2532	8192
苏州	--	2371	--	--	1494	3959	4400	1586	1941	--	449	1268	17468
太原	564	--	--	--	--	820	1146	1114	264	--	--	--	3908
天津	2543	--	--	--	900	--	120	2230	--	1122	3284	929	11128
无锡	708	1239	1456	402	309	--	546	--	--	2892	600	565	8717
武汉	--	--	--	4059	264	306	1846	--	--	394	836	454	8159
西安	--	812	3562	2606	1186	1300	1026	--	1671	288	948	--	13399
厦门	1412	--	--	1980	--	2339	--	5378	--	1230	--	--	12339
三四线城市													
常州	621	--	--	--	381	--	--	1128	563	--	--	1388	4081

5-9 续表 1 单位：套

城市	1月	2月	3月	4月	5月	6月	7月	8月	9月	10月	11月	12月	汇总
东莞	372	1179	373	--	1282	593	849	--	2595	--	--	354	7597
佛山	--	5317	--	1627	1316	1450	6727	--	593	--	--	8308	25338
惠州	3236	1286	--	1859	--	--	--	2178	--	808	167	--	9534
江门	564	1019	--	--	--	1385	652	--	--	833	--	--	4453
聊城	--	--	694	936	--	--	--	--	--	311	583	2672	5196
南通	--	421	470	--	822	723	230	2235	--	--	--	1302	6203
清远	--	--	--	--	570	1844	--	--	--	--	--	--	2414
绍兴	1489	--	--	--	729	1064	800	2806	--	--	--	78	6966
湛江	2022	4052	230	--	2167	224	--	--	--	1409	--	--	10104
中山	674	1610	772	532	1708	--	732	327	--	144	--	110	6609
珠海	1775	--	--	1197	2745	438	390	246	475	258	--	--	7524
昆山	907	--	854	--	998	--	--	420	--	--	--	--	3179
太仓	--	158	961	--	--	--	1371	796	--	--	--	--	3286

数据来源：中指数据库监测。

5-10　2024 年全国主要城市精装房装修标准统计

单位：元 / 平方米

城市	1月	2月	3月	4月	5月	6月	7月	8月	9月	10月	11月	12月	汇总
一线城市													
北京	5000	4500	2600	3643	7300	4125	5500	2875	3125	4000	--	3833	4227
上海	2625	4000	3725	5883	4525	4800	4500	4333	4367	4864	3071	8182	4573
广州	4000	4000	2500	5667	3200	2500	3389	2125	2200	2417	3000	2750	3146
深圳	3000	2750	2900	3960	3333	7667	4300	2500	2688	2667	4011	2667	3537
二线城市													
长沙	3500	--	--	--	2500	--	4000	--	3250	3667	2300	--	3203
成都	3438	3250	3250	3471	3068	3091	3332	3000	2475	3245	3162	3402	3182
重庆	--	--	6000	2000	--	--	--	--	2000	2000	1200	3000	2700
大连	--	--	--	--	--	3500	--	1500	5250	--	800	1750	2560
福州	4000	5000	--	--	--	--	--	2800	4750	--	--	4000	4110
贵阳	--	--	--	--	1200	1750	--	1250	--	--	--	2750	1738
海口	1250	900	--	1333	2000	3000	--	1500	2000	2250	1860	2333	1843
杭州	3000	3900	3333	3833	3583	3969	3496	3333	3900	3500	4000	4269	3676
合肥	3250	2667	2800	2500	3000	1500	2333	--	2000	2833	--	4417	2730
济南	2750	3000	--	3000	3000	--	--	2750	--	3500	3125	3000	3016
南昌	1500	1800	2000	--	--	--	--	--	--	1000	--	2532	1766
南京	3875	2500	6500	4167	2000	--	4000	3000	5500	3500	--	4320	3936
宁波	3167	--	4800	7350	5000	2425	3500	--	7300	3667	--	--	4651
青岛	6000	--	--	--	3250	--	1500	4500	900	--	--	2000	3025
三亚	2000	1500	--	1650	--	--	--	--	2500	--	3000	4144	2466
沈阳	1500	--	--	--	--	--	--	1500	1400	1750	1000	2500	1608
石家庄	1000	2000	--	4000	1500	3000	--	1333	--	2000	--	1500	2042
苏州	--	3250	--	--	1933	3100	3375	2667	2750	--	5000	3125	3150
太原	1999	--	--	--	--	2000	4000	2000	1500	--	--	--	2300
天津	3000	--	--	--	2500	--	1500	2000	--	1750	2500	2250	2214
无锡	1850	2825	4750	2100	4955	--	2750	--	--	2688	4500	2000	3158
武汉	--	--	--	2833	3000	5000	4000	--	--	5000	4500	5000	4190
西安	--	800	1500	2000	5833	6500	2750	--	3333	2000	1500	--	2913
厦门	3000	--	--	2000	--	1450	--	2700	--	2900	--	--	2410
三四线城市													
常州	3500	--	--	--	2500	--	--	2500	3000	--	--	3500	3000

5-10 续表 1

单位：元 / 平方米

城市	1月	2月	3月	4月	5月	6月	7月	8月	9月	10月	11月	12月	汇总
东莞	4000	1900	2500	--	5500	2000	2500	--	1250	--	--	3000	2831
佛山	--	2250	--	2333	2500	1267	2363	--	1000	--	--	2429	2020
惠州	1333	1200	--	1000	--	--	--	1500	--	2000	800	--	1306
江门	2200	5000	--	--	--	1500	1500	--	--	600	--	--	2160
聊城	--	--	1000	1800	--	--	--	--	--	1000	900	660	1072
南通	--	3000	2500	--	2500	3500	2500	3000	--	--	--	3500	2929
清远	--	--	--	--	800	1025	--	--	--	--	--	--	913
绍兴	1500	--	--	--	2000	3180	2000	2250	--	--	--	2000	2155
湛江	1275	1000	800	--	1667	3000	--	--	--	1950	--	--	1615
中山	1500	2000	1500	1100	2150	--	3000	4500	--	2500	--	1000	2139
珠海	2000	--	--	3000	1833	2000	2000	6000	2000	3000	--	--	2729
昆山	2500	--	3000	--	3000	--	--	3500	--	--	--	--	3000
太仓	--	2000	3000	--	--	--	2000	1100	--	--	--	--	2025

数据来源：中指数据库监测。

5-11　2024年重点城市集中式长租公寓年度统计数据

城市	门店数量（个）	长租公寓平均租金（元/平方米）
一线城市		
北京市	729	157
上海市	1581	141
广州市	983	69
深圳市	945	88
二线城市		
长春市	23	42
长沙市	57	44
成都市	263	72
重庆市	217	45
大连市	49	46
福州市	45	64
杭州市	772	91
合肥市	52	54
济南市	41	59
昆明市	39	48
南昌市	15	47
南京市	288	90
南宁市	15	34
宁波市	43	53
青岛市	44	52
沈阳市	42	58
苏州市	88	92
天津市	78	60
无锡市	18	77
武汉市	136	58
西安市	52	62
厦门市	139	57
郑州市	23	68

5-11 续表 1

城市	门店数量（个）	长租公寓平均租金（元 / 平方米）
三四线城市		
东莞市	36	43
佛山市	44	40
珠海市	15	54

数据来源：中指监测数据。

注 1：覆盖城市：北京市、上海市、广州市、深圳市、长春市、长沙市、成都市、重庆市、大连市、福州市、杭州市、合肥市、济南市、昆明市、南昌市、南京市、南宁市、宁波市、青岛市、沈阳市、苏州市、天津市、无锡市、武汉市、西安市、厦门市、郑州市、东莞市、佛山市、珠海市。

注 2：门店数量统计口径：集中式长租公寓门店。

注 3：长租公寓平均租金口径：2024 年 12 月单月平均租挂牌租金。

注 4：长租公寓平均租金算法：该城市所有监测品牌集中式长租公寓门店的平均单平方米挂牌租金的简单平均数。

5-12　2024年重点监控品牌集中式长租公寓数量

单位：个

品牌	1月	2月	3月	4月	5月	6月	7月	8月	9月	10月	11月	12月
泊寓	418	418	418	412	440	441	441	447	448	452	455	457
冠寓	349	349	351	353	371	372	376	382	386	386	387	388
魔方	368	368	368	371	394	395	395	403	403	403	405	406
旭辉瓴寓	92	92	93	97	103	104	105	110	113	114	116	117
乐乎公寓	267	267	267	270	274	277	278	278	278	279	279	281
华润有巢	40	40	40	41	42	43	43	43	43	44	44	44
朗诗寓	94	94	94	97	101	101	101	102	104	106	106	106
招商伊敦	45	47	47	49	50	50	50	53	54	55	55	55
方隅	23	23	23	23	23	23	23	26	26	28	29	29
乐璟生活社区	16	16	16	18	18	20	20	22	22	23	23	23
保利公寓	52	53	53	53	53	53	53	66	67	68	69	69

数据来源：中指监测数据。

注1：覆盖城市：北京市、上海市、广州市、深圳市、长春市、长沙市、成都市、重庆市、大连市、福州市、杭州市、合肥市、济南市、昆明市、南昌市、南京市、南宁市、宁波市、青岛市、沈阳市、苏州市、天津市、无锡市、武汉市、西安市、厦门市、郑州市、东莞市、佛山市、珠海市。

注2：覆盖品牌：泊寓、冠寓、魔方、旭辉瓴寓、乐乎公寓、华润有巢、朗诗寓、招商伊敦、方隅、乐璟生活社区、保利公寓。

注3：统计口径：集中式长租公寓门店。

5-13 2024年中国租赁企业开业规模

单位：套

品牌	1月	2月	3月	4月	5月	6月	7月	8月	9月	10月	11月	12月
万科泊寓	180000	179400	179500	179500	181800	183400	185100	186500	187300	187400	190300	191100
龙湖冠寓	124000	124000	124000	123000	123000	123000	123000	123000	123000	123000	123000	123000
魔方生活服务集团	76635	76635	77149	77891	79642	82162	82162	82162	82165	82465	82547	82896
乐乎集团	76223	76497	77050	77050	77288	79619	79695	79695	79773	79773	79773	79773
百瑞纪集团	59318	59318	63119	63419	63464	63479	63479	63479	66415	66415	66415	67591
瓴寓国际	58890	58890	60718	60718	60718	60018	62385	62385	63558	64386	66330	74193
朗诗寓	33036	33036	34103	34503	34503	34735	34735	34735	34735	34405	34405	34405
自如寓	39017	39017	41122	41938	44177	44177	45899	47285	48285	48285	48285	48285
城家	33929	33929	33929	33929	33984	33984	33984	37069	37069	37069	44000	44000
招商伊敦	29900	29900	29500	30500	30500	30500	30500	32400	32400	32500	32500	32500
乐璟生活社区	30140	30140	32271	32271	32271	32271	32271	32271	32271	32271	32271	32271
华润有巢	33087	33087	33237	33237	33825	33825	35304	35304	35399	35399	36745	36745
碧家	21067	21067	21067	21567	21567	21567	21567	21111	21755	21755	21755	21755
安歆集团	31025	31025	32238	32298	32417	32417	32417	32417	33960	33960	35818	37572
抱家公寓	20684	20684	21759	21759	21759	22430	22430	22430	22430	22430	22430	22430
金地草莓社区	15733	15733	17064	17064	17064	17064	17064	17064	17064	17064	17064	17788
德信随寓	15000	15000	15000	15000	15000	15000	15000	15000	15000	15000	15000	15000
保利公寓	15041	15041	16057	17143	17143	17454	17454	17454	20527	20527	20527	22575
建方长租	13842	13842	13842	13842	13842	13842	13842	13842	15004	15004	15004	15004
合景公寓	11370	11370	11370	11370	11370	–	–	–	–	–	–	–
城方	11818	11818	14838	14838	16078	16078	16078	17378	17378	17378	17378	17378
宁巢公寓	–	–	13041	13041	13041	13041	–	15653	15653	15653	15653	15653
乐柚公寓	11057	11057	11227	11227	11433	–	–	–	–	–	–	–
恒泰星寓	19974	19974	19974	19974	19974	19974	19974	19974	19974	21420	21420	21420
城投宽庭	11968	11968	11968	11968	11968	13198	13198	–	–	–	–	–
华发优生活	14797	14797	15740	14875	14875	14875	17160	17436	19191	19191	19191	19191
方隅公寓	–	–	–	–	–	–	13659	13659	13659	–	13659	13659
微领地	–	–	–	–	–	12658	–	–	–	14867	–	14408
联投新青年	–	–	–	–	–	–	16000	16000	16600	16870	16870	17550
美寓	30654	31392	32692	32692	34186	37552	38071	40403	43199	44643	45960	52208
两江·知寓	35000	35000	35000	35000	35000	35000	35000	35000	35000	35000	35000	35000

5-13　续表 1　　　　单位：套

品牌	1月	2月	3月	4月	5月	6月	7月	8月	9月	10月	11月	12月
城市家	19585	19585	20117	21110	21905	22885	22885	26420	27216	28166	28166	30554
融寓	11000	11000	–	–	–	16049	16049	18487	18487	18487	19258	–
合肥安居集团·承寓	18000	18000	18000	18000	18000	18000	18000	19040	19826	20258	20258	20421

数据来源：企业填报数据。

注 1：各企业统计口径可能存在差异（套、间），统计数据不包含公租房。

注 2：当月已经投入运营的项目。

注 3：数据收录自每月规模榜前 30，品牌排名不分先后，空值说明当月未上榜。

5-14　2024年中国租赁企业管理规模

单位：套

品牌	1月	2月	3月	4月	5月	6月	7月	8月	9月	10月	11月	12月
万科泊寓	236000	238000	241000	230000	240000	245000	243000	249000	250000	248949	253000	264000
龙湖冠寓	164000	164000	164000	164000	164000	164000	164000	164000	164000	164000	164000	164000
魔方生活服务集团	109882	109882	110396	112763	112763	115283	115283	115283	115286	115586	115668	116017
乐乎集团	76223	76497	77050	77050	77288	79619	79695	79695	79773	79773	79773	79773
百瑞纪集团	89116	89116	93111	93111	93111	93772	93772	93772	97754	97754	97754	99346
瓴寓国际	106204	106204	108032	112276	113375	109990	109990	111520	113417	113831	113831	122645
朗诗寓	54500	54500	54500	54500	54500	54732	54732	54732	54732	54082	54082	54082
自如寓	41623	41623	44198	46001	48232	49633	51384	53082	54101	55099	55099	55099
城家	43000	43000	43000	43000	43000	43666	43666	55986	55986	55986	59000	59000
招商伊敦	48000	48000	47300	47300	47300	47300	47300	48000	48000	46300	46300	46300
乐璟生活社区	30140	30140	32271	32271	32271	32271	32271	32271	32271	32271	32271	32271
华润有巢	56000	56000	56000	56000	56000	56000	56000	56000	56000	56000	56000	56000
碧家	21067	21237	21237	21567	21567	21567	21567	21111	21755	21755	21755	21755
安歆集团	34148	34148	35316	35376	35495	35495	35495	35495	37038	37038	38738	38738
抱家公寓	22080	22080	24311	24311	24311	25942	25942	25942	25942	25942	25942	25942
金地草莓社区	24108	24108	24111	24211	24211	24211	24211	24211	24211	24211	24211	24941
德信随寓	20000	20000	20000	20000	20000	20000	20000	20000	–	–	–	20000
保利公寓	45093	45093	45093	45093	45093	45093	45093	45093	45093	45093	45093	45093
城方	25000	25000	25000	25000	25000	25000	25000	25000	25000	25000	25000	25000
宁巢公寓	–	–	19535	19535	19535	19535	19535	–	–	–	–	–
恒泰星寓	26000	26000	26000	26000	26000	26000	26000	26000	26000	26000	26000	26000
城投宽庭	17778	17778	–	–	–	–	–	–	–	–	–	–
华发优生活	–	–	–	–	–	–	–	–	21584	22322	22322	22322
方隅公寓	30583	30583	30583	30583	30583	30583	35616	35616	35616	35616	35616	35616
微领地	34152	34152	34152	37152	37152	36440	36440	36440	35663	35663	35663	35663
联投新青年	29571	29600	29600	29600	29600	29600	34000	34000	35000	35680	35680	40700
浦发有家	20783	20783	20783	20783	20783	20783	20783	20783	20783	21464	21464	21464
美寓	100963	101701	102767	113773	115366	127518	127518	131475	131914	133221	133221	132734
两江·知寓	44000	44000	44000	44000	44000	44000	44000	44000	44000	44000	44000	44000
首创和园	18000	18000	18000	18000	18000	–	–	–	–	–	–	–
城市家	22635	22635	22635	23628	24423	25403	25403	28770	29566	30466	30466	45262

5-14　续表 1　　单位：套

品牌	1月	2月	3月	4月	5月	6月	7月	8月	9月	10月	11月	12月
融寓	–	–	–	–	–	18009	–	20330	20330	20330	21570	–
合肥安居集团·承寓	45000	45000	45000	45000	45000	45000	45000	45000	45000	45432	45432	45595
城投臻寓	–	–	–	–	–	–	20428	20428	20967	21071	21071	21071

数据来源：企业填报数据。

注 1：各企业统计口径可能存在差异（套、间），统计数据不包含公租房。

注 2：包含在建、待开业的项目。

注 3：数据收录自每月规模榜前 30，品牌排名不分先后，空值说明当月未上榜。

5-15　2024年20城市甲级写字楼平均租金

单位：元/平方米/天

城市	1月	2月	3月	4月	5月	6月	7月	8月	9月	10月	11月	12月
一线城市												
北京市	9.65	9.53	9.50	9.50	9.44	9.18	9.19	9.14	9.09	9.13	9.07	9.03
上海市	6.76	6.80	6.80	6.82	6.82	6.82	6.82	6.81	6.81	6.80	6.80	6.79
广州市	4.57	4.62	4.57	4.57	4.58	4.60	4.57	4.56	4.55	4.55	4.55	4.55
深圳市	4.95	4.92	4.91	4.91	4.94	4.92	4.95	4.94	4.95	4.94	4.92	4.93
二线城市												
长沙市	2.06	2.07	2.07	2.01	1.95	1.95	1.92	1.90	1.92	1.89	1.91	1.90
成都市	2.63	2.64	2.63	2.63	2.59	2.59	2.59	2.59	2.57	2.54	2.55	2.56
重庆市	2.02	2.00	2.00	2.00	2.01	1.99	1.99	2.02	2.02	2.01	1.99	2.04
福州市	2.62	2.66	2.69	2.69	2.69	2.69	2.69	2.69	2.69	2.69	2.69	2.69
杭州市	3.35	3.35	3.37	3.39	3.37	3.35	3.36	3.38	3.35	3.34	3.36	3.33
合肥市	1.64	1.65	1.65	1.62	1.62	1.62	1.65	1.65	1.65	1.65	1.65	1.65
济南市	2.94	2.95	2.93	2.92	2.84	2.84	2.84	2.83	2.83	2.80	2.82	2.80
南昌市	1.39	1.37	1.38	1.38	1.34	1.34	1.30	1.30	1.30	1.28	1.24	1.23
南京市	3.06	3.06	3.06	3.07	3.11	3.11	3.09	3.09	3.10	3.09	3.09	3.08
青岛市	2.46	2.45	2.46	2.45	2.47	2.48	2.48	2.48	2.47	2.47	2.47	2.46
苏州市	2.22	2.22	2.23	2.23	2.18	2.18	2.17	2.17	2.17	2.17	2.17	2.20
天津市	2.47	2.42	2.42	2.46	2.43	2.45	2.41	2.43	2.45	2.41	2.38	2.36
武汉市	2.61	2.61	2.59	2.59	2.56	2.58	2.60	2.58	2.54	2.52	2.53	2.52
西安市	2.32	2.32	2.34	2.32	2.36	2.37	2.35	2.36	2.35	2.34	2.32	2.33
厦门市	2.64	2.65	2.65	2.70	2.70	2.70	2.70	2.70	2.70	2.70	2.70	2.70
郑州市	2.02	2.00	2.02	2.05	2.05	2.05	2.03	2.01	2.03	2.02	2.05	1.99

数据来源：中指监测全网挂牌租金数据。

注：城市租金数据根据20城选取固定样本计算所得。

5-16　2024 年 20 城市甲级写字楼平均售价

单位：元 / 平方米

城市	1 月	2 月	3 月	4 月	5 月	6 月	7 月	8 月	9 月	10 月	11 月	12 月
一线城市												
北京市	41776	41630	41813	41845	42180	42671	43117	43181	43595	43893	44586	45069
上海市	32389	32361	32173	32051	32225	32325	32481	32730	32979	33272	33587	33907
广州市	30248	30288	30437	30685	30923	31182	31693	31970	32229	32569	32995	33602
深圳市	36535	36801	36651	36253	35771	35961	36283	36554	37096	37522	37878	38256
二线城市												
长沙市	12197	12359	12302	12378	12750	12925	13129	13404	13516	13594	13634	13675
成都市	12840	12902	12888	13107	13113	13368	13625	13859	14049	14266	14583	14837
重庆市	12500	12587	12685	12711	12634	12761	12972	13092	13279	13379	13510	13619
福州市	17642	17454	17467	17402	17367	17279	17329	17443	17664	17852	17839	18068
杭州市	22387	22307	22292	22448	23122	23737	24065	24441	24833	25224	25649	26120
合肥市	9516	9585	9521	9727	10019	10319	10578	10737	10979	11249	11587	11925
济南市	12670	12753	12516	12788	12404	12496	12630	13009	13287	13385	13528	13659
南昌市	11458	11426	11564	11614	11792	11797	11770	11879	11946	12032	12047	12168
南京市	17799	17895	17895	17899	18436	18973	18916	19039	19106	19294	19414	19570
青岛市	17488	17617	17672	17142	16866	16791	16695	16753	16638	16724	16677	16787
苏州市	17697	17715	17736	17744	18093	18616	18999	19096	19269	19400	19473	20057
天津市	14759	14810	14807	14994	15017	14985	15111	15224	15372	15478	15630	15709
武汉市	12681	12687	12673	12777	12728	12842	13004	13088	13184	13267	13372	13465
西安市	12671	12765	12659	12644	12733	12561	12634	12760	12932	12927	12963	13039
厦门市	25121	25166	25448	26212	26998	27808	28642	29363	29849	30440	31036	31787
郑州市	11582	11630	11727	12022	11893	12105	12255	12488	12670	12775	13058	13228

数据来源：中指监测全网挂牌售价数据。

注：城市售价数据根据 20 城选取固定样本计算所得。

5-17 2024年20城市甲级写字楼空置率

单位：%

城市	第一季度	第二季度	第三季度	第四季度
一线城市				
北京市	14.59	14.21	13.86	14.17
上海市	13.48	13.58	13.82	14.05
广州市	11.49	10.99	10.82	10.94
深圳市	24.77	24.28	24.03	23.84
二线城市				
长沙市	32.86	32.35	32.56	32.77
成都市	21.58	21.08	21.42	21.40
重庆市	27.18	28.18	28.07	27.96
福州市	24.12	24.12	24.12	24.12
杭州市	12.01	12.13	11.83	11.71
合肥市	--	--	--	--
济南市	23.67	23.67	23.67	23.67
南昌市	--	--	--	--
南京市	20.83	21.83	22.22	21.81
青岛市	31.59	31.10	31.00	30.65
苏州市	15.60	15.45	15.75	15.77
天津市	29.71	30.21	29.62	29.77
武汉市	31.68	32.18	31.82	32.15
西安市	25.67	25.21	25.11	24.80
厦门市	26.85	27.07	26.97	26.51
郑州市	18.39	18.09	18.09	18.09

备注：城市空置率数据根据20城选取固定样本计算所得。

数据来源：全网挂牌出租数据。

5-18　2024年重点城市写字楼大宗交易统计

城市	项目数量（个）	成交面积（平方米）	成交金额（万元）
一线城市			
北京市	62	1482196	1470824
上海市	58	1572632	2496670
广州市	11	356299	564128
深圳市	27	175952	127507
二线城市			
长沙市	2	10985	3103
成都市	17	1045868	524420
重庆市	21	1514217	149224
福州市	4	12991	4866
杭州市	42	220835	163570
合肥市	1	5131	2907
济南市	5	24473	44655
南昌市	5	7567	6478
南京市	7	63526	89110
青岛市	2	3545	2727
天津市	12	91059	56509
武汉市	7	18943	11899
西安市	2	3702	4044
厦门市	7	111792	152870
郑州市	7	19045	11919

数据来源：公开资讯。

注：本统计数据不包含资产包大宗交易数据。

5-19　2024年成交金额TOP10大宗交易榜单

排名	省份	城市	项目名称	物业类型	成交时间	成交总价（万元）	成交面积（平方米）	买家	卖家	交易类型
1	四川省	成都市	成都金融广场所属公司100%股权及约20.24亿元债权	写字楼	2024年5月	433200	870800	成都交子公园金融商务区投资开发有限责任公司	成都厚德天府置业有限公司	股权交易
2	北京市	北京市	北京颐堤港二期64.79%的股权及相关债权	写字楼	2024年6月	400000	560000	中国人寿、太古地产	远洋集团	股权交易
3	上海市	上海市	上海金心置业有限公司51%的股权	综合体	2024年4月	341000	37000	中崇投资集团有限公司	上置集团有限公司	股权交易
4	上海市	上海市	创智天地99%股权	写字楼	2024年11月	266800	85268	上海添晌创盛企业管理有限公司	泰隆发展有限公司	股权交易
5	北京市	北京市	凯德·星贸	写字楼	2024年1月	240000	44759	友邦人寿保险有限公司	凯德投资	股权交易
6	上海市	上海市	上海七宝万科广场50%股权	商业	2024年2月	238380	148900	领展房地产投资信托基金	万科	股权交易
7	广东省	广州市	广州琶洲南TOD二期20%股权	写字楼	2024年6月	223000	166331	越秀地产	广州泉秀地产	资产交易
8	广东省	广州市	广州文化中心	写字楼	2024年8月	210000	60800	太古汇（广州）发展有限公司	广州大洋实业投资有限公司	股权交易
9	上海市	上海市	上海苏河湾项目50.5%股权	写字楼	2024年7月	205500	243500	上海天祥华侨城投资有限公司	华侨城(上海)置地	股权交易
10	上海市	上海市	上海南翔印象城MEGA48%股权	商业	2024年7月	200000	186000	新加坡政府投资公司	印力集团	股权交易

数据来源：公开资讯。

注：本统计数据不包含资产包大宗交易数据。

5-20　2024年125城市购物中心项目数量及存量面积

城市	项目总量（个）	存量面积（万平方米）
一线城市		
北京市	276	2176
上海市	546	3645
广州市	278	2029
深圳市	275	2026
二线城市		
长春市	55	621
长沙市	127	1140
成都市	236	2131
重庆市	248	2210
大连市	46	437
福州市	78	636
贵阳市	67	619
哈尔滨市	44	507
海口市	35	298
杭州市	205	1759
合肥市	96	924
呼和浩特市	26	221
济南市	78	703
昆明市	85	855
兰州市	30	321
南昌市	72	608
南京市	197	1606
南宁市	68	524
宁波市	116	986
青岛市	101	925
三亚市	21	191
沈阳市	74	859
石家庄市	51	449
苏州市	231	1734
太原市	49	433
天津市	128	1162
温州市	53	457
无锡市	93	820

5-20 续表 1

城市	项目总量（个）	存量面积（万平方米）
武汉市	178	1657
西安市	168	1371
西宁市	17	202
厦门市	77	601
银川市	28	248
郑州市	113	939
三四线城市		
宝鸡市	12	95
保定市	25	201
北海市	6	45
沧州市	18	132
常德市	16	128
常州市	52	534
承德市	7	45
东莞市	100	691
鄂州市	7	45
佛山市	160	1365
赣州市	40	324
桂林市	16	138
邯郸市	16	146
衡水市	7	60
衡阳市	16	126
湖州市	30	194
淮安市	30	269
黄冈市	12	94
黄石市	12	115
惠州市	52	338
吉安市	11	83
吉林市	10	159
济宁市	25	191
嘉兴市	46	323
江门市	33	242
金华市	41	347
荆州市	12	90
九江市	22	216

5-20　续表 2

城市	项目总量（个）	存量面积（万平方米）
开封市	9	86
廊坊市	26	199
乐山市	9	72
丽水市	8	73
连云港市	14	131
临沂市	35	322
柳州市	13	105
六安市	11	108
泸州市	11	95
洛阳市	20	202
马鞍山市	11	96
眉山市	13	113
绵阳市	20	146
南充市	18	143
南通市	66	536
南阳市	16	90
莆田市	19	138
秦皇岛市	9	84
清远市	17	150
衢州市	13	90
泉州市	44	385
汕头市	27	158
商丘市	10	86
上饶市	14	101
绍兴市	49	414
宿迁市	22	242
宿州市	11	104
台州市	36	294
泰安市	14	118
泰州市	31	288
唐山市	23	260
潍坊市	30	320
芜湖市	20	172
咸阳市	21	162
湘潭市	8	102
襄阳市	28	239

5-20 续表 3

城市	项目总量（个）	存量面积（万平方米）
孝感市	9	73
新乡市	12	85
邢台市	14	144
徐州市	56	442
许昌市	11	78
烟台市	38	331
盐城市	44	342
扬州市	46	386
宜宾市	13	110
宜昌市	20	151
宜春市	15	147
岳阳市	14	103
湛江市	29	219
张家口市	15	98
肇庆市	15	125
镇江市	26	250
中山市	52	402
舟山市	11	85
珠海市	69	430
株洲市	21	171
驻马店市	13	127
淄博市	25	220
遵义市	26	205

数据来源：中指数据库监测。

注：统计口径为已开业和未开业的购物中心，存量面积指项目建筑面积。

5-21　2022—2024年全国法拍房市场规模和趋势

年份	挂拍量（套）	成交量（套）	成交率	成交金额（亿元）	成交折扣率	流拍率
2022	435777	112975	25.9%	2950.86	78.4%	64.6%
2023	614482	145885	23.7%	3297.04	76.3%	69.7%
2024	563874	153480	27.2%	3175.02	74.4%	63.2%

数据来源：中指数据库监测。

注1：统计标的物类型包含住宅、工业、商业和土地，不包含车库/车位和其他类型。

注2：统计区域覆盖中国31个省级行政区，不包含香港、澳门、台湾。

注3：统计数量时同一项目的多个拍次只计算一次。

5-22 2024年全国各地区法拍市场规模

省份	挂拍量（套）	成交量（套）	成交率	成交金额（亿元）	成交折扣率	流拍率
北京	6475	2643	40.8%	240.57	70.0%	44.1%
上海	4179	2278	54.5%	191.36	76.8%	26.7%
天津	6001	2000	33.3%	48.06	73.6%	60.2%
重庆	16474	7548	45.8%	90.86	63.9%	47.9%
广东	53923	17957	33.3%	428.45	80.3%	55.1%
浙江	18096	11963	66.1%	380.49	77.2%	28.2%
江西	21675	5170	23.9%	76.00	72.4%	66.0%
安徽	26617	5470	20.6%	108.31	74.6%	70.4%
黑龙江	14741	2817	19.1%	21.35	73.0%	71.9%
江苏	40285	14501	36.0%	334.08	69.0%	53.9%
广西	29763	8642	29.0%	84.96	79.7%	59.4%
福建	17194	7168	41.7%	183.77	75.5%	52.0%
吉林	10029	2283	22.8%	27.44	63.3%	71.5%
内蒙古	15766	2691	17.1%	33.94	79.1%	73.4%
海南	3456	974	28.2%	28.49	75.2%	61.6%
河南	44408	8554	19.3%	115.17	74.4%	70.4%
河北	19567	5205	26.6%	89.91	77.1%	61.4%
山西	5275	1204	22.8%	14.96	77.9%	66.2%
陕西	6584	1462	22.2%	29.57	78.9%	69.7%
西藏	287	56	19.5%	0.74	79.0%	77.0%
湖南	24363	4746	19.5%	65.35	75.6%	71.3%
湖北	20917	3847	18.4%	71.49	67.0%	73.4%
四川	41762	12503	29.9%	190.78	72.8%	59.5%
山东	31331	7274	23.2%	136.68	77.2%	65.6%
辽宁	20668	4559	22.1%	55.00	65.4%	71.7%
云南	16270	3686	22.7%	59.38	79.7%	66.1%
贵州	23404	2727	11.7%	21.71	75.6%	82.2%
甘肃	8824	627	7.1%	10.71	82.0%	87.0%
新疆	9307	1832	19.7%	23.66	81.7%	68.6%
青海	1529	101	6.6%	1.25	80.5%	82.4%
宁夏	4704	992	21.1%	10.53	72.0%	73.0%

数据来源：中指数据库监测。

注1：统计标的物类型包含住宅、工业、商业和土地，不包含车库/车位和其他类型。

注2：统计区域覆盖中国31个省级行政区，不包含香港、澳门、台湾。

注3：统计数量时同一项目的多个拍次只计算一次。

5-23　2024年全国重点城市法拍市场规模

城市	挂拍量（套）	成交量（套）	成交率	成交金额（亿元）	成交折扣率	流拍率
一线城市						
北京市	6475	2643	40.8%	240.57	70.0%	44.1%
上海市	4179	2278	54.5%	191.36	76.8%	26.7%
广州市	6366	2168	34.1%	68.33	74.4%	50.8%
深圳市	4900	2036	41.6%	168.39	87.0%	42.7%
二线城市						
长春市	3490	1051	30.1%	14.66	68.6%	63.0%
长沙市	6371	1960	30.8%	31.98	78.1%	60.2%
成都市	13083	5973	45.7%	121.05	74.3%	42.2%
重庆市	16474	7548	45.8%	90.86	63.9%	47.9%
大连市	4760	1493	31.4%	23.37	66.3%	60.3%
福州市	5005	1999	39.9%	55.20	71.5%	54.5%
贵阳市	4569	826	18.1%	7.92	76.4%	73.6%
哈尔滨市	5375	1190	22.1%	11.05	85.0%	68.6%
海口市	1847	573	31.0%	13.47	71.4%	57.1%
杭州市	3313	2369	71.5%	111.13	78.0%	25.2%
合肥市	4521	1058	23.4%	19.46	76.3%	65.5%
呼和浩特市	2400	346	14.4%	8.40	82.8%	76.3%
济南市	2997	993	33.1%	17.21	78.8%	55.3%
昆明市	5529	1578	28.5%	29.68	78.7%	54.6%
兰州市	2129	142	6.7%	3.84	93.4%	86.3%
南昌市	4424	1185	26.8%	17.68	72.1%	66.0%
南京市	3926	1603	40.8%	40.48	70.9%	47.7%
南宁市	7967	2638	33.1%	28.47	81.4%	56.0%
宁波市	1931	1396	72.3%	56.02	76.3%	22.6%
青岛市	4241	1082	25.5%	40.00	82.5%	61.9%
三亚市	552	219	39.7%	12.39	78.8%	43.1%
沈阳市	4768	1604	33.6%	16.75	61.6%	61.6%
石家庄市	3371	1430	42.4%	27.38	75.2%	46.6%
太原市	1737	416	24.0%	7.28	77.5%	65.8%
天津市	6001	2000	33.3%	48.06	73.6%	60.2%
温州市	3027	2192	72.4%	38.76	79.6%	20.9%
乌鲁木齐市	1879	634	33.7%	9.01	78.0%	53.5%
无锡市	5165	1774	34.4%	45.60	63.3%	55.5%

5-23 续表 1

城市	挂拍量（套）	成交量（套）	成交率	成交金额（亿元）	成交折扣率	流拍率
武汉市	6553	2062	31.5%	36.73	65.9%	61.4%
西安市	2724	758	27.8%	16.56	80.7%	62.2%
西宁市	818	71	8.7%	0.89	79.1%	81.3%
厦门市	1796	1023	57.0%	40.49	77.2%	37.9%
银川市	2372	575	24.2%	7.19	72.9%	70.2%
郑州市	13841	2732	19.7%	46.21	72.9%	72.3%
三四线城市						
安庆市	1129	305	27.0%	7.23	60.2%	67.6%
包头市	1831	262	14.3%	3.63	72.4%	79.5%
北海市	2106	595	28.3%	6.36	82.1%	60.2%
蚌埠市	2112	463	21.9%	6.30	76.0%	70.6%
常德市	1328	138	10.4%	2.53	61.9%	82.0%
大理市	1190	154	12.9%	3.02	86.3%	84.0%
丹东市	512	90	17.6%	1.49	74.7%	78.7%
赣州市	3955	1007	25.5%	16.48	79.7%	60.9%
桂林市	4469	845	18.9%	6.38	73.2%	71.2%
惠州市	7223	1038	14.4%	13.90	70.0%	80.0%
吉林市	1398	329	23.5%	6.54	56.8%	71.1%
济宁市	2173	470	21.6%	6.64	74.1%	70.3%
金华市	1231	851	69.1%	33.12	85.4%	25.4%
锦州市	686	244	35.6%	1.84	75.3%	62.0%
九江市	2955	505	17.1%	7.39	70.8%	69.2%
泸州市	1797	326	18.1%	3.06	81.6%	72.0%
洛阳市	3861	860	22.3%	10.16	86.1%	65.4%
牡丹江市	2074	186	9.0%	2.83	46.4%	77.1%
南充市	3410	1017	29.8%	6.41	70.6%	55.8%
平顶山市	2150	303	14.1%	2.66	86.1%	77.6%
秦皇岛市	766	222	29.0%	2.68	77.1%	61.2%
泉州市	2387	1295	54.3%	38.25	76.0%	38.8%
韶关市	1803	412	22.9%	5.92	72.5%	65.6%
唐山市	1850	409	22.1%	5.84	79.6%	67.7%
襄阳市	1855	284	15.3%	6.61	69.9%	80.1%
徐州市	3834	1251	32.6%	18.41	66.7%	54.5%
烟台市	3071	499	16.3%	9.43	75.8%	70.7%
扬州市	2266	682	30.1%	13.87	72.5%	57.7%

5–23　续表 2

城市	挂拍量（套）	成交量（套）	成交率	成交金额（亿元）	成交折扣率	流拍率
宜昌市	1049	257	24.5%	4.93	72.4%	66.0%
岳阳市	1216	231	19.0%	3.07	70.2%	75.2%
湛江市	1792	510	28.5%	6.28	76.8%	52.8%
遵义市	6449	847	13.1%	5.42	77.1%	83.6%

数据来源：中指数据库监测。

注 1：统计标的物类型包含住宅、工业、商业和土地，不包含车库 / 车位和其他类型。

注 2：统计区域覆盖中国 31 个省级行政区，不包含香港、澳门、台湾。

注 3：统计数量时同一项目的多个拍次只计算一次。

5-24 2024年全国各物业类型法拍市场规模

物业类型	挂拍量（套）	成交量（套）	成交率	成交金额（亿元）	成交折扣率	流拍率
住宅	360520	116205	32.23%	1,629.84	76.92%	57.31%
商业	186617	32998	17.68%	774.44	69.82%	74.57%
土地	5778	1122	19.42%	223.40	73.71%	69.21%
工业	10993	3157	28.72%	547.34	73.96%	60.83%

数据来源：中指数据库监测。

注1：统计标的物类型包含住宅、工业、商业和土地，不包含车库/车位和其他类型。

注2：统计区域覆盖中国31个省级行政区，不包含香港、澳门、台湾。

注3：统计数量时同一项目的多个拍次只计算一次。

5–25　“十四五”保障房筹集目标与完成监测

单位：万套

城市	“十四五”时期			2024 年			2023 年			2022 年			2021 年		
	“十四五”筹集目标	“十四五”累计完成	“十四五”目标完成率	2024 年筹集目标	2024 年累计完成	2024 年目标完成率	2023 年筹集目标	2023 年累计完成	2023 年目标完成率	2022 年筹集目标	2022 年累计完成	2022 年目标完成率	2021 年筹集目标	2021 年累计完成	2021 年目标完成率
一线城市															
北京市	40.0	31.4	79%	7.0	2.0	29%	8.0	8.2	102%	15.0	15.2	101%	–	6.1	–
上海市	47.0	32.9	70%	7.0	5.1	73%	7.5	8.1	108%	17.3	18.0	104%	–	6.7	–
广州市	60.0	37.6	63%	10.0	–	–	7.5	7.6	101%	13.0	13.0	100%	–	17.0	–
深圳市	60.0	37.6	63%	–	–	–	16.0	–	–	9.3	14.2	153%	–	–	–
二线城市															
长春市	3.0	–	–	–	–	–	–	–	–	1.0	–	–	–	–	–
长沙市	15.0	10.0	66%	1.1	–	–	2.6	2.6	100%	3.0	3.0	100%	2.5	4.4	174%
成都市	30.0	17.4	58%	3.0	1.8	60%	6.0	–	–	6.0	6.0	100%	–	–	–
重庆市	40.0	26.4	66%	3.1	–	–	8.1	8.4	104%	7.6	–	–	–	5.2	–
大连市	4.1	–	–	–	–	–	0.6	–	–	1.2	–	–	–	–	–
福州市	15.0	11.1	74%	1.5	0.7	48%	1.2	2.4	189%	–	7.0	–	–	2.9	–
杭州市	33.0	21.3	65%	6.0	6.0	100%	7.0	7.2	103%	14.0	14.6	104%	–	4.5	–
合肥市	15.0	5.7	38%	0.4	–	–	1.2	1.2	100%	2.3	2.3	100%	2.0	2.2	110%
济南市	20.5	15.2	74%	1.5	–	–	3.5	–	–	4.0	4.0	100%	–	–	–
昆明市	6.0	–	–	0.9	–	–	2.1	2.1	100%	–	–	–	–	–	–
南昌市	8.0	–	–	1.7	–	–	1.7	1.7	101%	2.5	–	–	–	–	–
南京市	15.0	11.5	0.8	0.7	–	–	2.1	–	–	5.0	–	–	–	4.1	–
南宁市	8.0	–	–	–	–	–	–	–	–	2.4	2.5	104%	–	–	–
宁波市	21.3	15.1	71%	3.0	–	–	5.0	5.4	108%	7.0	7.3	104%	–	–	–
青岛市	21.0	11.8	56%	1.5	–	–	3.5	3.5	100%	4.5	4.5	100%	–	3.8	–
沈阳市	6.0	–	–	0.5	–	–	2.5	–	–	2.5	2.5	100%	–	1.8	–
苏州市	20.0	12.5	62%	–	–	–	3.5	3.6	103%	4.0	4.3	107%	–	4.6	–
天津市	10.0	–	–	0.5	0.4	86%	0.9	1.4	165%	–	6.0	–	–	–	–
无锡市	8.0	6.1	–	1.0	–	–	3.1	–	–	2.1	–	–	–	–	–
武汉市	25.0	14.2	57%	5.1	–	–	5.8	5.9	101%	5.5	5.7	103%	–	–	–
西安市	30.0	15.7	52%	0.5	–	–	2.0	2.3	115%	8.8	11.2	128%	–	2.2	–
厦门市	21.0	14.8	70%	1.0	–	–	4.2	4.2	100%	–	8.7	–	–	1.9	–
郑州市	20.0	12.0	60%	1.5	–	–	1.2	–	–	5.0	5.2	105%	3.5	–	–

5-25 续表 1 单位：万套

城市	“十四五”时期			2024 年			2023 年			2022 年			2021 年		
	“十四五”筹集目标	“十四五”累计完成	“十四五”目标完成率	2024 年筹集目标	2024 年累计完成	2024 年目标完成率	2023 年筹集目标	2023 年累计完成	2023 年目标完成率	2022 年筹集目标	2022 年累计完成	2022 年目标完成率	2021 年筹集目标	2021 年累计完成	2021 年目标完成率
三四线城市															
东莞市	10.0	–	–	2.0	–	–	3.0	3.0	100%	3.0	3.5	115%	0.3	–	–
佛山市	7.5	–	–	1.5	–	–	–	–	–	–	–	–	–	–	–
珠海市	6.0	–	–	–	–	–	–	0.8	–	–	0.7	–	–	–	–

数据口径：

1、数据来源：中指监测数据。

2、覆盖城市：北京市、上海市、广州市、深圳市、长春市、长沙市、成都市、重庆市、大连市、福州市、杭州市、合肥市、济南市、昆明市、南昌市、南京市、南宁市、宁波市、青岛市、沈阳市、苏州市、天津市、无锡市、武汉市、西安市、厦门市、郑州市、东莞市、佛山市、珠海市。

3、时间口径：截至 2024 年底 .

4、数据说明：空值说明该项数据未监测到，非实际筹集情况。

5-26　2024 年已开通地铁城市站点数量及线路数量

城市	站点总量（个）	线路总量（条）
一线城市		
北京市	404	27
上海市	411	22
广州市	271	19
深圳市	336	17
二线城市		
长春市	111	6
长沙市	140	7
成都市	320	15
重庆市	267	14
大连市	101	7
福州市	95	5
贵阳市	93	4
哈尔滨市	73	3
杭州市	263	14
合肥市	173	6
呼和浩特市	43	2
济南市	46	3
昆明市	103	6
兰州市	27	2
南昌市	95	4
南京市	203	14
南宁市	96	5
宁波市	123	5
青岛市	173	8
沈阳市	124	6
石家庄市	60	3
苏州市	239	10
太原市	23	1
天津市	208	10
温州市	36	2
乌鲁木齐市	21	1

5-26 续表 1

城市	站点总量（个）	线路总量（条）
无锡市	90	5
武汉市	271	12
西安市	234	11
厦门市	72	3
银川市	8	1
郑州市	226	13
三四线城市		
常州市	43	2
滁州市	14	1
东莞市	15	1
鄂州市	1	1
佛山市	81	5
嘉兴市	11	1
金华市	30	1
廊坊市	1	1
洛阳市	33	2
南通市	43	2
绍兴市	39	2
台州市	15	1
芜湖市	35	2
咸阳市	3	1
湘西土家族苗族自治州	6	1
湘潭市	3	1
徐州市	57	3
许昌市	11	1
镇江市	5	1
珠海市	1	1
资阳市	5	1

数据来源：中指数据库监测。

5-27　2024年125城市产业园项目数量

单位：个

城市	项目总量
一线城市	
北京市	1902
上海市	3780
广州市	3636
深圳市	5117
二线城市	
长春市	395
长沙市	816
成都市	1181
重庆市	1267
大连市	362
福州市	565
贵阳市	299
哈尔滨市	237
海口市	138
杭州市	1856
合肥市	886
呼和浩特市	147
济南市	759
昆明市	403
兰州市	172
南昌市	437
南京市	1251
南宁市	382
宁波市	1139
青岛市	1089
三亚市	61
沈阳市	490
石家庄市	529
苏州市	2570
太原市	271
天津市	1280
温州市	891
无锡市	903

5-27 续表 1

单位：个

城市	项目总量
武汉市	1502
西安市	805
西宁市	74
厦门市	602
银川市	167
郑州市	788
三四线城市	
宝鸡市	135
保定市	453
北海市	74
沧州市	271
常德市	121
常州市	671
承德市	81
东莞市	4686
鄂州市	71
佛山市	2027
赣州市	387
桂林市	130
邯郸市	293
衡水市	163
衡阳市	142
湖州市	481
淮安市	265
黄冈市	195
黄石市	119
惠州市	1395
吉安市	206
吉林市	68
济宁市	486
嘉兴市	816
江门市	609
金华市	723
荆州市	180
九江市	275

5–27 续表 2

单位：个

城市	项目总量
开封市	132
廊坊市	373
乐山市	58
丽水市	161
连云港市	271
临沂市	496
柳州市	149
六安市	200
泸州市	105
洛阳市	361
马鞍山市	163
眉山市	95
绵阳市	215
南充市	84
南通市	619
南阳市	305
莆田市	138
秦皇岛市	115
清远市	187
衢州市	195
泉州市	870
汕头市	314
商丘市	192
上饶市	182
绍兴市	608
宿迁市	302
宿州市	156
台州市	527
泰安市	241
泰州市	337
唐山市	246
潍坊市	579
芜湖市	323
咸阳市	190
湘潭市	110
襄阳市	268

5-27 续表 3

单位：个

城市	项目总量
孝感市	213
新乡市	243
邢台市	332
徐州市	542
许昌市	147
烟台市	452
盐城市	559
扬州市	353
宜宾市	123
宜昌市	204
宜春市	161
岳阳市	146
湛江市	128
张家口市	131
肇庆市	257
镇江市	301
中山市	1074
舟山市	70
珠海市	475
株洲市	187
驻马店市	138
淄博市	274
遵义市	150

数据来源：中指数据库监测。

第六章

百城价格指数

6-1　2024年百城新建住宅与二手住宅价格指数

项目		1月	2月	3月	4月	5月	6月	7月	8月	9月	10月	11月	12月
新建住宅	百城平均价格（元/平方米）	16244	16267	16311	16355	16396	16421	16443	16461	16484	16532	16592	16654
	环比涨跌幅（%）	0.15	0.14	0.27	0.27	0.25	0.15	0.13	0.11	0.14	0.29	0.36	0.37
	同比涨跌幅（%）	0.43	0.57	0.82	1.08	1.33	1.50	1.64	1.76	1.85	2.08	2.40	2.68
	百城价格中位数（元/平方米）	9937	9935	9936	9938	9948	9931	9927	9920	9913	9894	9882	9885
二手住宅	百城平均价格（元/平方米）	15230	15173	15088	14975	14870	14762	14653	14549	14447	14360	14278	14203
	环比涨跌幅（%）	–0.56	–0.37	–0.56	–0.75	–0.70	–0.73	–0.74	–0.71	–0.70	–0.60	–0.57	–0.53
	同比涨跌幅（%）	–3.96	–4.31	–4.80	–5.38	–5.80	–6.25	–6.58	–6.89	–7.13	–7.27	–7.29	–7.26
	百城价格中位数（元/平方米）	11465	11439	11389	11306	11252	11209	11141	11060	10971	10893	10813	10728

数据来源：中指数据 CREIS。

6–2 2024年百城新建住宅价格指数环比涨跌幅

单位：%

城市	1月	2月	3月	4月	5月	6月	7月	8月	9月	10月	11月	12月
一线城市												
北京	0.14	0.17	0.28	0.51	0.10	−0.11	0.36	−0.35	−0.11	0.27	−0.03	0.07
上海	0.23	0.26	1.09	0.71	0.76	0.53	0.39	0.80	1.26	1.09	1.32	1.43
广州	0.12	0.11	−0.10	−0.06	0.23	0.08	0.01	−0.11	−0.31	0.08	−0.02	0.05
深圳	0.13	−0.28	0.16	0.52	−0.10	−0.04	0.33	−0.39	−0.67	0.05	−0.14	−0.11
二线城市												
北海	0	0.01	0.04	−0.01	−0.18	−0.05	−0.04	0.05	0	0	0.03	0.22
长春	−0.01	−0.05	−0.68	−0.29	−0.02	−0.23	−0.24	0	−0.07	−0.10	−0.17	−0.07
长沙	0.16	0.04	−0.05	0.40	0.24	−0.09	−0.38	−0.17	−0.13	0.24	0.02	0.64
成都	0.55	0.73	0.82	0.60	0.57	0.13	0.16	0.02	0.67	0.66	1.28	0.68
重庆（主城区）	0.08	0.16	−0.04	−0.10	0.15	0.12	−0.06	−0.15	−0.13	0.05	−0.19	0.20
大连	0	−0.05	−0.07	−0.05	0.05	0.70	0.01	0.01	−0.10	−0.07	0.02	0
福州	−0.02	0	0.05	0.11	0.36	0.40	0.11	0.09	−0.18	0.02	−0.04	0.08
贵阳	−0.02	0.02	−0.02	0.27	−0.04	0.05	0.07	0.04	−0.24	0.07	−0.02	−0.20
哈尔滨	0	−0.02	0.03	0	0	0.04	−0.04	0.17	−0.32	−0.02	0.04	0
海口	1.11	−0.02	0.03	0	0.35	0.70	−0.61	−0.41	−0.27	−0.39	0.05	0.40
杭州	0.67	0.77	0.40	0.04	0.25	0.03	0.14	0.35	0.27	0.41	0.15	0.02
合肥	0.12	−0.13	−0.02	0.54	0.41	0.15	0.08	1.40	−0.28	1.01	0.81	−0.11
呼和浩特	0	−0.25	−0.02	0	0.06	0.44	0.03	0.48	0.07	0.09	0.14	0.07
济南	0.06	0.01	−0.02	0.06	0.19	0.29	−0.07	−0.06	−0.22	0.51	0.74	0.06
昆明	−0.04	−0.01	−0.04	0.04	−0.24	−0.01	0.01	−0.04	−0.05	−0.13	−0.06	−0.07
兰州	0.01	−0.01	−0.02	−0.02	0.16	0.01	0.02	−0.03	−0.03	−0.18	0.02	0.20
南昌	−0.02	0.02	0.06	0.21	−0.04	0.06	−0.04	−0.06	−0.46	0.22	0.08	−0.14
南京	0.26	−0.04	0.10	0.41	−0.12	0.03	0.26	−0.10	−0.29	0.29	0.51	0.83
南宁	0.02	0.01	−0.02	−0.01	−0.01	−0.02	−0.08	−0.30	−0.32	−0.05	−0.22	−0.02
宁波	0.11	0.02	0.39	0.09	0.56	0.11	−0.02	−0.52	−0.48	−0.20	1.34	0.30
青岛	0.71	−0.02	−0.02	0.08	0.06	0.01	0.06	−0.04	−0.14	−0.30	−0.05	0.12
三亚	0.04	0.07	−0.53	0.05	0	0	−0.01	0.01	−0.02	−0.22	0.04	−0.12
厦门	−0.72	0.02	0.00	0.03	0.60	−0.10	−0.04	0.04	−0.04	−0.48	0.13	−0.08
沈阳	−0.01	−0.02	−0.03	−0.01	0.11	−0.04	0.04	0.05	−0.07	0.16	0.05	−0.02
石家庄	0.16	0.49	0.02	0.43	0.05	0.18	0	0.30	−0.09	−0.04	−0.05	0.32
苏州	0.15	−0.01	0.35	−0.18	0.32	0.66	0.14	−0.04	−0.10	−0.08	0.70	0.51
太原	0.01	0.02	0.04	0.02	0.18	0	−0.06	0.13	−0.06	−0.19	−0.01	−0.06
天津	0.31	0.64	0.12	−0.01	0.02	0.32	0.12	−0.12	0.18	0.10	−0.33	0.38
温州	−0.24	−0.05	0.03	−0.03	−0.06	0.03	−0.01	−0.04	−0.07	−0.15	−0.10	−0.03
乌鲁木齐	−0.02	−0.02	0.06	0.02	0.28	0	0.01	0	−0.01	0.04	−0.08	0.02
无锡	0.24	0.02	0.19	0	0.21	0	−0.01	0.02	−0.07	−0.03	−0.25	0.25
武汉	0.18	−0.05	0.06	−0.01	−0.09	0.39	0.26	−0.29	−0.11	−0.03	0.53	−0.16
西安	0.49	0.45	0.03	0.62	0.41	0.80	0.23	0.72	0.14	0.23	−0.08	0.74

6-2 续表 1

单位：%

城市	1月	2月	3月	4月	5月	6月	7月	8月	9月	10月	11月	12月
西宁	0	0	0	0	–0.21	–0.05	0.05	0	0	0	0	0
银川	–0.03	0.09	0.06	–0.03	0.01	0.01	0.19	0.21	–0.03	0.06	0.25	0.10
郑州	0.10	0.02	0.01	0.45	–0.11	0.13	–0.03	–0.14	–0.04	0.06	–0.04	–0.14
三四线城市												
包头	0	–0.03	0	0	–0.06	0.02	0.05	0	0	0.02	0	0
保定	0.01	0	0	0.03	–0.02	0.08	–0.03	0.03	0.02	–0.18	0.05	0.11
常熟	0	0	0	0	0	0	0	0.06	0	0	–0.05	0
常州	0.18	–0.01	0.01	0.03	–0.02	0.03	–0.19	–0.15	–0.22	–0.03	0.05	–0.08
德州	0.02	0	–0.10	–0.18	–0.03	0	0	0.02	0.05	0.03	0	–0.05
东莞	0.08	–0.05	–0.04	–0.04	–0.06	–0.26	0.27	–0.71	–0.87	0.22	–0.67	–0.04
东营	–0.02	0	0	0	0.05	0	0	0.05	0.02	0.07	0.02	0
佛山	–0.03	0.02	0.14	0.29	0.22	–0.10	0.05	–0.40	–0.25	0.22	–0.06	–0.06
阜阳	0	0	0	0.08	–0.16	0	–0.07	–0.05	–0.11	–0.36	0	–0.08
赣州	–0.01	0.44	0	0	0.11	–0.02	0	–0.06	–0.12	0.02	0.02	0.10
桂林	0	0	0.02	0	0	0	0	0	0	0	0.11	0.03
邯郸	0.01	0.03	0.03	–0.04	–0.09	–0.03	0.09	0.22	0.10	0.14	0.09	0.16
菏泽	–0.07	–0.02	–0.04	–0.02	–0.02	–0.02	–0.02	0	–0.02	0.02	0.02	0.04
衡水	0.06	0.11	–0.05	–0.03	–0.12	–0.02	–0.03	–0.06	–0.49	–0.05	–0.15	–0.05
湖州	0.03	0	0.02	0.01	0	–0.01	–0.02	0.02	0.03	0.07	0.06	0.04
淮安	0.03	0.17	0.15	0	0.04	0	0	–0.03	0	0.03	0	0
惠州	–0.09	–0.20	–0.03	–0.04	–0.05	–0.05	0.09	–0.11	–0.35	–0.15	–0.09	–0.14
济宁	–0.15	–0.04	0.01	0	–0.04	0	–0.01	–0.07	–0.10	–0.03	–0.04	–0.04
嘉兴	0.06	0.05	0.22	–0.02	–0.04	0.31	0.04	0	–0.07	–0.04	0.84	0.20
江门	–0.02	–0.02	0.04	–0.02	–0.02	–0.04	0.26	0	–0.13	–0.18	0.35	0.05
江阴	0	0	0	0	–0.04	–0.02	–0.12	–0.13	0.07	–0.11	–0.29	0.03
金华	0.93	0.14	–0.58	0.03	0.65	0.29	–0.05	1.06	0.28	–0.47	0.18	–0.09
昆山	0	0	0.02	0.02	0.02	0	0.04	0.08	0.04	0	–0.17	0.20
廊坊	0.02	0	0.05	0	–0.16	–0.02	0.02	–0.12	–0.40	–0.67	–0.11	–0.08
连云港	0	0.12	0	0.23	0	0	0	0	0	0.15	0.05	0
聊城	0.11	–0.03	–0.22	0.14	0	0.03	0	0.03	0	–0.32	0.50	–0.04
临沂	0	–0.05	–0.01	–0.02	–0.02	–0.01	0	0	0	–0.12	0	–0.41
柳州	–0.02	0	0	0	0	0	0	0	0	0	–0.02	–0.02
洛阳	–0.01	–0.01	0.01	0	–0.02	–0.02	0	–0.02	–0.04	–0.04	0.06	0.12
马鞍山	0.04	0	0	0.56	0	0	0	–0.03	0	0	0	0
绵阳	0.14	0.29	0.07	0	0.01	0	0	0	0	0.10	0.32	0.03
南通	0.05	0.04	0.02	0.02	0.41	0	–0.05	–0.10	0	–0.04	–0.07	–0.30
秦皇岛	–0.02	0.05	0	–0.06	0.22	0	–0.05	0.05	–0.02	0.01	0.02	–0.03
泉州	–0.02	0.02	0.29	0.53	0.12	0.78	0	0.04	–0.03	0.03	0.20	0.22
汕头	–0.02	–0.03	–0.01	–0.04	–0.16	–0.10	–0.11	–0.10	–0.08	–0.18	–0.14	0.02
绍兴	0.18	–0.19	–0.01	0.36	0.49	0.21	–0.06	0.02	–0.16	–0.04	0.36	–0.51
宿迁	0.02	0	0	0	0.03	0	0	0.03	0	0	0	0

6–2 续表 2

单位：%

城市	1月	2月	3月	4月	5月	6月	7月	8月	9月	10月	11月	12月
台州	0.04	–0.03	0	0.60	0.14	0	0.20	0.04	0	0.05	0.02	0.02
泰州	0.04	0	0	–0.11	0	0	0	–0.08	0.07	–0.11	–0.06	–0.51
唐山	–0.01	0	0.04	0.13	–0.02	–0.01	–0.06	0	–0.02	0	0	–0.06
威海	0	0.03	0.25	0	0	–0.01	0	–0.03	0.05	0.33	0.02	0
潍坊	0	0	0.01	0.01	0.07	0.07	–0.01	0.01	–0.06	0.16	0	0
芜湖	–0.01	0	0	0	0.53	0	0	–0.04	0	0	0.02	–0.04
湘潭	0	0	0	0	0	–0.04	–0.30	–0.08	–0.17	–0.04	–0.23	–0.02
新乡	–0.02	0.27	0	0	0	0	0	0	–0.03	0.15	0.05	–0.10
徐州	0.05	–0.06	–0.01	0.01	0.03	–0.28	0.02	0.05	–0.08	0.19	–0.04	0.14
烟台	–0.07	0.05	0.13	–0.09	0.55	0.05	0.07	–0.10	0.55	–0.53	–0.25	–0.02
盐城	–0.02	–0.21	–0.02	–0.04	–0.02	–0.01	0.03	–0.02	–0.07	0.01	0.04	0.02
扬州	0	1.04	–0.07	–0.03	–0.13	–0.02	–0.05	–0.61	–0.20	0.23	–0.05	0.14
宜昌	–0.06	–0.04	0	0	0	–0.04	–0.05	0.03	0	–0.15	0.03	–0.04
湛江	–0.07	–0.03	–0.04	–0.07	–0.21	–0.40	–0.10	–0.19	–0.06	–0.56	–0.22	–0.07
张家港	0.08	0	0	0	0	0	0	0	0	0.03	0	0.25
张家口	0	–0.02	–0.02	–0.01	–0.02	–0.04	–0.01	–0.05	–0.10	–0.06	0.04	0
漳州	–0.18	–0.15	–0.15	–0.16	–0.09	–0.04	–0.06	–0.12	–0.09	–0.05	–0.33	–0.27
肇庆	–0.01	–0.01	–0.01	–0.01	–0.01	0.16	0.01	0	0	0	0.06	0.06
镇江	–0.01	–0.01	0	0.01	0.03	0	0	–0.15	–0.03	0	–0.10	–0.03
中山	0.13	–0.02	–0.02	0.25	–0.36	0.04	–0.06	–0.12	–0.10	–0.09	0.03	–0.18
珠海	–0.02	0.07	–0.30	–0.30	–0.02	–0.02	–0.09	0.00	–0.21	–0.35	–0.23	0.50
株洲	0.02	0	–0.02	0	0	0	0	0	0	0	0	0.23
淄博	0.23	0.01	0.01	–0.03	–0.03	0.03	0.06	0	–0.03	0.08	–0.04	0.26

数据来源：中指数据 CREIS。

6-3　2024年百城新建住宅价格指数同比涨跌幅

单位：%

城市	1月	2月	3月	4月	5月	6月	7月	8月	9月	10月	11月	12月
一线城市												
北京	0.83	0.98	1.23	1.72	1.79	1.64	1.96	1.58	1.34	1.51	1.41	1.31
上海	1.13	1.36	2.36	3.03	3.77	4.27	4.66	5.48	6.78	7.72	9.03	10.32
广州	0.34	0.45	0.33	0.29	0.48	0.47	0.45	0.44	0.15	0.22	0.06	0.09
深圳	−1.93	−2.19	−2.01	−1.44	−1.56	−1.13	−0.67	−0.68	−1.36	−1.19	−0.74	−0.53
二线城市												
北海	−0.41	−0.41	−0.37	−0.35	−0.53	−0.58	−0.63	−0.61	−0.58	−0.27	−0.11	0.06
长春	−2.14	−2.08	−2.25	−2.38	−1.91	−1.95	−1.92	−1.90	−1.78	−1.85	−1.94	−1.92
长沙	0.96	0.87	0.79	1.17	1.34	1.22	0.80	0.72	0.60	0.63	0.59	0.93
成都	2.61	3.16	3.77	4.22	4.68	4.71	4.83	4.81	5.33	5.73	6.87	7.09
重庆（主城区）	−0.70	−0.51	−0.49	−0.61	−0.49	−0.20	0.01	−0.10	−0.17	0.08	−0.07	0.09
大连	−1.42	−1.42	−1.47	−1.46	−1.40	−0.69	−0.71	−0.69	−0.85	−0.71	−0.67	0.45
福州	−0.33	−0.33	−0.30	−0.16	0.16	0.58	0.68	0.75	0.55	0.89	0.92	0.97
贵阳	−0.29	−0.26	−0.24	0	−0.01	0.06	0.17	0.26	0.04	0.20	0.23	−0.04
哈尔滨	−1.62	−1.33	−1.19	−1.13	−1.13	−0.54	−0.10	0.12	−0.19	−0.21	−0.14	−0.12
海口	1.19	1.25	1.27	1.25	1.57	2.26	1.62	1.17	0.91	0.52	0.54	0.93
杭州	0.73	1.44	1.78	1.81	2.27	2.43	2.54	2.87	2.92	3.42	3.56	3.56
合肥	1.59	1.46	1.36	1.79	2.10	2.24	2.30	3.62	3.10	3.83	4.35	4.03
呼和浩特	0.16	−0.10	−0.13	−0.14	−0.08	0.34	0.39	0.87	0.94	0.94	1.04	1.11
济南	0.12	0.16	0.09	0.22	0.42	0.73	0.63	0.54	0.29	0.79	1.51	1.54
昆明	−0.30	−0.32	−0.29	−0.19	−0.29	−0.31	−0.29	−0.27	−0.28	−0.39	−0.51	−0.64
兰州	−0.64	−0.65	−0.63	−0.52	−0.23	−0.12	−0.08	−0.03	−0.04	−0.14	−0.09	0.12
南昌	−0.66	−0.62	−0.54	−0.32	−0.34	−0.27	−0.30	−0.31	−0.45	−0.16	−0.10	−0.13
南京	1.53	1.42	1.45	1.85	1.80	1.68	2.00	1.87	1.50	1.53	1.66	2.15
南宁	−0.22	−0.21	−0.22	−0.25	−0.22	−0.22	−0.29	−0.56	−0.94	−0.88	−1.08	−1.01
宁波	0.87	0.87	1.24	1.29	1.86	1.94	1.87	1.27	0.65	0.46	1.71	1.70
青岛	0.96	0.99	0.95	1.03	1.07	1.06	1.10	1.11	0.91	0.47	0.36	0.45
三亚	−0.02	0.03	−0.49	−0.42	−0.35	−0.35	−0.38	−0.35	−0.37	−0.56	−0.51	−0.69
厦门	−0.29	−0.28	−0.30	−0.26	0.29	0.15	0.11	0.12	0.08	−0.54	−0.60	−0.65
沈阳	−0.76	−0.73	−0.73	−0.70	−0.57	−0.59	−0.49	−0.45	−0.11	0.07	0.15	0.21
石家庄	0.10	0.61	0.63	1.13	1.20	1.40	1.39	1.66	1.50	1.40	1.37	1.77
苏州	0.85	0.82	1.16	0.95	1.24	1.92	2.05	2.00	1.70	1.59	2.04	2.44
太原	−0.14	−0.04	−0.02	0.07	0.26	0.28	0.27	0.38	0.30	0	0.05	0.02
天津	0.57	1.23	1.34	1.27	1.27	1.59	1.70	1.70	1.77	1.81	1.44	1.76
温州	−1.08	−0.80	−0.72	−0.72	−0.81	−0.82	−0.82	−0.89	−0.97	−0.71	−0.74	−0.72
乌鲁木齐	0.29	0.26	0.29	0.32	0.56	0.54	0.54	0.57	0.43	0.43	0.32	0.29
无锡	0.06	0.15	0.32	0.31	0.59	0.75	0.71	0.75	0.74	0.69	0.41	0.57
武汉	−0.09	−0.08	0.05	−0.05	−0.06	0.42	0.73	0.54	0.41	0.17	0.87	0.67
西安	1.93	2.30	2.29	2.82	3.09	3.82	4.00	4.62	4.51	4.52	4.38	4.88

6-3 续表 1　单位：%

城市	1月	2月	3月	4月	5月	6月	7月	8月	9月	10月	11月	12月
西宁	0.07	0.07	0.07	0.07	−0.17	−0.23	−0.17	−0.17	−0.19	−0.21	−0.21	−0.21
银川	0.25	0.34	0.40	0.37	0.43	0.42	0.58	0.82	0.58	0.72	1.00	0.91
郑州	−0.10	0.07	0.08	0.53	0.40	0.59	0.65	0.48	0.30	0.42	0.42	0.28
三四线城市												
包头	−0.12	−0.16	−0.17	−0.17	−0.12	−0.11	−0.05	−0.05	−0.03	0	−0.02	−0.02
保定	−0.03	−0.03	−0.03	−0.01	−0.02	0.17	0.14	0.17	0.19	−0.01	0.03	0.10
常熟	0.03	0.03	0	0	0	0	0	0.06	0.06	0.06	0.01	0.01
常州	−0.02	0.06	0.09	0.18	0.19	0.18	0.04	−0.07	−0.30	−0.32	−0.30	−0.40
德州	−0.21	−0.21	−0.24	−0.42	−0.46	−0.46	−0.46	−0.45	−0.40	−0.19	−0.22	−0.25
东莞	−0.29	−0.28	−0.27	−0.33	−0.26	−0.57	−0.15	−0.89	−1.55	−1.50	−2.05	−2.16
东营	0.03	0.03	0.02	0.02	0.07	0.03	0.03	0.08	0.08	0.13	0.15	0.18
佛山	0.05	0.09	0.21	0.54	0.77	0.69	0.71	0.29	−0.03	0.18	0.15	0.04
阜阳	−0.07	−0.07	−0.07	0.04	−0.09	−0.09	−0.16	−0.21	−0.33	−0.57	−0.57	−0.74
赣州	−0.10	0.33	0.33	0.33	0.44	0.52	0.50	0.53	0.41	0.41	0.40	0.47
桂林	−0.52	−0.48	−0.45	−0.36	−0.19	−0.14	−0.12	−0.12	−0.12	0.02	0.12	0.16
邯郸	−0.49	−0.39	−0.30	−0.33	−0.27	−0.22	−0.14	0.12	0.10	0.22	0.37	0.71
菏泽	−0.18	−0.20	−0.18	−0.20	−0.24	−0.29	−0.33	−0.35	−0.31	−0.18	−0.09	−0.15
衡水	−1.09	−0.53	−0.37	−0.27	−0.37	−0.26	−0.17	−0.15	−0.60	−0.72	−0.86	−0.87
湖州	−0.23	−0.22	−0.22	−0.22	0	0.16	0.15	0.18	0.20	0.23	0.22	0.24
淮安	0.03	0.21	0.43	0.41	0.44	0.43	0.43	0.40	0.38	0.41	0.41	0.41
惠州	−0.58	−0.80	−0.79	−0.78	−0.76	−0.78	−0.64	−0.72	−0.94	−1.05	−1.09	−1.19
济宁	−0.83	−0.85	−0.61	−0.55	−0.55	−0.46	−0.41	−0.45	−0.55	−0.55	−0.47	−0.50
嘉兴	0.29	0.34	0.56	0.52	0.52	0.79	0.81	0.75	0.67	0.54	1.34	1.55
江门	−0.28	−0.28	−0.19	−0.14	−0.07	0.06	0.38	0.37	0.13	−0.11	0.24	0.25
江阴	0.08	0.08	0.05	0.05	0	−0.02	−0.14	−0.27	−0.22	−0.33	−0.61	−0.63
金华	0.92	1.05	0.44	0.46	1.11	1.36	1.29	2.69	3.01	2.53	2.52	2.37
昆山	−0.23	−0.24	−0.24	−0.23	−0.19	−0.14	−0.04	−0.01	0.01	0	−0.06	0.25
廊坊	0	0.07	0.17	0.19	0.03	0.01	0.05	−0.07	−0.46	−1.28	−1.39	−1.46
连云港	0.05	0.17	0.17	0.40	0.39	0.37	0.37	0.37	0.37	0.48	0.53	0.55
聊城	0.24	0.27	0.04	0.18	0.15	0.13	0.31	0.33	0.21	−0.16	0.30	0.18
临沂	−0.22	−0.07	−0.08	−0.10	−0.12	−0.13	−0.14	−0.12	−0.11	−0.24	−0.24	−0.65
柳州	0.05	0.05	0.05	0.05	0.05	0.05	0.05	0.05	0.04	0.04	−0.01	−0.07
洛阳	−0.59	−0.52	−0.53	−0.52	−0.46	−0.43	−0.37	−0.21	−0.20	−0.21	−0.11	0.02
马鞍山	0.20	0.19	0.17	0.72	0.70	0.68	0.67	0.62	0.62	0.59	0.59	0.58
绵阳	−0.27	0.01	0.07	0.06	0.04	0.03	0.22	0.22	0.22	0.36	0.91	0.97
南通	0.29	0.33	0.35	0.37	0.78	0.77	0.72	0.64	0.64	0.57	0.31	−0.02
秦皇岛	−0.19	−0.15	−0.15	−0.14	0.16	0.13	0.05	0.10	0.31	0.17	0.19	0.17
泉州	0.21	0.23	0.51	1.03	1.28	2.07	2.07	2.08	1.95	1.99	2.09	2.21
汕头	−0.36	−0.28	−0.25	−0.29	−0.44	−0.54	−0.65	−0.75	−0.83	−0.99	−1.04	−0.94
绍兴	0.40	0.20	0.17	0.51	0.97	1.14	1.05	1.10	0.94	0.87	1.21	0.66
宿迁	0.04	0.04	0.02	0.02	0.05	0.05	0.05	0.09	0.09	0.09	0.09	0.09

6-3　续表 2　　单位：%

城市	1 月	2 月	3 月	4 月	5 月	6 月	7 月	8 月	9 月	10 月	11 月	12 月
台州	0.40	0.37	0.35	0.95	1.09	1.07	1.26	1.27	1.25	1.29	1.27	1.09
泰州	0.01	0.01	0.01	−0.08	−0.08	−0.08	−0.08	−0.17	−0.10	−0.20	−0.26	−0.76
唐山	−0.34	−0.33	−0.31	−0.12	−0.12	−0.10	−0.13	−0.14	−0.16	−0.04	0.01	−0.02
威海	−0.39	−0.35	−0.10	−0.05	0.03	0.07	0.15	0.14	0.20	0.58	0.63	0.64
潍坊	−0.19	−0.21	−0.12	−0.09	0.01	0.10	0.12	0.12	0.07	0.25	0.27	0.28
芜湖	−0.83	−0.54	−0.49	−0.49	0	0.12	0.21	0.17	0.17	0.11	0.49	0.44
湘潭	−1.29	−1.12	−1.03	−1.03	−0.96	−1.00	−1.26	−1.17	−1.22	−1.11	−0.89	−0.87
新乡	0.03	0.31	0.31	0.31	0.31	0.29	0.29	0.29	0.26	0.40	0.45	0.33
徐州	−0.46	−0.53	−0.55	−0.51	−0.32	−0.62	−0.57	−0.37	−0.45	−0.03	−0.12	0.02
烟台	−1.35	−1.19	−0.94	−0.95	−0.26	−0.07	0.12	0.15	0.61	0.11	0.25	0.35
盐城	−0.85	−1.07	−1.00	−0.96	−0.95	−0.96	−0.84	−0.70	−0.63	−0.49	−0.45	−0.32
扬州	−0.52	0.58	0.48	0.46	0.46	0.51	0.80	0.26	−0.09	0.12	0.03	0.24
宜昌	−0.01	−0.06	−0.06	−0.05	−0.03	−0.08	−0.14	−0.13	−0.13	−0.26	−0.27	−0.33
湛江	−0.80	−0.75	−0.74	−0.78	−0.91	−1.15	−1.22	−1.01	−1.17	−1.76	−1.95	−1.99
张家港	0.10	0.10	0.10	0.10	0.10	0.10	0.10	0.10	0.10	0.11	0.11	0.35
张家口	0.05	0.04	0.01	0	−0.02	−0.06	−0.07	−0.14	−0.24	−0.32	−0.30	−0.30
漳州	−0.21	−0.24	−0.37	−0.53	−0.57	−0.59	−0.65	−0.77	−0.95	−1.01	−1.33	−1.67
肇庆	−0.31	−0.33	−0.27	−0.27	−0.27	−0.09	−0.03	−0.01	−0.01	0.01	0.14	0.22
镇江	−0.34	−0.28	−0.29	−0.28	−0.22	−0.20	−0.18	−0.35	−0.23	−0.22	−0.29	−0.29
中山	−0.52	−0.55	−0.50	−0.18	−0.55	−0.46	−0.46	−0.48	−0.47	−0.41	−0.34	−0.51
珠海	−0.52	−0.34	−0.56	−0.82	−0.73	−0.73	−0.71	−0.60	−0.87	−1.24	−1.36	−0.97
株洲	−0.81	−0.74	−0.53	−0.43	−0.22	−0.18	−0.12	−0.05	−0.05	−0.05	0	0.23
淄博	−0.20	−0.10	0	0.04	0.04	0.12	0.17	0.19	0.20	0.29	0.28	0.56

数据来源：中指数据 CREIS。

6-4 2024年百城新建住宅价格指数样本平均价格

单位：元 / 平方米

城市	1月	2月	3月	4月	5月	6月	7月	8月	9月	10月	11月	12月
一线城市												
北京	45054	45131	45259	45489	45534	45482	45646	45488	45437	45562	45547	45579
上海	51606	51739	52305	52677	53075	53358	53564	53991	54673	55270	56000	56803
广州	24703	24731	24706	24692	24748	24769	24771	24743	24666	24687	24683	24695
深圳	52973	52825	52911	53186	53135	53113	53288	53083	52727	52755	52684	52625
二线城市												
北海	7862	7863	7866	7865	7851	7847	7844	7848	7848	7848	7850	7867
长春	8813	8809	8749	8724	8722	8702	8681	8681	8675	8666	8651	8645
长沙	9591	9595	9590	9629	9652	9644	9607	9590	9577	9600	9602	9664
成都	13081	13176	13284	13364	13440	13457	13479	13482	13573	13663	13837	13931
重庆（主城区）	11645	11664	11660	11648	11665	11679	11672	11654	11639	11645	11623	11647
大连	13571	13564	13554	13547	13554	13649	13650	13652	13639	13629	13632	13632
福州	17108	17108	17116	17135	17196	17265	17284	17299	17268	17271	17264	17278
贵阳	6955	6957	6955	6974	6971	6974	6979	6982	6965	6970	6968	6954
哈尔滨	9077	9075	9078	9078	9078	9082	9078	9093	9064	9062	9066	9066
海口	15424	15421	15426	15426	15480	15588	15493	15429	15387	15327	15334	15396
杭州	29714	29942	30063	30074	30149	30158	30201	30306	30389	30515	30560	30566
合肥	14157	14138	14135	14212	14270	14292	14303	14503	14462	14608	14726	14710
呼和浩特	8640	8618	8616	8616	8621	8659	8662	8704	8710	8718	8730	8736
济南	11950	11951	11948	11956	11979	12013	12004	11996	11970	12031	12120	12127
昆明	11135	11134	11130	11134	11107	11106	11107	11103	11098	11084	11077	11069
兰州	9026	9025	9023	9021	9035	9036	9038	9035	9032	9016	9018	9036
南昌	12428	12430	12438	12464	12459	12466	12461	12453	12396	12423	12433	12415
南京	25091	25080	25106	25208	25179	25187	25252	25226	25153	25225	25353	25564
南宁	11144	11145	11143	11142	11141	11139	11130	11097	11061	11055	11031	11029
宁波	20039	20043	20121	20139	20251	20274	20270	20165	20069	20028	20297	20357
青岛	13891	13888	13885	13896	13905	13906	13914	13908	13888	13846	13839	13855
三亚	24196	24212	24084	24096	24097	24096	24094	24096	24091	24038	24047	24018
厦门	29145	29150	29149	29157	29332	29303	29291	29304	29291	29150	29188	29164
沈阳	9801	9799	9796	9795	9806	9802	9806	9811	9804	9820	9825	9823
石家庄	11844	11902	11904	11955	11961	11982	11982	12018	12007	12002	11996	12034
苏州	18545	18542	18606	18572	18631	18753	18780	18773	18755	18741	18872	18969
太原	10033	10035	10039	10041	10059	10059	10053	10066	10060	10041	10040	10034
天津	14991	15088	15105	15103	15107	15156	15173	15155	15183	15199	15149	15207

6-4　续表 1　　　　单位：元 / 平方米

城市	1 月	2 月	3 月	4 月	5 月	6 月	7 月	8 月	9 月	10 月	11 月	12 月
温州	18746	18736	18742	18736	18725	18730	18729	18722	18708	18680	18662	18656
乌鲁木齐	8235	8233	8238	8240	8263	8263	8264	8264	8263	8266	8259	8261
无锡	14311	14314	14342	14342	14372	14372	14370	14373	14362	14358	14322	14358
武汉	13215	13209	13217	13215	13203	13254	13289	13250	13235	13230	13300	13279
西安	12395	12451	12455	12532	12583	12684	12713	12805	12823	12852	12842	12937
西宁	7509	7509	7509	7509	7493	7489	7493	7493	7493	7493	7493	7493
银川	6700	6706	6710	6708	6709	6710	6723	6737	6735	6739	6756	6763
郑州	12285	12288	12290	12346	12333	12349	12345	12327	12322	12329	12325	12307
三四线城市												
包头	6427	6425	6425	6425	6421	6422	6425	6425	6425	6426	6426	6426
保定	8864	8864	8864	8867	8865	8872	8869	8872	8874	8858	8862	8872
常熟	15260	15260	15260	15260	15260	15260	15260	15269	15269	15269	15262	15262
常州	12997	12996	12997	13001	12998	13002	12978	12959	12930	12926	12932	12922
德州	6680	6680	6673	6661	6659	6659	6659	6660	6663	6665	6665	6662
东莞	19296	19286	19279	19271	19260	19209	19261	19125	18958	18999	18871	18864
东营	6002	6002	6002	6002	6005	6005	6005	6008	6009	6013	6014	6014
佛山	13867	13870	13889	13930	13961	13947	13953	13897	13862	13893	13885	13877
阜阳	7525	7525	7525	7531	7519	7519	7514	7510	7502	7475	7475	7469
赣州	8238	8274	8274	8274	8283	8281	8281	8276	8266	8268	8270	8278
桂林	6445	6445	6446	6446	6446	6446	6446	6446	6446	6446	6453	6455
邯郸	6951	6953	6955	6952	6946	6944	6950	6965	6972	6982	6988	6999
菏泽	5422	5421	5419	5418	5417	5416	5415	5415	5414	5415	5416	5418
衡水	6531	6538	6535	6533	6525	6524	6522	6518	6486	6483	6473	6470
湖州	11245	11245	11247	11248	11248	11247	11245	11247	11250	11258	11265	11269
淮安	6314	6325	6335	6335	6338	6338	6338	6336	6336	6338	6338	6338
惠州	11138	11116	11113	11109	11103	11098	11108	11096	11058	11041	11031	11015
济宁	8016	8013	8014	8014	8011	8011	8010	8004	7996	7994	7991	7988
嘉兴	13499	13506	13536	13533	13527	13569	13575	13575	13565	13559	13673	13700
江门	8337	8335	8338	8336	8334	8331	8353	8353	8342	8327	8356	8360
江阴	10553	10553	10553	10553	10548	10546	10533	10519	10526	10514	10483	10487
金华	12884	12903	12828	12832	12915	12952	12946	13083	13119	13058	13081	13069
昆山	15879	15879	15883	15886	15889	15889	15896	15908	15915	15915	15887	15918
廊坊	11635	11635	11641	11641	11622	11620	11622	11608	11562	11485	11472	11463
连云港	7762	7771	7771	7789	7789	7789	7789	7789	7789	7801	7805	7805
聊城	6783	6781	6766	6775	6775	6777	6777	6779	6779	6758	6791	6788

6-4 续表 2 单位：元 / 平方米

城市	1月	2月	3月	4月	5月	6月	7月	8月	9月	10月	11月	12月
临沂	9711	9706	9705	9703	9701	9700	9700	9700	9700	9688	9688	9648
柳州	9132	9132	9132	9132	9132	9132	9132	9132	9132	9132	9130	9128
洛阳	8025	8024	8025	8025	8023	8021	8021	8019	8016	8013	8018	8028
马鞍山	7478	7478	7478	7520	7520	7520	7520	7518	7518	7518	7518	7518
绵阳	6925	6945	6950	6950	6951	6951	6951	6951	6951	6958	6980	6982
南通	14670	14676	14679	14682	14742	14742	14735	14720	14720	14714	14704	14660
秦皇岛	9561	9566	9566	9560	9581	9581	9576	9581	9579	9580	9582	9579
泉州	8867	8869	8895	8942	8953	9023	9023	9027	9024	9027	9045	9065
汕头	10716	10713	10712	10708	10691	10680	10668	10657	10649	10630	10615	10617
绍兴	16265	16234	16233	16292	16372	16406	16396	16400	16374	16367	16426	16343
宿迁	5677	5677	5677	5677	5679	5679	5679	5681	5681	5681	5681	5681
台州	13934	13930	13930	14014	14034	14034	14062	14067	14067	14074	14077	14080
泰州	8322	8322	8322	8313	8313	8313	8313	8306	8312	8303	8298	8256
唐山	8570	8570	8573	8584	8582	8581	8576	8576	8574	8574	8574	8569
威海	8776	8779	8801	8801	8801	8800	8800	8797	8801	8830	8832	8832
潍坊	6744	6744	6745	6746	6751	6756	6755	6756	6752	6763	6763	6763
芜湖	8397	8397	8397	8397	8441	8441	8441	8437	8437	8437	8439	8435
湘潭	5274	5274	5274	5274	5274	5272	5256	5252	5243	5241	5229	5228
新乡	5822	5838	5838	5838	5838	5838	5838	5838	5836	5845	5848	5842
徐州	9840	9834	9833	9834	9837	9809	9811	9816	9808	9827	9823	9837
烟台	9131	9136	9148	9140	9190	9195	9201	9192	9243	9194	9171	9169
盐城	8512	8494	8492	8488	8486	8485	8488	8486	8480	8481	8485	8487
扬州	13313	13451	13442	13438	13421	13418	13411	13329	13303	13333	13326	13345
宜昌	7776	7773	7773	7773	7773	7770	7766	7768	7768	7756	7758	7755
湛江	10127	10124	10120	10113	10092	10052	10042	10023	10017	9961	9939	9932
张家港	11004	11004	11004	11004	11004	11004	11004	11004	11004	11007	11007	11034
张家口	8327	8325	8323	8322	8320	8317	8316	8312	8304	8299	8302	8302
漳州	11028	11012	10996	10978	10968	10964	10957	10944	10934	10928	10892	10863
肇庆	6968	6967	6966	6965	6964	6975	6976	6976	6976	6976	6980	6984
镇江	9413	9412	9412	9413	9416	9416	9416	9402	9399	9399	9390	9387
中山	10223	10221	10219	10245	10208	10212	10206	10194	10183	10174	10177	10158
珠海	21490	21506	21443	21380	21376	21371	21351	21352	21307	21231	21182	21287
株洲	6002	6002	6001	6001	6001	6001	6001	6001	6001	6001	6001	6015
淄博	7822	7823	7824	7822	7820	7822	7827	7827	7825	7831	7828	7848

数据来源：中指数据 CREIS。

6–5　2024年百城新建住宅价格指数样本价格中位数

单位：元 / 平方米

城市	1月	2月	3月	4月	5月	6月	7月	8月	9月	10月	11月	12月
一线城市												
北京	55000	55000	56000	56000	56000	57000	57000	56000	57000	57000	57500	57000
上海	50000	49965	49983	49965	50400	51420	51500	51500	51860	53325	54000	54876
广州	28000	28000	28000	28500	28650	28750	29000	28000	28000	27750	27000	28500
深圳	52500	52500	53000	52400	53400	53000	55000	52000	51850	51770	51600	51850
二线城市												
北海	6800	6800	6800	6800	6800	6800	6800	6800	6800	6800	6800	6800
长春	9800	9800	9800	9500	9500	9500	9500	9000	9000	9000	9000	9300
长沙	11600	11750	12000	12000	12000	12000	12000	12000	11600	11500	11500	11600
成都	18572	19000	19000	19436	19500	19486	19066	19040	19000	19053	20027	20500
重庆（主城区）	14600	14500	14500	14500	14500	14000	14000	13500	13500	13500	13000	13000
大连	13500	13250	12500	13000	13000	13000	13000	13000	13250	13000	13500	13500
福州	17000	17000	17000	17229	17458	17500	17500	17694	17500	17500	17500	17479
贵阳	8500	8500	8500	8500	8500	8500	8500	8500	8500	8500	8500	8500
哈尔滨	9800	9800	9800	10000	10000	10000	10000	10000	10000	10000	10000	10000
海口	18150	17950	18000	17950	17900	18000	18000	17600	17167	17300	17300	17700
杭州	30000	30360	30000	30360	30360	30360	30207	30000	30000	30360	30180	30500
合肥	17625	17400	17000	17000	17000	17000	16000	16000	15840	15943	16500	16750
呼和浩特	11500	11500	11500	11500	11650	11650	11800	11800	11800	12000	12000	12000
济南	14500	14500	14500	14750	15000	15000	15000	14428	14356	14000	13900	14000
昆明	13500	13500	13500	13500	13500	13500	13365	13115	13000	13000	13000	13000
兰州	8400	8350	8350	8500	8200	8200	8200	8134	7660	7800	7750	8167
南昌	12000	12000	12200	12500	12500	12500	12000	12100	11500	10650	10850	10500
南京	28325	28250	28490	29157	28490	28000	28000	28000	27882	28000	27717	27633
南宁	11000	11000	11000	11000	11000	11000	11000	11000	10850	11000	10000	9800
宁波	19250	19250	18500	18698	18898	19629	19500	19000	18407	18050	18000	19000
青岛	13000	13000	13000	13000	13000	13000	12500	12500	12500	12500	12500	12500
三亚	20000	20000	20000	19430	19430	19180	19180	19360	19000	19180	19000	19180
厦门	32000	32500	32000	32000	32500	32000	32000	31750	31250	31000	31000	31750
沈阳	11250	11500	11000	11000	11000	11000	11000	10500	10500	10500	10500	11000
石家庄	13300	13300	13150	13200	13100	13200	13000	13000	13000	13000	13000	13000
苏州	26000	26000	26000	26100	26000	26000	26500	26500	26500	26350	26500	26500
太原	10450	10350	10450	10500	10500	10550	10500	10500	10500	10450	10450	10350
天津	16500	16550	16500	16500	16500	16900	17000	17000	16800	16500	16500	16500

6-5 续表 1

单位：元 / 平方米

城市	1 月	2 月	3 月	4 月	5 月	6 月	7 月	8 月	9 月	10 月	11 月	12 月
温州	17000	17000	17000	16943	17000	16425	16671	16671	16450	16450	16015	16634
乌鲁木齐	9200	9200	9200	9300	9300	9250	9200	9250	9300	9250	9200	9300
无锡	24000	24000	24000	24000	24000	24000	24000	24000	24000	24000	23000	23000
武汉	14000	14000	13525	13900	13800	14000	13722	13500	13500	13500	13500	14000
西安	17166	17399	17050	17376	17100	17000	16500	16500	16500	16500	16000	16500
西宁	11000	11000	11000	11000	11000	11000	11000	11000	11000	11000	11000	10850
银川	8049	8081	8075	8049	8075	8049	8049	8000	8000	8000	8000	8000
郑州	12800	12800	12800	12500	12600	12500	12500	12400	12800	13000	12900	12750
三四线城市												
包头	7968	7700	7700	7700	7700	7500	7500	7500	7500	7700	7700	7500
保定	9500	9500	9500	9500	9500	9600	9500	9500	9500	9500	9500	9500
常熟	16000	16000	16000	16000	16000	16000	16000	16000	16000	16000	16000	16000
常州	17500	17500	17500	17500	17500	17350	15500	16000	16000	16000	16000	16000
德州	7400	7400	7294	7288	7288	7000	7000	6900	7000	7288	7288	7288
东莞	26000	26000	25470	25000	25000	25000	25000	24000	23000	23000	22500	22250
东营	7380	7380	7200	7500	7500	7500	7500	7500	7500	7500	7500	7500
佛山	15500	15900	16000	16000	16000	16500	16000	15500	15000	15000	15152	16000
阜阳	7500	7500	7500	7500	7500	7500	7500	7500	7500	7500	7500	7500
赣州	8200	8200	8250	8250	8300	8250	8250	8200	8200	8250	8175	8150
桂林	5750	5750	5900	5900	5900	5900	5900	5750	5900	5900	5900	5900
邯郸	9150	9300	9450	9500	9500	9500	9500	9500	9400	9500	9500	9500
菏泽	5500	5500	5500	5500	5500	5500	5500	5500	5500	5500	5500	5500
衡水	6594	6500	6500	6500	6500	6500	6500	6500	6500	6500	6500	6350
湖州	12700	12800	12800	12900	12900	13000	13000	13000	13000	13000	13000	13000
淮安	8600	8700	8879	8958	8958	8979	9000	9000	9000	9100	9100	9100
惠州	12800	13000	13150	12950	12000	11000	11000	10500	10000	9800	9500	9500
济宁	8750	8750	8600	8700	8700	8650	8700	8500	8500	8500	8500	8500
嘉兴	15992	15990	15991	15992	15992	15996	15996	15996	15996	16000	16250	16402
江门	9800	9800	9800	9800	9800	9800	9800	9800	9800	9600	9700	9500
江阴	12500	12500	12500	12500	12000	12000	11500	11500	11500	11000	11000	11000
金华	18500	19000	18500	17000	17630	17630	17630	17500	17630	17500	17000	17000
昆山	16000	17000	17000	16250	16250	16250	16250	16250	16250	16250	16250	16250
廊坊	10900	11000	11000	10500	10500	10500	10500	9600	9500	9500	9500	9500
连云港	8700	8500	8500	8700	8700	8700	8700	8700	8700	8900	9000	9000
聊城	6800	6800	7050	7200	7200	7200	7200	7200	7200	7200	7250	7300

6–5　续表 2　　单位：元 / 平方米

城市	1 月	2 月	3 月	4 月	5 月	6 月	7 月	8 月	9 月	10 月	11 月	12 月
临沂	9000	9150	9150	9000	9000	9000	9000	9000	9000	9000	8600	8600
柳州	8800	8500	8500	8500	8800	8800	8800	8800	8800	8650	8650	8650
洛阳	7500	7500	7500	7500	7500	7500	7500	7000	7000	7000	7000	7000
马鞍山	8500	8550	8550	8800	8800	8800	9000	9000	9000	9000	9000	9000
绵阳	8400	8500	8500	8500	8500	8500	8500	8500	8500	8500	8500	8500
南通	17000	17000	17000	16993	17000	17000	17000	17000	16500	16600	16500	17000
秦皇岛	10500	10500	10500	10500	10500	10500	10500	10500	10500	10500	10500	10500
泉州	9000	9000	9250	9400	9500	9550	9500	9500	9500	9600	9650	9750
汕头	11000	11000	11000	11000	11000	11000	11000	10550	10100	10176	10000	10000
绍兴	19650	20000	20000	19800	19800	19900	19900	19900	19500	19418	19335	19168
宿迁	9300	9300	9300	9300	9300	9300	9300	9300	9300	9300	9300	9300
台州	15150	15150	15500	15500	15500	15750	16000	16000	16000	16000	15500	15500
泰州	9400	9400	9400	9400	9400	9400	9344	9344	9344	9344	9400	9400
唐山	8700	8750	8800	8750	8800	8700	8600	8500	8500	8550	8500	8500
威海	8500	8500	8500	9000	9000	9000	9000	9000	9000	9000	9000	9000
潍坊	7950	7950	7870	7900	7950	8000	8000	8000	8000	8000	7950	8000
芜湖	9800	9650	10000	10000	10500	10500	10500	9900	9900	10500	10500	10000
湘潭	5350	5350	5300	5300	5499	5499	5250	5300	5300	5380	5300	5300
新乡	7100	7100	7100	7100	7100	7100	7100	7100	7100	7100	7100	7100
徐州	11000	10500	10900	10500	10400	10000	10100	9800	9540	9725	9300	9975
烟台	8750	8750	8950	8500	8500	8500	8500	8500	8500	8500	8500	8500
盐城	9200	9500	9650	9200	9200	9150	9500	9500	9200	9500	9200	9200
扬州	13500	13850	13500	13050	13000	13000	13000	13000	12500	12250	12000	12600
宜昌	8625	8400	8400	8625	8600	8600	8450	8450	8300	8600	8625	8600
湛江	10300	10300	10000	10000	10000	9600	9600	9600	9600	9500	9500	9500
张家港	11500	11500	11500	11500	11500	11500	11500	11500	11500	11500	11500	11500
张家口	7600	7550	7500	7600	7600	7600	7600	7600	7600	7700	7700	7700
漳州	12000	11800	11800	11600	11000	11000	11000	11000	11000	11000	11000	10944
肇庆	6800	6600	6700	6800	6800	6800	6800	6800	6800	6800	6800	6800
镇江	9500	9500	9500	9500	9500	9500	9500	9000	9000	9500	9000	9500
中山	13000	13000	13000	13000	12000	12000	11500	11500	11500	11500	11500	11000
珠海	25000	25000	25000	25000	25000	25000	25000	25000	25000	25000	25000	25000
株洲	5900	5900	5900	5900	5900	5900	5900	5900	5900	5900	5900	5900
淄博	8000	8000	8000	8050	8050	8100	8100	8000	7750	8000	8000	8000

数据来源：中指数据 CREIS。

6–6 2024年百城二手住宅价格指数环比涨跌幅

单位：%

城市	1月	2月	3月	4月	5月	6月	7月	8月	9月	10月	11月	12月
一线城市												
北京	−0.65	−0.49	−0.76	−1.10	−0.88	−0.90	−0.87	−0.87	−0.93	−0.29	−0.12	−0.10
上海	−0.45	−0.33	−0.55	−1.04	−1.06	−0.75	−0.88	−0.75	−0.80	−0.10	−0.19	−0.18
广州	−0.45	−0.33	−0.35	−0.73	−0.71	−0.59	−0.72	−0.59	−0.54	−0.26	−0.26	−0.23
深圳	−0.38	−0.27	−0.28	−0.64	−0.16	−0.37	−0.68	−0.61	−0.84	−0.05	0.21	0.05
二线城市												
北海	−0.36	−0.21	−0.29	−0.26	−0.52	−0.36	−0.57	−0.35	−0.40	−0.58	−0.21	−0.27
长春	−0.51	−0.45	−0.52	−0.90	−0.77	−0.67	−0.52	−0.60	−0.61	−0.73	−0.76	−0.49
长沙	−0.31	−0.12	−0.27	−0.40	−0.31	−0.74	−0.48	−0.43	−0.35	−0.45	−0.87	−0.69
成都	−0.61	−0.28	−0.54	−0.60	−0.80	−0.59	−0.65	−0.66	−0.54	−0.20	0.12	0.10
重庆（主城区）	−0.73	−0.53	−0.58	−0.88	−0.87	−0.89	−1.25	−1.15	−0.67	−0.22	−0.07	−0.10
大连	−0.41	−0.32	−0.48	−0.62	−0.61	−0.61	−0.61	−0.58	−0.55	−0.61	−1.13	−1.02
福州	−0.67	−0.23	−0.78	−0.94	−0.80	−0.86	−1.15	−0.88	−0.80	−1.02	−1.08	−1.04
贵阳	−0.46	−0.39	−0.64	−0.69	−0.56	−0.42	−0.46	−0.40	−0.49	−0.51	−0.61	−0.42
哈尔滨	−0.40	−0.30	−0.31	−0.46	−0.37	−0.37	−0.37	−0.33	−0.40	−0.55	−0.86	−0.71
海口	−0.43	−0.11	−0.49	−0.64	−0.54	−0.59	−0.77	−0.51	−0.40	−0.48	−0.60	−0.38
杭州	−0.32	−0.40	−0.76	−0.88	−0.76	−0.58	−0.96	−0.90	−0.63	−0.65	−0.42	−0.41
合肥	−0.29	−0.26	−0.52	−0.63	−0.54	−0.44	−0.47	−0.73	−0.47	−0.64	−0.64	−0.94
呼和浩特	−0.37	−0.24	−0.65	−0.64	−0.74	−0.69	−0.67	−0.63	−0.54	−0.73	−1.05	−0.91
济南	−0.44	−0.15	−0.46	−0.49	−0.50	−0.65	−0.70	−0.61	−0.65	−0.74	−0.99	−0.55
昆明	−0.80	−0.38	−0.72	−0.85	−0.82	−0.64	−0.84	−0.89	−0.72	−0.83	−0.83	−0.56
兰州	−0.53	−0.29	−0.49	−0.68	−0.64	−0.49	−0.64	−0.52	−0.39	−0.50	−1.12	−0.95
南昌	−0.69	−0.42	−0.74	−0.79	−0.82	−0.93	−0.77	−0.82	−0.85	−0.55	−0.86	−0.76
南京	−0.85	−0.62	−0.78	−1.13	−1.06	−0.93	−0.90	−0.99	−1.03	−1.00	−0.60	−0.59
南宁	−0.74	−0.61	−0.58	−0.67	−0.50	−0.72	−0.62	−0.63	−0.62	−0.20	−0.76	−0.68
宁波	−0.76	−0.49	−0.87	−1.03	−1.02	−1.01	−1.11	−1.12	−1.04	−1.15	−1.01	−0.89
青岛	−0.55	−0.42	−0.59	−0.74	−0.73	−0.69	−0.72	−0.67	−0.72	−1.12	−1.19	−0.83
三亚	0.28	0.19	0.23	−0.10	−0.23	−0.05	−0.10	−0.29	−0.14	−0.01	−0.04	−0.17
厦门	−0.61	−0.32	−0.86	−1.07	−0.99	−1.16	−1.14	−1.11	−0.91	−1.25	−1.20	−1.04
沈阳	−0.49	−0.42	−0.60	−0.75	−0.69	−0.64	−0.70	−0.72	−0.76	−0.55	−0.74	−0.58
石家庄	−0.54	−0.30	−0.49	−0.66	−0.65	−0.75	−0.68	−0.55	−0.55	−0.57	−0.52	−0.45
苏州	−0.77	−0.65	−0.89	−1.11	−1.02	−1.00	−0.85	−1.07	−0.98	−1.02	−0.88	−0.60
太原	−0.02	−0.20	−0.16	−0.16	−0.16	−0.21	−0.20	−0.24	−0.14	−0.42	−0.35	−0.16
天津	−0.44	−0.30	−0.47	−0.62	−0.52	−0.76	−0.75	−0.70	−0.71	−0.50	−0.31	−0.35
温州	−0.73	−0.64	−0.85	−1.28	−1.15	−1.61	−1.13	−1.06	−0.90	−1.42	−0.98	−1.12
乌鲁木齐	−0.07	−0.02	−0.14	−0.20	−0.09	−0.06	−0.08	−0.12	−0.13	−0.04	0.09	−0.04
无锡	−0.87	−0.50	−0.91	−0.88	−0.74	−0.96	−0.92	−0.73	−0.61	−0.82	−0.57	−0.57
武汉	−0.84	−0.63	−0.77	−1.22	−1.07	−1.23	−1.26	−1.19	−1.15	−0.66	−0.43	−0.38
西安	−0.48	−0.33	−0.44	−0.68	−0.53	−0.55	−0.78	−0.62	−0.51	−0.30	−0.30	−0.54

6-6　续表 1　　单位：%

城市	1月	2月	3月	4月	5月	6月	7月	8月	9月	10月	11月	12月
西宁	−0.40	−0.45	−0.48	−0.87	−0.30	−0.35	−0.35	−0.79	−1.12	−0.86	−0.91	−0.38
银川	−0.24	−0.14	−0.13	−0.35	−0.34	−0.49	−0.56	−0.47	−0.46	−0.15	−0.42	−0.28
郑州	−0.69	−0.38	−0.44	−0.81	−0.66	−0.59	−0.69	−0.67	−0.61	−0.35	−0.26	−0.36
三四线城市												
包头	−0.13	−0.07	−0.18	−0.26	−0.28	−0.24	−0.24	−0.23	−0.17	−0.27	−0.42	−0.31
保定	−0.30	−0.41	−0.41	−0.39	−0.35	−0.34	−0.52	−0.58	−0.63	−0.49	−0.95	−0.72
常熟	−0.45	−0.22	−0.51	−0.67	−0.85	−0.50	−0.48	−0.66	−0.37	−0.46	−1.25	−0.86
常州	−1.14	−0.85	−1.08	−1.35	−1.36	−1.94	−1.55	−1.23	−1.17	−0.97	−0.74	−0.84
德州	−0.42	−0.64	−0.20	−0.26	−0.38	−0.66	−0.14	−0.50	−0.47	−0.35	−0.29	−0.53
东莞	−0.98	−0.39	−0.90	−1.12	−1.10	−1.34	−1.27	−1.31	−1.18	−1.22	−1.15	−1.09
东营	−0.74	−0.73	−0.06	−0.36	−1.08	−1.77	−0.61	−0.78	−0.51	−0.94	0.04	−0.37
佛山	−0.40	−0.28	−0.44	−0.56	−0.64	−0.68	−0.72	−0.82	−0.75	−0.46	−0.61	−0.44
阜阳	−0.33	−0.22	−0.19	−0.18	−0.45	−0.44	−0.36	−0.27	−0.78	−0.93	−0.25	−0.36
赣州	−0.13	−0.04	−0.13	−0.18	−0.16	−0.23	−0.16	−0.32	−0.24	−0.09	−0.03	−0.22
桂林	−0.37	−0.09	−0.38	−0.19	−0.73	−0.48	−0.57	−0.58	−0.54	−0.51	−0.91	−0.72
邯郸	−0.26	−0.08	−0.13	−0.12	−0.18	−0.27	−0.36	−0.30	−0.17	−0.38	−0.24	−0.21
菏泽	−0.13	−0.06	−0.11	−0.03	−0.08	−0.16	−0.15	−0.19	−0.15	−0.21	−0.26	−0.29
衡水	−0.58	−0.55	−0.29	−0.45	−0.25	−0.49	−0.40	−0.33	−0.43	−1.08	−0.44	−0.52
湖州	−0.59	−0.11	−0.41	−0.16	−0.28	−0.64	−0.30	−0.43	−0.68	−0.03	−0.02	−0.33
淮安	−1.05	−0.83	−0.84	−1.45	−1.27	−1.08	−0.97	−1.32	−1.43	−1.22	−1.83	−1.72
惠州	−0.77	−0.39	−0.73	−0.88	−0.88	−0.91	−1.00	−0.92	−0.74	−0.45	−1.04	−0.80
济宁	−0.90	−0.65	−0.72	−0.82	−0.72	−0.61	−0.45	−0.53	−0.65	−1.50	−1.46	−1.39
嘉兴	−0.79	−0.44	0.01	−0.11	−0.05	−0.38	−0.03	−0.06	−0.30	−0.11	−0.20	−0.03
江门	−0.58	−0.43	−0.59	−0.64	−0.93	−0.84	−0.71	−0.78	−0.69	−0.71	−0.39	−0.45
江阴	−1.02	−1.17	−0.81	−1.18	−0.78	−0.80	−0.82	−0.50	−0.72	−0.99	−1.16	−0.96
金华	−0.53	−0.55	−0.40	−1.13	−1.97	−1.38	−1.37	−0.85	−0.77	−1.03	−1.09	−1.00
昆山	−1.00	−0.63	−1.04	−1.33	−1.18	−1.02	−1.18	−1.15	−1.02	−1.31	−1.45	−1.58
廊坊	−0.40	−0.21	−0.70	−0.26	−0.12	−0.27	−0.27	−0.32	−0.17	−0.47	−0.48	−0.63
连云港	−0.82	−0.51	−0.72	−0.95	−0.87	−0.74	−0.68	−0.64	−0.92	−1.05	−0.38	−0.32
聊城	−0.70	−0.33	−0.53	−0.11	−0.24	−0.60	−0.05	−0.51	−0.44	−0.08	−0.17	−0.14
临沂	−0.61	−0.31	−0.45	−0.71	−0.66	−0.67	−0.72	−0.72	−0.70	−0.49	−0.62	−1.33
柳州	−0.52	−0.31	−0.81	−0.56	−0.47	−0.43	−0.71	−1.01	−0.59	−0.48	−0.71	−0.84
洛阳	−0.92	−0.60	−0.66	−0.71	−0.50	−0.96	−0.70	−0.83	−0.59	−0.70	−0.74	−0.53
马鞍山	−0.83	−0.63	−0.87	−1.11	−1.11	−0.97	−0.77	−1.36	−0.98	−0.37	−0.67	−0.49
绵阳	−0.84	−0.19	−0.41	−0.85	−0.58	−0.57	−0.75	−0.61	−0.72	−0.55	−0.54	−0.60
南通	−0.96	−0.79	−1.04	−1.28	−1.13	−1.13	−1.13	−1.15	−0.99	−1.06	−1.23	−1.10
秦皇岛	−0.29	−0.22	−0.47	−0.07	−0.13	−0.08	−0.46	−0.19	−0.49	−0.33	−0.45	−0.20
泉州	−0.17	−0.02	−0.20	−0.15	−0.24	−0.26	−0.36	−0.17	−0.25	−0.43	−0.21	−0.10
汕头	−0.48	−0.22	−0.42	−0.24	−0.25	−0.01	−0.24	−0.39	−0.56	−0.45	−0.20	−0.12
绍兴	−0.81	−0.52	−0.31	−0.91	−0.44	−0.36	−0.43	−0.40	−0.53	−0.58	−0.10	−0.30
宿迁	−0.38	−0.20	−0.20	−0.29	−1.00	−0.90	−0.53	−0.49	−1.04	−1.21	−0.43	−0.20

6–6 续表 2

单位：%

城市	1月	2月	3月	4月	5月	6月	7月	8月	9月	10月	11月	12月
台州	−0.39	−0.05	−0.47	−0.46	−0.74	−0.50	−0.34	−0.52	−1.15	−0.55	−0.58	−0.35
泰州	−0.85	−0.27	−0.90	−0.98	−0.43	−0.70	−0.25	−0.53	−0.04	−0.58	−0.46	−0.50
唐山	−0.60	−0.37	−0.46	−0.50	−0.74	−0.79	−0.82	−0.75	−0.83	−0.43	−0.30	−0.64
威海	−0.25	−0.07	−0.19	−0.31	−0.33	−0.53	−0.45	−0.33	−0.38	−0.29	−0.49	−0.31
潍坊	−0.55	−0.56	−0.65	−0.76	−0.71	−0.65	−0.69	−0.72	−0.65	−0.84	−0.66	−0.53
芜湖	−0.97	−0.62	−0.75	−0.89	−0.79	−0.90	−1.45	−1.04	−0.72	−1.23	−0.71	−0.65
湘潭	−0.12	−0.28	−0.73	−0.02	−0.34	−0.34	−0.28	−0.06	−0.34	−0.67	−0.63	−0.47
新乡	−0.30	−0.25	−0.32	−0.34	−0.30	−1.00	−0.43	−0.27	−0.31	−0.35	−0.76	−1.06
徐州	−0.98	−0.87	−1.12	−1.00	−1.09	−1.17	−1.06	−0.98	−1.16	−1.05	−0.64	−0.61
烟台	−0.62	−0.50	−0.71	−0.88	−0.77	−0.86	−0.88	−0.71	−0.56	−0.55	−0.84	−0.73
盐城	−0.94	−0.97	−1.00	−1.28	−1.18	−1.61	−1.02	−1.02	−1.28	−1.16	−1.25	−1.19
扬州	−1.21	−0.96	−0.86	−1.15	−1.35	−1.25	−1.19	−1.11	−1.43	−1.56	−1.37	−1.07
宜昌	−0.57	−0.36	−0.70	−0.97	−0.77	−0.67	−0.58	−0.45	−0.77	−0.62	−0.37	−0.36
湛江	−0.19	−0.03	−0.18	−0.21	−0.14	−1.20	−0.82	−0.49	−0.92	−0.46	−0.06	−0.47
张家港	−0.39	−0.24	−0.17	−1.19	−0.84	−0.50	−0.64	−0.73	−0.33	−0.26	−0.05	−0.36
张家口	−0.20	−0.11	−0.17	−0.35	−0.49	−0.41	−0.26	−0.31	−0.41	−0.78	−0.80	−0.63
漳州	−0.15	−0.10	−0.16	−0.44	−0.36	−0.28	−0.29	−0.25	−0.34	−0.37	−0.52	−0.25
肇庆	−0.36	−0.04	−0.26	−0.04	−0.10	−0.75	−0.60	−1.11	−0.40	−0.33	−0.16	−0.25
镇江	−0.53	−0.43	−0.63	−0.46	−0.51	−0.67	−0.74	−0.65	−0.59	−0.67	−0.92	−0.85
中山	−0.66	−0.30	−0.75	−0.50	−0.40	−0.58	−0.61	−0.55	−0.61	−0.61	−0.54	−0.55
珠海	−0.49	−0.18	−0.50	−0.72	−0.77	−0.79	−0.93	−0.73	−0.75	−0.55	−0.66	−0.40
株洲	−0.89	−0.47	−0.60	−0.66	−0.61	−0.75	−0.62	−0.60	−0.53	−0.77	−1.29	−0.99
淄博	−0.24	−0.05	−1.30	−0.30	−0.39	−0.47	−0.41	−0.33	−0.49	−1.01	−1.03	−0.61

数据来源：中指数据 CREIS。

6–7　2024 年百城二手住宅价格指数同比涨跌幅

单位：%

城市	1 月	2 月	3 月	4 月	5 月	6 月	7 月	8 月	9 月	10 月	11 月	12 月
一线城市												
北京	–1.68	–2.49	–3.58	–4.86	–5.67	–6.44	–6.99	–7.60	–8.44	–8.50	–8.17	–7.69
上海	–1.34	–2.19	–3.18	–4.55	–5.62	–6.22	–6.86	–7.41	–8.08	–7.94	–7.46	–6.87
广州	–1.78	–2.19	–2.68	–3.50	–4.23	–4.74	–5.31	–5.71	–6.00	–5.96	–5.79	–5.61
深圳	–2.56	–2.80	–3.14	–3.78	–3.75	–3.91	–4.27	–4.64	–5.21	–4.98	–4.42	–3.95
二线城市												
北海	–2.08	–2.03	–2.38	–2.45	–2.83	–3.23	–3.85	–4.14	–4.22	–4.39	–4.23	–4.29
长春	–5.81	–6.05	–6.19	–6.70	–7.06	–7.22	–7.24	–7.31	–7.32	–7.42	–7.40	–7.29
长沙	–1.16	–1.40	–1.97	–2.06	–2.19	–2.97	–3.22	–3.47	–3.62	–4.11	–4.83	–5.29
成都	–3.04	–3.45	–4.23	–4.87	–5.52	–5.93	–6.12	–6.41	–6.53	–6.39	–5.73	–5.13
重庆（主城区）	–6.24	–6.44	–6.82	–7.42	–7.76	–8.22	–8.79	–9.33	–9.42	–8.99	–8.33	–7.66
大连	–5.45	–5.65	–5.84	–6.07	–6.12	–6.24	–6.24	–6.32	–6.19	–6.25	–6.75	–7.28
福州	–5.26	–5.55	–6.18	–6.79	–7.22	–7.84	–8.42	–8.59	–8.73	–9.10	–9.37	–9.77
贵阳	–4.70	–4.78	–5.15	–5.72	–5.91	–5.93	–5.95	–6.00	–6.06	–6.00	–5.95	–5.91
哈尔滨	–5.12	–5.03	–4.95	–5.08	–5.02	–5.06	–4.92	–4.78	–4.68	–4.75	–5.12	–5.31
海口	–2.37	–2.57	–3.11	–3.78	–4.19	–4.54	–5.08	–5.30	–5.44	–5.63	–5.86	–5.79
杭州	–4.37	–4.67	–5.35	–6.06	–6.56	–6.89	–7.24	–7.41	–7.53	–7.64	–7.59	–7.42
合肥	–1.11	–1.66	–2.37	–3.02	–3.50	–3.82	–4.09	–4.63	–4.94	–5.40	–5.79	–6.37
呼和浩特	–4.08	–4.20	–4.76	–5.03	–5.54	–5.87	–6.00	–6.22	–6.12	–6.39	–7.05	–7.58
济南	–2.41	–2.55	–3.16	–3.68	–4.07	–4.55	–5.14	–5.49	–5.75	–6.09	–6.64	–6.72
昆明	–6.51	–6.71	–7.13	–7.43	–7.74	–7.92	–8.16	–8.52	–8.43	–8.55	–8.73	–8.52
兰州	–5.33	–5.50	–5.72	–6.10	–6.30	–6.45	–6.48	–6.27	–6.11	–6.12	–6.66	–7.01
南昌	–6.23	–6.42	–6.93	–7.28	–7.53	–8.01	–8.22	–8.44	–8.66	–8.48	–8.58	–8.63
南京	–5.83	–6.46	–7.23	–8.18	–8.97	–9.38	–9.59	–9.87	–10.16	–10.44	–10.24	–10.00
南宁	–5.27	–5.53	–5.89	–6.35	–6.62	–6.85	–7.05	–7.17	–7.34	–7.04	–7.17	–7.10
宁波	–6.43	–6.79	–7.51	–8.05	–8.50	–8.95	–9.35	–9.85	–10.13	–10.55	–10.79	–10.90
青岛	–4.82	–5.03	–5.41	–6.00	–6.43	–6.86	–7.01	–7.19	–7.32	–7.84	–8.31	–8.62
三亚	2.36	2.00	2.16	1.80	1.51	1.07	0.62	–0.16	–0.26	–0.20	–0.37	–0.42
厦门	–2.51	–3.30	–4.11	–5.09	–5.82	–6.84	–7.74	–8.55	–9.01	–9.80	–10.41	–11.04
沈阳	–7.10	–7.11	–7.27	–7.55	–7.64	–7.79	–7.71	–7.67	–7.65	–7.44	–7.47	–7.39
石家庄	–3.35	–3.86	–4.51	–5.13	–5.77	–6.45	–6.88	–7.11	–7.06	–6.99	–6.72	–6.53
苏州	–5.36	–6.00	–6.68	–7.45	–7.98	–8.64	–8.98	–9.53	–9.91	–10.33	–10.42	–10.33
太原	–2.38	–2.24	–2.42	–2.52	–2.51	–2.44	–2.32	–2.23	–2.28	–2.54	–2.67	–2.40
天津	–2.46	–2.73	–3.22	–3.86	–4.28	–4.82	–5.32	–5.77	–6.14	–6.34	–6.30	–6.26
温州	–7.37	–7.72	–8.30	–9.01	–9.28	–10.14	–10.34	–10.76	–10.88	–11.58	–11.76	–12.13
乌鲁木齐	–0.35	–0.55	–0.81	–1.02	–1.17	–1.12	–1.19	–1.12	–1.22	–1.05	–0.93	–0.90
无锡	–6.03	–6.38	–6.99	–7.54	–7.74	–8.27	–8.49	–8.57	–8.58	–8.87	–8.82	–8.72
武汉	–7.62	–7.99	–8.42	–9.04	–9.52	–10.14	–10.63	–11.04	–11.39	–11.26	–10.82	–10.33
西安	–4.30	–4.47	–4.94	–5.46	–5.67	–5.90	–6.10	–6.23	–6.30	–6.12	–5.93	–5.91

6-7 续表 1 单位：%

城市	1月	2月	3月	4月	5月	6月	7月	8月	9月	10月	11月	12月
西宁	−3.10	−3.51	−3.95	−4.84	−5.15	−5.21	−5.34	−5.61	−6.16	−6.69	−7.00	−7.03
银川	−0.83	−1.12	−1.41	−1.99	−2.43	−2.88	−3.38	−3.68	−3.95	−3.91	−3.95	−3.96
郑州	−6.55	−6.68	−6.98	−7.17	−7.42	−7.54	−7.67	−7.71	−7.58	−7.17	−6.73	−6.33
三四线城市												
包头	−1.76	−1.70	−1.64	−1.70	−1.82	−1.94	−2.02	−2.14	−2.20	−2.33	−2.60	−2.76
保定	−3.54	−3.51	−3.65	−3.92	−4.15	−4.29	−4.41	−4.61	−4.93	−5.08	−5.39	−5.95
常熟	−4.76	−5.21	−5.38	−5.68	−5.92	−5.87	−5.76	−6.19	−6.21	−6.03	−6.75	−7.04
常州	−8.72	−9.50	−10.27	−10.79	−11.33	−12.45	−13.10	−13.39	−13.68	−13.74	−13.49	−13.32
德州	−2.05	−2.50	−2.75	−2.99	−3.23	−3.63	−3.72	−4.03	−4.44	−4.68	−4.66	−4.75
东莞	−6.36	−6.84	−7.56	−8.41	−9.19	−10.11	−10.69	−11.33	−11.81	−12.14	−12.30	−12.31
东营	−4.24	−4.96	−5.05	−5.36	−6.42	−7.59	−7.94	−8.39	−8.44	−8.77	−8.09	−7.66
佛山	−2.96	−3.45	−3.95	−4.52	−4.87	−5.42	−5.82	−6.26	−6.53	−6.63	−6.69	−6.60
阜阳	−3.24	−3.25	−3.29	−3.52	−3.99	−4.25	−4.22	−4.02	−4.28	−4.71	−4.60	−4.64
赣州	−0.07	0.27	0.03	−0.50	−0.97	−1.33	−1.46	−1.76	−1.95	−1.99	−1.90	−1.92
桂林	−3.98	−3.64	−3.70	−3.87	−4.48	−4.70	−4.80	−4.97	−4.97	−5.14	−5.43	−5.91
邯郸	−1.60	−1.82	−1.94	−1.99	−2.06	−2.15	−2.44	−2.59	−2.56	−2.69	−2.68	−2.67
菏泽	−0.81	−0.81	−0.56	−0.67	−0.72	−0.80	−0.83	−0.96	−1.19	−1.35	−1.54	−1.81
衡水	−2.95	−3.43	−3.38	−3.81	−4.20	−4.53	−4.97	−5.30	−5.53	−6.25	−5.99	−5.66
湖州	−2.11	−2.28	−2.66	−3.14	−3.10	−3.62	−3.68	−4.00	−4.57	−4.14	−3.92	−3.90
淮安	−9.57	−9.82	−10.09	−10.83	−11.37	−11.76	−11.95	−12.35	−12.77	−12.94	−13.51	−14.03
惠州	−4.47	−4.96	−5.62	−6.24	−6.92	−7.81	−8.32	−8.66	−8.82	−8.73	−9.04	−9.12
济宁	−6.18	−6.64	−7.14	−7.64	−7.79	−7.77	−7.70	−7.78	−7.87	−8.69	−9.27	−9.93
嘉兴	−0.99	−1.85	−2.10	−2.17	−2.14	−2.45	−2.38	−2.38	−2.50	−2.53	−2.55	−2.47
江门	−4.25	−4.94	−5.33	−5.70	−6.15	−6.74	−7.05	−7.20	−7.51	−7.64	−7.38	−7.48
江阴	−7.68	−8.29	−8.58	−9.39	−9.49	−9.68	−9.87	−9.76	−9.85	−10.12	−10.23	−10.38
金华	−3.49	−3.69	−3.72	−4.60	−6.21	−7.46	−8.58	−9.08	−9.45	−10.08	−10.69	−11.43
昆山	−6.28	−7.05	−8.06	−9.16	−9.82	−10.41	−11.05	−11.69	−11.71	−12.04	−12.51	−13.05
廊坊	−3.02	−3.29	−4.04	−3.96	−3.99	−3.82	−3.89	−3.97	−3.80	−3.83	−3.91	−4.22
连云港	−4.73	−5.44	−6.09	−6.78	−7.32	−7.79	−7.97	−8.18	−8.54	−8.99	−8.62	−8.29
聊城	−4.54	−4.82	−4.82	−4.49	−4.51	−4.40	−4.40	−4.81	−4.63	−4.45	−4.26	−3.84
临沂	−5.70	−5.87	−5.89	−6.33	−6.68	−6.90	−7.09	−7.17	−7.26	−7.16	−7.05	−7.71
柳州	−5.79	−5.95	−6.41	−6.59	−6.68	−6.70	−7.04	−7.38	−7.39	−7.27	−7.18	−7.19
洛阳	−8.06	−8.07	−8.30	−8.58	−8.67	−9.16	−9.12	−9.26	−8.95	−8.73	−8.52	−8.12
马鞍山	−7.11	−7.57	−8.03	−8.47	−8.94	−9.37	−9.39	−9.91	−10.17	−9.93	−10.00	−9.71
绵阳	−5.22	−4.92	−4.92	−5.54	−6.11	−6.56	−6.84	−7.05	−7.09	−6.94	−6.69	−6.97
南通	−8.44	−9.05	−9.60	−10.35	−10.90	−11.48	−11.81	−12.00	−12.03	−12.12	−12.33	−12.24
秦皇岛	−2.13	−2.11	−2.59	−2.60	−2.33	−2.37	−2.85	−2.76	−3.05	−3.51	−3.86	−3.34
泉州	−1.31	−1.41	−1.56	−1.60	−1.88	−2.18	−2.30	−2.30	−2.45	−2.68	−2.72	−2.53
汕头	−1.86	−1.98	−2.40	−2.63	−2.88	−2.74	−2.77	−3.19	−3.41	−3.78	−3.80	−3.53
绍兴	−3.19	−3.76	−3.98	−4.73	−4.88	−4.88	−4.95	−5.01	−5.18	−5.49	−5.37	−5.54
宿迁	−3.15	−3.31	−3.48	−3.68	−4.45	−5.31	−5.78	−5.98	−6.42	−7.10	−6.95	−6.68

6-7　续表 2　　　　单位：%

城市	1月	2月	3月	4月	5月	6月	7月	8月	9月	10月	11月	12月
台州	−2.20	−2.33	−2.87	−3.38	−3.98	−4.34	−4.54	−4.81	−5.43	−5.58	−5.63	−5.95
泰州	−5.09	−5.27	−6.24	−6.82	−7.06	−7.28	−6.81	−6.26	−5.72	−6.09	−6.13	−6.30
唐山	−4.92	−5.17	−5.49	−5.79	−6.02	−6.45	−6.87	−7.30	−7.48	−7.25	−6.99	−7.00
威海	−1.85	−1.89	−2.21	−2.44	−2.66	−2.99	−3.41	−3.51	−3.27	−3.33	−3.67	−3.87
潍坊	−5.05	−5.39	−5.93	−6.42	−6.80	−7.03	−7.32	−7.54	−7.67	−7.75	−7.81	−7.69
芜湖	−8.21	−8.51	−8.81	−9.15	−9.30	−9.55	−10.10	−10.32	−10.27	−10.60	−10.44	−10.22
湘潭	−2.07	−2.26	−2.88	−2.66	−2.99	−3.17	−3.16	−3.08	−3.09	−3.57	−3.95	−4.20
新乡	−2.69	−2.86	−2.88	−3.00	−3.08	−3.91	−4.07	−4.14	−4.31	−4.44	−4.76	−5.55
徐州	−8.71	−9.36	−10.30	−10.36	−10.63	−11.16	−11.47	−11.50	−11.71	−11.88	−11.42	−11.12
烟台	−6.55	−6.80	−7.33	−7.64	−7.99	−8.35	−8.67	−8.74	−8.57	−8.30	−8.26	−8.28
盐城	−10.22	−10.74	−10.93	−11.44	−11.66	−12.49	−12.36	−12.26	−12.48	−12.72	−12.96	−13.06
扬州	−7.13	−7.80	−8.27	−8.93	−9.74	−10.36	−11.10	−11.62	−12.43	−13.15	−13.60	−13.58
宜昌	−5.03	−5.28	−5.70	−6.31	−6.82	−7.07	−7.11	−7.02	−7.37	−7.38	−7.18	−6.95
湛江	−0.78	−0.81	−0.86	−1.38	−1.58	−3.09	−3.77	−3.95	−4.79	−5.09	−4.72	−5.06
张家港	−5.18	−4.82	−4.90	−5.87	−6.09	−5.85	−5.78	−5.80	−5.37	−5.28	−5.26	−5.55
张家口	−1.95	−1.96	−1.95	−2.19	−2.53	−2.83	−2.98	−3.31	−3.44	−3.96	−4.48	−4.82
漳州	−1.72	−1.77	−2.01	−2.52	−2.80	−2.91	−2.98	−3.07	−3.17	−3.32	−3.45	−3.45
肇庆	−1.35	−1.35	−1.59	−1.70	−1.73	−2.50	−2.85	−3.89	−4.15	−4.34	−4.27	−4.33
镇江	−5.17	−5.20	−5.69	−5.82	−6.00	−6.35	−6.67	−6.87	−6.84	−6.76	−7.08	−7.37
中山	−5.75	−5.64	−6.00	−5.99	−6.03	−6.35	−6.62	−6.66	−6.85	−6.90	−6.79	−6.49
珠海	−3.57	−3.60	−3.87	−4.45	−4.87	−5.49	−5.96	−6.50	−7.00	−7.25	−7.38	−7.20
株洲	−6.02	−6.33	−6.55	−6.97	−7.24	−7.69	−7.65	−7.93	−7.75	−7.92	−8.34	−8.45
淄博	−2.75	−2.44	−3.76	−3.86	−4.51	−4.75	−4.86	−4.90	−4.77	−5.41	−6.30	−6.44

数据来源：中指数据 CREIS。

6-8 2024年百城二手住宅价格指数样本平均价格

单位：元/平方米

城市	1月	2月	3月	4月	5月	6月	7月	8月	9月	10月	11月	12月
一线城市												
北京	74393	74027	73468	72657	72017	71366	70743	70126	69477	69276	69192	69120
上海	64072	63858	63504	62844	62179	61711	61169	60713	60225	60162	60046	59939
广州	38905	38775	38641	38359	38088	37864	37591	37370	37167	37071	36973	36888
深圳	70280	70091	69895	69448	69338	69081	68610	68194	67622	67585	67725	67762
二线城市												
北海	5847	5835	5818	5803	5773	5752	5719	5699	5676	5643	5631	5616
长春	9081	9040	8993	8912	8843	8784	8738	8686	8633	8570	8505	8463
长沙	11687	11673	11641	11595	11559	11473	11418	11369	11329	11278	11180	11103
成都	18201	18150	18052	17943	17800	17695	17580	17464	17369	17334	17355	17373
重庆（主城区）	12793	12725	12651	12540	12431	12320	12166	12026	11946	11920	11912	11900
大连	15177	15128	15056	14962	14871	14781	14691	14606	14526	14437	14274	14129
福州	26976	26915	26704	26454	26242	26017	25719	25492	25289	25031	24760	24503
贵阳	8186	8154	8102	8046	8001	7967	7930	7898	7859	7819	7771	7738
哈尔滨	9248	9220	9191	9149	9115	9081	9047	9017	8981	8932	8855	8792
海口	15123	15106	15032	14936	14855	14767	14654	14579	14520	14450	14363	14308
杭州	37498	37349	37064	36738	36458	36245	35897	35575	35350	35119	34972	34829
合肥	18803	18754	18656	18539	18438	18357	18271	18138	18052	17937	17823	17656
呼和浩特	9943	9919	9855	9792	9720	9653	9588	9528	9477	9408	9309	9224
济南	17907	17880	17797	17709	17620	17505	17383	17277	17165	17038	16870	16778
昆明	12916	12867	12775	12667	12563	12482	12377	12267	12179	12078	11978	11911
兰州	11572	11539	11482	11404	11331	11275	11203	11145	11102	11046	10922	10818
南昌	12243	12191	12101	12006	11908	11797	11706	11610	11511	11448	11350	11264
南京	33040	32835	32579	32211	31868	31571	31288	30977	30658	30350	30167	29989
南宁	11365	11296	11230	11155	11099	11019	10951	10882	10814	10792	10710	10637
宁波	25540	25416	25195	24935	24681	24431	24161	23890	23642	23371	23135	22930
青岛	21440	21349	21223	21067	20913	20769	20619	20480	20333	20105	19865	19701
三亚	29527	29584	29651	29621	29554	29540	29509	29424	29384	29382	29370	29321
厦门	53109	52940	52486	51927	51415	50821	50241	49682	49232	48617	48034	47533
沈阳	10991	10945	10879	10797	10723	10654	10579	10503	10423	10366	10289	10229
石家庄	13516	13475	13409	13320	13233	13134	13045	12973	12901	12827	12760	12703
苏州	25888	25720	25490	25208	24952	24702	24491	24230	23992	23747	23538	23396
太原	10590	10569	10552	10535	10518	10496	10475	10450	10435	10391	10355	10338
天津	24254	24181	24067	23917	23792	23611	23434	23271	23106	22991	22919	22838

6–8　续表 1　　　　　　　　　　　　　　　　　　　　　　　　单位：元 / 平方米

城市	1 月	2 月	3 月	4 月	5 月	6 月	7 月	8 月	9 月	10 月	11 月	12 月
温州	22400	22257	22067	21784	21534	21188	20948	20726	20540	20249	20051	19827
乌鲁木齐	9057	9055	9042	9024	9016	9011	9004	8993	8981	8977	8985	8981
无锡	17467	17379	17221	17069	16943	16780	16626	16505	16405	16270	16177	16084
武汉	16950	16843	16713	16509	16333	16132	15928	15738	15557	15454	15387	15328
西安	15448	15397	15329	15225	15144	15060	14943	14851	14775	14730	14686	14606
西宁	9576	9533	9487	9404	9376	9343	9310	9236	9133	9054	8972	8938
银川	7638	7627	7617	7590	7564	7527	7485	7450	7416	7405	7374	7353
郑州	14319	14264	14201	14086	13993	13911	13815	13722	13638	13590	13554	13505
三四线城市												
包头	7598	7593	7579	7559	7538	7520	7502	7485	7472	7452	7421	7398
保定	9743	9703	9663	9625	9591	9558	9508	9453	9393	9347	9258	9191
常熟	13410	13381	13313	13224	13112	13047	12984	12898	12850	12791	12631	12523
常州	15132	15004	14842	14642	14443	14163	13944	13773	13612	13480	13380	13267
德州	8464	8410	8393	8371	8339	8284	8272	8231	8192	8163	8139	8096
东莞	20334	20255	20072	19848	19629	19366	19120	18869	18646	18418	18207	18009
东营	8321	8260	8255	8225	8136	7992	7943	7881	7841	7767	7770	7741
佛山	14193	14153	14091	14012	13922	13827	13727	13615	13513	13451	13369	13310
阜阳	7881	7864	7849	7835	7800	7766	7738	7717	7657	7586	7567	7540
赣州	11876	11871	11855	11834	11815	11788	11769	11731	11703	11692	11689	11663
桂林	7456	7449	7421	7407	7353	7318	7276	7234	7195	7158	7093	7042
邯郸	8977	8970	8958	8947	8931	8907	8875	8848	8833	8799	8778	8760
菏泽	6225	6221	6214	6212	6207	6197	6188	6176	6167	6154	6138	6120
衡水	7391	7350	7329	7296	7278	7242	7213	7189	7158	7081	7050	7013
湖州	9985	9974	9933	9917	9889	9826	9797	9755	9689	9686	9684	9652
淮安	10562	10474	10386	10235	10105	9996	9899	9768	9628	9511	9337	9176
惠州	10143	10103	10029	9941	9854	9764	9666	9577	9506	9463	9365	9290
济宁	9378	9317	9250	9174	9108	9052	9011	8963	8905	8771	8643	8523
嘉兴	11573	11522	11523	11510	11504	11460	11456	11449	11415	11403	11380	11377
江门	7866	7832	7786	7736	7664	7600	7546	7487	7435	7382	7353	7320
江阴	10546	10423	10339	10217	10137	10056	9974	9924	9853	9755	9642	9549
金华	18317	18217	18145	17940	17586	17343	17105	16960	16829	16655	16473	16309
昆山	17920	17807	17621	17387	17181	17005	16805	16611	16442	16226	15991	15739
廊坊	11446	11422	11342	11312	11298	11268	11238	11202	11183	11130	11077	11007
连云港	12089	12027	11940	11826	11723	11636	11557	11483	11377	11257	11214	11178
聊城	10214	10180	10126	10115	10091	10030	10025	9974	9930	9922	9905	9891

6-8 续表 2 单位：元 / 平方米

城市	1 月	2 月	3 月	4 月	5 月	6 月	7 月	8 月	9 月	10 月	11 月	12 月
临沂	10040	10009	9964	9893	9828	9762	9692	9622	9555	9508	9449	9323
柳州	8082	8057	7992	7947	7910	7876	7820	7741	7695	7658	7604	7540
洛阳	8323	8273	8218	8160	8119	8041	7985	7919	7872	7817	7759	7718
马鞍山	9392	9333	9252	9149	9047	8959	8890	8769	8683	8651	8593	8551
绵阳	8264	8248	8214	8144	8097	8051	7991	7942	7885	7842	7800	7753
南通	14578	14463	14312	14129	13970	13812	13656	13499	13366	13224	13062	12918
秦皇岛	9572	9551	9506	9499	9487	9479	9435	9417	9371	9340	9298	9279
泉州	16735	16732	16698	16673	16633	16590	16530	16502	16460	16390	16356	16339
汕头	11555	11530	11481	11454	11425	11424	11397	11352	11288	11237	11215	11201
绍兴	17080	16992	16940	16786	16712	16652	16581	16515	16427	16331	16314	16265
宿迁	10043	10023	10003	9974	9874	9785	9733	9685	9584	9468	9427	9408
台州	16508	16499	16421	16346	16225	16144	16089	16005	15821	15734	15642	15587
泰州	10738	10709	10613	10509	10464	10391	10365	10310	10306	10246	10199	10148
唐山	10082	10045	9999	9949	9875	9797	9717	9644	9564	9523	9494	9433
威海	8774	8768	8751	8724	8695	8649	8610	8582	8549	8524	8482	8456
潍坊	6918	6879	6834	6782	6734	6690	6644	6596	6553	6498	6455	6421
芜湖	12013	11938	11848	11742	11649	11544	11377	11259	11178	11040	10962	10891
湘潭	5070	5056	5019	5018	5001	4984	4970	4967	4950	4917	4886	4863
新乡	7316	7298	7275	7250	7228	7156	7125	7106	7084	7059	7005	6931
徐州	12080	11975	11841	11722	11594	11458	11336	11225	11095	10979	10909	10843
烟台	10482	10430	10356	10265	10186	10098	10009	9938	9882	9828	9745	9674
盐城	12066	11949	11829	11677	11539	11353	11237	11122	10980	10853	10717	10589
扬州	14525	14385	14261	14097	13907	13733	13570	13420	13228	13021	12843	12706
宜昌	8040	8011	7955	7878	7817	7765	7720	7685	7626	7579	7551	7524
湛江	9335	9332	9315	9295	9282	9171	9096	9051	8968	8927	8922	8880
张家港	11484	11456	11436	11300	11205	11149	11078	10997	10961	10933	10928	10889
张家口	7449	7441	7428	7402	7366	7336	7317	7294	7264	7207	7149	7104
漳州	13423	13409	13387	13328	13280	13243	13205	13172	13127	13079	13011	12979
肇庆	6943	6940	6922	6919	6912	6860	6819	6743	6716	6694	6683	6666
镇江	8632	8595	8541	8502	8459	8402	8340	8286	8237	8182	8107	8038
中山	9859	9829	9755	9706	9667	9611	9552	9499	9441	9383	9332	9281
珠海	22916	22875	22760	22597	22423	22246	22040	21880	21716	21596	21454	21369
株洲	5325	5300	5268	5233	5201	5162	5130	5099	5072	5033	4968	4919
淄博	9337	9332	9211	9183	9147	9104	9067	9037	8993	8902	8810	8756

数据来源：中指数据 CREIS。

6–9　2024 年百城二手住宅价格指数样本价格中位数

单位：元 / 平方米

城市	1月	2月	3月	4月	5月	6月	7月	8月	9月	10月	11月	12月
一线城市												
北京	67923	67636	66959	66153	65722	65183	64294	63614	63121	63077	62872	62654
上海	60798	60355	59957	59263	58570	57982	57314	56653	56233	56020	55613	55204
广州	34149	33976	33859	33573	33272	33278	32981	32528	32327	32312	32346	32286
深圳	64718	64653	64328	63951	63631	63414	62870	62427	61848	61848	61852	61959
二线城市												
北海	5501	5487	5476	5490	5455	5447	5414	5424	5384	5364	5281	5267
长春	8525	8486	8408	8340	8271	8211	8171	8104	8014	7995	7960	7922
长沙	10804	10774	10766	10712	10681	10647	10577	10527	10547	10441	10263	10186
成都	16629	16552	16447	16199	16114	16006	15957	15879	15796	15744	15748	15748
重庆（主城区）	12056	12015	11931	11788	11673	11562	11435	11257	11168	11142	11129	11095
大连	14091	14040	13971	13852	13702	13614	13482	13418	13330	13169	13060	12921
福州	24176	24079	24054	23786	23447	23050	22561	22385	22114	22024	21648	21520
贵阳	7575	7565	7513	7435	7391	7370	7345	7303	7265	7205	7143	7127
哈尔滨	8213	8184	8158	8073	8069	8080	8046	8016	7959	7918	7870	7843
海口	14457	14482	14392	14387	14236	14067	13960	13982	13965	13816	13669	13585
杭州	34263	34021	33828	33469	33287	32961	32556	32420	32563	32189	31982	31777
合肥	17363	17307	17076	17039	16942	16918	16760	16636	16477	16293	16167	16060
呼和浩特	9447	9419	9378	9238	9124	9093	9066	9010	8957	8865	8788	8663
济南	16045	16075	16070	16037	15875	15800	15758	15681	15584	15365	15234	15217
昆明	11640	11625	11524	11388	11312	11222	11036	10961	10864	10792	10659	10569
兰州	10958	10922	10887	10826	10800	10720	10654	10502	10450	10379	10276	10172
南昌	11160	11174	11055	11016	10882	10768	10729	10676	10584	10547	10490	10367
南京	30215	30173	29938	29671	29373	29114	28881	28625	28384	27961	27852	27672
南宁	10235	10138	10047	9957	9880	9982	9877	9844	9761	9750	9472	9432
宁波	25166	24987	24737	24471	24256	23977	23678	23167	22989	22587	22410	22210
青岛	18333	18464	18214	18089	17986	17878	17739	17497	17434	17278	16934	16803
三亚	28029	28378	28243	27974	27726	27957	27948	27957	27589	27443	27518	27359
厦门	53986	53831	53345	52800	51965	51553	50847	50171	49898	48763	48385	48220
沈阳	9886	9891	9856	9747	9688	9587	9515	9458	9419	9361	9252	9203
石家庄	13170	13028	12998	12908	12840	12671	12574	12491	12431	12364	12234	12187
苏州	22231	22109	21910	21682	21503	21282	21128	20900	20700	20493	20326	20184
太原	9829	9786	9781	9764	9689	9666	9619	9596	9585	9526	9495	9450
天津	18623	18579	18403	18236	18206	18040	17937	17780	17720	17542	17494	17389

6-9 续表 1

单位：元 / 平方米

城市	1月	2月	3月	4月	5月	6月	7月	8月	9月	10月	11月	12月
温州	21456	21074	20811	20408	20259	19924	19553	19287	18975	18486	18270	17888
乌鲁木齐	8055	8035	8035	8035	8035	8000	8000	7998	7975	7975	7975	8000
无锡	15618	15723	15624	15474	15355	15238	14946	14893	14765	14526	14567	14405
武汉	15717	15497	15375	15138	14982	14815	14590	14466	14279	14170	14146	14166
西安	13782	13798	13770	13622	13522	13374	13245	13240	13189	13109	12986	12766
西宁	9406	9351	9351	9105	9011	8969	8969	8969	8969	8969	8969	8969
银川	7205	7206	7186	7165	7152	7103	7020	7020	7026	7005	6932	6900
郑州	12338	12362	12302	12201	12042	11946	11883	11715	11660	11637	11528	11480
三四线城市												
包头	7442	7438	7402	7376	7373	7364	7326	7301	7278	7226	7203	7190
保定	8968	8853	8805	8749	8693	8627	8571	8560	8556	8544	8452	8389
常熟	12427	12424	12340	12153	11910	11910	11856	11831	11711	11683	11515	11293
常州	13689	13519	13375	13246	13070	12798	12578	12365	12200	12059	11920	11754
德州	7992	7905	7857	7809	7806	7692	7692	7692	7692	7654	7654	7577
东莞	18519	18487	18246	18127	17890	17572	17255	16966	16744	16697	16539	16509
东营	8214	8042	7961	7961	7756	7649	7519	7280	7341	7298	7295	7108
佛山	13192	13153	13134	13109	12958	12903	12775	12693	12559	12420	12259	12160
阜阳	7787	7739	7707	7612	7563	7488	7472	7442	7429	7417	7419	7389
赣州	12164	12164	12164	12164	12121	12105	12000	12000	12000	11909	11910	11919
桂林	6527	6553	6490	6501	6446	6398	6342	6257	6288	6145	6036	6002
邯郸	9262	9259	9247	9247	9194	9184	9116	9100	9086	9048	9032	8959
菏泽	6125	6114	6116	6116	6110	6101	6099	6081	6087	6073	6043	6026
衡水	7136	7078	7072	6980	7006	7005	6884	6905	6840	6823	6853	6841
湖州	9112	9122	9221	9230	9245	9169	9104	9066	9066	9214	9230	9230
淮安	9264	9201	9132	9008	8890	8798	8724	8615	8460	8313	8119	8034
惠州	9418	9365	9267	9188	9098	9041	8917	8846	8779	8724	8646	8594
济宁	9064	8989	8955	8855	8810	8727	8679	8630	8601	8457	8340	8204
嘉兴	10827	10767	10767	10767	10767	10745	10733	10692	10692	10670	10686	10685
江门	7939	7874	7889	7798	7764	7698	7607	7493	7487	7451	7473	7381
江阴	9825	9773	9723	9643	9542	9535	9455	9493	9353	9211	9114	9003
金华	17378	17388	17337	16916	16581	16389	16149	15730	15730	15476	15257	15006
昆山	15710	15691	15418	15109	14882	14749	14602	14411	14340	14165	13974	13801
廊坊	11169	11025	10860	10840	10673	10622	10615	10613	10569	10528	10492	10447
连云港	11248	11250	11221	11163	10978	10938	10807	10779	10701	10562	10495	10451
聊城	10100	10100	10100	10072	9936	9768	9886	9720	9677	9669	9633	9603

6-9 续表 2

单位：元 / 平方米

城市	1月	2月	3月	4月	5月	6月	7月	8月	9月	10月	11月	12月
临沂	9400	9266	9211	9154	9154	9154	9085	8975	8871	8897	8846	8817
柳州	7703	7681	7638	7540	7533	7408	7355	7250	7205	7135	7099	7052
洛阳	7953	7944	7930	7881	7789	7790	7724	7709	7666	7680	7642	7573
马鞍山	9541	9541	9494	9299	9150	9081	9073	8944	8915	8913	8779	8761
绵阳	8391	8332	8120	8085	7970	7925	7820	7806	7756	7735	7830	7793
南通	13279	13172	13024	12965	12814	12611	12463	12346	12165	11987	11916	11714
秦皇岛	9563	9563	9448	9448	9448	9421	9421	9343	9216	9000	8906	8906
泉州	15295	15295	15413	15590	15598	15573	15539	15550	15532	15551	15578	15313
汕头	11012	10907	10932	10877	10901	10924	10954	10832	10854	10707	10592	10442
绍兴	16668	16686	16655	16422	15942	15888	15842	15806	15764	15799	15724	15804
宿迁	9389	9389	9380	9380	9352	9333	9331	9331	9267	9267	9267	9267
台州	15415	15319	15320	15273	15238	15209	15209	15027	14940	14906	14762	14789
泰州	10569	10508	10540	10516	10516	10457	10467	10257	10275	10170	10076	10033
唐山	9701	9636	9616	9652	9578	9354	9312	9240	9077	9126	9070	9087
威海	8481	8448	8438	8443	8429	8418	8418	8418	8421	8325	8346	8187
潍坊	6608	6540	6485	6464	6399	6336	6270	6242	6215	6152	6123	6077
芜湖	12322	12239	12114	12062	12027	11968	11777	11584	11352	11236	11312	11203
湘潭	4903	4875	4849	4875	4846	4822	4822	4797	4797	4797	4777	4797
新乡	7355	7331	7273	7273	7273	7097	7025	7025	7025	7025	6967	6865
徐州	11489	11325	11216	11084	10984	10859	10791	10652	10629	10493	10321	10198
烟台	9253	9123	9086	9052	8955	8848	8730	8630	8563	8546	8439	8382
盐城	10854	10698	10618	10426	10286	10168	10070	9993	9681	9604	9538	9447
扬州	12976	12856	12783	12646	12445	12142	11970	11893	11814	11561	11357	11282
宜昌	7645	7627	7565	7486	7414	7345	7291	7244	7251	7129	7107	7093
湛江	9315	9373	9340	9200	9200	9020	9002	9008	8892	8788	8913	8737
张家港	10856	10856	10828	10844	10708	10670	10708	10606	10565	10602	10597	10537
张家口	7464	7459	7463	7401	7377	7315	7334	7291	7287	7366	7270	7244
漳州	12663	12709	12748	12663	12642	12586	12609	12549	12572	12456	12200	12217
肇庆	6824	6824	6803	6809	6809	6769	6750	6750	6750	6750	6750	6743
镇江	7965	7945	7892	7857	7831	7730	7620	7564	7526	7521	7506	7420
中山	9129	9126	9018	8989	8873	8854	8849	8766	8726	8667	8576	8559
珠海	22312	22315	22085	22003	21815	21472	21351	21206	20975	20883	20958	20833
株洲	5179	5167	5173	5163	5111	5081	5089	5066	5043	5029	4992	4911
淄博	9036	9036	8730	8730	8730	8730	8654	8621	8536	8536	8519	8421

数据来源：中指数据 CREIS。

6–10 2024年重点城市写字楼租金指数

城市	商圈	样本平均租金（元 / 平方米 / 天）				样本租金中位数（元 / 平方米 / 天）				平均租金环比涨跌幅（%）			
		一季度	二季度	三季度	四季度	一季度	二季度	三季度	四季度	一季度	二季度	三季度	四季度
15城主要商圈写字楼平均租金		4.68	4.67	4.65	4.62	/	/	/	/	–0.47	–0.29	–0.48	–0.61
北京	金融街商圈	15.06	15.03	14.86	14.71	15.74	15.56	15.71	15.60	–0.40	–0.24	–1.07	–1.06
	CBD 商圈	8.82	8.78	8.63	8.55	7.82	7.94	7.86	7.78	–1.22	–0.38	–1.71	–0.90
	燕莎商圈	7.59	7.56	7.55	7.51	7.69	7.62	7.60	7.58	–0.38	–0.39	–0.20	–0.58
	中关村商圈	7.13	7.09	7.09	7.00	5.77	5.77	5.73	5.59	–0.75	–0.52	–0.02	–1.26
	亚运村商圈	7.29	7.25	7.26	7.24	6.48	6.90	6.93	6.90	–0.37	–0.48	0.13	–0.29
	望京商圈	6.92	6.85	6.81	6.78	6.73	6.69	6.68	6.64	–1.19	–1.02	–0.60	–0.38
	丽泽商圈	5.77	5.74	5.77	5.68	5.59	5.63	5.77	5.63	–0.55	–0.50	0.49	–1.58
	上地商圈	5.31	5.27	5.26	5.26	4.27	3.96	3.91	3.89	–0.62	–0.71	–0.22	–0.02
	科技园区商圈	4.45	4.45	4.43	4.43	4.23	4.29	4.25	4.28	–1.41	–0.02	–0.42	–0.08
上海	陆家嘴商圈	8.16	8.15	8.14	8.12	7.08	6.83	6.84	6.85	–0.21	–0.15	–0.04	–0.25
	南京西路商圈	7.52	7.51	7.50	7.43	6.42	6.27	6.31	6.38	0.00	–0.08	–0.21	–0.88
	静安寺商圈	6.92	6.93	6.94	6.94	6.42	6.37	6.38	6.39	0.28	0.25	0.09	–0.02
	徐家汇商圈	6.28	6.28	6.27	6.26	4.70	4.81	4.73	4.72	–0.03	–0.04	–0.13	–0.15
	人民广场商圈	5.82	5.80	5.77	5.75	6.40	6.56	6.49	6.43	–0.56	–0.26	–0.57	–0.24
	淮海中路商圈	5.85	5.84	5.83	5.83	7.10	6.93	6.90	6.90	–0.14	–0.06	–0.12	–0.04
	中山公园商圈	5.59	5.58	5.56	5.58	4.76	5.18	5.17	5.07	–0.22	–0.06	–0.34	0.22
	虹桥商圈	5.57	5.57	5.50	5.50	5.25	5.13	5.01	5.02	–0.06	–0.01	–1.33	–0.04
	南京东路商圈	5.25	5.25	5.23	5.22	4.99	5.12	5.13	5.12	–0.14	–0.07	–0.30	–0.27
	北外滩商圈	5.17	5.17	5.16	5.15	4.59	4.59	4.34	3.86	0.22	0.13	–0.31	–0.21
	漕河泾商圈	4.43	4.43	4.42	4.40	4.42	4.47	4.47	4.44	–0.04	–0.11	–0.11	–0.46
	张江商圈	4.10	4.08	4.09	4.06	3.64	3.72	3.73	3.70	–0.59	–0.41	0.04	–0.67
	五角场商圈	3.78	3.78	3.76	3.75	4.03	3.92	3.88	3.88	–0.46	–0.17	–0.53	–0.11
广州	珠江新城商圈	5.03	5.01	4.96	4.94	4.86	4.64	4.62	4.62	–0.55	–0.39	–0.87	–0.56
	天河北商圈	4.61	4.62	4.61	4.60	4.21	4.01	4.07	4.06	–0.20	0.18	–0.18	–0.21
	体育中心商圈	3.64	3.62	3.61	3.59	3.99	3.95	3.94	4.02	0.36	–0.47	–0.26	–0.60
	琶洲商圈	3.71	3.70	3.65	3.63	3.60	3.68	3.82	3.56	0.12	–0.22	–1.31	–0.56
	环市东商圈	3.36	3.33	3.29	3.29	3.14	3.23	3.29	3.29	–0.98	–0.77	–1.11	–0.12
	北京路商圈	2.97	2.97	2.96	2.95	2.93	2.86	2.95	2.95	0.24	–0.13	–0.37	–0.14
深圳	后海商圈	6.00	6.01	5.98	5.92	6.08	6.27	6.32	6.09	–1.69	0.23	–0.50	–1.08
	福田中心区商圈	6.06	6.01	6.03	6.02	6.09	6.12	6.11	6.06	–0.91	–0.83	0.40	–0.23
	地王商圈	5.62	5.65	5.67	5.67	5.68	5.83	5.89	5.88	0.40	0.47	0.29	0.03
	车公庙商圈	4.55	4.51	4.47	4.42	3.79	3.83	3.77	3.65	–0.28	–0.88	–0.83	–1.12
	前海商圈	3.88	3.83	3.82	3.80	2.97	3.15	3.18	3.09	–0.89	–1.46	–0.16	–0.58
	南山中心区商圈	3.65	3.64	3.64	3.63	2.86	2.84	2.89	2.89	–0.22	–0.41	–0.03	–0.15
	龙岗中心城商圈	3.63	3.63	3.64	3.62	3.81	3.83	3.84	3.78	–0.33	–0.12	0.26	–0.57
	宝安中心区商圈	3.81	3.82	3.80	3.80	3.58	3.57	3.55	3.54	–0.97	0.21	–0.49	–0.09

6-10　续表 1

城市	商圈	样本平均租金（元 / 平方米 / 天）				样本租金中位数（元 / 平方米 / 天）				平均租金环比涨跌幅（%）			
		一季度	二季度	三季度	四季度	一季度	二季度	三季度	四季度	一季度	二季度	三季度	四季度
重庆	江北嘴商圈	2.43	2.44	2.41	2.41	2.37	2.39	2.35	2.33	−1.03	0.16	−1.21	0.01
	解放碑商圈	2.17	2.18	2.18	2.16	2.06	2.04	1.93	1.90	0.08	0.36	0.01	−1.05
	加州新牌坊商圈	2.21	2.20	2.21	2.20	2.25	2.23	2.18	2.25	0.23	−0.39	0.49	−0.69
	观音桥商圈	2.06	2.05	2.04	2.05	1.83	1.80	1.83	1.82	−1.43	−0.58	−0.15	0.16
	杨家坪商圈	2.11	2.11	2.09	2.07	2.09	2.07	2.09	2.08	−0.56	0.16	−1.20	−0.62
	南坪商圈	1.92	1.90	1.91	1.91	1.75	1.68	1.72	1.86	0.12	−0.85	0.19	0.12
杭州	武林商圈	4.75	4.75	4.78	4.79	3.56	3.49	3.49	3.24	0.14	−0.10	0.66	0.22
	黄龙商圈	3.63	3.63	3.63	3.61	3.58	3.57	3.60	3.60	−0.71	0.01	0.08	−0.42
	钱江新城商圈	3.67	3.67	3.65	3.59	3.45	3.45	3.52	3.52	−0.32	−0.11	−0.62	−1.62
	西溪商圈	3.24	3.22	3.21	3.19	2.93	2.99	3.06	3.02	0.55	−0.59	−0.09	−0.77
	申花商圈	3.20	3.19	3.13	3.12	2.78	2.69	2.51	2.79	0.37	−0.35	−1.79	−0.35
	钱江世纪城商圈	2.16	2.15	2.13	2.11	2.00	2.08	2.02	2.00	−1.37	−0.28	−0.93	−1.03
成都	春熙路商圈	3.53	3.55	3.55	3.55	3.83	4.06	2.96	2.95	0.44	0.50	0.10	−0.15
	东大街商圈	2.91	2.91	2.91	2.90	2.78	2.53	2.57	2.54	−0.42	0.08	−0.04	−0.30
	人民南路商圈	2.65	2.64	2.60	2.56	2.64	2.67	2.64	2.56	−0.43	−0.72	−1.19	−1.50
	金融城商圈	2.61	2.60	2.60	2.59	2.46	2.43	2.44	2.45	0.55	−0.37	−0.03	−0.71
	大源商圈	2.23	2.23	2.22	2.19	2.25	2.17	2.21	2.17	−0.35	0.06	−0.30	−1.39
天津	小白楼街商圈	3.88	3.87	3.84	3.83	3.93	3.90	3.88	3.93	−0.52	−0.21	−0.65	−0.33
	劝业场街商圈	2.84	2.83	2.78	2.72	2.82	2.67	2.58	2.62	0.08	−0.46	−1.72	−2.34
	友谊路商圈	2.38	2.38	2.39	2.35	2.72	2.45	2.44	2.44	−0.96	−0.16	0.40	−1.68
	华苑商圈	1.23	1.23	1.23	1.22	1.07	1.07	1.07	1.07	−1.63	−0.32	0.03	−0.81
南京	新街口商圈	2.86	2.86	2.85	2.85	2.23	2.23	2.23	2.22	−0.19	−0.17	−0.39	−0.02
	珠江路商圈	2.68	2.67	2.67	2.67	2.44	2.37	2.33	2.34	−0.38	−0.45	0.01	−0.08
	奥体商圈	2.66	2.66	2.65	2.65	2.55	2.66	2.79	2.78	0.04	0.03	−0.23	−0.15
武汉	中北路商圈	2.98	2.98	2.95	2.95	3.30	3.32	3.37	3.43	−1.07	0.23	−1.03	0.07
	武昌中心商圈	2.67	2.65	2.65	2.64	2.50	2.50	2.53	2.56	−0.83	−1.08	0.17	−0.46
	武广万松园商圈	2.17	2.18	2.16	2.14	1.73	1.73	1.61	1.62	−0.18	0.29	−0.90	−0.96
	光谷商圈	2.10	2.09	2.09	2.05	1.92	1.91	1.87	1.83	0.49	−0.59	−0.16	−1.56
	金融港商圈	1.86	1.86	1.84	1.79	1.48	1.60	1.62	1.66	−0.11	−0.28	−0.96	−2.93
苏州	湖西商圈	2.47	2.48	2.47	2.46	2.33	2.28	2.28	2.28	−0.70	0.20	−0.56	−0.24
	湖东商圈	2.27	2.26	2.25	2.25	1.98	2.00	1.98	1.99	0.38	−0.58	−0.31	0.09
	狮山商圈	2.20	2.20	2.21	2.20	1.77	1.77	1.77	1.77	−0.51	0.00	0.36	−0.56
青岛	五四广场商圈	4.03	4.04	4.04	4.03	4.16	4.14	4.11	4.13	−0.24	0.05	−0.03	−0.05
	中央商务区商圈	2.91	2.90	2.88	2.83	2.85	2.95	2.81	2.81	0.44	−0.28	−0.89	−1.48
	海尔路商圈	2.37	2.37	2.37	2.35	1.94	2.03	2.02	2.02	−0.59	−0.02	−0.31	−0.61
	崂山区政府商圈	2.45	2.44	2.44	2.43	2.98	2.99	2.61	2.71	−0.51	−0.26	−0.07	−0.35

6–10 续表 2

城市	商圈	样本平均租金（元 / 平方米 / 天）				样本租金中位数（元 / 平方米 / 天）				平均租金环比涨跌幅（%）			
		一季度	二季度	三季度	四季度	一季度	二季度	三季度	四季度	一季度	二季度	三季度	四季度
长沙	五一广场商圈	3.90	3.88	3.82	3.78	3.19	3.34	3.20	3.37	0.13	–0.43	–1.78	–1.05
	伍家岭商圈	2.96	2.95	2.94	2.93	2.79	2.76	2.80	2.59	–0.36	–0.28	–0.36	–0.20
	南湖路商圈	2.50	2.49	2.49	2.49	2.42	2.36	2.38	2.08	–0.44	–0.10	–0.18	0.11
	芙蓉广场商圈	2.52	2.52	2.50	2.47	2.28	2.26	2.27	2.20	0.24	–0.13	–0.77	–1.09
南昌	红谷滩中心区商圈	1.67	1.65	1.62	1.58	1.72	1.71	1.72	1.74	–1.16		–1.72	–2.73
海口	国兴商圈	3.79	3.80	3.79	3.76	3.53	3.50	3.57	3.59	–1.01	0.14	–0.17	–0.86
	滨海大道商圈	3.09	3.09	3.09	3.07	3.09	3.09	3.09	3.06	0.00	0.00	–0.01	–0.89
	国贸商圈	2.23	2.22	2.22	2.21	1.80	1.83	1.59	1.64	–0.50	–0.66	–0.06	–0.46

数据来源：中指数据 CREIS。

6-11　2024年百街商铺租金指数

城市	商业街道	样本平均租金（元/平方米/天）		样本租金中位数（元/平方米/天）		平均租金环比涨跌幅（%）	
		上半年	下半年	上半年	下半年	上半年	下半年
百大商业街商铺租金指数		24.37	24.25	/	/	0.09	-0.51
北京	南锣鼓巷	91.40	91.57	90.94	91.10	0.62	0.18
	王府井大街	60.96	61.10	60.75	60.89	0.84	0.23
	后海酒吧街	47.25	46.98	45.95	45.69	0.21	-0.56
	五道口商业街	46.59	46.18	48.00	47.58	0.22	-0.88
	西单商业街	39.57	39.31	34.52	34.30	0.11	-0.65
	苏州街餐饮一条街	24.40	24.13	24.01	23.74	0.00	-1.10
	亚运村商业街	13.81	13.82	13.01	13.02	0.29	0.07
	新街口商业街	12.98	12.99	14.31	14.31	0.00	0.05
	簋街	8.82	8.70	8.63	8.50	0.35	-1.43
	好运街	8.28	8.28	8.89	8.90	0.21	0.06
上海	城隍庙商业街	98.92	98.47	100.10	99.64	0.17	-0.46
	南京西路商业街	49.68	49.76	49.08	49.16	0.70	0.16
	南京东路步行街	43.18	43.21	44.95	44.98	0.26	0.07
	天钥桥路休闲餐饮街	34.53	34.45	32.50	32.43	-0.28	-0.21
	田子坊	33.45	33.02	35.74	35.28	-0.74	-1.29
	淮海中路商业街	32.11	32.10	32.71	32.69	0.14	-0.05
	新天地	24.34	24.29	26.13	26.08	0.44	-0.19
	四川北路商业街	16.56	16.36	16.76	16.57	-0.87	-1.18
	七宝老街	16.02	15.93	15.67	15.57	-0.71	-0.60
	南翔老街	5.55	5.55	6.40	6.40	0.39	0.10
广州	天河又一城	56.12	55.85	56.41	56.14	0.36	-0.49
	北京路步行街	37.32	37.39	35.20	35.26	0.57	0.18
	上下九步行街	32.38	32.02	31.55	31.19	-0.34	-1.13
深圳	东门步行街	88.44	88.86	88.07	88.49	0.19	0.48
	深圳湾步行大街	65.43	64.13	66.14	64.83	0.28	-1.98
	华强北步行街	58.49	57.84	58.80	58.15	0.00	-1.11
成都	春熙路	20.96	21.00	21.15	21.20	0.19	0.20
	建设路	13.22	13.18	12.26	12.22	0.11	-0.31
	宽窄巷子	8.82	8.85	8.62	8.66	0.74	0.41
	一品天下	6.69	6.66	6.59	6.56	-0.23	-0.44
武汉	江汉路步行街	41.63	41.56	43.87	43.80	0.37	-0.16
	楚河汉街	30.30	30.41	29.88	29.98	0.18	0.36
	光谷步行街	27.49	27.49	28.15	28.15	0.06	0.00
	武汉天地商业街	11.54	11.47	12.46	12.38	0.00	-0.60
	万松园商业街	5.74	5.70	5.56	5.52	0.29	-0.76
	汉正街	5.08	5.03	5.90	5.84	-0.22	-0.96

6–11　续表 1

城市	商业街道	样本平均租金（元 / 平方米 / 天）		样本租金中位数（元 / 平方米 / 天）		平均租金环比涨跌幅（%）	
		上半年	下半年	上半年	下半年	上半年	下半年
天津	滨江道商业街	47.87	47.76	46.18	46.07	0.64	–0.22
	古文化街	20.08	20.04	20.44	20.40	0.40	–0.18
	五大道商业街	13.33	13.16	12.25	12.10	–0.43	–1.29
	南市食品街	12.14	11.80	12.82	12.47	–2.20	–2.78
	小白楼商业街	10.96	10.83	10.41	10.28	–0.38	–1.23
	南京路	7.29	7.25	8.43	8.39	0.31	–0.55
	和平路金街	6.06	6.03	7.73	7.69	0.37	–0.49
	鼓楼	4.04	3.95	3.59	3.51	–1.52	–2.10
杭州	武林路	13.60	13.47	13.70	13.57	–0.33	–0.93
	河坊街	13.67	13.60	12.11	12.05	0.21	–0.52
南京	老门东	5.46	5.46	6.06	6.07	0.67	0.15
苏州	观前街	55.22	55.04	53.55	53.37	0.25	–0.33
	斜塘老街	12.73	12.76	14.07	14.10	0.66	0.27
	石路步行街	9.61	9.49	9.25	9.13	–0.66	–1.24
	龙湖狮山金街	6.48	6.45	7.13	7.10	0.21	–0.41
青岛	台东步行街	44.93	44.74	42.34	42.16	0.19	–0.42
	李村商业街	16.63	16.63	14.97	14.97	0.17	0.00
	闽江路商业街	4.58	4.54	5.59	5.54	0.11	–0.95
重庆	解放碑商业街	45.77	45.50	45.57	45.31	0.56	–0.58
	三峡广场商业街	21.57	21.45	23.14	23.02	–0.28	–0.54
	南坪商业街	18.47	18.33	17.85	17.72	–0.56	–0.75
	杨家坪商业街	17.05	16.88	17.73	17.56	–0.40	–0.99
	观音桥商业街	16.91	16.79	16.81	16.69	0.20	–0.71
长沙	坡子街	20.29	20.21	21.53	21.44	0.69	–0.42
	黄兴路步行街	11.61	11.52	12.39	12.29	0.34	–0.78
南昌	胜利路步行街	4.88	4.80	5.53	5.44	–1.01	–1.59
海口	骑楼老街	20.29	19.98	21.35	21.03	–0.23	–1.52
	中山路	14.73	14.52	15.44	15.22	–0.38	–1.40
	得胜沙步行街	12.47	12.19	10.66	10.42	–0.94	–2.23
	解放西路	6.60	6.46	6.50	6.36	–0.80	–2.09

数据来源：中指数据 CREIS。

6-12　2024 年百 MALL 商铺租金指数

城市	商圈	样本平均租金（元 / 平方米 / 天）		样本租金中位数（元 / 平方米 / 天）		平均租金环比涨跌幅（%）	
		上半年	下半年	上半年	下半年	上半年	下半年
百大购物中心商铺租金指数		27.17	27.09	/	/	0.25	−0.31
北京	王府井商圈	75.41	75.58	79.32	79.50	0.80	0.22
	朝外大街商圈	50.91	50.53	64.77	64.28	−0.17	−0.75
	远大路商圈	49.99	49.54	50.49	50.04	0.22	−0.90
	三里屯商圈	48.80	49.00	47.72	47.91	0.98	0.40
	中关村商圈	46.51	46.24	43.95	43.70	0.00	−0.58
	西单商圈	43.28	43.02	47.09	46.81	−0.02	−0.60
	东直门商圈	41.28	41.03	43.45	43.19	−0.03	−0.61
	崇文门商圈	29.89	29.62	31.16	30.88	−0.32	−0.90
	公主坟商圈	29.63	29.46	31.89	31.71	0.01	−0.57
	总部基地商圈	21.41	21.28	22.00	21.87	−0.05	−0.63
	黄村商圈	14.93	14.74	14.74	14.55	−0.15	−1.27
	鲁谷商圈	14.77	14.58	14.68	14.49	−0.16	−1.28
上海	淮海路商圈	69.45	69.79	65.75	66.07	1.07	0.49
	南京西路商圈	66.89	66.51	64.67	64.30	0.00	−0.58
	徐家汇商圈	54.93	54.81	62.07	61.93	0.37	−0.21
	静安寺商圈	49.52	49.21	48.66	48.35	−0.05	−0.63
	豫园商圈	47.95	47.57	48.53	48.15	−0.20	−0.78
	人民广场商圈	45.52	45.52	50.77	50.76	0.56	−0.02
	曹家渡商圈	40.57	39.81	39.43	38.69	−1.14	−1.88
	南方商城商圈	24.44	24.20	23.00	22.78	−0.21	−0.95
	长寿路商圈	24.05	23.74	23.21	22.91	−0.54	−1.28
	大宁商圈	23.84	23.54	19.48	19.23	−0.54	−1.28
	不夜城商圈	22.50	22.18	17.17	16.92	−0.69	−1.43
	中山公园商圈	18.34	18.28	17.12	17.06	0.26	−0.32
	五角场商圈	17.16	17.18	17.55	17.57	0.48	0.11
	川沙商圈	17.14	17.16	13.33	13.34	0.35	0.10
	八佰伴商圈	14.99	14.90	14.60	14.51	−0.03	−0.61
	陆家嘴商圈	13.36	13.30	13.65	13.59	0.18	−0.40
	天山商圈	12.82	12.78	13.32	13.27	0.24	−0.34
	控江路商圈	12.60	12.50	13.40	13.29	−0.06	−0.80
	真如商圈	11.97	11.82	14.48	14.30	−0.53	−1.27
	四川北路商圈	11.61	11.32	11.90	11.59	−1.83	−2.57
	七宝商圈	11.57	11.51	15.09	15.01	0.26	−0.48
	虹桥商圈	11.44	11.38	11.06	11.00	0.20	−0.54

6-12 续表 1

城市	商圈	样本平均租金（元 / 平方米 / 天）		样本租金中位数（元 / 平方米 / 天）		平均租金环比涨跌幅（%）	
		上半年	下半年	上半年	下半年	上半年	下半年
广州	天河路商圈	59.04	58.84	58.62	58.43	0.17	–0.33
	北京路商圈	37.13	36.94	35.86	35.68	0.00	–0.50
	珠江新城商圈	37.04	36.95	37.76	37.66	0.25	–0.25
	东圃商圈	35.20	34.95	36.31	36.05	–0.13	–0.73
	西关商圈	31.70	31.58	33.42	33.29	0.10	–0.40
	市桥商圈	19.31	19.21	18.72	18.62	0.06	–0.54
深圳	东门商圈	71.92	72.30	69.45	69.82	1.16	0.53
	南山中心区商圈	63.47	63.28	58.40	58.22	0.40	–0.30
	福田中心区商圈	61.01	61.25	64.98	65.24	0.23	0.40
	华强商圈	30.00	29.84	31.16	31.00	0.19	–0.51
成都	春熙路商圈	36.79	36.93	37.89	38.03	–0.34	0.36
	盐市口商圈	27.92	28.02	29.63	29.73	–0.35	0.35
	建设路商圈	26.23	26.19	24.50	24.46	0.03	–0.16
	新南天地商圈	17.48	17.41	16.07	16.01	0.00	–0.40
武汉	徐东商圈	18.40	18.36	17.59	17.55	–0.53	–0.21
	王家湾商圈	13.11	13.16	11.83	11.87	0.00	0.32
	街道口商圈	12.77	12.77	12.36	12.36	–0.20	0.00
	中南 / 中北路商圈	12.17	12.28	12.07	12.17	0.71	0.87
	后湖商圈	9.85	9.84	9.13	9.12	0.00	–0.10
	古田商圈	9.77	9.76	10.28	10.27	–0.03	–0.13
	钟家村商圈	7.21	7.13	9.61	9.51	–0.79	–1.12
天津	友谊路商圈	54.07	53.82	53.48	53.24	0.00	–0.45
	南市商圈	36.42	36.27	35.18	35.04	0.37	–0.40
	劝业场商圈	36.14	35.88	33.81	33.57	0.64	–0.72
	小白楼商圈	33.20	32.77	44.20	43.63	0.41	–1.30
	八里台商圈	18.83	18.74	17.74	17.65	–0.04	–0.47
	中北镇商圈	13.98	13.98	16.27	16.27	0.01	0.00
	鼓楼街商圈	11.93	11.81	10.53	10.42	–0.54	–0.98
	梅江商圈	8.68	8.55	8.78	8.64	–1.38	–1.58
杭州	武林商圈	52.61	52.56	54.32	54.27	0.26	–0.09
	湖滨商圈	25.36	25.45	25.66	25.75	0.69	0.34
	钱江新城商圈	24.87	24.98	17.68	17.76	0.78	0.43
	申花商圈	21.93	21.83	19.15	19.06	0.39	–0.46
	吴山商圈	19.90	19.81	19.37	19.29	0.43	–0.43
	滨江商圈	14.22	14.27	15.44	15.49	0.67	0.32
	北干商圈	12.23	12.26	11.21	11.24	0.65	0.30
	西溪商圈	10.16	10.16	11.00	11.00	0.34	–0.01
	新天地运河商圈	8.18	8.10	10.36	10.26	–0.14	–0.99

6-12　续表 2

城市	商圈	样本平均租金（元 / 平方米 / 天）		样本租金中位数（元 / 平方米 / 天）		平均租金环比涨跌幅（%）	
		上半年	下半年	上半年	下半年	上半年	下半年
南京	新街口商圈	36.88	36.88	36.98	36.98	0.20	0.00
苏州	石路商圈	15.94	15.85	15.85	15.75	-0.35	-0.58
	湖西商圈	10.80	10.81	17.17	17.19	0.69	0.11
	狮山路商圈	9.71	9.74	10.33	10.36	0.96	0.37
	观前街商圈	7.67	7.65	15.95	15.91	-0.02	-0.25
青岛	新都心商圈	21.88	21.87	23.22	23.21	0.19	-0.04
	香港中路商圈	18.43	18.47	18.84	18.87	0.31	0.18
	李村商圈	14.27	14.23	13.87	13.84	-0.09	-0.28
	市北 CBD 商圈	10.01	9.93	7.77	7.71	-0.70	-0.79
	浮山后商圈	9.02	8.97	9.22	9.17	-0.60	-0.51
重庆	观音桥商圈	34.30	34.39	34.20	34.29	0.95	0.27
	解放碑商圈	31.52	31.61	31.32	31.41	0.83	0.27
	大坪商圈	22.91	22.79	24.62	24.48	0.66	-0.54
	南坪商圈	21.10	21.03	23.51	23.43	0.12	-0.35
	三峡广场商圈	18.88	18.79	21.13	21.03	0.30	-0.49
	杨家坪商圈	8.16	8.14	9.92	9.90	0.07	-0.24
长沙	五一广场商圈	43.93	43.68	44.39	44.14	0.17	-0.57
南昌	红谷滩中心商圈	15.86	15.81	11.82	11.79	0.02	-0.29
	八一商圈	15.19	15.18	18.41	18.40	0.09	-0.10
海口	滨海国贸商圈	13.97	13.79	16.47	16.25	-0.56	-1.34
	万达广场商圈	11.13	10.98	11.33	11.19	-0.80	-1.28
	解放西商圈	9.98	9.83	10.37	10.22	-0.67	-1.47
	西海岸商圈	5.46	5.44	5.15	5.13	0.16	-0.25

数据来源：中指数据 CREIS。

企业篇

第七章　中国主要房地产企业经营情况统计

7-1　2024年沪深上市房企流动资产

单位：元人民币

企业简称	2024年第一季度	2024年第二季度	2024年第三季度	2024年第四季度
万业企业（600641）	5265618471	4979246602	5120416293	5387829083
万泽股份（000534）	956920778	932936627	998206042	1232922998
万科A（000002）	1111071320566	1078209371171	1016276176874	917512076855
万通发展（600246）	2777618740	2575971768	2598430835	2399887839
三湘印象（000863）	5298929206	4994572109	4763396493	4684710268
上实发展（600748）	18710879117	17535371002	17548115877	18694126789
上海临港（600848）	52045705310	50271110566	52405290058	50990943557
世荣兆业（002016）	4190091802	4243700340	4374328374	4369387476
东旭蓝天（000040）	11165855860	11141169173	10831327075	--
东望时代（600052）	1238022334	1409686374	1350133294	1215618030
东湖高新（600133）	10105437029	9214130772	9255847080	9671202463
东百集团（600693）	3246390941	3210698077	3091277028	3096176362
中华企业（600675）	46149990452	43333501527	43803228612	43862445807
中南建设（000961）	171219244801	151860887617	--	116995825847
中原高速（600020）	6620540326	6502870780	6709746234	6669093799
中国中冶（601618）	525115458000	573168051000	540373773000	599767170000
中国中铁（601390）	1014447061000	1134793021000	1198530223000	1264092495000
中国宝安（000009）	30337635702	29410586785	30082870791	28907976276
中国武夷（000797）	22024027782	22239204819	22192235964	22432561238
中国电建（601669）	507416572397	528905736586	547695812901	532807364816
中国铁建（601186）	1104650485000	1105989751000	1139107890000	1143974775000
中弘退（000979）	--	20552268058	--	20470933085
中洲控股（000042）	25629841753	26531596467	25525931883	25289502898
中航高科（600862）	7199929687	7233580128	7712290271	6763330129
云南城投（600239）	3612930570	3400692466	3238157792	2969651449
亚泰集团（600881）	21005545660	20805737777	21038069052	18894279668
亚通股份（600692）	3152186378	3345562163	3515426136	4443245260
京东方A（000725）	146881644689	154756550075	147927934445	143387455374
京投发展（600683）	49179061780	53536114039	52938543939	54535934445
京能置业（600791）	20244272716	21042474615	20047322183	18751394347
保利发展（600048）	1254301800189	1217658868928	1200268274483	1167068456415
信达地产（600657）	52936142495	49865759457	50905350182	48895392727
光大嘉宝（600622）	5839508586	5224519755	4699017705	4327880333
光明地产（600708）	58478649540	58265111151	58494496753	56224933708

7–1 续表 1

单位：元人民币

企业简称	2024 年第一季度	2024 年第二季度	2024 年第三季度	2024 年第四季度
冠城大通（600067）	15129975089	15037267482	14151002442	12938371244
凤凰股份（600716）	5787488331	5570000976	5445611857	4828170030
北汽蓝谷（600733）	14192305804	12794374088	15925271208	24422765070
北辰实业（601588）	41908096344	40649039374	40886251244	37039013935
华丽家族（600503）	3033143302	3034474486	3295303241	3465361358
华侨城 A（000069）	270019924502	259630821406	253076901301	223603716627
华发股份（600325）	391082478132	376554113846	369488435444	349034079404
华夏幸福（600340）	305013228490	304232687812	273100722803	263168804631
华远地产（600743）	22622340346	18464500320	17781055079	883485425
华鑫股份（600621）	38757910235	31733355314	39154019121	36610014061
卓朗科技（600225）	3293121654	2945246028	2970799995	3204396792
南京公用（000421）	10101051515	9528576339	9915631215	8118432068
南京高科（600064）	17479958301	18121124393	18678512377	16787122895
南山控股（002314）	36907964097	36040580053	38153142652	33618167385
卧龙地产（600173）	4560403306	4734618806	4458826698	4352059045
合肥城建（002208）	35189969451	36719933153	34412980604	34931664345
圆通速递（600233）	14102345831	13940246656	14010283084	15238484896
城建发展（600266）	121452732722	114739283304	113317544041	103061663314
城投控股（600649）	61966634274	63717888030	65071016494	65352346372
外高桥（600648）	20860466247	19620256051	20595968614	18865692319
大东方（600327）	1000016752	922674849	884568782	1001593932
大名城（600094）	17780851257	16972991916	14793983430	12329663585
大悦城（000031）	145481078344	138866116399	136956024235	125172594058
天保基建（000965）	11804960752	12242209101	11896674813	12343812973
天健集团（000090）	57050434035	57535324869	57971913200	52829928650
天地源（600665）	35556541264	35786156066	35403500064	27302127441
学大教育（000526）	1319449703	1056648853	1380043748	1265207920
安徽建工（600502）	109920554520	117033104321	118173999399	129691007827
宝鹰股份（002047）	7229175922	6935150109	6614762893	920463653
小商品城（600415）	6122582166	6253346797	6711048686	9733977029
山子股份（000981）	6074704586	4084937770	3972344445	3838931053
川投能源（600674）	3802058347	6682279943	4625235700	3637035977
市北高新（600604）	10924915368	10868509907	11011664464	8222331036
广宇集团（002133）	10949234129	10602310815	9699504095	8138514573
开立医疗（300633）	2873808422	2956433854	2890010108	2974995088

7-1 续表 2

单位：元人民币

企业简称	2024 年第一季度	2024 年第二季度	2024 年第三季度	2024 年第四季度
张江高科（600895）	22700881836	23796832326	22726284674	23800541233
招商蛇口（001979）	674721686277	--	668452968457	614165577278
新光退（002147）	--	2472373436	--	2348958107
新城控股（601155）	211731493660	198733963974	185613121441	152678327433
新湖中宝（600208）	51617733171	45359918659	44102048997	42226266436
新黄浦（600638）	13348272212	14188514816	13638502732	13016079107
杉杉股份（600884）	18848148075	20207595576	17838055939	17263828162
栖霞建设（600533）	21565007687	20929313075	20857038273	20589088037
格力地产（600185）	19419200738	19423967398	18654925234	14259526230
格力电器（000651）	235258529846	234266891835	223700116129	224802908652
武商集团（000501）	6433900712	5586211678	5838841313	5318883978
沙河股份（000014）	2054426725	1903704378	1859601551	1819086808
津投城开（600322）	14138246775	13919112292	13921061201	11970403106
津滨发展（000897）	5404284072	5377061654	5286113519	4412163135
济南高新（600807）	1467225613	1478708622	1417289307	2032597246
浦东金桥（600639）	27906286928	29029076420	28470878972	30644765367
海宁皮城（002344）	3337891791	2953669747	2844030784	2971296027
海航控股（600221）	29182417000	29881655000	35952191000	29683319000
深康佳 A（000016）	16554118531	14909349163	13006238528	12074629186
深振业 A（000006）	21614655911	18434260632	16686476718	15282085745
深深房 A（000029）	5865332519	5835983453	5867085361	5404377583
深物业 A（000011）	15021888170	14788062267	14251152080	13302659024
渝开发（000514）	5312287071	5584515324	5182856980	5041066791
滨江集团（002244）	250291235267	250197986057	245033809966	227194864159
爱旭股份（600732）	10293569356	9964720322	9661810199	7497983838
物产中大（600704）	146895370413	148142264515	143828327957	116291487396
电子城（600658）	11240167686	10199833958	10100173051	9593640366
皇庭国际（000056）	1004922413	992871451	876943538	765175691
福星股份（000926）	25546517789	25826075685	25577325933	21533739657
福瑞达（600223）	4595805608	4464254246	4272192165	4143506540
空港股份（600463）	1599175294	1525012117	1487886849	1570982505
粤宏远 A（000573）	1327335848	1366551171	1387300513	1454176947
纳思达（002180）	19587878691	18524469649	19118409866	18391320791
绿地控股（600606）	1017551170518	888864341077	885917621124	912055882263

7-1　续表 3　　单位：元人民币

企业简称	2024 年第一季度	2024 年第二季度	2024 年第三季度	2024 年第四季度
苏宁环球（000718）	10773220186	10799074044	10640108846	10303989131
苏州高新（600736）	47272163264	49120367419	49893310400	49564965521
荣丰控股（000668）	1045922318	973595094	910577148	669303794
荣安地产（000517）	38455932055	31432901588	27055560754	17557147145
荣盛发展（002146）	175640511900	169323895279	162278379496	143854321891
莱茵体育（000558）	364193815	323764628	446179399	751496376
葛洲坝（600068）	--	238029133557	--	222372888150
财信发展（000838）	3049561695	2848744668	2482933149	2294419580
软控股份（002073）	12536254136	12797812321	13145018207	14459436104
迪马股份（600565）	42221377560	41300761402	--	36826574275
退市中房（600890）	--	77371209	--	68673864
退市华业（600240）	1811831394	1801688215	1803283420	2729125011
退市美都（600175）	--	1341306392	--	1129983520
金地集团（600383）	266406697944	249616378830	232805705096	199438148863
金科股份（000656）	174316425151	166772993023	159290730842	140642496035
金融街（000402）	89621798162	86413100745	82684323476	72856805294
金隅集团（601992）	144293768231	141279813617	139976568168	133195464925
长春经开（600215）	1704333641	1564609140	1477077244	1616541746
闻泰科技（600745）	27917775477	28335133157	30731160885	30943842715
阳光股份（000608）	107519549	98559646	112968145	139849161
陆家嘴（600663）	80151742108	81174081517	83340011410	83066760532
雅戈尔（600177）	32688107267	25924293672	23729109719	19836408735
顺丰控股（002352）	95228727000	93079771000	88584576000	88686806000
顺发恒业（000631）	6161134879	6157022980	5826526812	5675528537
首开股份（600376）	196636897094	190883047696	186408554751	181449354650
香江控股（600162）	14081487658	12814317092	11900490426	11489603267
黑牡丹（600510）	23393155462	23666491751	23943124675	22321351798
*ST 中天（000540）	--	62609724583	--	53927773535
*ST 中迪（000609）	2105745975	1863873975	1907868697	1812111859
*ST 嘉凯（000918）	--	3989966124	--	2242181048
*ST 宋都（600077）	--	16644861903	--	14986555344
*ST 新联（000620）	9243666204	8865507911	8692741905	7600760041
*ST 泛海（000046）	--	50494085333	49580186754	41611694183
*ST 绿景（000502）	--	93872787	--	81199381
*ST 蓝光（600466）	92552004466	90640939421	89883229290	82584837848

7-1　续表 4　　单位：元人民币

企业简称	2024 年第一季度	2024 年第二季度	2024 年第三季度	2024 年第四季度
ST 泰禾（000732）	--	154447934015	153739171073	125292795632
ST 海投（000616）	--	16089192	--	9640002
ST 粤泰（600393）	--	7546999678	--	7127747419
ST 美置（000667）	--	5498766425	--	4258273894
ST 阳光城（000671）	--	196234191995	--	150407630432

退市华业（退市）（600240）已于 2020 年 02 月 05 日退市，仍对外披露了 2024 年度财务数据。下同。
葛洲坝（退市）（600068）已于 2021 年 09 月 13 日退市，仍对外披露了 2024 年度财务数据。下同。
*ST 蓝光（退市）（600466）已于 2023 年 06 月 06 日退市，仍对外披露了 2024 年度财务数据。下同。
迪马股份（退市）（600565）已于 2024 年 08 月 07 日退市，仍对外披露了 2024 年度财务数据。下同。
退市中房（退市）（600890）已于 2022 年 06 月 21 日退市，仍对外披露了 2024 年度财务数据。下同。
ST 粤泰（退市）（600393）已于 2023 年 07 月 18 日退市，仍对外披露了 2024 年度财务数据。下同。
*ST 泛海（退市）（000046）已于 2024 年 02 月 07 日退市，仍对外披露了 2024 年度财务数据。下同。
卓朗科技（退市）（600225）已于 2025 年 03 月 06 日退市，仍对外披露了 2024 年度财务数据。下同。
*ST 中天（退市）（000540）已于 2023 年 06 月 30 日退市，仍对外披露了 2024 年度财务数据。下同。
ST 海投（退市）（000616）已于 2023 年 08 月 23 日退市，仍对外披露了 2024 年度财务数据。下同。
*ST 宋都（退市）（600077）已于 2023 年 07 月 25 日退市，仍对外披露了 2024 年度财务数据。下同。
ST 阳光城（退市）（000671）已于 2023 年 08 月 16 日退市，仍对外披露了 2024 年度财务数据。下同。
退市美都（退市）（600175）已于 2020 年 08 月 14 日退市，仍对外披露了 2024 年度财务数据。下同。
ST 美置（退市）（000667）已于 2023 年 07 月 14 日退市，仍对外披露了 2024 年度财务数据。下同。
ST 泰禾（退市）（000732）已于 2023 年 08 月 04 日退市，仍对外披露了 2024 年度财务数据。下同。
中南建设（退市）（000961）已于 2024 年 07 月 11 日退市，仍对外披露了 2024 年度财务数据。下同。
新光退（退市）（002147）已于 2022 年 06 月 23 日退市，仍对外披露了 2024 年度财务数据。下同。
*ST 绿景（退市）（000502）已于 2022 年 06 月 27 日退市，仍对外披露了 2024 年度财务数据。下同。
东旭蓝天（退市）（000040）已于 2025 年 04 月 30 日退市，仍对外披露了 2024 年度财务数据。下同。
中弘退（退市）（000979）已于 2018 年 12 月 28 日退市，仍对外披露了 2024 年度财务数据。下同。
*ST 嘉凯（退市）（000918）已于 2023 年 07 月 28 日退市，仍对外披露了 2024 年度财务数据。下同。
数据来源：企业公告。

7–2a 2024年香港上市房企流动资产（港币）

单位：元港币

企业简称	2024年第二季度	2024年第四季度
上实城市开发（00563）	28042595000	21452050000
上海证大（00755）	3789056000	291725000
中渝置地（01224）	2739221000	2932292000
九龙仓集团（00004）	48417000000	47442000000
五矿地产（00230）	41441381000	35630382000
信和置业（00083）	66679021442	70435000000
华南城（01668）	45320520000	38278814000
合生创展集团（00754）	174263268000	146853361000
嘉华国际（00173）	34065654000	30067452000
嘉里建设（00683）	71246785000	57367000000
天安（00028）	19613638000	24942926000
恒基地产（00012）	120818000000	118993000000
恒隆地产（00101）	24276000000	26975000000
新世界发展（00017）	134684000000	118014800000
新鸿基地产（00016）	244705000000	248663000000
汤臣集团（00258）	13171969000	12652731000
沿海家园（01124）	4979905000	1442196000
深圳控股（00604）	116176283000	116217325000
渝太地产（00075）	15604212000	17915847000
百仕达控股（01168）	3453181000	5931538000
莱蒙国际（03688）	9967013000	8812729000
路劲（01098）	40129772000	34576424000
长实集团（01113）	174227000000	175917000000
香港兴业国际（00480）	11765100000	11129400000

数据来源：企业公告。

7–2b　2024 年香港上市房企流动资产（人民币）

单位：元人民币

企业简称	2024 年第二季度	2024 年第四季度
SOHO 中国（00410）	3017847000	2983114000
三巽集团（06611）	10035287000	--
上置集团（01207）	5004696000	--
世茂集团（00813）	389376839000	349011726000
中信股份（00267）	4999995000000	5417956000000
中国奥园（03883）	167995688000	142461130000
中国新城市（01321）	5018864000	5648736000
中国海外发展（00688）	643553251000	639183955000
中国海外宏洋集团（00081）	131578626000	121202702000
中国金茂（00817）	195219037000	193055674000
中梁控股（02772）	130279063000	116941226000
中电光谷（00798）	13732702000	12640016000
中骏集团控股（01966）	101626774000	90361804000
亿达中国（03639）	14236488000	13230643000
众安集团（00672）	30111318000	27311341000
佳兆业集团（01638）	182083460000	171820474000
保利置业集团（00119）	183595601000	178963377000
力高集团（01622）	45009487000	39728423000
北大资源（00618）	10309086000	9692018000
华润置地（01109）	802734455000	710426472000
合景泰富集团（01813）	80676765000	78102099000
天誉置业（00059）	12386338000	--
宝龙地产（01238）	106346992000	97414867000
富力地产（02777）	207502307000	212141101000
小米集团 -W（01810）	202980160000	225708766000
建业地产（00832）	92754868000	87330239000
弘阳地产（01996）	45801764000	40610531000
恒盛地产（00845）	19957965000	--
旭辉控股集团（00884）	202125392000	177255842000
时代中国控股（01233）	89202579000	69239242000
明发集团（00846）	46112985000	43251475000
景瑞控股（01862）	27815448000	22657418000
朗诗绿色管理（00106）	5006265000	5056091000
正荣地产（06158）	108247229000	96570399000
港龙中国地产（06968）	26689285000	21623914000
瑞安房地产（00272）	25567000000	25688000000

7-2b 续表 1　　　　单位：元人民币

企业简称	2024 年第二季度	2024 年第四季度
碧桂园（02007）	1077746000000	916885000000
禹洲集团（01628）	70863161000	62175342000
绿城中国（03900）	464190124000	437690728000
绿景中国地产（00095）	60460909000	62624419000
美的置业（03990）	138678481000	4129733000
花样年控股（01777）	59468310000	58038695000
融信中国（03301）	111018544000	79777623000
融创中国（01918）	747440555000	689467066000
越秀地产股权（00123）	356360972000	340791865000
远洋集团（03377）	143041438000	131170739000
金轮天地控股（01232）	3820980000	3257751000
金辉控股（09993）	79555146000	66615246000
阳光 100 中国（02608）	35620446000	34265149000
雅居乐集团（03383）	136057995000	124421972000
领地控股（06999）	24439758000	18866696000
龙光集团（03380）	171619064000	157726128000
龙湖集团（00960）	431406316000	395006745000

数据来源：企业公告。

7-3　2024 年沪深上市房企资产

单位：元人民币

企业简称	2024 年第一季度	2024 年第二季度	2024 年第三季度	2024 年第四季度
万业企业（600641）	10674035051	10306176118	10383416107	9996904782
万泽股份（000534）	3251478335	3331334946	3572560847	3970281336
万科 A（000002）	1463869094846	1422819020979	1357179783436	1286259859766
万通发展（600246）	8515517206	8470052922	8412042966	7855783088
三湘印象（000863）	6794012871	6474397572	6230631751	6125388601
上实发展（600748）	30823337598	29594088327	29533037958	30452873927
上海临港（600848）	83608843869	84964363788	88364714665	83389187656
世荣兆业（002016）	6171171304	6331467002	6655864402	7272434959
东旭蓝天（000040）	23616632681	23427264746	23036430697	--
东望时代（600052）	3493130342	3370635482	3340299141	2993966338
东湖高新（600133）	18382133594	17563050142	18069383432	18805522996
东百集团（600693）	14473650987	14494766376	14559247888	14808693338
中华企业（600675）	59190088365	56203400872	56627805680	56777717345
中南建设（000961）	221272471518	200331511582	--	164611053008
中原高速（600020）	50324072414	50486674495	51206756353	52201851102
中国中冶（601618）	703095119000	755551432000	725006073000	808015755000
中国中铁（601390）	1857390090000	2004571635000	2128258300000	2256413630000
中国宝安（000009）	52177324573	51581219176	52542673678	53774802565
中国平安（601318）	11982296000000	12226666000000	12533736000000	12957827000000
中国武夷（000797）	23731396272	23929178545	23852305724	24047944517
中国电建（601669）	1215183864892	1247988033084	1287495362210	1289001336535
中国铁建（601186）	1709108441000	1745841521000	1810274491000	1862842522000
中弘退（000979）	--	28257126973	--	28168508866
中洲控股（000042）	31219835148	32148617394	30820356952	30630701685
中航高科（600862）	9517354568	9524418719	10065310295	9392667549
云南城投（600239）	12106151322	11793898170	11531128336	10987067002
亚泰集团（600881）	45705410080	45075218527	45305589478	42239691474
亚通股份（600692）	3855813553	4033217465	4213114228	5187620143
京东方 A（000725）	417272675457	422367862387	417412481177	429978221541
京投发展（600683）	59893069424	60005648232	59210497177	60271481563
京能置业（600791）	21317355668	22085969734	21105727783	19758901512
保利发展（600048）	1424355777655	1389984322560	1373944238564	1335108015600
信达地产（600657）	79651698426	79288107744	80080185978	76434374485
光大嘉宝（600622）	24646379853	23913785908	23167556172	21944821426

7–3 续表 1　　　　单位：元人民币

企业简称	2024 年第一季度	2024 年第二季度	2024 年第三季度	2024 年第四季度
光明地产（600708）	63392366446	63151536452	63242542200	59561264946
冠城大通（600067）	20620472759	20517769426	19605321714	18209215150
凤凰股份（600716）	8012603524	7932934630	8149195519	7423567140
北汽蓝谷（600733）	29563156098	29557977812	32861186476	41420900480
北辰实业（601588）	54322259266	52638412386	52628814650	48841884791
华丽家族（600503）	4069249060	4066977476	4322645423	4434722794
华侨城 A（000069）	364033155670	353121493902	345683082320	324197559545
华发股份（600325）	459715696599	444233921283	437514558344	420295121577
华夏幸福（600340）	349408175848	348042168017	323803897931	304389031559
华远地产（600743）	30841209673	26627482214	25903614991	2102129133
华鑫股份（600621）	42913951564	36494228124	46395404848	43852233455
卓朗科技（600225）	7637970078	7385569736	7334601455	6546460463
南京公用（000421）	16070964158	15456051520	15783993258	14414238022
南京高科（600064）	37772360054	38535269581	39390003596	38395047668
南山控股（002314）	71769943343	70685695287	73838192330	69973817268
卧龙地产（600173）	6110153171	6315127930	6035673859	5874465839
厦门银行（601187）	393155050000	398454505909	403275738000	407794724236
合肥城建（002208）	38435752472	40213644982	37914502719	38725567969
圆通速递（600233）	43185258954	43691745732	45461121228	48294063910
城建发展（600266）	139497756171	134539502709	133000835642	122229102254
城投控股（600649）	78267889518	81023076722	82242222090	84669442670
外高桥（600648）	44055320631	44058644792	45415422202	46095707773
大东方（600327）	5713352483	5671392256	5629544412	5801607692
大名城（600094）	24693681364	24093064424	21842265125	18566273190
大悦城（000031）	199565365611	192815512509	190856979455	178574917229
天保基建（000965）	14354731654	14765451200	14495391673	14651468814
天健集团（000090）	67941468901	68396698134	68801152708	63902869221
天地源（600665）	37340424934	37565401921	37216655987	28335517502
学大教育（000526）	3614040443	3376909348	3856041965	3828341166
安徽建工（600502）	167741477988	176081559699	179627521458	201979062897
宝鹰股份（002047）	9571867378	9377316173	9067482227	1411518298
小商品城（600415）	36126861096	36021693283	35898167197	39168460647
山子股份（000981）	15009464245	12219502821	11871863951	10885120753
川投能源（600674）	62076460050	63607666297	64540827114	65049216986
市北高新（600604）	21784445461	21596618405	21674057265	20792957407

7-3　续表 2

单位：元人民币

企业简称	2024 年第一季度	2024 年第二季度	2024 年第三季度	2024 年第四季度
广宇集团（002133）	12919447051	12754763566	11822099299	9996074865
开立医疗（300633）	4043654290	4190926424	4156138046	4312997155
张江高科（600895）	52213004690	53675413664	54567398527	59402514994
招商蛇口（001979）	919778800072	912693150400	918760551409	860308816014
新光退（002147）	--	4748801290	--	4215618015
新城控股（601155）	368082565784	355649344589	342664486521	307192787849
新湖中宝（600208）	108341895419	101069774533	100872850170	97027958577
新黄浦（600638）	19622507690	20472961966	19932836388	19159945400
杉杉股份（600884）	49625407857	50312352233	47575697226	46207982305
栖霞建设（600533）	24381416884	23571681194	23491682704	23292488203
格力地产（600185）	24723405783	24667935182	23886362894	19554343729
格力电器（000651）	380813847724	384555509297	370710990552	368031704523
武商集团（000501）	32111628422	31050292284	31056495870	30385433634
沙河股份（000014）	2381346379	2283734392	2236341800	2191149489
津投城开（600322）	15831179241	15597028425	15567664097	13463648252
津滨发展（000897）	5731447925	5760154590	5666040734	4911070937
济南高新（600807）	2152005841	2153489434	2092378407	2594051414
浦东金桥（600639）	44366967413	45403410447	46264259991	48634341186
海宁皮城（002344）	13482997640	13101487602	13209947306	13280806368
海航控股（600221）	134786754000	138424174000	143879316000	141706873000
深康佳 A（000016）	36105995399	34324017268	32531256517	30412763900
深振业 A（000006）	25765300701	22587441750	20889216728	17226824619
深深房 A（000029）	6472600397	6436151608	6459864549	5987780657
深物业 A（000011）	16889161357	16658662274	16116648357	15293205498
渝开发（000514）	8005722598	8308857364	7903143985	7766100840
滨江集团（002244）	283196376970	282920632066	277912285807	259082993731
爱旭股份（600732）	34096996166	36780948458	37401316833	34523006308
物产中大（600704）	204030543593	207241926199	202446121079	175878580898
电子城（600658）	19462948671	18792567622	18569859801	17091822243
皇庭国际（000056）	8794790322	8770445188	8646453313	8033395570
福星股份（000926）	35986108306	36168000877	35912608967	28114894247
福瑞达（600223）	6447496753	6347533765	6101487100	6000330923
空港股份（600463）	2437709868	2345693959	2298791347	2396103859
粤宏远 A（000573）	2278432186	2241420489	2198780576	2225130022

7-3 续表 3 单位：元人民币

企业简称	2024 年第一季度	2024 年第二季度	2024 年第三季度	2024 年第四季度
纳思达（002180）	37964915144	37093301348	37628941780	37350137925
绿地控股（600606）	1196971297497	1069748581253	1068703837965	1099908116815
苏宁环球（000718）	14769698265	14748110507	14566036807	14374947268
苏州高新（600736）	70660221703	72944163664	73978705562	75316645197
荣丰控股（000668）	1820850568	1748117615	1752892914	1377642987
荣安地产（000517）	40705659750	33448709245	28886482187	19008979440
荣盛发展（002146）	197721945430	190219365274	182804906131	161762218191
莱茵体育（000558）	2011616751	1983835293	2096164408	2374406051
葛洲坝（600068）	--	435267929394	--	431649736315
财信发展（000838）	3641682689	3445583461	3126819104	2860764488
软控股份（002073）	16654179278	16911247601	17286029604	18614173564
迪马股份（600565）	52248034179	51077532416	--	45111352548
退市中房（600890）	--	152265791	--	139053469
退市华业（600240）	3262580938	3241243738	3241225639	2799785320
退市美都（600175）	--	2016719349	--	1706039271
金地集团（600383）	367900282296	349156723643	330810257620	293906275278
金科股份（000656）	216354058814	208254810661	200138392731	177183266305
金融街（000402）	140342382453	137203224098	133440048620	121632781387
金隅集团（601992）	273127705391	270457917851	270239516052	263995720701
长春经开（600215）	3828555590	3691094298	3582205903	3586449005
闻泰科技（600745）	75262723404	75710178195	78135717129	74977514490
阳光股份（000608）	4319701769	4303880994	5031917321	4844850834
陆家嘴（600663）	155515065803	157679966114	158592551805	160674361929
雅戈尔（600177）	81089545428	74388205553	74583903059	71389352771
顺丰控股（002352）	224940190000	219865931000	214021553000	213824213000
顺发恒业（000631）	7001527768	7009248391	6822733295	6875817276
首开股份（600376）	248005017940	241407557075	235047096400	229869099540
香江控股（600162）	19763425016	18408104109	17398587320	16812039820
黑牡丹（600510）	29250972617	29468055970	29866552148	28833381995
*ST 中天（000540）	--	120841612729	--	113818961773
*ST 中迪（000609）	2257001802	2014001346	2059697468	1962981818
*ST 嘉凯（000918）	--	7272718157	--	4614846903
*ST 宋都（600077）	--	21610681133	--	18871796522
*ST 新联（000620）	14074534696	13844830443	13677963135	12207434812
*ST 泛海（000046）	--	69717788938	68853491463	52524622619

7-3　续表 4　　　　单位：元人民币

企业简称	2024 年第一季度	2024 年第二季度	2024 年第三季度	2024 年第四季度
*ST 绿景（000502）	--	222381939	--	197775288
*ST 蓝光（600466）	103533678788	101108078701	100282898937	92433566795
ST 泰禾（000732）	--	200649468562	199904053194	164706868360
ST 海投（000616）	--	4933386287	--	4379872151
ST 粤泰（600393）	--	8419464722	--	7963177562
ST 美置（000667）	--	10089946535	--	7232475800
ST 阳光城（000671）	--	228939855145	--	181629121594

数据来源：企业公告。

7-4a 2024年香港上市房企总资产（港币）

单位：元港币

企业简称	2024年第二季度	2024年第四季度
上实城市开发（00563）	56529184000	48984760000
上海证大（00755）	4345599000	952445000
中渝置地（01224）	24300702000	23517877000
九龙仓集团（00004）	190012000000	190039000000
五矿地产（00230）	47618461000	41030920000
信和置业（00083）	179086642219	180344000000
华南城（01668）	103367840000	87551425000
合生创展集团（00754）	287525545000	256882175000
嘉华国际（00173）	71477347000	66371047000
嘉里建设（00683）	210524928000	201348000000
天安（00028）	54266935000	58411092000
廖创兴企业（00194）	15473625000	14891574000
恒基地产（00012）	534948000000	531240000000
恒隆地产（00101）	218939000000	221648000000
新世界发展（00017）	470168600000	445157600000
新鸿基地产（00016）	816135000000	818094000000
汤臣集团（00258）	21256807000	20641624000
沿海家园（01124）	5804102000	1790633000
深圳控股（00604）	173077657000	171169614000
渝太地产（00075）	16599902000	18937659000
百仕达控股（01168）	10486882000	16591088000
莱蒙国际（03688）	19361512000	16616669000
路劲（01098）	64806008000	57513135000
长实集团（01113）	504459000000	501781000000
香港兴业国际（00480）	42126800000	41824700000

数据来源：企业公告。

7-4b　2024年香港上市房企总资产（人民币）

单位：元人民币

企业简称	2024年第二季度	2024年第四季度
SOHO中国（00410）	68191601000	68131476000
三巽集团（06611）	10323493000	--
上置集团（01207）	12997639000	--
世茂集团（00813）	485584590000	436428997000
中信股份（00267）	11429264000000	12075425000000
中国奥园（03883）	188634293000	159505116000
中国新城市（01321）	13421184000	13385727000
中国海外发展（00688）	912947048000	908634381000
中国海外宏洋集团（00081）	139982086000	129182894000
中国金茂（00817）	419375969000	409256418000
中梁控股（02772）	148772556000	133176459000
中电光谷（00798）	24803719000	23341927000
中骏集团控股（01966）	143507564000	128285226000
亿达中国（03639）	36576345000	33879986000
众安集团（00672）	42393898000	39262740000
佳兆业集团（01638）	224581835000	210679665000
保利置业集团（00119）	206867018000	198702777000
力高集团（01622）	48877523000	43423722000
北大资源（00618）	11951626000	11522949000
华润置地（01109）	1216430354000	1128393668000
合景泰富集团（01813）	157554426000	153336287000
复星国际（00656）	821888026000	796528012000
天誉置业（00059）	20551861000	--
宝龙地产（01238）	206402304000	192016874000
富力地产（02777）	312202143000	290592833000
小米集团-W（01810）	342175227000	403155289000
建业地产（00832）	111461632000	104897123000
弘阳地产（01996）	67190997000	60005374000
恒盛地产（00845）	43716628000	--
旭辉控股集团（00884）	282786800000	256168485000
时代中国控股（01233）	115066605000	88544970000
明发集团（00846）	66946009000	62326638000
景瑞控股（01862）	36128238000	30617773000
朗诗绿色管理（00106）	10415002000	9323292000
正荣地产（06158）	126515642000	113382167000
港龙中国地产（06968）	28438979000	23313984000

7-4b 续表 1

单位：元人民币

企业简称	2024 年第二季度	2024 年第四季度
瑞安房地产（00272）	100375000000	91938000000
碧桂园（02007）	1209508000000	1035843000000
禹洲集团（01628）	93517979000	83066855000
绿城中国（03900）	536268259000	507784971000
绿景中国地产（00095）	104962903000	103586677000
美的置业（03990）	178998041000	9724500000
花样年控股（01777）	76740058000	73205941000
融信中国（03301）	133350186000	99586003000
融创中国（01918）	961969990000	882883151000
越秀地产股权（00123）	423541947000	410452984000
远洋集团（03377）	195493860000	181405146000
金轮天地控股（01232）	8978889000	8118582000
金辉控股（09993）	110424842000	96657346000
阳光 100 中国（02608）	49631959000	46097408000
雅居乐集团（03383）	219421191000	195495530000
领地控股（06999）	29142584000	22623076000
龙光集团（03380）	226488385000	212585908000
龙湖集团（00960）	694316639000	665641785000

数据来源：企业公告。

7-5　2024年沪深上市房企流动负债

单位：元人民币

企业简称	2024年第一季度	2024年第二季度	2024年第三季度	2024年第四季度
万业企业（600641）	768298918	695002984	743141951	744475591
万泽股份（000534）	838567576	743987355	838428367	987874046
万科A（000002）	802373756362	786441354255	750831759220	719061817651
万通发展（600246）	784881169	765534116	763459577	728326904
三湘印象（000863）	2526477245	2166463025	1769424938	1756771391
上实发展（600748）	7101203237	5744431990	6937084181	5324796062
上海临港（600848）	26929540517	28774973756	28624733919	24509148324
世荣兆业（002016）	1242147361	1380055321	1493480502	2019336267
东旭蓝天（000040）	8711660331	8709473668	7736947271	--
东望时代（600052）	195253552	180598246	190489911	343154316
东湖高新（600133）	4774062115	4573356965	5421609390	5563405240
东百集团（600693）	5568861562	5413681366	6032894187	6254365804
中华企业（600675）	26020426978	20339128936	21053375785	18185305849
中南建设（000961）	178746371772	159883927505	--	133489656357
中原高速（600020）	5588079069	5648483980	5454463449	5853119633
中国中冶（601618）	478417911000	538575324000	496994692000	573629900000
中国中铁（601390）	1022876742000	1142801271000	1226122848000	1276197151000
中国宝安（000009）	15161364376	14623389450	15602709469	15993965718
中国武夷（000797）	12944241294	13261758825	12948326182	13340874840
中国电建（601669）	568454723316	593974472425	605797913970	603778189120
中国铁建（601186）	1033673393000	1051999771000	1090821011000	1112754359000
中弘退（000979）	--	33584833058	--	34148501412
中洲控股（000042）	14359483789	15689433488	15308621468	18367851027
中航高科（600862）	2437167308	2352710385	2555386512	1562361828
云南城投（600239）	3356109638	3489940539	3480141948	5097138827
亚泰集团（600881）	36544701705	36442956797	38219426643	36139227494
亚通股份（600692）	2226945330	2468070167	2661425281	3673388390
京东方A（000725）	86827370490	99779936059	101535180275	115261269197
京投发展（600683）	19788307078	19997969622	16555935428	16989132398
京能置业（600791）	9642392293	9139002893	9138017595	9496526310
保利发展（600048）	770727962295	741794574976	732618121598	722598651221
信达地产（600657）	20999495000	28944355483	27374937628	27536967648
光大嘉宝（600622）	8359453158	7791987815	6555081769	6352313703
光明地产（600708）	21703120963	21759477125	20640470457	20473280581

7-5 续表 1

单位：元人民币

企业简称	2024 年第一季度	2024 年第二季度	2024 年第三季度	2024 年第四季度
冠城大通（600067）	11531115070	11589548020	10918389296	10172372934
凤凰股份（600716）	2204088957	2106050099	1915256027	1616395806
北汽蓝谷（600733）	19073324017	21001851424	23118518798	23701596336
北辰实业（601588）	18575242034	20294860276	21500268947	16251327379
华丽家族（600503）	344984313	363679422	421469403	509249644
华侨城 A（000069）	155218478117	157789776984	165075877027	154552010265
华发股份（600325）	205523698026	183340099267	181214742273	175002128515
华夏幸福（600340）	155702362390	164617850342	147757843829	139950229050
华远地产（600743）	17567241377	12351298661	11002360936	231353441
华鑫股份（600621）	30765403713	25195605554	33772443625	29935050574
卓朗科技（600225）	3799039967	3798012630	3911986654	4370169010
南京公用（000421）	9876485870	9787637056	9554744044	8419130170
南京高科（600064）	14136910864	15401689954	14452959568	14354783939
南山控股（002314）	28842639206	28115314827	31939514953	28688656262
卧龙地产（600173）	2183752840	2375925871	2067823653	1996629814
合肥城建（002208）	19232002069	21912276719	20788608133	21644650347
圆通速递（600233）	11223909953	11688885003	12338946566	13754946715
城建发展（600266）	72928752623	69636366562	66591907561	62428466286
城投控股（600649）	20573397370	24310486987	26318968962	31234364336
外高桥（600648）	19866011826	19730430166	22252647221	22689752084
大东方（600327）	1713120620	1652286526	1611276830	1634497007
大名城（600094）	10397975587	9458670322	7496561864	6275737414
大悦城（000031）	97079069024	90051666463	87566031174	81406041541
天保基建（000965）	6034393721	5866917420	5240901966	5980178303
天健集团（000090）	42624450052	43114255230	43245815162	36744982974
天地源（600665）	23714324502	26427668212	27532038925	17488173338
学大教育（000526）	2251353094	1906683357	2367909924	2572815070
安徽建工（600502）	101701849457	109054022961	108708354758	129017204324
宝鹰股份（002047）	9260863482	9012839744	8922322342	1116994198
小商品城（600415）	14298254715	14601734649	14730359022	17569158677
山子股份（000981）	8801268746	7351537897	7130679153	6490046866
川投能源（600674）	6687946642	8227018777	4998361404	5629396067
市北高新（600604）	6954763106	7184314123	7117976291	4994506689
广宇集团（002133）	6865915597	7062541594	6246413987	5516524206
开立医疗（300633）	731634035	893730422	935180788	1083288724

7–5　续表 2　　　　单位：元人民币

企业简称	2024 年第一季度	2024 年第二季度	2024 年第三季度	2024 年第四季度
张江高科（600895）	16557253389	15214243469	14790580722	17119641821
招商蛇口（001979）	430252895320	--	433342044569	386308317103
新光退（002147）	--	5581325588	--	4277728240
新城控股（601155）	227066718167	214159847217	199356754608	167745263429
新湖中宝（600208）	50903176091	43984595171	43829661473	43715042048
新黄浦（600638）	10736670544	11467590377	10702787917	10780898085
杉杉股份（600884）	15076799176	16186962406	13710814362	13978721582
栖霞建设（600533）	12642056080	13531675384	12417920618	11887307113
格力地产（600185）	12842878008	14523640109	13269533469	11009579506
格力电器（000651）	209046726252	228163857371	211685367438	201125441382
武商集团（000501）	13654590466	12408910624	12279930664	12085832438
沙河股份（000014）	605229423	552204581	512214757	489731731
津投城开（600322）	11791032357	10568415082	10181961444	8386813638
津滨发展（000897）	2756976285	2633789499	2500770147	1587692218
济南高新（600807）	1412771180	1448534809	1431347571	1497532369
浦东金桥（600639）	11527689835	14584336043	13909628573	15626182751
海宁皮城（002344）	3837006607	3019388929	3115571767	2666951262
海航控股（600221）	33727051000	35282950000	37252541000	36481865000
深康佳 A（000016）	17685838825	16418531514	17710331327	19033045421
深振业 A（000006）	12330676843	9765724443	8646872369	7601480626
深深房 A（000029）	2510570194	2591900281	2608690966	2528860451
深物业 A（000011）	9851994994	10203952802	9399802402	6764666389
渝开发（000514）	2834690961	2938345867	2514316197	2341338218
滨江集团（002244）	194624659329	194064959131	189667223461	179758844700
爱旭股份（600732）	14274493467	16309813773	18130966773	18044958180
物产中大（600704）	133307511813	140763344948	135824410883	105098023272
电子城（600658）	4538584324	5090653168	5119711282	5205587490
皇庭国际（000056）	5829723126	5877821334	5873516151	6629625914
福星股份（000926）	16996695569	17396028606	17015842743	12554920367
福瑞达（600223）	1523345588	1476053740	1237739133	1106339458
空港股份（600463）	1187112856	1203792112	1089155142	1239281483
粤宏远 A（000573）	439238078	356253561	346274486	385381147
纳思达（002180）	10746834394	10793802563	12029545458	13029325704
绿地控股（600606）	917040997972	796365879671	795655530911	853739063743

7-5 续表 3

单位：元人民币

企业简称	2024 年第一季度	2024 年第二季度	2024 年第三季度	2024 年第四季度
苏宁环球（000718）	3952543463	4012525008	3798644206	3600837531
苏州高新（600736）	15860641571	18246595148	20358280974	20240388929
荣丰控股（000668）	723723969	663974064	675508923	463702725
荣安地产（000517）	29122189158	23355967867	18654960798	10814816406
荣盛发展（002146）	142741909847	142483980800	139048451701	129033812010
莱茵体育（000558）	315181814	325397186	350403986	454276233
葛洲坝（600068）	--	223709297247	--	207428532450
财信发展（000838）	2650353333	2432521003	2182487354	2006435519
软控股份（002073）	9853485606	10189204930	10022852716	11068421795
迪马股份（600565）	39072222467	39611209770	--	39471792644
退市中房（600890）	--	21213797	--	23856769
退市华业（600240）	7303264213	7360545824	7422462049	7523097136
退市美都（600175）	--	2089120908	--	1830269646
金地集团（600383）	194288032399	188714209443	175337113130	142609720240
金科股份（000656）	172342643288	177375553201	175848529329	178611051336
金融街（000402）	27944082239	26432776131	25993979708	23941831166
金隅集团（601992）	109066118754	107902069185	97511698811	96778952258
长春经开（600215）	1572424586	1414739702	1354604245	1241356211
闻泰科技（600745）	25501447981	24392253239	27276878658	27745923740
阳光股份（000608）	651703612	630916127	676467644	662598383
陆家嘴（600663）	75270816106	77506345417	74674850894	72961919223
雅戈尔（600177）	31851874165	27781775555	27733027111	24383311783
顺丰控股（002352）	77743249000	76989301000	73099763000	72193368000
顺发恒业（000631）	1037651492	1256276141	1047855078	1041651978
首开股份（600376）	80275292069	73659648635	75455726287	78514651368
香江控股（600162）	11351235209	10419772807	9461024787	8879773663
黑牡丹（600510）	9958956805	10667360391	11790631376	10156785373
*ST 中天（000540）	--	70216674627	--	63268985441
*ST 中迪（000609）	1679333286	1477082609	1559161632	1628927218
*ST 嘉凯（000918）	--	8354829129	--	7150794221
*ST 宋都（600077）	--	18014529588	--	14111524072
*ST 新联（000620）	6395380090	6114445959	5874596696	5362810403
*ST 泛海（000046）	--	90021854721	91816514377	94318027523
*ST 绿景（000502）	--	49625452	--	49307144
*ST 蓝光（600466）	137355923460	136939171740	136838816573	135569279481

7–5　续表 4　　　　单位：元人民币

企业简称	2024 年第一季度	2024 年第二季度	2024 年第三季度	2024 年第四季度
ST 泰禾（000732）	--	194666778737	195640608157	183500080838
ST 海投（000616）	--	388702934	--	401477644
ST 粤泰（600393）	--	8922374820	--	9285720191
ST 美置（000667）	--	8419114608	--	8252423496
ST 阳光城（000671）	--	217870642861	--	189389863858

数据来源：企业公告。

7-6a 2024年香港上市房企流动负债（港币）

单位：元港币

企业简称	2024年第二季度	2024年第四季度
上实城市开发（00563）	20858767000	17960765000
上海证大（00755）	3793807000	311938000
中渝置地（01224）	755208000	3414602000
九龙仓集团（00004）	22233000000	23257000000
五矿地产（00230）	28208453000	26022045000
信和置业（00083）	8479855970	7818000000
华南城（01668）	36208339000	41126938000
合生创展集团（00754）	111876664000	91356661000
嘉华国际（00173）	12399736000	10968117000
嘉里建设（00683）	26228655000	22435000000
天安（00028）	17133173000	23095876000
恒基地产（00012）	56262000000	45811000000
恒隆地产（00101）	15998000000	18948000000
新世界发展（00017）	119957800000	93958200000
新鸿基地产（00016）	65092000000	62012000000
汤臣集团（00258）	8321674000	7768329000
沿海家园（01124）	3872454000	416246000
深圳控股（00604）	97072711000	94916540000
渝太地产（00075）	13025113000	13563429000
百仕达控股（01168）	2903329000	3027870000
莱蒙国际（03688）	6432796000	5712035000
路劲（01098）	27639568000	22262165000
长实集团（01113）	42703000000	41332000000
香港兴业国际（00480）	3970500000	5358800000

数据来源：企业公告。

7-6b　2024 年香港上市房企流动负债（人民币）

单位：元人民币

企业简称	2024 年第二季度	2024 年第四季度
SOHO 中国（00410）	12941140000	10937604000
三巽集团（06611）	8089002000	--
上置集团（01207）	6302211000	--
世茂集团（00813）	398500108000	384234258000
中信股份（00267）	8280266000000	8845246000000
中国奥园（03883）	164670533000	162462776000
中国新城市（01321）	4864982000	5055477000
中国海外发展（00688）	267472600000	265231620000
中国海外宏洋集团（00081）	69889688000	61766987000
中国金茂（00817）	167624659000	173329044000
中梁控股（02772）	115518923000	102022807000
中电光谷（00798）	10606655000	9885835000
中骏集团控股（01966）	114979271000	104018008000
亿达中国（03639）	24632744000	24170923000
众安集团（00672）	24390620000	21489909000
佳兆业集团（01638）	213035900000	222836146000
保利置业集团（00119）	108159692000	99641533000
力高集团（01622）	45304988000	43601246000
北大资源（00618）	7960977000	7676516000
华润置地（01109）	586904882000	503363109000
合景泰富集团（01813）	117460123000	115751563000
天誉置业（00059）	18642239000	--
宝龙地产（01238）	114644847000	103092693000
富力地产（02777）	199418594000	243816655000
小米集团 -W（01810）	126002419000	175384990000
建业地产（00832）	110632779000	106316667000
弘阳地产（01996）	48361042000	46866126000
恒盛地产（00845）	44747559000	--
旭辉控股集团（00884）	198326050000	176299544000
时代中国控股（01233）	87241000000	77241333000
明发集团（00846）	42903165000	40406082000
景瑞控股（01862）	30416072000	26428405000
朗诗绿色管理（00106）	10053633000	9269482000
正荣地产（06158）	115325446000	109438139000
港龙中国地产（06968）	16695381000	13351265000
瑞安房地产（00272）	23665000000	17713000000

7-6b　续表 1　　　　单位：元人民币

企业简称	2024 年第二季度	2024 年第四季度
碧桂园（02007）	1069397000000	942750000000
禹洲集团（01628）	87062380000	85976898000
绿城中国（03900）	310560471000	285505028000
绿景中国地产（00095）	37108463000	59441065000
美的置业（03990）	103435586000	3709560000
花样年控股（01777）	67481646000	74152556000
融信中国（03301）	101645255000	83422051000
融创中国（01918）	796673361000	742987052000
越秀地产股权（00123）	230246868000	220514657000
远洋集团（03377）	139635670000	145678818000
金轮天地控股（01232）	7371244000	6888575000
金辉控股（09993）	55415492000	53219773000
阳光 100 中国（02608）	45172365000	44658211000
雅居乐集团（03383）	149426566000	137052663000
领地控股（06999）	25043390000	19609025000
龙光集团（03380）	159396739000	157760750000
龙湖集团（00960）	262813327000	240877400000

数据来源：企业公告。

7-7 2024年沪深上市房企负债

单位：元人民币

企业简称	2024年第一季度	2024年第二季度	2024年第三季度	2024年第四季度
万业企业（600641）	1562595898	1477416563	1513898324	1292930876
万泽股份（000534）	1994900845	2090064248	2194965379	2420875731
万科A（000002）	1064335708369	1037761815612	982821341733	947405197282
万通发展（600246）	2588509610	2554720322	2546389966	2406161352
三湘印象（000863）	2760522037	2400036776	2102622755	2078278090
上实发展（600748）	19673975654	18513489471	18582956552	17500551833
上海临港（600848）	50978746030	52674397517	55602822030	49547837407
世荣兆业（002016）	1300550439	1468348614	1811073205	2412160684
东旭蓝天（000040）	12532270108	12421793050	12074219751	--
东望时代（600052）	448930246	305381746	321506944	433989977
东湖高新（600133）	8521831100	8329147169	8831470481	9213815449
东百集团（600693）	10157856009	10130952811	10202798765	10437034768
中华企业（600675）	42220988902	39530538741	40226529145	39814672583
中南建设（000961）	201691466304	182232650550	--	156237283498
中原高速（600020）	35311758675	35531639225	36080122885	36996059002
中国中冶（601618）	528049613000	585496516000	541624798000	625679889000
中国中铁（601390）	1386444984000	1533146538000	1638695405000	1746273748000
中国宝安（000009）	30697050704	30347583678	31018744793	32058991536
中国平安（601318）	10740156000000	10961716000000	11254145000000	11653115000000
中国武夷（000797）	17822378083	17747740576	17784162885	17980213074
中国电建（601669）	950551584271	982080310163	1017468203588	1017424198397
中国铁建（601186）	1291646260000	1331784845000	1390869852000	1440245700000
中弘退（000979）	--	34347759968	--	34911428322
中洲控股（000042）	25561796530	27004256521	25783060651	27560148232
中航高科（600862）	2716836773	2619887965	2845087979	1888561449
云南城投（600239）	9845569955	9443355975	9291140382	8896549454
亚泰集团（600881）	39377116466	39237128969	39930282834	38876726266
亚通股份（600692）	2440567100	2596078644	2791408242	3762379810
京东方A（000725）	218923735637	221844829545	215969304305	225432049797
京投发展（600683）	50636051043	50934053335	51172862060	52915965485
京能置业（600791）	18855174606	19565875930	18645242522	17456597045
保利发展（600048）	1080809828724	1046775816941	1028940632176	992578188447
信达地产（600657）	54605380834	54207945680	55013096904	50498083263
光大嘉宝（600622）	18153682385	17605051271	17023906497	16980820663

7-7 续表 1　　单位：元人民币

企业简称	2024 年第一季度	2024 年第二季度	2024 年第三季度	2024 年第四季度
光明地产（600708）	51876045457	51638107666	52208751580	49221364973
冠城大通（600067）	12779394279	12759124658	11891082314	11095515050
凤凰股份（600716）	2923883574	2851427767	2827364457	2385895372
北汽蓝谷（600733）	23610939319	25131401398	30335368961	31200871572
北辰实业（601588）	39054938462	38243789517	38487368101	37074445175
华丽家族（600503）	362717458	378018441	635187557	786084943
华侨城 A（000069）	278463208514	268696488543	263413184476	247768549182
华发股份（600325）	328079515128	309921573117	306928950536	295306727492
华夏幸福（600340）	329150641744	325901330333	301769953439	285152066101
华远地产（600743）	27555130004	23945719284	23838801183	1432743479
华鑫股份（600621）	34926877749	28521284360	38288672000	35413464342
卓朗科技（600225）	5237631210	5236414598	5285922279	5414918535
南京公用（000421）	12207771599	11690369528	11997412040	10541472469
南京高科（600064）	18614932009	18942824857	19005368681	18419324298
南山控股（002314）	54122861517	53253574673	56636768222	53840935231
卧龙地产（600173）	2289994213	2480285126	2197515031	2104101877
厦门银行（601187）	361707424000	367221039395	371479873000	375425635264
合肥城建（002208）	27798070124	29467288967	26992974879	28972680647
圆通速递（600233）	12902871540	13524285993	14354946543	16085981311
城建发展（600266）	113333163618	108458828786	106262926664	97809009472
城投控股（600649）	56676428591	59700858708	61045731996	62913916679
外高桥（600648）	31166268795	30969490371	32493024736	32658451681
大东方（600327）	2244254495	2159641091	2126990518	2218433226
大名城（600094）	11802627608	11014716944	8747172272	8080607359
大悦城（000031）	153100622613	147817688493	145774494415	137020493063
天保基建（000965）	7768928141	8200628917	7938524066	8081949506
天健集团（000090）	52804737635	53586406208	53908945284	48878170258
天地源（600665）	32717503952	32798794059	32351464293	24563689305
学大教育（000526）	2967499882	2609733308	3063400790	3025990210
安徽建工（600502）	143813908976	150898096901	154318227862	174741885940
宝鹰股份（002047）	9529231726	9331501593	9238555923	1417962705
小商品城（600415）	17675125111	17924828768	16073976470	18596000764
山子股份（000981）	11447667507	9885873123	9624150287	9612483229
川投能源（600674）	19741361576	22190262117	20763917531	21162798628
市北高新（600604）	13547104893	13445586779	13481177742	12407317669

7–7 续表 2

单位：元人民币

企业简称	2024 年第一季度	2024 年第二季度	2024 年第三季度	2024 年第四季度
广宇集团（002133）	8438299269	8400127395	7613839216	6867177307
开立医疗（300633）	787305897	992575152	1036010103	1204774676
张江高科（600895）	36074973696	37641522378	38385857058	41008919238
招商蛇口（001979）	622758680778	--	630535870956	573564035128
新光退（002147）	--	7180103037	--	5694200787
新城控股（601155）	281664565102	270494742899	258542550545	224520067744
新湖中宝（600208）	65229208288	56892913212	56207576751	54583267998
新黄浦（600638）	14910234961	15750291354	15164564802	14412384885
杉杉股份（600884）	25955579457	27330429461	24617608269	23673494922
栖霞建设（600533）	20005719461	19296904687	19224489291	19903778405
格力地产（600185）	19280932609	19895459972	19265403193	16110137981
格力电器（000651）	255446965797	263164921392	241157978879	226518009575
武商集团（000501）	20946803587	19864188906	20008759895	19407287357
沙河股份（000014）	624355469	571126377	531139323	515757149
津投城开（600322）	15294033408	15070008368	15054698234	12967697123
津滨发展（000897）	2764310668	2640340159	2507320807	1599793504
济南高新（600807）	1597993283	1597380816	1569813876	2216347925
浦东金桥（600639）	25808178112	27452979488	27922777976	29843934265
海宁皮城（002344）	4805628487	4422103972	4562810536	4575376812
海航控股（600221）	132712583000	137570773000	139966370000	140165563000
深康佳 A（000016）	30746970116	29673378952	28287449081	28178112217
深振业 A（000006）	18351926401	15560261275	14079430887	11536088869
深深房 A（000029）	2693014612	2657249112	2674039797	2592393589
深物业 A（000011）	12189513383	12139616388	11605867343	12062773542
渝开发（000514）	3698329885	4027091614	3634376671	3426981995
滨江集团（002244）	225111500500	224160520863	219487304016	207530303470
爱旭股份（600732）	25536348160	29241687376	31005203307	29569744712
物产中大（600704）	150948705014	154684772350	148748347498	117960383090
电子城（600658）	11641739588	11134996060	11392718104	10931969424
皇庭国际（000056）	7907152433	7951498737	7943553674	7712323645
福星股份（000926）	22885414688	23087510119	22889030189	17785342577
福瑞达（600223）	1694606061	1613352543	1344443203	1211965199
空港股份（600463）	1341792507	1292366117	1254783400	1394963997
粤宏远 A（000573）	619363828	608328837	597916701	634502922

7-7 续表 3　　单位：元人民币

企业简称	2024 年第一季度	2024 年第二季度	2024 年第三季度	2024 年第四季度
纳思达（002180）	28125652408	26565993554	26849930861	27119892771
绿地控股（600606）	1053316937232	926742062218	925722209118	980706212158
苏宁环球（000718）	5021506318	4900301925	4616322371	4692561471
苏州高新（600736）	52033639123	54267668629	55364919158	55325953607
荣丰控股（000668）	723982570	664229832	675970356	634294345
荣安地产（000517）	30889106176	24637064654	20254540222	12543443125
荣盛发展（002146）	170928155240	163850427146	157355244944	144435644211
莱茵体育（000558）	699131199	696575344	819139488	1120989960
葛洲坝（600068）	--	345099111177	--	333584044102
财信发展（000838）	2767130449	2548558710	2303160970	2311962613
软控股份（002073）	11006771724	11170625284	11337016671	12352270912
迪马股份（600565）	44323338822	44192922256	--	43509322916
退市中房（600890）	--	21374097	--	24017069
退市华业（600240）	16315312321	16509600991	16710029847	16949177564
退市美都（600175）	--	2119955519	--	1862510925
金地集团（600383）	251681381685	238613161913	223665870127	190432742468
金科股份（000656）	197010807647	191858769024	186279884671	194469952479
金融街（000402）	100785388242	100069561015	97029910265	94031854337
金隅集团（601992）	181126733027	176733295021	174304660883	171878399571
长春经开（600215）	1794538640	1634832179	1579572740	1585033970
闻泰科技（600745）	37432816770	38012813964	40092155345	40136798878
阳光股份（000608）	1413898198	1390077119	2103387622	2052269332
陆家嘴（600663）	108068808833	109556542177	110605454864	112124461303
雅戈尔（600177）	40569300218	35329273858	33591083448	29949978825
顺丰控股（002352）	122915082000	120954581000	112559093000	111488992000
顺发恒业（000631）	1037806357	1256422169	1047948473	1057067171
首开股份（600376）	187945961681	181136302045	178928202211	178806604465
香江控股（600162）	13450188565	12592359125	11610178556	11087633716
黑牡丹（600510）	18071062667	18424911712	18740808635	17714401379
*ST 中天（000540）	--	151619496338	--	143868865387
*ST 中迪（000609）	1900465055	1698299639	1775350183	1821419000
*ST 嘉凯（000918）	--	9400203623	--	7505439042
*ST 宋都（600077）	--	19159663060	--	16695570774
*ST 新联（000620）	8091952591	7815944059	7589909559	6871018702
*ST 泛海（000046）	--	100758861085	102495133099	94812538959

7-7　续表 4　　　　单位：元人民币

企业简称	2024 年第一季度	2024 年第二季度	2024 年第三季度	2024 年第四季度
*ST 绿景（000502）	--	66786085	--	65850260
*ST 蓝光（600466）	143553501769	142667631332	142549937941	140426917231
ST 泰禾（000732）	--	201717974150	201597467635	187137557887
ST 海投（000616）	--	1000299612	--	992149070
ST 粤泰（600393）	--	9252644941	--	9413061933
ST 美置（000667）	--	9681575804	--	8881327969
ST 阳光城（000671）	--	227828817804	--	197992353969

数据来源：企业公告。

7-8a 2024年香港上市房企总负债（港币）

单位：元港币

企业简称	2024年第二季度	2024年第四季度
上实城市开发（00563）	36854648000	29874756000
上海证大（00755）	3811985000	555066000
中渝置地（01224）	10658861000	10728124000
九龙仓集团（00004）	50147000000	47569000000
五矿地产（00230）	35345330000	31773951000
信和置业（00083）	13841117370	14028000000
华南城（01668）	64094643000	60944475000
合生创展集团（00754）	186939900000	157966693000
嘉华国际（00173）	27950159000	24413298000
嘉里建设（00683）	92119225000	84701000000
天安（00028）	25507662000	30247610000
廖创兴企业（00194）	4401137000	4353960000
恒基地产（00012）	194160000000	190663000000
恒隆地产（00101）	77039000000	80598000000
新世界发展（00017）	231955000000	220268800000
新鸿基地产（00016）	209257000000	207023000000
汤臣集团（00258）	9333151000	8749327000
沿海家园（01124）	3922863000	502022000
深圳控股（00604）	127953583000	125849655000
渝太地产（00075）	15786579000	18108103000
百仕达控股（01168）	3465719000	5814959000
莱蒙国际（03688）	11954976000	10591825000
路劲（01098）	40154753000	36612956000
长实集团（01113）	104143000000	101581000000
香港兴业国际（00480）	15508000000	15677800000

数据来源：企业公告。

7-8b　2024 年香港上市房企总负债（人民币）

单位：元人民币

企业简称	2024 年第二季度	2024 年第四季度
SOHO 中国（00410）	31120093000	31063404000
三巽集团（06611）	8289400000	--
上置集团（01207）	10496989000	--
世茂集团（00813）	461042137000	433083061000
中信股份（00267）	10024187000000	10652411000000
中国奥园（03883）	190406628000	185372753000
中国新城市（01321）	8216823000	8043593000
中国海外发展（00688）	511856741000	506804383000
中国海外宏洋集团（00081）	102005984000	91631831000
中国金茂（00817）	302546373000	300977816000
中梁控股（02772）	128637028000	113795456000
中电光谷（00798）	16041041000	14470202000
中骏集团控股（01966）	128403307000	117715353000
亿达中国（03639）	27245916000	26479011000
众安集团（00672）	29298442000	26384375000
佳兆业集团（01638）	233169933000	242421465000
保利置业集团（00119）	161725260000	152155467000
力高集团（01622）	46760005000	44860946000
北大资源（00618）	8780917000	9015207000
华润置地（01109）	821252949000	731654071000
合景泰富集团（01813）	147848116000	144199918000
复星国际（00656）	612662935000	598989096000
天誉置业（00059）	23656655000	--
宝龙地产（01238）	153702569000	142618195000
富力地产（02777）	267987680000	262136118000
小米集团 -W（01810）	168979405000	213950170000
建业地产（00832）	115873435000	110283724000
弘阳地产（01996）	54864859000	52831660000
恒盛地产（00845）	47155626000	--
旭辉控股集团（00884）	225595798000	204249584000
时代中国控股（01233）	107354921000	96412461000
明发集团（00846）	48284676000	45525061000
景瑞控股（01862）	33687342000	29933034000
朗诗绿色管理（00106）	11120123000	10882478000
正荣地产（06158）	123449288000	115661952000
港龙中国地产（06968）	18355910000	15235843000

7–8b　续表 1　　　　单位：元人民币

企业简称	2024 年第二季度	2024 年第四季度
瑞安房地产（00272）	56602000000	49269000000
碧桂园（02007）	1135452000000	984589000000
禹洲集团（01628）	96998000000	94802541000
绿城中国（03900）	427406352000	394300788000
绿景中国地产（00095）	77154012000	79605474000
美的置业（03990）	131849953000	4643054000
花样年控股（01777）	81923867000	84239048000
融信中国（03301）	111479746000	92711695000
融创中国（01918）	895711804000	827736783000
越秀地产股权（00123）	317480428000	306373816000
远洋集团（03377）	181349073000	181188144000
金轮天地控股（01232）	8518823000	7928885000
金辉控股（09993）	76907578000	72529832000
阳光 100 中国（02608）	50502356000	51088285000
雅居乐集团（03383）	166660333000	155216494000
领地控股（06999）	27415778000	22461123000
龙光集团（03380）	195975418000	187780737000
龙湖集团（00960）	452134672000	420164974000

数据来源：企业公告。

7-9　2024年沪深上市房企营业收入

单位：元人民币

企业简称	2024年第一季度	2024年第二季度	2024年第三季度	2024年第四季度
万业企业（600641）	99125309	200990791	307587247	581425957
万泽股份（000534）	290485885	502750964	777326656	1078865065
万科A（000002）	61594149066	142778764080	219894827699	343176440713
万通发展（600246）	76243598	235155818	331748661	494910828
三湘印象（000863）	45188664	601457035	979793473	1209513972
上实发展（600748）	540100024	1029322171	1600579848	2493826019
上海临港（600848）	1889059669	2946595564	3999696826	11103035862
世荣兆业（002016）	254287960	544432504	721064684	981090191
东旭蓝天（000040）	231205366	541251464	798162601	--
东望时代（600052）	67386638	178875435	235553916	447463230
东湖高新（600133）	375374986	811187017	1242745297	3367149009
东百集团（600693）	488578755	927563920	1327927577	1815732015
中华企业（600675）	457776328	1066811349	1674871483	6958965589
中南建设（000961）	9871591665	22286981775	--	52228531731
中原高速（600020）	1094550346	2743770874	4705412259	6969109248
中国中冶（601618）	149949264000	298841527000	412617474000	552024638000
中国中铁（601390）	265011337000	543285341000	818479344000	1157439041000
中国宝安（000009）	4999751794	10029771698	14635780070	20227883804
中国平安（601318）	245569000000	494966000000	775383000000	1028925000000
中国武夷（000797）	897446088	3291277438	4741794662	6788795013
中国电建（601669）	140154309895	284921111315	425668530528	633684805906
中国铁建（601186）	274948792000	516136718000	758125120000	1067171337000
中弘退（000979）	--	13205688	--	64134131
中洲控股（000042）	1702647775	2342722333	3862522827	4323648747
中航高科（600862）	1317318463	2547013655	3821116881	5072201797
云南城投（600239）	432745630	934072477	1376788708	1929195519
亚泰集团（600881）	1000650376	2928976641	5239833509	7214631554
亚通股份（600692）	129167155	268146001	452732383	660281063
京东方A（000725）	45887570444	93386241632	143731526962	198380605661
京投发展（600683）	256357336	565698760	1126270993	1416612565
京能置业（600791）	170054961	1589521520	2931827902	5458594505
保利发展（600048）	49748497475	139249180718	182774387215	311666319879
信达地产（600657）	788121966	2532416335	3499341895	8028417980
光大嘉宝（600622）	341627878	719932722	1219047701	1817734805

7-9 续表 1 单位：元人民币

企业简称	2024 年第一季度	2024 年第二季度	2024 年第三季度	2024 年第四季度
光明地产（600708）	1951585051	3056724846	3859630487	5554180924
冠城大通（600067）	2410652877	4324396937	6296824918	8449386717
凤凰股份（600716）	44346864	96778424	136083224	845406255
北汽蓝谷（600733）	1504636539	3741178230	9818378184	14511908804
北辰实业（601588）	1723183957	3429871062	4730946624	7152407232
华丽家族（600503）	114111881	156364607	262802219	352787695
华侨城 A（000069）	8705872785	23011110547	29329645521	54407299588
华发股份（600325）	7000110720	24842449367	31558910801	59992367668
华夏幸福（600340）	1332987461	5911893137	13911717668	23765486138
华远地产（600743）	1002846617	2812528692	3436068386	4629327805
华鑫股份（600621）	3227439	6396049	9696937	11669957
卓朗科技（600225）	536663089	807911885	837731023	932348101
南京公用（000421）	1500013205	2469908069	3637986042	6569468129
南京高科（600064）	282671548	1043771342	1514253724	1975445403
南山控股（002314）	1330808140	2722845332	4135448337	8398074748
卧龙地产（600173）	494620198	1249495662	2416855944	3610613119
厦门银行（601187）	1488662000	2892241672	4161412000	5759161840
合肥城建（002208）	397119445	1353987988	5433199028	7695903898
圆通速递（600233）	15427432423	32564523205	49369428714	69032666857
城建发展（600266）	1234277799	6520140503	11761044916	25442187511
城投控股（600649）	421091166	652933791	915917730	9432295857
外高桥（600648）	1226932160	2643971499	4982337889	7101693037
大东方（600327）	1007017589	1903800521	2761585175	3642503794
大名城（600094）	345794280	1232346696	3810903850	4170683018
大悦城（000031）	3867446379	16082272339	20477048415	35790676999
天保基建（000965）	259222139	530085904	1567701442	2530852856
天健集团（000090）	2751306070	5869442259	9239136892	21357354259
天地源（600665）	350412650	2039175481	2593875253	10743433253
学大教育（000526）	705295543	1619913883	2246816944	2785797298
安徽建工（600502）	13537737171	33461264980	53963422119	96501992541
宝鹰股份（002047）	775547466	1215156137	1505650506	2111820989
小商品城（600415）	2680601605	6765934137	10613050746	15737383922
山子股份（000981）	1179793484	2159801057	3941864805	4970204863
川投能源（600674）	257836441	603472050	1086553082	1608982366
市北高新（600604）	220963266	449924105	751364425	2581523207

7-9　续表 2　　单位：元人民币

企业简称	2024 年第一季度	2024 年第二季度	2024 年第三季度	2024 年第四季度
广宇集团（002133）	1341350963	2155341277	3350878262	4649252024
开立医疗（300633）	479333865	1012691317	1398196593	2013856559
张江高科（600895）	980182507	1225364558	1682512627	1983301113
招商蛇口（001979）	23747478780	51272627200	78009431300	178947546569
新光退（002147）	--	365084721	--	698190547
新城控股（601155）	14356904271	33904407229	51563001809	88998583082
新湖中宝（600208）	2243238332	12619146897	14121313356	16485113142
新黄浦（600638）	157151004	356167423	1253143977	2922481503
杉杉股份（600884）	3752317241	8819856036	13283634838	18679729021
栖霞建设（600533）	514974697	965971627	1315219852	2117557631
格力地产（600185）	1475633017	1893474715	2437808864	5276839501
格力电器（000651）	36364269767	99783116497	146722377976	189163654065
武商集团（000501）	1956019373	3642630004	5118774045	6703738006
沙河股份（000014）	210740561	271742650	325122486	357907445
津投城开（600322）	131374981	889720724	1021910983	2711607998
津滨发展（000897）	1045807760	1362448859	1654851312	2831032925
济南高新（600807）	55568815	207435939	269670340	372176682
浦东金桥（600639）	909616181	1452878566	2033998650	2724786283
海宁皮城（002344）	251835405	469883517	708174098	1037357525
海航控股（600221）	17549904000	31742628000	51728852000	65235900000
深康佳 A（000016）	2462543025	5412530372	8119982482	11114763970
深振业 A（000006）	252712272	3236614276	4827628217	6064948158
深深房 A（000029）	59214774	134225119	208232198	407022191
深物业 A（000011）	406582462	856028445	1317806652	2734158884
渝开发（000514）	78325588	183620819	295031640	388432709
滨江集团（002244）	13701341078	24201004102	40783626066	69151820970
爱旭股份（600732）	2513586247	5161909429	7896205844	11155321637
物产中大（600704）	132938112688	294172227987	441971740530	599519559037
电子城（600658）	1049303234	1292928502	1537550142	2111518733
皇庭国际（000056）	185242609	356020028	522735624	657815797
福星股份（000926）	1085069936	1673573860	2280766830	8757272651
福瑞达（600223）	890636573	1925374406	2802563091	3982577120
空港股份（600463）	73901909	162134555	234525003	481782874
粤宏远 A（000573）	109446552	257723559	416825948	489555332

7-9 续表 3 单位：元人民币

企业简称	2024 年第一季度	2024 年第二季度	2024 年第三季度	2024 年第四季度
纳思达（002180）	6291993266	12793826682	19393498585	26414800571
绿地控股（600606）	51567755124	115326639234	159949009785	240639734873
苏宁环球（000718）	454797550	1308905702	1738023035	2121037451
苏州高新（600736）	4220251442	5361350113	6545160620	7300388448
荣丰控股（000668）	9376954	19292181	38738036	133460373
荣安地产（000517）	7692302765	13884161305	17166218005	23980887861
荣盛发展（002146）	11113596446	19748466091	28841235163	38009452977
莱茵体育（000558）	93879688	109355801	133641392	412926249
葛洲坝（600068）	28894416138	56325481208	--	127863221676
财信发展（000838）	383831199	645263249	748317534	828487021
软控股份（002073）	1464361160	3225052251	4878545456	7178293587
迪马股份（600565）	5195706653	7007367684	--	10414164546
退市中房（600890）	--	2075472	--	3726415
退市华业（600240）	2878120	3790086	4223004	7406219
退市美都（600175）	--	189540720	--	277073856
金地集团（600383）	6949796324	21104971400	40975212928	75269121839
金科股份（000656）	7503815257	16048293130	21567436821	27554827451
金融街（000402）	6147864256	9654417559	11686724513	19074882170
金隅集团（601992）	12833613658	45562407332	77036553880	110711819399
长春经开（600215）	634049376	1042903438	1437782802	1843073469
闻泰科技（600745）	16247232003	33589349102	53160725356	73597985917
阳光股份（000608）	44952665	90928075	267098434	367674846
陆家嘴（600663）	2790379423	4597779360	6909235931	14650978490
雅戈尔（600177）	3311464553	5710846922	8399867467	14188216939
顺丰控股（002352）	65341051000	134409720000	206860993000	284420059000
顺发恒业（000631）	94329634	176754744	236920001	313216532
首开股份（600376）	3458988365	8791522541	14462849606	24213068049
香江控股（600162）	378717561	1913248948	3226573105	3760261774
黑牡丹（600510）	460547068	1239063866	1812348477	4812696106
*ST 中天（000540）	--	2713524748	--	3650629109
*ST 中迪（000609）	37828833	281280491	284425694	305367985
*ST 嘉凯（000918）	--	217783666	--	328816268
*ST 宋都（600077）	--	2520973275	--	3724444644
*ST 新联（000620）	805462915	1575211270	2264078670	3043206014
*ST 泛海（000046）	196362369	369889965	512003093	754702165

7–9　续表 4　　单位：元人民币

企业简称	2024 年第一季度	2024 年第二季度	2024 年第三季度	2024 年第四季度
*ST 绿景（000502）	--	25764709	--	26647091
*ST 蓝光（600466）	2825168942	4420881412	5244578857	8514769132
ST 泰禾（000732）	462546698	1194426701	1932692927	8044116627
ST 海投（000616）	--	19222181	--	45087781
ST 粤泰（600393）	--	365731197	--	541160891
ST 美置（000667）	--	342982562	--	389702955
ST 阳光城（000671）	--	9784877011	--	34086664015

数据来源：企业公告。

7-10a 2024年香港上市房企主营业务收入（港币）

单位：元港币

企业简称	2024年第二季度	2024年第四季度
上实城市开发（00563）	2980833000	12440369000
上海证大（00755）	102795000	204651000
中渝置地（01224）	244093000	508317000
九龙仓集团（00004）	7032000000	12115000000
五矿地产（00230）	5023251000	9882956000
信和置业（00083）	4922801825	8765000000
华南城（01668）	2516175000	4083380000
合生创展集团（00754）	13809260000	37834224000
嘉华国际（00173）	1213010000	7187433000
嘉里建设（00683）	5039607000	19499000000
天安（00028）	1549382000	3012234000
恒基地产（00012）	11762000000	25256000000
恒隆地产（00101）	6114000000	11242000000
新世界发展（00017）	17065500000	35782200000
新鸿基地产（00016）	27542000000	71506000000
汤臣集团（00258）	129565000	393727000
沿海家园（01124）	2015000	4177000
深圳控股（00604）	3756918000	15567468000
渝太地产（00075）	2723478000	4241331000
百仕达控股（01168）	179830000	346328000
莱蒙国际（03688）	453529000	1369285000
路劲（01098）	3468218000	5536911000
长实集团（01113）	22008000000	45529000000
香港兴业国际（00480）	3157100000	3940700000

数据来源：企业公告。

7-10b　2024 年香港上市房企主营业务收入（人民币）

单位：元人民币

企业简称	2024 年第二季度	2024 年第四季度
SOHO 中国（00410）	799362000	1540432000
三巽集团（06611）	917946000	--
上置集团（01207）	151672000	--
世茂集团（00813）	29194689000	59975062000
中信股份（00267）	241035000000	479216000000
中国奥园（03883）	4734241000	9674861000
中国新城市（01321）	2921774000	4103756000
中国海外发展（00688）	86935427000	185154027000
中国海外宏洋集团（00081）	21852074000	45895252000
中国金茂（00817）	21974938000	59052954000
中梁控股（02772）	22701159000	39681871000
中电光谷（00798）	1459162000	3588531000
中骏集团控股（01966）	24816532000	40770075000
亿达中国（03639）	667065000	2787231000
众安集团（00672）	9282943000	13930179000
佳兆业集团（01638）	5428581000	11560734000
保利置业集团（00119）	12456641000	40208482000
力高集团（01622）	3773471000	8200663000
北大资源（00618）	1272964000	1440982000
华润置地（01109）	79126742000	278799425000
合景泰富集团（01813）	5233954000	11061516000
复星国际（00656）	97838439000	192142001000
天誉置业（00059）	438801000	--
宝龙地产（01238）	15651245000	25757351000
富力地产（02777）	14210860000	17701425000
小米集团 -W（01810）	164394650000	365906350000
建业地产（00832）	7243098000	16068790000
弘阳地产（01996）	6006436000	11305674000
恒盛地产（00845）	2326870000	--
旭辉控股集团（00884）	20206011000	47788740000
时代中国控股（01233）	6091008000	13110513000
明发集团（00846）	3815378000	7030291000
景瑞控股（01862）	2466291000	5906400000
朗诗绿色管理（00106）	1323015000	1725922000
正荣地产（06158）	24658401000	33416906000
港龙中国地产（06968）	5367139000	8254197000

7-10b 续表 1

单位：元人民币

企业简称	2024 年第二季度	2024 年第四季度
瑞安房地产（00272）	2073000000	8173000000
碧桂园（02007）	102102000000	252756000000
禹洲集团（01628）	6377536000	9716264000
绿城中国（03900）	69562037000	158546170000
绿景中国地产（00095）	1942823000	3713887000
美的置业（03990）	25134114000	3725800000
花样年控股（01777）	1641280000	4573551000
融信中国（03301）	14202468000	29781887000
融创中国（01918）	34279616000	74019193000
越秀地产股权（00123）	35340264000	86400562000
远洋集团（03377）	13313451000	23640619000
金轮天地控股（01232）	429748000	796376000
金辉控股（09993）	16382985000	24766044000
阳光 100 中国（02608）	1614585000	2018823000
雅居乐集团（03383）	21136953000	43345885000
领地控股（06999）	4558020000	8571476000
龙光集团（03380）	14053364000	23264613000
龙湖集团（00960）	46855050000	127474948000

数据来源：企业公告。

7-11 2024年沪深上市房企利润总额

单位：元人民币

企业简称	2024年第一季度	2024年第二季度	2024年第三季度	2024年第四季度
万业企业（600641）	-7501696	-137588562	-121470740	39552632
万泽股份（000534）	76518448	122739665	176258958	224967561
万科A（000002）	699362660	-8057010974	-15439975854	-47186559181
万通发展（600246）	-65652003	-85000395	-124129525	-447746483
三湘印象（000863）	-48338973	37107761	115717663	48935929
上实发展（600748）	-139902672	-146589130	-262452960	-158669835
上海临港（600848）	491637570	726525768	1195528772	2861878886
世荣兆业（002016）	25328283	56489704	62307758	94624452
东旭蓝天（000040）	-10901216	-91954648	-122641581	--
东望时代（600052）	96932051	86933094	85038879	-331381983
东湖高新（600133）	47415456	105570871	251196069	722228407
东百集团（600693）	80780514	145773383	196687066	215092065
中华企业（600675）	-212713691	-333427389	-510859528	470524588
中南建设（000961）	-373637940	-1472491399	--	-7934802357
中原高速（600020）	368563213	808415101	1091115921	1199632200
中国中冶（601618）	3888801000	5681148000	8917022000	9254538000
中国中铁（601390）	9861266000	19084409000	27226288000	38871107000
中国宝安（000009）	352782460	790744192	1196339719	1409001523
中国平安（601318）	52617000000	103155000000	158593000000	170495000000
中国武夷（000797）	148125730	545801627	454720809	514848732
中国电建（601669）	4827824366	10204210192	14123493682	19531185561
中国铁建（601186）	8634991000	17861036000	23756656000	32474709000
中弘退（000979）	--	-634425527	--	-1286711988
中洲控股（000042）	132020968	-430652569	-466252928	-2254242549
中航高科（600862）	416108306	704510659	1074325915	1357304336
云南城投（600239）	-61097356	14996800	-12350253	-104831961
亚泰集团（600881）	-641077428	-1143154113	-1628413030	-3290821489
亚通股份（600692）	-666577	2093619	-6258360	2415066
京东方A（000725）	634737774	2278733754	2777542659	5085653633
京投发展（600683）	-110442645	-224290422	-967499917	-1281173349
京能置业（600791）	-70586556	43345008	44361724	5883864
保利发展（600048）	5400105531	14095905952	16635751459	15580956389
信达地产（600657）	-199972049	207741771	17733925	-642589277
光大嘉宝（600622）	-120893528	-283214303	-356573496	-1360958756

7-11 续表 1 单位：元人民币

企业简称	2024 年第一季度	2024 年第二季度	2024 年第三季度	2024 年第四季度
光明地产（600708）	22449173	77258113	−346826058	−987567809
冠城大通（600067）	99577506	68956283	46003122	−534946802
凤凰股份（600716）	−13045823	−12095069	−29450637	−153583315
北汽蓝谷（600733）	−999542228	−2533749761	−4434678541	−6798593900
北辰实业（601588）	−169840698	−742729222	−910428265	−3152324338
华丽家族（600503）	20779806	10002862	13608610	−37564857
华侨城 A（000069）	−288396364	−1036642600	−2524157016	−7176941882
华发股份（600325）	589072595	2580082577	2615303938	1961923255
华夏幸福（600340）	−2927184055	−6386046765	−3747445308	−7431770127
华远地产（600743）	−108718266	−274435474	−629483384	−1332256298
华鑫股份（600621）	69166664	150607324	309223763	400736930
卓朗科技（600225）	−46309559	−144054095	−285646413	−813886597
南京公用（000421）	12971903	−15996170	10111992	168179689
南京高科（600064）	497850100	976276437	1897152552	1507922955
南山控股（002314）	−44904059	−9338578	−198751269	−1103937163
卧龙地产（600173）	59775748	136715996	162284222	115407912
厦门银行（601187）	803445000	1317877465	2039226000	2735341538
合肥城建（002208）	−51477624	60881663	431038142	296761919
圆通速递（600233）	1212253295	2520797057	3414069722	4769187752
城建发展（600266）	−356143968	−107484780	724394817	−1317529648
城投控股（600649）	10811105	−113208128	−205846595	512487482
外高桥（600648）	105381703	260390435	686934322	1298677783
大东方（600327）	51368323	158597173	142532158	97257738
大名城（600094）	−40644010	199328513	359565759	−1790849254
大悦城（000031）	513158481	799797961	1873370225	−142749058
天保基建（000965）	14214952	18775378	38936185	77225507
天健集团（000090）	131260102	307881979	450872745	983735166
天地源（600665）	−103428829	−30844428	149266401	−323341637
学大教育（000526）	64557601	214657374	223397791	238932505
安徽建工（600502）	504899136	1105870875	1683432644	2651329084
宝鹰股份（002047）	−75306567	−235310107	−448329097	−776013886
小商品城（600415）	907299007	1909970845	2976381692	4028742953
山子股份（000981）	437450097	−676202066	−866327664	−1945371909
川投能源（600674）	1297008542	2352708169	4560034746	4701839108
市北高新（600604）	−68041677	−148673116	−116892458	151667557

7-11　续表 2　　　　单位：元人民币

企业简称	2024 年第一季度	2024 年第二季度	2024 年第三季度	2024 年第四季度
广宇集团（002133）	59916427	21438933	−91020300	−1043623182
开立医疗（300633）	111537067	176631756	115591959	120189229
张江高科（600895）	150957340	319283582	644838495	1275078906
招商蛇口（001979）	1630441882	2958644300	4993475511	9089640979
新光退（002147）	--	−179302966	--	772024529
新城控股（601155）	472217949	1853134617	2156802567	2906467520
新湖中宝（600208）	666081294	3563145151	4201510869	3104967125
新黄浦（600638）	1079995	26622806	140390132	264918171
杉杉股份（600884）	−59578278	92563556	136803851	−274287189
栖霞建设（600533）	−29168727	−129652304	−155831800	−1211858354
格力地产（600185）	−107908798	−748025978	−895361252	−895678874
格力电器（000651）	5318471161	16318898487	25622081201	36895995848
武商集团（000501）	191854363	235402660	213920170	334126413
沙河股份（000014）	62474319	72342989	63089919	57957909
津投城开（600322）	−193221971	−204625506	−218782772	−217419313
津滨发展（000897）	235858145	400218177	449229731	654216336
济南高新（600807）	−23323648	−33608952	−60082030	−861285794
浦东金桥（600639）	307142083	414399865	497643808	1343755473
海宁皮城（002344）	89446754	115705118	146863916	184527516
海航控股（600221）	696520000	−773287000	2158812000	−1180071000
深康佳 A（000016）	−618137310	−1331813998	−1861082104	−3814586445
深振业 A（000006）	−26773745	−421150456	−623090791	−1727719817
深深房 A（000029）	1918184	5086946	4028342	−380973504
深物业 A（000011）	−4092416	6181802	−4493953	−1193812573
渝开发（000514）	−34931077	−64329461	−83353187	−170913063
滨江集团（002244）	1172914181	1854918990	2740824548	5934383478
爱旭股份（600732）	−143842411	−2022078901	−3385885202	−6440767112
物产中大（600704）	1655530629	3220596826	4731782206	6487900909
电子城（600658）	99441863	2620280	−423212676	−1099317289
皇庭国际（000056）	−80502175	−150189352	−266367462	−686746743
福星股份（000926）	80258609	84429265	49839835	−2544791823
福瑞达（600223）	80354600	185198599	243643688	346293632
空港股份（600463）	−23036264	−66620078	−74988372	−118939678
粤宏远 A（000573）	−19681622	−7169387	−40334735	−47276582

7-11 续表 3 单位：元人民币

企业简称	2024 年第一季度	2024 年第二季度	2024 年第三季度	2024 年第四季度
纳思达（002180）	258288631	1489223591	1779051476	1335410934
绿地控股（600606）	504299915	979589939	1003738514	-15889524701
苏宁环球（000718）	113313189	356759649	481117296	173271880
苏州高新（600736）	496725269	546210407	408535214	347966659
荣丰控股（000668）	-6088396	-18223575	-34031231	-367812476
荣安地产（000517）	509604179	516583889	440433111	-1535972666
荣盛发展（002146）	588307828	258278823	-666397755	-7495938213
莱茵体育（000558）	47780491	19436670	-2869179	-18037214
葛洲坝（600068）	1255210558	1798889758	--	5453729799
财信发展（000838）	-10302175	18395270	2454783	-303572824
软控股份（002073）	85850861	239642313	441882835	631357286
迪马股份（600565）	-125997072	-1065052470	--	-5356103461
退市中房（600890）	--	-12439476	--	-28294771
退市华业（600240）	-368912838	-584538708	-784985663	-1465564641
退市美都（600175）	--	-283186594	--	-451822357
金地集团（600383）	-356360825	-4657594119	-4857216946	-7004751049
金科股份（000656）	-1258911627	-4079629888	-5750915369	-34123510733
金融街（000402）	-158605002	-2005300135	-2807868756	-11084168609
金隅集团（601992）	-1987130516	-1070453726	11099916	456099366
长春经开（600215）	56645893	65885025	82085701	78633600
闻泰科技（600745）	283874735	392898013	747982325	-1911004567
阳光股份（000608）	-4392795	4736602	5742978	-141064173
陆家嘴（600663）	723915304	985660078	1674243841	2503019884
雅戈尔（600177）	989883593	1977321628	2599423924	3002171388
顺丰控股（002352）	2657298000	6320057000	10147558000	13607261000
顺发恒业（000631）	21482264	50816187	75793616	123002127
首开股份（600376）	-856392178	-2017333489	-4615461779	-8991757913
香江控股（600162）	15510707	-253391	66915117	7600065
黑牡丹（600510）	93989552	104989761	167510129	742021515
*ST 中天（000540）	--	-1641087087	--	-3993416164
*ST 中迪（000609）	-33665976	-74740205	-106515329	-249757009
*ST 嘉凯（000918）	--	-583507869	--	-1390159605
*ST 宋都（600077）	--	257538390	--	258500539
*ST 新联（000620）	43937826	68171603	112511050	-489694527
*ST 泛海（000046）	-1928708765	-7518844919	-10168743536	-19423803949

7–11　续表 4　　　　单位：元人民币

企业简称	2024 年第一季度	2024 年第二季度	2024 年第三季度	2024 年第四季度
*ST 绿景（000502）	--	−34611965	--	−52965571
*ST 蓝光（600466）	−992662610	−2534301441	−3360655241	−7879807576
ST 泰禾（000732）	−582846420	−1754149453	−2338673420	−21866278924
ST 海投（000616）	--	17611405	--	−572868293
ST 粤泰（600393）	--	−965757724	--	−1582302847
ST 美置（000667）	--	−134966958	--	−2180810486
ST 阳光城（000671）	--	−2564848776	--	−18985461553

数据来源：企业公告。

7-12a 2024年香港上市房企除税前利润（港币）

单位：元港币

企业简称	2024年第二季度	2024年第四季度
上实城市开发（00563）	-65932000	215098000
上海证大（00755）	-622739000	-874607000
中渝置地（01224）	118631000	-595580000
九龙仓集团（00004）	-5543000000	-6316000000
五矿地产（00230）	-1012851000	-3706574000
信和置业（00083）	2958590493	4770000000
华南城（01668）	-619263000	-8276588000
合生创展集团（00754）	2069700000	2805888000
嘉华国际（00173）	413316000	706348000
嘉里建设（00683）	1579118000	2582000000
天安（00028）	232010000	-45258000
廖创兴企业（00194）	-439061000	-865654000
恒基地产（00012）	4271000000	8238000000
恒隆地产（00101）	2068000000	4045000000
新世界发展（00017）	3892100000	-4748400000
新鸿基地产（00016）	10958000000	23583000000
汤臣集团（00258）	148219000	348581000
沿海家园（01124）	-795650000	-1475075000
深圳控股（00604）	-945851000	-822191000
渝太地产（00075）	158130000	185041000
百仕达控股（01168）	-142078000	4058926000
莱蒙国际（03688）	-552864000	-2146856000
路劲（01098）	37334000	-3340575000
长实集团（01113）	9215000000	14834000000
香港兴业国际（00480）	461500000	-173200000

数据来源：企业公告。

7-12b　2024年香港上市房企除税前利润（人民币）

单位：元人民币

企业简称	2024年第二季度	2024年第四季度
SOHO中国（00410）	15493000	62312000
三巽集团（06611）	-50713000	--
上置集团（01207）	-157487000	--
世茂集团（00813）	-23104035000	-42037459000
中信股份（00267）	71747000000	132657000000
中国奥园（03883）	22632462000	518619000
中国新城市（01321）	877358000	1130382000
中国海外发展（00688）	16183761000	26407914000
中国海外宏洋集团（00081）	1358741000	2160744000
中国金茂（00817）	2189227000	4437971000
中梁控股（02772）	-882919000	-1388029000
中电光谷（00798）	35348000	239586000
中骏集团控股（01966）	-2727689000	-6996620000
亿达中国（03639）	-345238000	-2313636000
众安集团（00672）	852866000	1249282000
佳兆业集团（01638）	-9067009000	-29085565000
保利置业集团（00119）	579360000	2241637000
力高集团（01622）	-674615000	-3822375000
北大资源（00618）	182246000	-742767000
华润置地（01109）	20649781000	58228191000
合景泰富集团（01813）	-7819148000	-7778010000
复星国际（00656）	3612647000	342050000
天誉置业（00059）	-900661000	--
宝龙地产（01238）	-959105000	-4659928000
富力地产（02777）	-1865557000	-15275376000
小米集团-W（01810）	11901763000	28126653000
建业地产（00832）	-2503727000	-2865596000
弘阳地产（01996）	-1584868000	-5099215000
恒盛地产（00845）	-251467000	--
旭辉控股集团（00884）	-3453242000	-3647180000
时代中国控股（01233）	-2659298000	-17170669000
明发集团（00846）	398307000	-1144824000
景瑞控股（01862）	-1560646000	-3334019000
朗诗绿色管理（00106）	-671148000	-1532332000
正荣地产（06158）	-2645597000	-7368776000
港龙中国地产（06968）	81772000	-679612000

7-12b 续表 1

单位：元人民币

企业简称	2024 年第二季度	2024 年第四季度
瑞安房地产（00272）	282000000	3147000000
碧桂园（02007）	−10831000000	−22369000000
禹洲集团（01628）	−7890109000	−14660298000
绿城中国（03900）	4668759000	7073852000
绿景中国地产（00095）	−1600486000	−5697961000
美的置业（03990）	1223921000	685416000
花样年控股（01777）	−3052380000	−8805221000
融信中国（03301）	965571000	−9765955000
融创中国（01918）	−17362102000	−24248878000
越秀地产股权（00123）	3823741000	4195629000
远洋集团（03377）	−5747124000	−19392050000
金轮天地控股（01232）	−531230000	−777176000
金辉控股（09993）	−1366639000	−8822053000
阳光 100 中国（02608）	−1351758000	−5266666000
雅居乐集团（03383）	−5619039000	−12513068000
领地控股（06999）	−436270000	−1713634000
龙光集团（03380）	−3467196000	−7431398000
龙湖集团（00960）	9130542000	18730524000

数据来源：企业公告。

7-13　2024 年沪深上市房企净利润

单位：元人民币

企业简称	2024 年第一季度	2024 年第二季度	2024 年第三季度	2024 年第四季度
万业企业（600641）	-14491746	-120055125	-111506539	-6558730
万泽股份（000534）	62711013	95899853	134528373	186608679
万科 A（000002）	331290345	-8520745013	-16398110548	-48703934402
万通发展（600246）	-65692522	-77622946	-126343497	-459195788
三湘印象（000863）	-47823658	-6944797	41863477	-39128515
上实发展（600748）	-152474654	-183473437	-313516934	-319605191
上海临港（600848）	345562526	497037867	925354232	2056055265
世荣兆业（002016）	17148370	39064181	41773471	57256549
东旭蓝天（000040）	-16289288	-93645583	-131970726	--
东望时代（600052）	70636463	97611541	91439769	-367362529
东湖高新（600133）	36016360	86450679	210466498	564733008
东百集团（600693）	60421234	113587399	149715269	132939974
中华企业（600675）	-208121836	-335067378	-502041986	66995207
中南建设（000961）	-481730756	-1942968245	--	-8676699707
中原高速（600020）	284017669	615848207	823069583	880629170
中国中冶（601618）	3144854000	4700632000	7699234000	7904332000
中国中铁（601390）	8027061000	15668207000	22460711000	30758031000
中国宝安（000009）	275970814	587513214	916672324	1032323948
中国平安（601318）	45050000000	88704000000	140054000000	146733000000
中国武夷（000797）	70756457	320168564	190805404	182738634
中国电建（601669）	4013419281	8406712590	11822174786	15825694640
中国铁建（601186）	7092243000	14958258000	19961114000	27078377000
中弘退（000979）	--	-634425527	--	-1286711988
中洲控股（000042）	81868464	-431809282	-538873853	-2505616701
中航高科（600862）	354000329	610726910	921758816	1169485784
云南城投（600239）	-63039842	26920986	1357685	-80536511
亚泰集团（600881）	-643559088	-1147200571	-1591984524	-3529027000
亚通股份（600692）	-3335330	10946367	2548813	6978900
京东方 A（000725）	482832354	1770665661	1937285843	4145273882
京投发展（600683）	-98471401	-198754655	-1148495860	-1443855891
京能置业（600791）	-74250923	-16963501	-32472045	-164396699
保利发展（600048）	3982798019	10697773176	12241783720	9737888128
信达地产（600657）	-225315303	73817259	-150895674	-808734788
光大嘉宝（600622）	-133004449	-312359679	-395158877	-1412019611

7-13 续表 1 单位：元人民币

企业简称	2024 年第一季度	2024 年第二季度	2024 年第三季度	2024 年第四季度
光明地产（600708）	2363436	16936963	-395510682	-996749234
冠城大通（600067）	50459669	8198230	-31940364	-632549121
凤凰股份（600716）	-14418252	-12482022	-28631853	-178784851
北汽蓝谷（600733）	-999601547	-2530346748	-4430358299	-6872907070
北辰实业（601588）	-223170760	-848728987	-1052709814	-3420679738
华丽家族（600503）	14693365	3529958	2028788	-41311733
华侨城 A（000069）	-554706931	-1449553567	-3039533279	-9720853491
华发股份（600325）	431851068	1734751596	1769208701	1404559756
华夏幸福（600340）	-2067251019	-4919492749	-2009646006	-5537879436
华远地产（600743）	-130950973	-321860561	-667540198	-1431771490
华鑫股份（600621）	60130639	151532167	304670472	366166843
卓朗科技（600225）	-45206709	-140001102	-280911763	-809183953
南京公用（000421）	7861654	-26909029	-11345818	90692694
南京高科（600064）	525421832	1029581236	1853125298	1641394760
南山控股（002314）	-89865171	-47014798	-270098951	-1523414020
卧龙地产（600173）	50612026	106586145	109881539	44198571
厦门银行（601187）	770002000	1258248401	2011042000	2705876105
合肥城建（002208）	-53367615	43306054	286757688	95674050
圆通速递（600233）	937459671	1972276012	2911725468	3989215244
城建发展（600266）	-365223050	-190328420	392567484	-1876289250
城投控股（600649）	-857100	-119315493	-244834900	211150331
外高桥（600648）	42253566	147625197	446611419	964251859
大东方（600327）	34823665	140066852	121415042	68874108
大名城（600094）	-40141570	145100018	232872653	-2382791308
大悦城（000031）	182702769	37953694	295059514	-2559335778
天保基建（000965）	9274206	2484969	-5469708	7181994
天健集团（000090）	70779869	190294462	277859186	593603081
天地源（600665）	-78933203	-8153385	120414635	-972935883
学大教育（000526）	50744325	161548952	172934731	176243866
安徽建工（600502）	397041124	858701544	1303632406	2029352010
宝鹰股份（002047）	-72489852	-223746126	-433517963	-743726206
小商品城（600415）	710890972	1450418178	2331992676	3078248086
山子股份（000981）	449565290	-667287634	-868694857	-1792087252
川投能源（600674）	1284794153	2328360589	4503584193	4630183836
市北高新（600604）	-63183061	-145367003	-103519105	95366110

7-13　续表 2　　单位：元人民币

企业简称	2024 年第一季度	2024 年第二季度	2024 年第三季度	2024 年第四季度
广宇集团（002133）	35551818	–26766290	–121709390	–1222212358
开立医疗（300633）	100190828	170573350	108985799	142397376
张江高科（600895）	119458726	249912451	502238983	994383500
招商蛇口（001979）	936085793	--	3419601346	4188901525
新光退（002147）	--	–180267887	--	772451089
新城控股（601155）	278279016	1360400288	1520273315	720042416
新湖中宝（600208）	533133801	2564510015	3126030884	2007038014
新黄浦（600638）	733726	20887101	94286943	185203896
杉杉股份（600884）	–87508303	21825323	52176313	–319725092
栖霞建设（600533）	–22974582	–137673561	–168982744	–991172558
格力地产（600185）	–102913948	–777354062	–922004444	–1129339479
格力电器（000651）	4640546490	13887709317	21214823423	32371069287
武商集团（000501）	138606061	153693017	123827359	215392353
沙河股份（000014）	46294977	54194058	46788519	16978383
津投城开（600322）	–194399923	–204525697	–218579892	–230925752
津滨发展（000897）	176932293	329609466	368514962	521083616
济南高新（600807）	–23097131	–37544567	–63834707	–865396755
浦东金桥（600639）	230927171	317720812	377710547	978018807
海宁皮城（002344）	72032079	84629556	107722221	132347153
海航控股（600221）	696384000	–772489000	2159666000	–1263571000
深康佳 A（000016）	–578857654	–1280538155	–1865467290	–3884138774
深振业 A（000006）	–28808403	–415002227	–632396862	–1751446952
深深房 A（000029）	1538467	4868439	4184669	–377595958
深物业 A（000011）	–3756990	1321639	–5714274	–1287143724
渝开发（000514）	–26584659	–42086371	–54584828	–129135336
滨江集团（002244）	801968658	1223557639	1771871726	3791186093
爱旭股份（600732）	–91216910	–1744716680	–2850797993	–5393574804
物产中大（600704）	1290440105	2515974249	3682960004	4977991035
电子城（600658）	77334315	–48278403	–491908268	–1574680032
皇庭国际（000056）	–82461394	–151152832	–267587643	–653136200
福星股份（000926）	51653203	38068154	13964386	–2654149454
福瑞达（600223）	73042414	156184139	209546814	296441694
空港股份（600463）	–24075949	–66665467	–75985363	–118853447
粤宏远 A（000573）	–18398895	–7142467	–40048798	–47125120

7-13 续表 3

单位：元人民币

企业简称	2024 年第一季度	2024 年第二季度	2024 年第三季度	2024 年第四季度
纳思达（002180）	302786760	1175697240	1314200135	814977761
绿地控股（600606）	128100500	301939719	292837427	−19736730792
苏宁环球（000718）	89839917	250149280	352055133	165711481
苏州高新（600736）	360194688	400483003	275552587	130914234
荣丰控股（000668）	−5680013	−18060227	−34425452	−367999368
荣安地产（000517）	407185839	421178892	250786267	−1848529034
荣盛发展（002146）	413033573	110237821	−881290203	−7977279565
莱茵体育（000558）	40519863	15294259	−5425989	−21856578
葛洲坝（600068）	866028965	990700593	--	3671041784
财信发展（000838）	−10391533	12075977	−4126312	−279899691
软控股份（002073）	85021166	226237118	407170791	575653928
迪马股份（600565）	−154184671	−1194770899	--	−5507068794
退市中房（600890）	--	−12439476	--	−28294771
退市华业（600240）	−308743733	−524369602	−724816557	−1405404593
退市美都（600175）	--	−271051144	--	−531930149
金地集团（600383）	−229538259	−4439687890	−4922950850	−7819666248
金科股份（000656）	−1124247069	−3903878485	−5509892456	−34824293764
金融街（000402）	−217483157	−2025088321	−2748605765	−11556088630
金隅集团（601992）	−2080389718	−1749542766	−865617923	−1534208929
长春经开（600215）	51952643	69020536	85825404	64431326
闻泰科技（600745）	157476780	153967559	429551775	−2857944006
阳光股份（000608）	−12124482	−4104431	−4438347	−133552920
陆家嘴（600663）	502144532	709943926	1282812042	1794775739
雅戈尔（600177）	936011858	1868164234	2517348256	2756255542
顺丰控股（002352）	1829344000	4760922000	7673004000	10218845000
顺发恒业（000631）	16069203	35903855	53918474	91479504
首开股份（600376）	−883569083	−2173944097	−4627598695	−9419348710
香江控股（600162）	−6476798	−27233019	−52192940	−114336686
黑牡丹（600510）	52506372	44250306	68057945	311541233
*ST 中天（000540）	--	−1619178763	--	−4791973444
*ST 中迪（000609）	−33480056	−74736940	−106517844	−249728791
*ST 嘉凯（000918）	--	−572668280	--	−1321066121
*ST 宋都（600077）	--	198923584	--	144926106
*ST 新联（000620）	8237215	7421364	45145590	−669414371
*ST 泛海（000046）	−1896314856	−7729214999	−10381360183	−19442589718

7-13　续表 4　　单位：元人民币

企业简称	2024 年第一季度	2024 年第二季度	2024 年第三季度	2024 年第四季度
*ST 绿景（000502）	--	−35749742	--	−59420567
*ST 蓝光（600466）	−1011166117	−2541657678	−3285594905	−8405081337
ST 泰禾（000732）	−574634001	−1729290874	−2328793702	−22179427311
ST 海投（000616）	--	17609517	--	−572868293
ST 粤泰（600393）	--	−965770294	--	−1582500119
ST 美置（000667）	--	−135121061	--	−2192343961
ST 阳光城（000671）	--	−2935392045	--	−20109013810

数据来源：企业公告。

7-14a 2024年香港上市房企净利润（港币）

单元：元港币

企业简称	2024年第二季度	2024年第四季度
上实城市开发（00563）	-231564000	-331190000
上海证大（00755）	-552529000	-803155000
中渝置地（01224）	91006000	-617924000
九龙仓集团（00004）	-2637000000	-3224000000
五矿地产（00230）	-1044489000	-3520690000
信和置业（00083）	2615953914	4402000000
华南城（01668）	-621243000	-8975762000
合生创展集团（00754）	1072878000	119582000
嘉华国际（00173）	153787000	335070000
嘉里建设（00683）	788036000	808000000
天安（00028）	78056000	-207081000
廖创兴企业（00194）	-416720000	-837056000
恒基地产（00012）	3174000000	6296000000
恒隆地产（00101）	1061000000	2153000000
新世界发展（00017）	-7374400000	-19682900000
新鸿基地产（00016）	9145000000	19046000000
汤臣集团（00258）	103669000	176789000
沿海家园（01124）	-793466000	-1399453000
深圳控股（00604）	-1101144000	-1822579000
渝太地产（00075）	13222000	-3954000
百仕达控股（01168）	-150515000	3968652000
莱蒙国际（03688）	-539187000	-1832632000
路劲（01098）	-1026865000	-4121870000
长实集团（01113）	8603000000	13657000000
香港兴业国际（00480）	117700000	-468000000

数据来源：企业公告。

7-14b 2024 年香港上市房企净利润（人民币）

单位：元人民币

企业简称	2024 年第二季度	2024 年第四季度
SOHO 中国（00410）	-107546000	-113441000
三巽集团（06611）	-48103000	--
上置集团（01207）	-164883000	--
世茂集团（00813）	-22667515000	-35905060000
中信股份（00267）	32113000000	58202000000
中国奥园（03883）	22311990000	35033000
中国新城市（01321）	377789000	503909000
中国海外发展（00688）	10313630000	15635658000
中国海外宏洋集团（00081）	884588000	954050000
中国金茂（00817）	1010044000	1064809000
中梁控股（02772）	-1708904000	-2427358000
中电光谷（00798）	17614000	95748000
中骏集团控股（01966）	-3682268000	-7863349000
亿达中国（03639）	-360118000	-2335106000
众安集团（00672）	62509000	19924000
佳兆业集团（01638）	-9115416000	-28533737000
保利置业集团（00119）	373227000	182867000
力高集团（01622）	-519804000	-2759631000
北大资源（00618）	155781000	-785629000
华润置地（01109）	10252833000	25577359000
合景泰富集团（01813）	-8223670000	-8085373000
复星国际（00656）	720117000	-4348857000
天誉置业（00059）	-852145000	--
宝龙地产（01238）	-2622869000	-5765033000
富力地产（02777）	-2330839000	-17709538000
小米集团 -W（01810）	9280063000	23658126000
建业地产（00832）	-2609388000	-3307681000
弘阳地产（01996）	-1784029000	-5021994000
恒盛地产（00845）	-616972000	--
旭辉控股集团（00884）	-4939432000	-7075859000
时代中国控股（01233）	-3017883000	-16610307000
明发集团（00846）	6665000	-1791055000
景瑞控股（01862）	-1483247000	-3003782000
朗诗绿色管理（00106）	-675520000	-1509333000
正荣地产（06158）	-2343441000	-6829835000
港龙中国地产（06968）	-76419000	-658244000

7-14b 续表 1

单位：元人民币

企业简称	2024 年第二季度	2024 年第四季度
瑞安房地产（00272）	72000000	180000000
碧桂园（02007）	-12842000000	-32835000000
禹洲集团（01628）	-6255983000	-11966840000
绿城中国（03900）	2044902000	1596426000
绿景中国地产（00095）	-1528224000	-5171433000
美的置业（03990）	375869000	-2057887000
花样年控股（01777）	-3161480000	-8311567000
融信中国（03301）	-1930740000	-12002306000
融创中国（01918）	-14957186000	-25695200000
越秀地产股权（00123）	1831427000	1040055000
远洋集团（03377）	-5381705000	-18623957000
金轮天地控股（01232）	-560500000	-823936000
金辉控股（09993）	-2026425000	-9111234000
阳光 100 中国（02608）	-1660708000	-5586238000
雅居乐集团（03383）	-9673862000	-17216324000
领地控股（06999）	-800	-2084744000
龙光集团（03380）	-1536487000	-6298354000
龙湖集团（00960）	5865716000	10401171000

数据来源：企业公告。

7-15　2024 年沪深上市房企经营活动产生的现金流量净额

单位：元人民币

企业简称	2024 年第一季度	2024 年第二季度	2024 年第三季度	2024 年第四季度
万业企业（600641）	-26544810	-59949840	-40408905	-216651572
万泽股份（000534）	-16674004	2826248	51107892	114256747
万科 A（000002）	-9421419428	-5176325811	-4847650024	3799847632
万通发展（600246）	-214043877	-154524096	-77021795	30816382
三湘印象（000863）	-60231664	-99773108	-25249016	76879388
上实发展（600748）	-1378146678	-1749098921	-1689574225	-1275918341
上海临港（600848）	-3811670815	-4055193253	-4617053524	-4557187201
世荣兆业（002016）	-690462622	-473145494	-577320710	-434090448
东旭蓝天（000040）	-30304803	25087957	185690653	--
东望时代（600052）	20597558	56351572	-10392637	106375415
东湖高新（600133）	-640130245	-694500759	-892601890	-236182464
东百集团（600693）	164697651	227671197	155982665	278283601
中华企业（600675）	-1027636427	-507002620	450431856	2352948628
中南建设（000961）	23057533	-172205265	--	-1285723982
中原高速（600020）	387877113	878330235	1631245216	2111217747
中国中冶（601618）	-30747367000	-28406160000	-30735612000	7847704000
中国中铁（601390）	-68065449000	-69332329000	-71257347000	28051091000
中国宝安（000009）	945353376	268603654	559442721	1662423468
中国平安（601318）	74958000000	304883000000	417617000000	382474000000
中国武夷（000797）	-256160585	-346765329	-411134929	-48282020
中国电建（601669）	-39002584654	-46666301347	-46925508418	24545698462
中国铁建（601186）	-46593910000	-81676283000	-89018002000	-31423832000
中弘退（000979）	--	-3129821	--	-4732177
中洲控股（000042）	904036223	2289250976	3100050476	5656231253
中航高科（600862）	245094356	342871818	141539020	496108272
云南城投（600239）	-597630539	-467439343	-249159288	-27403493
亚泰集团（600881）	-282442387	206247006	-85443198	551177967
亚通股份（600692）	670267622	419144407	291206124	922598384
京东方 A（000725）	16230705070	24878969292	33869252080	47737577379
京投发展（600683）	-8305133068	-7945409121	-7666264165	-6211162549
京能置业（600791）	-1996641650	-4254198196	-4192363112	-4042048257
保利发展（600048）	-33305867569	-17148010577	-15981776834	6257310590
信达地产（600657）	-1507180301	-788820518	-2665848681	-1140965528
光大嘉宝（600622）	-24171189	159045932	298686302	432587356

7-15 续表 1

单位：元人民币

企业简称	2024 年第一季度	2024 年第二季度	2024 年第三季度	2024 年第四季度
光明地产（600708）	-2358973306	-2182618084	-1939148607	-1051732608
冠城大通（600067）	-338564990	-440352512	685354845	773472567
凤凰股份（600716）	9462109	91012766	34546210	144614967
北汽蓝谷（600733）	-990778238	-2057023072	-975041581	-1571575549
北辰实业（601588）	-308131849	152395882	516231017	973639664
华丽家族（600503）	-318060194	-356784442	-299279677	-223691638
华侨城 A（000069）	-5285492007	-2832427806	1667343662	5362213680
华发股份（600325）	576564117	664858247	3686270672	15899668762
华夏幸福（600340）	-547351905	-148014640	-1944763761	-2422061384
华远地产（600743）	-857214086	-1236212918	-1653449657	-1918605363
华鑫股份（600621）	1232777313	1587164301	3826097679	7010786357
卓朗科技（600225）	-391649534	-92505613	-138181868	-564400580
南京公用（000421）	-310469266	275409270	-261518436	605327479
南京高科（600064）	-389468188	-591556108	-636913469	-500820615
南山控股（002314）	-1745012228	-1321394390	-1064544511	-219014571
卧龙地产（600173）	-77782585	-408824046	-238828000	-565212942
厦门银行（601187）	-2192829000	81339077	4649975000	-4315592819
合肥城建（002208）	-822476711	-523171850	-519341844	-137724594
圆通速递（600233）	579951110	2310954078	4082765062	5856605698
城建发展（600266）	2317336307	5237888240	4136614374	5574859521
城投控股（600649）	-98107267	3265502550	5765358776	2656461454
外高桥（600648）	-3052853793	-3694820899	-2617699634	-2782365929
大东方（600327）	22715582	64736574	94092408	245402237
大名城（600094）	-385175810	-307103612	-95953667	22343560
大悦城（000031）	-1432579003	1945060327	3279374577	6617322861
天保基建（000965）	243352955	-127420032	97681556	721936915
天健集团（000090）	-1324636144	-483015646	46584496	1140237945
天地源（600665）	189329644	21826006	-562581037	-869737813
学大教育（000526）	444448939	224569069	690351683	666747270
安徽建工（600502）	-3201152359	-3819800829	-5255248547	1214636231
宝鹰股份（002047）	-242285491	-123270388	-137216060	-237346602
小商品城（600415）	180101090	114363501	452652886	4491339090
山子股份（000981）	659931995	610343874	334169680	743216475
川投能源（600674）	177238465	319476682	655997696	879455227
市北高新（600604）	-414421687	-420241846	-371037847	-309063896

7-15　续表 2　　　　单位：元人民币

企业简称	2024 年第一季度	2024 年第二季度	2024 年第三季度	2024 年第四季度
广宇集团（002133）	−230833360	−80869966	245116881	600437703
开立医疗（300633）	−28513065	15113113	31906076	306658255
张江高科（600895）	−1816570318	−1945482803	−2282389385	−2401101828
招商蛇口（001979）	−10611231091	1287719313	12971322797	31963589495
新光退（002147）	--	−35015048	--	−22203388
新城控股（601155）	1033125501	2088243860	1781472418	1512361320
新湖中宝（600208）	−502096909	−43494747	193571244	362465390
新黄浦（600638）	−340850340	−191072224	−465434991	15404241
杉杉股份（600884）	324460529	691472176	1003481823	1860217175
栖霞建设（600533）	−294431700	−413037874	−582247668	−354823066
格力地产（600185）	198422480	446771886	167130454	768750074
格力电器（000651）	−2940867716	5122166411	12712439744	29369250571
武商集团（000501）	575118636	550635369	947678375	1286182131
沙河股份（000014）	−30356871	−63737390	−102624365	−141734897
津投城开（600322）	−198890305	−417573806	−449092855	609655393
津滨发展（000897）	−218903147	−124671982	−102218759	−450474756
济南高新（600807）	−66137042	−80166653	−66231625	14078140
浦东金桥（600639）	−152642109	−444226605	−123349027	−1199042708
海宁皮城（002344）	24518206	249272635	272216551	394242623
海航控股（600221）	4031479000	6319431000	11592940000	14132879000
深康佳 A（000016）	−571044206	−439338365	−390967446	173888843
深振业 A（000006）	−318566556	−33973403	108026213	1114966173
深深房 A（000029）	−90276363	−108449532	−137652035	−127403950
深物业 A（000011）	−647860412	−736827101	−1752947756	−1423998175
渝开发（000514）	200742466	189429147	192155354	200381182
滨江集团（002244）	−2377461363	−4584939809	−1406942093	7667594550
爱旭股份（600732）	−2408425266	−3293354506	−4441048394	−4519716160
物产中大（600704）	−14028973496	−6263085548	−1277031449	4148679197
电子城（600658）	−818157940	−628924734	−756556091	−603667449
皇庭国际（000056）	62586620	151511852	288447916	334830996
福星股份（000926）	−562603895	−395121980	−320451592	−43635122
福瑞达（600223）	37860669	135939772	61382368	228653004
空港股份（600463）	−18125639	−9709903	−28413750	3666207
粤宏远 A（000573）	−26509647	2378653	−8670380	−14788756

7-15 续表 3

单位：元人民币

企业简称	2024 年第一季度	2024 年第二季度	2024 年第三季度	2024 年第四季度
纳思达（002180）	196813467	491162077	1255556075	2733251471
绿地控股（600606）	-2418217581	-5217622610	-8237948998	-3336171739
苏宁环球（000718）	5111343	-27491221	104044950	522782945
苏州高新（600736）	-1838579859	-1830688404	-1658649611	-2099982661
荣丰控股（000668）	-23625098	-24450090	-71652391	14509972
荣安地产（000517）	110519619	810411929	1308893161	1995294335
荣盛发展（002146）	-426720889	-733103272	-935388801	-1695986421
莱茵体育（000558）	52547217	59905026	-34224343	-160696627
葛洲坝（600068）	-13165873198	-9901678769	--	7759824839
财信发展（000838）	-2303373	-88932868	-72914359	-61941399
软控股份（002073）	79002639	257413217	351066364	916117921
迪马股份（600565）	-196921191	-181736796	--	562384898
退市中房（600890）	--	-9083993	--	-14855843
退市华业（600240）	131948	-3713627	-3874317	-1798644
退市美都（600175）	--	-12101656	--	-5310674
金地集团（600383）	-918661418	4590269111	7802839315	13619761152
金科股份（000656）	-929473501	-882416717	-661770342	-674003677
金融街（000402）	187758737	1783774560	2564627065	5998297836
金隅集团（601992）	-4919449992	-4170136271	-9456802718	-5316092324
长春经开（600215）	107683581	69097581	19377885	-54866597
闻泰科技（600745）	195697859	2641933782	3540412096	4491865695
阳光股份（000608）	20113910	35275859	81577590	193295518
陆家嘴（600663）	597232496	2403816787	4713498577	1315850339
雅戈尔（600177）	-275527399	741711182	697128693	1545600284
顺丰控股（002352）	4734437000	13722269000	22552338000	32186373000
顺发恒业（000631）	-93553816	-17020521	8084761	106622844
首开股份（600376）	-2849995375	-4485583751	-2471585975	7381863921
香江控股（600162）	-19030022	91539521	165926091	290016640
黑牡丹（600510）	-872459303	-1268855309	-1226183232	561912691
*ST 中天（000540）	--	-2379695940	--	-4592807759
*ST 中迪（000609）	17724541	24289811	30951559	41694563
*ST 嘉凯（000918）	--	-45399009	--	-52806321
*ST 宋都（600077）	--	319304484	--	-83982946
*ST 新联（000620）	-252534621	-239534097	-292919966	-236280482
*ST 泛海（000046）	-23523071	167111949	70792064	36059188

7–15　续表 4

单位：元人民币

企业简称	2024 年第一季度	2024 年第二季度	2024 年第三季度	2024 年第四季度
*ST 绿景（000502）	--	-692148	--	-42670996
*ST 蓝光（600466）	-2414414	3283909	29697693	-132648920
ST 泰禾（000732）	-186659583	56879553	115506601	624413804
ST 海投（000616）	--	-6740050	--	-11669032
ST 粤泰（600393）	--	-1672496	--	9219207
ST 美置（000667）	--	-114045311	--	-96880986
ST 阳光城（000671）	--	-306791669	--	297646138

数据来源：企业公告。

7-16a 2024年香港上市房企经营活动产生的现金流量净额（港币）

单位：元港币

企业简称	2024年第二季度	2024年第四季度
上实城市开发（00563）	-165868000	853118000
上海证大（00755）	17527000	9355000
中渝置地（01224）	-296324000	-455864000
九龙仓集团（00004）	533000000	3830000000
五矿地产（00230）	971274000	1051156000
信和置业（00083）	1540594108	1149000000
华南城（01668）	1602791000	508290000
合生创展集团（00754）	5721984000	8708616000
嘉华国际（00173）	679701000	3275500000
嘉里建设（00683）	-1535279000	1165000000
天安（00028）	-20440000	4234402000
廖创兴企业（00194）	84290000	307843000
恒基地产（00012）	8097000000	15297000000
恒隆地产（00101）	2062000000	4956000000
新世界发展（00017）	5555800000	337500000
新鸿基地产（00016）	-972000000	24516000000
汤臣集团（00258）	357407000	-2124577000
沿海家园（01124）	49127000	-160948000
深圳控股（00604）	-1615572000	-1836366000
渝太地产（00075）	-1100347000	-2021823000
百仕达控股（01168）	61369000	76060000
莱蒙国际（03688）	195950000	547120000
路劲（01098）	320510000	2048133000
长实集团（01113）	1471000000	11865000000
香港兴业国际（00480）	-1700800000	-2662100000

数据来源：企业公告。

7-16b 2024年香港上市房企经营活动产生的现金流量净额（人民币）

单位：元人民币

企业简称	2024年第二季度	2024年第四季度
SOHO中国（00410）	109886000	306662000
三巽集团（06611）	34447000	--
上置集团（01207）	-95366000	--
世茂集团（00813）	-1962408000	-243973000
中信股份（00267）	-295978000000	-65719000000
中国奥园（03883）	-21805000	-138115000
中国新城市（01321）	193901000	1092763000
中国海外发展（00688）	3451509000	46453940000
中国海外宏洋集团（00081）	2804252000	9029196000
中国金茂（00817）	-3683233000	-3628345000
中梁控股（02772）	-1826955000	-2687266000
中电光谷（00798）	-332400000	29390000
中骏集团控股（01966）	-999470000	-498714000
亿达中国（03639）	124339000	314766000
众安集团（00672）	341674000	2543197000
佳兆业集团（01638）	-648710000	-124815000
保利置业集团（00119）	2735959000	6794606000
力高集团（01622）	-412007000	-578647000
北大资源（00618）	8399000	-126822000
华润置地（01109）	-275633000	46585276000
合景泰富集团（01813）	1386766000	1934869000
复星国际（00656）	10648812000	26884748000
天誉置业（00059）	-12968000	--
宝龙地产（01238）	780268000	1713799000
富力地产（02777）	-1672967000	-1530816000
小米集团-W（01810）	2530575000	39295499000
建业地产（00832）	194238000	-2272769000
弘阳地产（01996）	36650000	-450554000
恒盛地产（00845）	-105239000	--
旭辉控股集团（00884）	6874486000	10657838000
时代中国控股（01233）	632963000	1339523000
明发集团（00846）	109109000	1238174000
景瑞控股（01862）	15076000	46095000
朗诗绿色管理（00106）	-745457000	-980225000
正荣地产（06158）	-150263000	350641000
港龙中国地产（06968）	220327000	449829000

7-16b 续表 1

单位：元人民币

企业简称	2024 年第二季度	2024 年第四季度
瑞安房地产（00272）	440000000	604000000
碧桂园（02007）	-185000000	-3280000000
禹洲集团（01628）	326536000	-3092968000
绿城中国（03900）	16380528000	28830706000
绿景中国地产（00095）	972686000	3634905000
美的置业（03990）	-3853882000	-2260268000
花样年控股（01777）	-613428000	-363881000
融信中国（03301）	1617365000	-1057736000
融创中国（01918）	131923000	6015040000
越秀地产股权（00123）	6130253000	21837522000
远洋集团（03377）	170500000	-1033119000
金轮天地控股（01232）	2056000	-15535000
金辉控股（09993）	1857640000	3003272000
阳光 100 中国（02608）	-209325000	-283340000
雅居乐集团（03383）	-1414008000	1366012000
领地控股（06999）	-901761000	-171418000
龙光集团（03380）	-1066254000	210366000
龙湖集团（00960）	6100337000	29745620000

数据来源：企业公告。

7-17　2024 年沪深上市房企投资活动产生的现金流量净额

单位：元人民币

企业简称	2024 年第一季度	2024 年第二季度	2024 年第三季度	2024 年第四季度
万业企业（600641）	-701075228	-1175651878	-544258801	326230239
万泽股份（000534）	-45082238	-233751198	-408664418	-461231599
万科 A（000002）	2219883568	4975520783	5631503843	10809129605
万通发展（600246）	-6603564	-169744401	-167000952	-57484696
三湘印象（000863）	3291745	6958738	7217176	2625917
上实发展（600748）	-863589	73598933	222100799	226041659
上海临港（600848）	-1229399599	-1516517316	-1681804904	307267090
世荣兆业（002016）	-60586653	-205383511	-359942735	-637104533
东旭蓝天（000040）	17897513	88112241	71639497	--
东望时代（600052）	-106732903	-268129102	-449403426	-454614060
东湖高新（600133）	1108019953	809421243	483405278	1098722675
东百集团（600693）	-172167695	-245274013	-399593915	-411907458
中华企业（600675）	-15804604	-14991219	-13807146	118286262
中南建设（000961）	39940973	267479554	--	108831596
中原高速（600020）	-615661652	-1010697764	-1895518569	-2908487015
中国中冶（601618）	-675735000	-1700932000	-2956379000	-9582031000
中国中铁（601390）	-12610175000	-22062451000	-36811070000	-82288811000
中国宝安（000009）	-2380212935	-3685232430	-4361087359	-5128306849
中国平安（601318）	-177000000	-148497000000	-206435000000	-416251000000
中国武夷（000797）	-2645771	-7827137	-12138271	-12043577
中国电建（601669）	-15416421045	-28915678024	-42090607503	-55580474538
中国铁建（601186）	-13670662000	-20978389000	-36708088000	-48039536000
中洲控股（000042）	-2528550	13290146	29173825	80079528
中航高科（600862）	-82076767	-88471288	-47207398	300341482
云南城投（600239）	16249494	15265145	11117113	-27235756
亚泰集团（600881）	-3184773	107456521	106659759	140402544
亚通股份（600692）	8138738	22360002	11397800	-31604449
京东方 A（000725）	-9402643984	-15514054444	-22961294937	-32649633146
京投发展（600683）	-31166634	-109995600	-216762780	-184397536
京能置业（600791）	-162413	-536253	-630723	11641094
保利发展（600048）	-1028820696	-20854039	-479817002	-1330863117
信达地产（600657）	535557481	545968289	1463837039	1379805188
光大嘉宝（600622）	5825848	12797009	143874709	30429112
光明地产（600708）	66074766	171350139	277963548	1444521258

7-17 续表 1　　　　单位：元人民币

企业简称	2024 年第一季度	2024 年第二季度	2024 年第三季度	2024 年第四季度
冠城大通（600067）	−27829176	−40089337	−36912827	−67634789
凤凰股份（600716）	−74237	−87164	13858941	17181900
北汽蓝谷（600733）	−222962047	−854559497	−969009789	−2450835743
北辰实业（601588）	−34325765	16821660	−706930	−29588869
华丽家族（600503）	13190466	13050466	−5416139	−75612227
华侨城 A（000069）	−777006063	−1549570117	−1712023853	−1361649153
华发股份（600325）	−11644873596	−18100119983	−19673354934	−23381528061
华夏幸福（600340）	1951495710	1209589621	1436614578	3763731435
华远地产（600743）	−78495745	−80818995	−103985025	−97934291
华鑫股份（600621）	31344021	−38009941	−5014387	−1697580919
卓朗科技（600225）	−29401501	−339183103	−339218598	−14661609
南京公用（000421）	−94798353	−139858360	−155036429	−787113178
南京高科（600064）	−45529390	696697713	965170531	1518832428
南山控股（002314）	−513383697	−1043380565	−2342573708	−1440752494
卧龙地产（600173）	−15211122	−26619841	−37689353	−46572674
厦门银行（601187）	−1046426000	−3862461658	−5871897000	−14324192153
合肥城建（002208）	89260548	122407430	117356218	−521196772
圆通速递（600233）	−3222940737	−4201811667	−6210308537	−6468699608
城建发展（600266）	−29173316	−1832774189	−1576970398	−1570768825
城投控股（600649）	722415188	790486267	600268645	637685357
外高桥（600648）	−1206941201	−515407178	−679658404	216483042
大东方（600327）	−53714466	−57639728	−73181337	−86183400
大名城（600094）	26582365	−52836931	−53049191	−74362713
大悦城（000031）	−1301123596	−1178186572	487660300	491176854
天保基建（000965）	−2944491	12091793	9251214	106471476
天健集团（000090）	−55127235	65687154	63712684	−216422364
天地源（600665）	4913242	183320154	117463826	137104572
学大教育（000526）	−303321529	−191449914	−466990133	−186786040
安徽建工（600502）	−1183981836	−2403532217	−4390001219	−9917858741
宝鹰股份（002047）	−17169823	−69210147	−69010481	−245457714
小商品城（600415）	−1170048200	−1323845090	827846339	1222806768
山子股份（000981）	−89219549	927772580	781461727	667972995
川投能源（600674）	−140552217	682500458	944171209	691155562
市北高新（600604）	−39418026	−29955596	−31623381	7320134
广宇集团（002133）	57891884	131191002	127411926	74214755

7-17　续表 2　　单位：元人民币

企业简称	2024 年第一季度	2024 年第二季度	2024 年第三季度	2024 年第四季度
开立医疗（300633）	-72622271	-449535622	-427905438	-591137561
张江高科（600895）	-506456269	-1480959715	-1138862329	-1337301003
招商蛇口（001979）	-699803708	792416930	3633830930	3157755515
新光退（002147）	--	-46069926	--	27519166
新城控股（601155）	351688834	140175106	471930531	1350281190
新湖中宝（600208）	349162726	1278505355	2905878562	3618495229
新黄浦（600638）	8392259	-60272984	-79086674	-17812807
杉杉股份（600884）	-907632710	-829006002	-942028184	-1864735121
栖霞建设（600533）	3682703	81572403	168578364	228204660
格力地产（600185）	312946972	315103509	305213206	-33778302
格力电器（000651）	-1570920162	-2336457486	-8197791116	-15557909616
武商集团（000501）	-208460714	-258029358	-363523197	-411213357
沙河股份（000014）	-422399	-496204	-669452	-879810
津投城开（600322）	-17440	-16507721	-16519220	216527216
津滨发展（000897）	-26050	96033917	224401935	342853110
济南高新（600807）	25896320	-2539713	20921502	35636149
浦东金桥（600639）	-4686182	-1064390250	-907976064	-754208994
海宁皮城（002344）	-88697689	-85468895	-270833640	-310940366
海航控股（600221）	162765000	-659288000	-1367194000	-606465000
深康佳 A（000016）	-265479143	-315227825	-382182110	-31205198
深振业 A（000006）	-56432212	-95093874	-103827688	-109521645
深深房 A（000029）	-33225	-39264136	-39296254	-89680922
深物业 A（000011）	-1226930	-2840739	-6950776	-11759531
渝开发（000514）	-8652935	-28293033	-31577496	-45408610
滨江集团（002244）	-1234860361	40482722	-650596032	-1973461595
爱旭股份（600732）	-472635597	-1187956267	-1486610348	-1959877263
物产中大（600704）	-1126415831	-1831296977	-2791668340	309667857
电子城（600658）	-54481931	-150177860	-189566149	-280634594
皇庭国际（000056）	-4539152	-4307251	-4440314	56798852
福星股份（000926）	-7152091	-10786498	-21830499	-12757717
福瑞达（600223）	2999619738	2992937416	3033931470	2992686156
空港股份（600463）	-516711	-1150156	-1413076	-1840748
粤宏远 A（000573）	98347631	190468832	221218595	271483798
纳思达（002180）	259556750	859531942	354374792	-2028495644

7-17 续表 3 单位：元人民币

企业简称	2024 年第一季度	2024 年第二季度	2024 年第三季度	2024 年第四季度
绿地控股（600606）	546922876	-823208396	-1285698965	-1376940628
苏宁环球（000718）	-1470206	118478467	147228046	123124081
苏州高新（600736）	-1300501521	-1797931578	-3676538686	-4042531577
荣丰控股（000668）	25542385	24354018	24303746	25321877
荣安地产（000517）	7627920	5754345	4353633	-47394004
荣盛发展（002146）	-39283801	-45920079	-46187340	-64118363
莱茵体育（000558）	-42541677	-48137745	-37857828	-50024101
葛洲坝（600068）	-4900123224	-11346516176	--	-19027753255
财信发展（000838）	-403001	-2005435	-2349260	-8017018
软控股份（002073）	-270680642	-842369779	-898103401	-622279137
迪马股份（600565）	24661032	17921312	--	6287969
退市中房（600890）	--	4480000	--	4620000
退市华业（600240）	--	4000000	4000000	--
退市美都（600175）	--	-1514084	--	-8454976
金地集团（600383）	163689810	1740129297	2862193018	2461762705
金科股份（000656）	7746961	-50450007	-348837592	-641924599
金融街（000402）	7119575	150555618	285338004	-308998812
金隅集团（601992）	-1242936430	-1881911890	-3394771815	-2008688386
长春经开（600215）	-1393449	-41641602	-116080635	169152930
闻泰科技（600745）	-72472730	-750423167	-842019919	-1561781375
阳光股份（000608）	-6306190	-8406190	-9443530	-52300183
陆家嘴（600663）	683959186	536238307	-157283735	4081317921
雅戈尔（600177）	732011096	1409500968	2114052684	2217889713
顺丰控股（002352）	-8130095000	-15444553000	-23545605000	-12054744000
顺发恒业（000631）	-233384	337927904	309287623	-233427624
首开股份（600376）	241709756	-1167521922	-697177684	-443132425
香江控股（600162）	-38585150	87869752	78257331	82473707
黑牡丹（600510）	-10406962	33843292	-42396687	222469071
*ST 中天（000540）	--	-346596752	--	1724273784
*ST 中迪（000609）	4004000	3999978	3999978	5982341
*ST 嘉凯（000918）	--	12095204	--	28859956
*ST 宋都（600077）	--	-11936588	--	62682719
*ST 新联（000620）	-1170451	-4194709	6193296	85310067
*ST 泛海（000046）	155692365	-16458480	-105954715	-132989814
*ST 绿景（000502）	--	-628244	--	-3775589

7–17　续表 4　　单位：元人民币

企业简称	2024 年第一季度	2024 年第二季度	2024 年第三季度	2024 年第四季度
*ST 蓝光（600466）	–21811044	–18864427	–16572796	–52532399
ST 泰禾（000732）	5254611	–75830306	–97736865	–103189368
ST 海投（000616）	--	6072217	--	10916058
ST 粤泰（600393）	--	18000000	--	18154300
ST 美置（000667）	--	25006307	--	8995585
ST 阳光城（000671）	--	77276567	--	–61698143

数据来源：企业公告。

7-18a　2024 年香港上市房企投资活动产生的现金流量净额（港币）

单位：元港币

企业简称	2024 年第二季度	2024 年第四季度
上实城市开发（00563）	-374511000	-493262000
上海证大（00755）	-147000	-36802000
中渝置地（01224）	144311000	312616000
九龙仓集团（00004）	-721000000	-2587000000
五矿地产（00230）	70034000	291694000
信和置业（00083）	-2329045536	-6856000000
华南城（01668）	-513477000	727245000
合生创展集团（00754）	2822473000	4617862000
嘉华国际（00173）	1099816000	40687000
嘉里建设（00683）	-4157000000	-5398000000
天安（00028）	-388329000	-186134000
廖创兴企业（00194）	-92273000	-79349000
恒基地产（00012）	-1064000000	-1868000000
恒隆地产（00101）	-1461000000	-3173000000
新世界发展（00017）	-4735400000	6487800000
新鸿基地产（00016）	-5199000000	-9613000000
汤臣集团（00258）	75040000	144106000
沿海家园（01124）	234000	107031000
深圳控股（00604）	-446419000	-1392881000
渝太地产（00075）	2112000	-83239000
百仕达控股（01168）	113542000	1211845000
莱蒙国际（03688）	2139000	129724000
路劲（01098）	5092119000	4657249000
长实集团（01113）	-3269000000	-4451000000
香港兴业国际（00480）	-224800000	-259100000

数据来源：企业公告。

7-18b　2024年香港上市房企投资活动产生的现金流量净额（人民币）

单位：元人民币

企业简称	2024年第二季度	2024年第四季度
SOHO中国（00410）	74679000	-154201000
三巽集团（06611）	722000	--
上置集团（01207）	49559000	--
世茂集团（00813）	672008000	-368535000
中信股份（00267）	19849000000	-106175000000
中国奥园（03883）	810479000	341544000
中国新城市（01321）	-119191000	-410662000
中国海外发展（00688）	-3356943000	1841835000
中国海外宏洋集团（00081）	-113811000	187072000
中国金茂（00817）	-4191220000	1010528000
中梁控股（02772）	749136000	3522409000
中电光谷（00798）	--	15890000
中骏集团控股（01966）	589400000	429413000
亿达中国（03639）	105559000	92455000
众安集团（00672）	28011000	475121000
佳兆业集团（01638）	-261095000	982513000
保利置业集团（00119）	-804247000	-553335000
力高集团（01622）	78291000	498394000
北大资源（00618）	-77914000	-124678000
华润置地（01109）	-8120457000	-22421085000
合景泰富集团（01813）	36260000	-55020000
复星国际（00656）	2594499000	-126967000
天誉置业（00059）	-426000	--
宝龙地产（01238）	-82474000	-274887000
富力地产（02777）	1446323000	885380000
小米集团-W（01810）	2709078000	-35386391000
建业地产（00832）	-27743000	262497000
弘阳地产（01996）	487639000	1158019000
恒盛地产（00845）	-3044000	--
旭辉控股集团（00884）	284326000	-626968000
时代中国控股（01233）	-54006000	-467365000
明发集团（00846）	89269000	984532000
景瑞控股（01862）	117540000	125905000
朗诗绿色管理（00106）	-191891000	717937000
正荣地产（06158）	1153000	14986000
港龙中国地产（06968）	-16575000	-614101000

7-18b 续表 1

单位：元人民币

企业简称	2024 年第二季度	2024 年第四季度
瑞安房地产（00272）	1343000000	2568000000
碧桂园（02007）	2432000000	6052000000
禹洲集团（01628）	−921481000	3400257000
绿城中国（03900）	−12915083000	−14417689000
绿景中国地产（00095）	608471000	1077150000
美的置业（03990）	49110000	−14252957000
花样年控股（01777）	334533000	283424000
融信中国（03301）	495692000	570963000
融创中国（01918）	1090060000	3768420000
越秀地产股权（00123）	−5675201000	−4268578000
远洋集团（03377）	291646000	3487693000
金轮天地控股（01232）	136325000	15400000
金辉控股（09993）	−213605000	−34044000
阳光 100 中国（02608）	5504000	575072000
雅居乐集团（03383）	459498000	−546410000
领地控股（06999）	723264000	1530895000
龙光集团（03380）	180593000	1046038000
龙湖集团（00960）	−6128786000	−11601599000

数据来源：企业公告。

7-19　2024年沪深上市房企筹资活动产生的现金流量净额

单位：元人民币

企业简称	2024年第一季度	2024年第二季度	2024年第三季度	2024年第四季度
万业企业（600641）	188701148	-34522677	-111968406	-164810391
万泽股份（000534）	28323320	114805608	289621583	469302285
万科A（000002）	-8944582701	-6858569321	-20405847984	-27672998605
万通发展（600246）	-37323594	-70748910	-96303960	-197030921
三湘印象（000863）	-197317843	-223101072	-336689375	-387731444
上实发展（600748）	1257192972	388042238	310244424	1233040879
上海临港（600848）	3723093990	3515616765	5168196064	3590936800
世荣兆业（002016）	87650134	91138808	350896946	479514371
东旭蓝天（000040）	-57924225	-172962490	-328829506	--
东望时代（600052）	-17573289	-36192626	-72913834	-72565954
东湖高新（600133）	-375910055	-1074120302	-836997547	-794309700
东百集团（600693）	-79328639	-24900419	72942992	222525949
中华企业（600675）	-154512439	-3923733114	-4465168079	-3029149653
中南建设（000961）	-600692918	-1365658706	--	-1600254068
中原高速（600020）	359582278	64778989	261582371	816076283
中国中冶（601618）	36669904000	31704769000	25562222000	11059823000
中国中铁（601390）	36071534000	50808970000	69481030000	57394762000
中国宝安（000009）	2391801952	1998568101	2179551748	1401230264
中国平安（601318）	-12022000000	-155035000000	-198668000000	30951000000
中国武夷（000797）	310242324	357421267	619900336	692691675
中国电建（601669）	70779234085	81530325420	100029366161	48703053243
中国铁建（601186）	43496575000	95331937000	116773433000	94758261000
中洲控股（000042）	-150357868	-621235633	-1730750174	-2875139577
中航高科（600862）	-3039266	-168861761	-173682685	-118718953
云南城投（600239）	648140482	458503948	269070187	-29933743
亚泰集团（600881）	310197854	-331912927	-106782176	-689968441
亚通股份（600692）	10696683	-12281610	-38985966	-77211149
京东方A（000725）	-3654112838	-3824920788	-8217634394	-5517378990
京投发展（600683）	375426765	-116494195	-353419346	338594620
京能置业（600791）	66433369	2236965187	2114400310	1931577221
保利发展（600048）	15899237661	15987200449	-3836352466	-18989638358
信达地产（600657）	-1070619955	-4302940247	-3106321021	-5030671508
光大嘉宝（600622）	107924076	-541308639	-1082996763	-946220080
光明地产（600708）	1085519766	913587039	734390861	-1689774538

7-19 续表 1 单位：元人民币

企业简称	2024 年第一季度	2024 年第二季度	2024 年第三季度	2024 年第四季度
冠城大通（600067）	-222087091	-403617618	-1509075473	-1553029962
凤凰股份（600716）	-66190029	-293809004	-555497412	-589290071
北汽蓝谷（600733）	-308382666	-257185041	-182751194	7428716268
北辰实业（601588）	-678275733	-1372977508	-1512932165	-2666167944
华丽家族（600503）	-554808	2836032	202836032	198004382
华侨城 A（000069）	2634041734	438292578	-8685594292	-13350773157
华发股份（600325）	6893287525	6158820396	-432597024	-5419346201
华夏幸福（600340）	-609767369	-1086412116	-1348801757	-1999643219
华远地产（600743）	1869079366	-61580362	161067194	-55597068
华鑫股份（600621）	-372251152	-1489311649	-1820090901	622878867
卓朗科技（600225）	184863490	-5764907	52123545	153822873
南京公用（000421）	368131456	-287644438	160308041	19593411
南京高科（600064）	250410417	26415124	-271761410	-1168657627
南山控股（002314）	514227809	-186354176	2846491593	908879275
卧龙地产（600173）	-35884722	255586404	45524923	382643021
厦门银行（601187）	1784514000	1245611447	2963493000	8986909082
合肥城建（002208）	397842658	77985169	85563412	2153660056
圆通速递（600233）	51510598	-1040708076	-752777118	10377149
城建发展（600266）	-707284902	-4157595537	-6305522959	-7804384416
城投控股（600649）	-441662226	-1750185248	-3741548779	-1117318677
外高桥（600648）	2115197226	1212177690	1018623698	1625860898
大东方（600327）	-21546491	-81825312	-166268423	-238475038
大名城（600094）	-137796041	-306760458	-538672811	-1023540991
大悦城（000031）	1362057305	-1622296142	-6921774315	-9314361187
天保基建（000965）	421637055	743927624	583050921	29297578
天健集团（000090）	48163329	120665898	-1495194316	-1553199889
天地源（600665）	1832589594	28143195	-399595873	-371082593
学大教育（000526）	-92778445	-96568653	-156433262	-270480296
安徽建工（600502）	1732453695	4201184466	7299338529	11051757910
宝鹰股份（002047）	299540226	171600311	172352605	556623656
小商品城（600415）	-671128806	-738900348	-2427675050	-3095033333
山子股份（000981）	-20139712	-1191939702	-1119747445	-1316998634
川投能源（600674）	404070389	349608631	-1210573327	-1209051358
市北高新（600604）	18961331	-88089469	-157499030	-73267099
广宇集团（002133）	-94682601	-515108164	-820909380	-1196814595

7-19　续表 2　　　　单位：元人民币

企业简称	2024 年第一季度	2024 年第二季度	2024 年第三季度	2024 年第四季度
开立医疗（300633）	226745800	190320323	160114194	82237109
张江高科（600895）	2176212723	3027500763	2926441138	3315792325
招商蛇口（001979）	6272749884	−7469752181	−18788261822	−23405376766
新光退（002147）	--	−19438116	--	−16014678
新城控股（601155）	−1521543432	−3424846189	−4849969690	−9088320432
新湖中宝（600208）	148642605	−612731883	−2568369487	−3849821600
新黄浦（600638）	−71875512	−200512864	−306716194	−548892616
杉杉股份（600884）	1358265759	221878127	−1354679247	−2174015032
栖霞建设（600533）	83189712	−548799076	−598829888	−884610376
格力地产（600185）	−464502702	−413980724	−722875574	−956751303
格力电器（000651）	10356125663	10188437350	−3025795000	−23703212908
武商集团（000501）	258228926	−227579130	−283096814	−1268767749
沙河股份（000014）	−1485420	−55088655	−56409915	−57731175
津投城开（600322）	222544267	359008842	401971997	−743726729
津滨发展（000897）	−9846	−17705803	−17715163	−21973266
济南高新（600807）	−33761716	−57613110	−95902076	−122535519
浦东金桥（600639）	2786491591	3514547776	3131043634	3493898870
海宁皮城（002344）	458266774	−2505976	113030725	166826773
海航控股（600221）	−2500256000	−4819676000	−7925855000	−13973494000
深康佳 A（000016）	1101905265	−548853898	−2088444824	−3042920715
深振业 A（000006）	−4077397	−749112224	−1275123396	−1900048046
深深房 A（000029）	−2130697	−103884506	−104983340	−121250684
深物业 A（000011）	246352770	−126125136	189441247	312367653
渝开发（000514）	38935729	404009330	23693233	−81864025
滨江集团（002244）	−337813808	−1715398664	−1515948713	−1283001980
爱旭股份（600732）	2353828885	4956053196	5877555210	5462416735
物产中大（600704）	15505419456	11397801953	6713111871	−2776598896
电子城（600658）	678522589	134706236	401679961	314237559
皇庭国际（000056）	−46202815	−125789399	−357037255	−448892029
福星股份（000926）	−18678351	−312920513	−531731333	−1037992461
福瑞达（600223）	−1534251587	−1714715756	−1955777620	−2105535393
空港股份（600463）	17726242	−13188996	−38614566	−70045060
粤宏远 A（000573）	−54444208	−127178062	−92473553	−93954861
纳思达（002180）	106116313	−2342441627	−2878375749	−3453162262

7-19 续表 3 单位：元人民币

企业简称	2024 年第一季度	2024 年第二季度	2024 年第三季度	2024 年第四季度
绿地控股（600606）	−704264614	1468224416	1625625966	−2128896154
苏宁环球（000718）	−56509814	−48671521	−274388490	−501150285
苏州高新（600736）	1769273995	3435544232	4083117832	4393866523
荣丰控股（000668）	−11558004	−27970634	9882296	−33948203
荣安地产（000517）	−614457139	−1687701103	−3108314140	−3862971357
荣盛发展（002146）	−266960324	−673330009	−1055671004	−1344475393
莱茵体育（000558）	−8050912	−21176975	91008422	292738831
葛洲坝（600068）	14048638453	17888636587	--	11383212581
财信发展（000838）	−85306562	−113777238	−162924228	−199939214
软控股份（002073）	510856870	9538245	−279104796	−323874422
迪马股份（600565）	−325673301	−515077464	--	−900258509
退市华业（600240）	--	−1869697	−1869697	--
退市美都（600175）	--	2000000	--	2000000
金地集团（600383）	−4500308596	−13100584068	−18209147285	−23584480116
金科股份（000656）	−475716671	−919744667	−1271402692	−1401286236
金融街（000402）	−996961124	−2425675287	−6183083452	−6616700399
金隅集团（601992）	7598587250	4167351299	10797054182	8413901372
长春经开（600215）	−54749940	6458697	59251780	18069498
闻泰科技（600745）	−936505923	−1235334563	−1164491702	−572488843
阳光股份（000608）	−21160883	−39057288	−71776077	−161519453
陆家嘴（600663）	−6117027107	−5740345708	−8071046370	−8669599040
雅戈尔（600177）	1227019014	−6299639497	−7576749390	−8764064562
顺丰控股（002352）	3641197000	−6181865000	−18163634000	−27979113000
顺发恒业（000631）	312461952	312276952	93280220	92922238
首开股份（600376）	−310989750	−1843006182	−5112926602	−10197954125
香江控股（600162）	−97859212	−194399948	−410635391	−616067270
黑牡丹（600510）	−295215671	21765061	385068080	−1095981231
*ST 中天（000540）	--	−82065131	--	−147238054
*ST 中迪（000609）	114400	−3402157	−13570378	−31623755
*ST 嘉凯（000918）	--	−35306883	--	−58699535
*ST 宋都（600077）	--	−171611639	--	−138178831
*ST 新联（000620）	215034346	204164174	263723101	290191564
*ST 泛海（000046）	−48885194	−57999364	−73116210	−88368242
*ST 绿景（000502）	--	0	--	0
*ST 蓝光（600466）	−76957452	−195487796	−216107109	−254204388

7–19　续表 4　　　　单位：元人民币

企业简称	2024 年第一季度	2024 年第二季度	2024 年第三季度	2024 年第四季度
ST 泰禾（000732）	15952376	–4188606	–77613681	–522012966
ST 海投（000616）	--	–406234	--	–884907
ST 粤泰（600393）	--	–18416659	--	–35114399
ST 美置（000667）	--	–6760591	--	–19366702
ST 阳光城（000671）	--	–579269137	--	–1751280107

数据来源：企业公告。

7-20a 2024年香港上市房企筹资活动产生的现金流量净额（港币）

单位：元港币

企业简称	2024年第二季度	2024年第四季度
上实城市开发（00563）	63036000	-794216000
上海证大（00755）	-27266000	-34221000
中渝置地（01224）	-1007040000	-905731000
九龙仓集团（00004）	-725000000	-3720000000
五矿地产（00230）	-1477385000	-1863396000
信和置业（00083）	-1771200134	-1403000000
华南城（01668）	-2118563000	-1425452000
合生创展集团（00754）	-1732577000	-16021416000
嘉华国际（00173）	-1474260000	-1807416000
嘉里建设（00683）	4427073000	2089000000
天安（00028）	-617689000	-1376094000
廖创兴企业（00194）	881277000	656263000
恒基地产（00012）	-16322000000	-21199000000
恒隆地产（00101）	603000000	3205000000
新世界发展（00017）	-18925900000	-31807900000
新鸿基地产（00016）	-995000000	-13109000000
汤臣集团（00258）	629758000	669384000
沿海家园（01124）	-80895000	-64145000
深圳控股（00604）	-1280457000	-1818632000
渝太地产（00075）	1063169000	2044009000
百仕达控股（01168）	26075000	-1176360000
莱蒙国际（03688）	-342641000	-953626000
路劲（01098）	-3727861000	-7993788000
长实集团（01113）	-7564000000	-13639000000
香港兴业国际（00480）	-1149300000	-1573900000

数据来源：企业公告。

7-20b　2024 年香港上市房企筹资活动产生的现金流量净额（人民币）

单位：元人民币

企业简称	2024 年第二季度	2024 年第四季度
SOHO 中国（00410）	-186031000	-340973000
三巽集团（06611）	-55865000	--
上置集团（01207）	-36425000	--
世茂集团（00813）	-1020670000	-3236445000
中信股份（00267）	232749000000	193822000000
中国奥园（03883）	-1077015000	-1175533000
中国新城市（01321）	-130927000	-23413000
中国海外发展（00688）	-5482522000	-29797430000
中国海外宏洋集团（00081）	-3348355000	-7547567000
中国金茂（00817）	10704049000	2501556000
中梁控股（02772）	-1053146000	-4523475000
中电光谷（00798）	409200000	-316137000
中骏集团控股（01966）	-534920000	-1242741000
亿达中国（03639）	-225481000	-426014000
众安集团（00672）	-595079000	-1989134000
佳兆业集团（01638）	351647000	-1133699000
保利置业集团（00119）	27014000	-3600957000
力高集团（01622）	-62429000	-242318000
北大资源（00618）	33977000	442454000
华润置地（01109）	12217635000	-5691748000
合景泰富集团（01813）	-1511775000	-2508787000
复星国际（00656）	3792073000	-14269049000
天誉置业（00059）	-13042000	--
宝龙地产（01238）	-2008085000	-3071211000
富力地产（02777）	-136917000	-320331000
小米集团 -W（01810）	455300000	-3998976000
建业地产（00832）	-93744000	1987564000
弘阳地产（01996）	-936066000	-1136018000
恒盛地产（00845）	7403000	--
旭辉控股集团（00884）	-7004865000	-7360018000
时代中国控股（01233）	-770651000	-1764625000
明发集团（00846）	-806270000	-2790978000
景瑞控股（01862）	-183818000	-288760000
朗诗绿色管理（00106）	-22630000	-338557000
正荣地产（06158）	-332246000	-868266000
港龙中国地产（06968）	-387500000	-140118000

7-20b　续表 1

单位：元人民币

企业简称	2024 年第二季度	2024 年第四季度
瑞安房地产（00272）	14000000	−3912000000
碧桂园（02007）	−2670000000	−3529000000
禹洲集团（01628）	−1807327000	−2966543000
绿城中国（03900）	−2068112000	−15166596000
绿景中国地产（00095）	−1282198000	−4465257000
美的置业（03990）	−2324340000	−6045000
花样年控股（01777）	−43823000	−28818000
融信中国（03301）	−2686417000	−1405732000
融创中国（01918）	−2892708000	−9115710000
越秀地产股权（00123）	−4147345000	−17121411000
远洋集团（03377）	−744587000	−2542292000
金轮天地控股（01232）	−210309000	−111414000
金辉控股（09993）	−3559262000	−5947559000
阳光 100 中国（02608）	−11416000	−289417000
雅居乐集团（03383）	−3532416000	−5228828000
领地控股（06999）	−412258000	−1796179000
龙光集团（03380）	−2932121000	−4776899000
龙湖集团（00960）	−10280099000	−29416849000

数据来源：企业公告。

7-21　2024年中国房地产企业权益拿地金额TOP100

排名	企业全称	权益拿地金额（亿元）
1	中国海外发展有限公司	687.97
2	保利发展控股集团股份有限公司	583.46
3	华润置地有限公司	543.00
4	绿城中国控股有限公司	529.00
5	建发房地产集团有限公司	405.73
6	招商局蛇口工业区控股股份有限公司	285.15
7	杭州滨江房产集团股份有限公司	219.35
8	中国建筑第三工程局有限公司	210.31
9	越秀地产股份有限公司	188.54
10	中国金茂控股集团有限公司	187.36
11	盐城城投地产集团有限公司	152.79
12	合肥市轨道交通集团有限公司	138.33
13	合肥城建投资控股有限公司	132.27
14	中国铁建股份有限公司	127.00
15	中国建筑一局（集团）有限公司	123.44
16	北京海开控股（集团）股份有限公司	121.47
17	四川邦泰置业有限公司	116.74
18	厦门国贸地产集团有限公司	116.56
19	福州城市建设投资集团有限公司	115.73
20	石家庄国控城市发展投资集团有限责任公司	107.67
21	北京金隅集团股份有限公司	105.54
22	象屿地产集团有限公司	99.37
23	泉州城建集团有限公司	96.62
24	湖北省科技投资集团有限公司	89.11
25	南京扬子国资投资集团有限责任公司	85.10
26	中国中铁股份有限公司	83.74
27	北京兴创投资有限公司	82.40
28	深圳市地铁集团有限公司	77.83
29	滁州市城市投资控股集团有限公司	76.56
30	福州左海控股集团有限公司	71.92
31	珠海华发实业股份有限公司	67.75
32	龙湖集团控股有限公司	67.53
33	江苏金坛投资控股有限公司	66.52
34	江苏金坛建设发展有限公司	66.33
35	常州市城市建设（集团）有限公司	65.26
36	宁波江山万里置业有限公司	65.05

7-21 续表 1

排名	企业全称	权益拿地金额（亿元）
37	中国建筑第二工程局有限公司	63.66
38	常州高铁新城投资建设发展有限公司	63.24
39	东阳市城市建设投资集团有限公司	61.15
40	保利置业集团有限公司	58.89
41	北京建工集团有限责任公司	58.82
42	上海中建东孚投资发展有限公司	58.74
43	北京城建投资发展股份有限公司	58.12
44	江苏恒磊建设有限公司	57.51
45	北京住总集团有限责任公司	56.26
46	合肥城建发展股份有限公司	56.01
47	中国建筑第五工程局有限公司	54.61
48	常熟市城市经营投资有限公司	53.97
49	中国旅游集团投资运营有限公司	52.63
50	保定市国控集团有限责任公司	52.51
51	常州市武进城市建设投资有限责任公司	52.16
52	安徽伟星置业有限公司	52.14
53	怡合置业（苏州）有限公司	51.99
54	武汉城市建设集团有限公司	51.77
55	盐城市交通控股集团有限公司	51.47
56	永康市城市建设投资集团有限公司	49.61
57	嘉里建设有限公司	48.94
58	湖南建工集团有限公司	48.62
59	陕西空港城市发展集团有限公司	48.38
60	广东南海控股集团有限公司	47.29
61	万科企业股份有限公司	47.23
62	江苏省宝应城市发展控股有限公司	47.21
63	武汉车谷城市发展集团有限公司	46.15
64	济南高新控股集团有限公司	45.85
65	漳州城投地产集团有限公司	45.55
66	中国海外宏洋集团有限公司	45.21
67	宁波城建投资集团有限公司	44.52
68	南通融通控股集团有限公司	44.26
69	宸嘉发展集团有限公司	43.82
70	北京懋源控股股份有限公司	43.20
71	湖南运达房地产开发有限公司	42.43
72	陕西西咸新区发展集团有限公司	42.06

7-21　续表 2

排名	企业全称	权益拿地金额（亿元）
73	湖北联投集团有限公司	41.88
74	大华（集团）有限公司	41.83
75	济南轨道交通集团有限公司	41.80
76	杭州市钱江新城投资集团有限公司	41.36
77	中能建城市投资发展有限公司	40.80
78	陕西西咸新区沣西发展集团有限公司	40.64
79	镇江城市建设产业集团有限公司	40.61
80	扬州广合国有资本运营集团有限公司	40.39
81	长沙县星城发展集团有限公司	40.10
82	无锡宛湖投资发展有限公司	39.61
83	诸暨市城乡投资集团有限公司	39.33
84	常州东方新城建设集团有限公司	39.28
85	连云港市城建控股集团有限公司	39.17
86	安徽省高速地产集团有限公司	39.07
87	京能置业股份有限公司	38.41
88	陕西建工房地产开发集团有限公司	37.58
89	湖南自由贸易试验区临空产业投资集团有限公司	37.51
90	滕州信华投资集团有限公司	37.41
91	常州市交通产业集团有限公司	37.23
92	无锡和居投资发展有限公司	36.72
93	南通城市建设集团有限公司	36.39
94	安徽涡河置业有限公司	36.02
95	西安经发集团有限责任公司	35.98
96	大悦城控股集团股份有限公司	35.81
97	广州越秀金融城发展有限公司	35.60
98	广东顺控城投置业有限公司	35.34
99	丹阳投资集团有限公司	34.99
100	扬州龙川控股集团有限责任公司	34.68

数据来源：中指数据库。

企业范围：重点监测企业。

7-22 2024年中国房地产企业权益拿地面积TOP100

排名	企业全称	权益拿地面积（万平方米）
1	华润置地有限公司	314.66
2	保利发展控股集团股份有限公司	303.33
3	中国海外发展有限公司	266.80
4	滁州市城市投资控股集团有限公司	260.18
5	长沙县星城发展集团有限公司	252.87
6	绿城中国控股有限公司	238.00
7	兰州新区城市发展投资集团有限公司	234.34
8	中国铁建股份有限公司	230.29
9	湖南自由贸易试验区临空产业投资集团有限公司	223.69
10	石家庄国控城市发展投资集团有限责任公司	223.33
11	安徽涡河置业有限公司	218.74
12	盐城城投地产集团有限公司	216.14
13	陕西建工房地产开发集团有限公司	207.07
14	四川邦泰置业有限公司	206.13
15	保定市国控集团有限责任公司	192.15
16	建发房地产集团有限公司	187.47
17	泉州城建集团有限公司	182.38
18	宜昌高新投资开发有限公司	175.31
19	宜昌城市发展投资集团有限公司	173.46
20	萍乡市赣湘产业园区发展有限公司	169.39
21	平顶山发展投资控股集团有限公司	165.42
22	萍乡市汇平产业投资有限公司	161.55
23	贵州贵安发展集团有限公司	161.46
24	武汉车谷城市发展集团有限公司	160.04
25	丰县城市建设投资集团有限公司	153.59
26	浏阳市城市建设集团有限公司	152.01
27	济南轨道交通集团有限公司	149.38
28	湖北省科技投资集团有限公司	141.17
29	绵阳科技城发展投资（集团）有限公司	140.36
30	德阳发展控股集团有限公司	137.09
31	眉山环天发展有限公司	135.90
32	鄂州市梁子湖区城市建设投资有限公司	135.15
33	宁乡市城市建设投资集团有限公司	133.28
34	武汉城市建设集团有限公司	128.04
35	钦州市滨海新城投资集团有限公司	125.50
36	温州市瓯港城建设发展有限公司	124.39

7–22　续表 1

排名	企业全称	权益拿地面积（万平方米）
37	湖北省金圆投资开发集团有限公司	123.85
38	合肥城建投资控股有限公司	123.71
39	招商局蛇口工业区控股股份有限公司	123.50
40	九江市国有投资控股集团有限公司	122.45
41	乳山市国有资本运营有限公司	121.88
42	河南空港建设发展有限公司	120.44
43	洛阳国金产业投资集团有限公司	119.59
44	江苏金坛建设发展有限公司	119.21
45	中国中铁股份有限公司	119.20
46	江苏金坛投资控股有限公司	119.15
47	大连金普新区产业控股集团有限公司	118.75
48	大连德弘金云建设发展有限公司	118.51
49	抚州市临川区城镇建设开发投资有限公司	118.13
50	孝感市高创投资有限公司	117.77
51	金湖县国有资产经营投资有限责任公司	116.95
52	重庆市涪陵区新城区开发（集团）有限公司	115.80
53	梧州市城建投资发展集团有限公司	113.40
54	江苏吕四港集团有限公司	112.27
55	中牟投资集团有限公司	109.84
56	成都东部集团有限公司	109.51
57	十堰城市运营集团有限公司	109.45
58	周口市投资集团有限公司	109.29
59	广西自贸区钦州港片区开发投资集团有限责任公司	109.03
60	陕西空港城市发展集团有限公司	108.00
61	岳阳市城市建设投资集团有限公司	107.63
62	中国金茂控股集团有限公司	107.43
63	江苏省宝应城市发展控股有限公司	106.81
64	新疆出色环球置业有限公司	106.54
65	鄂州临空集团有限公司	106.13
66	十堰市城市发展控股集团有限公司	105.90
67	丰城发展投资控股集团有限公司	105.09
68	蒙城县城市发展投资控股集团有限公司	103.93
69	启东城投集团有限公司	102.66
70	株洲市城市建设发展集团有限公司	102.63
71	衡阳高新控股集团有限公司	101.84
72	湖北潩川国有资本投资运营集团有限公司	101.72

7–22 续表 2

排名	企业全称	权益拿地面积（万平方米）
73	陕西西咸新区发展集团有限公司	101.36
74	盘州市城兴土地开发有限公司	101.09
75	景德镇市国资运营投资控股集团有限责任公司	100.48
76	沛县城市建设投资发展集团有限公司	100.23
77	南京扬子国资投资集团有限责任公司	100.07
78	湖北联投集团有限公司	99.87
79	京山市京诚投资开发集团有限公司	99.71
80	洛阳云慧置业有限公司	99.51
81	长春市城市发展投资控股（集团）有限公司	98.67
82	漳州城投地产集团有限公司	98.14
83	醴陵市滨城开发建设有限公司	98.05
84	丹阳投资集团有限公司	97.93
85	湖南建工集团有限公司	97.46
86	金乡县鑫源城市更新有限公司	97.28
87	福州城市建设投资集团有限公司	97.13
88	陕西西咸新区沣西发展集团有限公司	96.93
89	济南高新控股集团有限公司	96.90
90	仁寿发展投资集团有限公司	96.87
91	霍尔果斯城市建设投资集团有限公司	96.34
92	江苏润鑫城市投资集团有限公司	96.21
93	滕州信华投资集团有限公司	95.57
94	湖南天岳投资集团有限公司	95.46
95	榆林市榆阳区城市投资经营有限公司	95.16
96	重庆新双圈城市建设开发有限公司	94.53
97	新沂市交通文旅集团有限公司	93.08
98	鄂州市城市发展投资控股集团有限公司	91.43
99	合肥市轨道交通集团有限公司	90.72
100	信阳华银房地产开发有限责任公司	90.60

数据来源：中指数据库。

企业范围：重点监测企业。

7-23　2020—2024 年中国房地产企业发布销售金额排行榜

单位：亿元

排名	企业全称	2020 年	2021 年	2022 年	2023 年	2024 年
1	保利发展控股集团股份有限公司	5028.48	5349.29	4573.01	4222.00	3230.00
2	中国海外发展有限公司	3607.20	3771.73	2948.12	3098.10	3106.90
3	绿城中国控股有限公司	2147.00	3509.00	3003.00	3011.00	2768.00
4	华润置地有限公司	2850.35	3157.60	3013.30	3070.30	2611.00
5	万科企业股份有限公司	7041.50	6277.80	4169.70	3761.20	2460.20
6	招商局蛇口工业区控股股份有限公司	2776.08	3268.34	2926.02	2936.35	2193.02
7	越秀地产股份有限公司	957.63	1151.50	1250.30	1420.30	1145.40
8	杭州滨江房产集团股份有限公司	1363.60	1691.00	1539.00	1534.70	1116.30
9	珠海华发实业股份有限公司	1205.00	1218.90	1202.41	1259.90	1054.44
10	中国金茂控股集团有限公司	2311.00	2356.00	1550.00	1412.00	983.00
11	中国铁建股份有限公司	1265.00	1432.25	1295.63	1213.95	951.45
12	金地（集团）股份有限公司	2426.80	2867.10	2218.00	1535.50	685.10
13	绿地控股集团股份有限公司	3584.00	2902.00	1323.00	1115.00	639.00
14	融创中国控股有限公司	5752.60	5973.60	1693.30	1404.70	612.30
15	保利置业集团有限公司	521.00	566.00	502.00	536.00	542.00
16	碧桂园控股有限公司	5706.60	5580.00	3574.70	--	472.00
17	中国中铁股份有限公司	685.60	580.30	751.90	696.10	434.28
18	新城控股集团股份有限公司	2509.63	2337.75	1160.49	759.83	401.71
19	中国海外宏洋集团有限公司	647.10	712.04	403.16	--	401.10
20	北京首都开发股份有限公司	1074.55	1140.00	870.00	615.33	400.13
21	大悦城控股集团股份有限公司	694.00	727.00	568.00	461.00	369.00
22	远洋集团控股有限公司	1310.40	1362.60	1002.90	505.30	351.60
23	荣盛房地产发展股份有限公司	1270.97	1345.58	288.79	85.28	347.74
24	世茂集团控股有限公司	3003.10	--	--	428.22	340.02
25	雅居乐集团控股有限公司	1381.90	1390.10	652.30	235.98	265.52
26	深圳华侨城股份有限公司	1052.00	824.65	553.00	449.00	263.00
27	金辉控股（集团）有限公司	972.00	947.20	349.07	338.14	243.47
28	北京城建投资发展股份有限公司	138.91	257.11	303.42	326.00	202.72
29	金融街控股股份有限公司	402.00	339.00	315.20	232.20	194.50
30	中梁控股集团有限公司	1688.00	1718.00	660.50	341.30	179.30
31	上海城投控股股份有限公司	105.58	102.72	36.23	82.15	177.33
32	深圳控股有限公司	--	191.00	192.10	265.90	169.70
33	合生创展集团有限公司	358.34	402.73	305.32	325.83	166.29
34	上海证大房地产有限公司	--	--	0.45	--	153.33
35	深圳市中洲投资控股股份有限公司	--	79.48	43.60	91.52	151.07
36	瑞安房地产有限公司	211.84	302.70	272.00	113.96	150.55

7–23 续表 1

单位：亿元

排名	企业全称	2020 年	2021 年	2022 年	2023 年	2024 年
37	北京金隅集团股份有限公司	--	372.97	325.33	232.84	134.70
38	金科地产集团股份有限公司	2233.00	1840.00	681.00	264.00	133.80
39	宝龙地产控股有限公司	815.51	1012.27	409.50	--	127.87
40	新世界发展有限公司	--	154.45	--	151.30	124.82
41	路劲基建有限公司	427.12	515.57	417.10	269.48	122.31
42	嘉里建设有限公司	--	153.76	88.67	130.82	115.39
43	广州富力地产股份有限公司	1387.90	1202.00	384.30	199.50	112.30
44	中骏集团控股有限公司	1015.37	1045.31	590.23	277.75	112.26
45	中国奥园集团股份有限公司	1330.10	--	--	137.12	105.50
46	合景泰富集团控股有限公司	1036.00	1038.00	508.60	252.43	102.01
47	建业地产股份有限公司	--	601.10	241.00	146.90	101.10
48	中国冶金科工股份有限公司	--	163.30	93.30	103.89	98.90
49	上海陆家嘴金融贸易区开发股份有限公司	--	57.60	68.79	172.85	95.51
50	时代中国控股有限公司	1003.81	955.90	397.91	143.46	94.16

数据来源：企业公告。

企业范围：重点监测企业。

7-24　2020—2024年中国房地产企业发布销售面积排行榜

单位：万平方米

排名	企业全称	2020年	2021年	2022年	2023年	2024年
1	万科企业股份有限公司	4667.50	3807.80	2630.00	2466.00	1810.70
2	保利发展控股集团股份有限公司	3409.19	3333.02	2747.95	2386.00	1797.61
3	绿城中国控股有限公司	825.00	1557.00	1380.00	1547.00	1409.00
4	中国海外发展有限公司	1917.31	1890.40	1387.00	1336.00	1149.00
5	华润置地有限公司	1418.73	1755.00	1425.00	1307.00	1134.00
6	招商局蛇口工业区控股股份有限公司	1243.53	1464.67	1193.65	1223.41	935.90
7	中国铁建股份有限公司	865.50	990.58	834.10	749.02	695.10
8	绿地控股集团股份有限公司	--	2327.00	1280.00	--	654.00
9	新城控股集团股份有限公司	2348.85	2354.73	1191.52	968.78	538.82
10	碧桂园控股有限公司	6733.00	6641.00	4450.00	--	492.00
11	金地（集团）股份有限公司	1194.80	1377.00	--	--	471.40
12	越秀地产股份有限公司	379.31	418.00	414.00	445.00	392.00
13	中国海外宏洋集团有限公司	530.34	568.34	372.50	--	348.35
14	世茂集团控股有限公司	1712.56	--	--	294.70	267.50
15	中国中铁股份有限公司	525.40	403.02	541.00	445.80	245.86
16	远洋集团控股有限公司	706.35	767.35	615.40	428.89	229.70
17	雅居乐集团控股有限公司	1025.00	971.90	517.90	213.00	228.00
18	保利置业集团有限公司	283.00	313.80	239.90	225.20	212.10
19	北京首都开发股份有限公司	381.55	393.00	318.00	269.85	205.19
20	金辉控股（集团）有限公司	692.00	579.00	258.59	265.80	191.99
21	深圳华侨城股份有限公司	465.00	398.79	267.00	227.00	173.00
22	中梁控股集团有限公司	1350.60	1427.70	627.10	330.20	168.00
23	大悦城控股集团股份有限公司	312.00	287.00	227.00	223.00	167.00
24	建业地产股份有限公司	--	816.60	355.00	217.60	149.50
25	南京栖霞建设股份有限公司	--	29.00	11.57	13.03	145.11
26	中国奥园集团股份有限公司	--	--	--	130.40	125.20
27	中骏集团控股有限公司	736.78	747.00	491.00	229.00	123.00
28	金融街控股股份有限公司	172.78	175.00	138.90	112.00	121.20
29	宝龙地产控股有限公司	532.73	641.05	272.42	--	115.22
30	安徽建工集团股份有限公司	--	--	54.47	62.58	85.27
31	广州富力地产股份有限公司	1153.09	941.00	285.10	134.48	83.81
32	时代中国控股有限公司	673.10	514.20	247.10	90.49	79.20
33	金科地产集团股份有限公司	2240.00	1966.00	1028.00	864.00	78.96
34	北京金隅集团股份有限公司	194.51	147.84	91.63	113.36	67.20
35	弘阳地产集团有限公司	591.56	516.50	259.84	156.73	64.48
36	融信中国控股有限公司	725.09	734.00	251.00	108.08	62.00

7–24 续表 1

单位：万平方米

排名	企业全称	2020 年	2021 年	2022 年	2023 年	2024 年
37	明发集团（国际）有限公司	129.48	136.48	108.77	85.15	61.59
38	合景泰富集团控股有限公司	--	--	256.70	137.92	61.15
39	中国冶金科工股份有限公司	--	68.40	48.01	63.07	61.00
40	深圳控股有限公司	43.20	67.00	82.00	71.40	60.34
41	路劲基建有限公司	198.00	416.51	--	128.20	59.30
42	领地控股集团有限公司	270.00	270.00	190.00	110.00	58.00
43	光明房地产集团股份有限公司	241.55	229.85	112.23	91.49	55.89
44	佳兆业集团控股有限公司	616.46	566.07	112.24	104.77	55.33
45	禹洲集团控股有限公司	626.46	529.40	201.63	108.81	54.58
46	港龙中国地产集团有限公司	242.70	250.40	99.42	110.90	52.98
47	合肥城建发展股份有限公司	--	77.94	70.32	12.32	51.35
48	龙光集团有限公司	745.20	797.36	275.10	133.86	49.93
49	信达地产股份有限公司	120.20	133.09	89.20	91.57	47.57
50	北京城建投资发展股份有限公司	--	77.63	51.89	73.46	46.71

数据来源：企业公告。

企业范围：重点监测企业。

7–25　2024年中国房地产企业发布销售金额排行榜

单位：亿元

排名	企业全称	1月	2月	3月	4月	5月	6月	7月	8月	9月	10月	11月	12月
1	保利发展控股集团股份有限公司	203	156	270	330	353	420	253	221	209	423	240	150
2	中国海外发展有限公司	105	85	412	218	197	467	132	184	188	416	300	402
3	绿城中国控股有限公司	120	129	283	223	233	277	210	181	216	278	318	146
4	华润置地有限公司	114	92	301	213	207	320	155	152	169	310	258	320
5	万科企业股份有限公司	195	140	245	209	233	251	192	172	174	214	201	233
6	招商局蛇口工业区控股股份有限公司	120	90	192	186	190	231	159	140	144	223	216	302
7	越秀地产股份有限公司	65	38	113	83	101	153	50	100	72	134	100	135
8	龙湖集团控股有限公司	70	58	107	89	87	100	75	46	82	112	85	81
9	中国金茂控股集团有限公司	64	42	70	65	72	133	57	62	70	116	80	153
10	金地（集团）股份有限公司	55	51	61	62	65	66	61	54	52	56	48	53
11	保利置业集团有限公司	33	13	63	56	46	74	56	27	34	86	33	20
12	碧桂园控股有限公司	55	37	43	39	43	43	34	34	36	43	30	34
13	融创中国控股有限公司	38	27	35	125	23	16	14	74	14	73	16	18
14	新城控股集团股份有限公司	37	40	42	37	41	38	35	25	23	26	25	32
15	中国海外宏洋集团有限公司	24	22	34	32	38	41	22	20	31	51	41	46
16	北京首都开发股份有限公司	0	43	28	17	23	41	29	28	40	58	34	59
17	远洋集团控股有限公司	12	8	23	28	24	88	18	21	20	27	37	46
18	世茂集团控股有限公司	21	22	39	26	29	33	27	26	29	31	27	28
19	旭辉控股（集团）有限公司	37	22	42	40	33	29	19	19	20	29	23	24
20	美的置业控股有限公司	0	62	42	32	33	33	30	27	25	--	--	--
21	深圳华侨城股份有限公司	18	9	16	16	17	21	22	23	26	30	34	29
22	中梁控股集团有限公司	20	17	15	14	15	16	14	13	13	16	13	15
23	合生创展集团有限公司	13	6	20	15	17	18	15	14	12	16	11	10
24	雅居乐集团控股有限公司	24	15	14	12	17	8	8	5	18	14	12	8
25	宝龙地产控股有限公司	11	12	15	11	12	11	11	6	6	11	10	11
26	广州富力地产股份有限公司	10	7	11	8	10	12	8	7	8	13	10	10
27	合景泰富集团控股有限公司	8	6	11	10	12	10	8	7	6	8	7	10
28	江苏中南建设集团股份有限公司	15	13	19	17	16	16	--	--	--	--	--	--
29	时代中国控股有限公司	5	3	7	11	10	7	9	6	6	13	9	10
30	弘阳地产集团有限公司	10	9	8	7	7	7	7	6	6	7	6	8
31	建业地产股份有限公司	7	7	5	8	10	10	6	8	7	10	10	--
32	禹洲集团控股有限公司	8	5	9	8	7	6	5	4	5	8	8	7
33	祥生控股（集团）有限公司	59	4	3	3	3	3	2	2	--	--	--	--
34	融信中国控股有限公司	4	5	7	5	5	5	6	11	4	7	8	8
35	正荣地产集团有限公司	6	5	6	6	6	6	5	4	6	6	5	7
36	港龙中国地产集团有限公司	7	5	3	3	4	5	5	5	5	5	4	5

7–25 续表 1

单位：亿元

排名	企业全称	1月	2月	3月	4月	5月	6月	7月	8月	9月	10月	11月	12月
37	银城国际控股有限公司	2	2	2	3	1	3	1	7	2	0	3	5
38	景瑞控股有限公司	2	1	2	2	1	1	3	1	1	3	2	2
39	亿达中国控股有限公司	1	0	1	1	1	1	1	1	2	1	0	1
40	三巽控股集团有限公司	0	0	0	0	0	0	0	0	0	1	0	1
41	上坤地产集团有限公司	1	1	--	--	--	--	--	--	--	--	--	--

数据来源：企业公告。

企业范围：重点监测企业。

7-26　2024年中国房地产企业发布销售面积排行榜

单位：万平方米

排名	企业全称	1月	2月	3月	4月	5月	6月	7月	8月	9月	10月	11月	12月
1	万科企业股份有限公司	125	100	166	164	187	197	146	123	123	144	163	173
2	保利发展控股集团股份有限公司	119	95	153	187	194	206	145	125	125	223	138	86
3	绿城中国控股有限公司	54	72	114	101	109	141	113	104	117	164	174	300
4	中国海外发展有限公司	56	43	104	93	101	147	55	70	95	145	110	130
5	华润置地有限公司	53	46	126	85	88	123	73	74	87	128	120	130
6	招商局蛇口工业区控股股份有限公司	58	38	71	91	79	102	77	57	69	92	83	119
7	龙湖集团控股有限公司	53	38	73	59	69	73	60	37	49	74	55	60
8	中国金茂控股集团有限公司	39	23	34	34	36	81	27	34	39	65	50	120
9	新城控股集团股份有限公司	51	57	57	51	58	53	47	30	28	36	33	38
10	碧桂园控股有限公司	56	37	45	43	44	40	38	35	42	45	33	35
11	金地（集团）股份有限公司	30	27	42	48	50	45	44	37	38	39	31	42
12	越秀地产股份有限公司	23	14	33	32	37	49	21	28	25	47	33	49
13	中国海外宏洋集团有限公司	21	19	31	26	32	36	21	19	26	43	34	39
14	远洋集团控股有限公司	12	9	24	30	25	51	16	18	15	20	35	45
15	旭辉控股（集团）有限公司	31	19	35	30	28	22	17	14	17	24	20	20
16	世茂集团控股有限公司	15	17	30	20	23	26	22	20	23	26	23	22
17	美的置业控股有限公司	0	54	37	29	30	28	29	24	25	--	--	--
18	融创中国控股有限公司	33	32	21	27	16	11	13	14	13	19	14	14
19	保利置业集团有限公司	13	6	15	21	22	35	18	14	15	35	11	8
20	北京首都开发股份有限公司	0	22	14	8	10	19	17	13	22	31	21	28
21	深圳华侨城股份有限公司	11	5	10	10	11	12	14	14	24	24	22	17
22	中梁控股集团有限公司	18	14	14	14	13	18	13	13	11	14	12	14
23	建业地产股份有限公司	11	11	7	11	14	14	9	11	11	16	14	--
24	雅居乐集团控股有限公司	17	11	11	9	12	6	6	4	14	12	9	6
25	宝龙地产控股有限公司	8	9	24	9	10	10	10	6	5	9	8	8
26	广州富力地产股份有限公司	6	5	7	6	7	8	7	7	7	10	6	7
27	江苏中南建设集团股份有限公司	12	12	16	14	12	14	--	--	--	--	--	--
28	时代中国控股有限公司	4	3	5	8	7	7	7	6	5	12	7	10
29	弘阳地产集团有限公司	7	7	6	5	6	5	5	4	4	4	5	7
30	融信中国控股有限公司	4	5	6	5	4	4	5	5	5	6	6	6
31	合景泰富集团控股有限公司	6	6	8	5	8	5	4	4	3	4	3	5
32	祥生控股（集团）有限公司	43	3	2	2	2	2	2	1	--	--	--	--
33	禹洲集团控股有限公司	4	4	6	5	5	4	3	3	4	6	6	5
34	合生创展集团有限公司	5	3	7	5	7	5	3	4	3	5	3	4
35	正荣地产集团有限公司	4	4	4	4	5	4	3	3	4	4	3	5
36	银城国际控股有限公司	1	1	2	2	1	1	1	4	1	0	1	2

7–26 续表 1　　　　单位：万平方米

排名	企业全称	1月	2月	3月	4月	5月	6月	7月	8月	9月	10月	11月	12月
37	景瑞控股有限公司	1	1	1	1	1	1	2	2	1	1	1	1
38	亿达中国控股有限公司	0	0	1	1	1	1	1	0	1	1	0	1
39	三巽控股集团有限公司	0	1	1	0	0	0	0	0	0	2	0	1
40	上坤地产集团有限公司	1	2	--	--	--	--	--	--	--	--	--	--

数据来源：企业公告。

企业范围：重点监测企业。

政策篇

第八章　2024年房地产及相关政策

8-1　2024年宏观经济政策

时间	地区	政策内容	政策来源
3月5日	全国	①要坚持稳中求进、以进促稳、先立后破。稳是大局和基础，各地区各部门要多出有利于稳预期、稳增长、稳就业的政策，谨慎出台收缩性抑制性举措，清理和废止有悖于高质量发展的政策规定。进是方向和动力，该立的要积极主动立起来，该破的要在立的基础上坚决破，特别是要在转方式、调结构、提质量、增效益上积极进取。强化宏观政策逆周期和跨周期调节，继续实施积极的财政政策和稳健的货币政策，加强政策工具创新和协调配合。②增强宏观政策取向一致性。围绕发展大局，加强财政、货币、就业、产业、区域、科技、环保等政策协调配合，把非经济性政策纳入宏观政策取向一致性评估，强化政策统筹，确保同向发力、形成合力。实施政策要强化协同联动、放大组合效应，防止顾此失彼、相互掣肘。研究储备政策要增强前瞻性、丰富工具箱，并留出冗余度，确保一旦需要就能及时推出、有效发挥作用。精准做好政策宣传解读，营造稳定透明可预期的政策环境。③坚持以高质量发展促进高水平安全，以高水平安全保障高质量发展，标本兼治化解房地产、地方债务、中小金融机构等风险，维护经济金融大局稳定。④优化房地产政策，对不同所有制房地产企业合理融资需求要一视同仁给予支持，促进房地产市场平稳健康发展。⑤健全风险防控长效机制。适应新型城镇化发展趋势和房地产市场供求关系变化，加快构建房地产发展新模式。加大保障性住房建设和供给，完善商品房相关基础性制度，满足居民刚性住房需求和多样化改善性住房需求。⑥稳步实施城市更新行动，推进“平急两用”公共基础设施建设和城中村改造，加快完善地下管网，推动解决老旧小区加装电梯、停车等难题，加强无障碍环境、适老化设施建设，打造宜居、智慧、韧性城市。	十四届全国人大二次会议开幕，国务院总理李强作政府工作报告
3月5日	全国	一是促进房地产市场平稳健康发展。压实企业主体责任和城市属地责任，高质量完成保交楼任务。一视同仁满足不同所有制房地产企业的合理融资需求。因城施策用足用好政策工具箱，支持刚性和改善性住房需求。加快推进保障性住房建设。加快构建房地产发展新模式。二是有效防范化解地方债务风险。统筹好地方债务风险化解和稳定发展。建立防范化解地方债务风险长效机制，建立同高质量发展相适应的政府债务管理机制。	国家发改委发布2024年国民经济和社会发展计划草案
4月16日	全国	一季度，各地区、各部门认真贯彻落实党中央、国务院决策部署，加大宏观政策实施力度，政策靠前发力，狠抓落实，推动一季度国民经济持续回升，开局良好。我想用四个关键词来评价一季度的经济运行情况。 第一个关键词是持续回升。今年一季度，国民经济总体上延续了去年以来回升向好态势，生产需求主要指标稳中有升。 第二个关键词是起步平稳。具体从增长、就业、物价、国际收支四大宏观指标来看，一季度经济运行总体稳定、起步平稳。 第三个关键词是稳中有进。国民经济在实现量的合理增长的同时，也实现质的有效提升，高质量发展继续取得新进展。 第四个关键词是开局良好。正是因为经济持续恢复、起步平稳、稳中有进，所以实现了经济良好开局。从经济运行主要指标看，经济运行的稳定性、协调性增强，市场活力增强，市场经营主体信心提升。	国家统计局副局长就2024年一季度国民经济运行情况答记者问

8-1　续表 1

时间	地区	政策内容	政策来源
7 月 15 日	全国	总的来看，上半年国民经济延续恢复向好态势，运行总体平稳、稳中有进，成绩来之不易。 一是从宏观指标看，经济运行总体平稳。从经济增长看，上半年我国国内生产总值 61.7 万亿元，同比增长 5.0%。从就业看，上半年，城镇调查失业率稳中有降，平均值为 5.1%，比上年同期下降 0.2 个百分点。从物价看，上半年，居民消费价格指数（CPI）同比上涨 0.1%，其中二季度上涨 0.3%；核心 CPI 基本稳定，同比上涨 0.7%。从国际收支看，上半年货物进出口总额达 21.2 万亿元，规模创历史同期新高，重点产品出口优势巩固，外汇储备稳定在 3.2 万亿美元以上。 二是从发展质量看，转型升级稳中有进。上半年，产业向“新”向“绿”转型态势更加明显，规模以上高技术制造业增加值占规模以上工业增加值的比重为 15.8%，比一季度提高 0.6 个百分点。规模以上工业水电、核电、风电、太阳能发电量合计同比增长 13.4%，占规模以上工业发电量比重提升；单位 GDP 能耗继续下降。夏收粮油再获丰收，能源安全保障能力和产业链供应链韧性提升，守住了不发生系统性风险的底线。 三是从发展环境看，成绩取得殊为不易。放在全球坐标中观察，我国经济表现依然较好，一季度 GDP 增速快于美国、欧元区、日本等主要经济体，结合二季度国内外形势，预计上半年我国经济增速仍将保持领先，仍是世界经济增长的重要引擎和稳定力量。 综上所述，尽管国内外环境复杂多变，但我国经济运行总体平稳，既有量的增长，更有质的提升，应该说是一份可圈可点、沉甸甸的成绩单。	国家统计局新闻发言人就 2024 年上半年国民经济运行情况答记者问
9 月 26 日	全国	会议强调，要加大财政货币政策逆周期调节力度，保证必要的财政支出，切实做好基层“三保”工作。要发行使用好超长期特别国债和地方政府专项债，更好发挥政府投资带动作用。要降低存款准备金率，实施有力度的降息。要促进房地产市场止跌回稳，对商品房建设要严控增量、优化存量、提高质量，加大“白名单”项目贷款投放力度，支持盘活存量闲置土地。要回应群众关切，调整住房限购政策，降低存量房贷利率，抓紧完善土地、财税、金融等政策，推动构建房地产发展新模式。要努力提振资本市场，大力引导中长期资金入市，打通社保、保险、理财等资金入市堵点。要支持上市公司并购重组，稳步推进公募基金改革，研究出台保护中小投资者的政策措施。	中共中央政治局召开会议，分析研究当前经济形势和经济工作
10 月 18 日	全国	从前三季度的数据来看，经济运行有三个突出的特点。 第一，尽管二季度和三季度的增长略有波动，但是从累计看，国民经济运行稳的总基调没有改变。从增长、就业、通胀、国际收支这四大宏观指标来看，前三季度经济运行是总体平稳的。 第二，高质量发展扎实推进的大趋势没有变。我们现在正处在转型升级的关键阶段，主要任务就是要推动发展方式转型，推动经济向高质量发展迈进。各地区各部门完整、准确、全面贯彻新发展理念，坚定不移推动经济高质量发展，创新、协调、绿色、开放、共享这五个方面的发展都继续取得新的成绩。 第三，9 月份国民经济出现积极变化，多数指标边际改善，经济运行呈现出筑底企稳态势。在一系列政策效应的作用下，尤其是在 9 月下旬中央政治局重要会议召开以后，一揽子增量政策加快推出，这些政策极大增强了市场信心，改善了预期，增强了市场活力。	国家统计局副局长就 2024 年前三季度国民经济运行情况答记者问
12 月 9 日	全国	实施更加积极有为的宏观政策，扩大国内需求，推动科技创新和产业创新融合发展，稳住楼市股市，防范化解重点领域风险和外部冲击。 实施更加积极的财政政策和适度宽松的货币政策，充实完善政策工具箱，加强超常规逆周期调节，打好政策“组合拳”，提高宏观调控的前瞻性、针对性、有效性。	中共中央政治局召开会议，分析研究当前经济形势和经济工作

8–1　续表 2

时间	地区	政策内容	政策来源
12 月 12 日	全国	要实施更加积极的财政政策。提高财政赤字率，确保财政政策持续用力、更加给力。加大财政支出强度，加强重点领域保障。增加发行超长期特别国债，持续支持“两重”项目和“两新”政策实施。增加地方政府专项债券发行使用，扩大投向领域和用作项目资本金范围。 要实施适度宽松的货币政策。发挥好货币政策工具总量和结构双重功能，适时降准降息，保持流动性充裕，使社会融资规模、货币供应量增长同经济增长、价格总水平预期目标相匹配。保持人民币汇率在合理均衡水平上的基本稳定。探索拓展中央银行宏观审慎与金融稳定功能，创新金融工具，维护金融市场稳定。 有效防范化解重点领域风险，牢牢守住不发生系统性风险底线。持续用力推动房地产市场止跌回稳，加力实施城中村和危旧房改造，充分释放刚性和改善性住房需求潜力。合理控制新增房地产用地供应，盘活存量用地和商办用房，推进处置存量商品房工作。推动构建房地产发展新模式，有序搭建相关基础性制度。稳妥处置地方中小金融机构风险。央地协同合力打击非法金融活动。	召开中央经济工作会议，分析当前经济形势，部署 2025 年经济工作
12 月 16 日	全国	指出稳住楼市、持续用力推动房地产市场止跌回稳，需要着重把握好三个方面：一是着力释放需求。二是着力改善供给。三是着力推动转型。	中央财办有关领导解读中央经济工作会议精神

8-2 2024年金融财政政策

时间	地区	政策内容	政策来源
1月5日	全国	稳健的货币政策精准有力。两次下调存款准备金率，保持流动性合理充裕，促进货币信贷总量适度、节奏平稳。两次下调政策利率，带动贷款市场报价利率等市场利率下行，引导商业银行有序降低存量首套房贷利率。强化对科技创新、先进制造、绿色发展等重点领域的精准支持，引导资金更多流向民营小微、乡村振兴等薄弱环节，积极支持房地产市场平稳健康发展。外汇市场和人民币汇率保持基本稳定。 加强对房地产市场运行情况的监测分析。因城施策精准实施好差别化住房信贷政策，满足各类房地产企业合理融资需求，抓好“金融16条”及金融支持保障性住房建设、“平急两用”公共基础设施建设、城中村改造等各项政策落实。	2024年中国人民银行工作会议在京召开
1月24日	全国	坚持稳健的货币政策，落实好灵活适度、精准有效的要求，继续为实体经济稳定增长营造良好的货币金融环境。过去的一年，我们适时强化逆周期调节，两次下调存款准备金率，两次下调政策利率，引导有序降低存量房贷利率，引导金融机构保持信贷总量适度、节奏平稳，取得了较好的成效。2024年，总量方面，将综合运用多种货币政策工具，保持流动性合理充裕，使社会融资规模、货币供应量同经济增长和价格水平预期目标相匹配。在节奏上把握好新增信贷的均衡投放，增强信贷增长的稳定性。结构方面，将不断优化信贷结构，加大对民营企业、小微企业的金融支持，落实好我们不久前发布的金融支持民营经济25条举措，提升金融服务实体经济质效。同时，要注重盘活被低效占用的金融资源，提高存量资金使用效率。价格方面，兼顾内外均衡，促进综合融资成本稳中有降，保持人民币汇率在合理均衡水平上的基本稳定。 有序化解重点领域风险，促使金融风险总体趋向收敛。近年来，一批突出风险点得到有效处置，金融机构经营整体稳健。去年以来，各部门和地方政府采取有效措施，积极化解房地产和地方债务风险。金融机构在金融管理部门的指导下，着力支持房地产企业特别是头部房企的融资渠道稳定。近日，人民银行将联合金融监管总局出台完善经营性物业贷款的有关政策，支持优质房企盘活存量资产，扩大资金使用范围，改善流动性状况。 落实首套房贷利率政策动态调整机制，配合城市政府因城施策调整房贷利率政策下限，优化房贷、消费贷、经营贷等个人贷款的利率关系，支持房地产市场平稳健康发展。 在大湾区实施港澳居民购房支付便利化政策，更好满足港澳居民置业需求。	国务院新闻办公室举行新闻发布会，央行相关领导介绍贯彻落实中央经济工作会议部署、金融服务实体经济高质量发展情况
1月24日	全国	自2024年2月5日起，下调金融机构存款准备金率0.5个百分点（不含已执行5%存款准备金率的金融机构），本次下调后，金融机构加权平均存款准备金率约为7.0%。	中国人民银行决定下调金融机构存款准备金率

8–2　续表 1

时间	地区	政策内容	政策来源
1月25日	全国	坚持把防控风险作为金融工作的永恒主题。稳妥防范化解重点机构、重点领域金融风险，牢牢守住不发生系统性风险底线。坚持市场化、法治化原则，把握好时度效，有序推进中小金融机构改革化险。坚持“两个毫不动摇”，一视同仁满足不同所有制房企合理融资需求，大力支持“平急两用”公共基础设施和城中村改造等“三大工程”建设。积极配合化解存量地方债务风险，严控新增债务。坚持依法合规开展监管，强化机构监管、行为监管、功能监管、穿透式监管、持续监管，推动构建全覆盖、无盲区的金融监管体制机制，切实提高金融监管有效性。 坚持推动金融高质量发展。引导金融机构优化业务结构和增长模式，实现由外延式粗放扩张向内涵精细化管理转变，实现高质量可持续发展。深化金融供给侧结构性改革，不断强化金融机构公司治理，稳步提升经营管理能力，持续建立健全中国特色现代金融企业制度。稳步推进金融领域高水平制度型开放，提升跨境投融资便利化，吸引更多外资金融机构和长期资本来华展业兴业，鼓励中外金融机构加强合作，互利互惠，共同发展。 加快推进城市房地产融资协调机制落地见效。在城市政府牵头协调机制下，按照公正公平的原则，向本行政区域内金融机构推送可以给予融资支持的房地产项目名单。这在我们跟住建部联合发的通知里已经明确。金融机构按照市场化、法治化原则评估协调机制推送的支持对象，对正常开发建设、抵押物充足、资产负债合理、还款来源有保障的项目，要积极满足合理融资需求；对开发建设暂时遇到困难但资金能够平衡的项目，不盲目抽贷、压贷、断贷，要通过存量贷款展期、调整还款安排、新增贷款等方式予以更大力度地支持。近期，我们还将召开相关工作部署会，要求银行尽快行动起来，在城市人民政府牵头协调下，与住建部门一起，因城施策用好政策工具箱，更加精准支持房地产项目合理融资需求。 要继续做好个人住房贷款金融服务。支持各地城市政府和住建部门，因城施策进一步优化首付比例、贷款利率等个人住房贷款政策，指导督促银行更好服务广大人民群众刚性和改善性住房的融资需求。	国务院新闻办公室举行新闻发布会，国家金融监督管理总局相关领导介绍金融服务经济社会高质量发展有关情况
2月8日	全国	稳健的货币政策要灵活适度、精准有效。合理把握债券与信贷两个最大融资市场的关系，准确把握货币信贷供需规律和新特点，引导信贷合理增长、均衡投放，保持流动性合理充裕，保持社会融资规模、货币供应量同经济增长和价格水平预期目标相匹配。加强政策协调配合，有效支持促消费、稳投资、扩内需，保持物价在合理水平。持续深化利率市场化改革，进一步完善贷款市场报价利率形成机制，发挥存款利率市场化调整机制作用，促进社会综合融资成本稳中有降。 因城施策精准实施差别化住房信贷政策，更好支持刚性和改善性住房需求，一视同仁满足不同所有制房地产企业合理融资需求，促进房地产市场平稳健康发展。用好新增的抵押补充再贷款工具，加大对保障性住房建设、“平急两用”公共基础设施建设、城中村改造的金融支持力度，推动加快构建房地产发展新模式。	央行发布2023年第四季度中国货币政策执行报告
2月20日	全国	中国人民银行授权全国银行间同业拆借中心公布，2024年2月20日贷款市场报价利率（LPR）为：1年期LPR为3.45%，5年期以上LPR为3.95%。以上LPR在下一次发布LPR之前有效。	中国人民银行授权全国银行间同业拆借中心公布最新贷款市场报价利率（LPR）

8–2 续表 2

时间	地区	政策内容	政策来源
3 月 6 日	全国	①我们将聚焦人口规模密度大的中心城区和影响面广的关键领域，抓好城市“里子”工程等建设，重点是稳步实施城市更新行动，推进城镇老旧小区改造，推动保障性住房建设，加强城市洪涝治理，加快地下管网等工程建设，打造宜居、韧性、智慧城市。②中国的货币政策工具箱依然丰富，货币政策仍有足够空间。我们在货币政策的调控中，将更加注重平衡好短期与长期、稳增长与防风险、内部均衡和外部均衡的关系，强化逆周期和跨周期调节，着力提振信心、稳定预期、稳定物价，为经济运行发展营造良好的货币金融环境。③我们将把维护价格稳定、推动价格温和回升作为货币政策的重要考量，统筹兼顾银行业资产负债表健康性，继续推动社会综合融资成本稳中有降。④目前，整个中国银行业的存款准备金率平均是 7%，后续仍然有降准空间。我们将综合运用多种货币政策工具，加大逆周期调节力度，保持流动性合理充裕，支持社会融资规模和货币信贷总量稳定增长、均衡投放，实现社会融资规模、广义货币供应量同经济增长和价格水平预期目标相匹配。	十四届全国人大二次会议举行经济主题记者会
3 月 11 日	全国	①当前我国金融风险总体可控。我国银行业保险业运行平稳，尤其主要金融机构经营稳健，可以说，我国金融安全基本盘非常稳固。②在投资方面，我们将加大对国家重大工程、重点项目的资金供给。同时推动落实城市房地产融资协调机制，大力支持保障房等“三大工程”建设。	全国人大代表、国家金融监督管理总局党委书记、局长李云泽在全国两会“部长通道”接受采访
3 月 14 日	全国	①要聚焦保持稳健的货币政策灵活适度、精准有效，综合运用多种货币政策工具，保持流动性合理充裕，促进社会融资规模、货币供应量同经济增长和价格水平预期目标相匹配，加强总量和结构双重调节，持续深化利率市场化改革，促进社会综合融资成本稳中有降。②要聚焦稳妥有效防范化解重点领域风险，做好金融支持地方政府债务风险化解工作，因城施策精准实施好差别化住房信贷政策，满足各类房地产企业合理融资需求。	中国人民银行深入学习贯彻习近平总书记在全国两会期间的重要讲话精神和全国两会精神
3 月 25 日	全国	①中国经济保持回升向好态势，有能力实现全年 5% 左右的预期增长目标。今年以来，货币政策加大逆周期调节力度，政策效果持续显现，未来仍有充足的政策空间和丰富的工具储备。中国人民银行将结合调控形势需要，灵活适度、精准有效实施稳健的货币政策，强化逆周期调节力度，把维护价格稳定、推动价格温和回升作为把握货币政策的重要考量，继续为经济回升向好营造良好的货币金融环境。②中国金融体系运行稳健，金融机构总体健康，风险抵御能力较强。房地产市场已出现一些积极信号，长期健康稳定发展具有坚实的基础，房地产市场波动对金融体系影响有限。中国政府的债务水平在国际上处于中游偏下水平，化解地方政府债务风险的相关政策正在逐步奏效。中国已经构建了行之有效的金融安全网，包括完善金融机构公司治理、加强金融监管、强化处置资源保障、发挥好最后贷款人职能、强化法治保障等。	中国人民银行行长潘功胜出席中国发展高层论坛，就中国经济形势与货币政策、金融稳定、金融开放与国际合作发表讲话
4 月 3 日	全国	①当前外部环境更趋复杂严峻，世界经济增长动能不足，通胀出现高位回落趋势但仍具黏性，发达经济体利率保持高位。我国经济运行延续回升向好态势，高质量发展扎实推进，但仍面临有效需求不足、社会预期偏弱等挑战。要稳中求进、以进促稳、先立后破，不断巩固稳中向好的基础。精准有效实施稳健的货币政策，更加注重做好逆周期调节，更好发挥货币政策工具的总量和结构双重功能，着力扩大内需、提振信心，推动经济良性循环。 ②完善市场化利率形成和传导机制，充实货币政策工具箱，发挥央行政策利率引导作用，释放贷款市场报价利率改革和存款利率市场化调整机制效能，推动企业融资和居民信贷成本稳中有降。 ③因城施策精准实施差别化住房信贷政策，更好支持刚性和改善性住房需求，一视同仁满足不同所有制房地产企业合理融资需求，促进房地产市场平稳健康发展。加大对“市场 + 保障”的住房供应体系的金融支持力度，着力构建房地产发展新模式。落实促进平台经济健康发展的金融政策措施。	中国人民银行货币政策委员会召开 2024 年第一季度例会

8-2 续表3

时间	地区	政策内容	政策来源
4月3日	全国	目前，全国31个省份和新疆生产建设兵团均已建立省级房地产融资协调机制，所有地级及以上城市（不含直辖市）已建立城市房地产融资协调机制，分批提出可以给予融资支持的房地产项目“白名单”并推送给商业银行。据了解，目前这项工作取得积极进展。截至3月31日，各地推送的“白名单”项目中，有1979个项目共获得银行授信4690.3亿元，1247个项目已获得贷款发放1554.1亿元。	住建部表态我国地级及以上城市已建立城市房地产融资协调机制
4月12日	全国	推动债券和不动产投资信托基金（REITs）市场高质量发展。稳慎有序发展期货和衍生品市场。	国务院印发《关于加强监管防范风险推动资本市场高质量发展的若干意见》
4月25日	全国	村民委员会、村民小组按照农村集体产权制度改革要求，将国有土地使用权、地上的建筑物及其附着物转移、变更到农村集体经济组织名下的，暂不征收土地增值税。	财政部、税务总局近日发布《关于农村集体产权制度改革土地增值税政策的公告》
5月10日	全国	房地产市场供求关系发生重大转变，地方债务风险防控加强，过去靠房地产、地方融资平台等债务驱动的经济增长模式难以持续。 因城施策调整首套房贷利率下限。发挥新发放首套房贷利率政策动态调整机制的作用，引导新发放房贷利率下行。截至3月末，全国343个城市（地级及以上）中，75个下调了首套房贷利率下限，64个取消了下限。3月，新发放个人住房贷款利率为3.69%，同比下降0.45个百分点。 因城施策精准实施差别化住房信贷政策，更好支持刚性和改善性住房需求，一视同仁满足不同所有制房地产企业合理融资需求，统筹研究消化存量房产和优化增量住房的政策措施，促进房地产市场平稳健康发展。强化保障性住房、城中村改造、“平急两用”公共基础设施建设资金保障，推动加快构建房地产发展新模式。	央行发布2024年第一季度中国货币政策执行报告
5月27日	全国	要促进金融与房地产良性循环，进一步发挥城市房地产融资协调机制作用，满足房地产项目合理融资需求，大力支持保障性住房等“三大工程”建设。要配合防范化解地方债务风险，指导金融机构按照市场化方式开展债务重组、置换。	金融监管总局召开党委会议，研究部署《防范化解金融风险问责规定（试行）》贯彻落实举措
6月7日	全国	通知要求城市协调机制负责把好“白名单”项目准入关口，“白名单”是合规项目名单，项目要符合五个条件和五项标准。 通知要求金融机构按照市场化、法治化原则，评估“白名单”项目融资需求，独立评审、自主决策。明确一个项目确定一家主办银行负责项目后续融资，主办银行要建立绿色通道，可单列授信额度。金融机构要根据通知制定尽职免责具体实施细则。 城市协调机制要推动“白名单”项目单独建账核算、封闭运作管理，严禁项目资金挪作他用。城市协调机制要优化预售资金管理，合理确定预售资金监管额度。	金融监管总局和住房城乡建设部联合印发《关于进一步发挥城市房地产融资协调机制作用 满足房地产项目合理融资需求的通知》
6月19日	全国	推出房地产支持政策组合，包括降低个人住房贷款最低首付比例、取消个人房贷利率下限、下调公积金贷款利率，并设立保障性住房再贷款，用市场化方式加快推动存量商品房去库存。	中国人民银行行长潘功胜在2024陆家嘴论坛上发表演讲
7月5日	全国	要深刻认识房地产工作的人民性、政治性，认真落实党中央、国务院决策部署，进一步发挥城市房地产融资协调机制作用，齐心协力打好商品住房项目保交房攻坚战。要坚持因城施策，以城市为主体、以项目为中心，分门别类采取有效措施，全力推进在建已售难交付商品房项目处置。要一视同仁支持不同所有制房地产企业符合要求的合规项目，切实保障购房人合法权益，提振房地产市场信心。	金融监管总局党委书记、局长李云泽在徐州市主持召开江苏省重点城市保交房工作座谈会
7月19日	全国	要强化统筹推进，精心研究谋划下一步金融监管工作，稳妥有序推进房地产、地方政府债务、中小金融机构等重点领域风险防控，牢牢守住不发生系统性金融风险的底线，为全面深化改革营造良好金融环境。	金融监管总局党委书记、局长李云泽7月19日主持召开党委（扩大）会议

8-2 续表 4

时间	地区	政策内容	政策来源
7 月 22 日	全国	2024 年 7 月 22 日贷款市场报价利率（LPR）为：1 年期 LPR 为 3.35%，5 年期以上 LPR 为 3.85%。以上 LPR 在下一次发布 LPR 之前有效。1 年期、5 年期以上 LPR 均下调 10BP。	中国人民银行授权全国银行间同业拆借中心公布最新贷款市场报价利率（LPR）
7 月 25 日	全国	7 月 25 日，进行 2000 亿元 1 年期 MLF 操作，中标利率为 2.30%，此前为 2.50%。本月 MLF 两次操作后，当月 MLF 口径净投放 1970 亿元，结束了此前 MLF 连续 4 个月无净投放的趋势。	央行进行 2000 亿元 1 年期 MLF 操作，中标利率为 2.30%
8 月 1 日	全国	扎实做好金融支持融资平台债务风险化解。防范化解房地产金融风险，落实好 3000 亿元保障性住房再贷款政策，促进加快建立租购并举的住房制度。推动建立权责对等、激励相容的风险处置机制，积极稳妥推动存量风险处置。	央行召开 2024 年下半年工作会议
8 月 9 日	全国	充分认识房地产市场供求关系的新变化，顺应人民群众对优质住房的新期待，着力推动已出台金融政策措施落地见效，促进房地产市场平稳健康发展。引导金融机构强化金融保障，加大保障性住房建设和供给，满足工薪群体刚性住房需求，支持城乡居民多样化改善住房需求，加大住房租赁金融支持，推动加快建立租购并举的住房制度，加快构建房地产发展新模式。	央行发布 2024 年第二季度中国货币政策执行报告
9 月 5 日	全国	①中国货币政策将继续坚持以我为主，优先支持国内经济发展，总量上加大逆周期调节力度，灵活运用多种货币政策工具，保持货币信贷总量合理增长。 ②降准降息等政策调整，还是需要观察经济的走势。 ③目前高风险中小银行的数量较峰值已经压降近半。 ④年初降准的政策效果还在持续显现。目前金融机构的平均法定存款准备金率大约为 7%，因此还有一定的空间。	国新办举行“推动高质量发展”系列主题新闻发布会，央行发言
9 月 13 日	全国	中国人民银行将坚持支持性的货币政策立场，为经济回升向好营造良好的货币金融环境。货币政策将更加灵活适度、精准有效，加大调控力度，加快已出台金融政策措施落地见效，着手推出一些增量政策举措，进一步降低企业融资和居民信贷成本，保持流动性合理充裕。把维护价格稳定、推动价格温和回升作为把握货币政策的重要考量，更有针对性地满足合理消费融资需求。持续增强宏观政策协调配合，支持积极的财政政策更好发力见效，着力扩大国内需求，促进消费与投资并重，并更加注重消费，淘汰落后产能，促进产业升级，支持总供给和总需求在更高水平上实现动态平衡。	中国人民银行有关部门负责人解读 8 月金融统计数据
9 月 24 日	全国	一、宏观经济层面：落地降准与降息两项举措。 ①降准：下调存款准备金率 0.5 个百分点，年内还将视市场流动性的状况，择机进一步下调存款准备金率 0.25~0.5 个百分点。 ②降息：下调央行政策利率（7 天期逆回购操作利率）0.2 个百分点，预计调整后会带动 MLF 利率下调约 0.3 个百分点，带动 LPR、存款利率等随之下行 0.2~0.25 个百分点。 二、行业层面：推出五项房地产金融新政策。 ①降低存量房贷利率：预计平均降幅大约在 0.5 个百分点左右。 ②降低二套房首付比例：由当前的 25% 下调到 15%，与首套房比例统一。 ③延长两项房地产金融政策文件的期限：将“金融 16 条”和经营性物业贷款两项政策由 2024 年底延长至 2026 年底。 ④优化保障性住房再贷款政策：将 3000 亿元保障性住房再贷款中央行出资的比例由 60% 提高至 100%。 ⑤支持收购房企存量土地：允许政策性银行、商业银行贷款支持有条件的企业市场化收购房企土地，但政策尚处于研究中，推出可能还需要一些时间。	国新办召开新闻发布会，中国人民银行行长潘功胜、证监会主席吴清、国家金融监督管理总局局长李云泽就稳经济、保地产、提振资本市场三方面内容发表讲话

8-2　续表 5

时间	地区	政策内容	政策来源
9 月 27 日	全国	下调金融机构存款准备金率 0.5 个百分点（不含已执行 5% 存款准备金率的金融机构）。本次下调后，金融机构加权平均存款准备金率约为 6.6%，释放中长期资金约 1 万亿元。 为加大货币政策逆周期调节力度，支持经济稳定增长，从 9 月 27 日起，公开市场 7 天期逆回购操作利率由此前的 1.70% 调整为 1.50%，下调 20BP。公开市场 14 天期逆回购和临时正、逆回购的操作利率继续在公开市场 7 天期逆回购操作利率上加减点确定，加减点幅度保持不变。	央行降准降息
10 月 12 日	全国	①允许专项债券用于土地储备。支持地方政府使用专项债券回收符合条件的闲置存量土地，确有需要的地区也可以用于新增的土地储备项目。 ②支持收购存量房，优化保障性住房供给。主要采取两项支持措施：一项是，用好专项债券来收购存量商品房用作各地的保障性住房。另一项是，继续用好保障性安居工程补助资金，原来这个资金主要是用来支持以新建方式筹集保障性住房的房源，现在我们对支持的方向作出优化调整。 ③优化完善相关税收政策。抓紧研究明确与取消普通住宅和非普通住宅标准相衔接的增值税、土地增值税政策。下一步，还将进一步研究加大支持力度，调整优化相关税收政策，促进房地产市场平稳健康发展。	国新办举行“推动高质量发展”系列主题新闻发布会，财政部发言
10 月 21 日	全国	10 月 21 日，1 年期、5 年期以上 LPR 下调 25BP，降至 3.1%、3.6%。	央行降息
11 月 8 日	全国	增加 6 万亿元地方政府债务限额置换存量隐性债务，新增债务限额全部安排为专项债务限额，一次报批，分三年实施；连续五年每年从新增地方政府专项债券中安排 8000 亿元，用于化债，累计 4 万亿元；2029 年及以后年度到期的棚户区改造隐性债务 2 万亿元，仍按原合同偿还。三项化债政策协同发力，合计可化解地方隐性债务 12 万亿元。 支持房地产市场健康发展的相关税收政策，已按程序报批，近期即将推出。隐性债务置换工作，马上启动。发行特别国债补充国有大型商业银行核心一级资本等工作，正在加快推进中。专项债券支持回收闲置存量土地、新增土地储备，以及收购存量商品房用作保障性住房方面，财政部正在配合相关部门研究制定政策细则，推动加快落地。	十四届全国人大常委会第 12 次会议通过了《国务院关于提请审议增加地方政府债务限额置换存量隐性债务的议案》
11 月 13 日	全国	①对个人购买家庭唯一住房，面积为 140 平方米及以下的，减按 1% 的税率征收契税；面积为 140 平方米以上的，减按 1.5% 的税率征收契税。对个人购买家庭第二套住房，面积为 140 平方米及以下的，减按 1% 的税率征收契税；面积为 140 平方米以上的，减按 2% 的税率征收契税。 ②北京市、上海市、广州市和深圳市，凡取消普通住宅和非普通住宅标准的，取消普通住宅和非普通住宅标准后，与全国其他地区适用统一的个人销售住房增值税政策，对该城市个人将购买 2 年以上（含 2 年）的住房对外销售的，免征增值税。	财政部、税务总局、住建部联合发布《关于促进房地产市场平稳健康发展有关税收政策的公告》
11 月 13 日	全国	将土地增值税预征率下限降低 0.5 个百分点。调整后，除保障性住房外，东部地区省份预征率下限为 1.5%，中部和东北地区省份预征率下限为 1%，西部地区省份预征率下限为 0.5%（地区的划分按照国务院有关文件的规定执行）。	税务总局发布《关于降低土地增值税预征率下限的公告》
12 月 16 日	全国	要实行地方政府专项债券投向领域“负面清单”管理，允许用于土地储备、支持收购存量商品房用作保障性住房，扩大用作项目资本金范围。	国务院常务会议召开，会议对优化完善地方政府专项债券管理机制做出部署

8–2 续表 6

时间	地区	政策内容	政策来源
12 月 24 日	全国	2025 年要重点做好六方面工作，一是支持扩大国内需求；二是支持现代化产业体系建设；三是支持保障和改善民生；四是支持城乡区域融合发展；五是支持生态文明建设；六是支持高水平对外开放。	全国财政工作会议召开
12 月 25 日	全国	国务院办公厅发布关于优化完善地方政府专项债券管理机制的意见。①扩大专项债券用作项目资本金范围，提升可用作项目资本金的专项债券规模上限至 30%；②开展专项债券项目“自审自发”试点，下放专项债券项目审核权限，报经省级政府审核批准后不再报国家发展改革委、财政部审核，可立即组织发行专项债券，试点名单为：北京市、上海市、江苏省、浙江省、安徽省、福建省、山东省、湖南省、广东省、四川省、河北雄安新区。	国务院办公厅发文优化完善地方政府专项债券管理机制

8-3　2024年市场调控监管政策

时间	地区	政策内容	政策来源
1月2日	呼和浩特	①加大住房资源供给。2024年通过集中新建、企业配建和市场购置等方式，筹集公租房2000套、保障性租赁住房3000套。在呼和浩特市无房的青年人、新市民申请租住保障性租赁住房，租金不超过市场价的70%。②加大高校毕业生租购房补贴政策落实力度。③鼓励园区、企业建设员工宿舍、人才公寓等配套设施。对于所有权归属开发区管委会的，按照项目投资额的15%给予补助，最高补助2000万元。	呼和浩特市人民政府印发2024年“五万大学生留呼”专项行动实施方案
1月3日	洛阳	①在2023年1月1日至2024年10月31日期间购买中心城区新建商品房给予契税额20%的财政补贴，三个月内缴清契税的，再额外给予10%的财政补贴。②支持提取住房公积金支付购房首付款。③在中心城区开展买房特惠活动，自2024年1月1日起，新建商品住宅和公寓网签满2000套即开展一期抽奖。④在2023年1月1日至2023年12月31日期间购买中心城区单套建筑面积在144平方米以下新房的购房户，继续享受购房补贴。⑤出售自有住房后1年内重新购买住房的购房户全部退还已缴纳的个人所得税，个人转让满五唯一住房，暂免征收个人所得税，转让购买2年以上（含2年）的，免征增值税。⑥居民家庭（包括借款人、配偶及未成年子女）申请贷款购买商品住房时，家庭成员在中心城区名下无成套住房的，一律按首套住房执行住房信贷政策。购买中心城区建筑面积在80平方米以下公寓的，不作为房屋套数认定依据。⑦首套首付不低于20%，二套及以上不低于30%。⑧支持开展代建团购，团购达成的优惠价格不计入商品房备案价格跌幅比例范围。⑨推进多元化安置，对选择使用“房票”的居民在规定期限内购房的，属地政府可适当提高购房补助标准。⑩推广“带押过户”。	洛阳市人民政府办公室发布关于印发洛阳市进一步促进房地产市场平稳健康发展若干措施的通知
1月4日	南充	①对购买商品住房的重点群体补贴网签合同成交总价的4%，最高不超过4万元。购买车库（车位）的，补贴网签合同成交总价的15%，最高不超过7000元。②支持商业性个人住房贷款转住房公积金个人住房贷款。③符合条件的车位可销售给非本小区业主。④保证金20%，可用见索即付银行保函，一个月内缴纳50%土地款，一年缴清。⑤支持在未缴清土地使用权出让金和城市基础设施配套费的情况下可容缺办理规划许可证和施工许可证。⑥对商品房预售资金实行差异化管理。⑦支持存量商业用地部分调整为住宅用地。⑧优化住宅用地指标，可出让低容积率住宅用地。⑨鼓励属地人民政府在实施年度保障性租赁住房建设时，优先回购库存小户型商品住房、公寓，并直接或经改造后作为保障性租赁住房。支持利用闲置低效商业、办公等非住宅用地建设保障性住房。⑩鼓励采取“以旧换新”“购房券救助”和“现金救助”等模式，通过发放“房票”等方式实施安置。	南充市房地产管理局等多部门发布《南充市进一步促进房地产市场平稳健康发展若干政策措施》
1月4日	广州	①为鼓励被征收人选择“房票安置”，按规定在基础补偿额以外给予被征收人一定的政策性奖励，具体比例由各区自行制定。②房票全市通用，可跨区购买“房源超市”中的房屋。③房票的使用人为被征收人本人及其直系亲属（配偶、父母、子女等直系亲属），其直系亲属使用时需具备广州购房资格。④房票可以转让。被征收人所在户满足拥有一套在广州的住房前提下，允许房票在本项目被征收人间互相转让。房票限转一次。	由广州市规划和自然资源局组织编制的《广州市房票安置实施方案》经广州市政府常务会议审议通过

8–3 续表 1

时间	地区	政策内容	政策来源
1 月 5 日	全国	加大住房租赁开发建设信贷支持力度。支持商业银行向房地产开发企业、工业园区、农村集体经济组织、企事业单位等各类主体依法合规新建、改建长期租赁住房发放住房租赁开发建设贷款。住房租赁开发建设贷款期限一般为 3 年，最长不超过 5 年，租赁住房建设的项目资本金比例应符合国务院关于固定资产投资项目资本金制度相关要求。 满足团体批量购买租赁住房的合理融资需求。住房租赁团体购房贷款的期限最长不超过 30 年，贷款额度原则上不超过物业评估价值的 80%，贷款利率由商业银行综合考虑借款人风险状况、风险缓释措施等因素合理确定。 支持发放住房租赁经营性贷款。住房租赁企业运营自有产权长期租赁住房的，住房租赁经营性贷款的期限最长不超过 20 年，贷款额度原则上不超过物业评估价值的 80%。住房租赁企业依法合规改造工业厂房、商业办公用房、城中村等形成的非自有产权租赁住房，住房租赁经营性贷款的期限最长不超过 5 年，贷款额度原则上不超过贷款期限内应收租金总额的 70%。拓宽住房租赁市场多元化投融资渠道。增强金融机构住房租赁贷款投放能力。拓宽住房租赁企业债券融资渠道。支持发行住房租赁担保债券。稳步发展房地产投资信托基金。引导各类社会资金有序投资住房租赁领域。	央行、金融监管总局联合发布《关于金融支持住房租赁市场发展的意见》
1 月 8 日	佛山	自 2024 年 2 月 1 日起施行，有效期 5 年。被征收人可以选择货币补偿，也可以选择房屋产权调换。具备实施条件的项目，被征收人可选择房票等方式安置。	佛山市印发《佛山市国有土地上房屋征收与补偿办法》
1 月 11 日	浙江	在构建房地产发展新模式方面，浙江将推动房地产市场平稳健康发展，推进商品房预售制度等改革。强化预售许可和资金监管，推进房地产企业信用评价试点，进一步完善预售资金差异化精准化监管机制。探索建立“人、房、地、钱”要素联动机制，完善房地产基础性制度，逐步实现从提高预售条件向现房销售转变，在温州市及其他城市积极稳妥开展现房销售试点。	浙江省召开全省住房和城乡建设工作会议
1 月 11 日	海南	在符合规划条件和充分征求利害关系人同意的前提下，允许利用小区存量土地、拆除后腾退的土地，用于建设配套基础设施、公共服务设施，按有关规定适当增加建筑规模；鼓励小区周边存量土地依法取得土地使用权后，用于配套建设基础设施、公共服务设施。	海南省住房和城乡建设厅发布关于征求《鼓励社会资本参与城镇老旧小区改造工作的意见》（试行）的通知
1 月 11 日	大连	2024 年大连市确定的重点民生实事项目中，头号安居工程是解决工薪家庭、来连留连学生和农民工群体住房难，将在交通便利、公共设施较为齐全的区域，按照保本微利原则，规划建设配售型保障性住房 2170 套。	大连市印发《大连市 2024 年重点民生实事项目》
1 月 12 日	全国	协调机制根据房地产项目的开发建设情况及项目开发企业资质、信用、财务等情况，按照公平公正原则，提出可以给予融资支持的房地产项目名单，向本行政区域内金融机构推送。 金融机构按照市场化、法治化原则评估协调机制推送的支持对象，对正常开发建设、抵押物充足、资产负债合理、还款来源有保障的项目，建立授信绿色通道，优化审批流程、缩短审批时限，积极满足合理融资需求；对开发建设暂时遇到困难但资金基本能够平衡的项目，不盲目抽贷、断贷、压贷，通过存量贷款展期、调整还款安排、新增贷款等方式予以支持。同时，加强贷款资金封闭管理，严防信贷资金被挪用于购地或其他投资。	住房和城乡建设部与金融监管总局联合印发《关于建立城市房地产融资协调机制的通知》
1 月 12 日	南阳	本次活动时间为 2024 年 1 月 15 日至 2024 年 3 月 15 日，共发放购房券 2000 张。线上支付 100 元后即可领取面额 20000 元的电子购房券，在购房成交时可抵扣等值面额购房款，即实际享受 20000 元购房优惠。	南阳市中心城区开展“新春放心购惠民一码通”购房券发放活动

8–3　续表 2

时间	地区	政策内容	政策来源
1 月 16 日	晋江	①新购的一二手房不限售，原限售 5 年的商品住房调整为取得不动产权证满 2 年。②试点部分优质的新出让房地产用地用于建设改善性住房，住房户型面积 144 平方米以上的不少于 50%，其中 180 平方米以上的不少于 30%。③房地产住宅用地招拍挂时不限房价且不限地价。④现房销售项目开发企业可申请延期缴纳城市基础设施配套费。⑤对使用住房公积金贷款购买新出让房地产用地一手现房销售商品住宅的，公积金贷款额度在最高额度基础上上浮 5 万元；购买新出让房地产用地一手现房销售全装修商品住宅的，公积金贷款额度在最高额度基础上上浮 10 万元。	晋江市人民政府办公室印发《关于进一步促进我市房地产市场平稳健康发展的通知》
1 月 17 日	全国	防范化解重点领域风险。统筹化解房地产、地方债务、中小金融机构等风险，坚决守住不发生系统性风险的底线。因城施策用足用好政策工具箱，支持刚性和改善性住房需求。加快推进保障性住房建设、“平急两用”公共基础设施建设和城中村改造。建立防范化解地方债务风险长效机制，优化债务结构。	国家发展改革委党组在《人民日报》撰文
1 月 22 日	乐山	①凡是购买首套新建商品住房的，享受购房补贴 8000 元 / 套。②购买第二套新建商品住房的，享受购房补贴 12000 元 / 套。③对教师、医护工作者、消防员、烈士遗属、因公牺牲军人遗属、病故军人遗属、因公牺牲人民警察家属、现役或退役军人、毕业未满五年的大学毕业生、见义勇为人员、非乐山市户籍人员，以及符合国家规定的二孩及以上家庭购买新建商品住房的，享受购房补贴 5000 元 / 套。④购买车位的购房人给予 2000 元 / 个的现金补贴。每个购房人最多享受 3 个车位补贴。⑤实施阶段性住房公积金“又提又贷”“商转公”政策。⑥全面部署推出不动产“带押过户”新模式。⑦土地款一个月 50%，余款一年内缴清。	乐山市出台《促进房地产市场平稳健康发展十二条措施》
1 月 23 日	泰州	①对买一卖一的购房者给予 3 万 ~8 万元购房补贴。②鼓励住房“组团购”，团购给予 2% 的购房补贴。③购买 200 平方米以上房屋用于爱老护老的购房人，给予 8 万元“孝心购”补贴。④多孩家庭及退役军人补贴购房款总额的 1.5%、2%。⑤首次、二次公积金贷款首付 20%、30%，双职工首次、二次公积金贷款最高额度分别为 100 万元、80 万元、单职工分别 50 万元、40 万元，购买二星级、三星级或超低能耗居住类绿色建筑上浮 10%、20%。支持组合贷款业务。⑥土地款 1 个月 50%，3 个月缴纳至 75%，6 个月内缴清。⑦取消商品住房（含二手住房）转让年限 1 年的限制。⑧商品房预售资金监管额度可按照价格备案时申报的成本总额的 75% 执行。支持保函或保险保单置换监管额度内资金。	泰州市发布《关于优化调整市区房地产政策的通知》
1 月 24 日	徐州	主城区商品住房卖旧换新新政策截止时间调整至 2024 年 12 月 31 日。对购买新建商品住房面积为 90 平方米及以下的，按合同价的 0.8% 补贴；面积为 90 平方米以上按合同价的 1.2% 补贴。	徐州主城区商品住房卖旧换新政策截止时间调整至 2024 年 12 月 31 日
1 月 24 日	连云港	企业、社会团体、群众自行组织一次性（连续 30 天内且完成网签）在连云港市市区（不含赣榆区）团购同一个开发项目商品房的，根据团购总房款（包含车位、储藏室价款）给予一定比例的资金补贴。其中团购价值 2000 万至 5000 万元（不含）的，给予 0.3% 的资金补贴；团购价值 5000 万元至 1 亿元（不含）的，给予 0.5% 的资金补贴；团购价值 1 亿元以上的，给予 0.7% 的资金补贴。鼓励各区在市级补贴政策基础上，根据各自实际对团购群体给予额外补贴。	连云港市住房和城乡建设局和连云港市财政局发布《连云港市市区团购新建商品房补贴实施细则》
1 月 24 日	重庆	①将重庆市个人住房房产税应税住房的计税依据由“房产交易价”调整为“房产交易价的 70%”；②将不同交易价格区间独栋商品住宅和高档住房对应执行的 0.5%、1%、1.2% 三档税率，调整为统一的 0.5% 一档税率；③将试点以来新购独栋商品住宅、高档住房的家庭免税面积由 100 平方米调整为 180 平方米；④应纳税额的计算公式调整为：应纳税额 = 应税建筑面积 × 建筑面积交易单价 ×70%× 税率（其中应税建筑面积是指纳税人应税住房的建筑面积扣除免税面积后的面积）；⑤增加“市政府认为需要减税或者免税的其他情形”的兜底条款。	重庆市人民政府发布了《重庆市人民政府关于修改〈重庆市关于开展对部分个人住房征收房产税改革试点的暂行办法〉和〈重庆市个人住房房产税征收管理实施细则〉的决定》

8-3 续表 3

时间	地区	政策内容	政策来源
1月26日	全国	要深入贯彻落实中央金融工作会议精神，加快推动城市房地产融资协调机制落地见效，更加精准支持房地产项目合理融资需求，促进房地产市场平稳健康发展。 协调机制要发挥好地方政府的牵头协调作用，加强工作统筹，细化政策措施，推动房地产开发企业和金融机构精准对接。要按照公平公正原则，筛选确定可以给予融资支持的房地产项目名单，向本行政区域内金融机构推送。要加强信息共享，及时向相关金融机构提供项目建设运行、预售资金监管等信息。要指导金融机构与房地产开发企业平等协商，按市场化、法治化原则自主决策和实施，保障金融机构合法权益。	金融监管总局召开会议，部署推动落实城市房地产融资协调机制相关工作
1月26日	全国	深入贯彻落实中央经济工作会议精神，加快推动城市房地产融资协调机制落地见效，支持房地产项目开发建设，一视同仁满足不同所有制房地产企业合理融资需求，促进房地产市场平稳健康发展。 建立城市房地产融资协调机制，是贯彻落实党中央、国务院决策部署，一视同仁满足不同所有制房地产企业合理融资需求、促进金融与房地产良性循环的重大举措。地级及以上城市人民政府要切实发挥牵头协调作用，把这一重要机制迅速建立和运转起来，及时研判本地房地产市场形势和房地产融资需求，强化统筹谋划，细化政策措施，搭建政银企沟通平台，推动房地产企业和金融机构精准对接，协调解决好房地产融资中存在的困难和问题。 各地要以项目为对象，抓紧研究提出可以给予融资支持的房地产项目名单，协调本行政区域内金融机构发放贷款，精准有效支持合理融资需求。 适应房地产市场供求关系发生重大变化的新形势，加快构建房地产发展新模式，长短结合、标本兼治，促进房地产市场平稳健康发展。要坚持因城施策、精准施策、一城一策，用好政策工具箱，充分赋予城市房地产调控自主权，各城市可以因地制宜调整房地产政策。要以编制住房发展规划为抓手，完善“保障＋市场”的住房供应体系，建立人、房、地、钱要素联动新机制，健全房屋全生命周期基础性制度，实施保障性住房建设、平急两用公共基础设施建设、城中村改造，打造绿色、低碳、智能、安全好房子。要重拳整治房地产市场秩序，纠治房地产开发、交易、中介、物业等方面乱象，曝光违法违规典型案例，切实维护人民群众合法权益。	住房和城乡建设部召开城市房地产融资协调机制部署会
1月27日	广州	①建立广州市房地产融资协调机制，搭建政银企沟通平台，推动房地产开发企业和金融机构精准对接，提出可以给予融资支持的房地产项目名单，一视同仁满足不同所有制房地产企业合理融资需求。②在限购区域范围内，购买建筑面积120平方米以上（不含120平方米）住房，不纳入限购范围。③在限购区域范围内，居民家庭将自有住房用作租赁住房并办理房屋租赁登记备案手续的，或者在广州市存量房交易系统取得房源信息编码并挂牌计划出售的，购买住房时相应核减家庭住房套数。④对于具备合并不动产权证书条件的房屋，购房人可以申请转移登记业务、合并登记业务一同办理。⑤商服类物业不再限定转让对象。	广州市人民政府办公厅发布《关于进一步优化我市房地产市场平稳健康发展政策措施的通知》

8-3　续表 4

时间	地区	政策内容	政策来源
1月28日	海口	①在海口市的符合条件的单位签订1年以上正式劳动合同且在岗工作的员工，在购买商品住房方面享受本地居民同等待遇。②经认定的高层次人才、柔性引进的高层次人才及外籍“高精尖缺”人才，在购买商品住房方面享受本地居民同等待遇。③公开招录、公开选调、调任、转任到海南省（含中央驻琼单位）的公务员，通过公开招聘或组织调动等形式进入海南省事业单位（含中央驻琼单位）、法定机构的工作人员，在购买商品住房方面享受本地居民同等待遇。④全职引进的院士团队或经认定的“海南省人才团队”成员，在购买商品住房方面享受本地居民同等待遇。⑤实际引进并在海南工作但尚未落户的人才，在海南省累计缴纳12个月及以上个人所得税或社会保险，且家庭成员在海南无住房的，可购买第1套商品住房。在第1套住房合同备案满2年且人才本人在海南省累计缴纳36个月及以上个人所得税或社会保险的，可购买第2套商品住房。⑥本省户籍人才家庭及未落户人才家庭在出售本市原有住房后一年内，在现有住房套数基础上，可在本市换购1套住房。⑦引进人才的父母（含配偶父母）随迁落户后，家庭成员在海南无住房的，可购买1套商品住房。落户满2年后，在购买商品住房方面享受本地居民同等待遇。	海口市住房和城乡建设局发布关于优化人才购房政策的通知
1月29日	辽宁	①完善土地二级市场，建立交易服务平台，为建设用地使用权转让、出租、抵押交易提供高效服务。对盘活停缓建项目，可根据需求，依法调整规划用途、土地使用年限、商业配套比例等规划设计条件。加强存量资产项目推介，创造条件吸引银行、信托、保险、金融资产管理、股权投资基金等机构积极参与盘活存量资产。②降低房地产市场交易成本。对一年内出售自有住房并购买新建商品住房的，可由购房地给予一定额度的购房补贴，卖旧买新时间不分先后。推动各市出台商业银行个人住房贷款转换为住房公积金贷款政策，鼓励采取顺位抵押等方式开展业务。③推进保障性住房建设。建设配售型保障性住房，重点保障住房困难的城镇家庭和引进人才。对在城镇稳定就业的农民工，通过建设筹集配租型和配售型保障性住房实施住房保障。	辽宁省人民政府印发《辽宁省推动经济稳中求进若干政策举措》
1月30日	上海	截至购房之日，在本市连续缴纳社会保险或个人所得税已满5年及以上的非本市户籍居民，可在外环以外区域（崇明区除外）限购1套住房（含新建商品住房和二手住房）。	上海市住房城乡建设管理委、市房屋管理局联合印发《关于优化本市住房限购政策的通知》
2月1日	全国	①全面推进“全程网办”。提升高频事项全程网办率。推广应用电子证书证明。完善信息在线查询服务。②创新项目建设全生命周期登记服务。“交地（房）即交证”。“抵押即交证”。③提高涉企登记服务水平。鼓励设立企业办事专区或企业专窗，为企业办理不动产登记提供“绿色通道”。免收小微企业不动产登记费。	自然资源部、国务院国资委、国家税务总局、国家金融监管总局联合印发《关于进一步提升不动产登记便利度 促进营商环境优化的通知》
2月1日	北京	①完善人才落户、住房等支持政策，更大力度保障各类科技企业引进优秀高校毕业生。②落实好城市更新年度任务，推进地上地面地下空间一体化改造提升，老旧小区综合整治新开工300个、完工200个，老楼加装电梯新开工1000部、完工600部，推进核心区平房整院落退租、完成申请式退租2000户，启动危旧楼房改建20万平方米。③完善租购并举的住房制度，支持刚性和改善性住房需求，着重解决好新市民、青年人等住房问题，推进配售型保障性住房建设，建设筹集保障性租赁住房7万套（间），竣工各类保障性住房8万套（间）。④加强市场监测分析，不断完善房地产市场调控机制，保持房地产融资合理适度，加强房屋租赁市场监管，持续开展“无群租小区”创建试点工作。	北京市人民政府印发《2024年市政府工作报告重点任务清单》

8-3 续表 5

时间	地区	政策内容	政策来源
2月3日	吉林	2024年新春房交会自2024年2月3日至2月25日，展期23天。共有19家企业参展，参展项目共20个，参展房源3090套、参展面积31万平方米。政府层面推出购房补贴、免收不动产登记费、放宽公积金贷款条件等8项政策福利。企业层面推出免1年所购房屋物业费、打折购买家电、赠送家电家装等3项优惠政策。	吉林市举办2024年新春房屋交易展示会
2月6日	北京	具有本市购房资格且符合以下条件之一的家庭，可在通州区购买1套商品住房：①在本市未拥有住房的本市户籍居民家庭。②在本市已拥有1套住房的通州区户籍居民家庭。③在本市已拥有1套住房，与在通州区注册或经营的企业、疏解搬迁至通州区的党政机关、企事业单位存在劳动关系的本市户籍居民家庭。④在本市未拥有住房，与在通州区注册或经营的企业、疏解搬迁至通州区的企事业单位存在劳动关系的非本市户籍居民家庭。	北京市住建委发布关于调整通州区商品住房销售政策的通知
2月7日	深圳	①本市户籍居民家庭（含部分家庭成员为本市户籍居民的家庭）限购2套住房，本市户籍成年单身人士（含离异）限购1套住房；取消落户年限以及缴纳个人所得税、社会保险年限要求。②非本市户籍居民家庭及成年单身人士（含离异）能提供购房之日前3年在本市连续缴纳个人所得税或社会保险证明的，限购1套住房。	深圳市住房和建设局发布关于优化住房限购政策的通知
2月7日	宁德	取消新建商品住房限价，不再执行《宁德市住房和城乡建设局关于进一步加强中心城区房地产市场精准调控的实施意见》（宁建综〔2018〕34号）文件有关新建商品住房销售价格最高限价的规定，自文件印发之日起，除土地拍卖已有约定外，不再对新开盘的新建商品住房销售最高价格进行限价。	宁德市发布取消中心城区新建商品住房限价的政策解读
2月9日	阳江	① 30日内缴纳50%土地款，余额可1年内分期缴纳。②实行“认房不认贷”住房信贷政策。③优化个人住房贷款中住房套数认定标准，农村宅基地、自建房不计入住房套数。④第一次使用公积金贷款，按照首套住房贷款政策执行；如果缴存人家庭首次公积金贷款已结清，且在阳江市名下无住房的，全国范围内第二次使用公积金贷款，可按照首套住房贷款政策执行。⑤全面开展住房公积金异地个人住房贷款业务。⑥实行阶段性购房发放消费券活动。⑦落实个人所得税买一卖一退税优惠政策。⑧“一房一价”由原来按最高价下浮15%调整为可上下浮15%，调整商品房备案价格时间间隔由三个月缩短为两个月。⑨购房人将不低于商品房买卖合同总价20%的首期款存入专用监管账户后，可办理网签。	阳江市住房和城乡建设局就《阳江市关于进一步促进房地产市场平稳健康发展若干措施》（征求意见稿）向社会公开征求意见
2月10日	宿州	①建筑面积90平方米及以下给予5000元/套购房补贴；②建筑面积90平方米以上给予10000元/套购房补贴。	宿州市房产管理服务中心发布《2024年宿州市春节期间购房补贴发放须知》
2月10日	德阳	自2024年1月30日（含）起至2024年2月29日（含）止，对符合条件的补贴对象，财政按所购房屋100元/平方米标准（以网签建筑面积为准）给予一次性补贴。对符合条件且户籍所在地为德阳市的农村户籍居民（若2人及以上共同购房的，至少其中1人为德阳市农村户籍居民），按所购房屋200元/平方米标准（以网签建筑面积为准）给予一次性补贴。补贴政策不重复享受。	德阳市发布《德阳市龙年（2024年）迎新春购房补贴方案》
2月17日	荆门	房展会共有26家房企参与，汇集了中心城区32个主要在售精品楼盘，提供房源8275套。为吸引返乡人口留驻，荆门市针对“非中心城区户籍家庭购房”“高校毕业生购房”“多孩家庭购房”三类人群推出相应补贴政策。对于符合条件的外出务工返乡人员，荆门市还提供公积金贷款支持，鼓励他们通过申请保租房、申请公租房等形式顺利融入荆门，实现安家落户。	荆门市2024年迎新春嘉年华房展会在荆门园博园南门广场开幕

8-3　续表 6

时间	地区	政策内容	政策来源
2 月 19 日	深圳	①着力强化投资与消费协同效应，以高质量民生投资不断激发消费潜能，加大“三大工程”项目挖潜和实施力度，确保完成保障性住房投资 280 亿元以上、城中村改造投资 110 亿元以上、平急两用项目投资 30 亿元以上。②按照“越多越好、越快越好”工作要求和“四跟”（跟着产业园区走、跟着大型机构走、跟着轨道交通走、跟着盘活资源走）发展策略，全年建设筹集保障房 10 万套（间）、供应分配 6.5 万套（间）。按照好房子、好小区的标准，高质量建设各类住房，让人民群众住得更舒心。③坚决扛起城镇建设专班责任，加快实施 375 个重点项目。全年完成 100 个以上老旧小区改造，加装电梯 1000 部。	深圳市高质量发展工作推进会议召开
2 月 20 日	全国	截至 2 月 20 日，29 个省份 214 个城市已建立房地产融资协调机制，分批提出可以给予融资支持的房地产项目“白名单”并推送给商业银行，共涉及 5349 个项目；已有 57 个城市 162 个项目获得银行融资共 294.3 亿元，较春节假期前增加 113 亿元。另据中国银行、建设银行、农业银行、邮储银行和部分股份制银行有关数据，已对“白名单”项目审批贷款 1236 亿元，正在根据项目建设进度需要陆续发放贷款。	住房和城乡建设部召开视频调度会议
2 月 20 日	扬州	①取消限售政策。②在市区出售自有住房并在 1 年内购买新建商品住宅的，或在市区购买新建商品住宅并在 1 年内出售自有住房的，给予新购商品住宅契税补贴（补贴比例不超过 1.5%）。③明确推广“三方联动”式“以旧换新”做法。④支持开发企业开展直接收购式以旧换新业务。⑤鼓励通过多种方式处置收购房源。鼓励各地探索将收购的旧房用作人才房、保障房和征迁安置房；鼓励开发企业通过出售、出租、活化利用等多种方式处置收购的房源。⑥允许开发企业委托收款。“以旧换新”过程中，开发企业已足额支付旧房收购款项，后续旧房再出售时，允许开发企业接受委托直接收取售房款。⑦开发企业收购的存量住房可以办理转移预告登记。	扬州市住房和城乡建设局发布《关于鼓励市区商品住房“以旧换新”的通知》
2 月 21 日	全国	党中央、国务院作出推进保障性住房建设和城中村改造等“三大工程”部署安排后，全行闻令而动、迅速行动，在相关部委指导下，在各地政府的关心支持下，靠前发力、精准发力，全力做好金融服务，取得一系列阶段性成果，业务实现良好开局。去年 12 月 11 日，国开行福建分行在福州实现全国首笔配售型保障性住房开发贷款发放；去年 12 月 23 日，国开行湖南分行在长沙成功落地全国首笔超大特大城市城中村改造贷款；截至今年 2 月 20 日，全行已发放城中村改造专项借款 360 多亿元，涉及北京、上海、广州等 32 个城市 223 个项目，惠及城中村居民 26 万户，支持建设安置房 54 万套。 下一步，全行要凝心聚力、全力以赴，推进服务保障性住房建设和城中村改造工作取得扎实新成效。出手要“快”，持续靠前发力，看准了就抓紧干，能多干就多干一些，加快推动项目落地，切实发挥主力银行作用。发力要“准”，主动担当作为，深化政银企合作，做好政策衔接，系统谋划融资方案，优化业务流程，提高服务质效。保障要“细”，完善政策支持，加大资源倾斜力度，强化考核激励。合规要“严”，遵循金融规律，处理好推动发展和防控风险的关系，筑牢发展之基。协作要“紧”，下好全行“一盘棋”，强化协同配合，完善工作落实机制，加强督促指导。	国家开发银行在广州召开服务“三大工程”现场推动会
2 月 21 日	郑州	①在郑工作并经省市认定的 A、B、C、D 类高层次人才（含卓越工程师）首次购房补贴标准：按照购房价格的 50%，分别给予不超过 300 万元、150 万元、100 万元、50 万元购房补贴。②郑州市青年人才首次购房补贴标准为：博士每人 10 万元，硕士每人 5 万元，本科毕业生（技工院校预备技师、技师）每人 2 万元，专科毕业生（技工院校高级工，不含中专）每人 1 万元。	郑州市住房保障和房地产管理局、郑州市财政局关于印发《郑州市人才首次购房补贴发放实施细则》

8-3 续表 7

时间	地区	政策内容	政策来源
2 月 22 日	郑州	①探索实施新增商品房“带押过户”。探索开展“一手房带押过户”，实现新增商品房在建工程（或现房）抵押状态下办理交易过户相关业务，进一步降低开发企业经营和制度性交易成本，提高一手房市场流通性。②试点推进现房销售改革。探索建立试点项目融资、销售与建设项目审批流程无缝衔接制度；建立告知承诺绿色通道，推进数据赋能，实行并联审批；建立公共配套设施向项目首期安排衔接机制。实现分期销售与分期规划、分阶段施工许可、联合测绘、分期验收、分期交付协同，形成房地产开发项目“减时间、优服务、降成本”可操作可推广流程机制。	郑州市发展改革委发布《郑州市 2024 年优化营商环境工作要点（征求意见稿）》
2 月 27 日	全国	住房发展规划和年度计划是建立“人、房、地、钱”要素联动机制的重要抓手。各地要充分认识做好住房发展规划和年度计划的编制实施工作的重要性，科学编制规划，认真组织实施，根据人口变化确定住房需求，根据住房需求科学安排土地供应、引导配置金融资源，实现以人定房、以房定地、以房定钱，促进房地产市场供需平衡、结构合理，防止市场大起大落。 科学编制 2024 年、2025 年住房发展年度计划。各城市要根据当地实际情况，准确研判住房需求，完善“保障 + 市场”的住房供应体系，以政府为主保障工薪收入群体刚性住房需求，以市场为主满足居民多样化改善性住房需求。住房发展年度计划要明确年度各类住房及用地供应规模、结构和区位，测算房地产项目合理融资需求。保障性住房要进一步明确供应套数和户型结构。要将房地产市场平稳健康发展、住房保障轮候时间等纳入目标管理。 提前谋划 2026–2030 年住房发展规划。各城市要统筹考虑当地经济社会发展、人口变化、产业布局、住房供需等方面情况，结合存量住房和存量土地等潜在供应情况，提前谋划 2026–2030 年住房发展规划。住房发展规划要立足当地实际，明确住房发展目标、重点任务和政策举措。要将保障性住房建设作为住房发展规划的重要内容，科学确定保障性住房发展目标。	住房和城乡建设部发布《关于做好住房发展规划和年度计划编制工作的通知》
3 月 1 日	大连	房交会期间个人购买中山区、西岗区、沙河口区、甘井子区参展楼盘新建商品房的（含新建商品住宅和新建非住宅商品房），并在 4 月 15 日前正式办理房屋买卖合同网签备案的，在取得房屋所有权证后，政府给予 200 元 / 平方米购房补贴，并且总补贴额不超过买方缴纳的契税总额。高新区补贴政策与市内四区同步；金普新区在区域房交会期间购买参展楼盘新建商品房（住宅、公寓）的个人购房者，新区管委会给予购房补贴；长兴岛按照不同购房群体分别给予 200 元、500 元、700 元每平方米购房补贴。	大连市在 2024 年 3 月 1 日至 3 月 31 日期间召开全市线上、线下房交会
3 月 3 日	新乡	①继续实施商品房契税补贴政策。现有的契税补贴政策执行时间延长至 2025 年 5 月 15 日。②多子女职工家庭购买首套自住住房公积金贷款最高额度上浮 15 万元。③最低首付款比例统一为不低于 20%；二套及以上不低于 30%。④对居民换购住房的个人所得税予以退税优惠。⑤土地保证金不低于 20%，1 个月内缴纳土地出让金的 50%，剩余出让金在 10 个月内缴清。⑥实行房票安置政策。⑦增加保障性住房供给。支持国有平台购买存量房屋（商业公寓）用作保障性租赁住房。	新乡市发布《关于印发关于进一步优化政策措施促进房地产市场平稳健康发展的通知》
3 月 6 日	三亚	严格核查参与商品房代理销售、渠道销售经纪机构从业资质，加强商品房销售现场信息公示管理，严厉查处代理销售机构串通开发企业加价销售、违规收费、捂盘惜售等违法违规问题，进一步规范三亚市商品房销售市场，营造运作规范、诚信经营房地产市场环境，不断提升人民群众住房消费领域的满意度。	三亚市住房和城乡建设局发布《关于开展商品房代理预（销）售专项整治工作的通知》

8–3　续表 8

时间	地区	政策内容	政策来源
3 月 8 日	佛山	①全市范围内已办理在建工程抵押的新建商品房，可以申请办理在建工程抵押权注销登记、不动产首次登记和一般抵押权设立登记的组合办理以及批量办理，即“带押确权”。②全市范围内已办理新建商品房首次登记和抵押权设立登记的新建现售商品房（即“一手现房”），在完成房屋带押销售及网签等事项后，可以带押申请办理一手房转移登记和购房人抵押权设立登记，放贷后办理出售方抵押权注销登记，即“一手房带押过户”。	佛山市自然资源局印发《关于开展新建商品房“带押过户”的通告》
3 月 9 日	全国	①城市更新：第一个是民生工程，报告提出推动解决老旧小区加装电梯、停车等难题，加强无障碍、适老化设施建设。我们打算今年再改造 5 万个老旧小区，建设一批完整的社区。第二个是“里子”工程。报告提出要加快完善城市地下管网，今年我们继续加大城市的燃气、供水、污水、供热等老旧管网的改造力度，今年再改造 10 万公里以上。地下管网，既是城市建设的“里子”工程，更是“良心”工程。我们希望，各地用心用力去做，保证高质量。第三是安全工程。报告提出要打造宜居、韧性、智慧城市。宜居、韧性、智慧，都离不开安全这个根本。今年，重点抓两件事：一是推进城市生命线安全工程建设，就是通过数字化手段，对城市的供水、排水、燃气、供热、桥梁、管廊等各类设施进行实时监测，及早发现问题、解决问题，有效提升城市安全运行保障能力。二是提升城市排水防涝能力，今年再启动 100 个城市、1000 个以上易涝积水点治理。②房地产发展新模式：第一，在理念上。要始终坚持房子是用来住的、不是用来炒的定位，完善“市场 + 保障”的住房供应体系，政府保障基本住房需求、市场满足多层次多样化住房需求，建立租购并举的住房制度，努力让人民群众住上好房子。第二，在机制上。一是建立“人、房、地、钱”要素联动的新机制，二是完善房屋从开发建设到维护使用的全生命周期管理机制。第三，在实施上。有两个重点，一是规划建设保障性住房，推进“平急两用”公共基础设施建设和城中村改造。二是下力气建设好房子。③抓好落实房地产市场平稳健康发展。关于落实好《政府工作报告》所部署的任务，我们将聚焦稳市场、防风险、促转型这三方面开展工作：第一，稳市场，城市政府要用好调控自主权。第二，防风险，一视同仁支持不同所有制房地产企业合理融资需求。第三，促转型，让人民群众能够安居乐业。	十四届全国人大二次会议举行民生主题记者会
3 月 10 日	宣城	“以旧换新”按照旧房收购价不高于新房及车位销售价的置换原则，居民家庭可以用一套或多套旧房置换一套或多套新房及车位。产权车位或车库与旧房在同一小区内的，可用车位或车库置换同等数量的新房车位。支持收购款分批次支付给旧房原产权人，首批用于支付新房首付款，剩余旧房款需等新房贷款放款成功后，支付给旧房原产权人。	宣城市城建集团联合宣城市国控集团发布商品房“以旧换新”公告
3 月 13 日	全国	促进金融与房地产良性循环，加快推进城市房地产融资协调机制落地见效，提高项目“白名单”对接效率，一视同仁满足不同所有制房地产企业合理融资需求，大力支持保障性住房等“三大工程”建设，促进构建房地产发展新模式。配合防范化解地方债务风险，指导银行保险机构按照市场化方式开展债务重组、置换。	金融监管总局党委召开扩大会议，传达学习习近平总书记在全国两会期间的重要讲话和全国两会精神
3 月 13 日	深圳	安居型商品房权利人（以下简称权利人）申请取得完全产权或者上市交易的，应当同时符合以下条件：（一）申请人为安居型商品房《房地产证》或者《不动产权证书》登记的权利人，且经其他共同权利人一致书面同意；（二）签订安居型商品房买卖合同满十年，且产权限制期内无法规、规章规定及合同约定的违规违约行为；（三）因按揭贷款为该套安居型商品房设定抵押的，须经抵押权人书面同意；（四）无法规、规章规定及合同约定的不得受理其取得完全产权或者上市交易申请的情形。	深圳市住房和建设局发布《深圳市安居型商品房产权管理有关事项处理办法（征求意见稿）》

8–3 续表 9

时间	地区	政策内容	政策来源
3 月 14 日	全国	妥善处理房地产开发、配租配售等合同纠纷，积极服务构建房地产发展新模式。	最高人民法院院长张军在十四届全国人大二次会议上作工作报告
3 月 14 日	杭州	①加大规划建设保障性住房力度，加快房源筹建，2024 年开工建设配售型保障性住房不少于 6000 套，着力解决工薪收入群体住房困难。②在本市范围内购买二手住房，不再审核购房人资格。③本市范围内个人出售住房的增值税征免年限统一调整为 2 年。④继续加大推进城市有机更新力度，优化房屋征迁补偿安置方式，满足多样化安置需求。	杭州市房地产市场平稳健康发展领导小组办公室发布《关于进一步优化房地产市场调控措施的通知》
3 月 17 日	广西	①在各市、县（市、区）根据当地出台的契税补贴标准对符合条件的购房人全额发放契税补贴的基础上，自治区将按当地契税补贴标准的 30% 补助各市、县（市、区）。②目前各地因地制宜对职工购买首套住房和二套住房的公积金贷款额度、贷款利率等均出台了相应政策，具体以当地住房公积金管理部门公布的政策为准。③住房商业贷款政策方面，目前，全区 14 个设区市的住房商业贷款利率已根据中国人民银行最新公布的 5 年期以上 LPR（3.95%）商业贷款利率政策作出调整，具体以当地金融部门执行的政策为准。	2024 年广西壮族自治区“好房子 · 悦生活”春季购房节在南宁启幕
3 月 18 日	海南	3 月 19 日起，符合当地购房政策条件的居民家庭（含本省户籍、非本省户籍和人才）贷款购买商品住房，其住房商业性个人住房贷款最低首付款比例和住房贷款利率下限执行当地个人住房信贷政策标准。	海南省市场利率定价自律机制发布公告，调整差别化住房信贷政策
3 月 18 日	吉林	①支持居住用地商业兼容比例灵活处置。②对盘活低效用地房地产开发项目土地出让价款可以采取分期支付方式，竞买保证金 20%，1 个月缴纳出让款 50%，一年内缴清。③稳步推进货币化安置。④实行存量房“带押过户”。⑤延长住房公积金贷款期限。住房公积金贷款期限延长至法定离退休年龄后五年。⑥缴存职工贷款额度计算倍数由夫妻双方账户余额之和的 10 倍提高至 15 倍。⑦缴存职工连续、正常、足额缴存住房公积金 6 个月（含）以上即可申请“商转公”贷款。推出“商转公”组合贷款业务。	吉林市住房和城乡建设局发布《关于对〈吉林市促进房地产市场平稳健康发展的若干措施（征求意见稿）〉公开征求意见的公告》
3 月 19 日	广州	《意见稿》将“首期住宅工程”的表述更新为“第一批申请预售的工程”。现行方案提到，首期住宅工程不限楼栋数量以及涉及的建设工程规划许可证数量，但不得超过项目建设总量的 50%。《意见稿》未提及不得超过建设总量的一半，调整为“第一批申请预售的住宅工程，不限楼栋数量以及涉及的建设工程规划许可证数量”。	《广州市商品房项目概况及预售许可优化审批实施方案（试行）》（修订征求意见稿）公开征求意见
3 月 19 日	石家庄	2024 年 4 月份起，石家庄市恢复执行全国统一的首套住房商业性个人住房贷款利率下限（LPR–20），二套住房商业性个人住房贷款利率政策下限按现行规定执行。	河北省市场利率定价自律委员会发布《关于调整石家庄市差别化住房信贷政策的通知》
3 月 20 日	广州市黄埔区、开发区	城中村改造项目的融资居住地块平均净容积率不高于 4.5 的，原则上须规划配置不低于融资区住宅总建筑面积 3% 的政策性住房；其融资居住地块平均净容积率在 4.5 或以上的，项目可按照不规划配置政策性住房方式推进。	广州发布《广州市黄埔区广州开发区关于进一步优化和完善城中村改造项目审批与实施工作机制的若干措施》
3 月 22 日	全国	房地产产业链条长、涉及面广，事关人民群众切身利益，事关经济社会发展大局。去年以来，各地因城施策优化房地产调控，落实保交楼、降低房贷利率等一系列举措，守住了不发生系统性风险的底线。要进一步优化房地产政策，持续抓好保交楼、保民生、保稳定工作，进一步推动城市房地产融资协调机制落地见效，系统谋划相关支持政策，有效激发潜在需求，加大高品质住房供给，促进房地产市场平稳健康发展。要适应新型城镇化发展趋势和房地产市场供求关系变化，加快完善“市场 + 保障”的住房供应体系，改革商品房相关基础性制度，着力构建房地产发展新模式。	国务院总理李强主持召开国常会，听取关于优化房地产政策、促进房地产市场平稳健康发展有关情况的汇报

8-3　续表 10

时间	地区	政策内容	政策来源
3 月 22 日	中山	自发文之日起，购房人在中山市购买商品房无须提供个人住房证明。	中山市住房和城乡建设局、中山市自然资源局发布《关于暂停提交个人住房证明的通知》
3 月 22 日	大同	①对于房地产开发项目，监管账户内资金未达到剩余工程建设拨付节点，房地产开发企业因支付建设工程款、建筑材料款、设备款、农民工工资出现困难，存在引发社会矛盾风险隐患，确需使用商品房预售监管资金支付相关费用的，房地产开发企业可提出申请并承诺以后期售楼款补足重点监管额度资金，预售资金监管部门报经市（县）政府同意后，开辟预售资金拨付应急通道，企业可依申请拨付使用重点监管额度内资金。②开发项目取得五方竣工验收证明并已实际交付业主使用不存在烂尾风险，但项目手续还未完善没有进行不动产首次登记，对信用评价良好的企业，商品房预售资金监管部门可按开发企业申请提前节点拨付预售资金。③对于已取得《商品房预售许可证》的商品房项目，开发企业抵顶给施工单位、材料供应商等的商品房，无需验证预售资金是否存入监管账户，按抵顶合同或协议抵顶商品房可直接网签备案至施工单位、材料供应商等企业。抵顶屋销售后，网签备案合同可进行一次更名，抵顶房屋销售资金则直接存入监管账户，监管部门可根据开发企业申请，把入账资金全部拨付至原抵顶房合同网签备案的施工单位、材料供应商等企业。	大同市规划和自然资源局发布《关于开辟监管预售资金拨付应急通道、解决“工抵房”网签备案变现融资等问题的通知》
3 月 25 日	日照	①对符合条件的农村转移人口、城乡多孩家庭购买首套商品住房的给予购房优惠券补贴，补贴数额为购房款总额的 20%，购买现房并直接办证的，补贴额度可用于抵顶首付款的 50%。②符合条件的人才本人或其家庭在日照市首次购买商品住房可申请青年人才购房优惠券，补贴数额为购房款总额的 20%，购买现房并直接办证的，优惠券可用于抵顶首付款的 50%。③鼓励货币化和现房安置，用好“房票”安置方式，控制新建安置房比例。选择“房票”安置方式的，给予购房优惠券补贴，补贴数额为购房款总额的 20%，购买现房并直接办证的，优惠券可用于抵顶首付款的 50%。④支持各类企业收购存量商品住房（含二手房）作为保障性租赁住房、长租房、人才住房或物业经营性用房。⑤新购买面积为 90~144 平方米的新建商品住房给予购房补贴，缴纳契税并办理不动产权证，补贴标准为实际缴纳的契税与按 1% 税率计算的差额。⑥支持房地产开发企业开展“以旧换新”业务，开发企业已足额支付二手房收购款项，后续二手房再出售时，对二手房购房人给予房款 20% 的购房优惠券补贴。⑦购买首套二套公积金贷款额度保持一致，双方最高贷款额度由 60 万元提高至 80 万元；单方由 40 万元提高至 60 万元。多孩家庭双方最高贷款额度 100 万元，单方 80 万元。公积金贷款购买装配式住宅、高品质住宅，最高贷款额度上浮 20%。未办理过公积金贷款或公积金贷款已结清的可申请商转公。	日照市住房和城乡建设局组织召开《关于促进日照市房地产市场平稳健康发展的若干措施》
3 月 27 日	北京	离婚后购房不再受离婚年限限制。	北京住建委“离异 3 年内不得京内购房”的限购政策文件被废止
4 月 1 日	郑州	① 2024 年全市计划完成二手住房“卖旧买新、以旧换新”10000 套。②群众可通过两种方式实现“卖旧买新、以旧换新”：一是通过郑州城市发展集团有限公司（政府国有平台公司）收购二手住房，促成群众通过“卖旧买新、以旧换新”购买改善性新建商品住房；二是在政府政策鼓励下，通过市场自行交易实现“卖旧买新、以旧换新”。对 2024 年内通过“卖旧买新、以旧换新”购买新建商品住房的群众，郑州市现行的契税补贴 30% 政策延续到 2024 年 12 月 31 日。③根据市内八区保障性租赁住房需求和缺口，在满足职住平衡前提下，由城发集团制定并发布收购计划、收购房源条件等；同时，尽快制定并公开发布收（换）购工作流程，方便卖房和换房群众参与。	郑州市开展促进房产市场“卖旧买新、以旧换新”工作

8–3 续表 11

时间	地区	政策内容	政策来源
4 月 1 日	烟台	自 2024 年 4 月 1 日起，烟台市阶段性取消首套住房商业性个人住房贷款利率下限。本次调整适用于烟台市新发放首套住房商业性个人住房贷款，二套住房商业性个人住房贷款利率政策下限仍按现行规定执行。	烟台市住房和城乡建设局、中国人民银行烟台市分行、国家金融监督管理总局烟台监管分局联合下发通知
4 月 1 日	济宁	自 2024 年 4 月 1 日起，济宁市阶段性取消首套住房商业性个人住房贷款利率下限。本次调整适用于济宁市新发放首套住房商业性个人住房贷款，二套住房商业性个人住房贷款利率政策下限仍按现行规定执行。	济宁市阶段性取消首套住房商贷利率下限
4 月 2 日	赣州	阶段性取消赣州市首套住房商业性个人住房贷款利率下限，自公告次日起执行。	赣州市发布《赣州市人民政府关于阶段性取消我市首套住房商业性个人住房贷款利率下限的公告》
4 月 3 日	全国	我国经济已由高速增长阶段转向高质量发展阶段，人民群众对住房城乡建设的要求从“有没有”转向“好不好”，住房城乡建设事业转型发展离不开标准的引领支撑。	住房和城乡建设部党组书记、部长倪虹到部标准定额研究所调研工程建设标准和工程造价改革、智库建设等工作，并主持召开座谈会
4 月 3 日	福州	阶段性取消福州市首套住房商业性个人住房贷款利率下限。	福州市住房信贷政策阶段性调整
4 月 3 日	潮州	此前潮州市首套房贷款利率下限为 LPR–20BP，现在取消首套房贷款利率下限。	潮州市阶段性取消首套房贷利率下限
4 月 3 日	汕尾	自 4 月 1 日起，汕尾市开始实施阶段性取消辖区首套房贷利率下限，实际利率由商业银行按照市场化、法治化原则，与借款人自主协商确定。	汕尾市明确 4 月 1 日起实施阶段性取消辖区首套房贷利率下限
4 月 5 日	银川	①对出售自有住房并在现住房出售后 1 年内在市场重新购买住房的纳税人，对其出售现住房已缴纳的个人所得税予以退税优惠。②单职工贷款最高额度由 60 万元提高至 70 万元，双职工贷款最高额度由 80 万元提高至 90 万元，二孩家庭、三孩及以上家庭贷款额度分别额外上浮 10 万元和 20 万元。公积金贷款的可贷额度按照公积金账户余额的 30 倍计算。	银川市发布《银川市 2024 年促进房地产市场平稳健康发展若干措施》
4 月 5 日	潍坊	①优化预售资金监管。预售人提取使用超过留存比例但在监管额度以内的商品房预售监管资金，用于本项目工程建设后，本项目监管额度等额进行核减。②支持保函置换监管资金。房地产企业可向符合条件的商业银行申请出具保函置换监管额度内资金，最高可置换监管账户中确保项目竣工交付所需资金额度的 30%。③优化住房公积金政策。住房公积金最高贷款额度由 60 万元提高到 80 万元；多孩家庭购买首套住房的，最高贷款额度由 80 万元提高到 100 万元。④ 2022 年 10 月 1 日至 2025 年 12 月 31 日，对在潍坊市内出售自有住房并在现住房出售后 1 年内，在潍坊市内重新购买住房的纳税人，对其出售现住房已缴纳的个人所得税予以退税。⑤推行“房票”安置方式。在城市更新、城中村改造等涉及房屋征收工作中，全面推行“房票”安置，制定“房票”使用管理办法，实现全城通兑。	潍坊市住房和城乡建设局等十部门发布《关于进一步促进房地产市场平稳健康发展的十二条措施》
4 月 9 日	长沙	①存量房交易主体、房地产经纪机构及其从业人员应通过长沙市房屋交易管理系统签订交易合同。②进一步规范存量房交易资金监管。市住建部门负责完善长沙市房屋交易资金监管系统，将存量房交易资金、佣金等纳入交易资金监管平台进行监测监管。③进一步规范房地产经纪行业管理。房地产经纪机构及房地产经纪从业人员应按照相关规定及时完成机构备案和实名认证。	长沙市住建局、资规局、市场监督管理局等七部门联合印发《关于进一步规范存量房交易秩序的通知》

8–3　续表 12

时间	地区	政策内容	政策来源
4月11日	泰安	①泰安市主城区范围内购买新建商品住房给予5万元购房补贴。②个人购买新建商品住房按购房款0.7%给予奖励。③二孩家庭8万元购房补贴、三孩家庭10万元购房补贴。④以旧换新予以奖励，已有住房再购买二手住房给予购房款1%的奖励。⑤专科及以上学历人员购买首套新建住宅给予5万元购房补贴。⑥鼓励房地产开发企业推出团购优惠活动，支持开发企业给予2%~5%的阶梯性优惠。⑦企业发展住房租赁业务或开展以旧换新业务可以享受以下优惠措施：存量商品住房依法依规转为自持长期租赁，备案后可申请住房租赁经营性贷款；依规批量购买存量闲置房屋用作保障性租赁住房，可申请住房租赁团体购房贷款；市场化“房票”方式开展住房“以旧换新”业务按购房款的1.5%给予奖励。	泰安市精准分析不同购房群体需求，出台多项惠民利企措施
4月16日	全国	①支持房地产稳定发展政策措施效果还在持续显现。关于“三大工程”，去年中央金融工作会议后，中央及各个地方加快了保障性住房建设、“平急两用”公共基础设施建设、城中村改造等“三大工程”推进力度，积极构建房地产新发展模式。从数据看，房地产“三大工程”拉动了房地产投资0.6个百分点，这是有成效的。第二个数据，“白名单”落地对融资额的积极影响。今年以来，为了解决房地产融资难问题，有关部门推出了“白名单”融资项目支持政策。从一季度数据看，房地产国内企业贷款降幅收窄了1.2个百分点，这跟“白名单”融资政策落地有直接关系。第三个数据，房地产销售数据。今年以来，各地方加大了支持房地产稳定发展政策力度，包括放松限购、降低公积金贷款利率等。今年以来，还有30多个城市提出住房以旧换新政策，在各地方政府共同努力下，一季度新建商品房销售面积和销售额比1~2月份降幅分别收窄了1.1和1.7个百分点。这三个方面数据显示了支持房地产稳定政策效果在持续显现。 ②我们要理性看待这一轮房地产调整。一方面，房地产行业经过二十几年的高速扩张后，按照产业成长周期，现在调整是正常的。房地产阶段性调整，有利于房地产后续构建新模式，实现高质量发展。因为传统的产能可以市场出清，开发商能够建更好的房子，提供更好的服务，这对消费者也是有利的。另外，中国房地产市场是有支撑的，因为我们的城镇化没有完成，2023年常住人口城镇化率是66.2%，但是按户籍人口城镇化率还不到50%，还有1.8亿的农民工在城里没有完全市民化，这些进城的农民工中间购房比例不高。我们现有的住房存量中，90平方米以下的中小户型房子还是占绝大多数，随着人们生活水平的提高、城镇化深入推进，中国房地产市场改善性需求、刚需都还比较大。中国房地产市场仍然具有持续健康发展的支撑条件，我们要理性看待房地产这一轮的调整。	国新办举行新闻发布会介绍2024年一季度国民经济运行情况，国家统计局副局长盛来运在会上发言
4月17日	福州	①新建商品房项目的预售资金监管额度原则上不高于项目工程总造价的1.1倍，同时结合房地产开发企业的信用评价等级对预售资金监管额度实行差异化监管。②主体结构封顶前，累计申请使用不超过监管额度的60%；项目规划核验前，累计申请使用不超过监管额度的85%；项目工程竣工验收备案前，累计申请使用不超过监管额度的95%；竣工验收备案后监管额度内资金余额不得低于监管资金总额的5%，待项目完成不动产产权首次登记后，经房地产开发企业申请，市城乡建设局核实后函告监管银行终止该项目的商品房预售资金监管。	福州市城乡建设局等6部门印发《福州市商品房预售资金监管办法》
4月17日	贵阳	自2024年4月1日起（含），贵阳市阶段性取消首套住房商业性个人住房贷款利率下限。	贵阳市从4月起阶段性取消首套住房商业性个人住房贷款利率下限
4月18日	长沙	①“以旧换新”购买新房的，可按照“认房不认贷”政策，享受首套房首付比和按揭利率优惠。②购买新房申请住房公积金贷款的，在原有基础上上调最高贷款额度。③不再审查购房者资格条件。	长沙市住房城乡建设局印发《关于支持居民购买改善住房的通知》

8–3 续表 13

时间	地区	政策内容	政策来源
4月18日	长沙	①因城市景观风貌要求需要封闭阳台的新建住宅项目，其封闭阳台按水平投影面积的1/2计入容积率和建筑面积，其水平投影面积之和按不超过套内建筑面积20%控制。②适当降低TOD开发区域的停车比例。③居住用地内可配套不超过总计容建筑面积的5%的商业服务性建筑。	长沙市房地产平稳健康和安全运行协调小组关于印发《优化房地产开发项目规划管理若干措施》
4月18日	泰州	阶段性取消泰州市首套住房商业性个人住房贷款利率下限自2024年4月19日（含）起执行。	泰州市住房和城乡建设局、中国人民银行泰州市分行、国家金融监督管理总局泰州监管分局联合发布通知阶段性取消我市首套住房商业性个人住房贷款利率下限
4月18日	南通	自2024年4月19日起（含），南通市将阶段性取消首套住房商业性个人住房贷款利率下限。	南通市阶段性取消首套个人住房商业贷款利率下限
4月19日	常州	2024年4月19日（含）起，常州市（含溧阳市）将阶段性取消首套住房商业性个人住房贷款利率下限。	常州市（含溧阳市）将阶段性取消首套住房商业性个人住房贷款利率下限
4月19日	芜湖	芜湖市阶段性取消首套房贷利率下限，实际利率由商业银行按照市场化、法治化原则，与借款人自主协商确定。	芜湖市阶段性取消首套房贷利率下限
4月19日	淮安	自4月19日起，淮安市将阶段性取消新发放首套住房商业性个人住房贷款利率下限，即银行机构可按照市场化、法治化原则，结合自身经营情况、客户风险状况等因素，自主灵活确定贷款利率。	淮安市阶段性取消首套住房商业性个人住房贷款利率下限
4月20日	徐州	徐州市政府决定自2024年4月19日（合）起，取消徐州市新发放首套个人住房贷款利率政策下限。	徐州市阶段性取消首套个人住房商业贷款利率下限
4月22日	金华	本人或配偶在金华市城镇地区有合法产权住宅的，经房屋权利人同意，双方直系亲属均可以在房屋产权地址落户。	金华市人民政府办公室关于进一步放宽我市户口迁移条件的通知
4月22日	鄂州	①全市原则上不再新建集体土地上的安置房，已批未建的不再建设，采取货币化、房票、团购商品住房等方式安置。②积极推行团购商品房安置。③试点不完全产权安置房办证。④本市农村居民自愿退出合法宅基地且拆除宅基地及相关建（构）筑物后，在“双集中”区域购买新建商品住房的，按退出的宅基地面积给予购房补贴。⑤鼓励房地产中介机构、房地产开发企业、国有平台公司开展“以旧换新”业务，通过集中帮卖和定向收购等方式，帮助市民卖出二手房，市民在卖出二手房后半年内购买商品房的，新旧房交易同时成交，二手房卖房款全额用于新房首付，帮助市民释放改善性需求。⑥对非鄂州户籍且在鄂州连续工作满1年以上，2024年12月31日前，家庭购买新建商品住房的，每套给予3万元购房补贴。	鄂州市住房和城乡建设局等六部门发布《关于推进就地城镇化和房地产平稳健康发展的通知》
4月22日	北京	离婚不满一年的，如果现家庭在京无住房，将执行首套房贷政策。执行的节点为网签时间。	据媒体消息，中国人民银行北京市分行、国家金融监督管理总局北京监管局、北京市住房和城乡建设委员会联合发布《关于我市个人住房贷款中住房套数认定标准执行口径的通知》

8–3　续表 14

时间	地区	政策内容	政策来源
4 月 22 日	广州	拓展产业项目“带押过户”应用。联动金融机构等部门，创新开展土地“带押过户”，优化土地二级市场营商环境，缓解企业融资困境；积极推广工业厂房、商业等类型不动产“带押过户”应用，推进“带押过户”在企业不良资产处置、企业兼并、重组、分设等场景中的应用，降低企业融资发展成本，缩短办事流程。	广州市规划和自然资源局发布《关于优化不动产登记服务支持产业发展若干举措的通知》
4 月 23 日	深圳	鼓励房地产开发企业和中介机构积极参与，与计划出售二手商品住房并购买新建商品住房的购房居民签署协议，开展“卖旧 + 买新”的换房联动。房地产开发企业对换房人意向购买的新房设定一定期限的“解约保护期”（建议不少于 90 天），中介机构优先推动换房人旧房交易，缩短交易周期。在协议约定期限内，旧房售出的，开发企业和换房人按约定继续完成新房交易手续；旧房未售出的，开发企业和换房人按约定解除协议并无条件退款，换房人无需承担违约责任。	深圳市房地产业协会与深圳市房地产中介协会联合发布《开展我市商品住房“换馨家”活动》的通知
4 月 24 日	海口	个体工商户须满足在海南省注册登记且设立年限 1 年及以上、在海口上年度纳税金额 1 万元及以上（或近 5 年累计纳税金额 5 万元及以上）的条件，其在海口购房可购买套数按照本地居民家庭执行。	海口市住建局发布《企事业单位、社会组织及个体工商户购买商品住宅申办购房资格办事指南》
4 月 27 日	南京	存量住房位于南京市主城六区（玄武区、秦淮区、建邺区、鼓楼区、栖霞区、雨花台区）范围内，不含自建住房、商业、办公、公寓等；存量住房应产权清晰，状态为可交易（不存在抵押、担保或查封等其他不可置换状态）；可置换的新建商品住房房源，将通过“南京房产微政务”微信公众号，在“房帮宁”平台的“宁换新”模块中公示。首批试点限额共 2000 套。	南京安居建设集团发布《南京安居建设集团关于存量住房“以旧换新”试点活动的公告》
4 月 28 日	成都	①鼓励市场主体将自有闲置和低效利用的商业办公等非居住存量房屋按相关要求改建为保障性租赁住房，鼓励市、区（市）县国有企业通过租购闲置商业办公用房作为办公、公共服务及产业使用，推动商业办公用房市场良性循环。②全市商品住房项目不再实施公证摇号选房，由企业自主销售。对社会关注度较高的热点项目，鼓励企业采取公证摇号选房销售。③全市范围内住房交易不再审核购房资格。	成都市房地产市场平稳健康发展领导小组办公室发布《关于进一步优化房地产市场平稳健康发展政策措施的通知》
4 月 29 日	阳江	①实行“认房不认贷”住房信贷政策。农村宅基地住房、自建房不计入住房套数。②首次公积金贷款已结清，且名下无房，可认定为首套住房贷款政策，面向全国范围全面开展住房公积金异地个人住房贷款业务。③在阳江市购买新建商品房并完成契税缴纳后，可按千分之三金额领取消费券，最多为 3000 元。④落实好土地增值税清算中的相关成本费用和扣除规定。⑤落实卖一买一个人所得税优惠政策。⑥强化商品房销售监管。购房人将不低于商品房买卖合同总价 20% 的首期款存入专用监管账户后，方可办理网签。⑦“一房一价”由原来按最高价下浮 15% 调整为可上下浮 15%，调整商品房备案价格时间间隔由三个月缩短为两个月。	阳江市政府关于印发《阳江市关于进一步促进房地产市场平稳健康发展若干措施》的通知
4 月 29 日	大连	对“卖旧买新”个人给予补贴。政府按照出售自有住房建筑面积给予 100 元 / 平方米、购买新建商品住房建筑面积给予 200 元 / 平方米的购房补贴。	大连市保持房地产市场平稳健康发展工作领导小组办公室发布《关于进一步促进房地产市场平稳健康发展的通知》
5 月 3 日	上海	本次“以旧换新”活动，主要针对计划出售二手住房并购买新房的购房居民。购房居民先与房地产开发企业达成购买新房的意向，再由房地产经纪机构优先推动其旧房交易，旧房成功出售后按约定完成新房交易。首批参加倡议的房地产开发企业 20 余家，房地产经纪机构近 10 家。首批参加倡议的项目 30 余个，主要分布在嘉定、松江、青浦、奉贤、临港等区域。	上海市房地产行业协会、上海市房地产经纪行业协会联合倡议在本市发起商品住房“以旧换新”活动

8-3 续表 15

时间	地区	政策内容	政策来源
5月6日	武汉	①公积金实行“认房不认首次贷”，取消住房公积金贷款户籍地和缴存地限制。②在武汉市仅有一套住房且正挂牌出售的家庭，办理新购一套个人商业性住房贷款时认定为首套住房。③推行“卖旧买新”交易新模式。对出售自有住房并在6个月内购买新房，或购买新房后12个月内出售自有住房的，对增值税按计税价格的1%给予补助。鼓励房地产开发企业、房地产经纪机构、购房者三方联动，实现旧房“先卖”、新房“优买”，支持符合条件的企业收购置换购房家庭的自有住房。④对存量商办类开发用地和在建项目，按照规定程序推进“商改租”“商改住”。⑤根据企业信用等级实行0.6~0.8的差别化预售资金监管系数。⑥不符合购房落户条件的，可凭经备案的《商品房买卖合同》及缴费凭证等合法稳定住所证明材料、个人办证承诺，申请提前办理辖区购房落户手续。⑦2024年12月31日前，购买新城区特定商品住房项目的家庭，可通过公共服务平台申请购房消费券用于购房。⑧调整保障性租赁住房配建方式。认真落实保障性租赁住房配建要求，新供应住宅用地项目可继续采取从土地出让金中计提专项资金方式，异地建设或购买符合条件的存量房源用作保障性租赁住房。	武汉市住房保障和房屋管理局发布《关于进一步优化完善促进武汉市房地产市场平稳健康发展政策措施的通知》
5月6日	深圳	①非本市户籍居民家庭及成年单身人士（含离异）限购1套住房。在盐田区、宝安区（不含新安街道、西乡街道）、龙岗区、龙华区、坪山区、光明区、大鹏新区范围内购买住房，需提供购房之日前1年在本市连续缴纳个人所得税或社会保险证明。②有两个及以上未成年子女的本市户籍居民家庭，在执行现有住房限购政策的基础上，可在盐田区、宝安区（不含新安街道、西乡街道）、龙岗区、龙华区、坪山区、光明区、大鹏新区范围内再购买1套住房。③同时满足设立年限满1年、在本市累计缴纳税款金额达100万元人民币、员工人数10名及以上条件的企事业单位，可在盐田区、宝安区（不含新安街道、西乡街道）、龙岗区、龙华区、坪山区、光明区、大鹏新区购买商品住房，用于解决员工住房等需求。	深圳市住房和建设局发布《关于进一步优化房地产政策的通知》
5月7日	唐山	自2024年5月7日起，阶段性取消首套住房商业性个人住房贷款利率下限。	唐山市住房和城乡建设局发布《唐山市取消首套房贷利率下限》
5月7日	秦皇岛	自2024年5月7日起，阶段性取消首套住房商业性个人住房贷款利率下限。	秦皇岛市阶段性取消首套住房商业性个人住房贷款利率下限
5月7日	廊坊	自2024年5月7日起，阶段性取消首套住房商业性个人住房贷款利率下限。	廊坊市住房和城乡建设局宣布廊坊市取消首套房贷利率下限
5月8日	开封	①购房人根据自身实际情况，选择“认贷不认房”或“认房不认贷”商业贷款政策。②只要缴纳住房公积金（不限地域）且在开封市范围内购房的新市民、青年人，均可使用住房公积金贷款。首套允许提取住房公积金冲抵首付款和租金。③购买新房按照契税总额的20%给予补贴。④实行土地出让金分期缴纳，保证金最低20%，30天内50%，一年内缴清。⑤适当延缓缴纳城市基础设施配套费。房地产企业可申请分批缴纳城市基础设施配套费，最长不超过6个月。⑥鼓励房地产企业销售现房或准现房。加大60平方米以下、低容积率、高品质商品住宅供应，推广森林花园建筑等生态智能住宅。⑦鼓励国有公司、房地产开发企业收购“卖旧买新、以旧换新”群众二手住房，二手住房收购款直接转入群众新购买商品住房开发企业预售资金监管账户，促成群众购买改善性新建商品住房；组织全市优秀房地产经纪机构、房地产企业和换购房群众积极参与，开辟绿色通道，按照市场化流程实现群众“卖旧买新、以旧换新”；“卖旧买新、以旧换新”购房群众享受本措施中的购房激励政策。	开封市出台《关于进一步促进房地产市场平稳健康发展十八条激励措施》

8–3　续表 16

时间	地区	政策内容	政策来源
5 月 9 日	西安	①全面取消西安市住房限购措施，居民家庭在全市范围内购买新建商品住房、二手住房不再审核购房资格。②优化停车位配比，商品住房项目可销售的产权车位与商品住房同步办理商品房预售许可。③登记家庭数量与住房房源数量比例低于 1.5∶1 的，不再实施公证摇号。建筑面积大于 144 平方米的住房在摇号选房时不再实施“刚需优先”。④支持房地产企业、经纪机构、金融机构合作建立“以旧换新”购房模式。⑤允许企事业单位、社会主体购买二手住房以及居民家庭登记选房后的剩余新建商品住房。⑥原土地出让合同中约定的企业自持租赁住房，由企业提出申请，经住建、资源规划部门审核并核算补缴相关费用后，可转为商品住房上市交易。⑦首次使用公积金贷款购房的，首付比例不低于 20%；结清首次公积金贷款后，再次使用公积金贷款购房的，首付比例不低于 25%。	西安市住建局等多部门发布《关于进一步促进房地产市场平稳健康发展的通知》
5 月 9 日	杭州	①深化房地联动机制，根据住房市场供求情况动态调整宅地供应的规模和节奏，对住房供应较大、去化速度较慢的区域，优化供地模式，促进供需平衡。②在本市范围内购买住房，不再审核购房资格。③对于购房意向登记家庭数量小于或等于准售房源数量的新建商品住房项目，取消公证摇号销售要求，由开发企业自主销售。④购房人在所购住房城区范围内无住房的，或在所购住房城区范围内仅有一套住房且正在挂牌出售的，办理新购住房的按揭贷款时可按首套住房认定。⑤在本市取得合法产权住房的非本市户籍人员，可申请落户。	杭州市房地产市场平稳健康发展领导小组办公室发布《关于优化调整房地产市场调控政策的通知》
5 月 10 日	南阳	被征收人选择货币补偿的，按其被征收房屋合法建筑面积的房地产市场评估价给予补偿。被征收人选择房屋产权调换采用房票安置的，安置补偿权益按照房屋征收与补偿相关规定计算后，由征收人再给予不超过安置补偿权益金额 10% 的政策性奖励和 6 个月的临时安置补助费，一并计入房票票面金额。	南阳市人民政府办公室印发南阳市中心城区房屋征收房票安置实施办法（暂行）的通知
5 月 11 日	金华	对 2024 年 5 月 10 日至 2024 年 6 月 30 日期间在金华市区（婺城区、金义新区〈金东区〉、金华开发区、金华双龙风景旅游区全域）购买新建商品住宅的购房人，按合同成交金额 1% 给予补贴。	金华市区宣布将新房购房补贴延至 6 月底
5 月 11 日	北京	①持续建设筹集保障性住房。强化保障性租赁住房产品设计，构建住宅型、公寓型、宿舍型多层次保障性租赁住房供应格局。②本年度计划供应商品住房约 600 万平方米。强化因区施策、一区一策、精准施策，优化房地产政策，更多更好地满足“一老一小”家庭、职住平衡等多层次、多样化的住房需求。③紧扣新市民、青年人、农民工租房需求，增加公寓型、宿舍型保障性租赁住房供给，同时支持长租公寓行业规范发展，加大“一张床、一间房”市场化租赁住房供给力度。④按照“十四五”期末力争基本完成全市需改造老旧小区的改造任务，全力推动完成本年度改造任务，老旧小区综合整治新开工 300 个、完工 200 个。	北京市住建委发布《2024 年北京市住房发展年度计划》
5 月 13 日	佛山	①新出让的住宅用地，住宅套内阳台的“折半”计容面积上限由套内建筑面积的 18% 提高至 20%；取消对单个阳台的进深和面积限制；取消凸（飘）窗窗台与地面高差小于 0.45 米需计容的要求。②新出让的房地产开发项目，开竣工违约金标准由每日万分之三调减为每日万分之零点五。③允许“见索即付”的银行保函作为土地竞买保证金。④支持房地产开发企业、中介机构和购房人三方联动开展“以旧换新”活动。⑤调高公积金缴存余额计算倍数，整体提高住房公积金贷款的可贷额度。推行住房公积金贷款二手房交易“带押过户”。⑥可申请提取公积金用于支付购房首付款。⑦实施阶段性取消佛山市首套商品住房商业性个人住房贷款利率下限政策。⑧在佛山市持自有合法产权住宅房屋的非本市户籍人员可以在房屋所在地申请入户，共同居住生活的配偶、未成年子女可以随迁。	佛山市住房和城乡建设局等九部门印发关于持续推动房地产市场平稳健康发展的若干措施的通知

8–3 续表 17

时间	地区	政策内容	政策来源
5 月 14 日	江门	全市范围内已办理不动产首次登记和抵押权设立登记的新建商品房，经交易双方、抵押权人等协商一致，可以办理“带押网签”，在完成“带押网签”等事项后，当事人可以向不动产登记机构申请办理一手现房“带押过户”相关业务。	江门市住房和城乡建设局、江门市自然资源局联合印发《关于实施一手现房“带押网签”和“带押过户”服务模式的通知》
5 月 14 日	深圳	①增加了“计一半面积的阳台进深不超过 2.4 米，超过部分的水平投影面积应全部计入规定建筑面积”；“阳台总投影面积≥ 26 平方米时，取 60 平方米与除阳台外套内建筑面积 x20% 中的较小值。”②凸窗的进深由原先的 0.6 米增加到了 0.8 米。③避难层、机房等公共建设空间将“不计容面积”，这些空间不会体现在房产证上的建筑面积之中。④住宅和宿舍的建筑高度不宜大于 150 米。	深圳市将正式发布更新版的《深圳市建筑设计规则》
5 月 15 日	合肥	①购买新房的购房者给予 1% 购房补贴，多孩家庭补贴 1.5%，新市民、进城农民、城市公共服务人员补贴 2%，新购买新建车位补贴 3%，对卖一买一购房者补贴 2%，最高 10 万元。②市区商品住房项目不再执行公证摇号公开销售，由企业自主销售。③双方公积金最高贷款额度 100 万元，单方 70 万元，多子女家庭购买首套双方最高 120 万元，单方 84 万元。④优化个人住房贷款首套房认定标准。在本市范围内新购买住房，只核查购房家庭所购房屋所在县（市）区、开发区的住房情况，无住房的，办理个人住房贷款时可按首套住房认定。	合肥市关于进一步调整优化房地产政策措施的通知
5 月 17 日	全国	对于贷款购买商品住房的居民家庭，首套住房商业性个人住房贷款最低首付款比例调整为不低于 15%，二套住房商业性个人住房贷款最低首付款比例调整为不低于 25%。	中国人民银行、国家金融监督管理总局发布关于调整个人住房贷款最低首付款比例政策的通知
5 月 17 日	全国	取消全国层面首套住房和二套住房商业性个人住房贷款利率政策下限。中国人民银行各省级分行按照因城施策原则，指导各省级市场利率定价自律机制，根据辖区内各城市房地产市场形势及当地政府调控要求，自主确定是否设定辖区内各城市商业性个人住房贷款利率下限及下限水平（如有）。 银行业金融机构应根据各省级市场利率定价自律机制确定的利率下限（如有），结合本机构经营状况、客户风险状况等因素，合理确定每笔贷款的具体利率水平。	中国人民银行发布关于调整商业性个人住房贷款利率政策的通知
5 月 17 日	全国	深入贯彻落实中央政治局会议部署，深刻认识房地产工作的人民性、政治性，继续坚持因城施策，打好商品住房烂尾风险处置攻坚战，扎实推进保交房、消化存量商品房等重点工作。 房地产关系人民群众切身利益和经济社会发展大局。当前，要着力分类推进在建已售难交付商品房项目处置，全力支持应续建项目融资和竣工交付，保障购房人合法权益。相关地方政府应从实际出发，酌情以收回、收购等方式妥善处置已出让的闲置存量住宅用地，以帮助资金困难房企解困。商品房库存较多城市，政府可以需定购，酌情以合理价格收购部分商品房用作保障性住房。要继续做好房地产企业债务风险防范处置，扎实推进保障性住房建设、城中村改造和“平急两用”公共基础设施建设“三大工程”。 要压实地方政府、房地产企业、金融机构各方责任，加强统筹协调，充分发挥城市房地产融资协调机制、再贷款政策等作用，加强对城市和房地产企业的指导支持，有力有序有效推进保交房各项工作。	全国切实做好保交房工作视频会议在京召开，何立峰发表讲话

8–3　续表 18

时间	地区	政策内容	政策来源
5 月 17 日	全国	自然资源部：妥善处置闲置土地、盘活存量土地的政策措施，主要是两条线：一条线是严格依法处置闲置土地，另一条线是加大对存量土地盘活利用的支持力度。一是允许企业按照程序合理调整规划条件和设计要求，更好地适应市场需求；二是促进市场流通转让，发挥土地二级市场作用，支持预告登记转让和“带押过户”，鼓励转让或者合作开发；三是支持地方按照“以需定购”原则，以合理价格收回闲置土地，用于保障性住房建设。 央行：保障性住房再贷款规模是 3000 亿元，利率 1.75%，期限 1 年，可展期 4 次，发放对象包括国家开发银行、政策性银行、国有商业银行、邮政储蓄银行、股份制商业银行等 21 家全国性银行。银行按照自主决策、风险自担原则发放贷款。人民银行按照贷款本金的 60% 发放再贷款，可带动银行贷款 5000 亿元。所收购的商品房严格限定为房地产企业已建成未出售的商品房，对不同所有制房地产企业一视同仁。 住建部：进一步发挥城市房地产融资协调机制作用，满足房地产项目合理融资需求。城市政府推动符合“白名单”条件的项目“应进尽进”，商业银行对合规“白名单”项目“应贷尽贷”，满足在建项目合理融资需求。建立长效机制。一方面，有力有序推进现房销售，通过“白名单”融资政策，支持商品住房项目达到现房销售条件；另一方面，对继续实行预售的，严格项目预售资金监管，防止出现新的风险。	国务院举办政策例行吹风会，央行、住建部、自然资源部答记者问
5 月 17 日	中山	①土地款 30 日内 50%，余款 1 年内缴清。②新出让用地，开工违约的，不计收开工违约金，一年未动工开发造成土地闲置的，按闲置土地处置的相关规定处理。③在公益性项目和城中村改造项目中，试点推行实施房票补偿手段。	中山市住建局印发《中山市持续促进房地产市场平稳健康发展若干措施》的通知
5 月 20 日	重庆	①多孩家庭购房给予二孩家庭 2 万元、三孩家庭 3 万元的补贴。②给予“换新购”购房补贴。给予新购商品住房购房款总额 0.5% 的补贴。③实施人才购房补贴。博士研究生、硕士研究生、本科毕业生分别补贴 5 万元、3 万元、1 万元。④重庆市中心城区居民将自有存量住房盘活用作租赁住房可不纳入家庭住房套数计算。	重庆市住建委发布《重庆市促进房地产市场平稳健康发展领导小组办公室关于支持刚性和改善性购房需求的通知》
5 月 21 日	全国	各地应根据国民经济和社会发展规划、国土空间规划，编制土地储备三年滚动计划，合理确定未来三年土地储备规模，对三年内可收储的土地资源，在总量、结构、布局、时序等方面做出统筹安排，结合城市更新、成片开发等工作划定储备片区，优先储备空闲、低效利用等存量建设用地。 各地应根据城市建设发展和土地市场调控的需要，结合当地社会发展规划、土地储备三年滚动计划、年度国有建设用地供应计划、地方政府债务限额等因素，合理制定年度土地储备计划。 下列土地可以纳入储备范围：①依法收回且原使用权已注销的国有建设用地；②收购的国有建设用地；③行使优先购买权取得的国有建设用地；④已办理农用地转用、征收批准手续并完成征收的土地；⑤其他依法取得的国有建设用地。	自然资源部公开征求《土地储备管理办法》（征求意见稿）意见

8-3 续表 19

时间	地区	政策内容	政策来源
5 月 22 日	湖北	①降低个人住房贷款最低首付比例，将首套住房最低首付比例从不低于 20% 调整为不低于 15%，二套住房最低首付比例从不低于 30% 调整为不低于 25%。②推进住房“以旧换新”。支持国有企业收购二手住房，为卖旧买新“搭桥”。收购二手住房可对外出售或用作租赁住房、征收安置房、人才房、保障性住房等。鼓励开发企业、经纪机构、购房人三方联动，实现旧房“先卖”、新房“优买”。③取消个人住房贷款利率政策下限，继续引导贷款利率下调，对企业收购二手住房用于租赁住房的，发放住房租赁经营性贷款，积极争取国家保障性住房再贷款，购买存量商品住房用于保障性住房。④全面落实二手住房“带押过户”，疏通跨行办理二手住房“带押过户”政策堵点。探索推动一手住房“带押过户”，已办理在建工程抵押的预售商品房，以及已办理新建商品房首次登记和抵押权设立登记的持证商品房，在完成房屋带押销售、网签及竣工验收等事项后，不动产登记机构可以为当事人办理一手住房“带押过户”。⑤支持各地通过购买商品房、改建、改造等方式筹集保障性住房。	湖北省住建厅联合省财政厅、自然资源厅、人民银行湖北省分行、国家金融监督管理总局印发《关于进一步促进房地产市场平稳健康发展的若干措施》
5 月 22 日	池州	①购房给予总房价 1% 的购房补贴。②新引进的博士研究生、40 岁以下全日制硕士研究生或高级技师、35 岁以下全日制本科生或技师、30 岁以下全日制大专生或高级工给予提高至 40 万元、15 万元、8 万元、3 万元的购房补贴。③夫妻双方正常缴存住房公积金的，最高贷款额度由 60 万元调高至 70 万元；单方正常缴存住房公积金的，最高贷款额度由 50 万元调高至 60 万元，绿色建筑、智慧住宅、多子女家庭上浮 10 万元。④首套住房商业性个人住房贷款最低首付款比例调整为不低于 15%，二套住房商业性个人住房贷款最低首付款比例调整为不低于 25%。⑤在市中心城区范围内新购买商品住房，只核查购房家庭所购房屋所在片区。⑥支持“卖旧买新”，指导行业建立新房和二手房换购通道，帮助购房群众“以旧换新”，倡导经纪机构降低居间服务费率；倡导国企根据需求，按照市场化原则收购有“卖旧买新”需求家庭的二手住房，用于市场化租赁住房和保障性租赁住房等。	池州市发布关于进一步调整优化房地产政策措施的通知
5 月 22 日	淮北	①达成购房意向后可领取一张价值 10000 元的购房消费券。②购买“房源项目库”内新建商品住房可享受消费券。购买建筑面积 90 平方米以上的按照 10000 元 / 套发放，90 平方米及以下的按照 5000 元 / 套发放，总金额 3000 万元。③职工家庭双方正常缴存住房公积金的，住房公积金贷款最高额度由 60 万元提高到 70 万元。多子女家庭购买首套住房，夫妻双方 84 万元，单方 60 万元。④深入推进“带押过户”，降低交易成本和风险。加强行业管理，规范房地产经纪服务。支持“以旧换新”，鼓励开发企业、中介机构推出“以旧换新”服务，鼓励国企收购有“卖旧买新”需求家庭的二手住房，盘活改造存量住房用于保障性租赁住房。⑤首套住房商业性个人住房贷款最低首付款比例调整为不低于 15%，二套住房商业性个人住房贷款最低首付款比例调整为不低于 25%。⑥名下有住房，但未利用贷款购买或相应贷款已结清的，也可按首套住房信贷政策执行。	淮北市住建局发布淮北市关于进一步促进房地产市场的若干政策措施
5 月 22 日	福州	在 2024 年 4 月 3 日已取消首套住房商业性个人住房贷款利率下限的基础上，取消福州市第二套住房商业性个人住房贷款利率下限。福州市首套住房商业性个人住房贷款首付比例调整为不低于 15%，第二套住房商业性个人住房贷款首付比例调整为不低于 25%。	福州市住房信贷政策调整
5 月 23 日	南平	①鼓励国有企业、房地产开发企业、房地产经纪机构积极参与开展“以旧换新”业务，市、县（市、区）财政予以“以旧换新”补贴奖励。②实行认房不认贷政策。③首套房首付 15%，二套房首付 25%。④多孩家庭公积金贷款额度另加 25 万元。	南平市住建局发布《关于进一步调整优化我市房地产相关政策的通知》

8–3　续表 20

时间	地区	政策内容	政策来源
5月23日	江门	①土地保证金最低20%，土地款1个月50%，1年内缴清。②职工在江门市购买全装修新建商品房，一个人申请最高贷款额度在江门市住房公积金最高贷款额度的基础上增加8万元，两个人或以上共同申请最高贷款额度在江门市住房公积金最高贷款额度的基础上增加16万元。③取消住房限售政策。④推动差别化住房信贷政策优化调整。按照因城施策原则，根据江门市房地产市场形势，调整首套住房和二套住房商业性个人住房贷款利率和最低首付款比例政策。	江门市住建局发布《江门市关于进一步推动房地产市场平稳健康发展的若干措施》
5月23日	蚌埠	①购新房给予总房价1%的购房补贴。多孩家庭购房给予总房价1.5%的购房补贴。新市民、进城农民、城市公共服务人员购房给予总房价1.5%的购房补贴。买一卖一给予总房价1.5%的购房补贴。单套补贴金额最高不超过5万元。②购买新房每户同步发放5000元家电或者汽车消费券。③支持“以旧换新”。支持市蚌投、国控等所属国有房地产企业组建“以旧换新”换购联盟，建立新房与二手房便捷换购通道，帮助购房群众“以旧换新”。鼓励企业根据需要，按照市场化原则，收购有“卖旧买新”需求家庭的二手住房，用于市场化租赁住房、保障性租赁住房、丰富房票房源超市等。④鼓励被征收人选择房票安置方式。⑤对于贷款购买商品住房的居民家庭，首套住房商业性个人住房贷款最低首付款比例调整为不低于15%，二套住房商业性个人住房贷款最低首付款比例调整为不低于25%。⑥取消首套住房和二套住房商业性个人住房贷款利率政策下限。	蚌埠市出台《蚌埠市关于进一步优化房地产政策措施》
5月24日	海南	自2024年5月25日起，对于贷款购买商品住房的居民家庭，首套住房商业性个人住房贷款最低首付款比例调整为不低于15%，二套住房商业性个人住房贷款最低首付款比例调整为不低于25%；同时取消全省首套住房和二套住房商业性个人住房贷款利率政策下限，实现房贷利率市场化。	海南省市场利率定价自律机制表决通过，购买首套商业住房首付款比例不低于15%
5月24日	山西	首套房最低首付比例从不低于20%降为不低于15%，二套住房最低首付比例从不低于30%降为不低于25%。商业银行可结合本机构经营状况、客户风险状况、全省首付比例下限等因素，自主确定每笔贷款的具体利率水平和首付比例。	山西在全省范围内取消首套住房和二套住房商业性个人住房贷款利率政策下限，并降低商业性个人住房贷款最低首付比例
5月24日	陕西	自5月21日起，在陕西省内贷款购买商品住房的居民家庭，首套住房商业性个人住房贷款最低首付款比例调整为不低于15%，二套住房商业性个人住房贷款最低首付款比例调整为不低于25%。同时，取消各地市首套住房和二套住房商业性个人住房贷款利率政策下限，实现房贷利率市场化。各银行业金融机构结合本机构经营状况、客户风险状况等因素，合理确定每笔个人住房贷款的首付款比例和利率水平。	陕西省取消首套、二套房商业性个人住房贷款利率政策下限
5月24日	重庆	将首套住房商业性个人住房贷款最低首付款比例，调整为不低于15%；将二套住房商业性个人住房贷款最低首付款比例，调整为不低于25%。取消首套住房和二套住房商业性个人住房贷款利率政策下限，银行业金融机构可结合本机构经营状况、客户风险状况等因素，合理确定每笔贷款的具体利率水平。	中国人民银行重庆市分行对重庆市住房信贷政策进行调整
5月24日	广西	广西各设区市首套住房商业性个人住房贷款最低首付款比例从不低于20%调整为不低于15%，二套住房商业性个人住房贷款最低首付款比例从不低于30%调整为不低于25%。在本政策范围内，商业银行可按市场化、法治化原则，确定具体的新发放首套和二套住房商业性个人住房贷款首付比例。全面取消广西各设区市首套和二套住房商业性个人住房贷款利率下限。	广西全面取消首套和二套房商贷利率下限
5月24日	甘肃	自5月24日起，14个市州首套、二套房贷利率政策下限全部取消，首套房首付比例调整为不低于15%，二套房不低于25%。	甘肃省14个市州首套、二套房贷利率政策下限全部取消，最低首付比例分别下调至15%和25%

8–3 续表 21

时间	地区	政策内容	政策来源
5月24日	河南	全省各地均已取消首套和二套住房商业性个人住房贷款利率下限，并保持首套和二套住房贷款最低首付比例与全国政策一致。	河南省各地均已取消首套和二套住房商业性个人住房贷款利率下限，并保持首套和二套住房贷款最低首付比例与全国政策一致
5月24日	芜湖	金融机构可结合本机构经营状况、客户风险等因素，合理确定每笔贷款的具体利率水平。降低个人住房贷款最低首付比例，首套首付比例不低于15%、二套不低于25%。	芜湖市取消首套、二套商业性个人住房贷款利率政策下限，降低个人住房贷款最低首付比例
5月24日	合肥	①房票可购买全市统一搭建的房源超市内的房屋。②被征收人在有效期内主动放弃或期限届满未实际使用的，原则上在本区域范围内的存量安置房中调剂安置，也可选择货币化安置。③持房票可以购买新建商品房（含住宅、商业、办公、车位等）、配售型保障性住房、安置房等。使用房票购房的金额，不得低于房票票面金额的80%。房票票面金额不足以支付房款的部分，符合条件的房票使用人可申请商业贷款和住房公积金贷款。持房票购买房屋，符合条件的可根据契税政策有关规定享受减免。	合肥市住房保障和房产管理局、财政局、自然资源和规划局、城乡建设局联合制定房票安置实施方案
5月24日	珠海	①商品住房价格备案时间间隔由三个月调整为一个月。②全面取消商品住房限购。③取消商品住房限售年限。④支持房地产开发企业、中介机构和购房人三方联动开展“以旧换新”活动，鼓励房地产企业开展存量房产置换新房的活动，促进居民家庭通过“卖旧买新、以旧换新”购买改善性新建商品住房。⑤单缴职工贷款最高限额调整为60万元，双缴职工贷款最高限额调整为100万元。	珠海市住房和城乡建设局发布《关于促进我市房地产市场平稳健康发展的若干措施》
5月25日	宁夏	取消宁夏各城市首套、二套房贷利率政策下限，并降低商业性个人住房贷款最低首付比，首套房调整为不低于15%，二套房不低于25%。	宁夏取消首套和二套住房商业性贷款利率政策下限
5月25日	吉林	取消吉林省各城市首套住房和二套住房商业性个人住房贷款利率政策下限；吉林省各城市首套住房商业性个人住房贷款最低首付款比例调整为不低于15%，二套住房商业性个人住房贷款最低首付款比例调整为不低于25%。	吉林省调整住房贷款政策首套房首付不低于15%
5月26日	江西	江西各地已作出决定，执行取消首套住房和二套住房商业性个人住房贷款利率政策下限；调整商业性个人住房贷款最低首付款比例至全国下限，即首套住房商业性个人住房贷款最低首付款比例调整为不低于15%，二套住房商业性个人住房贷款最低首付款比例调整为不低于25%。银行业金融机构结合本机构经营状况、客户风险状况等因素，合理确定每笔贷款的具体利率水平。	江西各地已落地差异化信贷政策
5月27日	河北	全省各市首套住房商业性个人住房贷款最低首付款比例调整为不低于15%，二套住房商业性个人住房贷款最低首付款比例调整为不低于25%。全省各市取消首套住房和二套住房商业性个人住房贷款利率政策下限。	河北全域下调个人房贷首付比例并取消个人住房贷款利率政策下限
5月27日	黑龙江	取消黑龙江省首套、二套房商业性个人住房贷款利率政策下限，并降低商业性个人住房贷款最低首付比例至全国政策下限水平，即首套房调整为不低于15%，二套房不低于25%。	黑龙江省降低商业性个人住房贷款最低首付比至全国政策下限水平
5月27日	大连	首套住房商业性个人住房贷款最低首付款比例由不低于20%下调至不低于15%，二套住房商业性个人住房贷款最低首付款比例由不低于30%下调为不低于25%，并全面取消首套住房和二套住房商业性个人住房贷款利率政策下限。	大连市个人住房贷款新政正式实施

8-3　续表 22

时间	地区	政策内容	政策来源
5月27日	上海	①非本地户籍居民家庭购房社保/个税年限由5年降为3年。非本市户籍单身人士购房范围，扩大至外环内二手住房。对夫妻离异后购房的，不再按离异前家庭计算拥有住房套数。多孩家庭可多购一套。支持企业购买小户型二手住房用于职工租住，不再限定购房套数。新城以及南北转型等重点区域的非本市户籍人才购房社保/个税年限由3年降至2年，购房范围扩大至所在区全域。②首套首付比例由30%降至20%，二套首付比例自贸区临港新片区及6个郊区由40%降至30%，其他区域由50%降至35%。首套商贷利率降至3.5%（LPR-45BP），二套房贷利率自贸区临港新片区及6个郊区降至3.7%（LPR-25BP），其他区域由50%降至3.9%（LPR-5BP）。③公积金最高贷款额度首套由120万元提高至160万元，多孩家庭可上浮20%；二套由100万元提高至130万元。	上海市住房城乡建设管理委、市房屋管理局、市规划资源局、市税务局等四部门联合印发《关于优化本市房地产市场平稳健康发展政策措施的通知》
5月28日	广州	①在越秀、海珠、荔湾、天河、白云（不含江高镇、太和镇、人和镇、钟落潭镇）、南沙等区购买住房的非本地户籍居民家庭社保/个税年限降至6个月。②非限购区域内，对于拥有2套及以上住房并已结清相应购房贷款的居民家庭，又申请贷款购买住房，银行审慎把握并具体确定。③居民家庭在购房所在区内无住房且符合购房条件的，新购住房贷款可按首套住房认定。④购房人申请住房公积金贷款时缴存年限调整为连续足额缴存住房公积金6个月（含）以上。允许提取公积金支付购买首套新建商品住房首付款。⑤居民家庭和企事业单位、社会组织等法人单位转让或办理析产名下住房手续时不再审核取得不动产权证时间。⑥支持鼓励房地产业各协会、房地产企业、中介机构搭建平台实施中介机构代售、旧房换购等多种形式的商品住房“以旧换新”，推动建立交易新模式。鼓励规模化租赁机构收购存量商品住房。⑦首套首付最低15%，二套首付最低25%，取消贷款利率下限。	广州市人民政府办公厅发布关于进一步促进我市房地产市场平稳健康发展的通知
5月28日	深圳	首套住房个人住房贷款最低首付款比例由原来的30%调整为20%，二套住房个人住房贷款最低首付款比例由原来的40%调整为30%。首套住房商业性个人住房贷款利率下限由原来的LPR-10BP调整为LPR-45BP，二套住房商业性个人住房贷款利率下限由原来的LPR+30BP调整为LPR-5BP。	深圳下调个人住房贷款最低首付款比例和利率下限
5月28日	上海	对于贷款购买商品住房的居民家庭，首套住房商业性个人住房贷款最低首付款比例调整为不低于20%。二套住房商业性个人住房贷款最低首付款比例调整为不低于35%；在自贸区临港新片区以及嘉定、青浦、松江、奉贤、宝山、金山6个行政区全域实行差异化政策，最低首付款比例调整为不低于30%。	中国人民银行上海市分行、国家金融监督管理总局上海监管局发布关于调整上海市商业性个人住房贷款最低首付比例政策的通知
5月28日	新疆	新疆首套住房商业性个人住房贷款最低首付比例调整为不低于15%，二套住房商业性个人住房贷款最低首付款比例调整为不低于25%。取消新疆首套住房和二套住房商业性个人住房贷款利率政策下限。	新疆调整优化个人住房信贷政策
5月29日	天津	①对于在天津市贷款购买商品住房的居民家庭，首套住房商业性个人住房贷款最低首付款比例调整为不低于15%，二套住房商业性个人住房贷款最低首付款比例调整为不低于25%。②取消天津市首套住房和二套住房商业性个人住房贷款利率政策下限。	中国人民银行天津市分行等部门发布《关于进一步调整优化天津市差别化住房信贷政策的通知》
5月29日	沈阳	①不再实施新建商品住房销售价格指导。②首套房首付最低15%，二套房首付最低25%。取消房贷利率下限。③2024年4月1日至2024年9月30日期间，职工在沈阳市行政区域贷款购买自住住房，职工本人及其配偶可申请提取住房公积金余额支付购房首付款。④优化住房公积金个人住房贷款中住房套数认定标准，根据缴存人家庭在购房地拥有住房套数和住房公积金贷款次数。⑤将住房公积金“商转公”贷款申请条件中商贷已偿还5年（含）以上调整为商贷已偿还3年（含）以上。	沈阳为进一步活跃沈阳房地产市场，推动楼市进一步稳定发展，发布多项优化政策

8–3 续表 23

时间	地区	政策内容	政策来源
5 月 29 日	福建	截至 2024 年 5 月 29 日，福建省 9 个地市已全面取消首套和第二套住房商业性个人住房贷款利率下限，商业银行可结合本机构经营状况、客户风险等因素，合理确定每笔贷款的具体利率水平；降低商业性个人住房贷款最低首付比例，即首套住房商业性个人住房贷款最低首付比例调整为不低于 15%，第二套住房商业性个人住房贷款最低首付比例调整为不低于 25%，在本政策范围内，商业银行可按市场化、法治化原则，确定具体的新发放首套和第二套住房商业性个人住房贷款首付比例。	据媒体消息，福建省全面取消首套、二套房贷利率下限并降低商业性个人住房贷款最低首付比例
5 月 29 日	青海	在全省范围内取消首套住房和二套住房商业性个人住房贷款利率政策下限，并降低商业性个人住房贷款最低首付比例，即首套房最低首付比例从不低于 20% 降为不低于 15%，二套住房最低首付比例从不低于 30% 降为不低于 25%。商业银行可结合本机构经营状况、客户风险状况、全省首付比例下限等因素，自主确定每笔贷款的具体利率水平和首付比例。	青海在全省范围内取消首套住房和二套住房商业性个人住房贷款利率政策下限，并降低商业性个人住房贷款最低首付比例
5 月 29 日	山东	对于贷款购买商品住房的居民家庭，首套住房商业性个人住房贷款最低首付款比例调整为不低于 15%，二套住房商业性个人住房贷款最低首付款比例调整为不低于 25%。取消首套住房和二套住房商业性个人住房贷款利率政策下限。	中国人民银行山东省分行发布公告山东省下调个人住房贷款首付比例并取消首套住房和二套住房商业性个人住房贷款利率政策下限
5 月 31 日	四川	对于贷款购买商品住房的居民家庭，首套住房商业性个人住房贷款最低首付款比例调整为不低于 15%，二套住房商业性个人住房贷款最低首付款比例调整为不低于 25%。取消首套住房和二套住房商业性个人住房贷款利率政策下限。	四川省调整优化住房商贷政策
6 月 2 日	苏州	①坚持“以需定购”，组织地方国有企业以合理价格收购部分存量商品住房用作保障性住房。②建立全市统一的房票房源库，房票房源库可纳入非住宅商品房、车库、地下车位等房源。③实施换购住房个税退税优惠（执行至 2025 年 12 月 31 日）；实施购房契税补贴（执行至 2024 年 12 月 31 日），对购买新建商品住房的给予 50% 契税补贴（最高不超过房屋契税计税依据的 1%），对“卖旧买新”的实施分层次购房契税补贴。④在本市购买或拥有合法产权住房且实际居住的非苏州户籍人员，可以申请办理落户。⑤首套房首付最低 15%，二套房首付最低 25%。取消房贷利率下限。⑥个人和家庭公积金贷款最高限额分别提高至 120 万元和 150 万元；二孩及以上家庭额度上浮 30%；全日制普通高校本科以上学历（在读）、毕业 10 年内的高校毕业生及留学回国人员额度上浮 50%。	苏州市房地产长效机制试点工作领导小组出台《关于进一步促进我市房地产市场平稳健康发展若干政策措施的通知》
6 月 3 日	西安	换房人在参与“以旧换新”活动的新建商品住房项目中选定意向房源，与开发企业签订新房《“以旧换新”意向协议》，缴纳意向金，约定价格优惠条件、意向房源（可以一套或多套）等，房地产开发企业在约定期限内（建议不少于 90 天）锁定换房人选定的新房房源。同时，参与活动的房地产开发企业、房地产经纪机构、银行等多方应向换房人提供优惠方案。	西安市房地产行业协会、西安市房地产中介行业协会发布《西安市住房“以旧换新”活动倡议书》
6 月 3 日	胶州	①胶州市在青岛市率先制定了房票安置政策，在缩短安置周期的同时，也有利于被征迁人家庭资产的保值增值，从而满足群众的多样化住房需求。②购买新建商品住房≤ 144 平方米补贴 5000 元 / 套；购买新建商品住房建筑面积 >144 平方米，补贴 15000 元 / 套。二孩家庭按每套 2 万元标准给予补贴，三孩家庭按每套 3 万元标准给予补贴。	胶州市推出房票安置、购房补贴、商品房团购、共有产权人才房等多项激励政策和举措

8–3　续表 24

时间	地区	政策内容	政策来源
6 月 5 日	南昌	①取消本市首套住房和二套住房商业性个人住房贷款利率政策下限。对于贷款购买商品住房的居民家庭，首套住房商业性个人住房贷款最低首付款比例调整为不低于 15%，二套住房商业性个人住房贷款最低首付款比例调整为不低于 25%。②居民家庭（包括借款人、配偶及未成年子女）在本市范围内申请贷款购买住房时，家庭成员在拟购房所在县区（开发区管委会、湾里管理局）名下无成套住房的，不论是否存在未结清贷款，银行业金融机构均按首套住房执行住房信贷政策。	南昌市发布《南昌市人民政府办公室关于优化我市个人住房信贷相关措施意见的通知》
6 月 6 日	江山	①购买新建商品住房 <90 平方米补贴契税 80%；购买新建商品住房建筑面积 90~144 平方米，补贴契税 64%；购买新建商品住房建筑面积 >144 平方米，补贴契税 50%。最高均不超过 3 万元。②购买新建商品住房 <90 平方米发放价值 3 万元消费券；购买新建商品住房建筑面积≥ 90 平方米，发放价值 5 万元消费券。③“一地一策”确定分期验收用地范围的，可进行分期验收，分期开展规划核实、竣工验收和不动产办理。④鼓励国企酌情以合理价格收购房地产企业已建成存量商品房，用作保障性租赁住房、配售型保障房、人才公寓等。	江山市发布《关于进一步促进我市房地产市场平稳健康发展的通知》
6 月 6 日	石家庄	①购买新建商品住房 <90 平方米补贴 5000 元 / 套；购买新建商品住房建筑面积 90~144 平方米，补贴 10000 元 / 套；购买新建商品住房建筑面积 >144 平方米，补贴 15000 元 / 套。②通过市场交易实施以旧换新。鼓励房地产经纪机构、房地产开发企业和换购房人积极参与。通过市属国有企业收购二手住房实施以旧换新，市属国有企业根据实际情况收购二手住房。以市场交易方式、国有企业收购方式以旧换新的，以及作为保障性租赁住房或市场租赁住房使用的，补贴换购房人 10000 元 / 套。③实施“商转公”政策。降低住房公积金贷款首付款比例至首套 20%，二套 30%。公积金最高贷款家庭购买长安区、新华区、桥西区、裕华区及高新区住房，单缴额度提高至 80 万元，双缴提高至 100 万元，二孩、三孩家庭上浮 10 万元和 20 万元。	石家庄市发布关于优化当前房地产政策的措施
6 月 6 日	淮安	①对使用房票购买商品房的，给予房票使用金额 10% 的奖励。跨区域使用房票的，奖励资金由输入地政府、市级财政按 1 : 1 比例负担，通过年终结算办理。②针对成片危旧房，可整体实施“以旧换新”。对实施“以旧换新”的业主，在享受财政部、税务总局“以旧换新”个人所得税优惠政策基础上，再给予新购买一手住房所缴契税 100% 的购房补贴，由属地政府兑付，涉及市区财政体制的，通过年终结算办理。③对多孩家庭、军属家庭购买 1 套新建商品住房、在同一小区内购买总面积超过 180 平方米新建商品住房用于爱老护老的购房人，均给予购房款 2% 的购房补贴。对团购 5 套以上商品住房的企业（社会团体、个人），各地给予购房款 2% 的购房补贴。④多孩家庭购买首套或第二套自住住房的，公积金贷款最高额度上浮 30%；异地缴存职工在本市购买首套或第二套自住住房可申请公积金贷款，且同等享受本市商转公贷款政策。⑤执行首套房、二套房最低首付比例分别为 15%、25% 政策，取消商业性房贷利率的政策下限。本地无房的，在购买商品住房时首付比例与贷款利率按首套房贷款政策执行。⑥支持国有企业收购符合条件的商品住房用作保障性住房，享受保障性住房再贷款支持。	淮安市发布《关于进一步促进全市房地产市场平稳健康发展的意见（暂行）》
6 月 7 日	全国	房地产业发展关系人民群众切身利益，关系经济运行和金融稳定大局。要充分认识房地产市场供求关系的新变化，顺应人民群众对优质住房的新期待，着力推动已出台政策措施落地见效，继续研究储备新的去库存、稳市场政策措施。对于存量房产、土地的消化、盘活等工作，既要解放思想、拓宽思路，又要稳妥把握、扎实推进。要加快构建房地产发展新模式，完善“市场 + 保障”住房供应体系，改革相关基础性制度，促进房地产市场平稳健康发展。	国务院总理李强 6 月 7 日主持召开国务院常务会议

8–3 续表 25

时间	地区	政策内容	政策来源
6月7日	扬州	①大专及以上人才购买新建商品住房（不含二手房）给予新购商品住房购房补贴。②单缴存人、双缴存人的住房公积金贷款最高额度阶段性上调至78万元、130万元。购买改善型住宅上浮20%，可与绿色建筑、多子女家庭相叠加。③购买新建商品住房、二手住房不再审核购房资格，取得《不动产权证书》的房屋即可上市交易。④继续执行住房“以旧换新”政策，鼓励房地产开发企业开展“直接收购”式“以旧换新”业务，收购存量商品住房可办理转移预告登记，允许房地产开发企业接受委托直接收取售房款。⑤加大房票推广力度，提高房票使用效率，被征迁人使用房票购买新建商品房的，按房票使用金额给予15%的补贴。	扬州市住建局发布《关于进一步促进市区房地产市场平稳健康发展的通知》
6月7日	芜湖	①新市民、进城农民、城市公共服务人员新购买新建商品住房的，给予总房价1.5%的购房补贴。多孩家庭购房给予总房价1.5%的购房补贴。卖一买一给予新购买新建商品住房总房价1%的购房补贴。②取消楼层差价限制，由企业自主确定一房一价。③购买绿建一星建筑公积金贷款最高额度上浮20%。多孩家庭首次购房上浮20%。④首套住房商业性个人住房贷款最低首付款比例调整为不低于15%，二套住房商业性个人住房贷款最低首付款比例调整为不低于25%。⑤本市市区范围内新购买住房，只核查购房家庭所购房屋所在区、开发区的住房情况。⑥鼓励房地产开发企业收购有“卖旧买新”需求家庭的二手住房，收购的二手住房可以用于租赁住房。支持房票持有人用房票“以旧换新”购买新建商品住房。⑦房票安置可享受不超过25%的房票安置补助。⑧鼓励房地产开发企业探索购买部分产权的销售方式。购房人可以先购买房屋部分产权，剩余产权继续由房地产开发企业持有，购房人可租赁使用，购房人购买剩余产权时已支付的租金可抵扣购房款。⑨国有企业收购的存量住房可以转化为配租型保障性住房。退出公租房管理序列的房源，可以转为配售型保障性住房。结合保交房攻坚行动工作要求，支持国有企业与房地产开发企业自主协商，适当收购部分在建未出售的商品住房，可以用作保障性住房。	芜湖市住建局发布《关于优化芜湖市房地产市场平稳健康发展政策措施的通知》
6月7日	银川	①取消首套、二套房贷利率政策下限，并降低商业性个人住房贷款最低首付比，首套房调整为不低于15%，二套房不低于25%。②下调个人住房公积金贷款利率0.25个百分点。③安排3000万元“以旧换新”购房补贴专项资金，对出售区内外自有住房后1年内购买银川市区新建商品住房的家庭，给予每平方米200元购房补贴，单套补贴面积不超过170平方米。支持房地产开发企业、房地产经纪机构和购房人三方联动开展“以旧换新”活动。④对购买银川市区新建商品住房的，给予每平方米100元购房补贴，单套补贴面积不超过170平方米。房展会现场成交的前500套商品住宅额外给予每套5000元购房补贴。⑤鼓励房地产项目现房销售。实行现房销售的项目，缴纳20%土地竞买保证金，一个月内缴纳总出让价款50%的首付款，剩余价款在取得“现房销售备案手续”前缴清。⑥鼓励符合条件的市属国有企业作为收购主体，按照市场化原则“以需定购”，回购库存较大、流速较慢且符合保障性住房标准的房屋作为保障性住房。	银川市住房和城乡建设局印发《关于促进银川市房地产市场平稳健康发展若干意见》
6月12日	西安	①全面取消西安市住房限购措施，居民家庭在全市范围内购买新建商品住房、二手住房不再审核购房资格。降低首付资金比例，延长贷款年限。②全市范围内“以旧换新”购买新房的，可按照“认房不认贷”政策，享受首套房首付比和按揭利率优惠；购买新房申请住房公积金贷款的，在原有基础上上调最高贷款额度；同时不再审查购房者资格条件。③试行二手房“以旧换新”。支持政府（平台公司）收购二手住房，支持房地产企业、经纪机构、金融机构合作建立“以旧换新”购房模式。④推广商品房“以旧换新”房票发放。针对城中村改造安置，首批参与“以旧换新”政策的业主，住房置换资金以“房票”形式发放兑换，业主可定向购买当地一套新房，一次性完成“买一卖一”。	西安市人民政府发布关于印发推动大规模设备更新和消费品以旧换新工作方案的通知

8–3　续表 26

时间	地区	政策内容	政策来源
6 月 12 日	桂林	第一阶段：政府政策鼓励，群众通过市场交易实现“以旧换新”。政策执行期：发文之日起至 2024 年 12 月 31 日。第二阶段：在第一阶段的基础上，增加国有企业收购二手住房的方式，促进群众通过“以旧换新”购买改善性新建商品住房。	桂林市发布《促进房产市场“以旧换新”工作实施方案》的通知
6 月 12 日	南宁	①家庭成员在拟购住房所属城区名下无住房的，不论是否存在未结清贷款，均认定为首套住房。家庭成员在拟购住房所属城区名下仅有一套住房，且正在南宁市住房服务监管平台挂牌出售的，不论是否存在未结清贷款，均认定为首套住房。②多孩家庭在购房所属城区已有一套房，无论是否贷款结清，均认定为首套住房。已有两套房，无论是否贷款结清，均认定为二套住房。③购买南宁城区的首套、二套新建商品住房按每套 10000 元上限给予财政补贴，购买新建商品房车位按每套 1000 元上限给予财政补贴。④继续支持提取住房公积金支付购买新建预售商品住房首付款。	南宁市发布《关于持续促进房地产市场平稳健康发展的若干措施的通知》
6 月 13 日	常州	①首付比例降低至首套 15%，二套 25%。②非社会资本受让土地未实质性开工建设的安置房项目一律不再建设；一律不再新增安置房用地供应。对有安置需求的地区，可采取直接购买或房票方式购买商品房用于安置房。房票应用类型在商品住房基础上增加非住宅类商品房。房票使用主体，除房票持有人，其近亲属均可以作为房票的使用人。③人才购买新建商品住房，支持购房补贴用作首付款。④申请住房公积金贷款的，借款人中只有一人满足贷款条件的，最高贷款额度为 80 万元；借款人中两人或两人以上满足贷款条件的，最高贷款额度为 120 万元。支持购买本市新建商品住房的购房人提取住房公积金支付购房（首付）款。⑤属地政府可根据各自保障性住房的需求和供给缺口的摸排情况，以需定购，组织国有企业收购商品住房用作保障性住房。	常州市房地产业发展与房地产市场调控联席会议发布《关于印发进一步促进房地产市场平稳健康发展若干政策措施的通知》
6 月 17 日	贵阳	①购新房按照实际缴纳契税的 50% 发放消费券补贴。②取消首套住房和第二套住房商业性个人住房贷款利率政策下限。首套、第二套住房商业性个人住房贷款首付比例分别调整为不低于 15%、25%。③支持缴存人家庭提取住房公积金支付新房、二手房首付款；支持住房公积金“既提又贷”；取消两次住房公积金贷款时间间隔限制；支持灵活就业人员使用公积金贷款购房，灵活就业人员在补缴 6 个月公积金后即可申请贷款；支持已办理个人商业性住房贷款且符合贵阳市住房公积金个人贷款条件的借款人，按照相关规定办理“商转公”贷款业务；首套住房公积金贷款的最高贷款额度为单缴存人家庭 50 万元、双缴存人家庭 70 万元，第二套住房公积金贷款的最高贷款额度为单缴存人家庭 50 万元、双缴存人家庭 60 万元。多子女家庭在上述最高贷款额度基础上再上浮 10 万元。④对两层及以上通高的阳台不计入容积率。在区位优势明显的城市郊区，住宅项目容积率可低于 1.0；在交通、配套设施条件较好的区域，住宅项目建筑密度可高于 43%。对高运量公交站点周边 800 米内新建商住项目，公益性公建配套设施面积不计入容积率，车位可按住宅 0.7 个 / 户、商业 1 个 /300 平方米设置。⑤鼓励国有企业以合理价格按照“以需定购”原则收购商品房用作保障性住房、安置房，大力推行“房票”安置，加快推进未建成交付安置房清零。支持企业购买存量公寓作为保障性住房。⑥支持 2023 年 8 月 3 日前签订土地出让合同尚未开工建设的非住宅商品房项目依法申请调整使用性质。⑦装配式建筑比例按 40% 执行，装配式建筑楼栋外墙建筑面积可不计入成交地块容积率核算，按实施装配式建筑楼栋规划地上建筑面积的 3% 给予奖励，单宗地块最多不超过 5000 平方米，奖励建筑面积原则上只能在该地块装配式建筑楼栋使用。对建设规模 40 万平方米以上的住宅小区项目免缴城市基础设施配套费，统一办理发改备案的项目可合并计算建设规模。	贵阳市住建局发布《进一步促进贵阳市房地产市场平稳健康发展若干措施》（征求意见稿）

8–3 续表 27

时间	地区	政策内容	政策来源
6月21日	南通	①在征迁补偿中优先采取房票安置，对跨区域使用房票给予奖补，房票开具后6个月内使用的，按照房票票面值的10%给予奖补；7至12个月内使用的，按照房票票面值的5%给予奖补。②在主城区范围内购买新建商品住房的，给予购房款总额1.5%的奖补。自愿退出（放弃）农村宅基地进城购房的，给予一定额度的奖补。③首套住房商业性个人住房贷款最低首付比例不低于15%，二套房最低首付比例不低于25%。④公积金最高贷款额度上调至60万元/人、120万元/户；硕士研究生或高级职称以上的在职人员额度上调至120万元/人、240万元/户，全日制本科学历且毕业10年内的在职人员额度上调至90万元/人、180万元/户。二孩、三孩家庭在其可贷额度的基础上另行增加20万元/户、30万元/户。⑤符合人才引进政策的硕士、博士、江海人才、双创人才、国家级人才、院士等在市区购房自住的，分别给予15万元、30万元、40万元、60万元、100万元、150万元购房补贴。⑥主城区范围内允许企业按栋申请办理预售许可，支持车位、车库与住宅同步预售。适当拉长土地出让金付款时限，普通商品住房用地出让金1个月内付清总额的50%，余款最晚可延长至1年内付清。⑦优化小区配套公共基础设施，以及底层架空、挑空空间、飘窗、露台、退台等空间指标计算规则。	南通市房地产市场平稳健康发展领导小组出台《关于进一步促进全市房地产市场平稳健康发展的通知》
6月22日	兰州	①取消限购、限售、价格备案等限制措施。②购房家庭在购房县区、开发区范围内名下无成套住房的，或仅有一套住房且正在挂牌出售的，购买新建商品住房按照首套房认定，享受首套房商业贷款政策。③继续落实买一卖一个人所得税优惠政策。④购买90平方米以下首套住房的，按照房屋成交价格的0.5%给予购房补贴；购买90平方米以上首套住房的，按照房屋成交价格的0.75%给予购房补贴；购买90平方米以下二套住房的，按照房屋成交价格的0.5%给予购房补贴；购买90平方米以上二套住房的，按照房屋成交价格的1%给予购房补贴；对于购买第三套或以上套数住房的，按照房屋成交价格的1.5%给予购房补贴。⑤首套商贷比例不低于15%，二套不低于25%。⑥单身缴存职工公积金贷款可享受最高额度60万元，已婚最高70万元。多子女家庭上浮20%。⑦已使用一次公积金贷款且已结清的购房家庭，在本市范围内无住房的，执行首套房公积金贷款政策。⑧引导和鼓励国有土地上房屋被征收人选择房票安置。⑨鼓励住房“以旧换新”。鼓励企业按照市场化原则，通过平等磋商，收购、委托出售及租赁群众旧房，助力群众换购新建商品房。	兰州市人民政府办公室关于印发《进一步优化房地产政策措施》的通知
6月24日	全国	保交房工作是贯彻落实中央决策部署的重要举措，是落实以人民为中心的发展思想的具体实践，是当前促进房地产市场平稳健康发展的首要任务。各地要坚决贯彻落实党中央、国务院决策部署，将保障购房人合法权益作为根本出发点和落脚点，以高度的责任感和使命感，以时不我待、只争朝夕的紧迫感，压茬推进，有力有序有效推进保交房各项工作。 坚持目标导向和问题导向，加强工作针对性，明确保交房工作的目标与标准，准确查找问题和不足。要统筹协调保交房工作，建立国家、省、市三级专班联动机制，加强政策统筹协调，用好保交房信息系统，建立定期调度和通报机制。要做好宣传引导，营造良好的舆论氛围。 为进一步发挥城市房地产融资协调机制作用，更好满足城市房地产项目的合理融资需求，要压实地方政府、房地产企业、金融机构各方责任；完善机制组成，健全项目推送反馈管理，加大项目修复力度；加强“白名单”的审核把关；指导银行做好融资支持；做好经验总结和经验推广。	住房和城乡建设部、金融监管总局联合召开保交房政策培训视频会议

8-3　续表 28

时间	地区	政策内容	政策来源
6 月 24 日	全国	研究出台了三个方面 18 条政策措施。在“鼓励开发”方面，消除开发建设障碍，完善规划条件和相关配套设施要求，合理调整开竣工日期，依法免除因自然灾害、疫情导致的违约责任；在“促进转让”方面，充分发挥土地二级市场作用，推进房地产用地“带押过户”，配合司法及破产处置，优化分割开发程序，支持合作开发；在“规范收购收回”方面，强调了应依法收回的情形，协商收回的可采取等价置换等方式，收回收购土地用于保障性住房的，可通过地方政府专项债券等资金予以支持，但要量力而行，坚决避免新增地方政府隐性债务。	自然资源部召开妥善处置闲置存量土地有关工作视频培训
7 月 2 日	徐州	①对申请住房卖旧换新的购房人，只要享受到政府购房补贴，公积金贷款最高上限提高 20%。 ②市区个人贷款最高额度由 60 万元调整为 80 万元，夫妻双方贷款最高额度由 100 万元调整为 120 万元；各市、县个人贷款最高额度由 50 万元调整为 70 万元，夫妻双方贷款最高额度由 70 万元调整为 90 万元。 ③房票（购房卡）的使用单位由主城区扩大至市区范围（含铜山区、贾汪区、经开区、高新区、港务区），被征收人凭房票享受安置房契税减免。不再新建安置房。鼓励国有企业收购存量商品住房用作安置房、公租房和人才房。	徐州市近日出台《关于进一步优化政策措施促进房地产市场平稳健康发展的通知》
7 月 2 日	长沙	①在市辖区范围停止新的公寓等类住宅项目规划审批。 ②已完成项目总平面图审批，但开发、去化存在困难的公寓等类住宅商品房，在确保满足公共服务设施和基础配套设施承载力的前提下，经论证可行后可依规依程序调整为住宅。 ③公寓等类住宅项目调整为住宅原则上应符合居住建筑相关设计规范以及套型住宅设计要求，无法满足套型住宅设计要求的小户型公寓不得进行调整。	长沙市自然资源和规划局、长沙市住房和城乡建设局联合下发《关于支持公寓等类住宅商品房调整为住宅有关事项的通知》
7 月 2 日	佛山	①查询系统提供以佛山市、购房所在区作为查询范围，供居民家庭自行选择。 ②查询结果显示居民家庭已办理不动产登记的国有土地上的住房套数，网签交易中的商品住房不计入居民家庭住房套数。 ③在“佛山市住房保障和房产信息网”挂牌出售、出租的商品住房，不计入居民家庭住房套数。	佛山市住房和城乡建设局发布关于个人住房贷款中住房套数认定有关工作的通知
7 月 4 日	襄阳	①商贷首付比例降低至首套 15%，二套 25%。 ②新市民、青年人、教师、医务人员、多孩家庭、高层次人才等住房公积金贷款最高额度，上浮不低于 20%。 ③无住房公积金贷款记录及无未结清的个人住房商业贷款的，按首套房贷款政策执行；有一次住房公积金贷款记录或有一笔未结清的个人住房商业贷款的，按二套房贷款政策执行。 ④鼓励开发企业、经纪机构、购房人三方联动，实现旧房“先卖”、新房“优买”。 ⑤在城市更新过程中需要对居民进行安置的，鼓励优先采取货币化安置、房票安置。 ⑥按照“以需定购”原则，依法收回闲置土地。允许采取“收回—供应”并行方式简化程序，办理规划和供地手续。对于未完成开发投资总额 25% 以上的出让土地，实施预告登记转让制度。对已出让尚未建设的非住宅商品房用地，除滨江区域和重要节点外，经过充分论证后，支持按“商改住”“商改公”依法依规进行规划调整。	襄阳市出台《关于进一步促进房地产市场平稳健康发展的若干措施》

8-3 续表 29

时间	地区	政策内容	政策来源
7 月 5 日	南京	全市取消商品住房项目公证摇号销售要求，由开发企业自主销售。	南京市住房保障和房产局、南京市司法局联合发布《有关取消商品房项目公证摇号销售要求的通知》
7 月 5 日	大连	2022 年 5 月 26 日后毕业，正在领取大连市住房补贴或已经保障期满的博士、硕士、本科毕业生；毕业后 5 年内在大连市购买普通商品房，申报时已取得不动产权证书。一次性给予 10000 元购房补贴，每人限申领一次。	大连市人社局发布关于开展 2024 年度高校毕业生一次性购房补贴受理工作的通知
7 月 8 日	昆明	①除企业自身确有需求外，原则上暂停新的商业办公用地供应。对已出让尚未建设的非住宅商品房用地，允许按规定转型用于养老、文旅、体育等新兴产业项目的开发建设。对已出让尚未建设的商业商务用地，可适当降低商业商务用房开发量。对已出让的用地，在用地性质和容积率不变的情况下，允许企业申请合理调整规划条件和设计要求。建设项目用地上配建的配电室、生活垃圾收集点与垃圾处理设施用房、公共厕所不计入容积率。 ②根据建设工程造价、施工合同金额、项目交付条件等因素，核算确定商品房项目自预售形象进度至竣工交付所需资金额度为预售资金监管额度，不再上浮 20%。 ③符合条件的人才购买新建商品住房申请住房公积金贷款的，住房公积金贷款最高额度上浮 50%。 ④二孩、三孩家庭购买首套自住住房的，住房公积金贷款最高额度分别上浮 20%、30%。 ⑤支持“以小换大”“以旧换新”等改善性住房需求，鼓励房地产开发企业、中介机构推出“以旧换新”服务，中介机构提供“优先卖”服务。	昆明市人民政府办公室发布关于印发优化昆明市房地产市场平稳健康发展政策措施的通知
7 月 8 日	广州	广州放松对港澳台及外籍人士购房限制，建面 120 平方米以上面积的住宅不限购。	据媒体消息，广州放松港澳台及外籍人士购房政策
7 月 10 日	益阳	①首套房按购房款的 1% 予以补贴，第二套房按购房款的 1.5% 予以补贴，第三套房及以上按购房款的 2% 予以补贴。 ②在益阳首次购房的符合条件的人才，给予最高 20 万元购房补贴。 ③住房公积金最高贷款额度由 45 万元调整为 60 万元，多孩家庭最高贷款额度提高到 72 万元。 ④二孩家庭购房按商品住房买卖合同成交总价款 2% 的标准给予奖励，每套奖励最高不超过 2 万元；三孩及以上家庭按商品住房买卖合同成交总价款 3% 的标准给予奖励，每套奖励最高不超过 3 万元。	益阳市人民政府办公室印发《关于优化政策促进市中心城区房地产市场平稳健康发展的若干措施》的通知
7 月 10 日	滁州	①凡在市本级购买新建商品住宅的，给予购房者合同价款 1%的补贴；二孩及以上的本市户籍家庭在市本级购买新建商品住宅的，给予购房者合同价款 1.5%的补贴；新市民、进城农民、城市公共服务人员在市本级购买新建商品住宅的，给予购房者合同价款 2%的补贴。 ②自 2022 年 10 月 1 日至 2025 年 12 月 31 日，对出售自有住房并在现住房出售后 1 年内，在同一城市范围内市场重新购买住房的纳税人，对其出售现住房已缴纳的个人所得税予以退税优惠。 ③单缴家庭公积金最高贷款额度由 50 万元调整为 60 万元；双缴家庭由 60 万元调整为 70 万元。 ④指导行业协会探索建立新房与二手房便捷换购通道，帮助购房群众“以旧换新”，引导经纪机构降低居间服务费率。 ⑤结合“以旧换新”或商品房收购转化，将闲置存量房或过剩商品房转化为配售型保障性住房或配租型保障性住房，以需定购，满足市场多层次住房需求。	滁州市人民政府发布《关于进一步优化调整房地产政策若干措施》

8-3　续表 30

时间	地区	政策内容	政策来源
7 月 15 日	合肥	在高新区、经开区、新站高新区范围内新购买新建商品住房和新建车位的购房（置）人，按房屋成交价的 2% 给予购房补贴；新购车位按车位总价款的 3% 给予购置补贴。以上补贴标准，单套补贴金额最高不超过 10 万元。	合肥多个区发布购房补贴政策
7 月 17 日	孝感	①多孩家庭购买首套、二套新建商品住房的，由原来 2 万元、3 万元补贴调整为 3 万元、5 万元补贴，不受购房面积限制。②全日制博士研究生、硕士研究生、本科生（重点高校毕业），购房分别给予 12 万元、8 万元、4 万元补贴；来孝创业就业的全日制博士研究生、硕士研究生、本科生，购买首套面积不超过 144 平方米的新建商品住房的，分别给予 10 万元、5 万元、3 万元补贴。③进一步调整购房首付比例和贷款利率，首套住房商贷最低首付比例从 20% 下调为 15%，二套房最低首付比例从 30% 下调为 25%，取消个人住房贷款利率政策下限。④新市民、青年人、教师、医务人员、多孩家庭住房公积金贷款最高额度上浮 20%。缴存职工购房时，可同时申请使用父母或子女住房公积金，支持提取住房公积金支付购房首付款。	孝感中心城区推行房地产市场平稳发展新政策
7 月 18 日	贵阳	①购房人持商品房买卖合同和契税完税凭证到属地政府（管委会）指定单位按照实际缴纳契税的 50% 申领消费券。②搭建“以旧换新”活动平台，鼓励多方主体开展三方联动式、直接收购式“以旧换新”活动，行政主管部门为“以旧换新”提供便捷服务支持。③执行取消首套住房和第二套住房商业性个人住房贷款利率政策下限政策，首套、第二套住房商业性个人住房贷款首付比例分别调整为不低于 15%、25%。④支持提取住房公积金支付新房、二手房首付款；支持住房公积金“既提又贷”；取消两次住房公积金贷款时间间隔限制；支持灵活就业人员使用公积金贷款购房，灵活就业人员在补缴 6 个月公积金后即可申请贷款；阶段性提高住房公积金最高贷款额度。⑤鼓励按照“以需定购”原则收购商品房用作保障性住房、安置房，大力推行“房票”安置，加快推进未建成交付安置房清零。	贵阳市住房和城乡建设局等 6 部门发布《进一步促进贵阳市房地产市场平稳健康发展若干措施》
7 月 19 日	南通	①《办法》坚持政府监管模式、灵活调整监管额度，明确监管额度根据商品房项目房屋结构、工程造价、交付条件等因素，结合一定比例调节系数确定，并根据实际情况动态调整。 ②规范监管银行行为，严格通过公开招标方式确定监管银行，对监管银行名录实行动态管理，考评不合格的，暂停承接商品房预售资金监管业务，对未履行商品房预售资金监管职责及无法承担资金监管工作的，终止承接商品房预售资金监管业务。 ③《办法》控制发放的监管资金和开发贷款资金额度，其总额不超过合理支出额度，保障项目建设资金；对出现重大经营风险的企业的预售资金实施重点监管，制定“一项目一策”工作方案，及时化解风险。	南通市出台新版《南通市商品房预售资金监管办法》
7 月 19 日	北京	北京启动“以旧换新”活动，90 天内旧房未成功售出，购房居民可无条件申请退还订金。	北京市启动“以旧换新”活动
7 月 21 日	郑州	郑州 7 月 21 日起推出近 5 万套商品房，在全市范围内开展为期 3 个多月的团购活动。此次团购活动期间，将对前 5000 名购房人给予每人 5000 元的消费券补贴。	郑州市推出近 5 万套商品房，在全市范围内开展为期 3 个多月的团购活动
7 月 23 日	河南	推动房地产市场平稳健康发展，要求全力打赢“保交楼”攻坚战，基本完成两批专项借款项目交付；加快征收安置问题项目整改，力争 2024 年 9 月底前全面完成交付。积极推进房地产领域“三大工程”（规划建设保障性住房、城中村改造和“平急两用”公共基础设施建设）。	河南省印发扎实推进 2024 年下半年经济稳进向好若干措施

8–3 续表 31

时间	地区	政策内容	政策来源
7 月 23 日	吉安	主要内容包括：延续非住宅商品房契税补贴；实行住房消费、商贸消费联动；推动住房“以旧换新”；推行商品房“租购并举”模式；优化购房入学模式；优化存量房交易管理及税收征管；优化住宅项目阳台进深、建筑层高规划约束条件；推动住宅小区居住空间更优；扩大保障性租赁住房供给；优化商品房预售形象进度管理；全面落实城市房地产融资协调机制；合理确定按揭贷款保证金比例。	吉安市出台关于推动房地产平稳健康发展若干措施
7 月 24 日	长沙	长租房政策在完成阶段性任务后，明确了退出机制。	长沙市《关于明确长沙市盘活存量房供作租赁住房有关工作的通知》
7 月 25 日	海南	规范国有住宅用地自建房管理，发布土地供应、规划管理、建设管理、对外转让、不动产登记、执法检查、处置虚假宣传等七方面举措。	海南省自然资源和规划厅、省住房和城乡建设厅、省市场监督管理局日前联合印发《关于规范国有住宅用地自建房管理的通知》
7 月 26 日	赣州	①符合生育政策的二孩、三孩家庭，在章贡区、赣州经开区、赣州蓉江新区范围内购买新建商品住房的，分别给予 5000 元、10000 元的一次性购房补贴。 ②在城市征地拆迁、城市更新、城中村改造等涉及房屋征收中全面推行房票安置。持房票购买新建商品房的，由属地财政给予不低于 400 元 / 平方米的购房补贴或购房奖励。 ③对市场价格连续 3 个月环比下降且累计幅度超过 10% 的县（市、区），及时下调存量房交易计税价格，打通房产置换链条。	赣州市人民政府办公室印发关于加大力度促进房地产市场平稳健康发展若干措施的通知
7 月 26 日	雅安	双职工 / 单职工缴存住房公积金最高贷款额度分别提高至 80 万元 /70 万元；对二孩 / 三孩家庭最高贷款额度分别提高 10 万元 /20 万元；个人住房公积金贷款利率下调 0.25 个百分点；至 2025 年 6 月 30 日，购买自住住房的市民可以一次性提取公积金账户余额，用于支付首付款。	雅安市出台《支持刚性住房需求和多样化改善性住房需求确保房地产市场平稳健康发展的十八条措施》
7 月 29 日	九江	①进一步优化住房公积金政策方面，职工家庭在当地无成套住房，在全国范围内第一次使用公积金贷款或者公积金首次贷款已结清并再次申请公积金贷款的，执行首套房贷款政策。提高住房公积金最高贷款额度，在中心城区购房的，夫妻双职工缴存家庭、单职工缴存家庭的贷款最高限额分别提高至 100 万元 / 户、60 万元 / 户。 ②通知明确，在城镇开发边界范围内，除国家规定必须新建的外，一律停止新建安置房，实行房票安置政策。确需实物安置的，原则上以购买存量新建商品住房方式予以安置。房票实行实名制管理，用于购买新建商品房，初始持有人为房屋被征收人，可转让一次，转让时应到辖区房屋征收部门办理备案手续。	九江市人民政府办公室印发《关于进一步促进九江市房地产市场良性循环和平稳健康发展的若干措施》的通知
7 月 31 日	郑州	住房保障部门不再对新建商品住房销售价格进行指导，开发企业按照自主定价进行销售、办理商品房预（销）售许可（备案）手续。	郑州市发布取消商品住房销售价格指导的通知
8 月 1 日	黄山	①允许提取住房公积金支付购买新建预售商品住房首付款。 ②在黄山市内购买普通自住房首次申请住房公积金贷款并符合住房公积金贷款条件的，对“迎客松英才计划”D 类以下人才个人可贷款额计算倍数提高至 10 倍，但不高于本市现行最高贷款额度。D 类（含）以上人才可按照黄山市住房公积金最高贷款额度贷款。	黄山市发布《关于印发〈黄山市促进房地产业高质量发展若干措施〉的通知》的实施细则
8 月 6 日	九江	计划本月通过发放千张市中心城区购房优惠券活动，促进购房消费，激发市场活力。发放对象为在中心城区购买参与活动项目楼盘新建商品住房并完成网签的个人；优惠金额为所购总房款的 10%，优惠金额由政府和房地产开发企业各承担 5%。	九江市发放千张市中心城区购房优惠券

8–3　续表 32

时间	地区	政策内容	政策来源
8月7日	宜春	①优化商品房价格指导机制，商品房项目根据市场自主合理定价。 ②鼓励企业按照市场化原则搭建面向全社会公开的在售商品房团购平台，团购房源须是“五证”齐全的现房或准现房。各房地产企业自愿参加，对满足团购条件购房的（一次性购买5套以上等），可在新建商品住房原明码标价基础上再下降不超过10个点，团购优惠价格不计入商品备案价格跌幅比例范围。 ③支持收购商品房去库存。在当地政府完全自愿、风险可控的基础上，用好保障性住房再贷款政策。支持和鼓励国有平台利用收购已建成存量商品房作为保障房和安置房，其中60平方米以下的用于公租房，60至90平方米范围的用于保障性租赁住房，90平方米以上用于安置房。 ④提高住房公积金支持力度方面，支持公积金“既提又贷”。多子女家庭的本市缴存职工（不含灵活就业缴存人员），符合租房提取住房公积金条件的，最高提取限额上浮20%调整后，多子女家庭的本市缴存职工及配偶租房提取住房公积金上限为1920元/月。多子女家庭的本市缴存职工（不含灵活就业缴存人员），符合住房公积金贷款条件的，申请住房公积金贷款时最高贷款限额上浮20%。调整后，多子女家庭贷款最高贷款额度为双缴存职工96万元，单缴存职工72万元。	宜春市印发《关于持续促进房地产市场平稳健康发展的若干措施（暂行）》的通知
8月8日	新疆	①缴存职工的父母或子女可以作为共同申请人提取住房公积金账户余额帮助该缴存职工支付购房款，可全额提取支付首付款。 ②支持“先租后买”。加大对职工提取支付房租力度，对首次购买商品房的，已租房提取额与账户余额合并计算住房公积金贷款额度。	新疆维吾尔自治区印发《关于促进自治区房地产市场平稳健康发展的若干措施（试行）》
8月8日	信阳	①支持具备条件的县区开展购房契税补贴工作，自文件印发之日起至2025年6月30日前购买新建商品住房或二手商品住房的，中心城区由所在辖区按其购买新建商品住房或购买二手商品住房已缴纳契税金额100%给予奖补，各县可参照市级政策执行。 ②提高住房公积金贷款最高额度，对于单身或夫妻双方只有一方缴存住房公积金的，在购买商品住宅时最高贷款额度调整为70万元；夫妻双方均缴存住房公积金的，在购买商品住宅时最高贷款额度调整为100万元。 ③加大住房公积金租房提取力度，重点支持新市民、青年人的租房提取。支持提取个人住房公积金账户资金支付购买新建商品住房首付款，提取住房公积金账户资金不大于房屋首付款。支持异地缴存公积金的家庭在信阳购房，申请公积金贷款时享受信阳市民公积金贷款同等优惠政策。 ④市、县（区）房地产主管部门不再对新建商品住房销售价格进行指导，开发企业按照市场供求自主定价进行销售、办理商品房预（销）售许可（备案）手续，并在售楼部公示一房一价。	信阳市印发《信阳市进一步促进房地产市场平稳健康发展的若干措施》的通知
8月9日	泰州	①在泰州购房将继续发放购房补贴，将“五大购”升级为“八大购”。“换新购”“组团购”“孝心购”政策有效期延长至2024年12月31日。新增“进城购”“返乡购”“来泰购”，补贴标准为购房款总额的1.5%。 ②全面实施商品住房“以旧换新”。统筹推进财政补贴、国企收购、市场化运作等模式，推动商品住房“以旧换新”。 ③优化购房入学政策。购买新建商品住房可凭网签备案合同落户、入学。“以旧换新”的换购人，可保留已售卖旧房施教区2年入学资格。	泰州市发布《关于进一步促进市区房地产市场平稳健康发展的通知》

8–3 续表 33

时间	地区	政策内容	政策来源
8 月 9 日	阜阳	①对返乡创业人员、现役军人军属、退役军人军属、消防救援人员及家属、城市公共服务人员、多孩家庭、户籍所在地为农村的农民、改善性换购住房的购房人等各类购买新建商品住房的购房群体，给予契税全额补助。对符合条件的博士研究生、硕士研究生、学士本科生，在阜城购买首套新建商品住房的，给予购房补贴。对在阜城购买商业、办公用房的企业，给予契税总额的 50% 补助。对在阜城购买新建非人防车位（不含二手车位）的购买人，给予契税全额补助。 ②鼓励房企促销让利。鼓励房地产开发企业采取买房送家电、送装修、送车位、送旅游券、送购物券以及特价房等措施，开展营销。支持地下停车位销售去化。支持金融机构推出“车位贷”金融产品，房地产开发企业可采取租售并举的方式（人防车位除外），提高地下停车位使用效率。 ③公积金缴存单职工贷款额度上限由 45 万元调整为 50 万元，公积金缴存双职工家庭贷款额度上限由 50 万元调整为 60 万元。支持公积金余额付首付。首次申请公积金贷款的缴存职工，可申请公积金全部余额支付新建商品住房首付款。 ④在符合国土空间规划和土地出让条件的前提下，允许依法将满足居住条件的非住宅类商品房改建为居住性质住房。	阜阳市发布《我市进一步优化政策措施促进房地产业高质量发展》
8 月 9 日	白银	①购房家庭在购房所在县、区无住房，购买新建商品住房按照首套房认定，享受首套房商业贷款政策。 ②公积金贷款最高额度由 60 万元提高至 65 万元。符合国家生育政策，在白银市缴存公积金的三孩家庭购买首套自住住房最高贷款额度由 65 万元提高至 70 万元。 ③取消对新建商品住房价格备案。 ④本次活动以消费券形式发放奖补资金 2000 万元，其中会宁县 300 万元、靖远县 300 万元、景泰县 400 万元、白银区 600 万元、平川区 400 万元。各区县根据库存实际、财政情况，在完成已定基数上可另行增加奖补资金。活动期间内，凡购买商品住房的按照合同总价的 2% 给予奖补，奖补资金用于支付置办家电、家具、家装、厨卫等费用。	白银市发布《关于进一步优化房地产市场发展的政策措施》
8 月 15 日	成都	①对于出售自有住房并在 6 个月内购买新建商品住房的，可认定为首套房。支持商业银行按认定的客户住房套数办理个人住房贷款业务。 ②对出售自有住房并在 6 个月内购买新建商品住房的购房人，申请住房公积金贷款的，双缴存人家庭最高贷款额度调整为 90 万元，单缴存人家庭最高贷款额度调整为 50 万元。 ③首套房住房公积金贷款最低首付款比例 20%，最高贷款额度双缴存人 80 万元、单缴存人 40 万元，多子女家庭额外增加 10 万元，利率执行中国人民银行公布的首套房标准。	成都市出台《关于开展成都市住房“以旧换新”工作的通知》
8 月 15 日	长春	①在主城区、开发区贷款购买新建商品房的市民，可以按照初始贷款金额每年获得 1% 的财政贴息，最高 1 万元 / 年，持续发放三年；对一次性付款购买新房者，提供每套 1.5 万元的购房消费券。对于“以旧换新”的购房人，贴息比例提高至 2%，最高贴息额度为 2 万元 / 年，消费券额度提高至 3 万元 / 套。 ②对于进城农民购买市区首套新房，给予 200 元 / 平方米购房补贴，最高 2 万元 / 套。 ③对于毕业 5 年内高校毕业生，在市区内购买省内首套新房、二手房，以及居住型公寓，按本科、硕士、博士给予一次性购房补贴 3、5、8 万元 / 套，符合条件的夫妻毕业生 2 人可同时申领。	长春市发布购房补贴新政

8–3　续表 34

时间	地区	政策内容	政策来源
8 月 23 日	唐山	①对购买新建商品住房（地上房屋建筑面积 144 平方米及以下）的购房人给予每套成交价格 1% 的补贴。如购房人为 60 岁及以上老人、生育二孩及以上的多子女家庭和符合“凤凰英才”政策的各类人才，给予每套成交价格 1.5% 的补贴。 ②单、双缴存职工家庭住房公积金个人住房贷款最高额度由 80 万元调整为 100 万元，二孩、三孩家庭最高贷款额度分别额外增加 20 万元、30 万元，允许购房首付款提取住房公积金；购买保障性住房的，首付比例最低为 15%。 ③开展商品房“以旧换新”。	唐山市发布《唐山市关于优化当前房地产政策的若干措施》的通知
8 月 23 日	长沙	居民家庭在拟购新房的区县（市）无住房的，可按首套住房认定，办理商业性个人住房贷款；在长沙市域范围内既有住房贷款已结清的，支持金融机构自行确定首付款比例和利率。	长沙市发布《关于进一步优化我市个人住房贷款中住房套数认定标准的通知》
8 月 23 日	漳州	在城市郊区等不具备公共交通条件但景观、区位等条件较好的区域或受限高管控区域，优化规划用地指标，停止执行住宅项目容积率不得低于 1.0 的供地标准。此次政策调整预计将降低开发商在特定区域的拿地成本，缓解市场供需矛盾。	漳州市调整市中心城区经营性房地产用地政策
8 月 27 日	上海	①优化住房建筑面积标准：将本市多层、小高层、高层建筑的商品住房中小套型住房建筑面积标准分别调整为 100 平方米、110 平方米、120 平方米。 ②优化住房供应比例：原则上，中外环间区域住宅中小套型比例不低于 70%，中环以内区域不低于 60%，新城和南北转型重点区域不低于 60%，外环外其他区域不低于 50%。	上海市《关于优化本市新出让商品住房用地套型供应结构的通知》
8 月 27 日	邵阳	①推进商业银行住房按揭贷款转住房公积金贷款。 ②继续推动异地缴存职工回邵购房，放宽异地缴存职工在邵阳市购买商品住房申请住房公积金贷款的条件，取消需夫妻双方至少有一方具有邵阳户籍的限制；取消所购住房为本市首套住房的限制；取消申请人需在就业地缴存住房公积金的限制。 ③可以提取职工（含配偶）住房公积金支付首付款（不再限定是首套房）。 ④允许父母提取住房公积金为子女购买商品住房。 ⑤缴存职工家庭最高可贷款额度为 60 万元；邵阳市高层次人才和符合国家政策已生育三孩的缴存职工家庭申请住房公积金贷款购房的，最高可贷款额度为 80 万元。 ⑥在所属县市范围内无住房的，均按首套住房认定，享受“认房不认贷”政策。 ⑦对全日制硕士研究生学位及以上毕业生、符合国家生育政策生育三孩且子女均未成年的家庭，每个家庭给予购房补贴 2 万元。 ⑧支持科研机构、产业园区、大专院校、机关企事业等单位集中团购商品住房，团购价格不纳入城市商品房价格监测范围。	邵阳市印发《关于促进房地产市场平稳健康发展的若干措施》的通知

8–3 续表 35

时间	地区	政策内容	政策来源
8 月 27 日	郴州	①双缴职工和符合郴州市人才引进新政的单缴职工购买新建商品房，最高贷款额度由 60 万元提高到 70 万元。 ②对拥有 1 套住房并结清相应购房贷款的居民家庭，为改善居住条件再次申请住房公积金委托贷款购买住房的，最低首付比例由 30% 降低至 20%。 ③在郴州市中心城区购买新建商品住房的，将对购房者所缴纳契税税额的 50% 进行财政补贴。 ④继续保持 2023 年存量房评税价格水平，促进存量房交易。同时，对已建未售的非住宅商品房，在满足消防结构及国家规范的前提下，经法定程序批准可变更为商品住宅。对变更后的商品住宅，鼓励房地产开发企业自持用作租赁住房和按适当比例改为保障性住房；支持国有企业收购用作保障性住房，保障新市民、青年人住房需求。在满足消防结构及国家规范的前提下，允许商铺根据实际情况重新分割办证。	郴州市发布《关于促进郴州市房地产市场平稳健康发展的若干措施》的通知
8 月 29 日	上海	①商品住宅房屋维修资金归集标准：按照每平方米建筑面积成本价计价。 ②公有住房售后房屋维修资金归集标准：按照上海市公有住房出售政策中有关规定执行（包括房屋维修资金、电梯水泵大修更新资金、街坊公共设施管理维修资金），三项资金合并使用。	上海市发布住宅维修资金管理新规
9 月 4 日	海口	①优化本省户籍居民购房政策。凡落户海南省的人员，自落户之日起享受本地居民同等购房待遇。②鼓励“以旧换新”，满足改善性购房需求。凡是挂牌出售其本人或家庭成员（配偶及未成年子女）在本省的住宅，均可在海口市换购一套商品住宅。	海口市出台楼市新政，再次优化本省户籍居民购房政策及鼓励“以旧换新”
9 月 5 日	湘潭	①提高住房公积金贷款额度，最高额度由 90 万元提高至 100 万元，偿还期限可延长至法定退休时间后 5 年。②实施阶段性购房补助政策，144 平方米及以下补贴 4000 元 / 套，144 平方米以上补贴 8000 元 / 套；给予人才购房补贴，补贴标准 100~240 元 / 平方米。③优化住房销售方式，鼓励房企实行按住房套内面积计价宣传销售，团购不纳入价格监测范围。	湘潭市发布《湘潭市促进房地产市场高质量发展的若干措施》有关情况
9 月 5 日	泸州	①积极支持有条件的区县以合理的价格在试点区域收购存量商品房用作配售配租保障性住房，金融机构发放收购贷款予以支持。鼓励国企收购存量商品房用于养老、托育等公共服务用房。②购买新建商品住房的，按建筑面积补助 600 元 / 平方米，单套房源补助总额不超过 8 万元；符合国家政策生育二孩、三孩且户籍在泸州市的家庭，按建筑面积补助 800 元 / 平方米，单套房源补助总额不超过 10 万元；购买一手车位（车库）的给予 1 万元 / 个补助。③在本市范围内新购买住房，购房人在拟购住房所在区县范围内无住房的，认定为首套房。	泸州市发布《关于进一步促进房地产市场平稳健康发展的政策措施》的通知

8-3　续表 36

时间	地区	政策内容	政策来源
9月10日	江苏	①强化“好房子”供给。加快建成一批品质优良、数字化智能化的改善型住宅。提升新建建筑中星级绿色建筑比例，加快既有建筑和市政基础设施节能节水降碳改造。允许已出让未建设的存量住宅用地建设改善型住宅。按照国家有关部署，取消普通住宅和非普通住宅标准。按照“以房定地”原则，优化土地供应规模和结构。②积极盘活存量房源。集成政府奖励、购房补贴、房企优惠等政策，支持各地因城施策扩大房票购买不动产范围。统筹推进回购、直接补贴、中介帮卖等模式，放大住房“以旧换新”政策效应。积极推进城市更新，稳步实施城中村改造，采取房票和收购存量住房等用于安置。③优化住房公积金使用政策。支持职工提取住房公积金用于自住住房电梯新建和更新改造，政策支持范围扩大到本人及配偶双方父母。支持职工在实际工作地租房提取住房公积金。支持将职工一定期限内的租房提取金额，与其个人账户余额合并计算家庭住房公积金可贷款金额。	江苏省印发《关于巩固增强经济回升向好态势进一步推动高质量发展的若干政策措施》
9月13日	南平	①居民家庭在购房所在地无住房的，办理新购住房的商业性个人住房贷款和住房公积金贷款时，按首套住房认定。②鼓励房地产企业接收房票，购房人持房票购房网签后，其使用的房票按支付点核算可兑付资金，经住建部门核算认定后，视同相应资金已存入预售资金监管账户。③明确新出让住宅用地就学安排，在出让房地产用地时，自然资源部门应提前向教育部门征求购房户子女就学安排方案，并在土地出让公告中予以明确。	南平市发布《南平市落实“一城一策”促进房地产平稳健康发展的二十条措施》的通知
9月15日	大连	①实施房交会购房补贴政策。在秋季房交会期间个人购买中山区、西岗区、沙河口区、甘井子区参展项目新建商品房（含新建商品住房和新建非住宅商品房），按照成交价的1%给予购房补贴。②在本市范围内购买住房，在拟购住房所在区市县（先导区）范围内无住房的，执行首套房个人住房贷款政策。③多孩家庭（其中至少一名子女未成年）在拟购住房所在区市县（先导区）购买第二套住房的，执行首套房个人住房贷款政策。④缴存人使用住房公积金贷款在本市范围内购买配售型保障性住房的，最低首付款比例为15%。缴存人可提取个人账户住房公积金支付保障性住房首付款，提取首付款金额与贷款金额累计不超过购房款总额。⑤符合条件的大连市软件人才在本市范围内购买住房的，落实大连市城市发展紧缺人才住房公积金贷款支持政策，首次使用住房公积金贷款购买首套自住住房的，单人或双人最高贷款额度在当期最高贷款额度基础上提高20万元，贷款额度不受住房公积金账户存储余额倍数的限制。	大连市发布《关于进一步优化房地产市场平稳健康发展政策措施的通知》
9月15日	山西	①取消太原市商品住房限购政策。②取消商品住房（含新建商品住房和二手住房）转让限制年限规定（有限制产权转让的除外），自取得不动产权证（房屋所有权证）之日起即可转让，大力支持城乡居民刚性和改善性购房需求。③各市政府可以因城施策，取消普通住宅和非普通住宅标准，更好地支持改善性住房需求释放。④对购买新建商品住房的二孩及以上多子女家庭办理商业性个人住房贷款或者公积金贷款，政府有关部门在出具住房套数认定证明时可给予核减1套家庭住房套数，鼓励支持银行业金融机构对其购买的第二套、第三套住房分别执行首套、二套住房的贷款首付比例及利率政策。⑤各城市根据资金结余情况，可进一步优化住房公积金贷款房屋套数“认贷”标准。⑥支持开展住房“以旧换新”活动。⑦积极推行“房票安置”模式。	山西省发布《山西省进一步促进房地产市场平稳健康发展若干措施》

8–3 续表 37

时间	地区	政策内容	政策来源
9 月 17 日	南京	在金秋房展会上发放限时购房补助，在各区现行购房补助政策基础上，额外给予购房合同金额 1% 的补助。	南京市购房补助政策
9 月 19 日	遵义	①由购房人先行支付购房首付款，调整为由市公积金中心出具缴存余额证明，差额部分由购房人自行补足后，即可在住建部门办理房屋备案登记。②购买自住住房的，借款申请人正常连续足额缴存住房公积金，最高贷款额度由 50 万元提高至 60 万元；借款申请人和共同申请人均正常连续足额缴存住房公积金，最高贷款额度由 60 万元提高至 70 万元。③二套房公积金贷款最低首付款比例从 30% 下调为 20%。④居民家庭在当地成套住房套数，由各县（市、区）不动产登记部门根据居民家庭申请或授权查询。⑤创新支持购房“以旧换新”。⑥增加“商转公”名额，每月受理“商转公”申请户数从 300 个增加至 600 个。	遵义市印发《遵义市促进房地产高质量发展政策措施》的通知
9 月 20 日	北京	据北京日报，中共北京市委贯彻《中共中央关于进一步全面深化改革、推进中国式现代化的决定》优化房地产政策，适时取消普通住宅和非普通住宅标准，优化商品住宅用地交易规则，改革房地产开发融资方式和商品房预售制度。	中共北京市委贯彻《中共中央关于进一步全面深化改革、推进中国式现代化的决定》
9 月 23 日	齐齐哈尔	①对开发企业向人才、农村人口进城购房和二孩（三孩）家庭购房人销售的房屋合同价格不设下限。②个人转让自用达五年以上、并且是唯一的家庭生活用房取得的所得，暂免征收个人所得税。③公积金最高贷款额度为 100 万元。④规范推进“商业贷款转公积金贷款”业务办理。	齐齐哈尔市发布《关于进一步促进齐齐哈尔市房地产市场平稳健康发展的若干措施》
9 月 24 日	宜昌	取消新建商品住房价格指导。全市不再实行新建商品住房价格指导。	宜昌市印发《关于促进房地产市场平稳健康发展若干措施》的通知
9 月 25 日	大庆	①提高住房公积金贷款额度。缴存人购买新建自住住房申请住房公积金贷款，贷款额度按账户余额 30 倍计算，最高不超贷款额度上限。②符合大庆市高层次人才相关规定的缴存人，贷款额度提高至账户余额 40 倍、最高 70 万元。毕业 5 年内的全日制本科及以上学历毕业生，贷款额度提高至账户余额 30 倍、最高 70 万元。③持续实行购房补贴政策。延长补贴政策时间。	大庆市印发通知，对《关于进一步促进大庆市房地产市场平稳健康发展若干措施》进行落实
9 月 27 日	广州	广州市开通个人住房贷款二手房“带押过户”业务。	广州市开通个人住房贷款二手房“带押过户”业务
9 月 28 日	成都	①单缴存人最高贷款额度由 40 万元提高至 60 万元，双缴存人最高贷款额度由 80 万元提高至 100 万元。取消首套住房和二套住房最高贷款额度差异。 ②多子女家庭、“以旧换新”购房最高贷款额度对应上浮 20%。 ③拟支持商业性个人住房贷款转为住房公积金个人住房贷款，缴存人可将符合条件的商业性个人住房贷款转为住房公积金个人住房贷款。 ④缴存人在成都市行政区域内新购住房的，在规定时间内可提取本人父母、子女的住房公积金。 ⑤支持使用住房公积金先租后购，同一个自然年度内，办理过租房提取的缴存人，还可办理购房提取或偿还住房贷款本息提取。申请住房公积金贷款的，近一年内租房提取金额可纳入贷款额度计算。	成都市发布《关于促进房地产市场平稳健康发展有关政策征求意见建议的通知》

8-3　续表 38

时间	地区	政策内容	政策来源
9 月 29 日	全国	①优化个人住房贷款利率机制：固定利率住房按揭借款人可与银行协商，由银行新发放浮动利率住房按揭房贷款置换存量贷款；浮动利率LPR 加点机制，加点幅度等于原合同利率水平与最近一个月 LPR 的差值。浮动利率住房按揭与全国新发住房按揭贷款利率偏离达到一定幅度时，借款人可与银行协商，由银行新发放浮动住房按揭贷款置换存量贷款。市场利率定价自律机制发布倡议：各商业银行将存量房贷利率调整为 LPR-30bp，且不低于所在城市目前执行的新发放商业性个人住房贷款利率加点下限（如有）。原则上应于 2024 年 10 月 31 日前统一对存量房贷（包括首套、二套及以上）利率实施批量调整，且不晚于 10 月 12 日发布操作细则。 ②对于贷款购买住房的居民家庭，商业性个人住房贷款不再区分首套、二套住房，最低首付款比例统一为不低于 15%。 ③对于金融机构发放的符合要求的贷款，中国人民银行向金融机构发放再贷款的比例从贷款本金的 60% 提升到 100%。 ④《中国人民银行中国银行保险监督管理委员会关于做好当前金融支持房地产市场平稳健康发展工作的通知》《中国人民银行办公厅国家金融监督管理总局办公厅关于做好经营性物业贷款管理的通知》中有关政策有适用期限的，将适用期限延长至 2026 年 12 月 31 日。	央行会同金融监管总局出台四项金融支持房地产政策
9 月 29 日	无锡	①购房人在拟购住房所在区（含无锡经开区）范围内无商品住房的，可认定为首套房。 ②支持银行业金融机构自主确定住房贷款利率水平；银行业金融机构应结合经营情况、客户信用状况等因素，合理确定每笔贷款的具体利率水平。 ③允许房票在购买纳入房源信息库的新建商品房（含住宅及非住宅）外，还可以购买车位。 ④支持具备一定条件的房地产开发企业试点将库存商品住宅，向特定人群（新就业人群、引进的各类人才、企业团购）以共有产权的形式出售，满足不同人群的住房需求。	无锡市发布《关于进一步优化房地产市场平稳健康发展若干政策措施的通知》
9 月 29 日	上海	①调整住房限购政策：对非本市户籍居民家庭以及单身人士购买外环外住房的，社保年限调整为 1 年（原为 3 年）。对持《上海市居住证》且积分达到标准分值、在本市缴纳社会保险或个人所得税满 3 年及以上的非本市户籍居民家庭，在购买住房套数方面享受沪籍居民家庭的购房待遇。在自贸区临港新片区实施更加差异化的购房政策，对在新片区工作、存在职住分离的群体，在执行现有住房限购政策的基础上，可在新片区增购 1 套住房，促进职住平衡。 ②优化住房信贷政策：首套首付比例调整为 15%（原为 20%），二套首付比例调整为 25%（原为 35%）；实行差异化政策区域从“不低于 30%”调整为“不低于 20%”；住房公积金二套房贷最低首付比例相应调整。 ③调整住房税收政策：个人住房转让增值税征免年限从 5 年调整为 2 年。取消普通住房标准和非普通住房标准。	上海市印发《关于进一步优化本市房地产市场政策措施的通知》
9 月 29 日	广州	取消居民家庭在本市购买住房的各项限购政策。	广州市发布关于调整房地产市场平稳健康发展措施的通知

8–3 续表 39

时间	地区	政策内容	政策来源
9 月 29 日	深圳	①调整住房限购政策：本市户籍家庭限购 2 套，单身限购 1 套；非核心区可加购 1 套住房。非本市户籍居民家庭及成年单身人士限购 1 套住房，核心区由 3 年社保放松为 1 年，非核心区取消 1 年社保要求。有两个及以上未成年子女的可加购 1 套。（备注：核心区为福田区、罗湖区、南山区和宝安区新安街道、西乡街道。） ②全面取消限售（原商品住房限售 3 年，公寓限售 5 年）。 ③个人住房转让增值税征免年限由 5 年调整到 2 年。 ④调整个人贷款政策：首套由 20% 降至 15%，二套由 30% 降至 20%；有两个及以上未成年子女的居民家庭，购买第二套住房的，适用于首套住房贷款政策；深汕合作区首套、二套首付比例均调整为 15%，取消利率下限。	深圳市发布《关于进一步优化房地产市场平稳健康发展政策措施的通知》
10 月 1 日	邯郸	①对购买新建商品住房的购房人，给予成交价 1% 的购房补贴。②对企业入职的高校毕业生、生育二胎及以上家庭、60 岁及以上老人购买新建商品住房的，给予成交价 1.5% 的购房补贴。③对“以旧换新”的购房人，按照购买新建商品住房成交价的 1.5% 给予购房补贴。	邯郸市出台购房补贴发放实施细则及住房“以旧换新”活动方案
10 月 8 日	全国	促进房地产市场止跌回稳。采取系统性综合措施，对商品房建设严控增量、优化存量、提高质量，加大“白名单”项目贷款投放力度，运用专项债券等支持盘活存量闲置土地，调整住房限购政策，释放刚性和改善性住房需求，加快消化存量商品房，降低存量房贷利率，抓紧完善土地、财税、金融等政策，加快构建房地产发展新模式。降低存量房贷利率等政策已经出台，有些城市全面取消限购，有些城市进一步缩小限购区域、放宽限购条件，其他政策也在积极谋划、积极推进。	国新办举行“推动高质量发展”系列主题新闻发布会，发改委发言
10 月 8 日	廊坊	购买 90 平方米以下（含 90 平方米）住房的补贴 5000 元 / 套；购买 90 至 144 平方米（含 144 平方米）住房的补贴 10000 元 / 套；购买 144 平方米以上住房的补贴 15000 元 / 套。	廊坊市推出购房分段定额补贴政策
10 月 8 日	福州	①商业性个人住房贷款首付比例统一调整为不低于 15%，不再区分首套房和二套房。②按照居民家庭在购买住房所在区的住房套数进行认定。③及时取消普通住宅和非普通住宅标准。④商品住宅用地出让前，由属地区政府负责，市教育局指导，确定划片学校；并由市自然资源和规划局在土地出让公告中予以明确。	福州市发布《关于进一步优化房地产相关政策的通知》
10 月 8 日	南宁	购买配售型保障性住房申请住房公积金个人住房贷款的，最低首付款比例调整为 15%。	南宁市发布《关于支持缴存人购买保障性住房和加大对缴存人租房需求支持力度的通知》
10 月 9 日	杭州	①商业性个人住房贷款不再区分首套、二套住房，最低首付款比例统一为 15%。②申请住房公积金贷款，最高额度提高到 130 万元，保底额度提高到 20 万元；购买经认定为绿色低碳建筑的新建商品住房或“以旧换新”的，贷款额度可上浮 20%；统一首套房和二套房贷款首付款比例不低于 20%；使用 1 次住房公积金贷款已结清的，可按首套房认定。③新出让住宅用地不再设置新建商品房限价要求，已出让用地按原有合同约定执行。	杭州市发布《关于进一步优化调整我市房地产相关政策的通知》
10 月 10 日	山东	①商业性个人住房贷款按照最低首付比例 15% 执行。②取消首套住房和二套住房商业性个人住房贷款利率政策下限。	山东省印发《关于落实金融支持政策促进全省房地产市场止跌回稳的通知》

8-3　续表 40

时间	地区	政策内容	政策来源
10 月 11 日	青岛	①商业性个人住房贷款不再区分首套、二套住房，最低首付款比例统一为不低于 15%，住房公积金贷款参照执行。 ②在青岛市购买家庭首套或第二套自住住房的，借款申请人及配偶均符合申贷条件的，公积金贷款最高额度调整为 100 万元；借款申请人仅本人符合申贷条件的，公积金贷款最高额度调整为 60 万元。 ③多子女家庭购买青岛市自住住房的，公积金贷款额度可上浮 30%；购买青岛市新建高品质住宅或达到现行绿色建筑评价标准一星级及以上等级的新建商品住宅的，公积金贷款额度可上浮 30%。上述上浮政策可叠加使用，叠加后最高贷款额度不超过 150 万元。 ④青岛市二孩及以上家庭新购住房办理商业性个人住房贷款时，如非首套房，在住房套数认定时核减 1 套住房。 ⑤对符合青年人才一次性安家费发放条件的博士、硕士研究生，购买新建商品住房（家庭唯一住房）的，在分别给予 15 万元、10 万元一次性安家费的基础上，再分别按照博士 10 万元、硕士 5 万元标准发放有效期为一年的购房券，用于支付新建商品住房购房款。 ⑥将申请产权型人才住房的学历条件放宽至非全日制专科以上学历。	青岛市发布《关于青岛市进一步促进房地产市场平稳健康发展若干政策措施的通知》
10 月 11 日	济南	①商业性个人住房贷款不再区分首套、二套住房，最低首付款比例统一为 15%。②两人及以上缴存住房公积金的职工家庭最高贷款额度 100 万元，多子女及高层次人才职工家庭最高贷款额度提高到 130 万元。③加快建立租购并举的住房制度，支持符合条件的国有企业按照国家保障性住房再贷款政策要求，收购存量商品房用作人才房、长租房、保障性住房等。④明确居住小区公共设施、开放空间等不计入容积率的情形，提高住宅建筑品质；购买高品质住宅申请公积金贷款的职工家庭最高贷款额度提高到 120 万元。	济南市发布关于促进我市房地产市场止跌回稳相关政策举措的通知
10 月 11 日	泉州	①在泉州市行政区域范围内新购买的一、二手住房不再执行限售政策。有特定销售要求的商品住房从其规定执行。②新出让的房地产住宅用地在招拍挂时不再限制商品住宅、车位销售价格。已出让的房地产住宅用地根据土地出让合同约定和相关文件要求继续执行商品住房“限房价”要求。③夫妻双方最高贷款额度为 100 万元；单方最高贷款额度为 60 万元；二孩及以上家庭贷款额度可再另加 10 万元。④住房商业性个人住房贷款首付比例统一调整为不低于 15%，不再区分首套房和二套房。	泉州市出台《进一步促进房地产市场平稳健康发展若干政策措施》
10 月 12 日	嘉兴	①商业性个人住房贷款不再区分首套、二套住房，最低首付款比例统一为 15%。②最高额度提高到 130 万元，保底额度提高到 25 万元，统一首套房和二套房贷款首付款比例不低于 20%。家庭住房套数以不动产登记部门记载的购房所在县（市、区）、嘉兴经济技术开发区范围内房屋信息为准。	嘉兴市印发关于进一步优化调整我市房地产政策的通知
10 月 12 日	陕西	商业性个人住房贷款不再区分首套、二套住房，最低首付款比例统一为不低于 15%。	陕西省商业性个人住房贷款不再区分首套、二套住房
10 月 14 日	宁德	①鼓励实行房屋拆迁房票安置政策。②明确取消商品住房上市限制，在宁德中心城区范围内的商品住房（含二手住房）取得不动产权证后可上市交易。③对符合国家政策已生育、抚养两个及以上子女的家庭申请商业贷款购买商品住房时，家庭成员在当地已有一套住房的，再次购入的按首套住房执行住房信贷政策；已有两套住房的，再次购入的按二套住房执行住房信贷政策。④优化商业入学，商业业态调整，国有企业通过购买、长租、自持等方式，加快化解宁德商业办公类房地产库存。	宁德市发布《关于促进住房市场健康发展的若干措施》

8–3 续表 41

时间	地区	政策内容	政策来源
10月14日	包头	①单方缴存住房公积金的最高贷款额度从60万元提升至70万元，夫妻双方共同缴存的最高贷款额度从100万元提升至120万元。 ②非营利公共服务设施及建筑保温层不纳入容积率计算，进一步降低开发成本，提升住房品质。通过优化容积率计算规则，推动高品质住宅发展，促进成本效益与居住质量的双重提升。	包头市出台一系列楼市政策
10月14日	厦门	进一步优化房票制度，全面覆盖集体土地和国有土地征收项目，从“建房”“等房”安置变为“买房”“现房”安置。放开房票购房区域。鼓励被征收人在本辖区购房安置，允许跨行政区购房安置。增加房票使用功能，在满足基本居住需求的基础上，可购买公寓、厂房、办公用房，增加群众财产性收入。	厦门市印发《关于优化要素资源配置机制推动经济高质量发展的实施方案》
10月15日	成都	①优化土地出让建设条件。②支持不同用途或相同用途的多宗经营性建设用地组合供应，实行同场公告、同场竞买、同时应价、一并竞得。③二孩及以上家庭新购住房办理商业贷款时均认定为购买首套住房，支持商业银行按照认定套数办理住房贷款。④新购商品住房（除定向销售项目外）和二手住房的，取得《不动产权证书》后即可上市交易，在此之前已纳入再交易管理范围的住房仍按原政策执行。	成都市出台关于促进房地产市场平稳健康发展有关政策的通知
10月16日	天津	①一是取消本市新建商品住房和二手住房购买、转让等方面的限制性措施。不再对新建商品住房销售价格上限实施指导。二是取消本市普通住房和非普通住房标准。②对于在本市贷款购买住房的居民家庭，商业性个人住房贷款不再区分首套、二套住房，最低首付款比例统一为不低于15%。	天津市出台《天津市人民政府办公厅转发市住房城乡建设委等六部门关于进一步优化房地产政策更好满足居民合理住房需求若干措施的通知》
10月16日	乌鲁木齐	①取消申请住房公积金贷款房屋面积不得超过144平方米、销售单价不得超过14960元/平方米的限制。②商业性个人住房贷款不再区分首套、二套住房，最低首付款比例统一为不低于15%。③取消新建商品住房销售价格调控限制。④推行不动产“商转公”贷款、“带押过户”。	乌鲁木齐市印发《乌鲁木齐市关于进一步优化房地产市场政策措施》
10月17日	全国	四个取消。主要包括取消限购、取消限售、取消限价、取消普通住宅和非普通住宅标准。 四个降低。降低住房公积金贷款利率；一套、二套房贷最低首付比例降至15%；降低存量贷款利率；降低“卖旧买新”换购住房的税费负担。 两个增加。一是通过货币化安置等方式，新增实施100万套城中村改造和危旧房改造。二是年底前，将“白名单”项目的信贷规模增加到4万亿元。城市房地产融资协调机制要将所有房地产合格项目都争取纳入“白名单”，应进尽进、应贷尽贷，满足项目合理融资需求。	国新办举行“推动高质量发展”系列主题新闻发布会，住建部发言
10月17日	西安	①全市商品住房取得《不动产权证书》即可上市交易。②新建商品住房不再实施价格指导，由房地产开发企业依照市场实际合理确定。企业可根据项目供需情况自主选择是否需要公证摇号。③商业性个人住房贷款不再区分首套、二套住房，最低首付款比例统一为不低于15%。④取消普通住宅和非普通住宅标准，相关政策按国家规定执行。⑤单缴存职工家庭最高贷款额度不超过75万元，双缴存职工家庭最高贷款额度不超过100万元。多子女家庭在此基础上提高至1.2倍。结清首次公积金贷款后，再次使用公积金贷款购买商品住房的，首付比例不低于20%。⑥优化预售资金拨付程序，房地产开发企业申请使用非重点监管资金用于本项目建设的可直接核准拨付；申请使用保函置换重点监管资金的，辖区住建部门应在3个工作日内办结。	西安市发布《关于优化西安市房地产相关政策的通知》

8–3　续表 42

时间	地区	政策内容	政策来源
10 月 17 日	河北	①取消首套住房和二套住房商业性个人住房贷款利率政策下限，统一首套房和二套房商业性个人住房贷款最低首付款比例为 15%。②开展提取住房公积金直付购买新建商品房首付款业务。③使用住房公积金个人住房贷款购买保障性住房的，最低首付款比例为 15%。	河北省印发《关于进一步推动房地产市场平稳健康发展的若干措施》
10 月 18 日	临沂	①商业性个人住房贷款不再区分首套、二套住房，最低首付比例统一为 15%，住房公积金贷款参照执行。②调整优化公积金贷款有关认定标准，对同一套住房使用过两次公积金贷款的，视为使用过一次，可再次申请贷款。③出售自有住房后购买新建商品住房的家庭或个人，由财政给予购房补贴。购买新建商品房备案时间在 2024 年 10 月 15 日至 2024 年 12 月 31 日期间的，给予 3 万元购房补贴；购买新建商品房备案时间在 2025 年 1 月 1 日至 2025 年 3 月 31 日期间的，给予 2 万元购房补贴。	临沂市印发《关于优化调整有关政策措施促进房地产市场止跌回稳的通知》
10 月 20 日	常德	①博士研究生、正高级职称人员、高级技师及以上职业资格等级人员补贴标准为 200 元 / 平方米，硕士研究生、副高级职称人员及技师补贴标准为 150 元 / 平方米，本科生、中级职称人员及高级工补贴标准为 120 元 / 平方米，专科生及中级工补贴标准为 100 元 / 平方米。②符合生育政策的二孩及三孩住房公积金缴存职工家庭，住房公积金贷款额度可按家庭当期最高贷款额度分别上浮 20% 和 50%。③实施“以旧换新”购买模式。	常德市印发《常德市进一步促进房地产市场平稳健康发展的若干措施（试行）》
10 月 21 日	云南	①鼓励对城中村改造安置户采用房票安置或“以购代建”方式安置。②取消住房（含新建商品住宅和二手住房）购买、转让、信贷、定价等方面限制性措施。住房转让不设定限制年限规定（按规定限制产权转让的除外）。取消普通住宅和非普通住宅标准限制。③商业性个人住房贷款不再区分首套、二套住房，最低首付款比例下限统一为不低于 15%。	云南省发布《关于进一步促进云南省房地产市场止跌回稳平稳健康发展的指导意见》
10 月 22 日	东营	①商业性个人住房贷款住房套数由按城市认定调整为按县区认定。二孩及以上家庭新购住房办理商业性个人住房贷款时，如非首套房，在住房套数认定时核减 1 套住房。②住房公积金贷款住房套数由按城市认定调整为按县区认定，全面放宽“商转公”业务办理范围，取消商业性个人住房贷款办理时间限制，允许提取住房公积金用于省内购房。③鼓励物业服务企业不再区分普通住宅和非普通住宅。	东营市发布《关于进一步优化调整房地产市场政策的通知》
10 月 23 日	烟台	①商业性个人住房贷款不再区分首套、二套住房，最低首付款比例统一为不低于 15%。②住房公积金贷款中住房套数的认定范围，由原按市域认定改为按区（市）认定。③商业贷款住房套数的认定范围，由原按市域认定改为按区（市）认定；多子女家庭新购住房，在办理商业性个人住房贷款时，如非首套房，在住房套数认定时核减一套住房。	烟台市发布《关于印发促进烟台市房地产市场“止跌回稳”政策措施的通知》
10 月 24 日	银川	①商业性个人住房贷款不再区分首套、二套住房，最低首付款比例统一为不低于 15%。②取消普通住宅和非普通住宅标准。③使用住房公积金个人住房贷款购买保障性住房的，最低首付款比例为 15%。④高层次人才、银川市高精尖缺人才申请住房公积金贷款购买新建自住住房，符合住房公积金贷款申请条件的，最高贷款额度可在最高贷款限额的基础上上浮 10 万元。⑤加大现房销售配套政策支持，明确新出让土地项目按照不少于 30% 建筑面积实行现房销售，鼓励在建项目未售楼栋实行现房销售，延长房屋供应时序。	银川市印发《银川市关于进一步促进房地产市场平稳健康发展若干措施》

8–3 续表 43

时间	地区	政策内容	政策来源
10 月 25 日	佛山	①取消居民家庭在本市禅城区祖庙街道、南海区桂城街道、顺德区大良街道购买新建商品住房上市交易限制年限规定，商品住房自取得不动产权证之日起即可上市交易。②支持城中村改造项目利用专项借款购买存量商品房用于村民安置。③自持商品住房，经政府同意并核算补缴相关费用后，可转为普通商品住房上市流通。④对二孩及以上家庭购买首套自住住房，最高贷款额度上浮 20%；允许缴存职工申请将本人尚未结清的个人商业性住房按揭贷款，转为个人住房公积金贷款。⑤及时取消普通住宅和非普通住宅标准。	佛山市印发关于进一步优化房地产市场平稳健康发展的若干措施的通知
10 月 25 日	南宁	①商业性个人住房贷款不再区分首套、二套住房，最低首付款比例统一为 15%。②住房公积金个人住房贷款首付比例不再区分首套、二套住房，最低首付款比例统一为不低于 20%。③首套房住房公积金贷款最高额度提高至 90 万元，二套房住房公积金贷款最高额度提高至 80 万元。	南宁市发布《关于进一步优化房地产市场平稳健康发展政策措施的通知》
10 月 29 日	宁夏	①将城中村改造政策支持范围扩大到地级市，加快实施城中村和危旧房改造，优先采用“以购代建”“房票”安置方式推进。“房票”可在全区城市范围通兑。②取消购买商品住房限制性政策和转让限制年限规定。③取消普通住宅和非普通住宅标准，落实国家相关税收政策。④支持地级市合理提高住房公积金贷款额度上限，将二孩、三孩等购房贷款增加额度提高到 20 万 ~ 30 万元，支持缴存人提取公积金支付首付款、房租和购买保障性住房，购买保障性住房最低首付款比例为 15%，提取与贷款金额累计不超过所购住房总价。	宁夏回族自治区发布《关于促进房地产市场止跌回稳平稳健康发展的若干措施（暂行）》
10 月 30 日	大连	①商业性个人住房贷款不再区分首套房和二套房，最低首付比例统一为 15%，取消个人商业性住房贷款利率下限。②对符合领取大连市新毕业高校毕业生住房补贴条件的博士生、硕士生和本科生，在每人每月分别发放 2500 元、1500 元和 1000 元住房补贴基础上，在中山区、西岗区、沙河口区、甘井子区（以下简称市内四区）购买新建商品房的，再分别按照博士 10 万元、硕士 5 万元、本科生 3 万元标准发放有效期为一年的购房券。③在全市范围内出售自有住房，在中山区、西岗区、沙河口区、甘井子区购买新建商品住房（含房屋属性为公寓）的个人，政府按照出售自有住房建筑面积给予 100 元 / 平方米、按照购买新建商品住房建筑面积给予 200 元 / 平方米的购房补贴。④完善城中村改造“房票”安置系统，加大存量安置力度。购买 1 万套存量商品房用于城中村动迁居民安置，助力房地产市场平稳健康发展。⑤全市单人最高贷款额度统一提高到 60 万元，双人最高贷款额度统一提高到 100 万元。⑥调整后博士研究生家庭最高可享受 200 万元贷款额度，多子女家庭最高可享受 120 万元贷款额度。⑦持续落实提取住房公积金支付商品房和保障房购房首付款。	大连市出台《大连市进一步促进房地产市场平稳健康发展若干政策措施》
11 月 3 日	西昌	①居民在西昌市范围内有住房且正在挂牌出售的，住房套数相应核减；居民将西昌市范围内自有存量住房盘活用作租赁住房且取得租赁合同备案证明的，已出租的住房可不纳入家庭住房套数计算。②符合条件的，给予首套 400 元 / 平方米（补贴最高不超过 4 万元）、二套 300 元 / 平方米（补贴最高不超过 3 万元）的购房补贴；对符合政策生育二孩、三孩的家庭，给予 300 元 / 平方米的购房补贴（补贴最高不超过 3 万元）。③措施有效期内卖旧房、买新房的居民，给予新房合同价款 0.5%（新房面积小于旧房）或 1%（新房面积大于旧房）的购房补贴。④外地居民在西昌市商业、办公等非住宅类（不含车位）新建商品房的，在办理《不动产权证》后，可以申请迁移城市户籍。	西昌大连印发《西昌市促进房地产市场平稳健康发展若干措施》

8–3　续表 44

时间	地区	政策内容	政策来源
11 月 6 日	海南	①落实与调整普通住宅标准相衔接的税收政策。②商业性个人住房贷款不再区分首套、二套住房，最低首付款比例统一为不低于 15%。③对合法依规经营、一定年限内未受到房地产市场监管部门行政处罚，且未发生监管账户被采取冻结、划拨、税收保全措施或强制执行措施、拖欠工程款、农民工工资等情况的开发企业，可申请以提交符合要求的银行保函等方式替代一定额度的预售资金监管。④新供地的住宅小区项目可适当配建部分小于 100 平方米户型，但原则上不得低于 80 平方米，且不超过总面积的 15%。⑤房地产开发企业在办理商品房预售许可或现售备案前，可根据区位配套、产品定位等因素，合理确定申报价格，实现优房优价。	海南省印发《关于进一步促进我省房地产市场平稳健康发展的通知》
11 月 6 日	铜仁	①取消普通住宅和非普通住宅标准。②使用住房公积金贷款购买保障性住房的，最低首付比例为 15%。③住房公积金贷款额度提高到 100 万元，多子女家庭或购买“好小区”“好房子”的，贷款额度提高到 120 万元。④住房公积金缴存职工购房可同时提取其父母（子女）住房公积金个人账户余额冲抵购房首付款。	铜仁市发布《铜仁市促进房地产市场止跌回稳十条措施》
11 月 7 日	鄂州	①对非鄂州户籍在本市新购买新建商品住房的，每套奖补购房消费券提高至 5 万元。②本市户籍二孩、三孩家庭，购买本市新建商品住房的，分别给予 5 万元、10 万元的购房消费券。③多孩家庭新购商品住房的，在办理商业贷款时，均认定为首套住房。④对本市农村户籍家庭在鄂州市“双集中”区域（中心城区、武汉新城片区、临空经济区）购买新建商品住房的，每户给予 5 万元购房消费券。⑤对高层次人才发放 5 折购房券，对人才强企、人才池、引进生人才，按全日制博士（正高级职称）最高 12 万元，全日制硕士（副高级职称、高级技师）最高 8 万元，全日制本科（中级职称、技师）最高 6 万元，全日制大专（高级工）最高 4 万元的标准，发放一次性购房券。将人才的住房公积金贷款提升至正常额度的 1.3 倍，最高不超过 65 万元。	鄂州市发布《关于进一步优化完善促进我市房地产市场平稳健康发展政策措施的通知》
11 月 7 日	孝感	①对符合生育政策的二孩及以上家庭，在孝感中心城区购买第一套、第二套新建商品住房的，分别给予 3 万元、5 万元购房补贴。②对符合政策生育二孩及以上家庭发放购房补贴，住房公积金贷款额度进行上浮，符合公租房保障条件的，同等条件下予以优先配租选房。	孝感市出台鼓励生育若干措施
11 月 11 日	全国	运用专项债券资金收回收购存量闲置土地，是减少市场存量土地规模、改善土地供求关系、增强地方政府和企业资金流动性、促进房地产市场止跌回稳的关键举措。 使用专项债券资金用于收回收购土地，应由纳入名录管理的土地储备机构具体实施。专项债券对应的土地储备项目中的储备地块，必须在全民所有土地资产管理信息系统中有储备地块标识码。 优先收回收购企业无力或无意愿继续开发、已供应未动工的住宅用地和商服用地。 市、县自然资源主管部门要依托土地市场动态监测监管系统中的处置存量闲置土地清单摸清底数，根据需要向社会发布收回收购土地征集公告，综合考虑企业意愿、市场需求、地块条件等因素，确定拟收回收购意向地块和时序安排，分批纳入土地储备计划，优先申报使用专项债券。 土地储备机构委托经备案的土地估价机构，对拟收回收购地块开展土地市场价格评估，相较企业土地成本，就低确定收地基础价格。 收回收购的土地原则上当年不再供应用于房地产开发。	自然资源部下发《关于运用地方政府专项债券资金收回收购存量闲置土地的通知》

8–3 续表 45

时间	地区	政策内容	政策来源
11 月 11 日	荆州	①对于购买还迁房和符合“以旧换新”政策条件的房屋自费部分，全额适用于荆州市住房公积金提取和贷款政策。②将在职教师、医务人员、警察、消防救援人员以及现役军人的住房公积金购房贷款实际可贷金额上调 20%。③将“一人购房全家帮”政策实施范围由荆州市行政区划内拓宽至省内。④在原“认房不认贷”政策上进一步优化住房公积金贷款“认贷”标准，可以当前实际住房公积金缴存机构行政区域范围（县、市、区）的贷款次数为认定标准。⑤商业贷款申请“商转公”的，放开申请人或配偶住房公积金缴存开户时间限制以及缴存地限制。	荆州市发布关于进一步实施惠民便民若干措施的通知
11 月 12 日	广州	所核发的房票可购买的房源范围为广州市全域范围内可售的新建商品房。	广州市发布《关于房票安置“房源超市”的通告》
11 月 13 日	广州	广州市辖区范围内商品房项目配建车位车库可以按规定与商品房销售同步实施，即商品房项目销售阶段，依法已办理地下车位车库首次登记的，可申请车位车库同步销售。建筑区划内，规划用于停放汽车的车位车库应当首先满足业主的需要。	广州市发布《关于配建车位车库与商品房同步销售的通知》
11 月 13 日	哈尔滨	①对购房前在哈用人单位已缴纳社保或医保，以及自主创业，年龄在 40 周岁以下的各类人才（无户籍限制），在 9 区购买首套或第二套新建商品住房的，按照博士毕业生 10 万元、硕士毕业生 5 万元、本科毕业生及大中专毕业生（含技工院校预备技师班、高级工班毕业生）3 万元的标准，给予一次性购房补贴。②对非哈市户籍的个人在 9 区购买首套或第二套新建商品住房的，按实际购房款的 2% 给予一次性购房补贴；非哈市户籍的个人在 9 区购买新建非住宅商品房（商业、办公、公寓）的，按实际购房款的 3% 给予一次性购房补贴。③对在 9 区出售原自有住房并购买一套新建商品住房的家庭，按新房建筑面积 100 元 / 平方米的标准给予一次性购房补贴。④职工家庭购房地无住房且在全国范围内第一次使用公积金贷款的，执行首套房贷款政策；对公积金首次贷款结清且购房地无房产，在全国范围内第二次使用公积金贷款的职工家庭，执行首套房贷款政策。⑤二手房公积金贷款房龄年限由 20 年提高至 30 年，且贷款年限与房龄之和不得超过 50 年。单职工贷款最高额度由 60 万元提高至 80 万元，双职工贷款最高额度由 80 万元提高至 100 万元。⑥对已办理商业贷款且具备公积金贷款资格的借款申请人，可向公积金中心申请将符合转贷条件的商业贷款本金余额转为公积金贷款。办理商转公贷款适用先还后贷和顺位抵押两种方式。	哈尔滨市印发《关于推动哈尔滨市房地产市场平稳健康发展的若干措施》
11 月 14 日	长沙	明确全市商品住房取得《不动产权证书》可上市交易。	长沙市发布《关于进一步明确我市房地产交易相关政策的通知》
11 月 18 日	上海	①取消普通住房和非普通住房标准。②对个人转让住房未提供完整、准确的房屋原值凭证，不能正确计算房屋原值和应纳税额的，根据规定实行个人所得税核定征税，以转让收入的 1% 核定应纳个人所得税额。③对个人销售住房涉及的增值税、个人购买住房涉及的契税，按照《关于促进房地产市场平稳健康发展有关税收政策的公告》（财政部税务总局住房城乡建设部公告 2024 年第 16 号）有关规定执行。	上海市印发《关于取消普通住房标准有关事项的通知》
11 月 18 日	北京	①取消普通住房和非普通住房标准。②对个人销售住房涉及的增值税、个人购买住房涉及的契税，按照《关于促进房地产市场平稳健康发展有关税收政策的公告》（财政部税务总局住房城乡建设部公告 2024 年第 16 号）有关规定执行。	北京市发布《关于取消普通住房标准有关事项的通知》

8–3　续表 46

时间	地区	政策内容	政策来源
11 月 19 日	深圳	①取消本市普通住房和非普通住房标准。②对个人销售住房涉及的增值税、个人购买住房涉及的契税，按照《关于促进房地产市场平稳健康发展有关税收政策的公告》（财政部税务总局住房城乡建设部公告 2024 年第 16 号）有关规定执行。③对个人转让住房未提供完整、准确的房屋原值凭证，不能正确计算房屋原值和应纳税额的，根据规定实行个人所得税核定征税，以转让收入的 1% 核定应纳个人所得税额。	深圳市发布《关于取消普通住房标准有关事项的通知》
11 月 19 日	六安	①购买市城区 90 平方米（含）以上新建商品住宅的，每套发放消费券 2 万元；90 平方米以下的，每套发放消费券 1 万元。②单职工家庭贷款最高额度为 60 万元，双职工家庭贷款最高额度为 80 万元；购买本市新建商品住房的，可申请提取住房公积金用于支付首付款；购买自住住房或偿还住房贷款，提取本人及配偶住房公积金余额不足时，可提取家庭成员（父母、子女）的住房公积金；商业银行个人住房贷款可以申请转为住房公积金贷款；借款人还贷能力不足时，可增加父母、子女作为共同借款人。③鼓励群众选择货币化（房票）方式进行安置或用政府购买的商品房安置。④实行地下车位预售制。项目楼栋达到预售许可条件，相应区域地下车库能够连通，且地下车库主体结构验收合格的，房地产企业可一并申请预售许可。⑤购买市城区尚未交付的新建商品住宅的购房人及其子女，可凭预告登记证明，按照入学当年学区划分方案，享有与现房同等公办义务教育阶段学校入学权利。	六安市印发《关于促进房地产市场平稳健康发展的若干措施》
11 月 19 日	咸宁	①城区户籍人口购房，购买市城区 90 平方米及以上每套给予 2 万元购房补贴，对于所购新建商品住房属于家庭首套住房的，额外再给予 2 万元购房补贴。②对购买市城区 90 平方米及以上新建商品住房的非城区户籍但属于咸宁市户籍人口，每套给予 3 万元购房补贴；对购买市城区 90 平方米及以上新建商品住房的咸宁市以外户籍人口，每套给予 4 万元购房补贴。鼓励老年人来咸安家养老，前款非城区户籍（包含咸宁市以内及咸宁市以外）人口中，60 周岁以上老年人在市城区购买新建商品住房的，在前述补贴基础上每套额外再给予 2 万元购房补贴。③对符合条件的二孩、三孩家庭，购买 90 平方米及以上新建商品住房的分别给予每套 3 万元、4 万元的购房补贴。④分别给予专科生 2 万元、本科生 4 万元、硕士研究生 6 万元、博士研究生 10 万元的购房补贴。	咸宁市实行购房补贴
11 月 22 日	广州	取消广州市普通住宅和非普通住宅标准，自 2024 年 12 月 1 日起施行。原《广州市国土房管局广州市财政局广州市地方税务局关于我市享受优惠政策普通住房标准的通知》（穗国房字〔2005〕375 号）同时废止。	广州市发布《关于取消我市普通住宅和非普通住宅标准的通知》
11 月 27 日	贵州	①支持缴存人提取公积金支付房租和购买保障性住房，支持各市（州）结合实际提高住房公积金最高贷款额度，有序开展存量商业住房贷款转公积金贷款。②居民家庭申请商业贷款购买商品住房时，在拟购住房所在县（市、区、特区）范围内无住房的，拟购住房认定为首套房。③支持商品房“以旧换新”，对 2025 年底前居民家庭卖旧房买新房的，各地政府可根据自身财力情况，发放不高于 5% 的政府消费券，定向用于房屋装修和家用电器消费。	贵州省印发《贵州省全力推动经济持续回升向好若干政策措施的通知》
12 月 9 日	河南	纳税人建造普通标准住宅出售，若增值额未超过扣除项目金额的 20%，将继续免征土地增值税。根据征求意见稿，享受此优惠政策的住宅需满足以下条件：住宅小区建筑容积率在 1.0 以上，单套建筑面积不超过 144 平方米，实际成交价格低于同级别土地上住房平均交易价格的 1.44 倍。公告自 2024 年 12 月 1 日起正式执行。	河南省公开征求《关于明确免征土地增值税优惠政策执行标准的公告（征求意见稿）》意见

8–3 续表 47

时间	地区	政策内容	政策来源
12 月 11 日	广西	①首套、二套住房最低首付款比例统一为不低于 15%。取消首套、二套住房商业性个人住房贷款利率政策下限。鼓励对购买首套、二套住房和“卖旧买新”、生育多子女的家庭进一步放宽信贷条件。②住房公积金个人住房贷款（以下简称公积金贷款）的住房套数可按申请人家庭在拟购住房所在县（市、区）的住房套数认定。申请人家庭名下只有一套住房，且在全国范围内只使用过一次公积金贷款并已还清的，可再次申请公积金贷款。③全面推行提取个人账户住房公积金支付购房首付款政策。公积金贷款首套、二套住房最低首付款比例不低于 20%。多子女家庭购买首套自住住房的，公积金贷款最高贷款额度可上浮 20%。鼓励提高引进人才公积金贷款额度上限。④取消普通住宅和非普通住宅标准。⑤重点支持居民刚性和多样化改善性住房需求，自治区财政安排资金给予在广西区内购买首套、二套新建商品住房的购房者购房补贴。鼓励市县对购买新建商品住房和新建车位的购房者给予购房补贴。⑥积极推行货币化安置，大力推行“房票”制度。	广西壮族自治区发布《广西推动房地产市场平稳健康发展工作措施》
12 月 12 日	衡阳	房地产开发企业在签订商品房网签合同时，应与购房人约定按套内建筑面积（专有建筑面积）计算商品房价款，面积纠纷条款应当载明以套内建筑面积和套内建筑面积价格作为处理面积纠纷的计价依据。	衡阳市发布《关于全市商品房销售实行套内建筑面积计价的通知》
12 月 12 日	杭州	实施城市更新的项目，配建的公共服务设施可不纳入容积率计算。	杭州市发布《关于优化建设项目容积率及相关指标计算规则的通知》
12 月 13 日	运城	①采取借款和贷款补贴两种方式支持全职引进的高层次人才购买首套产权住房。②对于信用评价为 A 级且项目运转正常的企业，可适度下调账户留存资金比例，下调幅度不得超过所属楼栋预算清册金额的 5%。③对高层次人才和拥有两个或更多孩子的家庭，住房公积金贷款的最高额度将从 100 万元提升至 120 万元，增幅达 20%。④对购买新建商品住房的二孩及以上多子女家庭办理商业性个人住房贷款或者公积金贷款，政府有关部门在出具住房套数认定证明时可给予核减 1 套家庭住房套数。⑤优化住房公积金贷款的房屋套数认定标准，提高租房提取额度及频次，并扩大住房公积金购房提取的范围。⑥积极推行“房票安置”模式。	运城市发布《运城市进一步促进房地产市场平稳健康发展工作措施》
12 月 16 日	桂林	①缴存人购买自有产权住房的，申请提取住房公积金支付购房款或偿还住房贷款本息，不再设置工作地、户籍地等条件。②使用住房公积金贷款购买首套、二套住房，首付款比例统一调整为不低于 20%。	桂林市发布《关于落实推动房地产市场平稳健康发展工作的通知》
12 月 17 日	张家口	①延长购房补贴政策适用期。②积极推进主城区房屋“以旧换新”。③落实取消普通住宅和非普通住宅标准相关政策，取消商品房销售价格限价机制。鼓励实行“现房销售”，逐步推进“取消公摊”。④进一步加大公积金政策支持力度，增加住房公积金贷款可贷额度的计算倍数。⑤充分发挥国有企业平台作用，推进收购存量房用作保障性住房，促进项目盘活。	张家口市发布《关于推动房地产市场平稳健康发展的若干措施》
12 月 22 日	郑州	新建住宅用地建筑高度应小于 80 米，容积率不超过 2.5，新增对阳台进行立体绿化住宅的设置要求，将住宅层高下限升至 3 米，进一步限制“高容积率、高强度”的开发模式。	郑州市发布《郑州市城市规划管理技术规定》
12 月 23 日	深圳	购房人签订安居型商品房买卖合同满 10 年后，可以按照有关政策规定补缴价款申请取得完全产权。	深圳市发布《深圳市安居型商品房产权管理有关事项处理办法》

8–3　续表 48

时间	地区	政策内容	政策来源
12 月 23 日	太原	①施行商品房项目封顶预售。②全面强化商品房预售资金监管，设立全市统一的预售资金监测专户，预售资金（定金、首付款、公积金贷款、商业贷款等）通过监测专户及时归集到监管账户，实现人、房、资金精细化管理，资金“专户专存、专款专用、全程监管、节点控制”。③有序推进“交房即交证”。	太原市出台多项措施，进一步规范房地产市场秩序
12 月 25 日	全国	2025 年，要重点抓好以下工作。①持续用力推动房地产市场止跌回稳。一是着力释放需求。二是着力改善供给。②推动构建房地产发展新模式。一是着力优化和完善住房供应体系。二是推动建立要素联动新机制。三是大力推进商品住房销售制度改革。四是加快建立房屋全生命周期安全管理制度。五是完善房地产全过程监管。③大力实施城市更新。一是建立城市体检和城市更新一体化推进机制。二是建立可持续的城市更新模式和政策法规。三是谋划实施一批城市更新改造项目。四是构建城市管理新模式。五是以“新城建”为引擎打造高水平“数字住建”。④打造“中国建造”升级版。一是全面深化建筑业改革。二是以更高质量的制度供给激发建筑企业和从业人员的强大活力。三是整体提升工程建设标准。四是更大范围推广智能建造、绿色建造、装配式建筑。五是把绿色建筑培育发展成新的经济增长点。⑤建设安全、舒适、绿色、智慧的好房子。一是提高住宅建设标准。二是构建支持住房品质提升的制度体系。三是打造好房子样板。四是推进老旧住宅更新改造。五是大力实施物业服务质量提升行动。	全国住房城乡建设工作会议召开
12 月 27 日	惠州	惠州市区（惠城区、惠阳区、仲恺高新技术产业开发区、大亚湾经济技术开发区）范围内存量住宅用地，在 2025 年 12 月 31 日前办理改变土地使用条件，签订合同补充条款，补交相应土地出让价款后，宗地可按《惠州市区 2024–2025 年度新出让住宅用地规划管理的若干措施》开发建设。	惠州市扩大《惠州市区 2024–2025 年度新出让住宅用地规划管理的若干措施》适用范围

8–4　2024 年住房保障政策

时间	地区	政策内容	政策来源
1 月 2 日	北京	北京市发布 2023 年保障性住房建设筹集计划（第三批），包括新建 17 个项目 2.16 万套、筹集 6 个项目 0.2 万套、竣工 9 个项目 1.78 万套，并同步推进 15 个市政建设项目。要求属地政府加强组织领导，严格计划执行，加快配套设施建设。	关于印发 2023 年全市保障性住房建设筹集计划（第三批）的通知
1 月 2 日	呼和浩特	加大住房资源供给。2024 年通过集中新建、企业配建和市场购置等方式，筹集公租房 2000 套、保障性租赁住房 3000 套。在呼和浩特市无房的青年人、新市民申请租住保障性租赁住房，租金不超过市场价的 70%。	呼和浩特市人民政府关于印发 2024 年“五万大学生留呼”专项行动实施方案的通知
1 月 11 日	邯郸	提升保障性住房发展能力。一是以保障性住房发展为引领，装配式建筑、被动房建设为龙头，着力引进住宅产业化建设企业，以及智能设施、装备制造、机械设备、大型钢构、建筑部件、整体厨卫等企业到邯郸市投资兴业。二是以保障房小区提升智能化建设为契机，重点打造“智能化小区”，拓展配套教育、服务机构入住，着力引进一批电子信息、智能管理、机械装备等项目，以“智能装备 + 物业管理”的模式开创保障房管理新业态。	关于印发《关于推进招商引资高质量发展的措施》的通知
1 月 12 日	福州	鼓励被征收人上调安置到 105 平方米以上（含 105 平方米）户型，上调安置增加面积部分按安置型商品房或配建安置房项目不同区位给予市场评估价不同标准的折扣优惠，其中：①选择购买二环以内项目的，上调增加的面积部分按市场评估价计价；②选择购买二环与三环之间项目的，上调增加的面积部分按市场评估价 95% 计价；③选择购买三环外项目的，上调增加的面积部分按市场评估价 90% 计价。	关于进一步盘活使用存量安置型商品房和配建安置房房源的实施意见
1 月 12 日	沈阳	①今年将筹集保障性租赁住房 5000 套，解决新市民、青年人的阶段性住房困难问题。同时，筹集配售型保障性住房 2200 套，缓解城镇工薪群体、城市引进人才住房困难。②加快推进“三大工程”建设，全年筹集 7200 套保障性住房，实施 25 个城中村改造项目，稳步推进“平急两用”公共基础设施建设。	沈阳市召开 2024 年民生实事项目新闻发布会
1 月 12 日	昆明	涉及呈贡、官渡、盘龙、西山 4 个区约 216 亩土地调整为二类居住用地（R2– 保障性住房），总建面约 41 万平方米。	昆明市自规局公布《昆明市 2024 年配售型保障性住房地块控规修改方案》
1 月 14 日	广州	住建局表示，广州市高度重视住房保障工作，住房保障覆盖面从户籍低收入家庭逐步扩大到中等偏下收入家庭，向新市民和人才延伸。 截至 2023 年 12 月底，广州市共筹建保障性安居工程住房近 36 万套，累计发放租赁补贴 8 万多户，全市累计保障近 120 万人，基本做到应保尽保；“十四五”期间已筹集保障性租赁住房近 38 万套。 据悉，2024 年广州市计划筹建配售型保障性住房不少于 1 万套，共涉及 12 项目，其中新开工项目 8 个，通过存量房源转化 4 个项目；筹集保障性租赁住房不少于 10 万套，发放住房租赁补贴不少于 1.8 万户。	广州市住建局表示，广州市高度重视住房保障工作，住房保障覆盖面从户籍低收入家庭逐步扩大到中等偏下收入家庭，向新市民和人才延伸
1 月 15 日	浙江	推动房地产市场平稳健康发展，推进商品房预售制度等改革，实施住宅品质提升行动，发挥住房公积金制度作用。推进住房保障体系改革，持续强化公租房基本保障，按需增加保障性租赁住房供给，稳步推进配售型保障性住房建设，积极稳步推进城中村改造。2024 年全年开工筹集公租房 5000 套以上，建设筹集保障性租赁住房 20 万套（间），规划建设配售型保障性住房 1 万套；实施城中村改造 2.7 万户。积极防范化解房地产风险。	浙江省住房和城乡建设工作会议召开
1 月 27 日	广州	进一步完善公共租赁住房、保障性租赁住房和配售型保障性住房供应结构和政策体系，加大供应力度，不断满足各类保障人群住房需求。2024 年计划筹建配售型保障性住房 1 万套、保障性租赁住房 10 万套，发放住房租赁补贴 1.8 万户。	关于进一步优化我市房地产市场平稳健康发展政策措施的通知

8–4　续表 1

时间	地区	政策内容	政策来源
1月29日	辽宁	推进保障性住房建设。建设配售型保障性住房，重点保障住房困难的城镇家庭和引进人才。对在城镇稳定就业的农民工，通过建设筹集配租型和配售型保障性住房实施住房保障。	关于印发《辽宁省推动经济稳中求进若干政策举措》的通知
1月31日	青岛	对考评优秀且排名前两位的单位，分别根据排名按年度应拨付管理费上浮5%、3%的比例拨付；对考评合格但排名后两位的单位，分别根据排名按年度应拨付管理费下浮3%、5%的比例拨付；对考评不合格的单位，按年度应拨付管理费下浮20%的比例拨付，并依法解除合同或不再签订下一年度服务合同。	关于印发《青岛市公租房运营管理服务绩效考评办法（修订）》的通知
2月5日	临沂	市级租赁型人才公寓申请人需同时满足以下条件：①在五区范围内企事业单位（企业单位以营业执照住所所在地为依据，住所所在地与主要经营地不一致的，以主要经营地为依据；事业单位以事业法人单位登记地为依据）就业的人才。②申请人应当与用人单位签订正式劳动合同或聘用合同，并缴纳社保。③申请人及家庭成员（配偶及未成年子女）在五区范围内无自有住房（不包括集体土地上的房产），申请时未承租保障性住房、人才公寓且未享受相关保障性住房货币补贴。	关于印发《临沂市市级租赁型人才公寓分配暂行办法》的通知
2月7日	全国	在保障对象上，从解决困难工薪收入群体住房问题入手，逐步将保障范围扩大到整个工薪收入群体；在以需定建上，按照“分类建档、有序保障”原则，建立保障对象轮候库，组织公开认筹，提前锁定购买群体；在用地保障上，突出盘活存量、交通便利、配套完善、职住平衡；在资金监管上，组建国有公司专职承担开发任务，确保资金封闭运行，开发资金实行三方监管，强化开发资金全额监管、专款专用；在配售价格上，坚持“保本微利”，保障性住房用地选址在坚持突出交通便利、配套完善、新区布局的前提下，优先安排征迁难度小、土地成本相对较低的成熟地块，进一步降低保障性住房楼面地价，保障性住房项目单价约为同地段商品住房的45%左右；在工作机制上，简化审批流程，并联开展项目方案设计、规划、预审、立项等工作。	住房和城乡建设部在福建省福州市召开保障性住房建设工作现场会
2月7日	福州	①日照标准：保障性住房项目，日照标准参照旧区新建住宅项目标准执行，即住宅建筑每套至少有一个居室（居室是指卧室、起居室），按大寒日对内日照1小时、对外日照3小时或不恶化进行控制。②公共服务配套设施要求：保障性住房项目，可配套邻里商业，建筑面积不超过总计容建筑面积的10%且不超过3000平方米，同时应按相关规定设置物业管理、快递服务用房、垃圾集散间及门卫收发室等。③装配式建筑要求：保障性住房项目，可不采用装配式方式建设。④绿地率要求：保障性住房项目，绿地率最低可按《福州市园林绿化管理条例》规定的建设项目绿地率标准的70%执行，即三环路以内的应不低于21%，三环路以外城区的不低于24.5%，免缴绿地补偿费，鼓励采用建筑屋面绿化、立体绿化等方式丰富小区绿化层次。⑤停车位配建标准：保障性住房项目，机动车位按照不少于0.3辆/100平方米配置，非机动车位按照不少于2辆/户配置，配建的机动车与非机动车停车位数量不可相互折算，宜利用地下空间集中设置停车库。	福州市自然资源和规划局、福州市房管局下发“关于印发《保障性住房规划设计工作导则》的通知”
2月8日	兰州	筹集方式包括存量住房收购、鼓励投资新建、存量房屋改建、长期租赁住房、其他筹集方式。支持政策主要包括资金支持、土地支持、金融支持、税费支持、水电气热支持和其他支持政策。	关于加快发展保障性租赁住房的实施意见

8–4 续表 2

时间	地区	政策内容	政策来源
2月18日	杭州	支持推进“住有宜居”。更好支持刚性和改善型住房需求，促进房地产市场平稳健康发展。稳慎有序推进配售型保障性住房规划建设，加强配售管理。2024年新开工保障性住房不少于100万平方米。持续推进城镇老旧小区改造，2024年新开工改造城镇老旧小区260个、2542栋。积极稳步推进有条件的老旧小区住宅加装电梯。	关于进一步推动经济高质量发展若干政策的通知
3月1日	全国	要抓项目建设，强力推进保障性住房项目开工，按照绿色、低碳、智能、安全的标准把保障性住房建设成“好房子”，同时要加强工程质量安全监管，守住安全底线。要抓政策出台，尽快出台规划建设保障性住房的实施办法和相关配套政策。要加快谋划第二批及后续项目，第二批项目要按规定抓紧上报，并做好后续项目谋划和储备，加快形成“实施一批、储备一批、谋划一批”的项目滚动推进机制。要编制好住房发展规划，将保障性住房作为住房发展规划的重要内容，科学确定保障性住房发展目标。要讲好房地产转型新故事，及时总结可复制可推广经验做法，加大舆论宣传，实现样板引路、示范先行。	住房和城乡建设部在陕西省西安市召开全国保障性住房建设工作现场会
3月4日	广州	户籍家庭公共租赁住房保障收入准入限额基准为家庭年人均收入49952元。结合家庭人口数，确定家庭收入和财产限额，具体见附件1。所有家庭成员均年满60周岁的，家庭收入、家庭财产标准放宽到上述标准的130%。	关于进一步加强户籍家庭住房保障工作的通知
3月14日	杭州	加大规划建设保障性住房力度，加快房源筹建，2024年开工建设配售型保障性住房不少于6000套，着力解决工薪收入群体住房困难。	关于进一步优化房地产市场调控措施的通知
3月21日	江西	2024年全省保障性安居工程建设工作计划下达，包括配售型保障性住房、保障性租赁住房、公共租赁住房、城中村改造、棚户区改造、城镇老旧小区改造等多个目标任务。要求各地加强组织领导，有序推进住房建设，加快推进项目建设进度，确保按期竣工交付，建立健全项目管理机制，并加强质量安全监管。	关于下达2024年全省保障性安居工程建设工作计划的通知
3月22日	扬州	2024年度市区住房保障准入低收入、中等偏下收入线标准，分别调整为家庭人均月收入2600元、4150元，同时家庭财产状况不超过规定标准。	关于调整2024年度市区住房保障准入收入线标准的通知
3月27日	济南	保障性租赁住房分为“定向出租”和“面向社会出租”两种类型。保障性租赁住房定价原则上不高于同地段同品质市场租赁住房租金的90%，具体租金标准可由运营管理机构委托专业房地产估价机构，依据本项目实际享受的支持政策逐项测算，运营管理机构应对其委托评估材料的真实性、全面性负责。保障性租赁住房租金标准实行动态调整，调整周期不超过2年。年度涨幅原则上不高于5%，租金调整后应及时通过平台对外公布。	关于印发《济南市保障性租赁住房运营管理办法（试行）》的通知
3月29日	山西	支持非居住存量房屋改建为保障性租赁住房。对闲置和低效利用的，经合法批建并已建成的商业办公、旅馆、厂房、仓储、科研教育等非居住存量房屋和符合条件的烂尾建筑工程，在符合规划原则、权属不变、满足安全要求、尊重各方意愿的前提下，经市县人民政府同意，允许改建为保障性租赁住房。用作保障性租赁住房期间，不变更土地使用性质，不补缴土地价款。支持将库存商品房回购用作保租房。	关于印发《2024年山西省房地产稳市场防风险促转型专项行动方案》的通知
4月1日	滁州	2024年，滁州市将有效增加租赁型保障性住房供给，加强保障性租赁住房建设和管理，形成多层次租赁住房供应体系。重点推动保障性租赁住房建设和验收全过程管理，实行多主体投资、多渠道供给的发展格局，持续做好年度监测评价工作。同时，发挥公租房兜底保障作用，简化保障证明材料，推行绩效管理，完善以住户满意度为导向的评价机制。	关于印发《滁州市2024年城镇保障住房保障工作要点》的通知

8-4　续表 3

时间	地区	政策内容	政策来源
4 月 4 日	马鞍山	保障对象的范围：①公租房配租。本市城镇低保、低保边缘、中等偏下收入住房困难家庭和新就业无房职工，稳定就业外来务工人员，引进人才，以及其他需要住房救助的住房困难群体。②货币化补贴。本市城镇低保、低保边缘、中等偏下收入住房困难家庭和新就业无房职工，稳定就业外来务工人员。	关于做好 2024 年住房保障工作的通知
4 月 7 日	南宁	通知主要分为保障性租赁住房项目认定、运营管理、监督管理三部分。其中项目认定包含认定范围、认定标准、认定主体、认定流程、认定管理等内容；运营管理包含运营主体、租赁流程、房屋维护等内容；监督管理包含明确监管职责以及撤销项目认定书的情形等内容。	关于做好保障性租赁住房项目认定及运营管理工作的通知
4 月 9 日	全国	①要抓政策出台。许多城市在明确保障对象标准、以需定建、轮候库建设、用地保障、资金监管、配售价格、建设分配管理工作机制等方面都形成了一些好的经验做法，尚未出台实施意见和配套政策的城市要充分学习借鉴，加快推动政策出台，尽快形成保障性住房政策体系。 ②要抓项目建设。压茬推进，扎实做好项目前期工作，实现净地供应，完善规划设计方案，尽快达到开工条件，形成实物工作量。已经开工建设的，要抓好施工组织管理，保证工程质量和施工安全，加大投入力度，加快施工进度，让群众早日住上新房，有实实在在的获得感。 ③要抓“好房子”建设。按照绿色、低碳、智能、安全的标准，做好户型设计、配套设施建设、公共服务供给，把保障性住房建设成“好房子”，让群众能够住得健康，用得安全方便。 ④要抓住房发展规划编制。将保障性住房作为住房发展规划的重要内容，坚持以需定建，摸清底数摸清需求，科学确定保障性住房发展年度计划和发展规划，做好项目谋划和储备。 ⑤要抓宣传引导。在项目启动、开工、竣工、配售、入住等关键节点加大宣传力度，做好政策解读，及时总结可复制可推广经验做法，营造良好的舆论氛围。	住房和城乡建设部在浙江省杭州市召开保障性住房建设工作现场会
4 月 10 日	哈尔滨	严禁配售型保障性住房配建商品住宅，商住比例标准可以控制在 10% 以下，在满足居住区设计标准、幼儿园及物业等相关要求配建的公共服务设施基础上，可根据实际需要适当配建一定比例的商业商务面积。	哈尔滨市自然资源和规划局起草《关于做好配售型保障性住房规划用地有关政策的通知》并面向社会征求意见
4 月 16 日	郑州	①准入条件：取得户籍三年以上，本市无房或家庭人均面积小于 20 平方米。②“保住房”配售价格主要由土地价格、建安成本、5% 的利润以及需据实核算的相关成本组成。与“保住房”项目直接相关的城市道路和市政基础设施，以及教育、医疗、养老等公共服务设施不摊入配售价格。③退出住房由运营公司回购，回购价格按照原购买价格结合住房折旧确定，住房折旧按每年 1% 的折旧率予以核减，购房人自行装修部分，不予补偿。“保住房”回购后按房屋现状再次配售，配售价格与该房屋回购价格一致。	郑州市住房保障和房地产管理局发布《郑州市配售型保障性住房管理办法（试行）（征求意见稿）》
4 月 18 日	海口	《实施办法》共七章三十四条。第一章总则，规定《实施办法》的制定目的、适用范围、保障性租赁住房的定义、部门职责以及信息化管理；第二章筹集与建设，规定保障性租赁住房的筹集方式、建设要求和标准；第三章项目认定，主要规定保障性租赁住房项目认定主体、申请人及申请材料、认定具体程序以及续期申请等；第四章申请与配租，主要规定准入条件、申请材料、申请限制以及审核程序等内容；第五章租赁管理，主要规定保障性租赁住房租金价格确定以及收回房屋的条件等内容；第六章监督管理，规定保障性租赁住房的日常监管、禁止分割，以及取消保障性租赁住房项目的具体情形；第七章附则，规定运营管理单位范围、利用存量房屋发展保障性租赁住房的项目的管理规则以及相对集中行政审批的适用等内容。	关于印发《海口市发展保障性租赁住房实施办法》的通知

8–4　续表 4

时间	地区	政策内容	政策来源
4月27日	临沂	任务目标到2025年底，全市建设筹集人才公寓10283套，其中市级1000套、县区（开发区）9283套。2024年底全市具备分配条件的人才公寓7283套，2025年底新增具备分配条件的人才公寓3000套。	关于进一步调整优化租赁型人才公寓建设管理政策的通知
5月6日	武汉	调整保障性租赁住房配建方式。认真落实保障性租赁住房配建要求，新供应住宅用地项目可继续采取从土地出让金中计提专项资金方式，异地建设或购买符合条件的存量房源用作保障性租赁住房。	关于进一步优化完善促进我市房地产市场平稳健康发展政策措施的通知
5月11日	北京	持续建设筹集保障性住房。本年度计划建设筹集保障性租赁住房7万套（间），竣工各类保障性住房8万套（间）。积极推进规划建设配售型保障性住房政策落地。	关于印发《2024年北京市住房发展年度计划》的通知
5月14日	邢台	明确对主城区承租政府产权保障性住房的困难家庭实施分档租金减免（最高减免60%），并规定租金核销、挂起等特殊情形处理程序。办法涵盖申请条件、审核流程、监督管理等内容，适用于城镇低保家庭、优抚对象、重大疾病患者等特定群体。	关于印发《邢台市政府产权保障性住房租金减免核销暂行办法》的通知
5月15日	合肥	加大保障性住房供应力度。坚持以需定建、职住平衡、分类保障，有序推动保障性住房建设，重点保障住房有困难且收入不高的工薪收入群体。保障性住房项目原则上实行现房销售。	合肥市关于进一步调整优化房地产政策措施的通知
5月15日	大理州	加快构建以保障性租赁住房为主的城镇住房保障体系。鼓励收购存量房作为保障性租赁住房或人才住房，住宅商品房去化周期超过24个月的县市、大理经开区，除产业园区内部配套和离县城（主城区）较远的镇区外，不再新建保障性租赁住房；城市更新、城中村改造等项目改建地段或就近地段可提供存量房屋进行房屋产权调换的，原则上不再新建回迁安置房，优先采取市场购买方式安置。支持民营房企与国有企业联合组建保障性住房运营公司。	关于进一步促进房地产业平稳健康发展的实施意见（试行）
5月20日	黄石	对已就业“新黄石人”提供保障房“低价租”服务。来黄石市就业且在黄石市无自有住房的外地人员，凭劳动合同、社保缴费，经就业地所在城区人社部门认定为“新黄石人”的，可向当地住房保障部门申请享受低于市场价的租赁保障性住房服务。加大保障性住房“租转售”。对承租黄石市集中新建保障性租赁住房的“新黄石人”，可享受先租后售、租金抵房款的购房优惠政策。在租满5年后，可申请一次性或最多分三期购买所承租的保障性租赁住房，5年内已交租金可计抵购房款。购买全部产权后，可申请转为商品住房上市交易。	关于促进“新黄石人”来黄安居就业若干措施的通知
5月24日	东莞	结合城中村改造、城市更新、现代化产业园区配套建设等工作，切实加大保障性住房建设和供给，加快解决工薪收入群体住房困难，逐步优化东莞市住房供应结构，提升城市对人才吸引力，助力城市高质量持续发展。加快完善保障性住房“1+N”配套政策体系，编制保障性住房专项规划和住房发展年度计划。推进首批3000套配售型保障性住房今年开工建设，力争早竣工、早配售。支持地方国有企业以合理价格收购已建成未出售商品房用作配售型或配租型保障性住房，进一步加快保障性住房供给。	关于进一步优化房地产相关政策的通知
5月27日	上海	以需求为导向，增量和存量相结合，加快保障性住房和保障性租赁住房的筹措和建设，探索通过国有平台公司等主体收购、趸租适配房源，优化住房保障供给。积极打造新时代城市建设者管理者之家。	关于优化本市房地产市场平稳健康发展政策措施的通知
5月28日	常州	2024年度常州市市区住房保障的收入线作如下调整。①低收入家庭公共租赁住房：申请家庭人均月可支配收入由2858元（含）以下调整为2990元（含）以下。②中等偏下收入家庭公共租赁住房：申请家庭人均月可支配收入由原来的4575元（含）以下调整为4785元（含）以下。③经济适用住房：申请家庭人均月可支配收入由4575元（含）以下调整为4785元（含）以下。	关于调整我市市区2024年度住房保障收入标准的通知

8-4　续表 5

时间	地区	政策内容	政策来源
6 月 6 日	连云港	收购商品住房用作配售型保障性住房。为满足工薪阶层和人才住房刚性需求，探索收购商品住房用于工薪群体和引进人才的配售，由国企实施建立完善的收购房源和价格体系，并实行封闭管理，禁止流入商品住房市场。	关于调整和明确促进市区房地产市场发展相关措施的意见
6 月 11 日	银川	积极消化存量商品房库存。鼓励符合条件的市属国有企业作为收购主体，按照市场化原则“以需定购”，回购库存较大、流速较慢且符合保障性住房标准的房屋作为保障性住房；参照市场评估价，按照双方议价结果，回购居民待售二手住房用作保障性住房和人才公寓房源。	关于印发《关于促进银川市房地产市场平稳健康发展若干意见》的通知
6 月 12 日	全国	房地产业发展关系人民群众切实利益，关系经济运行和金融稳定大局。设立保障性住房再贷款，鼓励引导金融机构按照市场化、法治化原则，支持地方国有企业以合理价格收购已建成存量商品房用作保障性住房配售或租赁，是金融部门落实中共中央政治局关于统筹消化存量房产和优化增量住房、推动构建房地产新发展模式的重要举措，有利于通过市场化方式加快推动存量商品房去库存，加大保障性住房供给，助力保交房及“白名单”机制。 深刻认识房地产工作的人民性、政治性，既要解放思想、拓宽思路，又要稳妥把握、扎实推进。按照“政府指导、市场化运作”的思路，借鉴前期试点经验，着力推动保障性住房再贷款政策落地见效，加快推动存量商品房去库存。加强制度保障和内外部监督，坚持自愿参与、以需定购、合理定价，确保商业可持续，严格避免新增地方隐性债务，切实防范道德风险。	中国人民银行召开保障性住房再贷款工作推进会
6 月 13 日	常州	收购商品住房用作保障性住房。属地政府可根据各自保障性住房的需求和供给缺口的摸排情况，以需定购，组织国有企业收购商品住房用作保障性住房。	关于印发进一步促进房地产市场平稳健康发展若干政策措施的通知
6 月 15 日	江门	主要修订内容：①增加改造类房屋来源。②调整运营期限。③压减公示期。④新增租金拖欠处理方式。⑤进一步规范文字表述。	关于印发《江门市保障性租赁住房管理办法》的通知
6 月 20 日	全国	推动县级以上城市有力有序有效开展收购已建成存量商品房用作保障性住房工作。 收购已建成存量商品房用作保障性住房是党中央、国务院作出的重要决策部署，有利于推动已建成存量商品房去库存、助力房地产市场健康发展，盘活存量资源加大保障性住房供给，配合保交房攻坚战和“白名单”机制，防范化解房地产风险。各地要进一步增强责任感使命感，解放思想、拓宽思路，稳妥把握、扎实推进。 市县根据本地区房地产市场情况，综合考虑保障性住房实际需求、商品房市场库存水平等因素，按照“政府主导、市场化运作”的思路，自主决策、自愿参与。要坚持以需定购，准确摸清需求，细致摸排本地区保障性住房需求底数和已建成存量商品房情况，合理确定可用作保障性住房的商品房房源，提前锁定保障性住房需求。要坚持规范实施，防范各类风险，做到收购主体规范、收购过程规范、配售配租规范，做到收购的已建成存量商品房户型面积合适、价格合适、位置合适。要坚持用好金融支持政策，实现资金可平衡、项目可持续。 开展收购已建成存量商品房用作保障性住房工作的市县，切实加强领导力量，抓紧建立健全工作机制，完善配套政策，形成工作合力，推动条件成熟的项目尽快落地。加强宣传引导，实现样板引路、示范先行，营造良好的舆论氛围，让群众感受到实实在在的政策效果。	住房和城乡建设部召开收购已建成存量商品房用作保障性住房工作视频会议

8–4 续表 6

时间	地区	政策内容	政策来源
6月24日	南通	完善“市场＋保障”住房体系。坚持“以需定购”，支持地方国有企业以合理价格收购新建商品住房用作保障类住房，打造保障类住房租购平台。	关于进一步促进全市房地产市场平稳健康发展的通知
6月25日	杭州	杭州市区保障性住房配售基准价格按照保本微利原则制定，单套销售价格由项目建设实施主体按照配售基准价格及其浮动幅度确定，在售房阶段向社会公布。	关于印发《杭州市区保障性住房配售基准价格管理实施意见（试行）》的通知
6月27日	济南	《通知》主要明确了公租房实物配租常态化的有关工作。一是申请条件，主要涉及2类无房家庭。二是分配原则。三是相关认定标准。包含3类标准：家庭由申请人、配偶和未成年子女组成，申请人需具备完全民事行为能力，30岁以上单身者也可申请；申请家庭不得拥有产权房、公租房、已备案房屋、未回迁拆迁房、未确权房改房或其他实际占有的房屋；包括60岁以上老人、残疾人、劳模、见义勇为者、优抚对象、军人家属、退役军人、归侨侨眷、计生困难家庭、二孩以上家庭等，应优先保障。	关于进一步完善济南市公租房实物配租常态化有关工作的通知
6月28日	张家界	加大住房保障力度。采取实物配租和租赁补贴相结合的方式，进一步扩大住房保障覆盖面。	关于印发《张家界市加快推进永定城区人口集聚的若干措施》的通知
7月4日	呼和浩特	加大保障性租赁住房供给。采取购置、租赁、改建（改造）、新建等多措施增加保障性租赁住房供给，计划筹集保障性租赁住房3000套（间），重点支持新市民、青年人稳业安居。加大公共租赁住房和租赁补贴保障力度。通过配建、新建、购置等多种渠道筹集公租房2000套。发放公租房长期租赁补贴2000户。	关于印发呼和浩特市中心城区2024年住房发展计划的通知
7月5日	天津	本市行政区域内合法建设的，闲置和低效利用的商业办公、旅馆、厂房、仓储、科研教育等非居住存量房屋（包括集体经营性建设用地上的非居住存量房屋），可以申请改建为保障性租赁住房。土地性质为三类工业用地和三类物流仓储用地及其他不符合国家和本市有关规定的非居住房屋，不得改建为保障性租赁住房。	关于印发天津市非居住存量房屋改建为保障性租赁住房的指导意见的通知
7月8日	昆明	按照“以需定购、双方自愿”的原则，由国有企业收购已建成未出售的存量商品住房用作保障性住房，解决工薪收入群体、引进人才的住房问题。	关于印发优化昆明市房地产市场平稳健康发展政策措施的通知
7月9日	上海	本次修订，基本维持了《若干规定》的框架结构和主要内容，同时，根据国家文件要求、住房保障最新工作情况及本市工作实际作相应调整完善。一是规范文件制发。二是调整“保障性住房”名称。三是完善房源用途调整方式。	关于印发《关于保障房房源管理的若干规定》的通知
7月12日	成都	①成都市“天府租赁码”有效期限为1年。申请对象应在“天府租赁码”到期前主动申请更新“天府租赁码”信息，逾期未更新的，“天府租赁码”自动失效。②“天府租赁码”失效后，将无法办理保障性租赁住房项目报名登记、合同签约等事项。若需租住保障性租赁住房，申请对象需在成都市保障性租赁住房管理服务平台激活“天府租赁码”。③本通知发布前已取得“天府租赁码”且持有时间超过一年的，需在2024年8月31日前完成“天府租赁码”信息更新。逾期未更新的，“天府租赁码”自动失效。	关于加强保障性租赁住房天府租赁码管理的通知

8-4　续表 7

时间	地区	政策内容	政策来源
7 月 16 日	全国	强调有关城市要落实好中央补助、地方政府专项债券、土地、配套金融和税费优惠等支持政策，加快项目开工建设；各地要结合本地区房地产市场情况，综合考虑保障性住房实际需求、商品房市场库存水平等因素，坚持以需定购，做好收购已建成存量商品房用作保障性住房工作，积极争取保障性住房再贷款政策支持，推动条件成熟的项目尽快落地；要按照“绿色、低碳、智能、安全”的标准，在保障性住房中全面开展好房子建设，打造“好房子”样板，让人民群众的居住生活更加舒适美好。 明确了城中村改造有关工作要求，强调要坚持稳中求进、积极稳妥，优先对群众需求迫切、城市安全和社会治理隐患多的城中村进行改造，成熟一个推进一个，实施一项做成一项，真正把好事办好、实事办实；要坚持依法征收、净地出让，切实保障好村民合法权益，做好产业先行搬迁，并把城中村改造与保障性住房建设结合好；要加快项目开工建设，推动各项支持政策尽快落地见效。	住房和城乡建设部在长春举办保障性住房建设、城中村改造工作专题培训班
7 月 18 日	全国	要统筹好发展和安全，落实好防范化解房地产、地方政府债务、中小金融机构等重点领域风险的各项举措。	中共中央发布党的二十届三中全会公报
7 月 19 日	全国	我国房地产市场规模大、牵涉面广，对宏观经济运行具有系统性影响。当前房地产市场供求关系发生重大变化，市场处于调整过程。我们要坚持稳中求进、先立后破，用改革的办法解决前进中的问题，加快新旧发展动能转换，为高质量发展提供多元而强劲的动力支撑。 近期，房地产市场正在出现积极变化。我们要坚持消化存量和优化增量相结合，进一步落实和完善房地产新政策，切实做好保交房工作，盘活存量商品房和土地资源。下一步，要贯彻落实好党的二十届三中全会精神，加快构建房地产发展新模式，消除过去“高负债、高周转、高杠杆”的模式弊端，建设适应人民群众新期待的“好房子”，更好满足刚性和改善性住房需求，并建立与之相适应的融资、财税、土地、销售等基础性制度。需要指出，我国新型城镇化仍在持续推进，房地产高质量发展还有相当大的空间。	中共中央举行新闻发布会，介绍和解读党的二十届三中全会精神
7 月 21 日	全国	加快建立租购并举的住房制度，加快构建房地产发展新模式。加大保障性住房建设和供给，满足工薪群体刚性住房需求。支持城乡居民多样化改善性住房需求。充分赋予各城市政府房地产市场调控自主权，因城施策，允许有关城市取消或调减住房限购政策、取消普通住宅和非普通住宅标准。改革房地产开发融资方式和商品房预售制度。完善房地产税收制度。 深化土地制度改革。允许农户合法拥有的住房通过出租、入股、合作等方式盘活利用。有序推进农村集体经营性建设用地入市改革，健全土地增值收益分配机制。 优化土地管理。建立新增城镇建设用地指标配置同常住人口增加协调机制。优化城市工商业土地利用，加快发展建设用地二级市场，推动土地混合开发利用、用途合理转换，盘活存量土地和低效用地。开展各类产业园区用地专项治理。制定工商业用地使用权延期和到期后续期政策。	第二十届中央委员会第三次全体会议审议通过的《中共中央关于进一步全面深化改革、推进中国式现代化的决定》发布
7 月 22 日	上饶	充分利用保障性住房再贷款政策。支持国有企业以合理价格收购已建成未出售的商品房，用作保障性住房。	关于印发上饶市落实“一城一策”促进房地产高质量发展的若干措施的通知
7 月 22 日	重庆	《办法》对照国家住房保障最新政策，结合重庆实际，修订形成完善了准入退出、轮候排序、管理服务等机制。《办法》要求，公租房租金实行动态调整制度，并明确在定价时，公租房租金标准原则上不超过同地段、同品质房屋市场租金的 60%。	关于印发《重庆市公共租赁住房管理办法》的通知

8–4 续表 8

时间	地区	政策内容	政策来源
7 月 26 日	忻州	公共租赁住房年度建设规模、套数，由市房产服务中心根据城区住房供求状况、城市总体规划和保障性住房建设规划，提出建设计划报市住房和城乡建设主管部门审核后报市政府批准实施。公共租赁住房房源通过新建、改建、配建、收购和租赁等方式多渠道筹集。忻州城区普通商品住房项目配建的公共租赁住房，原则上应在本项目内按规定标准和比例配建。	关于印发忻州城区公共租赁住房管理暂行办法的通知
7 月 29 日	郑州	配售型保障性住房主要有新建和收购存量房两种途径。新建包括：依法收回的已批未建土地、闲置土地、非居住存量土地（闲置低效工业、商业、办公、仓储、科研用地），以及可深度开发的土地（公交场站、地铁上盖等），在符合上位规划、满足安全要求的前提下变更土地用途建设；城中村改造、城市更新、危旧房改造中配建；国家、省、市规定的其他筹建方式。收购的存量房包括各类政策性住房、建成未售的商品房和市人民政府规定的其他房源。收购的存量住房办理不动产登记时，土地使用权类型登记为划拨。	关于印发《郑州市配售型保障性住房管理办法（试行）》的通知
7 月 30 日	全国	要持续防范化解重点领域风险。要落实好促进房地产市场平稳健康发展的新政策，坚持消化存量和优化增量相结合，积极支持收购存量商品房用作保障性住房，进一步做好保交房工作，加快构建房地产发展新模式。要完善和落实地方一揽子化债方案，创造条件加快化解地方融资平台债务风险。要统筹防风险、强监管、促发展，提振投资者信心，提升资本市场内在稳定性。	中共中央政治局 7 月 30 日召开会议，分析研究当前经济形势，部署下半年经济工作，审议《整治形式主义为基层减负若干规定》
7 月 31 日	信阳	收购等量的已建成未出售商品房转化为保障性住房。争取国家设立的 3000 亿元保障性住房再贷款政策支持，在合理测算保障性住房需求的基础上，摸清存量商品房房源，按照以需定购原则，支持有需求的县区收购已建成未出售商品房用于保障性住房。支持已纳入保障性住房建设计划尚未建设的项目依规调整，不再建设，改为收购等量的已建成未出售商品房转化为保障性住房。	关于印发《信阳市进一步促进房地产市场平稳健康发展的若干措施》的通知
8 月 1 日	铜陵	鼓励国有企业收购住房。鼓励国有企业根据需要，按照市场化原则收购有“卖旧买新”需求家庭的二手住房，用于市场化租赁住房、保障性住房；按照以需定购、合理价格收购部分库存商品住房，用作保障性住房。	关于进一步调整优化房地产政策措施的通知
8 月 1 日	全国	落实好促进房地产市场平稳健康发展的新政策，进一步做好保交房工作，加快构建房地产发展新模式。进一步落实一揽子化债方案，有针对性完善相关措施。稳妥处置金融风险，筑牢有效防控系统性风险的金融稳定保障体系。	“推动高质量发展”系列主题新闻发布会上，发改委回应了当前经济发展热点问题
8 月 2 日	广州	①优化申请审核分配机制。②提高老年群体的保障服务水平。③完善退出机制。④加强监管措施。	广州市公共租赁住房管理办法
8 月 2 日	云浮	加快筹建保障性租赁住房，2024 年新增筹建保障性租赁住房不少于 400 套。	关于印发《云浮市进一步提振和扩大消费若干措施》的通知
8 月 7 日	全国	2024 年，全国计划建设筹集保障性住房 170.4 万套（间）。截至 6 月底，全国已建设筹集保障性住房 112.8 万套（间），占年度计划的 66.2%，完成投资 1183 亿元。	住建部组织召开现场会，加强政策培训，指导督促各地加大保障性住房建设和供给

8–4　续表 9

时间	地区	政策内容	政策来源
8 月 16 日	郑州	《办法》是加强和规范郑州市保障性租赁住房管理工作的规范性文件，共分为七个章节，三十七条内容，包括总则、供应及配租、合同及租金、使用及运营、监督管理、法律责任和附则七个部分。明确了合同期限原则上不超过 3 年；缴纳 2000 元家具、家电等室内设施保证金，并按照租赁合同及物业服务协议的约定缴纳相关费用；租金标准按照不高于同区域同类型住房市场租金 90% 的标准确定和租金评估等内容。	关于印发《郑州市保障性租赁住房管理办法》的通知
8 月 21 日	黄石	配售型保障房实施严格的封闭管理，不得变更为商品住房流入市场。配售型保障房配售价格按照划拨土地成本和建安成本、加不超过 5% 的利润进行测算确定。配售型保障房建筑面积控制在 120 平方米以内。申请人以家庭为单位，每户家庭只能够配售 1 套保障性住房。	关于印发黄石市配售型保障房管理暂行办法的通知
8 月 21 日	全国	目前，商业银行已审批“白名单”项目 5392 个，审批通过的融资金额近 1.4 万亿元。在城市协调机制推动下，符合规定的“白名单”项目及时获得了资金支持，为促进项目建成交付、保障购房人合法权益、稳定房地产市场发挥了积极作用。	“推动高质量发展”系列主题新闻发布会，金融监管总局发言
8 月 23 日	全国	第一，构建房地产发展新模式。概括为四个方面：一是在理念上，深刻领会“房子是用来住的、不是用来炒的”定位，建设适应人民群众新期待的好房子。二是在体系上，以政府为主满足刚性住房需求，以市场为主满足多样化改善性住房需求。三是在制度上，改革完善房地产开发、交易和使用制度，为房地产转型发展夯实制度基础。四是在要素配置上，建立“人、房、地、钱”要素联动新机制。 第二，建立城市规划建设治理新机制。坚持“人民城市人民建，人民城市为人民”，适应城市发展进入城市更新阶段的新要求，进一步深化城市规划建设治理改革，建立可持续的城市更新模式和政策法规，坚持“先体检、后更新”，体检发现的问题就是更新要解决的重点，打造宜居、韧性、智慧城市，让人民群众在城市生活得更方便、更舒心、更美好。 第三，推进建筑业转型升级。坚持标准引领、科技赋能，以改革完善建设工程招投标、工程监理、工程造价、竣工验收等一揽子基础性制度为重点，着力打造现代化建筑产业体系，构建诚信守法、公平竞争、追求品质的市场环境，促进建筑业高质量发展，努力为全社会提供高品质建筑产品。	“推动高质量发展”系列主题新闻发布会，住建部发言
8 月 24 日	全国	我们将继续坚持支持性的货币政策立场，引导货币信贷合理增长，推动企业融资和居民信贷成本稳中有降，保持人民币汇率在合理均衡水平上的基本稳定。引导金融机构加大对重点领域、薄弱环节的信贷支持力度，更有针对性地满足合理的消费融资需求。同时，研究储备增量政策举措，增强宏观政策协调配合。	央行行长潘功胜专访
8 月 26 日	玉林	《玉林市配售型保障性住房管理办法》共八章三十六条。明确配售型保障性住房的支持政策。一是用地供给。全面落实国家明确的 3 种用地供给支持政策。二是配套设施资金筹措。三是资金支持。加大对配售型保障性住房的资金支持力度，包括财政、税费、金融、公积金等方面的政策支持。配售型保障性住房实行轮候制度，以家庭为单位申购，由街道办（镇政府）受理购房申请，市辖区住房城乡建设部门复审，移送至市住房城乡建设部门备份。	关于印发《玉林市配售型保障性住房管理办法》的通知
8 月 30 日	郴州	按照国、省保交房政策要求，推动符合条件的国有企业做好保障性住房再贷款工作，按市场化、法治化原则收购已建成存量商品房用作保障性住房，增强住房保障能力，释放房地产所需资金，促进良性循环。	印发《关于促进郴州市房地产市场平稳健康发展的若干措施》的通知

8-4 续表 10

时间	地区	政策内容	政策来源
9月1日	南宁	分配管理：①社会投资公租房可定向配租给建设单位取得公租房保障资格的职工，定向配租的公租房房源数不超过本项目公租房房源总数的 20%。由建设单位统一向市住建部门提出申请，市住建部门通过社保缴纳信息核对拟定向配租人员的工作单位，符合社会投资公租房定向分配条件的，予以定向配租。②除已定向配租的社会投资公租房房源外，建设单位应及时将其余公租房房源交由市住建部门按公租房管理规定公开分配给取得公租房保障资格的轮候家庭。③建设单位应与承租人签订社会投资公租房租赁合同，并于 3 个工作日内上传至南宁市公租房管理系统，租赁合同期限不得超过承租人的公租房保障资格有效期剩余期限。市住建部门提供社会投资公租房租赁合同文本供建设单位使用。	关于规范南宁市社会投资建设公共租赁住房管理的通知
9月5日	山西	加大保障性住房供给力度。库存商品房数量多、去化周期长的市县政府要认真贯彻落实国家“保障性住房政策进一步扩围到三四线城市和县城，乡镇教师、医生、民警及其他公职人员等也纳入县域保障范围”的政策要求，充分发挥保障性住房再贷款政策效能，在摸清保障性住房需求和供给缺口的基础上，“以需定购”组织地方国有企业视情适当收购一部分空置商品房现房用作保障性住房进行配售或租赁，满足工薪群体刚性住房需求。	关于印发《山西省进一步促进房地产市场平稳健康发展若干措施》的通知
9月5日	泸州	积极支持收购存量商品房。积极支持有条件的区县以合理的价格在试点区域收购存量商品房用作配售配租保障性住房，金融机构发放收购贷款予以支持。鼓励国企收购存量商品房用于养老、托育等公共服务用房。	关于印发《关于进一步促进房地产市场平稳健康发展的政策措施》的通知
9月6日	蚌埠	房源条件。需同时满足以下条件：①房源所属项目已取得竣工验收备案证明。②房源为单套（间）建筑面积 120 平方米以下的商品住房。③房源权属清晰，无查封冻结和抵押，可上市交易。④房源所属项目周边交通便利、配套设施完善，满足一定车位配比。⑤优先选取整栋或整单元未售，可实现封闭管理的整栋或整单元。	关于征集首批商品房用作保障性住房的公告
9月7日	抚州	支持收购商品房去库存。坚持“以需定购”，用足用好国家保障性住房再贷款政策，选择符合条件的国有企业市场化收购已建成存量商品房用作保障性住房。	关于进一步促进我市中心城区房地产市场平稳健康发展若干政策措施的通知
9月11日	福建	《管理办法》共 8 章 23 条，分别从总则、房源管理、配租对象、租金管理、租赁合同、项目退出、监督管理、附则八个方面，明确保租房项目运营阶段的管理要求。	关于印发《福建省保障性租赁住房运营管理办法》的通知
9月11日	忻州	①征集范围：忻州城区范围内商品房性质的住宅、公寓、宿舍等，优先选取整栋或整单元未售、可实现封闭管理的楼栋项目（房源）。②收购价格：以同地段保障性住房重置价格为参考上限，即划拨土地成本和建安成本、加不超过 5% 的利润。③房源条件：一是位置合适。周边交通便利，基础设施基本配备、生活配套相对完善。二是户型面积合适。原则上项目（房源）主力户型面积应满足忻州市保障性住房户型、面积（以 70~120 平方米为主）要求。	关于收购商品房用作保障性住房的征集公告
9月12日	福建	《管理办法》共 10 章 38 条，主要包括房源管理、合同管理、资格复核、入户走访、退出管理、租金管理、信息公开、平台监督等内容。	关于印发《福建省公共租赁住房租后管理办法》的通知
9月13日	济南	推进收购已建成存量商品房用作保障性住房工作，根据工薪收入家庭及引进人才住房需求，“以需定供”增加保障性住房供给。	关于印发济南市进一步促进经济稳健向好、进中提质的若干政策措施的通知

8–4　续表 11

时间	地区	政策内容	政策来源
9 月 14 日	郑州	市住房保障局联合市市场监管局结合郑州市房地产实际，拟定了郑州市《配售型保障性住房买卖合同》示范文本（试行），现予以推广使用。	关于印发郑州市《配售型保障性住房买卖合同》示范文本（试行）的通知
9 月 24 日	宜昌	在满足城镇低保、低收入住房困难家庭依申请应保尽保的前提下，定量面向符合条件的稳定就业外来务工人员公开配租公租房。将符合条件的农业转移人口，纳入保障性租赁住房保障范围，并在同等条件下优先保障。支持县市区收购已建成存量商品房用作保障性住房，将在乡镇工作的教职工、医务人员、警务人员及其他公职人员纳入县城住房保障范围。	印发《关于促进房地产市场平稳健康发展若干措施》的通知
9 月 25 日	沈阳	《沈阳市保障性住房配售管理办法（试行）》对保障性住房概念、保障人群、资格申请及审核、项目规划建设、住房配售使用、退出回购等 11 个方面 32 条具体条款进行规范。	关于印发《沈阳市保障性住房配售管理办法（试行）》的通知
9 月 27 日	无锡	允许按照“以需定购、自愿参与、公平公正、精准实施”的原则，收购一定比例的库存商品住宅，用作拆迁安置或转为保障性住房。支持具备一定条件的房地产开发企业试点将库存商品住宅，向特定人群（新就业人群、引进的各类人才、企业团购）以共有产权的形式出售，满足不同人群的住房需求。	关于进一步优化房地产市场平稳健康发展若干政策措施的通知
9 月 29 日	福建	工作目标：对申请人所要填报的表单字段信息进行全面分析，全省统一划分必填项与非必填项、设置填写方式（下拉框、文本框）、明确数据来源（用户填写、自动回填）等，形成全省统一格式的申请表单。同时，会同各联审部门，研究讨论可共享的字段信息、共享方式等，强化多部门间数据互联互通，实现公租房保障资格申请信息实时协查、数据自动回填，减少群众申请信息填写量。	关于印发《申请公租房“一件事”工作推进实施方案》的通知
9 月 29 日	全国	对于金融机构发放的符合要求的贷款，中国人民银行向金融机构发放再贷款的比例从贷款本金的 60% 提升到 100%。	中国人民银行办公厅关于优化保障性住房再贷款有关要求的通知
9 月 29 日	南京	通过收购已建成未出售存量商品住房等方式，多渠道筹集配售型保障性住房。加大对“白名单”项目贷款支持力度。	关于印发南京市巩固增强经济回升向好态势若干政策措施的通知
9 月 30 日	上海	凡新出让土地、用于开发建设商品住房的建设项目（租赁住房建设项目除外），均应按照不低于该建设项目住房建筑总面积 5% 的比例，配建保障房及相应产权车位。鼓励保障对象较多的区域进一步提高建设项目的配建比例。配建的保障房应无偿移交区政府指定机构用于住房保障，并在建设用地使用权出让条件中予以明确。	关于印发《关于本市保障房配建的实施意见》的通知
9 月 30 日	河南	积极探索并逐步推广符合条件的国有企业以市场化方式参与“以旧换新”，国有企业收购的二手住房可对外出售或用作租赁住房、人才房、保障性住房等，各地政府要研究出台相关配套政策，提前明确收购和配售、租赁的定价机制和管理办法等。大力推进房地产开发企业、经纪机构、购房者三方联动，促进“旧房优先卖、新房优惠买”，实现交易达成。	关于印发《关于进一步促进房地产市场平稳健康发展的若干措施》的通知
9 月 30 日	深圳	用作社会类保租房的存量公寓类居住房屋应当是已建成使用、房屋用途为商务公寓、公寓等用途的房屋，并满足《认定办法》关于产权明晰居住存量房屋项目的条件：一是房源原则上须具有权属证明文件。二是运营管理单位作为申请人的，申请认定时房源收储合同或者委托运营合同剩余期限不少于三年。三是房源规模不少于 10 套。四是已按规定经过房屋结构、消防、地质灾害安全隐患排查，确保房屋安全使用。	关于印发《关于公寓类居住房屋用作社会主体出租的保障性租赁住房的通知》的通知

8–4 续表 12

时间	地区	政策内容	政策来源
9 月 30 日	青岛	工作目标依托各部门政务数据共享情况，集成公安、民政、人社等部门数据，并结合部门数据共享情况动态管理，主要包括以下数据：保障性住房信息，个人身份信息（户籍信息、居住证信息），车辆信息，低保、特困、低收入人员信息，婚姻信息，学历信息，社会保险参保缴费记录，不动产登记信息，公积金缴存信息，个人企业开办信息。逐步实现上述信息证明材料免提交，进一步提升政务服务水平。	关于印发《青岛市申请公租房“一件事”工作实施方案》的通知
10 月 12 日	厦门	严控增量。新启动的征地拆迁项目，原则上不再新建安置房；已实施的征地拆迁项目，除已经在建的安置型商品房、安置房项目外，优先使用房票盘活新建商品房及存量安置房源，提高居住品质，减少房地产市场供应。优化存量。建立政策性房源库。将商品房、安置型商品房、安置房等存量房源统筹用于安置房、保障性住房、人才房等政策性住房，调节优化市场供需结构。	关于优化要素资源配置机制推动经济高质量发展的实施方案
10 月 12 日	全国	房地产市场是当前宏观经济的一个风向标，做好房地产工作对于推动经济持续回升向好、维护人民群众切身利益至关重要，要切实提高政治站位，全力以赴抓好保交房、稳房市等工作。要充分发挥城市房地产融资协调机制作用，加快修复问题项目，促其尽快达到“白名单”标准，金融机构要进一步优化信贷审批和放款流程，提高效率，切实做到保交房攻坚战项目“白名单”应进尽进、贷款应贷尽贷。在此基础上进一步推动“白名单”扩围，将所有符合条件的在建已售商品房项目纳入支持范围，有效保障项目建设资金需求，力促房地产企业确保按期保质交房。同时，要积极推进收购存量商品房用作保障性住房工作，深入剖析典型案例，及时总结并推广成功做法，用好用足保障性住房再贷款等支持政策，促进加快消化商品房库存。	国务院副总理何立峰 10 月 10 日至 12 日在山西太原、陕西西安调研房地产、大宗耐用消费品以旧换新和外贸等工作
10 月 15 日	聊城	增加保障性住房供给。开展保障性住房需求调查，摸排已建成存量商品房情况，收购户型面积合适、价格合适、位置合适的已建成存量商品房用作保障性住房。	关于印发《聊城市推动房地产市场平稳健康发展的若干措施》的通知
10 月 15 日	宜昌	①各类人才新购买城区购房奖补项目库内新建商品住房的，按照博士 10 万元、硕士 6 万元、本科及大专 5 万元、中专（中职、技校）3 万元的标准享受购房补贴。②多孩家庭，购买城区购房奖补项目库内单套建筑面积 100 平方米及以上新建商品住房的，按政策生育二孩的家庭，可享受 5 万元购房补贴；按政策生育三孩及以上的家庭，可享受 10 万元购房补贴。③农村居民购买城区购房奖补项目库内新建商品住房的，按照 5 万元的标准享受购房补贴。	宜昌发布《关于提升宜昌城区综合性民生服务保障水平的若干措施》
10 月 16 日	抚顺	综合考虑保障性住房实际需求、商品房市场库存水平等因素，坚持“以需定购”，组织国有企业自主决策以合理价格收购已建成存量商品房，用作配租型保障房和配售型保障房。	关于印发《关于进一步促进房地产市场平稳健康发展的政策举措》的通知
10 月 17 日	东营	由于 2019 年出台的《规则》将于今年 11 月 9 日到期，为确保政策的连续性，结合市直公租房当前剩余房源情况，本次印发主要对轮候规则方面作了适当修改，即对配租批次的确定方面进行了明确，其他规则运行比较成熟，社会接受度较高，未再作调整。	关于印发市直公共租赁住房评分轮候配租规则的通知
10 月 21 日	上海市静安区	旨在加强保障性租赁住房的管理和服务。主要内容包括：坚持党建引领，联合联动提升处置率，管服并举提升参与率；落实出租单位、区房管局和行政职能部门的管理责任，街镇属地管理责任；加大服务举措，如发挥党建作用、丰富配套措施、科技赋能拓展服务渠道。同时，要求理顺体制机制，提炼工作方法，强化考核机制，确保政策落实。	关于转发区房管局《静安区关于推进保障性租赁住房管理和服务的实施意见》的通知

8–4　续表 13

时间	地区	政策内容	政策来源
10 月 21 日	云南	支持收购存量房用作保障性住房。完善保障性住房再贷款支持政策及配套，支持各地消化存量房筹集保障性住房房源。在不新增政府隐性债务和防范化解地方债务风险的前提下，用好专项债券收购存量商品房用作各地保障性住房。支持各地按照“以需定购”原则确定储备项目，组织金融机构做好对接。对于金融机构发放符合要求的贷款，人民银行向金融机构发放保障性住房再贷款的比例从贷款本金的 60% 提升到 100%。	关于进一步促进云南省房地产市场止跌回稳平稳健康发展的指导意见
10 月 25 日	南宁	推进收购存量商品房用作保障性住房。支持符合条件的地方国有企业以合理价格收购已建成未出售商品房用作保障性住房，落实好保障性住房再贷款政策。用好专项债券收购存量商品房用作保障性住房。	关于进一步优化房地产市场平稳健康发展政策措施的通知
10 月 28 日	湖北	明确了各级住房保障部门和运营服务主体的职责，包括监督运营服务、资格审核、合同管理、违规处理和安全管理等。旨在加强和规范公共租赁住房的运营管理，提升服务水平，涉及房源接收、租住服务、租金收缴、维修服务、安全服务、物业服务、档案管理、综合服务、增值服务和服务评价等方面。	关于印发《湖北省公共租赁住房运营服务规范》的通知
10 月 28 日	烟台	完善“保障＋市场”双轨制住房体系。①保障方面，通过统筹发放住房租赁补贴，收购商品住房转做保障性租赁住房、人才住房、人才公寓、配售型保障性住房等措施，着力解决城市中低收入群体和新青年、新市民的住房问题，实现“居者有其屋”目标。②市场方面，通过开发建设高品质住宅、定制型商品房等方式，满足改善型和个性化住房需求。	关于构建房地产发展新模式推动房地产事业平稳健康高质量发展的意见
10 月 28 日	全国	加强住房支持政策。鼓励有条件的地方加大对多子女家庭购房的支持力度，可结合实际出台适当提高住房公积金贷款额度等政策。多渠道增加保障性住房有效供给，对符合条件且有未成年子女的家庭，可根据其未成年子女数量，在户型选择方面给予适当照顾。加快发展住房租赁市场，因地制宜逐步使租购住房群体享有同等公共服务权利。	国务院办公厅印发《关于加快完善生育支持政策体系推动建设生育友好型社会的若干措施》的通知
10 月 30 日	陕西	鼓励收购已建成存量商品房用作保障性住房、回迁安置房。按照“政府主导、市场化运作”思路，以需定购，积极争取城中村改造专项借款、保障性住房再贷款等资金支持，用好专项债券等资金，鼓励国有企业以合理价格收购房地产企业已建成存量商品房用作配售型或配租型保障性住房、回迁安置房。鼓励金融机构向城市政府选定的地方国有企业发放保障性住房收购贷款。	关于印发《进一步促进房地产市场平稳健康发展的若干措施》的通知
10 月 31 日	杭州	《杭州市保障性住房配售管理办法（试行）》共三十三条，包括总则、定价和供应、申请和审核、售后管理、附则共五章。新建保障性住房配售基准价格按照保本微利原则制定，单套销售价格由项目建设实施主体按照配售基准价格及其浮动幅度确定，在售房阶段向社会公布，具体将在项目配售公告中明确。	关于印发杭州市保障性住房配售管理办法（试行）的通知
11 月 1 日	新乡	《实施细则》共六个章节二十四条，包括总则、配售对象和条件、配售价格、配售流程、售后管理、监督管理章节，是对《新乡市保障性住房（配售）管理办法（试行）》的具体细化和补充。配售价格由土地成本、建安成本、不超过 5% 的利润等相关成本组成，与项目直接相关的城市道路、市政基础设施及公共服务设施不摊入配售价格。项目运营公司综合考虑各项因素并拟定单套房屋销售价格，并向社会公布，接受监督。	关于印发新乡市保障性住房（配售）准入、配售及封闭管理实施细则（试行）的通知
11 月 1 日	新乡	《管理办法》共八章三十二条，主要包括总则、政策支持、房源筹建、申请审核、配售管理、封闭管理、后续管理和附则。规定了配售价格、配售方式及配售方案等，确保了配售过程的规范性和透明度。明确配售价格主要由土地成本、建安成本、不超过 5% 的利润等相关成本组成，并不得高于政府批准价格。	关于印发新乡市保障性住房（配售）管理办法（试行）的通知

8–4 续表 14

时间	地区	政策内容	政策来源
11 月 5 日	青岛	主要对宿舍型保租房保障对象、房源筹集渠道、建设要求、租赁价格、政策支持等事项进行明确。	关于重点做好农业转移人口宿舍型保障性租赁住房建设的通知
11 月 7 日	鄂州	加大保障性住房筹集力度。支持国有企业在存量房较多和产业发展集中的区域，因需定购，适度超前筹集保障性住房，首批推动收购1000 套存量商品房作为保障性住房。	关于进一步优化完善促进鄂州市房地产市场平稳健康发展政策措施的通知
11 月 15 日	沈阳	支持存量商品房收购。围绕重点功能区、产业园区、公共交通节点周边，收购存量商品房筹集保障性住房，2024 年年底前，通过多种方式加快筹集配售型保障性住房 2200 套、配租型保障性住房 5000 套。加大国有企业收购存量商品房用作配售型保障性住房力度，支持企业和符合条件的事业单位批量购买存量商品房用作宿舍型保障性租赁住房。	关于印发沈阳市推动经济持续向好增量政策措施的通知
11 月 15 日	忻州	减轻公租房配建压力，2022 年 7 月 1 日前取得国有建设用地项目配建的公租房，由企业提出申请，报市政府同意后，配建面积 80% 的公租房可由企业自行销售。	关于印发进一步促进房地产业良性循环和健康发展若干措施的通知
11 月 15 日	全国	①扩大城中村改造政策支持范围。城中村改造政策支持范围从最初的35 个超大特大城市和城区常住人口 300 万以上的大城市，进一步扩大到了近 300 个地级及以上城市。这些城市符合条件的城中村改造项目均可以获得政策支持，纳入地方政府专项债券支持范围，开发性、政策性金融机构提供城中村改造专项借款，适用有关税费优惠政策，鼓励商业银行按照市场化、法治化原则提供城中村改造贷款等，确保项目顺利推进。 ②推进城中村改造货币化安置。各地要结合当地房地产市场形势，统筹考虑商品房的存量和增量，从实际出发，稳妥推进城中村改造货币化安置，城市危旧房改造可参照执行。 ③将城中村改造作为城市更新的重要内容有力有序有效推进。城中村改造是城市更新的重要内容，各地要落实好城中村改造财税、土地、金融等支持政策，严格落实“一项目两方案”，即每个项目都要制定完备的征收补偿方案、资金平衡方案等。	住建部、财政部联合发布通知部署各地进一步做好城中村改造工作
11 月 27 日	贵州	用好保障性住房再贷款和专项债券收购商品房用作保障性住房政策。	关于印发贵州省全力推动经济 持续回升向好若干政策措施的通知
11 月 28 日	太原	加大保障性住房供给力度，发挥好国家保障性住房再贷款和专项债政策作用，积极组织地方国有企业建设配售型保障性住房或适当收购一部分面积合适、价格合适、位置合适的空置商品现房用作保障性住房进行配售或配租，满足工薪群体刚性住房需求。统筹使用保障类住房房源。	关于印发太原市关于进一步促进房地产市场止跌回稳若干措施的通知
11 月 30 日	济南	《关于我市市级公共租赁住房租金标准的通知》（济发改价格〔2019〕401 号）和《关于北大槐树家园公共租赁住房租金标准的通知》（济发改价格〔2020〕45 号）继续执行。	关于继续执行市级公共租赁住房租金标准的通知
12 月 5 日	广州	将《广州市共有产权住房管理办法》有效期延长 5 年。根据通知，已购共有产权住房暂时不能转换为配售型保障性住房或者商品住房，后续规定若有变化另行公布。	关于继续实施广州市共有产权住房管理办法的通知
12 月 6 日	广州	《办法》规定，新建配售型保障性住房项目单套建筑面积原则上不超过 90 平方米，以实用紧凑型的两居室、三居室成套住房为主，价格结合同地段普通商品住房市场价格的一定比例确定。一个家庭只能拥有一套配售型保障性住房，不得变更为商品住房上市交易。	关于印发广州市配售型保障性住房管理办法（试行）的通知

8-4　续表 15

时间	地区	政策内容	政策来源
12 月 16 日	广西	收购存量商品房用作保障性住房。自治区财政安排资金，对收购已建成存量商品房用作保障性住房的国有企业给予补贴。鼓励市县安排配套财政补助资金予以补贴。	关于印发《广西推动房地产市场平稳健康发展工作措施》的通知
12 月 19 日	厦门	《厦门市社会保障性住房管理条例实施办法》明确了社会保障性住房的申请、审核、分配、租金补助等具体操作流程，确保低收入家庭、特困人员等群体的住房保障。	关于印发《厦门市社会保障性住房管理条例实施办法》的通知
12 月 20 日	龙岩	该政策针对台湾同胞的公共租赁住房申请，实施住房分类保障。符合条件的台湾同胞家庭可以通过线上或线下申请，审核通过后优先保障配租。保障房仅限自住，不得擅自出租或改变用途。	关于印发《龙岩中心城区台胞公共租赁住房分类保障管理规定》的通知
12 月 23 日	哈尔滨	《哈尔滨市配售型保障性住房购买资格管理办法（试行）》规定了配售型保障性住房的申请条件、审核流程及动态管理机制，明确申请家庭需满足户籍、住房面积等条件，并通过线上平台提交申请。	关于印发哈尔滨市配售型保障性住房购买资格管理办法（试行）的通知
12 月 23 日	哈尔滨	本办法共五章、二十八条。在保证项目资金整体平衡的前提下，新建保障性住房配售价格均价，由市住建部门依据建设单位申请，组织市发改、资源规划、财政、国资、税务等部门研究形成一致意见，呈报市政府审定后确定。新建保障性住房配售价格由成本、税金和利润构成。存量住房转化的保障性住房配售价格均价，由存量住房建设单位结合房屋成本及周边住房价格等因素合理确定。保障性住房实行一房一价，向社会公布。按照保基本的原则，新建保障性住房单套建筑面积以 70~110 平方米为主，引进人才住房建筑面积可适当放宽。存量住房转化为保障性住房的，结合现有房源实际，原则上单套建筑面积不超过 120 平方米。	关于印发哈尔滨市保障性住房配售管理办法（试行）的通知
12 月 30 日	上海	优化“一张床、一间房、一套房”的多层次租赁住房供应体系，鼓励通过收购、转化用途、盘活闲置存量等方式，加大保障性租赁住房建设筹措供应力度。	关于印发《上海市深入实施以人为本的新型城镇化战略五年行动计划的实施方案》的通知
12 月 31 日	上海	修订《上海市廉租住房租金配租管理实施细则》，规范廉租住房租金配租的供应和管理工作，明确租金配租的适用范围、通知发放、租金补贴的核定与发放、租赁合同的管理、申请人违规行为的认定与处理，以及申请人在配租期间发生重大情况变动的申报要求等。申请人在收到租金配租通知后自行租赁住房，签订租赁合同，合同期限原则上不少于 12 个月。需办理住房租赁合同网签备案，并递交相关材料。租金补贴按月发放，支付到出租人银行账户。配租期间若租赁合同提前终止或发生重大情况变动，需及时申报并办理相关手续。	关于印发《上海市廉租住房租金配租管理实施细则》的通知

8–5 2024年公积金政策

时间	地区	政策内容	政策来源
1月2日	上海	①缴存职工家庭名下在本市已有一套住房，在全国未使用过住房公积金个人住房贷款或首次住房公积金个人住房贷款已经结清的，认定为第二套改善型住房。②对于认定为第二套改善型住房的，最低首付款比例为50%；贷款所购住房位于中国（上海）自由贸易试验区临港新片区以及嘉定、青浦、松江、奉贤、宝山、金山6个行政区全域的，最低首付款比例为40%。	上海市发布《关于调整上海市住房公积金个人住房贷款政策的通知》
1月2日	湛江	单方缴存公积金第一次贷款每户最高贷款额度不超过50万元，第二次贷款每户最高贷款额度不超过40万元。双方缴存公积金第一次贷款每户最高贷款额度不超过80万元，第二次贷款每户最高贷款额度不超过70万元。	湛江市住房公积金管理委员会发布关于调整住房公积金个人住房贷款额度有关问题的通知
1月4日	黄冈	以下政策延期至2024年12月31日：放宽自愿缴存人员申请公积金贷款条件。放宽首套房贷款政策适用范围。放宽“先取后贷”条件。支持提取住房公积金用于支付购买新建商品住房首付款。	黄冈市住房公积金中心发布《关于部分阶段性支持政策执行时限延期有关事项的通知》
1月16日	太原	①无房无贷款记录按照首套房政策执行。②放开申请“商转公”及“部分商转公”贷款的住房消费行为时间限制。本通知自2024年3月1日起执行。	太原市公积金管理中心对《太原市住房公积金管理中心关于调整优化住房公积金贷款政策的通知（征求意见稿）》公开征求意见
1月23日	中山	推动深中两地政策协同，中山缴存职工购买深圳住房提取住房公积金的，可享受中山本地购房提取同等待遇。	中山市住房公积金管理中心发布《关于推进住房公积金深中融合发展的通知》
1月29日	九江	九江市住房公积金缴存职工在九江市行政区域内购买一手房的，可向九江市住房公积金管理中心申请提取住房公积金个人账户存储余额支付购房首付款，提取金额不得超过《商品房认购协议》中注明的购房首付款。	九江市住房和城乡建设局印发《九江市提取住房公积金支付购房首付款业务实施细则》
2月1日	厦门	阶段性上浮住房公积金贷款流动性调节系数至1.2，住房公积金最高贷款额度将由当前的120万元，上浮至144万元。	厦门市住房公积金中心网站发布关于优化住房公积金贷款有关事项的通知
2月2日	佛山	购买首套住房的，单缴存职工家庭贷款最高额度提高至60万元，双缴存职工家庭贷款最高额度提高至100万元，其中购买首套自住住房且符合二星级以上绿色建筑标准的、已认定为装配式建筑项目的和属于多孩家庭（三孩以上）其中一项条件，可分别上浮10%，上浮比例可累加，即单缴存职工家庭贷款最高可贷额为78万元，双缴存职工家庭最高可贷额为130万元。	佛山市住房公积金管理中心发布《关于阶段性提高个人住房公积金贷款额度资金即将达到上限的通告》
2月19日	海南	对于缴存人家庭（包括借款申请人、配偶及未成年子女）贷款购买新建自住住房，属首套住房公积金个人住房贷款的，最低首付比例由25%调整为20%。	海南省住房公积金管理局印发《关于调整住房公积金首套个人住房贷款最低首付比例的通知》
2月21日	益阳	①调整住房公积金贷款次数认定标准，借款人家庭贷款次数只计算借款人及配偶在全国的住房公积金贷款记录，不包含商业银行个人住房贷款记录。②住房公积金最高贷款额度提高至45万元，提供住房公积金贷款的单元建筑面积提高到200平方米以内。③申请纯住房公积金贷款的，最低首付款比例调整为20%。④多子女家庭的住房公积金最高贷款额度按当期最高贷款额度上浮20%确定。	益阳市住房公积金管理中心发布《关于优化调整住房公积金使用政策的通知》
2月21日	沈阳	①将商品住房“卖旧买新”补贴活动延长至2024年12月31日。②取消职工现金购买自住住房须在购房两年内申请提取住房公积金的时间限制。③职工购买二手房公积金贷款期限由“35年减房龄”延长为“40年减房龄”，二手房最高贷款期限为30年。	沈阳市召开优化住房公积金提取和放宽二手房公积金贷款期限政策新闻发布会

8–5　续表 1

时间	地区	政策内容	政策来源
2 月 21 日	济南	在济南市行政区域内购买首套普通自住住房申请住房公积金贷款的，最低首付款比例调整为不低于 20%；购买第二套普通自住住房申请住房公积金贷款的，最低首付款比例调整为不低于 30%。	济南市公积金管理中心发布《关于调整住房公积金贷款最低首付款比例的通知》
2 月 21 日	天津	职工申请个人住房公积金贷款购买家庭首套住房的，应支付不低于住房交易价格 20% 的首付款；购买家庭第二套住房的，应支付不低于住房交易价格 30% 的首付款。采用住房抵押担保方式的，抵押值最高不得超过抵押物价值的 80%。	天津市住房公积金管理中心近日公布《关于调整个人住房公积金贷款首付款比例的通知（征求意见稿）》
2 月 23 日	江门	①竣工时间在 10 年以上、30 年（含）以内的，最低首付款比例不低于评估价与交易价格较高者的 35%；竣工时间在 30 年以上的，最低首付款比例不低于评估价与交易价格较高者的 45%。②竣工时间在 10 年以上的，贷款期限最长为 20 年且贷款年限和楼龄之和不得超过 40 年。	江门市住房公积金管理中心发布《关于调整存量房住房公积金个人住房贷款首付款比例和贷款期限的通知》
2 月 23 日	江门	①在全国范围内没有住房公积金贷款记录的，或在全国范围内有一次住房公积金贷款记录并已结清该笔贷款，申请贷款时在江门市行政区域内没有成套住房的执行首套房住房公积金贷款标准。②职工家庭成员在全国范围内有一次住房公积金贷款记录并已结清该笔贷款，申请贷款时在江门市行政区域内有成套住房。	江门市住房公积金管理中心发布《关于优化我市住房公积金个人住房贷款住房套数认定标准的通知》
2 月 23 日	江门	持有人才优粤卡的人才在江门市购买首套和第二套自住住房的，住房公积金最高贷款额度适度提高。其中，持有人才优粤卡 A 卡的，住房公积金最高贷款额度是江门市住房公积金最高贷款额度的 5 倍；持有人才优粤卡 B 卡的，住房公积金最高贷款额度是江门市住房公积金最高贷款额度的 2 倍。	江门市住房公积金管理中心发布《关于实施人才优粤卡住房公积金优惠政策的通知》
3 月 1 日	佛山	①住房公积金缴存职工在本市购买、建造、翻建、大修自住住房的，可作为借款申请人按照本办法规定申请公积金贷款。②授权公积金中心按照约定每月使用个人账户的资金直接冲抵住房公积金个人住房贷款还款本息。③购买首套自住住房且购买的住房为达到二星级以上绿色建筑标准的商品住房，最高贷款额度上浮 10%。④购买首套自住住房且购买的住房已认定为装配式建筑项目的商品住房，最高贷款额度上浮 10%。⑤属于多孩家庭（三孩以上）购买首套自住住房，最高贷款额度上浮 10%。	佛山市住房公积金管理中心 5 份规范性文件正式实施
3 月 5 日	庆阳	①凡夫妇双方正常缴存住房公积金的，最高可贷额度由 60 万元提高到 70 万元，一方正常缴存住房公积金的，最高可贷额度由 50 万元提高到 60 万元。②养育多子女的缴存职工，在庆阳市购买自住住房申请住房公积金贷款的，最高可贷额度上浮 10 万元，不超过 80 万元。③缴存职工购买取得相关标识证书的装配式建筑、星级绿色住宅，贷款额度予以适当上浮，最高不超过 80 万元。	庆阳市调整优化住房公积金贷款提取政策
3 月 5 日	太原	①调整优化住房公积金贷款购房套数认定标准。②放宽申请“商转公”及“部分商转公”贷款的住房消费行为时间限制。③符合太原市住房公积金管理中心公积金其他贷款条件的，可以申请办理商业住房按揭贷款转公积金贷款及部分转公积金贷款。	太原市住房公积金管理中心发布《关于调整优化住房公积金贷款政策的通知》
3 月 7 日	苏州	①为支持房票安置对象使用住房公积金，房票持有人及其直系亲属符合住房公积金提取、贷款相关条件，凭商品房买卖合同、开发商出具的付款凭证等，可申请办理住房公积金提取、贷款业务。②为满足购房人“以旧换新”住房消费需求，“以旧换新”置换购房人及其直系亲属符合住房公积金提取、贷款相关条件，可申请办理住房公积金提取、贷款业务。	苏州市人民政府发布《关于住房公积金支持房票安置、住房“以旧换新”的通知》

8-5 续表 2

时间	地区	政策内容	政策来源
3月12日	运城	①今年运城市住房公积金贷款最高额度由80万元提高到100万元；②租房提取额度由原来的每个家庭每年2.4万元提高到3.6万元，租房提取频次调整为按年、按季、按月或按需提取，多子女家庭租房提取额度上浮30%；③在正常缴存、还贷情况下，允许使用公积金用于提前部分冲还公积金贷款；④优化贷款次数认定，原发放的同一家庭同一套住房多次贷款视作1次贷款；⑤职工住房公积金贷款年限由原来的退休后延5年，调整为统一延长至65岁。	据运城官微消息，今年运城市公积金提取贷款政策有调整
3月14日	贵阳	①到期日可至申请人法定退休时间后5年。②首次住房公积金贷款，即缴存人家庭在全国范围内无住房公积金贷款记录的，执行首次住房公积金贷款政策。第二次住房公积金贷款，即缴存人家庭在全国范围内有1次住房公积金贷款记录且贷款已结清的，执行第二次住房公积金贷款政策。第三次及以上住房公积金贷款，则是缴存人家庭在全国范围内有两次及以上住房公积金贷款记录的，原则上不予发放住房公积金贷款。	贵阳市住房公积金管理中心发布《关于调整优化住房公积金贷款政策的通知（征求意见稿）》
3月15日	淄博	上调住房公积金最高贷款额度，在淄博市购买首套和二套自住住房申请住房公积金贷款的，贷款额度上限保持一致。夫妻双方均连续正常缴存住房公积金的（含合力贷款），首套房最高贷款额度由60万元提高至80万元，二套房最高贷款额度由50万元提高至80万元；仅一方连续正常缴存住房公积金的，首套房最高贷款额度仍为60万元，二套房最高贷款额度由40万元提高至60万元。多子女家庭购房或购买装配式住宅申请住房公积金贷款的，继续执行最高额度上浮20%的优惠政策。	淄博市住房公积金管理中心3月16日发布《关于上调我市住房公积金最高贷款额度的公告》
3月19日	新乡	职工使用住房公积金贷款购买自住住房的，同一套房屋贷款前可以办理购房提取，购房提取金额与贷款金额累计不超过房屋总价。对需申请住房公积金贷款的职工应留足余额，确保提取金额不影响贷款额度，避免因先提取后贷款而导致缴存余额不足，无法足额申请所需住房公积金贷款；贷款后，贷款职工及其配偶在结清贷款前，只能按本套房偿还住房公积金贷款提取（配偶销户提取除外）。	新乡市住房公积金管理委员会近日印发《关于优化住房公积金使用政策的通知》
3月20日	烟台	①住房公积金个人住房贷款最高额度由60万元调整为80万元。②购买新建装配式住宅、被动式超低能耗自住住宅（二星级及以上绿色建筑标准）等高品质住宅的，住房公积金个人住房贷款最高额度调整为90万元。③高层次人才购买家庭首套住房的，住房公积金个人住房贷款最高额度调整为100万元；申请商业贷款转住房公积金贷款的，最高额度统一为80万元。④符合国家生育政策的二孩和三孩家庭，住房公积金个人住房贷款最高额度调整为100万元。	烟台市住房公积金管理中心发布《关于优化调整住房公积金相关政策的通知》
3月20日	宜宾	①申请公积金贷款可先提取该套住房未纳入住房公积金贷款额度计算的住房公积金缴存余额。②缴存职工购房时未提取住房公积金且有足够的偿还能力的，单方缴存住房公积金按照“存贷挂钩”缴存余额30倍计算住房公积金贷款额度不足35万元的，按35万元计算可贷额度；夫妻双方缴存住房公积金按照“存贷挂钩”缴存余额30倍计算住房公积金贷款额度不足50万元的，按50万元计算可贷额度。③无住房公积金贷款记录的，执行首套房住房公积金贷款政策；有一笔已结清的住房公积金贷款记录的，执行二套房住房公积金贷款政策。④取消缴存职工提取住房公积金后申请住房公积金贷款需间隔6个月的时间限制。⑤借款人在住房公积金贷款偿还期间，申请“还款方式变更”“缩短贷款期限”时间间隔由三年调整为一年。	宜宾市住房公积金管理中心发布关于调整优化住房公积金相关政策的通知
3月25日	安庆	①公积金贷款首付比例首次20%，二次30%。②首次公积金贷款贷款额度增加10万元，但不得高于安庆市住房公积金贷款最高限额。③全日制大专及以上学历的毕业生公积金贷款贷款额度增加10万元。	安庆市住房公积金管理委员会发布关于进一步优化调整住房公积金贷款政策的意见

8-5　续表 3

时间	地区	政策内容	政策来源
3 月 25 日	哈尔滨	单职工贷款最高额度由 60 万元提高至 80 万元，双职工贷款最高额度由 80 万元提高至 100 万元。	哈尔滨市公积金管理中心发布《关于提高公积金个人贷款额度的通知》
3 月 26 日	贵港	有下列情形之一的，视同对借款人执行第二套差别化住房公积金贷款政策：①借款人首次申请使用住房公积金贷款购建自住住房时，其家庭已在贵港市辖区（含三区两县市）内且已在广西云原生不动产登记管理平台中登记有一套住房的。②借款人在全国范围内已使用过一次住房公积金贷款购建自住住房且已结清满六个月，又再次申请住房公积金贷款购建自住住房的。③贷款人通过查询征信记录、面测、面谈（必要时居访）等形式的尽责调查，确信借款人家庭在贵港市已有一套住房的。	贵港市住房公积金管理中心发布《关于调整我市住房公积金贷款住房套数认定标准的通知》
3 月 27 日	株洲	①优化灵活就业人员缴存使用住房公积金政策。②实施第二套房“可提可贷”政策。缴存人家庭在株洲市购买第二套改善性住房的，提取不超过购房首付款的住房公积金后，还可申请住房公积金贷款（含商转公）。③全面支持“商转公”贷款。缴存人因购建自住房办理的商业银行个人住房贷款，符合条件的均可申请转为住房公积金贷款。所购住房已取得不动产权证的，用本套房设定抵押；未取得不动产权证的，可用其他住房设定抵押，待出证后再置换抵押物。④支持因重大疾病造成家庭生活严重困难提取住房公积金。	株洲市住房公积金第五届管委会三次全体会议审议通过，住房公积金缴存使用政策进行调整
3 月 27 日	秦皇岛	缴存职工首次申请个人住房公积金贷款购买住房的，最低首付款比例不低于 20%。缴存职工还清首次个人住房公积金贷款，再次申请住房公积金贷款购买住房的，最低首付款比例不低于 30%。	秦皇岛市住房公积金管理委员会发布《关于调整个人住房公积金贷款政策的通知》
3 月 28 日	台州	符合以下条件可办理商转公贷款：①贷款申请人在台州市行政区域内购买自住住房且已办理商业贷款（不包括组合贷款），且为原商业贷款的借款人或共同借款人。②原商业贷款已正常还贷一个月以上。③原商业贷款所抵押的住房已办妥《不动产权证》和契税完税凭证，且仅为该商业贷款设定了抵押权，无其他担保、查封、设立居住权等权利限制情形。④原商业银行同意借款人提前偿还全部或部分原商业贷款余额。⑤符合《台州市住房公积金个人住房贷款实施细则》及台州市住房公积金管理委员会确定的其他贷款政策的申请条件。	台州市住房公积金中心推出本市商业性个人住房贷款转住房公积金贷款政策
3 月 29 日	萍乡	提高缴存职工购房贷款最高额度。萍乡市双职工购建第一套自住住房的贷款最高额度由 70 万元提高至 80 万元；购建第二套自住住房贷款最高额度由 60 万元提高至 70 万元；购买二手房自住住房的贷款最高额度由 55 万元提高至 65 万元；单职工购买、建造、翻建、大修自住住房的贷款最高额度由 50 万元提高至 60 万元。	萍乡市发布关于调整萍乡市住房公积金缴存、提取贷款管理政策的通知
4 月 1 日	鄂尔多斯	①借款申请人夫妻双方建立公积金账户的，贷款金额上限为 100 万元，一方建立公积金账户的，贷款金额上限为 60 万元。②提前部分还款的，公积金贷款最低还款额度由不少于贷款总额的 20% 调整为 10%。	鄂尔多斯市住房公积金管理委员会发布关于修改《鄂尔多斯市住房公积金缴存管理实施细则》等三个实施细则部分条款的通知
4 月 8 日	北京	①对于申请住房公积金个人住房贷款（以下简称贷款）购买二星级绿色建筑的借款人，最高贷款额度上浮 20 万元；对于申请贷款购买三星级绿色建筑的借款人，最高贷款额度上浮 30 万元。②对于申请贷款购买 A（BJ）级装配式建筑的借款人，最高贷款额度上浮 10 万元；对于申请贷款购买 AA（BJ）级装配式建筑的借款人，最高贷款额度上浮 20 万元；对于申请贷款购买 AAA（BJ）级装配式建筑的借款人，最高贷款额度上浮 30 万元。③对于申请贷款购买超低能耗建筑的借款人，最高贷款额度上浮 40 万元。④同时满足多个适用条件的借款人贷款额度上浮金额可累加，最高可上浮 40 万元，但最高贷款额度不超过 160 万元。	北京住房公积金管理中心官网发布《关于住房公积金支持北京市建筑绿色发展的实施办法（征求意见稿）》

8–5 续表 4

时间	地区	政策内容	政策来源
4月8日	广州	①使用住房公积金贷款购买自住住房的，一人申请贷款的最高额度调整至70万元，两人或两人以上购买同一套自住住房共同申请贷款的最高额度调整至120万元。②使用住房公积金贷款购买自住住房，且所购住房为新建一星级绿色建筑或新建装配式建筑的，住房公积金贷款最高额度可上浮10%。③使用住房公积金贷款购买自住住房，且所购住房为新建二星及以上星级绿色建筑的，住房公积金贷款最高额度可上浮20%。④申请人同时符合我市多种可上浮住房公积金贷款最高额度情形的，以其中最高可上浮比例为上限，上浮额度不重复累加计算。	广州市住房公积金管理中心发布《广州住房公积金管理中心关于调整个人住房公积金贷款最高额度有关事项的通知》
4月8日	沈阳	① 2024年4月1日至2024年9月30日期间，职工在沈阳市行政区域贷款购买自住住房，职工本人及其配偶可申请提取住房公积金支付购房首付款。②放宽“商转公”贷款申请条件。将“商转公”贷款申请条件中“商贷已偿还5年（含）以上”调整为“商贷已偿还3年（含）以上”。	沈阳市政府新闻办公室举行进一步优化住房公积金提取和贷款政策新闻发布会
4月8日	苏州	灵活就业人员缴存公积金可享受“灵活缴存、随时支取”的便利，真正实现“零存零取”同时还能享受住房公积金的各项政策补贴。	苏州市住房公积金管理中心推出灵活就业人员“乐居苏城”存贷产品
4月8日	丽水	①职工首次申请住房公积金贷款购买首套自住住房的，规定比例为20%；职工二次申请住房公积金贷款或购买第二套自住住房的，规定比例为30%。②住房套数认定标准为缴存职工购买自住住房申请住房公积金贷款的，其家庭住房套数认定范围，以不动产登记部门记载的购房所在地县（市、区）级行政区域范围内房屋信息为准。③首次申请住房公积金，双缴存职工基准最高限额为100万元；单缴存职工基准最高限额为60万元。二次双缴存职工基准最高限额为80万元；单缴存职工基准最高限额为50万元。多孩家庭、新市民、青年人可在贷款基准最高限额基础上上浮20%。	丽水市明确《丽水市住房公积金提取管理办法》《丽水市住房公积金个人住房贷款管理办法》等两个管理办法若干具体条件和限额
4月9日	荆州	①实施提取住房公积金支付购房首付款政策。②异地住房公积金缴存职工在荆州市行政区划内购买自住房申请公积金贷款时，不受户籍及缴存地限制。③在此前实行的“商转公”政策基础上，将借款人或配偶住房公积金缴存开户时间早于或等于商业贷款发放时间放宽到不晚于商业贷款发放时间两年内，商业贷款尚未结清的期房和现房均可办理“商转公”贷款。④实行住房公积金“认房不认贷”政策。⑤取消新建商品住房限制，缴存人在荆州市行政区划内购买自住房，可提取本人及配偶住房公积金，同时还可提取本人及配偶直系亲属（父母或子女）的住房公积金账户余额。⑥放开下岗失业人员公积金提取条件。⑦支持提取公积金用于大病医疗。	荆州市住房公积金“新十条”发布
4月12日	吉林	①住房公积金贷款期限延长至法定退休年龄后五年，且贷款期限不得超过30年。②缴存职工贷款额度计算倍数提高至15倍，账户余额之和不足3万元的按3万元计算，最低可贷款额度提高至45万元。③放宽“商转公”贷款缴存条件。缴存职工连续、正常、足额缴存住房公积金6个月（含）以上即可申请“商转公”贷款。④推出“商转公”组合贷款业务。已办理商业性住房贷款的借款人可以将原商业贷款转为住房公积金贷款和商业贷款的组合贷款。	吉林市住房公积金管理中心发布《关于优化住房公积金使用政策的通知》
4月12日	三门峡	新政策将于5月6日开始执行。其中政策提出，提高住房公积金贷款最高限额。原政策购买首套房且首次申请公积金贷款的，最高贷款限额为40万元，新政策为首套首贷最高可贷50万元。新增多子女家庭贷款类型，提高贷款额度。为给予依法生育、抚育多子女的住房公积金缴存家庭购房更多政策支持，在三门峡市购买首套自住住房或首次申请公积金贷款的，贷款最高限额为60万元，购买二套房或二次申请公积金贷款的最高限额为54万元。	三门峡市公积金管理中心发布新政

8–5　续表 5

时间	地区	政策内容	政策来源
4月15日	淮北	①双职工：职工家庭双方正常缴存住房公积金的，住房公积金贷款最高额度由60万元提高到70万元。双方合计月缴存额在1200元（含）以下，贷款最高额度由40万元提高到50万元；月缴存额在1200元以上至2500元（含）以下，贷款最高额度由50万元提高到60万元；月缴存额在2500元以上，贷款最高额度由60万元提高到70万元。②取消异地购房、还贷提取户籍限制。缴存人家庭在淮北市住房公积金管理中心无未结清的公积金贷款、在淮北市市域外购房或偿还房贷申请提取住房公积金的，不再受户籍限制，与淮北市住房公积金管理中心购房、偿还房贷提取政策保持一致。③优化子女购房提取政策。缴存人家庭在淮北市住房公积金管理中心无未结清的公积金贷款、子女购房资金不足的，允许父母自愿提取住房公积金支持子女购房或偿还房贷，不再受户籍、未婚和购房次数限制，与淮北市住房公积金管理中心购房、偿还房贷提取政策保持一致。	淮北市实施《关于调整淮北市住房公积金使用政策的通知》
4月15日	郑州	①符合以下条件可办理商转公贷款：一是借款申请人名下使用商业贷款所购的房屋已经取得《房屋所有权证》或《不动产权证书》，除向商业贷款银行设定抵押外，未设定其他抵押权、居住权登记事项，不存在司法查封、冻结等权利限制；二是商业贷款尚未结清，且状态正常，商业贷款银行同意提前结清商业贷款；三是商业贷款原借款人符合住房公积金个人住房贷款（简称“公积金贷款”）申请条件；四是借款申请人具有在规定时间内结清商业贷款的能力。②本地缴存职工可选择自筹资金方式或公积金直还方式办理商转公贷款业务，异地缴存职工使用自筹资金方式办理商转公贷款业务。	郑州市公积金管理中心就《郑州住房公积金商业银行个人住房贷款转住房公积金个人住房贷款有关事项的通知（征求意见稿）》向社会公开征求意见
4月15日	成都	符合住房公积金贷款条件的多子女家庭，在成都市购买首套住房的，双缴存人家庭最高贷款额度从80万元调整为90万元，单缴存人家庭最高贷款额度从40万元调整为50万元。	成都市住房公积金管理中心发布《关于提高多子女家庭首套房最高贷款额度的通知（征求意见稿）》
4月17日	北京	①对于购买老旧小区住房且完成老旧小区综合整治中“节能综合改造”“抗震节能综合改造”“单项改造和环境整治”“危旧楼改建”改造项目的，借款人在申请贷款时予以支持。贷款期限核定标准从贷款期限低于房屋剩余使用年限减三年优化为低于剩余土地使用年限减三年。②评估机构根据优化后的贷款期限核定标准，对房屋的剩余土地使用年限进行评定。贷款经办部门依据评估机构确定的评估结果作为贷款期限审核依据。③通知自2024年4月17日起施行。以往规定与本通知不一致的，以本通知为准。	北京市公积金管理中心发布《关于优化老旧小区改造后住房公积金贷款期限核定标准的通知》
4月17日	济宁	①多子女家庭，购买首套或二套自住住房的，住房公积金贷款最高额度提高至100万元。②购买高品质住宅的职工家庭，住房公积金贷款最高额度提高至90万元。	济宁市住房公积金管理中心发布关于调整住房公积金个人住房贷款最高额度的通知
4月17日	来宾	①二孩家庭公积金最高贷款额度提高10万元到70万元，三孩家庭提高20万元到80万元。②认定的A、B、C、D、E、F类人才，最高贷款限额基础上按相关系数分别提高4、3.5、3、2.5、2、1.5倍。③房地产开发企业在建的项目楼栋，在取得商品房预售许可证后，项目建设进度达50%（含）以上的，即可申请住房公积金贷款备案登记。至楼栋主体结构封顶并验收合格后，方可申请贷款发放。	来宾市住房公积金管理中心发布关于进一步调整优化住房公积金提取及贷款政策的通知
4月18日	宁波	①职工个人住房公积金贷款可贷额度计算不足25万元的，保底额度按25万元/户计算。②购买自住住房提取住房公积金，对首付比例不作明确要求，以购房合同约定的首付比例及金额为准。	宁波市住房公积金管理委员会印发《关于调整宁波市住房公积金缴存、提取、贷款相关政策的通知》

8-5 续表 6

时间	地区	政策内容	政策来源
4 月 18 日	徐州	①放宽公积金贷款申请条件，名下不超过一套房或职工及其配偶公积金贷款次数累计不超过 1 次，即可认定其名下无房或仅有 1 套住房，可以申请公积金贷款。②取消提取加贷款不超过 120 万元的限制。③购买新建商品房或存量房，首次使用公积金贷款的，最低首付比例为 20%，第二次使用公积金贷款的，最低首付比例为 30%。④开通淮海经济区和江苏省其他城市缴存职工商转公贷款。⑤对军人公积金贷款进行支持。⑥购买高品质住宅，公积金贷款最高额度上浮 20%。	徐州市住房公积金管理中心发布《关于调整住房公积金贷款政策》的通知
4 月 19 日	长沙	职工在长沙市购买新建商品房申请住房公积金贷款的，其最高贷款额度提高至 80 万元，生育三孩的职工家庭住房公积金最高贷款额度提高至 90 万元。	长沙市住房公积金管理委员会印发《关于调整我市新建商品房住房公积金最高贷款额度的通知》
4 月 22 日	合肥	①取消异地购房、还贷提取户籍限制。缴存人在合肥市外购房、还贷申请提取住房公积金，不再查验户籍。②取消住房公积金异地贷款户籍限制。异地缴存人在合肥市购房申请住房公积金贷款，不再要求具备合肥市本地户籍。	合肥市住房公积金管理委员会办公室发布《关于持续优化住房公积金使用政策的通知》
4 月 22 日	洛阳	①经洛阳市认定的高层次人才，在使用住房公积金贷款购房时，在不超过还款能力的前提下，公积金贷款额度不受缴存时间系数和缴存余额限制，经洛阳市住房公积金管理中心审核后，最高贷款额度为 100 万元。②洛阳市 45 周岁（含）以下博士或具有高级职称的专业技术人才，40 周岁（含）以下硕士或具有中级职称的专业技术人才或技师以上技能人才、全日制本科学历的缴存职工，在使用住房公积金贷款购房时，在不超过还款能力的前提下，公积金贷款额度不受缴存时间系数和缴存余额限制，经洛阳市住房公积金管理中心审核后，最高贷款额度为 65 万元。	洛阳市住房公积金管理中心、中共洛阳市委人才工作领导小组办公室、洛阳市人力资源和社会保障局印发《洛阳市人才住房公积金贷款实施细则（试行）》
4 月 23 日	承德	①取消购买首套、二套自住住房建筑面积限制，购买首套自住住房的，首付比例不低于房屋总价款的 20%；购买二套自住住房的，首付比例不低于房屋总价款的 30%。②生育二孩、三孩的缴存职工家庭在本市首次申请住房贷款时，二孩家庭单缴存职工家庭最高贷款额度由 70 万元调整为 80 万元；二孩家庭双缴存职工家庭最高贷款额度由 90 万元调整为 100 万元；三孩家庭单缴存职工家庭最高贷款额度由 80 万元调整为 90 万元；三孩家庭双缴存职工家庭最高贷款额度由 100 万元调整为 110 万元。	承德市住房公积金管理委员会办公室发布《关于调整住房公积金贷款政策的通知》
4 月 24 日	贵阳	①执行最低首付款比例。缴存人家庭申请住房公积金贷款购买自住住房的，最低首付款比例为 20%。②支持提取住房公积金支付首付款。③支持住房公积金“既提又贷”。④取消两次住房公积金贷款时间间隔限制。⑤首套住房公积金贷款的最高贷款额度为单缴存人家庭 50 万元、双缴存人家庭 70 万元，第二套单缴存人家庭 50 万元、双缴存人家庭 60 万元。多子女家庭单缴存人家庭 60 万元、双缴存人家庭 80 万元，第二套住房公积金贷款的最高贷款额度为单缴存人家庭 60 万元、双缴存人家庭 70 万元。⑥符合条件的人才公积金最高贷款额度 150 万元。	贵阳市住房公积金管理中心发布关于优化住房公积金阶段性政策的通知
4 月 25 日	淮安	①提高最高贷款基准额度。符合淮安市住房公积金贷款条件的借款人、共同借款人，单方缴存的最高贷款基准额度从 40 万元提高至 60 万元，双方缴存的最高贷款基准额度从 60 万元提高至 80 万元。淮安市住房公积金贷款最高额度动态调整机制继续执行。②异地缴存职工在淮购房贷款政策由仅支持购买首套自住住房扩大至购买第二套改善性自住住房，且同等享受淮安市商业性个人住房贷款转住房公积金贷款政策。③多子女家庭贷款最高额度上浮 30% 政策由仅支持购买首套自住住房扩大至购买第二套改善性自住住房。	淮安市住房公积金管理中心发布《关于调整住房公积金贷款有关政策的通知》

8–5　续表 7

时间	地区	政策内容	政策来源
4月26日	昆明	缴存人家庭（包括购房人及配偶，共有人及配偶，下同）名下无住房，且在全国范围内未使用过住房公积金贷款的认定为首套。二套：缴存人家庭名下有一套住房的；或缴存人家庭名下无住房，且在全国范围内仅使用过一次住房公积金贷款的。	昆明市住房公积金管理中心发布关于优化调整住房公积金个人住房贷款住房套数认定标准的通知
4月26日	大理州	①缴存人购买、建造、翻建、大修自住住房，可以每月提取一次住房公积金。②双缴存人家庭最高贷款额度由78万元提高至100万元。③取消住房公积金提取和贷款间隔时限要求。④支持购买首套或第二套改善性住房"又提又贷"住房公积金。⑤二孩及二孩以上家庭购买首套自住住房申请住房公积金贷款的，最高贷款额度在现行最高贷款额度基础上分别上调20%和30%。	大理州住房公积金管理中心发布关于调整部分住房公积金管理使用政策的通知
4月28日	成都	符合住房公积金贷款条件的多子女家庭，在成都市购买首套住房的，双缴存人家庭最高贷款额度从80万元调整为90万元，单缴存人家庭最高贷款额度从40万元调整为50万元。	成都市住房公积金管理中心发布《关于提高多子女家庭首套房住房公积金最高贷款额度的通知》
5月1日	南京	①南京都市圈城市缴存职工在南京市购买自住住房，可以向南京住房公积金管理中心申请住房公积金贷款。②南京市缴存职工在南京都市圈其他城市购买自住住房，可以参照在南京本市购房情况向南京住房公积金管理中心申请办理住房公积金购房提取和还贷提取。	南京市住房公积金管理中心发布《关于南京都市圈住房公积金贷款和提取政策的通告》
5月7日	合肥	①借款人家庭夫妻双方正常缴存的，住房公积金最高可贷额度调整为100万元；借款人单方正常缴存的最高可贷额度调整为70万元。②多孩家庭最高可贷额度调整为120万元；借款人单方正常缴存的最高可贷额度调整为84万元。	合肥市住房公积金管理中心发布《关于调整我市个人住房公积金最高可贷额度的通知（征求意见稿）》
5月7日	无锡	①二套房申请公积金贷款首付最低20%。②单人最高贷款额度调整为80万元，双人最高贷款额度调整为100万元。③多孩家庭首次公积金购买首套住房，单人符合条件的上浮20万元，最高不超过100万元。双人符合条件的上浮30万元，最高不超过130万元。④符合条件的员工可办理商转公或商转组合贷。	无锡市发布关于调整住房公积金相关使用政策的通知
5月9日	大连	①扩大住房公积金贷款购房支持范围，灵活就业人员可使用住房公积金贷款购买首套及二套自住普通住房。②符合住房公积金贷款条件的青年人首次使用住房公积金贷款在大连市购买首套自住住房的，提供不低于30万元贷款额度支持。	大连市住房公积金管理中心起草《大连市灵活就业人员参加住房公积金制度管理办法（征求意见稿）》和《关于实施青年人个人住房公积金贷款支持政策的通知（征求意见稿）》
5月17日	全国	自2024年5月18日起，下调个人住房公积金贷款利率0.25个百分点，5年以下（含5年）和5年以上首套个人住房公积金贷款利率分别调整为2.35%和2.85%，5年以下（含5年）和5年以上第二套个人住房公积金贷款利率分别调整为不低于2.775%和3.325%。	中国人民银行发布关于下调个人住房公积金贷款利率的通知
5月17日	合肥	①借款人家庭夫妻双方正常缴存的，住房公积金最高可贷额度调整为100万元；借款人单方正常缴存的，住房公积金最高可贷额度调整为70万元。②多子女家庭购买首套住房，夫妻双方正常缴存的，住房公积金最高可贷额度调整为120万元；借款人单方正常缴存的，住房公积金最高可贷额度调整为84万元。	合肥市公积金管理中心发布《关于调整我市个人住房公积金最高可贷额度的通知》
5月17日	杭州	①家庭住房套数以购房所在地房产管理部门出具的查询结果或认定证明为准。②住房公积金贷款首套房、二套房政策根据家庭住房套数和住房公积金贷款情况认定。	杭州市调整住房公积金贷款家庭住房套数认定标准有关政策通知
5月22日	滁州	借款人家庭只有1人正常缴存住房公积金的，最高贷款额度由50万元调整为60万元；借款人家庭有2人及以上正常缴存住房公积金的，最高贷款额度由60万元调整为70万元。	滁州市住房公积金管理中心发布《关于调整住房公积金最高贷款额度的通知》

8–5 续表 8

时间	地区	政策内容	政策来源
5 月 22 日	聊城	①夫妻双方均正常缴存住房公积金的家庭，最高贷款额度由 60 万元提高至 80 万元，单方正常缴存住房公积金的家庭，最高贷款额度由 40 万元提高至 60 万元。②在聊城市正常缴存住房公积金的多子女家庭，最高贷款额度再提高 20 万元，即单、双方正常缴存家庭最高贷款额度分别为 80 万元、100 万元。③在聊城市行政区域内购买新建装配式、高品质住宅的缴存家庭，最高贷款额度再提高 20 万元，即单、双方正常缴存家庭最高贷款额度分别为 80 万元、100 万元。	聊城市公积金管理中心发布《关于进一步优化住房公积金贷款政策的通知》
5 月 28 日	贵阳	开展二手房“带押过户”住房公积金贷款业务。	贵阳市住房公积金管理中心关于开展二手房“带押过户”住房公积金贷款业务的通知
6 月 5 日	成都	①在本市行政区域内全面开展国有土地上存量房交易贷款资金监管服务工作。首先在成都高新区、锦江区、青羊区、金牛区、武侯区、成华区范围内开展试点工作，待试点成熟后，逐步向全市其他区（市）县推广。②卖方在取得卖方银行“带押过户”同意后，买卖双方根据网上签订的存量房买卖合同（经纪服务合同）向买方银行申请贷款，买卖双方到监管银行签订存量房交易资金监管协议、选择还贷模式、办理自有资金监管，买方银行在交易双方完成存量房转移登记和抵押权登记后将贷款资金划转至政府部门在监管银行开设的存量房交易资金监管专用账户中，监管银行根据买卖双方选择的还贷模式对贷款资金和自有资金本息进行划转。	成都市住房和城乡建设局、成都市规划和自然资源局、成都市住房公积金管理中心发布关于我市开展存量房交易贷款资金监管服务进一步做好“带押过户”的通知
6 月 6 日	赣州	在赣州市购买新建商品住房且符合赣州市购房提取住房公积金条件的缴存人，可以申请提取住房公积金账户余额支付购房首付款。	赣州市住房公积金管理委员会日前发布《关于优化调整购买新建商品住房申请住房公积金提取和贷款政策的通知》
6 月 6 日	柳州	①住房公积金贷款额度上限从 50 万元调整至 70 万元。②多孩家庭住房公积金贷款额度上限提高 10 万元。	柳州市住房公积金管理中心发布《关于调整住房公积金个人住房贷款额度上限、个人可贷款额度核定办法及申请贷款缴存时间要求的通知》
6 月 7 日	苏州	①属于下列情形的，认定为购买首套自住住房，执行首套房贷款政策。购房合同网签日期在 2024 年 6 月 1 日以前的：缴存人家庭（包括借款人、配偶及未成年子女，下同）在苏州市行政区域内名下无自住住房；购房合同网签日期在 2024 年 6 月 1 日及以后的：缴存人家庭在所购住房所在县（市）区无自住住房，或在所购住房所在县（市）区仅有 1 套住房且已在当地住建部门网上交易服务平台挂牌出售。②属于下列情形之一的，认定为购买第二套自住住房，执行第二套房贷款政策。购房合同网签日期在 2024 年 6 月 1 日以前的：缴存人家庭在苏州市行政区域内仅有 1 套自住住房；购房合同网签日期在 2024 年 6 月 1 日及以后的：缴存人家庭在所购住房所在县（市）区仅有 1 套自住住房。	苏州市公积金管理中心发布《关于优化住房公积金贷款家庭住房套数认定标准的通知》
6 月 11 日	厦门	①多孩家庭公积金最高贷款额度增加 20 万元。②异地住房公积金缴存职工家庭，在厦门市购买自住住房，可向厦门市申请住房公积金贷款。③阶段性启动商业性住房贷款转住房公积金贷款业务。④取消“同一套住房一年内只能一个家庭申请提取住房公积金用于支付购房款”的条件限制。	厦门市优化住房公积金贷款及提取政策

8–5　续表 9

时间	地区	政策内容	政策来源
6 月 13 日	郑州	①在郑州市区内购买自住住房，最高贷款额度由 100 万元调整为 120 万元；在郑州市郊县购买自住住房，最高贷款额度由 80 万元调整为 100 万元。②高层次人才在郑州市区内购买自住住房，最高贷款额度由原来的 150 万元调整为 180 万元；在郑州市郊县购买自住住房，最高贷款额度为 150 万元。③多孩家庭在郑州市区内购买自住住房，最高贷款额度为 144 万元；在郑州市郊县购买自住住房，最高贷款额度为 120 万元。	郑州市调整住房公积金部分使用政策
6 月 18 日	中山	在中山市购买、建造、翻建、大修自住住房申请住房公积金贷款的，一名缴存人最高贷款额度从 50 万元调整为 60 万元，两名或以上缴存人共同申请的最高贷款额度从 90 万元调整为 120 万元。	中山市住房公积金管理中心发布《关于调整个人住房公积金贷款最高额度的通知》
6 月 18 日	南昌	借款人及共同借款人在购房所在地购买唯一住房的，执行住房公积金首套住房贷款政策；购买第二套住房，执行住房公积金二套住房贷款政策。不再向购买第三套及以上住房，以及在全国范围内已使用过两次及以上住房公积金个人住房贷款的借款人及共同借款人发放住房公积金贷款。	南昌市公积金管理中心发布关于公积金贷款政策调整的通知
6 月 18 日	德阳	①公积金贷款支持缴存人家庭购买首套自住住房或第二套改善居住条件的自住住房，不支持购买第三套及以上住房。借款申请人及配偶的住房套数，以公积金住房贷款记录为依据。②缴存人无住房公积金贷款记录的，认定为购买首套住房，执行首套房公积金贷款政策；有一笔公积金贷款记录认定为购买第二套住房，按第二套房公积金贷款政策执行；任一方单计有两笔公积金贷款记录的，认定为购买第三套及以上住房，不予贷款。③未结清贷款余额合计超过 15 万元的（含其他债务，且为他人担保或信用卡透支 1 万元以上的视为有贷款），高层次人才未结清商业住房贷款余额超过 80 万元的。	德阳市住房公积金管理中心发布关于修订《德阳市住房公积金个人住房贷款实施细则》相关条款的通知
6 月 20 日	泸州	①开展商转公贷款业务。②优化住房公积金贷款住房套数认定标准，首套房标准：缴存职工家庭（申请人及其配偶）在全国范围内未使用过住房公积金贷款的，申请住房公积金贷款时执行首套房住房公积金贷款政策。二套房标准：缴存职工家庭（申请人及其配偶）在全国范围内仅有一次住房公积金贷款使用记录且贷款已结清的，申请住房公积金贷款时执行第二套住房公积金贷款政策。③缴存职工及配偶购买新建商品房、拆迁安置房、政策性保障住房提取住房公积金，凡房屋地址在泸州市、自贡市、宜宾市、重庆市江津区、重庆市永川区行政区域内的，取消其房屋地址应与职工本人或配偶的户籍所在地或工作所在地一致的规定。	泸州市住房公积金管理委员会发布关于进一步优化住房公积金部分政策的通知
6 月 22 日	佛山	①公积金贷款首付款比例应当不低于 20%。②购首套房，单缴最高贷款额度 60 万元，双缴最高 100 万元。购二套房，单缴最高贷款额度 50 万元，双缴最高 80 万元。③购买首套二星级以上绿色建筑标准的商品住房，最高贷款额度上浮 10%。④购买首套装配式建筑项目的商品住房，最高贷款额度上浮 10%。⑤三孩以上家庭购首套房最高贷款额度上浮 10%。	佛山市住房公积金管理中心发布《关于调整个人住房公积金贷款有关事项的通知》

8–5 续表 10

时间	地区	政策内容	政策来源
6月26日	北京	①购买首套住房。最低首付款比例调整为不低于20%，贷款利率下限调整为不低于相应期限贷款市场报价利率（LPR）减45个基点，调整后5年期以上房贷利率下限目前为3.5%。②购买二套住房。位于五环以内的，最低首付款比例调整为不低于35%，贷款利率下限调整为不低于相应期限贷款市场报价利率（LPR）减5个基点，调整后5年期以上房贷利率下限目前为3.9%；位于五环以外的，最低首付款比例调整为不低于30%，贷款利率下限调整为不低于相应期限贷款市场报价利率（LPR）减25个基点，调整后5年期以上房贷利率下限目前为3.7%。③调整住房公积金个人住房贷款最低首付款比例。对于申请住房公积金个人住房贷款，购买首套商品住房的缴存职工家庭，最低首付款比例调整为不低于20%；购买二套商品住房的缴存职工家庭，所购住房位于五环以内的，最低首付款比例不低于35%；所购住房位于五环以外的，最低首付款比例不低于30%。④支持多子女家庭改善性住房需求。对本市户籍二孩及以上的多子女家庭，购买第二套住房的，在个人住房贷款中认定为首套住房。⑤对于申请住房公积金个人住房贷款，购买二星级及以上绿色建筑、装配式建筑或者超低能耗建筑的缴存职工家庭，给予上浮贷款额度支持。⑥组织开展住房“以旧换新”活动。本市房地产业协会、房地产中介行业协会将搭建对接平台，鼓励更多开发企业、经纪机构参与，共同为“以旧换新”居民提供更加优质的服务。对居民家庭出售旧房购买新房的，房地产经纪机构优先推动旧房交易，旧房成功出售后，相关订金转为购买新房的首付款；如在一定时期内未能成功出售的，开发企业则无条件退还订金。	北京市住房和城乡建设委员会、中国人民银行北京市分行、国家金融监督管理总局北京监管局、北京住房公积金管理中心联合印发《关于优化本市房地产市场平稳健康发展政策措施的通知》
7月1日	邢台	优化灵活就业人员缴存比例：邢台市灵活就业人员住房公积金月缴存比例由原来的18%调整为在10%至24%之间自主选择，进一步便利灵活就业人员缴存住房公积金，更好发挥住房公积金住房保障功能。	邢台市实施多项住房公积金归集提取新政
7月1日	廊坊	①单方缴存公积金的家庭最高住房贷款额度由60万元提高到70万元，夫妻双方缴存公积金的家庭最高住房贷款额度由80万元提高到90万元；多孩家庭单方缴存公积金的最高住房贷款额度由70万元提高到80万元，夫妻双方缴存公积金的“二孩”家庭最高住房贷款额度由90万元提高到100万元；单方缴存公积金的“三孩”家庭最高住房贷款额度由80万元提高到90万元，夫妻双方缴存公积金的“三孩”家庭最高住房贷款额度由100万元提高到110万元。使用住房公积金贷款购买高于最低等级以上绿色建筑标准的新建绿色建筑自住住房或者新建全装修自住住房的，单方缴存公积金的家庭最高住房贷款额度由70万元提高到80万元：夫妻双方缴存公积金的家庭最高住房贷款额度由90万元提高到100万元。持有廊坊市燕赵英才A卡或B卡人员家庭最高住房贷款额度由100万元提高到110万元。②支持缴存职工提取住房公积金支付新建预售商品住房首付款。	廊坊市发布《关于提高住房公积金最高贷款额度的意见》及《缴存职工提取住房公积金支付新建预售商品住房首付款操作流程》
7月2日	莆田	公积金最高贷款额度由70万元调整为80万元，单方缴存住房公积金的最高贷款额度50万元维持不变。生育、抚养二孩及以上的，最高贷款额度在现行莆田市最高贷款额度的基础上上浮10万元。	莆田市住房公积金管理委员会发布两则通知将调整住房公积金政策和2024年度住房公积金缴存基数
7月2日	六安	支持“商转公”贷款，明确单职工家庭最高额度40万元，双职工家庭最高额度60万元。	六安市发布关于印发《六安市住房公积金“商转公”贷款业务办理操作细则》
7月5日	石家庄	多子女家庭（包括借款人、配偶及未成年子女）在申请住房公积金贷款购买商品住房时，家庭成员在石家庄市已有一套住房的，再次购入的按首套住房执行住房信贷政策；已有两套住房的，再次购入的按二套住房执行住房信贷政策。	石家庄市住房公积金管理中心印发《关于优化多子女家庭住房套数认定标准的通知》

8-5　续表 11

时间	地区	政策内容	政策来源
7 月 5 日	南京	①南京住房公积金缴存职工参与存量住房“以旧换新”活动，如原旧房曾经使用住房公积金贷款且已结清，在购买新房使用住房公积金贷款时，贷款申请人（家庭）的住房公积金贷款次数和名下房产套数情况，仍按购买原旧房使用住房公积金贷款时的认定结果执行。其他贷款事项按现有相关规定执行。 ②南京住房公积金缴存职工参与存量住房“以旧换新”活动，新购房使用住房公积金贷款最高额度上浮 20%，即个人 60 万元、家庭 120 万元。	南京市住房公积金管理中心发布《关于实施存量住房“以旧换新”活动住房公积金配套措施的通知》
7 月 8 日	佛山	职工或配偶购买佛山市行政区域内新建商品住房且使用住房贷款的，职工可申请提取住房公积金支付购房首付款。	佛山市住房公积金管理中心发布提取住房公积金支付购房首付款相关事项的通知（征求意见稿）
7 月 9 日	宁波	① 2024 年 7 月 9 日起，在宁波市购买首套自住住房的，公积金贷款首付比例为不低于 20%；购买第二套自住住房的，贷款首付比例为不低于 25%。 ②职工个人住房公积金可贷额度由借款人及其共同借款人在申请贷款日缴存账户余额的 15 倍调整为 20 倍。 ③居民家庭在购房所在区（县、市）范围名下仅有一套住房且正挂牌出售的，不计入家庭住房套数，新购住房可按首套住房认定。	宁波市调整个人住房公积金贷款政策、个人住房贷款套数认定标准延长购房补贴政策等
7 月 12 日	武汉	①首套个人住房公积金贷款最高额度调整为 120 万元，第二套个人住房公积金贷款最高额度调整为 100 万元。 ②武汉地区缴存人家庭（含本人、配偶及未成年子女）名下在本市仅有两套住房，且从未使用过个人住房公积金贷款的，可以就其中一套住房申请商转公贷款，执行武汉市第二套个人住房公积金贷款政策。	武汉市住房公积金管理中心发布新政
7 月 25 日	长春	第二次使用公积金贷款时，如满足“在当地无住房的”或“当地唯一住房已办理商转公”条件，可按首套房申请贷款，贷款首付比例 20%，贷款利率按首套执行；多孩家庭贷款额度同步可上浮 40%。	长春市发布关于调整长春市住房公积金个人住房贷款政策的通知
7 月 25 日	贵阳	①住房公积金最高贷款额度提高至 80 万元。多子女家庭可在此基础上上浮 20 万元，即 100 万元。 ②缴存人家庭首次在贵安新区购买自住住房的，住房公积金最高贷款额度可在上述基础上上浮 20%，即非多子女家庭 96 万元、多子女家庭 120 万元。 ③持有有效贵阳人才服务绿卡、筑才卡（高层次人才）、省级优才卡、省级高层次人才服务绿卡的缴存人，最高贷款额度提高至 150 万元。	贵阳市住房公积金管理中心关于阶段性提高住房公积金最高贷款额度的通知
7 月 26 日	兰州	①执行最低首付比例。缴存职工因购买首套房或二套房向中心申请住房公积金个人住房贷款的，首付比例由当前执行的首套房 20%、二套房 30% 统一调整为 20%。 ②提高实际贷款额度。将职工家庭月供支出与收入比上限由 50% 调整为 60%。	兰州市住房公积金中心调整贷款政策
7 月 26 日	宜宾	①支持公积金代际互助购房。允许符合条件的缴存人及配偶提取公积金支付子女或父母在宜宾市行政区域内新购自住住房的购房款，但同一住房的提取金额加贷款金额不得超过购房总金额。 ②鼓励灵活就业人员自愿缴存公积金，简化申请条件，凭身份证即可申请，并可从 2022 年 12 月 1 日起补缴。缴存满 6 个月后，可申请公积金贴息贷款；若自愿停止缴存，则可申请销户。	宜宾市住房公积金管理中心发布《宜宾市住房公积金管理中心关于优化住房公积金相关政策的通知》
7 月 29 日	沈阳	①单人 / 夫妻 / 家庭成员 3 人缴存住房公积金的，最高贷款额度分别由 60/80/100 万元上调至 65/85/105 万元。 ②多子女家庭再次使用住房公积金贷款购买自住住房的，按照首套首付比例和二套贷款利率执行，贷款额度放宽到当期最高贷款额度的 1.3 倍。	沈阳市人民政府新闻办公室召开沈阳住房公积金关于进一步促进沈阳市房地产平稳健康发展的政策举措新闻发布会

8-5 续表 12

时间	地区	政策内容	政策来源
8 月 1 日	广州	购房人可申请提取本人及配偶住房公积金用于支付购房首付款，提取首付款后不影响该套住房申请公积金贷款的可贷额度计算。	广州市可申请提取本人及其配偶名下住房公积金支付购房首付款
8 月 2 日	昆明	缴存人家庭购买第二套改善型自住住房申请住房公积金贷款的，最低首付款比例为 20%。	昆明市发布《关于调整二套房住房公积金贷款最低首付款比例的通知》
8 月 8 日	上饶	①试行“可提可贷”购房政策。职工在上饶市范围内购买自住住房时，支持提取住房公积金支付购房首付款，并仍可申请住房公积金贷款。 ②职工家庭在购房当地（以县、市、区为单位）无成套住房（无独立厨卫），公积金首次贷款已结清并再次申请公积金贷款的，执行首套房贷款政策。 ③调整上饶市住房公积金贷款额度上限。对首次使用住房公积金贷款购房的在职职工，贷款上限调整为 80 万元，再次使用住房公积金贷款购房的在职职工，贷款上限调整为 70 万元，存贷比按照 20 倍执行。允许使用住房公积金贷款购房的三孩家庭或者购买装配式建筑住房、立体生态住宅的家庭，在贷款上限的基础上，贷款额度上浮 20%。 ④全面推行公积金异地个人住房贷款业务，异地缴存职工在上饶购房可享受与本地缴存职工同等贷款额度、贷款利率、存贷比等政策待遇。	上饶市调整住房公积金部分使用政策
8 月 12 日	成都	①为取得购房资格纳入保障性租赁住房房源库的住房，未出租或租赁合同已终止的，可自愿申请提前退出保障性租赁住房房源库，并解除上市交易时间限制。 ②在本市范围内新购买住房，只核查购房人在拟购住房所在区（市）县范围内住房情况，无住房的，认定为首套房。在拟购住房区（市）县范围内有住房且正在挂牌出售的，住房套数相应核减。支持商业银行按认定的客户住房套数办理个人住房贷款业务。 ③在成都市拥有 2 套及以上住房且相应购房贷款已结清的，支持金融机构自行确定首付款比例和利率。 ④在成都市行政区域内购买新建商品住房的住房公积金缴存人，可申请提取本人及其配偶名下住房公积金直付购房款。 ⑤住宅楼栋达到预售许可条件的，可同步预售对应地下机动车停车位。	成都市发布多条关于购房的政策，涉及公积金付首付、购房首套资格认定、住宅小区地下车位预售等方面
8 月 13 日	郑州	在郑州市行政区域内认购保障房，且符合公积金贷款申请条件的，可申请保障房贷款。保障房贷款的金额、期限、利率、还款方式以及其他事项结合保障房来源渠道，对照新建商品房或存量商品房公积金贷款政策审批。	郑州市发布《郑州住房公积金配售型保障性住房贷款管理办法（试行）（征求意见稿）》
8 月 14 日	江门	①此次阶段性提高购买自住住房的多子女家庭住房公积金最高贷款额度是从 2024 年 8 月 15 日到 12 月 31 日。在江门市购买首套自住住房的多子女家庭职工，住房公积金最高贷款额度从原来住房公积金最高贷款额度的 1.3 倍提高到 1.5 倍。在江门市购买第二套自住住房的多子女家庭职工，住房公积金最高贷款额度提高到住房公积金最高贷款额度的 1.3 倍。 ②在江门市购买全装修新建商品房的职工，单职工申请最高贷款额度在江门市住房公积金最高贷款额度的基础上从原来增加 8 万元提高到增加 10 万元，两个职工或以上共同申请最高贷款额度在江门市住房公积金最高贷款额度的基础上从原来增加 16 万元提高到增加 20 万元。	江门市阶段性实施两项公积金便民惠民新政策

8-5　续表 13

时间	地区	政策内容	政策来源
8 月 17 日	泰州	①提高二孩、三孩家庭住房公积金最高贷款额度。生育二孩的泰州市户籍家庭，首次和第二次申请住房公积金贷款的最高额度均提高至单职工 70 万元、双职工 140 万元；生育三孩的泰州市户籍家庭，首次和第二次申请住房公积金贷款的最高额度均提高至单职工 80 万元、双职工 160 万元。 ②提高二孩、三孩家庭租房提取住房公积金最高额度。生育二孩的泰州市户籍家庭，租房提取住房公积金的最高额度提高至 36000 元 / 年；生育三孩的泰州市户籍家庭，租房提取住房公积金的最高额度提高至 48000 元 / 年。	泰州市发布公积金新政
8 月 19 日	亳州	①调整住房公积金贷款额度。夫妻双方正常缴存住房公积金的，最高贷款额度由 55 万元调高至 65 万元；单方正常缴存住房公积金的，最高贷款额度由 45 万元调高至 55 万元。 ②支持高层次人才和急需紧缺人才购房需求。对于亳州市全职引进的高层次人才和急需紧缺人才，在亳州市购买自住商品住房的，首次使用公积金贷款的最高限额在可贷额度基础上分别增加 20 万元、10 万元，最高额度不超过亳州市住房公积金贷款额度上限。	亳州市发布《关于进一步优化我市住房公积金使用政策的通知》
8 月 20 日	泉州	①职工连续足额缴存住房公积金满 6 个月的，即可申请住房公积金贷款。 ②异地缴存职工在泉州市购买自住住房，申请住房公积金异地个人住房贷款时，可享受本地缴存职工同等权益，无需再提供泉州市行政区域内的户籍证明。 ③拓宽提取公积金支付首付款范围。凡在泉州市行政区域内购买新建商品住房、保障性住房、二手房的，购房职工（含共有产权人）、配偶及直系血亲可提取住房公积金支付购房首付款，进一步减轻职工支付首付款资金压力。	泉州市印发《关于优化部分住房公积金使用政策的通知》
8 月 21 日	郑州	①联合商业银行适时开通存量房组合贷款业务，对存量房（二手房）贷款和“商转公贷款”所购房屋实行价格评估。 ②对于已办理住房公积金贷款的灵活就业人员试行以贷定缴，住房公积金月缴存额可用于按月归还贷款本息。	郑州市发布公积金政策征求意见通告，拟开通存量房组合贷款业务
8 月 22 日	绵阳	①单缴存人最高贷款额度由 50 万元提高至 70 万元；双缴存人最高贷款额度由 80 万元提高至 100 万元。 ②具有全日制本科及以上学历的本市缴存职工，毕业 5 年内（含 5 年）在绵阳辖区内购买首套自住住房并申请住房公积金贷款的，在不超过最高贷款额度的前提下，可贷额度上浮 30%；具有足够偿还能力的，单、双缴存职工可分别执行 35 万元、50 万元保底贷款额度。 ③购房人在本市范围内新购商品住房且购房所在县（市、区）、园区范围内无住房的，所购住房按首套房认定；已有住房正挂牌出售的，住房套数认定相应核减。缴存人在本市范围内新购商品住房申请住房公积金贷款，仅以购房所在县（市、区）、园区住房贷款余额作为认定依据。 ④推行住房公积金直付购房款。	绵阳市发布《关于进一步优化住房公积金政策措施促进房地产市场平稳健康发展的通知》
8 月 23 日	武汉	灵活就业人员在购买首套或第二套住房时，或者将个人住房商业贷款转为公积金贷款时，将获得政策支持。此外，贷款倍数由 10 倍提高至 20 倍，并更新了缴存系数。	武汉市住房公积金管理中心全面优化灵活就业人员公积金使用政策
8 月 27 日	南京	贷款年限由退休后延长 5 年放宽至延长 10 年；取消“使用公积金贷款购买二套房，对于原首套房人均建筑面积需不超过 40 平方米”的限制。	南京市调整公积金贷款政策
9 月 2 日	常德	①在常德市购买新建商品住房且符合常德市购房提取住房公积金条件的缴存人员，可以申请提取住房公积金账户内余额支付购房首付款。②购买新建商品房提取住房公积金时，首付款金额由本通知公布前的不低于房价的 20% 调整为不低于房价的 15%。③单职工或夫妻一方缴存住房公积金的，住房公积金贷款最高限额调整为 60 万元，夫妻双方均缴存了住房公积金的，贷款最高限额调整为 80 万元。	常德市发布《关于调整我市住房公积金提取、贷款相关政策的通知》

8-5 续表 14

时间	地区	政策内容	政策来源
9月2日	海南	缴存人家庭在海南省行政区域内购买保障性住房申请贷款，符合海南省首套及二套住房公积金贷款政策的，最低首付款比例为15%。	海南省住房公积金管理局发布《关于调整住房公积金个人住房贷款购买保障性住房最低首付款比例的通知》
9月9日	郑州	①首次使用住房公积金贷款或购买首套自住住房的，最高额度调整为130万元，第二次使用住房公积金贷款且为购买第二套自住住房的，最高额度调整为100万元。多子女家庭最高额度上浮20%。②存量房贷款年限加房屋建成年限不超过50年，且最长贷款年限不超过30年。③已经办理住房公积金贷款的灵活就业人员试行以贷定缴，贷后可通过办理缴存账户转移、签订冲还贷协议等业务，既可缴存住房公积金，又可归还贷款本息。	郑州市住房公积金管理中心发布公积金新政
9月9日	湘潭	①调整住房公积金资金低位和正常运行模式下房屋套数认定政策，居民家庭（包括借款人、配偶及未成年子女）申请贷款新购买商品住房时，只核查居民家庭新购房所在区、县（市）的住房情况。家庭成员在新购房所在区、县（市）名下无成套住房的，一律按首套住房执行住房信贷政策；对拥有1套住房并已结清购房贷款的家庭，为改善居住条件再次申请贷款新购买商品住房的，执行首套房贷款政策。个人征信报告显示的存在未结清的商业住房贷款的非本市区域住房，办理公积金贷款时不认作房屋套数。②生育三孩的家庭、高层次人才公积金贷款的最高额度由90万元提高至100万元；使用住房公积金个人住房贷款购买保障性住房的，最低首付比例为15%；公积金贷款偿还期限可延长至法定退休时间后5年，最长贷款偿还期限不超过30年。	湘潭市印发《关于调整部分住房公积金使用政策的通知》
9月10日	济宁	允许使用住房公积金支付购房首付，仅限未全额支付首付款的新建商品住房购房者。	济宁市出台公积金新政
9月13日	北海	①单身职工最高贷款额度由45万元调整为50万元，已婚职工最高贷款额度由55万元调整为60万元。属多子女家庭购买自住住房的，生育二孩家庭的最高贷款额度由60万元调整为65万元；生育三孩家庭的最高贷款额度由65万元调整为70万元。②使用住房公积金贷款购买保障性住房的，最低首付款比例为15%。	北海市印发关于调整优化住房公积金使用政策的通知
9月19日	昆明	昆明支持提取住房公积金支付购买新建商品住房首付款，减轻居民首付资金压力。	昆明市发布《关于支持提取住房公积金支付购买新建商品住房首付款的通知》
9月20日	德州	①购买德州市行政区域内（德城区、天衢新区、陵城区及各县市区）首套新建商品房，可以提取住房公积金支付购房首付款，提取人可以是购房人和直系亲属（配偶、父母、子女）。②购买法拍房可以提取购买人和配偶住房公积金。③仅查询其购房所在县（市、区）住房情况，如购房所在县（市、区）没有住房，按购买首套房办理；购房所在县（市、区）仅有一套住房的，新购房屋贷款按第二套认定。	德州市住房公积金管理中心发布新政
9月20日	日照	①可申请提取本人及配偶账户内的住房公积金用于支付首付款等购房款。②使用住房公积金贷款购买保障性住房的，最低首付款比例为15%。③第二次使用住房公积金贷款，在所购住房的县级行政区域内无自住住房的，认定为首套自住住房。	日照市住房公积金管理中心发布《关于调整优化住房公积金有关政策的通知》
9月20日	萍乡	①继续执行“既提又贷”的政策。购房提取金额与贷款金额合计不得超过房屋总价。②住房公积金贷款房屋套数认定方式由“认房又认贷”优化为以不动产登记的房屋套数信息为依据。	萍乡市发布《关于调整萍乡市住房公积金管理政策的通知》

8-5　续表 15

时间	地区	政策内容	政策来源
9 月 23 日	济南	①二套房最高贷款额度与首套房一致，统一最高贷款限额为：一人缴存住房公积金的职工家庭最高贷款额度 50 万元，两人及以上缴存住房公积金的职工家庭最高贷款额度 80 万元。②二孩及以上家庭（至少一个子女未成年）在济南购买普通自住住房申请公积金贷款的，最高贷款额度按家庭当期最高贷款限额上浮 25%。③购买高品质住宅申请公积金贷款的，最高贷款额度按家庭当期最高贷款限额上浮 20%。	济南市发布关于《济南住房公积金中心关于调整住房公积金个人住房贷款政策的通知》
9 月 23 日	呼和浩特	提取申请人及其配偶在呼和浩特市四区（新城区、赛罕区、回民区、玉泉区）辖区内购买新建预售商品住房，可以申请提取个人住房公积金账户余额用于支付购房首付款。	呼和浩特市发布关于《关于提取住房公积金支付新建预售商品住房首付款业务的通知》
9 月 25 日	温州	①在以县（市）级行政区域划定的缴存地范围内无自有住房的，申请无房提取住房公积金的，每月可提取额度由 1600 元提高至 1800 元。②缴存人家庭住房套数认定范围，以不动产登记部门记载的购房所在地县（市、区）级行政区域范围内房屋信息为准。③单职工缴存家庭贷款保底额度由 20 万元提高至 25 万元，双职工缴存家庭贷款保底额度由 30 万元提高至 35 万元。④新市民、青年人在温州市县（市、区）行政区域内购置家庭首套住房，可贷额度在按规定计算后的贷款额度基础上可附加 15 万元共富安居额度。⑤购买配售型保障性住房，可贷额度在按规定计算后的贷款额度基础上上浮 20%。	温州市调整住房公积金相关政策规定
9 月 25 日	株洲	①在株洲市行政区域内新购新建商品住房的购房人，其配偶及直系亲属可按相关政策申请住房公积金提取和贷款。②住房套数以所购住房所在区（市）县的有效住房套数核算。③购买新建商品住房的，可申请提取住房公积金直接支付首付款。④缴存人住房公积金贷款最高额度由 70 万元调整至 80 万元（不区分单、双职工）；生育二孩及以上家庭（至少有 1 个未成年子女）贷款最高额度由 80 万元调整为 100 万元。⑤取消贷款次数、房屋面积限制。⑥全日制大专学历以上毕业生，毕业 5 年内首次在株购买自住住房的，住房公积金贷款额度按可贷额度上浮 30%。⑦全日制硕士学历以上、高级职称、高级技师等高层次人才申请住房公积金贷款不受缴存余额倍数限制，最高贷款额度为 120 万元。⑧全力推行“商转公”贷款、二手房“带押过户”。	株洲市出台住房公积金助力房地产市场平稳健康发展十条措施
9 月 27 日	沈阳	①取消“商转公”首次申请住房公积金贷款的限制条件，调整为“借款申请人及共同申请人首次或二次申请住房公积金贷款”。②优化在购房地拥有住房套数认定标准。借款申请人及共同申请人在购房地拥有住房套数，以拟购房所在区、县（市）拥有住房套数认定。③可提取个人账户住房公积金支付首付款等购房款，同时还可申请使用住房公积金贷款，购买保障性住房的，最低首付款比例为 15%。	沈阳市召开《关于优化调整沈阳住房公积金贷款和提取若干政策》新闻发布会
9 月 29 日	济南	①一人缴存住房公积金的职工家庭最高贷款额度 60 万元，两人及以上缴存住房公积金的职工家庭最高贷款额度 100 万元。 ②二孩及以上家庭在济南市购买普通自住住房申请公积金贷款的，最高贷款额度按家庭当期最高贷款限额上浮 30%。 ③高层次人才在济南市购买普通自住住房申请公积金贷款的，最高贷款额度按家庭当期最高贷款限额上浮 30%。 ④未使用过公积金贷款的缴存职工家庭购买第二套住房申请公积金贷款的，按首套房认定，执行首套房贷款政策。	济南市发布《关于调整住房公积金贷款政策的通知》

8–5 续表 16

时间	地区	政策内容	政策来源
10 月 1 日	宜昌	①住房公积金最高贷款额度由 60 万元提高至 80 万元。②认定为首套房的，公积金贷款额度核定暂不与借款人住房公积金缴存时间系数和账户余额挂钩。③使用 1 次公积金贷款并已结清的，公积金贷款记录不再纳入房屋套数认定范围，仅根据借款人家庭在购房所在县市区实际住房套数进行认定，无住房的，执行首套房公积金贷款政策。④在宜昌区域内购买首套或第二套自住住房（一手房、二手房）的缴存职工，在宜昌区域内办理了商业银行购房贷款，在符合宜昌公积金中心规定的其他贷款条件的情况下，可申请商业银行购房贷款转公积金贷款。	宜昌市发布《关于调整全市公积金使用政策的通知》
10 月 6 日	宁波	①首次申请住房公积金贷款在宁波全市范围内购买家庭首套自住住房的，最高贷款额度由 100 万元 / 户提高至 130 万元 / 户；购买第二套自住住房等其他情形申请住房公积金贷款的，最高贷款额度由 80 万元 / 户提高至 110 万元 / 户。符合多孩家庭、各类人才等有关对象，在此基础上继续给予上浮支持政策。②购买保障性住房的缴存职工，可提取个人住房公积金账户余额支付购房首付款，同时还可申请使用住房公积金贷款。使用住房公积金贷款购买的首套自住住房为保障性住房的，首付比例不低于 15%。③在宁波全市范围内购买新建商品住房的缴存职工及其配偶、父母、子女，可以申请提取个人住房公积金账户余额用于支付购房首付款。	宁波市印发《关于调整宁波市住房公积金贷款及提取等有关政策的通知》
10 月 8 日	锦州	①单身职工或夫妻双方只有一方正常缴存住房公积金的，单笔购房贷款最高限额为 60 万元；夫妻双方均正常缴存住房公积金的，单笔购房贷款最高限额为 100 万元。②青年人、新市民、多子女家庭、高校引进高层次博士人才购房贷款额度在符合政策规定的家庭合计贷款额度基础上加 20 万元。③购买符合星级绿色建筑和超低能耗建筑标准的住房，购房贷款额度在符合政策规定的家庭合计贷款额度基础上加 10 万元。④取消再交易自住住房房龄限制，调整为（房龄 + 贷款期限）≤ 50 年。	锦州市公积金政策作出进一步调整
10 月 12 日	青岛	①使用住房公积金贷款购买青岛市保障性住房的，最低首付比例为 15%。②购买青岛市家庭首套或第二套自住新建商品房的，可申请提取购房人及其直系亲属名下的住房公积金用于支付购房首付款。③在青岛市购买家庭首套或第二套自住住房的，借款申请人及配偶均符合申贷条件的，公积金贷款最高额度调整为 100 万元；借款申请人仅本人符合申贷条件的，公积金贷款最高额度调整为 60 万元。④多子女家庭购买青岛市自住住房的，公积金贷款额度可上浮 30%；购买青岛市新建高品质住宅或达到现行绿色建筑评价标准一星级及以上等级的新建商品住宅的，公积金贷款额度可上浮 30%。上述上浮政策可叠加使用，叠加后最高贷款额度不超过 150 万元。⑤购买青岛市首套、二套住房的家庭，住房公积金贷款最低首付款比例统一为 15%。	青岛市发布公积金新政
10 月 14 日	重庆	①住房公积金个人最高贷款额度从 50 万元提高到 80 万元，参贷后家庭最高贷款额度从 100 万元提高到 120 万元；多子女家庭个人最高贷款额度从 60 万元提高到 100 万元，参贷后家庭最高贷款额度从 120 万元提高到 160 万元。②住房公积金缴存人购买第二套住房申请住房公积金个人住房贷款的，最低首付款比例为 20%。③支持灵活就业人员“商转公”，可按重庆市现行住房公积金置换贷款政策，将已购住房的商业性个人住房贷款转为住房公积金个人住房贷款。	重庆市发布《关于优化调整住房公积金个人住房贷款政策的通知》
10 月 15 日	福州	①缴存人家庭申请住房公积金贷款购买自住住房，按首付款比例不低于 20% 执行，其中申请住房公积金贷款购买保障性住房，按首付款比例不低于 15% 执行。②最高贷款额度提高至双缴存人 100 万元、单缴存人 60 万元。多子女家庭、各类人才等其他缴存对象，在此基础上继续给予支持政策。	福州市印发《关于调整住房公积金贷款政策的通知》

8–5　续表 17

时间	地区	政策内容	政策来源
10 月 16 日	上海	①对于认定为第二套改善型住房的，最低首付款比例调整为 25%。②对于认定为第二套改善型住房，且贷款所购住房位于中国（上海）自由贸易试验区临港新片区以及嘉定、青浦、松江、奉贤、宝山、金山 6 个行政区全域的，最低首付款比例调整为 20%。	上海市发布公积金新政
10 月 18 日	舟山	①购买首套自住住房的贷款最高额度调整为 80 万元；职工申请住房公积金贷款购买第二套改善型住房的贷款最高额度调整为 60 万元。②经认定职工家庭新购住房系首套房的，有 1 次住房公积金贷款记录且相关贷款已经结清的，执行首套房贷款政策。	舟山市发布《关于调整住房公积金贷款及提取等有关政策的通知》
10 月 21 日	金华	①购买二套住房申请住房公积金贷款的，最低首付比例由原先 30% 调整为 20%。②购买首套、二套住房申请住房公积金贷款，职工双方缴存住房公积金的，最高贷款额度由 100 万元提高到 130 万元。③住房公积金贷款期限，调整为“最长不超过 30 年，且男性不超过 68 周岁、女性不超过 63 周岁，或不超过职工法定退休年龄延长 5 年”。	金华市发布公积金新政
10 月 24 日	池州	取消池州市原高层次人才、新引进人才公积金贷款额度上浮需满足首次使用公积金贷款购买首套自住住房的限制。	池州市发布《关于调整住房公积金相关使用政策的通知》
10 月 25 日	苏州	①使用住房公积金贷款购买家庭首套或第二套自住住房的，首付款比例均不低于住房总价的 20%。②现役军人、退役 5 年内的退役军人在苏州市购买自住住房的，可享受一次军人住房公积金贷款支持政策，贷款额度在可贷额度基础上上浮 20%。③使用住房公积金贷款购买保障性住房的，首付款比例不低于住房总价的 15%。	苏州市发布《关于调整优化住房公积金使用政策的通知》
10 月 25 日	泰州	①购买保障性住房申请住房公积金贷款的，首付比例不得低于 15%。②缴存人购买改善性住宅的，住房公积金贷款最高额度可上浮 20%。	泰州市发布《关于进一步优化住房公积金使用政策的通知》
10 月 28 日	沈阳	①使用住房公积金贷款购买首套或二套自住住房的，最低首付款比例均调整为 15%。②对于二手房公积金贷款期限由 40 年减房龄，调整为 50 年减房龄，且不超过借款人偿还贷款最高年龄，最高贷款期限仍为 30 年。③调整职工偿还贷款最高年龄，缴存人家庭使用公积金贷款购买自住住房的，偿还贷款最高年龄由男 65 周岁、女 60 周岁，调整为男 68 周岁、女 63 周岁，或不超过职工法定退休年龄后 5 年。最高贷款期限仍为 30 年。④借款申请人及其配偶在婚前各自使用过一次住房公积金贷款且均已结清的，可以以家庭为单位再申请一次住房公积金贷款，执行第二次公积金贷款政策。	沈阳市发布公积金新政
10 月 28 日	天津	①住房公积金贷款购买本市配售型保障性住房的，应支付不低于住房交易价格 15% 的首付款，最长贷款期限 30 年。②职工及配偶在北京市、河北省购买自有住房，且在本市无购房提取住房公积金及偿还住房贷款本息提取住房公积金记录的，提取住房公积金不再要求职工或配偶具有所购住房城市户籍或在所购住房城市缴存住房公积金。	天津市住房公积金政策调整
11 月 1 日	鄂尔多斯	①可以提取住房公积金支付购房首付款。②购买鄂尔多斯市首套或第二套自住住房的，首付款比例均不低于 20%；使用住房公积金贷款购买鄂尔多斯市保障性住房的，首付款比例不低于 15%。	鄂尔多斯市发布《关于调整优化住房公积金政策的通知》
11 月 1 日	钦州	①购买保障性住房的，最低首付款比例为 15%。②双方均缴存住房公积金的，最高贷款额度调整为 55 万元；缴存人单方缴存住房公积金的，最高贷款额度调整为 45 万元。	钦州市发布公积金新政

8–5 续表 18

时间	地区	政策内容	政策来源
11 月 7 日	洛阳	①单职工缴存家庭住房公积金贷款最高额度由 55 万元调整至 70 万元，双职工缴存家庭住房公积金贷款最高额度由 65 万元调整至 85 万元，多子女家庭住房公积金贷款最高额度按照对应限额上浮 20%。②符合条件的高层次人才，最高贷款额度为 120 万元；45 周岁（含）以下博士或具有高级职称的专业技术人才最高贷款额度为 100 万元；洛阳市 40 周岁（含）以下硕士或具有中级职称的专业技术人才或技师以上技能人才、全日制本科学历的缴存职工，最高贷款额度为 85 万元。③使用公积金个人住房贷款购买保障性住房的，首付款比例为 15%。④购买二手住房，贷款最长期限由 20 年延长为 30 年，但房屋建成年份数加贷款年限应不超过 50 年。	洛阳市发布《关于优化调整部分住房公积金贷款相关政策的议案》
11 月 11 日	深圳	①个人申请公积金贷款，最高额度由现行的 50 万元提高至 60 万元，家庭共同申请公积金贷款，最高额度由现行的 90 万元提高至 110 万元。②购买首套住房最高额度可以上浮 40%；多子女家庭购买住房最高额度可以上浮 40%；购买深圳保障性住房最高额度可以上浮 20%。上浮比例可累加，最高额度则可以上浮 100%，即职工个人申请最高可贷 120 万元，家庭共同申请最高可贷 220 万元。	深圳市发布《关于〈深圳市住房公积金贷款管理规定〉的补充规定》和《关于我市住房公积金利息补贴有关事项的通知》
11 月 18 日	长沙	①购买首套或第二套改善性自住房申请公积金贷款的，最低首付比例统一调整为 20%，组合贷款同步调整。②单身缴存职工购买第二套改善性自住房为新建商品房的，可以申请公积金贷款。③长沙市 ABCD 类高层次人才作为主借款人申请公积金贷款的，不受缴存时间的限制，在长沙市行政区域内购买首套自住房，最高贷款额度可放宽至长沙市最高贷款额度的 4 倍。	长沙市发布关于调整住房公积金贷款政策的通知
11 月 21 日	哈尔滨	①优化公积金贷款购房地房屋套数认定标准。借款人家庭在哈尔滨市主城 6 区（道里区、南岗区、道外区、香坊区、平房区和松北区）购买自住住房的，按主城 6 区范围进行套数查询认定；在哈尔滨市其他区县（市）购买自住住房的，按购房所在区县（市）范围进行套数查询认定。②放宽商转公贷款申请条件。取消商转公贷款“借款人首次申请公积金贷款”的限制条件，支持缴存人在哈尔滨市购买首套住房或第二套改善性住房申请商转公贷款。③贷款期限可推迟至法定退休年龄后 5 年计算，且贷款期限最长不超过 30 年。④多子女家庭在哈尔滨市购买自住住房，住房公积金最高贷款额度上限上浮 30%，即单人申请公积金贷款最高可贷 104 万元，双人申请公积金贷款最高可贷 130 万元。	哈尔滨市发布公积金新政
11 月 25 日	韶关	在韶关购买新建商品房已办理个人住房商业贷款（不包括组合贷款），现符合韶关住房公积金贷款申请条件的缴存职工，可申请将商业贷款未结清部分转为公积金贷款。	韶关市发布《关于开展韶关市商业性个人住房贷款转住房公积金个人贷款业务的通知》
11 月 25 日	柳州	①借款申请人家庭申请公积金贷款的，贷款首付比例统一为不低于 20%。②符合国家生育政策生育二孩（含）以上的借款申请人家庭，申请首套公积金贷款时，贷款额度上限提高 20 万元。符合条件的借款申请人家庭可且仅可享受一次提高住房公积金贷款额度上限的政策。③借款申请人家庭符合公积金贷款申请条件的，均可申请办理商业住房按揭贷款转住房公积金贷款顺位抵押业务。	柳州市发布《关于调整住房公积金个人住房贷款首付比例、多孩家庭贷款额度上限及商转公顺位抵押业务办理条件的通知（征求意见稿）》
11 月 25 日	忻州	①对高层次人才、二孩及以上多子女家庭、现役军人家庭，住房公积金贷款最高额度在 80 万元的基础上上浮 20%。②对于 2014 年 12 月 31 日前发放的公积金贷款，不再计入公积金贷款次数；只将购房所在县（市、区）的住房公积金贷款次数作为认定标准。③购买保障性住房的，最低首付款比例为 15%。	忻州市发布公积金新政

8-5　续表 19

时间	地区	政策内容	政策来源
11 月 26 日	广州	①一人申请贷款的最高额度调整至 80 万元，两人或两人以上购买同一套自住住房共同申请贷款的最高额度调整至 160 万元。②购买首套及第二套自住住房申请住房公积金贷款的，最低首付款比例为 20%。其中，购买保障性住房的，住房公积金贷款最低首付款比例为 15%。③生育二孩及以上的家庭（至少一个子女未成年）购买首套及第二套自住住房的，住房公积金贷款最高额度上浮 40%。④贷款期限最长可以计算到借款人退休年龄后 5 年，且不得超过 68 岁。⑤居民家庭在购房所在区内无住房的，新购住房申请住房公积金贷款可按首套住房认定。在购房所在区内符合“租一买一”“卖一买一”条件的，新购住房申请住房公积金贷款可按核减后的名下住房套数认定。	广州市印发《广州住房公积金管理中心关于调整住房公积金政策的通知》
11 月 28 日	重庆	①已结清首次住房公积金个人住房贷款且在拟购住房区县（自治县）无住房的，申请住房公积金个人住房贷款时，按首套住房标准执行。②使用住房公积金个人住房贷款新购住房的，在购房行为发生之日起一年内，可申请提取住房公积金用于支付购房首付款。③已结清首次住房公积金个人住房贷款，可申请将现有全市唯一住房的商业性个人住房贷款置换成住房公积金个人住房贷款，贷款利率按首套住房标准执行。④住房公积金个人住房贷款到期时间男性延长到 68 岁、女性延长到 63 岁，或延长到缴存人法定退休年龄后 5 年，最长贷款期限不超过 30 年。	重庆市发布关于优化调整住房公积金使用政策的通知
12 月 3 日	信阳	购房职工本人及配偶可以申请提取一次住房公积金账户内余额用于支付购房首付款。	信阳市发布公积金新政
12 月 3 日	马鞍山	①夫妻双方均缴存住房公积金的，最高贷款额度由 75 万元提高至 85 万元；单方缴存住房公积金的，最高贷款额度由 60 万元提高至 65 万元。②支持双方父母、子女一次性提取住房公积金用于帮助支付购房款。③多孩家庭可贷最高额度统一调整为上浮 10 万元。④购买绿色建筑住房可贷最高额度上浮 20%。	马鞍山市发布公积金新政
12 月 7 日	贵阳	①单缴存人、双缴存人家庭，购买首套房、二套房，公积金最高贷款额度均提高至 100 万元，多子女家庭再提高 20 万元至 120 万元；首次在贵安新区购买自住住房的，提高至非多子女家庭 120 万元、多子女家庭 144 万元。②住房公积金贷款住房套数认定仅以缴存人家庭在全国范围内的住房公积金贷款使用次数为准。③缴存人家庭在贵阳贵安购买自住住房，在本市无未结清公积金贷款的，可提取公积金支付首付款。④符合购房提取条件的，本人的父母、子女可提取公积金账户余额支付缴存人购房首付款。	贵阳市发布公积金新政
12 月 9 日	通辽	①提高住房公积金贷款计算额度。调整前为“住房公积金贷款申请额度不超过账户余额 20 倍”，调整后为“公积金贷款额度不超过公积金账户余额的 25 倍”。②支持使用公积金余额支付购房首付。③住房公积金个人住房贷款期限男性延长到 68 岁、女性延长到 63 岁，或延长到缴存人法定退休年龄后 5 年，最长贷款期限不超过 30 年。	通辽市发布《关于优化调整住房公积金使用政策的通知》
12 月 9 日	新疆	①取消住房公积金贷款房屋面积限制，取消申请住房公积金贷款房屋面积不得超过 144 平方米的限制。②降低保障性住房首付款比例。使用住房公积金贷款购买保障性住房的，最低首付比例为 15%。③无房职工租房提取住房公积金的提取频次由每年 2 次调整为可按月、按季、按年提取，累计提取总额不超过年度上限即可。	新疆维吾尔自治区发布公积金新政
12 月 10 日	大同	①首套住房和二套住房最低首付款比例均为 20%，购买保障性住房的，最低首付款比例为 15%。②对高层次人才、二孩及以上多子女家庭、现役军人家庭，住房公积金贷款最高额度在现行政策基础上上浮 20%。③缴存职工购买住房时，可同时申请提取父母或子女住房公积金。	大同市发布《关于调整部分住房公积金提取、贷款政策的通知》

8-5 续表 20

时间	地区	政策内容	政策来源
12 月 11 日	石家庄	支持使用公积金余额支付购房首付。	石家庄市发布《关于印发提取住房公积金支付首付款的通知》
12 月 12 日	益阳	①住房公积金最高贷款额度调整为 60 万元，符合生育政策二孩及以上家庭（含合法收养），最高贷款额度提高到 72 万元。②纯公积金贷款单元建筑面积控制由 105 平方米（不含）以下放宽至 120 平方米（不含）以下；提供住房公积金贷款的单元建筑面积由 200 平方米（不含）以下提高至 280 平方米（不含）以下。③ 2011 年 1 月 1 日之前在益阳市发放的住房公积金贷款不计入借款人家庭贷款次数。④高层次人才的住房公积金最高贷款额度提高到 72 万元。	益阳市发布公积金新政
12 月 12 日	贺州	①住房公积金贷款首套、二套住房首付最低比例为不低于 20%。申请住房公积金贷款的住房套数认定按申请人家庭在购房地（八步区、平桂区、钟山县、富川瑶族自治县、昭平县）的住房套数认定。②恢复受理新建独栋商品房、联排低层住宅、联排多层住宅和非标准层复式住宅的个人住房公积金贷款申请。	贺州市征求《关于调整我市住房公积金使用政策的通知（征求意见稿）》意见
12 月 13 日	濮阳	①调高单笔贷款最高限额。市城区由 60 万元调至 80 万元，各县城及建制镇由 50 万元调至 60 万元。“二套房”单笔贷款最高限额与“首套房”相同。②购买保障性住房的，首付款比例不低于所购住房总价款的 15%，购买商品住房的，首付款比例不低于所购住房总价款的 20%。③全面放开购买二套房“商转公”业务。④鼓励灵活就业人员参加住房公积金制度。	濮阳市发布公积金新政
12 月 16 日	扬州	①对主管部门已经认定“以旧换新”购置新房的，参照扬州市改善型住宅住房公积金贷款支持政策，借款人家庭的住房公积金贷款最高贷款额度可上浮 20%（不重复享受）。“以旧换新”、绿色建筑、多子女家庭住房公积金贷款额度支持政策可叠加享受。②原存量住房不再计入其住房套数；原存量住房存有未结清的住房公积金贷款且已还贷年限不足 10 年的，该笔贷款可不计入其住房公积金贷款使用次数。	扬州市发布《关于优化我市住房公积金使用政策的通知》
12 月 16 日	乌鲁木齐	乌鲁木齐市公积金贷款最高额度由 80 万元提高至 120 万元。	乌鲁木齐市发布《关于拟调整乌鲁木齐个人住房公积金贷款最高额度的征求意见》
12 月 18 日	长春	①购房所在地在长春市主城区及开发区（不含双阳区、九台区），有共同借款人的单笔贷款最高额度 100 万元，无共同借款人的单笔贷款最高额度 80 万元。②第二次使用住房公积金贷款购买新建商品房及存量房的，贷款首付款比例不低于 20%。③购买新建商品住房的，可申请提取一次住房公积金用于支付购房首付款。	长春市发布《关于调整住房公积金使用政策的通知》
12 月 19 日	衡阳	①在衡阳市行政区域内购买自住新建商品房的缴存职工，住房套数以所购住房所在区（市）县的住房套数核算。②缴存职工购买首套或者第二套改善性自住新建商品房申请公积金贷款的，最低首付款比例统一调整为 20%，组合贷款同步调整。	衡阳市出台《衡阳市住房公积金管理委员会关于阶段性调整住房公积金使用政策的通知》
12 月 20 日	天津	天津市灵活就业人员可以缴存住房公积金。	天津市发布《天津市灵活就业人员参加住房公积金制度管理办法》
12 月 20 日	唐山	唐山市支持办理提取住房公积金支付首付。	唐山市发布《关于开展提取住房公积金直付购买新建商品住房首付款的通知》

8-5　续表 21

时间	地区	政策内容	政策来源
12 月 23 日	镇江	①提高改善型住宅住房公积金贷款额度，缴存职工家庭使用住房公积金贷款购买改善型住宅（新建商品房）的最高额度可上浮 20%。②取消首次“商转公贷款”贴息业务，简化流程，直接申请办理“商转公贷款”业务。③延续公积金贷款支持政策，包括提高住房公积金贷款最高额度和降低公积金贷款首付比例。	镇江市发布公积金新政
12 月 24 日	淮南	①住房公积金缴存人使用住房公积金贷款购买淮南市行政区域内星级以上新建居住类“绿色建筑”，符合淮南市公积金贷款条件的，其贷款额度可适度上浮，上浮额度统一调整为上浮 20%。②符合条件的人员在淮南市购房，首次申请公积金贷款，在计算其实际可贷额度时，可不与公积金账户余额挂钩。	淮南市发布公积金新政
12 月 24 日	来宾	①对缴存人在全国范围内购买自住住房的，不再限制购房地为缴存人及配偶的工作地及户籍地，购房后可直接申请提取住房公积金用于支付购房款或偿还住房贷款本息。②全面优化使用住房公积金余额直接支付购房首付款业务，支持缴存人在全国范围内购买商品住房，可以使用个人住房公积金账户余额直接支付购房首付款。③第二次使用住房公积金贷款的，住房公积金贷款首付比例调整为 20%。	来宾市发布公积金新政
12 月 26 日	秦皇岛	秦皇岛发布公积金新政，可提取住房公积金直付首付款。	秦皇岛市发布公积金新政
12 月 27 日	北海	①支持异地缴存住房公积金的缴存人在南宁市的购房需求。②申请住房公积金贷款的住房套数认定按申请人家庭在购房地的住房套数认定。③住房公积金贷款首套、二套住房首付最低比例为不低于 20%。④在单身职工最高 50 万元、已婚职工最高 60 万元的基础上，多子女家庭可上浮 20%；引进人才家庭可上浮 10%。	北海市发布公积金新政

8-6 2024年城市更新政策

时间	地区	政策内容	政策来源
1月1日	湘潭	①优先保障产业用地。②提升产业用地效率。③创新产业用地管理模式。④实行产业项目全生命周期服务管理。	关于印发《湘潭市优化土地要素保障助推产业升级的若干措施（试行）》《湘潭市加强土地利用 推进城市更新的若干措施（试行）》的通知
1月9日	晋城	批复同意《晋城市中心城区2023年土地征收成片开发方案》，要求注重保护耕地、维护农民合法权益、节约集约用地、生态环境保护、历史文化遗产保护，并严格执行国土空间规划，依法办理建设项目用地手续。省自然资源厅加强对土地征收成片开发工作的指导和监管。	关于晋城市中心城区2023年土地征收成片开发方案的批复
1月22日	山东	《支持意见》围绕区域物流中心、现代贸易中心、双向投资合作中心、商旅文交流发展中心“四个中心”和要素资源保障，提出6部分21条措施。	关于支持中国—上海合作组织地方经贸合作示范区高质量发展的意见
1月30日	山东	建设绿色低碳城市，支持济南、青岛、烟台、潍坊4个国家低碳城市试点。建设新型智慧城市。建设安全韧性城市。建设共治共享城市。	关于印发山东省新型城镇化建设行动方案（2024—2025年）的通知
2月6日	上海	到2025年底，本市建成区40%以上的面积达到海绵城市建设目标要求，松江、青浦、嘉定、奉贤等4个新城建设用地面积50%以上达到海绵城市建设目标要求，南汇新城建设用地面积60%以上达到海绵城市建设目标要求。到2030年底，本市建成区80%以上的面积达到海绵城市建设目标要求。	关于印发《本市系统化全域推进海绵城市建设的实施意见》的通知
2月9日	北京	国务院批复同意《北京城市副中心建设国家绿色发展示范区实施方案》，聚焦建筑、交通、产业三大领域，强化能源、生态、文化三大支撑，推动绿色发展理念融入经济社会发展全过程，使北京城市副中心成为生态文明思想践行地、绿色发展制度改革先行区、绿色技术示范区和人与自然和谐共生引领区。	关于《北京城市副中心建设国家绿色发展示范区实施方案》的批复
2月20日	北京	《要点》包括七部分31项举措。一是营造城市消费新场景。包括大力推动新商圈建设和老商圈改造提升等4项任务举措。二是培育本土消费新品牌。包括推动老字号守正创新等4项任务举措。三是优化商品消费新结构。包括繁荣首店经济发展时尚消费4项任务举措。四是塑造服务消费新优势。包括拓展信息消费创新应用等7项任务举措。五是构建流通联动新市场。包括推动内外贸一体化发展等4项任务举措。六是完善消费升级新环境。包括营造活跃有序活动氛围等5项任务举措。七是保障措施。包括加强组织协调等3项任务举措。	关于印发《北京培育建设国际消费中心城市2024年工作要点》的通知
3月4日	湖南	①切实提高思想认识。②抓紧制定工作实施方案。③认真做好组织实施。④建立健全工作机制。⑤强化体检结果应用。	转发住房和城乡建设部关于全面开展城市体检工作的指导意见的通知
3月6日	上海	①旧区改造安置住房、采用拆除重建方式的旧住房成套改造项目以及采用农村集体经济组织自行改造或引入合作单位共同改造的“城中村”改造项目免缴城市基础设施配套费。②明确办理配套费免缴手续需提交的材料。③建设单位凭房管部门出具的《上海市城市基础设施配套费免缴证明》办理各项相关手续。④明确已缴纳配套费的在建征收安置房项目，确定用于旧区改造项目安置的，办理配套费相关手续后退还相关费用。	关于旧区改造安置住房、旧住房成套改造项目、“城中村”改造项目免缴城市基础设施配套费的通知
3月22日	全国	完善城建档案移交工作制度。落实建设工程档案收集、整理、移交各方责任。强化科技赋能。提高服务能力。加强组织保障。	关于新形势下进一步加强城市建设档案管理工作的通知

8-6　续表 1

时间	地区	政策内容	政策来源
3 月 29 日	广州	《条例》对城中村改造目标、改造方式、补偿安置方案、土地征收、纠纷解决等方面进行了规范。《条例》明确，拆除新建类城中村改造项目启动之前，区人民政府应当组织开展改造意愿征询，经改造项目所在村的农村集体经济组织三分之二以上成员和三分之二以上十八周岁以上村民同意后，纳入城中村改造年度计划并启动改造。《条例》针对如何制定和实施合理、可行的征收补偿标准问题作了规范。	广州市城中村改造条例
4 月 7 日	浙江	一是明确试点对象范围，即《实施意见》中明确的拆改结合型住宅小区，且未列入房屋征收计划，鼓励结合地方实际开展多种形式和不同规模的自主更新项目。二是明确试点申报流程，由县（市、区）政府申报，经设区市政府审核把关，省建设厅组织复核后，经省政府同意并公布试点名单。三是明确试点实施要求，总体按照“提出项目申请”“制定更新方案”“组织审查审批”“开展施工建设”“组织联合验收”等五个环节稳步推进。	关于稳步推进城镇老旧小区自主更新试点工作的指导意见（试行）
4 月 10 日	北京	办法适用于北京市行政区域内的城市更新项目，强调公开、公平、公正原则，保障统筹主体权益，推动多元参与和共建共享。主要内容包括：明确统筹主体的职能、确定程序和退出管理；鼓励引入专业企业参与；规定公开比选或指定方式确定统筹主体；赋予统筹主体整合资源、推动项目等职能；明确监管和退出机制。	关于印发《北京市城市更新实施单元统筹主体确定管理办法（试行）》的通知
4 月 10 日	北京	办法规定了项目库的功能、动态管理、分类管理原则，明确了市、区住房城乡建设部门及其他相关部门的职责。项目库分为储备项目库和实施项目库，通过信息化系统征集项目意愿和需求，对符合条件的项目进行申报、审查、入库确认和动态管理。同时，提供了专项服务保障，如政策答疑、专家咨询、联合会商等。对于具备实施条件的项目，纳入城市更新计划，并享受政策支持。项目库退出管理规定了退出项目库的条件和程序。	关于印发《北京市城市更新项目库管理办法（试行）》的通知
4 月 10 日	北京	专家委员会由多领域专家组成，主要职责包括为城市更新重大决策提供论证、参与政策制定和规划编制、对重大项目提出咨询意见、进行问题研究并提交报告。专家由市级行业部门推荐，需具备高学术水平和实践经验，享有参与咨询工作的权利，包括服务费和信息获取权，同时承担职业道德、公正客观工作、回避制度等义务。专家委员会的组建、运行与管理由市住房城乡建设委指导。	关于印发《北京市城市更新专家委员会管理办法（试行）》的通知
4 月 16 日	广州	《实施办法》共 6 章 44 条，包括总则、规划管理、计划和方案、用地管理、监督管理、附则。主要制度创新如下：①强化历史文化保护，坚持在城乡建设中系统保护、利用、传承好历史文化。②践行绿水青山就是金山银山的发展理念，实现绿色发展。③强化用地管理，推动解决“三旧”改造中的难点堵点。④强化权益保障，实现共建共治共享。	广州市旧村庄旧厂房旧城镇改造实施办法
4 月 25 日	北京	规划将以太行山、燕山为生态森林屏障，以永定河、潮白河等 5 条河道贯通山水人城，以两轴展现首都形象，以 3 道公园环构建游憩体系，以 9 条楔形绿色空间提升城市生态功能。《规划》提出将北京建设成为天蓝水清、森拥园簇、秩序壮美、和谐宜居的花园之都的发展目标。构建“两山一湾、两轴统领、五环骨架、多廊串联”的景观结构和“远山—近山—城廓”3 个层次的山城景观格局，加强 5 条大型流域及水库周边建设管控及风貌引导。	关于印发《北京花园城市专项规划（2023 年—2035 年）》的通知
4 月 28 日	全国	《指引》提出开展平急功能复合的空间需求分析，研究制定平急功能复合的规划目标，统筹城乡“平急两用”公共基础设施布局，明确“平急两用”公共基础设施功能转换与复合利用要求，充分发挥城市各类设施应急保障作用，提升社区应急响应能力，促进村庄建设用地平急功能复合利用。	关于印发《平急功能复合的韧性城市规划与土地政策指引》的通知

8–6 续表 2

时间	地区	政策内容	政策来源
4月30日	全国	中央财政对示范城市给予定额补助，对示范城市的日常跟踪及监督检查机制，及时将任务落实、存在问题及经验做法等报住房城乡建设部、财政部，实施绩效评价，绩效评价结果将与中央财政资金拨付挂钩。对绩效评价结果较差的示范城市，将视情况缓拨、扣减补助资金。	关于开展城市更新示范工作的通知
5月7日	深圳	重点任务：明确城中村改造对象。编制城中村改造规划计划。编制城中村改造综合方案。依法实施征收。将城中村改造与保障性住房建设相结合。多渠道筹措改造资金。完善制度体系。	关于印发《关于积极稳步推进城中村改造实现高质量发展的实施意见》的通知
5月11日	江苏	①优化规划编制实施管理。②创新土地供应使用方式。③提升产权登记办理服务水平。④完善施工图审查管理体系。⑤加强消防设计审查验收衔接。⑥加大财税金融支持和组织推进力度。	关于支持城市更新行动若干政策措施的通知
5月11日	天津	①完善政策措施和标准体系。②培育智能建造产业体系。③拓展智能建造应用场景。④推动智能建造关键技术研发与应用。⑤创新智能建造管理机制。⑥打造建造产业互联网。⑦建设智能建造人才队伍。⑧加强宣传推广。	关于印发《2024年天津市智能建造试点城市推进工作要点》的通知
5月14日	全国	深入推进数字技术与一二三产业深度融合，鼓励平台企业构建多层次产业互联网服务平台。因地制宜发展新兴数字产业，加强大数据、人工智能、区块链、先进计算、未来网络、卫星遥感、三维建模等关键数字技术在城市场景中集成应用，加快技术创新成果转化，打造具有国际竞争力的数字产业集群。培育壮大数据产业，发展一批数据商和第三方专业服务机构，提高数据要素应用支撑与服务能力。	关于深化智慧城市发展 推进城市全域数字化转型的指导意见
5月28日	张家口	①推进全域城市体检。②强化城市更新规划。③完善土地保障供给。④优化服务功能配套。⑤创新工程管理模式。⑥强化资金多渠道保障。⑦鼓励项目创先评优。⑧强化技术服务支撑。	关于推进城市更新行动的若干措施的通知
6月3日	全国	首批15个城市拟获得财政部支持实施城市更新行动。15个城市为（按行政区划排序）：石家庄、太原、沈阳、上海、南京、杭州、合肥、福州、南昌、青岛、武汉、东莞、重庆、成都、西安。	财政部网站发布《2024年城市更新行动评审结果公示》
6月4日	全国	2024年，全国计划新开工改造城镇老旧小区5.4万个。根据各地统计上报数据，1~4月份，全国新开工改造城镇老旧小区1.68万个。分省看，山东、河北、江苏、浙江、辽宁、上海等地开工率超过50%。	住建部公布2024年1~4月全国新开工改造城镇老旧小区1.68万个
6月11日	全国	深圳、苏州、武汉、合肥、广州、长沙、温州、台州8个试点城市组织推进力度较大，各项试点任务进展明显，工作成效突出，综合表现优秀，予以表扬。北京、佛山、西安、南京、重庆、青岛、嘉兴、天津、保定、郑州、厦门、雄安新区、成都、沈阳、乌鲁木齐、哈尔滨16个试点城市均顺利完成了年度工作计划，并结合地方特色积极探索不同类型的智能建造发展模式，工作表现总体良好。	住房和城乡建设部办公厅关于智能建造试点城市2023年度工作情况的通报
6月13日	甘肃	在城市更新中做好文物本体、历史建筑及其环境的用地和空间管控，严格拆除管理，推动活化利用，加强微改造，整治风貌不协调建筑和景观，促进历史文化保护传承与城市建设融合发展。合理安排供水、排水、燃气、热力等城市老旧地下市政基础设施更新改造范围和时序，降低对城市正常生产生活活动的干扰，全面提升城市基础设施运行效率和服务能力。	关于进一步加强城市风貌管理若干措施的通知

8–6 续表 3

时间	地区	政策内容	政策来源
6月13日	全国	在符合规划、确保安全、保障公共利益、维护合法权益的前提下，鼓励既有城市土地混合使用和存量建筑空间功能转换，由地方自然资源部门制定相应的正负面清单管理办法，积极盘活闲置国有资产用于社区公共服务。零星用地经属地自然资源主管部门组织论证不具备单独供地条件的，经有批准权的人民政府批准后，可按划拨或者协议有偿使用土地的有关规定，依法依规确定土地使用权人（商品住宅用地除外），核发国有建设用地划拨书或签订国有建设用地有偿使用合同。涉及新增建设用地的，应按规定先行办理农用地转用和土地征收手续。 对于充电桩等按照设备管理的相关配套服务设施，以及老旧小区用地范围内的管线等基础设施更新改造，无需办理规划许可手续。涉及新增建设用地、改变土地用途和新增计容建筑面积等改变规划条件的改造，应履行法定程序。	自然资源部办公厅召开媒体座谈会，发布《关于进一步加强规划土地政策支持老旧小区改造更新工作的通知》
6月18日	广东	①坚决维护“三区三线”划定成果的严肃性和权威性，强化城镇建设用地总量管控和时序安排。②严格城镇开发边界管理，规范有序开展城镇开发边界局部优化。③引导城镇建设用地集约集聚布局，明确城镇开发边界外管控要求。④加强城镇开发边界全生命周期管理，建立新增城镇建设用地规模台账管理机制。	关于做好城镇开发边界管理的通知（试行）
6月24日	全国	鼓励利用老旧厂房、城市公园、草坪广场等开放空间打造创意市集、露营休闲区。探索社会闲置公共资源商业化运营，鼓励经营困难的传统百货店、大型体育场馆等改造为商业综合体。鼓励有条件的地方科学制定以公共交通为导向（TOD）的模式，优化城市公共交通场站地上地下空间综合开发，推进汽车客运站综合开发利用。 鼓励家装样板间进商场、进社区、进平台，支持居民开展旧房装修、局部改造和居家适老化改造。以便利城乡居民换新为重点，健全废旧家电回收体系，推动家电以旧换新，鼓励地方和企业组织开展优惠促销等系列活动，促进家电更新消费。鼓励家电和平台企业开展进社区免费检测、上门拆旧换新等服务。推广智慧厨房、智能睡眠、健康卫浴等应用场景，推进室内全智能装配一体化和全屋智能物联。在住房建设和运维中，积极推广智能安防、智慧停车、立体停车等新模式。合理满足居民多样化的家装家居消费金融需求。	国家发改委等部门印发《关于打造消费新场景培育消费新增长点的措施》
6月25日	北京	特色园区建设采取先试点、再推广两个步骤。一是试点阶段，择优推选10个专精特新特色园区（试点），鼓励有提升服务能力投入的园区带着项目申报，建设周期为一年，达成目标后优先认定为北京市专精特新特色园区。拟实施的建设项目应按计划推进，逾期未开工的，取消试点资格。二是推广阶段，总结试点创建的成效和经验，制定发布特色园区建设管理办法，通过财政资金补贴，优先支持有提升服务能力投入的园区带着项目申报，建设周期为三年。通过建立“有进有出”的工作机制，逐步打造一批产业配套完善、创新资源丰富、培育能力突出的专精特新特色园区。	关于开展北京市专精特新特色园区（试点）建设工作的通知
6月26日	北京	《通知》共四部分，重点内容包括：一是明确了文件制定的法规依据及出台的目的、意义、适用范围。二是明确了实施征收的必要条件及房屋征收申请主体。三是结合《北京市国有土地上房屋征收与补偿实施意见》等规定，明确城市更新项目实施主体在向项目所在地区人民政府提交房屋征收申请时，需同时提交城市更新项目批准文件、规划意见等前置要件。四是明确区人民政府在收到房屋征收申请后，要依据《国有土地上房屋征收与补偿条例》《北京市国有土地上房屋征收与补偿实施意见》等法规政策，审核项目是否符合房屋征收条件，对符合条件的项目方可纳入房屋征收，具体实施办法按我市现行房屋征收与补偿政策执行。	关于城市更新过程中对国有土地上私有房屋实施房屋征收有关事项的通知

8–6 续表 4

时间	地区	政策内容	政策来源
6 月 27 日	济南	《若干细则》共 13 条，内容涵盖城中村改造方式、安置补偿依据标准、生活保障方式、村居人员认定、违法违章建设处理、安置及生活保障用地管理、安置房建设管理、安置房及生活保障房成本计算、规费减免、审批备案、适用范围及施行日期等诸多方面。	关于印发《关于进一步加快推进城中村改造的若干细则》的通知
6 月 27 日	张家界	总体目标：2024 年，工业、农业、建筑、交通、教育、文旅、医疗等领域设备投资规模较 2023 年增长 8% 以上。报废汽车拆解量达到 1000 辆，二手车交易量达到 1.2 万辆，废旧家电拆解量达到 4 万台。到 2025 年，工业、农业、建筑、交通、教育、文旅、医疗等领域设备投资规模较 2023 年增长 15% 以上。水泥行业环保绩效达到 A 级水平的产能比例达到 40%。报废汽车拆解量达到 1500 辆，二手车交易量达到 1.5 万辆，废旧家电拆解量较 2023 年增长 20%。到 2027 年，工业、农业、建筑、交通、教育、文旅、医疗等领域设备投资规模较 2023 年增长 25% 以上。	关于印发《张家界市推动大规模设备更新和消费品以旧换新实施方案》的通知
7 月 1 日	唐山	规划提出打造“便民宜居之城、创新活力之城”等总目标，分阶段实现城市功能提升。规划通过“保护更新、优化改造、拆除重建”三种模式推进更新，重点涵盖老旧小区、工业遗产、商业区等领域。重点任务包括九大领域，如完善城市功能、打造活力街区、生态修复（如南湖、东湖计划）、历史文化保护（如老交大片区振兴）、基础设施改造（如打通断头路）、智慧城市建设等。	关于印发《唐山市中心城区城市更新专项规划（2021–2035 年）》的函
7 月 12 日	成都	《成都市住宅小区老旧电梯更新工作专项行动方案（2024 — 2027 年）》共四个部分，从总体要求、工作目标、工作内容、保障措施进行了详细规定。工作目标：2024 — 2027 年，每年更新（含换新、改造、大修）住宅小区投入使用年限满 15 年及以上，或投入使用年限未满 15 年（质保期已满）、故障率高、群众更新意愿强烈电梯 1000 部左右，四年共计 4000 部左右。	关于印发《成都市住宅小区老旧电梯更新工作专项行动方案（2024—2027 年）》的通知
7 月 15 日	济南	《管理办法》共分为总则、无障碍设施建设与维护、无障碍信息传播与交流、无障碍社会服务、保障措施、监督管理、附则等 7 章，共 35 条。	关于印发济南市无障碍环境建设管理办法的通知
7 月 17 日	杭州	按照“业主主体、政府支持、依法依规、积极推进”的原则，2024 年全市计划完成更新（含改造、大修，下同）已交付使用 15 年以上或电梯故障率高、安全隐患突出、群众有强烈更新需求且经电梯安全评估需要更新的普通住宅老旧电梯 200 台以上，到 2027 年底全市完成更新 800 台以上。	关于印发杭州市老旧住宅电梯更新实施方案的通知
7 月 18 日	南通	建筑领域方面。一是聚焦住宅电梯更新和加装。二是聚焦建筑施工设备更新和建筑节能改造。市政基础设施领域方面。一是聚焦市政管道等设备更新。二是聚焦城市生命线安全工程。	关于印发《南通市推进建筑和市政基础设施设备更新工作方案》的通知
7 月 23 日	日照	《行动方案》共 7 部分、28 条，分为三个板块。第一板块为第 1 部分，明确了日照市 2024—2025 年新型城镇化建设行动总体工作思路。第二板块为第 2~6 部分，提出深入开展产城融合、城镇能级提升、城市更新、农业转移人口市民化、城乡融合等五大攻坚行动。	关于印发日照市新型城镇化建设行动方案（2024—2025 年）的通知
7 月 24 日	全国	总体规划层面强调对城中村改造目标、区域和时序方面的引领作用，按照有效消除各类安全隐患、推动城市高质量发展的要求，确定城中村改造目标，划定城中村改造重点区域。详细规划层面统筹城中村改造的规划管控要求，建立分层传导的详细规划编制体系，作为实施依据，统筹好生产、生活、生态空间布局，把城中村改造融入城市整体发展。	自然资源部办公厅关于印发《城中村改造国土空间规划政策指引》的通知
7 月 29 日	成都	①构建西部农产品流通走廊。②培育西部能源产品流通走廊。③畅通矿产品原材料流通走廊。④构建内畅外联的现代流通网络。⑤发展有序高效现代流通市场。	关于印发成都市综合型现代流通战略支点城市建设方案的通知

8–6　续表 5

时间	地区	政策内容	政策来源
8 月 19 日	广州	为落实国家、省、市关于“平急两用”公共基础设施建设工作部署，指导存量资源进行改建、扩建并纳入“平急两用”公共基础设施清单，广州市住建局组织编制了《存量旅居类设施“平急两用”改造可行性评价技术要点》。	关于印发《存量旅居类设施“平急两用”改造可行性评价技术要点》的通知
8 月 20 日	广州	为落实国家、省、市关于“平急两用”公共基础设施建设工作部署，指导建设单位编制《旅居类“平急两用”公共基础设施“平时转急时”功能转换实施方案》，确保旅居类“平急两用”公共基础设施在“急时”能够在限定的时间内顺利转换，广州市住建局组织编制了《旅居类“平急两用”公共基础设施“平时转急时”功能转换实施方案编制指引》。	关于印发《旅居类“平急两用”公共基础设施“平时转急时”功能转换实施方案编制指引》的通知
9 月 3 日	沈阳	《办法》共五章 18 条。第一章总则，共五条（1 ~ 5）。明确了办法制定的目的、依据、适用范围、房票安置的定义、安置原则、市区工作职责等。第二章房票的核发与使用，共五条（6 ~ 10）。细化了房票核发程序和房票的使用规则，明确了房票票面金额的构成、房票奖励的条件和标准，规定了房票的使用流程。第三章房票管理系统，共三条（11 ~ 13）。明确了房票管理系统使用功能、资金管理和房源管理措施。第四章房票结算，共两条（14 ~ 15）。明确了房票结算流程。第五章附则，共三条（16 ~ 18）。明确了房票罚则、档案管理、政策解释权、施行日期等问题。	关于印发《沈阳市城中村改造住宅房屋征收房票安置实施办法（试行）》的通知
9 月 6 日	北京	土地过渡期政策主要是为了在城市更新过程中支持新产业、新业态发展，允许市场主体在五年内继续按照原土地用途和土地使用权类型使用土地（土地使用权类型指划拨、出让、租赁、作价出资或者入股等）。《实施细则》主要是针对使用土地过渡期政策的城市更新项目，在相关环节提出具体的工作流程和要求。在项目实施前，主要解决什么样的项目可以使用土地过渡期政策、谁来审查认定、如何监管等问题；在过渡期内，主要解决项目规划、建设、经营许可手续如何办理等问题；过渡期满时，主要解决如何处置、用地手续和不动产登记手续如何办理等问题。	关于印发《北京市城市更新项目国有建设用地过渡期支持政策实施细则（试行）》的通知
9 月 9 日	廊坊	加快重点行业技术改造。推进传统制造业转型升级。推动建筑领域设备更新。推进市政基础设施设备更新改造。	关于印发廊坊市推动大规模设备更新和消费品以旧换新实施方案的通知
9 月 9 日	北京	划定工作重点：①突出服务保障首都功能。②着力解决群众急难愁盼。③聚焦重点功能区域。④促进空间资源统筹。⑤鼓励自主更新改造。	关于印发《北京市城市更新实施单元划定工作指引（试行）》的通知
9 月 12 日	银川	①对具备条件的城市更新项目，优先推荐列入国家、自治区级重点项目。列入重点项目的，优先保障土地等要素供应。②市自然资源局根据城市更新专项规划，结合城市更新方式进行地价评估、确定土地用途、适当延长土地使用年限等工作。③城市更新项目涉及土地出让的，依据经市政府批准的项目实施方案，采取公开招拍挂（含带方案招拍挂）方式办理供地手续。④城市更新项目中，单宗新用地面积原则上不超过 3 亩，且累计面积不超过改造开发项目总面积的 10% 的“边角地”“夹心地”“插花地”等零星土地，以及不具备单独建设条件的土地，可与周边用地整合实施，纳入整体改造范围，重点用于完善片区公共服务设施，符合《划拨用地目录》的以划拨方式办理供地手续，涉及土地出让的，经市政府批准可采取协议出让方式，经营性用地（住宅、商业用地）必须采取招拍挂方式公开出让。⑤更新项目在符合规划且不改变用地主体的条件下，发展国家及本市支持的新产业、新业态的，由相应行业主管部门提供符合条件的证明文件，可享受按原用途、原权利类型使用土地的过渡期政策。	关于印发《银川市城市更新管理办法（暂行）》的通知

8-6 续表 6

时间	地区	政策内容	政策来源
9 月 19 日	兰州	由业主共同决定对依法依规建设的住宅楼中已办理使用登记、使用年限长、配置水平低、运行故障率高、群众更新改造意愿强烈的老旧电梯实施更新或改造，对符合条件的电梯通过向上申请超长期特别国债予以补助。投入使用年限满 15 年以上的住宅老旧电梯可以申报。电梯更新每台定额补贴 15 万元，电梯改造每台定额补贴 5 万元。可提取住房公积金用于住宅老旧电梯更新改造。	关于印发《兰州市住宅老旧电梯更新改造实施方案》的通知
9 月 20 日	汕头	总体目标：推动形成绿色发展方式和生活方式，完善城市固体废物管理体制机制，建立健全“无废城市”管理制度和技术体系，基本建成政府主导、市场运作、科技支撑、公众参与的共建共治共享管理体系，实现城市发展方式绿色转变，全力推动大宗工业固体废物贮存处置总量趋零增长、主要农业固体废物无害化处理、城市生活垃圾及建筑垃圾减量化及资源化利用水平全面提升、危险废物全过程安全管控，最终形成城市发展与生态环境保护和谐共生的新模式。	关于印发《汕头市“无废城市”建设实施方案（2023–2030 年）》的通知
10 月 25 日	上海	建设目标：到 2025 年“十四五”末，围绕做大做强国际化科技创新协同区、在线新经济引领区，在更大空间放大自贸试验区辐射带动效应，加快形成一批具有杨浦特色的改革创新成果，在推进杨浦联动创新区建设上取得显著成效。到 2029 年中华人民共和国成立 80 周年、人民城市理念提出 10 周年时，基本建成以数字经济为核心特色、具有较强科技创新活力的高标准自贸联动创新区。	关于印发《关于加快推进上海自贸试验区杨浦联动创新区建设的实施意见》的通知
10 月 29 日	海南	①优化文明风尚环境，提升青年向心力。②优化高品质生活环境，提升青年承载力。③优化共建共享融入环境，提升青年亲和力。④优化创新创业环境，提升青年贡献力。⑤优化身心健康成长环境，提升青年活力。⑥优化保障服务环境，提升青年吸引力。⑦优化协同推进工作环境，提升青年工作合力。	关于印发《海南全域建设青年发展型城市实施方案》的通知
11 月 4 日	山西	实施新一轮农业转移人口市民化行动。实施县域城镇化水平提升行动。实施现代化太原都市圈培育行动。实施城市更新和宜居韧性智慧城市建设行动。	关于印发山西省深入推进以人为本的新型城镇化战略实施方案（2025—2029 年）的通知
11 月 11 日	金华	金华市区城市基础设施配套费收费标准在省定指导标准范围内按下限执行，分别为：住宅每平方米 30 元，非住宅每平方米 80 元。	关于印发《金华市区城市基础设施配套费征收管理实施细则》的通知
11 月 20 日	浙江	力争到 2030 年，围绕大宗商品全产业链，建设一批大宗商品特色功能岛，储运规模稳步扩大，精深加工链条不断延伸，贸易交易生态趋于完善，海事服务国际市场竞争力日益增强，粮食、能源资源等大宗商品资源配置能力和产业链供应链保障能力显著提升，初步建成功能完备的大宗商品储运、加工、海事服务基地和贸易、交易中心，打造具有区域竞争力和国际影响力的大宗商品资源配置枢纽。	关于印发《中国（浙江）自由贸易试验区大宗商品资源配置枢纽建设方案》的通知
11 月 26 日	西安	更新改造范围。本市依法取得使用登记证书、使用年限长、配置水平低、运行故障率高、安全问题突出、群众更新改造意愿强烈的多业主普通单元老旧住宅电梯，适用本方案。重点支持使用年限 15 年以上（2009 年 1 月 1 日前办理使用登记）、优先支持使用年限 20 年以上（2004 年 1 月 1 日前办理使用登记）的老旧住宅电梯进行更新。	关于印发西安市老旧住宅电梯更新改造实施方案的通知
11 月 29 日	海南	①支持开展国际数据中心业务。②明确促进数据跨境流动的具体路径。③强化网络和数据安全保障。	海南自由贸易港国际数据中心发展规定
11 月 29 日	北京	《若干措施》综合考虑城市更新项目的土地取得成本、公共要素贡献等因素，从保障性租赁住房建设、危旧楼房改建、公共设施建设、产业类城市更新、地下空间开发利用、用地功能混合使用、出让土地使用权延期等七大方面提出了土地价款核定缴纳的措施，充分激发多元主体的更新意愿，推动城市更新项目落地实施。	关于印发《关于城市更新项目土地价款核定缴纳的若干措施》的通知

8–6　续表 7

时间	地区	政策内容	政策来源
12 月 5 日	江苏	①实施农业转移人口市民化质量提升行动。②实施潜力县域城镇化水平提升行动。③实施现代化都市圈同城化水平提升行动。④实施城市功能品质提升行动。⑤实施城乡融合发展水平提升行动。⑥健全推进新型城镇化体制机制。	关于印发江苏省深入实施以人为本的新型城镇化战略五年行动计划实施方案的通知
12 月 16 日	聊城	《意见》包括总体要求、重点任务、保障措施三部分内容。《意见》所提的重点任务包括以下 6 个方面。①片区规划方面。②乡村产业方面。③人居环境方面。④乡村治理方面。⑤农村要素资源方面。⑥强村富民方面。	关于加快推进乡村振兴片区建设的意见
12 月 18 日	深圳	发放“训力券”。每年发放最高 5 亿元“训力券”，降低人工智能模型研发和训练成本。发放“语料券”。每年发放最高 5000 万元“语料券”，促进语料开放共享和交易，推动数据要素市场建设。发放“模型券”。每年发放最高 1 亿元“模型券”，降低人工智能模型应用成本。支持人工智能行业应用。每年投入最高 1 亿元，围绕先进制造业、现代服务业和科学研究等重点领域，推动人工智能赋能千行百业。	印发深圳市打造人工智能先锋城市的若干措施
12 月 27 日	福建	《实施方案》分为六个部分，共二十二条。到 2028 年，全省常住人口城镇化率提高至 73% 以上，城乡居民收入比缩小到 2.0 以内，农业转移人口市民化质量显著提升，潜力地区新型工业化城镇化明显加快，福州都市圈、厦漳泉都市圈辐射带动作用更加凸显，城市更加宜居、韧性、智慧，人民高品质生活实现更大突破，推动人的全面发展、全体人民共同富裕取得更为明显的实质性进展。	关于印发《福建省推进以人为本的新型城镇化战略实施方案（2024—2028 年）》的通知
12 月 30 日	全国	按照《工业和信息化部办公厅关于组织开展 2024 年“5G+ 工业互联网”融合应用先导区试点工作的通知》（工信厅信管函〔2024〕336 号），经地方申报、专家评审以及公示等程序，确定南京、武汉、青岛、深圳、苏州、上海、宁波、广州、沈阳、成都 10 个城市为“5G+ 工业互联网”融合应用试点城市，现予以公布。	关于公布 2024 年“5G+ 工业互联网”融合应用试点城市的通知

8–7 2024 年康养政策

时间	地区	政策内容	政策来源
1月1日	南京	政策旨在提升养老服务质量，通过多项补贴和奖励措施支持养老机构、社区居家养老服务中心及从业人员。主要内容包括： 养老机构补贴：提供床位建设补贴（分普通型和护理型，自持或租赁不同标准）和综合运营补贴（按收住老人失能等级和机构等级发放）。 社区居家养老奖补：分基础补贴和绩效奖励，根据服务等级和老年人数发放。 助餐助浴补贴：对助餐点、中心厨房及老年人用餐、助浴费用给予补助。 从业人员奖补：入职奖励（分学历层次）和岗位津贴（按工作年限和技能等级）。 特殊群体补贴：政府扶助对象、高龄老人等享有照护服务、喘息服务及紧急呼叫补贴。	关于进一步完善养老服务奖补政策的通知
1月5日	山东	该政策进一步规范了山东省居民基本养老保险的缴费、关系转移、待遇享受及个人账户管理等方面。主要内容包括：允许参保人在年度内二次缴费并调整缴费档次；明确省内户籍迁移时的养老保险关系处理规则；规定跨制度衔接时的待遇核定流程；细化个人账户计息和注销管理；建立多享受待遇追回机制。政策自 2024 年 1 月 1 日起实施，替代原有不一致规定。	山东省人力资源和社会保障厅、山东省财政厅、国家税务总局、山东省税务局、国家税务总局青岛市税务局关于进一步规范居民基本养老保险有关政策的通知
1月8日	上海	政策明确养老护理员（中级）及以上人员可从事长期护理保险服务项目，其居家上门照护的协议价格和支付标准参照养老护理员（医疗照护）规定执行，并规定了民政、医保、人社部门的管理职责。	关于养老护理员（中级）及以上人员开展长期护理保险居家上门照护有关事项的通知
1月11日	北京	政策公示了北京市星级养老服务机构名单，包括 382 家星级养老机构和 749 家星级社区养老服务驿站的具体星级分布情况。	关于发布全市星级养老服务机构名单的公告
1月11日	山东	山东省人民政府办公厅印发《山东省养老服务高质量发展三年行动计划（2024—2026 年）》，旨在加快推动全省养老服务高质量发展。计划提出构建居家社区机构相协调、医养康养相结合的养老服务体系，明确 2026 年年底前分层分类养老服务体系更加完善的目标。重点任务包括实施养老机构固本强基、居家社区扩围增效、医养康养提质赋能、农村养老提档达标、养老人才提升培育、养老服务质量提升、养老产业提速发展等七大行动，涵盖普惠养老服务供给、老年助餐服务、智慧养老院建设、养老服务人才队伍建设等多个方面。	《山东省养老服务高质量发展三年行动计划（2024—2026 年）》
1月15日	全国	政策旨在发展银发经济，增进老年人福祉，提出扩大老年助餐服务、拓展居家助老服务、发展社区便民服务、优化老年健康服务、完善养老照护服务、丰富老年文体服务、提升农村养老服务等措施。同时，政策强调扩大产品供给，提升质量水平，包括培育银发经济经营主体、推进产业集群发展、推动品牌化发展、开展高标准领航行动等。此外，政策还提出聚焦多样化需求，培育潜力产业，如强化老年用品创新、打造智慧健康养老新业态、大力发展康复辅助器具产业、发展抗衰老产业、丰富发展养老金融产品、拓展旅游服务业态、推进适老化改造等。	国务院办公厅关于发展银发经济增进老年人福祉的意见
1月17日	漳州	推动医康养护融合发展。推进社区医疗、养老服务机构一体化建设，将医康养护融合服务延伸至社区和家庭。鼓励盘活利用存量资源，建设集医疗、养老、康复等功能于一体的嵌入式养老服务机构。强化老年人家庭医生签约服务，实施国家基本公共卫生服务老年人健康管理项目建设。到 2025 年，全市 65 周岁及以上老年人城乡社区规范健康管理服务率达到 73% 以上。	关于印发漳州市推进基本养老服务体系建设实施方案的通知
1月25日	上海	政策调整了上海市户籍老年人养老服务补贴标准，根据老年照护统一需求评估等级和经济困难程度，对不同等级和类型的困难对象（如最低生活保障家庭、低收入家庭、年满 80 周岁或 90 周岁的老年人等）设定了不同的补贴金额，并规定了相关事项的执行标准和工作要求。	上海市民政局、上海市财政局关于调整本市养老服务补贴标准的通知

8–7　续表 1

时间	地区	政策内容	政策来源
1 月 29 日	全国	《意见》明确，到 2025 年，以养老服务技能人才为重点的养老服务人才队伍规模进一步壮大、素质稳步提升、结构持续优化，人才对养老服务高质量发展的引领支撑作用明显增强；到 2035 年，支持养老服务人才发展的政策环境、行业环境、社会环境持续改善，养老服务人才培养、使用、评价、激励制度机制更加成熟定型。	关于加强养老服务人才队伍建设的意见
2 月 4 日	上海	上海市发布《“颐美乡村”养老服务提升计划（2024—2026 年）》，旨在优化农村地区养老服务供给，通过建设养老服务设施、提升服务功能、加强保障和监管等措施，满足农村老年人养老服务需求。计划包括推动农村养老服务设施便捷可及、功能提升、加强养老服务保障和监管等内容。	关于印发《上海市“颐美乡村”养老服务提升计划（2024—2026 年）》的通知
2 月 4 日	北京	政策旨在建立特殊困难老年人探访关爱服务机制，明确服务对象（独居、空巢、留守、失能、重残、计划生育特殊家庭等老年人），细化工作机制、服务内容及频次要求，并推动信息化手段应用。2024 年底实现月探访率 100%，2025 年底实现周探访率 100%。	北京市民政局等十部门印发《关于开展特殊困难老年人探访关爱服务的实施方案》的通知
2 月 6 日	全国	民政部与国家数据局联合开展基本养老服务综合平台试点，旨在通过跨部门数据共享、系统对接构建统一服务平台，实现养老服务供需精准对接和全流程智慧监管。试点为期两年（2024—2025 年），重点任务包括统一平台标准、推进数据共享（形成 6 类基本数据集）、创新“互联网 + 监管”模式，并明确申报程序（2024 年 2 月 29 日截止）及阶段目标（2024 年底前实现服务便利化，2025 年底前形成可复制经验）。	关于组织开展基本养老服务综合平台试点的通知
2 月 8 日	重庆	重庆市民政局发布通知，要求加强养老服务领域防范非法集资宣传教育工作，重点针对老年人集中的场所、特殊困难老年人群及养老机构工作人员，通过多种宣传手段提高老年人识骗防骗能力，防范非法集资风险。	关于进一步加强养老服务领域防范非法集资宣传教育工作的通知
2 月 9 日	黑龙江	黑龙江省印发《黑龙江省积极发展老年助餐服务行动实施方案》，旨在通过建立多元化老年助餐服务网络、完善补贴机制、强化质量安全监管等措施，推动老年助餐服务发展。方案明确了服务对象、服务模式、补贴标准及实施保障等内容。	关于印发《黑龙江省积极发展老年助餐服务行动实施方案》的通知
3 月 1 日	上海	政策旨在推进上海市智慧养老院建设，对验收合格的养老机构实施一次性补贴资助。补贴对象为在本市登记备案并按照《上海市推进智慧养老院建设三年行动方案（2023—2025）》要求完成建设的养老机构，补贴额度不超过项目总投资额的 50%，最高 50 万元，并规定硬件设施设备投入占比不低于 60%。政策还明确了资金申请、拨付流程及使用要求。	上海市民政局、上海市财政局关于资助扶持本市智慧养老院建设的通知
3 月 12 日	重庆	政策旨在推进经济困难失能老年人集中照护服务工作，明确救助对象需同时满足最低生活保障、完全失能评估和自愿入住养老机构三个条件，规定救助额度为入住费用扣除已有补贴后的差额，并详细制定了对象发现、申请救助、审核把关、资金发放和退出服务等工作流程。同时要求养老机构符合安全规范，建立绩效考核机制，并强化组织领导、宣传引导、绩效管理和资金监管。	关于规范高龄津贴发放工作的通知
3 月 12 日	重庆	政策旨在组织开展经济困难失能老年人集中照护服务工作，明确救助对象需同时满足纳入最低生活保障、经评估为完全失能等级且自愿入住养老机构三个条件。规定了救助额度计算方式（扣除已获行政给付后的差额），并细化工作流程（对象发现、申请救助、审核把关、资金发放、退出服务）和机构管理要求（资质条件、绩效考核）。	关于组织开展支持经济困难失能老年人集中照护服务工作的通知
3 月 13 日	北京	政策明确了 2024 年北京市安宁疗护中心和老年护理中心转型建设医疗机构名单及工作要求，包括转型建设标准、信息统计上报、人员培训、服务质量控制等内容，并要求转型机构于 2024 年 10 月前完成建设并接收患者，市卫生健康委将于 2024 年 10 月下旬前组织评估验收。	关于做好 2024 年安宁疗护中心和老年护理中心转型建设工作的通知

8–7 续表 2

时间	地区	政策内容	政策来源
3 月 13 日	江西	该方案旨在构建覆盖城乡的老年助餐服务网络，通过优化布局、多元化服务模式、提升服务质量及可持续运营机制，解决老年人就餐困难问题。明确到 2026 年形成多元供给格局，重点保障特殊困难老年人，并鼓励社会力量参与。	江西省加快发展老年助餐服务实施方案
3 月 15 日	广州	广州市民政局和财政局联合发布通知，明确老年人照护需求综合评估的费用及资助标准。本市户籍老年人首次、动态及重新评估费用由个人自付，符合资助条件的可获区财政补贴。养老服务机构申请护理补贴的评估费用由机构承担，市福利彩票公益金给予部分资助。	广州市民政局、广州市财政局关于做好老年人照护需求综合评估工作有关事项的通知
3 月 20 日	上海	《实施意见》强调进一步扩大和丰富老年助餐服务供给，主要是加大老年助餐服务场所建设，包括继续在街镇层面建设集膳食加工配制、外送及集中用餐等功能为一体的社区长者食堂，以及在居村委层面布设更多老年助餐点。同时，鼓励在社会餐饮场所设置长者餐桌，鼓励企事业单位食堂参与助餐服务。此外，提出优化配送服务，利用互联网物流平台、动员和组织多方力量参与为老年人送餐。《实施意见》提出老年助餐服务的适老化要求，包括硬件设施、场地环境、餐食供应等多方面。提出按照本市相关标准规范助餐服务，强化食品安全管理。尤其提出，建立全市统一的老年助餐服务质量监测机制，对优秀的社区长者食堂和运营商给予表扬激励。	关于印发《关于推进本市老年助餐服务高质量发展的实施意见》的通知
3 月 20 日	北京	政策规范北京市社区养老服务驿站星级评定工作，明确了评定对象条件（依法备案运营一年以上、符合标准、无重大安全风险等）、评定组织与程序（区民政部门牵头组建评定委员会、申请受理与评审流程）、星级管理（三个等级、有效期三年、逐级晋升）及监督管理（抽查、撤销星级等）。	关于印发《北京市社区养老服务驿站星级评定管理办法》的通知
3 月 20 日	北京	政策规范北京市养老机构星级评定工作，明确评定对象为依法登记备案且床位数 10 张以上的养老机构，规定评定程序包括申请、受理、现场评审、会议评审、公示等环节，实施五级星级划分并建立动态管理机制，有效期三年。	关于印发《北京市养老机构星级评定管理办法》的通知
3 月 20 日	北京	政策旨在通过优化门急诊服务、提升住院服务、发挥信息化作用等措施，改善北京市医疗服务体验。重点任务包括优化预约挂号服务、深化预约转诊服务、完善预约检查模式、提高日间手术服务数量、优化入出院办理流程、推进医疗信息互通共享等。	关于印发北京市 2024 年改善医疗服务工作方案的通知
3 月 22 日	山东	新的资金支持政策聚焦老年人的“急难愁盼”问题，聚焦困难、失能、高龄老年人的刚性照护需求，聚焦提升农村养老服务发展水平，对原有资金补助方向进行了调整，围绕老年人福利、养老服务设施建设运营、养老服务人才队伍建设、创新引领发展 4 大类支持方向，设置了 18 个补助项目，以政策集成和资金整合促进全省养老服务高质量发展。	关于优化省级养老服务发展资金支持政策 促进养老服务高质量发展的实施意见
3 月 26 日	全国	对于公办养老服务能力提升项目、公办托育服务能力建设项目，中央预算内投资原则上按照东、中、西、东北地区（含根据国家相关政策享受中、西部政策的地区）分别不超过项目（平均）总投资（不含土地费用、市政费用，仅为工程建设投资）40%、60%、80%、80% 的比例进行支持（产粮大县方向另行规定），并结合实际支持设备购置；对于普惠养老城企联动专项行动、普惠托育服务专项行动，中央预算内投资按照对床位或托位定额补助的方式进行支持。西藏自治区、南疆四地州、四省涉藏州县项目最高可在中央预算内投资限额内全额支持。享受特殊区域发展政策地区按照具体政策要求执行。	关于修订印发社会领域中央预算内投资相关专项管理办法的通知
3 月 26 日	全国	政策修订了社会领域 5 个中央预算内投资专项管理办法，包括教育强国基础设施建设工程、优质高效医疗卫生服务体系建设工程、文化保护传承利用工程、社会服务设施建设支持工程、积极应对人口老龄化工程和托育建设。明确了专项的支持范围、标准、申报流程、资金下达、项目管理和监督检查等内容，旨在提升公共服务设施条件、改善人民生活品质。	《积极应对人口老龄化工程和托育建设中央预算内投资专项管理办法》

8–7　续表 3

时间	地区	政策内容	政策来源
3 月 26 日	北京	北京市政府印发《关于进一步优化支付服务提升支付便利性工作实施方案》，旨在满足老年人、外籍来京人员等群体的多样化支付需求，推动移动支付、银行卡、现金等支付方式并行发展。方案明确了 2024 年各阶段的工作目标，包括改善银行卡受理环境、优化现金使用、推广移动支付、优化账户服务和强化宣传推广等重点任务，并提出了组织领导、工作督导和长效机制等保障措施。	关于印发《北京市关于进一步优化支付服务提升支付便利性工作实施方案》的通知
3 月 29 日	山东	政策旨在提升养老机构服务质量。前者明确了认知障碍照护专区的设置要求，包括独立分区、环境布置、设施配置及人员配比，强调个性化照护计划和专业服务。后者提出智慧养老院建设标准，涵盖智慧入住管理、照护服务、健康管理、安全防护及运营管理，利用物联网、大数据等技术实现高效、安全的养老服务。	关于印发《养老机构认知障碍照护专区设置和服务指引（试行）》和《智慧养老院建设指引（试行）》的通知
4 月 1 日	黑龙江	政策旨在加强黑龙江省养老服务人才队伍建设，提出了包括人才培养、职业培训、激励机制等在内的具体实施方案，以提升养老服务质量和水平。	关于印发《黑龙江省加强养老服务人才队伍建设实施方案》的通知
4 月 3 日	北京	政策旨在深化京津冀地区养老服务协同发展，通过建立工作机制、推动政策互认、项目合作、人才培训、医养结合及区域行业协同等措施，促进养老资源优化布局和服务质量提升。	关于印发《关于进一步深化京津冀养老服务协同发展的实施方案》的通知
4 月 3 日	北京	政策旨在推进京津冀三地养老政策协同，建立养老机构等级评定结果互认机制、老年人能力评估结果互认机制及养老服务质量协同监管机制，确保三地养老机构在等级评定、扶持政策享受、老年人能力评估及服务质量监管等方面实现标准协同和结果互认。	关于印发《关于推进京津冀养老政策协同的若干措施》的通知
4 月 3 日	全国	政策修订了《“十四五”积极应对人口老龄化工程和托育建设实施方案》，旨在贯彻积极应对人口老龄化国家战略，推动人口高质量发展，完善养老托育服务体系。	国家发展改革委、民政部、国家卫生健康委关于修订印发《“十四五”积极应对人口老龄化工程和托育建设实施方案》的通知
4 月 10 日	北京	政策旨在规范北京市街道（乡镇）区域养老服务中心的建设与管理，明确其作为枢纽型养老服务综合体的功能定位（包括托养服务、社区餐厅、老年学堂等），提出设置原则（就近就便、普惠服务等），规定功能布局及规模要求（建筑面积不少于 2000 平方米），并细化设施条件、运营模式及建设程序。	关于印发《北京市街道（乡镇）区域养老服务中心建设管理指引（试行）》的通知
4 月 10 日	北京	政策旨在规范北京市街道（乡镇）区域养老服务中心的运营管理效能评估工作，明确了评估对象、主体、时间、内容及结果应用。评估内容包括制度规范、服务内容、服务安全、评价反馈四个维度，并设立减分项和一票否决项。评估结果将作为遴选运营方的重要依据，不合格者需整改或解除合同。	关于印发《北京市街道（乡镇）区域养老服务中心运营管理效能评估实施方案（试行）》的通知
4 月 10 日	北京	政策明确验收对象为已建设完成且取得相应资质手续的养老服务中心，规定由市民政局会同区民政部门采取资料核查和现场检查相结合的方式开展验收，验收内容包括运营主体资质、场地设置、安全设置、功能布局等 4 个方面共 39 项标准，并设置 4 项一票否决项。验收结果分为通过和不通过，总分值高于 60 分方可通过。指引自印发之日起试行。	关于印发《北京市街道（乡镇）区域养老服务中心建设验收指引（试行）》的通知
4 月 11 日	上海	政策规范上海市委托社会力量运营公建养老服务设施的工作机制，明确适用范围（政府投资兴建或租赁改造的养老服务设施）、实施主体（区民政局或街镇政府）、运营方资质要求（依法登记、专业团队、无违规记录等），并细化合同管理要求（服务对象、收费标准、资产维护等）和监管措施（定期审计、应急预案、考核评估等）。	上海市民政局关于规范委托社会力量运营公建养老服务设施机制的指导意见

8–7 续表 4

时间	地区	政策内容	政策来源
4月12日	广州	广州市民政局和财政局联合发布通知，全面开展家庭养老床位建设和服务工作，旨在为60周岁以上需要照护的老年人提供居家环境适老化及智能化改造，并配套专业照护服务。政策明确了建床流程、资助标准及条件，包括一次性建床资助最高3000元和运营资助分档补贴，要求服务机构具备专业资质和服务能力，确保服务质量和安全。	广州市民政局、广州市财政局关于全面开展家庭养老床位建设和服务工作的通知
4月15日	北京	政策旨在加强居家适老化改造设计服务能力，推动高质量居家适老化改造和产业发展。主要内容包括建立适老化改造标准体系、支持公共样板间建设、拓展养老服务新场景、鼓励成立产业发展联盟、提供老物件寄存及以旧换新服务、创新保险产品等。政策目标是两年内在全市上百个街道乡镇建设公共样板间，带动上万户家庭改造。	关于印发加强设计服务推动居家适老化改造和产业发展实施方案（试行）的通知
4月15日	上海	《上海市基本养老服务清单（2024年版）》共包含8类24个服务项目，涵盖机构养老服务、社区养老服务、居家养老服务、照护服务支付保障、基本养老保险、老年社会福利、老年社会救助和特定情形老年保障等方面，旨在为老年人提供基础性、普惠性、兜底性服务。	关于印发《上海市基本养老服务清单（2024年版）》的通知
4月22日	甘肃	甘肃省发布养老机构服务合同示范文本，用于规范养老机构与入住老年人及其代理人之间的服务合同关系。	甘肃省养老机构服务合同示范文本
4月23日	全国	政策旨在加强养老机构预收费的监管，规范收费行为，防范非法集资等风险，保障老年人合法权益。政策明确了预收费的界定、收取要求、协议管理、使用用途、退费要求等，并提出了银行存管、风险保证金等资金管理方式，强化多元监督管理，确保资金安全。	关于加强养老机构预收费监管的指导意见
4月25日	广州	广州市转发广东省关于中央财政支持经济困难失能老年人集中照护服务的实施方案，明确2024年3月起符合条件的老年人可申请救助补贴，规定养老机构选择标准、申请审核流程及数据管理要求。	广州市民政局、广州市财政局关于转发《广东省组织开展中央财政支持经济困难失能老年人集中照护服务工作实施方案》
4月26日	上海	政策完善上海市老年综合津贴制度，明确发放对象为65周岁及以上本市户籍老年人，按年龄段分为五档发放标准（65~69岁75元/月，70~79岁150元/月，80~89岁180元/月，90~99岁350元/月，100岁及以上600元/月），实行“免申即享”按季度发放。同时规定政策衔接条款，取消原高龄补贴及免费交通制度，并明确各部门职责分工及资金保障要求。	上海市人民政府关于完善老年综合津贴制度的通知
4月26日	全国	政策公示了基本养老服务综合平台试点拟入选的48个地区名单，包括天津市等8个省级地区和北京市丰台区等40个市级地区，公示期为2024年4月25日至4月30日，公示期满后试点地区可自行开展试点工作。	民政部办公厅、国家数据局综合司关于基本养老服务综合平台试点拟入选地区名单的公示
4月26日	上海	政策规范上海市老年综合津贴发放管理，明确发放对象为具有本市户籍且年满65周岁的老年人，按年龄段分为五档标准，规定了津贴计算、发放程序（包括信息确认、发放清单审定等）、资金保障及各部门职责。	上海市民政局、上海市财政局关于印发《上海市老年综合津贴发放管理办法》的通知
4月28日	河北	《若干措施》共五部分20条。第一部分强化财政金融支持，包括创新金融领域服务、助力地产行业转型、支持闲置商业等场所转型、丰富养老金融产品、推动普惠养老专项再贷款行动落地实施、更好发挥河北产业投资引导基金作用、补助养老机构建设和运营、支持银发经济产业项目等8条；第二部分完善用地保障措施，包括降低机构置业成本、保障康养项目用地等2条；第三部分提升医疗服务能力，包括加强与京津三甲医院合作、促进医养有机结合、提升平台服务水平、促进“康养＋文旅”融合发展等4条；第四部分推进人才队伍建设，包括培养康养专业人才、促进人才队伍稳定发展、提升职业技能水平等3条；第五部分强化综合配套支撑，包括推动康养服务协同、鼓励技术创新应用、加大品牌宣传推广等3条。	关于印发河北省支持康养产业发展若干措施的通知

8–7　续表 5

时间	地区	政策内容	政策来源
4 月 28 日	黑龙江	《黑龙江省居家和社区养老服务条例》规范了居家和社区养老服务的内容、标准、监督管理及支持保障措施，明确了政府、家庭、社会各方责任，旨在提升养老服务质量。	黑龙江省居家和社区养老服务条例
4 月 29 日	全国	政策通过中央专项彩票公益金支持，在 2024 年实施居家和社区基本养老服务提升行动项目，旨在为经济困难的失能、部分失能老年人建设家庭养老床位和提供居家养老上门服务，目标为不低于 8 万张床位和 15 万人次服务。政策明确了项目申报主体、程序、实施周期（1 年）及工作要求，强调信息化管理、责任落实和宣传推广。	关于开展 2024 年居家和社区基本养老服务提升行动项目申报和组织实施工作的通知
5 月 6 日	全国	政策旨在加强长期护理保险失能等级评估机构的定点管理，明确评估机构的申请条件、审核流程、运行管理要求及监督机制，确保评估服务的专业性和公正性。	国家医疗保障局关于印发《长期护理保险失能等级评估机构定点管理办法（试行）》的通知
5 月 13 日	天津	《天津市养老机构等级评定管理办法（试行）》旨在建立统一科学的养老机构质量标准和评价体系，推动养老服务高质量发展。办法规定了养老机构等级评定的五个等级、评定条件、程序及监督管理机制，由第三方评定组织负责实施，等级评定有效期为 3 年。	天津市民政局关于印发《天津市养老机构等级评定管理办法（试行）》的通知
5 月 15 日	上海	政策旨在深化上海市养老机构医养结合发展，推进有条件的养老机构内设医疗机构，强化养老机构与医疗机构签约合作，提升机构医养结合服务能力，加强建设和运营支持，强化科技为养老赋能，以及加强规划统筹和联合监管。	关于印发《关于进一步深化本市养老机构医养结合发展的若干措施》的通知
5 月 15 日	全国	2024 年“数字适老中国行”活动时间为 2024 年 5 月至 12 月，采用线上线下结合形式，包括政策宣贯、调查研究、服务升级、技能教学、技术共享、惠老专场等 6 项内容，旨在推动数字技术适老化高质量发展，提升老年人使用数字技术的体验和幸福感。	工业和信息化部办公厅关于开展 2024 年“数字适老中国行”活动的通知
5 月 17 日	天津	该通知旨在规范天津市嵌入式养老服务机构（养老服务综合体）的备案工作，明确备案类型、申请流程、回执要求、变更程序、撤销条件及统一编号规则，并加强备案监管，确保养老服务用途和机构健康可持续发展。	天津市民政局关于进一步规范嵌入式养老服务机构备案工作的通知
5 月 23 日	甘肃	甘肃省出台养老服务市场失信联合惩戒对象名单管理实施办法，明确对养老服务领域严重违法失信主体实施联合惩戒，规范名单认定标准、程序及惩戒措施。	甘肃省养老服务市场失信联合惩戒对象名单管理实施办法（试行）
6 月 1 日	成都	成都市四部门联合发布实施意见，强化养老机构非法集资防范化解工作，包括风险摸排、源头治理和分类处置三方面措施。重点要求建立常态化风险排查机制、规范收费管理、完善备案信用承诺制度，并依据风险等级实施差异化监管，依法打击非法集资行为，保护老年人合法权益。	关于加强养老机构非法集资防范化解工作的实施意见
6 月 1 日	成都	《成都市养老服务质量社会监督员管理办法》旨在通过选聘社会监督员对养老服务质量进行义务监督，提升养老服务水平。《办法》明确了监督员的选聘条件、职责、监督方式及管理机制，包括宣传政策法规、发现风险隐患、监督规范运营和反馈意见建议等职责。	成都市民政局关于印发《成都市养老服务质量社会监督员管理办法》的通知
6 月 7 日	上海	政策旨在通过在上海全市养老机构中设置“老养残照护单元”，为“老养残家庭”提供兼顾老年人和残疾人子女需求的机构照护服务。试点工作包括床位数量、设置要求、人员配置和服务开展等方面的具体规定，并要求各区民政局在 2024 年第四季度前完成设置并开放入住，2025 年年底前总结经验形成可推广的服务模式。	上海市民政局关于在养老机构中设置“老养残照护单元”试点工作的通知
6 月 7 日	全国	政策旨在支持银发经济健康发展，提出加大银发经济技术技能人才培养、畅通人才发展空间、加强企业用工服务保障、落实企业吸纳就业政策、支持自主创业、强化岗位认同、拓展银发群体增收渠道和维护大龄劳动者劳动权益等八项措施。	人力资源社会保障部关于强化支持举措助力银发经济发展壮大的通知

8–7 续表 6

时间	地区	政策内容	政策来源
6月7日	北京	明确要求各区及相关部门落实支出责任（区分市级、区级及共同财政事权）、强化能力保障（完善设施建设、人员配备及政府购买服务）、推进公开共享（信息公开与监督机制）并强化责任担当（将公共服务支出纳入高质量发展指标）。	关于印发北京市基本公共服务实施标准（2023年版）的通知
6月11日	天津	天津市民政局印发《智慧化养老服务综合体建设指引》和《养老机构（养老服务综合体）认知障碍友好环境建设指引》，旨在推进养老服务智慧化、专业化建设，提升服务质量与效率。智慧化指引涵盖智能化设施、数据管理、应用场景等要求；认知障碍友好环境指引则从安全性、稳定性、感官刺激等方面提供具体建设标准。	《智慧化养老服务综合体建设指引》《养老机构（养老服务综合体）认知障碍友好环境建设指引》
6月13日	全国	政策旨在加快发展农村养老服务，提出加强农村养老服务网络建设、提升服务质量、健全工作机制和强化支撑保障等指导意见，目标到2025年健全农村养老服务网络，满足老年人多样化需求。	关于加快发展农村养老服务的指导意见
6月18日	全国	政策旨在通过开展2024年全国老年健康宣传周活动，宣传普及老年健康政策和科学知识，重点维护老年人听力健康。活动内容包括宣传老年健康政策、科普知识、听力健康知识及中医药健康知识，要求各地卫生健康行政部门和中医药主管部门精心组织、广泛宣传，并挖掘活动亮点。	关于组织开展2024年全国老年健康宣传周活动的通知
6月24日	全国	鼓励养老机构与医疗卫生机构通过毗邻建设、签约合作等方式满足老年人健康养老服务需求，鼓励有条件的医疗卫生机构将服务延伸至社区和家庭。持续提升适老化无障碍交通出行，推动康复辅助器具升级。完善智慧健康养老产品和服务推广目录，发展健康管理、养老监护、心理慰藉类智能产品，提高老年用品市场供给质量。	国家发展改革委等部门印发《关于打造消费新场景培育消费新增长点的措施》的通知
6月26日	铜川	推进医养康养结合。加强医疗养老资源共享，推进乡镇、村卫生室和养老服务设施毗邻建设。市、区县卫健、民政、医疗保障等部门支持有条件的养老服务机构内设医疗机构开展医疗服务，并按照规定纳入基本医疗保险定点范围。支持养老机构、医疗卫生机构之间开展签约合作，鼓励医疗卫生机构在养老服务机构设立医疗服务站点，并向养老机构、居家老年人提供上门服务。	关于印发推进基本养老服务体系建设实施方案的通知
6月28日	北京	政策明确了北京市2024年退休人员基本养老金调整方案，覆盖2023年12月31日前办理退休手续的人员。调整内容包括定额增加30元/月、按缴费年限分段增加（10年以上每满1年加2.4元/月）、按养老金水平分档增加（6813元以下加30元/月，以上加15元/月）、按比例增加0.2%，并对高龄、特殊群体（军转干部、新中国成立前老工人等）实施额外倾斜调整。资金分别从企业/机关事业单位养老保险基金列支。	关于2024年调整本市退休人员基本养老金的通知
6月28日	北京	政策明确北京市养老服务机构用水、用电、用气、用热执行居民生活类价格标准，规定申请条件（需提交民政部门备案回执等材料）和计量方式（独立计量或定量/定比计算），要求民政部门加强备案管理并与市政公用企业信息共享。	关于进一步落实养老服务机构用水用电用气用热居民价格政策的通知
6月28日	北京	政策调整2024年北京市城乡居民基本养老保险基础养老金和老年保障福利养老金标准，明确自2024年1月1日起，不满65周岁人员每月增加37元，65周岁及以上人员每月增加42元，并规定新领取人员的基础养老金和福利养老金标准分别为961元和876元。	关于调整2024年城乡居民养老保障相关待遇标准的通告

8–7　续表 7

时间	地区	政策内容	政策来源
7 月 1 日	山东	山东省民政厅发布《关于进一步规范养老服务机构等级评定工作的通知》（鲁民函〔2024〕53 号），旨在通过统一标准、规范流程和强化监管，提升养老服务质量。通知要求各市民政局组织实施评定工作，可委托第三方机构，确保公正性；评定须严格遵循国家和省级标准，结果全省互认，同时鼓励地方探索创新。评定流程坚持自愿申报、动态管理，每年集中受理一次，并对存在重大问题的机构实施降级或取消等级。此外，首次参评的养老机构需运营满一年，高星级机构数量比例受限，评定结果需公开并录入管理平台，牌匾样式全省统一，接受社会监督。文件还明确了等级动态调整机制，以保障服务质量和安全。	关于进一步规范养老服务机构等级评定工作的通知
7 月 8 日	北京	政策旨在规范北京市街道（乡镇）区域养老服务中心内设社区餐厅的建设工作，明确了社区餐厅的基本要求（如食品经营许可、选址、功能区设置、设施设备等）、食堂大厅建设要求（如适老化桌椅、温度调节设备、信息系统等）、运营管理要求（如提供老年优惠套餐、向社会开放等）以及助餐服务要求（如安全管理、人员配置、餐食营养、配餐流程、送餐服务等）。	北京市民政局关于印发《北京市街道（乡镇）区域养老服务中心内设社区餐厅建设工作指引》的通知
7 月 17 日	上海	《上海市推进养老科技创新发展行动方案（2024–2027 年）》旨在通过科技创新推动养老产业发展，目标到 2027 年初步建成养老科技创新与产业发展高地。方案包括加强关键技术攻关（如智能传感、信息和通信、人工智能技术）、推进重点产品开发（如生活辅助类、健康服务类、康复辅助类产品）、建设研发测试公共服务平台和基本养老服务综合平台、促进创新产品应用示范和推广、优化产业发展生态（如支持企业创新发展、建设高质量孵化器、打造产业集聚区）以及提供保障措施（如强化统筹协调、加大投入力度、强化金融支持、加强人才引育）。	上海市人民政府办公厅关于印发《上海市推进养老科技创新发展行动方案（2024–2027 年）》的通知
7 月 18 日	山东	山东省民政厅、卫生健康委员会、医疗保障局联合印发《山东省"五床联动"试点实施方案》，旨在通过整合养老床位、医疗床位、家庭养老床位、家庭病床、安宁疗护床位资源，构建一体化健康养老服务体系。试点重点任务包括加强数据共享、评估结果互认、服务转介和政策融合，试点期限为 2 年。	关于印发《山东省"五床联动"试点实施方案》的通知
7 月 22 日	广州	2024 年版市清单对接国家清单和省清单，在梳理总结现有政策的基础上，针对老年人养老"急""难""愁""盼"问题，综合考虑老年人生存安全、生活、照护、心理、权益保障、社会参与等需求，结合现阶段广州市养老服务体系建设规划和财政可承受能力，区分 10 类老年人（各类老年人有交集），确定物质帮助、社会优待、照护服务、关爱服务共 4 大类 30 项基本养老服务，并明确各项基本养老服务项目的服务内容、责任部门、相关政策，以表格形式呈现。	广州市民政局关于印发《广州市基本养老服务清单（2024 年版）》的通知
7 月 23 日	重庆	该方案旨在构建覆盖城乡、多元供给的老年助餐服务网络，明确通过优化老年食堂布局、发展多种助餐模式（如养老机构 +、餐饮企业 + 等）、完善制度规范、强化食品安全监管等措施，分阶段实现 2024–2026 年服务网络建设目标。方案提出设施场地支持、运营补贴、税收优惠等保障政策，并强调数字化服务与社会监督。	关于印发《积极发展老年助餐服务实施方案》的通知
7 月 31 日	杭州	杭州市印发《杭州市养老护理员特殊岗位津贴补助实施办法》，对符合条件的养老护理员按照职业技能等级给予每月 300 元至 1200 元不等的特殊岗位津贴，并规定了补助对象、标准、办理程序、资金保障及监督管理等具体内容。	关于印发《杭州市养老护理员特殊岗位津贴补助实施办法》的通知
7 月 31 日	上海	政策推进养老机构"一业一证"改革，通过跨部门联办、信息共享和流程再造，实现养老机构开业"一件事"集成服务，包括备案、食品经营许可等事项的一口受理和一网办理。	关于印发《关于推进养老机构"一业一证"改革工作方案》的通知

8–7 续表 8

时间	地区	政策内容	政策来源
7 月 31 日	山东	政策旨在加快银发经济发展，增进老年人福祉，通过优化养老服务供给、扩容银发产业规模、提升产业发展效能和集聚要素支撑保障四大方面，具体包括推进适老化改造、扩大老年助餐服务、拓展居家助老服务、优化老年健康服务、完善养老照护服务、丰富老年文体服务、提升农村养老服务等措施，以及发展老年用品产业、智慧康养新业态、康复辅助器具产业、抗衰老产业和老年旅游产业等，同时加强科技创新应用、培育壮大经营主体、培育推介银发经济品牌、加快养老金融产品创新和加强标准化建设等，以全面提升银发经济的发展质量和效益。	关于印发《加快银发经济发展增进老年人福祉的若干措施》的通知
8 月 1 日	北京	政策旨在规范京津冀养老服务人才培训基地和见习基地的管理，明确了培训基地和见习基地的申报条件、评定程序、运行管理要求及周期管理机制，强调三地民政部门协同推进养老服务人才队伍建设。	关于印发《京津冀养老服务人才培训基地、见习基地管理办法（试行）》的通知
8 月 2 日	山东	政策旨在加强山东省老年友好型社区建设，构建六大友好体系（友好空间打造、友好健康支持、友好为老服务、友好社会参与、友好氛围营造、友好信息支撑），明确到 2025 年创建 300 个全国示范性老年友好型社区，2035 年实现全覆盖。具体措施包括优化社区适老居住空间（2025 年底前完成 3 万户适老化改造）、提升医养结合服务（2026 年居家医养覆盖率达 85%）、健全养老服务设施网络（新建 / 老旧社区分别按每百户 20/15 平方米配建）、推动智慧养老及数字适老化改造等。	关于加强老年友好型社区建设的意见
8 月 7 日	重庆	重庆市人民政府办公厅印发《加强和改进“一老一幼”服务工作方案》，旨在健全老年人和婴幼儿服务体系，扩大服务供给，提升服务质量。方案提出推动公办养老机构提质增效、培育民办养老机构、促进医养康养融合、发展社区嵌入式养老服务设施、扩展老年助餐服务等具体措施，并设定了 2027 年建成 15 分钟社区居家养老服务圈和城市 15 分钟婴幼儿服务圈的目标。	重庆市人民政府办公厅 关于印发《加强和改进“一老一幼”服务工作方案》的通知
8 月 13 日	上海	政策针对上海市养老机构消防安全管理，印发《本市养老机构消防安全典型问题清单》，要求各区民政局、消防救援局督促养老机构开展自查自纠，重点整改消防控制室人员持证不足、厨房灶台自动灭火装置安装率低、应急处置能力不足等问题，并推动科技手段在安全管理中的应用。	关于印发《本市养老机构消防安全典型问题清单》推动积极整改的通知
8 月 16 日	全国	组织开展失能老年人健康服务行动（2024—2027 年），为 65 岁及以上居家失能老年人提供健康服务、健康咨询和转诊转介指导，行动分为启动部署、推进实施和总结评估三个阶段，要求加强组织领导、完善工作制度和强化培训督导。	关于开展失能老年人健康服务行动的通知
8 月 19 日	天津	天津市印发《困难老年人养老服务补贴和养老护理补贴管理办法（试行）》，明确为 65 周岁及以上经济困难且能力评估等级在 2 级及以上的老年人提供现金补贴，养老服务补贴标准为 100~300 元 / 月，养老护理补贴标准为 200~400 元 / 月，补贴资金由市区财政按比例承担。	关于印发《天津市困难老年人养老服务补贴和养老护理补贴管理办法（试行）》的通知
8 月 22 日	揭阳	促进医养康养融合发展。统筹布局医疗卫生和养老服务资源，推进中医药进家庭、进社区、进机构，促进基本公共卫生服务与基本养老服务深度融合，切实加强老年人健康管理，做实老年人家庭医生签约服务，稳步提高在失能、慢性病、高龄、残疾等行动不便或确有困难的老年人中的覆盖率，到 2027 年，全市 65 周岁及以上的老年人医养结合服务率达到 50% 以上，城乡社区规范健康管理服务率达到 67% 以上。支持养老机构设立医疗机构、开展医疗服务和医疗机构设立养老机构、开展养老服务，在养老机构中加强老年病医院、康复医院、护理院和中医院等建设。	关于印发揭阳市推进基本养老服务体系建设实施方案的通知
8 月 22 日	甘肃	甘肃省出台养老机构预收费管理办法，规范养老机构预收费行为，明确预收费范围、标准、使用及监管要求，保障老年人合法权益。	甘肃省养老机构预收费管理办法

8-7　续表 9

时间	地区	政策内容	政策来源
8月23日	山东	政策明确了山东省普惠性养老机构的认定条件（依法登记备案、服务质量良好、财务管理规范、收费标准合理）和认定程序（申报、审核、定价、公示、签署承诺书、报备），规定了普惠性养老服务的收费项目和标准（床位费、照料护理费实行政府指导价，伙食费和其他服务收费实行市场调节价），并提出了贷款贴息、运营补贴、租金减免、利率优惠等扶持政策。	关于印发《山东省普惠性养老机构认定与管理办法（试行）》的通知
8月25日	漳州	运营养老服务照料中心、承租国有物业建设嵌入式养老服务机构的，前三年租金全额减免；承租国有物业举办普惠性养老服务机构的，前三年最高可分别按照50%、30%、20%的比例减免租金，每处每年减免金额不超过50万元。	关于印发《漳州市加快推进幸福养老服务体系建设及促进漳台康养产业融合发展的若干措施》的通知
8月28日	全国	政策组织开展2024年智慧健康养老产品及服务推广目录申报工作，明确了申报范围（包括智慧健康养老产品和智慧健康养老服务）、申报要求（申报主体资格、产品和服务条件等）以及组织实施流程（申报、审核、推荐、评审和公示等）。	关于组织开展2024年智慧健康养老产品及服务推广目录申报工作的通知
8月29日	黑龙江	政策规定了黑龙江省普惠高龄津贴的发放管理办法，明确了津贴的发放对象、标准、申请流程及监督管理要求。	关于印发《黑龙江省普惠高龄津贴发放管理办法》的通知
9月1日	成都	《成都市养老机构登记与备案管理办法（试行）》旨在规范养老机构的登记与备案工作，明确非营利性和营利性养老机构的设立、变更、注销登记流程及备案要求，强调建筑、消防、食品安全等合规性，并规定民政部门的监管职责。	成都市民政局、成都市市场监督管理局关于印发《成都市养老机构登记与备案管理办法（试行）》的通知
9月4日	南宁	政府购买居家养老服务是指政府以向企事业单位、社会组织（以下称服务供应商）购买服务的方式，为符合条件的老年人提供居家养老上门服务。政府购买居家养老服务对象为具有南宁市城区户籍且失能、部分失能老年人。	关于印发南宁市政府购买居家养老服务实施办法的通知
9月6日	武汉	武汉市人民政府印发《关于加快推进新时代养老服务体系建设若干措施》，旨在深入贯彻党中央、国务院关于加强新时代老龄工作的决策部署，实施积极应对人口老龄化国家战略。措施包括发展居家社区养老服务、推进机构养老服务提质增效、促进医养服务融合发展、拓展养老服务智慧赋能、推动银发经济产业发展壮大、推进要素保障落实落地等六个方面，明确了具体任务、责任单位和完成时限。	关于加快推进新时代养老服务体系建设若干措施的通知
9月6日	山东	山东省政府办公厅印发《关于加强失能失智老年人照护服务工作的若干措施》，旨在完善失能失智老年人照护服务体系，包括健全老年人能力评估制度、完善居家/社区/机构照护服务、优化重点人群（困难/认知障碍/农村）照护服务、提升医养康养融合及长期护理保险覆盖等具体措施。	山东省人民政府办公厅印发《关于加强失能失智老年人照护服务工作的若干措施》的通知
9月9日	甘肃	其中关于促进养老服务消费扩容升级的若干措施部分，旨在通过拓展养老服务消费新模式新业态、推动养老服务供需适配、支持养老服务设施设备更新、强化养老服务消费保障及打造优质养老服务消费环境等措施，促进养老服务消费扩容升级，推动养老服务高质量发展。	甘肃省人民政府办公厅关于印发促进文旅服务消费扩容升级等4个若干措施的通知
9月9日	上海	政策修订了上海市养老服务补贴管理办法，明确了补贴对象（包括经济困难、特殊困难老年人及80岁以上低收入老人）、补贴标准（分类分档原则）、申请流程（线上线下申请途径）、服务机构条件及监管措施，并规范了资金管理（市与区财政1：1分担）和服务质量监督机制。	上海市民政局、上海市财政局关于印发《上海市养老服务补贴管理办法》的通知
9月10日	全国	报告指出，我国养老服务体系建设取得显著成效，重点推进失能老年人照护工作。通过完善制度体系、扩大供给规模、加强支付保障、健全监管体系等措施，提升老年人获得感、幸福感、安全感。报告强调，未来将继续深化供给侧改革，优化照护保障，加强人才队伍建设，推动智慧养老技术应用，确保养老服务高质量发展。	国务院关于推进养老服务体系建设、加强和改进失能老年人照护工作情况的报告

8–7 续表 10

时间	地区	政策内容	政策来源
9月12日	江西	江西省2024年消费品以旧换新居家适老化改造实施方案旨在支持60周岁以上老年人家庭进行居家适老化改造，提供补贴以改善居住条件。补贴对象分为特殊困难老年人和其他老年人，补贴标准分别为每户不超过3000元和实际改造费用的60%。方案明确了补贴原则、组织实施步骤及工作要求，确保政策有效实施。	江西省2024年消费品以旧换新居家适老化改造实施方案
9月13日	全国	政策决定实施渐进式延迟法定退休年龄，用15年时间逐步将男职工退休年龄从60岁延迟至63岁，女职工从50岁、55岁分别延迟至55岁、58岁。同步提高基本养老金最低缴费年限至20年，并建立弹性退休机制和养老保险激励机制。	全国人民代表大会常务委员会关于实施渐进式延迟法定退休年龄的决定
9月20日	全国	政策旨在深入开展新时代“银龄行动”，通过智力援助、基层治理和社会服务等多种形式，鼓励老年人参与经济社会发展。明确了总体要求、主要任务（包括巩固拓展智力援助、创新开展基层治理和社会服务、探索示范项目、拓宽参与渠道、提升管理服务水平、加强品牌建设）及保障措施（组织领导、投入机制、评估指导）。	关于深入开展新时代“银龄行动”的指导意见
9月24日	甘肃	甘肃省出台实施意见加强养老服务人才队伍建设，提出通过教育培训、职业发展、待遇保障等措施提升养老服务人才专业素质和服务能力。	甘肃省加强养老服务人才队伍建设实施意见
9月24日	新疆	政策明确了新疆维吾尔自治区80周岁以上老年人基本生活津贴的发放对象、申请审批流程、发放方式及监督管理等实施细则，包括线上/线下/委托/集中四种申请方式，三级审批和三榜公示制度，以及待遇资格认证和复核机制。同时规定了户籍迁移、丧失待遇资格等情形下的津贴变更和终止规则。	自治区80周岁以上老年人基本生活津贴制度实施细则（试行）
9月27日	甘肃	《甘肃省养老机构等级评定管理办法》规范了养老机构等级评定工作，明确了评定对象、评定程序、等级划分及监督管理等内容，旨在提升养老服务质量。	甘肃省养老机构等级评定管理办法
9月28日	宁夏	宁夏回族自治区民政厅公布居家适老化改造“焕新”工作补贴实施方案，计划补贴资金1亿元，在2024年12月底前完成改造任务。补贴对象为常住宁夏、60周岁以上的老年人，补贴标准为购置总价的50%，最高不超过10000元/人。补贴资金采取“先到先得、补完为止”的方式实施。	宁夏补贴1亿元推动居家适老化改造“焕新”工作
9月29日	深圳	深圳市出台《公办养老机构入住评估轮候管理办法》，规范公办养老机构入住评估轮候管理，优化床位资源配置，强化兜底保障功能。办法明确了申请条件、评估流程、轮候通道及监督管理等内容，重点保障特困、低收入、优抚对象等特殊老年群体。	深圳市民政局关于印发《深圳市公办养老机构入住评估轮候管理办法》的通知
9月30日	全国	政策规范长期护理保险经办工作，明确失能评估流程、评估机构与护理服务机构定点管理、基金使用及信息化建设要求，强化第三方机构参与和监督机制，旨在提升经办服务效能并保障参保人权益。	国家医疗保障局办公室关于印发《长期护理保险经办规程（试行）》的通知
9月30日	北京	政策旨在加强北京市80岁及以上高龄老年人（“老老人”）服务保障，提出六大方面20条具体措施，包括需求调查与兜底保障、服务设施布局优化、普惠服务供给扩大、医养协同发展、服务专业化标准化智慧化建设以及组织保障强化。重点涵盖补贴优化、设施建设、医养结合、人才培养、数据共享等内容，要求各区落实主体责任，构建全覆盖、高质量的养老服务体系。	关于印发《关于加强“老老人”服务保障的若干措施》的通知
9月30日	江西	政策描述了江西省举办的全省养老服务标准化专项能力培训班，旨在提升养老服务标准化试点示范项目创建质效和评估实施能力，内容包括政策解读、体系建设、试点示范创建及评估等。	全省养老服务标准化专项能力培训班在昌举办
9月30日	延安	推进医养康养融合发展。支持有条件的养老机构按规定申请或与公立医院合作设置各类康复医院、护理院、中医医院等医疗卫生机构，为失能失智老年人提供所需的医疗护理和生活照护服务。依托延安丰富的红色旅游资源，打造一批红色旅居养老基地，发展以休闲养生、避暑度假为主的特色养老产业，设计开发适合老年人的多样化康养旅游产品。	关于印发《延安市推进基本养老服务体系建设实施方案》的通知

8-7　续表 11

时间	地区	政策内容	政策来源
10 月 11 日	全国	《2023 年度国家老龄事业发展公报》由民政部、全国老龄办发布，全面反映了我国老龄事业发展现状。公报显示，截至 2023 年末，全国 60 周岁及以上老年人口 29697 万人，占总人口的 21.1%。全国共有各类养老机构和设施 40.4 万个，养老床位 823 万张。公报从人口老龄化概况、老龄事业发展（包括顶层设计、老年民生保障、养老服务体系、老年健康服务、银发经济、老年友好型社会等方面）进行了详细阐述，并提供了相关统计数据。	《2023 年度国家老龄事业发展公报》发布
10 月 14 日	全国	政策明确了长护服务机构的定点管理要求，包括申请条件、审核流程、服务类型（居家护理、社区护理、机构护理）、运行管理规范、动态管理机制及监督管理措施，旨在规范长期护理服务行为，提高基金使用效能，保障参保人员权益。	国家医疗保障局办公室关于印发《长期护理保险护理服务机构定点管理办法（试行）》的通知
10 月 14 日	北京	政策旨在提升北京市养老机构消防安全责任人、管理人的消防安全管理能力，明确消防安全管理的具体内容和检查标准，要求养老机构每年对照《北京市养老机构消防安全检查自查标准》进行全面检查，并用于民政部门日常监督抽查。	关于印发《北京市养老机构消防安全检查自查标准》（试行）的通知
10 月 16 日	北京	政策明确养老机构监管的行政检查和行政处罚程序，包括检查类型（日常、专项、个案）、检查要求、违法行为界定（如未建立评估制度、未签服务协议等）、重大事故隐患处置、案件办理流程（受理、立案、调查、决定、结案）及处罚结果应用。适用于营利性和非营利性养老机构，并规定社区养老服务驿站等可参照执行。	关于印发《北京市养老机构行政执法工作指引》的通知
10 月 16 日	上海	政策要求上海市养老机构推进合规经营工作，包括组织学习培训《养老机构合规经营指引（2024 版）》、开展对照检查、建立长效机制等，以提升服务质量并保障老年人权益。同时明确了落实主体责任、监管责任及加强宣传推广的具体要求。	上海市民政局关于推进本市养老机构做好合规经营工作的通知
10 月 17 日	北京	《北京市促进居家适老化改造产品消费工作方案》明确为 60 周岁及以上户籍老年人家庭提供适老化改造补贴，重点支持经济困难老年人家庭。补贴范围包括如厕洗澡安全、室内行走便利等五方面改造，补贴标准根据年龄和经济状况分为 60%、80% 和全额补贴，上限每户 5000 元。补贴时限至 2024 年 12 月 31 日。	关于印发《北京市促进居家适老化改造产品消费工作方案》的通知
10 月 22 日	甘肃	甘肃省财政厅和民政厅联合印发《甘肃省社会办养老机构一次性建设补贴资金管理办法》，明确了补贴资金的申请条件、补贴标准、资金拨付和使用监管等内容。	甘肃省社会办养老机构一次性建设补贴资金管理办法
10 月 24 日	成都	该政策旨在推进成都市基本养老服务体系建设，到 2025 年健全城区五级和农村三级养老服务网络，到 2027 年形成成熟定型的养老服务体系。主要内容包括加强养老服务设施规划建设、完善城乡养老服务体系、丰富居家养老服务供给、推进医养结合发展、建立精准服务响应机制、促进养老服务规范发展及完善保障机制等。	关于推进成都市基本养老服务体系建设的实施意见
10 月 28 日	北京	政策旨在促进北京市养老金融高质量发展，通过加大金融机构对养老服务体系建设的资金支持、丰富养老金融产品供给、提升养老金融服务质效等措施，推动养老事业和产业协同发展。政策明确了金融机构在养老服务体系建设、银发经济产业园区建设、养老金融产品创新等方面的具体任务和要求。	关于印发《关于促进北京市养老金融高质量发展的指导意见》的通知
10 月 29 日	青岛	养老机构评定等级从高到低依次为五星 +、五星、四星、三星、二星、一星，其中五星、四星、三星、二星、一星级分别对应国家标准的 5 级、4 级、3 级、2 级、1 级。全市五星 + 养老机构数量不超过 5 家。养老机构评定等级有效期 3 年，每 3 年评定一次。评定等级有效期满前 3 个月，可以申请重新评定。评定等级有效期满后未再申请参加评定的养老机构，原评定等级自动失效，养老机构应当交回牌匾和证书。	关于印发《青岛市养老机构服务质量等级评定办法》的通知

8–7 续表 12

时间	地区	政策内容	政策来源
10 月 30 日	重庆	《重庆市加强养老服务人才队伍建设实施方案》，旨在完善养老服务人才保障体系，推动养老服务高质量发展。方案提出到 2027 年全市养老服务人才达到 2.5 万人，2029 年达到 3 万人，并通过拓宽人才来源渠道、加强专业教育培训、健全教育培训体系、建设人才培训基地等 12 项具体举措，打造规模适度、结构合理、德技兼备的养老服务人才队伍。	关于印发《重庆市加强养老服务人才队伍建设实施方案》的通知
10 月 30 日	黑龙江	政策规范黑龙江省养老机构预收费行为，明确预收费定义、收费要求、资金监管及风险防控措施，旨在保障老年人合法权益和资金安全。	关于印发《黑龙江省养老机构预收费监督管理实施细则》的通知
10 月 30 日	黑龙江	政策提出加快发展黑龙江省农村养老服务的具体实施方案，重点包括完善农村养老服务设施、提升服务质量、加强人才培养和推进医养结合等内容。	关于印发《黑龙江省关于加快发展农村养老服务的实施方案》的通知
11 月 4 日	全国	政策要求二级以上综合医院规范设置老年医学科，加强床位、设备、人员建设，到 2027 年末实现 80% 的覆盖率。强调老年医学人才队伍建设，规范老年医学诊疗服务，丰富服务模式，强化医疗资源上下联动，提升老年医疗服务能力。	国家卫生健康委办公厅关于提升老年医学医疗服务能力的通知
11 月 4 日	天津	天津市出台《公办养老机构入住评估轮候管理办法》，明确公办养老机构入住评估轮候的程序和标准，优先保障特困人员、对国家和社会有特殊贡献的老年人等基本保障对象，并设立优先保障对象和社会服务对象的轮候秩序。	天津市民政局关于印发《天津市公办养老机构入住评估轮候管理办法》的通知
11 月 6 日	北京	公布 2024 年第一批通过验收的街道（乡镇）区域养老服务中心名单，涉及北京市多个区的养老服务中心。	关于 2024 年第一批通过验收街道（乡镇）区域养老服务中心的公告
11 月 8 日	全国	政策旨在促进养老服务消费，提升老年人生活品质，提出促进养老服务供需适配、拓展养老服务消费新场景新业态、加强养老服务设施设备和产品用品研发应用、加强养老服务消费保障、打造安心放心养老服务消费环境等五大方面措施。	关于印发《关于进一步促进养老服务消费 提升老年人生活品质的若干措施》的通知
11 月 11 日	重庆	《重庆市养老服务机构信用分级分类管理办法（试行）》，旨在规范养老服务市场秩序，建立信用评价体系，对养老服务机构进行信用分级分类监管。办法明确了信用评价的内容、标准、程序及结果应用，并根据信用等级实施差异化监管措施。	关于印发《重庆市养老服务机构信用分级分类管理办法（试行）》的通知
11 月 11 日	安徽	安徽省人民政府发布《关于支持康养产业高质量发展的意见》，旨在落实健康中国战略，推动康养产业特色化、集群化、智慧化发展。政策提出到 2027 年形成业态丰富、布局合理的康养产业体系，规上企业产值突破 4000 亿元；到 2030 年规上企业产值达到 5500 亿元，打造国际化综合康养基地。政策涵盖创新发展康养服务、延伸发展康养制造、大力发展康养农业、强化康养产业研发攻关、构筑数智驱动康养产业空间布局、引育多元市场主体、强化要素供给及完善保障措施等多个方面。	安徽省人民政府关于支持康养产业高质量发展的意见
11 月 11 日	宁夏	宁夏回族自治区民政厅修订并印发《宁夏回族自治区养老机构等级评定管理办法》，旨在加强养老行业规范化、标准化建设，提升养老机构运营管理与服务水平。《办法》规定了等级评定的范围、对象、条件、程序及监督管理等内容，明确养老机构等级从低到高分为五个等级，评定工作每年集中受理一次，评定结果有效期为三年。	宁夏回族自治区民政厅关于印发《宁夏回族自治区养老机构等级评定管理办法》的通知
11 月 12 日	全国	政策旨在推进长期照护师职业技能等级认定工作，构建科学化、社会化、多元化的长期照护师技能人才评价体系。主要内容包括确定职业技能等级认定机构、规范认定程序、常态化开展认定、提高认定质量及加强监督管理。	国家医保局、人力资源社会保障部关于推进长期照护师职业技能等级认定的实施意见

8–7　续表 13

时间	地区	政策内容	政策来源
11 月 14 日	全国	政策旨在提升金融服务适老化水平，要求金融机构优化传统服务方式（如网点布局、适老设施配置、柜面服务等），推进智能技术适老化改造（如互联网应用、手机 APP、自助服务等），丰富适老化金融产品供给，强化老年金融消费者权益保护，并加强金融知识普及和风险提示。	国家金融监督管理总局关于进一步提升金融服务适老化水平的指导意见
11 月 22 日	上海	政策旨在加强养老护理员队伍建设，目标到 2027 年护理员总量不少于 8 万人，持证率达 90%，提升职业技能和专业技术水平，完善培养、使用、评价、激励制度机制。主要任务包括扩大人员规模、提升综合素质、拓展职业保障等。	关于印发《上海市推进养老护理员队伍建设行动方案（2024—2027 年）》的通知
11 月 28 日	天津	为应对人口老龄化，天津市多部门联合发布《关于加强养老服务人才队伍建设的实施意见》，提出通过完善培育体系、加强职业培训、提升薪酬待遇、增强社会认同等措施，加快建设一支规模适度、结构合理、德技兼备的养老服务人才队伍。	关于加强养老服务人才队伍建设的实施意见
11 月 29 日	全国	政策公布了 2024 年智慧旅游适老化典型案例名单，旨在解决老年人旅游过程中运用智能技术困难的问题，发挥典型案例的示范引导作用，持续弥合“数字鸿沟”。	文化和旅游部办公厅、工业和信息化部办公厅、民政部办公厅关于公布 2024 年智慧旅游适老化典型案例的通知
12 月 1 日	成都	成都市民政局印发《成都市普惠型养老机构申报认定管理办法（试行）》，明确了普惠型养老机构的认定主体、范围、条件、程序、补助政策及退出机制，旨在健全普惠多元的养老服务体系。	成都市民政局关于印发《成都市普惠型养老机构申报认定管理办法（试行）》的通知
12 月 4 日	全国	政策旨在深化医疗卫生机构与养老机构的协议合作，规范合作内容与流程，确保服务安全与质量。主要内容包括细化协议合作内容、确保合作安全、建立基层合作机制、支持多层次合作、鼓励嵌入式服务及探索托管式合作。	国家卫生健康委办公厅、民政部办公厅、国家中医药局综合司、国家疾控局综合司关于深化医疗卫生机构与养老机构协议合作的通知
12 月 12 日	全国	政策旨在促进医养结合服务高质量发展，提出加强质量管理、提升服务质效、强化队伍建设及保障服务安全四方面措施。具体包括强化医养结合机构质量安全管理、优化团队服务与协作机制、发展居家社区服务、推进互联网 + 医养结合、发挥中医药优势、加强人员培训及部门联合监管等。	国家卫生健康委、民政部、国家医保局、国家中医药局、国家疾控局关于促进医养结合服务高质量发展的指导意见
12 月 13 日	全国	政策全面实施个人养老金制度，扩大覆盖范围至全国参加基本养老保险的劳动者，明确自 2024 年 12 月 15 日起实施。内容包括优化开户渠道（线上 / 商业银行）、扩大税收优惠范围、丰富金融产品种类（新增国债等）、完善领取条件（新增重大疾病等情形）、强化金融机构服务及监管要求。	人力资源社会保障部、财政部、国家税务总局、金融监管总局、中国证监会关于全面实施个人养老金制度的通知
12 月 17 日	全国	政策旨在通过金融手段支持中国式养老事业和银发经济高质量发展，提出 16 项重点举措，包括满足不同人群养老金融需求、拓宽银发经济融资渠道、健全金融保障体系、提升金融服务适老化水平及构建长效机制等。政策设定了 2028 年和 2035 年两个阶段性目标，以促进养老金融体系的建立和完善。	中国人民银行等九部门联合印发《关于金融支持中国式养老事业 服务银发经济高质量发展的指导意见》
12 月 18 日	成都	成都市民政局印发《成都市养老服务市场失信联合惩戒对象名单管理暂行办法》，旨在规范养老服务市场秩序，建立信用约束机制。《办法》明确将严重违法失信的养老服务机构和从业人员列入联合惩戒对象名单，实施动态管理，并规定了列入、移出名单的具体条件和程序。	成都市民政局关于印发《成都市养老服务市场失信联合惩戒对象名单管理暂行办法》的通知

8–7 续表 14

时间	地区	政策内容	政策来源
12 月 20 日	上海	《通知》公布了 2024 年上海市养老服务机构“以奖代补”资金的核发情况，包括招用持证人员奖、品牌连锁运营奖、内设医疗机构奖、服务质量提升奖等共计 5518.8456 万元，并明确了资金使用要求，要求各区民政局及时拨付和监管资金。	上海市民政局关于核发 2024 年度本市养老服务机构“以奖代补”资金的通知
12 月 26 日	广州	广州市印发《广州市促进银发经济高质量发展若干措施》，旨在通过加快发展养老民生事业、培育银发经济经营主体、支持打造银发经济产业园区、强化老年产品用品研发制造、加强银发经济领域科技创新、支持发展养老金融、拓展老年旅游服务业态、促进银发经济领域消费、加强银发经济标准化和知识产权保护、强化银发经济要素保障等十项措施，促进养老事业与产业协同发展，推动银发经济规模化、标准化、集群化、品牌化发展。	关于印发广州市促进银发经济高质量发展若干措施的通知
12 月 31 日	上海	公布了截至 2024 年 12 月上海市养老机构等级评定四五级名单，共 40 家机构，并列出了各机构的属地、名称、评定等级、等级有效期及地址。	上海市养老机构等级评定名单（四级、五级）
12 月 31 日	重庆	《重庆市养老机构预收费管理办法（试行）》旨在规范养老机构预收费行为，保障老年人权益。办法明确了预收费项目（养老服务费、押金、会员费）的定义及收取标准，规定押金不得超过月服务费 6 倍或月床位费 12 倍，会员费收取需满足特定条件且金额受限。要求养老机构公示收费信息，签订规范服务协议，设立专用存管账户并实施资金监管，严禁非法集资及高风险投资。同时建立退费机制、风险预警及联合监管体系，对违规行为明确处罚措施。	关于印发《重庆市养老机构预收费管理办法（试行）》的通知
12 月 31 日	苏州	鼓励各类市场主体参与康养服务。拓展康养文旅业态。支持文旅企业、社会组织等推出更多以康养旅游、演艺观赏、非遗体验等为代表的产品线路，更好满足老年群体多样化的消费需求。探索多种运营模式，整合社会资源，推进发展老年大学，提升办学深度和广度。依托各类文化教育资源，打造不少于 10 条老年人游学线路。全市培育苏州特色康养旅居目的地超 30 个，推出康养旅居路线超 10 条。鼓励张家港市、常熟市、吴江区等地加快发展康养旅居产业。推进在养老服务设施中建设银发科技产品展示体验基地或体验点，推广姑苏区“人工智能 + 康养服务”产业形态。支持国有企业加快建设“康养 + 先进智造”机构嵌入式展厅，加强“小巧灵”数字康养应用研发，探索打造康养科技底座，培育市场化数字创新服务模式。	关于促进苏州市银发经济高质量发展的若干措施的通知

报告篇

报告一　2025中国房地产百强企业研究报告

一、研究背景与目的

中国房地产 TOP10 研究组自 2004 年以来开展中国房地产百强企业研究，已连续进行了二十二年。研究组紧跟市场变化，持续研究房地产企业发展策略，促进房地产行业健康发展。

2024 年 9 月 26 日中央政治局会议提出“要促进房地产市场止跌回稳”，随后相关部委及地方加快落实各项政策，促进房地产市场发生积极变化。2025 年 3 月《政府工作报告》指出：“稳住楼市，……持续用力推动房地产市场止跌回稳，充分释放刚性和改善性住房需求潜力。”在此背景下，房地产企业要洞悉市场形势、把握市场节奏，积极作为，实现可持续发展。为此，研究组启动“2025 中国房地产百强企业研究”，以“止跌回稳，提质增效”为主题，发掘行业中综合实力强、经营稳健、社会责任感强的优秀房地产企业群体，鼓励企业提质增效，增强内生动力，实现高质量发展。

在分析总结历年研究经验及房地产企业发展现状的基础上，研究组进一步完善了研究方法和评价指标体系，继续从规模性、盈利性、成长性、稳健性、融资能力、运营效率和社会责任感等七个方面全面、客观地评价企业的综合实力，引导企业不断优化发展模式，推动行业健康运行。

中国房地产百强企业研究目的：

① 通过对企业规模性、盈利性、成长性、稳健性、融资能力、运营效率和社会责任等指标的量化研究，发掘综合实力强、经营稳健以及具备较强社会责任感的优秀企业群体；

② 通过系统研究，打造“中国房地产百强企业”品牌，提升企业知名度和影响力，发挥百强企业的行业示范效应，推动房地产企业实现高质量发展；

③ 通过企业评价，鼓励企业为社会多做贡献，以营造行业重视社会责任的氛围，发挥房地产业作为国民经济重要支柱产业和重要民生行业的作用。

二、研究方法体系

（一）标准和门槛值

中国房地产百强企业研究坚持以数据为依据，坚持客观、公正、准确、全面的研究原则。TOP10 研究组依照国际惯例，对中国房地产百强企业设立如下筛选标准和门槛值：

① 以依法设立并登记注册的房地产开发经营企业作为本次的研究对象；

② 按照国际惯例，对进入研究范围的企业给予一个门槛指标，研究组根据近 5 年百强企业实际状况，确定近 3 年房地产业务销售额均值达到 30 亿元或销售面积均值达到 30 万平方米为入选门槛值；

③ 为了引导房地产开发企业做强做好做大，研究组鼓励以集团的名义参与；

④ 符合上述 1 ~ 3 条，但是有严重拖欠工程款、重大偷漏税等违法违规行为的企业，取消评审资格。

（二）评价指标体系

2025 中国房地产百强企业研究以 2022—2024 年度为研究时间段，涵盖规模性、盈利性、成长性、稳健性、融资能力、运营效率、社会责任在内的 7 个二级指标、35 个三级指标，全面考量企业的综合实力。

评价指标体系的设计主要把握以下几个基本原则。

企业规模与运营效率相结合。规模与效率是企业向前发展的双驱动力，基于资金密集型特性，房地产企业只有在不断提高经营管理的运转效率、更好地实现资本的良性增值循环的基础上，才能稳健扩张规模；在市场波动明显的情况下，较高周转率对于企业的稳健经营更是具有重要意义。研究组采用净资产、房地产业务收入、总资产周转率、存货周转率等指标，综合反映企业规模化发展情况与运营效率。

成长潜力与经营稳健相结合。房地产是资金密集型行业，也是一个容易受政策影响的行业。企业的高杠杆运营，在市场调整期往往带来资金链断裂的巨大压力；而一旦市场向好，又容易诱发提高房价、盲目囤地，进一步推高了行业的不确定性风险，增加了企业的经营难度。此次研究继续强调企业成长潜力的培育必须建立在稳健经营的前提下，注重短期财务风险的控制，处理好稳健经营与快速成长之间的关系，以维护整个行业的平稳健康发展。

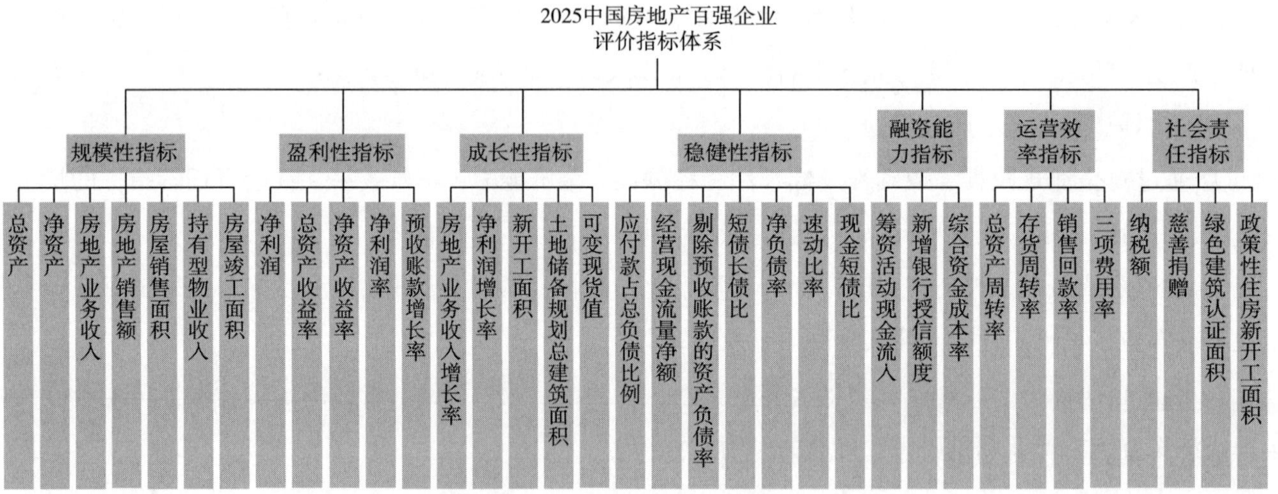

盈利能力与社会责任相结合。企业必须稳步盈利才能实现永续经营，研究组对房地产企业盈利能力的评价，将从净利润、净资产收益率、净利润率等角度来进行，更全面地衡量企业在不同市场形势下的盈利状况及成本控制水平。同时从纳税、政策性住房新开工面积、慈善捐赠等层面引导企业重视社会责任，积极构建和谐社会，并将其作为企业综合实力评价的重要内容。

融资能力与综合实力相结合。融资能力对于房地产企业有着极其重要的意义，项目的获取、运营等环节都离不开强大的融资能力支持。本次研究通过筹资活动现金流入、本年新增银行授信额度及综合资金成本率三个指标来分析企业的融资实力，表现突出的企业，其综合实力指数相应提高。

（三）数据来源和复核

1. 数据来源

① 房地产开发企业填报数据；

② 中房指数系统（CREIS）数据库；

③ 房地产企业对外公布的信息（包括公司年报、企业网站公布的信息和对外派发的宣传资料）；

④ 有关政府部门（包括建委、房管局和统计局等）的公开数据；

⑤ 2022、2023、2024 中国房地产百强企业研究收集企业数据资料；

⑥ 2022、2023、2024 中国房地产上市公司研究收集企业数据资料；

⑦ 2022、2023、2024 中国房地产品牌价值研究收集企业数据资料。

2. 数据复核

企业填报数据须如实客观，研究组将对填报数据进行复核。

① 企业财务数据通过会计师事务所出具的报表进行复核；

② 通过税单复核企业经营收入及利润；

③ 对收集的数据坚持交叉复核：通过各地房地产交易中心公开的项目交易情况复核企业提供的销售数据；通过统计局的企业直报数据进行交叉复核；对有疑问的数据，研究组可要求现场复核。

企业填报数据经过复核存在疑义或未提供数据的企业未纳入本次研究范畴。

（四）计量评价方法

为增加研究的严谨性，采用因子分析（Factor Analysis）的方法。因子分析是一种从变量方差—协方差结构入手，在尽可能多地保留原始信息的基础上，用少数新变量解释原始变量方差的多元统计分析方法。它将原始变量分解为公共因子和特殊因子之和，并通过因子旋转，得到符合现实意义的公共因子，然后用这些公共因子去解释原始变量的方差。计算中国房地产百强综合实力时，主要是计算各构成要素的相关矩阵，通过相关矩阵得到特征值、累计特征值及因子载荷。根据最初几个特征值在全部特征值的累计百分率大于或等于某百分比的原则，确定公共因子的具体个数，然后根据因子载荷矩阵确定各个因子的现实意义并重新命名，最后根据不同企业各个因子的得分及载荷矩阵，通过加权累加构成 2025 中国房地产百强综合实力指数。

企业按评价指标体系排序，名次相同时，依照慈善捐赠数据确定排序；当上述累加计算结果又基本相同时，按西部、中部、东部排序确定。

表1-1 “2025中国房地产百强企业”名单

保利发展控股集团	大华（集团）有限公司	厦门轨道建设发展集团有限公司
中海地产（中国海外发展）	中能建城市投资发展有限公司	成都轨道城市投资集团有限公司
华润置地有限公司	象屿地产集团有限公司	天正地产集团有限公司
招商局蛇口工业区控股股份有限公司	北京金隅集团股份有限公司	润达丰控股集团有限公司
绿城中国控股有限公司	信达地产股份有限公司	瑞安房地产有限公司
龙湖集团控股有限公司	中建信和地产有限公司	成都天投地产开发有限公司
万科企业股份有限公司	厦门国贸地产集团有限公司	山西建投城市运营集团有限公司
越秀地产股份有限公司	上海地产（集团）有限公司	北京建工集团有限责任公司
金地（集团）股份有限公司	中建玖合发展集团有限公司	武汉恺德控股集团有限公司
新城控股集团股份有限公司	广州地铁地产	上海浦东开发（集团）有限公司
珠海华发实业股份有限公司	深业集团有限公司	苏州城市建设投资发展（集团）有限公司
杭州滨江房产集团股份有限公司	星河地产集团有限公司	山东中建城市发展有限公司
中国铁建房地产集团有限公司	中国旅游集团投资运营有限公司	中建七局地产集团
中国金茂控股集团有限公司	上海城投控股股份有限公司	安徽省高速地产集团有限公司
建发房地产集团有限公司	深圳地铁置业集团有限公司	宸嘉发展有限公司
中国融通资产管理集团有限公司	星河湾集团有限公司	鸿荣源集团
北京首都开发控股（集团）有限公司	深圳市天健地产集团有限公司	京投发展股份有限公司
中交房地产	成都城投置地集团有限公司	上海徐汇城市建设投资（集团）有限公司
保利置业集团有限公司	浙江建杭置业集团有限公司	中华企业股份有限公司
大悦城控股集团股份有限公司	广州城投地产	北京首钢房地产开发有限公司
中国电建地产集团有限公司	众安集团有限公司	天安中国投资有限公司
中铁置业集团有限公司	成都兴城人居地产投资集团股份有限公司	北京海开控股（集团）股份有限公司
上海中建东孚投资发展有限公司	深圳市中洲投资控股股份有限公司	上海金桥（集团）有限公司
中建壹品投资发展有限公司	重庆海成实业（集团）有限公司	京基集团有限公司
卓越置业集团有限公司	上海陆家嘴（集团）有限公司	上海城建置业发展有限公司
联发集团有限公司	石家庄国控城市发展投资集团有限责任公司	北京大兴发展集地开发有限公司
新希望五新实业集团有限公司	武汉市城市建设投资开发集团有限公司	湖南建投地产集团有限公司
武汉城市建设集团有限公司	天地源股份有限公司	上海实业城市开发集团有限公司
湖北联投集团有限公司	苏州新建元控股集团有限公司	苏州苏高新集团有限公司
杭州市城建开发集团有限公司（大家房产）	北京首创城市发展集团有限公司	济南城投置业有限公司
北京城建投资发展股份有限公司	陕西建工房地产开发集团有限公司	湖北文旅园区建设发展集团有限公司
美的置业集团有限公司	上海建工房产有限公司	深圳鹏瑞集团有限公司
中建智地置业有限公司	嘉里建设有限公司	
金融街控股股份有限公司	苏州新区高新技术产业股份有限公司	

三、主要研究成果

（一）2025 中国房地产百强企业

在 2025 中国房地产百强企业研究中，中国房地产 TOP10 研究组根据近 5 年百强企业实际状况，初选了500家符合要求的开发企业，依据企业规模与运营效率相结合、成长潜力与经营稳健相结合、盈利能力与社会责任相结合、融资能力与综合实力相结合的原则，运用因子分析法及相关数学模型，对全国500家房地产企业（集团）的规模性、盈利性、成长性、稳健性、融资能力、运营效率和社会责任等7个方面的35个指标和其他数据信息进行深入的分析研究，科学全面地计算出房地产企业的综合实力指数，研究产生2025中国房地产百强企业。该评价结果仅适用于2025年。

（二）百强企业整体发展特点分析

1. 业绩规模：新政后市场持续改善，把握市场窗口加速去化

2024年9月底中央政治局会议明确房地产“止跌回稳”目标，随后一揽子新政加快落地，使四季度房企销售业绩有所修复。百强企业紧抓政策窗口，全力营销促回款，加快回笼资金，同时聚焦核心城市拓展优质地块，紧抓政策契机盘活闲置土地，优化土储结构。

（1）销售处于修复阶段，央国企市场份额持续提升

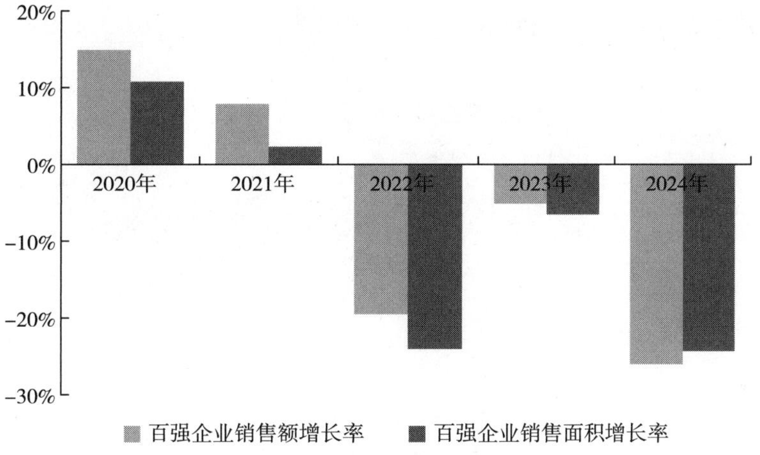

图1-1　2020—2024年百强企业销售增长情况

2024年，百强企业把握政策窗口期，提高项目产品力，加大营销力度，加速资金回笼。2024年百强企业销售总额、销售面积分别为39483.8亿元、19546.3万平方米，同比分别下降26.0%、24.4%。

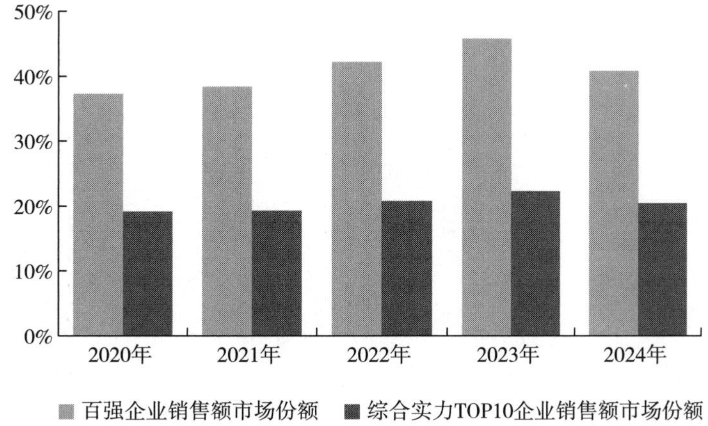

图1-2　2020—2024年百强及综合实力TOP10企业市场份额

2024年，百强企业市场份额为40.8%，较上年下降5.0个百分点；综合实力TOP10企业销售额市场份额为20.4%，较上年下降1.9个百分点。由此可见，百强企业已不再一味地关注规模，而是更加注重发展

的质量，强调效益的提升和高质量的发展。

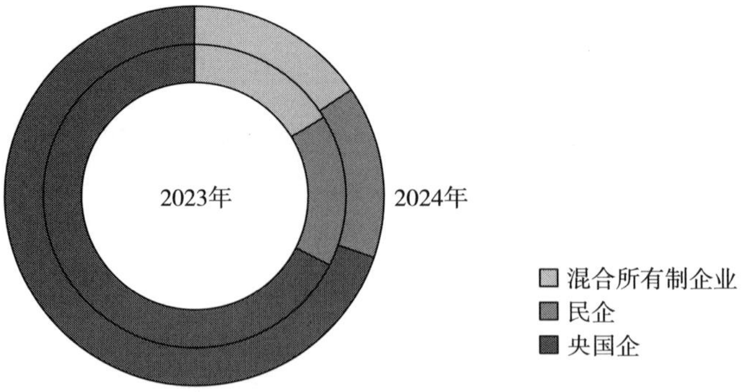

图1-3　2023、2024年百强企业不同所有制企业销售额占比

分企业所有制来看，央国企凭借较强的资源禀赋和稳健经营等优势，市场份额有所提升。央国企较为集中地布局一二线核心城市，同时凭借稳健的经营、畅通的融资优势和政府背书，备受消费者信赖，市场份额逐年提升。2024 年，百强企业中的央国企的销售额占比提升至 69.8%，较上年提升 2.3 个百分点。

（2）紧抓核心城市改善性需求机遇，提升产品力强化营销

① 一二线城市集聚趋势显著，核心城市销售贡献持续扩大

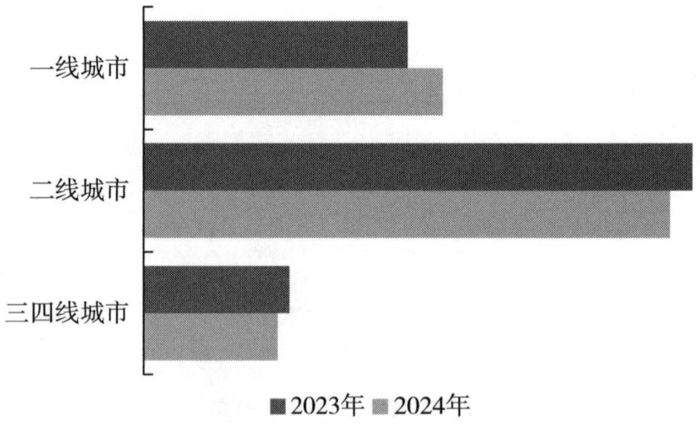

图1-4　2023、2024年百强代表企业各等级城市销售额分布

2024 年，百强企业强化深耕核心城市，一线城市市场修复较快，销售贡献占比明显提升。从百强代表企业重点项目销售情况来看，在降首付、降利率、放松限购、取消普宅标准、税费优惠等利好政策刺激下，一线城市市场销售表现较好，销售额占比上升 3.6 个百分点至 31.2%；二线城市占比下降 2.3 个百分点至 54.7%，仍是主要销售来源；三四线城市销售额占比下降 1.3 个百分点至 14.1%。

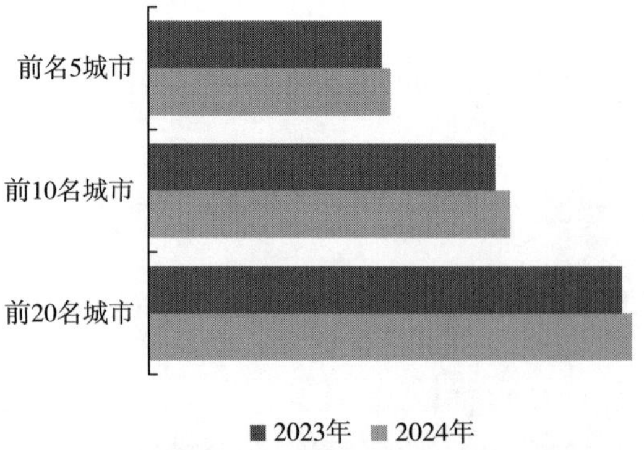

图1-5　2023、2024年百强代表企业重点城市销售贡献率

2024 年百强企业继续向一二线核心城市高度集聚，重点城市销售贡献占比有所提升。从百强代表企

业重点项目销售情况来看，百强代表企业销售额排名前5、前10及前20的城市，其销售贡献率相比上年分别增长1.4、2.4、1.6个百分点至40.0%、59.4%、79.1%。销售前10名的城市销售贡献占比提升幅度最大，且占比已近六成。

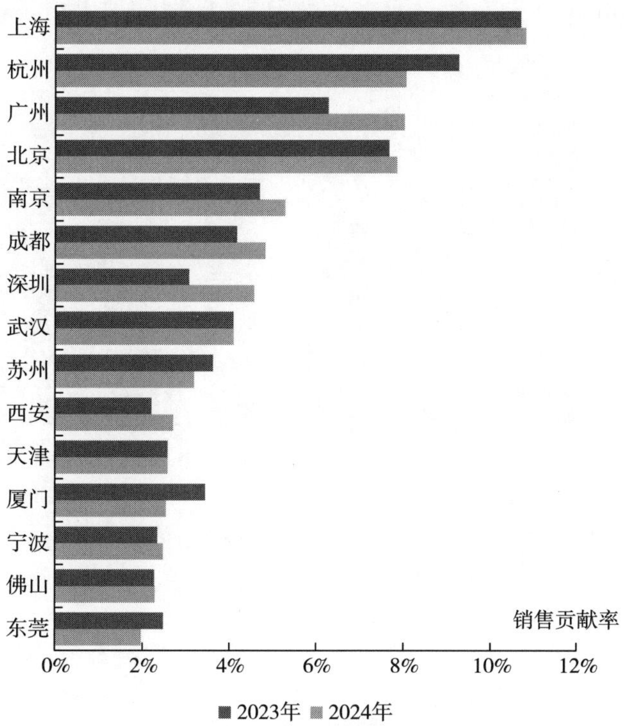

图1-6　2023、2024年百强代表企业销售贡献率高的重点城市

2024年9月26日中央政治局会议定调以来，核心城市迅速跟进落实，出台放松限购、降低首付比例、降低房贷利率、取消普宅标准、优化税收等支持性政策，市场预期及购房者信心有所改善，市场成交活跃度明显提升。

具体来看，上海、杭州、广州、北京、南京、成都、深圳等城市的销售贡献占比靠前。一线城市中广深政策力度较强，市场恢复相对更好，销售贡献占比分别提升1.7个和1.5个百分点，上海和北京销售贡献占比分别提升0.1个和0.2个百分点。二线城市中南京、成都销售贡献占比分别提升0.6个和0.7个百分点。

② 高端改善类需求持续释放，着力提升产品力打造“好房子”

2024年在政策支持下，核心城市高端改善性住房需求持续释放、韧性较强，对新房市场起到重要支撑作用。百强企业顺势而为，加大高端改善类产品推出比例。

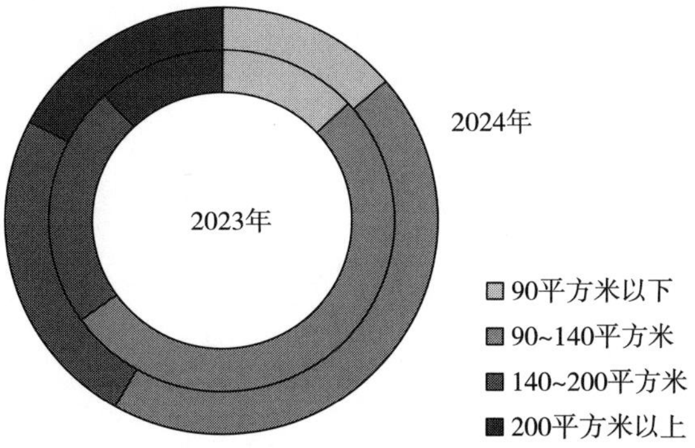

图1-7　2023、2024年百强代表企业重点项目各面积段销售占比

从百强代表企业重点项目各面积段产品的销售额占比来看，140~200平方米改善类产品表现出较强的韧性，销售额贡献率较上年提升了1.5个百分点；200平方米以上高端类产品需求大幅增长，销售额贡献率较去年大幅提升，增加了5.4个百分点；90平方米以下首置类产品的销售额占比为13.7%、较去年微增0.7个百分点；90~140平方米首改类产品销售额较上年大幅下降7.6个百分点，但占比仍旧较高。

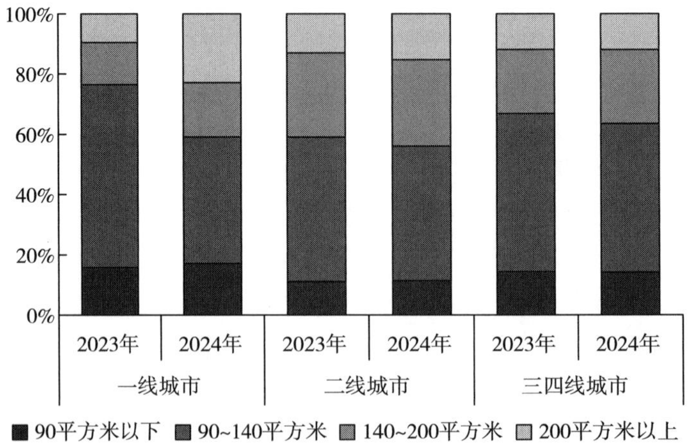

图1-8　2023、2024年百强代表企业分城市等级各面积段销售占比

百强企业紧抓市场需求变化，在一线、二线及三四线城市均加大高端改善类产品份额，尤其是一线城市房地产需求结构发生了显著变化。研究组对百强代表企业2023年及2024年重点项目各面积段产品的销售额贡献占比分析得出：一线城市中高端类产品需求激增，其销售额贡献率较上年增加13.2个百分点至22.9%，改善类产品销售额贡献率较上年增加4.1个百分点至18.0%，首改类产品销售额贡献率较上年下降18.6个百分点至42.0%。二线和三四线城市中改善类和高端类产品销售贡献率也均有所上升，首改类产品销售贡献率有所下降。

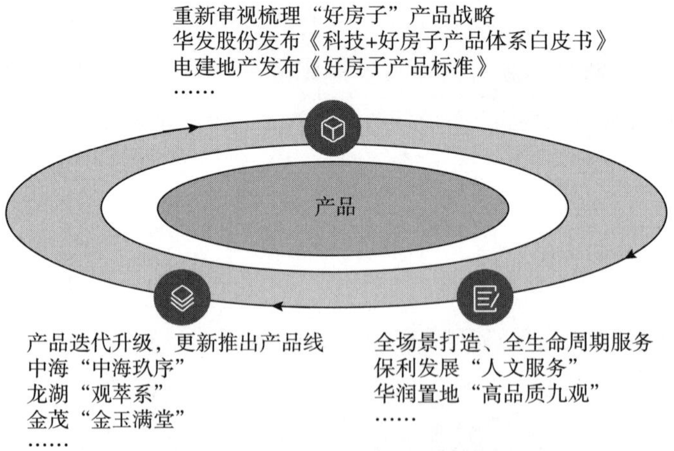

图1-9　房企提升产品力打造“好房子”

随着消费者对居住品质的要求不断提高，百强企业加大了对“好房子”建设的投入，在当前供过于求的市场下，产品力高的项目不仅可以吸引更多潜在买家，还能在竞争激烈的市场中脱颖而出，更容易实现资金快速回笼。

一方面，在住建部“好房子”战略的号召指引下，百强企业聚焦内功、锚定产品力，重新审视梳理自己的“好房子”产品战略体系。华发股份发布《科技＋好房子产品体系白皮书》，以“四化”为纲领，立

足华发优 + 产品体系“十五优”，从多方位、多维度论述产品与数字智慧社区、智能家居、无人机服务等新科技相结合的技术支撑，系统化构建了“好房子”可落地的标准和规范。另一方面，面对房地产市场中高端改善性需求的不断增长，百强企业顺势而为，针对性地进行产品迭代升级，更新或推出了高端产品系。比如中海推出战略顶线作品系“中海玖序”，龙湖推出全新高端产品线“观萃系”，金茂发布新产品战略推出全新产品体系“金玉满堂”，招商蛇口在开发端迭新四大产品系等。此外，百强企业还注重通过全场景打造和全生命周期服务的提升，为客户提供更多的情绪价值，进一步打造高品质的人居环境。保利发展在“人文社区”产品理念的基础上提出了“人文服务”理念，以人文情怀为内生动力，通过更多维的服务场景，为客户提供超越传统服务范畴的情绪价值，为客户营造更多理想的生活场景。

③ 积极开展营销加速去化，借助数字化实现营销体系升级

2024 年百强企业为了狠抓去化促销售回款，聚焦线上线下营销一体化，通过场景化打造提升客户体验，布局数字化营销打通全渠道数据，升级营销体系强化获客和转化效率。

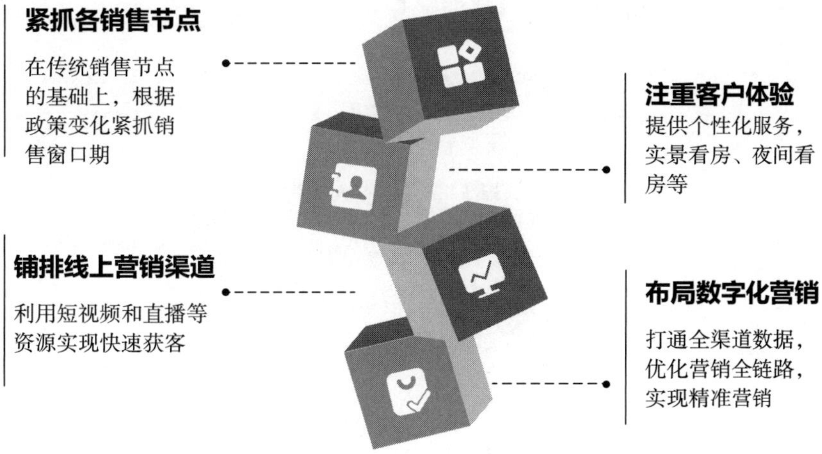

图1-10　房地产企业营销策略分析

一方面，百强企业紧抓销售各节点打出多种促销组合拳，同时注重客户体验，通过实景购房、夜间看房等举措，为客户提供便捷的购房体验。其一，随着各项房地产利好政策频发，销售已不再仅关注几个传统节日，而是将各个销售节点打通，紧抓销售窗口期，实现项目去化。其二，结合城市专项购房优惠政策，部分房企加大包括特价房源、购房补贴、家具礼包、物业费减免等优惠力度，紧跟政策推出“保价”、“以旧换新”等活动，提升消费者购房消费意愿。其三，部分企业推出了实景示范区，让消费者真切感受到各类社区场景。

另一方面，百强企业通过线上营销渠道铺排重构流量入口，利用短视频和直播等新媒体资源，实现快速获客，并通过低边际成本覆盖潜在客群。此外，部分百强企业布局数字化营销，通过构建客户数据中台，整合官网、小程序、线下案场等多渠道数据，通过 AI 模型实现从流量获取到成交转化的全链路优化，以数据驱动助力科学决策，从而实现资源的精准投放和库存的高效去化。

（3）拿地维持审慎策略，高度集聚核心城市

① 拿地规模明显回落，央国企仍旧是拿地主力

近几年土地市场持续低温运行，2024 年政府推地信心仍显不足，全国土地市场表现较为平淡，土地成交规模继续回落。2024 年，百强代表企业拿地金额 4617.0 亿元，同比下降 41.6%，拿地销售比相较上年下降 5.7 个百分点至 19.7%。

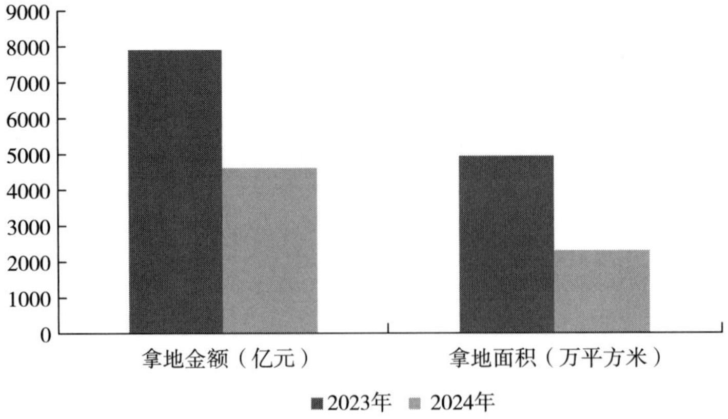

图1-11　2023、2024年百强代表企业拿地情况

分所有制类型来看，央国企仍是拿地绝对主力。2024年百强代表企业中，央国企拿地金额占比为76.8%；央国企拿地销售比为24.5%。

② 高度聚焦核心城市优质地块，城市间分化明显加剧

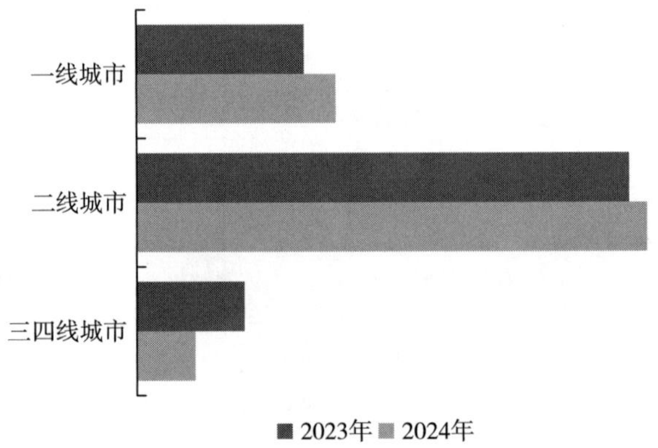

图1-12　2023、2024年百强代表企业拿地城市等级面积分布情况

百强企业仍保持精准投资、聚焦重点城市的战略，一线城市拿地占比提升明显。2024年，尽管政府不断加大优质地块推出力度，但除北上杭等热点城市外，多数二线及三四线城市房企投资意愿仍偏弱。从城市等级分布来看，二线城市仍是布局主要区域，百强代表企业的新增土储权益面积中二线城市占比达到66.5%，较上年提升2.3个百分点；一线城市占比26.0%，较去年提升4.2个百分点；三四线城市占比则大幅减少6.5个百分点至7.5%。

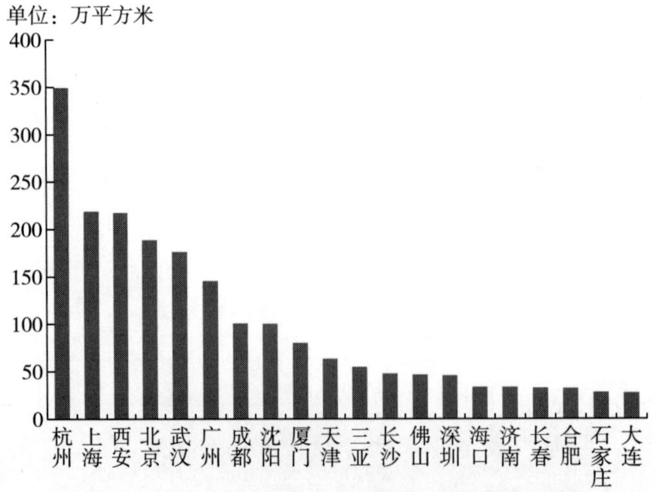

图1-13　2024年百强代表企业拿地重点城市分布情况

2024 年全国土地市场整体维持点状高热、持续分化的趋势，尤其是在 9 月底新政持续显效下，四季度上海、深圳、杭州、成都等核心城市土地热度继续升温。百强企业高度聚焦重点核心城市，城市间分化加剧。2024 年，百强代表企业拿地前 10 名的城市规划建筑面积占比已达 70.9%，可见企业在布局城市的广度有所收缩，深度有所加剧。

2. 运营表现：营业收入下降，行业盈利持续承压

2024 年，房地产市场仍在底部运行，受前期销售额下滑和年内竣工结转放缓影响，百强企业营收同比下降，盈利水平持续下滑，行业利润更加微薄，部分百强企业营收和利润中非开发业务贡献进一步提升。

（1）竣工结转下滑，营收下降，行业利润承压

① 竣工结转下滑，2024 年营收同比下降

2024 年百强企业营业收入同比下降，净利润下降显著。竣工和结转高峰期已过，百强企业营业收入均值为 338.2 亿元，同比下降 9.4%；受结转成本、资产贬值等因素影响，净利润均值同比下降 76.8% 至 4.2 亿元，降幅较上年显著扩大。2024 年，全国房屋竣工面积为 7.4 亿平方米，同比下降 27.7%，其中，住宅竣工面积 5.4 亿平方米，同比下降 27.4%。从竣工结转来看，过去几年销售额增速逐年下滑，可供结转的销售额下滑显著，导致当前房企营收承压。从投资拿地来看，自 2021 年“两集中”以来，叠加融资收紧、市场下行，土地推出和成交均呈下滑趋势，特别是民营房企拿地规模锐减，投资不足为其后续销售下滑埋下了伏笔。

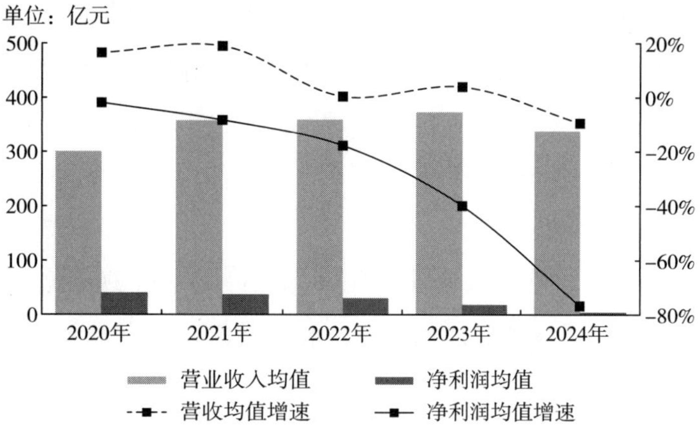

图1-14　2020—2024年百强企业营业收入与净利润均值变化情况

2022 年以来，企业间的销售表现分化逐渐加剧，少数企业进一步聚焦核心城市，同时凭借稳健的经营、畅通的融资渠道和购房者偏好，实现销售规模的稳健发展，前期亮眼的销售助推年内收入逆势增长。

短期内受销售下滑影响，营业收入总体维持下行趋势。2022—2024 年销售额连续负增长，预期随着项目逐步进入结转期，结转收入规模短期内维持下行趋势。同时，近三年市场超预期下行，短期内对销售毛利率形成较大压力，随着这部分销售资源逐步转入竣工交付，短期内结转毛利率将持续承压，且市场超预期下行对存货账面价值形成不利影响，企业净利润下滑压力大。

② 毛利下降、资产减值，行业利润更加微薄

2024 年，百强企业净利润率、净资产收益率均值分别为 1.1%、0.3%，盈利能力连续多年下降，接近零利润。百强企业净利润率均值、净资产收益率均值较上年分别下降 4.1、0.3 个百分点。少数头部企业盈利能力表现优于行业，仍能维持一定净利率和净资产收益率。这些企业主要得益于持有业务表现稳定和前

期审慎精准的投资策略。

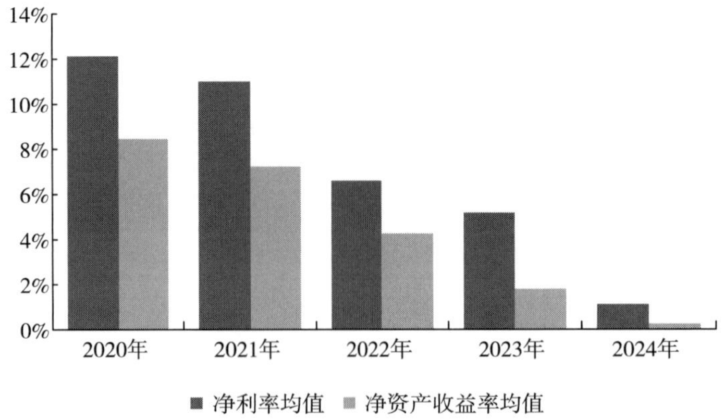

图1-15　2020—2024年百强企业净利润率及ROE情况

结转毛利率下降导致百强企业盈利能力下降。2022—2024 年，市场超预期下行后多数城市均面临较大调整压力，销售端价格持续承压叠加地价高位，企业毛利率持续下降。同时，一线、二线城市地价占房价比重持续高于三四线城市，结转区域结构向一二线集中，加剧了盈利水平下行。另外，2023 年以来，多数房企加大促销力度并积极处置滞重资产，对房企利润造成负面影响，未来，房企还需平衡好去库存和保利润之间的关系。

资产减值损失对当期利润水平造成不利影响。2024 年市场持续调整，土地出让条件持续优化，早期获取的土地在当前市场条件下不仅成本不具有优势，其规划条件也略显不足，因此，多数房企一方面加强存量项目去化，另一方面也调整量价策略或改变投资预期，并在当期计提相应的存货、投资性房地产、长期股权投资和信用减值准备，因而对 2024 年度业绩产生不良影响。“9・26” 新政以来，核心城市房地产市场活跃度明显提升，市场信心有所恢复，因此，聚焦于核心城市的企业面临的资产贬值压力相对较小。未来，这部分房企也有望率先修复利润表。

另外，部分房企联合营投资收益下降，部分房企非主业财务投资出现亏损，部分房企大宗资产交易和股权交易价格低于账面值，非经营性因素也对当期盈利水平造成不利影响。

三项费用率上涨，企业运营成本增加；周转率小幅下降，行业运营效率不佳，急需加快滞重资产去化，腾换库存。具体来看，2024 年以来，市场仍在底部运行，房企加大营销力度，销售费用率与上年相比小幅提升。百强企业虽综合利用数字化、人员与组织架构再匹配、成本管控等多种手段，但管理费用存在一定刚性，其费用下降幅度不及营收降幅，管理费用率略有上升，其中，头部企业成本管控能力较强，且其经营效益更显韧性，管理费用率稳中有降。同时百强企业整体融资成本呈下降趋势，但受在建面积下滑影响，利息资本化率降低，百强企业财务费用率仍略有提升。从周转率来看，2024 年房企竣工结转放缓，百强企业存货周转率、总资产周转率均有小幅下降。未来，百强企业应更加注重经营质量，加强费用管控、提高运营效率，追求有利润的增长。

③ 典型房企持有业务利润贡献进一步提升，成为经营性现金流的压舱石

典型房企持有业务、服务业务等经营性业务对利润的贡献进一步提升。2024 年，在政策支持和新业态的推动下，零售消费市场和文化旅游市场增添了新的活力，整体呈现出平稳增长和结构优化的特点，典型企业的持有业务收入稳步增长。2024 年华润置地经营性不动产业务租金收入同比增长近一成，新城商业运营总收入同比增长超一成。同时，持有业务毛利率普遍高于房地产开发业务，因此持有业务对利润的贡献进一

步提升。此外，2024 年典型房企积极发展物业服务、代建服务等业务，其收入和利润增速表现亮眼。

优质持有型不动产现金流好、退出渠道丰富，从而在一定程度上抵御了房地产市场调整周期的影响。且在经营物业贷、持有型不动产 ABS、REITs 等融资政策利好持续释放下，持有型物业还可以通过资本市场快速获取现金流入，对于当前受限于融资和销售形势的房企具有重要作用。

同时，持有型不动产作为依赖长期经营的资产，当前商办、购物中心、长租公寓等均面临租金下调压力，经营情况一旦恶化，其将不能成为有效现金流资产，反而是滞重资产，资产贬值压力也将加大，对公司形成资金压力。对于已经经营不善的资产，企业需加快去化或做好存量盘活。

（2）盘活存量、做优增量，审慎穿越低谷

房地产行业正步入全新的发展阶段，规模下降、速度放缓成为周期新特征。2024 年市场超预期调整，“9・26”新政超预期宽松使得房企对当前市场重新思考，中长期住房仍是需求磅礴的大市场，房企仍有望获得增量市场和存量市场全方位发展。未来发展之路仍较为清晰，但穿越低谷仍是一大课题。因此，2025 年采取既谨慎又乐观的策略，是百强企业衔接好探底期和回升期的重要路径。

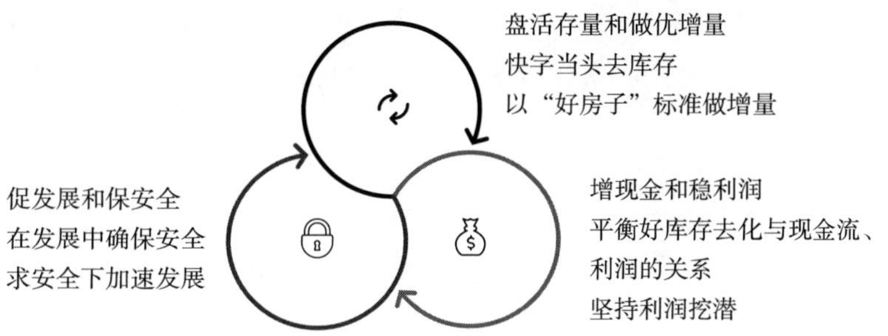

图1-16　百强代表企业发展策略

百强代表企业深刻洞察了当前市场形势的复杂性，着重就“促发展和保安全、盘活存量和做优增量、增现金和稳利润”几组矛盾关系进行了研判。

促发展和保安全：年内多家头部企业遭遇流动性问题，市场也超预期下行。这些现象均警示企业，偿债高峰是所有企业都需迈过的一道坎，并不因其所有制性质、业态结构、规模大小而有差别，而高速发展或踩错市场节点正是其命门所在。部分大中型央企及个别头部民企均提及要确保一定规模或行业地位、稳住基本盘；同时要努力抵御风险，高度重视风险合规管控，把握节奏，精准选地，从源头管控风险。从投资方面来看，多数百强企业强调聚焦和深耕，在市场韧性强、深耕程度高的区域择优拓储，强调择时拓储，对标学习，提升方法，全面提高项目研判、出价和操盘能力，把握节奏，精准选地。

盘活存量和做优增量：为促进业务调整和风险化解，百强企业坚定瘦身健体，聚焦主业，大力开展存量盘活工作，以降低滞重资产拖累，回笼现金。如万科通过盘活回收现金超百亿；金地强调大力挖掘存量资产运营价值；金隅集团加快盘活经营性资产，探索管理中心“大商业地产部”模式。部分百强企业提及需扩大有效投资，通过补换仓来提升资产效益。

增现金和稳利润：在去库存方面，部分百强企业强调要平衡好库存去化和现金流、利润之间的关系，最大限度实现增收创效。对于已具备销售条件的资产，要以守住市场公允价值为前提，应售尽售，能快则快；对于暂未达到销售条件的资产，要先行运营提升其价值，适时进行盘活和去化。

百强企业保持定力，以变应变，全面聚焦住宅开发、物业服务、代建服务、长租公寓等高现金流业务，进一步提升产品和服务竞争力，推动公司稳步向高质量发展模式转变。

3. 经营安全：偿债能力趋弱，借力各项支持性政策保障流动性

2024 年，百强企业负债率有所上升，去化困难加剧现金流压力，企业流动性普遍下滑。百强企业应抓紧近期融资窗口期，积极利用退地换地政策，争取资金流入。

（1）负债率小幅上升，去化困难加剧现金流压力

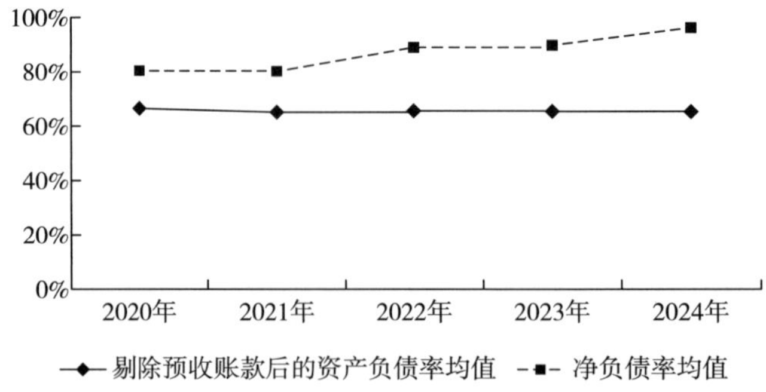

图1-17　2020—2024年百强企业负债率情况

百强企业净负债率有所上升。2024 年，百强企业剔除预收账款的资产负债率均值为 65.3%，净负债率均值为 96.3%，剔除预收账款后的资产负债率均值与上年基本持平，净负债率均值较上年增加 6.5 个百分点。

2024 年，百强企业流动性趋弱，销售下滑对房企流动性产生负面影响，2024 年百强企业现金短债比均值为 1.58，较上年下降 0.08。仅有部分央国企、民企受益于销售融资俱佳，流动性略有改善。

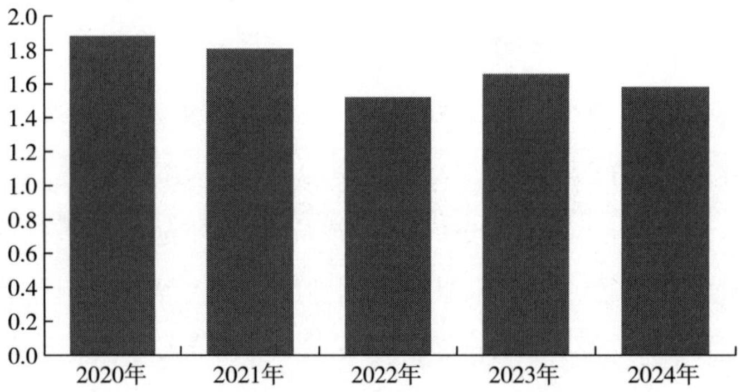

图1-18　2020—2024年百强企业现金短债比均值情况

百强企业经营性净现金流大幅下滑。销售端持续低迷加剧现金流压力，企业“造血”能力持续减弱，经营性现金流净额整体承压。央国企稳居现金流优势地位，优质民企通过代建、商业运营等轻资产业务改善现金流。

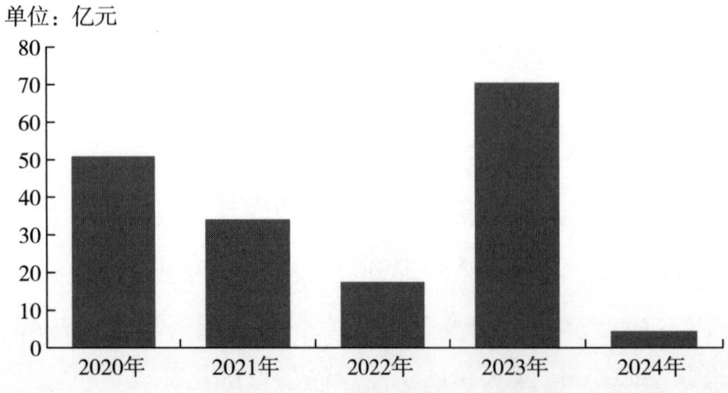

图1-19　2020—2024年百强企业经营活动产生的现金流量金额均值

2024 年，房地产行业共实现债券融资 5653.1 亿元，同比下降 18.4%。其中，信用债发行规模为 3448.5 亿元，同比下降 18.5%，占债券融资规模的 61.0%，与上年基本持平；海外债发行规模仅为 69.0 亿元人民币，同比下降 69.5%，占债券融资规模的 1.2%，较上年下降了 2.0 个百分点；ABS 融资规模为 2137.6 亿元，同比下降 13.6%，占债券融资规模 37.8%，较上年上升 2.1 个百分点。海外债在低水平上继续下降，信用债成为融资绝对主力，ABS 融资占比超三分之一。从发行结构来看，信用债的发行主体以央企、地方国企为主，2024 年央国企发行占比已超 90%，较上年上升 2.5 个百分点；民企和混合所有制企业发行占比下降，民企发债仍保持低水平。从发行企业来看，2024 年发债民企和混合所有制企业为 8 家，较上年有所减少，基本是规模较大尚未出险的企业，难以惠及多数资金面紧张的民企。

现金流下滑过快可能引发连锁反应，陷入“销售停滞—融资受阻—现金流恶化”的恶性循环，叠加偿债压力，房企流动性压力明显加大，呈现出向混合所有制企业、央国企扩散的趋势，因此，防范流动性风险已经成为多数房企的重要课题。

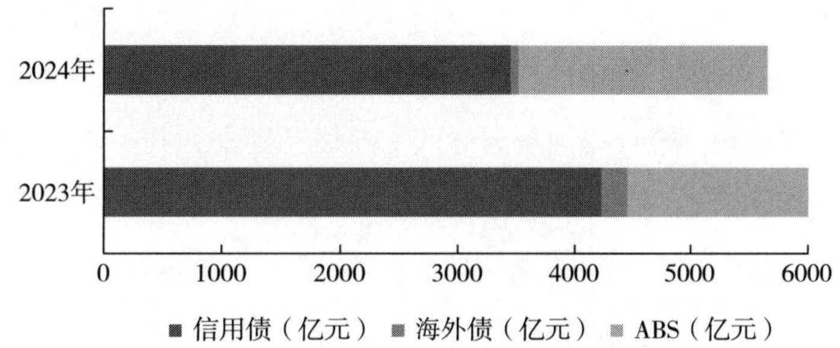

图1-20　2023、2024年房地产行业债券融资总额

（2）房企偿债压力仍待缓解，积极利用各项政策保现金

① 到期债券余额最高峰已过，但房企偿债压力仍在

2025 年到期债券余额约 7745.7 亿元，房企流动性压力仍在。与上年相比，到期债券规模基本持平，偿债压力仍在。在结构上，海外债到期债券规模下降，境内债券偿还压力加大，信用债占比 72.2%，海外债占比 27.8%，且美联储降息将减轻海外债压力。

整体到期债券规模较高峰期已经有所下降，行业偿债压力有所缓解。但考虑到房企的销售、融资两端均处于下行通道，现金流压力较大，企业仍将面临较大的偿债压力。

② 积极回款，灵活融资，退地换地，筑牢资金安全防线

为应对次年的偿债压力，房企还应提前筹划现金流，建立“以现金流为导向”的全面经营体系。通过销售端精准爆破、融资端创新突破、资产端灵活处置的多维协同，方能在行业重构期筑牢资金安全防线。

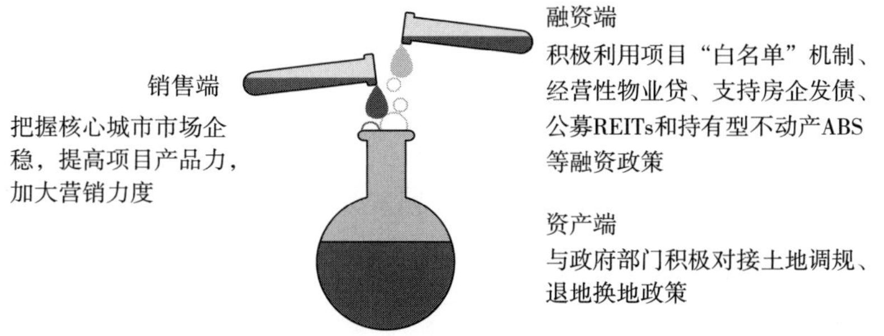

图1-21　房企保经营安全策略

第一，把握政策窗口期，升级产品，积极回款。正值近年来楼市政策环境最为宽松的时期，2024 年四

季度以来，核心城市房地产市场活跃度明显提升，成交量持续改善，市场信心有所恢复。2025 年 1~2 月，TOP100 房企销售总额同比下降 5.9%，降幅较 1 月大幅收窄 10.6 个百分点。2 月单月，TOP100 房企销售额同比增长 17.3%。其中，TOP10 房企销售额均值较上年小幅增长 0.3%。企业应把握好政策窗口期，提高项目产品力，加大营销力度。在处于买方市场的今天，建设“好房子”、提供“好服务”，是房企可持续发展能力的根本。

第二，充分利用各类融资政策支持以增加资金流入。积极利用项目“白名单”机制、经营性物业贷、支持房企发债、定增、公募 REITs 和持有型不动产 ABS 等融资政策，多渠道拓展融资现金流入，或可进行存量债务展期、借新还旧。2025 年政府工作报告指出，发挥房地产融资协调机制作用，继续做好保交房工作，有效防范房企债务违约风险。根据调查，部分公司项目进入白名单，但尚未获得实际资金。期待各项融资支持性政策能够加快落地，改善行业资金偏紧状况。

第三，与政府部门积极对接土地调规、退地换地政策，回笼资金或换仓促进去化；或可利用收储存量商品房政策、向投资人出售部分资产等方式筹集资金。

一方面，部分城市探索土地调规及政府收回未开发地块，部分百强企业积极对接土地调规、退地换地政策，实现存货换仓。武汉 2024 年超过 10 个项目申请将存量地块中的商业部分调整为住宅；2024 年 8 月底以来广州收回越秀地产多宗地块，合计退回越秀地产 135 亿元资金，其中两宗合计 120 亿元通过票据形式支付，票据可用来购买广州新出让地块，另外一宗为广州大干围地块，11 月广州与越秀地产签订收储协议，规划调整为住宅用地后重新安排出让，12 月由越秀以底价 20.23 亿元重新拍得。

另一方面，2024 年年末，专项债允许用于收购存量闲置土地政策落地。2025 年政府工作报告提出要盘活存量用地和商办用房，推进收购存量商品房，在收购主体、价格和用途方面给予城市政府更大自主权。地方政府积极性或可因此提升，未来土地收购节奏有望加快。2025 年 3 月 11 日，自然资源部和财政部联合发布通知，从明确发债要求及资金使用主体、完善专项债申报审核流程、做好资金和收益的综合平衡、严格监督管理等四个方面对专项债进行了详细说明，更好支持运用专项债券开展土地储备工作。2025 年 1 月，财政部再次发声，地方可根据需要统筹安排用于土地储备和收购存量商品房用作保障性住房这两个方面的专项债项目。2025 年 2 月 23 日，广东省率先发行专项债券资金用于收购存量土地，成为全国首例。根据广东省披露的 2025 年政府专项债券（八期 ~ 九期），本次发行总额 307.1859 亿元，全部用于回收闲置存量土地，其中收购的存量土地 90% 以上为地方国企的地块。

未来百强企业应抓住政策机遇，利用对自身地块的了解，提出针对性方案，促进项目审核纳入储备库，提高收购效率，调整自身土储结构。

当前央国企与头部民企通过轻资产运营与财务优化仍保持一定财务安全垫，而部分央国企、民企滑入流动性陷阱。未来，现金流管理能力将成为房企生存的核心竞争力，行业洗牌将加速向“强者恒强”格局演进。

4. 社会责任：积极履行纳税义务，持续践行绿色发展理念

2024 年，百强企业积极承担企业社会责任，一方面积极履行纳税义务，参与保障性住房建设；另一方面，不断践行绿色可持续性发展理念，支持乡村振兴，积极回报社会。

（1）积极履行纳税义务，参与保障性住房建设

2024 年，百强企业积极依法纳税。百强企业纳税额均值为 18.6 亿元，其中税金及附加均值为 13.5 亿元，所得税均值为 5.1 亿元。

2024年，中央多次在重要会议中继续强调保障性住房建设的重要性。3月，两会政府工作报告强调要标本兼治化解房地产风险、加快构建房地产发展新模式、加大保障性住房建设和供给、满足居民刚性住房需求和多样化改善性住房需求等。7月，党的二十届三中全会通过的《中共中央关于进一步全面深化改革 推进中国式现代化的决定》中明确表示，我国需加大保障性住房建设和供给，满足工薪群体刚性住房需求。百强企业积极参与保障性住房建设，以实际行动践行国家住房改革政策，为城市居民提供更宜居的生活环境。保利发展成功打造出郑州保利心语人才公寓及西安鱼包头社区回迁安置房项目，以专业运营建设及高品质交付回应市民对美好人居的期待。

2024年，住房租赁行业融资政策更加完备，在中央持续强调“加快建立租购并举的住房制度，加快构建房地产发展新模式”的背景下，住房租赁市场地位进一步强化。7月，二十届三中全会审议通过了《中共中央关于进一步全面深化改革 推进中国式现代化的决定》，房地产相关提法中，将“加快建立租购并举的住房制度，加快构建房地产发展新模式”放在首位，住房租赁市场的重要性更加凸显。百强企业继续深耕保障性租赁住房建设，落实租购并举发展战略，助力新市民、青年人安居、乐居，推动住房租赁行业高质量发展。2024年，华润有巢发布了保租房REITs行业首份可持续发展报告——《华夏基金华润有巢REIT2023年可持续发展报告》，弥补了业内在可持续发展实践上的空白；有巢致力于推动租赁住房行业健康发展，为新市民、青年人的住有所居持续贡献力量。

（2）持续践行绿色发展，多维度回馈社会

2024年，百强企业在绿色建筑领域投入显著增加，通过技术创新和资源优化，推动建筑行业向低碳化转型。12月中央经济工作会议明确指出，协同推进降碳减污扩绿增长，加紧经济社会发展全面绿色转型；进一步深化生态文明体制改革；营造绿色低碳产业健康发展生态，培育绿色建筑等新增长点。华润置地致力于构建绿色低碳的可持续发展模式，不仅注重绿色建筑的设计和施工，还积极推进绿色建材和可再生能源的应用，努力降低建筑能耗和碳排放。越秀地产依托公司构建的零碳与低碳技术体系，于2024年成功研发打造“越秀研发中心”基地，率先实践了多种前沿的零碳技术与环保材料，首个“双零”产业园南沙智能制造生产基地二期的成功打造，验证了零碳指标体系及关键零碳技术体系的可行性和有效性，引领地区绿色低碳建筑发展。首开股份持续推动绿建工作，全年新增绿建认证面积超过100万平方米。

百强企业积极投身环保公益，践行绿色健康理念。中粮大悦城举办了以“奋起一悦、拼出不凡”为主题的中粮大悦城2024年“悦城跑”品牌公益活动。国贸地产成立“海好有你·守护红树林”志愿队，持续开展红树林科普教育、公益宣传、公园维护等志愿服务，还面向社会公众推出“守护红树林 你我益起来”红树林公益研学季活动，带领青少年一起认识红树林、保护红树林，践行对海洋的承诺。

百强企业全力推进乡村振兴，积极履行社会责任。中海地产2024年“海惠万家”乡村振兴行动，再次聚焦甘肃卓尼，联动旗下业态项目，通过线上线下渠道、多种形式推广帮销，让卓尼木耳走向更多城市，为乡村振兴汇聚力量。

四、2025中国房地产百强企业TOP10研究

中国房地产TOP10研究组在百强企业研究的基础上，基于对企业规模性、盈利性、成长性等方面的深入研究，评价产生了2025中国房地产百强企业“综合实力TOP10”“规模性TOP10”“盈利性TOP10”“成长

性 TOP10”“稳健性 TOP10”“融资能力 TOP10”“运营效率 TOP10”和“年度社会责任感企业”。

表1-2 2025中国房地产百强企业“综合实力TOP10”

排名	公司名称
1	保利发展控股集团
2	中海地产（中国海外发展）
3	华润置地有限公司
4	招商局蛇口工业区控股股份有限公司
5	绿城中国控股有限公司
6	龙湖集团控股有限公司
7	万科企业股份有限公司
8	越秀地产股份有限公司
9	金地（集团）股份有限公司
10	新城控股集团股份有限公司

2024 年，综合实力 TOP10 企业顺应新的形势积极作为，轻重并举，将优势领域做强做透，发挥业务协同效应，提高企业发展韧性。

保利发展深耕不动产投资开发、不动产经营业务和综合服务，持续打造具有卓越竞争力的不动产生态平台，以央企担当革新行业标准，以“好房子”标杆擎领品质人居新高。绿城中国全力“攻坚存量、做优增量”，坚持“精准谨慎、做一成一”投资策略，实现经营品质稳健、行业地位稳进；在产品端，高端产品持续引领，中高端产品提升性价比，构建新质产品力体系，保持绿城产品领先身位；“绿城 +”板块协同共进，在行业深度调整期展现出较强的抗风险能力与创新活力。新城控股以“住宅 + 商业”双轮驱动为核心战略，通过“稳运营、守价值、谋发展”经营方针实现高质量发展。

表1-3 2025中国房地产百强企业“规模性TOP10”

排名	公司名称
1	保利发展控股集团
2	华润置地有限公司
3	中海地产（中国海外发展）
4	绿城中国控股有限公司
5	万科企业股份有限公司
6	招商局蛇口工业区控股股份有限公司
7	龙湖集团控股有限公司
8	珠海华发实业股份有限公司
9	建发房地产集团有限公司
10	越秀地产股份有限公司

2024 年，规模性 TOP10 企业聚焦核心城市核心区域，把握政策窗口期，提高项目产品力，加大营销力度，加速资金回笼。

2024 年，保利发展积极调整销售策略，把握政策窗口期，加大推货力度，实现签约金额 3230.3 亿元，签约面积 1796.6 万平方米。华润置地坚持长期主义的优良传统，主动把握形势，积极顺势而为，提前谋篇布局，实现合同销售金额 2611 亿元，合同销售建筑面积 1133.2 万平方米。中海地产销售业绩保持稳定增长，实现物业销售额金额 3106.9 亿元，同比上升 0.3%，物业销售面积 1148.7 万平方米，同比下降 14%。越秀地产以稳健经营和精准战略巩固行业地位，聚焦高能级城市，超九成土储位于一二线核心区域，产品力突出，2024 年实现销售额 1145 亿元。

表1-4　　2025中国房地产百强企业“盈利性TOP10”

排名	公司名称
1	华润置地有限公司
2	中海地产（中国海外发展）
3	保利发展控股集团
4	招商局蛇口工业区控股股份有限公司
5	绿城中国控股有限公司
6	珠海华发实业股份有限公司
7	龙湖集团控股有限公司
8	建发房地产集团有限公司
9	新城控股集团股份有限公司
10	保利置业集团有限公司

2024 年，盈利性 TOP10 企业的净利润同比下滑，但受益于规模效应、经营韧性等因素，仍能保持一定利润规模，好于百强企业均值。同时，盈利性 TOP10 企业拥有较好盈利质量，净利率均值远高于百强企业均值。

年内盈利性 TOP10 企业做好交付工作，强化精益化管理，展现了经营韧性，保持收入稳定。华润置地强化生产运营精益化管理，坚决做优存量、化解风险，强化成本管控，提升开发效率。保利发展以精细化运营筑牢财务底盘，依托多元产品线与全国化布局精准匹配市场趋势，通过创新驱动及服务生态优化持续提升综合效能，以稳健内核与前瞻战略巩固行业头部地位。

各类持有型资产管理收入、服务业务收入实现可持续性增长，带动期内经营效益提升。2024 年，华润置地累计经常性收入约为 480.4 亿元人民币，同比增长 12.4%，经营性不动产业务租金收入约为 292.1 亿元人民币，同比增长 14.0%。新城控股以“精益运营 + 资产提效”双引擎驱动盈利跃升，2024 年，商业综合体租金收缴率达 99.3%，代建业务毛利率超 35%；通过“轻重资产分离”优化资本结构，实现 ROE 同比提升至 12.8%，为行业盈利模式转型提供高周转实践范式。

表1-5　　2025中国房地产百强企业“成长性TOP10”

排名	公司名称
1	绿城中国控股有限公司
2	华润置地有限公司
3	保利置业集团有限公司
4	中国铁建房地产集团有限公司
5	珠海华发实业股份有限公司
6	中建智地置业有限公司
7	中能建城市投资发展有限公司
8	联发集团有限公司
9	上海中建东孚投资发展有限公司
10	成都城投置地集团有限公司

2024 年，成长性 TOP10 企业多举措推进存货去化，销售额表现尚显韧性，同时择优获取优质土储，为未来发展注入强劲动力。

年内成长性 TOP10 企业打造“好房子”，助力产品适销对路。2024 年，华润置地持续提升系统性成本最优的产品力，全面打造全维实景示范区，年内推出多个优质项目。中能建城市投资发展有限公司肩负“大国工匠”使命，深耕城市更新、产城融合、片区开发等业务，以创新、绿色、数智、融合的核心理念推动城市高质量发展，打造“颂玺、誉府、兰园”三大产品体系，在不断推动产品升级与服务创新的过程中，正式提出品牌主张——“生活能更好”，以空间革新、绿色低碳、智慧赋能三大核心方向，引领新时代美好生活。

成长性 TOP10 企业加强市场研判，择优拓储。华润置地根据业务发展需要，在保证财务稳健的前提下，严格执行财务回报指标要求，坚定落实“调结构、调节奏、调布局”，坚持稳健的投资策略，聚焦重点城市，以有效投资做实增量。保利置业集团拓展持审慎态度，更重视项目质量，在呈现相对韧性和品牌深耕的区域补充高质量可售货量，保留安全边际。

表1-6　　2025中国房地产百强企业“稳健性TOP10”

排名	公司名称
1	中海地产（中国海外发展）
2	上海中建东孚投资发展有限公司
3	龙湖集团控股有限公司
4	绿城中国控股有限公司
5	大悦城控股集团股份有限公司
6	中能建城市投资发展有限公司
7	中建智地置业有限公司
8	珠海华发实业股份有限公司
9	天地源股份有限公司
10	中铁置业集团有限公司

2024 年，稳健性 TOP10 企业净负债率均值低于同期百强企业均值，杠杆率低于行业平均水平；稳健性 TOP10 企业在 2024 年的现金短债比均值显著高于同期百强企业平均水平，短期偿债能力较强。

稳健性 TOP10 企业积极管理债务，保持基本面稳健。中海地产统筹发展与安全，以进促稳，积极应对各种困难与挑战，保持了业务基本面稳健，融资渠道畅通，商业物业收入保持较快增长，在行业下行期展现了强劲的可持续发展能力。龙湖集团围绕经营性现金流、提效增利、稳步压降负债及优化存货结构等核心目标，始终将财务稳健放在首位，短期债务的提前削减优先于增量投资。

稳健性 TOP10 企业加强销售回款管理和提升存量资产运营价值，提升现金流。龙湖集团注重弹性供货、精细化管理，存货积极出清、新货提速去化，以驱动现金流、回款的达成。中粮大悦城守正出新、稳健发展，因地因时制宜推出一系列政策性商业活动，紧抓消费热点，全力抢夺市场，提升盈利能力，并增强公司现金流。

表1-7　　2025中国房地产百强企业“融资能力TOP10”

排名	公司名称
1	保利发展控股集团
2	华润置地有限公司
3	中海地产（中国海外发展）
4	绿城中国控股有限公司
5	招商局蛇口工业区控股股份有限公司
6	中交房地产
7	大悦城控股集团股份有限公司

续表

排名	公司名称
8	龙湖集团控股有限公司
9	新城控股集团股份有限公司
10	中铁置业集团有限公司

2024 年，融资能力 TOP10 企业凭借财务稳健性与较好信用资质，抓住政策契机，持续获得资金支持，探索新型融资渠道，维护自身经营安全，为企业稳定发展提供有力保障。

融资能力 TOP10 企业在发行能力、发行成本等方面体现出较强优势。2024 年，保利发展通过信用债融资超 300 亿元，12 月发行的一只 5 亿元公司债票面利率低至 2.2%，具有明显的融资成本优势。2024 年，华润置地、招商蛇口信用债发行规模超百亿元，平均融资成本低于 2.5%。

融资能力 TOP10 企业坚持对新型融资方式的探索。2024 年 5 月，中粮大悦城以成都大悦城购物中心部分资产作为基础设施资产，申报华夏大悦城购物中心封闭式基础设施证券投资基金，本次申报消费基础设施公募 REITs 是公司对国家政策的积极响应，将使公司成熟投资物业资产的价值得到释放，优化资产结构，增强公司可持续经营能力。新城控股以“双轮驱动”强化资金韧性，2024 年经营性现金流覆盖债务倍数达 2.3 倍，供应链 ABS 发行规模同比增加 58%，绿色债券利率创行业新低 3.95%，通过“以收定支”模型优化债务结构，现金短债比提升至 1.8 倍，彰显穿越周期的财务安全垫。

表1-8　　2025中国房地产百强企业“运营效率TOP10”

排名	公司名称
1	中海地产（中国海外发展）
2	保利发展控股集团
3	华润置地有限公司
4	保利置业集团有限公司
5	中国铁建房地产集团有限公司
6	珠海华发实业股份有限公司
7	联发集团有限公司
8	上海城投控股股份有限公司
9	众安集团有限公司
10	中交房地产

2024 年，运营效率 TOP10 企业实施精细化管理，提升企业运营效率，加强数字化能力建设，发挥线上平台全方位触达优势，加快项目去化。

运营效率 TOP10 企业在行业调整期及时优化经营管理策略，通过组织架构调整、全流程优化、数字化工具等措施实现精细化管控，推动运营效率的提升。保利发展保持清醒的行业认知，及时有效调整经营策略，依托扁平的两级架构高效落地执行，始终保持优秀的市场应变能力，从而赢得了复杂形势下的竞争先机，实现了行业领先和高质量发展。

中国铁建地产以战略定力与创新实践回应行业变局，以“精准投资＋城市深耕”双轮驱动，依托优质土储布局，在核心城市群形成业绩支撑韧性，运营效率的提升源于全链条精细化管控，从产品标准化到资源协同均实现效能突破。

中交房地产全面落实项目全生命周期管理，针对项目效益、成本费用、货值及节点情况跟进监督，上下贯通、统筹开展项目全生命周期管理日常监控工作；质效并举做实资产，严格按照时间节点安排，科学合理分解指标任务。

表1-9　　2025中国房地产年度社会责任感企业

排名	公司名称
1	保利发展控股集团
2	绿城中国控股有限公司
3	中海地产（中国海外发展）
4	大悦城控股集团股份有限公司
5	招商局蛇口工业区控股股份有限公司
6	中能建城市投资发展有限公司
7	珠海华发实业股份有限公司
8	广州城投地产
9	天地源股份有限公司
10	深圳地铁置业集团有限公司

2024 年，年度社会责任感企业履行纳税义务，积极参与保障性住房建设，不断践行绿色可持续发展理念，支持乡村振兴，积极回报社会。

2025 年，保利发展进一步强化社会责任担当，通过构建多层次的住房供应体系，有效助力新市民、青年群体实现“安居梦”。在新增的房地产项目中，以上海、石家庄、青岛等城市为重点布局区域，积极探索高品质住宅开发模式，同时响应政策号召，参与保障房“好房子”建设标准制定，推动住房品质与供给结构优化；成功打造郑州保利心语人才公寓及西安鱼包头社区回迁安置房项目，以专业运营建设及高品质交付回应市民对美好人居的期待。此外，公司通过估值提升计划，强化稳健经营与股东回报，为可持续参与保障性住房建设提供资金保障，持续巩固其在住房保障领域的标杆地位。

2024 年 11 月 8 日至 12 月 8 日，中粮大悦城举办“奋起一悦、拼出不凡”2024 年“悦城跑”品牌公益活动，继续向北京市企业家环保基金会捐赠 10 万元人民币，并发起线上捐步平台，在内蒙古阿拉善地区种植 10000 棵梭梭树，为当地生态系统的持续改善做出贡献。

表1-10　　2025中国房地产百强之星

公司名称
广州城投地产
山西建投城市运营集团有限公司
成都天投地产开发有限公司
天正地产集团有限公司
武汉恺德控股集团有限公司
北京首钢房地产开发有限公司
北京海开控股（集团）股份有限公司
湖南建投地产集团有限公司

2024 年，中国房地产百强企业研究中涌现出一批较为优秀的企业。在行业调整期，这些企业顺应市场发展形势，深耕核心城市，业绩较为稳健，成为百强企业新势力。

随着高质量发展号角吹响，广州城投地产提前研判，并紧跟房地产政策新风向，摆脱传统地产开发的路径依赖，调整企业战略布局，加快企业转型升级，围绕“绿色、健康、智能、品质”产品核心要素，推动产品升级迭代。以客户为导向，广州城投地产精耕细作，明确清晰产品内核与设计建造标准，力推产品标准化、地域特色化，重塑产品系，以更好的产品力服务市场需求。山西建投城市运营集团以“立足山西，布局全国”为战略，2024年已覆盖全国6省19市，重点布局京津、江浙沪及海南等热点区域，总开发面积超700万平方米，土地储备5000余亩，资产总额突破400亿元。天正地产坚守安全与稳健底线，强化运营效率，持续优化财务指标，坚持以“品质改变生活”为企业理念，企业销售指标持续稳步增长，也为企业在全国开疆拓土奠定了坚实基础。恺德集团以“勤觉当恺，厚德以载”的企业精神，深耕湖北，并积极投身公益事业，践行企业社会责任，未来继续坚持“地产的长期主义”与“并购上市公司开辟新业务赛道”双主业发展，为城市创造美丽，为社会创造价值，为区域植入产业，为客户生活赋能。

结语

房地产行业正步入全新的发展阶段，规模下降、速度放缓成为周期新特征。2024年市场超预期调整，“9·26”新政超预期宽松使得房企对当前市场重新思考，中长期住房仍是需求磅礴的大市场，房企仍有望获得增量市场和存量市场全方位发展。

（1）2024年9月底中央政治局会议明确房地产“止跌回稳”目标，随后一揽子新政加快落地，使四季度房企销售业绩有所修复。百强企业紧抓政策窗口，全力营销促回款，加快回笼资金，同时聚焦核心城市拓展优质地块，紧抓政策契机盘活闲置土地，优化土储结构。

（2）房地产市场仍在底部运行，受前期销售额下滑和年内竣工结转放缓影响，百强企业营收同比下降，盈利水平持续下滑，行业接近零利润，部分百强企业营收和利润中非开发业务贡献进一步提升。

（3）行业继续在调整期运行，百强企业债务率有所上升，销售端持续低迷加剧现金流压力，企业流动性普遍下滑。百强企业应抓紧近期融资窗口期，积极利用退地换地政策，争取资金流入。

随着政策环境持续宽松，核心城市市场在政策带动下或有望逐渐止跌回稳。在此背景下，百强企业保持定力，以变应变，全面聚焦住宅开发、物业服务、代建服务、长租公寓等高现金流业务，进一步提升产品和服务竞争力，推动企业稳步向高质量发展模式转变。

副报告一 “十五五”中国房地产企业发展策略分析

“十五五”是我国经济迈向高质量发展的关键阶段，国家发展改革委已启动“十五五”规划研究。“十五五”时期，我国房地产发展进入新阶段，加快构建新发展模式，行业从高速增长转向高质量发展，企业从规模扩张转向品质发展。房地产企业要善谋善为，深刻分析市场发展趋势，制定发展策略，把握发展机遇。

我国新型城镇化仍在持续推进，人民群众对高品质住房形成新期待，这为充分释放需求潜力提供了支撑。“十五五”期间年均商品房市场规模9亿平方米左右。随着城市群战略进一步深化，依托产业协同，形成跨区域经济带与人口集聚效应，将为一二线核心城市及成熟城市群周边三四线城市住宅开发提供发展机遇。市场需求更倾向于改善型产品，政策倡导建设好房子。存量市场方面，新型城镇化战略的深入将带来存量改造新机遇，城中村改造大规模扩围，投资支持力度进一步加大。存量资产盘活加速发展，存量运营服务空间巨大，双基金模式助力轻资产业务扩张。

房地产企业应积极构建新的发展模式，实施轻重并举发展策略，即通过代建、资产管理等轻资产业务优化收入结构，同时以核心城市优质资产作为“压舱石”。其中，大型央国企在开发业务上聚焦主流城市，同时发挥协同效应开展运营服务业务。地方国有企业践行担当、保障民生，聚焦一级开发及基础配套建设，基于地缘优势提升运营服务能力。民营房企则应精耕细作、适度开发，做专做精轻资产业务。

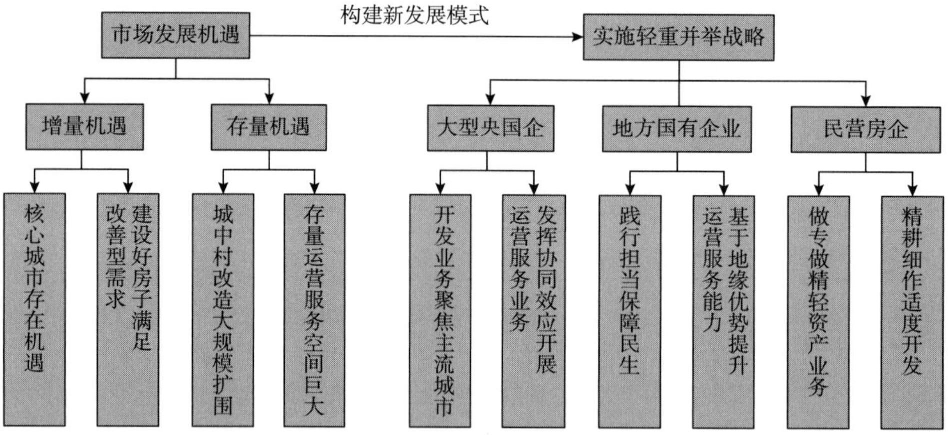

图1-22 “十五五”时期房地产企业发展策略展望

（一）“十五五”市场发展机遇：开发业务存在结构性机遇，运营服务需求显著增加

我国新型城镇化仍在持续推进，人民群众对高品质住房形成新期待，这为充分释放需求潜力提供了支撑。增量市场方面，“十五五”期间年均商品房市场规模为 9 亿平方米左右。京津冀、长三角、粤港澳等城市群战略将进一步深化，依托产业协同，形成跨区域经济带与人口集聚效应，从而为房地产住宅开发提供机遇。市场需求更倾向于改善型产品，政策倡导建设“好房子”。存量市场方面，新型城镇化战略的深入将带来存量改造新机遇，城中村改造大规模扩围，投资支持力度进一步加大。存量资产盘活加速发展，存量运营服务空间巨大。

1. 总量规模：“十五五”商品房年均销售面积约 8.5 亿 ~ 9.5 亿平方米

从中长期来看，全国总人口开始下降，城镇化及人均住房面积增长放缓，我国房地产行业正在进入新的发展阶段。根据测算，“十五五”期间，新增城镇人口带来的住房需求约 18.7 亿平方米，居住面积提升引致的住房需求约 18.4 亿平方米，拆迁改造引致的住房需求约 13.5 亿平方米，合计城镇住房需求总量约 50.6 亿平方米（年均 10 亿平方米左右）。考虑部分需求通过保障房、租赁住房等方式解决，以 70%~80% 的商品化比例测算，“十五五”时期全国商品住宅年均销售面积约 7 亿 ~ 8 亿平方米，由此推算，商品房年均销售面积为 8.5 亿 ~ 9.5 亿平方米。

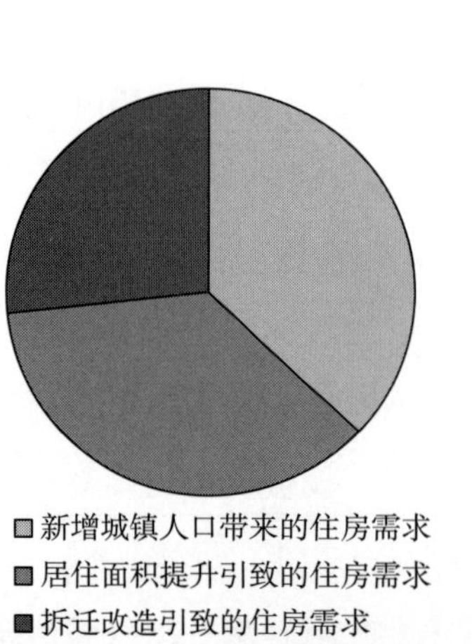

图1-23 “十五五”期间全国城镇住房需求构成预测

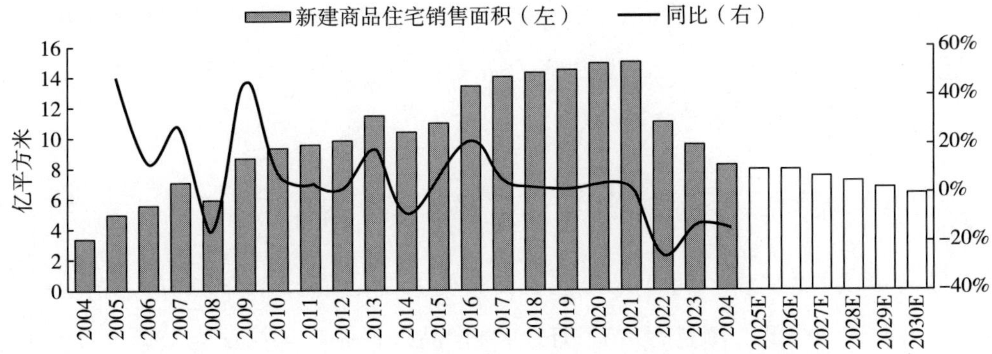

图1-24　“十五五”期间全国新建商品住宅销售面积预测

2. 城市发展：一二线核心城市及成熟城市群周边三线城市存在机遇

人口是住房需求的基础，产业是城市吸纳和吸引人口的根本要素。城市人口持续流入，产业具备发展潜力，未来新增住房需求将进一步扩大；高收入人群多，对住房品质有高要求的人口多，也将为该城市新房市场提供更多的改善需求。综合来看，京津冀、长三角、粤港澳等城市群战略将进一步深化，一线城市人口由降转增。东南沿海部分城市群进一步彰显较强人口吸引力，长三角、珠三角城市群人口增量预计将较为明显。中西部核心城市享受产业转移等红利，人口吸附能力亦较强。结合各城市近期公布的到2035年国土空间总体规划，基于不同城市的人口及产业发展特点，“十五五”时期各城市房地产市场分化情况或将进一步加剧。

一线城市刚需和高端住房需求有较强支撑。第一，一线城市人口众多，产业发展成熟，刚需长期存在。第二，核心一线城市的高端住宅需求将持续释放。如北京西城区、上海内环等核心地段凭借土地稀缺性、优质教育资源和产业集聚效应，预计将持续吸引高端住房需求。第三，随着一线城市进一步放松限制性政策，购房门槛将再降低，促进需求释放。

核心二线城市在产业集聚和人口集中趋势下仍将带来大规模住房需求。一方面，一线城市人口数量已接近规划水平，而核心二线城市在“十五五”期间仍有一定的人口增量空间，这些城市在基础设施、教育和医疗资源的提升带动下，吸引较大规模的人口，也会带来更多住房需求。另一方面，以杭州、成都、合肥为代表的产业经济高地，依托新能源汽车、半导体等产业集群，提供优质就业机会，持续吸引高素质人口流入。

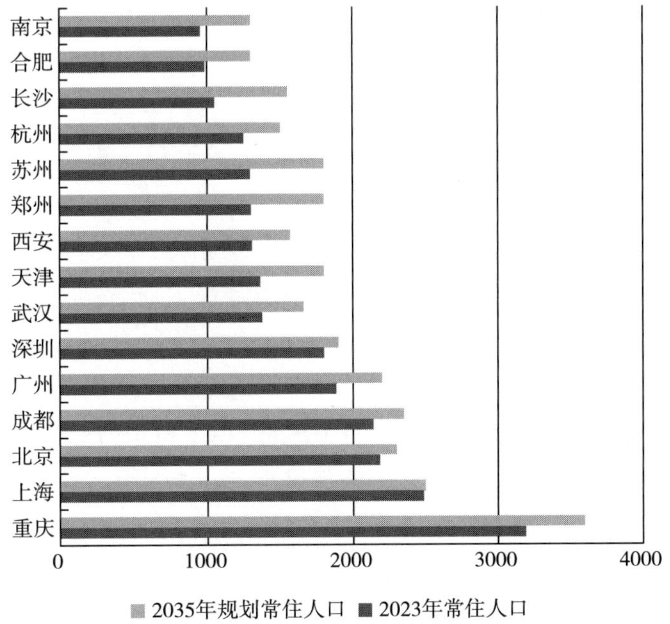

图1-25　部分一二线核心城市人口增长空间情况（单位：万人）

三四线城市机遇体现在聚焦都市圈协同与精准政策干预红利。长三角、珠三角 1 小时通勤圈内的卫星城，如嘉兴、佛山，可承接核心城市外溢需求。部分非都市圈三四线城市，拥有特色产业，政策干预也会带来发展机会，如部分城市推进“县城更新行动”。

3. 产品趋势：市场需求更倾向于改善型产品，政策倡导建设好房子

市场需求更倾向于改善型产品。近年来户型成交结构的变化显示出市场对产品需求的变化，90 平方米以下刚需型产品占比逐年降低，消费者更看重改善型产品，置业观念从“先上车再置换”逐步向“一步到位”转变。预计“十五五”期间改善性需求仍是新房市场需求主力，住房市场整体表现为政策引导下的保障房体系与市场化改善型住房并行发展。一方面，政策持续推进保障房公租房等住房保障体系建设，分流了一部分刚需型居住需求，二手房市场也吸引了一部分刚需客群。另一方面，未来购房者将更加重视居住体验，有一定经济基础的购房者为提升居住舒适度，也会选择改善型产品为目标。

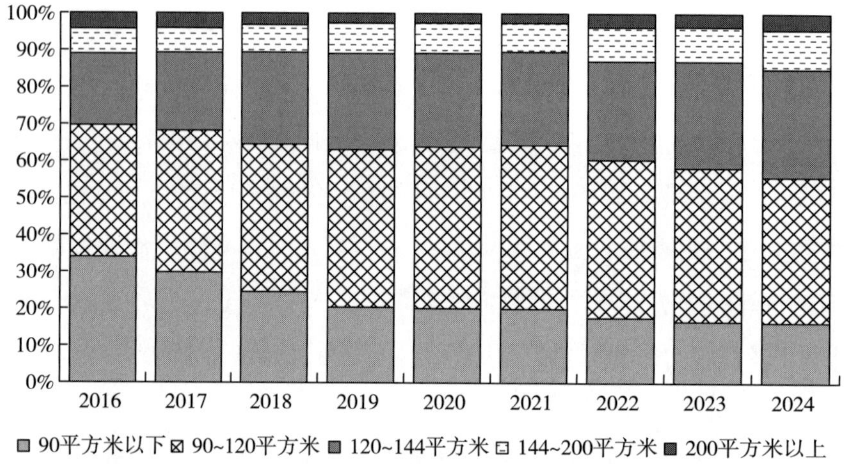

图1-26　2016年以来重点30城商品住宅不同面积成交套数占比

政策倡导建设“好房子”产品。其一，2025 年政府工作报告中提出，适应人民群众高品质居住需要，完善标准规范，推动建设安全、舒适、绿色、智慧的“好房子”。目前已有 20 余个省市开始从标准、政策、示范、监管、产业等方面，开展“好房子”建设探索实践。通过政策倾斜推动房企向品质驱动、需求适配、科技赋能的好产品跃迁，形成标杆效应。其二，随着现房销售试点范围持续扩大，在土拍阶段就明确实行现房销售的地块占比将持续增加，这将倒逼房地产企业打造好产品以吸引消费者。正如住房和城乡建设部部长倪虹所强调：“谁能抓住这个转型的时机，谁能为群众建设好房子、提供好的服务，谁就能有市场，谁就能有发展，谁才能有未来。”

4. 存量改造：城中村改造大规模扩围，投资支持力度进一步加大

城中村改造大规模扩围，成为城市更新重要内容。2024 年 7 月，国务院发布《深入实施以人为本的新型城镇化战略五年行动计划》，计划提出推进城镇老旧小区改造、城中村改造，抓好城市地下管网“里子”工程建设等城市更新提升行动，打造宜居、韧性、智慧城市。在 3 月 9 日全国人大记者会上，住建部部长倪虹表示，将实施一批惠民生、促发展、防风险的更新项目，其中一是 2000 年以前建成的城市老旧小区都要纳入城市更新的改造范围，因地制宜实施改造，也鼓励地方探索居民自主更新改造老旧住宅；二是城中村改造，现在范围已经扩大到全国地级及以上城市，要在 2024 年新增 100 万套基础上，再继续扩大改

造规模。城中村改造政策占比明显增加。上海、广州、深圳、中山、东莞、福州、厦门、天津、长沙、烟台等地从整体的实施意见、资金管理、专项规划、房票安置、土地管理、项目认定、规划编制、专项借款管理等不同方面出台相关的城中村改造政策。

表1-11　　2024年中央层面关于城中村改造政策

时间	城中村改造政策内容
1月	纳入城中村改造的城市扩围，由城区常住人口超过300万的城市扩围至省会城市或城区常住人口超过200万的城市。按照相关指标推算，纳入城中村改造的城市将由35个扩大至52个。
2月	住建部等部委印发《关于申报保障性住房建设和城中村改造政策支持城市和项目的通知》，明确省会（首府）城市或城区常住人口200万人以上的大城市可申报纳入城中村改造政策支持范围。
7月	自然资源部办公厅印发《城中村改造国土空间规划政策指引》，充分发挥国土空间规划对城中村改造的引领作用。
10月	住房和城乡建设部部长倪虹在国务院新闻办公室举行的新闻发布会上，提出通过货币化安置等方式，新增实施100万套城中村改造和危旧房改造。
11月	住房和城乡建设部、财政部联合印发通知部署各地进一步做好城中村改造工作，通知指出，一是扩大城中村改造政策支持范围。地级城市资金能平衡、征收补偿方案成熟的项目，均可纳入政策支持范围。二是推进城中村改造货币化安置。通知强调，各地要结合当地房地产市场形势，统筹考虑商品房的存量和增量，从实际出发，稳妥推进城中村改造货币化安置，城市危旧房改造可参照执行。三是将城中村改造作为城市更新的重要内容有力有序有效推进。

投资支持力度会进一步加大。随着城中村改造政策支持范围扩围至近300个地级及以上城市后，下阶段的投资量级将明显扩大。其一，2024年开始，中央财政已开始分批次支持部分城市开展城市更新（首批共涉及15个城市），未来支持的城市名单有望进一步扩围。其二，个别省已设立了专项资金对城市更新重点领域项目给予奖补，“十五五”期间也将有望继续支持。其三，各地积极探索财政支持城市更新模式。例如，江苏印发《江苏省“城新贷”财政贴息实施方案》，在确保不增加地方政府隐性债务的前提下，对城市更新重点领域和建筑市政领域设备更新中长期贷款给予财政贴息。其四，政策性银行对城市更新（特别是城中村改造）专项借款授信项目数量、授信金额进一步扩大。《关于通过专项借款支持城中村改造工作方案的通知》提出，设立城中村改造专项借款，用于符合条件的城中村改造项目，优先支持群众需求迫切、城市安全和社会治理隐患多的城中村改造项目。其五，商业银行加速信贷业务转型，创新相关信贷产品，对城市更新、城中村改造贷款的支持力度进一步加强。除了政策性银行提供的贷款持续发力外，商业银行在信贷业务转型的过程中也在更多可持续发展的业务领域持续发力。

5. 运营服务：政策红利释放，存量运营服务空间巨大

政策红利释放，存量资产加速盘活。2022年5月，中央层面出台《关于进一步盘活存量资产扩大有效投资的意见》文件，在优化完善存量资产盘活方式、增加有效投资等方面进一步加大对盘活存量资产的政策支持。地方实践层面，广东、重庆等地正在落实“制度规范＋资产清查＋分类处置”的运营模式，活用专项债、REITs等金融工具，释放土地价值。如日照市构建“1+N”资产管理体系，重庆南岸区建立资产全链条闭环管理系统等，预计“十五五”期间将愈发成熟。

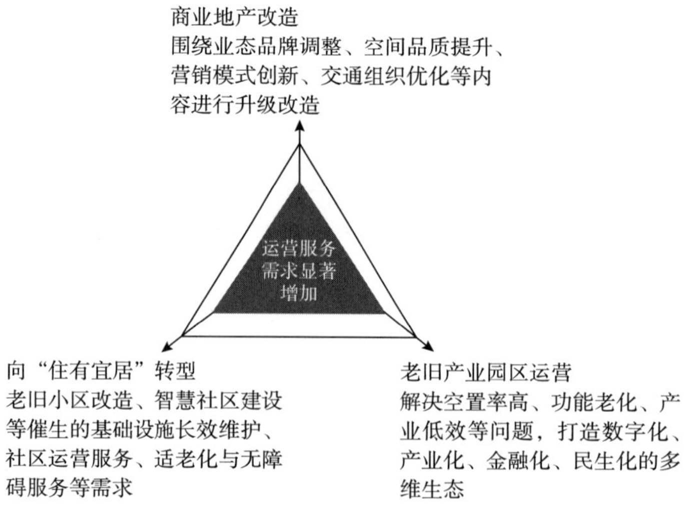

图1-27 细分市场运营服务需求显著增加

存量改造需求旺盛，催生细分市场运营服务机遇。其一，各地均在积极推动从“住有所居”向“住有宜居”迈进，保障房建设、老旧小区改造、智慧社区建设等扶持政策落地，催生大量住房租赁、保障房及物业服务等运营服务需求，如房源管理、策划代理、维修维护、生活服务、租赁管理等。其二，高能级城市商业地产市场起步发展早，目前老旧低效商业规模大，存量改造需求旺盛。近年来商办开工量整体呈下行趋势，进入存量时代，尤其是在高能级城市，增量开发空间收缩，未来将更依赖存量运营服务能力。例如北京在城市更新规划中明确推进传统商圈、商场以体验化、数字化、特色化、社区化为导向，围绕业态品牌调整、空间品质提升、营销模式创新、交通组织优化等内容进行升级改造。其三，老旧产业园面临空置率高、功能老化、产业低效等问题，其运营服务需求呈现多维升级趋势。老旧园区改造的服务机遇已从单一建筑更新扩展到数字化、产业化、金融化、民生化的多维生态构建，企业可以围绕“技术赋能 + 产业升级 + 资本运作 + 社会治理”等手段，切入细分领域，抢占市场先机。

（二）“十五五”房地产企业发展策略：构建发展新模式，轻重并举，聚焦优势赛道

1. 构建发展新模式，实施轻重并举战略

政策引导加快构建房地产发展新模式。2021 年中央经济工作会议首次提出房地产发展的“新模式”概念，并在随后的 2022 年至 2024 年连续强调其重要性。加快构建房地产发展新模式，可解读为制度模式与企业模式两部分。制度模式包括住房供应制度、建立要素联动新机制、推进商品住房销售制度改革以及房地产全生命周期管理制度。企业模式指在业务、产品、策略等方面实现纵横一体化的专业服务，助力企业聚焦专业、稳健经营、永续发展。2025 年 3 月，第十四届全国人民代表大会第三次会议重点提及“有序搭建相关基础性制度，加快构建房地产发展新模式”。构建房地产发展新模式，是进一步全面深化改革的任务，也是转变房地产发展方式的要求。

表1-12　　头部房企的“轻重并举”战略

企业名称	发展策略
保利发展	以不动产投资开发为主，综合服务与不动产金融为翼的多元化发展格局
华润置地	“3（开发销售、经营性不动产、轻资产管理）+1（生态圈要素）”一体化发展
招商蛇口	开发业务、资产管理、城市服务三类业务
龙湖集团	开发、运营、服务三大业务协同发展
金地集团	集地产综合开发和资产管理平台为一体
滨江集团	实施“1（房地产主业）+5（服务、租赁、酒店、养老和产业投资）”的发展战略

“轻重并举”战略是企业转型发展新模式的重要方向。近年来，房地产企业积极构建新的发展模式，代表房企总体上采取聚焦优势赛道、以“开发 + 经营”为核心的轻重并举发展策略，即通过代建、资产管理等轻资产模式优化收入结构，同时以核心城市优质资产为“压舱石”。开发业务方面，将经营安全作为发展底线，以产品质量强化竞争韧性。房企普遍将安全经营视为发展底线，秉持稳健至上准则，目光精准锚定核心一、二线城市，积极推行“以销定投”战术，以严苛的投资标准筛选项目，力保每一份投入都能换来可观回报，用精细化运作抵御市场周期波动，实现增长韧性与质量的双重提升。同时，企业将从追求规模扩张转为专注项目品质，有序形成以项目为核心的开发经营模式。产品层面从解决“有没有”转向“好不好”，下大力气建设安全、舒适、绿色、智慧的“好房子”，更好满足人民群众高品质居住需求。轻资产业务方面，把握发展机遇，升级品牌和经营服务能力。房企转变发展模式，重点发展轻资产服务业务，如建设管理服务、物业管理服务、商业管理服务、交易服务、金融服务等。海外成熟房地产市场，知名房企也多是采取轻重并举的发展模式，值得借鉴。美国房企还涉足抵押贷款服务、物业服务等，如PulteHomes、Lennar、Horton；日本房企也布局房地产经纪、投资管理等，如三井不动产、住友不动产等；新加坡房企凯德集团聚焦于公寓、房地产基金、仓储等。

2. 因企施策，聚焦优势赛道

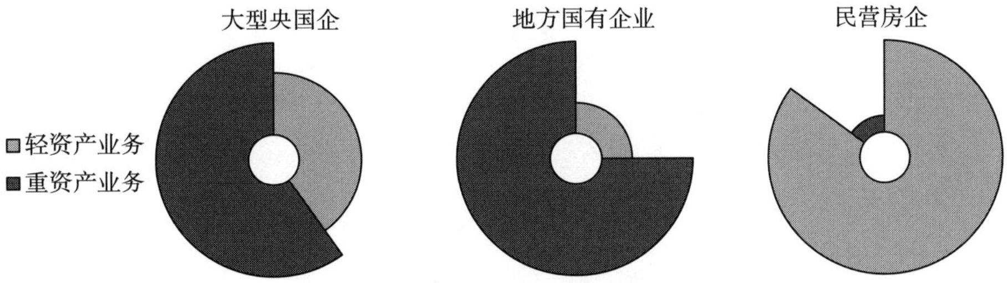

图1-28　不同性质房企轻重业务占比

大型央国企：开发业务聚焦主流城市，发挥协同效应开展运营服务。大型央国企开发业务聚焦主流城市，继续实施区域深耕策略，并呈现“深耕城市持续加码 + 高潜力核心二线城市精准突破”的双轨并行特征。在深耕城市巩固基本盘，强化资源聚集效率，在优势范围内做强做透，以确定性保障销售业绩目标。在高潜力城市关注增长性，聚焦具备政策倾斜、产业链配套潜力、人口回流红利等优势的区域，挖掘增量空间。轻资产业务方面，发挥业务协同效应，开展运营服务。大型央国企可以发挥自身优势进行品牌和产品力输出，发挥业务协同效应，提高企业发展韧性。央国企可以凭借品牌信用、资源整合及技术沉淀，通过代建运营、资产管理、产业服务等轻资产业务，构建跨板块协同网络，实现资源复用与价值倍增。

地方国有企业：践行担当，保障民生，基于地缘优势提升运营服务能力。地方国有房企作为地方政府推动城市建设的核心力量，聚焦一级开发及基础配套建设，这既是政策导向的结果，也是其践行担当、保障民生的职责体现。第一，一级开发可通过专项债、城投债等融资工具匹配长周期资金需求。地方国企凭借政府信用背书，融资成本较低，资金链稳定性强于民营企业。第二，一级开发利润相对稳定，虽低于二级开发，但风险可控，符合地方国企稳健经营导向。第三，地方国企需重点布局保障性住房、城中村改造、“平急两用”公共基础设施等国家战略项目，地方国企可通过代建、PPP 模式承接此类项目，形成保障房 + 基础配套的联动开发模式。同时，地方国有房企基于地缘优势提升运营服务能力，向“城市价值运营商”转型：上游参与规划设计与产业策划，结合产业导入提升土地溢价；中游延伸拓展二级开发与功能性设施建设，形成“投建营”一体化模式；下游强化运营服务能力，通过物业管理、长租公寓等业务提升长期收益。

民营房企：做专做精轻资产，精耕细作、适度开发。轻资产业务具有低负债、高毛利、现金流稳定等优势，民营房企需把握存量时代机遇，以专业化、精细化的轻资产服务能力提升核心竞争力，在行业洗牌中实现韧性发展。其一，通过技术与数据驱动进一步精细化运营服务，降低运营成本。民营房企在绿色建筑代建、商办与产业园代建等细分深耕领域解决服务同质化问题，形成差异化竞争优势。其二，精耕细作、适度开发。民营房企审慎投资，通过长期对深耕城市客户核心需求开展研究与管理，打造更有针对性的产品。聚焦核心深耕区域更有助于配置企业资源，通过集中资源来增强品牌对区域客户的影响，从而获得比较优势和品牌回报，提升轻资产业务能力。

（三）依托优势业务领域，打造差异化竞争优势，追求高质量发展

1. 代建发展：二线城市更受代建企业青睐，需不断探索新的代建机遇

（1）商业代建占比超七成，二线城市更受代建企业青睐

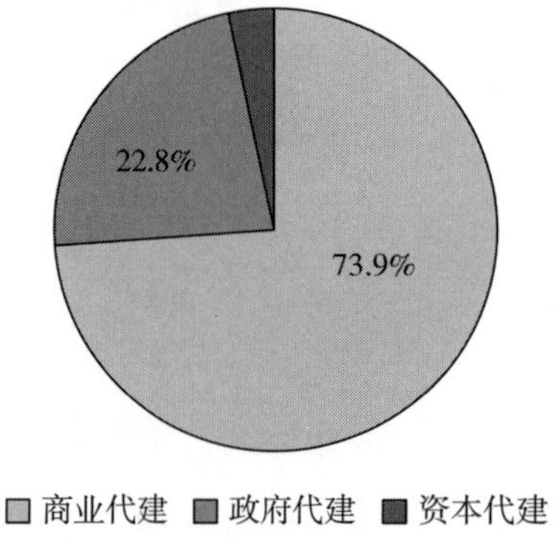

图1-29　2024年典型代建企业新签约规划建筑面积代建模式占比

根据对典型代建企业代建模式统计，2024 年，代建企业新签约规划建筑面积中，政府代建、商业代建和资本代建的占比分别为 22.8%、73.9% 和 3.3%。相较 2024 上半年，商业代建占比上升 4.5 个百分点，略有增长；政府代建保持稳定，微降 0.5 个百分点；资本代建占比下降 4 个百分点。一方面，以纾困项目为主的资本代建由于对代建企业要求较高，涉足企业较少。另一方面，纾困项目代建周期较长，企业同一

周期内持有的项目通常不多。因而，2024 年资本代建有所下降。

五大城市群占比超六成，二线城市更受代建企业青睐。从城市群来看，2024 年典型代建企业新签约规划建筑面积中，长三角、京津冀、粤港澳、中西部和成渝五大城市群占比为 64.8%。其中，长三角占比 28.0%，该区域政府代建法律法规透明度高，市场保持稳定，有利于代建企业进行项目拓展。京津冀城市群占比 13.2%，增长最快。随着长三角区域竞争加剧，部分代建企业会选择避开热点区域拓展项目。从城市等级来看，2024 年代建企业新签约规划建筑面积中，一线城市、二线城市和三四线城市占比分别为 5.0%、50.2% 和 44.8%，二线城市依旧是占比最高区域。

（2）代建管理费率持续压缩，需持续探索新的发展机遇

房地产代建企业需注重高质量发展，而不应以规模发展作为目标。与此同时，随着代建管理费率持续压缩，代建企业需时刻注意降本增效，提升营销能力，加速项目去化，力保合同款及时收回。同时，代建企业也需持续探索新的发展机遇，更加爱惜品牌。

代建管理费率持续压缩，需时刻注意降本增效。根据对典型代建企业代建项目统计，77.7% 的代建项目代建费率在 1%~3% 之间，其中，42.7% 的项目代建费率仅在 1%~2% 之间，占比最高。随着竞争加剧，低管理费率或将延续。这就需要代建企业更加注重运营效率，一方面，提高人员利用率，另一方面，在房地产代建业务外，增加项目咨询、设计等轻资产业务，提高营业收入，以弥补低管理费带来的营收减少。

非房企代建机遇仍在，需持续探索新的发展机遇。随着竞争加剧，部分房地产代建企业也在积极探索并利用新的结构性机遇扩大规模，如城市更新中的保障性住房、配售型保障性住房、共有产权房等。同时，非房企委托代建机遇仍在，如龙湖龙智造代建蚂蚁总部二期、远洋建管代建友芝友集团武汉新建医疗器械生产基地项目等，均是与非房企的代建合作。未来，房地产代建企业需不断拓展委托方的边界，积极接洽非房企代建，一方面在激烈的竞争中突围，另一方面，部分非房企代建对代建方要求较高，代建管理费率通常也较高，可增加代建企业的营收。

品牌化发展成为主流，需更加爱惜品牌。房地产代建本质是品牌输出，品牌化发展在代建领域尤为重要。当前，主要代建企业均已设立代建品牌，走品牌化发展道路。代建品牌化有助于代建企业积极提升代建品牌影响力，确立行业标杆地位，带动代建业务拓展。未来，房地产代建企业需格外重视自己的羽毛，夯实自身产品品质，提升项目甄别和风险管控能力，避免代建过程中因内外部因素造成品牌受损。

表1-13　　代建运营优秀企业

企业名称	企业名称
绿城房地产建设管理集团有限公司	河南中原建业城市发展有限公司
蓝城房产建设管理集团有限公司	金地（集团）股份有限公司
华润置地有限公司	成都龙湖龙智造工程建设管理有限公司
蓝绿双城科技集团有限公司	浙江兴元建设管理有限公司（而今管理）
旭辉管理集团有限公司	中天美好集团有限公司
深圳市人才安居集团有限公司	新城建管（上海）企业管理有限公司
新宏图城市发展集团有限公司	凤凰智拓建管
浙商绿建建设管理集团有限公司	上海东原睿建建设管理有限公司
深圳招商建设管理有限公司	众安集团有限公司
绿地智造建设管理（江苏）有限公司	杭州宋都房地产建设管理有限公司

优秀房企积极发展代建业务，输出品牌和产品。绿城管理集团已连续9年市占率超20%，蝉联代建运营引领企业。作为中国房地产轻资产开发模式的先行者、引领者，通过品牌输出及信用赋能，以定制化的项目解决方案和高品质的开发服务，为社会及客户创造价值。近年来，绿城管理持续推动模式创新、标准引领，以“M登山模型”为B端客户提升经营兑现度，以“M确幸社区”为C端客户打造美好生活场景，并通过开源知识体系和筹建中国代建行业协会等引领行业共同发展，为推动房地产向发展新模式转型贡献力量。金地集团自2006年进入代建领域以来，积累了19年代建经验，其专属经营的代建业务平台——金地管理，始终坚持直营，精研代建能力与体系，践行价值代建之道，以“产品力、经营力、服务力”代建三力驱动价值创造，保持行业领先优势，为委托方创造效益，实现多方价值共赢。龙湖龙智造是深度契合未来城市高品质、数字化、强运营的发展趋势，在“一个龙湖”生态体系内生长出的智慧营造品牌。龙湖龙智造集成龙湖集团全业态开发经验及行业领先的数字科技能力，以“龙湖智造未来城市”为理念，面向未来城市发展提供全业态、全周期、数字化的“一站式解决方案”，致力于成为“智慧营造领航者”。而今管理，作为高端不动产综合解决方案服务商，以“做一成一，服务创造价值”的经营理念，专注为不动产提供综合解决方案咨询、全周期开发运营管理、模块化服务定制的一体化综合解决方案，聚焦资管服务和产业创新，探索服务价值链的延伸，致力于成为值得信赖的价值创造者。凤凰智拓建管公司总部位于广州南沙，秉持“专业创造效益，管理提升价值”的服务理念，以“政府代建”“商业代建”“资本代建”“管理咨询”四大代建模式为核心，灵活为委托方提供多元化组合的开发管理服务方案，项目类型涵盖住宅、商业、酒店、办公、学校、园区等，具有业务范围广、专业能力强、全产业链资源的优势。截至2024年12月，凤凰智拓建管公司已累计承接代管代建项目达201个，累计管理面积1868万平方米。

代建企业打造专业的定制化服务体系，为客户提供一站式服务。旭辉建管坚持“定制化服务”，通过多元业务的协同发展、致力于为委托方综合解题，创造最大价值。围绕产品和服务不断迭代升级，陆续在多个城市打造出前所未见的爆款产品，进一步巩固了专业优势和服务口碑，突显其差异化特色。作为代建行业的“新兵”，旭辉建管始终保持创新，不断砥砺前行，为自身的高质量发展和行业的良性进步注入动力，秉持“东家思维、当家心态、管家身份、专家能力”的服务理念，专业的定制服务体系和卓越的服务口碑，赢得了市场的广泛认可与信赖。中天美好·光影管理是中天美好集团旗下的专业代建子公司，致力于成为完善公建配套、提升产业集群及多维度全咨赋能的综合代建服务商，专注于政府代建、商业代建、全过程咨询、造价咨询、城市更新和乡村振兴五大领域。公司以“产品领先、品质至上、品牌发展”为核心战略，构建了“1+N”全过程服务体系，全维度护航保障代建项目的全过程、各专业服务咨询建议与规划实施，对工程建设提供全过程管控服务。东原睿建建销服作为东原集团的特色轻资产业务，致力于以自身在房地产业务领域及关联行业累积的深厚经验与专业实力，为国家和地方政府提供专业的一站式服务，有效激活并优化地方现有资产资源，激发经济增长潜能，推动消费升级，促进市场健康有序发展。

代建企业以绿色技术、数智化科技手段为代建赋能。新城建管以“全生命周期代建”模式领跑行业，2024年累计管理项目超80个，代建面积达1200万平方米，客户续约率91%。公司首创“数字孪生+AI运维”平台，实现项目成本管控偏差率低于2%，交付周期缩短18%；其打造的“绿色代建”体系碳排放强度较行业均值下降37%。依托母公司新城控股“住商产”生态资源，构建了从设计咨询到智慧交付的闭环服务体系，为行业输出了兼具标准化与灵活性的代建解决方案。

代建企业不断夯实自身核心竞争力，在细分专业领域扩展代建业务。具有地方国资背景的浙商绿建集团，是一家专注于为合作伙伴提供全产业链咨询服务、全过程管理服务、投融资开发运营一体化服务及绿色科技创新服务的绿色智慧城市综合服务商。目前浙商绿建集团已在企业总部大楼、商业综合体、绿色科技及产业园、未来社区建设及运营等领域中打造了众多具有代表性和影响力的项目。绿地智造作为绿地控股及绿地香港旗下专业代建服务平台，依托集团综合产业优势，紧随国家经济发展战略，快速拓展轻资产代建新赛道。围绕“3+3”专属业务服务体系，为委托方提供房地产项目全过程开发管理，包括综合代建、城市更新、不良资产盘活三类核心业务及营销管理服务、资产运营服务、专业咨询服务三类服务业务；立足全产业链和全生命周期管理体系，构筑代建服务核心竞争力。

房企积极参与保障房项目、城市更新、未来社区等政府代建业务。作为国内房地产代建的首倡者之一，蓝城集团经过多年发展，凭借强大的产品力和服务力，赢得了极其优秀的市场口碑。无论是城市地产的商业代建，还是政府保障房、政府公建等领域，蓝城集团依托完整的产品体系，成熟的全过程代建服务体系和颇具特色的生活服务体系，始终秉持“为更多人造更多好房子”的初心，为营造“美好生活”这一永恒的追求，不断地探索和实践。

表1-14　政府代建运营优秀企业

企业名称	企业名称
蓝城房产建设管理集团有限公司	绿城房地产建设管理集团有限公司
金地（集团）股份有限公司	蓝绿双城科技集团有限公司
旭辉管理集团有限公司	中天美好集团有限公司
河南中原建业城市发展有限公司	浙江兴元建设管理有限公司（而今管理）
建发房地产集团更新建设公司	成都龙湖龙智造工程建设管理有限公司
深圳市人才安居集团有限公司	浙商绿建建设管理集团有限公司
深圳市天健地产集团有限公司	众安集团有限公司
深业集团有限公司	杭州中兴房地产开发有限公司

旭辉建管围绕委托方“面向企业、服务产业、留住人才”的需求宗旨，在政府有关部门的指导下，因地制宜、量体裁衣地积极探索政府代建的定制解题方案，力争以人才居住的“小切口”助力园区做好引才聚才的“大文章”，真正构筑人才与产业共荣生态圈。而今管理根植高端不动产品质基因，深刻洞察居住者的个性化需求，以对标商品房品质的国家级标准、对产品创新的不懈追求，为安居社区落地提供系统性综合解决方案，打造美好而富有生命力的“好房子”。力求将每个项目打造为区域标杆，为人民群众创造更多高品质生活空间，为营造宜居城市贡献智慧和力量。

建发更新建设公司是建发房地产集团旗下专业从事城市更新改造及代建运营的业务板块公司，业务涵盖成片综合开发建设、旧村旧城改造、全业态代建、代运营及招商等领域，致力于发展成为城市更新建设全链条综合服务运营商。公司通过政企联动、创新驱动成功打造多个省、市重点项目，荣获中国建筑工程“鲁班奖”、国家优质工程奖等国家级、省级各类奖项近60余次，依托建发综合优势，助力城市美好生活。

表1-15　优秀代建项目

项目名称	企业名称
慈溪云溪东方园	浙江兴元建设管理有限公司（而今管理）
蠡棠森屿	旭辉管理集团有限公司
建德梅城镇安置房工程二期（龙溪区块）	中天美好集团有限公司
悦澜山	金地房地产建设管理集团有限公司
合肥央璟颂	成都龙湖龙智造工程建设管理有限公司

云溪东方园根植本土情怀，择址慈溪市府核心，四面环水览一线滨河景观，整体规划超 300 平方米顶级改善型大平层和宋风独栋别墅，以立体花园式立面、无界空间尺度、下沉式庭院等宋韵风雅景观，打造当代东方诗意栖居和生态人居范本。“结庐都市中，宛若森屿境”，蠡棠森屿作为苏州主城四代宅定标之作，将诗意苏州的造园基因重新编译，以垂直森林建筑和曲面空中庭院的新建筑语言，辉映城市的人居向往和美学天际。在纵向创新之上，更颠覆性构建社区横向界面，以大尺度的景观公区让渡，打造 2300 ㎡中央水景、5000 ㎡草坪、13 个架空层功能区、2000 ㎡下沉式泳池会所等空间，并将多元场景作为情绪材料，建构物质丰盈和精神富有的全新居住体验。

表1-16　　房地产共建领先企业

企业名称
蓝绿双城科技集团有限公司

蓝绿双城坚持“用新模式共建好房子”，创新“共建”新模式，持续优化“城市共建”“变量共建”“资本共建”的实施路径、保障举措，推动城市规划、城市建设、城市运维、城市服务的一体化系统运作，推进“土地－住房－资产”的全周期精细化管理，营造“好房子”，提供“好服务”，更好地满足人民群众对美好生活的向往。

2. 产业园区：构建产业生态闭环，持续强化数据驱动的精准运营

2024 年，房企在产业园区业务领域进一步聚焦对运营服务能力的提升。一方面，房企通过深化产业链整合，形成“产业投资＋园区开发＋运营服务”的生态闭环，提升竞争力。如张江高科搭建“产业＋地产＋金融”循环平台，以股权投资反哺园区服务，形成轻重资产动态平衡。另一方面，持续强化数据驱动的精准运营。房企加速数字化转型，利用大数据动态分析客户需求，优化招商和运营效率。其一，房企通过 AI 算法与大数据分析构建智慧招商体系，实现企业需求与园区资源的精准对接。其二，依托 BIM、数字孪生等技术建立园区全生命周期管理平台，实现成本招采一体化管控，打通管理孤岛。

面对复杂的宏观经济趋势，优秀房企不断提高运营能力，积极加大开拓力度，创新产城融合发展新模式。研究组综合分析物业租售额、物业租售面积、招商引资额、地均 GDP、带动就业岗位数量等 16 个指标，评价产生 10 家产业园区运营优秀企业，为行业提供参考。

表1-17　　产业园区运营优秀企业

企业名称
北京联东投资（集团）有限公司
中新苏州工业园区开发集团股份有限公司
招商局蛇口工业区控股股份有限公司
上海张江高科技园区开发股份有限公司
深圳市星河产业投资发展集团有限公司
山西园区建设发展集团有限公司
上海临港经济发展（集团）有限公司
广东中天产城集团有限公司
北京科技园建设（集团）股份有限公司
深圳市中集产城发展集团有限公司

优秀产业园运营企业聚焦产业运营全链条能力，不断提升运营效率和服务水平。联东创建于1991年，专注于产业服务和园区运营，已经发展成为具有全国影响力的产业集团。联东重点布局核心城市核心区域，目前已引进、服务新兴制造业和科技型企业21000家。联东始终站在“服务实体经济，引领产业升级”的前沿，积极践行“以运营为核心，以数智为牵引”的战略，助力“新质生产力”培育，推动区域经济高质量发展。

表1-18 中国产业综合运营优秀企业

企业名称
绿城美好产业发展有限公司
华润置地有限公司
中国金茂控股集团有限公司
鸿荣源资产管理公司
复星蜂巢控股

优秀房企整合内外产业资源，带动产业可持续发展。绿城美好产业作为绿城小镇集团旗下专业产业运营平台，深耕商业、文旅、康养、教育、农业五大领域，赋能小镇产业运营、创新，实现多元产业协同发展，以“经营美好生活”为使命，持续赋能产业经营。

表1-19 新质生产力优秀产业运营商

企业名称
武汉东湖高新集团股份有限公司
中新苏州工业园区开发集团股份有限公司
上海张江高科技园区开发股份有限公司

作为新质生产力发展的重要载体与推动力量，产业园运营企业在科技创新赛道上，深度赋能新质生产力。武汉东湖高新集团股份有限公司成立于1993年，1998年上市，作为湖北联投集团旗下园区运营板块的排头兵，致力于打造科技园区、产业园区、功能园区全生命周期运营商。经过30余年发展，公司布局园区运营、环保科技、数字科技三大板块，业务覆盖国内20余个省市及欧洲比利时，运营47个科技产业园区，管理面积超1500万平方米，服务企业逾12000家，园区年均产值1500亿元，税收150亿元。公司聚焦智能制造和生命科技两大新兴产业，构建“e+”运营服务体系，助力企业成长与产业升级。

3. 城市更新：优化运营效率，加强产业资源整合

行业分工将更加专业化与精细化，产生大量细分业务需要。多地通过“一地一策”“一区一策”制定更新方案，形成“政府主导＋企业承办＋专业机构协作”的分工模式。城市更新已从粗放式开发转向以“专业化分工、精细化运营”为核心的深度更新阶段，产生大量细分领域的业务需要。针对城市中心区、老旧厂区等区域，行业逐步形成综合式、链条式、经营式三大发展模式。

表1-20　　城市更新主要模式特征

适用场景	资源投入	主导方	发展模式
城市中心区、历史街区等	重资产、长周期	政府 + 平台公司	综合式
产业园区、老旧厂区等需产业升级的区域	中资产、针对性补链	龙头企业 + 行业协会	链条式
商业价值较高但物理空间老化的地段	轻资产、快速迭代	市场化运营商 / 资本	经营式

综合式更新主要针对城中村改造、城市中心区、历史街区等复杂区域，需统筹生态、文化、民生等多维度需求，通过“微更新 + 系统整合”实现功能再生，这一模式要求开发及运营商具备复合开发能力，具体包括顶层设计、产业生态重构、资金运作、风险管理以及社区运营服务等。链条式更新通过产业链上下游协作，形成“规划 – 建设 – 运营”全周期专业化分工，提升资源整合效率。这一模式对运营商产业导入和园区厂区规划能力要求较高。经营式更新通过市场化运营机制设计，平衡短期投入与长期收益，保障项目可持续性。这一模式更看重运营商招商引资和可持续经营的能力。

房企聚焦优化运营效率，强化产业资源整合。一方面，房企利用数字化工具优化全周期管理，提升运营效率，例如，通过智慧园区系统实时监测能耗、人流数据，动态调整商业布局；利用 AI 算法、消费数据分析建立需求数据库，优化招商定位，实现精准产业导入。另一方面，随着城市更新市场化程度逐步开放，投资机构、专业服务商等多类企业依托专业能力布局细分领域，房企应加强产业资源整合，通过构建“策划 – 设计 – 建造 – 运营”闭环生态，形成竞争壁垒。同时，房企应重点关注投资基金化、改造信贷化、运营证券化，通过创新融资工具实现业务的轻资产化。探索城市更新项目的 REITs 模式，打通投融管退通路，实现滚动发展。

表1-21　　城市更新优秀企业

企业名称
保利发展控股集团
华润置地有限公司
蓝绿双城科技集团有限公司
上海中建东孚投资发展有限公司
石家庄国控城市发展投资集团有限责任公司
杭州市城建开发集团有限公司（大家房产）
天津轨道交通城市发展有限公司
北京建工集团有限责任公司
联发集团有限公司
硚口城市更新集团

优秀房企紧抓政策利好持续推进城市更新，不断改善人居环境，增强城市综合承载力和竞争力。中建东孚在城市更新领域展现出卓越的洞察力和创新能力，通过精心规划和高效实施，成功焕发城市新活力，提升居民生活质量，为城市可持续发展贡献重要力量，树立了行业典范。作为省会城市建设的中坚力量，石家庄城发投集团与城市共生长，在倾力打造高铁片区、太平河片区、龙泉湖片区、和平东路片区等重点片区，大力推进城市更新重点项目建设的同时，强势拓展房地产开发业务板块。天津轨道交通城市发展有限公

司，以踔厉奋发的姿态在城市更新中勇立潮头，将TOD开发与城市更新充分融合，凭借丰富的经验和高效的管理能力，不断创新、追求卓越，加快实施在手项目，大力推进新项目入库启动，以实干和创新为城市发展构筑新篇章。硚口城市更新集团坚持打造市场化、专业化、品牌化国有企业，重点聚焦城市更新、保障房运营、人工智能产业三大主责主业，致力于打造城市更新投资商、住房保障服务商，产城融合运营商。

4. 打造“好房子”，追求高质量发展

2024年，中国房地产企业在行业深度调整中积极探索高质量发展路径，通过优化财务稳健性、强化交付力、提升产品力及创新业务模式等方式实现韧性发展。其一，房企聚焦现金流管理，优化融资结构，严守安全底线；其二，打造“品质交付”核心竞争力，从“交付房子”到“交付生活”；其三，围绕“技术硬实力＋人文软价值”打造好产品，建设好房子。

表1-22　　房地产高质量发展优秀企业

企业名称
中海地产（中国海外发展）
华润置地有限公司
绿城中国控股有限公司
招商局蛇口工业区控股股份有限公司
中国铁建房地产集团有限公司
广州城投地产
杭州市城建开发集团有限公司（大家房产）
湖南建投地产集团有限公司
山西建投城市运营集团有限公司
成都华天文化旅游开发有限责任公司

绿城坚持“全品质、高质量、可持续”发展主基调，坚持以“最懂产品”“最懂客户”为战略支撑，坚持品质为先和“特而美”路线，在由量到质转型发展的过程中，努力实现从好向优的能力提升。山西建投城市运营集团以聚焦高质量发展为首要任务，强化房地产大运营体系效能，扎实培育“好房子”开发运营能力，全面提升地产、物业、城市运营综合服务水平，全面实施品质提升战略。华天文旅以旧城改造起步，不断强基固本，城市更新、公服基建、民生事务、产业运营等多元化发展，形成以城市更新为主轴，以城市建设为核心，以民生事务为使命的业务版图。华天文旅以华天杉系四大高品质项目，树立改善标杆，塑造高端生活范式。

在房地产行业深度调整的背景下，严守安全底线、聚焦现金流管理已成为房地产企业生存与发展的核心命题。其一，财务自律，构建安全防线抵抗风险。头部房企一方面通过严控杠杆率与优化债务结构来实现财务韧性，这种财务纪律使企业能够在市场波动中避免流动性危机；另一方面，通过表外融资清理与供应链金融规范，降低隐性债务风险，防止表外融资失控导致的连锁反应。其二，加强预售资金监管，通过穿透式管理化解交付风险。房企需建立现金流压力测试模型，提升自身的经营测算和调控能力，及时调整开发节奏，预防风险。其三，优化融资结构，一方面，通过资产证券化与REITs突围，另一方面，转型轻资产模式与代建业务拓展，以低资本投入撬动管理费收益，缓解资金沉淀压力。

表1-23 经营安全性优秀企业

企业名称
中海地产（中国海外发展）
绿城中国控股有限公司
上海中建东孚投资发展有限公司
安徽省高速地产集团有限公司
杭州市城建开发集团有限公司（大家房产）
众安集团有限公司

中建东孚凭借其卓越的风险管理、严谨的合规流程和高效的应急响应机制，以安全为基石，持续推动行业健康发展，树立了行业安全管理的标杆。作为安徽房地产行业的领军者，高速地产集团以“精准投资＋产品创新”构筑起安全发展的双防线。在投资战略上，集团坚持“立足合肥、深耕安徽、东进长三角”的布局，抢抓高能级城市、高净值区域土地市场契机，以高货值、高颜值、高关注度的优质地块，在激烈的市场竞争下赢得了较好的口碑和市场占有率。在产品创新上，集团精准洞察改善型住宅需求，打造兼具“高阶颜值”“高质精工”与“高端改善”特性的“院系”产品，备受市场青睐。这种“稳健中求创新，创新中保稳健”的发展模式，树立了新时代房企安全发展的典范样本。杭州市城建开发集团（大家房产）隶属于国有企业杭州城投，是一家经营稳健的实力国企，资金雄厚，“三条红线”全绿档，同时也是浙江省首批国家一级资质开发企业、AAA级信用企业。

打造“品质交付”核心竞争力，从“交付房子”到“交付生活”。代表房企一方面打造全周期服务，通过交付前筹备－交付中服务－交付后回访的全流程体系、圈层运营与社群价值激活等服务，实现从“交付房子”到“交付生活”。另一方面，构建透明化与精细化双轨并行的工程管控机制，如工地开放与过程可视化、预交付与快速响应机制、情感化交付触点设计等。

表1-24 交付力优秀企业

企业名称
保利发展控股集团
绿城中国控股有限公司
越秀地产股份有限公司
上海中建东孚投资发展有限公司
中国铁建房地产集团有限公司

优秀房企坚持从客户需求及体验出发，以高品质交付开启万千家庭美好生活。中建东孚以客户为中心，不断创新与优化，实现了高效、优质的项目交付，为行业树立了标杆，展现了强大的综合实力和责任感。

表1-25 产品力优秀企业

企业名称
绿城中国控股有限公司
龙湖集团控股有限公司
中国铁建房地产集团有限公司

续表

企业名称
上海中建东孚投资发展有限公司
联发集团有限公司
杭州市城建开发集团有限公司（大家房产）
金地（集团）股份有限公司
中交房地产
上海东原睿建建设管理有限公司
山西建投城市运营集团有限公司

优秀房企坚持“产品主义”，针对客群需求以差异化定位打破同质化竞争，积极推动产品迭代升级。2024 年，擅长打造高端改善产品的绿城中国，“凤起系”“月华系”“雲庐系”等七大引领型产品系封装完成，各产品系多地开花，并持续打造高品质“全维实景示范区”。在住建部“好房子”标准的基础上，绿城中国发布了业内首个企业“好房子”标准，提出构建好房子“1+6+N”体系，涉及“好房子”标准共计 226 项条款，其中 189 项优于国家标准及行业标准。作为行业内以品质领先的房企，绿城始终坚持“产品主义”的初心，在发展过程中将产品放在首位，并且不断优化和升级产品体系，引领行业品质发展新方向。中国铁建地产“西派系”“语系”等产品线以差异化定位打破同质化竞争，通过人性化设计、精工品质与城市资源整合能力，重构高端人居价值标杆，展现央企对市场需求的深度洞察与引领作用，为行业转型提供了“长期主义”的生动范本。中建东孚凭借卓越的产品创新能力和对品质的执着追求，荣获“2025 中国房地产产品力优秀企业”荣誉，其项目以精工品质和人性化设计赢得市场广泛认可，展现了强大的产品竞争力。从“五比五好”产品哲学的匠心理想出发，大家房产推出“大美为家”品牌主张，它由“美家 | 好家 | 爱家”三大体系组成，是大家房产的产品价值观和营造标准、服务标准。在产品与服务标准规范化下，大家房产成功生成“美好社区”，通过八大场景的生活营造，助力城市人居更新迭代。中交房地产坚持打造“精工质造之美”，从“新场景 · 心体验”出发，提出了 M+ 交享生活体系的产品理念，衍生出 MEET（交流）、MERIT（优享）、MELODY（愉悦）、MEADOW（生态）、MAGIC（乐活）五大场景，从建筑到景观，再到精装，全专业覆盖，精选建材，优化细节，从匠人本位与科技创新出发。东原睿建从产品初期的故事线策划，到产品价值的渗透，把产品价值转化为客户语言，做好价值创造与兑现。

随着房地产市场供求关系发生重大变化，人民群众对住房的需求已经从“有没有”转向“好不好”。在需求与政策共同推动下，2024 年行业正式开启“好房子”建设元年。2025 年，“好房子”首次被写入《政府工作报告》，要完善标准规范，推动建设安全、舒适、绿色、智慧的“好房子”，这体现出政府对于“好房子”建设的高度重视。未来，“好房子”建设不仅是推动构建房地产发展新模式的关键举措，也是满足民众安居需求、实现高品质生活的重要实践。

对于“好房子”的标准，中央多次强调其应具备安全、舒适、绿色、智慧等特征，业界及社会也已达成一定共识。中指研究院结合国内外住宅评价标准并借鉴众多优秀案例，归纳出“好房子”的六大特征：绿色低碳、安全耐久；健康宜居、科技智能；全龄友好、协调美观等，旨在为行业建设“好房子”提供参考，并挖掘真正代表高品质居住标准的优秀项目，推动行业高质量发展。

表1-26　　2025年人居梦想“好房子”

项目名称	城市	开发商
保利花照天珺	成都	保利发展
中環置地中心·望雲	上海	华润置地
中建合玺东方	南京	中建东孚
元启	北京	中建壹品
珠江实业智慧人居1号实验室	广州	广州珠实地产有限公司
北京隅·西颂	北京	金隅嘉业
绿城·义乌凤栖逸庐	义乌	绿城中国
中建壹品·汉韵公馆	武汉	中建壹品
高速·壹品	合肥	高速地产集团
海成·云湖郡	重庆	海成集团
自贸·湾啟紫荆	深圳	深圳前海建设、招商蛇口
建发钱塘建投·云启钱湾	杭州	建发房产
绿城·武汉桂湖雲翠	武汉	长城资产、绿城管理
金隅·花溪云锦	北京	金隅嘉业
清能锦城·缦云观樾	武汉	湖北联投清能集团
中建·翡翠天序	长沙	中建信和
中海大境	广州	中海地产
华润置地中环天宸	成都	华润置地
城发恒伟·观江学府	长沙	城发恒伟
中粮·大悦未来城	西安	大悦城控股
保利·外滩序	上海	保利发展
国贸海上鸣樾	厦门	国贸地产
九章赋	常熟	昆承湖建投、东原睿建
邗城·柳岸晓风	扬州	邗城地产
清风·鹿溪源	成都	清凤集团
深业世纪山谷·世家	深圳	深业集团
越秀·静安天玥	上海	越秀地产
滨江锦上万象府	杭州	滨江集团
保利明湖金茂府	宁波	保利置业、中国金茂
龙湖御湖境	苏州	龙湖集团

南京中建·合玺东方项目遵循第四代住宅理念，层层错开的挑空露台设计，户户私享一方“空中庭院”。建筑方面，项目引入了明故宫等南京当地殿宇的重檐、飞檐形制；园林方面，项目打造“西贵北隐”双重归家体系，宅园合一，构建六重景观，重塑东方宜人的庭院空间。北京元启项目由中建壹品及兴创投资联袂打造，交通便捷，配套完善。项目立面采用大面积玻璃幕墙及金属线条，打造超扁平立面形象，园

林以东方新中式风格为灵感，打造“两轴六景”景观体系，营造处处皆景的沉浸式居住体验。珠江实业智慧人居 1 号实验室以“绿色低碳、科技赋能”为核心，依托“人性化的科技、智慧美学的设计、极致的用户体验”，深度融合 AI、物联网、低空经济物流系统等前沿技术，构建国内领先的绿色、低碳、智慧、安全广州好房子样板，成功打造了一个高度集成的智慧人居生态系统。该实验室主要聚焦智慧家居、智能服务、智慧社区等领域，涵盖十大科技创新系统，实现了六大创新应用场景的落地，应用了五项国内首创技术，获得了多项发明专利。

北京隅・西颂项目以全产业链协同优势，造好材料，建好房子。项目毗邻公园，延续花园住区的理念，园林设计取意《林泉高致・山水训》，营造可赏可游、可品可居的花园式生活。项目遵循情境造园理念，打造下沉式庭院、第五季花房、恒温水洗、宁静住宅等亮点，成为响应政府“好房子”新政的示范性住宅。绿城・义乌凤栖逸庐，以约 1.01 容积率打造城市低密新地标，从“高颜值、极贤惠、最聪明，房低碳、人健康、全周期”等追求出发，打造超过一万平方米的国际东方立体游园实景示范区，展示“隐逸东方，精琢于心”的绿城“好房子”。中建壹品・汉韵公馆作为光谷首座第四代住宅，以中建三局精工标准融合汉风建筑美学，树立武汉高端住宅新标杆。项目主力户型建筑面积约 143~191m^2，得房率最高约 109%。项目创新打造 LDKBG 五维交互厅堂、主卧奢适套居与全屋智能系统，打造约 6 米挑高的错层露台花园，实现一户一院的“云上栖居”体验。

高速地产集团顺应房地产行业智能化、生态化转型趋势，创新推出“五心健康智慧住宅”，通过“悦心”“静心”“清心”“栖心”和“慧心”五大核心模块构建现代人居体验，并以高速・壹品项目为实践标杆，深度融合智能科技、生态健康与精工美学，不仅精准响应国家“双碳”战略，更通过用户需求导向的创新实践，重新定义了安全、舒适、可持续的高品质住宅标准，打造健康科技住宅领域的典范之作。海成・云湖郡作为重庆四代住宅标杆项目，以“无对视私密庭院”为核心亮点，通过奇偶层错层设计、IMAX+270° 环幕视野及约 6.3 米挑高生态院馆，解决了传统四代住宅采光与隐私痛点，重构空中庭院的生活场景。凭借其创新设计与人居理念的融合，成为行业瞩目的改善型居住范本。绿城桂湖雲翠项目位于武汉二环，以“湖光山色”为基底，以“无界美学、臻萃生活”为核心模块，在 13 万平方米园区之上，打造湖滨叠墅、湖境洋房和准四代无界高层住宅，预演绿城产品力进阶的四大新样本，实现人居方式的迭代焕新。金隅・花溪云锦是金隅 TOP 级新豪宅典范，项目定位为“主城芯低密花园社区”。园林方面，项目将垂直绿化覆盖架空层、连廊及每户景观花池，下沉式庭院直通市政公园，打造“园中院、院中园”的沉浸式生态。户型方面，项目打造全四居起步、经典四叶户型，以私密化布局实现全龄共居互不打扰。项目以“主城芯、高得房率、生态社区”等优势重塑北京高端人居标准。

清能锦城・缦云观樾是武汉白沙洲核心区的高端住宅项目，由湖北联投旗下清能集团开发，定位为“准四代住宅”创新标杆。户型设计上，项目通过三面宽阳台、高得房率、飘窗全赠送等设计，实现居住体验全维升级。园林方面，项目通过 60 米宽门庭、楚风编钟迎宾墙、汉绣雕花等设计，营造“画中游”沉浸体验。中建・翡翠天序是长沙雨花红星城市更新示范项目，由中建五局联合雨花国资集团斥资超 150 亿元打造。项目依托城市更新战略，聚合德思勤商圈、3 地铁 1 轻轨立体路网、湖南省植物园及圭塘河生态带，构建商旅生态复合住区。项目践行“安全、舒适、绿色、智慧”理念，东地块打造 110~143m^2 全装修三至四居室，西地块布局 185~230m^2 大平层。全系 3 米层高及以上设计搭配公建化立面封窗，每户预装华为智能中控系统，通过精工细节与智慧科技重塑高端人居标准，实现城市界面焕新与居住品质双升级。城发恒伟·观江学府由国企长沙城发恒生置业开发，项目位于天心区南湖新城核心区，紧邻书院路主干道，对望湘江、橘子洲头，属“湘江金融外滩”湘江 CBD 范围。项目周边商业、医疗、生态资源优越，有南郊公园等环绕。项目以现代极简外立面和精致园林为特色，打造“两轴、三园、七院、一巷、四环”空间格局。

国贸海上鸣樾项目位于海沧湾东南向，拥揽东南向约 18 公里海岸线视野。项目对望厦门湾区天际线，包括帝景苑、鹭江道、鼓浪屿等人文地标。项目因地制宜打造海洋主题园林，以“海月森屿”为设计理念，打造双轴“一心一带多花园”的景观结构，将月亮、贝壳、波浪等元素融入产品设计，营造具有海洋度假特色的现代美学居所。常熟九章赋由昆承湖建投及东原睿建合作开发，项目规划“合院 + 叠墅”两种业态，容积率仅 1.05。在设计上，九章赋汲取传统府院文化，上下形成“一座大宅，六个院子”，同时项目为独门独院独户，L 型建筑布局兼具实用性和功能性，打造江南雅致宜居之所。邗城·柳岸晓风坐落于老城与新城交汇的城芯区域，以“好房子”为核心理念，匠心打造标准高、设计优、材料精、施工佳的全维度高品质住宅。项目外立面采用天然花岗岩、铝板与蓝灰系玻璃，呈现超扁平风格的现代立面，彰显卓越质感。社区景观以“雅奢自然”为设计理念，精心构建“一脉、一轴、一环、七境”体系，将自然与人文巧妙融合。项目采用酒店式入口及人车分流设计，配备地下恒温泳池、健身瑜伽房、私宴厅等高端会所设施，以及约 4000 ㎡全龄主题架空层，营造丰富多元的生活场景。项目将城市文脉与现代奢居有机融合，意在打造扬州主城焕新的标杆之作。清风·鹿溪源依托天府新区绿脉，打造约 320 亩滨水度假豪宅，以“溪谷生态美学”为基底，通过低密合院与滨水叠拼的错落布局，构建“一溪七境”的度假场景，2024 年一批次圆满交付，以超行业的交付标准成为成都高端改善市场标杆性作品。

副报告二　2025 中国房地产服务优秀企业研究

2024 年房地产市场整体呈调整态势，“9·26”新政后市场信心有所改善，核心城市销售出现阶段性回稳，但未来房地产市场销售恢复仍面临诸多挑战，如居民收入预期尚未根本性扭转，新开工面积持续下滑以及二手房市场对新房市场“替代效应”明显等。在新竞争格局下，房地产服务行业亦迎来新的机遇和挑战。一方面，房地产市场增速放缓，开发企业风险逐步累积，新的竞争持续涌现，为房地产服务企业发展带来巨大挑战；另一方面，房地产存量市场不断扩大，也为业务拓展带来了新的发展机遇。房地产服务企业顺应时代发展需求，积极探索多元化发展的新模式，在抢占市场生存空间的同时，加快渠道合作以及大数据技术应用，在拥抱行业的变革中持续提升综合竞争力。

在此背景下，房地产服务行业加快转型升级，涌现出一批紧跟时代发展、创新向前的优秀房地产服务企业，他们顺应时代发展需求，创新服务模式，深化服务能力，成为行业的先锋。

1. 策划代理企业：业绩承压，多措并举，降本增效

2024 年，受房地产市场持续调整影响，作为产业链关键环节的策划代理行业也同步承压。在此背景下，优秀的策划代理企业严守现金流安全底线，应势而变、多措并举发展业务，积极推动组织变革，为企

业稳定及创新发展夯实基础。

中国房地产 TOP10 研究组自 2005 年以来开展中国房地产策划代理百强企业研究，研究已连续进行了二十一年。中国房地产 TOP10 研究组继续以近三年平均一手物业代理总建筑面积 50 万平方米为入选门槛值，以 2022—2024 年度为研究时间段，从规模性、盈利性、成长性、策划能力、一手物业代理能力等方面入手，采用因子分析方法对 60 余家全国性房地产策划代理企业进行研究。

由于近年来策划代理行业内外竞争激烈，企业分化严重，经营情况大幅波动，大量策划代理企业被淘汰或名存实亡，也出现大型策划代理企业在资本市场退市等事件，所以在数据收集和审核方面，研究组坚持谨慎原则。本次研究严格要求策划代理企业填报数据，并通过会计师事务所出具的报表、企业的税单以及其他途径对收集的数据进行交叉复核，未能提供数据的企业将不纳入研究范围。在此基础上，研究组甄选出 10 家“2025 房地产策划代理优秀企业”。

表1-27　　2025房地产策划代理优秀企业

企业名称
保利和润房地产投资顾问有限公司
深圳世联行地产顾问股份有限公司
同策房产咨询集团股份有限公司
新联康（中国）有限公司
广州越秀兴业地产代理有限公司
江苏新景祥网络科技股份有限公司
成都正合地产顾问股份有限公司
北京亚豪房地产经纪有限公司
上海东原睿建建设管理有限公司
上海策源置业顾问股份有限公司

（1）业绩承压，营业收入同比下降

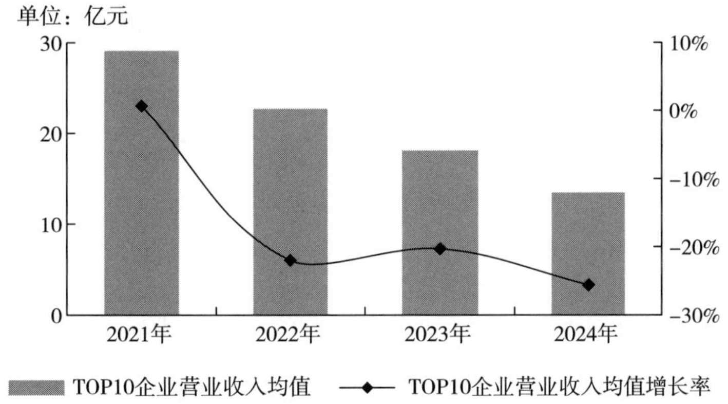

图1-30　2021—2024年TOP10企业营业收入均值及增长率

2024 年，房地产市场仍在底部运行，策划代理企业虽尽力调整营运策略，努力挖掘市场机会，但短时间内经营效益及业绩仍受到一定的冲击，营业收入同比下降。从策划代理 TOP10 企业来看，2024 年营业收入均值为 13.5 亿元，同比下降 25.6%。

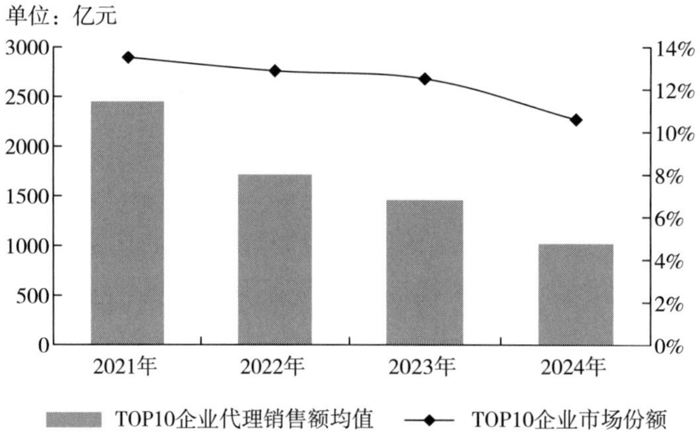

图1-31　2021—2024年TOP10企业代理销售额均值及市场份额

2024 年策划代理 TOP10 企业代理销售额均值为 1020.9 亿元，同比下降 30.0%。面对复杂的市场环境，策划代理企业多措并举发展业务，积极开拓新渠道，严控成本费用支出，继续推动企业的可持续发展。

（2）多措并举挖掘发展潜力，科技赋能优化服务体系

2024 年以来，伴随着房地产市场的巨大变化，策划代理企业亦积极调整以应对市场变化和客户的新需求，持续整合优势资源，多措并举积极挖掘发展潜力，以科技赋能为工具优化服务体系，助力市场库存消化、盘活存量资产。

多措并举发展业务，提高成交效率，积极推动客户加速项目进程，优化合作项目结构，精准对接市场需求，提升供需匹配效率。世联行灵活调整客户结构，紧盯优质项目合作机遇，针对去化速度较慢的项目，与开发商紧密合作，从定价、推广、渠道等多维度优化营销策略，同时巩固多业务综合营销服务模式，强化渠道链接，利用新媒体赋能，有效提升项目曝光度与去化速度，全方位推动业绩提升。同策集团始终保持对行业发展趋势的敏锐洞察力，秉承“专业至上、服务至诚”的经营理念，先后布局全国 146 座城市，见证产业链发展全过程，已形成交易服务、资管运营、金融投资等业务板块，满足客户的多样化需求。兴业地产依托越秀集团国资背景，深耕粤港澳大湾区并拓展全国 26 城，形成“全程策划 + 销售代理 + 签约售后”的全链条服务优势。东原睿建是东原集团孵化的专业服务平台，依托东原集团在地产开发、城市运营、智慧民生等领域的深厚积累，专注于为委托方提供一站式综合解决方案。东原集团成立于 2004 年，是中国房地产开发企业 TOP50 之一。东原睿建以“建销服”为核心，整合房地产开发共建、新媒体营销、商业管理、城市更新及医疗康养等资源，业务覆盖全国 20 多座城市。秉承与委托方、合作伙伴共营、共担、共享的价值观，东原睿建以工匠精神为核心，持续为客户创造价值。

加大数字化和人工智能领域的开发和投入，全力推进数字化战略，提升服务效率和客户体验。保利和润作为保利发展控股集团旗下核心营销服务平台，在深刻的行业变革中，积极落实“大交易 + 大资运”的双轮驱动战略，推动“一手代理、二手经纪、资产经营”三大业务协同向新发展，并坚持以客户为中心，用数字化底座串联起“懂客、获客、收客、养客”的全生命周期服务体系，深度践行“专业、温度、信赖”的服务理念，持续强化在行业调整期的可持续发展能力。世联行与新媒体大 V 深度合作，借助线上活动精准定位潜在客户，再通过线下专业团队、实景体验及个性化的专业服务等，实现线上私域流量至线下

成交的高效转化。新联康（中国）自主研发的“智策云”平台实现客户需求响应时效缩短至48小时，AI定价模型精准度达92%，带动重点城市市占率提升至19%。

（3）严守现金流安全底线，严控成本专注项目盈利

2024年在市场缩量及开发商成本极致控制下，“活下去保盈利”是策划代理企业发展的核心主题。策划代理企业严守现金流安全底线，贯彻“利润为正、现金流为正”的经营方针。

严控成本费用支出，专注项目盈利，提升整体业绩。世联行实施定期盘点机制，精细化调整项目人员配置，确保资源高效利用。项目立项时对人员配置进行严谨测算，开盘后依据销售动态灵活调整配置，或者实现综合营销业务驻场和渠道专员岗位复用。针对负毛利、零成交的项目，综合评估市场、项目、影响力及法律风险后，决定是否撤场；对持续亏损项目，迅速推进撤场和人员优化，以止损保效。合并优化中后台，强化业务赋能，确保运营效率的同时，严控差旅等管理成本；人员调整后及时精简宿舍与办公空间，有效降低非生产性支出。

未来，在存量市场中，策划代理企业应在做好经纪业务的基础上，顺应政策导向和时代需求变化，积极探索多元业务，打造适合企业发展的经营模式，通过优化渠道、高效管理运营，提高研究能力和智能化水平，加速与线上线下行业的融合，强化策划代理企业的核心竞争力。

2. 不动产基金：提升核心管理能力，把握城中村改造机遇

2024年，房地产市场持续调整，9月，中央确定了“止跌回稳”目标，10月以来房地产市场呈现阶段性恢复特征，房地产行业风险出清仍在持续。1月，住建部、金融监管总局建立城市房地产融资协调机制，为符合条件的项目精准提供资金支持，满足其合理融资需求；1月，央行、金融监管总局发文扩大经营性物业贷适用范围和额度；9月，央行表示将“金融16条”和经营性物业贷款两项政策由2024年底延长至2026年底。此外，聚焦保交楼工作、化解房地产领域风险贯穿政策主线。

进入2025年，2月18日，金融监管总局党委召开会议，提出用好“白名单”机制，打好房地产各项融资工具的“组合拳”，满足包括民营房企在内的各类房地产企业不同环节、不同阶段的合理融资需求。2月28日，中国人民银行、全国工商联、金融监管总局、中国证监会、国家外汇局联合召开金融支持民营企业高质量发展座谈会，会议要求引导金融机构“一视同仁”对待各类所有制企业，增加对民营和小微企业信贷投放；会议还要求，金融机构要强化金融服务能力建设，进一步畅通民营企业股、债、贷等多元化融资渠道，加大各类金融资源要素投入，将民营企业金融服务做实、做深、做精。3月，“两会”再次强调持续用力推动房地产市场止跌回稳，“稳住楼市”首次写入政府工作报告总体要求。政府工作报告还强调做好保交房工作，房地产融资协调机制仍将发挥重要作用，首提“有效防范房企债务违约风险”。这些政策为不动产基金公司提供了更加稳定的市场环境，增强了投资者信心。

在此背景下，研究组选取几十家有代表性的不动产基金作为研究对象，通过企业填报及公开渠道获取数据，从不动产基金的规模性、盈利性和成长性等方面进行研究，综合分析当前不动产基金公司在服务能力和业务创新等方面的发展状况，并得到相关研究成果。通过对代表企业系统的分析研究，研究组对不动产基金行业在2024年的变化趋势进行了总结，并选取部分具有代表性的不动产基金企业。这些基金企业不断提高管理能力，助力行业盘活存量资产，并呈现出以下发展特点：

表1-28　不动产基金综合能力优秀企业

企业简称	企业简称
光大安石	信保基金
国寿资本	中保产业基金
毅达汇景	基汇资本
深创投不动产	朗姿韩亚资管
洛德基金	中联基金

不动产基金企业不断提升核心管理能力，强化企业创造价值的能力。不断强化资产获取与配置能力、运营管理能力、风险控制能力，以实现资产组合多元化和最优化，平衡风险与收益，从而提升核心管理能力。国寿资本是中国人寿旗下的专业基金管理平台，以服务国家重大战略和助力实体经济高质量发展为使命，设立了以新基建、新能源、新产业为重点投向的策略型基金系列产品，致力于打造治理完善、专业领先、品牌卓越的“新经济私募基金领军者”。

不动产基金企业投资布局聚焦核心城市和优势地区。近两年房地产行业持续调整，不同城市、不同板块分化行情加剧，未来基本面较好的地区市场发展潜力将更为突出。信保基金积极整合金融和产业资源，目前战略布局北京、上海、广州、深圳四个一线城市，完成中国五大核心城市群大中型城市的项目投资。中保产业基金加速向“产业 + 不动产”模式转型，重点深耕粤港澳大湾区和长三角区域，通过设立产业发展基金、商业物业并购基金、pre-REITs 基金、REITs 战略配售基金等产品，参与新能源基础设施、市场化租赁性住房、有限服务型精品酒店和新科技头部企业产业园区等投资。洛德基金专注于房地产领域投资，以自主管理和真实股权为鲜明特色，已在全国各大城市投资了包括住宅开发、核心收益型不动产的收购和持有等近 40 个项目，持续创造优异业绩，致力于成为中国房地产股权投资领域的领跑者。

不动产基金企业助力房地产行业盘活存量资产。随着不动产市场从增量向存量过渡，存量资产的价值愈发凸显。不动产基金凭借其在项目规划设计、业态定位及开发建设等方面的专长，将资产打造为符合市场需求的功能性产品，充分挖掘并释放了项目的潜在价值。存量资产的盘活和更新可以解决城市发展过程中所积累的需求与功能的错配，可以推动城市功能结构与空间布局的进一步完善。2024 年，中保产业基金以创新引擎推动不动产业务高质量转型和发展，推出“资本代建 + 运营赋能”模式，重点聚焦一二线城市核心地段不良纾困资产、低效存量资产和并购重组资产，通过提供价值再造咨询服务、增量资金投资盘活、项目专业操盘代建和物业运营提升服务等，实现资产重生和价值跃升。我国城市发展已经进入城市更新阶段，特点是由大规模增量建设转为存量提质改造和增量结构调整并重，这有助于带动城市基础设施的新一轮投资，也将为不动产基金拓展新的发展空间。

随着公募 REITs 进入常态化发行阶段，私募 REITs 有望落地，不仅为庞大的存量资产盘活创造了条件，也为不动产基金企业带来了广阔的发展空间。2024 年公募 REITs 市场首发项目入市节奏明显提速，底层资产不断扩容，涵盖产业园、消费基础设施、新能源等领域。不动产基金公司通过参与 pre-REITs、私募 REITs 到公募 REITs 的全链条运作，构建了投资闭环，提升了资产流动性。

此外，2025 年，随着城中村改造的金融支持力度不断增强，不动产基金企业或将迎来更广阔的发展机遇。2025 年，为持续用力推动房地产市场止跌回稳，住房城乡建设部将加力实施城中村和危旧房改造，推进货币化安置，计划在新增 100 万套城中村改造和危旧房改造的基础上继续扩大改造规模。城中村改造有望加速推进，在此过程中，不动产基金企业也有望迎来更广阔的发展机遇。

报告二　2025中国商业地产百强企业研究报告

一、研究背景与目的

2024 年，我国宏观经济运行总体平稳，但受国内有效需求不足、消费偏弱影响，商业地产市场仍处筑底阶段。9 月底中央推出一揽子增量政策，推动经济明显回升，社会信心有效提振，为 2025 年经济发展奠定了良好基础。2025 年《政府工作报告》将“大力提振消费、提高投资效益，全方位扩大国内需求”列为经济发展首要任务，政策推动下消费市场和服务业经济活力有望回升，商铺及写字楼租赁需求预计将得到一定释放，带动商业地产板块业绩逐步修复。同时，随着不动产金融的持续发展，资产退出渠道日趋完善，资本循环更加畅通，也为盘活企业存量资产提供了助力。商业地产企业应紧抓政策窗口及市场恢复机遇，强化运营能力，拓展融资渠道，实现稳健经营。

中指研究院、中国房地产指数系统持续深耕于商业地产行业数据分析与研究，已连续多年对商业地产优秀企业进行分析与评价，并于 2018 年和 2019 年开始定期发布中国商铺租金指数和中国写字楼租金指数。2025 年，中指研究院结合在商业地产领域多年的研究积累与数据基础，启动“2025 中国商业地产百强企业”研究，发掘行业中综合实力强、经营稳健、运营能力突出的优秀商业地产企业群体，推动企业在客观认识商业地产发展现状及行业变化趋势的基础上，不断提高企业经营管理水平，促进行业平稳健康发展。

在分析总结历年研究经验及商业地产企业发展现状的基础上，中指研究院继续从规模性、成长性、稳健性、运营能力和融资能力等五个方面全面、客观地评价企业综合实力，引导企业不断优化发展模式，适应新的市场变化，推动行业良性运行。

本研究的目的如下。

①通过对企业的经营规模和商业地产业务运营表现等指标进行量化研究，发掘商业地产业务实力强、成长性好以及经营稳健的优秀企业群体。

②通过系统研究，打造“中国商业地产百强企业”品牌，提升企业知名度和影响力，发挥企业的行业示范效应，推动企业不断优化业务结构，实现健康发展。

二、研究方法体系

（一）标准和门槛值

中国商业地产百强企业研究坚持以数据为依据，坚持客观、公正、准确、全面的研究原则。依照相关惯例对中国商业地产百强企业设立如下筛选标准和门槛值。

① 以依法设立并登记注册的以商业地产（含商业零售物业经营、写字楼经营等）为重要经营业务的企业作为研究对象。

② 中指研究院根据近 3 年商业地产企业实际经营状况，将门槛值确定为企业近 3 年商业地产相关业务收入均值超 1 亿元，或持有、运营经营性物业面积超 10 万平方米。

③ 为了鼓励中国内地商业地产企业做强做优，同时鉴于境外背景商业地产企业涉及数据拆分问题，本次研究主要聚焦于内地背景的商业地产企业。

④ 符合上述 1 ~ 3 条，但有严重拖欠工程款或重大偷漏税等违法违规行为的企业，取消评审资格。

（二）评价指标体系

1. 评价指标体系设立原则

2025 中国商业地产百强企业研究以 2022—2024 年度为研究时间段，涵盖规模性、成长性、稳健性、运营能力、融资能力等方面指标，全面考量企业的综合实力与业务发展能力。

评价指标体系的设计主要把握以下几个基本原则。

① 企业规模和运营能力相结合。企业规模和运营能力是企业持续发展的核心动力。在房地产行业深入调整阶段，优质商办物业日益成为企业资产“压舱石”，而企业的运营能力直接决定了其能否稳健经营和可持续发展。

② 成长潜力与经营稳健并重。商业地产市场受宏观经济运行影响较大，具有较强的周期性，此次研究强调企业成长潜力的培育必须建立在稳健经营的前提下，鼓励企业更好地平衡稳健经营与成长之间的关系，以维护整个行业的平稳健康发展。

③ 融资能力与综合实力相结合。融资能力体现了商业地产企业获取长期优质资金的能力。当前，“私募基金 + 公募 REITs”的不动产金融链条打通，政策亦支持企业通过经营性物业贷款进行融资，拓宽多元化融资渠道，助力企业盘活存量资产、优化债务结构、实现稳健发展。

2. 评价指标体系

2025 中国商业地产百强企业研究，根据企业规模和运营能力相结合、成长潜力与经营稳健并重、融资能力与综合实力相结合的原则，全面客观地评价企业的综合实力。

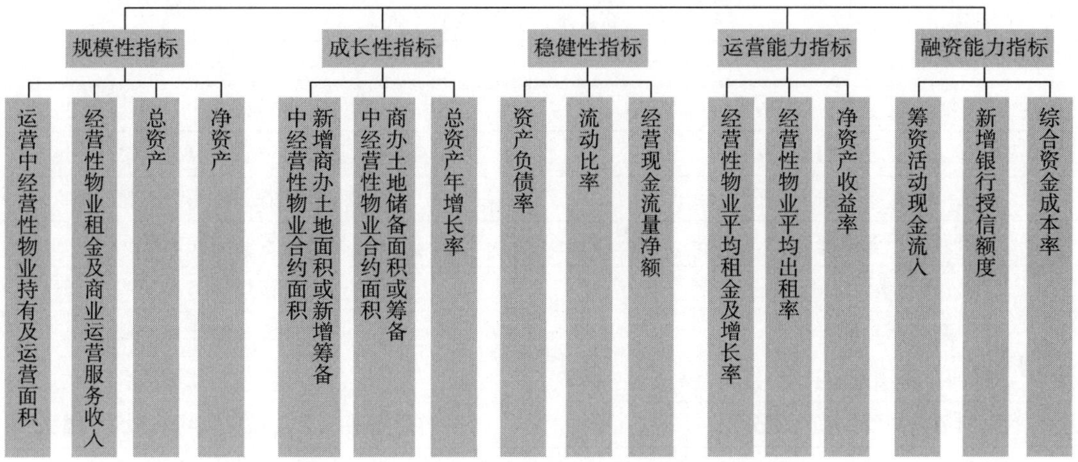

图2-1　2025中国商业地产百强企业评价指标体系

（三）数据来源和复核

1. 数据来源

① 企业填报数据。

② 中房指数系统（CREIS）数据库、中国房地产指数系统中国商铺租金指数及写字楼租金指数。

③ 企业对外公布的信息（包括企业年报、企业网站公布的信息和对外派发的宣传资料）。

④ 有关政府部门（包括住建局和统计局等）的公开数据。

⑤ 2022、2023、2024 中国商业地产企业研究收集的数据资料。

2. 数据复核

企业填报的数据须如实客观，同时中指研究院对填报数据进行复核。

① 通过会计师事务所出具的报表复核企业财务数据。

② 通过税单复核企业经营收入及利润。

③ 对收集的数据坚持交叉复核：通过各地房地产交易中心公开的项目交易情况复核企业提供的销售数据；结合中国房地产指数系统中国商铺 / 写字楼租金指数样本复核相关租金数据。对有疑问的数据，研究组可要求进行现场复核。

（四）计量评价方法

在研究方法上，为增加研究的严谨性，采用因子分析（Factor Analysis）的方法。因子分析是一种从变量方差—协方差结构入手，在尽可能多地保留原始信息的基础上，用少数新变量解释原始变量方差的多元统计分析方法。它将原始变量分解为公共因子和特殊因子之和，并通过因子旋转，得到符合现实意义的公共因子，然后用这些公共因子去解释原始变量的方差。计算中国商业地产百强企业综合实力时，主要是计算各构成要素的相关矩阵，通过相关矩阵得到特征值、累计特征值及因子载荷。根据最初几个特征值在全部特征值的累积百分率大于或等于某百分比的原则，确定公共因子的具体个数，然后根据因子载荷矩阵确定各个因子的现实意义并重新命名，最后根据不同企业各个因子的得分及载荷矩阵，通过加权累加构成 2025 中国商业地产百强企业综合实力指数。

表2-1 2025中国商业地产百强企业（代表企业）

珠海万达商业管理集团股份有限公司	中国国贸
华润万象生活有限公司	北京金隅集团股份有限公司
龙湖集团控股有限公司	上海旭美商业管理有限公司
新城控股集团股份有限公司	山东鲁能商业管理有限公司
印力商用置业有限公司	南国置业股份有限公司
大悦城控股集团股份有限公司	中骏商管智慧服务控股有限公司
中海商业发展有限公司	成都圣瑞商业管理有限公司
王府井集团股份有限公司	金地商置集团有限公司
深圳招商商置投资有限公司	广东粤海天河城（集团）股份有限公司
星盛商业管理股份有限公司	上海月星环球港商业中心有限公司
世纪金源商业管理有限责任公司	广州华发商业经营管理有限公司
合生商业集团	上海锦和商业经营管理股份有限公司
中国金茂控股集团有限公司	福建东百集团股份有限公司
上海百联集团股份有限公司	厦门建发商业管理有限公司
天虹数科商业股份有限公司	武商集团股份有限公司
弘阳商业集团	北京兆泰集团股份有限公司
金融街控股股份有限公司	茂业国际控股有限公司
银泰置地（集团）有限公司	北京物美商业集团股份有限公司
首创钜大有限公司	深圳市京基百纳商业管理有限公司
北京北辰实业股份有限公司	中信和业投资有限公司
鸿荣源壹方商用置业有限公司	北京昆泰控股集团有限公司
上海陆家嘴金融贸易区开发股份有限公司	苏州圆融发展集团有限公司
上海中建东孚资产管理有限公司	深圳市地铁商业管理有限公司
广州越秀商业地产经营管理有限公司	德基集团有限公司
北京华联（SKP）百货有限公司	深圳市海岸商业管理有限公司

三、主要研究成果

（一）2025 中国商业地产百强企业

在 2025 中国商业地产百强企业研究中，中指研究院根据近 3 年企业实际经营状况，依据企业规模和运营能力相结合、成长潜力与经营稳健并重、融资能力与综合实力相结合的原则，运用相关数学模型，对全国重点商业地产相关企业（集团）的规模性、成长性、稳健性、运营能力、融资能力等方面的指标和数据信息进行深入分析研究，计算出商业地产企业的综合实力指数。

需要特别说明的是：当前，商业地产企业分化显著，有少部分专注于商业开发运营的企业规模突出、经营水平高；但仍有不少商业地产企业依托住宅开发背景的母公司，服务于其开发的大型商业项目或住宅社区的商业配套，经营数据未完全拆分。因此，考虑到行业示范效应和数据研究的严谨性原则，本次“2025 中国商业地产百强企业”研究仅列示 50 家重点代表性企业，整体分析也以这 50 家代表企业为重点样本，供行业参考。

（二）商业地产百强企业发展特点

2024年，我国经济运行总体平稳，国内生产总值达到134.9万亿元，增长5%，其中出口保持较快增长，内需动力仍显不足。全年社会消费品零售总额同比增长3.5%，增速较2023年下降3.7个百分点。9月底，中央推出一揽子增量政策，有力地提振了市场信心，四季度服务业明显回升，全年服务业增加值同比增长5%，除9月外，其余各月服务业商务活动指数均处于扩张区间。

从商业地产市场表现来看，受国内有效需求不足影响，商业地产供需两端表现偏弱。供应端，2024年，300城商办用地供需保持平稳，但处于近10年低位，商办用地推出及成交规划建筑面积同比分别小幅下降3.1%、1.8%；全年全国商业营业用房及办公楼开发投资额同比分别下降13.9%、9%，新开工面积同比分别下降23.3%、27.7%；购物中心开业节奏亦有所放缓。需求端，2024年，全国商业营业用房及办公楼销售面积同比分别下降5.9%、11.5%；商铺及写字楼租赁需求偏弱，短期租金承压。尽管部分城市净吸纳量超过2023年，但较疫情前仍有差距。

2024年，面对存量竞争和市场调整压力，商业地产百强企业及时调整经营策略，提升服务水平，积极应对挑战。百强企业重资产拓展较为谨慎，持续加大轻资产输出力度，并借助不动产金融工具优化资产结构，规模保持小幅增长。同时，百强企业持续发力数字化转型，提升运营效率和水平，并通过洞察消费需求趋势，创新消费场景，激发商业活力，重点项目出租率基本稳定。

展望2025，预计扩内需、促消费政策将继续发力，消费市场有望逐步恢复。但短期内在居民就业和收入预期偏弱背景下，商铺及写字楼市场仍有下行压力。面对挑战，商业地产企业应积极拓展融资渠道，持续强化项目运营水平与资产管理能力，推动企业稳健发展。

1. 规模表现

（1）2024年百强代表企业经营性物业持有及运营面积同比增速降至4.9%，连续三年放缓

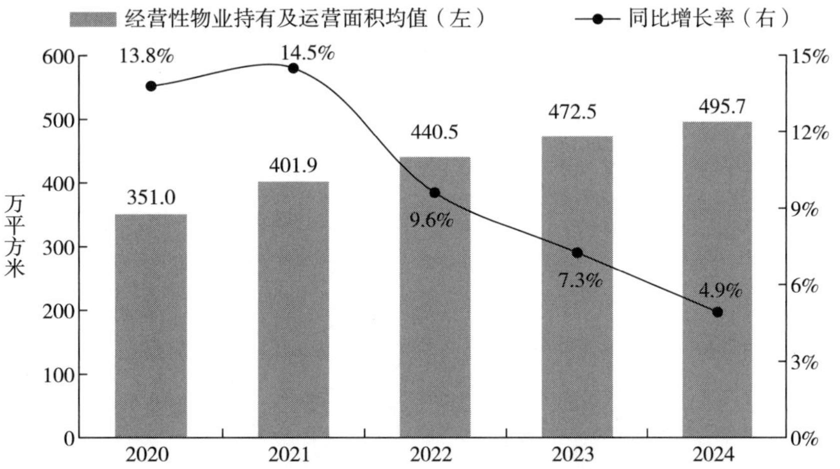

图2-2 商业地产百强代表企业经营性物业持有及运营面积均值及同比增速

2024年，商业地产百强代表企业经营性物业持有及运营规模同比保持小幅增长态势，但增速连续三年放缓。当前，商业地产市场逐渐进入存量竞争时代，新增供应逐步放缓，同时，居民消费意愿下降导致部分商业地产项目经营承压。在多重因素影响下，近几年商业地产市场规模增长放缓，2024年商业地产百强代表企业经营性物业持有及运营面积均值为495.7万平方米，同比增长4.9%，增速较2023年收窄2.4个百分点。

（2）市场需求疲软与消费信心不足，百强代表企业经营性物业租金及运营服务收入增速回落

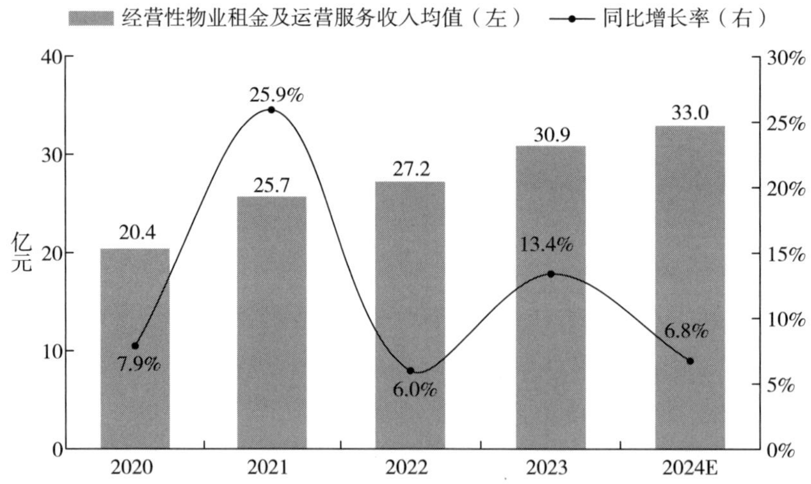

图2-3　商业地产百强代表企业经营性物业租金及运营服务收入均值及同比增速

2024年，百强代表企业经营业绩增速回落。受有效需求不足影响，消费市场活力较弱，同时部分企业“降本增效”，租赁需求疲软，导致零售商业和写字楼经营都受到一定影响。2024年百强代表企业经营性物业租金及运营服务收入均值为33亿元，同比增长6.8%，增速较2023年回落6.6个百分点。仅部分头部企业依托存量项目稳健运营，同时有新开业项目贡献的增量收入，推动商业地产板块收入仍保持较快增长。

（3）企业战略锚定核心一二线城市，适度下沉消费潜力较大的三线城市

从新开业商业项目分布来看，根据中指监测，2024年全国共新开业3万平方米以上集中式商业370个，总建筑面积近3300万平方米。分城市等级来看，一二线城市新开业项目数量占比约61%，较2023年提升约4个百分点。从百强企业布局策略来看，拓展整体保持谨慎，多数企业重点布局需求旺盛的高能级城市，也有部分企业在基本盘稳健的情况下，适度向核心城市群强三线城市拓展。

2. 成长性

2024年，商业地产企业延续“轻重并举”的拓展策略。受商办物业持续供大于求影响，商业地产百强企业新拿地开发和收并购行为相对谨慎，当前主要通过轻资产拓展实现规模扩张。

（1）300城[①]商办用地供需规模保持低位，企业拿地仍偏谨慎

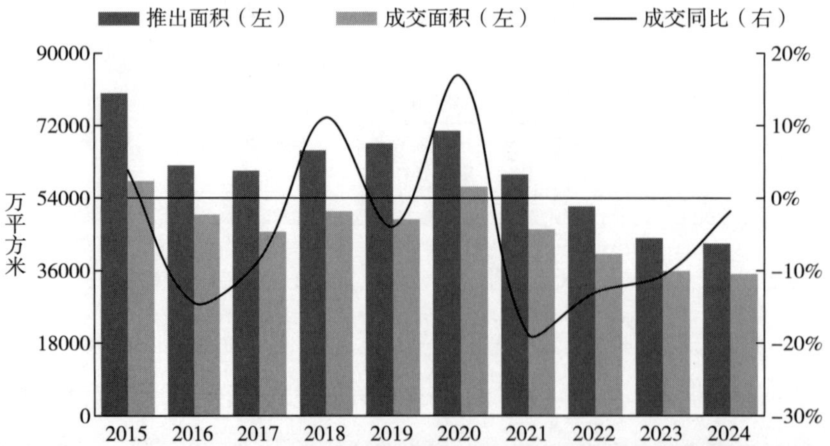

图2-4　2015—2024年300城商办用地推出、成交规划建筑面积及同比变化

① 2025年起，中指数据扩大了300城土地覆盖范围，目前已涵盖全部地级及以上城市，历史数据为可比口径数据。

300 城纯商办用地供需规模处近 10 年低位。2024 年，300 城纯商办用地共推出 4.27 亿平方米，同比小幅下降 3.1%，成交 3.52 亿平方米，同比小幅下降 1.8%。分城市等级来看，2024 年一线城市商办用地成交规划建筑面积为 502 万平方米，同比基本持平；二线城市成交面积为 7072 万平方米，同比小幅下降 2.4%；三四线城市成交面积为 2.77 亿平方米，同比小幅下降 1.7%。

企业延续谨慎拿地态度。2024 年百强企业获取的纯商办用地依旧较少，所获地块多位于轨道交通枢纽附近，开发的项目类型包含大型商业、高层办公等。

（2）存量市场大宗交易[①]活跃度提升，机构投资者持续关注优质商办物业

2024 年，国内大宗交易市场活跃度较上年有所提升，但单笔交易金额下降。2024 年，中指共监测到大宗交易 260 宗，较上年多 96 宗；以披露金额的交易计算，交易金额约 1338 亿元，单笔交易平均金额为 5.8 亿元，较上年下降两成。

分城市等级来看，一线城市共涉及交易 137 宗，占比 50.2%，其中上海、北京依旧是交易最为活跃的城市；二线城市涉及交易宗数 70 宗，占比 25.6%，其中成都、杭州、宁波、苏州交易宗数相对较多；三四线城市的交易宗数为 66 宗，占比 24.2%，涉及泉州、江门、镇江、日照等 40 余个城市。

商业及办公资产依旧受投资者青睐。分物业类型来看，以商业、办公楼为标的的交易宗数均在 60 宗以上。以披露金额的交易计算，办公楼交易金额相对较高，为 419 亿元，商业、综合体、酒店交易金额均在 100 亿元以上。

部分房企为缓解债务压力、优化资产结构，继续选择出售资产以优化现金流。2024 年，以披露卖家的交易计算，卖家为房企的交易宗数占比约五成。机构投资者和地方国企收购行为相对活跃。2024 年，买家为机构投资者、地方国企的交易共 90 宗，以披露买家的交易计算，合计占比 43%；以交易金额计算，买家为机构投资者的交易占比最高，近 40%。

（3）百强代表企业坚持“轻重并举”战略，重点通过轻资产输出扩大管理规模

商业地产百强企业普遍加大轻资产拓展力度，实现管理规模增长。值得注意的是，轻资产拓展对企业的人才储备、运营能力都有较高要求。未来，房企及商管公司在进行轻资产拓展时，需关注以下几个问题：

① 需注重规模发展与稳健经营的平衡，以及专业人才队伍建设，避免因快速扩张导致运营人员缺乏、项目运营水平参差不齐，进而影响企业品牌。

② 布局可适度下沉至核心城市群强三线城市，这些城市具备消费扩容与存量改造需求，适合轻资产输出模式，但也需注意人员下沉难、招商难等问题。

③ 项目打造应避免同质化，可结合当地文化，打造主题型、文旅型、非标型项目，创新消费内容，但项目主题及定位不能盲目追求“网红”“新奇”等特征，避免运营持续性不足。

3. 经营质量

（1）短期商铺及写字楼租赁需求仍显不足，平均出租率小幅下滑

---

① 本报告所统计大宗交易，不含交易金额在1亿元以内的交易，资产类型不含地块、住宅，不含关联交易等非市场化行为产生的交易；部分资产包类交易，其内含资产分布在不同城市的，按城市统计交易笔数时存在重复计算。

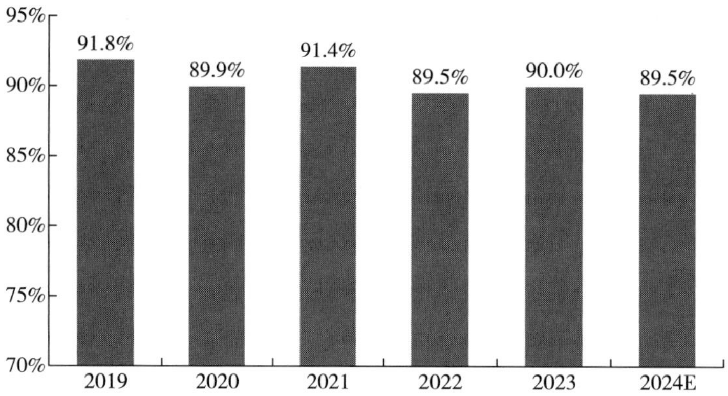

图2-5 商业地产百强代表企业重点项目平均出租率

2024 年，消费市场总体呈恢复态势，但国内有效需求仍显不足，部分品牌商户拓店动能较弱，写字楼企业租户经营情况恢复仍需时日，受此影响，商铺及写字楼租赁需求整体偏弱。在此背景下，商业地产百强企业积极创新消费内容、打造产业生态、提升服务质量，稳定项目出租率。2024 年，商业地产百强代表企业重点项目平均出租率为 89.5%，较 2023 年下降 0.5 个百分点，整体仍低于疫情前水平。

表2-2 2025中国商业地产典型项目

项目名称	城市	企业名称
武商梦时代	武汉	武商集团股份有限公司
青岛万象城	青岛	华润万象生活有限公司
杭州西溪印象城	杭州	杭州润衡置业有限公司
龙湖北京亦庄天街	北京	龙湖集团控股有限公司
KBC 潮玩广场	成都	成都圣瑞商业管理有限公司

（2）商业经营：以消费需求洞察驱动精准运营，增强用户黏性；持续发力数字化转型，实现降本增效

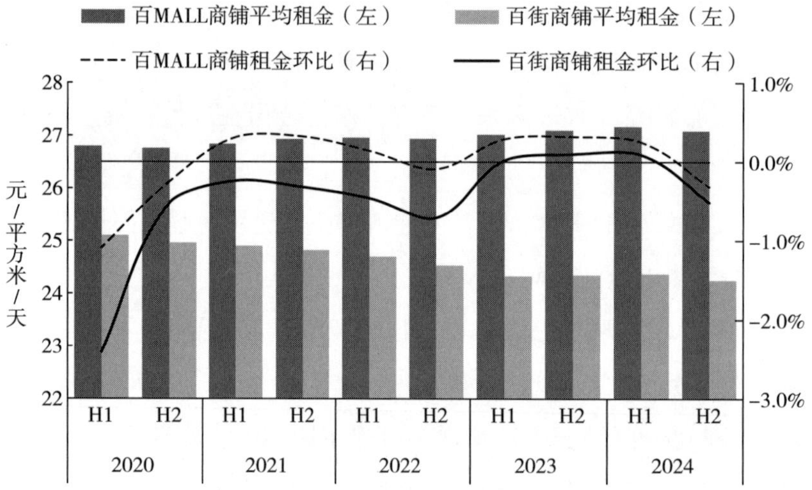

图2-6 2020—2024年重点城市主要商圈和商业街商铺平均租金及环比变化

2024 年，零售商业市场整体表现先扬后抑，上半年市场温和复苏，租金企稳；三季度消费市场运行承压，部分项目为稳定出租率下调租金，导致下半年租金转跌。根据中指研究院发布的中国商铺租金指数，2024 年重点商圈（购物中心）商铺租金累计下跌 0.06%，主要商业街商铺租金累计下跌 0.42%。同时，居民消费需求发生转变，消费者更注重社交体验和精神满足，偏好新兴业态、潮流消费和沉浸式商业场景。

面对市场调整压力和消费需求的转变，商业地产百强企业通过“消费者洞察”解析消费行为轨迹，

精准构建用户画像，进而匹配符合消费者真实需求的产品和服务，动态优化服务策略，形成差异化竞争力，使产品和服务体系始终与消费者需求同频，提升消费者黏性。同时，企业聚焦内容创新、场景焕新和圈层运营，因地施策打造符合属地文化的沉浸式消费场景，并通过优化租户组合，引入首店首发品牌及新兴业态，适配客群需求。通过这些策略，企业能够有效提升购物中心的辨识度与吸引力，延长消费者驻留时间并提高消费频次，最终保障营业额和出租率稳定。此外，数字化转型是近年来商业地产企业持续发力的方向，部分企业持续探索数字科技新趋势，将 AI 与零售相结合，提升经营效率和运营能力。

表2-3　　2025中国商业地产运营十强企业

企业名称
珠海万达商业管理集团股份有限公司
大悦城控股集团股份有限公司
华润万象生活有限公司
新城控股集团股份有限公司
龙湖集团控股有限公司
中海商业发展有限公司
星盛商业管理股份有限公司
深圳招商商置投资有限公司
合生商业集团
广州越秀商业地产经营管理有限公司

2025 年，政策发力下消费市场或将有所提振，商业运营企业需在消费内容和服务方面继续发力，保障项目稳定经营。消费内容方面，企业可重点关注智能家居、文娱旅游、体育赛事、国货“潮品”等新型消费，适时吸纳优质品牌，调整业态配比，更新消费场景；服务方面，企业可通过丰富会员权益、举办营销活动等方式吸引消费者，与商户协同经营，实现商业项目的稳健运营。

（3）写字楼经营：短期租金承压延续，企业借力服务体系升级与产业生态重塑稳续拓新

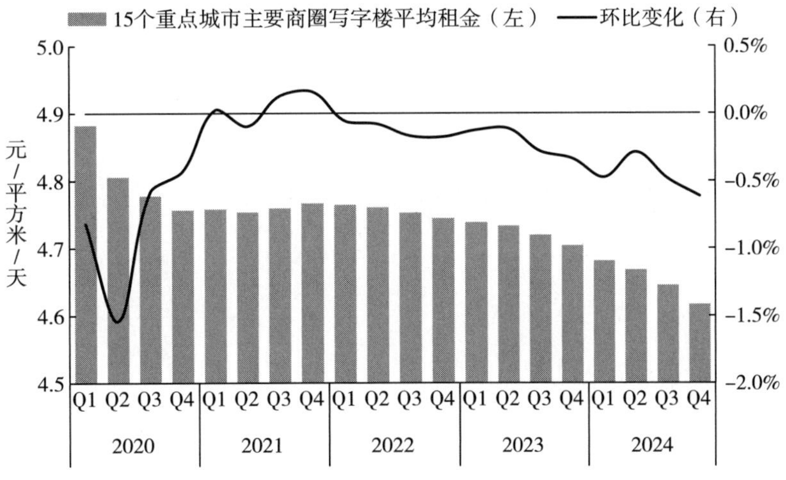

图2-7　2020—2024年重点城市主要商圈写字楼平均租金及环比变化

2024 年，写字楼市场整体仍承压，尽管部分城市净吸纳量超过 2023 年，但总体较疫情前仍有差距。此外，近两年办公楼租赁需求较为疲软，部分城市市场供大于求态势加剧，写字楼租金亦呈下跌态势。根据中指研究院发布的中国写字楼租金指数，2022—2024 年，重点 15 城主要商圈写字楼平均租金持续下跌，

2024 年累计下跌 1.85%，累计跌幅较 2023 年扩大 1 个百分点。

2024 年重点城市写字楼市场整体承压，部分城市空置压力不减。2024 年四季度，一线城市甲级写字楼空置率相对较低，其中广州最低，为 10.9%；二线代表城市中，杭州、苏州甲级写字楼空置率分别为 11.7%、15.8%，市场供求相对平衡，重庆、天津、青岛、武汉、长沙等城市甲级写字楼空置率相对较高，空置压力相对较大。

2024 年，TMT、金融、商务服务业企业写字楼租赁需求继续释放。根据中指数据，2024 年重点城市共监测到租赁案例 253 宗，其中 TMT、金融、商务服务业分别监测到 55 宗、50 宗、34 宗案例，合计占比 55%。在 5000 平方米以上较大面积的租赁案例中，TMT、金融企业占比显著高于其他行业。

2024 年写字楼租赁市场整体呈现弱复苏态势，写字楼运营商延续"以价换量"策略降空置。部分商业地产百强企业持续优化租户结构、打造产业生态，以楼宇经济促进产业发展。整体来看，头部企业旗下优质写字楼项目出租率基本保持稳定。

展望 2025，写字楼市场或延续 2024 年的调整态势，继续处于底部盘整期，短期内租金或继续承压。对业主方来说，稳定出租率是 2025 年的首要任务，因此写字楼运营企业应重视产业生态打造和服务体系升级，保持基石租户稳定性，进而吸引行业内相关企业入驻，维持项目良性运行。

4. 稳健性

（1）CMBS/CMBN 发行量有所下滑，经营性物业贷款政策放宽，补充企业融资渠道

2024 年，CMBS/CMBN 发行量有所下滑。部分头部商业地产企业利用经营性物业贷款补充融资渠道，叠加监管机构针对 CMBS 发行主体及担保主体的要求趋严，导致 CMBS/CMBN 发行量逐渐回落。

2024 年，房地产相关企业发行的 CMBS/CMBN 和类 REITs/ 持有型不动产 ABS 等产品发行单量共 83 支，较上年减少 6 支；产品发行金额共计 1065 亿元，同比下降 15.1%。分产品类型来看，CMBS/CMBN 发行规模为 642 亿元，同比下降 33%；类 REITs/ 持有型不动产 ABS 产品期限设置较为灵活，便于发行人根据自身融资需求做出相应选择，同时可通过资产出表降杠杆，2024 年发行规模增至 423 亿元，同比增长 42.8%。

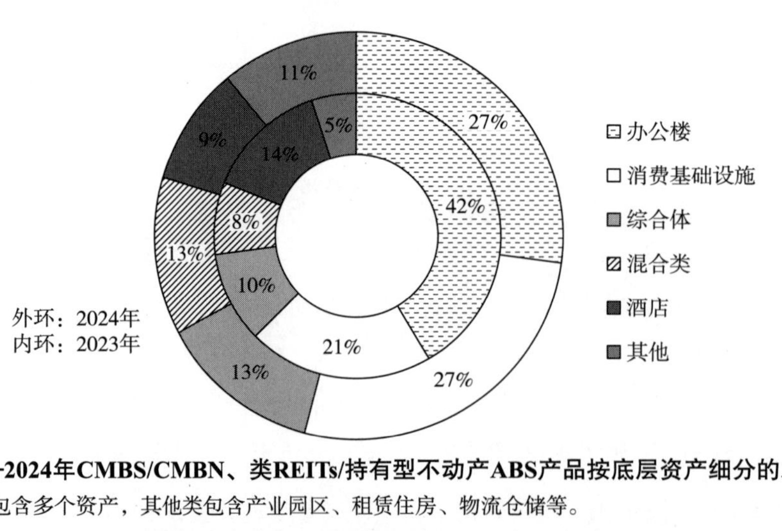

图2-8 2023—2024年CMBS/CMBN、类REITs/持有型不动产ABS产品按底层资产细分的发行量占比

注：混合类指一支产品包含多个资产，其他类包含产业园区、租赁住房、物流仓储等。

分物业类型来看，以办公楼、消费基础设施为底层资产的产品发行量相对较大，均在 290 亿元左右，以综合体、混合类、酒店为底层资产的产品发行量在 100 亿 ~140 亿元之间，其他产品发行量合计约 116

亿元。从发行量占比来看，办公楼、酒店较上年下降，消费基础设施、综合体、混合类、其他资产较上年提升。

从原始权益人的企业性质来看，央国企融资优势明显。发起人为央国企的产品发行量占比约九成，混合所有制企业及民企中仅红星美凯龙、万科集团等少数企业有产品发行。

经营性物业贷款政策支持力度加大，有效补充企业融资渠道，部分企业经营性物业贷款置换增额已超百亿元。2024 年 1 月 24 日，中国人民银行办公厅、国家金融监管总局办公厅联合印发《关于做好经营性物业贷款管理的通知》，提出："2024 年底前，对规范经营、发展前景良好的房地产开发企业，全国性商业银行在风险可控、商业可持续基础上，除发放经营性物业贷款用于与物业本身相关的经营性资金需求、置换建设购置物业形成的贷款和股东借款等外，还可发放经营性物业贷款用于偿还该企业及其集团控股公司（含并表子公司）存量房地产领域相关贷款和公开市场债券。"9 月 24 日，央行及金融监管总局再发文，将相关政策适用期限延长至 2026 年底。头部商业地产企业持有较多优质商办资产，合理利用经营性物业贷款可有效缓解企业债务压力、增加企业流动性，形成对融资渠道的有效补充。

（2）公募 REITs 发行常态化，8 支消费基础设施 REITs 获批上市

2024 年，政策支持下，我国公募 REITs 市场进入常态化发行阶段，扩围增类稳步推进，产品发行量较前三年显著提升。

政策方面，2024 年 4 月国务院印发《关于加强监管防范风险推动资本市场高质量发展的若干意见》，提到"推动债券和不动产投资信托基金（REITs）市场高质量发展""研究制定不动产投资信托基金管理条例""落实并完善不动产投资信托基金税收政策"等内容；同月，中国证监会发布 5 项资本市场对港合作措施，其中包括"将 REITs 纳入沪深港通"。

7 月，国家发改委发布《关于全面推动基础设施领域不动产投资信托基金（REITs）项目常态化发行的通知》（发改投资〔2024〕1014 号），标志着我国公募 REITs 正式迈入常态化发行新阶段。与试点政策相比，1014 号文在 REITs 底层资产类型、收益预测等方面均做出了优化。

其一，对基础设施 REITs 的底层资产进行了扩围增类。其中，对消费基础设施底层资产的要求改为："包括百货商场、购物中心、商业街区、商业综合体、农贸市场等城乡商业网点项目，家居、建材、纺织等各类专业市场项目，以及保障基本民生的社区商业项目。与消费基础设施物理上不可分割、产权上归属于同一发起人（原始权益人）的酒店和商业办公用房，可纳入项目底层资产，其建筑面积占底层资产总建筑面积比例合计原则上不得超过 30%，特殊情况下最高不得超过 50%。"更好地满足了资产扩容提质需要，也体现了资产的完整性。

其二，提高回收资金使用灵活度。取消"不超过 30% 的净回收资金可用于盘活存量资产项目"这一要求，将用于补充发起人（原始权益人）流动资金的比例上限从 10% 提高至 15%（但仍然禁止回收资金变相用于商品住宅开发项目）。同时，不再对项目收益率提出要求（试点阶段要求为：特许经营权、经营收益权类项目，基金存续期内部收益率（IRR）原则上不低于 5%；非特许经营权、经营收益权类项目，预计未来 3 年每年净现金流分派率原则上不低于 3.8%），更多交由市场自行判断、自主决策，激发市场活力。此外，1014 号文还提出要"优化工作流程，切实提高项目申报工作质量和效率"。

市场方面，2024 年公募 REITs 市场进入快速发展期。截至 2024 年 12 月，我国共有已上市公募 REITs58 支，总发行规模超 1600 亿元。按年来看，2021—2023 年分别上市 11 支、13 支、5 支产品；2024

年上市 29 支产品，产品发行量显著提升。

消费基础设施 REITs 前景广阔，有助于企业盘活存量资产，拓宽融资渠道。截至 2025 年 2 月，国内共有 8 支消费基础设施 REITs 上市，总发行规模超 210 亿元，底层资产涵盖购物中心、社区商业、奥特莱斯、农贸市场等多种业态，运营情况亦较为稳健，二级市场表现良好。

进入 2025 年，1 月 24 日易方达华威市场 REIT 正式上市发行，底层资产为福州华威西营里农产品交易中心，丰富了消费基础设施 REITs 底层资产类型，为相关企业盘活存量资产起到示范作用。

展望 2025，消费增速有望加快，进而为消费基础设施 REITs 的发展创造有利的外部环境。从行业内部来看，在相关政策推动下，消费基础设施 REITs 有望加速扩容，底层资产类型或将进一步丰富。商业地产企业应强化项目运营水平，抓住不动产金融所带来的机遇，扩充融资渠道，盘活存量资产，优化债务结构，实现稳健发展。

四、商业地产发展趋势与展望

2025 年政府工作报告将“大力提振消费、提高投资效益，全方位扩大国内需求”放在了政府工作任务的首位，并提出了实施提振消费专项行动的具体措施。在政策带动下，2025 年消费市场有望保持一定韧性，同时，居民消费需求逐渐发生转变，呈现出偏好高性价比产品、注重精神满足、对文体娱乐消费及“以旧换新”类商品需求增长的特征。

当前，宏观环境和居民消费特征的转变给商业地产行业带来“需求重构”和“资产重估”的深度变革。面向未来，商业地产企业应重点关注扩内需促消费、存量盘活等方面政策，优化经营模式：招商方面，企业可在零售商业中引入更多“两新”政策和服务消费相关品牌，吸引消费者；存量盘活方面，针对商办市场持续供过于求的现状，企业可通过商改租、存量商业改造提升等方式盘活低效商办项目，重塑空间价值。此外，面对行业变化，商业地产企业可借鉴海外成熟市场发展经验，强化项目运营能力和资产管理能力，借助不动产金融工具实现高质量发展。

中指研究院持续深化商业地产市场研究，总结市场发展规律，以期帮助市场各类参与主体更好地把握市场趋势，抓住市场机遇，实现稳健发展。

（一）政策引领消费升级，以旧换新与服务扩容激活零售商业增量空间

1. 2025 年政府工作报告将扩大内需任务置于首位，以旧换新等政策促进消费提质扩容

2024 年是实现“十四五”规划目标任务的关键一年，宏观经济运行整体平稳，GDP 实现 5% 的增长目标；消费市场呈恢复态势，但增速放缓，全年社零总额同比增长 3.5%，增速较 2023 年收窄 3.7 个百分点。一方面，居民收入增速放缓导致消费能力不足，2024 年我国居民人均可支配收入实际同比增长 5.1%，增速较 2023 年回落 1 个百分点；另一方面，受就业压力和收入预期影响，居民消费信心减弱，储蓄意愿增强，2024 年住户存款增加 14.26 万亿元，延续了最近几年快速增长的态势。

2024 年 12 月以来，中央重要会议多次强调提振消费、扩大内需的重要性。中央经济工作会议、2025 年政府工作报告均将“要大力提振消费、提高投资效益，全方位扩大国内需求”作为 2025 年首要任务。3

月，中共中央办公厅、国务院办公厅印发《提振消费专项行动方案》，部署了8方面30项重点任务，全方位扩大国内需求。

对比近三年政府工作报告中有关消费的描述，扩内需、促消费基调不变，但提法从“恢复和扩大消费”到“促进消费稳定增长”再到“大力提振消费”，力度逐年加强。2025年政府工作报告共32次提及“消费”，相较去年增加11次，为近十年最多的一次。消费领域方面，近两年均提到了“以旧换新”“新型消费”“服务消费”，涵盖了数字、绿色、健康、智能、文体娱、养老、托幼、家政等多方面消费内容。2025年政府工作报告提出要“安排超长期特别国债3000亿元支持消费品以旧换新”，还增加了“完善免税店政策，推动扩大入境消费。”“深化国际消费中心城市建设，健全县域商业体系”等内容。

整体来看，2025年提振消费、扩大内需相关政策将继续发力，推动消费市场保持一定韧性。另外，从各省市2025年政府工作报告来看，近20个省市发布2025年社会消费品零售总额增长目标，除海南、西藏外，其余省份将今年目标设定在5%~6%之间，多数省市目标较上年下调。

2. 消费更趋理性，注重情绪价值提供和商品性价比

2024年，居民消费意愿偏弱的同时，消费偏好也发生一定转变，呈现出更趋理性、注重精神满足、“以旧换新”类消费品及文体娱乐消费需求增长的特征。

① 消费更趋理性。受收入增速放缓和就业压力影响，消费者更偏好高性价比产品，也更倾向于通过小额消费获得“小确幸”的满足感，“平价”商品和餐饮更受欢迎。

② 注重精神满足和体验感。在年轻消费群体中，潮玩杂货、二次元、宠物等潮流消费、悦己消费需求增多。

③ 对服务消费需求更高。2024年全国服务零售额同比增长6.2%，增速较商品零售额快3.0个百分点；全国居民人均服务性消费支出同比增长7.4%，服务消费在居民人均消费支出中的占比达46.1%，较上年提升0.9个百分点。

④“以旧换新”类消费品需求增长，文体娱乐消费抬头。2024年，16类限额以上单位商品中，家用电器和音像器材零售额同比增长12.3%，较上年加快11.8个百分点；通信器材同比增长9.9%，较上年加快2.9个百分点；家具同比增长3.6%，较上年加快0.8个百分点；体育、娱乐用品同比增长11.1%，与上年基本持平。

整体来看，政策推动叠加居民消费需求转变，2025年，消费市场有望向更加多元化的方向发展。数码家电、智能家居等商品，餐饮、冰雪消费等服务消费有望为消费市场带来新活力。商业运营企业在项目招商过程中可重点关注相关业态品牌的拓店情况，把握市场机遇，优化品牌组合，提升商场的竞争力和吸引力。

（1）2024年“两新”政策带动相关产品消费额超1.3万亿，部分3C及新能源汽车品牌开店呈扩张态势

消费品“以旧换新”政策激发居民消费热情。2025年1月15日，国新办举行“中国经济高质量发展成效”系列新闻发布会，介绍商务工作服务高质量发展有关情况，商务部市场运行和消费促进司司长李刚表示，2024年全国汽车以旧换新超过了680万辆，超3600万名消费者购买8大类家电以旧换新产品超过

5600万台，家装厨卫“焕新”补贴产品约6000万件，电动自行车以旧换新超过138万辆。消费品以旧换新带动相关产品销售额超过1.3万亿元。

2024年消费品以旧换新政策全面落地，推动部分3C数码、新能源汽车厂商加速布局线下渠道，借势政策红利在大型商场开设体验店或旗舰店，成为商场重要租户群体。

（2）餐饮品牌仍保持一定拓店节奏，但品类间存在差异，平价餐饮品牌拓店较快，烘焙甜品生存周期较短

2024年，居民餐饮消费需求延续2023年较快增长态势，部分商场在进行品牌调改时给餐饮业态留出更多铺位，以适应消费者需求，2024年部分区域新开业店铺中餐饮店铺占比已超过五成。茶饮、连锁快餐等客单价相对较低的品类更受价格敏感型消费者欢迎，仍保持一定拓店速度。

（3）后冬奥时代，冰雪经济迎来快速增长，冰雪体验业态成为商场吸引客流的新场景

2022年召开的北京冬奥会为中国冰雪经济带来里程碑式影响，加速了冰雪经济产业链条的发展，冰雪产业的“冷资源”已经转化成“热经济”。2024年11月，国务院办公厅发布《关于以冰雪运动高质量发展激发冰雪经济活力的若干意见》，提出到2027年冰雪经济总规模达到1.2万亿元，到2030年冰雪消费成为扩大内需重要增长点，冰雪经济总规模达到1.5万亿元等目标。促进和扩大冰雪消费方面，政策提出要丰富消费产品，优化冰雪消费环境。后冬奥时代，公众对冰雪运动的关注度和消费热情亦有所提高，当前冰雪消费已成为年轻人和部分家庭群体重要的休闲娱乐方式，冰雪体验业态或成为商场吸引客流的新场景。

（二）AI产业推升核心城市办公需求，短期岗位替代或致局部租赁需求回调

近年来，国家高度重视人工智能产业发展，多次发布相关政策，完善人工智能产业顶层设计。2017年，“人工智能”首次写入政府工作报告；同年国务院印发《新一代人工智能发展规划》，提出“三步走”战略目标，到2030年人工智能理论、技术与应用总体达到世界领先水平，为人工智能产业发展指明方向。2024年，“人工智能+”首次写入政府工作报告，明确要“深化大数据、人工智能等研发应用，开展‘人工智能+’行动，打造具有国际竞争力的数字产业集群”。2025年政府工作报告再次强调要“持续推进‘人工智能+’行动，将数字技术与制造优势、市场优势更好结合起来，支持大模型广泛应用，大力发展智能网联新能源汽车、人工智能手机和电脑、智能机器人等新一代智能终端以及智能制造装备”。

同时，相关部委也出台了各类政策文件指导行业发展。如2023年出台的《算力基础设施高质量发展行动计划》《生成式人工智能服务管理暂行办法》，2024年出台的《国家人工智能产业综合标准化体系建设指南（2024版）》等，为人工智能行业发展注入动能。

政策支持下，2024年以来，我国人工智能产业蓬勃发展。据工业和信息化部数据，截至2024年9月，我国人工智能相关企业超过4500家，核心产业规模接近6000亿元。2025年春节期间，以DeepSeek为代表的大模型技术成为热度较高的科技风口，引发广泛关注。国家互联网信息办公室发布数据显示，截至2024年12月31日，全国共备案302款生成式人工智能服务，其中2024年新增238款。

伴随人工智能产业发展，与人工智能研发、应用和服务相关的企业对办公空间的需求或将增加，有望带动核心一二线城市人工智能产业集群发达、人才储备密度大的区域办公楼市场恢复。

随着国家层面关于人工智能产业的相关政策陆续落地，多个核心一二线城市发布相关政策，着眼打造

“人工智能之城”，吸引了大批人工智能企业入驻。

北京科研实力突出，产业链条布局完善，科研资源丰富。2023 年以来北京先后发布了《北京市促进通用人工智能创新发展的若干措施》等十余项政策措施，产业扶持力度大；同时，北京在科研方面具备较大优势，拥有多家国家重点实验室、工程研究中心和众多人工智能学者。据相关报道，北京现有人工智能企业超 2400 家，已形成全链条完整布局。《2025 年北京市政府工作报告》中提到，北京备案上线大模型 105 款，稳居全国首位；建成全国首个人工智能数据训练基地，人工智能核心产业规模突破 3000 亿元。有关部门表示，北京将力争用 2 至 3 年时间，培育 10 家以上世界百强人工智能领军企业，带动相关产业规模超 2 万亿元。

上海聚焦大模型研发。2024 年，上海市人工智能产业规模突破 4000 亿元，同比增长超过 7%，截至 2024 年末，上海累计完成 60 款生成式 AI 大模型备案。2024 年 12 月，上海发布《关于人工智能“模塑申城”的实施方案》，提出到 2025 年底，上海要“建成世界级人工智能产业生态，力争全市智能算力规模突破 100EFLOPS，形成 50 个左右具有显著成效的行业开放语料库示范应用成果，建设 3~5 个大模型创新加速孵化器，建成一批上下游协同的赋能中心和垂直模型训练场”的目标。

深圳在 AI 应用方面较为突出。目前，深圳已累计发布四批《“城市 +AI”应用场景清单》，涵盖城市治理、公共服务等近 200 个应用场景，逐步构建起覆盖民众服务、企业服务、城市运行、重点行业赋能的全场景建设体系。截至 2024 年末，深圳人工智能企业已超 2200 家，产业规模达 3600 亿元。2025 年 3 月 3 日，深圳市正式发布四大“行动计划”，聚焦未来两至三年人工智能终端产业、具身智能机器人技术、人工智能先锋城市建设以及瞪羚企业和独角兽企业培育。

杭州科技创新氛围强，注重民营企业的培育，聚焦机器人、智能硬件等垂直领域的商业化。政策方面，早在 2014 年，杭州“一号工程”就提出，以人工智能为方向形成杭州特色的信息经济。此后，杭州先后发布了多条支持人工智能产业发展的政策，既包含人工智能产业发展的顶层设计，也包括具体的发展路径、资金支持政策等。截至 2024 年末，杭州共有人工智能企业 569 家，利润总额占浙江全省七成以上。此外，杭州对民营企业扶持力度较大，杭州“六小龙”（深度求索、宇树科技等 6 家科技企业）均为民营企业。

在片区选择方面，由于人工智能是技术密集型、人才密集型产业和资金密集型产业，相关企业较为注重入驻片区的产业协同性，偏好产业链生态完整、集聚上下游企业的片区，便于技术合作与资源共享，也较为看重片区的人才储备密度，偏好高校及科研院所较多的片区，通过产学研联动的方式，获取人才，推动技术转化。

此外，人工智能技术也可应用于写字楼运营管理的多个环节（如设施管理与维护、能源管理、智能安防、租户服务、招商管理等），以降低运营成本、提高管理效率，提升租户体验。

值得注意的是，人工智能产业的快速发展在促进相关企业办公租赁需求释放的同时，也可能引发部分企业缩减租赁规模。鉴于人工智能的学习效率和工作处理能力，短期内可能对就业市场造成一定冲击，如生成式 AI 或将替代部分文员、客服等重复性岗位，也可能替代部分代码编写、内容创作、设计和创意工作。受此影响，部分企业可能因岗位精简而降低办公租赁需求。但从长期来看，人工智能将驱动新一轮科技革命和产业升级，并催生新的工作岗位，促进劳动力市场结构性转型。

（三）支持政策持续落地，存量商办更新改造驱动功能与业态焕新

1. 商办用房增量开发放缓，部分城市供应过剩，存量改造成为必然趋势

历经多年高速发展，我国商业地产行业逐渐进入存量时代，近十年开发速度放缓。以新开工面积计算，1999—2024 年，全国商业营业用房新开工面积累计达 34.36 亿平方米，办公楼新开工面积累计达 9.95 亿平方米；2014 年以后，商办用房增量开发整体放缓，2024 年，我国商业营业用房、办公楼新开工面积分别同比下降 23.3%、27.7%。

零售商业方面，核心一二线城市集中式商业增量开发空间整体已较小，存量更新改造正当时。从存量零售商业分布来看，根据中指数据，截至 2024 年末，全国 3 万平方米以上已开业集中式商业总数超 6600 个，总建筑面积约 5.8 亿平方米；以 2023 年城镇常住人口计算，城镇人均集中式商业面积约 0.6 平方米，整体增量开发空间已较小。其中一线城市存量规模较大，人均集中式商业面积约 1.1 平方米，未来存量项目的竞争将更加激烈；二线城市城镇人均集中式商业面积约 0.9 平方米，接近一线城市水平，部分弱二线城市（如沈阳、昆明、贵阳等）人均集中式商业面积超过或接近梯队均值，存在商业项目过剩的风险。

尽管零售商业整体存量已较大，但部分区域依旧存在优质供给不足的结构性矛盾，亟待通过存量改造优化消费场景。同时，面对业态单一、设施老化、运营低效等痛点，商业项目通过空间重构和业态换新，可以有效提升项目效益和资产价值。根据中指监测，2024 年全国共新开业 3 万平方米以上集中式商业 370 个，其中有数十个存量改造项目，印证了存量更新正成为商业地产高质量发展的重要路径。

当前办公楼市场普遍面临供大于求及高空置率压力，存量改造或成为破局关键。对于部分办公物业集中但产居不平衡的区域，企业可通过改建将低效闲置楼宇转化为商业综合体或租赁住房，以调节市场供给。对于建成年代早、设施老化的老旧楼宇，企业可从升级楼宇硬件、优化产业生态、创新运营模式等角度进行改造，提升项目活力的同时通过楼宇经济拉动就业，激活存量项目社会价值。此外，生命科学等新兴领域的发展对办公空间提出了全新需求，将传统办公空间改造为集研发实验、中试生产等多功能于一体的创新空间也是值得关注的方向。

2. 中央和地方陆续出台相关政策，支持存量盘活，方向包括非居改保、低效楼宇更新、商圈改造等

近几年，中央和各地陆续出台相关政策，支持更新改造和存量盘活，优化资源配置、推动城市高质量发展。

表2-4　近年来部分中央出台的城市更新、盘活存量商办用房相关政策

时间	发文机构	政策	相关内容
2020.12	住建部	全国住房和城乡建设工作会议	将“全力实施城市更新行动，推动城市高质量发展”作为 2021 年住房和城乡建设首要任务。
2021.03	–	“十四五”规划	加快推进城市更新，改造提升老旧小区、老旧厂区、老旧街区和城中村等存量片区功能，推进老旧楼宇改造，积极扩建新建停车场、充电桩。
2021.06	国务院	《关于加快发展保障性租赁住房的意见》	对闲置和低效利用的商业办公、旅馆、厂房、仓储、科研教育等非居住存量房屋，……，允许改建为保障性租赁住房。

续表

时间	发文机构	政策	相关内容
2021.08	住建部	《住房和城乡建设部关于在实施城市更新行动中防止大拆大建问题的通知》	鼓励在不变更土地使用性质和权属、不降低消防等安全水平的条件下，加强厂房、商场、办公楼等既有建筑改造、修缮和利用。 鼓励采用“绣花”功夫，对旧厂区、旧商业区、旧居住区等进行修补、织补式更新。
2022.05	国务院	《关于推进以县城为重要载体的城镇化建设的意见》	围绕产业转型升级和居民消费升级需求，改善县城消费环境。改造提升百货商场、大型卖场、特色商业街，发展新型消费集聚区。
2024.06	国家发改委	《关于打造消费新场景培育消费新增长点的措施》	推动现有步行街设施改造和业态升级，……。鼓励利用老旧厂房、城市公园、草坪广场等开放空间打造创意市集、露营休闲区。探索社会闲置公共资源商业化运营，鼓励经营困难的传统百货店、大型体育场馆等改造为商业综合体。
2024.12	商务部等7部门	《零售业创新提升工程实施方案》	聚焦零售商业设施改造提升，通过推动场景化改造、品质化供给、数字化赋能、多元化创新、供应链提升，实现零售业高质量发展。通过每年确定一批零售业创新提升试点城市，完成一批存量零售商业设施改造，推广一批经验成熟的典型案例，力争到2029年初步形成供给丰富、布局均衡、渠道多元、服务优质、智慧便捷、绿色低碳的现代零售体系。
2025.01	–	国务院常务会议	城市更新关系城市面貌和居住品质的提升，是扩大内需的重要抓手。要坚持问题导向和目标导向相结合，统筹推动城市结构优化、功能完善、品质提升，打造宜居、韧性、智慧城市。要加快推进城镇老旧小区、街区、厂区和城中村等改造，加强城市基础设施建设改造，完善城市功能，修复城市生态系统，保护和传承城市历史文化。
2025.03	–	2025年政府工作报告	盘活存量用地和商办用房。

除中央出台的政策外，各地方也积极出台相关政策，主要分为几类：一是跟进中央政策，支持非居住用房、闲置商办用房改建为租赁住房等其他业态；二是在城市更新政策中，明确将老旧、低效商业办公用房列为需更新对象，并提出指导原则；三是鼓励商业街、商圈、老旧楼宇进行改造提升，促进消费市场和产业经济提质升级。

（四）海外标杆启示：以“运营提效＋存量更新＋资产证券化”重塑商业地产价值

当前，我国商业地产市场仍面临诸多挑战。从外部环境看，国内有效需求仍显不足，服务业景气水平亦有待恢复，宏观环境的不确定性进一步加剧了市场波动；从行业内部看，商办市场供需失衡问题仍较突出，增量开发放缓，市场需求整体偏弱。与此同时，电商冲击、消费习惯变迁等也对传统商业地产模式产生影响。相比之下，海外商业地产市场历经多年发展，已形成相对成熟的运营体系，头部企业在发展模式、周期穿越策略、资产证券化、轻资产运营等方面积累了丰富经验，这些成熟市场的经验，可为国内商业地产企业优化战略布局和创新业务模式提供有益借鉴。

1. 美国：借助不动产金融工具，通过收并购实现规模扩张，注重项目运营和长期增值

美国房企注重深耕细分领域，较少混业经营。例如莱纳、帕尔迪、霍顿三家头部开发商专注于住宅开发，以西蒙地产（Simon Property Group，SPG）为代表的REITs则借助不动产金融工具，通过收并购扩张规模，注重长期收益，强调通过资产运营提升项目价值，获取稳定租金收益。

2. 日本：头部房企均为综合性开发商，商业地产作为多元化业务之一，帮助企业分散风险、穿越周期

与美国的专业分工模式不同，日本的头部房企目前均为多元化经营模式。20 世纪 90 年代日本房地产泡沫破灭后，三菱地所、三井不动产和住友不动产依托财团支持渡过危机并着力发展多元化业务，由重向轻转型，提高盈利能力。头部企业的业务板块基本涵盖了开发销售、持有租赁、物业管理、代建、房地产经纪、资产管理等多个方向，所涉及的物业类型涵盖住宅、商业、办公、酒店等多个业态。

3. 新加坡：以凯德集团为代表的资产管理模式

新加坡房企的典型代表是以资产管理模式为核心的凯德集团，其经营核心在于打通“融投管退”全链条，通过“私募基金 + 公募 REITs”的双基金模式构建资产管理平台。双基金模式下，凯德集团利用私募基金对商业地产项目进行培育和孵化，待项目现金流稳定后注入 REITs 使价值变现，并获取租金收益；REITs 通过对基金培育的项目具有优先购买权来形成双基金模式。

目前，我国商业地产市场仍处下行周期，不动产金融市场亦处于发展过程中，凯德集团的资产管理模式并不完全适用于现阶段的国内商业地产企业。但从长期来看，随着不动产金融链条的进一步完善，资产退出渠道将日趋通畅，国内商业地产企业可从现阶段开始强化资产运营能力，为转型不动产资产管理企业做好准备。

整体来看，中国商业地产企业可充分借鉴海外成功经验，投资布局聚焦优势区域的优质资产，持续优化资产组合；注重产品线建设和运营能力提升以实现资产增值，合理利用不动产金融工具实现由重到轻的转变，实现可持续发展。

结语

2024 年，宏观经济整体平稳运行，但面临一定挑战。受国内有效需求不足影响，商业地产市场供需两端仍偏弱。商业地产百强企业及时调整经营策略，放缓扩张步伐，注重存量运营，经营业绩整体保持平稳。

从规模表现看，供应过剩叠加项目经营承压，行业规模扩张速度放缓，仅部分头部企业仍保持一定扩张节奏。商业地产百强代表企业经营性物业持有及运营面积保持增长，但增幅连续三年收窄，经营性物业租金及运营服务收入增速同样回落。布局方面，企业战略锚定核心一二线城市，适度下沉消费潜力较大的三线城市。

从成长性看，商业地产百强企业延续“轻重并举”策略，但受商办物业持续供大于求影响，企业新拿地开发和收并购行为相对谨慎，部分头部企业保持一定轻资产外拓节奏。

从经营质量看，短期商铺及写字楼租赁需求仍显不足，平均出租率小幅下滑。零售商业方面，百强企业以消费需求洞察驱动精准运营，增强用户黏性；持续发力数字化转型，实现降本增效。办公物业方面，短期租金承压延续，企业借力服务体系升级与产业生态重塑稳续拓新。

从融资能力看，CMBS/CMBN 发行量有所下滑，经营性物业贷款政策放宽，补充企业融资渠道，公募

REITs发行常态化，8支消费基础设施REIT获批上市。

当前，宏观环境和居民消费特征发生转变，对商业地产行业而言，机遇与挑战并存。面向未来，商业地产企业应重点关注扩内需促消费、存量盘活等方面政策，优化经营模式。面对行业变化，商业地产企业可借鉴海外成熟市场发展经验，强化项目运营能力和资产管理能力，借助不动产金融工具实现高质量发展。

政策引领消费升级，以旧换新与服务扩容激活零售商业增量空间。2025年政府工作报告将扩大内需任务置于首位，以旧换新等政策促进消费提质扩容，企业可把握政策机遇，优化品牌组合，提升商场的竞争力和吸引力。

AI产业推升核心城市办公需求，短期岗位替代或致局部租赁需求回调。伴随人工智能产业发展，与人工智能研发、应用和服务相关的企业对办公空间的需求或将增加，有望带动核心一二线城市人工智能产业集群发达、人才储备密度大的区域办公楼市场恢复。同时，人工智能产业的快速发展在促进相关企业办公租赁需求释放的同时，也可能因岗位替代引发部分企业缩减租赁规模。

支持政策持续落地，存量商办更新改造驱动功能与业态焕新。商办用房增量开发放缓，部分城市供应过剩，企业应关注城市更新、存量盘活相关政策，向非居改保、低效楼宇更新、商圈改造提升等方向发力，在存量市场中寻找机遇。

海外标杆启示：以“运营提效+存量更新+资产证券化”重塑商业地产价值。面对行业承压的挑战，中国商业地产企业可充分借鉴海外成功经验，投资布局聚焦优势区域的优质资产，持续优化资产组合；注重产品线建设和运营能力提升以实现资产增值，合理利用不动产金融工具实现由重到轻的转变。

筚路致远，逐光前行。2025年，扩内需促消费政策有望继续发力，预计消费市场仍将保持一定韧性。但短期内，在经济运行仍面临挑战、居民就业和收入预期恢复较慢的背景下，商铺及写字楼市场仍有下行压力。面对挑战，商业地产百强企业应强化运营能力，拓展融资渠道，实现稳健经营。

报告三　2025中国房地产上市公司TOP10研究报告

一、研究背景与方法体系

（一）研究背景与目的

中国房地产 TOP10 研究组自 2003 年开展中国房地产上市公司 TOP10 研究以来，已连续进行了二十三年，其研究成果引起了社会各界特别是机构投资者的广泛关注，中国房地产上市公司 TOP10 研究的相关成果已成为投资者评判上市公司综合实力、发掘证券市场投资机会的重要标准。

2024 年，资本市场新“国九条”发布，证监会抓紧推动新“国九条”具体落实，形成“1+N”政策体系，进一步健全监管制度机制，提升监管效能。2025 年政府工作报告把稳住楼市股市写进经济社会发展总体要求，提出“深化资本市场投融资综合改革，大力推动中长期资金入市，加强战略性力量储备和稳市机制建设”。2025 年政府工作报告重点围绕扩需求、去库存、保交房、防风险和新模式等内容部署本年房地产工作。在此背景下，房地产上市公司应坚持稳中求进、以进促稳的工作总基调，顺应政策及行业趋势，积极开启新的发展模式，向高质量发展迈进。

在 2025 年中国房地产上市公司研究中，中国房地产 TOP10 研究组在总结历年研究经验的基础上，进一步完善了研究方法和指标体系，本着“客观、公正、准确、全面”的原则，发掘成长质量佳、投资价值大的优秀房地产上市公司，探索不同市场环境下房地产上市公司的价值增长方式，为投资者提供科学全面的投资参考依据。中国房地产上市公司 TOP10 研究的目的如下：

①客观反映中国房地产上市公司的整体发展水平和最新动态，促进房地产上市公司做优做强；

②发掘综合实力强、最具财富创造能力及投资价值、财务稳健等表现优异的房地产上市公司；扩大企业在机构投资者当中的影响力，拓展企业融资渠道，帮助企业更快更好地发展；

③通过系统研究和客观评价，打造“中国房地产上市公司 TOP10”品牌，引领房地产行业投资良性循环和健康发展。

（二）研究方法体系

1. 研究对象

（1）依法设立且公司股份于 2025 年 3 月 31 日前在上海证券交易所、深圳证券交易所及香港联交所等境内外证券交易所公开上市的房地产企业（业务收入主要来自中国大陆，且收入构成需满足下款条件）。

由于在不同交易所上市的企业采用的会计准则存在一定差异，研究组将根据上市地点分别对在内地、香港上市的房地产企业进行研究。

（2）主营业务收入构成满足以下条件之一：①房地产相关业务收入（包括房地产开发与销售、园区开发与管理，下同）所占比重不低于50%或所占比重虽低于50%但比其他业务收入比重均高出30%（源自《上市公司分类与代码》，中国证监会2005年3月颁布）；②如果公司收入来自两个行业，房地产相关业务收入占其总收入60%以上或其收入和利润均占整体比重超过50%，或按历史和未来趋势来看，房地产业务为企业提供最主要的收入和利润。如果公司业务收入来自三个或以上行业，房地产相关业务收入或者利润占整体比重超过50%（源自全球行业分类标准，Global Industry Classification Standard，摩根斯坦利公司和标准普尔公司联合发布，简称GICS）。

2. 评价指标体系

在2025中国房地产上市公司TOP10研究中，中国房地产TOP10研究组从经营规模、财富创造能力（Economic Value Added，简称EVA）、投资价值、财务稳健性四个方面对企业进行评价，对同一家企业在四个指标体系中的得分按一定的权重值（权重来自对四项得分的“方差—协方差分析”）进行加总，最终得到企业的综合实力得分，评价得出“2025中国房地产上市公司综合实力TOP10”。

2025中国房地产上市公司综合实力评价体系

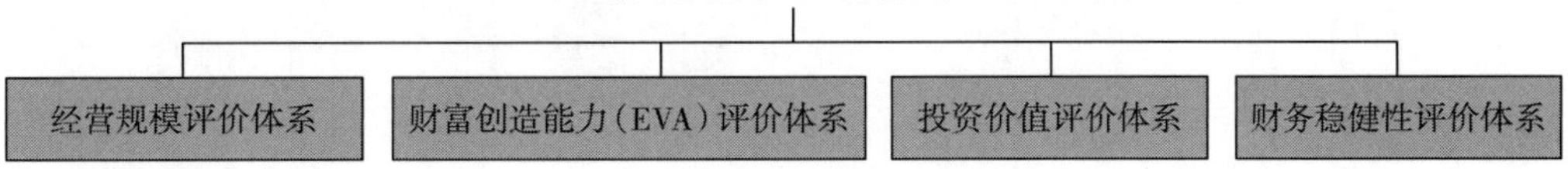

（1）经营规模评价体系

TOP10研究组以总资产、营业收入、利润总额和总市值作为经营规模的评价指标，指标体系如下：

2025中国房地产上市公司经营规模评价体系

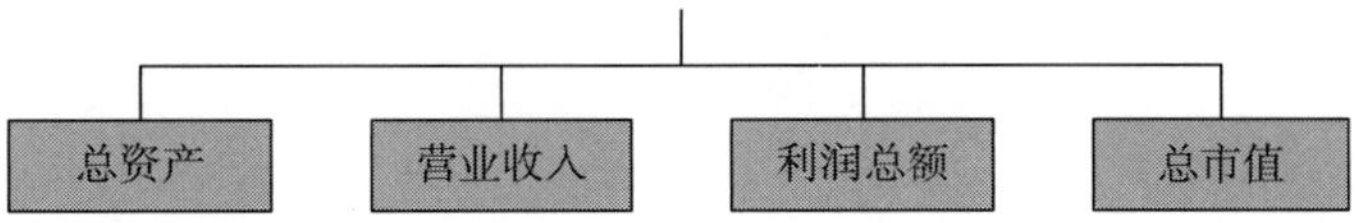

（2）财富创造能力（EVA）评价体系

TOP10研究组沿用了2003—2024年连续使用的财富创造能力（EVA）评价理论和方法，对2025年房地产上市公司的经营绩效进行EVA评价：

2025中国房地产上市公司财富创造能力（EVA）评价体系

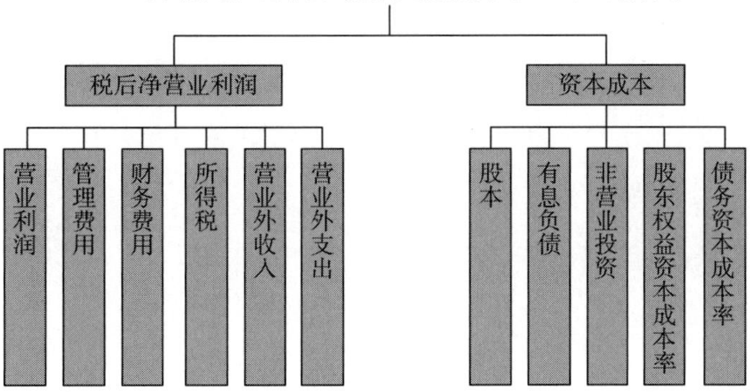

（3）投资价值评价体系

本次研究中，研究组从盈利能力、成长能力、运营效率等公司基本面的深入分析出发，系统分析企业在资本市场的表现，结合企业的业绩预测，全面评价企业的投资价值。指标体系如下：

2025中国房地产上市公司投资价值评价体系

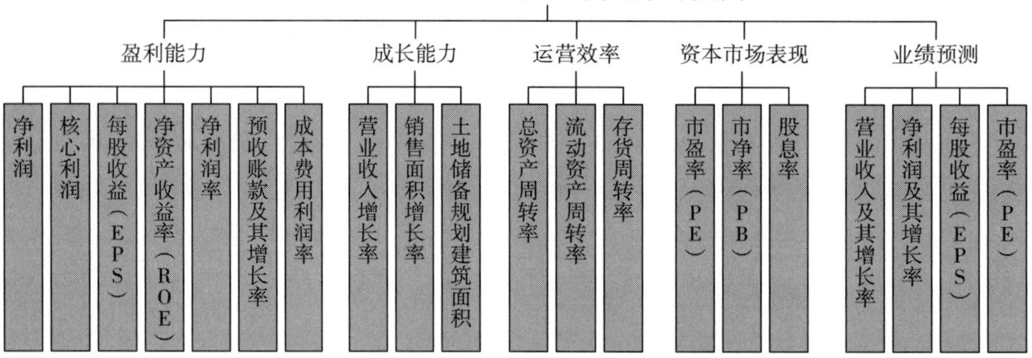

（4）财务稳健性评价体系

流动性风险（liquidity risk）是中国房地产上市公司面临的主要风险。所以，研究组将从企业的现金流风险出发，兼顾企业的中长期偿债能力指标资产负债率和净负债率，综合分析企业的财务稳健性。指标体系如下：

2025中国房地产上市公司财务稳健性评价体系

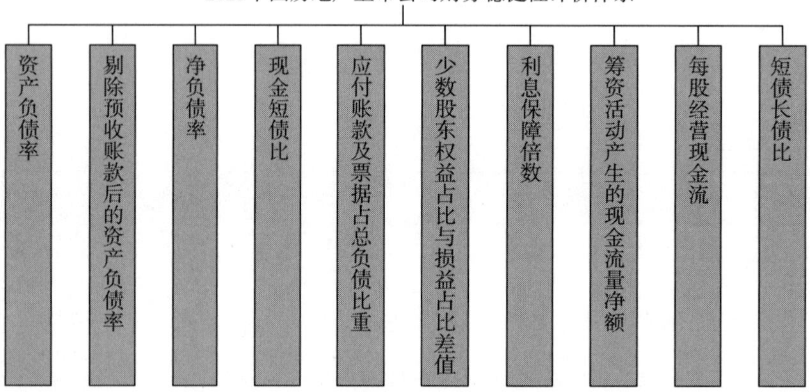

（5）公司治理评价体系

研究组在充分借鉴国内外专家学者以及相关公司治理绩效评价研究的基础上，结合我国现实性的公司治理研究环境，实施量化指标分析评估，全面客观地评价上市公司的治理水平。指标体系如下：

2025中国房地产上市公司治理评价指标体系

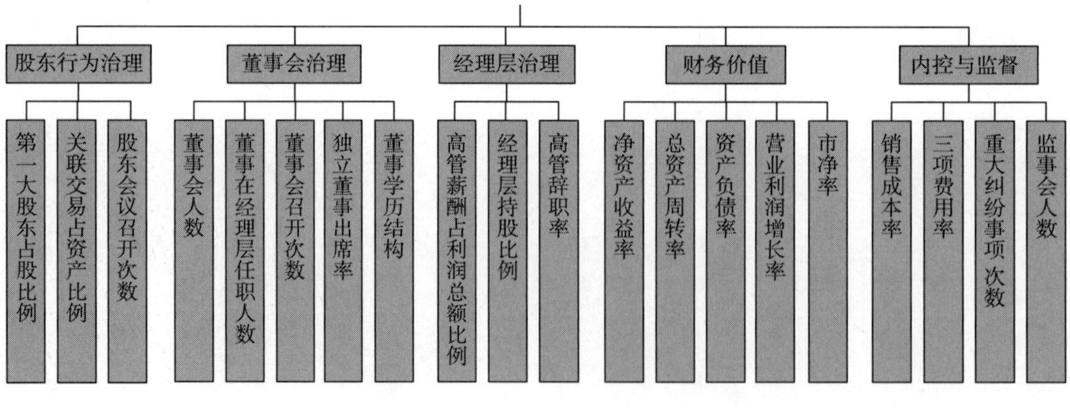

3. 数据来源

中国房地产指数系统（CREIS）数据库；房地产上市公司对外公布信息（包括公司年报、公告、公司网站公布信息和对外派发资料）；政府部门（包括建委、房管局和统计局等）公开数据；2022—2024

中国房地产上市公司研究收集的企业数据资料；2022—2025中国房地产百强企业研究收集的企业数据资料。

4. 计量评价方法

研究方法上，为增强研究的严谨性，采用因子分析（Factor Analysis）方法。因子分析是一种从变量的方差—协方差结构入手，在尽可能保留原始信息的基础上，用少数新变量解释原始变量方差的多元统计分析方法。它将原始变量分解为公共因子和特殊因子之和，并通过因子旋转得到符合现实意义的公共因子，然后用这些公共因子去解释原始变量的方差。

设 $F_1,F_2,\cdots$，F_m 表示因子变量，使用统计软件SPSS可以计算出每个研究对象的各个因子的得分，然后计算出因子综合得分：

$$A=(\alpha_1F_1+\cdots+\alpha_mF_m)/\sum\alpha_i,i=1,\cdots,m$$

其中 α 是各个因子变量的方差贡献率。

二、2025中国房地产上市公司TOP10研究结果

（一）综合实力TOP10

2024年，在市场仍在深度调整周期的背景下，综合实力TOP10企业顺应市场变化，把握市场需求节奏，充分发挥在市场布局、土地和资金资源、管控模式等方面的优势，业绩保持稳定，展现出很强的经营稳定性，行业地位稳固。

表3-1　2025沪深上市房地产公司综合实力TOP10

排名	股票代码	股票简称
1	600048.SH	保利发展
2	001979.SZ	招商蛇口
3	000002.SZ	万科A
4	600383.SH	金地集团
5	600325.SH	华发股份
6	002244.SZ	滨江集团
7	000031.SZ	大悦城
8	600266.SH	城建发展
9	000402.SZ	金融街
10	600657.SH	信达地产

表3-2　2025内地在港上市房地产公司综合实力TOP10

排名	股票代码	股票简称
1	0688.HK	中国海外发展
2	1109.HK	华润置地
3	3900.HK	绿城中国
4	0960.HK	龙湖集团
5	0123.HK	越秀地产

续表

排名	股票代码	股票简称
6	1030.HK	新城发展
7	0817.HK	中国金茂
8	1908.HK	建发国际集团
9	0119.HK	保利置业集团
10	0604.HK	深圳控股

2024年，沪深及内地在港上市房地产公司综合实力TOP10的资产规模和市值表现领先于行业，其中：年末总资产均值达到4953.8亿元，是同期房地产上市公司均值的3.3倍；总市值均值为387.9亿元，是同期沪深上市房地产公司均值的3.1倍。内地在港上市房地产公司综合实力TOP10的总资产均值为5109.0亿元，是同期房地产上市公司均值的3.4倍；总市值均值为440.3亿元，是内地在港上市房地产公司均值的3.5倍。

2024年，综合实力TOP10企业顺应行业发展趋势，兼顾开发与经营业务，推动综合实力持续提升。保利发展提供不动产投资开发业务、不动产经营业务、不动产综合服务等，不动产投资开发业务聚焦国家重点发展区域和核心城市，坚持以商品住宅开发为主，打造“天悦人和”三大产品系，保持销售规模行业领先。同时，保利发展不断做大经营业务，积极发展保障性租赁住房，资产经营稳固提升，多业态资产运营齐头并进。华润置地秉承“城市投资开发运营商”的战略定位与“3+1”一体化业务模式，开发销售型业务市场地位更加稳固，经营性不动产业务运营质效稳步提升，资管业务加快打造“第二增长曲线”。招商蛇口以开发业务、资产运营、物业服务三大核心业务为支柱，着力构建“租购并举、轻重结合”的业务结构，推动高质量发展，构建房地产发展新模式。

综合实力TOP10企业聚焦核心城市实现高质量拓展，持续优化土储结构，有效推动企业资产规模增长。2024年，中海地产保持投资定力，聚焦高能级城市的优质资产，精准投资，在中国内地12个城市新增22幅土地，新增土地储备总建筑面积416万平方米，权益建筑面积389万平方米，总地价人民币806.1亿元，权益地价人民币696.3亿元。华润置地坚持战略引领投资和“量入为出”原则，合理把握投资节奏，全年获取项目29个，权益投资人民币526亿元，一二线城市投资占比94%，有效补充了核心城市优质土储。

（二）财富创造能力TOP10

在市场仍在深度调整阶段的背景下，财富创造能力TOP10企业顺应市场新发展阶段要求，加强产品、服务、投资、运营等核心能力建设，以创造经济增加值为导向，向新发展模式转型：一方面，加快竣工结转，强化精益化管理，展现出经营韧性，保持收入稳定；另一方面，积极发展资产经营及服务业务，拓展多元收入渠道，丰富利润来源，有效提升财富创造力。

表3-3　　2025中国房地产上市公司财富创造能力TOP10

排名	股票代码	股票简称
1	600048.SH	保利发展
2	1109.HK	华润置地
3	0688.HK	中国海外发展

续表

排名	股票代码	股票简称
4	3900.HK	绿城中国
5	0123.HK	越秀地产
6	001979.SZ	招商蛇口
7	000402.SZ	金融街
8	0207.HK	大悦城地产
9	600007.SH	中国国贸
10	0119.HK	保利置业集团

2024 年，房地产上市公司财富创造能力 TOP10 的 EVA 均值为 –7.6 亿元，虽为负值，但受益于规模效应、经营韧性等因素，仍能保持一定利润规模，好于房地产上市公司 EVA 均值，领先优势显著。财富创造能力 TOP10 企业的 EVA（经济增加值）为负。

一方面，房地产上市公司财富创造能力 TOP10 企业会扎实推进交付工作，强化精益化管理，展现出经营韧性，从而保持收入稳定。保利发展以精细化运营筑牢财务底盘，依托多元产品线与全国化布局精准匹配市场趋势，通过创新驱动及服务生态优化持续提升综合效能，以稳健内核与前瞻战略巩固行业头部地位。2024 年，保利发展竣工面积 3257 万平方米，高质量交付 16.5 万套，为保障项目交付效率，公司年内推进精细化运营，并在海南地区试点快速建造体系，拿地到竣备周期缩短至 14 个月。华润置地强化生产运营精益化管理，坚决做优存量、化解风险，加强成本管控，提升开发效率。中海地产 2024 年平均融资成本为 3.1%，处于行业最低区间；分销费用与行政费用合计占收入的比例为 3.7%，费效比行业领先，成本费用管控的竞争优势进一步增强。

另一方面，房地产上市公司财富创造能力 TOP10 企业发展资产经营及服务业务，各类持有型资产管理收入、服务业务收入实现可持续增长，带动期内经营效益提升。2024 年，华润置地累计经常性收入约 480.4 亿元人民币，同比增长 12.4%；经营性不动产业务租金收入约 292.1 亿元人民币，同比增长 14.0%。保利发展全年实现房地产开发结算收入 2873.5 亿元，多元业务板块协同发力，实现营业收入 243 亿元；物业管理服务全年实现收入 163 亿元，同比增长 8.5%。

（三）财务稳健性 TOP10

财务稳健性 TOP10 企业财务结构合理，现金充足，流动性风险可控，杠杆率保持低位。一方面，积极管理债务，保持基本面稳健；另一方面，强化销售去化及销售回款力度，做好运营服务，增加经营活动产生的现金流入。

表3-4　2025中国房地产上市公司财务稳健性 TOP10

排名	股票代码	股票简称
1	600048.SH	保利发展
2	0688.HK	中国海外发展
3	3900.HK	绿城中国
4	1109.HK	华润置地
5	001979.SZ	招商蛇口
6	0672.HK	众安集团

续表

排名	股票代码	股票简称
7	000402.SZ	金融街
8	0123.HK	越秀地产
9	1908.HK	建发国际集团
10	0119.HK	保利置业集团

房地产上市公司财务稳健性TOP10企业的现金规模明显优于行业平均水平，杠杆率得到有效控制，净负债率均值为60.8%，低于同期上市房地产公司均值；现金对短期债务覆盖能力较强，现金短债比为3.3，高于同期房地产上市公司均值。在行业调整阶段，财务稳健性TOP10企业更加注重保持流动性，提升债务保障程度。2024年，沪深及内地在港上市房地产公司财务稳健性TOP10企业得益于以下因素：

一方面，房地产上市公司财务稳健性TOP10企业积极管理债务，保持基本面稳健。中海地产2024年继续保持稳健的财务状况与强劲的成本优势，截至2024年末，中海地产资产负债率为55.8%，净借贷比率为29.2%。中海地产积极管理有息借贷规模，提早偿还2027年11月到期的俱乐部贷款121.1亿元港币，净偿还债务175.5亿元人民币，有效优化债务结构，人民币债务占比提升至82.3%。招商蛇口积极响应房地产融资新模式，推动融资模式回归项目逻辑，利用经营性物业贷款新政，建立平台融资向项目融资转换的有效通道，全年落地经营性物业贷款92亿元，债务结构更加稳固；紧抓利率下行的市场窗口，充分发挥公司信用优势进行债务置换，资金成本显著降低。全年新增公开市场融资154.60亿元，2024年末，公司综合资金成本2.99%，较年初降低48BP，保持行业最优水平。

另一方面，房地产上市公司财务稳健性TOP10企业加强销售回款管理、做好运营服务，提升现金流。保利发展持续做大回笼基数，加快销售资金回笼，2024年实现销售回笼3277亿元，签约回笼率超过100%；通过多种方式回收现金，精准管控现金开支，实现经营性现金流入63亿元，连续第7年为正。截至2024年末，中海地产持有银行存款及现金1241.7亿元人民币，经营性现金净流入464.5亿元人民币。绿城中国2024年销售回款率达104%，维持高位；实现项目管理服务收入33.78亿元人民币，较2023年的人民币31.35亿元增长7.8%。华润置地2024年实现经常性业务收入合计为人民币416.5亿元，同比增长6.6%。

（四）投资价值TOP10

2025年中国房地产上市公司投资价值TOP10企业在市场持续调整的背景下，凭借其规模实力、优秀的产品力、强劲的经营业务以及资金资源优势，不断取得优异的经营业绩，在投资能力和盈利能力方面表现突出，投资价值彰显。

表3-5　　2025中国房地产上市公司投资价值TOP10

排名	股票代码	股票简称
1	600048.SH	保利发展
2	1109.HK	华润置地
3	0688.HK	中国海外发展
4	1908.HK	建发国际集团
5	3900.HK	绿城中国

续表

排名	股票代码	股票简称
6	001979.SZ	招商蛇口
7	0123.HK	越秀地产
8	600325.SH	华发股份
9	0672.HK	众安集团
10	600007.SH	中国国贸

房地产上市公司投资价值TOP10企业的每股收益均值为1.07元，同期房地产上市公司的均值为负值；净资产收益率均值为5.7%，同期房地产上市公司均值为负值。

房地产上市公司投资价值TOP10企业把握市场机遇，凭借强大的品牌影响力、规模优势和高效的经营策略，不断强化市场地位，赢得投资者青睐。如保利发展紧紧围绕“稳经营、调结构、化风险、促发展”中心任务，统筹安全与发展，保持销售规模行业领先，核心城市市占率再提升；资产和资源结构不断优化，增量投资规模居行业前列，2024年全年新增拓展总地价683亿元，权益地价602亿元，位居行业第二，99%的投资金额位于38个核心城市，74%的投资金额位于北上广等一线城市的核心区域、核心板块；通过多种方式处置存量资源。近年来，公司积极谋划推进存量土地“调转换退”，已完成约270万平方米存量未开工土地资源盘活，盘活资金超百亿。保利发展以现金流安全为中心，综合实施“销支融盘化”五大战术，通过多种方式回收现金，精准管控现金开支。华润置地秉承“3+1”一体化业务模式，在开发销售型业务方面，合理把握投资节奏，权益投资526亿元人民币，投资强度保持行业前三，一二线城市投资占比94%，有效补充了核心城市优质土储；经营性不动产业务运营质效稳步提升，资管业务加快打造“第二增长曲线”，成为公司业绩和长期稳定现金流的主要贡献者。

发展聚焦核心城市且在重点一二线城市具备优质土地储备的房地产上市公司具有更高的投资价值。如中海地产2024年全年在12个中国内地城市获取22宗地块，总购地金额806.1亿元人民币，权益购地金额696.3亿元人民币，新增购地金额行业第一，四个一线城市权益购地金额占比约73.5%，货量结构优势更加突出。招商蛇口坚持区域聚焦、城市深耕、以销定投、精挑细选的投资策略，资源投放聚焦强心城市。2024年，招商蛇口累计获取26宗地块，总计容建面约225万平方米，总地价约486亿元，公司需支付地价约335亿元，在“核心10城”的投资金额占比达90%，其中在一线城市的投资占公司全部投资额的59%。

表3-6　2025中国上市公司商业地产运营TOP10

排名	股票代码	股票简称
1	1109.HK	华润置地
2	0960.HK	龙湖集团
3	0207.HK	大悦城地产
4	601155.SH	新城控股
5	600007.SH	中国国贸
6	0535.HK	金地商置
7	0817.HK	中国金茂
8	001979.SZ	招商蛇口
9	000402.SZ	金融街
10	6668.HK	星盛商业

面对市场调整压力和消费需求的转变，上市公司商业地产运营TOP10企业通过“消费者洞察”解析消费行为轨迹，精准构建用户画像，进而匹配符合消费者真实需求的产品和服务，动态优化服务策略，形成差异化竞争力。华润置地在消费需求更趋细分多元的背景下，购物中心赛道积极开展消费者需求洞察，通过细分消费者、细分产品、细分服务，实现各赛道全价值链精细化运营，为消费者提供更加精准、差异化的服务，实现与业主共赢。星盛商业依托“会员重塑计划”，结合“大服务体系”的创新思考，从客户体验出发，提升C端客户服务水平。

表3-7　　2025中国房地产上市公司代建运营优秀企业

排名	股票代码	股票简称
1	9979.HK	绿城管理控股
2	1109.HK	华润置地
3	600383.SH	金地集团
4	0960.HK	龙湖集团
5	001979.SZ	招商蛇口
6	601155.SH	新城控股
7	1908.HK	建发国际集团
8	9982.HK	中原建业
9	000090.SZ	天健集团
10	600743.SH	华远地产

随着行业进入深度调整期，房企高杠杆、高负债、高周转的“三高模式”难以持续。区别于传统的物业开发，代建业务具有高成长、高盈利、抗周期等优势，成为房企探索新发展模式的重要方向。绿城管理控股持续推动模式创新、标准引领，以“M登山模型”为B端客户提升经营兑现度，以“M确幸社区”为C端客户打造美好生活场景，并通过开源知识体系和筹建中国代建行业协会等引领行业共同发展，为推动房地产向新发展模式转型贡献力量。金地集团自2006年进入代建领域以来始终坚持直营模式，精研代建能力与体系，践行价值代建之道，以“产品力、经营力、服务力”代建三力驱动价值创造，保持行业领先优势，为委托方创造效益，实现多方价值共赢。

（五）公司治理TOP10

房地产行业深度调整，行业竞争愈发激烈，优胜劣汰的态势显著。对于房地产上市公司而言，未来发展的道路上挑战与机遇并存。完善的公司治理结构能够有效维护公司股东及利益相关者，强化投资者信心。同时，优质的公司治理体系对于提高公司决策的科学性和管理效率起着重要作用，不仅增强了公司的永续经营能力，还进一步提升了其在市场中的竞争力。2024年，华润、中海、保利、招商等房地产上市公司治理TOP10企业健全公司治理结构，完善公司规章制度，加强与投资者交流，建立激励制度，公司治理能力行业领先。

表3-8　　2025中国房地产上市公司治理TOP10

排名	股票代码	股票简称
1	1109.HK	华润置地
2	0688.HK	中国海外发展
3	600048.SH	保利发展

续表

排名	股票代码	股票简称
4	001979.SZ	招商蛇口
5	0960.HK	龙湖集团
6	002244.SZ	滨江集团
7	0123.HK	越秀地产
8	000402.SZ	金融街
9	0119.HK	保利置业集团
10	600383.SH	金地集团

房地产上市公司治理TOP10企业加强内控和风险管理，完善公司治理制度与流程，巩固与投资者的关系，提高公司透明度，保障公司运营的合规合法、健康稳定，维护公司及全体股东利益。2024年，中海地产建立了内部监控系统，明确了决策、执行、监督等职责和权限，形成科学分工和制衡机制，保障合规性和财务报告真实性，提升经营效率；同时实施全面预算管理，规范预算编制、审定、执行，并运用信息技术加强内部监控，建立与经营相适应的信息系统。审计部负责对中海、中海附属公司及共同控制实体进行内部审计，协助风险管理委员会和董事局进行风险管理和内部监控的独立审查，持续监督内部监控有效性，监督管理层制定及实施改进计划。

房地产上市公司治理TOP10企业实施薪酬激励政策，为公司带来长期稳定有效的治理结构。招商蛇口2024年进一步优化了绩效考核体系：一是调整绩效考核周期，在充分考量和尊重相关单位不同业态管理实际的前提下，增加季度考核、半年度考核，进一步明确绩效结果应用原则，强化过程跟踪管控力度；二是将文化引领融入绩效考核维度，对照核心价值观行为标签，对员工践行“客为先、勇担当、重实效、创卓越”的行为表现评定“奋斗者星级”（一星到五星），年度绩效考核等级及“奋斗者星级”将共同作为员工年终奖金分配、年终奖项评选、薪级调整、职级调整、岗位变动的依据，以此打造以奋斗者为主体的员工队伍。

三、中国房地产上市公司整体发展状况分析

“2025中国房地产上市公司TOP10研究”的研究对象主要为151家上市公司，包括81家沪深上市房地产公司和70家内地在港上市房地产公司。研究结果显示：2024年，房地产上市公司收入下滑，净利润持续下滑，流动性压力仍在，股东回报下滑。未来新房市场将缓慢复苏，行业将加速出清、重整，聚焦核心城市，保持投资强度和具有不动产运营与服务能力的房地产上市公司将释放更高的企业价值。

（一）经营规模：行业连续三年缩表，资不抵债企业数量增加

2024年，上市房企连续三年缩表，央企和地方国企转为缩表，资不抵债企业数量增加。从总资产结构来看，上市房企拿地谨慎，存货规模加速下滑；受销售下降和融资受限影响，货币资金规模连续三年下降；上市房企降低权益性投资规模，放缓持有性物业投资速度，适应房地产发展新阶段要求。

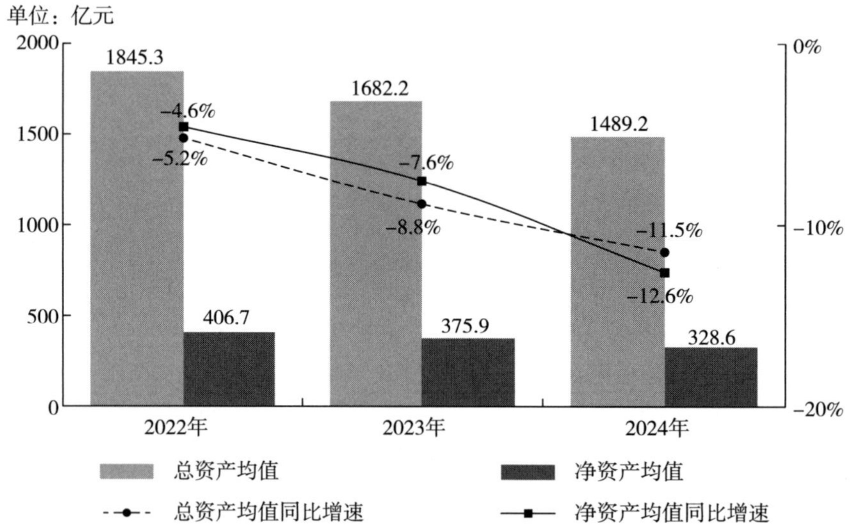

图3-1　2024年房地产上市公司总资产、净资产均值及增长率

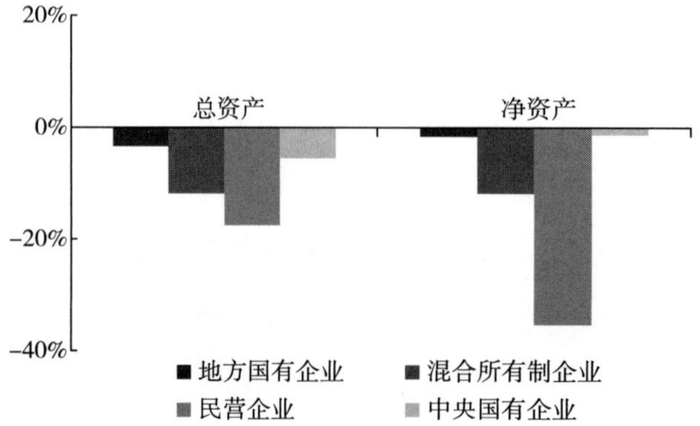

图3-2　2024年房地产上市公司分所有制总资产、净资产同比增长率

2024年，房地产上市公司总资产规模连续三年负增长，降幅扩大。房地产上市公司总资产均值为1489.2亿元，较上年下降11.5%，降幅较上年扩大2.6个百分点；净资产均值为328.6亿元，较上年下降12.6%，降幅较上年扩大5.0个百分点。受资产贬值而债务刚性影响，净资产降幅更高。净资产为负的企业13家，较上年明显增加，2022—2024年，资不抵债的企业数量逐年增加。行业持续缩表，资产贬值严重，资不抵债企业数量增加。

央企和地方国企转为缩表，民营企业和混合所有制企业缩表幅度更大。2024年，央企、地方国企、混合所有制企业、民营企业总资产均值分别同比下降5.5%、3.4%、11.9%、17.6%，分别较上年降幅扩大6.4、11.8、1.0、1.6个百分点。地方国企和央企上年同期总资产均值同比小幅增长，年内转为负增长，行业内不同所有制性质房企普遍进入缩表进程，央企和地方国企也失去了托底能力，其投资明显放缓。2024年一线城市住宅用地土地出让金同比下降25.5%，二线城市同比降幅超三成；成都、苏州、天津、宁波等城市土地出让金同比降幅均在五成左右。虽央国企仍是拿地主力，但整体受年内销售、融资两端均低迷影响，投资力度明显放缓。另外，部分房企剥离房地产业务也使得其资产规模下滑。从净资产来看，2024年，央企、地方国企、混合所有制企业、民营企业净资产均值分别同比下降1.3%、1.6%、0.5%、26.9%，分别较上年降幅扩大5.1、10.8、11.4、8.5个百分点。在市场调整周期，上市房企存货均面临较大贬值压力和去化压力，净资产规模因而持续下滑。在优质地块持续推出、规划条件持续优化、“好房子”建设加速的今天，需再次审视其土地储备的真实价值。总体来看，上市房企发展普遍遇到困境，加速洗牌出清，行业亟待重整。

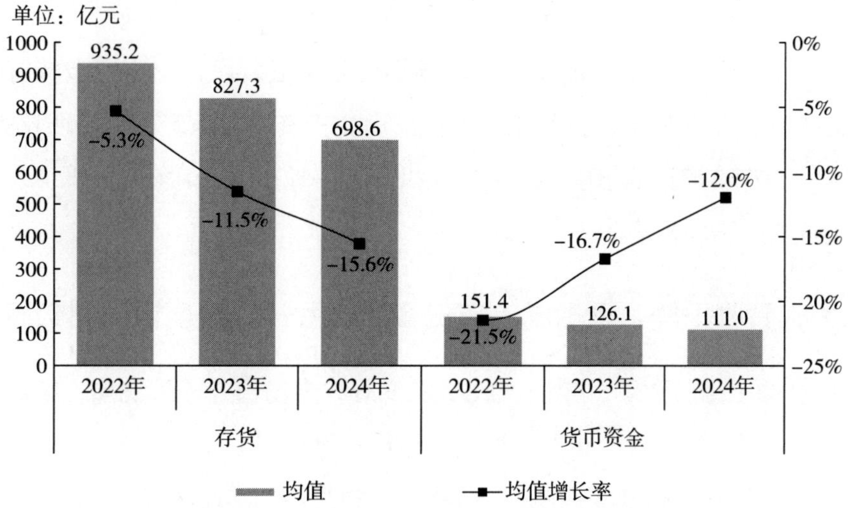

图3-3　2024年房地产上市公司存货和货币资金

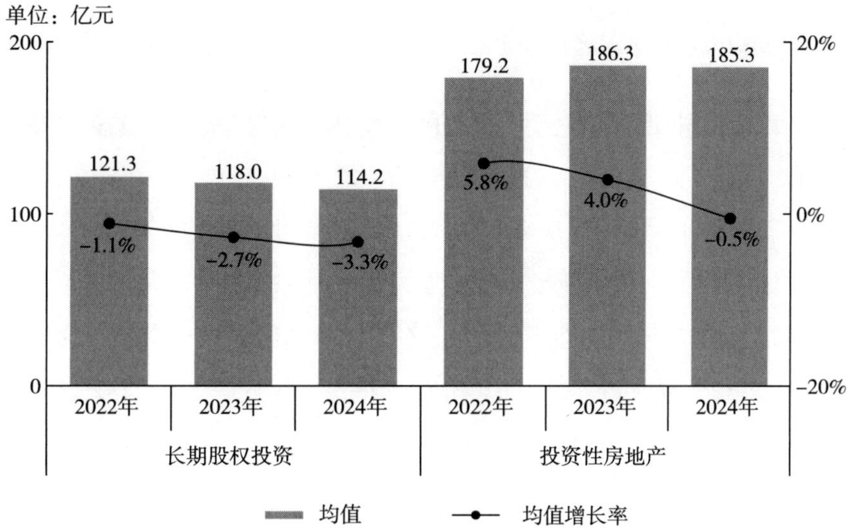

图3-4　2024年房地产上市公司长期股权投资和投资性房地产

从总资产构成来看，房地产上市公司总资产规模的变化主要由以下几个因素构成：

全年以销定投下拿地谨慎，存货规模加速下滑。2024 年，房地产上市公司全年投资力度谨慎，叠加竣工结转，存货规模下降。存货均值为 698.6 亿元，同比下降 15.6%，降幅较上年扩大 4.1 个百分点。部分房企存货结构中商办项目、三四线城市项目受市场调整影响去化不佳，存货受“好房子”建设影响，去化能力下滑，存货结构趋向恶化。

销售下滑、融资受限，货币资金继续下降，降幅收窄。2024 年上市房企销售规模下降，销售回款持续减少；融资环境偏紧，企业一方面筹资能力受限，另一方面需动用自有资金偿还到期债务。多重因素叠加下，上市房企货币资金继续下降，房地产上市公司货币资金均值为 111.0 亿元，同比下降 12.0%，降幅较上年收窄 4.7 个百分点。降幅收窄主要受头部企业货币资金增加提振，如中海地产、华润置地、招商蛇口、滨江集团货币资金同比增长超 10%。

合作开发力度减弱，房地产上市公司长期股权投资下降。2024 年上市房企投资明显放缓，合作开发态度更为审慎，降低对联营、合营公司的投入力度，上市房企长期股权投资均值同比下降 3.3% 至 114.2 亿元。

商业地产市场持续承压，投资性房地产同比下滑。2024 年，上市房企投资性房地产均值同比下降 0.5%

至185.3亿元，增速较上年下滑4.5个百分点，由正转负。2024年我国服务业经济和消费市场保持恢复态势，但国内有效需求不足、消费偏弱，商业地产市场仍处于筑底阶段，上市房企持有性资产规模增速下滑。华润置地、中海地产、龙湖集团、新城控股等头部房企投资性房地产占总资产比重均超20%，龙湖、新城超30%。如果商业地产市场持续承压，上市房企投资性房地产将面临贬值和收入下滑的压力，或将对其资产负债表、流动性产生不利影响。

（二）盈利能力：营收下降，近七成上市房企出现亏损，短期内盈利仍将承压

2024年，上市房企竣工结转放缓，年内营收增速下滑，市场仍处于筑底期，毛利率降低和资产减值仍在持续，房地产上市公司净利润持续下滑，近七成上市房企出现亏损，亏损企业数量显著增加。在市场企稳势头下，不同区域市场分化显著：仅核心城市资产有望受益，其他区域资产仍面临较大贬值压力，从而削弱上市房企盈利水平。

1. 行业营收下降，近七成上市房企亏损

2024年，房地产上市公司营收增速较上年明显下降，净利润继续下滑，亏损企业数量增加。上市房企营业收入均值为297.4亿元，同比下降21.0%，增速较上年下降22.1个百分点，由正转负；净利润均值为–31.2亿元，连续三年为负，亏损额连续扩大。上市房企中约68.1%的企业出现亏损，亏损企业数量较上年增加24家，其中，15家上市房企亏损超百亿，巨亏企业数量较上年有所增加，69家上市房企连续两年亏损，47家上市房企连续三年亏损。2024年，全国房屋竣工面积为7.4亿平方米，同比下降27.7%，其中住宅竣工面积5.4亿平方米，同比下降27.4%。从竣工结转来看，过去几年销售额增速逐年下滑，可供结转的销售额下滑显著，导致当前房企营收承压。从投资拿地来看，自2021年“两集中”政策实施以来，叠加融资收紧、市场下行等因素，土地推出和成交规模均呈下滑趋势，特别是民营房企拿地规模锐减，投资不足为其后续销售下滑埋下了伏笔。

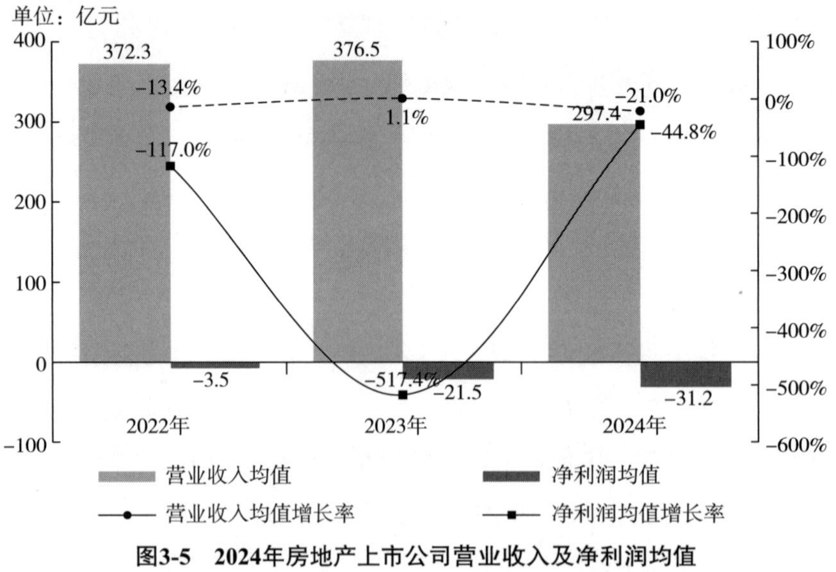

图3-5　2024年房地产上市公司营业收入及净利润均值

2024年，上市房企净利润率均值、净资产收益率均值均为负值，近三年净资产收益率连续为负，盈利情况持续恶化。净利润率均值、净资产收益率均值分别为–27.8%、–21.2%，较上年扩大16.3个百分点和2.8个百分点。仅少数头部企业盈利能力表现优于行业，仍能维持一定净利率和净资产收益率。这些企业主要得益于持有业务的稳定表现和前期审慎精准的投资策略。

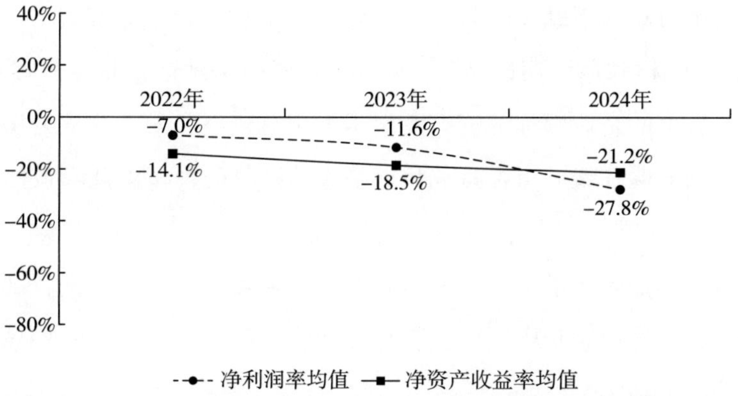

图3-6　2024年房地产上市公司净利润率与净资产收益率均值

短期内受销售下滑影响，房地产企业的营业收入及盈利能力仍将维持下行态势。2022—2024年销售额连续负增长，预期随着项目逐步进入结转期，结转收入规模短期内将维持下行趋势。同时，近三年市场超预期下行，短期内对销售毛利率形成较大压力，随着这部分销售资源逐步转入竣工交付，短期内结转毛利率将持续承压，且市场超预期下行对存货账面价值产生不利影响，企业净利润下滑压力大。

2. 毛利持续承压，资产减值损失削弱利润

前期高地价和售价承压是导致毛利率持续承压的关键。2022—2024年，市场超预期下行后，多数城市均面临较大调整压力，销售端价格持续承压叠加地价高位，企业毛利率持续下降。同时，一二线城市地价占房价比重持续高于三四线城市，结转区域结构向一二线集中，加剧了盈利水平下行。另外，2023年以来，多数房企加大促销力度并积极处置滞重资产，对利润造成负面影响，2021—2024年，代表房企销售毛利率均呈现下降趋势，从2021年的19.9%下降至10.2%，年均降幅达3.2个百分点。未来，房企还需平衡好去库存和保利润之间的关系。

资产减值损失对当期利润水平造成不利影响。2024年市场持续调整，土地出让条件不断优化，早期获取的土地在当前市场条件下不仅成本不具优势，规划条件也略显不足，因此，多数房企一方面加强对存量项目去化，另一方面调整量价策略或改变投资预期，并在当期计提相应的存货、投资性房地产、长期股权投资和信用减值准备，对2024年度业绩产生不良影响。

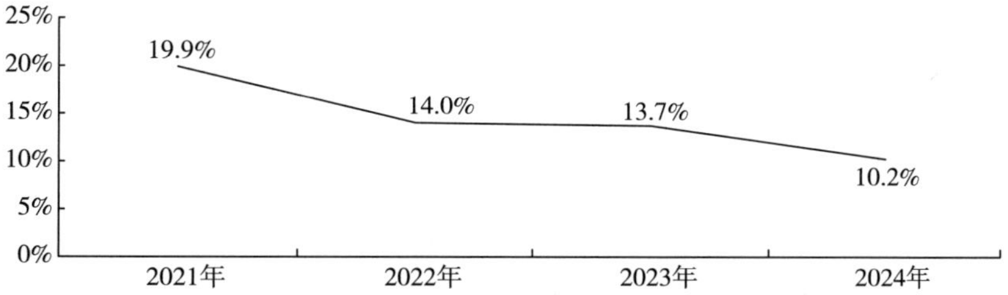

图3-7　2024年房地产上市公司销售毛利率均值

受房价仍在调整期影响，上市房企存货、长期股权投资等或将面临贬值压力，资产减值损失仍将侵蚀房企利润。一方面，3月31日，住房和城乡建设部发布国家标准《住宅项目规范》，在“好房子”建设加速的背景下，房企存量土地和存量项目的规划条件和产品设计均处于较大劣势。另一方面，预期一二线城市核心城区核心区位的房地产将受“马太效应”的影响而持续回暖，但其他区域仍需面临较长时间的调整压力。2025年一季度，百城二手住宅价格累计下跌1.51%，其中一线城市二手累计下跌0.65%，二线城市

累计下跌1.74%，三四线城市累计下跌1.63%。4月25日中央政治局会议指出，“持续巩固房地产市场稳定态势”“有力有序推进城中村和危旧房改造”，此后核心城市房地产市场活跃度明显提升，市场信心有所恢复，因此，聚焦核心城市的企业面临的资产贬值压力相对较小，未来这部分房企也有望率先修复利润表；而三四线城市土储及部分弱二线城市存货仍将面临较大贬值压力，由此形成的资产减值损失仍将影响利润。

另外，部分房企联合营投资收益下降，部分房企非主业财务投资出现亏损，部分房企大宗资产交易和股权交易价格低于账面值，部分房企年内因应收款存在回收风险而计提大额信用减值损失，这些非经营性因素也对当期盈利水平造成不利影响。

典型房企持有业务、服务业务等经营性业务对利润的贡献进一步提升。2024年，在政策支持和新业态推动下，零售消费市场和文化旅游市场增添了新的活力，整体呈现出平稳增长和结构优化的特点，典型企业的持有业务收入稳步增长。2024年华润置地经营性不动产业务租金收入同比增长近一成，新城商业运营总收入同比增长超一成。同时，持有业务毛利率普遍高于房地产开发业务，因此对利润的贡献进一步提升。此外，2024年典型房企积极发展物业服务、代建服务等业务，其收入和利润增速表现亮眼。不过，写字楼市场新增需求持续疲弱，“以价换量”的局面进一步深化，租金水平持续承压；商业物业市场受“消费降级”影响，分化加剧，重资产持有物业较多的上市房企仍需加强运营服务，避免利润“压舱石”变成滞重资产。

表3-9　　2024年典型房企非开发业务情况

房企	持有业务和服务业务情况
华润置地	经营性不动产业务营业额为233.0亿元，同比增长4.8%，轻资产管理业务营业额为121.3亿元，同比增长14.0%，生态圈要素型业务营业额为62.2亿元，同比增长0.5%。经常性业务收入合计为416.5亿元，同比增长6.6%，占总营业额14.9%。综合毛利率为21.6%，其中经营性不动产业务毛利率为70.0%，同比提升0.4个百分点。
龙湖集团	运营及服务业务收入为人民币267.1亿元，同比增长7.4%；运营毛利率为75.0%，较上年下降0.8%。
新城控股	公司实现商业运营总收入128.08亿元，同比增长13.10%，持续提升对公司的业绩贡献，物业出租及管理毛利率70.17%，较上年增加0.27个百分点。
万科	万物云实现营业收入363.8亿元（含向万科集团提供服务的收入），同比增长8.9%；租赁住宅业务（含非并表项目）实现营业收入37.02亿元，同比增长7%；商业业务（含非并表项目）实现营业收入88.9亿元，同比下降2.5%；物流仓储业务（含非并表项目）实现营业收入39.7亿元。

3. 三项费用显著上升，周转速度下滑

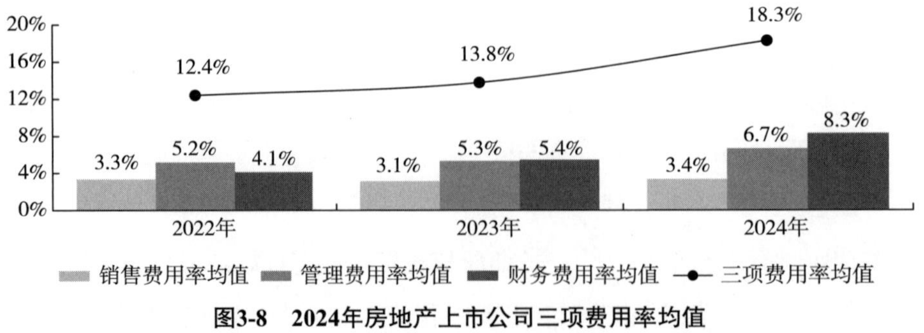

图3-8　2024年房地产上市公司三项费用率均值

2024年，在房地产行业进入深度调整周期的大背景下，房地产上市公司费用率指标明显走高，显著影响房企利润表现。房地产上市公司三项费用率均值为18.3%，同比上升4.5个百分点。具体来看，上市房企2024年聚焦线上线下营销一体化，通过场景化打造提升客户体验，布局数字化营销打通全渠道数据，

升级营销体系强化获客和转化效率，全年销售费用率小幅上升；尽管上市房企综合运用数字化、人员与组织架构再匹配、成本管控等多种手段，但管理费用存在一定刚性，其下降幅度不及营收降幅，因此管理费用率均值略有上升；受房企金融环境偏紧、施工规模下滑影响，利息资本化比例降低，整体财务费用率显著上升，上市房企财务费用率均值较上年上升 2.9 个百分点，特别是出险房企整体财务费用率上升更为显著。

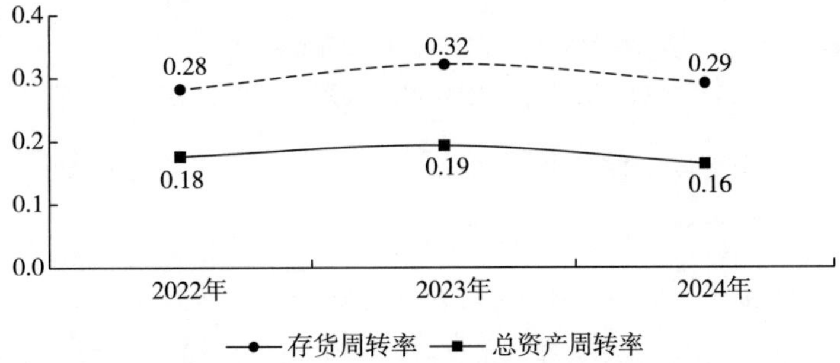

图3-9　2024年房地产上市公司存货周转率与总资产周转率均值

2024 年竣工结转放缓，投资拿地仍保持审慎，上市房企存货周转率、总资产周转率均有一定程度下降，企业运营效率下滑，拖累了净资产收益率。具体来看，上市房企存货周转率为 0.29，总资产周转率为 0.16，均较上年下降 0.03。

（三）财务稳健性：负债率显著上升，短期偿债能力分化显著，现金持续净流出

2024 年，销售端持续低迷加剧现金流压力，上市房企“造血”能力持续减弱，对现金流、负债率、短期偿债能力均产生负面影响。企业杠杆率及流动性呈现两极分化；当前市场下，头部稳健型企业的资产负债表持续向好，流动性持续提升；而已出险企业、部分民企和部分地方国企偿债情况有所恶化。优质民企通过代建、商业运营等轻资产业务改善了现金流。

1. 负债率显著上升，短期偿债能力分化显著

2024 年，行业继续处于调整期，房地产上市公司负债率均有所上升。资产负债率、剔除预收账款后的资产负债率均值、净负债率均值分别为 74.5%、71.8%、170.2%，较上年分别上升 1.6、3.4、21.8 个百分点。过去几年，多家上市房企已经出现风险，其债务率极高，导致负债率均值奇高。上市公司债务结构出现明显分化：头部央国企及部分稳健型民企持续优化债务结构，负债率下降；部分民企和混合所有制企业销售端下滑速度过快、再融资不足，债务压力加大。

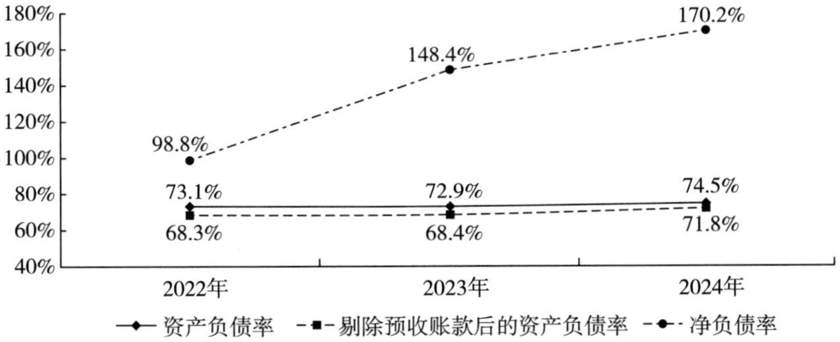

图3-10　2024年房地产上市公司负债率情况

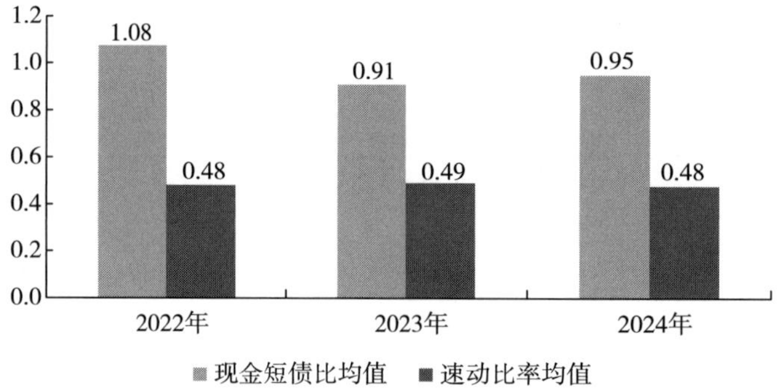

图3-11　2024年房地产上市公司现金短债比与速动比率均值

2024 年，房地产上市公司现金短债比均值小幅提升 0.04 至 0.95，速动比率均值为 0.48，同比下降 0.01。现金短债比上升主要由于少数央国企年末现金短债比的显著提升，带动行业均值上升。约 57.4% 上市房企现金短债比下降，42.6% 上升，且不足四成上市房企现金短债比大于 1，这表明房地产上市公司流动性表现分化显著，多数上市房企流动性紧张。部分央国企、民企受益于较好的销售融资，流动性持续改善；部分混合所有制企业和民企受销售下滑冲击，现金减少较快，偿债能力被削弱。部分上市房企通过置出重资产开发业务，显著改善了流动性；还有部分上市房企通过债务管理提高了短期偿债能力。在行业下行周期，手中握有的资金量越充足，房企的经营底气及安全性就越高。

2. 企业现金持续净流出，销售低迷加剧经营性净现金流下滑趋势

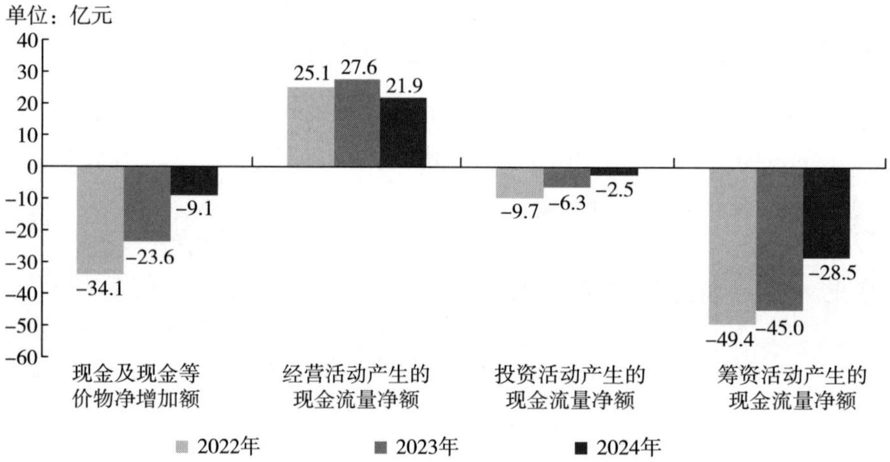

图3-12　2024年房地产上市公司现金流净额均值

房地产上市公司受销售下滑、融资偏紧等多重因素影响，净现金流入持续下滑，均值为 −9.1 亿元。从现金流结构来看，经营活动产生的现金流成为上市房企主要的现金净流入来源，均值为 21.9 亿元，较上年减少了 5.7 亿元。由于 2024 年行业仍处在调整期，上市房企的投资性现金流呈小幅净流出状态，为 −2.5 亿元。筹资性现金流则大幅净流出，均值为 −28.5 亿元，这是多数企业净现金流为负的主要原因。销售端持续低迷加剧了现金流压力，企业“造血”能力持续减弱，经营性现金流净额整体承压。其中，央国企稳居现金流优势地位，优质民企通过代建、商业运营等轻资产业务改善现金流。

现金流下滑过快可能引发连锁反应，导致企业陷入“销售停滞—融资受阻—现金流恶化”的恶性循环，叠加偿债压力，房企流动性压力明显加大，呈现出向混合所有制企业、央国企扩散的趋势，因此，防范流动性风险已经成为多数房企的头等事项。

为应对年内的偿债压力，房企应提前筹划现金流，建立“以现金流为导向”的全面经营体系。销售端需把握政策窗口期，积极推售核心城市项目，建设“好房子”，加快回款；融资端需利用现有“白名单”、经营性物业贷等政策做好债务管理；资产端需与政府部门积极对接土地调规、退地换地政策，通过回笼资金或换仓促进去化，或可利用收储存量商品房政策筹集资金。唯有如此，方能在行业重构期筑牢资金安全防线。

（四）投资价值：板块小幅收跌，关注投资核心城市、经营性业务强的企业

2024年，房地产上市公司财富创造能力显著下降，股东收益水平持续回落，分红企业数量减少。房地产板块走势先低后高，年末小幅收跌，沪深及内地在港房地产上市公司表现整体不如大盘，市值呈现整体下降态势，降幅较上年收窄。2025年，核心城市新房市场延续修复态势，在此背景下，投资者将更加关注企业可持续运营能力，保持稳健运营、具备拿地能力、经营性业务较强的企业更易获得投资者的青睐。

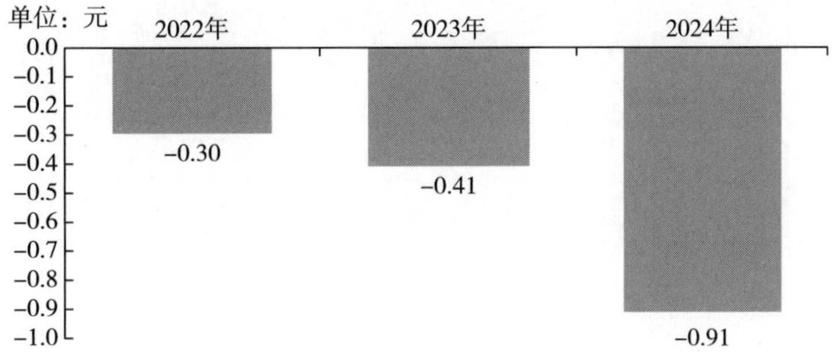

图3-13　2024年房地产上市公司每股收益均值

1. 每股收益水平持续下滑，分红企业数量下降

2024年，房地产上市公司盈利能力显著下降，股东收益水平持续回落，仅有部分房企逆势增长。房地产上市公司每股收益均值为 −0.91元，亏损较上年扩大0.50元，连续三年为负。其中，仅三分之一的房地产上市公司每股收益为正，23.6%的企业每股收益实现增长，其他企业均出现不同程度下滑。仅有个别房企每股收益表现突出，展现出逆势增长能力，如滨江集团、张江高科、上海临港等企业在2024年保持了每股收益增长，中国金茂等公司则实现了扭亏为盈。

2024年，房地产上市公司EVA均值同比下降至 −42.0亿元，企业财富创造能力下滑。房地产上市公司NOPAT（税后净营业利润）均值分别为 −19.4亿元，由正转负；资本成本均值分别为22.5亿元，同比上升11.8%。大多数的企业NOPAT和EVA出现大幅下滑，这与当前市场下行周期中企业普遍业绩表现不佳密切相关。

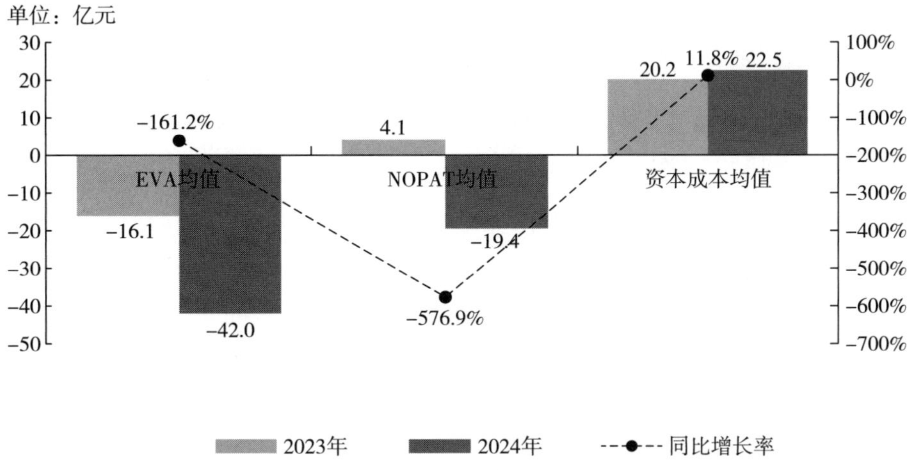

图3-14　2024年房地产上市公司经济增加值EVA均值

2024 年，年内分红企业数量较上年明显减少，仅有 26.5% 房地产上市公司实施了分红。部分优秀房地产上市公司在现金分红方面表现出了较为积极的态度，这部分房企以经营稳健的央国企和头部民企为主。如华润置地建议宣派 2024 年末期股息每股 1.119 元人民币，再计入中期股息每股 0.20 元人民币，2024 年全年股息将为每股 1.319 元人民币。优秀房地产上市公司连续多年的稳定分红表现，展现了房地产上市公司较高的股东回报意识。

2. 房地产板块先低后高，上市房企市值降幅收窄

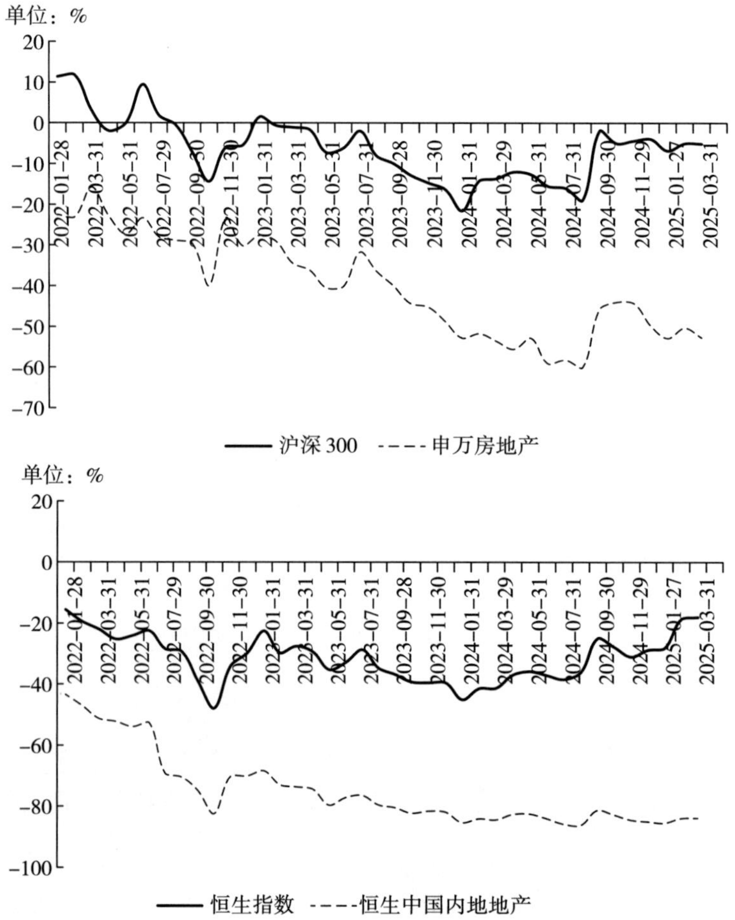

图3-15 2022—2025年一季度房地产板块与大盘涨跌幅度变化情况①

2024 年，房地产板块走势先低后高，年末小幅收跌，沪深及内地在港房地产上市公司表现整体不如大盘。2024 年新“国九条”出台、“史上最严退市新规”公布，受宏观环境和政策变化等因素影响，A 股市场经历了从震荡到强劲反弹的过程，三大指数到年末均收涨，其中沪深 300 收盘于 3934.91 点，同比上涨 15.4%。地产板块受房地产市场超预期调整和政策变化影响，上半年持续走弱；9 月 26 日新政后，政策预期向好，地产板块随大盘快速反弹，年末申万地产指数收盘于 2157.3 点，同比下降 2.1%。纵观 2020 年至 2025 年第一季度，A 股市场中，申万地产指数持续弱于沪深 300 指数。港股市场 2024 年在震荡中分化，年末恒生指数收盘于 20059.95 点，同比上涨 17.7%。港股房地产板块整体随大盘波动，恒生中国内地地产指数年末收盘于 1181.54 点，同比下降 17.4%，显著弱于大盘。

① 此处为每日累计涨跌幅=[（交易日收盘价−起始日收盘价）/起始日收盘价]×100%

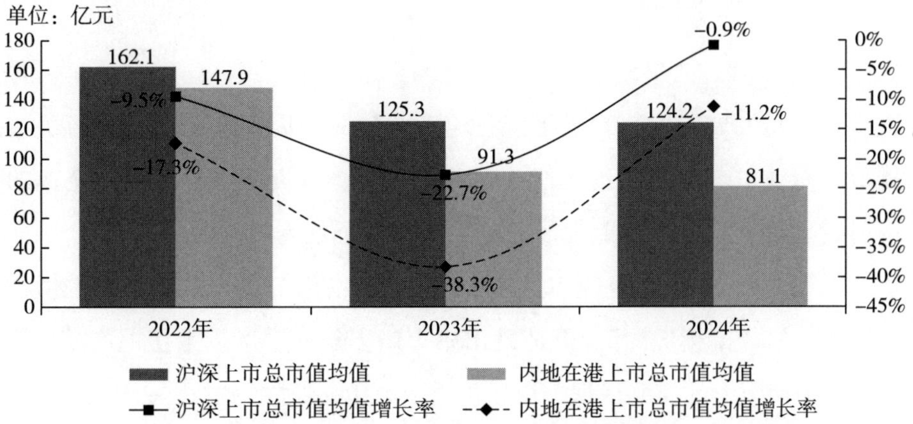

图3-16 2022—2024年沪深及内地在港上市房地产公司市值均值及其增长率

2024年房地产市场仍在底部运行，房地产上市公司市值整体呈现下降态势，降幅收窄。沪深上市房地产公司市值均值为124.2亿，同比下降0.9%；内地在港上市房地产公司市值均值为81.1亿，同比下降11.2%。

3. 聚焦核心城市，保持投资强度、具备不动产运营能力的企业更具经营韧性

2025年一季度，新房市场延续修复态势。4月25日政治局会议强调，要以城中村改造为核心抓手，首提“加大高品质住房供给”，优化存量房收购政策，“加快构建房地产发展新模式”重要性愈发凸显。在当前内外部环境下，为应对外部的不确定性，此前部署的各项支持政策有望加快落实。随着房地产供需两端政策落地，叠加“好房子”项目供给增加，预计核心城市市场将继续修复。在此背景下，投资者将更加关注企业可持续运营能力，保持稳健运营、具备拿地能力、经营性业务较强的企业更易获得投资者的青睐。

第一，聚焦核心城市、保持投资强度的企业，叠加高品质住宅建设，更能把握市场复苏期机遇。2024年城市间市场表现持续分化，房企普遍采取“聚焦核心城市”“以销定投”的投资策略，核心城市率先企稳，土拍持续升温。同时，保持一定的投资强度使房企拥有充足、优质库存供应市场，在行业洗牌后保持领先地位。另外，随着限价政策逐步退出，商品住房回归商品属性，这也是近年来构建“市场＋保障”的住房供应体系的应有之义。未来，企业能够通过开发高品质改善型产品，进一步撬动住房消费潜能释放。

第二，具备不动产运营和服务能力的企业更具经营韧性。4月25日政治局会议将“加快构建房地产发展新模式”位置提前，其重要性进一步凸显。近几年，中央频繁强调要加快构建房地产发展新模式，随着行业发展，相关举措已逐步进入落地阶段。从行业新模式的角度来看，完善“市场＋保障”住房供应体系、改革完善房地产基础性制度、建立“人房地钱”要素联动机制、推进高品质住房建设等是重要内容，加快构建房地产发展新模式，有利于行业中长期平稳健康发展，预计2025年更多新模式配套政策将进一步完善和实质性落地。因此，提升“自我造血”能力，走高质量可持续发展之路，经营性业务具备规模性和盈利性的房企将更具经营韧性。

结语

房地产行业正步入全新发展阶段，规模下降、速度放缓成为周期新特征。上市房企的盈利能力和流动性都面临极大挑战，行业进入缩表出清阶段。在此背景下，投资者将更加关注企业的可持续运营能力和长期价值，保持稳健运营、具备投资能力、经营性业务较强的企业更易获得投资者的青睐。

4 月 25 日，中央政治局会议提出要“持续巩固房地产市场稳定态势”，政策表述从去年 9 月 26 日以来的“止跌回稳”到此次的“持续巩固”，既体现出中央对去年四季度以来房地产销售有所恢复的客观判断，又表明对当前市场仍存压力的充分认识，市场仍需要政策持续发力，进一步巩固稳定态势。具体政策则重点聚焦城中村改造、高品质住房供给、收购存量商品房等方面。此外，结合“加紧实施更加积极有为的宏观政策”“适时降准降息”等表述，宏观政策有望进一步发力，降准降息、降低公积金贷款利率等政策落地预期增强。多项政策协同发力，有望助力房地产市场活跃度逐步修复。

2024 年市场超预期调整，9 月 26 日新政的超预期宽松使得房企重新思考当前市场迷雾，中长期住房仍是需求庞大的大市场，房企仍有望在增量市场和存量市场实现全方位发展。上市房企保持定力、以变应变，全面聚焦住宅开发、物业服务、代建服务、长租公寓等高现金流业务，进一步提升产品和服务竞争力，推动企业稳步向高质量发展模式转变。当然，部分上市房企面临经营困境、难以依靠现有业务走出泥潭，此类房企可积极调整发展战略，推动业务轻型化转型，或通过破产重整化解债务风险。

专题报告　新形势下房企提质增效的经营策略

房地产市场深度调整期，各类企业根据自身经营实际，调整经营策略，以适应房地产市场新形势。一方面，稳健经营房企聚焦核心城市、优势业务、改善管理以提质增效。另一方面，经营困难房企通过公司重整、转型轻资产业务化解风险，寻找新的发展领域。

（一）稳健经营房地产企业：聚焦核心城市、优势业务，建设好房子

4 月 25 日中央政治局会议强调“要持续用力防范化解重点领域风险”，其中针对房地产强调“加力实施城市更新行动，有力有序推进城中村和危旧房改造。加快构建房地产发展新模式，加大高品质住房供给，优化存量商品房收购政策，持续巩固房地产市场稳定态势”。重点城市新房销售量保持修复态势；改善性需求仍是新房市场重要支撑，多地 120 平方米以上户型成交占比有所提升；核心城市加快优质地块供应节奏，土地市场升温。预期在出口承压、扩内需背景下，此前部署的各项楼市支持政策也有望加快落实。叠加“好房子”项目供给增加，预计核心城市市场将继续修复。同时，近期土地市场升温也有助于提振居民置业信心，并对房价形成一定支撑。

1. 投资策略：聚焦核心城市，做优增量

在房地产市场整体处在深度调整阶段，部分核心一二线城市因自身需求支撑较强或政策优化，市场率先得到修复。在此背景下，房地产企业在发展中稳住基本盘，继续强调聚焦和深耕，在市场韧性强、深耕

程度高的区域择优拓储，为未来销售业绩的稳定增长奠定良好的基础。

（1）投资上高度集聚核心城市，补充优质土地资源确保项目去化

自2021年下半年房地产市场调整以来，近几年土地市场持续低温运行，2024年，尽管政府不断加大优质地块推出力度，但除北上杭等热点城市外，多数二线及三四线城市房企投资意愿仍偏弱。从投资态度上来看，房地产企业拿地愈加审慎；从投资分布上来看，房地产企业仍保持精准投资、聚焦重点城市的战略，聚焦核心城市优质地块以确保项目去化成为房企普遍策略。

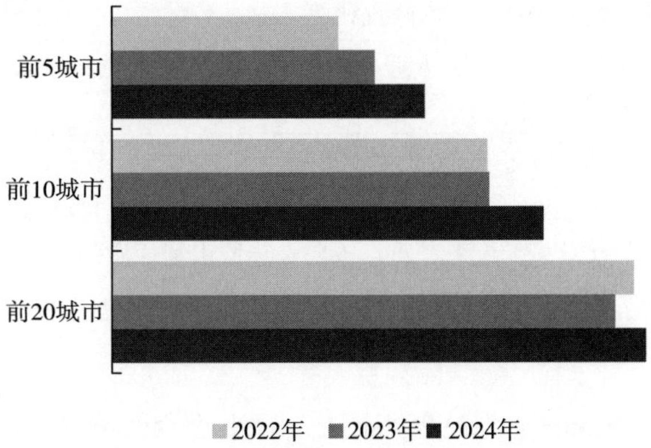

图3-17　2024年代表房企拿地重点城市分布情况

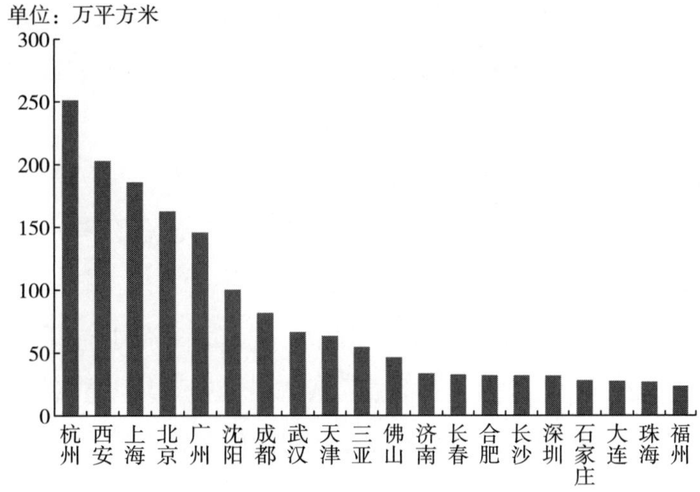

图3-18　2024年代表房企拿地的重点城市

从城市等级分布来看，一线城市拿地占比提升明显，二线城市仍是布局主要区域。代表房企的新增土储权益面积中，一线城市占比近三年逐年上升，2024年升至28.4%；二线城市占比达到62.8%，较上年减少0.8个百分点；三四线城市占比则减少3.6个百分点至8.8%。

2024年全国土地市场整体维持点状高热、持续分化的趋势。杭州、西安、上海、北京、广州、成都等核心城市土地热度继续升温。代表房企高度聚焦重点核心城市，补充优质土地储备资源。2024年代表房企拿地前5城市规划建筑面积占比51.2%，前10城市占比已达71.1%，较上年分别增长8.2和9.0个百分点。可见企业在布局城市广度上有所收缩、深度上有所加剧。

（2）审慎投资、聚焦深耕城市优质地块，精耕细作、发挥自身竞争优势

2025年以来，核心城市在政策优化、优质供给增加及土地市场回暖的带动下，市场情绪有所修复，但全国市场尚未完全企稳。今年政府工作报告首次将“稳住楼市”纳入总体要求，并明确“好房子”建设方向，强调“持续用力推动房地产市场止跌回稳”。在此背景下，房地产企业一方面应把握“止跌回

稳"政策窗口期，紧抓销售与回款；另一方面仍应审慎投资，聚焦深耕城市优质地块，避免高价地风险。

表3-10　　重点房企投资策略

房企	投资策略
中海	住宅开发主业持续做大做强，聚焦核心城市的同时，关注机会型城市，保持行业领先强度。
华润	紧抓政策窗口期开发销售型业务，在做优增量、盘活存量中成功穿越周期，推动行业地位和发展质量稳中求进。
绿城	着力存量去化，积蓄发展动能。着力投资精准，稳固发展底盘。延续高标准、高要求，精准选地，把握节奏，确保安全性，突出流动性，均衡盈利性。
招商	继续锚定行业"五强"目标，在开发业务方面，精挑细选聚焦核心城市核心地段优质项目，精雕细琢打磨产品品质提升服务质量。
龙湖	继续坚持在核心城市的投资布局，结合市场情况灵活铺排推盘节奏，聚焦存货去化。
越秀	继续坚持"精准投资"和"量入为出"的稳健投资策略，强化投研体系，支撑精准投资，聚焦核心城市、核心地段持续深耕。优化资源配置，重点投向一线城市和优质的二线省会城市。投资项目上以效益为先，聚焦收益确定性高和现金流回笼快的项目。

资料来源：企业 2024 年年报，中指研究院综合整理

从重点房企投资策略来看，头部房企保持聚焦核心、精准投资的策略，如龙湖继续坚持在核心城市的投资布局；招商在开发业务方面，精挑细选聚焦核心城市、核心地段、优质项目；越秀继续坚持"精准投资"和"量入为出"的稳健投资策略。同时，打造"好房子"也成为房企重要发展点，如中海提出将在北京、上海等城市落地一批"中海好房子"；绿城着力产品进阶，巩固发展优势。这些实践均有助于促进"好房子"成果的推广及应用。

（3）核心城市土拍情绪升高，成交楼面均价及溢价率均有所上行

2025 年以来，核心城市优质地块供应节奏加快，叠加房企补仓意愿积极，北京、上海、深圳以及杭州、成都等热点城市土地市场热度较高，成交楼面均价及溢价率均有所上行。2025 年一季度，300 城住宅用地出让金同比增长超两成，溢价率提升至 13.6%。其中，杭州、上海住宅用地平均溢价率分别达 43.3%、29.0%，较去年同期分别增长 25.7 个、20.5 个百分点；成都、苏州平均溢价率超 20%，较去年同期分别增长 14.8 个、4.4 个百分点；北京、杭州、成都等地成交楼面价创新高。

表3-11　　2025年一季度重点城市高溢价成交地块

城市	地块名称	规划建面（万㎡）	拿地企业	成交价（亿元）	成交楼面价（元/㎡）	溢价率
上海	浦东新区北蔡地块	4.1	绿城	29.2	71412	40%
	静安寺社区 C050101 单元 095-7 地块	0.3	静投置新城更	4.9	162338	0%
杭州	蒋村文新单元 XH030203-01（3）地块	3.9	建发	34.3	88029	115%
	城东新城单元 SC080201-46 地块	5.2	华润	26.2	50683	72%
	湖墅单元 GS0201-R21-05 地块	8.4	滨江	54.6	64834	71%
	西兴单元 BJ030102-25 地块	7.1	滨江	52.0	72915	70%
	荷禹路临平大道东北地块二	2.7	呼伦贝尔汇嘉	4.3	15686	65%
	三墩单元 XH010401-17（1）地块	4.6	保利	10.4	22890	63%
	北干西单元 XSCQ1206-09 地块	7.2	滨江	28.0	38859	62%
	城东新城单元 SC080201-48 地块	2.3	大家房产	10.8	47486	54%
	石桥单元 GS130202-42 地块	8.2	海威 & 中天美好	18.8	23035	50%

续表

城市	地块名称	规划建面（万㎡）	拿地企业	成交价（亿元）	成交楼面价（元 / ㎡）	溢价率
北京	北京市海淀区树村地块	7.3	中海	75.0	102347	28%
	海淀区东升镇朱房地块一	9.5	建发	90.4	95047	25%
成都	金融城三期 H10 地块	8.1	建发	33.5	41200	106%
	高新区桂溪街道铜牌村 9 组、10 组	8.5	招商	27.0	31700	70%
	成华区槐树店路 16 号地块	8.3	华润	16.9	20400	51%

具体来看，一季度上海共计成交 14 宗宅地，其中 10 宗溢价成交，5 宗溢价率超 30%；杭州出让的 32 宗地中有 28 宗溢价成交，多宗地块溢价率超 40%，4 宗溢价率超 70%；北京一季度共出让 11 宗宅地，海淀东朱房两宗地、树村及朝阳三间房组团地块均溢价成交，且成交总价均在 70 亿元以上；成都出让 32 宗宅地，14 宗溢价成交，8 宗溢价率超 30%。但需警惕，高价拿地可能导致企业利润进一步压缩，若项目去化不及预期，将加大企业资金压力，房企投资仍需保持理性。

在未来的发展过程中，房地产企业仍应保持精准投资、聚焦重点城市的战略，高度聚焦重点核心城市中的优质地块。核心城市在城市人口、产业经济等方面具备显著优势，这些因素为房地产市场提供了长期稳定的支撑。然而，在核心城市拿地时，企业需保持理性，避免盲目追逐高价地块，以降低投资风险。同时，企业应依据自身品牌定位、资源禀赋和市场经验，在熟悉的领域深耕细作，充分发挥自身的竞争优势。

2. 产品策略：建设好房子，打造适销对路的产品

市场需求更倾向于改善型产品。近年来，户型成交结构的变化显示出市场对产品需求的变化。90 平方米以下刚需型产品占比逐年降低，消费者更看重改善型产品，置业观念从“先上车再置换”逐步向“一步到位”转变。预计“十五五”期间改善性需求仍是新房市场需求主力，住房市场整体表现为政策引导下的保障房体系与市场化改善型住房并行发展的格局。一方面，政策持续推进保障房、公租房等住房保障体系建设，分流了一部分刚需型居住需求，二手房市场也吸引了一部分刚需客群。另一方面，未来购房者将更加重视居住体验，有一定经济基础的购房者为提升居住舒适度，也会选择改善型产品。

政策倡导建设“好房子”产品。2025 年政府工作报告中提出，适应人民群众高品质居住需要，完善标准规范，推动建设安全、舒适、绿色、智慧的“好房子”。目前已有 20 余个省市开始从标准、政策、示范、监管、产业等方面，开展“好房子”建设探索实践，通过政策倾斜推动房企向品质驱动、需求适配、科技赋能的好产品跃迁，形成标杆效应。2025 年 3 月 31 日，住房和城乡建设部发布国家标准《住宅项目规范》，明确规范将于 2025 年 5 月 1 日起施行，要求住宅项目建设应以安全、舒适、绿色、智慧为目标，遵循“经济合理、安全耐久，以人为本、健康舒适，因地制宜、绿色低碳，科技赋能、智慧便利”的原则。规范规定了新建住宅建筑层高不低于 3 米，4 层及以上住宅设置电梯；提高了墙体和楼板隔声性能；提高了户门、卫生间门的通行净宽；提高了阳台等临空处栏杆高度；要求公共移动通信信号覆盖到公共空间和电梯轿厢内；要求空调室外机安装在专用平台；规定了不同气候区供暖、空调设施设置要求等。整体来看，2025 版《住宅项目规范》不仅是住宅技术标准的迭代升级，也为“好房子”建设提供了指导，通过强制性规范与市场引导推动房地产行业转型升级。值得关注的是，《住宅项目规范》仅是住宅项目的底线要求，已有不少地方的执行标准高于现行规范，以满足居民对高品质住宅的需求。对企业而言，需围绕

“安全、舒适、绿色、智慧”目标，在成本管控、产品设计、技术适配、市场定位等环节提升自身能力，打造“好房子”产品，实现高质量发展。

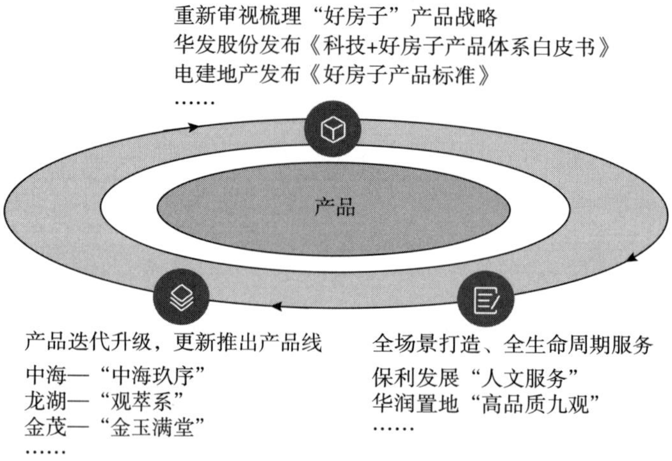

图3-19　房企提升产品力打造“好房子”

随着消费者对居住品质的要求不断提高，房企加大了对“好房子”建设的投入，在当前供过于求的市场下，产品力高的项目不仅可以吸引更多潜在买家，还能在竞争激烈的市场中脱颖而出，更容易实现资金快速回笼。

一方面，在住建部“好房子”战略的号召指引下，房企聚焦内功、锚定产品力，重新审视梳理自己的“好房子”产品战略体系。华发股份发布《科技+好房子产品体系白皮书》，以“四化”为纲领，立足华发优+产品体系“十五优”，从多方位、多维度论述产品与数字智慧社区、智能家居、无人机服务等新科技相结合的技术支撑，系统化构建了“好房子”可落地的标准和规范。另一方面，面对房地产市场中高端改善性需求的不断增长，房企顺势而为，针对性地进行产品迭代升级，更新或推出了高端产品系。比如中海推出战略顶线作品系“中海玖序”，龙湖推出全新高端产品线“观萃系”，金茂发布新产品战略推出全新产品体系“金玉满堂”，招商蛇口在开发端迭新四大产品系等。此外，房企还应注重通过全场景打造和全生命周期服务的提升，为客户提供更多的情绪价值，进一步打造高品质的人居环境。保利发展在“人文社区”产品理念的基础上提出了“人文服务”理念，以人文情怀为内生动力，通过更多维的服务场景，为客户提供超越传统服务范畴的情绪价值，营造更多理想的生活场景。

随着现房销售试点范围持续扩大，在土拍阶段明确实行现房销售的地块占比将持续增加，这将倒逼房地产企业打造好产品以吸引消费者。正如住房和城乡建设部部长倪虹所强调：“谁能抓住这个转型的时机，谁能为群众建设好房子、提供好的服务，谁就能有市场，谁就能有发展，谁才能有未来。”

3. 管理策略：缩短管理半径，聚集资源进行优势区域深耕

调整管控架构，管理更加扁平化。当前，多数房地产企业均采用“总部—区域”两级管控结构。企业总部扁平化，一方面可以有效避免总部“头重”，失去对市场快速的反应；另一方面使总部可以作为职能部门，在资源配置中发挥更大的资源整合和协同作用，进一步提升管理效能。因此，房地产企业也在持续跟进这一趋势，如 2025 年 3 月，中国金茂将“总部—区域—城市”三级管控架构，调整为“总部—地区”二级管控架构，取消华北、华东、华南、华中、西南五个区域公司，对现有城市公司撤并重组调整为 14

个地区公司。2月，联发集团总部多个部门合并，撤销所有城市公司，设立10个事业部。

总部架构调整，更加专业化、平台化，以提升管理效率。2024以来，中交地产、保利发展、万科等纷纷对总部架构重新梳理，或根据业务调整职能部门，或精简不必要的职能部门。如2024年11月，保利发展年度第9次临时董事会全票通过将总部架构重新梳理为7个中心和4个办公室（原为10个中心和4个办公室），原“地产管理中心”变更为“运营管理中心”。

表3-12　　2024年以来典型房地产企业总部调整情况

企业名称	总部调整情况
中交地产	2024年11月，中交地产完成了人事和组织上的全面重塑，形成了全新的管理团队，并将总部管理职能部门调整为18个。
保利发展	2024年11月，保利发展将总部架构重新梳理为7个中心和4个办公室。
万科	2024年10月，万科集团总部增设董事会办公室、法务部，原“中心”更名为“部门”。

资料来源：中指研究院综合整理

区域合并，聚集资源进行优势区域深耕。区域深耕是当前房地产企业发展战略之一，通过或对发展前景较弱的区域进行裁撤或合并，既可以降低管理成本，又能够缩短管理半径，使企业有效聚集资源进行优势区域深耕，通过集约化的管理，提升运营效能。2024年以来，头部房地产企业均持续进行区域合并。

表3-13　　2024年以来典型房地产企业区域调整情况

企业名称	区域调整情况
招商蛇口	2025年，招商蛇口苏州与南通合并成立苏南公司。杭州公司更名为浙江公司，宁波公司调整为事业部并归入浙江公司管理。调整后，华东区域掌管上海、浙江、福建三大城市公司。
龙湖集团	2025年，龙湖广佛公司与深港公司合并为华南公司，下设莞惠、闽南、珠中江、海湛四个片区，深圳、香港、广州、佛山等核心城市由总部直管。
中海地产	2025年，中海地产合并沈阳公司和大连公司，整合为辽宁公司。
万科	万科调整组织架构，强化开发经营业务集约化。华东、南方、北京、西南、华中区域本部精简为“前方指挥部”，专注项目直接业务。东北、西北区域归总公司集约管理。上海、广佛公司因重大项目多，由开发经营本部直管，以提升资源利用、经营效率、交付质量和成本管理。同时，开发经营本部新设办公事业部，专注办公资产提效，聚焦购物中心、社区商业、历史文化街区开发，一线项目整合为七大地区公司。
金地集团	2024年7月，金地集团区域公司从7个减少到5个。华北区域合并东北区域成立北方区域，华中区域合并西部区域成立中西部区域。
华润置地	2024年2月，华润置地将7个大区重组为5个大区，原有28个地区公司重组为20个地区公司。将原华北大区与原东北大区合并，成立新的北方大区；取消华中大区；将原华中大区的武汉公司、长沙公司划归原华西大区，更名为中西部大区；将原华中大区的郑州公司，划归北方大区管理，从而形成华东、华南、深圳、北方、中西部五个大区的布局。

资料来源：中指研究院综合整理

人事变更频繁，多企业更换“掌舵人”。伴随着组织架构的调整，房地产企业人事变动也十分频繁。房企人事变动较为正常，即使在房地产上行周期，人员变动也较为频繁。进入调整期后，人事变动更会随着区域合并、精简而调整。同时，2024年以来，多家企业更换“掌舵人”，如信达地产、建发国际、绿城中国、中交地产、万科等均完成了高层更新。

4. 业态策略：聚焦优势业务，做好运营服务

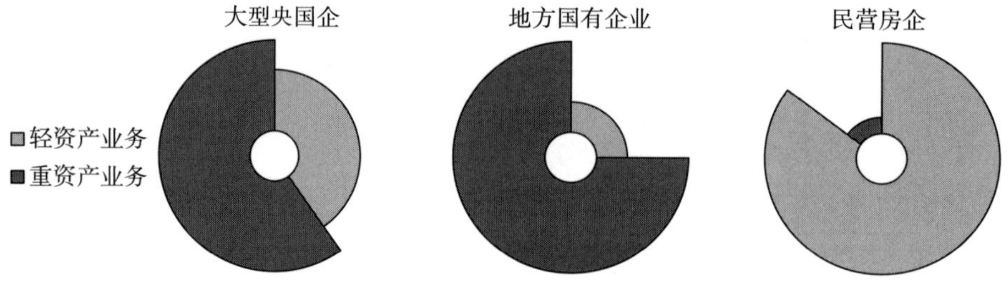

图3-20　不同性质房企轻重业务占比

大型央国企：开发业务聚焦主流城市，发挥协同效应开展运营服务。大型央国企开发业务聚焦主流城市，继续实施区域深耕策略，呈现“深耕城市持续加码 + 高潜力核心二线城市精准突破”的双轨并行特征。在深耕城市巩固基本盘，强化资源聚集效率，在优势范围内做强做透，以确定性保障销售业绩目标。在高潜力城市关注增长性，聚焦具备政策倾斜、产业链配套潜力、人口回流红利等优势的区域，挖掘增量空间。轻资产业务方面，发挥业务协同效应，开展运营服务。大型央国企可以通过发挥自身优势进行品牌和产品力输出，发挥业务协同效应，提高企业发展韧性。凭借品牌信用、资源整合及技术沉淀，通过代建运营、资产管理、产业服务等轻资产业务，构建跨板块协同网络，实现资源复用与价值倍增。

地方国有企业：践行担当，保障民生，基于地缘优势提升运营服务能力。地方国有房企作为地方政府推动城市建设的核心力量，聚焦一级开发及基础配套建设，这既是政策导向的结果，也是其践行担当、保障民生的职责体现。第一，一级开发可通过专项债、城投债等融资工具匹配长周期资金需求。地方国企凭借政府信用背书，融资成本较低，资金链稳定性强于民营企业。第二，一级开发利润相对稳定，虽低于二级开发，但风险可控，符合地方国企稳健经营导向。第三，地方国企需重点布局保障性住房、城中村改造、“平急两用”公共基础设施等国家战略项目，可通过代建、PPP 模式承接此类项目，形成保障房 + 基础配套的联动开发模式。同时，地方国有房企基于地缘优势提升运营服务能力，向“城市价值运营商”转型。其一，上游参与规划设计与产业策划，结合产业导入提升土地溢价。其二，中游延伸拓展二级开发与功能性设施建设，形成“投建营”一体化模式。其三，下游强化运营服务能力，通过物业管理、长租公寓等业务提升长期收益。

民营房企：做专做精轻资产，精耕细作、适度开发。轻资产业务具有低负债、高毛利、现金流稳定等优势，民营房企需把握存量时代机遇，以专业化、精细化的轻资产服务能力提升核心竞争力，在行业洗牌中实现韧性发展。其一，通过技术与数据驱动进一步精细化运营服务、降低运营成本。民营房企通过在绿色建筑代建、商办与产业园代建等细分深耕领域解决服务同质化问题，形成差异化竞争优势。其二，精耕细作、适度开发。民营房企审慎投资，通过长期对深耕城市客户核心需求开展研究与管理，更具针对性地打造产品。聚焦核心深耕区域更有助于配置企业资源，通过集中资源来增强品牌对区域客户的影响，从而获得比较优势和品牌回报，进而提升轻资产业务能力。

（二）经营困难房地产企业：化解债务风险，转型轻资产业务

监管部门总体坚持法治化、市场化原则，在完成保交楼任务后，允许房地产企业通过破产重整化解

风险。2024 年 3 月 9 日，住房和城乡建设部部长倪虹在全国人大记者会答问时表示，对于严重资不抵债、失去经营能力的房企，要按照法治化、市场化原则，该破产的破产、该重组的重组；对于损害群众利益行为，依法坚决予以查处，让相关企业付出应有代价。2024 年 4 月，法院裁定受理金科股份的重整申请。金科股份成为近年来 A 股首家正式进入重整程序的大型全国化上市房企。金科计划通过资本公积转增股本引入上海品器联合体、中国长城资产等战投，叠加 26.28 亿元注资，试图撬动超 1860 亿元债务化解。2025 年 5 月，金科股份及重庆金科重整计划获第二次债权人会议表决通过，获法院批准，成为首家通过司法重整方案的大型房企。4 月 21 日，重庆协信远创实业有限公司重整方案已获法院审批，预计 5 月进入执行阶段。协信远创曾于 2021 年 7 月申请破产重整。

公司调整发展战略，业务轻型化。2024 年以来，部分企业剥离房地产开发业务，推动公司向轻资产业务转型。当前，华远地产、迪马股份等企业均已剥离房地产开发业务，实现了新的业务和组织架构调整。伴随行业进入调整期，房企经营压力增加，轻资产业务有利于企业降低负债，实现快速转型。

表3-14　　2024年以来资产轻型化企业情况

企业名称	具体情况
华远地产	2024 年 4 月，华远地产公告称，拟将持有的房地产开发业务相关资产及负债转让至公司控股股东华远集团。交易完成之后，该公司将聚焦于代建、酒店经营、资产管理与运营、物业管理、城市运营服务等业务，实现业务的战略转型。
迪马股份	2024 年 5 月，迪马股份业绩会上指出，公司房地产业务将逐步向轻资产代建、代销及代管理方向转化。
南国置业	2025 年 4 月 24 日，南国置业发布公告称，其控股股东中国电建地产集团拟受让其持有的房地产开发业务相关资产及负债，此举标志着公司正式启动剥离房地产开发业务的进程。

资料来源：中指研究院综合整理。

报告四　2025中国产业新城运营商评价研究报告

一、研究背景与方法体系

（一）研究背景

2025 年《政府工作报告》提出，因地制宜发展新质生产力，加快建设现代化产业体系。深入推进战略性新兴产业融合集群发展。加大区域战略实施力度。发挥区域协调发展战略、区域重大战略、主体功能区战略的叠加效应，积极培育新的增长极。随着新建园区与存量资产将持续入市，使得园区存量资产盘活的需求进一步加大。园区发展向“产业结构高端化、能源供给低碳化、土地利用集约化、园区管理数智化”方向升级，优秀产业新城运营商进一步聚焦对运营服务能力的提升，积极加大开拓力度，创新产城融合发展新模式。在城市群和都市圈战略进一步深化、产业链上下游协同合作更加频繁的大趋势下，项目运营的成功与否直接决定了项目未来的发展态势，因此优秀产业新城及运营商的发展经验更值得借鉴。

在此背景下，中指研究院以客观、公正、准确、全面的研究原则，连续第十年开展“中国产业新城运营商评价研究”，我们进一步优化适用于国内产业新城运营商发展特色的研究方法和评价指标体系，从产业发展、城市建设、企业经营能力三方面进行综合评价，结合大数据方法，发掘国内综合运营实力强、创新能力突出、成长潜力大的产业新城运营商。我们希望通过总结其成功运营的核心价值要素，推广优秀产业新城运营商的发展经验，发挥其在中国产业转型升级中的标杆示范作用，为政府、业界提供更多参考依据及经验借鉴，进一步推动行业发展。

（二）研究方法体系

当前，我国新城新区的数量众多、发展程度良莠不齐，而产业新城发展成败的背后，运营商在其中发挥着不可忽视的作用。以往国内外园区开发主体的评价仅是围绕产业园区开发商进行的，产业新城运营商的评价研究尚属空白。基于此，2016 年，中指研究院首次提出并建立产业新城运营商综合实力评价体系，2025 年，我们进一步优化适用于国内产业新城运营商发展特色的研究方法和评价指标体系，以期能成为检验现有运营商实力的标尺，亦能够为行业各类参与主体提供参考依据，进一步推动产业新城建设的长足发展。

1. 研究对象

（1）产业新城样本项目筛选

针对研究对象，我们认为产业新城运营商的核心价值仍体现在其所运营的产业新城项目上，特别是相对于企业来说，项目的筛选、观测更加直观和清晰，因此我们选择从产业新城项目入手去寻找符合研究标准的运营商样本。

基于大量的理论研究和实践观察，我们认为产业新城是在市场化运营机制主导下，受中心城市或中心城区辐射并对其产生反磁力作用的、集良好产业基础及完整城市服务功能于一体的宜居宜业新城。同时，我们对全国范围内主要的新城新区进行筛选，并以行业专家及中指研究院各地方分院推荐的优秀项目作为补充，同时，在后续研究中不断查漏补缺。2025 年，我们继续优化样本项目，最终筛选出 137 个项目作为产业新城研究对象。

（2）新城运营商研究对象的确定

一方面，通过筛选出的产业新城项目，我们深入发掘其背后的开发运营主体；另一方面，根据我们对产业新城运营商的定义来确定研究对象，即产业新城运营商是以开发运营产业新城为发展方向，提供专业化、市场化的服务平台，为产业新城的规划、投资、运营、管理等提供一体化解决方案的实体企业。

综合以上两方面的考量，我们在上一年度研究样本的基础上，继续丰富了研究样本，最终确定了招商蛇口、张江高科、东湖高新、湖北高投、华南城、苏高科、新建元、上海临港、中电光谷、市北高新、苏州高新、泰达控股、天安数码城、中新集团、中国五矿、中国金茂等六十余家企业作为产业新城运营商评价的研究对象。在产业新城运营商评价研究中，我们希望竭尽所能列出全部符合产业新城标准的项目，但可能仍无法避免遗漏部分研究标的。此外，部分尚处于开发初期的项目也未纳入本期研究样本。另外，虽然市场化机制主导的企业更加高效灵活，而且在未来将占据产业新城发展的核心地位，但这并不意味着只有民营资本主导的运营商才能进入研究样本，一些以园区开发起步的国有背景运营商不仅在开发经验以及资源利用方面更具优势，也较为注重城市配套的规划建设，并逐步引入市场化运作模式，因此也进入了本次研究的样本范围。此外，虽然部分企业并没有明确提出建设产业新城的概念，但根据我们对产业新城运营商的理解并结合实际情况，也将这部分企业列为研究对象。

2. 评价模型及指标体系

在评价模型的构建过程中，中指研究院始终围绕“产业新城运营商评价”的核心目标，依据国内外行业理论研究经验及我国产业园区、产业新城发展实践，搭建形成评价体系的雏形，在此基础上，通过大量的产业新城运营商及代表项目调研，对反映核心要素的评价体系进行了反复验证和修正。

2016 年 3 月 1 日，我们召开了“中国产业新城运营商评价研究成果”鉴定会，邀请 16 位行业专家对评价体系进行鉴定，并在综合各位专家意见的基础上完善修改，最终形成产业新城运营商评价体系。

我们独创性地建立“一核两翼”评价模型，以此评价各产业新城运营商的综合实力。其中，“一核”

指我们评价的核心主体，即产业新城运营商；“两翼”指运营商最重要的两个核心能力，即产业发展能力和城市建设能力，其中产业发展是产业新城的核心驱动力，是新城活力之源，而城市配套建设是产业新城各项生产、生活要素赖以发生发展的载体；同时，运营商经营能力是其实际运营水平与成效最直观的体现，与前面两个方面相辅相成，共同反映产业新城运营商综合实力。

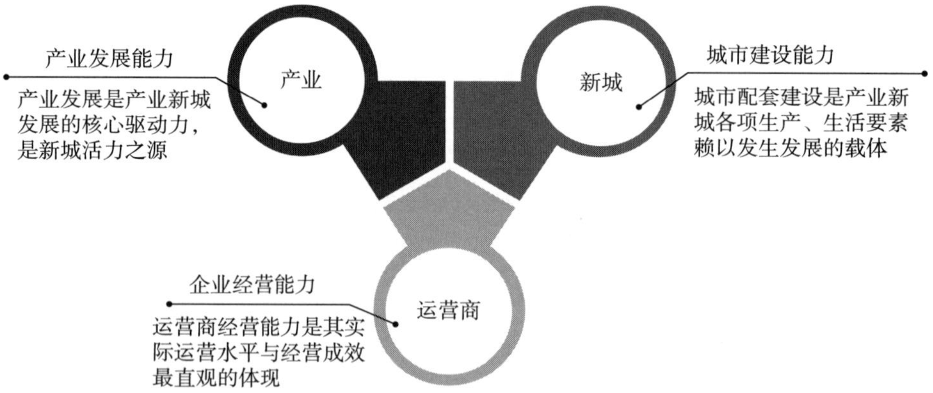

图4-1 “一核两翼”评价模型

依据国内外行业研究理论经验及我国产业园区、产业新城发展实践，我们梳理提炼出现阶段行业关注及实际应用的关键指标，围绕产业发展能力、城市建设能力及企业经营能力三个方面构建产业新城运营商评价体系，包括 13 项二级指标以及 30 余项三级指标。我们对反映核心要素的评价体系和具体指标进行了反复验证和修正，并吸纳专家鉴定会上各位权威专家的中肯建议，在全面性、客观性、科学性、可行性原则的指导下，搭建形成“中国产业新城运营商综合实力评价体系”。近年来，随着行业的不断发展，越来越多的产业新城运营商注重资产运营效率的提升。2025 年，我们在继承上一年研究方法、评价指标体系、研究成果以及经验的基础之上，结合更加丰富的产业新城运营商及代表项目的实地调研与访谈交流，进一步优化了产业新城运营商研究方法和评价指标体系。2025 中国产业新城运营商研究的评价指标体系进一步强化了对企业经营能力的分析，为此加大了“轻资产运营项目规模”等指标的权重比例，评价企业产业发展能力。

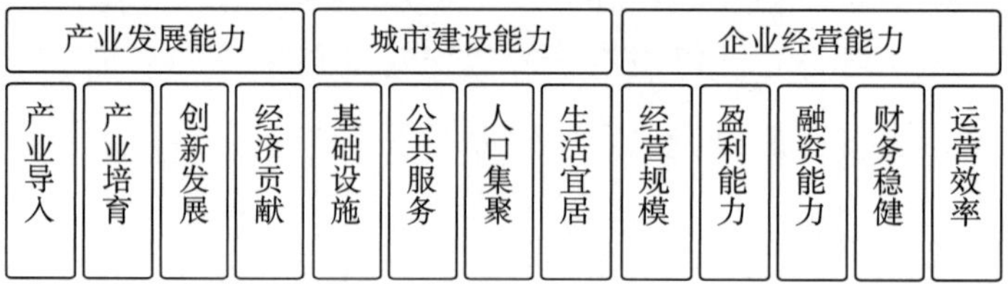

图4-2 产业新城运营商综合实力评价体系

产业发展能力：产业的健康发展是产业新城的灵魂，优秀的产业新城自有其一套完整的产业生态系统。在评价运营商产业发展能力时，我们以产业开发与运营流程为切入点，从产业导入、产业培育、创新发展三个方面出发，最终以产业发展对所在区域或城市的经济贡献为落脚点，全面评价运营商产业发展能力。

图4-3　产业发展能力

城市建设能力：产业新城的“城”是其开展一切生产、生活活动的载体，评价运营商的城市建设能力时，我们首先对产业新城内基础设施以及公共配套的完善程度进行评价；同时基于园区对人口的吸纳程度以及生活宜居性，衡量产业新城运营商满足人们生活需求、提升居民生活水平的能力。

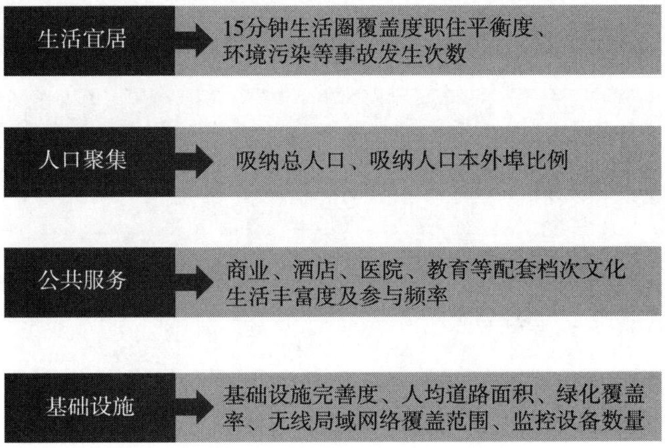

图4-4　城市建设能力

企业经营能力：从评价企业运营的“量”和“质”两个基本要素来看，需在兼顾经营规模的同时保证运营绩效，另一方面在争取成长速度的同时保证财务稳健，同时考虑到产业新城项目的开发周期长、资金需求量大，极为考验运营企业的融资能力，因此将企业经营能力分解为“经营规模”“盈利能力”“融资能力”“财务稳健性”“运营效率”五个部分。

考虑到运营商的产业发展能力和城市建设能力更多的是从其具体运营的产业新城项目中体现出来，因此，在评价这两方面能力时，从运营商的产业新城项目入手，每家运营商挑选 1 到 3 个典型产业新城项目，并赋予项目不同权重，从项目的运营数据来评价运营商的产业发展和城市建设能力。至于企业经营能力，则直接分析运营商财务数据，同时考量其信用水平、合作模式创新等方面，综合评价其经营能力。

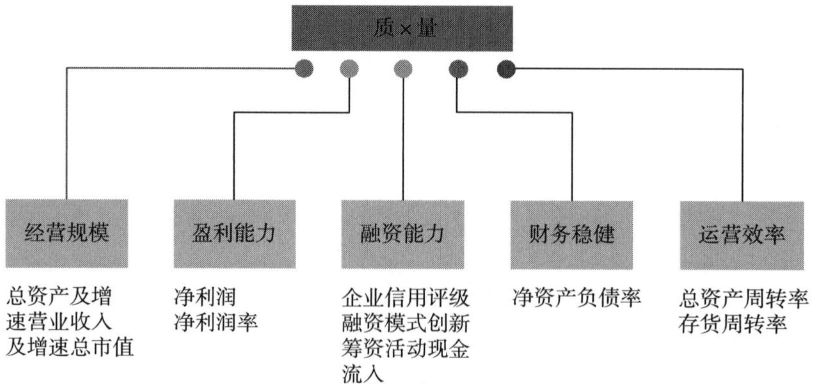

图4-5　企业经营能力

3. 数据来源

本次研究的资料及数据一方面通过公开渠道获取，同时为了夯实数据研究根基，中指研究院组织总部及各地机构数十位分析师，对全国范围内44座城市、137个产业新城项目及66家运营企业进行访谈和调研，收集了大量的园区产值、产业导入、招商运营、新城建设等方面数据及调研资料，另有园内入驻企业、就业员工调查问卷。在调研过程中，行业从业者丰富的专业知识以及对行业发展的思考使我们受益匪浅，他们对产业新城项目的一线运营经验反馈也为我们数次修正评价体系提供了重要参考。此外，我们还征询了部分行业专家的意见，他们从更加宏观和广阔的视角为我们的研究提出宝贵建议。

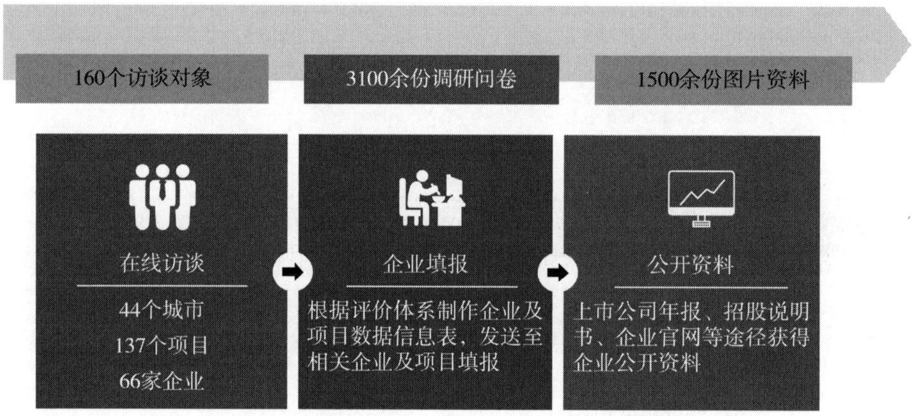

图4-6　研究数据来源

4. 评价步骤

（1）指标赋权

在运用指标体系进行评价时，需要使用科学合理的赋权方法对各个指标赋予不同的权重，为了克服不同赋权方法固有的缺陷，本次研究结合客观导向的因子分析法及主观导向的德尔菲法对评价体系各指标进行赋权，以使评价结构更具合理性和准确性。本次研究通过结合因子分析法和德尔菲法最终获得各指标权重。

（2）指标的标准化处理

各项三级指标中，对于定量指标，由于各个指标单位不同，不能直接比较，需要对数据进行无量纲化处理，消除数据之间存在的差异，我们将数值标准化为0至100，从而得到该指标的得分。对于定性描述型的指标，我们主要采用德尔菲法进行评价，各指标打分采用百分制。

（3）计算综合得分

对三级指标进行加权平均计算得到各二级指标的得分，然后根据二级指标权重加权平均计算，最后获得各运营商综合实力评价结果。

二、主要研究成果

（一）综合实力评价结果

从评价结果来看，行业竞争态势愈演愈烈，随着新的行业主体加速涌入，产业新城运营商在发展模式和方向探索上愈加成熟。2024 年以来，中国产业新城运营商发展模式显著创新，主要体现在产业定位高端化、招商策略智慧化、产城融合深化、绿色低碳转型及金融模式创新等方面。在此基础上，我们发布产业新城运营商综合实力评价研究，持续挖掘行业标杆运营商发展模式、成功经验，为产城运营的各类参与主体带来更多的启发与借鉴，推动行业持续健康稳定发展。

表4-1　　2025中国产业新城运营商综合实力TOP10

企业名称
上海张江高科技园区开发股份有限公司
招商局蛇口工业区控股股份有限公司
湖北联投新城集团
深圳市星河产业投资发展集团有限公司
珠海华发城市运营投资控股有限公司
苏州新建元控股集团有限公司
杭州新天地集团有限公司
深圳市中集产城发展集团有限公司
金地威新产业
鸿荣源资产管理公司

从综合得分来看，张江高科、招商蛇口、湖北联投综合实力位居前三。从 2025 中国产业新城运营商综合实力评价研究结果来看，张江高科一方面持续以上海集成电路设计产业园为核心，抢抓“产业赛道”布局，深度参与“细分领域赛道”“新兴产业赛道”，聚势而为打造新质生产力；另一方面，产业“投资＋培育”持续壮大，通过“直投＋基金”多元投资，全力打造科技产业投资控股集团。招商蛇口以“做好存量、做精增量”为核心理念，持续提升资产运营能力，并伺机通过公募 REITs 推动存量资产价值释放，优化资产结构，同时精准布局增量市场，形成“开发—运营—资本化—再投资”的资本循环闭环，打造高效、可持续的产业生态圈。湖北联投新城集团自 2009 年启动武汉花山生态新城以来，先后布局了鄂州梧桐湖新城、红莲湖数字产业园、十堰中央商务活力区等项目。紧紧围绕全省“一主引领、两翼驱动、全域协同”区域发展布局，秉承“以城兴产、以产促城、产城融合”指导思想，充分发挥“一二三级联动、多业务板块协同”综合优势，打造全国有影响力的城—区—园全产业链综合运营服务商，助推湖北省“经济量级、产业层级、城市能级”提升。星河产业集团以“产·城·融·投”创新运营模式，专注产城规划研究、产业载体开发运营、产业资本投资、产业实体经营、资产运管管理五大业务领域，全面输出规划研究、联动招商、联盟运营、金融投资、创新孵化、综合开发六大核心能力，提供

产业地产全链条解决方案，致力于打造“聚人才、集产业、共成长”的产业高地，铸就创新经济新引擎。在“产城融合集成服务商”战略定位的指引下，新建元控股集团以新发展理念引领新型智慧城市建设，在深化“三位一体”的区域综合开发“新建元模式”基础上，接续发力合作园区、加速转型发展。同时聚焦绿色发展与数字经济两大全新赛道，布局新兴产业、深化对外合作、夯实载体动能，更全面发挥产城融合集成服务商优势，打造成为产城融合标杆企业。杭州新天地集团秉持“以产兴城、以城促产、以业聚人”思路，打造“数智未来产城”产业 IP，实现文商旅生态闭环，聚焦数智化产业经济，构建智慧商圈、助力创新创业，推进产城融合，为城市发展注入强大动力 。中集产城坚持以产业人的“产业思维”为核心，构建起全链条核心竞争力，成为产业园区行业标杆。凭借前瞻的产业研究、精准的产业定位、“专业化”的产业招商、“精细化”的产业运营、“体系化”的产业促进，为园区企业提供高质量的产业空间，独特的 C+ 运营服务体系（基础保障、空间运营、企业赋能）已呈现出全方位的核心竞争优势。

（二）分项评价结果

1. 园区运营商评价结果

表4-2　2025中国产业园区运营商综合实力TOP10

企业名称
北京联东投资（集团）有限公司
中电光谷联合控股有限公司
上海临港经济发展（集团）有限公司
中关村发展集团
苏州苏高新科技产业发展有限公司
武汉东湖高新集团股份有限公司
上海天瑞金置业集团有限公司
苏州城投产业发展有限公司
西安高新区配套公司
成都陆港枢纽投资发展集团有限公司

2024 年以来，运营商不断强化顶层设计与区域资源整合，园区功能从单一生产向综合城市节点转型。通过产业生态圈构建，整合生产、生活、文化等多元功能，推动园区与城区经济协同发展。联东集团专注产业组织和园区运营，在经济活跃的核心城市高质量建园不断取得新的突破，在中国工业指标排名前 30 的城市实现 100% 覆盖，实现了回归核心城市、核心区域、向科技转型。联东将继续以品质为灵魂、以科技和资本为驱动，构建产业生态，为城市产业升级、都市工业进一步提升打造新的样板和示范，为推动实体产业发展提供更多动能。作为苏州城投集团的重要板块，苏州城投产业发展有限公司坚持以高起点规划、高标准建设、高效能管理为原则，布局了独墅湖产业园、苏州新能源产业园、法律服务产业园、太湖总部项目等一批标志性园区，构建了集生产、生活、生态于一体的新型产业集聚区，助力区域产业高质量发展。新索 365 作为城投产业公司倾力打造的青年产业载体品牌，围绕苏州新质生产力布局 300 万方产业载体，推出青年产业社区发展 6 大行动和 5 大保障，提供全市域全时域全周期不间断服务，并首创“新索三点半”品牌活动，积极链接全球资源，赋能科技企业成长，持续深化产业生态建设。西安高新区配套公司以市场化运营为核心理念，创新构建“12586”战略体系，通过园区建设、产业投资孵化、工程代建服

务、园区运营服务、资产管理五大业务多维突破，实现从传统基建向产业生态运营的跨越式升级。其全生命周期服务模式，为区域产城融合与高质量发展提供了创新范本，全力向“卓越产业园投资运营商”的战略目标奋进。成都陆港枢纽投资发展集团有限公司，作为服务成都国际铁路港经济技术开发区的核心载体，以“服务国家战略、驱动区域崛起”为使命，锚定国家级经开区产城综合运营商定位，依托超千亿资产规模与全产业链协同优势，深度融入“一带一路”、成渝双城经济圈、西部陆海新通道建设，精准布局产业园区全域运营，立足成都市青白江区国家级经开区、综保区、自贸试验区、国家物流枢纽等“金字招牌”，打造西部对外开放桥头堡与新兴产业策源地，持续强化国有资本对高质量发展的战略引领。

2. 特色运营商评价结果

2024 年，产业园区行业在存量竞争与政策重塑中加速分化，运营商的核心竞争力从“空间供给”转向“产业生态构建”，具备全链条服务能力、灵活商业模式和数字化赋能的企业将主导行业格局。

表4-3　2025中国轻资产服务力优秀企业

企业名称
联东 U 谷
中电光谷联合控股有限公司
武汉智园科技运营有限公司
深圳市星河产业投资发展集团有限公司
深圳市中集产城发展集团有限公司

联东 U 谷，22 年专注产业服务和园区运营，目前已引进、服务新兴制造业和科技型企业 21000 家。秉持“帮想做园区的政府和企业把园区做好”的理念，积极分享招商运营、规划设计等丰富实战经验，通过管理输出模式，赋能全国诸多企业、园区及政府。未来，联东 U 谷将持续以产业统领、品质统筹为准则，以服务科技为依托，助力中国经济高质量发展。智园科技轻资产服务围绕服务标的特征，建立系统规划与综合运营能力相结合的全链条（P+EPC+O）轻运营服务模式。以武汉城市圈为核心，覆盖光谷、鄂州等重点区域，并拓展至粤港澳大湾区（广州）、长江经济带（合肥、芜湖），验证模式可复制性。树立“东湖高新”产业运营品牌，结合“e+”运营体系深度赋能项目运营，形成政府信任、企业认可的行业示范。以轻资产模式快速响应区域产业升级需求，通过专业化、数字化、生态化服务，实现“产业导入—企业成长—区域发展”闭环，助力地方政府、区域平台与企业共赢。

表4-4　2025中国新质生产力优秀运营企业

企业名称	运营特点
珠海华发城市运营投资控股有限公司	零碳城市运营
招商局蛇口工业区控股股份有限公司	绿色质造
深圳市星河产业投资发展集团有限公司	综合生态圈打造
中关村发展集团	高质量孵化
天安智慧运营	数智驱动

2022 年起，华发城市运营肩负起珠海全域新能源一体化建设发展重任，并于 2023 年 11 月在珠海打造首批 16 个零碳示范应用场景，涵盖零碳区域、零碳园区、零碳工业建筑、零碳居住建筑、零碳公共建筑、低碳商务楼宇等类型。其中，华发平沙电子电器产业园、华发大湾区智造产业园 D 区两大园区已获得国内首批、

广东唯一的“净零碳园区”认证；珠海市民服务中心、珠海国际会展中心二期（会展部分）已获中国建筑节能协会颁发的“零碳建筑”设计预评价证书；珠海方正科技多层电路板有限公司成为珠海首家“零碳工厂”；广东省首个零碳社会先行区——珠海担杆岛已实现发电端零碳。未来，华发城市运营将继续深入贯彻落实“双碳”战略，为珠海树立一批新的绿色发展标杆，助力珠海加快建设具有全国影响力的“零碳城市”。

表4-5　　2025中国产业园区运营服务商TOP10

企业名称
园动力产业发展集团
清控科创
因大产服
中创集团
商旗科技
金地威新产业
领秀集团
菜根科技
和达高科
伙伴产业

园动力产业发展集团提出了《园动力 1314 全流程》创新理念，深耕央企、国企、地方平台公司、实体企业固投园区化、存量低效用地升级改造等业务领域，摒弃传统“产业地产”模式，不以单一模式下的主体开发经验为参考，以全国化、全生命周期的视野输出成功经验和定制化迭代产品体系，五年时间内，以服务实体企业稳健发展为目标，以园区项目为核心载体，实现了园区基础设施属性、固定资产属性、经营性物业属性 3 属性均好，地方政府、园区投资方、园区运营方、入园企业的 4 方共赢局面，并将“园园不断”为地方的经济高质量发展贡献力量。杭州商旗科技有限公司是一家致力于推动产城融合与产业升级的专业产业运营服务商。作为产业运营生态系统构建专家，公司整合政府、企业、人才、资本、机构等科技创新要素，提供产业规划、招商引才、园区运营、基金投资、智慧园区等一站式解决方案，形成全链条式的运营服务体系。截至目前，商旗科技运营项目达 50 余个，包含浙江人才大厦、萧山图灵小镇、成都天府国际“BIO– 菁创园”、绍兴市柯桥区科技园、杭州湾产业协同创新中心、杭州市党群服务中心等。

3. 产业项目运营评价结果

表4-6　　2025中国产业运营优秀项目

项目名称
上海浦东软件园
龙江光谷产业园
苏州 2.5 产业园
顺德中集智城
深圳·星河 WORLD
保定深圳园
霍州科技智创园
3TCOM 云汇谷产业社区
紫金智谷总部园
因大联科汉口北创智中心

上海浦东软件园是中国首批国家级软件产业基地之一，也是上海建设“世界级软件产业创新集群”的核心载体。园区持续深化“创新、融合、共赢”理念，以张江科学城为依托，助力企业把握数字时代机遇，共创千亿级产业集群。新建元控股集团旗下苏州 2.5 产业园是苏州工业园区“积极培育新兴产业增长点”的重要载体，以发展高端制造业相匹配的第三产业为方向，逐步形成以新一代信息技术、高端装备制造为主导，集生物医药、纳米技术应用、人工智能三大新兴产业及现代服务业为一体的特色产业体系。项目以高品质营商环境、人性化专业服务，协同优质资本运作，致力于打造引领区域产业转型升级的坚实创新平台。顺德中集智城，依托大湾区电子信息及智能制造产业方面的两大优势，以城市运营的宏观视野，为企业入驻提供高效的运营平台，助力企业发展提速。项目以“产业＋社区”的智能＋新模式，聚焦智能制造产业，将产城与生态融合，以人工智能为引领，积极布局智能装备、智能终端两大应用产业，配套发展创新服务业，打造产、城、人深度融合的国际智能产业社区。保定深圳高新技术科技创新产业园（简称“保定深圳园”)，是由深圳、保定两地政府合力打造的省际重点园区，总规划一万亩，总投资超千亿。园区依托深圳的产业创新经验与保定的区位优势，聚焦信息智能、生物医药健康两大主导产业，构建起以信息智能、生物医药健康为主导，涵盖新一代信息技术、高端装备、生物医药等支柱产业的完备产业体系，同时加速布局低空经济、数字信息未来产业，不仅承载着京津冀协同发展、服务雄安新区建设的战略使命，更以“南北协同、创新驱动、智慧赋能、产城共生”的四大内核，重新定义了新时代产业新城的价值逻辑。霍州科技智创园位于霍州经开区核心区位，涵盖标准化厂房、企业加速器、智慧车库及全链条配套设施，构建“研发—生产—生活”三位一体的产城融合空间。园区以“双碳”战略为导向，采用“工业上楼＋功能复合”的智慧载体模式，重点布局新能源、新材料、电子装备等战略性新兴产业及数字经济领域，打造晋南先进制造业与数字融合示范高地，已引入芯片制造、智能装备等前沿产业项目，赋能区域高质量发展。3TCOM 云汇谷产业社区以大数据、软件研发、智能制造等产业方向为主，园区内云集阿里巴巴、科大讯飞、三星、西门子等全球百强科技公司，社区秉承“科技、人才、宽容度”运营理念，坚持以产业高度、社区宽度、人文温度打造新一代产业空间，提供 3T 马拉松、3T 联谊会、3T Festival 音乐节等人文关怀，让园区更具品质和活力，企业满意度持续提升。

表4-7　　2025中国新质生产力发展优秀项目

项目名称
苏州 ESG 产业创新中心
招商科创广场
资产集团・数智集成港产业社区
长三角（昆山）国际低碳产业创新园区
中关村东升科技园

苏州 ESG 产业创新中心是由新建元控股集团打造的全国首个 ESG 产业专业载体，总体量 2.34 万平方米，于 2024 年 6 月 30 日正式开园。中心围绕“产业发展”和“应用实践”两大定位，布局研究中心、促进中心、推广中心、ESG 联盟、金融平台、服务平台六大功能，围绕 ESG 全产业链积极引入研究机构、咨询机构、评级机构、环境服务、数字方案、认证培训、绿色金融七大行业，将努力实现服务 1000 家公司，参与国际国内 ESG 标准制定，营收超 10 亿元、利税超 1 亿元的“三大目标”。资产集团・数智集成港产业社区地处太仓市高新区，园区占地 122 亩，建筑面积 20.7 万方，总投资约 12.5 亿元。园区以人工

智能技术创新和融合应用为引领，通过建设市级平台数字太仓融合创新中心，搭建算力和算法的数据平台，引进航辰机载系统、博瑞适增材等创新企业，着力构建以“AI+ 制造”为特色的人工智能产业优质生态环境，打造新一代产业社区发展示范样本，建设太仓产业发展新高地。同时依托资产集团整体资源优势，园区从基金投资、债权融资、人力资源、数字信息化等多方面赋能企业高质量发展，打造产业服务“新生态”。

总体来看，产业新城运营商在政策、科技与市场的三重驱动下，通过模式创新与资源整合，逐步构建起“产业高端化、服务精细化、产城一体化、运营低碳化”的发展格局，为区域经济转型升级提供了重要支撑。

三、产业新城运营商发展特点分析

新质生产力作为产业创新发展的新引擎，正在如雨后春笋般迅速崛起，这不仅是重塑城市产业格局、推动区域发展的关键力量，同时也促进了数字经济和传统产业的有机结合，成为激发产业新城活力的重要推手。在此背景下，运营商强化产业运营能力，产业新城项目布局数量和质量都有了新的突破。我们以产业开发与运营流程为切入点，从产业发展能力、城市建设能力以及企业经营能力三个行业最关注的方面，对产业新城运营商的经营策略、特点趋势和经验教训进行系统的梳理。

（一）产业发展能力

1. 产业定位：从“泛化”到“细分”，从“传统制造”到“新质生产力”

从调研结果来看，产业新城运营商通过细分定位避免同质化、通过技术创新激活新质生产力，不仅成为区域经济增长极，更为中国式现代化提供了“产城融合”的实践样本。一方面，早期产业新城的产业定位多聚焦于“大而全”的制造业或基础工业，而近年来逐步转向基于区域资源禀赋和市场需求出发从而形成的专业化、差异化、细分化产业集群。产业新城运营商基于区域禀赋、市场需求细分产业定位，同时借助当地政策引导实现差异化发展，避免同质化竞争。另一方面，产业新城运营商通过技术创新、绿色转型和数字化赋能，推动传统制造业向新质生产力升级，形成以科技创新为核心的经济增长模式。具体来看，运营商通过智能化改造、工业互联网渗透、绿色低碳转型、循环经济打造、新兴产业培育与创新生态构建等手段，推动产业发展从“规模驱动”转向“效率驱动”，实现产业定位升级。

产业新城运营企业基于区域禀赋、市场需求、政策引导细分产业定位，从而实现差异化竞争优势。2024 年以来，产业新城定位已进入“精准制导”时代。产业新城运营商以区域禀赋为锚点，市场需求做罗盘，政策引导做风帆，通过三者协同驱动进行产业定位，构建不可复制的竞争优势。运营商唯有将差异化定位升级成系统性产业生态，方能在新质生产力浪潮中占据制高点。其一，基于区域禀赋进行产业定位是实现差异化竞争的根基，现有产业基础是产业新城定位的起点。区域资源禀赋是产业定位的底层逻辑，涵盖自然资源、产业基础、人口发展潜力、科技水平和区位优势等要素。如资源型地区可通过产业链延伸实现高附加值转型、农业资源区可探索生物基材料或食品精深加工、科教资源密集区则聚焦科创孵化等。其二，市场需求是产业适配性的动态标尺，也是产业定位的罗盘。市场需求是产业定位的校验器，产业新城运营商需兼顾产业链缺口、消费升级趋势与全球化竞争格局，通过在定位中对产业链精准补链、前瞻布局新兴需求、响应国家全球化竞争需要，进而将产业新城嵌入区域发展分工。其三，政策为产业定位提供方向性框架与资源支持，体现为产业规划、土地供应与金融工具创新。尤其在产业规划方面，“双碳”目标倒逼绿色产业布局，新基建政策驱动数据中心、工业互联网等数字基建投资。在土地制度创新方面，工业用地“先租后让、达产出让”模式不断推动产业新城资源向高精尖产业倾斜。综合来看，产业新城运营商在产业定位过程中需构建“资源—需求—政策”三维模型，通过资源评估分析量化区域禀赋、建立需求响应机制实现产业链需求动态监测，进而构建弹性产业生态。

产业新城运营商通过技术创新、绿色转型和数字化赋能推动传统制造业向新质生产力升级，形成以科技创新为核心的经济增长模式。新质生产力的核心在于科技创新驱动、全要素生产率提升以及绿色可持续发展，其本质是摆脱传统制造业对资源消耗、劳动力密集和低附加值的路径依赖，转向以数据、技术和知识为核心要素的高质量发展模式。2024年以来，中国产业新城产业定位升级的底层逻辑体现在三大维度：其一，通过技术革命重塑产业链价值，人工智能、量子计算、合成生物等前沿技术突破，推动传统制造业从“机械复制”转向“智能创造”，如AI算法优化生产流程效，生物基材料技术突破带动碳排放降低等。其二，在国家“双碳”目标下，绿色发展倒逼产业范式转型，制造业全生命周期碳排放管理成为刚需。产业新城运营商在顶层设计中需重点关注产业园区的能源结构、碳足迹管理，进而构建循环经济体系。其三，数字经济重构产业运行规则，运营商可以通过数据要素流通效率提升降低产业链协同成本，数字孪生技术缩短规划试错周期，智慧城市管理平台提升资源配置效率。综合来看，产业新城运营商通过技术创新突破产业天花板、绿色转型重构价值标准、数字化赋能优化运行效率，推动传统制造业加速向“智能、低碳、融合”的新质生产力跃迁。未来，产业新城将不仅是生产要素的物理载体，更将成为技术革命和制度创新的前沿阵地。

2. 产业招商：链式招商与产业生态构建，聚焦数字化与创新驱动

从调研的结果来看，产业新城运营商在产业招商上已进入“精准化、资本化、生态化”新阶段。运营商以数字化为底座，以产业链为核心，以资本为纽带，构建“引企—育企—留企”的全周期服务体系。随着AI、区块链等技术深化应用，招商模式将进一步向智能化、全球化演进。

其一，产业新城运营商的产业链招商模式实现了从单一企业引入向全链条生态构建的跨越式发展。通过“强链、补链、延链”的系统性策略，产业韧性得到显著提升，招商逻辑从“点状突破”转向“网状协同”。在强链招商方面，运营商通过引入产业链核心企业作为“链主”，通过其订单、技术外溢吸引上下游配套企业。“链长+链主”双轮驱动机制成为主流，政府链长负责政策协调，企业链主主导生态构建，提升新城项目抗风险能力。在补链招商方面，产业新城运营商联合智库绘制细分领域产业链图谱，通过从终端产品需求倒推薄弱环节的逆向补链、打破行政边界整合资源承接跨区域需求的跨域补链、联合科研资源赋能中小企业的技术补链，在解决产业新城关键环节缺口的同时靶向破解“卡脖子”问题。延链招商方面，聚焦创新驱动突破传统产业边界，如依托区域资源禀赋纵向深挖高端技术领域提升区域产品附加值，或是将城区产业链与重点扶持企业相结合通过横向拓展孵化创新业态。

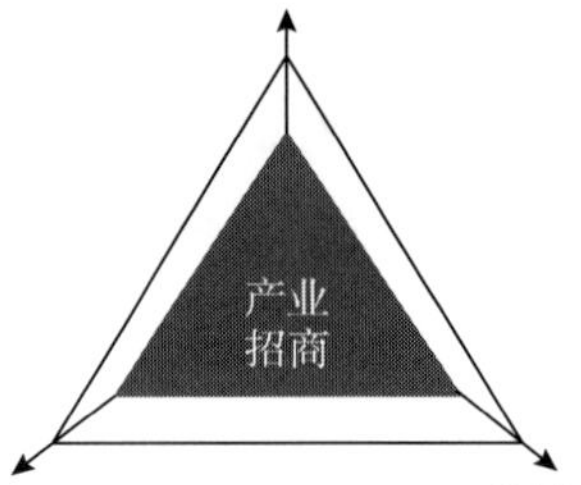

图4-7 “强链、补链、延链”系统性招商策略

其二，产业链招商的核心从经验驱动转向数据驱动，产业图谱成为科学规划的核心工具。2024 年以来，代表产业新城运营商多通过绘制“三图一库”（产业链全景图、企业分布图、技术路线图、目标企业库）实现招商客户精准定位。招商团队整合企业注册、专利数据、供应链订单、舆情信息等数据源构建企业全景画像，并利用 AI 算法取代传统评分卡模型，招商 AI 将从“数据匹配”升级为“战略推演”，通过计算目标企业与本地产业集群的技术关联度、物流成本敏感度等多维指标，实现招商项目成功率的量化预测。同时，图谱的应用已从静态分析向动态监测进化，实现可视化交互平台。运营商一方面通过建立实时动态监测系统，实时追踪产业新城内产业链上下游企业的产能匹配度、技术依存度等指标，当本地配套率低于一定程度自动触发招商预警，确保产业链动态平衡。另一方面，产业图谱作为招商的数据融合中枢和智能决策引擎，构建起完善的可视化交互平台，通过取决于数据资产的厚度、算法迭代的速度、生态协同的精度打造招商核心竞争力。产业新城运营商允许投资者以数字分身进入虚拟园区，将产业链关键指标转化为动态热力图，实时查看周边产业链配套情况，快速实时调整招商策略，大幅提升资源配置效率。如联东云大数据平台集成超 5300 万条企业信息和 130 万家意向企业信息，实时监测，T+1 更新，招商大数据的广泛深度应用直接带来了客户信息开发和筛选效率的大幅提升。基于企业公海底层数据，通过产业链招商、地图精准招商、融资时间招商、头部榜单招商、投资意向 AI 挖掘、关键词定向招商等六大核心功能，精准描摹客户画像，锁定目标客群。大数据平台解决了传统拓客模式精准度低的问题，极大提升了招商效率。

其三，产业新城运营商深化资本赋能优化招商效率，加强基金、孵化器等工具对招商效率的提升。2024 年，国务院发布《关于规范招商引资行为促进招商引资高质量发展若干措施的通知》和《公平竞争审查条例》，对招商引资进行了规范。自 8 月起全面清理全国各地违规税收优惠、财政奖补，禁止税收优惠招商行为，此种招商引资模式自此退出历史舞台。在此背景下，“基金招商”成为各地招商引资的新利器，一方面，运营商通过设立产业引导基金、并购基金等方式，以股权投资形式吸引高成长性企业入驻。例如，武汉光谷通过政府产业基金支持产业生态链企业落户，形成“资本招商 + 资产增值 + 资本退出”的闭环。另一方面，产业新城运营商与政府、金融机构合作，为入园企业提供供应链金融、融资租赁等定制化金融服务，降低企业投资门槛。佛山高新区通过“资本招商 + 资产增值”逻辑，吸引装备制造企业形成产业集群。苏州工业园区政府牵头成立专项基金，引导社会资本参与，并与多家金融机构合作，共同构建风险共担、利益共享的投资体系。招商过程中，注重项目评估和风险管理，推动产业链上下游协同发展，成为苏州招商引资工作的亮点。如联东前瞻布局金融投资领域，已与50多家投资机构战略合作，投资明势资本、九合创投、元生创投、德诚资本、同创伟业等头部股权基金。同时组建U谷股权投资团队，开展自有资金投资，结合企业实际情况量体裁衣，提供全流程股权融资解决方案，助力不同发展阶段、不同业务类型的入园企业长期持续发展。联东股权投资不仅为企业提供资金支持，还为企业提供资源赋能，对于成长性好的生产性企业，第一时间为其匹配适合的园区，完美解决企业生产基地需求，实现基金招商、精准引资。

3. 产业培育：金融工具迭代创新，从基础服务到全生命周期赋能

2024年以来，产业新城运营商正在经历从物理空间提供者向城市价值创造者的历史性转变。在“双循环”新发展格局和“双碳”目标的叠加效应下，传统“土地开发＋招商引资”的粗放模式已难以为继，取而代之的是以金融资本为纽带、产业运营为核心、生态构建为基底的创新模式。这种“金融＋产业＋生态”的三维协同体系，正在重塑产业新城运营商的底层逻辑。运营商不再局限于基础设施建设，而是通过全生命周期服务赋能，构建起涵盖企业孵化、产业升级、生态优化的价值闭环。这种转型既是对全球产业链重构的主动适应，也是新型城镇化向高质量发展跃升的必然选择。

其一，金融工具的迭代创新正在重构产城融合的底层逻辑。一方面，产业新城运营商通过“供应链金融＋数字孪生”的融合应用，构建起覆盖产业链上下游的信用评估体系。运营商借助区块链技术构建分布式账本和智能合约，将传统供应链金融的信用传递效率提升至秒级响应，形成覆盖产业链全节点的动态授信体系。基于物联网的资产数字化技术，使产业园区的不动产、设备乃至知识产权均可实现实时价值评估，为资产证券化（ABS）和不动产投资信托基金（REITs）提供精准定价基础。这种技术驱动的金融工具创新，将传统静态资产转化为可编程、可拆分的数字资产包，极大提升了产城融合的资本流动性。另一方面，传统的债权融资模式逐渐让位于“股债结合＋风险共担”的混合型工具，产业基金、可转债、收益权凭证等结构化产品，形成覆盖企业全生命周期的融资矩阵。这种工具组合不仅缓解了重资产运营的财务压力，更通过风险收益的差异化设计，实现了政府资本、社会资本和产业资本的精准匹配。如苏州工业园区的“产业引导基金+REITs证券化”双轮驱动机制，将基础设施资产通过公募REITs实现资本循环，同时通过产业基金对半导体、生物医药等战略新兴产业进行精准培育，形成“募投管退”的完整闭环。

其二，数字化转型、绿色经济理念正在推动产城融合进入新阶段，智慧化运营赋能园区企业全生命周期服务。一方面，产业新城运营商通过打造“产业大脑”，接入园区内设备数据，通过工业互联网平台实现产能共享和智能排产。这种数字化协同高效提升企业设备利用率，推动传统制造向服务型制造转型。绿色方面，部分城市已开始实施“单元开发＋垂直工厂”模式，有效提升产业用地容积率，通过地下物流廊道和屋顶光伏系统，实现土地集约利用率和清洁能源占比双提升。同时，运营商通过系统串联产业园区、商业综合体和人才社区，配套建设分布式能源站和光储充一体化设施，创造了生产、生活、生态“三生融合”的新范式。随着数字技术、绿色金融、循环经济等新要素的持续融合，使得生态基础设施的智慧化运营开启新可能。另一方面，运营商聚焦整合园区服务和资源，借助智慧化运营手段，覆盖从吃、住、行、金融、社保、企业福利等基础服务到园区企业全生命周期的服务。如深圳湾科技园区构建起包括重点产业

子系统、商务服务、专业服务、公共服务在内的完整产业生态系统，很大程度上解决了企业市场拓展、上下游资源获取、融资和人才四大痛点。同时，智慧化运营进一步赋能园区企业全生命周期服务。运营商通过业务数据的归集、灵活交互、智能推算，赋能运营主动服务能力的不断进化，并以此构成良性循环，打造一个具有主动服务、智能进化等能力特征的有机生命体和可持续发展空间，实现产业环境可持续化与客户空间资产的保值增值。

（二）城市建设能力

产城融合发展的核心逻辑在于“以产兴城，以城促产，产城融合”。因此，从长期发展来看，以产业为主要动力，驱动城市更新与完善配套设施建设，努力实现城市空间布局与产业布局相协调，城市功能结构与产业功能结构相匹配，生产与生活相适应，产、城、人三者之间彼此促进的良性循环发展状态。在新型城镇化与“双碳”目标的叠加驱动下，2024 年中国产业新城建设正经历一场深刻的范式变革。传统的“产业先行、配套补位”开发逻辑已无法满足城市高质量发展的需求，产业新城运营商的核心能力正从单纯的空间建造向生态价值创造跃迁。这一转型不仅体现在物理空间的规划理念升级，更涉及产业组织方式、城市治理逻辑和可持续发展路径的系统性重构。

1. 从功能配套到宜居生态，从产业集聚到生态协同

在过去的产业新城开发中，运营商往往将功能配套视为产业发展的附属品，教育、医疗、商业等设施布局以“满足基本需求”为导向，导致产城融合停留在物理叠加层面。2024 年以来，领先新城运营商已构建起“生态基底—产业空间—生活场景”三位一体的开发框架。生态价值已不再是“加分项”，而是成为产业载体竞争力的核心指标。一方面，在“双碳”战略目标与人民美好生活需求的双重驱动下，产业新城运营商正通过系统性重构城市空间、产业组织和治理体系，探索宜居生态建设的新范式。这种转型既涉及空间规划技术的迭代升级，更包含城市价值创造逻辑的根本性转变。

产业新城建设正经历从“要素堆积”向“系统共生”转型，实现从环境友好到人本价值的系统融合。当产业发展进入创新驱动阶段，简单的物理集聚已难以激发协同效应。运营商通过构建资源共享平台与产业共生网络，不仅重塑了产业组织的底层逻辑，更在价值链深度耦合中催生出新型城市生态。这种转型的本质是生产关系的系统性变革，通过打破传统产业壁垒、激活要素流动、重构价值分配机制，最终实现产业发展与宜居生态的协同共生。传统开发模式下，生态投入被视为成本项，其价值通过土地溢价间接体现；而高质量发展的要求下，生态资本成为核心生产要素，通过“生态产品价值实现机制”直接参与价值分配，使植被固碳、水源涵养等生态服务成为可量化的资产类别。同时，宜居生态建设本质上是对城市复杂系统的重新设计，其理论根基已从单纯的景观生态学拓展至“社会—生态—技术”三元协同框架。生态系统服务理论（EST）的深化应用，将空气净化、碳汇固存、生物多样性维护等自然资本纳入城市价值核算体系。同时，产业新城运营商构建的社区参与平台，使居民能够通过碳积分体系直接参与生态治理，个人绿色行为数据可兑换公共服务资源。居民通过认购生态改善项目份额，享受产业升级带来的长期收益。这种机制将产业发展红利转化为全民共享的生态福祉，真正实现“产城人”的深度融合。

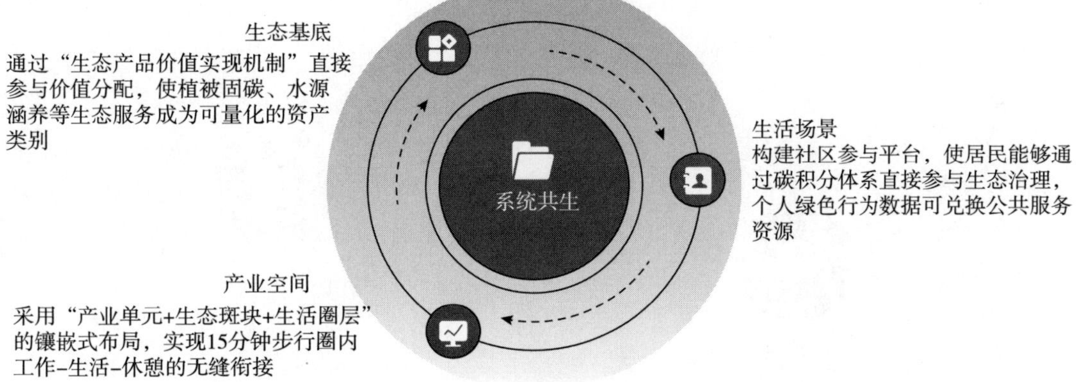

图4-8　构建“生态基底—产业空间—生活场景”三位一体的“系统共生”开发框架

产业新城建设打破行业壁垒与组织边界，构建多维度、多层次的协同网络，实现“空间即服务”。过去传统功能分区制导致产、城、绿割裂的矛盾日益凸显。传统产业聚集理论强调地理邻近性带来的规模经济与外部性红利，通过产业链上下游的空间集中降低交易成本。但这种线性发展模式存在三重局限性：一是要素流动的单向性导致资源错配，龙头企业虹吸效应加剧中小企业生存困境；二是环境承载力的刚性约束，远低于技术进步潜力；三是创新网络的封闭性，当土地、能源等传统要素红利消退，聚集模式已触及发展天花板。一方面，产业新城运营商通过重构要素配置机制、创新协同发展模式、构建价值循环体系，正在创造一种新型城市生态系统。这种生态系统既非传统产业园区的简单升级，也不同于自然生态系统的被动适应，而是技术、产业、环境、社会的深度耦合体。2024 年产业新城运营商加快构建“产业生态系统”，通过搭建资源共享平台、建立产业共生关系，推动价值链深度耦合。新模式倡导“空间嵌套”理念，采用“产业单元 + 生态斑块 + 生活圈层”的镶嵌式布局，实现 15 分钟步行圈内实现工作—生活—休憩的无缝衔接。另一方面，产业新城运营商创造出具有弹性适配能力的空间服务系统，将空间转化为可量化、可交易、可增值的服务产品，实现城市功能供给与产业需求的精准匹配。运营商突破企业边界，构建包括政府、供应商、研发机构、金融机构等多元主体的价值共同体，除了提供可定制化的工作单元、研发实验室、中试基地等标准化基础空间服务，嵌入企业孵化、技术对接、市场拓展等增值运营模块，形成第二增长曲线。

2. 绿色低碳技术规模化应用，政企合作共建零碳示范区

2025 年政府工作报告围绕“积极稳妥推进碳达峰碳中和”作出全面部署，在延续 2024 年绿色发展方向的同时，推出更加系统、精准的政策措施。报告指出完善支持绿色低碳发展的政策和标准体系，营造绿色低碳产业健康发展生态。深入实施绿色低碳先进技术示范工程，培育绿色建筑等新增长点。完善资源总量管理和全面节约制度，加强重点用能用水单位节能节水管理，有力有效管控高耗能项目。加强废弃物循环利用，大力推广再生材料使用。健全绿色消费激励机制，推动形成绿色低碳的生产方式和生活方式。扎实开展国家碳达峰第二批试点，建立一批零碳园区、零碳工厂。在此背景下产业新城运营商正通过绿色低碳技术的规模化应用，探索政企协同共建零碳示范区的新范式。这一进程不仅是技术创新的集成突破，更是治理体系、商业模式与空间组织的系统性变革，其核心在于构建“技术—政策—资本—市场”四维协同的创新生态系统。

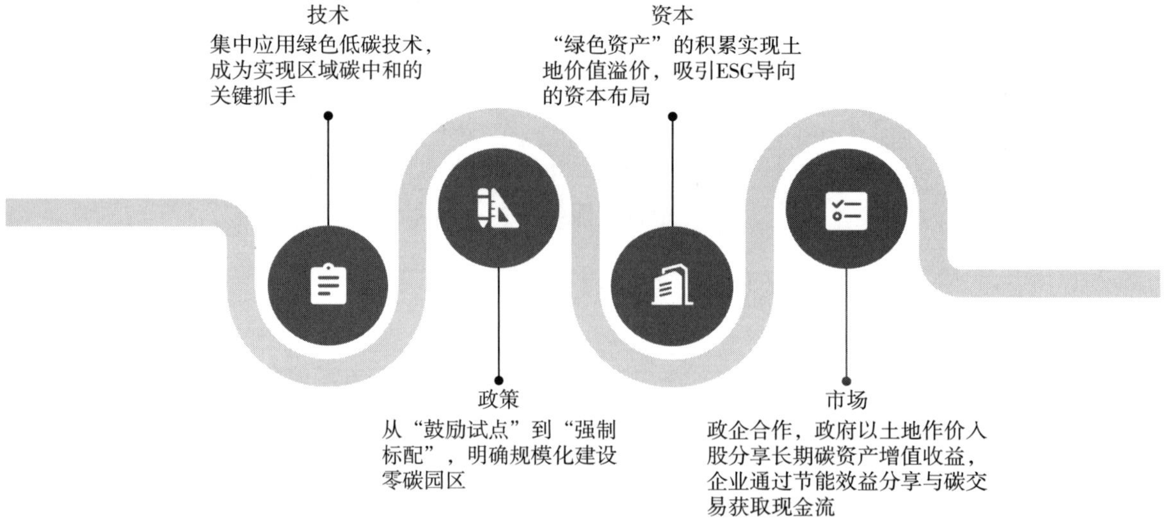

图4-9 构建“技术—政策—资本—市场”四维协同绿色低碳园区

其一，产业新城作为城市产业发展的主战场，零碳示范区建设通过集中应用可再生能源、碳捕集利用与封存（CCUS）、智慧能源管理等技术，可有效降低单位GDP碳排放强度，成为实现区域碳中和的关键抓手。这种空间载体的集约化减排效应，能够破解传统分散治理模式下的效率困境。同时，绿色技术的大规模应用倒逼产业链重构。如氢能产业园的布局催生制氢—储运—应用全产业链、建筑光伏一体化（BIPV）技术推动建材行业向负碳材料升级等。技术集群的协同创新效应使新兴产业孵化周期大幅缩短，形成“技术突破—产业升级—市场扩张”的正向循环。其二，政策从“鼓励试点”到“强制标配”。中央层面，2024年中央经济工作会议首次提出“建立一批零碳园区”，2025年国务院明确“规模化建设”目标。地方层面则在不断加码，长三角地区如上海、江苏、浙江均推行各类零碳工厂建设评价指导，高耗能企业入驻园区大多需承诺降低单位产值碳排放。其三，零碳示范区显著提升区域环境质量与资源效率。这种“绿色资产”的积累实现土地价值溢价，吸引ESG导向的资本布局，重构城市在“双碳”赛道中的竞争位势。其四，产业新城运营商联合地方政府，设立政府引导基金与社会资本共同组建SPV公司，通过“基础收益＋绩效分成”模型实现风险共担和利益共享，其中政府以土地作价入股分享长期碳资产增值收益，企业通过节能效益分享与碳交易获取现金流。

（三）企业经营能力

随着产业园区从追求园区规模扩张转向谋求战略转型，运营商持续受到资本市场的关注，企业的经营业绩也成为关注的焦点。一方面，运营商深耕产业运营，运营商向产业投资商、产业服务商等模式转型，营业收入结构持续优化。另一方面，面对宏观经济压力、国内外环境多变等因素，企业经营能力受投资收益不确定等因素影响，呈现较大的波动。

1. 经营规模：企业分化显著，营业收入波动较大

从总资产增速来看，2024年，产业新城企业运营属性不断加深，资产增速整体虽整体呈上升趋势，但新建园区向一二线核心城市集中的趋势仍在延续。如张江高科持续以上海集成电路设计产业园为核心，抢抓“产业赛道”布局，深度参与“细分领域赛道”“新兴产业赛道”，通过“直投＋基金”多元投资，全

力打造科技产业投资控股集团，2024 年张江高科总资产同比增长 16.5%。

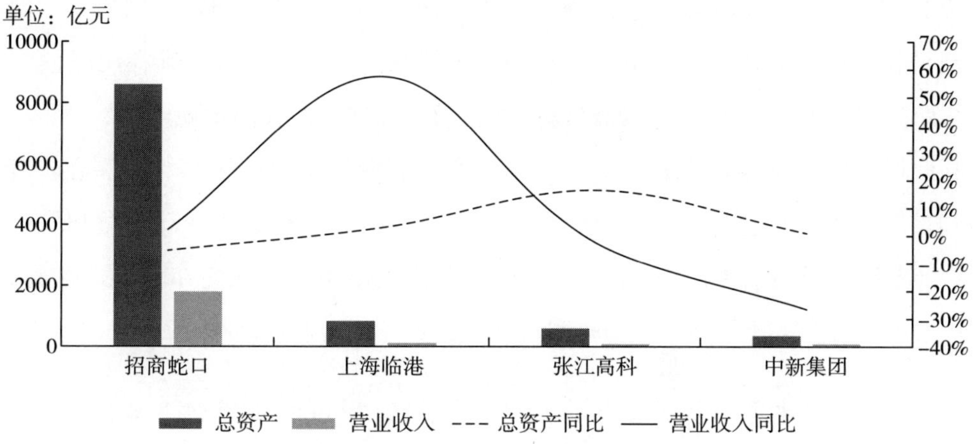

图4-10　2024年部分上市企业经营数据

资料来源：企业年报，中指研究院综合整理。

从营业收入来看，2024 年，产业新城运营商营业收入波动较大。一方面，产业投资板块持续发力，投资赋能，轻重结合转型发力。如上海临港落实“控节奏、强去化、降成本、促改革、增效能”工作抓手，立足园区招商运营、企业专业服务、科创产业投资三大主业，推动“从规模到质量、从营收到利润、从资源到能力”的管理变革，2024 年实现营业收入 111 亿元，同比增长 57.4%；另一方面，受市场波动因素影响，产业投资基金的投资收益及金融资产公允价值变动损益同比变化较大，导致企业表现较去年同期分化较为明显。

从收入结构来看，2024 年，产业新城运营商进一步加大投资业务，收入结构逐步多元化。如招商蛇口坚持守正创新，深化业务转型，不仅在房地产开发领域保持行业领先地位，还在资产运营和物业服务等新兴领域实现了突破性增长，为集团高质量发展注入新动能。同时值得注意的是，多数受访项目表现出出租率下降或是租金下行的现象，仅一线城市制造业园区抗跌表现较强。

2. 盈利能力：净利润波动较大，产业投资收益成为拉动净利润增长的主要动力

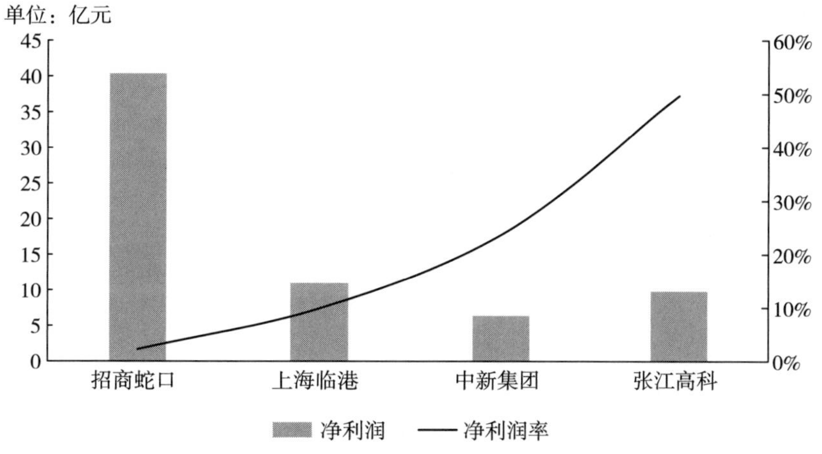

图4-11　2024年部分上市企业净利润

资料来源：企业年报，中指研究院综合整理。

产业投资收益为运营商净利润增长主要动力。从盈利规模看，多数运营商净利润规模在5亿～20亿元之间，只有招商蛇口净利润超过40亿元。随着产业新城运营商逐步从房地产销售收入向产业运营服务的转型，产业新城投资收益和租赁收益成为净利润的重要来源，但产业投资存在明显的周期性和不确定性。因此，运营商盈利能力显著分化，在净利润增长方面也表现出明显的不稳定性。一方面，产业投资收益成为拉动净利润增长的主要动力，如2024年张江高科净利润同比增长3.6%，原因在于其公司产业投资表现亮眼，公司持有的非流动金融资产期末公允价值上升产生的公允价值变动收益和取得的投资收益增加。另一方面，产业园需求萎缩、销售价格承压，运营收入和出租率继续下滑，以价换量成大趋势。仅部分企业因重点核心区域资产占比较高，叠加转型资产运营服务，企业业绩相对稳定。

3. 融资能力：加速构建产业基金矩阵，产业园REITs申请和上市速度加快

多地加速构建产业基金，助力"科技—产业—金融"高水平循环。2024年，产业新城招商进入资本赋能深度整合期。传统以土地、税收优惠为核心的招商模式边际效益持续递减，而基金投资、孵化器培育、产融结合等资本工具的应用，推动招商效率高速增长。多地加速布局产业基金，通过"政府引导+市场运作"的模式推动科技创新、产业升级与金融资本的深度融合，构建"科技—产业—金融"良性循环。运营商联合地方政府和社会资本设立母基金，通过子基金撬动更多资金投向重点领域，同时围绕龙头企业布局上下游设立主导产业基金，形成"投资—落地—集群"闭环，打造"基金+园区+项目"生态。如张江高科围绕张江浩珩、张江浩成两大投资平台，吸引社会资本共同设立基金支持早期创新型、科技型企业成长，结合895孵化器"创新基地、创业营、孵化基金"三位一体产业培育模式，健全各阶段项目投资基金及投后赋能服务。

多措并举金融赋能，产业园REITs申请和上市速度加快。2024年，产业新城运营商推动落实"资本、资产、资金、资管"循环联动目标。运营商不断拓展融资渠道，综合运用中期票据、短期融资券、绿色公司债等多种融资模式，通过有效聚合资本市场资源，多链融合加快创新驱动，持续增强主体融资能力，同时积极发挥金融创新对于园区经济发展的加速功能，持续推动了金融资源优势在科创、招商方面赋能园区。另外，产业园REITs展现出强劲的发展势头，全年新增申请、上市及扩募产品较上年有明显加快。区域分布上，除北上广深外，成渝、长三角等新兴经济圈成为重点布局区域。与之相对的，产业园REITs各底层项目经营表现分化严重，超过半数项目的底层资产出租率同比呈现下滑，部分因营收承压不得不采取以价换量的策略。园区运营商应持续关注自身租赁情况和租金增长情况，在整体供大于求、产业园区出现降租金抢租户的大背景下，能否提供更高的运营服务质量将成为降低空置率乃至保护利润率的有力保障。

4. 财务稳健性：强化产业运营能力，资产负债率保持低位

资产负债率持续维持在较低水平。不同于房地产开发企业，产业新城运营商以产业运营为核心，以长期投资回报为主线，资产负债率整体波动较小。2024年，产业新城运营商持续增强产业投资孵化能力，积极调整资产结构，负债水平仍旧维持在较低水平。如中新集团、上海临港等企业，持续推动资产结构优化，扩大有效投资，并通过运用REITs等资本工具，提升资产效益和管理效能，逐步形成"以增量带动存量、以存量促进增量"的良性互动，资产负债率分别为45.7%、59.4%。

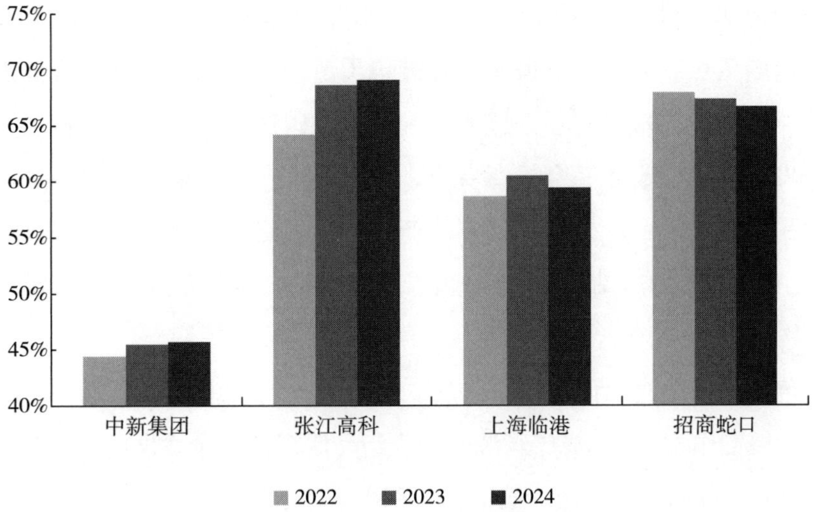

图4-12　2024年部分上市企业资产负债率

资料来源：企业年报，中指研究院综合整理。

综合来看，2024年优秀产业新城运营商聚焦“产业+科技+资本+服务”的多维融合，通过不断深化园区模式创新、深耕园区运营服务、数智化技术赋能和绿色低碳生态协同，以差异化与专业化的运营服务实现高质量发展。未来，园区运营将进一步向精细化、专业化方向演进。

专题报告　产业新城发展趋势分析

2024年，全国178家国家高新区实现园区生产总值19.3万亿元，同比名义增长7.6%；其中工业增加值约9.8万亿元，同比名义增长5.8%。规模以上工业企业利润总额约2.4万亿元，占全国比重32.5%，同比增长2.2%，增速较全国平均水平高5.5个百分点。截至2024年底，国家高新区集聚了全国33%的高新技术企业、46%的专精特新“小巨人”企业，以及67%的独角兽企业。研究组通过对178家国家高新区进行研究，深挖影响产业发展的关键因素，梳理出产业新城的发展机遇及趋势。

（一）发展机遇：绿色低碳、数字经济，因地制宜发展区域特色产业

1. 推动绿色低碳发展，激发数字经济创新活力

绿色发展是高质量发展的底色，新质生产力本身就是绿色生产力，发展新质生产力一定要锚定数智生产力和绿色生产力两个方向。2024年，党的二十届三中全会明确提出“协同推进降碳减污扩绿增长”的顶层目标，并通过政策引导、技术创新和产业升级，推动城市产业从传统高耗能模式向绿色化、智能化方向转变。这一转型不仅是应对国际碳减排压力的必然选择，更是激发经济新动能、实现高质量发展的关键突破点。绿色低碳产业强调低能耗、低污染的资源利用方式，而数字经济通过数据要素驱动效率提升，两者的结合能够形成“1+1>2”的叠加效应。例如，数字技术（如工业互联网、AI）可优化能源管理流程，减少生产环节的碳排放；同时，绿色低碳目标倒逼企业采用更高效的数字化工具，推动技术迭代。中央经济工作会议提出“加紧经济社会发展全面绿色转型”，地方层面则通过差异化路径落实。例如，山东作为传统能源大省，以建设“绿色低碳高质量发展先行区”为契机，通过能源结构优化与绿

色制造体系完善，探索产业与生态双赢模式。成都突出绿色低碳的引领作用，深入实施产业建圈强链策略，加快培育绿色低碳重点产业。通过提出“整链包干、一链到底”原则，充分发挥链长办统筹、协调、调度、考核作用，结合产业发展实际，部署实施绿色低碳产业“十个一”行动计划：制定一个产业规划、出台一套产业发展政策、成立一个招商专班、组建一个产业联盟、设立一个国有平台公司、建立一支产业基金、搭建一批创新平台、打造一批专业产业园区、召开一批会展论坛盛会、构建一套专家咨询跟踪研究机制。“十个一”工作机制从规划引领、政策保障，资金赋能等方面发力，全面促进成都市绿色低碳产业发展。

数字技术赋能绿色生产，构建双化协同新格局。2025 年 4 月，中央网信办等十部门印发《2025 年数字化绿色化协同转型发展工作要点》，聚焦经济转型升级、实现高质量发展的关键环节，健全数字化绿色化协同转型发展工作机制，推动新兴领域能效提升，积极运用数字技术、绿色技术改造提升传统产业，发挥绿色化转型对数字产业的带动作用。《工作要点》部署了 4 个方面 22 项重点任务。一是推动数字产业绿色低碳发展。包括推动数据中心绿色化转型、推动基站绿色化运行、推进电子信息产品绿色制造和使用、引导数字科技领先企业零碳发展。二是加快数字技术赋能绿色化转型。包括推动数字技术赋能建筑、城市运行等 8 个领域绿色化转型以及推动数字技术赋能生态环境治理、打造数字化绿色化协同转型发展试点示范。三是发挥绿色化转型对数字产业的带动作用。包括升级数字化绿色化基础设施、加快数字化绿色化融合创新、建设数字化绿色化产业体系、培养数字化绿色化复合人才。四是加强统筹协调和整体推进。包括加强组织领导、完善法规政策、深化国际合作、加强宣传引导。如浙江率先开展了减污降碳协同创新区建设，从城市、园区、企业等多个维度入手，推动减污与降碳一体谋划、一体部署、一体推进、一体考核，加快实现环境效益、气候效益、经济效益多赢。塑造治理“新优势”，作为全国首个生态环境数字化改革试点省，打造了全流程、一体化的决策指挥平台，在环境质量保障上努力做到“指哪打哪、精准管控”。特别是推出“浙里环评”数字系统，力争以最经济的手段，花最少的时间，确保既“管得住”又“放得开”，助力企业项目建设跑出“加速度”。

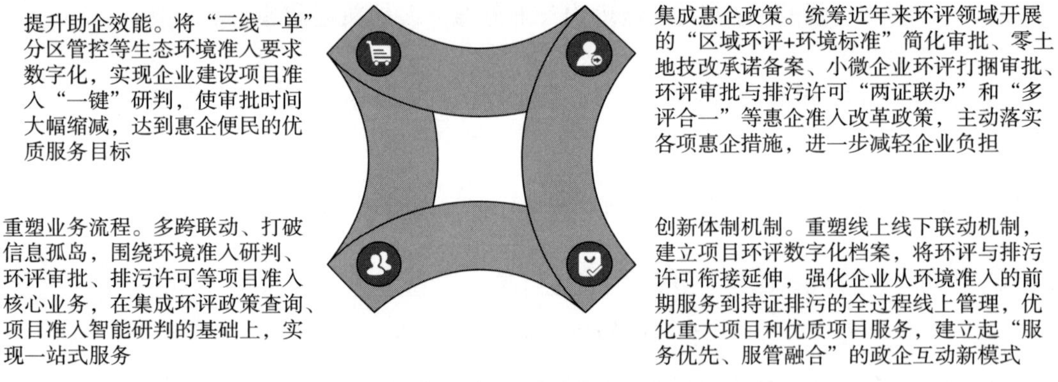

图4-13 “浙里环评”数字系统

城市产业园区发展向“产业结构高端化、能源体系绿色化、土地节约集约化、园区管理数智化”方向升级。其一，产业结构高端化，城市产业发展一方面推动传统制造业智能化改造，着力构建以产业园区为主体、产学研用高效协同深度融合的创新体系，以科技创新推动产业创新；另一方面推动战略性新兴产业融合集群发展，实现新兴产业规模不断壮大、产业集群建设有序推动、创新生态体系逐步健全、数实融合发展稳步推进的良好局面。其二，能源体系绿色化，构建零碳工业新模式。城市在推动新型工业化的进程中，使用的传统能源绿色低碳转型，全面提升绿色能源供给水平和质量，提高能源使用效率，还要通过工业的工艺和流程再造，不断拓宽绿氢/绿电替代领域的深度和广度。其三，土地节约集约化，从平面扩张到立体增值，要向立体要空间、向产业链要效益、向全周期要活力。通过政企合作，整合经营性地块与绿地，构建“统筹开发、分类供应”机制，既要实现产业发展需要也要满足商业活力、服务市民，功能多样复合，实现土地利用效益最大化。其四，城市全域数智化不断加速，产业园区、商业地产、公共设施及住宅社区等场景作为城市的基本单元在产城融合的浪潮下对全链条数字化、智能化管理的要求不断升级。新城运营商通过深度融合大数据、人工智能、物联网、云计算等新一代信息技术，集成化数字平台，实现安防监控、能耗管控、设备运维等关键环节的智能化运营。综合来看，通过技术创新、制度重构与生态协同，园区正成为城市培育新质生产力的核心载体。未来需在政策精准性、技术渗透率、要素流动性等方面持续突破，推动“园区经济”向“创新经济”全面跃迁。

2. 运营商应重点融入城市群都市圈，因地制宜发展区域特色产业

随着各省市积极调整产业发展策略，对产业转移、区域协调发展的关注持续提升，我国学者对区域产业协调发展进行了系统的研究，运营商应重点融入城市群都市圈，通过遵循人口集聚、空间联动破解空间资源瓶颈约，促进各发展主体联动一体化。都市圈发展演变历程，一般经历发育、成长、成熟三个阶段。发育阶段，以极化作用为主，要素向核心城市聚集，都市圈的任务是做强核心城市。成长阶段，以扩散为主，各种要素聚集同时向周边辐射，核心城市规模变得更大且周边城镇也具备一定规模，都市圈的主要任务是以核心城市辐射带动周边城镇发展。成熟阶段，以网络化发展为主，核心城市和周边城镇同城化，生产要素自由有序流动，市场、交通、公共服务一体化，产业生态圈、创新协同圈、1小时通勤圈、数字都市圈、优质生活圈、绿色发展圈、协同治理圈等建设取得成效。

运营商应重点融入城市群都市圈，聚焦区域发展联动。2024年，中国城市群与都市圈发展战略进一步深化，区域经济一体化成为推动高质量发展的核心引擎。产业新城运营商作为区域经济发展的关键参与者，需通过以下路径融入国家战略布局：其一，锚定区域协同发展目标。产业新城需以城市群为依托，聚焦跨区域产业链、创新链、人才链的协同联动。例如，长三角、粤港澳大湾区等国家级城市群的产业分工与资源互补模式，为运营商提供了跨区域合作的范本。运营商需深度解析区域经济禀赋，主动承接中心城市产业外溢，同时以专业化分工强化自身在产业链中的节点作用。其二，构建“圈层化”发展网络。通过“核心城市—卫星新城—周边城镇”的多级联动体系，产业新城可承接核心城市的非核心功能疏解（如制造环节、仓储物流），同时为城市群提供专业化服务配套。其三，聚焦政策导向的精准对接。各地政府围绕城市群发展出台差异化政策，如长三角的“科创走廊”规划、粤港澳的“跨境金融合作”等。运营商需建立政策跟踪机制，优先布局与区域政策高度契合的产业领域（如数字经济、绿色能源），以获取土地、税收等政策红利。

运营商应通过遵循人口集聚、空间联动破解资源瓶颈约，聚焦核心城市核心产业发展机会。人口规模和人口质量直接决定了城市经济发展潜力以及住房需求的空间，直接影响着城市房地产开发投资的价值，而产业是吸纳和吸引人口的根本要素。2024年，人口持续向东部区域及中西部核心城市聚集，人口流动速度加快。数据显示，2024年有九个省份的常住人口呈正增长，分别为广东、浙江、新疆、福建、海南、西

藏、安徽、河北、陕西。其中，广东（增长74万人）和浙江（增长43万人）人口增长最多，与2023年情况基本一致，主要特征是经济形势较好，产业以劳动力密集型为主，就业机会较多，承接的农业转移人口和务工人数多。另外，在部分已发布2024年人口数据的城市中，人口增量表现较好的分别是深圳、广州、合肥、长沙，表现特点是产业发展潜力高，或是能够承接长三角城市群的产业转移的同时实现自身产业结构升级，创造大量就业岗位。运营商需以人口流动为指针，以核心产业为锚点，通过"产业链深耕+产城融合+区域协同"组合策略，在质量升级中占据先机。同时，需动态平衡政策红利与市场风险，实现可持续的区域价值创造。

表4-8　　2024年部分省（区、市）常住人口规模及增量（万人）

城市	2024年常住人口	2024年常住人口增量	2023年常住人口增量	城市	2024年常住人口	2024年常住人口增量	2023年常住人口增量
广东	12800	74	49	辽宁	4155	–27	–15
山东	10080.17	–42.8	–40	陕西	3953	1	–4
河南	9785	–30	–57	贵州	3860	–5	9
江苏	8526	0	11	山西	3445.96	–20.03	–15
四川	8364	–4	–6	重庆	3190.47	–0.96	–22
河北	7395	2	–27	新疆	2622.8	24.8	11
浙江	6670	43	50	上海	2480.26	–7.19	12
湖南	6539	–29	–36	甘肃	2458.34	–7.15	–27
安徽	6123	2	–6	内蒙古	2388	–8	–5
湖北	5834	–4	–6	吉林	2317.31	–22.1	–8
广西	5013	–14	–20	北京	2183.2	–2.6	1.5
云南	4655	–18	–20	天津	1364	0	1
江西	4502	–13	–13	海南	1048	5	15.98
福建	4193	10	–5	青海	593	–1	–1

数据来源：各省市统计公报、统计年鉴。

基于区域资源禀赋与产业定位的精准匹配，因地制宜发展区域特色产业。产业新城运营商需立足区域资源禀赋，结合地理区位、产业基础、人口结构等因素，因地制宜构建差异化的产业体系。城市产业运营从"千城一面"转向"一城一策"，运营商应深度挖掘本地文化、资源与产业优势。如沿海地区依托成熟的工业基础和国际港口优势，聚焦高端制造、信息技术和生物医药等高附加值产业，推动产业链向智能化、绿色化升级。如上海张江国家自主创新示范区通过整合全球资源，打造以芯片设计、人工智能为核心的产业集群。中西部地区发挥土地、劳动力及自然资源优势，发展现代农业、绿色能源、文化旅游及东部转移产业。东北地区则应以传统工业基地转型为契机，推动高端装备制造、新材料等新兴产业发展，同时通过数字化技术赋能传统制造业，构建"智能化+绿色化"双轮驱动的产业生态。运营商需以"精准定位、生态协同、创新驱动"为核心，构建可持续的区域经济发展新模式。

（二）发展趋势：加深合作、激活存量、轻重并举

1.加深合作：协同合作更加频繁，推动政策链、创新链、产业链的深度耦合

随着全球产业链重构加速，单一运营商难以独立应对高端制造、数字经济等领域的全链条需求。2024年以来，产业园区运营商的合作模式已从传统的土地供给、税收优惠等单一维度，升级为以产业链布局为核心的“政策—资源—服务”系统化协同。运营商通过搭建政府、龙头企业、科研机构、金融机构等多方协作平台，推动政策链、创新链、产业链的深度耦合。其一，运营商加深与产业龙头企业合作，从空间供给到协作价值创造；其二，运营商与政府合作，政府从传统管理者转向“平台搭建者”，运营商负责精准招商与运营服务，政府提供政策包支持，形成“数据驱动＋政策赋能”的双轮机制；其三，产业新城运营商深化与三方机构合作，如学院、金融机构等。其中风险投资机构深度参与园区运营，形成“投资—孵化—退出”闭环，学校则通过人才飞地、产学研基地等方式，设立研发中心，实现“异地研发＋本地转化”。

其一，运营商加深与产业龙头企业合作，从空间供给到价值创造。运营商与产业龙头企业合作，强化龙头引领作用，增强产业发展能力。其一，部分运营商创新采用“股权合作＋收益分成”混合模式，与龙头企业共建园区开发运营公司。龙头企业以技术入股、品牌授权等方式参与园区管理，分享租金收益、产业服务增值收益及税收分成，形成“龙头牵引—税收反哺—服务升级”的良性循环。其二，运营商内部设立“龙头企业战略合作部”，配置产业链分析师、产融结合专家等新型岗位。通过建立“龙头企业需求清单”动态管理机制，构建涵盖项目选址、标准厂房定制、环评能评代办等全周期服务体系。其三，龙头企业主导的“母园＋子园”模式成为新趋势。运营商协助龙头企业建设专业子园区，吸引二级供应商集群发展。运营商同步搭建“产业集群数字化平台”，集成订单协同、产能共享等功能，进一步提升产业集中度。其四，运营商与龙头企业共建产业投资基金，重点投向产业链关键环节。如通过“订单换股权”模式，对承接龙头企业订单的中小企业进行股权投资，既解决融资难题又稳定供应链。

其二，运营商通过与政府合作，形成“数据驱动＋政策赋能”的双轮机制。随着我国经济进入高质量发展阶段，传统依靠土地红利和税收优惠的粗放式园区运营模式已难以适应新形势。2024年《中共中央关于进一步全面深化改革、推进中国式现代化的决定》明确提出“深化开发区管理制度改革”，要求产业园区向“效益优先”转型。这一背景下，运营商与政府的合作重心从单一资源供给转向“数据驱动＋政策赋能”的双向协同。数据驱动方面，运营商通过数据要素整合产业链资源、优化运营效率，例如利用企业能耗数据筛选高亩产项目，通过产业链图谱实现精准招商。通过构建“企业画像数据库＋产业链图谱”，运营商可识别目标企业的技术关联度、市场匹配度及环境合规性。数据模型还可动态评估企业贡献度，如安徽试点的“数据贡献度评估模型”将企业税收、就业等指标量化，实现资源倾斜的精准化。政策赋能方面，政府通过制度创新释放改革红利，如税收优惠分级机制、工商业用地使用权延期政策等，为园区提供差异化的竞争支撑。杭州西湖科技园通过“研发投入补贴＋专利快速确权”组合政策，吸引数十家半导体企业形成集群。

其三，运营商深化与三方机构合作，如研究机构、金融机构等，助力园区企业安心发展。2024年产业园区运营商与第三方机构的合作已从“辅助性角色”升级为“战略级伙伴”，其核心逻辑是通过资源整

合与能力互补，构建覆盖企业全生命周期的服务生态。随着政策红利的持续释放与数字技术的深度应用，此类合作进一步向专业化、生态化、数智化方向演进，成为推动区域经济高质量发展的核心引擎。运营商需持续优化合作机制设计，强化数据治理与风险管控能力，方能在新一轮产业变革中占据竞争制高点。其一，与学术机构合作聚焦构建技术转化与人才供给闭环。一方面，运营商联合高校、科研院所搭建产业技术研究院或联合实验室，聚焦园区主导产业（如智能制造、生物医药）的技术攻关，通过“定向课题委托”机制，将企业技术需求转化为科研项目，缩短成果转化周期。另一方面，开设“订单班”“产业学院”，根据园区企业岗位需求设计课程体系，实现“招生即招工、毕业即就业”。其二，与金融机构合作旨在完善全周期金融服务生态。一方面，创新融资工具设计，通过联合银行、担保公司推出“园区贷”产品，以园区整体信用为背书，为企业提供无抵押贷款。部分园区引入区块链技术，将企业纳税数据、知识产权等作为授信依据，降低融资门槛。另一方面，构建风险共担机制，通过与保险公司合作开发科技保险产品，覆盖技术研发失败、知识产权侵权等风险，增强园区企业抗风险能力。同时，与联合政府建立“政府风险补偿金 + 银行信贷 + 担保增信”的联合风控模型，通过共同设立风险池资金，按比例分担金融机构坏账损失。

2. 激活存量：数字化改造释放存量资产价值，提升运营服务能力抢占市场先机

随着中国经济从高速增长转向高质量发展，产业园区作为区域经济的重要载体，其发展模式从“增量扩张”向“存量优化”加速转型。2025 年，中国产业园区总供应面积预计突破 62 亿平方米，但仍有大量园区处于低效运营状态，亟须通过创新手段激活存量资产。政策层面，国务院办公厅《关于进一步盘活存量资产扩大有效投资的意见》明确将产业园区列为重点盘活领域，地方政府如北京、天津、陕西等地也相继出台配套政策，支持国有企业参与存量资产盘活。此外，2024 年中央经济工作会议提出“以存量引增量”的战略导向，进一步推动产业园区通过数字化改造、资产证券化（如 REITs）等方式实现存量资产价值释放。

数字化改造释放存量资产价值。近年来中国产业园区发展进入存量时代。随着土地资源日益稀缺、政策红利收窄以及产业转型升级需求加剧，传统“重开发、轻运营”的粗放模式已难以为继。在此基础上，数字化技术成为产业园区存量资产激活的核心工具。其一，数字孪生技术成为提升运营效率的核心工具。基于 GIS、BIM 和 CIM 的三维建模，运营商构建虚实融合的园区数字孪生体，实现对物理空间的动态映射。例如，通过集成视频监控、能耗管理、安防系统等数据，形成“园区大脑”，支持可视化决策与多系统联动。同时可利用大数据分析企业需求，构建智慧管理平台实现能耗监控、安全预警等功能的实时响应，降低运营成本的同时提升服务精准度。如中国联通提出的“1 个园区大脑 +1 个数字大屏 +N 应用”模式，即通过统一数据中台整合多源信息，提升管理效率。其二，大数据分析助力产业链精准定位，通过分析产业链关键环节和上下游企业数据，提升招商转化率。运营商推动“基础通信服务 + 大数据”融合，构建园区级数据中台，整合企业运营、能耗、物流等数据，支撑精准招商与产业链协同。其三，以 5G、物联网（IoT）、光纤网络等技术为核心，构建高速、低时延、全覆盖的通信基础设施。例如，5G 网络实现园区全域覆盖，支持工业级 CPE、网络切片等技术，满足智能制造、远程操控等高带宽、低时延场景需求。物联网部署方面，通过 NB-IoT、LoRa 等低功耗广域网技术，实现环境监测、设备状态感知等数据的实时采集，

形成“神经元式”感知网络。

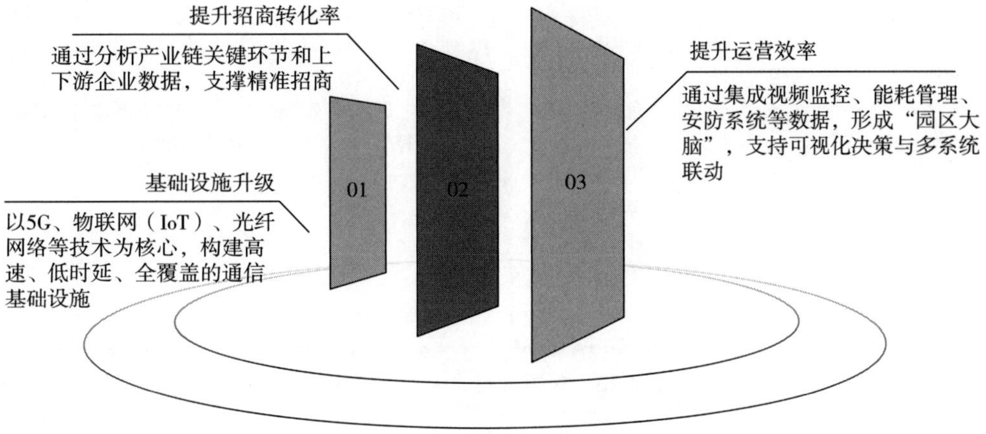

图4-14　数字化赋能存量资产盘活

提升运营服务能力抢占市场先机。目前园区产业同质化现象严重，园区面临空置率高、功能老化、产业低效等问题，其运营服务需求呈现多维升级趋势。同时，随着新质生产力、绿色低碳、数字经济等新兴产业崛起，要求产业园区成为技术孵化、产业链协同的载体，单一空间租赁以及固有厂房空间结构无法满足产业培育需求。园区企业需求从低成本空间转向技术、资金、人才等综合服务，倒逼园区运营商重构价值链。老旧园区改造的服务机遇已从单一建筑更新扩展到数字化、产业化、金融化、民生化的多维生态构建。企业可以围绕“空间更新 + 生态构建 + 资本运作”等手段，切入细分领域，抢占市场先机。空间更新方面，园区运营商通过空间集约化、功能复合化，对存量园区内的空间布局、功能配置、设施设备等进行调整和优化，形成高效、绿色、可持续的现代化产业载体。如部分园区通过弹性容积率机制、高层工业楼宇建设等方式提升土地容积率、提升空间利用率，并根据产业生命周期划分生产区、办公区、配套区，预留弹性空间，适应未来产业扩展需求。生态构建方面，园区运营商通过产业协同、数字化赋能和产研结合，将园区从物理空间升级为资源聚合平台。运营商需以长期价值为导向，构建“产业 + 服务 + 社会”三位一体的生态系统，赋能区域经济高质量发展。资本运作方面，一方面，借助资产证券化将存量资产转化为流动性强的金融产品，运营商通过抵押优质园区物业、公募 REITs 等将存量资产打包上市，实现“投融管退”闭环。例如招商蛇口通过博时招商蛇口产业园区资产发行 REITs，盘活资金用于新园区开发。另一方面，设立产业投资基金，以资本撬动产业升级。运营商通过“直投 + 基金 + 并购”模式介入企业全生命周期，例如张江高科以“科技投行”定位，通过早期投资获取股权增值收益，同时吸引产业链上下游企业入驻存量园区。

3. 轻重并举：重资产提质聚焦核心资产与精准定位，轻资产深化推动服务能力与品牌输出

随着中国产业园区从增量开发向存量运营过渡，传统重资产模式面临多重挑战：债务压力高企、资产流动性差、运营效率低下，园区同质化严重且难以满足产业升级需求。与此同时，政策导向推动园区功能从“土地财政依赖”向“产业生态培育”转变，地方政府对运营商的要求从“建设速度”转向“服务深度”，倒逼行业探索新模式。新兴产业如生物医药、数字经济等对园区服务提出更高要求，传统“房东”角色无法满足企业全生命周期需求，需通过产业投资、技术服务等轻资产增值服务增强黏性。在此背景下，轻重并举战略成为产业园区运营商的核心选择。

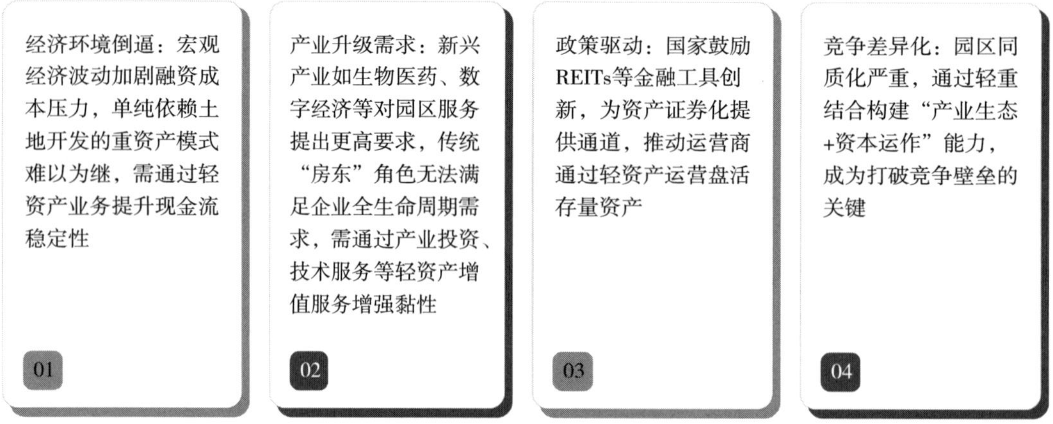

图4-15　轻重并举战略动因解析

重资产提质聚焦核心资产与精准定位，轻资产深化推动服务能力与品牌输出。其中，重资产业务从“大规模开发”转向“定制化建设”。例如，基于产业链分析规划专业化园区，减少综合性园区布局，聚焦垂直领域（如生物医药、智能制造），提升产业集聚效应。同时，通过公募 REITs、私募基金等工具实现资产退出，将沉淀资本转化为滚动投资能力。例如，产业园 REITs 的发行已成为部分运营商回笼资金的重要手段。轻资产业务则需聚焦从基础服务到生态赋能，构建“基础服务 + 增值服务 + 产业投资”三层体系。基础服务包括物业管理、政务服务；增值服务涵盖技术孵化、供应链对接；产业投资则通过股权投资分享企业成长红利。如设立产业基金，探索“以租代投”“产权换股权”等模式，将园区空间资源转化为资本杠杆。

轻重交互、模块化拆分实现“业务动态平衡”。轻重并举并非简单叠加两类业务，而是通过资源整合实现“资产持有”与“服务输出”的协同效应。其核心在于以重资产为物理载体，以轻资产为价值引擎，形成闭环生态。一方面是空间和服务的互补，重资产提供物理载体和信用背书，轻资产通过运营提升资产价值，如优质运营服务可提高租金溢价，反哺重资产估值。另一方面是资本与产业的循环，轻资产服务积累的产业资源为重资产招商提供项目池，而重资产收益则为轻资产业务扩张提供资金支持。新区开发初期以重资产快速形成规模，成熟期逐步增加轻资产业务占比，最终实现收入结构多元化。同时，园区运营商通过组织架构重组，将传统“大而全”的业务链条拆分为开发、运营、投资三大独立单元，形成“开发筑基—运营增值—投资反哺”的闭环生态，通过内部协同降低边际成本。

其一，开发单元聚焦标准化与资本化并行。产业园区开发单元的标准化实践，涵盖产品体系标准化、流程再造标准化、数字赋能标准化三个维度，形成可复制的开发模式。产品体系标准化方面，通过构建适配产业链的模块化方案，采用“核心产业载体 + 配套服务单元”的模块化布局，实现园区开发从单一厂房建设转向“产业容器 + 服务生态”的复合型产品线设计。流程再造标准化方面，通过全周期管控体系创新从而破解“规划—建设—验收”环节的断裂问题。如中电光谷的 P+EPC+O 模式建立的“三级四控”标准体系，在决策阶段进行权责清单标准化，在建设阶段设置超百个标准化控制点，同时借助数字技术实现规划方案虚拟建造，提前发现管线冲突、空间利用率不足等问题。开发单元在功能定位上聚焦土地获取、产品建设及资产证券化，承担重资产沉淀职能，涵盖规划设计、成本控制全流程，实现开发效率提升。在资本运作上，通过 REITs、ABS 等工具将成熟资产打包上市，通过构建“募投管退”的完整资本闭环，实现开发价值的动态释放。同时，新型政企合作模式正在重构开发单元的价值链。如成都天府国际生物城采用的 ABO（授权—建设—运营）模式，通过“可行性缺口补助 + 绩效对赌”机制，将有效降低政府支付周期。在风险隔离上，开发单元与运营单元财务独立核算，避免项目烂尾风险传导至服务板块。

其二，运营单元聚焦服务集成与生态构建。产业园区运营单元的服务集成已突破传统物业服务边界，形成“基础服务筑基、产业服务赋能、数字服务增效”的三维架构，构建全生命周期服务体系。其中，基础服务正从“四保一服”（保安、保洁、保修、保绿及客服）向智慧化服务网络升级。以中电光谷的“超级企业服务中心”为例，其整合安防、能源、设施管理等模块，通过物联网平台实现设备运行状态实时监测，实现智慧能源管理、设备远程技术指导、动态实时安防等。其次，产业服务已形成金融服务产品＋技术转化平台＋人才工作站＋市场合作中心的四维赋能体系，构建企业成长加速器。

其三，投资单元聚焦产投融合与价值闭环。产业园区投资单元的产投融合，本质是通过资本纽带重构产业链、创新链、资金链的协同关系，形成“投资促产业、产业反哺资本”的闭环生态。产投融合方面，通过投资专业科研机构获取核心技术，再设立专项基金孵化产业化项目，最终导入园区形成完整产业链。优秀园区运营商大多已设立母基金＋产业子基金架构，聚焦科技和未来产业赛道，通过投资回报及产业培育成果反哺园区产业集聚。同时，将股权投资纳入招商工具包，通过入股优质企业锁定入驻意向。依托自有孵化器筛选早期项目，形成“孵化—加速—产业化”链条。最后，投资单元需重点搭建风险收益平衡机制，母基金＋产业子基金架构主要由多个单项子基金分别投资早期硬科技和成熟项目，形成风险对冲组合。

结语

2024年，行业发展出现新动向，如新质生产力、激活存量、轻重并举等，产业新城运营企业需要思考与谋变以适应新形势。新质生产力作为产业创新发展的新引擎，不仅是重塑城市产业格局、推动区域发展的关键力量，同时也促进了数字经济和传统产业的有机结合，成为激发产业新城活力的重要推手。以绿色经济、数字经济为底色的高质量发展体系日趋完善，产业新城运营商不断探索产业与生态双赢模式。同时，人口持续向东部区域及中西部核心城市聚集，人口流动速度加快，以城市群为核心的产业带日趋成熟，以园区运营商、政府、龙头企业、科研机构、金融机构等多方形成的协作平台加速推动政策链、创新链、产业链的深度耦合。

未来，轻重并举是产业园区运营商重要的发展战略。轻重并举并非简单叠加两类业务，而是通过资源整合实现“资产持有”与“服务输出”的协同效应。其核心在于以重资产为物理载体，以轻资产为价值引擎，形成闭环生态。其中，重资产业务从“大规模开发”转向“定制化建设”。同时，通过公募REITs、私募基金等工具实现资产退出，将沉淀资本转化为滚动投资能力。轻资产业务则需聚焦从基础服务到生态赋能，构建“基础服务＋增值服务＋产业投资”三层体系。

在此次调研过程中，我们能够直观地感受到产业新城运营商在产业培育方面所作的努力，产业新城逐渐由高速发展向高质量发展转变。在产业定位方面，运营商侧重从“泛化”到“细分”，从“传统制造”到“新质生产力”，基于区域禀赋、市场需求细分产业定位，同时借助当地政策引导实现差异化发展，避免同质化竞争。在产业招商上，已进入“精准化、资本化、生态化”新阶段。运营商以数字化为底座，以产业链为核心，以资本为纽带，构建“引企—育企—留企”的全周期服务体系。在产业培育上，运营商构建“金融＋产业＋生态”模式，构建起涵盖企业孵化、产业升级、生态优化的价值闭环。我们将持续跟踪行业变化，不断深化研究，希望此次产业新城及运营商研究成果能够为社会各界以及各参与主体提供更多参考与借鉴。

报告五　2025年上半年中国房地产市场总结与下半年趋势展望

摘要

1. 2025 年上半年中国房地产市场形势总结

（1）价格水平：上半年百城二手房价格累计下跌 3.60%，3 月以来环比跌幅有所扩大；改善型楼盘入市带动百城新房价格累计上涨 1.16%

在挂牌量持续较高背景下，二手房市场延续“以价换量”行情，2025 年上半年百城二手住宅价格累计下跌 3.60%，二手房价格已连续 38 个月环比下跌，2025 年前两月价格延续上年四季度收窄态势，但 3 月以来环比跌幅有所扩大，6 月环比下跌 0.75%。新房方面，上半年，在优质改善项目入市带动下，百城新房价格累计上涨 1.16%。

（2）成交规模：上半年 100 城新建商品住宅成交面积同比小幅下降约 4%，一线城市保持增长；二手房成交继续好于新房，上半年 30 城二手房成交套数同比增长约 12%，6 月市场动能有所减弱

2025 年以来，“好城市 + 好房子”支撑新房市场整体保持平稳，一季度市场延续修复态势，但二季度边际有所转弱。根据国家统计局数据，1~5 月全国新建商品房销售面积同比下降 2.9%，商品房销售额同比下降 3.8%，降幅较上年明显收窄，但较 1~4 月略有扩大，现房销售继续好于期房。重点城市方面，根据中指初步统计，上半年，重点 100 城新建商品住宅成交面积同比下降约 4%，二季度各月同比均下降，5 月以来重点城市新房市场情绪有所转弱，市场分化行情延续。二手房方面，根据初步统计，上半年 30 城二手房成交套数同比增长约 12%，6 月重点城市二手房成交套数同比小幅下降，市场动能有所减弱。

（3）需求结构：改善性需求仍是新房市场重要支撑，多地 120 平方米以上户型成交占比继续提升

2025 年以来，核心城市改善型项目入市节奏加快，带动改善性需求持续释放，北京、上海、南京、成都等多个城市高总价项目去化表现较好。从中指监测重点城市来看，1~5 月 30 城 90~120 平方米新房成交套数占比保持在四成左右，120~144 平方米成交占比首次达到 30%，同时多个城市 120 平方米以上产品成交占比提升。值得关注的是，随着大户型改善型产品成为新房供应主流，企业需关注高端改善需求阶段性透支及产品同质化竞争压力。

（4）供求关系：供应缩量带动可售库存回落，50城平均出清周期缩短至19.3个月，市场库存仍有压力

2025年1~5月，全国房屋新开工面积为2.3亿平方米，同比下降22.8%，开工降幅仍较大。1~5月重点50城商品住宅月均批准上市面积约992万平方米，同比下降19%，市场整体供应偏弱。截至2025年5月末，重点50城商品住宅可售面积约3.11亿平方米，较2024年末下降4.1%，供应缩量致使库存规模回落。截至5月末，50城平均出清周期为19.3个月，较2024年底缩短0.6个月，较2024年9月高点下降3个月。

（5）土地供求：上半年300城住宅用地出让金同比增幅近三成，但土拍热度主要集中于核心城市，TOP20城市出让金占全国比重升至68%，央国企仍是拿地主力

2025年上半年，房企投资策略趋同，拿地进一步聚焦核心城市，叠加核心城市优质地块供应力度加大，北上深、杭州、成都多宗地块竞拍出高溢价，带动上半年300城出让金同比增长27.5%，但成交面积仍下降5.5%。一季度，北京、杭州、成都多次刷新地价纪录，带动3月300城平均溢价率达到18%，但二季度以来，随着核心地块供应力度减弱叠加房企投资审慎，土地市场有所降温。城市集中度来看，房企一致预期下，上半年核心城市土地出让金同比普遍明显增长，TOP20城市宅地出让金占全国比重达68%。拿地企业方面，重点22城央国企拿地金额占比过半，仍是拿地主力，滨江持续在杭州拿地力度较大，带动民企占比有所提升。

（6）开发投资：1~5月房地产开发投资额同比下降10.7%，降幅略超上年全年

2025年1~5月，全国房地产开发投资额为3.6万亿元，同比下降10.7%，降幅较1~4月扩大0.4个百分点，较2024年全年扩大0.1个百分点，上半年投资仍承压。1~5月房地产开发企业到位资金为4.0万亿元，同比下降5.3%，降幅较1~4月扩大1.2个百分点，其中定金及预收款、个人按揭贷款分别下降5.0%和8.5%。

2. 2025年中国房地产市场趋势展望

（1）宏观经济：扩内需仍是首要任务，稳地产至关重要，预计下半年宏观政策力度将加大，以政策的确定性应对外部环境的不确定性

2025上半年，我国经济总体运行平稳，“两重”“两新”政策加力扩围带动消费回升，基础设施投资和制造业投资保持平稳，同时出口展现出较强韧性。但物价仍在低位，叠加外部环境愈发复杂，经济持续回稳基础仍需巩固。4月25日，中央政治局会议指出“着力稳就业、稳企业、稳市场、稳预期，以高质量发展的确定性应对外部环境急剧变化的不确定性”“要加紧实施更加积极有为的宏观政策，用好用足更加积极的财政政策和适度宽松的货币政策”。面对世界经济增长动能减弱、国内需求不足等挑战，预计下半年我国宏观政策将进一步发力，以政策的确定性应对外部环境的不确定性。

（2）政策环境：更大力度推动房地产市场止跌回稳，下半年或全力推动已出台政策落地见效

6月13日国常会提出要“多管齐下稳定预期、激活需求、优化供给、化解风险，更大力度推动房地产市场止跌回稳”，“更大力度”的楼市定调释放了积极信号，预计下半年各级政府将全力推动已出台政策落地见效。稳定预期方面，稳中求进、先立后破，有序搭建相关基础性制度，谨慎释放收紧性政

策，更有利于稳定市场预期；激活需求方面，预计将加大城中村改造房票安置力度，同时北上深限制性政策仍有优化空间；优化供给方面，进一步完善和落实专项债收购存量闲置土地、收购存量商品房的政策，改善市场供求关系。除此之外，为稳定中长期市场，城市更新相关政策也有望加快落实，特别是金融支持政策。

（3）市场趋势：2025 年新建商品房销售面积预计降至 9 亿平方米左右，“好城市 + 好房子”具备结构性机会

2025 年 1~5 月，全国新建商品房销售面积同比下降 2.9%，销售额同比下降 3.8%，销售降幅较 1~4 月有所扩大；开发投资额同比下降 10.7%，新开工面积同比下降 22.8%，开工投资降幅略超过中指年初偏弱预期。同时，回顾上半年影响新房销售的几项重要因素，可以看到，居民收入、房价预期以及市场优质供给仍偏弱，同时重点城市中二手房对新房“替代效应”仍明显，预计下半年新房市场仍将波动调整。整体来看，考虑到上年四季度市场在一揽子政策带动下实现修复，销售基数升高，预计全年新建商品房销售面积下降 7.6%，规模预计降至 9 亿平方米左右，市场分化延续，“好城市 + 好房子”仍具备结构性机会。供给端，销售波动调整叠加库存较高，预计开工投资短期仍承压，但上半年土地市场有所修复或可支撑开工投资降幅略有收窄。

表5-1　2025年全国房地产市场主要指标预测结果（年中修正）

时间	新建商品房销售面积		新建商品房销售额		房屋新开工面积		房地产开发投资额	
	绝对量（亿平方米）	同比	绝对量（万亿元）	同比	绝对量（亿平方米）	同比	绝对量（万亿元）	同比
2025E	9.0	-7.6%	8.9	-8.3%	5.9	-20.5%	9.0	-10.3%

（4）关注点：专项债收购闲置存量土地待加速；新模式强调先立后破，有序搭建相关基础制度

专项债收购闲置存量土地有助于改善市场供求关系及房企资金压力，是推动房地产止跌回稳的关键举措，也是下半年政策重点落实方向。根据中指统计，截至 2025 年 6 月 30 日，各地公示拟使用专项债收回收购闲置存量土地总金额超 4700 亿元。但实际发行约 960 亿元，仍待提速。地块特征来看，以近五年住宅及商办用地为主，地方国企地块超八成，近半数地块拟收储价格高于出让价的八折。预计下半年专项债收地政策将进一步落实，其中加快大城市“高价值”地块收储及提升非地方国企比例将有助于加快推动市场进入新的循环。此外，5 月河南信阳提出“现房销售”引发市场关注，考虑到现阶段政策全面推行或不利于市场止跌回稳，且房地产区域差异较大，因此现房销售在库存大的城市优先推行更有利于政策平稳过渡，并需配套相应的融资支持措施，以平衡企业资金压力。

3. 房企经营策略建议：加快在售项目去化，紧抓政策窗口盘活存量资产，升级产品建设“好房子”

2025 上半年，好城市及好房子项目继续保持较好去化，但房地产市场整体仍面临一定压力。房企投资策略进一步趋同背景下，核心城市土拍竞争加剧，部分优质地块拍出较高地价，这将在一定程度上对项目后续经营带来挑战。展望下半年，房地产政策环境预计维持宽松，各项已出台政策有望进一步落实，但城市及项目分化行情或将延续。在此背景下，房企应加大营销力度，推动在售“老项目”加快去化，同时推动存量商办项目及存量土地盘活，改善资产负债表，在发展中解决过去的问题。拿地方面，应继续聚焦

市场确定性高的核心城市，通过新老项目平衡重启发展，但需避免拿高价地。长期来看，企业需主动适应房地产发展新模式，并向轻重并举转型。

一、2025 年上半年中国房地产市场形势总结

（一）价格水平：上半年百城二手房价格累计下跌 3.60%，3 月以来环比跌幅有所扩大；改善型楼盘入市带动百城新房价格累计上涨 1.16%

2025 年上半年，百城二手房价格累计下跌 3.60%，跌幅较 2024 年下半年收窄 0.19 个百分点，1~2 月百城二手住宅价格延续上年四季度以来的收窄态势，但 3 月以来环比跌幅有所扩大，6 月环比下跌 0.75%，市场延续“以价换量”行情，至 2025 年 6 月，环比已连跌 38 个月。新房方面，在优质改善项目入市带动下，上半年百城新房价格累计上涨 1.16%，涨幅较上年下半年收窄 0.26 个百分点。整体来看，居民居住品质需求升级推动改善型住宅需求释放，开发商顺势推出高品质项目，进而带动百城新房价格结构性上涨；二手房市场则因挂牌量持续高位，业主通过价格让步加速成交，导致二手房价格持续回落。

1. 百城：上半年百城二手房价格持续回落，新建住宅价格环比结构性上涨

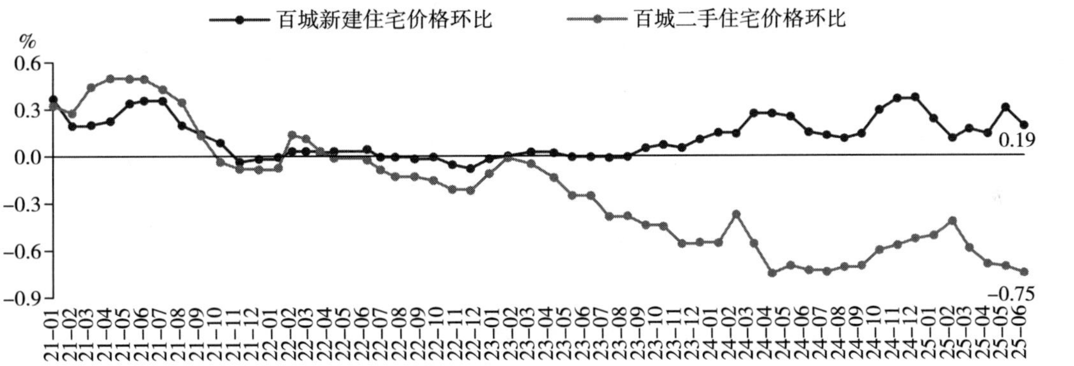

图5-1　2021年以来百城新建住宅、二手住宅价格环比变化

数据来源：中指数据 CREIS。

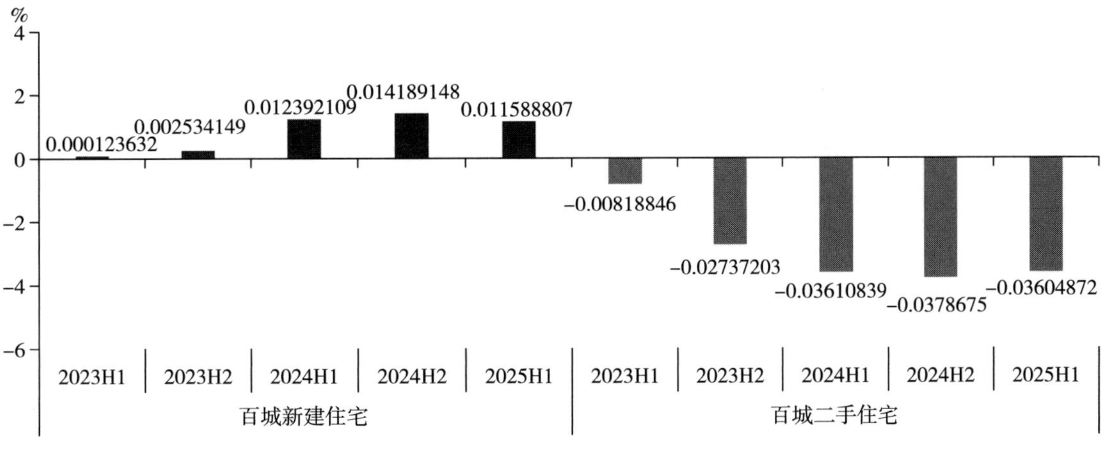

图5-2　2023—2025年上半年百城新建住宅、二手住宅价格半年度累计涨跌变化

数据来源：中指数据 CREIS。

二手住宅方面，2025 年上半年，百城二手住宅价格累计下跌 3.60%，跌幅较 2024 年下半年收窄 0.19 个百分点。具体来看，2025 年以来，二手房市场保持较高活跃度，但在高挂牌量背景下，二手房“以价换量”成常态，1~2 月二手房均价延续上年四季度修复态势，环比跌幅持续收窄，但 3 月以来环比跌幅再次扩大，6 月百城二手住宅均价为 13691 元 / 平方米，环比下跌 0.75%，跌幅较 5 月扩大 0.04 个百分点，已连续 38 个月下跌。

新建住宅方面，根据中国房地产指数系统百城价格指数，2025 年上半年，百城新建住宅价格累计上涨 1.16%，涨幅较 2024 年下半年收窄 0.26 个百分点。具体来看，受高品质楼盘入市带动，上半年百城新建住宅价格月度环比均呈结构性上涨态势，6 月百城新建住宅均价为 16847 元 / 平方米，环比上涨 0.19%，涨幅较 5 月收窄 0.11 个百分点。

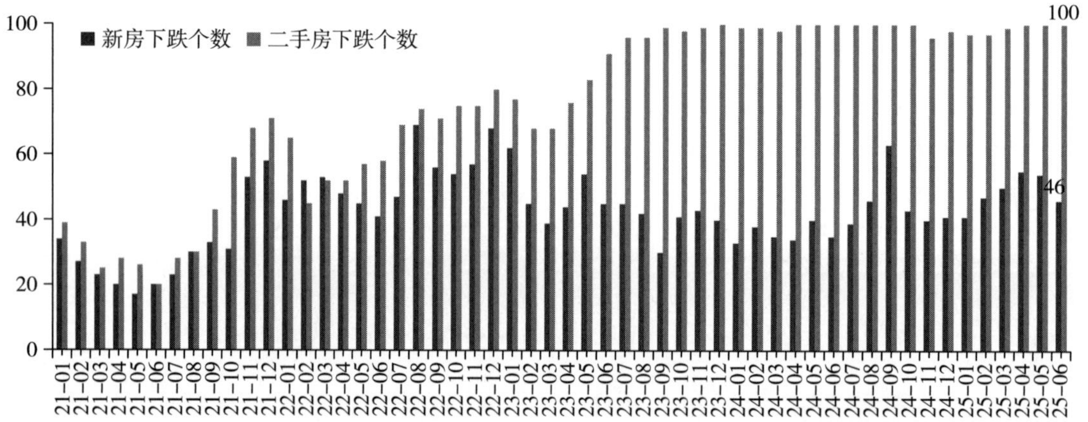

图5-3　2021年以来百城新建住宅、二手住宅价格环比下跌城市数量变化

数据来源：中指数据 CREIS。

从涨跌城市个数看，新房方面，上半年百城新建住宅价格月度环比下跌城市数量保持平稳，基本维持在 40~60 个之间。二手房方面，一季度，成都等个别城市二手房价格环比出现阶段性上涨，其余城市普遍下跌。进入二季度，100 个城市二手住宅价格环比全部下跌，短期价格仍承压。

2. 分梯队：各梯队城市二手房价格累计均下跌，一线城市跌幅明显收窄

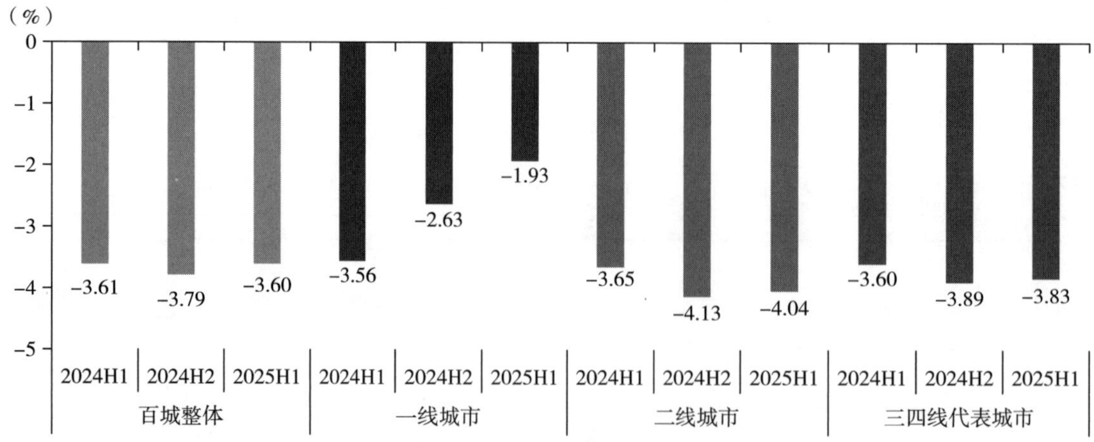

图5-4　2024—2025年上半年各梯队城市二手住宅价格半年度累计涨跌变化

数据来源：中指数据 CREIS。

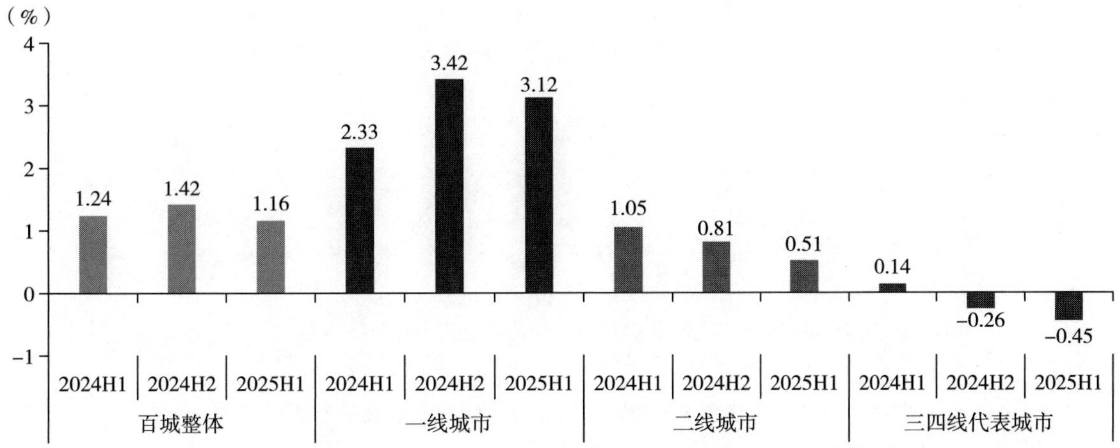

图5-5　2024—2025年上半年各梯队城市新建住宅价格半年度累计涨跌变化

数据来源：中指数据 CREIS。

分梯队来看，二手住宅方面，上半年，一线城市二手住宅价格累计下跌 1.93%，较 2024 年下半年收窄 0.70 个百分点，且跌幅显著小于其他梯队城市。二线城市二手住宅价格累计下跌 4.04%，梯队内成都二手房在年初价格修复带动下上半年累计微跌 0.08%，表现好于其他城市。三四线城市二手住宅价格累计下跌 3.83%，淮安、盐城等 10 城累计跌幅超 5%。

新建住宅方面，上半年，一线及二线城市新房价格累计分别上涨 3.12% 和 0.51%，其中上海、合肥在多个高品质改善项目入市带动下，新房价格累计分别上涨 4.40%、3.66%，涨幅位居百城前两位。上半年，三四线城市新建住宅价格累计下跌 0.45%。

综合来看，上半年，受部分城市优质楼盘入市带动，百城新建住宅价格呈结构性上涨态势。与此同时，在挂牌量持续高位背景下，二手市场继续呈现“以价换量”行情，百城二手住宅价格在年初跌幅收窄后，3 月以来跌幅有所扩大，短期价格仍有压力。

（二）成交规模：上半年 100 城新建商品住宅成交面积同比小幅下降约 4%，一线城市保持增长；二手房成交继续好于新房，上半年 30 城二手房成交套数同比增长约 12%，6 月市场动能有所转弱

1. 新房：低基数下，上半年重点 100 城新房销售面积同比小幅下降约 4%，二季度市场边际有所转弱，一线城市同比保持增长

（1）全国新房：1~5 月全国商品房销售面积同比下降 2.9%，销售额同比下降 3.8%

2025 年 1~5 月全国商品房销售面积、销售额同比降幅较上年明显收窄，但较 1~4 月有所扩大。根据国家统计局数据，2025 年 1~5 月，全国新建商品房销售面积为 3.5 亿平方米，同比下降 2.9%，降幅比上月扩大 0.1 个百分点；其中，商品住宅销售面积下降 2.6%，降幅比上月扩大 0.5 个百分点。1~5 月商品房销售额为 3.4 万亿元，同比下降 3.8%，降幅较上月扩大 0.6 个百分点；其中新建商品住宅销售金额同比下降 2.8%，降幅较上月扩大 0.9 个百分点。

现房销售持续好于期房，占比升至 35.6%。2025 年 1~5 月，商品房期房销售 2.3 亿平方米，同比下降 10.0%；现房销售 1.3 亿平方米，同比增长 13.2%。从占比上看，2025 年 1~5 月现房销售面积占总销售面积的比重为 35.6%，较 2024 年全年提升 4.8 个百分点。

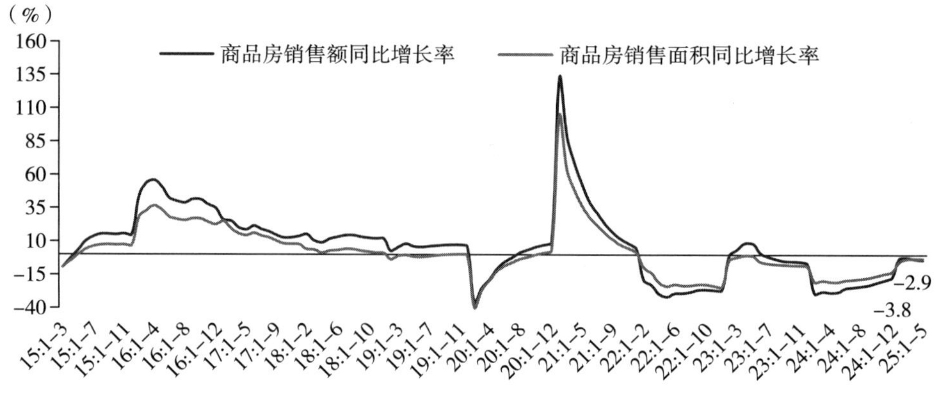

图5-6　2015年以来全国新建商品房累计销售面积以及销售额同比增速

数据来源：国家统计局，中指数据 CREIS

（2）重点 100 城新房：上半年 100 城新建商品住宅同比下降约 4%，一季度市场延续修复态势，但二季度有所转弱

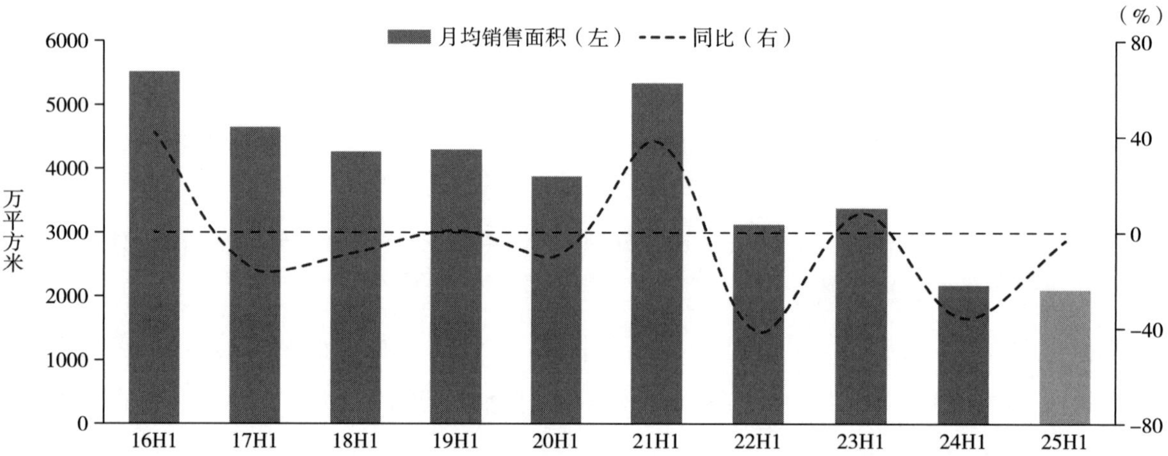

图5-7　历年100个代表城市①新建商品住宅上半年月均成交面积及同比走势

数据来源：中指数据 CREIS。

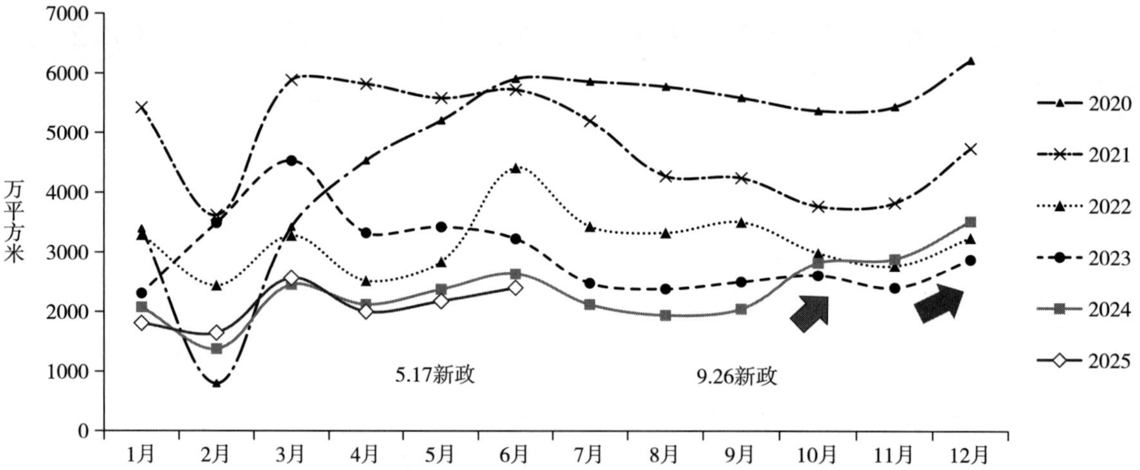

图5-8　2020年以来100个代表城市②新建商品住宅月度成交面积走势

数据来源：中指数据 CREIS。

①② 代表城市共100个，一线包括北京、上海、广州、深圳4个城市；二线包括：天津、石家庄、呼和浩特、沈阳、大连、长春、哈尔滨、南京、苏州、无锡、杭州、宁波、温州、合肥、福州、厦门、济南、青岛、郑州、武汉、南昌、长沙、南宁、北海、海口、三亚、重庆、成都、贵阳、昆明、西安、兰州、西宁、银川34个城市；三四线包括唐山、邯郸、保定、烟台、泰安、威海、潍坊、淄博、东营、菏泽、丽水、南通、扬州、镇江、昆山、江阴、张家港、常熟、太仓、芜湖、淮北、池州、绍兴、金华、湖州、舟山、徐州、衢州、常州、泰州、盐城、淮安、连云港、安庆、马鞍山、宿州、佛山、珠海、惠州、中山、东莞、江门、梅州、韶关、汕头、清远、泉州、莆田、漳州、襄阳、黄石、岳阳、赣州、九江、绵阳、南充、泸州、眉山、柳州、洛阳、商丘、渭南62个城市。

重点城市：上半年，重点 100 城新建商品住宅成交量整体保持平稳。据初步统计，2025 年上半年，重点 100 城新建商品住宅成交面积同比下降约 4%。具体来看，一季度房地产市场延续修复态势，一季度重点 100 城新房销售面积同比增长 3%，二季度以来市场边际有所转弱，同比持续回落，4 月同比下降 5%，5 月同比下降 8%，6 月房企进入上半年业绩冲刺节点，根据初步统计，6 月重点城市新建商品住宅销售面积环比增长，但同比仍下降。

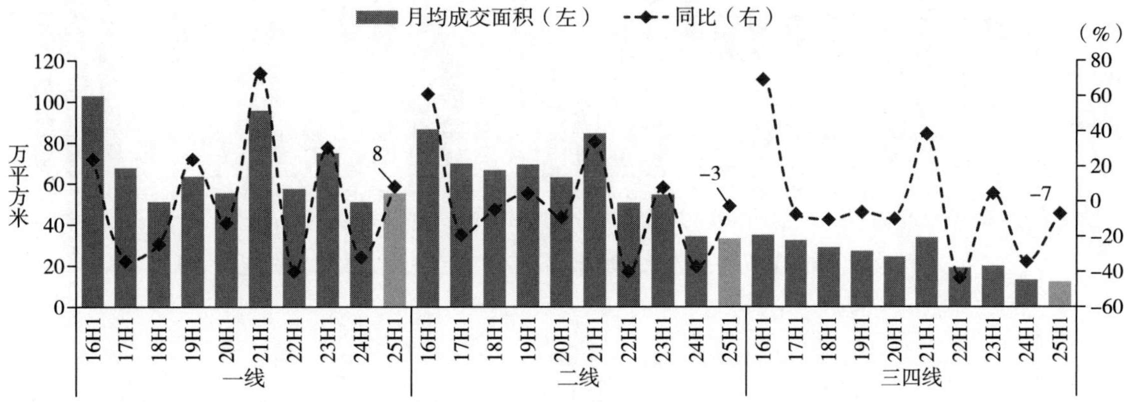

图5-9　2016年以来各梯队代表城市商品住宅上半年单城市月均成交面积及同比走势

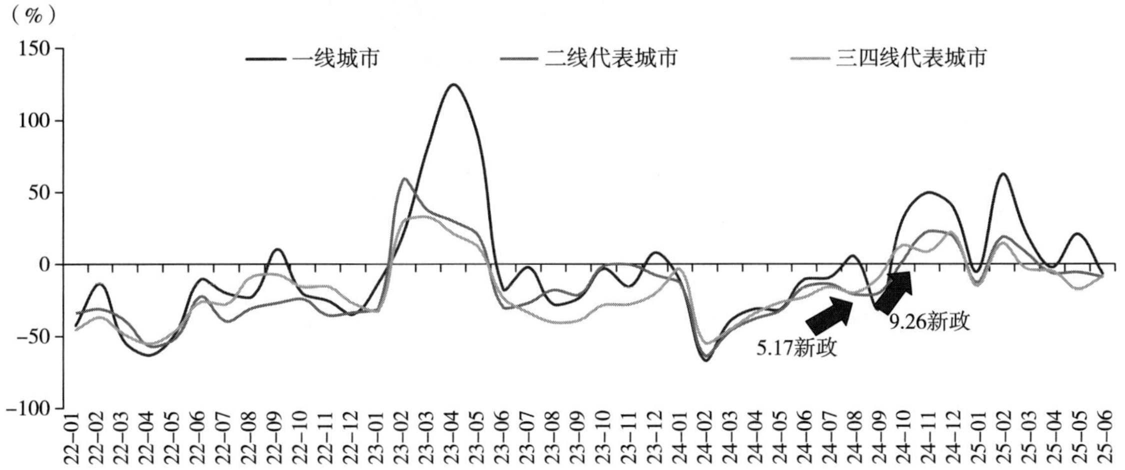

图5-10　2022年以来各梯队代表城市新建商品住宅月度成交面积同比走势

数据来源：中指数据 CREIS。

不同梯队城市来看，上半年一线城市新建商品住宅成交面积同比保持增长，市场韧性强于二三线城市。根据中指数据，2025 年上半年，一线城市在优质供给增加、较强的购房需求支撑等因素带动下，新建商品住宅销售面积同比保持增长；而多数二线、三四线城市整体市场情绪仍较弱，同比小幅下降，城市之间分化行情延续。

2. 二手房：上半年 30 城二手房成交套数同比增长约 12%，表现仍好于新房，占比升至 64%

二手房市场表现继续好于新房，成交占比升至 64%。根据中指数据，2025 年上半年，重点 30 城新房、二手房合计共成交约 142 万套，较上年同期增长 8%，其中，二手房成交量较上年同期增长约 12%，而同口径下新房成交套数同比增长 2%，二手房成交量表现仍好于新房市场。从占比来看，上半年，二手房成交套数在总成交量中占比 64%，较 2024 年全年提高 2.5 个百分点，市场份额进一步走高。

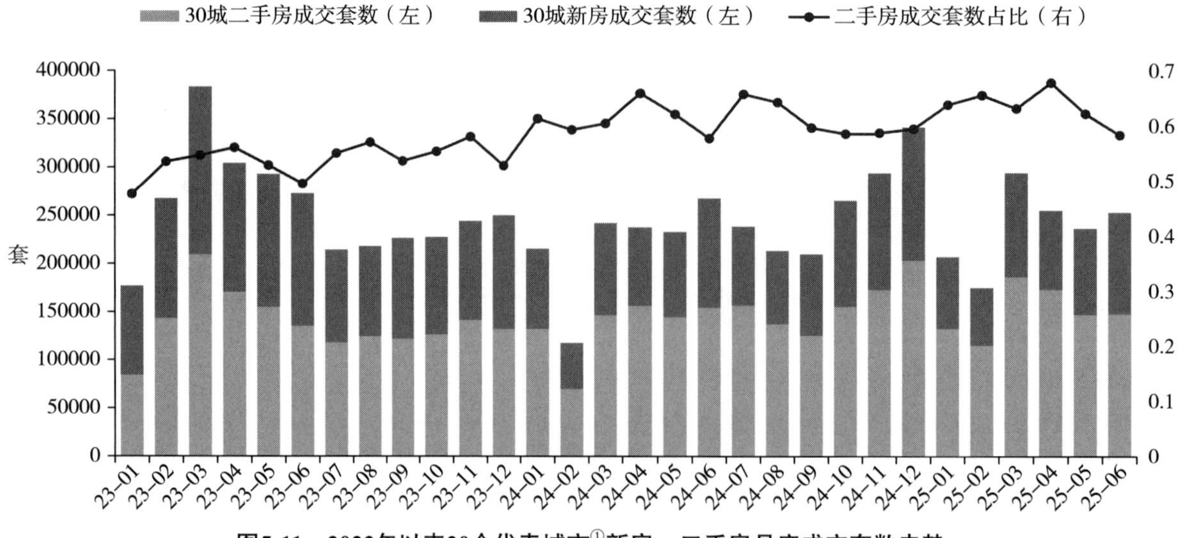

图5-11　2023年以来30个代表城市[①]新房、二手房月度成交套数走势

数据来源：中指数据 CREIS。

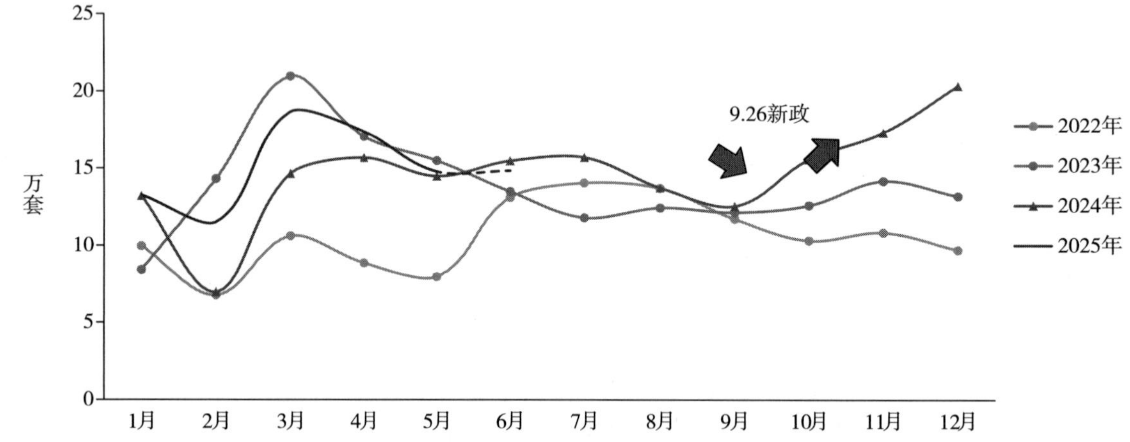

图5-12　2022年以来30个代表城市[②]二手住宅月度成交套数走势

数据来源：中指数据 CREIS。

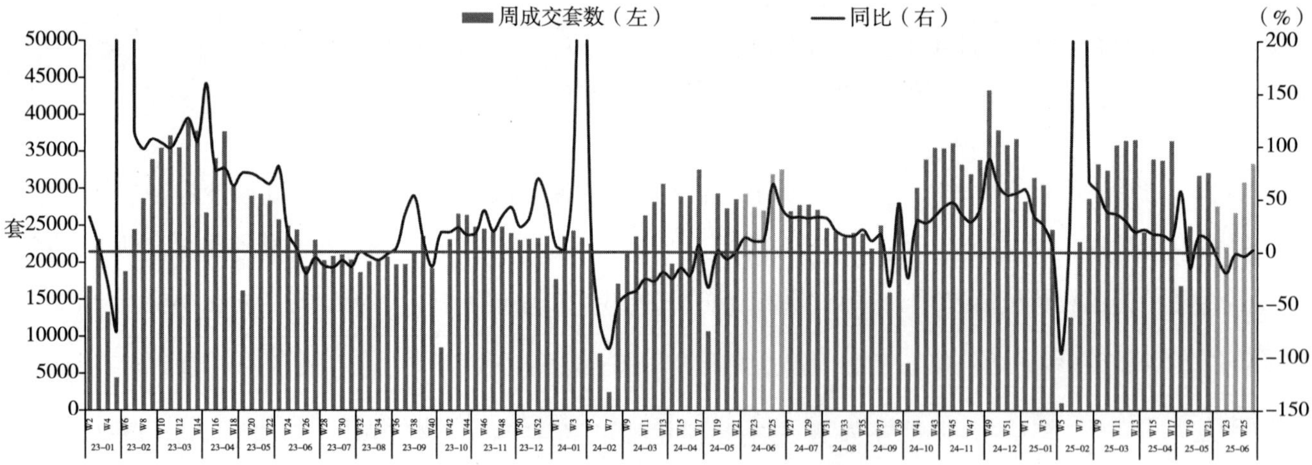

图5-13　2023年以来20个代表城市[③]二手住宅周度成交套数走势

数据来源：中指数据 CREIS。

上半年二手房市场延续“以价换量”行情，成交保持较高活跃度，但5月以来市场动能有所转弱。根

①②　30个代表城市：北京、上海、深圳、广州、杭州、南京、成都、苏州、厦门、西安、宁波、青岛、郑州、无锡、南宁、西宁、温州、北海、宿迁、常州、佛山、惠州、烟台、金华、清远、东莞、扬州、江门、衢州、渭南。

③　20个代表城市：北京、深圳、上海、成都、苏州、杭州、南京、青岛、宁波、厦门、无锡、南宁、温州、烟台、常州、佛山、清远、东莞、衢州、扬州。

据中指数据，5 月，重点 30 城二手住宅成交约 14.8 万套，环比下降 15%，同比增长 2%。6 月，根据初步统计，30 城二手房成交套数同比下降约 4.0%，市场动能有所转弱。在高挂牌量压力下，二手房市场“以价换量”行情延续，区位优质或性价比较高的房源交易活跃度尚可，但郊区市场有所承压。

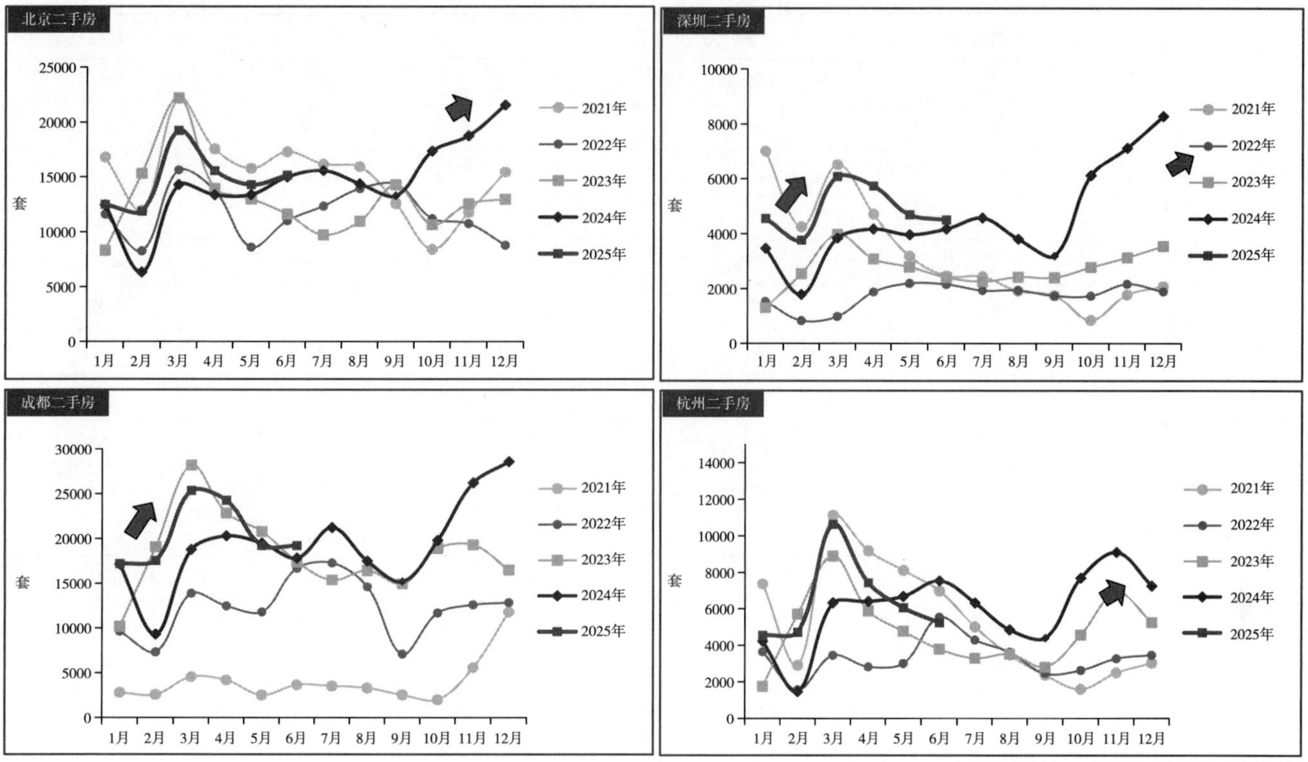

图5-14　北京、深圳、成都、杭州二手住宅月度成交套数走势

数据来源：中指数据 CREIS。

不同城市来看，市场延续“以价换量”，5 月以来市场动能有所转弱。2025 年上半年，北上广深、杭州、成都等地二手房成交保持较高活跃度，其中深圳同比增长超 30%，北京、上海、广州同比增幅在 20% 左右；成都、杭州、苏州、厦门二手房同比增长均超 10%。受季节性因素影响，5 月以来二手房市场热度有所转弱，6 月，一线城市中上海二手房成交在高基数影响下，同比出现下降，北京、深圳、广州增幅收窄；二线城市中成都、苏州、厦门等核心城市同比增长。

（三）需求结构：改善性需求仍是新房市场重要支撑，多地 120 平方米以上户型成交占比继续提升

基于各城市不同住宅产品的成交套总价情况，我们将 30 个城市不同层次的楼盘分为三类：中低价位、中高价位、高价位，具体划分方式为：首先根据成交套总价对所有新房楼盘进行降序排列，成交量占前 10% 的属于高价位楼盘，10%~40% 属于中高价位楼盘，后 60% 属于中低价位楼盘。

表5-2　　2025年1~5月30个城市楼盘套总价均值、中位数和各价位门槛情况（万元）

城市梯队	城市	均值	中位数	中高位门槛	高位门槛
一线城市	上海	990	661	786	1702
	北京	734	592	476	1459
	深圳	533	429	483	900
	广州	378	259	317	708

续表

城市梯队	城市	均值	中位数	中高位门槛	高位门槛
二线城市	杭州	422	348	404	781
	苏州	362	280	313	537
	南京	346	274	319	622
	厦门	344	250	289	745
	无锡	306	255	278	489
	宁波	301	190	233	558
	合肥	287	257	290	467
	成都	257	208	250	480
	西安	245	216	239	398
	长沙	209	172	192	360
	天津	203	165	195	364
	武汉	191	153	177	368
	福州	186	126	149	375
	青岛	181	121	143	340
	济南	177	145	168	337
	沈阳	167	131	171	304
	重庆	159	129	146	259
	南昌	147	121	132	238
三线城市	东莞	310	252	275	469
	绍兴	274	187	218	533
	扬州	190	164	193	375
	佛山	189	142	166	330
	泉州	180	159	183	283
	芜湖	131	113	127	207
	唐山	100	87	92	140
	赣州	98	81	91	150

注：不同城市楼盘成交数据覆盖区域不同，物业类型均不含保障性住房。具体覆盖区域和物业类型请参考中指数据 CREIS 详细说明，数据截至 2025 年 5 月，下同。

具体来看，2025 年前五月 30 个代表城市中有 10 个城市套总价均值、中位数同比均上涨。一线城市中，北京、上海楼盘套总价均值和中位数均小幅上涨，1~5 月北京、上海套总价均值分别为 734 万元、990 万元，中位数分别 592 万元、661 万元，同比均分别上涨 1%、3%；1~5 月深圳新增供应集中在龙华、龙岗等外围区域，广州增城、番禺等区域低价项目成交占比上升，带动套总价均值和中位数均出现下降。二三线代表城市中，沈阳、南京、成都、泉州等城市上半年受多个改善型产品入市，带动套总价均值与中位数出现明显提升，而其他多个二三线代表城市在市场去库存阶段，新房成交套总价均值或中位数有所回落。

表5-3　　2024及2025年1~5月重点城市新房、二手房高总价商品住宅成交套数占比

总价段	城市	新房总价段成交占比		二手房总价段成交占比	
		2024 年 1~5 月	2025 年 1~5 月	2024 年 1~5 月	2025 年 1~5 月
1000 万元以上	上海	24%	29%	9%	8%
	北京	16%	22%	9%	9%

续表

总价段	城市	新房总价段成交占比		二手房总价段成交占比	
		2024 年 1~5 月	2025 年 1~5 月	2024 年 1~5 月	2025 年 1~5 月
500 万元以上	厦门	19%	22%	30%	23%
	南京	13%	16%	9%	8%
	苏州	14%	13%	11%	12%
	宁波	10%	12%	7%	5%
	成都	8%	9%	2%	2%
	福州	5%	6%	7%	5%

数据来源：中指数据 CREIS。

从重点城市高总价房源占比来看，上海、北京及多个二线城市高端改善新房成交占比提升，二手房高总价产品占比相对平稳。新房市场来看，1~5 月，北京、上海多个改善型项目入市，且实现了较高的去化率，带动 1000 万以上总价段的项目成交套数占比明显提升，提升 5~6 个百分点，厦门、南京、宁波、成都等多个二线城市高总价段新房成交占比亦有不同程度提升。从趋势来看，当前我国房地产市场供求关系已发生改变，存量房规模已较高，刚需普遍通过购买二手房解决居住问题，而新房则转向满足改善性需求，通过优质地块获取及产品力提升，实现与二手房的差异化竞争，在新房产品供应中改善产品占比整体保持提升，但企业需关注高端改善需求阶段性透支及产品同质化竞争压力。

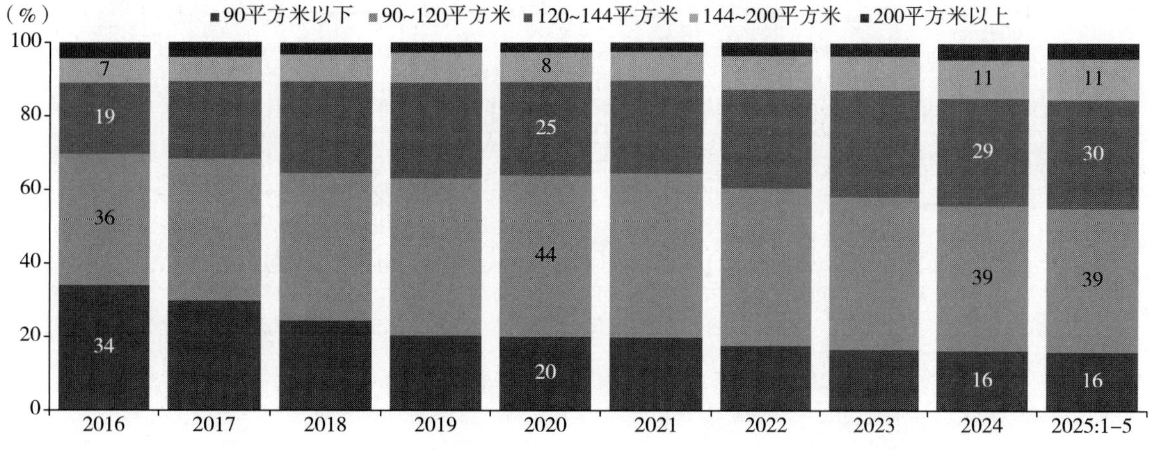

图5-15 2016年以来重点30城商品住宅各面积段成交套数占比变化

数据来源：中指数据 CREIS。

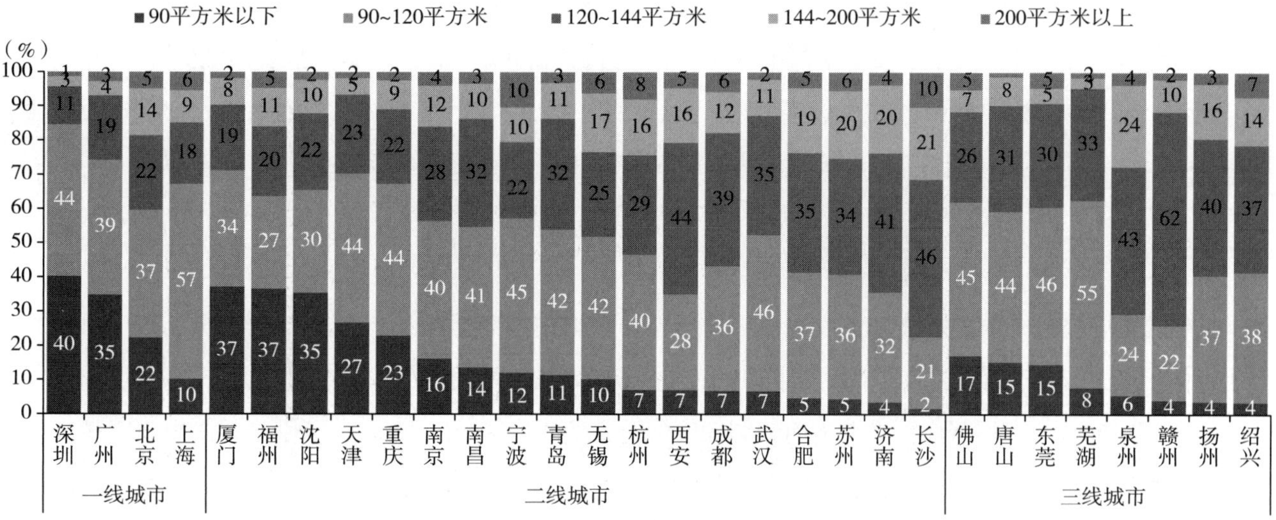

图5-16 2025年1~5月重点30城商品住宅各面积段成交套数占比

数据来源：中指数据 CREIS。

从成交面积段特征来看，近几年，重点30城90~120平方米新房成交套数占比保持在四成左右，占据市场主流地位，2025年1~5月，120~144平方米户型成交占比首次达到30%。具体来看，一线城市中，上海、深圳90~120平方米新建商品住宅成交套数占比均超四成，其中上海占比达57%。北京120平方米以上大户型占比为40%；二线代表城市中，长沙、西安、济南120平方米以上大户型成交占比在60%以上，苏州、合肥、成都、杭州在50%以上，改善性住房需求占主导，其余大多城市90~120平方米产品成交占比接近或超过四成；三线代表城市中，芜湖、东莞、佛山、唐山90~120平方米住宅成交套数占比超40%。

从成交套数占比变化来看，与2024年同期相比，2025年1~5月30个代表城市中，超七成城市120平方米以上产品成交占比有所提升。分面积段来看，21个城市120~144平方米产品成交套数占比提升，其中东莞、绍兴、青岛提升幅度均超5个百分点，上海、南京、长沙等城市提升幅度超3个百分点；20个城市144平方米以上成交套数占比提升，改善性需求稳步释放，其中泉州、扬州、无锡、苏州、合肥提升幅度较为明显。

（四）供求关系：供应缩量带动可售库存回落，50城平均出清周期缩短至19.3个月，市场库存仍有压力

1. 全国开工：1~5月全国房屋新开工面积同比下降22.8%，降幅仍较大

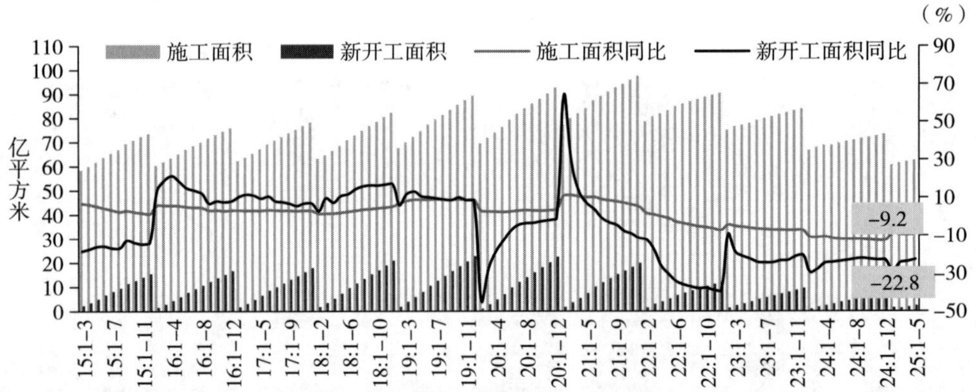

图5-17 2015年以来全国房屋累计新开工和施工面积及其同比增速

数据来源：国家统计局，中指数据CREIS。

房屋新开工面积、施工面积同比延续下降态势，开工降幅仍较大。2025年1~5月，全国房屋新开工面积为2.3亿平方米，同比下降22.8%，降幅较1~4月收窄1个百分点，连续3个月累计降幅收窄，但降幅仍较大。其中，住宅新开工面积为1.7亿平方米，同比下降21.4%，降幅较1~4月收窄0.9个百分点。2025年1~5月，全国房屋施工面积为62.5亿平方米，同比下降9.2%。其中，住宅施工面积为43.5亿平方米，同比下降9.6%。全国房屋竣工面积为1.8亿平方米，同比下降17.3%，累计降幅较上月扩大0.4个百分点。

2. 50城上市面积：1~5月50城批准上市面积同比下降近两成，新房供应量仍处低位

土地成交规模持续收缩，新房供应规模仍处低位。根据中指数据，2025年1~5月，重点50城商品住宅月均批准上市面积992万平方米，同比下降19%，市场整体推盘量仍在低位。整体来看，2025年3、4月传统“小阳春”期间，50城新房批准上市面积同比降幅分别为19.3%、18.4%，市场供应并未出现明显改善，5月同比降幅仍维持在18%。6月为房企上半年营销冲刺节点，部分核心城市推盘力度有所加大。结合当前市场主要以近两年新推出项目较快去化为主来看，新房上市规模回落或对销售面积修复形成一定制约。

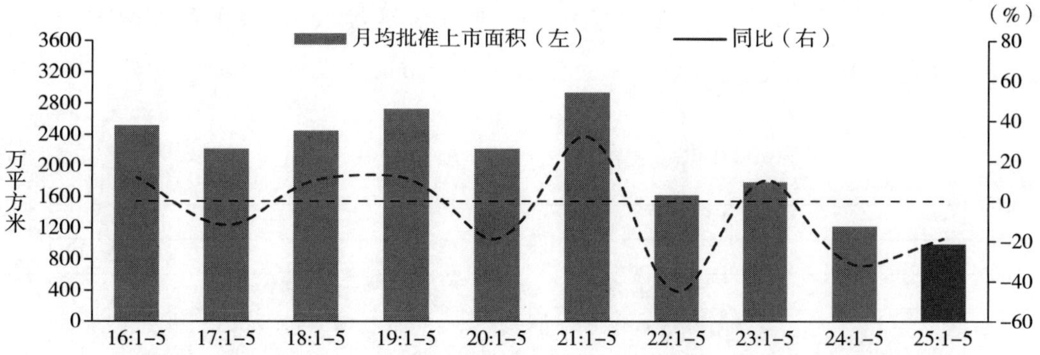

图5-18　2016年以来50个代表城市[①]商品住宅1~5月月均批准上市面积走势

数据来源：中指数据 CREIS。

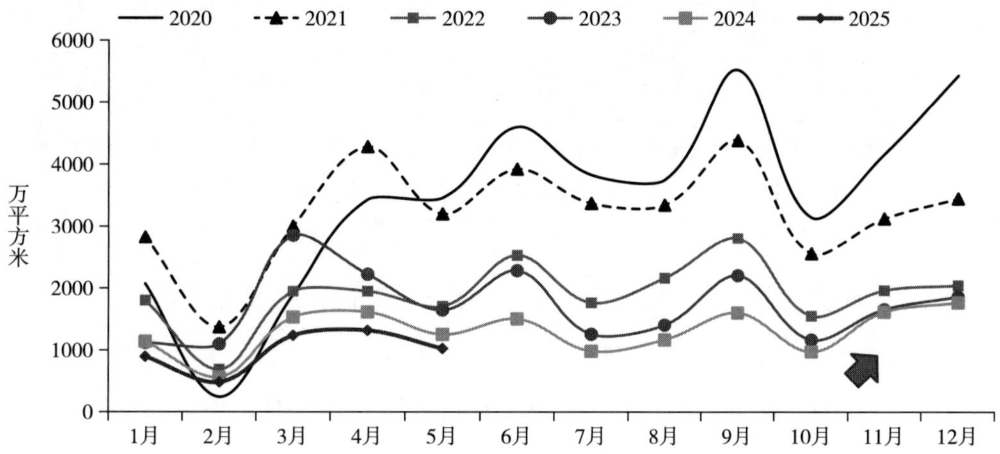

图5-19　2020年以来50个代表城市商品住宅月度批准上市面积走势

数据来源：中指数据 CREIS。

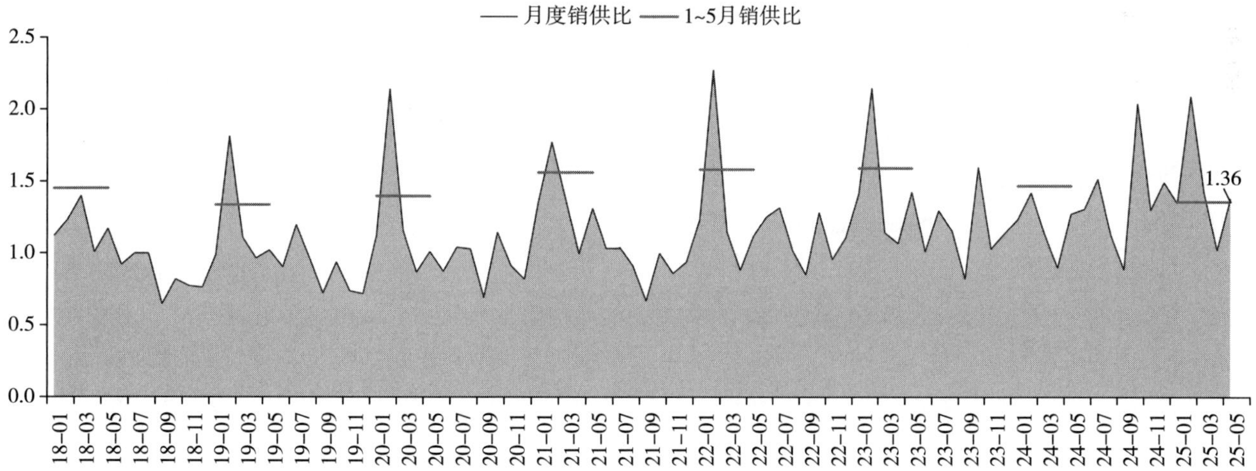

图5-20　2018年以来50个代表城市新建商品住宅销供比走势

数据来源：中指数据 CREIS。

从新房市场供求对比来看，根据中指数据，2025 年 1~5 月，50 个代表城市新建商品住宅月均新增供应约 992 万平方米，同期月均销售面积约 1348 万平方米，销供比为 1.36，由于供应端持续缩量，重点 50 城整体继续呈现新增供应小于当期销售的状态，目前市场仍处于去库存阶段。

① 50个代表城市包括北京、上海、广州、深圳、杭州、武汉、南京、苏州、青岛、合肥、重庆、天津、成都、沈阳、郑州、长沙、福州、西安、长春、温州、宁波、莆田、芜湖、昆山、江阴、张家港、常熟、太仓、泉州、烟台、珠海、无锡、济南、湘潭、丽水、池州、镇江、惠州、三明、泰安、厦门、扬州、佛山、中山、常州、宜昌、兰州、南宁、黄石、大连。下同。

3. 库存及去化：上半年供应缩量带动 50 城可售面积继续回落，出清周期缩短至 19.3 个月，但仍处高位，三四线城市去化压力突出

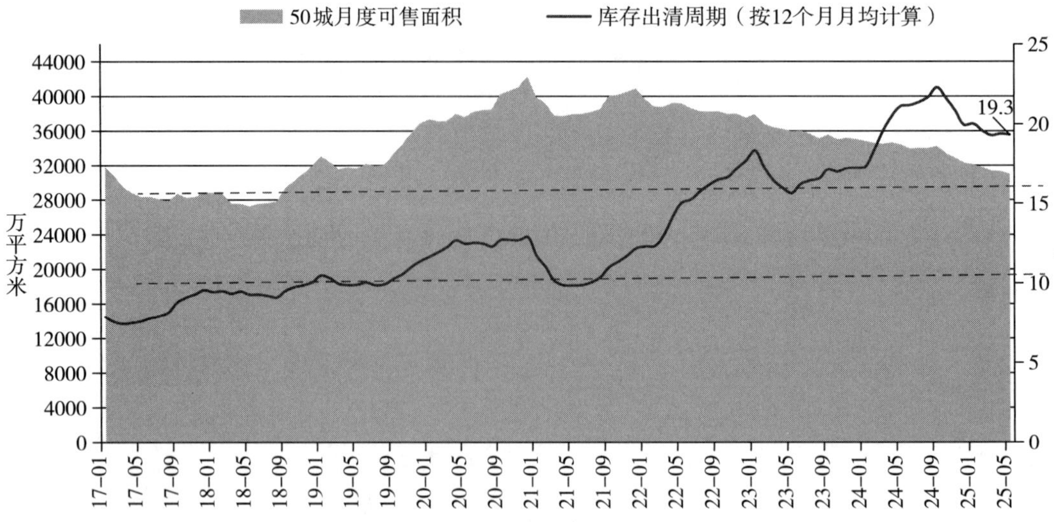

图5-21　2017年以来50个代表城市商品住宅可售面积与出清周期

数据来源：中指数据 CREIS。

受供应缩量影响，重点城市可售库存规模和出清周期均小幅下行。根据中指数据，截至 2025 年 5 月末，50 个重点城市商品住宅可售面积约 3.11 亿平方米，较 2024 年末下降 4.1%。出清周期方面，截至 5 月末，按近 12 个月月均销售面积计算，短期库存出清周期为 19.3 个月，较 2024 年末缩短 0.6 个月，较 2024 年 9 月高点缩短 3 个月。

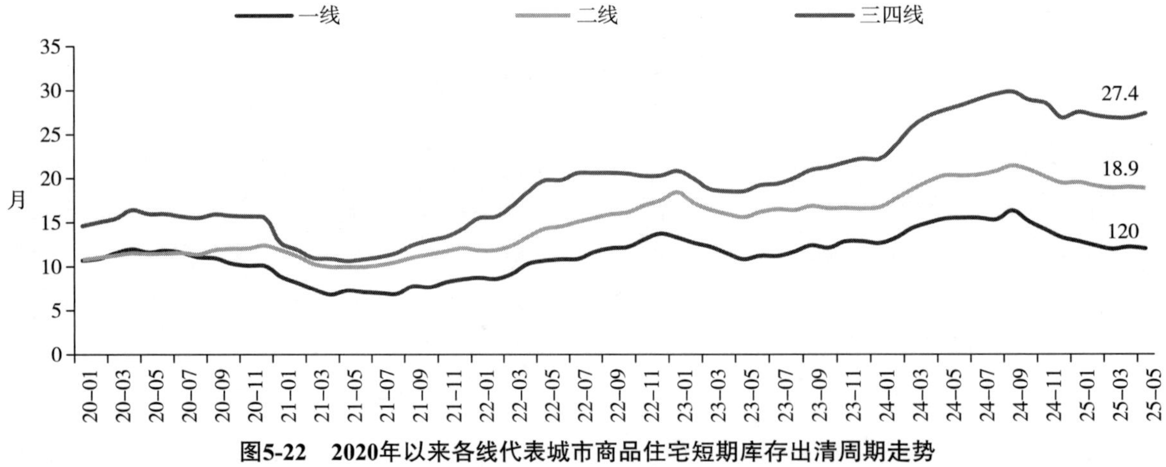

图5-22　2020年以来各线代表城市商品住宅短期库存出清周期走势

数据来源：中指数据 CREIS。

分梯队来看，截至 2025 年 5 月末，一线城市可售库存较 2024 年末下降 5.7%，二线代表城市下降 4.4%，三四线代表城市下降 2.9%。

出清周期方面，一线城市可售库存出清周期整体处于合理区间，三四线代表城市库存压力仍较大。按近 12 个月月均销售面积计算，一线城市可售库存平均出清周期 12.0 个月，出清周期较 2024 年末缩短 1.3 个月，其中上海新房可售库存出清周期为 7.4 个月，北京库存结构性问题较突出，郊区库存去化压力较大，导致出清周期较长；二线代表城市平均出清周期为 18.9 个月，存在一定去化压力，三四线代表城市出清周期达 27.4 个月，短期库存去化压力大。

表5-4　　截至2025年5月末代表城市商品住宅可售面积及出清周期（按近12个月月均销售面积计算）

城市	可售面积（万平方米）	出清周期（月）	城市	可售面积（万平方米）	出清周期（月）
上海	738	7.4	苏州	575	15.5
深圳	273	7.6	宁波	648	16.3
广州	1037	14.7	西安	934	16.6
北京	1016	20.5	天津	1117	17.2
杭州	497	7.0	长沙	737	18.3
合肥	340	12.6	南京	845	22.0
厦门	246	14.1	福州	967	22.8
武汉	1503	14.1	青岛	1644	23.5
成都	1905	15.1	温州	1280	25.4

注：深圳为商品住宅一期房口径。

数据来源：中指数据 CREIS。

深圳、上海、杭州可售库存出清周期较短，青岛、福州、温州等地可售库存去化存压，出清周期均在20个月以上。受供应端表现偏弱影响，截至2025年5月末，50个代表城市中约七成城市可售面积较2024年末有所下降，约半数城市可售库存出清周期较2024年末缩短。其中，上海出清周期为7.4个月，较2024年末缩短0.7个月，杭州出清周期为7.0个月，较2024年末缩短0.6个月。青岛、福州、南京等城市出清周期在20个月以上，短期市场去化压力仍较大。

（五）土地供求：上半年300城住宅用地出让金同比增幅近三成，但土拍热度主要集中于核心城市，TOP20城市出让金占全国比重升至68%，央国企仍是拿地主力

上半年核心城市优质地块竞争激烈，带动300城出让金增长明显，但成交面积仍下降，5月以来溢价率出现回落。根据中指初步统计，2025年上半年，300城住宅用地出让金同比增幅近三成，平均溢价率10.2%，较上年同期提升6.0个百分点。房企拿地进一步聚焦，TOP20城市出让金占全国比重达68%。土拍热度方面，市场热度仅集中于核心城市优质地块，如北上深、杭州、成都等地是房企重要布局区域，这些城市优质地块往往实现高溢价出让，但核心城市郊区地块及大多数城市土拍仍保持平淡。

1. 300城：上半年核心城市加快推出优质地块，带动300城住宅用地出让金同比明显增长

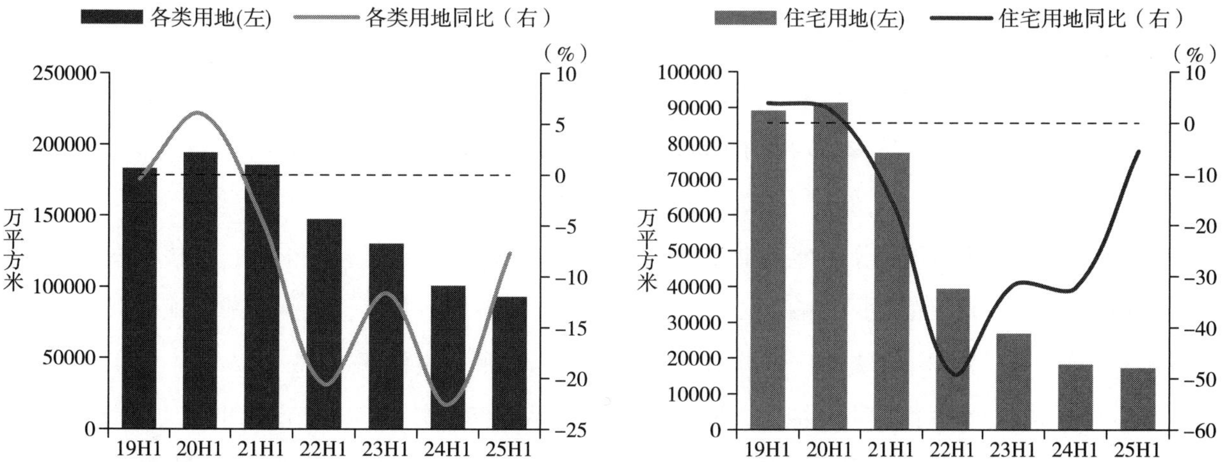

图5-23　历年上半年300城各类用地和住宅用地成交规划建面及同比

数据来源：中指数据 CREIS。

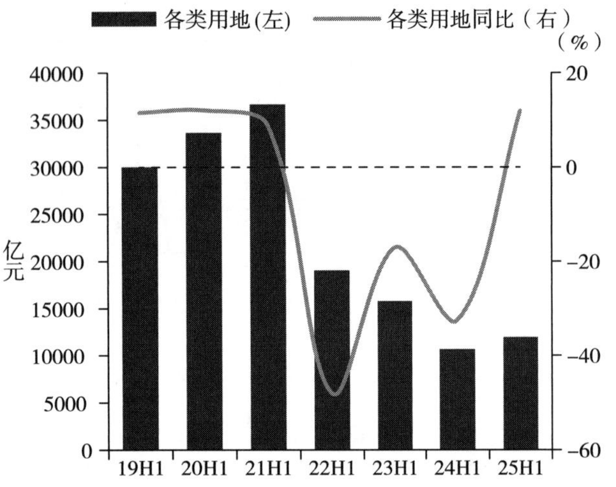

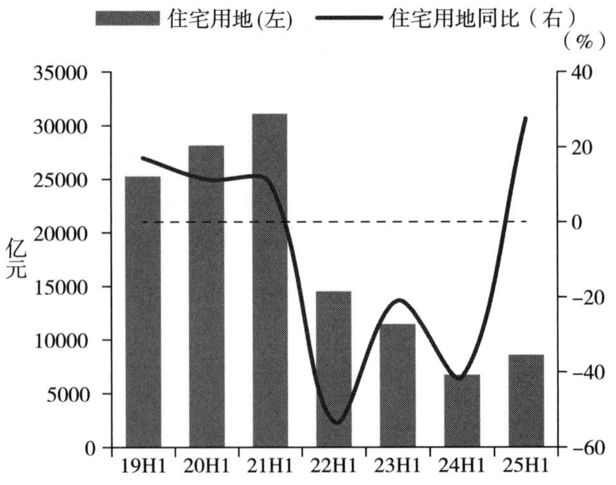

图5-24　历年上半年300城各类用地和住宅用地出让金及同比变化

注：自 2025 年起，中指数据扩大了 300 城土地覆盖范围，目前已涵盖全部地级及以上城市，历史数据为可比口径。

数据来源：中指数据 CREIS。

2025 年以来，随着重点城市新房市场边际改善及优质地块供应力度加大，核心城市优质地块土拍热度维持高位，300 城住宅用地出让金同比增幅近三成，但二季度以来土拍有所降温，市场分化延续。根据中指数据，2025 年上半年，300 城各类用地成交规划建筑面积为 9.3 亿平方米，同比下降 7.7%，其中，住宅用地成交 1.7 亿平方米，同比下降 5.5%，降幅较上年同期收窄 26.7 个百分点。出让金方面，2025 年上半年，300 城各类用地出让金 1.2 万亿元，同比增长 11.9%，其中，住宅用地出让金 0.86 万亿元，同比增长 27.5%。

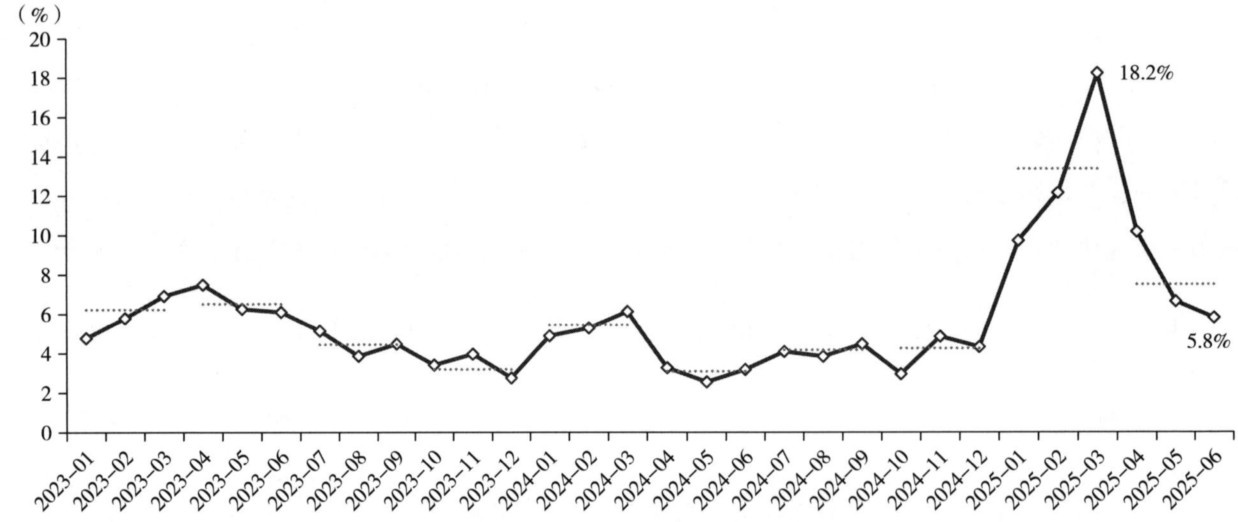

图5-25　2023年以来300城住宅用地月度和季度平均溢价率走势

数据来源：中指数据 CREIS。

上半年，住宅用地溢价率高于上年同期水平，但二季度以来有所回落。一季度，在核心城市加大优质地块推出节奏及房企投资策略趋同影响下，多宗地块竞拍出高溢价，北京、杭州、成都地价纪录多次被刷新，溢价率上升明显，根据中指数据，一季度 300 城住宅用地平均溢价率达 13.4%，二季度尤其是 5 月以来，由于热点城市核心地块供应力度减弱，同时房企投资保持审慎态度，土地市场出现明显降温，5 月仅上海、杭州、成都等核心城市部分地块房企参拍积极，其余地块多底价成交，二季度平均溢价率为 7.7%，6 月，300 城宅地平均溢价率为 5.8%。

2. 各梯队：一二线城市土地市场整体平稳，成交面积、土地出让金同比均增长，三四线城市土地市场仍面临压力

表5-5　　2025年上半年300城各线城市住宅用地推出和成交相关指标同比变化

指标	300 城	一线	二线	三四线
推出面积同比	–19.4%	18.3%	–5.4%	–25.0%
成交面积同比	–5.5%	20.9%	18.3%	–14.3%
土地出让金同比	27.5%	49.5%	43.5%	–2.7%
平均溢价率	10.2%	11.6%	13.6%	3.6%

数据来源：中指数据 CREIS。

上半年一二线城市住宅用地出让金同比增长明显，三四线城市土拍表现持续较弱，分化现象延续。根据中指数据，2025 年上半年，一线城市房企投资布局积极，住宅用地推出、成交面积同比均增长，出让金同比增幅达到 49.5%；二线城市 2025 年以来多地持续加大优质地块供应，其中杭州、成都等地土拍热度较高，也是房企重点拿地区域，而其余多数城市土拍保持平淡，整体推出面积降幅相对较小，成交面积、土地出让金分别增长 18.3%、43.5%，平均溢价率 13.6%；三四线城市上半年住宅用地推出、成交面积延续缩量态势，平均溢价率也处于较低水平。

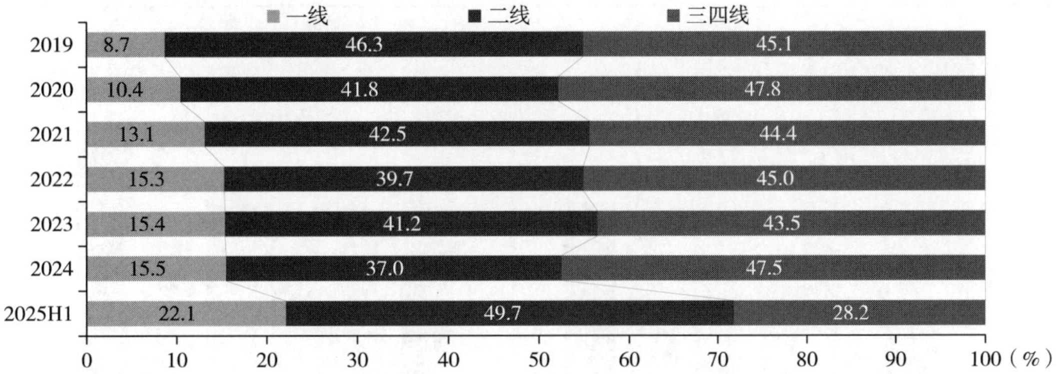

图5-26　2019—2025年上半年全国300城各线城市住宅用地出让金占比变化情况

数据来源：中指数据 CREIS。

占比方面，2025 年以来土地市场热度主要集中于少部分核心城市，上半年一二线城市占比均有所提升，三四线城市下降明显。根据中指数据，2025 年上半年，一线城市住宅用地出让金占 300 城出让金的比例为 22.1%，较 2024 年全年提升 6.6 个百分点；二线城市占比为 49.7%，较 2024 年提升 12.7 个百分点；三四线城市占比为 28.2%，较 2024 年下跌 19.3 个百分点。

3. 重点城市：上半年 TOP20 城市宅地出让金占全国比重约 68%，杭州、北京出让金超千亿元

表5-6　　2024年及2025年上半年全国住宅用地出让金TOP20（全市）

序号	城市	梯队	2025 年上半年				2024 年	
			土地出让金（亿元）	同比	规划建面（万㎡）	同比	土地出让金（亿元）	同比
1	杭州	二线	1161	96%	466	51%	1174	–35%
2	北京	一线	1006	37%	234	–1%	1554	–11%
3	上海	一线	638	51%	157	11%	1380	–37%
4	成都	二线	424	101%	392	56%	698	–43%
5	南京	二线	283	160%	283	94%	674	–41%

续表

序号	城市	梯队	2025 年上半年				2024 年	
			土地出让金（亿元）	同比	规划建面（万㎡）	同比	土地出让金（亿元）	同比
6	西安	二线	266	–18%	369	–33%	835	–12%
7	天津	二线	226	139%	245	59%	286	–49%
8	厦门	二线	202	40%	79	111%	292	–23%
9	广州	一线	195	202%	106	250%	773	–35%
10	苏州	二线	182	59%	159	88%	621	–52%
11	南通	三四线	165	198%	343	161%	641	–19%
12	合肥	二线	141	14%	191	107%	570	–4%
13	镇江	三四线	137	131%	313	54%	346	33%
14	福州	二线	136	–1%	186	–16%	451	2%
15	重庆	二线	130	30%	397	–7%	272	–42%
16	宁波	二线	128	–12%	113	–33%	358	–46%
17	武汉	二线	114	85%	219	115%	564	–29%
18	长沙	二线	101	–15%	283	14%	380	–31%
19	济南	二线	100	–5%	174	–25%	287	22%
20	石家庄	二线	93	–20%	262	–8%	248	–26%

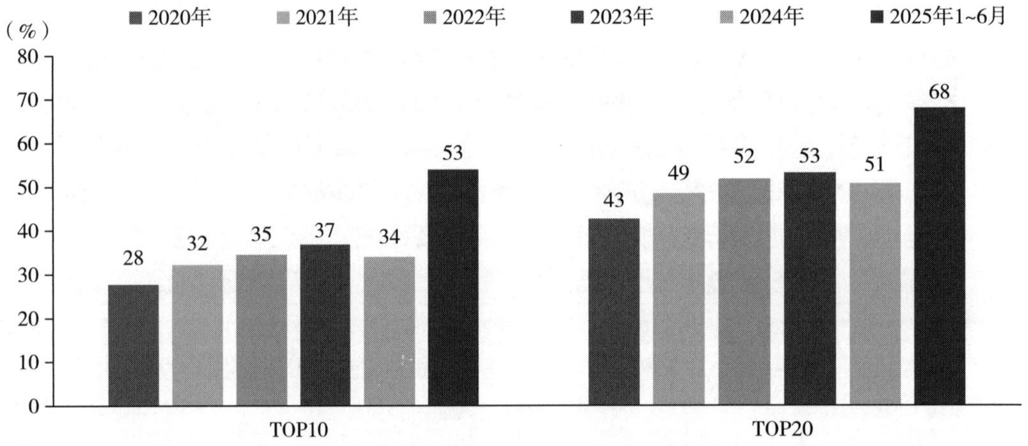

图5-27　2020年以来不同城市住宅用地出让金占全国的比重（全市）

数据来源：中指数据 CREIS。

从城市集中度来看，上半年 TOP20 城市出让金占全国比重约 68%，占比明显提升。根据中指数据，2025 年上半年，共有 19 个城市宅地出让金超百亿元，除南通、镇江（多为本土国企获取）外，均为核心一二线城市，其中杭州、北京涉宅用地出让金均超千亿元，杭州出让金已接近 2024 年全年水平。城市集中度来看，上半年 TOP20 城市出让金占全国比重为 68%（2024 年全年为 51%）。2025 年以来，核心城市加快供地节奏，既源于上年四季度市场回暖背景下各地争夺房企投资额度的策略调整，也反映出地方政府对市场及政策不确定性的考量，如担忧现房销售等政策出台对土地市场产生影响等。值得注意的是，核心城市土地集中供应或造成后续项目集中入市，导致竞争加剧。

土地出让金是地方政府的重要收入来源，为了提升房企参拍意愿，近几年各地持续优化土拍相关政策。一是土地供应结构不断调整，持续加大核心区地块供应，如北京、广州等核心城市在 2025 年土地供应计划中明确土地供应向中心城区、轨道站点周边倾斜，加大核心板块的优质地块供应力度；2025 年上半年杭州、成都核心区供应地块占比均在五成左右。二是减轻房企土地出让金支付压力，苏州、无锡、西安等地均支持土地出让金分期支付，同时西安也提出缴纳 50% 土地出让价款的项目，可先行办理国有建设用地使用权预登记、规划、建设等相关手续，支持“拿地即开工”。另外，在中央“好房子”建设导向的推动下，多地加快优化地块规划设计条件，包括放宽阳台、公共空间计容规则，支持建设立体生态住宅等，提升住宅供给质量。

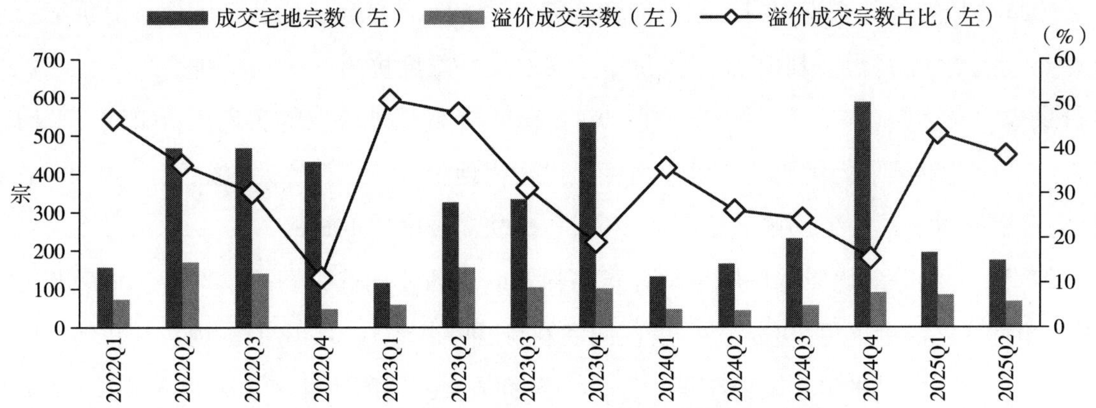

图5-28　22个重点城市2022年以来宅地季度溢价成交情况

数据来源：中指数据 CREIS。

土拍热度方面，房企拿地进一步聚焦影响下，核心城市优质地块竞争加剧。根据中指数据，2025 年上半年，22 个重点城市住宅用地溢价成交占比 39.2%，较上年同期提升 8.9 个百分点，二季度以来土拍情绪有所走弱，溢价成交占比为 36.1%，较一季度下跌 7.2 个百分点。

表5-7　2025年上半年出让金超百亿城市平均溢价率变化（全市）

城市	上半年出让金（亿元）	平均溢价率（%）					
		2025 年 1 月	2025 年 2 月	2025 年 3 月	2025 年 4 月	2025 年 5 月	2025 年 6 月
300 城	8598	9.72	12.14	18.22	10.17	6.64	5.79
杭州	1161	45.31	38.24	45.71	31.14	21.41	27.03
北京	1006	12.73	4.03	27.93	3.33	10.98	0.43
上海	638	27.93	33.56	24.74		15.74	10.87
成都	424	46.71	13.09	29.41	7.80	24.28	13.36
南京	283	0.83			5.23	0.00	5.47
西安	266	0.00	0.00	0.00	0.00	3.46	2.37
天津	226		0.63	8.72	0.00	0.82	0.96
厦门	202			3.82	4.44		0.00
广州	195	0.00		1.81	19.48	0.86	0.00
苏州	182	4.76	7.28	34.41	16.87	0.00	5.40
南通	165	0.00	0.00		0.00	0.00	0.00
合肥	141	0.03	1.85	7.23	0.00	0.00	2.85
镇江	137		0.00	0.00	0.00	0.00	0.00
福州	136	0.00	12.64	0.37	3.75	10.28	0.00
重庆	130	0.00	0.00	11.96	16.74	4.70	6.46
宁波	128		37.04	8.21	14.30	1.24	0.00
武汉	114	0.00	0.00	8.74	0.00	6.98	7.26
长沙	101	0.00	29.00	0.00	0.00	7.04	6.70
济南	100	0.00	0.00	15.87	0.00	8.34	6.95

数据来源：中指数据 CREIS。

重点城市中，2025 年上半年，杭州平均溢价率达 35.5%，上海、成都平均溢价率均超 20%。但 5 月以来，多个重点城市土拍情绪有所转弱，具体来看：

上海、杭州、成都土拍热度相对较高，房企布局意愿强：上半年，上海出让宅地合计 28 宗，21 宗溢价，其中 7 宗溢价率超 30%，2 宗溢价率超 40%，5 月 31 日，徐汇东安新村第三宗地块以 341.35 亿元协议出让，2025 年以来徐汇东安新村三宗地出让金累计达 523.03 亿元，刷新全国地价总价纪录。杭州出让宅地合计 69 宗，53 宗溢价，其中 29 宗溢价率超 40%。一季度杭州三次刷新地价纪录（3 月 28 日，杭州地价单价最高纪录达 88029 元 / ㎡），二季度以来，核心区优质地块仍能实现溢价出让，平均溢价率维持在两成以上。成都继续加大优质地块供应力度，出让宅地合计 56 宗，28 宗溢价，其中 11 宗溢价率超 30%，5 宗溢价率超 40%，锦江区柳江街道包江桥社区地块溢价率达 106%。

北京、苏州、宁波等地优质地块房企举牌意愿强，但市场分化较明显：上半年，北京出让宅地合计 22 宗，9 宗溢价，3 宗溢价率超 20%。一季度，两度刷新地价纪录（3 月 18 日，海淀树村地块成交楼面价 102347 元 / ㎡），二季度以来出让地块质量一般，多底价成交。苏州出让宅地合计 35 宗，12 宗溢价，其中苏州工业园区东板桥河西地、吴中区苏地 2025-WG-Z09 号地块溢价率分别为 45.3%、39.3%，其余地块多为底价出让。

4. 拿地企业：上半年 22 城央国企拿地占比过半，仍是主力，滨江带动民企占比提升

表5-8　22城2023年—2025上半年涉宅用地不同企业拿地金额占比情况（市本级）

城市	2023 年				2024 年				2025 年上半年			
	央国企	地方国资	混合所有制	民企	央国企	地方国资	混合所有制	民企	央国企	地方国资	混合所有制	民企
北京	81%	7%	2%	10%	78%	15%	3%	4%	94%	4%	0%	2%
深圳	76%	14%	0%	10%	100%	0%	0%	0%	89%	11%	0%	0%
沈阳	11%	84%	0%	6%	0%	67%	8%	26%	74%	6%	0%	20%
上海	64%	14%	13%	9%	76%	12%	4%	8%	72%	3%	5%	20%
厦门	85%	8%	0%	7%	83%	10%	0%	7%	71%	29%	0%	0%
济南	16%	56%	2%	26%	43%	43%	0%	13%	67%	21%	0%	11%
成都	42%	28%	2%	27%	35%	38%	1%	27%	59%	21%	2%	18%
广州	65%	20%	0%	15%	72%	19%	6%	3%	55%	26%	0%	19%
青岛	45%	34%	1%	19%	7%	28%	0%	65%	54%	39%	0%	7%
天津	45%	34%	1%	20%	37%	35%	4%	24%	47%	21%	1%	31%
宁波	43%	24%	3%	30%	9%	56%	8%	27%	47%	11%	10%	32%
福州	27%	65%	0%	8%	12%	73%	6%	9%	41%	41%	0%	18%
武汉	36%	55%	0%	8%	31%	52%	0%	17%	41%	22%	6%	31%
合肥	55%	8%	0%	37%	22%	62%	3%	13%	40%	46%	2%	12%
郑州	18%	55%	4%	23%	38%	48%	0%	14%	39%	34%	6%	21%
重庆	57%	28%	4%	11%	13%	66%	0%	21%	38%	7%	0%	55%
杭州	23%	10%	11%	56%	28%	4%	18%	50%	35%	4%	16%	46%
南京	40%	44%	9%	6%	12%	76%	1%	10%	25%	49%	4%	22%
长春	7%	72%	0%	21%	13%	59%	0%	28%	15%	85%	0%	0%

续表

城市	2023 年				2024 年				2025 年上半年			
	央国企	地方国资	混合所有制	民企	央国企	地方国资	混合所有制	民企	央国企	地方国资	混合所有制	民企
长沙	48%	26%	3%	24%	27%	18%	8%	47%	14%	7%	0%	79%
苏州	46%	30%	2%	22%	7%	50%	11%	32%	8%	44%	34%	14%
无锡	11%	71%	2%	16%	5%	89%	2%	3%	0%	97%	0%	3%
合计	49%	26%	5%	20%	46%	32%	5%	17%	56%	15%	6%	23%

数据来源：中指数据 CREIS。

拿地企业方面，央国企拿地仍是主力，地方国资占比持续降低。根据中指数据，2025 年上半年，22 城累计拿地金额中，央国企占比为 56%，其中北京、上海、厦门等地央国企拿地金额占比均超七成；地方国资占比 15%，较 2024 年全年降低 17 个百分点，地方平台托底乏力；民企占比 23%，较 2024 年全年提升 6 个百分点，其中滨江补仓力度较大，带动民企整体拿地占比提升。

表5-9　2025年上半年拿地超200亿房企布局前十城市占比

保利发展（414 亿元）		中海地产（393 亿元）		绿城中国（385 亿元）		建发房产（341 亿元）		滨江集团（313 亿元）		华润置地（262 亿元）		中国金茂（261 亿元）		招商蛇口（206 亿元）	
上海	23%	北京	43%	杭州	45%	北京	29%	杭州	98%	北京	37%	北京	36%	北京	43%
杭州	21%	杭州	21%	苏州	13%	杭州	27%	金华	2%	杭州	16%	上海	31%	南京	16%
北京	16%	济南	12%	西安	12%	成都	10%			成都	13%	杭州	12%	成都	13%
厦门	8%	深圳	8%	上海	8%	厦门	9%			上海	10%	合肥	5%	上海	13%
西安	7%	天津	6%	嘉兴	5%	重庆	4%			西安	7%	成都	5%	佛山	6%
石家庄	6%	沈阳	4%	台州	4%	泉州	4%			大连	6%	南京	4%	温州	4%
广州	5%	郑州	3%	宁波	3%	武汉	4%			宁波	4%	广州	4%	武汉	3%
天津	4%	青岛	2%	南京	3%	上海	3%			合肥	4%	青岛	2%	长沙	2%
三亚	3%	厦门	1%	佛山	2%	南昌	3%			东莞	3%	武汉	1%	郑州	0%
温州	2%			成都	2%	宁波	2%			重庆	1%				

数据来源：中指数据 CREIS。

重点房企布局城市：北京、杭州、上海、成都等是房企重要进驻或深耕城市。根据中指监测，上半年共 8 家房企拿地金额超 200 亿元，其中 5 家房企拿地最多的城市均为北京，2 家房企在杭州拿地居首位，1 家房企在上海拿地最多，中海在北京 + 杭州拿地金额占比达 64%，建发、华润也超五成，绿城在杭州拿地金额占比超 40%。

整体来看，2025 年上半年，300 城住宅用地成交面积仍在缩量，但同比降幅在一成以内，核心城市带动下，土地出让金同比保持增长。二季度以来，房企普遍采取“聚焦深耕”策略，热点城市土拍热度不减，但 5 月以来出现降温。短期来看，预计企业投资仍将更加注重项目的安全性与盈利确定性，北上深杭等热点城市核心地块凭借稀缺属性或保持高溢价成交，而多数三四线城市土地市场则继续以底价成交为主，部分城市或将通过优化供地结构、降低起拍价格等方式吸引房企投资布局。

（六）开发投资：1~5 月房地产开发投资额同比下降 10.7%，降幅略超 2024 年全年

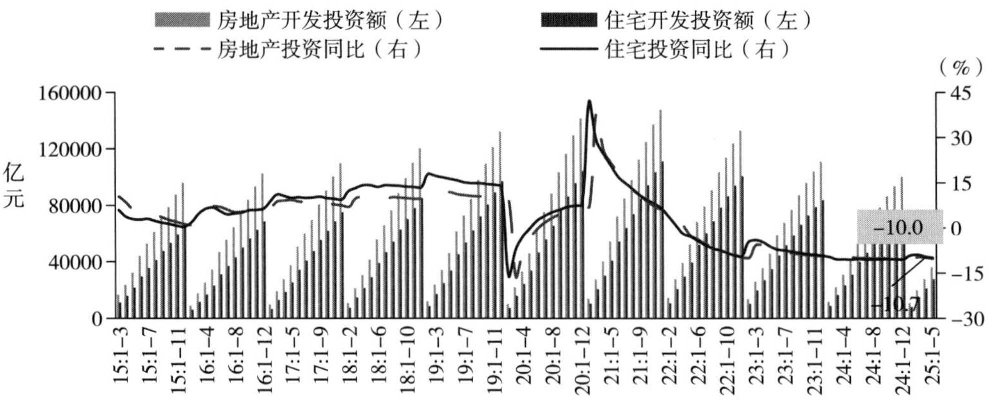

图5-29　2015年以来房地产和住宅累计开发投资及其同比增速

数据来源：国家统计局，中指数据 CREIS。

房地产开发投资额同比降幅较 1~4 月略有扩大，整体表现仍偏弱。2025 年 1~5 月，全国房地产开发投资额为 3.6 万亿元，同比下降 10.7%，降幅较 1~4 月扩大 0.4 个百分点，较 2024 年全年扩大 0.1 个百分点。其中，住宅开发投资额为 2.8 万亿元，同比下降 10.0%，占房地产开发投资的比重为 76.5%。

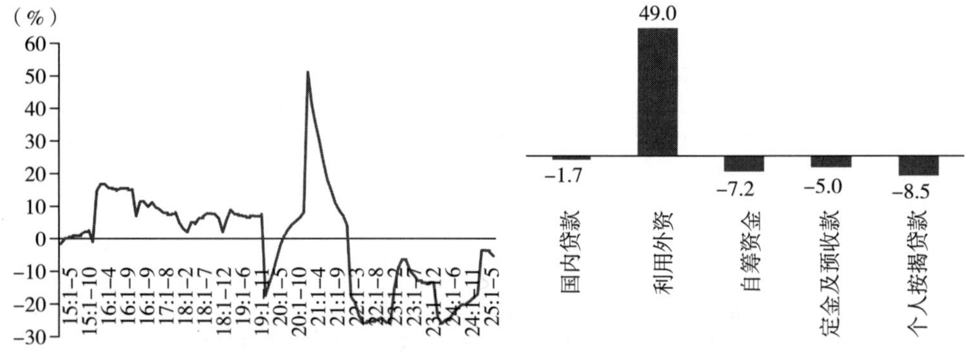

图5-30　全国房企到位资金同比增速及2025年1~5月各项资金来源同比增速对比

数据来源：国家统计局，中指数据 CREIS

1~5 月房企到位资金降幅略有扩大，房企资金端面临一定压力。2025 年 1~5 月，房地产开发企业到位资金为 4.0 万亿元，同比下降 5.3%，降幅较 1~4 月扩大 1.2 个百分点。其中，国内贷款为 6679 亿元，同比下降 1.7%，占到位资金的比重为 16.6%。利用外资为 16 亿元，同比增长 49.0%。自筹资金为 1.4 万亿元，同比下降 7.2%，占比为 34.2%。定金及预收款为 1.2 万亿元，同比下降 5.0%，占比为 29.7%。个人按揭贷款为 5645 亿元，同比下降 8.5%，占比为 14.0%。

二、2025 年中国房地产市场趋势展望

（一）宏观环境：扩内需仍是首要任务，稳地产至关重要，预计下半年宏观政策力度将加大，以政策的确定性应对外部环境的不确定性

1. 宏观经济：经济运行总体平稳，但外部环境愈发复杂，经济持续回稳基础仍需巩固

2024 年底中央定调“实施更加积极的财政政策和适度宽松的货币政策”以来，财政政策对消费、投资

提振效果显著，降准降息也均已落地。1~5 月，通过超长期特别国债和以旧换新补贴等政策工具，重点支持汽车、家电、家装等耐用品消费，带动相关产业销售额高速增长。在地方政府专项债券和设备更新再贷款等政策带动下，固定资产投资总体也保持平稳增长。但目前投资结构呈现一定分化，国有资本主导的基建和工业技改投资增长强劲，而民间投资仅与去年持平，房地产开发投资降幅仍较大，市场信心仍需进一步提振。

4 月 25 日，中央政治局会议指出“我国经济持续回升向好的基础还需要进一步稳固，外部冲击影响加大”“着力稳就业、稳企业、稳市场、稳预期，以高质量发展的确定性应对外部环境急剧变化的不确定性”“要加紧实施更加积极有为的宏观政策，用好用足更加积极的财政政策和适度宽松的货币政策”。面对世界经济增长动能减弱、国内需求不足等挑战，预计下半年我国宏观政策将进一步发力，以政策的确定性应对外部环境的不确定性。

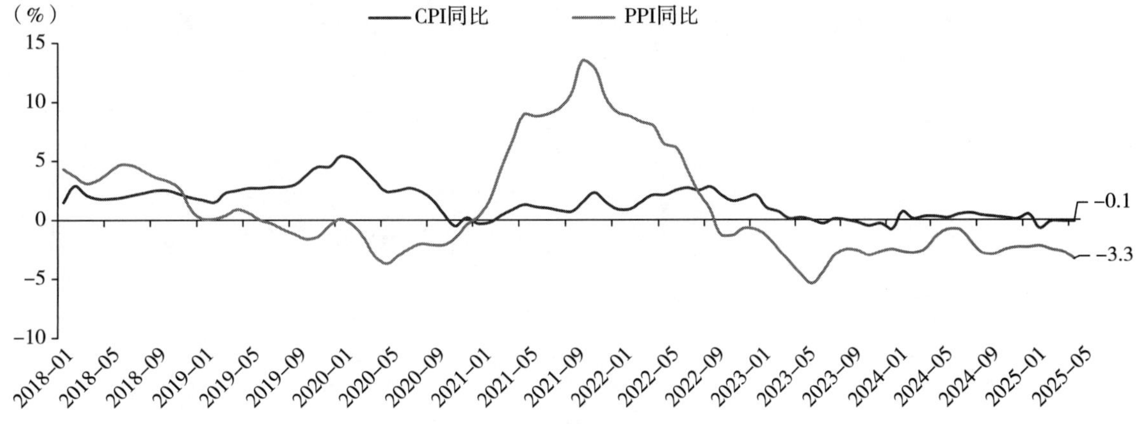

图5-31　2018年以来我国CPI和PPI走势

数据来源：国家统计局，中指数据 CREIS。

5 月 CPI 环比下降 0.2%，同比下降 0.1%；PPI 环比下降 0.4%，同比下降 3.3%。2025 年 5 月，CPI 环比下降主要受食品和能源价格短期因素影响大，扣除食品和能源价格的核心 CPI 同比上涨 0.6%，涨幅相比上月回升 0.1 个百分点。PPI 方面，国际原油价格下行是 PPI 环比下行的主因，此外南方地区高温雨水天气导致部分房地产施工延后，加之钢材、水泥等建材供给充足，黑色金属冶炼和压延加工业、非金属矿物制品业价格均下降 1.0%。

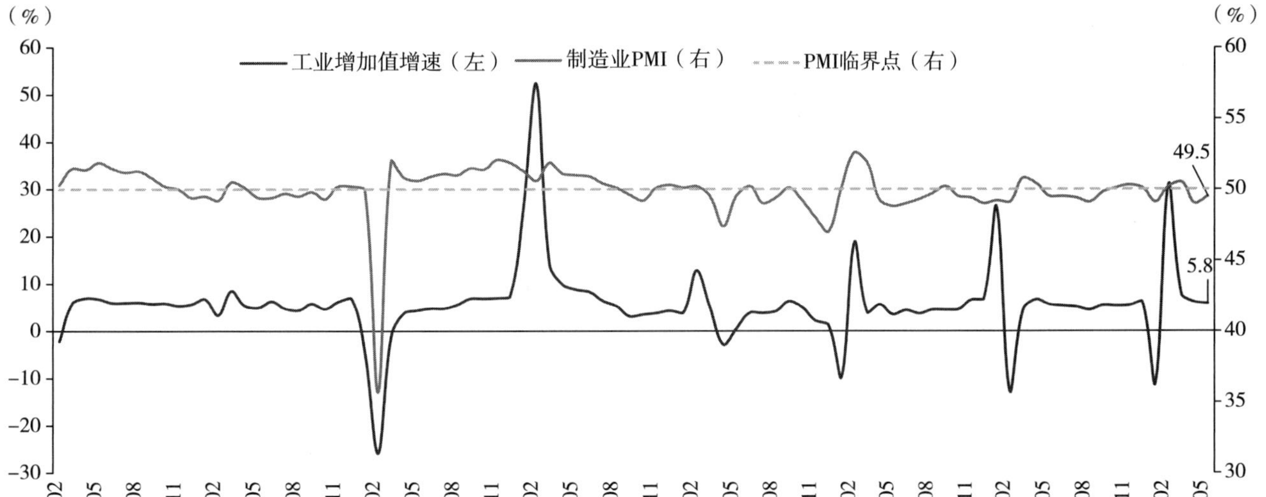

图5-32　2018年以来工业增加值增速和制造业PMI走势

注：由于 1~2 月工业增加值增速统计局仅公布累计同比增速，故图中 1、2 月均使用 1~2 月累计同比增速。

数据来源：国家统计局，中指数据 CREIS。

5月全国规模以上工业增加值同比增长5.8%；制造业PMI指数回升，景气水平改善。2025年5月，全国规模以上工业增加值同比增长5.8%，保持较快增长；剔除季节因素后，环比增长0.6%。5月规模以上装备制造业增加值同比增长9.0%（占全部规模以上工业的比重为36.7%）；规模以上高技术制造业增加值同比增长8.6%，拉动全部规模以上工业增长1.4个百分点；此外各地区“两新”政策加力扩围，带动相关行业和产品快速增长。从累计看，1~5月，全国规模以上工业增加值同比增长6.3%。5月制造业PMI指数回升0.5%至49.5%。在中美日内瓦经贸会谈达成协议后，我国制造业出口情况有所改善，新出口订单指数为47.5%，较上月上升2.8个百分点。5月新订单指数为49.8%，较上月上升0.6个百分点。大型企业在上月短暂放缓后较快恢复，大型企业PMI为50.7%，较上月上升1.5个百分点，其中生产指数较上月上升1.7个百分点至51%以上，新订单指数较上月上升3个百分点至52%以上。

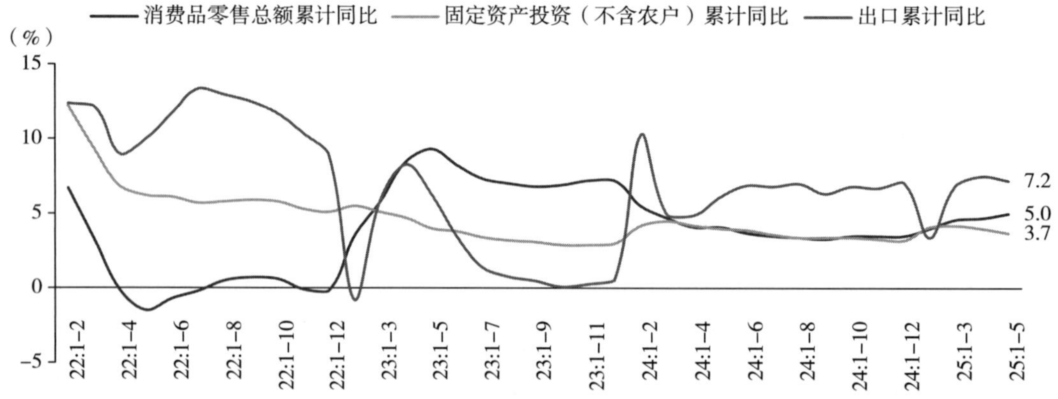

图5-33　2022年以来我国消费、投资和出口（人民币计）累计同比走势

数据来源：国家统计局，海关总署，中指数据CREIS。

国补政策提振消费平稳回升，出口表现出较强韧性，投资增速持续低位运行。2025年1~5月，我国消费品零售总额累计同比增长5.0%；固定资产投资同比增长3.7%，较1~4月收窄0.3个百分点；出口同比增长7.2%，表现出较强韧性。

消费方面，1~5月份，我国消费品零售总额累计同比增长5.0%，较1~4月扩大0.3个百分点，高于上年同期0.9个百分点。国补政策作用下，消费活力进一步释放。2025年以来“两新”“两重”政策的加力扩围有望进一步增强消费对经济的拉动作用。

出口方面，1~5月，我国出口总额10.67万亿元，同比增长7.2%，其中对美国出口1.27万亿元，下降8.7%。尽管对美出口下滑，但我国对东盟、共建“一带一路”国家进出口持续增长。东盟和欧盟分别为我国第一及第二大贸易伙伴，1~5月对东盟出口1.9万亿元，同比增长13.5%，对欧盟出口1.57万亿元，同比增长7.7%。

“两重”“两新”政策带动基础设施及制造业投资增速保持平稳，房地产开发投资承压。1~5月，全国固定资产投资（不含农户）同比增长3.7%，其中随着地方政府专项债券和超长期特别国债发行使用加快，“两重”建设推进带动1~5月基础设施投资同比增长5.6%。制造业投资同比增长8.5%，高技术制造业投资中，航空、航天器及设备制造业投资增长24.2%，计算机及办公设备制造业投资增长21.7%。此外，“两新”加力扩围带动1~5月设备工器具购置投资同比增长17.3%，拉动全部投资增长2.3个百分点。房地产投资降幅仍较大，1~5月同比下降10.7%。从资本归属看，1~5月民间投资同比持平；国有控股投资同比增长5.9%。

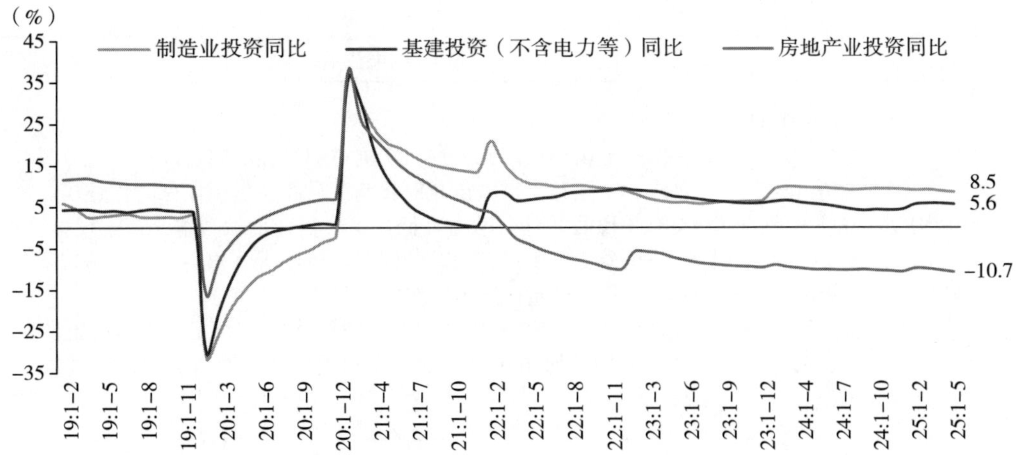

图5-34　2019年以来制造业、基建、房地产开发投资同比走势

数据来源：国家统计局，中指数据 CREIS。

整体来看，2025 年 1~5 月我国经济总体运行平稳，消费、出口增速均高于 2024 年全年，但面对当前复杂的外部环境，宏观政策逆周期调节力度仍需加大。预计下半年宏观政策将进一步发力，以实现全方位扩大国内需求，以政策的确定性应对外部不确定性。

2. 金融财税：用好用足更加积极的财政政策和适度宽松的货币政策，下半年专项债和超长期特别国债发行预计将加速，降准降息有空间

表5-10　2025年上半年部分金融财税政策相关内容汇总

时间	部门	政策内容
2 月 13 日	央行	2024 年第四季度中国货币政策执行报告，下一阶段货币政策主要思路： ①保持融资和货币总量合理增长； ②充分发挥货币信贷政策导向作用； ③把握好利率、汇率内外均衡； ④加快推进金融市场制度建设和高水平对外开放； ⑤积极稳妥防范化解金融风险。
3 月 5 日	政府工作报告	实施更加积极有为的宏观政策，扩大国内需求，稳住楼市股市，防范化解重点领域风险和外部冲击。今年赤字率拟按 4% 左右安排、比上年提高 1 个百分点，赤字规模 5.66 万亿元、比上年增加 1.6 万亿元。一般公共预算支出规模 29.7 万亿元、比上年增加 1.2 万亿元。拟发行超长期特别国债 1.3 万亿元、比上年增加 3000 亿元。拟发行特别国债 5000 亿元，支持国有大型商业银行补充资本。拟安排地方政府专项债券 4.4 万亿元、比上年增加 5000 亿元，重点用于投资建设、土地收储和收购存量商品房、消化地方政府拖欠企业账款等。今年合计新增政府债务总规模 11.86 万亿元、比上年增加 2.9 万亿元。实施适度宽松的货币政策。发挥好货币政策工具的总量和结构双重功能，适时降准降息，保持流动性充裕，使社会融资规模、货币供应量增长同经济增长、价格总水平预期目标相匹配。优化和创新结构性货币政策工具，更大力度促进楼市股市健康发展，加大对科技创新、绿色发展、提振消费以及民营、小微企业等的支持。
3 月 11 日	自然资源部、财政部	关于做好运用地方政府专项债券支持土地储备有关工作的通知： ①明确发债要求及资金使用主体； ②完善专项债券申报审核流程； ③做好资金和收益的综合平衡； ④严格监督管理。

续表

时间	部门	政策内容
3月16日	中共中央办公厅、国务院办公厅	《提振消费专项行动方案》: ①持续用力推动房地产市场止跌回稳，加力实施城中村和危旧房改造，充分释放刚性和改善性住房需求潜力。允许专项债券支持城市政府收购存量商品房用作保障性住房。落实促进房地产市场平稳健康发展有关税收政策。适时降低住房公积金贷款利率。扩大住房公积金使用范围，支持缴存人在提取公积金支付购房首付款的同时申请住房公积金个人住房贷款，加大租房提取支持力度，推进灵活就业人员缴存试点工作。 ②鼓励金融机构在风险可控前提下加大个人消费贷款投放力度，合理设置消费贷款额度、期限、利率。支持金融机构按照市场化法治化原则优化个人消费贷款偿还方式，有序开展续贷工作。
3月18日	央行	中国人民银行货币政策委员会2025年第一季度例会: ①建议加大货币政策调控强度，提高货币政策调控前瞻性、针对性、有效性，根据国内外经济金融形势和金融市场运行情况，择机降准降息。 ②引导大型银行发挥金融服务实体经济主力军作用，推动中小银行聚焦主责主业，支持银行补充资本，共同维护金融市场的稳定发展。 ③用好证券、基金、保险公司互换便利和股票回购增持再贷款，探索常态化的制度安排，维护资本市场稳定。
4月25日	中央政治局会议	要加紧实施更加积极有为的宏观政策，用好用足更加积极的财政政策和适度宽松的货币政策。加快地方政府专项债券、超长期特别国债等发行使用。 适时降准降息，保持流动性充裕，加力支持实体经济。创设新的结构性货币政策工具，设立新型政策性金融工具，支持科技创新、扩大消费、稳定外贸等。 强化政策取向一致性。
5月7日	央行	①降准0.5个百分点，释放长期流动性约1万亿元，同步下调政策利率0.1个百分点，带动5年期以上LPR降至3.5%。 ②公积金贷款利率下调0.25个百分点，首套房公积金贷款利率降至2.6%。 ③抵押补充贷款（PSL）利率从2.25%降至2.0%，定向支持政策性银行投放低成本资金，重点覆盖保障房、城市更新等领域。
6月23日	央行	中国人民银行货币政策委员会2025年第二季度例会: ①要实施好适度宽松的货币政策，加强逆周期调节，更好发挥货币政策工具的总量和结构双重功能，加大货币财政政策协同配合，保持经济稳定增长和物价处于合理水平。 ②建议加大货币政策调控强度，提高货币政策调控前瞻性、针对性、有效性，根据国内外经济金融形势和金融市场运行情况，灵活把握政策实施的力度和节奏。 ③要引导大型银行发挥金融服务实体经济主力军作用，推动中小银行聚焦主责主业，支持银行补充资本，共同维护金融市场的稳定发展。

数据来源：中指数据CREIS。

4月25日，中央政治局会议召开，肯定了当前经济呈现向好态势，同时指出外部冲击影响加大，经济持续回升向好的基础仍需进一步巩固，并强调要强化底线思维和充分备足预案。会议强调要加紧实施更加积极有为的宏观政策，用好用足更加积极的财政政策和适度宽松的货币政策。加快地方政府专项债券、超长期特别国债等发行使用。兜牢基层“三保”底线。适时降准降息，保持流动性充裕，加力支持实体经济。创设新的结构性货币政策工具，设立新型政策性金融工具，支持科技创新、扩大消费、稳定外贸等。强化政策取向一致性。政治局会议后，5月降准降息如期落地。

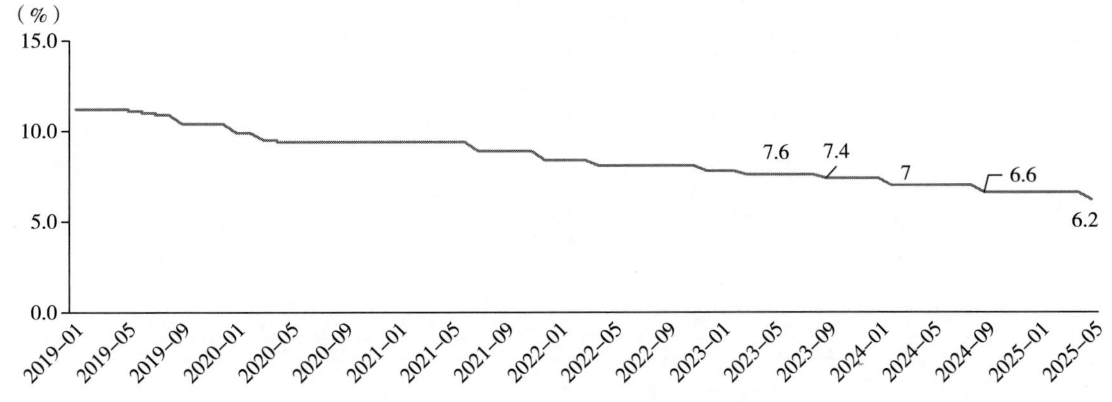

图5-35　2019年以来存款准备金率变化

数据来源：央行，中指数据 CREIS。

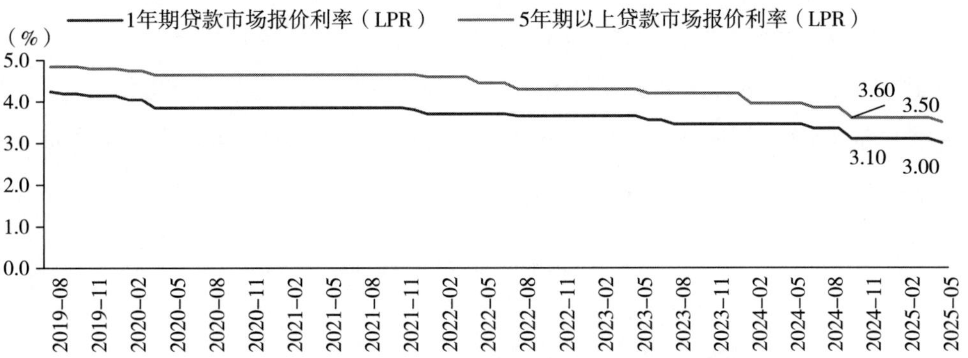

图5-36　2019年以来1年期、5年期以上LPR变化

数据来源：央行，中指数据 CREIS。

2025 年 5 月 7 日，央行宣布从 5 月 8 日起，下调公开市场 7 天逆回购操作利率 0.1 个百分点；从 5 月 15 日起下调金融机构存款准备金率 0.5 个百分点。5 月 15 日加权平均准备金率下调 0.4 个百分点至 6.2%；5 月 20 日，1 年期 LPR 及 5 年期 LPR 随政策利率下调 0.1 个百分点至 3.0% 和 3.5%。

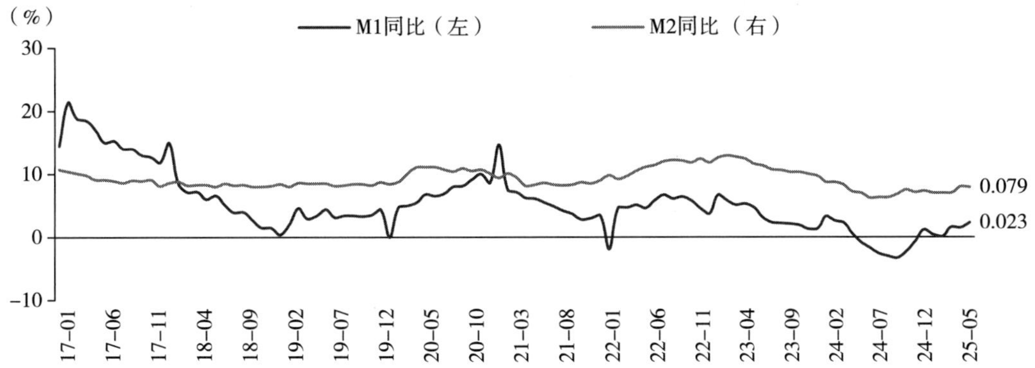

图5-37　2017以来M1和M2同比变化

数据来源：央行，中指数据 CREIS。

5 月 M2 同比增速小幅回落至 7.9%，M1 同比增速回升至 2.3%。5 月 M1 同比增速回升至近 14 个月新高，M1 同比回升主要源于上年同期基数偏低以及一揽子金融支持政策落地叠加关税阶段性缓和，企业及居民信心有所提振，经济中“活钱”增加。5 月 M2 增速小幅回落，但整体保持稳定。伴随 M1 增速回升，M2–M1 的剪刀差有所收窄，资金活化程度有所改善。

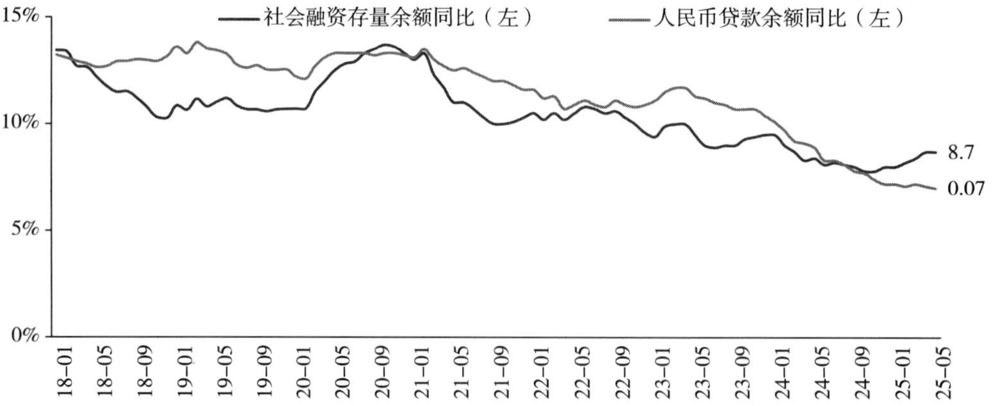

图5-38 2018年以来社会融资规模存量及各分项同比变化

数据来源：央行，中指数据 CREIS。

2025 年前 5 月社会融资规模增量累计为 18.63 万亿元，比上年同期多 3.83 万亿元，截至 5 月末，社融存量同比增长 8.7%。5 月新增社融 22894 亿元，从分项来看，政府债券融资继续支撑社融，5 月政府债券融资增长 14633 亿元，同比多增 2367 亿元，5 月社融口径新增人民币贷款 5960 亿元，同比少增 2237 亿元。

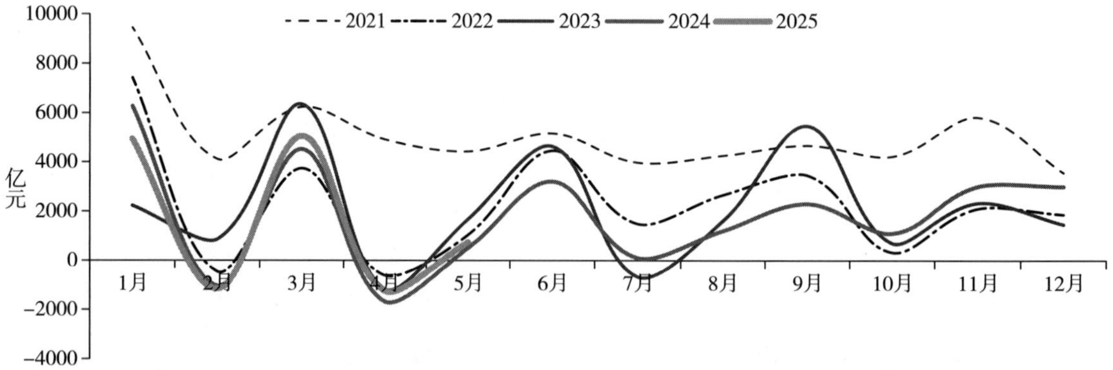

图5-39 2021年以来金融机构新增人民币贷款中居民中长期贷款走势

数据来源：央行，中指数据 CREIS。

前 5 月居民中长期贷款同比小幅少增。根据央行数据，2025 年 1~5 月，累计新增居民中长期贷款为 8347 亿元，较上年同期少增 251 亿元，其中 5 月居民中长期贷款增加 746 亿元，同比多增 232 亿元，2025 年以来房地产交易量保持平稳，对居民中长期贷款形成支撑。

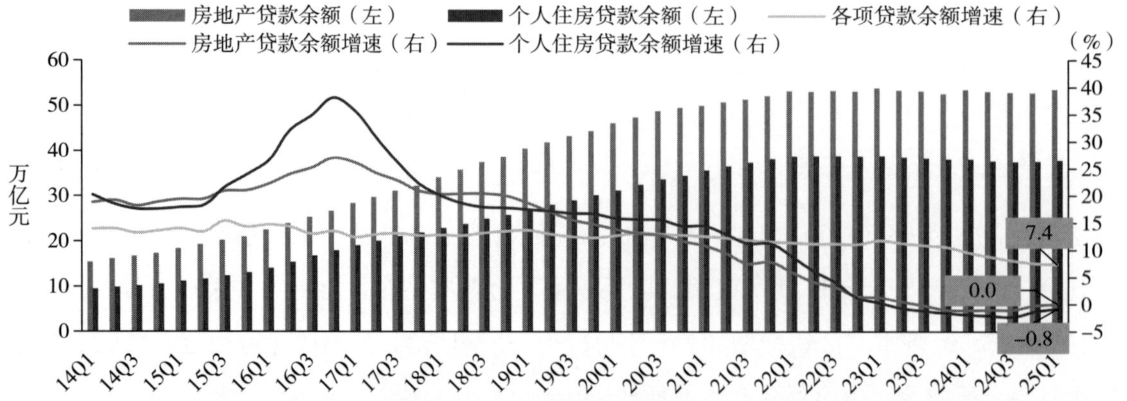

图5-40 2014年以来我国各项贷款及房地产贷款、个人住房贷款余额走势

数据来源：央行，中指数据 CREIS。

一季度房地产贷款余额同比持平，个人住房贷款余额同比降幅收窄。2025 年一季度末，房地产开发贷款增加 3535 亿元，余额 13.87 万亿元，同比增长 0.8%。个人住房贷款增加 2144 亿元，余额 37.9 万亿元，同比下降 0.8%，增速比上年末高 0.5 个百分点。2025 年一季度末，人民币房地产贷款增加 6197 亿元，余额 53.54 万亿元，同比增长 0.04%，增速比上年末高 0.2 个百分点。

4 月 25 日，中央政治局会议召开，会议认为“我国经济呈现向好态势，高质量发展扎实推进”，但也指出“经济持续回升向好的基础还需要进一步稳固，外部冲击影响加大”。同时会议强调“要加紧实施更加积极有为的宏观政策，用好用足更加积极的财政政策和适度宽松的货币政策”，财政政策强调加快地方政府专项债券、超长期特别国债等发行使用。货币政策提出适时降准降息，保持流动性充裕，加力支持实体经济等。预计下半年我国货币财政政策将进一步发力，以政策的确定性应对外部环境的不确定性。

（二）政策环境：更大力度推动房地产市场止跌回稳，下半年或全力推动已出台政策落地见效

1. 中央：国常会定调“更大力度推动房地产市场止跌回稳”

6 月 13 日国常会再次定调“更大力度推动房地产市场止跌回稳”，并明确政策发力方向。2025 年上半年，随着房地产市场形势的变化，中央对房地产的定调也出现阶段性调整。3 月两会政府工作报告延续 2024 年底中央经济工作会议对楼市的定调，明确“持续推动房地产市场止跌回稳”，从“促需求”“去库存”“防风险”三方面部署重点工作，并指出要“有序搭建相关基础性制度”。4 月 25 日，中央政治局会议指出“持续巩固房地产市场稳定态势”，对前期政策取得的效果做出肯定，并提出“加大高品质住房供给”，强调“优化存量商品房收购政策”。随着二季度市场边际转弱，6 月 13 日国常会指出“进一步优化现有政策，提升政策实施的系统有效性”，“更大力度推动房地产市场止跌回稳”，并明确“稳定预期、激活需求、优化供给、化解风险”的政策发力方向，为市场释放了政策进一步加力的积极信号。

表5-11　2025年以来中央重要会议中涉及房地产的内容梳理

会议时间	房地产相关表述
6 月 13 日国常会	构建房地产发展新模式，对于促进房地产市场平稳、健康、高质量发展具有重要意义，要着眼长远，坚持稳中求进、先立后破，有序搭建相关基础性制度。要扎实有力推进“好房子”建设，纳入城市更新机制加强工作统筹，在规划、土地、财政、金融等方面予以政策支持。要对全国房地产已供土地和在建项目进行摸底，进一步优化现有政策，提升政策实施的系统性有效性，多管齐下稳定预期、激活需求、优化供给、化解风险，更大力度推动房地产市场止跌回稳。
4 月 25 日中央政治局会议	加力实施城市更新行动，有力有序推进城中村和危旧房改造。加快构建房地产发展新模式，加大高品质住房供给，优化存量商品房收购政策，持续巩固房地产市场稳定态势。
3 月 5 日政府工作报告	持续用力推动房地产市场止跌回稳。因城施策调减限制性措施，加力实施城中村和危旧房改造，充分释放刚性和改善性住房需求潜力。优化城市空间结构和土地利用方式，合理控制新增房地产用地供应。盘活存量用地和商办用房，推进收购存量商品房，在收购主体、价格和用途方面给予城市政府更大自主权。拓宽保障性住房再贷款使用范围。发挥房地产融资协调机制作用，继续做好保交房工作，有效防范房企债务违约风险。有序搭建相关基础性制度，加快构建房地产发展新模式。适应人民群众高品质居住需要，完善标准规范，推动建设安全、舒适、绿色、智慧的“好房子”。持续推进城市更新和城镇老旧小区改造，统筹城市低效用地再开发，加快健全城市防洪排涝体系，加强燃气、给排水、热力、地下管廊等建设和协同管理。发展数字化、智能化基础设施，完善无障碍适老化配套设施，提升社区综合服务功能，打造宜居、韧性、智慧城市。

数据来源：中国政府网，中指研究院综合整理。

2025年上半年，中央和监管部门持续落地“稳楼市”政策，主要围绕去库存、扩需求、新模式和化风险等方面，具体来看：

（1）去库存：收购存量闲置土地和存量商品房是重点

当前去库存主要通过收回收购存量闲置土地、收购存量商品房两个方面展开。针对存量闲置土地，2024年年底国务院办公厅发文明确专项债券可用于收回收购闲置存量土地；2025年3月11日，自然资源部、财政部联合发文明确了运用专项债券支持土地储备工作的多项细则。针对收购存量商品房，在民生主题记者会上住建部部长倪虹明确要扩宽收购存量商品房的用途；4月15日，国务院总理李强在北京调研时指出“收购存量商品房用作保障性住房，是促进房地产市场止跌回稳、保障和改善民生的重要抓手。要落实好各项相关政策，在收购主体、价格和用途方面给予城市政府更大自主权，并及时研究推出新的支持措施”；4月25日，中央政治局会议指出“优化存量商品房收购政策”，各项配套政策有望持续跟进。另外，6月13日国常会明确提出“要对全国房地产已供土地和在建项目进行摸底”，有利于针对性优化相关政策，加速盘活存量用地、收购存量商品房。

除加快推进去库存外，中央也持续强调要严控增量。2025年政府工作报告中强调“合理控制新增房地产用地供应”，多个重点城市供地总量呈缩减趋势。

（2）扩需求：有力有序推进城中村和危旧房改造，降低房贷利率激活市场需求

2025年以来重要会议中多次强调实施城中村和危旧房改造，两会《政府工作报告》中指出“加力实施城中村和危旧房改造”，民生主题记者会上住建部部长倪虹强调要在上年新增100万套的基础上，继续扩大改造规模，4月25日中央政治局会议中指出“有力有序推进城中村和危旧房改造”，城中村改造与房票安置、货币化安置相结合，有利于释放更多住房需求。

2025年以来中央及监管部门多次发声支持推进城市更新，并陆续落地相关政策文件，5月15日中共中央办公厅、国务院办公厅发布《关于持续推进城市更新行动的意见》，标志着我国城市更新的顶层设计进一步完善。5月20日国家发改委、财政部、金融监管总局等多部门召开发布会针对资金支持方面提出支持政策。6月5日财政部、住建部发布2025年度中央财政支持实施城市更新行动评选结果，拟支持北京等20城实施城市更新行动。预计各部门细化支持性政策也将逐步落地，加速推动城市更新。

表5-12　　多部委针对城市更新的相关支持政策

部门	政策详情
住建部	要建立健全城市更新实施机制。 一是抓体检，建立城市体检与城市更新一体化的推进机制，下一步将拓展城市体检的广度和深度，更好地应用城市体检的成果； 二是抓规划，建立专项规划、片区策划、项目实施方案的规划实施体系； 三是抓落实，建立城市更新政策协同机制。
财政部	一是强化财政政策和资金保障，主要提到的就是中央补助资金和税费支持，未来还是通过这些渠道持续发力； 二是推动健全多元化投融资机制，扩大地方政府专项债投向领域和用作资本金的范围，继续强调要积极探索政府引导、市场运作、全社会参与的可持续城市更新投融资模式。
金融监管总局	积极为城市更新行动提供丰富多样、量身定做的金融产品和金融服务； 充分发挥不同类型金融机构的独特优势，把金融资源用在刀刃上，做好与财政资金、社会资本的有效衔接； 将研究出台专门的城市更新项目贷款管理办法，明确贷款条件标准，满足城市更新行动金融需求，提高金融服务的及时性和有效性。

续表

部门	政策详情
国家发改委	进一步加大对城市更新项目的支持力度。 一是加大中央投资支持力度，在已支持城镇老旧小区改造、城中村改造等项目的基础上，扩围支持城市危旧住房、老旧街区（厂区）转型提质等工程； 二是积极推进投融资模式创新，要充分发挥政府和社会资本合作新机制、基础设施领域不动产投资信托基金（REITs）等作用，引导支持政策性银行专项借款、银行信贷资金更好参与项目建设。
自然资源部	持续深化详细规划改革、优化核定容积率、鼓励用地功能转换兼容、推动空间复合利用、细化年限税费地价计收规则、妥善解决历史遗留问题等。

数据来源：中国政府网，中指研究院综合整理。

另一方面，降低房贷利率助推住房需求释放。5月7日，央行、金融监管总局、证监会召开发布会介绍“一揽子金融政策支持稳市场稳预期”有关情况，央行宣布降低存款准备金率0.5个百分点，下调政策利率0.1个百分点，下调结构性货币政策工具利率0.25个百分点，降低个人住房公积金贷款利率0.25个百分点，五年以上首套房利率由2.85%降至2.6%。5月20日，1年期LPR、5年期以上LPR均下调10个基点，分别由3.10%、3.60%调整为3.00%、3.50%，调整后5年期以上LPR、5年以上首套公积金贷款利率均降至历史最低水平，进一步降低购房者的置业成本，支持居民住房需求释放。

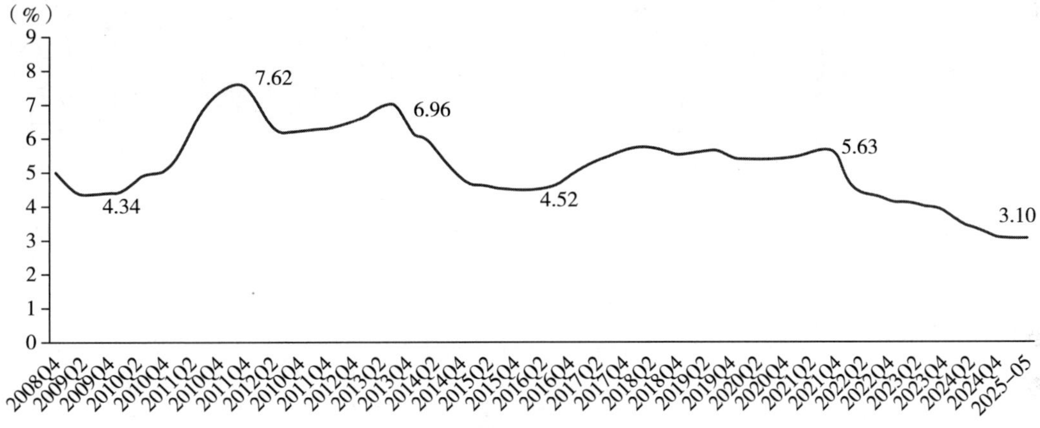

图5-41　个人住房贷款加权平均利率走势

资料来源：央行，中指研究院综合整理。

（3）新模式：“好房子”建设加速，有序搭建相关基础性制度

“好房子”建设是构建房地产发展新模式的重要内容之一。自建设“好房子”写入2025年政府工作报告后，相关配套政策不断落位。4月25日，中央政治局会议强调“加大高品质住房供给”；5月1日，新版《住宅项目规范》落地实施，对“好房子”建设标准进行规范；5月7日，金融监管总局在新闻发布会上指出“强化对高品质住房的资金供给”；6月13日，国常会进一步强调“要扎实有力推进‘好房子’建设”，并将“好房子”纳入城市更新机制加强工作统筹，表明未来老房子、旧房子也将按“好房子”标准进行改造。

另外，构建房地产发展新模式，搭建相关基础性制度相关表述在重要会议、重要文件中被频繁提及，2024年末中央经济工作会议以来，多次强调要“有序搭建相关基础性制度”，6月13日国常会中进一步强调“坚持稳中求进、先立后破”，预计土地制度、金融制度、税收制度、销售制度、住房保障制度等将有序推进。金融制度方面，5月7日，金融监管总局提出“加快完善与房地产发展新模式相适配的系列融资制度，包括房地产开发、个人住房、城市更新等贷款管理办法”；销售制度方面，5月13日，河南信阳率先落地现房销售，具有一定示范意义，在“有序搭建”的指导下，现房销售或渐进式推进。

（4）化风险：房地产融资协调机制持续扩围增效，做好保交房工作

根据金融监管总局披露数据，截至 5 月初，商业银行审批通过的“白名单”贷款增至 6.7 万亿元，支持了 1600 多万套住宅的建设和交付。持续做好保交房工作，对于修复市场情绪、缓解居民购房顾虑有着积极作用。

2. 地方：上半年各地政策出台超 340 条，政策频次保持较高水平

根据中指监测，2025 年上半年全国有约 170 省市（县）出台政策超 340 条，政策频次保持较高水平，但由于目前多数城市限制性政策已经放开，上半年各地政策优化力度趋缓，政策优化方向主要集中在调整优化公积金贷款、发放购房补贴，个别城市落地创新政策提振市场活跃度，多地发文调整规划要求支持“好房子”建设，多省市持续推进收回收购闲置存量土地、收购存量商品房。

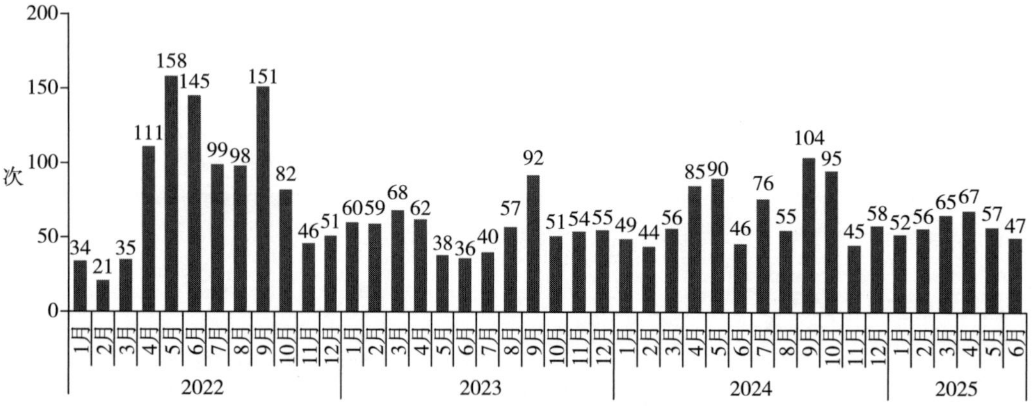

图5-42 2022年以来各地因城施策频次

表5-13 2025年以来主要政策类型出台频次对比

月份	合计	优化限购	优化限贷	优化限售	调整公积金	优化限价	购房补贴	优化预售资金监管	引才及落户
1月	52	0	3	0	16	2	14	2	6
2月	56	0	1	1	21	0	11	0	2
3月	65	0	1	1	35	0	12	2	7
4月	67	0	0	1	26	1	5	1	5
5月	57	0	1	0	27	0	14	2	5
6月	47	0	0	0	28	0	8	2	4

注：合计列中一条政策可能覆盖多个维度。

资料来源：中指研究院综合整理。

（1）激活需求：优化公积金贷款、加大购房补贴是政策主要发力方向

表5-14 2025年上半年部分重点省市激活需求政策内容

政策类型	关键政策	具体内容
激活需求	取消限售	重庆（2.8）：取消中心城区原已纳入两年限售范围住房的再交易管理。 南京（3.31）：全市范围内取消限售，商品住房在取得不动产权登记证书后即可上市交易。 无锡（4.15）：取得不动产权证，即可出售，相关税费仍按税费政策规定执行。
	优化交易税费	重庆（2.7）：完善个人住房房产税试点政策，不再将市外人员购买普通住宅纳入征税范围。 宁波（3.8）：契税优惠类家庭住房套数查询区域范围由市六区调整为购房所在区行政区域。 杭州（4.18）：购买上城区、拱墅区、西湖区、滨江区范围内住房的，享受家庭唯一住房、第二套住房契税优惠的住房套数查询范围确定为购房所在区行政区域。

续表

政策类型	关键政策	具体内容
激活需求	放松公积金贷款	山东（2.5）：支持现房销售，购买现房申请住房公积金贷款的，最高贷款额度可提高 10% 以上。购买第二套改善性自住住房申请住房公积金贷款的，最低首付款比例可降至 20%；取消异地购房提取和偿还贷款提取的户籍地和工作地限制。 深圳（3.16）：个人申请最高额度从 50 万元提高至 60 万元，家庭申请最高额度从 90 万元提高至 110 万元；首套住房上浮比例提高至 40%，多子女家庭购房上浮比例提高至 50%。购买本市保障性住房上浮比例为 20%。同时符合多种上浮情形可累加上浮比例，最高上浮 110%；二套首付比例下调至 20%。 宁波（3.19）：首次申请住房公积金贷款购买家庭首套自住住房的，最高贷款额度由 100 万元提高至 130 万元；宁波市城镇老旧小区改造项目范围内的住房所有权人及其配偶、父母子女，可以提取住房公积金。 苏州（4.17）：养育未成年二孩的，贷款额度可上浮 30%。养育未成年三孩及以上的，贷款额度可上浮 40%。购买“两智一全”等新建改善型住宅的，贷款额度可上浮 20%。 成都（4.14）：购买保障性住房使用住房公积金贷款的，最低首付款比例为 15%。单、双缴存人最高贷款额度对应上浮 50%。鼓励由租转购。 苏州（5.26）：优化灵活就业人员缴存住房公积金。支持单位在职职工自愿缴存的个人补充公积金制度。 济南（6.1）：购买本市高品质住宅，最高贷款额度上浮 30%。购买高品质住宅、多子女家庭或高层次人才、购买现房的，贷款额度上浮政策可叠加使用，最高贷款额度为 170 万元。 深圳（6.6）：在本市范围内购买住房符合条件的，可申请提取一次住房公积金用于支付购房首付款。 成都（6.6）：德阳市公积金缴存人在成都购房，在购房现场提交公积金贷款申请后，无需往返两地提交资料，由成都公积金中心直接受理，成都、德阳两地公积金中心线上进行审核，贷款政策和贷款额度与在成都的缴存人一致。 深圳（6.10）：推动住房公积金异地贷款互认互通，合作城市缴存职工在本地购买住房，贷款额度、房屋套数认定与本地缴存职工一致。 西安（6.20）：缴存职工贷款购买新建商品住房，借款人及其配偶可申请提取公积金直接支付购房首付款。关中平原城市群和省内缴存职工在西安购房的，均可在西安市办理公积金贷款，并享有西安市缴存职工同等权益。
	购房补贴	杭州余杭区（1.2）：购买相关镇街新建商品住宅的，一次性给予 5 万元补助；购买非住宅新建商品房的企事业等单位及个人，按契税金额的 50% 给予补助；对符合条件的市级 E 类、区级 E 类及以上等次高层次人才购买余杭区新建商品住宅，给予最高 20 万元购房补贴。 苏州（1.27）：对购买新建商品住房的购房家庭给予 50% 契税补贴；针对苏州大市范围内需满足“先卖后买”的购房者，给予 100% 契税补贴。 大连（3.7）：购买中山区、西岗区、沙河口区、甘井子区新建商品房可享受 1% 购房补贴。高新区进一步提高人才“购房券”补贴额度（博士提高至 25 万元，硕士提高至 15 万元，本科生、大专、中专、技工院校等毕业生提高至 10 万元）。 义乌（3.27）：给予 1000 元 / ㎡补贴，两孩家庭每套补贴 10 万元，三孩家庭每套补贴 20 万元。可叠加使用，每套补贴总额度不超过 25 万元。 常州（4.3）：符合购房资助条件的申请人，在市购房资助专项房源库内新选购一套建筑面积 140 平方米及以下新建商品住房现房，可获得购房款的 15% 但不超过 20 万元的购房资助。 武汉（4.30）：符合国家生育政策的二孩、三孩家庭在全市范围内购买新建商品住房的，分别发放 6 万元、12 万元购房补贴。 绍兴柯桥区（5.27）：二孩家庭每平方米补贴 1500 元，最高不超过 20 万元；三孩家庭每平方米补贴 2500 元，最高不超过 40 万元；超过三孩的家庭按三孩家庭标准补贴。 衢州（6.17）：二孩家庭购买 100 平方米及以上面积段的，可申请补贴 8 万元；三孩家庭购买 120 平方米及以上面积段的，可申请补贴 20 万元。

续表

政策类型	关键政策	具体内容
激活需求	特色化金融产品	苏州（3.10）：部分金融机构可提供定制化购房贷款产品，可享受前五年每月最低只归还 100 元本金，延长购房者本金还款期限，降低购房初期还款压力。 南京（3.31）：引导商业银行针对性推出低首付、低利息、低月供、宽期限的特色化金融产品，有效降低 45 岁以下青年人购买商品住房门槛（含新房和二手房）。 无锡（4.15）：支持金融机构对青年群体推行“低首付、低利息、低月供、宽期限”的特色化个人住房金融产品，更好地满足青年群体多元化信贷需求。 青岛（4.16）：鼓励相关银行面向 35 周岁以下来青就业创业青年群体，出台“低月供”的住房贷款金融产品，最长可前 10 年仅归还利息。新购房者可申请该金融产品，已购房者可调换按揭贷款为该金融产品。 日照（6.15）：推出青年群体住房贷款金融产品。鼓励相关银行面向就业创业青年群体，出台住房贷款金融产品，减轻购买新建商品住房负担。
	优化住房“以旧换新”	北京怀柔区（3.22）：通过国有企业成立平台公司收购二手房的方式进行，对于收购房屋要求为：旧房已取得房产证或不动产权证，且自房屋竣工备案之日起至今不超过 30 年的二手普通商品住房，面积不超过 120 平方米（含），不存在查封限制状况。实施范围暂时为区域内龙山街道、泉河街道及怀柔镇。可换购的新房则为怀柔区范围内已取得房屋预 / 现销售许可备案证明的商品房。 南京（3.31）：主推“中介帮卖”模式的住房“以旧换新”，政府提供合同金额 1% 的补助，企业提供首付款 3%~5% 的优惠，再叠加部分中介佣金优惠，共同加速住房“以旧换新”。 青岛（4.16）：鼓励国有企业及各类市场主体收购个人二手住房进行以旧换新。对于主体收购个人二手住房用作保障性租赁住房或长租房的，由市级财政给予每套 3 万元的一次性收购补助，由新建商品住房所在区（市）给予收购贷款连续 5 年、每年 2% 的贴息补助。

资料来源：中指研究院综合整理。

2025 年以来，各地在激活需求方面的政策调整主要集中于优化公积金贷款政策、加大购房补贴力度等方面。公积金贷款政策为各地政策调整的主要方向，上半年各地调整政策近 150 条，主要包括提高公积金贷款最高额度，优化公积金贷款住房套数认定标准，延长还款期限，支持提取公积金用于首付，支持异地互认互贷等。

深圳、苏州、济南等多地较大幅度提升公积金贷款额度上限，如深圳最高可累计上浮 110%，最高贷款额度由 117 万元提升至 231 万元，公积金贷款额度大幅提升可明显降低购房者置业成本，对需求释放有一定效果；深圳、成都、西安等地推进公积金贷款异地互认互贷，对提升住房公积金资金利用率、推动区域协同发展、支持居民异地购房方面都有积极作用。

另外，自 4 月常州创新建立补充住房公积金机制后，多地跟进落地，如苏州、湖北恩施州均支持单位在职员工自愿补充缴存住房公积金。徐州允许灵活就业人员补缴住房公积金，补缴金额可纳入贷款额度测算，实现快贷多贷。采取补充住房公积金机制的方式，可以明显提升购房者的公积金贷款额度上限，有助于降低购房成本。

表5-15　补充公积金相关政策

类型	政策相关内容
补充住房公积金	常州（4.3）：凡在我市正常缴存住房公积金的单位在职职工和灵活就业人员，均可签订补充住房公积金缴存协议，以自愿补缴、预缴的方式缴存补充住房公积金。补充住房公积金月补缴额不超过月缴存额上限与已缴存额之差。 苏州（5.26）：单位在职职工可以由个人自愿缴存补充住房公积金。 恩施州（6.16）：支持缴存人自主补充缴存住房公积金。
灵活就业人员补缴住房公积金	徐州（5.26）：凡在我市正常缴存住房公积金的灵活就业人员，可以自个人账户设立之日起一次或多次自愿补缴住房公积金。补缴金额与已缴存金额之和不超过规定上限，可一并纳入贷款额度测算范围，实现快贷多贷。

资料来源：中指研究院综合整理。

各地购房补贴力度提升，特别是针对多孩家庭等人群的购房补贴力度进一步加大。如义乌对首次置业购买建面小于150平方米且总价不超350万元的新建商品住房给予1000元/m²补贴，并对二孩、三孩家庭补贴10万元、20万元，对符合条件的购房者最高合计可补贴25万元；常州对符合条件的购房者发放最高购房款的15%但不超过20万元的购房补贴；绍兴柯桥区对符合条件的多孩家庭发放购房补贴，给予二孩家庭1500元/m²最高不超20万元，三孩及以上家庭2500元/m²最高不超40万元的购房补贴。

值得注意的是，为更好地将补贴精准发放至需要的人群，部分城市针对较大额度的补贴设置了一定退出条件，如绍兴柯桥区规定3年内出售房产的应退还购房补贴，3年内在柯桥区重新换购新房且面积不小于原补贴住房的无需退还，面积小于原补贴住房的按差额面积退还。

表5-16　部分城市购房补贴相关政策

城市	政策内容
义乌	购买建筑面积小于150平方米且预（现）售备案总价不超过350万元的一手新建商品住房，给予1000元/㎡补贴。两孩家庭每套补贴10万元，三孩家庭每套补贴20万元。可叠加使用，每套补贴总额度不超过25万元。 补贴兑付后，不得解除商品房买卖合同，如因不可抗力因素确需解除商品房买卖合同的，由开发商将补贴资金退回后再行解除。
常州	符合购房资助条件的申请人，在市购房资助专项房源库内新选购一套建筑面积140平方米及以下新建商品住房现房，并在购房资助资格凭证有效期内完成商品房买卖合同网签备案，可获得购房款的15%但不超过20万元的购房资助。 享受本购房资助所购买商品住房在全额退还资助款（不计息）后，方可撤销合同网签备案、上市交易。享受本购房资助的购房人及其配偶在我市购买其他商品住房前，须全额退还资助款（不计息）。
绍兴柯桥区	二孩家庭每平方米补贴1500元，最高不超过20万元；三孩家庭每平方米补贴2500元，最高不超过40万元；超过三孩的家庭按三孩家庭标准补贴。 办理不动产权属转移登记时，需载明“多孩家庭购房补贴”房屋属性，3年内出售的应退还购房补贴。3年内在柯桥区重新换购新房且面积不小于原补贴住房的无需退还，面积小于原补贴住房的按差额面积退还。

资料来源：中指研究院综合整理。

住房“以旧换新”方面，2025年以来，多地持续推进住房“以旧换新”，也是各地激活需求的重点政策之一。北京怀柔区跟进国企收旧换新模式，从业主手中收购存量商品房，并直接将购房款用于购买新房；南京通过市场化交易的模式开展“以旧换新”，通过政府、开发企业、中介三方协力，共同进行补贴优惠，政府补贴购房总款1%、开发企业给予首付款的3%~5%优惠，中介机构对前期参与业主免收卖方经纪费用，进一步降低购房成本；青岛落地国企收旧换新模式，政策中规定由财政部门对实施主体给予每套3万元的一次性收购补助和每年2%的收购贷款贴息（最长不超过5年），降低实施主体收购旧房的资金成本，加速“以旧换新”工作开展。

城中村改造方面，2025年以来多省市持续推进，在年初各地政府工作报告中，31个省市中24个省市将城中村改造作为年度重点任务进行部署，在支持资金方面，自2023年中央设立城中村改造专项借款后，各地持续申请，2024年国开行新增城中村改造专项借款3817亿元，2025年国开行、农发行也在持续投放，如5月农发行天津分行投放10.43亿元，农发行北京通州支行投放20亿元，加速各地城中村改造项目推进；1~5月，投向城中村改造项目的新增地方政府专项债券资金合计约400亿元（用于城中村改造专项债券统计口径为资金投向城中村改造及项目名称涉及城中村），资金的不断落位，为各地城中村改造工作推进提供支持。

表5-17　　2025年部分地区城中村改造计划

省市	城中村改造相关内容
广东	2025年预计将实施城市更新项目3000个以上，投资额超过4000亿元。其中，计划改造老旧小区1289个，计划启动城中村改造新模式项目不少于150个，计划推进历史文化保护传承项目141个。
上海	2025年加快推进“两旧一村”改造，完成31万平方米小梁薄板房屋等不成套旧住房改造，启动25个城中村改造项目。
贵州	2025年，加力实施城中村和危旧房改造，启动城中村改造3万户、城市危旧房改造8600套。
四川	2025年开展城市更新和安全韧性提升行动，加力实施城市“里子”工程，改造老旧小区4000个以上、城市危旧房3万套、城中村10万户。
浙江	2025年继续谋划实施好十方面民生实事。在城乡宜居方面，要实施城中村改造6万户。
福建	2025年将打造城市片区更新、社区更新2类15个省级样板，开工筹集城中村改造项目5000套，改造城镇老旧小区4.5万户。
山东	2025年创新城市更新支持政策，探索可持续模式，推进片区更新120个，开工老旧小区改造13.7万户。
河南	2025年将开展城市更新和安全韧性提升行动，实施城市更新项目3910个，改造城中村416个、老旧小区1459个。

资料来源：各地政府官网，中指研究院综合整理。

2025年多地持续优化房票安置政策，加速城中村改造的推进，在释放购房需求方面取得一定成果。厦门2024年10月推出房票政策2.0，房票的适用范围扩大至全市，同时可以购买车位、商铺等非住宅房源。政策落地后，拆迁安置工作提速，且对新房的去化也起到了直观效果，截至5月19日，厦门开具145亿元房票带动购房合同金额超210亿元，去化面积超65万平方米，对市场起到了积极的带动作用；广州运用城中村改造专项借款，将收购存量商品房与房票安置结合，截至5月30日，广州黄埔全区通过“房票安置”模式累计完成认购商品房1100余套，去化面积10余万平方米，拉动资金流转超20亿元。

表5-18　　2025年部分重点城市房票安置政策内容

城市	时间	政策文件	可购买房源范围	补贴	期限
厦门	2025/4	《关于进一步优化住宅房屋征收房票补偿安置政策的通知》	全市范围内新建商品房和二手房以及安置型商品房、安置房、竞配建房等。	6个月（含）内使用房票购房的，可按该时段实际使用房票金额的5%给予房票购房奖励。 第7个月至第12个月（含）使用房票购房的，可按该时段实际使用房票金额的2%给予房票购房奖励。	12个月
无锡惠山区	2025/4	《房屋征收房票补偿安置实施办法（试行）》	纳入无锡市房源信息库中的新建商品房以及配套车位。还可用于购买惠山区内的二手房。	购房补贴叠加，最高可达10%：基础补贴（5%）+房票开具后6个月内使用（2%）+购买新房面积≥140㎡（3%）。	12个月
南京	2025/3	《南京市住宅房屋征收房票安置办法（试行）》的征求意见稿	行政区内可用于国有土地上住宅房屋征收房票安置的房源，可跨区使用。	被征收人购房成交价格未超出房票票面金额的部分免征契税；购房成交价格超出房票票面金额的，超出部分按规定征收契税。	12个月
徐州	2025/3	《徐州市住宅房屋征收〈购房卡〉安置办法》（征求意见稿）	纳入“房源超市”的房源。	最高购房补贴金额为被征收房屋评估价款的20%。	6个月

资料来源：中指研究院综合整理。

除此之外，各地促进需求释放的创新举措也在持续跟进。3月苏州、南京推出减少月供中本金占比降低初期还款压力的特色金融产品后，无锡、青岛、日照相继跟进，其中青岛明确该金融产品最长可前10

年仅归还利息，同时指出已购房者可调换按揭贷款为该金融产品，有效降低购房者初期月供压力，降低购房门槛，预计此类政策也将在更多城市逐渐推广。

（2）优化供给：新房供应优化与去库存协同发力，改善市场供求关系

表5-19　　2025年上半年部分重点省市优化供给政策内容

政策类型	关键政策	具体内容
控制增量	以需定供	广州（3.31）：全市2025年计划批准预售商品住房建筑面积565万平方米，房源约5.4万套，其中，中心5区、外围4区和增从2区计划批准预售商品住房占比分别为36%、48%、16%。建立“人、房、地、钱”要素联动机制，结合房地产市场情况，计划供应商品住宅用地515.50公顷。 成都（4.1）：坚持以需定供，合理控制新增房地产供应，持续实施住房用地出让“三色管理”，对住房存量较大的区域限制住房用地供应，精准把握供地节奏，促进房地产市场供需平衡。加强规划引领，优化空间结构布局，推动住房用地供应向重点片区、产业组团、地铁沿线等重点发展空间倾斜，促进产城融合、职住平衡、宜居宜业。 北京（5.9）：顺应房地产发展趋势，合理控制新增房地产用地供应，盘活存量用地。2025年度安排商品住房用地240~300公顷，保障性住房用地475公顷。加大站城融合力度，优先在轨道站点周边等设施较为完备地区开发建设，适度提高建设强度，打造职住商活力中心。根据保障性住房年度建设计划，统筹安排各类保障性住房用地供应，稳步提升保障性住房空间供给质量，优先向现状和近期建设的轨道站点周边以及重点功能区周边布局。
去化库存	收购存量商品房	广州、杭州、合肥等地，收购项目落地。 浙江、四川，发行专项债券收购存量商品房。
	收回收购闲置存量土地	广东、重庆、河南、浙江等多省市，公示拟收回收购闲置存量土地项目信息及收购价格。 广东、湖南、浙江、安徽等多省，用于收回收购闲置存量土地专项债完成发行。
提高质量	优化项目设计规划	宁波（2.5）：风雨连廊、架空层、小区门厅等向居住小区全体业主全天候免费开放的不封闭公共空间，不纳入容积率计算；为居住小区配建的具有公共属性，产权移交相关部门（政府指定单位）或归全体业主共有的非营利性配套设施，不纳入容积率计算；不封闭阳台进深不大于2.4米的，按水平投影面积的1/2计入容积率。 北京（2.12）：适用范围为顺义、大兴、亦庄、昌平、房山、通州。可按需设置封闭或开敞阳台。每户阳台水平投影面积不大于套内建筑面积的10%，进深不大于1.8米。套内建筑面积超过140平方米的住宅，可在起居室（厅）设置1处挑空空间。可在小区集中绿地、活动场地附近的住宅建筑底层设置架空层。可在小区场地内设置风雨连廊，将相互独立的建筑物或将建筑物与小区内广场、游园等公共空间相互连接。连廊不封闭时，不计入容积率。增加了居住建筑高度管控的弹性，允许局部上浮，有利于形成高低错落的城市天际线。 苏州（4.21）：鼓励提升住宅阳台等半开敞空间，阳台水平投影面积之和不超过本层总水平投影面积（包括阳台）18%的部分，可按1/2计算容积率。鼓励与轨道交通设施互联互通，鼓励项目结合周边轨道交通站点出入口就近设置人行出入口，可按条件折减机动车配建停车指标。 西安（6.20）：建设安全、舒适、绿色、智慧的“好房子”，从规划、设计、建造、运维、管理等环节，完善房屋全生命周期标准体系。鼓励企业结合市场需求自主下调容积率，适度扩大绿化平台、阳台占套内面积比例，提供多样化住宅产品。风雨连廊、小区出入口大堂、绿化平台、架空层等不计入容积率。

资料来源：中指研究院综合整理。

控制增量方面，2025年以来，多地发布住房发展年度计划，明确住宅供应规模、住宅用地规模，多遵循“人、房、地、钱”的要素联动机制以需定供，对整体供应总量、供应结构进行优化。如广州发布2025年住房发展年度计划，计划批准预售商品住房建筑面积565万平方米，房源约5.4万套，其中中心5区、外围4区和增从2区计划批准预售商品住房占比分别为36%、48%、16%，整体向中心区域倾斜。另外，北京优化供地结构，供应区位更优的地块，北京明确加大站城融合力度，优先在轨道站点周边等设施较为完备地区开发建设，适度提高建设强度，打造职住商活力中心。

去化库存方面，2025年以来，各地持续落实收回收购闲置存量土地、收购存量商品房。

收回收购闲置存量土地：根据中指不完全统计，截至2025年6月底，全国各地公示拟使用专项债收回收购存量闲置土地的数量超3700宗，总用地面积接近2亿平方米，总金额超4700亿元，其中7个省市已经发行的专项债超960亿元（均为专项债“自审自发”试点地区），已发行金额占披露拟收储金额比重约20%。

表5-20　　各省市自治区拟使用专项债收购闲置存量土地及发债规模（截至2025年6月30日）

省/市	宗数（宗）	收储用地面积（万㎡）	拟收储总金额（亿元）↓	已发行和即将发行专项债（亿元）
广东	344	1698	655	304
重庆	333	1630	479	
河南	479	1714	414	
浙江	92	761	403	94
福建	157	626	354	85
安徽	273	1378	333	88
四川	298	1215	270	84
山东	220	930	261	66
河北	202	1050	247	
湖南	290	1459	246	239
江西	235	815	221	
湖北	182	2913	214	
广西	144	929	171	
陕西	31	162	132	
云南	199	720	89	
天津	41	297	75	
新疆	127	607	47	
江苏	16	47	42	
辽宁	50	296	34	
贵州	9	94	23	
山西	20	83	19	
海南	1	16	13	
吉林	10	79	9	
甘肃	15	129	8	
宁夏	6	273	2	
内蒙古	1	6	0.1	
总计	3775	19930	4762	961

注：专项债“自审自发”试点地区：北京市、上海市、江苏省、浙江省（含宁波市）、安徽省、福建省（含厦门市）、山东省（含青岛市）、湖南省、广东省（含深圳市）、四川省，河北雄安新区。

资料来源：中指研究院综合整理。

收购存量商品房：根据中指监测，2025年5月、6月，浙江、四川先后发行收购存量商品房的专项债券，意味着收购存量商品房的资金来源得到扩宽，有助于进一步加速去库存，改善供求关系。但当前两地运用专项债券收购存量商品房项目的金额合计21.9亿元，整体规模较低，且收购项目多为地方国企所有，更多起到了信号作用。

表5-21　　　　专项债收购存量商品房情况（截至2025年6月25日）

省份	城市	项目名称	收购项目企业性质	发行金额（亿元）	发行期限	发行利率
浙江	杭州	祥生·银湖新语	民企	1.0	30年	1.93%
				0.3	30年	/
	湖州	溪畔居	地方国企	5.1	10年	1.73%
		忆境府	地方国企	4.7	20年	2.02%
		星悦里	地方国企	4.5	20年	2.02%
		臻品府	地方国企	0.5	20年	2.02%
	台州	路桥区月和湾小区保障性租赁住房项目	地方国企	2.0	30年	/
	嘉兴	桐乡市乌镇镇保障性租赁住房收购项目	地方国企	0.6	30年	1.93%
	温州	温州市闻海中心区站前单元C-17地块（万科·欧洲华庭）	混合所有制	0.5	30年	1.93%
		瑞安市望荣锦苑收购项目（一期）	地方国企	0.3	30年	1.93%
		温州市三溪片区货站单元A-13地块（万科·臻湾华庭）	混合所有制	0.3	30年	1.93%
	衢州	龙游县兰亭小区保障性住房建设工程	民企	0.4	30年	/
四川	南充	南充市顺庆区2025年收购存量商品房用作保障性住房项目	民企	1.0	30年	2.13%
		仪陇县收购存量房用作保障性住房	地方国企	0.7	20年	2.12%
合计			/	21.9	/	/

数据来源：各地官方网站，中指研究院综合整理。

从收购价格来看，收购定价多通过备案价折扣的方式进行，如湖州南湖区多项目收购价格约为备案价格的90%左右；杭州祥生·银湖新语项目收购房源为企业自持商品房及车位，温州三个项目收购房源均为企业配建的政策性住房，因此收购价格折扣较大，如万科欧洲华庭，协商确定本次收购户型建筑面积90、120平方米的价格在国有建设用地使用权出让合同约定指定销售价基础上再进行9折，分别按备案价的63%、54%进行计算。从收购房源用途来看，多数收购项目用于保障性租赁住房，其中南充仪陇县项目部分收购房源用于配售型保障房。值得注意的是，湖州溪畔居等项目先期用于保障性租赁住房，在运营期满后出售房产，即先租后售，项目整体运营收入包括保障性租赁住房的租金收入、出售房产收入、停车费收入。

提高质量方面，推进“好房子”建设是2025年各地重点工作任务之一，多地已出台高品质住宅或“好房子”建设技术标准，如北京、苏州、西安等核心一二线城市相继跟进落地，各地优化建筑设计规划、计容规则，为开发企业提供了更大的发挥空间，有利于打造更为优质、实用性更强的高品质住宅项目。另外，根据市场消息，近期广州针对新报规项目收紧计容规则，对赠送面积进行规范，预计未来将有更多城市跟进。

整体来看，6月13日国常会定调“更大力度推动房地产市场止跌回稳”，对近期市场边际转弱作出及时回应，并给予明确政策导向，释放积极信号。预计下半年政策将围绕稳定预期、激活需求、优化供给、化解风险等方面全力落实已出台政策，推动市场止跌回稳。

稳定预期方面，坚持稳中求进、先立后破，有序搭建房地产相关基础性制度，谨慎释放收紧性政策，更有利于稳定市场预期。

激活需求方面，一方面，加大城中村改造的房票安置力度，促进新增住房需求释放；另一方面，6月13日，广州重申全面取消限购、限售、限价，降低贷款首付比例和利率，北上深限制性政策亦有优化空间，如优化大户型限购。各地优化公积金贷款、推进住房“以旧换新”、加大购房补贴力度等存在预期。

优化供给方面，持续完善和落实专项债券收购存量闲置土地、收购存量商品房的配套政策，加速收储节奏，改善市场供求关系。同时，各地“好房子”建设标准、规范计容规则等政策或加快出台，并在土地、金融等方面给予更大支持，促进高品质住房供给放量。

以上政策落地落实将有利于化解风险，除此之外，为稳定中长期市场，城市更新相关政策有望加快落实，如金融监管部门加快出台城市更新项目贷款管理办法，财政部门强化财政政策和资金保障，国家发改委加大中央投资支持力度，自然资源部门优化核定容积率、鼓励用地功能转换兼容等。

（三）市场趋势：2025 年新建商品房销售面积预计降至 9 亿平方米左右，“好城市 + 好房子”具备结构性机会

在 2024 年“9·26”一揽子政策支持下，2025 年一季度房地产市场延续修复态势，房地产止跌回稳取得一定成效，但市场恢复更多集中于核心城市，年初以来，“好城市 + 好房子”表现出较好韧性，土地市场也出现点状高热，但二季度以来，市场出现一定降温，需求修复动能减弱。国家统计局数据显示，1~5 月，全国新建商品房销售面积同比下降 2.9%，销售额同比下降 3.8%，销售降幅较 1~4 月有所扩大；开发投资额同比下降 10.7%，新开工面积同比下降 22.8%，开工投资降幅略超过中指年初偏弱预期。6 月 13 日，国常会定调重回“更大力度推动房地产市场止跌回稳”，并强调“进一步优化现有政策，提升政策实施的系统性有效性，多管齐下稳定预期、激活需求、优化供给、化解风险”，预计下半年各项已出台政策将加快加力落实，以推动房地产市场止跌回稳。

结合最新的宏观经济环境、国内重要会议传达的政策信号及国内外研究机构主流观点，我们对全年房地产市场环境提出如下假设。

假设 1：2025 年下半年宏观政策持续发力，全年 GDP 实际增速在 5% 左右；

假设 2：货币政策继续发力稳经济，M2 增速在 8% 左右；

假设 3：房地产政策环境保持宽松，并加快专项债收储及城中村改造等政策落实。

根据“中国房地产业中长期发展动态模型”测算，我们预计 2025 年下半年全国房地产市场呈现“销售波动调整，投资、开工仍承压”的特点。

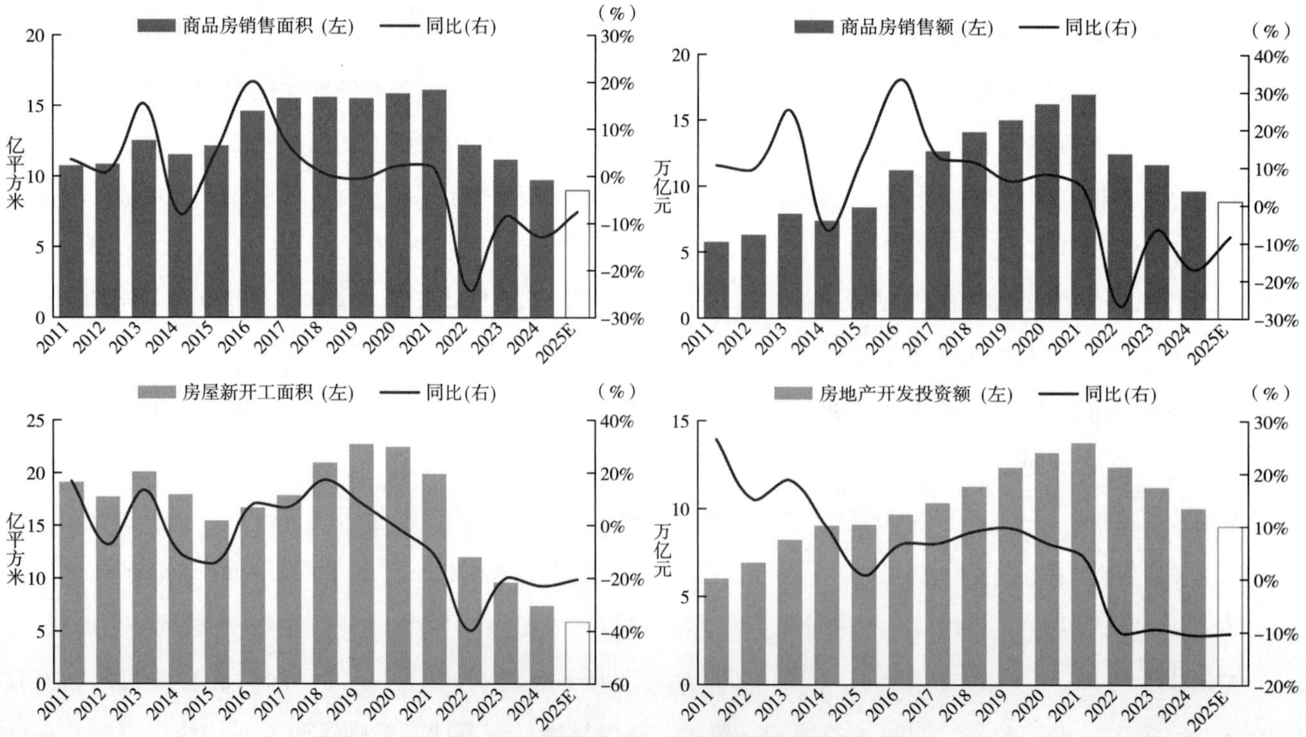

图5-43　2025年全国房地产市场各项指标预测结果（年中修正）

表5-22　　近几年全国房地产市场主要指标及2025年预测结果（年中修正）

时间	新建商品房销售面积		新建商品房销售额		房屋新开工面积		房地产开发投资额	
	绝对量（亿平方米）	同比（%）	绝对量（万亿元）	同比（%）	绝对量（亿平方米）	同比（%）	绝对量（万亿元）	同比（%）
2021	16.1	1.6	17.0	4.6	19.9	-11.4	13.8	4.3
2022	12.2	-24.3	12.5	-26.7	12.0	-39.7	12.4	-10.0
2023	11.2	-8.5	11.7	-6.5	9.6	-20.0	11.2	-9.5
2024	9.7	-12.9	9.7	-17.1	7.4	-23.0	10.0	-10.6
2025E	9.0	-7.6	8.9	-8.3	5.9	-20.5	9.0	-10.3

注：历年数据为国家统计局官网公布的修订数据。

数据来源：中指研究院测算。

1. 销售趋势：短期新房市场波动调整，全年商品房销售面积预计降至9亿平方米左右

自2024年四季度一揽子政策落地后，重点城市新房销售量连续两个季度保持修复态势，二手房成交量保持增长，市场“止跌回稳”取得一定成效，但2025年二季度市场有所转弱，1~5月全国新建商品房销售面积同比下降2.9%，在低基数下，降幅较上年明显收窄，但较1~4月扩大0.1个百分点。2024年底我们提出三项影响2025年商品房销售恢复的主要因素，包括居民收入预期偏弱，新开工面积持续下滑导致优质供给不足，以及二手房分流新房市场需求。从上半年市场情况来看，一方面，居民就业收入预期改善尚不明显，仍对居民置业节奏产生影响；另一方面，前五月房屋新开工面积下降22.8%，超出年初预期，供给端偏弱仍将制约销售的修复；此外，重点城市二手房“以价换量”延续，成交占比维持高位，对新房“替代效应”仍明显。

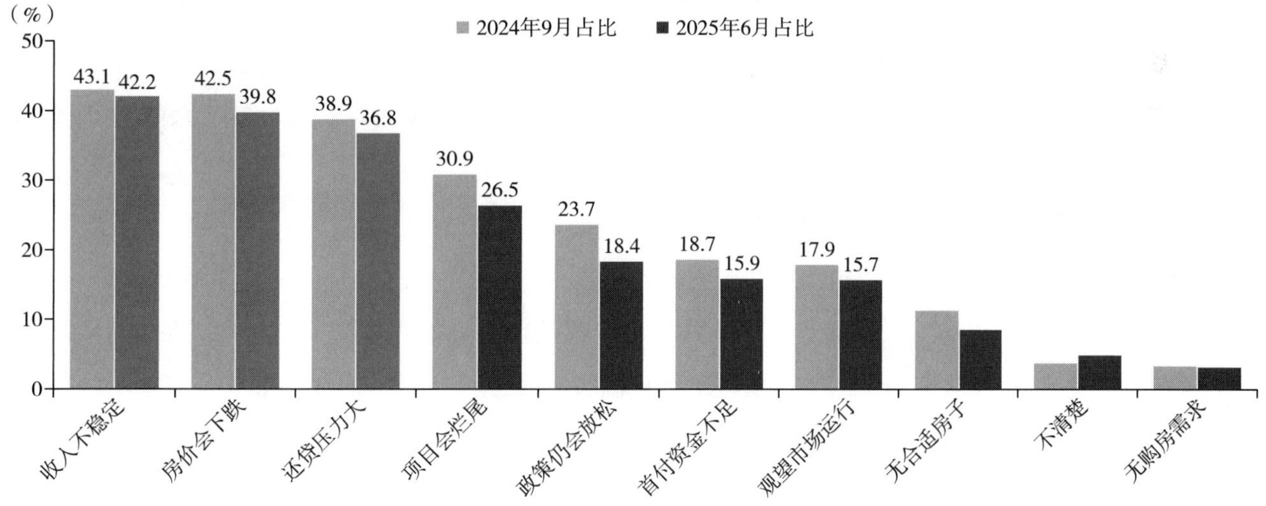

图5-44　2024年9月及2025年6月制约购房者入市的主要影响因素（多选）

数据来源：中指调查，中指数据CREIS。

短期居民收入及房价预期偏弱等仍是制约购房者入市的主要因素。根据中指调查数据，在制约购房者入市的因素中，收入不稳定、房价会下跌、还贷压力大仍位居前三位，尽管相比2024年9月占比均有回落，但整体仍处高位。在宏观经济复苏基础仍需巩固的背景下，这些因素预计将在短期内持续影响购房者的信心与行动。

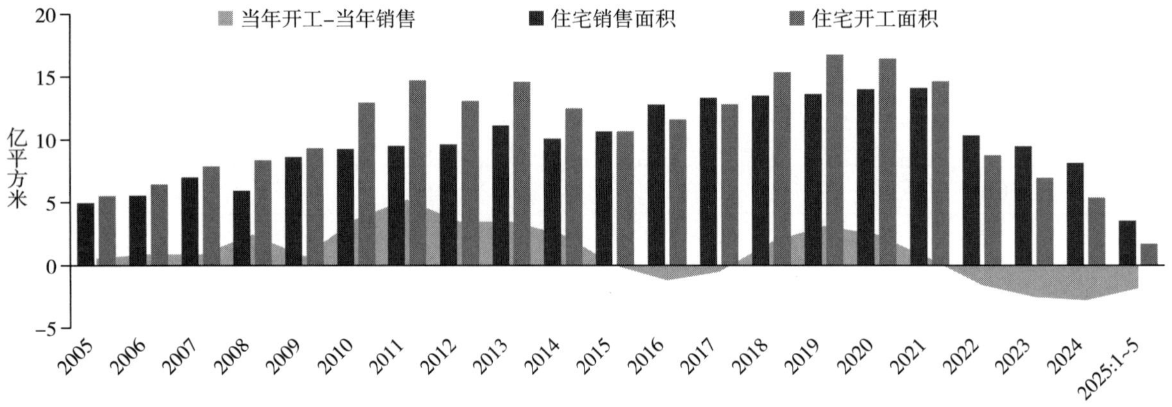

图5-45 全国新建住宅销售面积和新开工面积

数据来源：国家统计局。

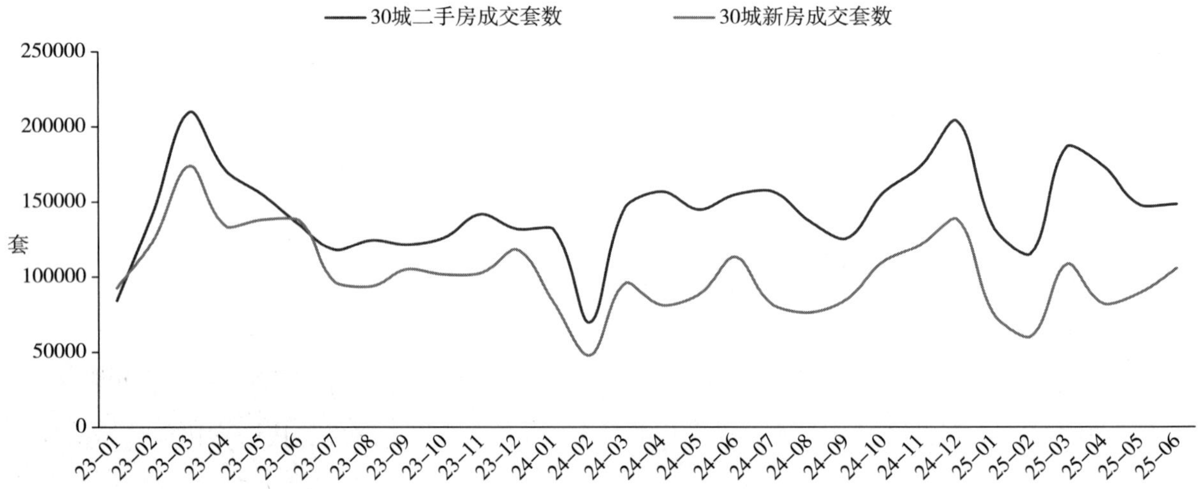

图5-46 30城新房及二手房成交套数走势

数据来源：中指数据 CREIS。

优质供给是当前支撑新房销售恢复的重要因素，但上半年新开工规模仍明显承压。2025 年 1~5 月，全国房屋新开工面积同比下降 22.8%，仍接近 2024 年全年降幅（–23%），当前市场中“好房子”整体去化表现明显好于库存“老项目”，供给端偏弱仍将制约销售的修复。

重点城市二手房成交量表现继续好于新房市场，短期仍产生分流效应。2025 年上半年，重点 30 城二手房成交量同比增长 12%，同口径新房成交套数同比增长 2%。受二手房价格下调更为明显影响，高性价比房源成交带动二手房市场“以价换量”现象持续，尽管低价房源加速成交一定程度上消化了部分挂牌量，但短期来看，价格预期偏弱下二手房供应仍维持高位，重点城市二手房市场继续分流新房销售。

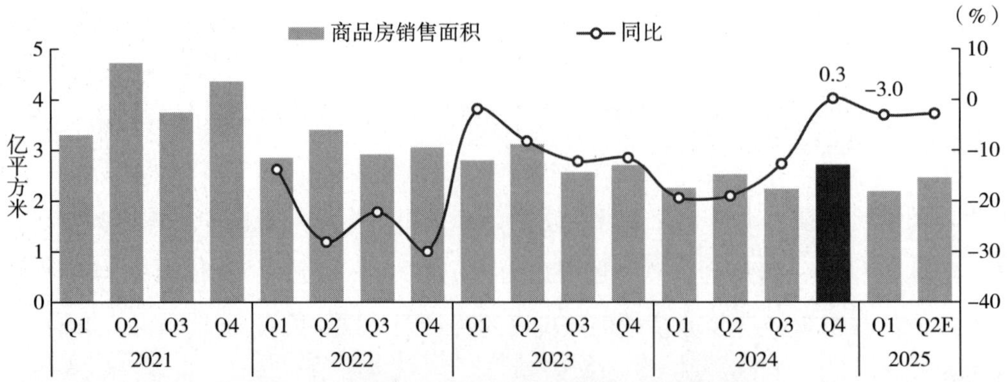

图5-47 各季度全国新建商品房销售面积及增速

注：2021—2024 年 5 月数据根据次年公布值及增速修正，2025Q2 规模使用 4~5 月增速估算。

数据来源：中指调查，中指数据 CREIS。

整体来看，考虑到2024年上半年新房销售基数较低，而四季度市场在一揽子政策带动下实现修复，基数有所升高（2024年四季度同比增速转增为0.3%），同时综合考虑前述几项因素，预计全年新建商品房销售面积或下降7.6%，相比中指2024年底提出的中性情形下调1.3个百分点，全年新建商品房销售面积预计降至9亿平方米左右。

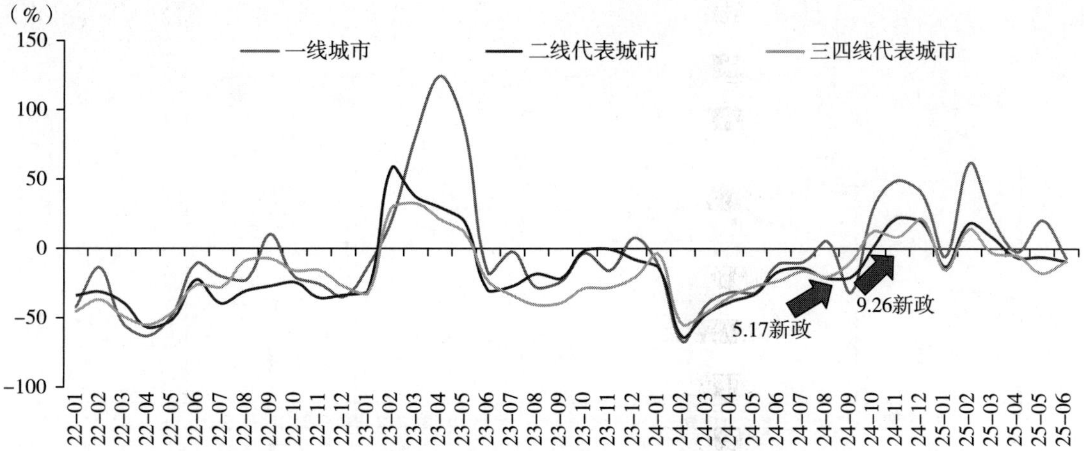

图5-48　各线代表城市新建商品住宅平均成交面积走势

数据来源：各地房管局，中指数据CREIS。

分化行情延续，"好城市+好房子"具备结构性机会。2025年上半年，得益于中央和地方稳市场政策持续发力，新房市场交易总体平稳，但各线城市出现区域分化，一线城市新建商品住宅成交面积同比保持增长，市场韧性强于二三线城市。从趋势来看，政策空间及力度、市场供求关系、城市聚集效应等是影响城市市场修复节奏的核心因素，预计不同城市、不同项目分化趋势将延续，"好城市+好房子"新房市场空间仍在。一二线核心城市因人口持续流入，住房需求相对稳定，高端改善需求韧性强，仍具备较大开发潜力；而对于大部分三四线城市而言，房地产高速增长的时期已基本结束，未来这些城市的住房将回归消费属性，城镇化及购买力将主导市场走势。

2. 价格趋势：核心城市优质供给有望支撑新房价格整体保持平稳

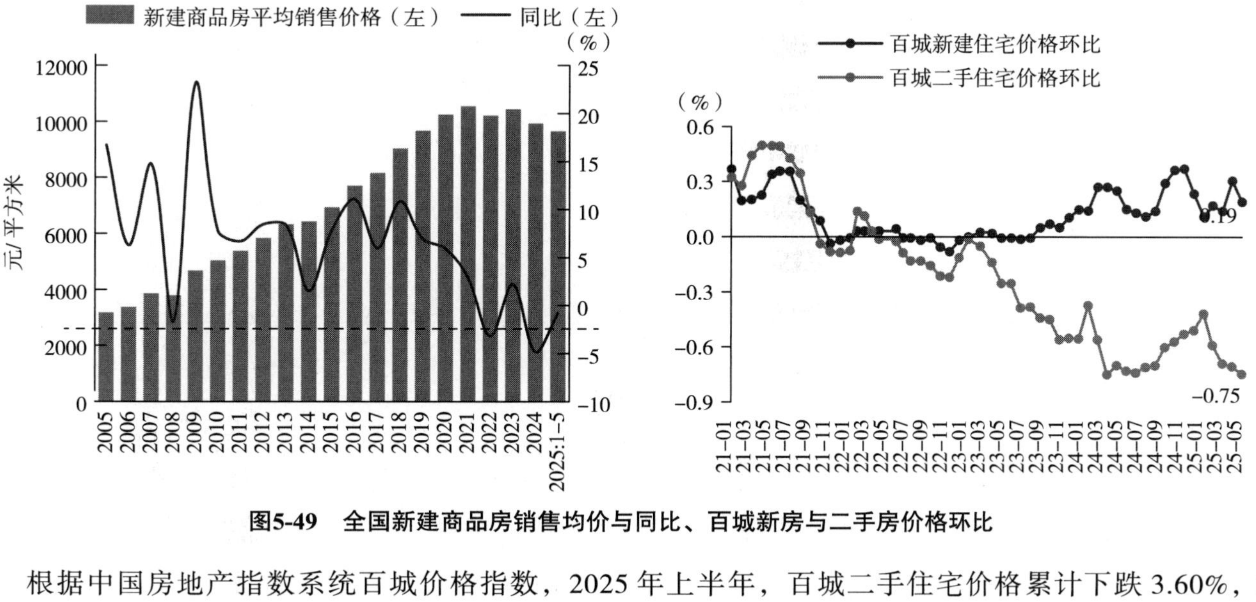

图5-49　全国新建商品房销售均价与同比、百城新房与二手房价格环比

根据中国房地产指数系统百城价格指数，2025年上半年，百城二手住宅价格累计下跌3.60%，3月以来百城二手房价格环比跌幅再次扩大，6月环比下跌0.75%，"以价换量"仍是市场主流。二手房价格的持续下行，一方面吸引部分需求进入二手房市场，另一方面也使得新房价格预期承压，在不少核心城市改善楼盘及“新规”项目入市带动下，百城新房挂牌均价保持微涨态势，但“老项目”市场竞争进一步承压，降价促销仍是不少存量项目实现去化的重要手段。核心城市二手房价格预计在高挂牌量影响下，将延续小幅下跌趋势，“好房子”产品入市及一二线成交占比提升，有望支撑新房价格保持平稳。

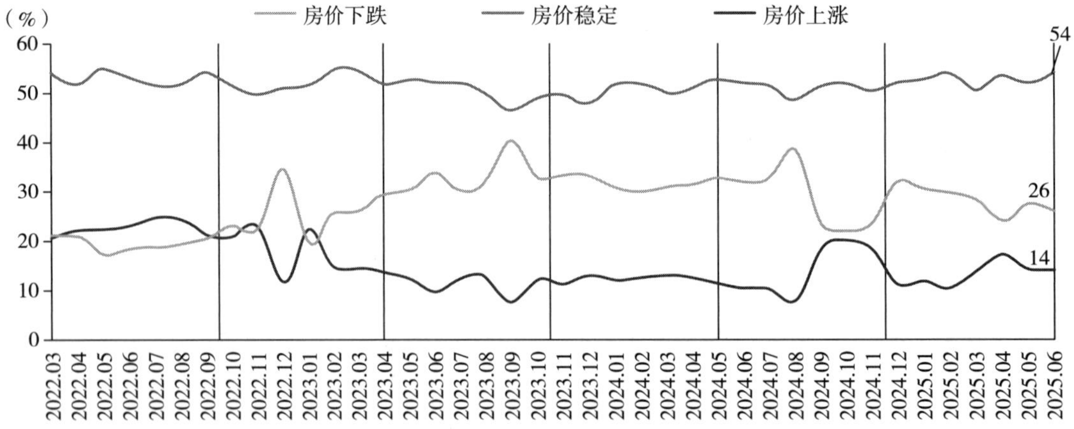

图5-50 2022年3月以来购房者对房价预期变化

数据来源：中指调查，中指数据 CREIS。

从房价预期上看，根据中指调查数据，2025 年 6 月，预期“房价上涨”的受访者占比为 14%，较 5 月基本持平；预期“房价下跌”的受访者占比为 26%，较 5 月下降 1 个百分点，居民房价预期小幅修复；预期“房价稳定”的受访者占比为 54%。

同时，稳房价的积极因素也在增加，当前居民购房首付比例及名义房贷利率均已降至历史低位，在经历较长调整周期后，多数城市房价下跌压力有所趋缓，同时随着供应减少及去库存政策发力，市场供求关系得到一定改善也有助于稳定房价预期，同时 2024 年下半年以来核心城市成交了较多优质地块，后续形成新房供应也将对房价形成一定支撑。

3. 开工趋势：预计下半年新开工延续下行态势，全年降幅约 20.5%

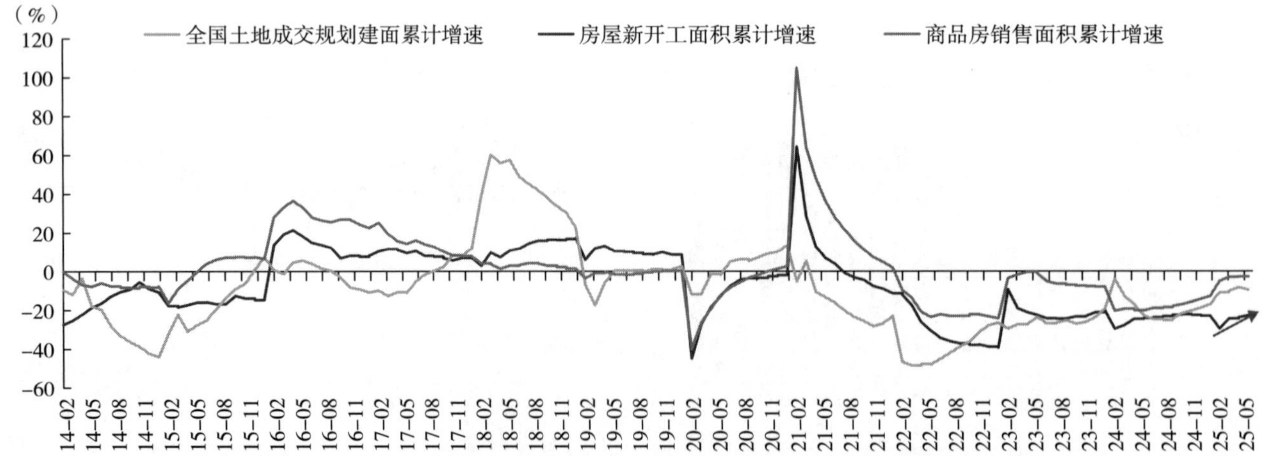

图5-51 全国土地（住宅+商办）累计成交面积、房屋新开工面积、商品房销售面积及同比变化

数据来源：国家统计局，中指数据 CREIS。

上半年土地成交面积降幅收窄有望带动下半年新开工有所修复，但全年降幅预计仍较大。2025 年 1~5 月，全国房屋新开工面积同比下降 22.8%，降幅连续 3 个月小幅收窄，但同比降幅仍较大。在影响新开工的多个因素中，土地成交规模是新开工最前端指标，2025 年 1~5 月全国土地（住宅 + 商办用地）成交面积同比下降 9.6%，较 2024 年全年收窄 7.5 个百分点，同时上半年成交地块多为核心城市优质地块，预计将带动下半年开工降幅收窄。但目前市场库存仍处高位，2025 年 5 月商品房待售面积（已竣工未售面积）达 7.74 亿平方米，同比增长 4.2%，待售库存或继续影响房企开工意愿。整体来看，预计全年新开工面积同比下降 20.5%，降幅仍较大，新开工面积或降至约 5.9 亿平方米。

4. 投资趋势：下半年投资或维持低位，预计全年同比下降 10.3%

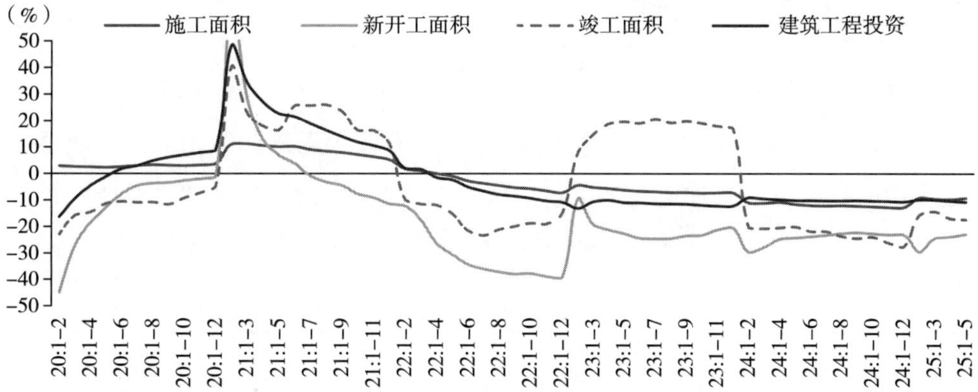

图5-52　房屋施工、新开工、竣工面积和房地产开发建筑工程投资同比走势

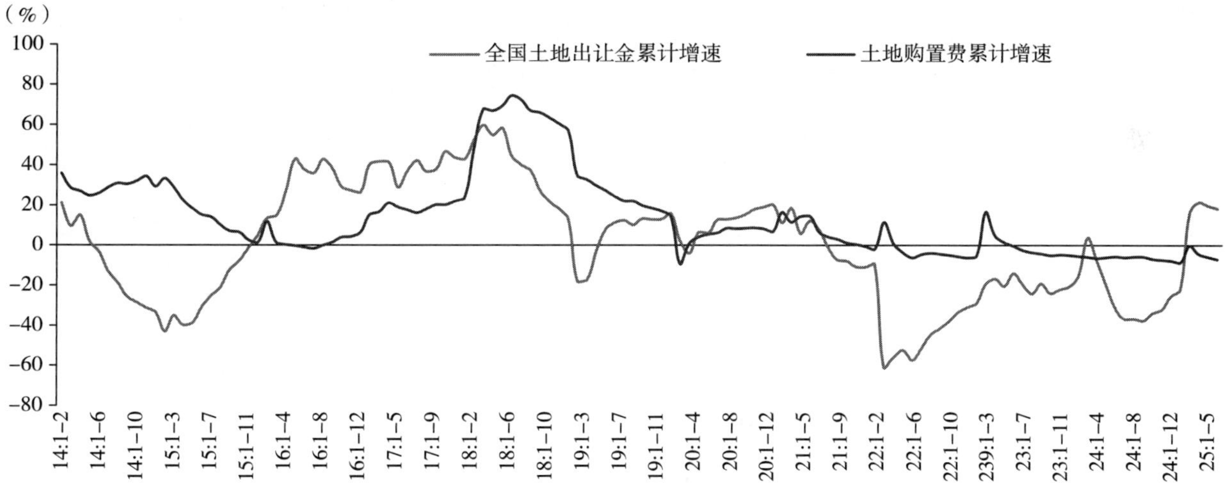

图5-53　全国土地（住宅+商办）出让金、土地购置费同比走势

数据来源：国家统计局，中指数据 CREIS。

从房地产投资的两项主要构成因素来看，房屋施工、新开工、竣工面积延续回落态势，预计继续拖累建筑工程投资恢复。2025 年 1~5 月，全国房地产开发建筑工程投资 1.9 万亿元，同比下降 12.6%，降幅高于房地产开发投资 1.9 个百分点。1~5 月，全国房屋施工面积同比下降 9.2%，新开工面积同比下降 22.8%，竣工面积下降 17.3%，短期来看，施工面积、新开工面积、竣工面积仍将延续同比下降的趋势。综合来看，下半年建筑工程投资修复仍面临压力。核心城市优质地块供应加快带动上半年土地出让金回升，预计下半年可带动土地购置费有所修复。2025 年 1~5 月，房企积极获取核心一二线城市优质地块，带动前 5 月全国土地出让金同比增长 15.8%，土地出让金同比增长有望在下半年对土地购置费形成一定支撑。综合考虑建筑工程投资和土地购置费（两项占房地产开发投资的比重超 90%），预计全年房地产开发投资同比下降 10.3%。

整体来看，受居民收入及房价预期偏弱、优质供给不足、二手房持续分流等因素影响，市场仍处于止跌回稳过程中，预计 2025 年新建商品房销售面积同比或下降 7.6%，规模降至 9 亿平方米左右，预计下半年城市分化或将更趋明显，一二线核心城市有望保持修复态势。供给端来看，新房销售市场波动调整、库存仍处于高位等因素影响下，开工投资动能不足，但上半年土地市场有所修复，土地成交面积降幅收窄、出让金出现增长，或可支撑开工投资降幅略有收窄。

（四）关注点：专项债收购闲置存量土地待加速；新模式强调先立后破，有序搭建相关基础制度

1. 下半年专项债收购闲置存量土地待加速

专项债收购闲置存量土地是推动房地产市场止跌回稳的关键举措。自 2024 年以来，中央和监管部门围绕盘活闲置存量土地和商品房出台了一系列政策，其中 2025 年以来，运用地方专项债收回收购存量闲置土地取得一定进展，这将有助于加速当地土地市场"去库存"，改善供求关系及企业资金状况，推动市场进入新的循环。

表5-23　近年来中央及监管部门关于专项债收储表述汇总

时间	部门	主要内容
2024.5	住建部、自然资源部	妥善处置闲置土地、盘活存量土地：①允许企业合理调规；②支持预告登记转让和"带押过户"；③以合理价格收回闲置土地。
2024.6	自然资源部、国家发改委	对如何妥善处置闲置存量房地产用地，提出 18 条政策措施。
2024.10	财政部	允许专项债券用于土地储备。
2024.11	自然资源部	要求各地加大运用专项债收回收购存量闲置土地力度，同时明确收购存量土地细则。
2024.12	国务院办公厅	明确专项债券可用于收回收购闲置存量土地。
2025.1	财政部	已经明确了专项债管理的相关要求，地方已经可以做了。
2025.3	自然资源部、财政部	明确运用专项债券资金支持土地储备工作的多项细则。
2025.3	中共中央办公厅、国务院办公厅	允许专项债券支持城市政府收购存量商品房用作保障性住房。

数据来源：政府官网，中指数据 CREIS。

实施进展：根据中指不完全统计，截至 2025 年 6 月底，全国各地公示拟使用专项债收回收购存量闲置土地的数量超 3700 宗，总用地面积接近 2 亿平方米，总金额超 4700 亿元，其中 7 个省市已经发行的专项债超 960 亿元（均为专项债"自审自发"试点地区），已发行金额占披露拟收储金额比重约 20%，专项债发行仍待提速。

根据已公布的拟使用专项债收储地块清单来看，土地类型以住宅用地（含综合用地）为主，占比约 65%，商办用地占比约 25%，工业用地占比约 6%。拿地时间集中在 2020—2024 年，占比约 77%，特别是 2021—2023 年地块居多。被收储用地单位以地方国企为主，占比超 80%，民企约占 13%，其中工业用地民企占比相对较高，占比超 30%。从区域分布来看，披露拟使用专项债收购存量闲置土地的区域中，广东、重庆、河南、浙江拟收储金额均超 400 亿元，各城市中，重庆、郑州、西安、惠州、温州等排在前列。从收储价格来看，对比拟收储单价与土地出让时的成交单价，接近 50% 的地块比值在 0.8~1.0 之间，约 30% 的地块比值在 0.9~1.0 之间，约 13% 的地块比值在 0.7~0.8 之间。

表5-24 拟使用专项债收储金额和已发行专项债TOP10城市（截至2025年6月30日）

拟使用专项债收储金额 TOP10				已发行 / 即将发行专项债金额 TOP10	
城市	宗数（宗）	收储用地面积（万㎡）	拟收储总金额（亿元）	城市	已发行 / 即将发行专项债（亿元）
重庆	333	1630	479	广州	60
郑州	131	505	174	珠海	58
西安	31	162	132	惠州	54
惠州	46	226	128	滁州	41
温州	13	230	122	长沙	38
福州	10	46	95	龙岩	35
柳州	45	323	92	肇庆	31
嘉兴	26	255	83	泰安	25
漳州	22	96	78	茂名	23
宜春	87	266	76	南平	22

数据来源：中指研究院综合整理。

政策趋势来看，6 月 13 日，国常会定调重回“更大力度推动房地产市场止跌回稳”，同时强调“要对全国房地产已供土地和在建项目进行摸底，进一步优化现有政策，提升政策实施的系统性有效性”。短期来看，预计下半年政策将围绕稳定预期、激活需求、优化供给、化解风险等方面展开，其中优化供给上，预计将持续完善专项债券收购存量闲置土地等配套政策。对于房企而言，应充分利用专项债收储政策机遇，积极采取有效措施盘活存量资产、优化土地储备结构，持续改善资产负债表情况。

2. 房地产发展新模式强调先立后破，有序搭建相关基础制度，现房销售或在库存较大区域逐步推行

近几年，中央及监管部门多次指出要构建房地产发展新模式，2023 年 11 月，住建部倪虹部长接受媒体采访时就表示“构建房地产发展新模式，是破解房地产发展难题、促进房地产市场平稳健康发展的治本之策。过去在解决‘有没有’时期追求速度和数量的发展模式，已不适应现在解决‘好不好’问题、高质量发展阶段的新要求，亟需构建新的发展模式”，并从理念上、体制机制上和抓落实上阐述了构建新发展模式的思路和考量，其中在体制机制上，提及“建立‘人、房、地、钱’要素联动的新机制”，也提到“改革开发方式、融资方式、销售方式”等。

2025 年 5 月 13 日，河南信阳住建局发布《关于加强商品房预售管理工作的若干措施（试行）》的批前公示，其中提到“新出让土地开发的商品房，一律实行现房销售”，再次引发市场对于新模式与现房销售制度的讨论。随后 6 月 13 日国常会提出“构建房地产发展新模式，对于促进房地产市场平稳、健康、高质量发展具有重要意义，要着眼长远，坚持稳中求进、先立后破，有序搭建相关基础性制度”。预计现房销售或在库存较大区域逐步推行。

我国对于“现房销售”的尝试由来已久，早在 2005 年央行报告就提出“考虑取消房屋预售制度”设想，2010 年住建部推行商品住房现售试点，2020 年，海南成为全国首个全面推行现房销售政策的省份。2023 年 1 月，全国住房和城乡建设工作会提出“有条件的可以进行现房销售”，随后山东、安徽、河南、山西、深圳、广州等省市相继探索现房销售试点。2024 年 12 月，全国住房城乡建设工作会议明确将“大力推进商品住房销售制度改革，有力有序推行现房销售”列入 2025 年重点任务。

表5-25　　中央及监管部门、各省市关于现房销售政策汇总

类别	部门	时间	内容
中央及监管部门	央行	2005.8	在《2004 年中国房地产金融报告》提出“考虑取消房屋预售制度”。
	住建部	2010.4	推行商品住房现售试点，鼓励各地结合当地实际，制定商品住房现售管理办法，引导房企现售商品住房。
	国务院办公厅	2013.2	指出“各地区要提高商品房预售门槛，从工程投资和形象进度、交付时限等方面强化商品房预售许可管理，引导房地产开发企业理性定价，稳步推进商品房预售制度改革”，进一步规范商品房预售制度。
	住建部	2023.1	提出有条件的可以进行现房销售。
	住建部	2023.6	开展现房销售试点，推动房地产产业向新发展模式平稳过渡。
	住建部	2024.3	要改革完善商品房开发、融资、销售等基础性制度，有力有序推进现房销售。
	住建部	2024.5	有力有序推进现房销售，通过“白名单”融资政策，支持商品住房项目达到现房销售条件。
	住建部	2024.8	有力有序推进现房销售，指导地方选择新的房地产开发项目，在土地出让时就约定实行现房销售，结合实践制定配套政策。
	住建部	2024.12	大力推进商品住房销售制度改革，有力有序推行现房销售，优化预售资金监管。
省市	海南省	2020.3	新出让土地建设的商品住房实行现房销售制度。
	北京市	2021.5	第二轮集中土拍中首次试点竞现房销售地块。
	山东省	2023.1	逐步提高预售门槛，鼓励有条件的地方先行先试，开展现房销售试点。
	安徽省	2023.2	因地制宜开展现房销售试点。
	四川省	2023.2	支持有条件的城市开展商品房现售试点，积极推动房地产业向新发展模式平稳过渡。
	河南省	2023.2	以郑州、开封为试点，积极探索预售制度改革和现房销售。
	山西省	2023.8	在晋城市开展现房销售试点，尽快形成可复制、可推广的经验做法，逐步推动房地产业向新发展模式转变。
	雄安新区	2023.9	取消商品住房预售，实行现房销售。
	深圳市	2024.9	A219-0080 地块要求全部现房销售。
	银川市	2024.10	明确新出让土地项目按照不少于 30% 建筑面积实行现房销售。
	广州市	2024.11	配售型保障性住房采取现房销售模式。
	昆明市	2025.1	有序推进现房销售，选取有条件的县（市）区开展现房销售试点工作。
	长沙市	2025.1	有力有序推进现房销售、存量商品房去库存，构建房地产发展新模式，持续用力推动房地产市场稳健发展。
	信阳市	2025.5	新出让土地开发的商品房，一律实行现房销售。

数据来源：中指研究院综合整理。

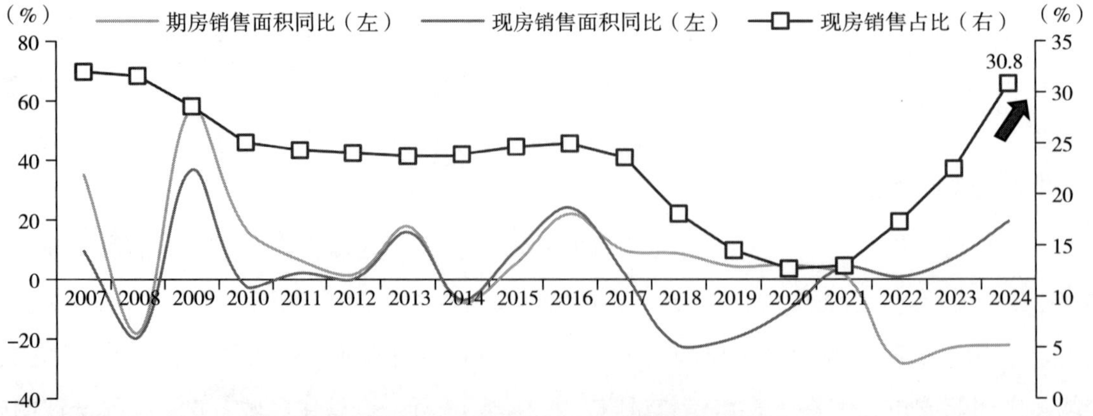

图5-54　2007年以来商品住宅期房及现房销售情况

数据来源：政府官网。

早在 2007—2008 年，全国商品住宅现房销售比例曾达到 30% 以上，2009 年降至 27%，此后，房企周转速度加快，2010—2016 年，现房销售比例稳定在 24%~25% 左右，2018 年现房销售面积出现回落，导致占比下降至 18%，2020、2021 年占比仅为 13% 左右。2022 年以来，在居民对期房交付担忧加重后，现房销售占比出现提高，2024 年商品房现房销售 3.0 亿平方米，同比增长 19.4%，而同期期房销售面积大幅下降 22.2%，现房销售占比回升至 30.8%，其中海南省现房销售占比达 67.9%。

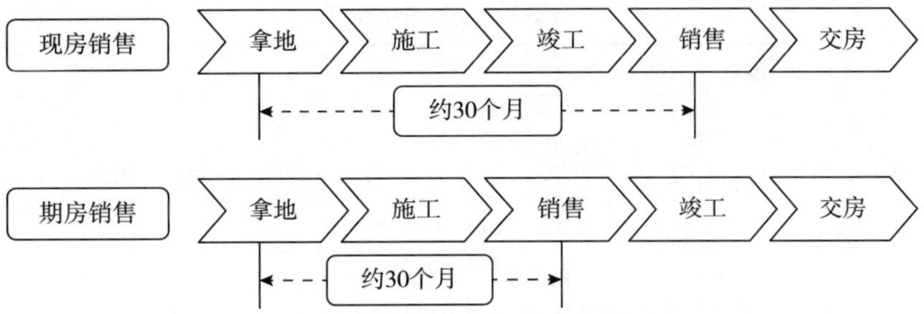

图5-55　一般住宅项目现房销售与期房销售时间对比

数据来源：中指研究院综合整理。

在“止跌回稳”政策目标下，现房销售制度的推进需考虑以下几方面影响。

从市场影响来看，传统预售模式下，从拿地到预售平均周期约为 6 个月，而在现房销售模式下，这一周期延长至 30 个月左右，将显著拉长项目上市周期。考虑到当前市场去化较好的项目多为近两年新供应的优质地块，现房销售或导致优质供给阶段性减少，或不利于推动市场止跌回稳。参考海口市场走势，2020 年现房销售政策落地后，海口新房批准上市面积持续下降，2020 年同比下降超 30%（同期重点 50 城整体同比下降 2%），2024 年较 2019 年下降超 60%。住宅用地成交面积短期也大幅下降，2020 年海口住宅用地推出及成交面积在 2019 年高基数下，同比均下降超 60%（同期全国 300 城住宅用地成交面积同比增长 11%），较 2017、2018 年下降 20% 左右。

对开发企业而言，经营压力将提升，投资回报明显下降。企业经营现金流高度依赖开盘后的预售房款，开盘周期延长会直接影响项目资金回笼与企业再投资能力。若项目去化不及预期，前期投入回报及偿还贷款将面临较大压力。此外，现房销售模式下，房企财务费用压力也将明显加大，压缩项目净利润。销售节点延长也将使 IRR（内部收益率）大幅降低，自有资金使用效率降低。同时，在预售模式下，房企更多基于所在城市半年左右市场趋势进行投资研判，而在现房销售模式下，企业须判断市场 2~3 年以后的市场变化，并提前完成精准的产品定位，难度加大，预计短期内企业拿地将更加谨慎。

土地出让收入承压。近几年，全国楼市仍波动调整，土地市场整体缩量明显，2025 年除北上深、杭州、成都等热点城市优质地块保持较高土拍热度外，绝大多数城市土地市场表现平淡。房企对现房销售普遍保持更加谨慎的投资态度，或导致地方土地出让收入压力进一步加大。同时，现房销售政策在不同城市间的推进节奏也将带来一定的区域竞争压力。

从未来房屋销售制度发展路径来看，预售制度与现售制度并非对立的关系，在向现房销售制度转变的过程中，预售制仍将发挥重要作用，政府可通过预售资金监管、工程进度管控等多方面完善项目管理制度，保障项目顺利建设交付，保障消费者合法权益。而考虑到不同区域之间房地产市场差异较大，现房销售在库存较大的城市或区域优先推行更有利于政策平稳过渡，这部分地区由于销售去化速度较慢，已形成事实上的现房销售，且新出让土地较少，影响较小。此外，还需要通过优化供给端政策、加大配套融资支持等，平衡企业成本压力。如适当延长土地款缴纳期限，简化审批流程，通过建设贷款等满足开发企业建设期的合理融资需求。同时值得注意的是，现房销售更需要相对稳定的政策及市场环境，如政府对项目规划设计条件等要求需要保持一致性与连贯性，以保障企业经营的稳定性。

借鉴国际经验，我国房地产预售制度在资金保障、工程监管等方面仍有优化空间。同时部分国家普遍采取的“定金制”，在购房者付款节奏和按揭还款时间等方面也值得参考。

表5-26　　部分国家预售制度对比

	美国	日本	英国	德国
定金比例	5% 左右	低于 20%	2%~5%	1% 左右
首付比例	10%~20%		10%~25%	0~30%
余款支付节点	交房后支付	交房后支付	交房后支付	按工程进度支付
开发商违约定金返还	申请仲裁取回	定金超过 5% 或超 1000 万日元需完成期房定金保全措施后可返还	全部返还	—
预售资金监管	代理律师事务所托管账户	第三方资金监管机构	双方律师监管	—
保障购房者权益方式	州政府批准、买方律师、建筑贷款审批严格	期房定金保全措施、定金担保或保险	首付担保、强制验房	相关保险、质量纠纷保证金、银行担保

资料来源：中指研究院综合整理。

从房地产项目资金来源来看，建筑资金多来源于建筑贷款而非住户购房款。如美国建筑贷款额度一般在预估建筑价值的 65%~80%，英国开发企业一般可通过建筑融资获取项目总成本 70%~90% 的资金，融资金额以建筑价值或项目总成本作为基数，贷款金额远超国内房地产项目。稳定的资金来源有助于降低开发商对于预售资金的依赖。

从付款节奏来看，美国、日本、英国首付比例 25% 以下，余款都是在交房后支付；德国没有要求最低首付比例，根据项目及开发企业的不同，一般首付比例在 0~30% 之间。同时，开发进度一般会向买方律师或监督机构定期报备，使购房者充分掌握期房的建筑情况、资金拨付信息等，保障期房及时交付。如德国在《经纪人和房地产开发商条例》中制定了付款计划的相应标准，将整个付款计划划分为最多 7 期，完成相应的项目节点，方可收取相应比例款项。按揭放款与还款通常在交付后开始进行，开发企业一般在交付后获得售房款项。如果开发企业与贷方有合作关系，则可以提前敲定贷款利率，防止加息带来的利息上涨。

三、房企经营策略建议：加快在售项目去化，紧抓存量资产盘活窗口，升级产品建设“好房子”

2025 上半年，好城市及好房子项目继续保持较好去化，但房地产市场整体仍面临一定压力。房企投资策略进一步趋同背景下，核心城市土拍竞争加剧，部分优质地块拍出较高溢价，这将在一定程度上对项目后续经营带来挑战。展望下半年，房地产政策环境预计维持宽松，各项已出台政策有望进一步落实，但城市及项目分化行情或将延续。在此背景下，房企应加大营销力度，推动在售“老项目”加快去化，同时紧抓政策窗口，推动存量商办项目及存量土地盘活，改善资产负债表，在发展中解决过去的问题。拿地方面，应继续聚焦市场确定性高的核心城市，通过新老项目平衡重启发展，但需避免拿高价地。长期来看，企业需主动适应房地产发展新模式，逐步向轻重并举方向转型。

1. 销售业绩：1~6 月 TOP100 房企销售额同比下降 11.8%，企业销售仍面临压力

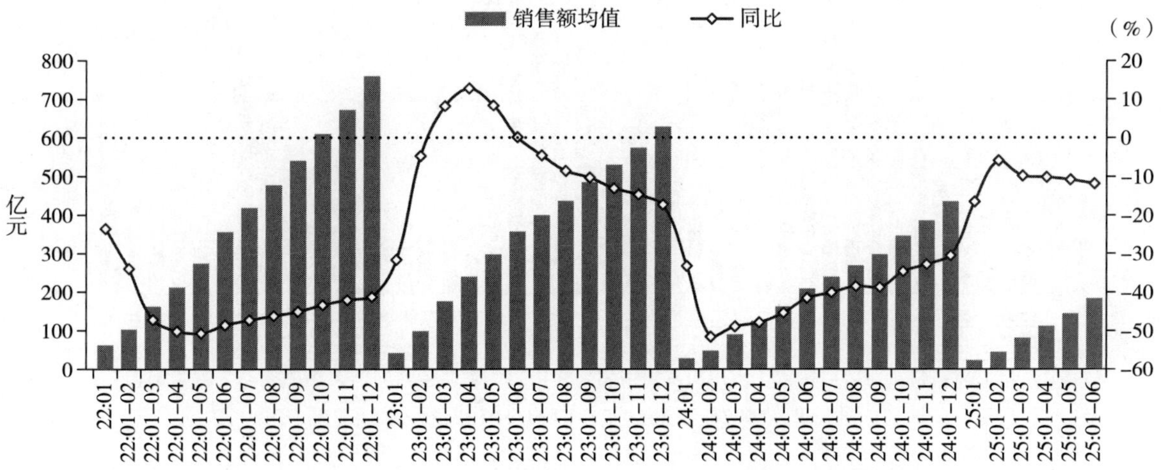

图5-56　2022年至2025年1~6月TOP100房企累计销售额均值及增速情况

数据来源：中指数据 CREIS。

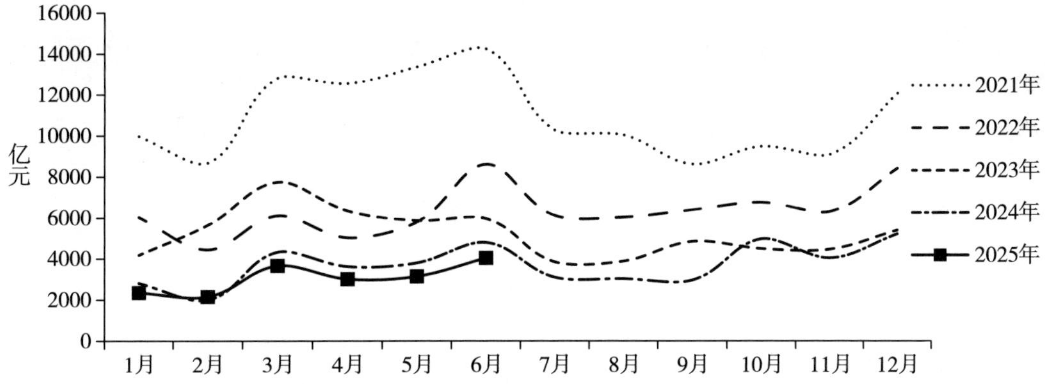

图5-57　2021—2025年TOP100房企单月销售额

数据来源：中指数据 CREIS。

2025 年 1~6 月，TOP100 房企销售总额为 18364.1 亿元，同比下降 11.8%，降幅较 1~5 月扩大 1 个百分点。6 月单月，TOP100 房企销售额同比下降 18.5%，较 5 月单月降幅扩大 1.2 个百分点。1~6 月销售总额超千亿房企 4 家，较上年同期减少 2 家，百亿房企 46 家，较上年同期增加 2 家。TOP100 房企权益销售额为 12812.7 亿元，权益销售面积为 6570.6 万平方米。

2025 年 1~6 月，各阵营房企销售额均有下降。其中，TOP10 房企销售额均值为 893.8 亿元，较上年下降 13.2%；TOP11~30 房企销售额均值为 227.3 亿元，较上年下降 12.4%；TOP31~50 房企销售均值为 111.3 亿元，较上年下降 2.2%；TOP51~100 房企销售额均值为 53.1 亿元，同比下降 13.5%。

2. 投资拿地：1~6 月 TOP100 房企拿地金额同比增长 33%

2025 年 1~6 月，TOP100 企业拿地总额 5065.5 亿元，同比增长 33.3%，增幅较上月扩大 4.5 个百分点。受上年低基数影响，TOP100 企业拿地同比增幅较上月扩大。整体来看，2025 年上半年，300 城住宅用地成交面积仍在缩量，在核心城市优质地块供应增加带动下，300 城土地出让金同比明显增长。拿地企业仍以央国企为主，拿地金额前十企业中八家为央国企，部分民企亦有一定投资强度，如滨江集团拿地金额位居前十，邦泰集团、大华集团等也进入拿地金额前二十。

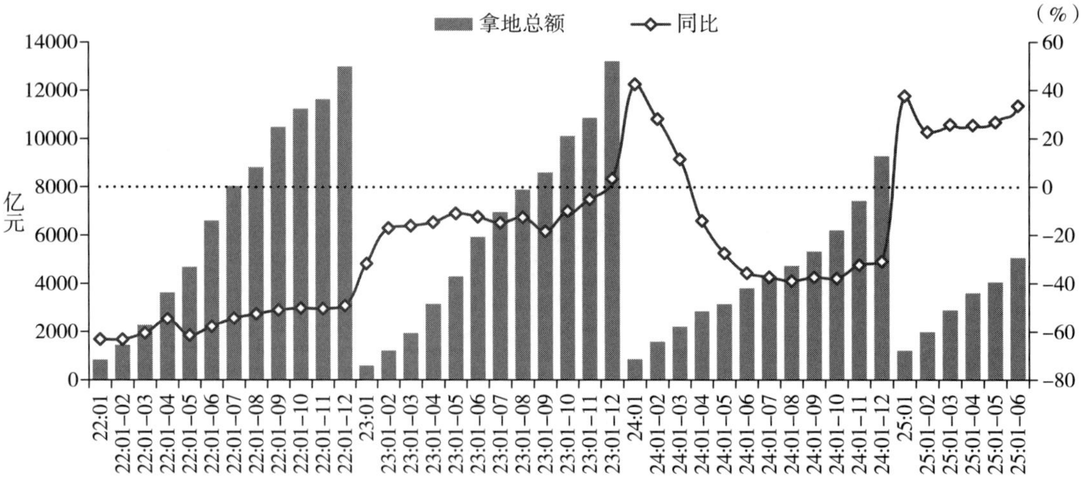

图5-58 2022年至2025年1~5月TOP100企业拿地总额

数据来源：中指数据 CREIS。

从新增货值来看，保利发展、绿城中国和中国金茂位列前三。2025 年 1~6 月，保利发展以 899 亿元新增货值占据榜单第一，绿城中国以 831 亿元新增货值位列第二，中国金茂新增货值规模为 749 亿元，位列第三。TOP10 企业 2025 年 1~6 月新增货值总额 6019.9 亿元，占 TOP100 企业的 41.8%，新增货值门槛为 50 亿元。

3. 融资情况：1~5 月房地产债券融资总额同比下降 18%，同比降幅收窄

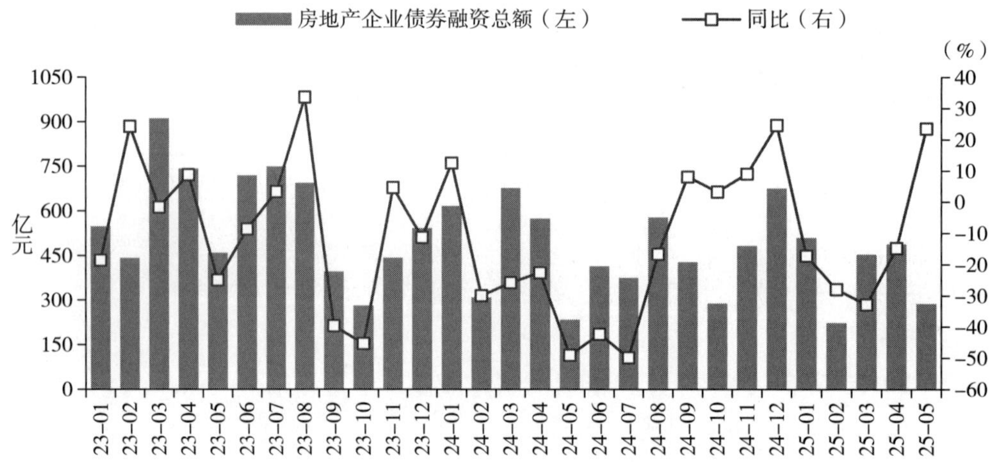

图5-59 2023年以来房地产行业融资额及同比

数据来源：中指数据 CREIS。

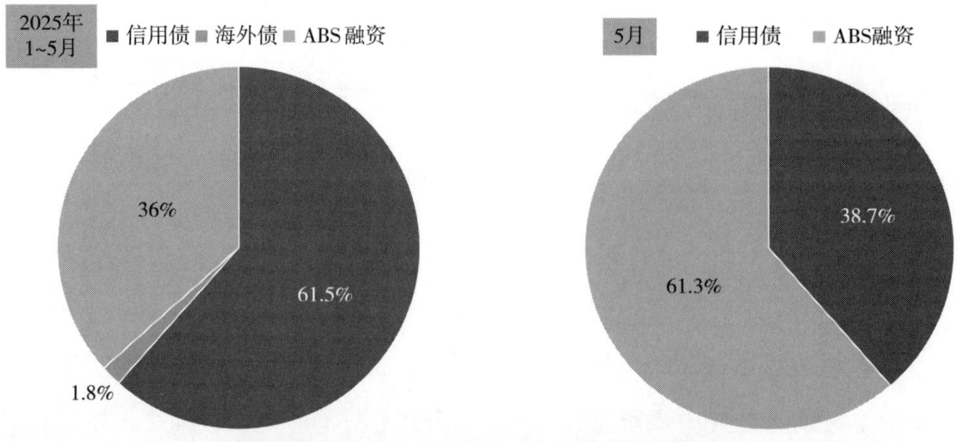

图5-60 2025年1~5月房地产行业融资分布情况

数据来源：中指数据 CREIS。

2025 开年以来房企融资同比降幅收窄。根据中指监测，2025 年 1~5 月，房地产行业债券融资总额 1965 亿元，同比下降 18.5%。2025 年 5 月，房地产企业债券融资总额为 288.8 亿元，同比增长 23.5%，环比下降 40.9%。从融资结构来看，信用债融资占比保持高位。5 月，房地产行业信用债融资 111.7 亿元，同比增长 5.8%，环比下降 69.0%，占比 38.7%；ABS 融资 177.1 亿元，同比增长 38.1%，环比增长 37.9%，占比 61.3%。无民营和混合所有制房企完成信用债发债。

表5-27　　截至2025年5月末房企到期债券余额统计（亿元）

种类	2025 年	2026 年	2027 年及以后
海外债	1250	1427	3757
信用债	3339	5354	8337
总计	4589	6781	12094

注：海外债按当月最后一个工作日汇率换算为人民币。

数据来源：中指研究院综合整理。

从债务余额来看，截至 2025 年 5 月末，2025 年房企到期债券余额为 4589 亿元，其中信用债余额 3339 亿元，海外债余额 1250 亿元；2026 年房企到期债券余额为 6781 亿元。

4. 策略建议：加速在售老项目去化，紧抓政策窗口盘活存量资产，聚焦深耕优势城市，升级产品打造“好房子”，长期提升资产运营能力，实现轻重并举

2025 年以来，核心城市新房销售整体保持修复态势，但二季度边际有所转弱，市场仍面临压力，同时企业投资策略趋于一致，核心城市优质地块竞争加剧，地价升高也对未来项目开发带来挑战。6 月 13 日，国常会再次强调“更大力度推动房地产市场止跌回稳”，并明确“稳定预期、激活需求、优化供给、化解风险”的政策发力方向，为市场注入信心。下半年“好城市 + 好房子”仍具备结构性机会，但面对重点城市二手房市场持续分流，新房产品需提升产品力，以质取胜。同时，上半年收储政策取得一定进展，企业需紧抓政策窗口盘活存量资产。

第一，加速在售“老项目”去化，升级产品打造“好房子”。一方面，随着市场上“好房子”项目供应增加，房企须加速推动在售“老项目”的去化进程，紧抓关键销售节点加快库存消化。另一方面，随着新版《住宅项目规范》为住宅建设设定底线要求，以及各地相继出台好房子或高品质住宅相关标准，开发企业需增加研发投入，在满足“安全、舒适、绿色、智慧”大方向要求的同时，深入调研购房者的需求，全方位提升自身产品及服务水平，着力打造“好房子”，提升市场竞争力。

第二，聚焦优势城市，关注项目的安全性与盈利确定性，避免高价拿地。长期来看，新房市场分化行情将长期存在，企业在投资策略上，需聚焦深耕一二线核心城市或自身具备资源优势的城市。可以看到，近两年房企获取的优质地块入市后多数实现了较好去化，企业在深耕城市获取新项目，有利于缓解老项目压力，重启发展。项目获取层面，需关注盈利的确定性，避免高价拿地对后续经营带来风险。

第三，紧抓政策窗口，盘活存量资产，优化资产负债表。上半年，多地已启动专项债收回收购存量闲置土地工作，并取得一定进展，企业应积极对接政府部门，紧抓专项债券资金收储契机，优化自身土储结构，改善资产负债情况。另外，收购存量商品房同样是去库存的重要政策方向，企业可借助政策机遇，实现项目去化或将存量商品房转为租赁住房、养老公寓等用途，从而盘活存量资产，提升资产利用效率。

报告六　2025中国地级以上城市房地产开发投资吸引力研究报告

摘要

1. 前言

2025 年是“十四五”规划收官之年，也是“十五五”发展谋篇布局之年。在外部环境更趋复杂严峻背景下，全方位扩大国内需求成为经济发展首要任务，稳地产对稳内需至关重要。2024 年房地产市场迎来政策拐点，9 月以来一揽子政策持续发力，带动房地产“止跌回稳”取得一定成效，但市场修复过程中城市分化加剧。2025 年房企更加聚焦核心城市拿地，叠加“好房子”建设推进，对核心城市市场形成支撑。长期来看，随着房地产行业逐步向新模式转变，“人、房、地、钱”要素联动机制将在未来市场资源配置中发挥主导作用，人口及人才吸引力强的城市市场更具韧性，同时，随着居民对高品质住房需求的增加，“好城市 + 好房子”仍有较大发展空间。企业需精准把握城市及需求发展趋势，深耕聚焦并提升产品力，以赢得发展机遇。

2. 方法体系和评价结果

（1）方法体系

2 大维度、10 个方面，40 余项具体指标构建城市投资吸引力模型；297 个地级以上城市全样本评价。

（2）评价结果

上海、北京、深圳和广州投资吸引力继续位居全国前 4 位。成都在西部地区辐射力突出，投资吸引力保持第 6 位。长三角城市群的杭州、苏州、南京经济发达，产业创新能力较强，投资吸引力位居 5、7、8 位。武汉区位及教育资源优势突出，房地产经历几年深度调整后，供求关系有所改善，城市投资吸引力提升至第 9 位，西安位居第 10。

3. 核心要素分析

（1）人口

人口聚集是城市竞争力的最直接体现。我国正经历从“人口规模红利”向“人口质量红利”的转型期，尽管在全国人口连续三年回落背景下，核心城市人口增长也多有所趋缓，但凭借资源优势及产业升级带来的发展红利，核心城市仍吸引大量人口聚集。除东部核心城市外，中西部的贵阳、长沙、南昌等省会城市也实现人口较快增长。2024 年贵阳、深圳常住人口增长均接近 20 万，广州增长 15.1 万，合肥、长沙、南昌、杭州人口增长超 10 万。人口质量优势来看，北京、上海、广州、武汉、成都等地高校资源及在校生规模优势明显，这些高素质人才不仅为城市的产业经济发展提供动力，同时也为房地产市场提供了潜在需求支撑。

（2）产业

产业发展质量仍是决定人口吸引力与居民购买力的核心因素，产业优势区域通过持续吸引高质量人口流入，不仅能够带来增量住房需求，还能够推动改善性住房需求持续释放。2024 年，全国共有 27 个城市 GDP 超万亿元，上海 GDP 突破 5 万亿元，万亿城市中福州、合肥、泉州、南通、常州、烟台增速超 6%，经济保持较快增长。从趋势来看，我国经济发展的核心动能正从传统要素驱动转向科技创新驱动，而核心城市科技创新及高端产业竞争力突出，新质生产力加快发展，其中一线及杭州等核心城市产业创新能力突出，北京发明专利授权数全国第一，深圳、北京、上海 PCT 国际专利申请量合计占全国比例约 48%。核心一二线城市科技创新能力领先，通过提供优质岗位吸引高质量人才流入，为城市持续发展提供动能。同时，随着新房市场“改善化”趋势明显，这些城市未来在“好房子”建设导向下，改善性住房需求释放有望支撑新房市场保持一定规模。

（3）房地产市场

当前房地产市场仍在调整过程中，“好城市 + 好房子”具备结构性机会。2024 年全国新建商品房销售面积 9.7 亿平方米，同比下降 12.9%，“9・26”新政后市场信心有所改善，四季度核心城市销售出现阶段性回稳。2025 年一季度，核心城市新房市场保持修复，但二季度以来市场再次面临一定压力。政府工作报告首次将“稳住楼市”写进总体要求，为市场传递信心。此外，“好房子”也首次被写入政府工作报告，助力住宅产品迭代升级，以优质供给促进市场止跌回稳。从趋势来看，政策空间及力度、市场供求关系、城市聚集效应等是影响城市市场恢复节奏的核心因素，预计不同城市、不同项目分化趋势将延续，一线及核心二线城市在本轮市场周期中有望率先止跌回稳。

4. 聚焦核心城市群重点城市，把握楼市率先回稳机会

（1）长三角城市群

长三角地区一直是中国经济发展的重要引擎，2024 年 27 个城市 GDP 总量占全国 21.2%，其中 14 城 GDP 增速在 6% 及以上。上海、杭州、苏州、南京、合肥等核心城市依托产业创新优势，发展潜力较大，其中杭州、合肥 2024 年常住人口增幅超 10 万人。同时，2024 年全国城镇居民人均可支配收入超 8 万元的 11 个城市中，长三角占据 8 个，居民购买力较强。房地产方面，上海、杭州近两年市场趋稳，其他核心城市在政策带动下阶段性好转，但持续性显不足。中长期看，长三角经济基本面稳健、产业基础和人口吸附力较强，为房地产发展奠定了较好基础。当前，除上海外，长三角其他核心城市均已取消限购，未来有望吸引区域内三四线城市及全国更多购房者置业，是房企重要的战略布局区域。

（2）珠三角城市群

2024 年珠三角 9 城人口均保持净流入，深圳、广州人口增长全国领先，为房地产发展带来支撑，但广州正处于新旧动能转换阶段，经济增速明显回落，而深圳随着近期“H+A”上市通道打通，科创地位再提升。房地产方面，广深在宽松政策及新规项目入市带动下，市场活跃度提升，区域内其他城市受高库存影响，仍有下行压力。

（3）京津冀城市群

历经十余年时间，京津冀协同发展取得一定成效，但近几年城市群整体人口延续下降态势，城市间发展差距仍较大。其中，京津领先优势突出，河北省内石家庄、唐山优势经济具备较好基础。北京房地产市场在政策优化及较强购买力支撑下，具备一定空间，天津依托教育资源优势有望逐步趋稳，其他城市更多处于筑底阶段，分化行情延续。

（4）成渝城市群

2024 年成渝城市群过半数城市 GDP 增速超 6%，经济增长较快。双核城市优势明显，2024 年成都常住人口增长 7.1 万，对西南区域城市具备较强吸附力，新房、二手房成交面积领先全国；重庆楼市仍处去库存阶段，区域分化明显。

（5）长江中游城市群

武汉、长沙、南昌三大核心城市优势突出，省内辐射力较强，2024 年长沙、南昌人口增长超 10 万，但三地房地产市场与全国表现基本一致，波动调整压力仍在。

一、前言

2025 年是“十四五”规划收官之年，也是“十五五”发展谋篇布局之年。开年以来，我国经济整体发展态势稳中向好，但不确定性因素犹存。从国际看，外部环境更趋复杂严峻，或对我国贸易、科技等领域造成影响。国内来看，经济回升向好基础仍需巩固，内需不振、预期偏弱等问题仍待改善。在此背景下，全方位扩大国内需求成为经济发展首要任务，而房地产行业作为国民经济支柱产业，一头连着消费，一头连着投资，稳地产对稳内需至关重要。

2021 年下半年房地产进入深度调整阶段，已历经 4 年时间，在此期间，中央及地方的房地产政策不断优化，力度也在不断增强，2024 年 9 月 26 日中央政治局召开非常规经济主题会议，定调要“促进房地产市场止跌回稳”，释放了明确的“稳地产”信号，市场迎来真正的“政策底”。随着“一揽子”宏观及地产政策落地，房地产自 2024 年四季度开始出现阶段性回稳，但离市场全面“止跌回稳”仍有距离。回顾房地产过去二十多年的发展历程，我们需要清醒地认识到，大规模开发阶段已经基本结束，未来住房增量空间将主要来自居民对高品质住房的需求释放。

1. 政策定调更大力度推动房地产市场止跌回稳，关注城中村改造、收储去库存等政策进展

中指居民置业调查数据显示，在影响居民入市的因素中，收入不稳定、房价会下跌、还贷压力大持续位居前列，因此，政策力度及宏观基本面仍是决定市场走势的关键因素。从趋势来看，2025 下半年重点

关注城中村改造、收储去库存等政策推进及增量政策出台情况。

城中村改造结合房票安置有望释放出大量购房需求，对销售带动作用较大。2024年10月，住建部提出“通过货币化安置等方式，新增实施100万套城中村改造和危旧房改造”；11月，住建部、财政部联合发布通知，将城中村改造政策支持范围进一步扩大到近300个地级及以上城市；12月，全国住房城乡建设工作会议再次强调“加力实施城中村和危旧房改造，推进货币化安置，在新增100万套的基础上继续扩大城中村改造规模”。从政策实施情况来看，根据中指监测，2024年以来全国已有超100城/区出台房票安置政策，2025年以来多地明确城中村改造计划，同时1~5月地方新增发行的地方政府专项债中，涉及城中村项目的专项债约400亿元；从政策效果来看，房票安置与城中村改造相结合可释放出大量购房需求，部分城市市场效果较明显。此外，2025年5月，中办、国办发布《关于持续推进城市更新行动的意见》，其中推进城中村改造成为城市更新中的重点任务之一，预计政策支持力度将加大。

专项债收购闲置存量土地是推动房地产市场止跌回稳的关键举措之一。2024年以来，中央和监管部门围绕盘活闲置存量土地和商品房出台了一系列政策，其中运用地方专项债收回收购存量闲置土地取得一定进展，这将有助于加速当地土地市场“去库存”，改善供求关系及企业资金状况，推动市场进入新的循环。根据中指监测，截至2025年5月底，已有24个省市公示了拟使用专项债收购闲置存量土地的总金额，合计超4300亿元，实际发行707亿元（其中广东304亿元，湖南140亿元，浙江93.7亿元，福建85亿元）。

2.“人房地钱”要素联动机制逐步完善，人口既是研判城市住房需求的基础，也是城市配置土地、资金等要素资源的重要依据，核心一二线城市人口及人才吸引力突出，市场韧性较强

人口作为住房需求的基础及劳动力供给的核心要素，其变动趋势对房地产市场影响深远。近两年，国家在房地产发展新模式中提出要建立“人、房、地、钱”要素联动机制，可见人口既是研判城市住房需求的基础，也是各地统筹配置土地、资金等要素资源的重要依据。整体来看，近几年人口流向趋势总体表现为少部分核心城市凭借经济、资源优势保持较快增长，三四线城市整体人口外流加剧，城市分化明显，这也意味着住房需求区域差异增大。2024年，贵阳在“强省会”战略带动下常住人口增长近20万，居全国首位，深圳、广州人口连续两年保持较快增长，合肥、长沙、南昌、杭州人口增长超10万。从趋势来看，一二线核心城市因人口持续流入，住房需求相对稳定，高端改善需求韧性强，仍具备较大开发潜力；而对于大部分三四线城市而言，房地产高速增长的时期已基本结束，未来这些城市的住房将回归消费属性，城镇化及购买力将主导市场走势，尤其是人口持续流出、住房供应过剩的三四线城市可能会长期面临楼市有效需求不足的情况，市场调整的时间也会更长。

3.产业发展质量是决定城市人口吸引力与居民购买力的核心要素

近年来，我国经济发展的核心动能正从传统要素驱动转向创新驱动，高质量发展成为主旋律，新质生产力有望重塑城市竞争力底层逻辑。2024年我国GDP增长5%，全国共有27个城市GDP超万亿元，上海GDP突破5万亿元，万亿城市中福州、合肥、泉州、南通、常州、烟台增速超6%，经济保持较快增长。

长期来看，核心一二线城市科技创新能力领先，未来在产业竞争优势突出，通过提供优质岗位吸引高质量人才流入，为城市持续发展提供动能，同时也为改善性住房需求释放提供支撑。值得关注的是，2025 年 4 月美国启动的新一轮对华关税政策，虽在近期有所缓和，但不确定因素仍存，这或将对部分外向型经济区域带来阶段性挑战。

4. 新房市场“改善化”趋势明确，“好城市 + 好房子”具备结构性机会

2024 年，中央及各部委多次提到“好房子”建设导向，2025 年，“好房子”首次被写入政府工作报告，提出要“适应人民群众高品质居住需要，完善标准规范，推动建设安全、舒适、绿色、智慧的‘好房子’”，体现出政府对于“好房子”建设的高度重视。2025 年 3 月 31 日，住建部发布国家标准《住宅项目规范》，将“安全、舒适、绿色、智慧”确立为住宅建设核心目标，标志着我国住房建设正式迈入品质升级时代。从市场实际表现来看，“好房子”在市场调整期也实现较好去化。

此外，从区域角度来看，长三角城市群因腹地广阔且城市群内具备上海、杭州、苏州、南京、合肥等多个核心城市，产业及人口优势明显，展现出较强的市场韧性，区域整体发展空间较大，也成为房企投资重点布局区域。而珠三角、京津冀、成渝、长江中游等城市群则表现为核心城市市场优势较突出，但区域内三四线城市普遍压力较大。近几年头部房企投资策略高度趋同，也印证了行业对城市机会的一致判断，即主要聚焦在核心城市、核心地段、去化确定性高的地块。根据中指数据，2025 年 1~5 月 TOP10 城市宅地出让金占全国比重升至 54%（2024 年为 34%），核心城市土拍竞争加剧。长期来看，尽管我国新房市场规模较前几年已出现明显回落，但“十五五”期间仍具备 10 万亿元左右市场规模，随着居民对高品质住房需求的增加，“好城市 + 好房子”仍有发展空间，企业需精准把握城市及需求发展趋势，深耕聚焦并提升产品力，以赢得发展机遇。

二、方法体系和评价结果

1. 方法体系

中指研究院自 2003 年起开始进行城市投资吸引力研究，研究对象涉及全国 297 个地级以上城市[①]，积累了丰富的研究经验。该研究是目前国内数据最新、覆盖面最广、研究历史最长的城市房地产开发投资吸引力专项研究成果。

2025 年，我们继续通过量、价两大维度来研判城市的价值及发展潜力，并结合政策环境及房地产市场发展的特点，对方法体系进行迭代优化，以期在新形势下更准确地判断城市房地产开发潜力，助力企业把握市场机遇，实现可持续发展。我们通过对多维度数据的深入分析与总结，构建形成了包括 2 大维度、10 个方面，40 余项具体指标的“城市房地产开发投资吸引力评价模型”，基于此模型，对全国 31 个省（直辖市、自治区，不含港澳台地区）的 297 个地级及以上城市进行投资吸引力评价。

① 本报告研究范围指所有“地级及以上城市”，不包括自治州、盟等地级行政区。

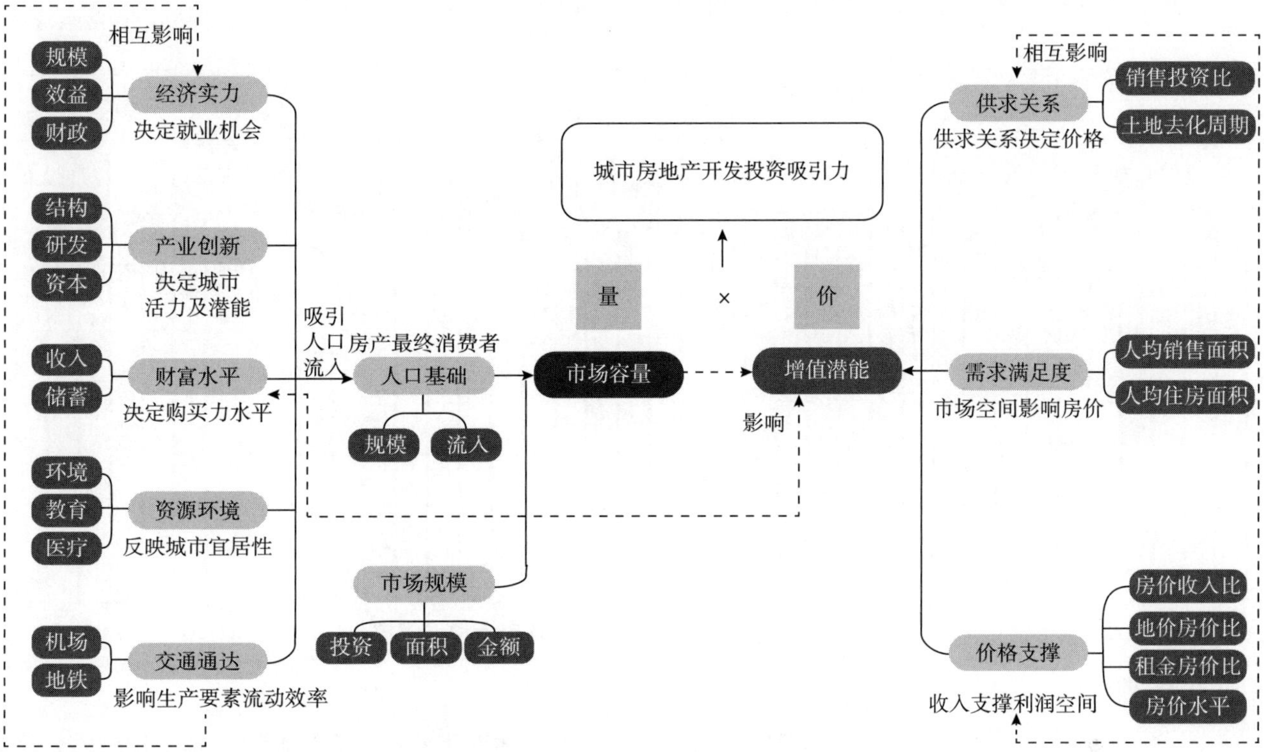

图6-1　城市房地产开发投资吸引力模型

2. 评价逻辑

我们围绕市场容量和增值潜能两大维度对城市房地产投资潜力进行研判。

人口因子在城市房地产市场发展潜力评估体系中仍占据关键地位。在全国人口总量持续下行背景下，城市间人口竞争格局深化演变，人口流动分化态势愈发显著，一二线核心城市及新兴产业集聚区凭借强劲经济韧性、优质岗位供给及良好发展预期，持续吸引人才流入，而更多三四线城市及传统资源型城市则面临人口流失挑战。同时，城市经济、产业、收入、交通等要素，同样是衡量各地房地产市场发展潜力的关键所在，发达的经济、强大的产业创新能力，可以为居民带来更多就业机会和更高的收入水平。另外，随着全球经济增长放缓，外部环境复杂多变，出口面临一定不确定性，本期报告中继续使用“外贸依存度”来反映出口对城市经济的影响。

城市的房地产市场规模，主要通过开发投资额、新建商品房销售面积、销售金额等指标进行评价，2021 年下半年以来市场不断调整，多地销售面积降幅较大，本报告主要利用近三年年均商品房销售面积、2024 年市场销售规模与过去五年销售规模相比来对城市市场容量进行分析。

对于市场增值潜能的判断，我们认为供求关系仍是影响房价变化的重要因素；需求满足度影响的是市场未来的增长空间，间接影响城市房价行情；房价最终由城市购买力决定，因而房价支撑度是影响未来房价水平的基础因子。

当前房地产行业已从大规模增量开发阶段逐步转向“好房子”精耕细作阶段。面对这一变化，房企正积极探索房地产发展的新模式，结合房地产市场以及行业环境的最新变化，我们对部分指标进行了精简或优化。

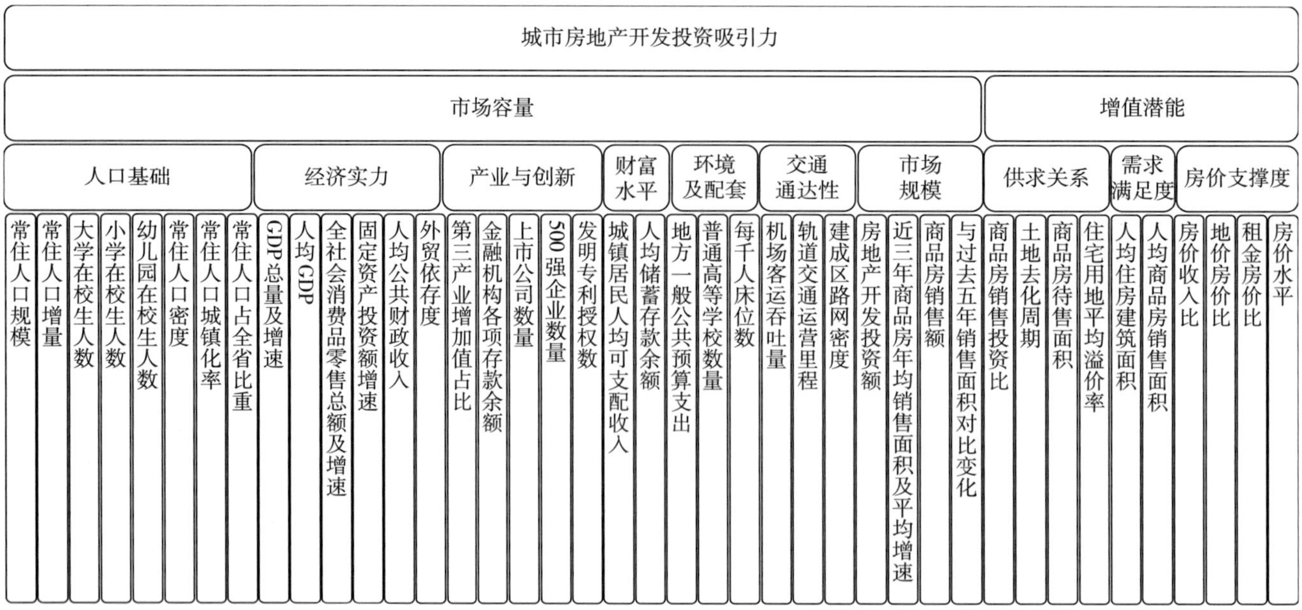

图6-2　中国城市房地产开发投资吸引力指标体系

（1）数据处理

由于各指标的度量单位、数量级不同，因此需对数据进行标准化处理，本次研究主要采用极差标准化方法，得到各指标的标准化得分：

若 x_{ij} 为正向指标，则

$$y_{ij}=\frac{x_{ij}-\min\left(x_{ij}\right)}{\max\left(x_{ij}\right)-\min\left(x_{ij}\right)}\times 100\text{；}$$

若 x_{ij} 为逆向指标，则

$$y_{ij}=\frac{\max\left(x_{ij}\right)-x_{ij}}{\max\left(x_{ij}\right)-\min\left(x_{ij}\right)}\times 100\text{。}$$

（2）数学模型

权重的确定结合了主观和客观赋权法，客观赋权包括因子分析和熵值法。

因子分析法是用少数新变量解释原变量方差的多元统计方法，在本次研究中，我们根据各因子的贡献度及因子载荷矩阵确定各指标权重。

熵值法是用来判断某个指标离散程度的数学方法，离散程度越大，该指标对综合评价的影响越大。

根据各城市不同指标的标准化得分及权重，最终加权得到城市房地产开发投资吸引力得分。

（3）数据来源

各城市数据主要来自中指数据 CREIS、国家及各省市统计局、中国城市统计年鉴、中国城市建设统计年鉴、wind、各城市国民经济和社会发展统计公报与统计年鉴、中国民用航空局、中国城市轨道交通协会等。数据范围涵盖全国 31 个省、自治区、直辖市，297 个地级以上城市。

2. 评价结果

根据行业惯例，一二线城市通常包括直辖市、省会城市、计划单列市和个别房地产较为发达的地级市，三线城市通常指一二线之外的所有地级市。但为了更好地体现不同城市房地产发展水平的真实差异，我们延续近几年的划分标准：以近三年（2022—2024 年）商品房销售额均值为主要依据，并结合经济、人口等宏观指标，将 297 个地级以上城市细分为七个级别。

表6-1　　297个地级以上城市分级

城市	销售额（亿元）	GDP（亿元）	常住人口（万人）
1 线城市（4）			
上海　北京	>3900	50000	>2100
深圳　广州	3000~3700	>30000	1800~1900
1.5 线城市（8）			
重庆　天津　杭州　南京　苏州　成都　武汉　西安	2000~4500	13000~27000	900~2200
2 线城市（21）			
合肥　宁波　无锡　温州　青岛　济南　郑州　长沙　厦门　福州 昆明　贵阳　石家庄　沈阳　大连　哈尔滨　长春　佛山　东莞 南昌　南宁	600~2000	5500~19000	600~1100
2.5 线城市（23）			
惠州　中山　珠海　常州　徐州　扬州　南通　烟台　潍坊　嘉兴 绍兴　台州　金华　泉州　廊坊　唐山　太原　兰州　海口　三亚 银川　呼和浩特　乌鲁木齐	300~1300	3000~11000	400~1000
3 线城市（76）			
江门　茂名　湛江　汕头　肇庆　清远　盐城　泰州　镇江　淮安 宿迁　连云港 临沂　济宁　淄博　菏泽　东营　德州　威海　泰安 滨州　聊城　湖州　舟山　洛阳　南阳　周口　新乡　许昌　驻马店 商丘　信阳　平顶山　开封　安阳　绵阳　宜宾　德阳　南充　泸州 宜昌　襄阳　荆州　黄冈　漳州　莆田　三明　常德　衡阳　株洲 郴州　岳阳　芜湖　滁州　阜阳　安庆　马鞍山　亳州　宿州　宣城 保定　沧州　邯郸　邢台　赣州　九江　上饶　宜春　曲靖　西宁 包头　鄂尔多斯　遵义　柳州　桂林　北海	150~700	2500~6000	200~900
3.5 线城市（52）			
揭阳　韶关　阳江　日照　枣庄　丽水　衢州　自贡　达州　遂宁 乐山　内江　眉山　广安　资阳　黄石　孝感　十堰　荆门　咸宁 龙岩　南平　宁德　永州　湘潭　怀化　益阳　娄底　邵阳　黄山 淮南　蚌埠　铜陵　六安　衡水　秦皇岛　张家口　承德　榆林 宝鸡　汉中　渭南　咸阳　抚州　玉溪　钦州　玉林　赤峰　大庆 绥化　吉林　齐齐哈尔	100~300	1000~3500	200~700
4 线城市（113）			
河源　梅州　汕尾　潮州　云浮　三门峡　焦作　濮阳　漯河 鹤壁　攀枝花　雅安　广元　巴中　随州　鄂州　张家界　池州 淮北　延安　铜川　安康　商洛　鹰潭　萍乡　景德镇　新余　吉安 锦州　营口　鞍山　抚顺　盘锦　本溪　辽阳　阜新　葫芦岛　铁岭 丹东　朝阳　昭通　丽江　普洱　保山　临沧　崇左　河池　百色 贺州　来宾　梧州　贵港　防城港　长治　晋城　晋中　阳泉 朔州　临汾　忻州　吕梁　大同　运城　六盘水　毕节　安顺　铜仁 通辽　呼伦贝尔　巴彦淖尔　乌海　乌兰察布　七台河　黑河　鸡西 伊春　鹤岗　佳木斯　双鸭山　牡丹江　吐鲁番　克拉玛依　哈密 白山　四平　辽源　通化　白城　松原　嘉峪关 金昌　天水　酒泉 定西　陇南　白银　平凉　庆阳　张掖　武威　儋州　三沙　石嘴山 吴忠　固原　中卫　海东　日喀则　拉萨　昌都　山南　林芝　那曲	<150	<2000	<400

表6-2　　2025年中国地级以上城市房地产开发投资吸引力百强

排名	城市	省（区、市）	排名	城市	省（区、市）	排名	城市	省（区、市）	排名	城市	省（区、市）
1	上海	上海	26	沈阳	辽宁	51	芜湖	安徽	76	漳州	福建
2	北京	北京	27	珠海	广东	52	唐山	河北	77	马鞍山	安徽
3	深圳	广东	28	南昌	江西	53	扬州	江苏	78	湛江	广东
4	广州	广东	29	泉州	福建	54	长春	吉林	79	丽水	浙江
5	杭州	浙江	30	昆明	云南	55	湖州	浙江	80	株洲	湖南
6	成都	四川	31	绍兴	浙江	56	呼和浩特	内蒙古	81	包头	内蒙古
7	苏州	江苏	32	常州	江苏	57	廊坊	河北	82	威海	山东
8	南京	江苏	33	海口	海南	58	赣州	江西	83	淮安	江苏
9	武汉	湖北	34	贵阳	贵州	59	临沂	山东	84	东营	山东
10	西安	陕西	35	南宁	广西	60	舟山	浙江	85	秦皇岛	河北
11	合肥	安徽	36	南通	江苏	61	镇江	江苏	86	西宁	青海
12	长沙	湖南	37	嘉兴	浙江	62	泰州	江苏	87	阜阳	安徽
13	宁波	浙江	38	大连	辽宁	63	洛阳	河南	88	上饶	江西
14	青岛	山东	39	金华	浙江	64	保定	河北	89	鄂尔多斯	内蒙古
15	重庆	重庆	40	惠州	广东	65	江门	广东	90	柳州	广西
16	郑州	河南	41	台州	浙江	66	银川	宁夏	91	滁州	安徽
17	天津	天津	42	三亚	海南	67	盐城	江苏	92	肇庆	广东
18	济南	山东	43	中山	广东	68	邯郸	河北	93	连云港	江苏
19	无锡	江苏	44	太原	山西	69	汕头	广东	94	宜宾	四川
20	福州	福建	45	哈尔滨	黑龙江	70	济宁	山东	95	衢州	浙江
21	厦门	福建	46	烟台	山东	71	沧州	河北	96	岳阳	湖南
22	佛山	广东	47	徐州	江苏	72	绵阳	四川	97	南阳	河南
23	东莞	广东	48	兰州	甘肃	73	襄阳	湖北	98	桂林	广西
24	温州	浙江	49	乌鲁木齐	新疆	74	宜昌	湖北	99	遵义	贵州
25	石家庄	河北	50	潍坊	山东	75	淄博	山东	100	泰安	山东

数据来源：中指研究院测算。

研究结果显示，2025 年，上海、北京、深圳、广州房地产投资吸引力排名仍位居全国前 4 位，杭州、成都、苏州、南京、武汉、西安居 5~10 位。具体来看，四个一线城市凭借其庞大的经济规模、完善的基础设施以及丰富的资源和人才储备，持续保持着较强吸引力；杭州在人工智能方面发展迅速，吸引了大量的科技企业和创新人才，投资吸引力稳居全国第 5 位；成都作为西南地区的经济中心，电子信息、生物医药、航空航天等高新技术产业蓬勃发展，投资吸引力排名第 6；苏州的制造业基础雄厚，尤其在电子信息、高端装备制造等领域优势明显，2025 年新一代信息技术产业产值超万亿元，投资吸引力排名第 7；南京保持第 8 位；武汉内生创新优势突出，同时房地产市场经历几年深度调整后，供求关系有所改善，城市投资吸引力超过西安提升至第 9 位。合肥、长沙、宁波、青岛、重庆、郑州、天津、济南、无锡、福州居第 11~20 位，其中合肥科研实力强劲，集中了中国科学技术大学等多所知名高校和科研机构，带动了相关产业的快速发展；青岛作为沿海重要的工业基地，产业以海洋经济、智能家电、轨道交通等为主导，吸引了众多相关企业和人才，同时随着高铁网络不断完善，便捷的海陆空交通使其在区域经济合作和国际贸易中具有重要地位，投资吸引力保持第 14 位。

从城市群角度来看，2025 年长三角仍是中国房地产投资最具吸引力的区域，城市群内共有 7 个城市位居全国前 20。珠三角城市群深圳和广州投资吸引力仍保持领先，但近两年佛山、东莞潜力有所下滑。京津冀城市群仅有北京、天津两个核心城市跻身前 20。山东半岛双核城市青岛与济南分列第 14 位和第 18 位，济南名次小幅下滑。其余前 20 城市均为中西部省会城市，成都、武汉、西安、长沙、重庆、郑州作为各城市群中心城市，省内及区域辐射力较强，在取消限购的情况下，这些城市凭借资源产业优势，有望吸引周边城市购房需求进入，房地产开发仍有发展潜力。

三、核心要素分析

城市分化成为主流趋势，城市研判回归基本面逻辑，人口有支撑、产业有活力的城市房地产抗周期性更强，有望更早回稳。

城市潜力研判逻辑是从人口、产业趋势看城市房地产发展潜力。

人口聚集是城市竞争力的最直接体现。作为房地产市场的关键支撑要素，人口的规模、流向及年龄结构深度影响不同城市的住房需求潜力。在人口总量回落及城镇化趋缓背景下，持续的人口净流入成为衡量城市发展韧性和市场活力的关键指标。一方面，持续的人口流入为城市提供了稳定的住房基础；另一方面，高素质人才聚集也将带动改善性住房需求释放，为市场长期发展提供支撑。

产业发展是决定城市人口集聚与居民购买力的核心要素，产业兴则城市兴，产业聚则人才聚。高端产业通过吸引高素质人才并创造高薪岗位，提升居民购买力，此外，近几年“新质生产力”的培育，通过革新传统产业与创造新型经济形态，不仅为城市注入持续增长动能，更成为衡量未来产业综合竞争力的重要维度。

（一）人口

人口作为住房需求的基础及劳动力供给的核心要素，其变动趋势对房地产市场影响深远。近两年，国家在房地产发展新模式中提出要建立“人、房、地、钱”要素联动机制，以人定房、以房定地、以房定钱，即根据人口变化，合理确定住房需求，以需定购，科学安排土地供应，引导配置金融资源。由此可见，人口既是研判城市住房需求的基础，也是各地统筹配置土地、资金等要素资源的重要依据。人口及人才吸引力强的城市房地产市场更具韧性，同时随着居民对“好房子”需求的不断增加，这类城市房地产市场仍有较大发展空间。

2024 年，全国年末总人口为 14.08 亿人，较上年减少 139 万人，连续三年小幅回落，城镇化率提升至 67.0%。伴随着人口规模回落及城镇化放缓，中长期住房需求有所减少，但我国人口总量大，城镇化水平较发达国家仍有差距，房地产市场仍有发展空间。值得注意的是，近几年人口流向趋势总体表现为少部分核心城市凭借经济、资源优势保持较快增长，三四线城市整体人口外流加剧，城市分化加剧，这也意味着不同城市之间住房需求差异增大。一二线核心城市因人口持续流入，住房需求相对稳定，同时改善性需求释放支撑市场韧性较强，仍具备一定开发潜力；而对于大部分三四线城市而言，房地产高速增长的时期已基本结束，未来这些城市的住房将回归消费属性，城镇化及购买力将主导市场走势，尤其是人口持续流出，住房供应过剩的三四线城市可能会长期面临楼市有效需求不足的情况，市场调整的时间也会更长。

1. 人口流向：多数城市人口增长趋缓，核心城市人口吸引力仍突出

（1）近几年大部分城市人口增长相比上个十年有所放缓；2024年贵阳人口增量居全国首位，深圳、广州人口连续两年保持较快增长，合肥、长沙、南昌、杭州增长超10万

伴随着我国城镇人口的高速增长，房地产市场也经历了持续20多年的快速扩张阶段，但2017年以后，我国总人口及城镇人口增长速度开始逐年放缓，直至2022年总人口规模出现下降，每年城镇人口增量降至1200万人以下，全国商品房销售面积也在2021年见顶后逐步回落。

对于不同城市而言，在人口总量趋缓背景下，多数城市最近几年人口增长速度也趋缓。对比来看，上个十年（2011—2020）全国共有约30个城市常住人口年均增量超10万，而最近四年（2021—2024）年均人口增长超10万的城市降至9个。其中，武汉受2021年人口大幅增长120万带动，近四年年均人口增量超上个十年，而多数城市人口增长放缓，如深圳、广州、成都等城市在2011—2020年期间常住人口保持年均50万人以上的增长，而近4年则回落至年均不足15万，杭州、长沙、郑州也从每年30万~40万增量降至10万量级，尽管这些核心城市人口增长放缓，但仍是人口最具吸引力的区域。此外，重庆等城市过去人口增长较快，但近几年人口整体有所减少；北京、上海在人口政策约束、产业结构调整等因素影响下，近几年常住人口同样小幅回落，但京沪城市能级高、高素质人才较多，人口由规模扩张转向结构优化。

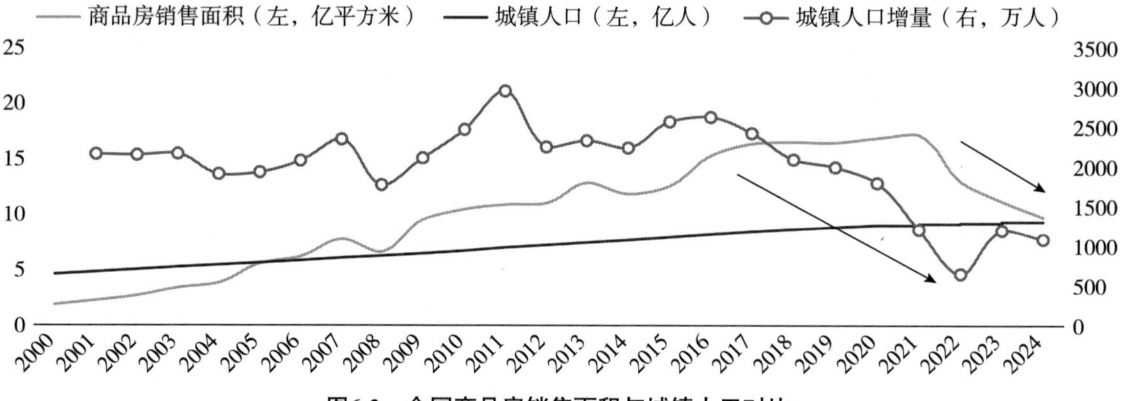

图6-3 全国商品房销售面积与城镇人口对比

从2024年最新数据来看，一线城市中广州、深圳人口保持正增长，其中深圳增长近20万人，广州增长15.1万人，而北京、上海人口由增转降，分别下降2.6万人、7.2万人。中西部省会城市中，贵阳、长沙、南昌、西安、郑州、成都等地持续保持较强吸附力，其中贵阳人口增长明显，2024年贵阳常住人口增长19.96万人，增量居全国首位，长沙、南昌人口增长均超10万人；长三角、珠三角城市凭借自身产业优势及人才政策，多地人口多年呈净流入，如2024年合肥、杭州、温州、宁波人口增量在8万~10万左右，佛山、东莞2024年人口增长均超8万人。京津冀、山东半岛城市群除个别城市增长外，多数城市人口面临下降压力。

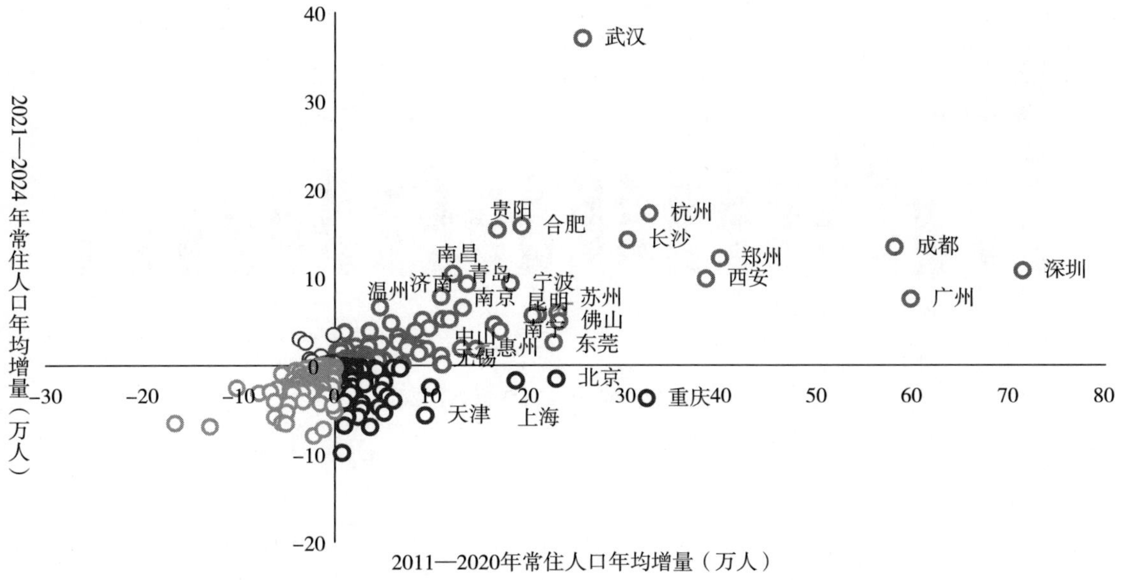

图6-4　2011—2020年与2021—2024年重点城市常住人口年均增量对比

注：部分城市2024年常住人口数据尚未公布，采用2023—2021年均人口增量代替，区划调整导致的人口变化因素已剔除

数据来源：各城市统计局，中指数据CREIS。

表6-3　2024年重点城市常住人口规模及增量（万人）

一二线城市						三四线城市		
城市	2024年常住人口	2024年人口增量	城市	2024年常住人口	2024年人口增量	城市	2024年常住人口	2024年人口增量
深圳	1799	19.9	武汉	1381	3.5	东莞	1057	8.5
广州	1898	15.1	福州	850	3.2	佛山	970	8.4
北京	2183	–2.6	南宁	897	3.1	金华	721	4.6
上海	2480	–7.2	南京	958	3.0	惠州	612	4.3
贵阳	660	20.0	海口	303	3.0	湛江	712	4.2
合肥	1000	14.9	苏州	1299	2.9	芜湖	380	4.1
长沙	1062	10.3	厦门	535	2.3	中山	449	3.6
南昌	667	10.2	石家庄	1125	1.3	绍兴	543	3.5
杭州	1262	10.2	兰州	444	1.1	泉州	891	3.1
温州	985	9.1	三亚	112	1.0	揭阳	568	2.9
西安	1317	8.9	无锡	751	1.0	湖州	347	2.6
宁波	978	8.0	昆明	869	0.7	珠海	252	2.4
郑州	1309	7.8	银川	291	0.7	嘉兴	561	2.4
济南	952	7.8	大连	754	0.5	茂名	627	2.1
成都	2147	7.1	天津	1364	0.0	鄂尔多斯	224	2.0
青岛	1044	7.1	西宁	248	–0.4	汕头	558	1.8
太原	551	6.0	重庆	3190	–1.0	安阳	539	1.8
乌鲁木齐	413	4.4	长春	909	–1.7	台州	673	1.7
沈阳	924	3.9	哈尔滨 *	978	/	漳州	508	1.3
呼和浩特	364	3.5	北海 *	189	/	莆田	319	1.3

注：哈尔滨、北海为2023年数据。

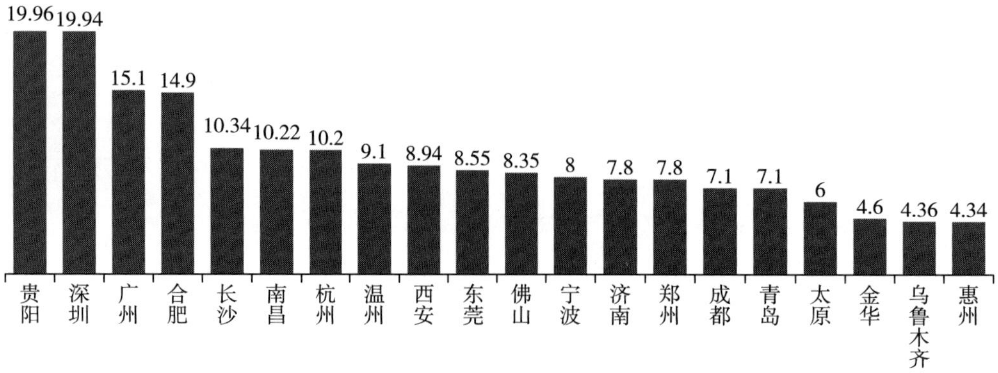

图6-5 2024年常住人口增量TOP20城市

注：部分城市 2024 年常住人口数据尚未公布

数据来源：各城市统计局，中指数据 CREIS。

2024 年贵阳常住人口 660.25 万人，比上年末增加 19.96 万人，增长 3.12%，常住人口增量位居全国首位。究其原因，一是强省会政策支持，吸引人口持续流入。2021 年贵阳开始实施“强省会”战略，相比省内其他城市，贵阳就业机会、资源优势明显，能够吸引周边城市人口流入。与之形成对比的是，2024 年贵州省常住人口比上年末减少 5 万人，省内其他城市如毕节减少 11 万人，遵义减少 8.6 万人，铜仁减少 5.2 万人。二是经济发展与产业集聚吸引人才流入。贵阳 2024 年 GDP 增长 6%，六大重点产业（装备制造业、磷及磷化工、铝及铝加工、电子信息制造业、健康医药、生态特色食品）增加值同比增长 18%；数字经济不断壮大，大数据产业凭借自身优势形成完整产业链；依托资源优势加快发展汽车制造业，新能源汽车产量突破 10 万辆（贵州磷矿资源储量位居全国第三，其中磷富矿查明资源储量 12.49 亿吨，占全国的 56%，信息显示，全国电动汽车中每三辆就有一辆的电池用了贵州的磷元素；贵阳的开阳县被誉为“储能之都”），产业快速发展为当地提供了丰富的就业岗位，吸引了大量省内外劳动力人口流入，2024 年贵阳新增产业人才 5.46 万人。三是人才政策带动高校毕业生留筑人数增加。贵阳 2021 年底启动实施高校毕业生留（引）筑行动，2022 年留筑人数显著增加，达 11.08 万人，2023 年为 12.07 万人，2024 年达到了 13.06 万人。此外，贵阳市区房价在每平方米八九千元水平，房价收入比合理，气候优势突出，这也是吸引人口流入的重要原因。

2024 年深圳常住人口增量为 19.94 万人，以微弱差距位居全国第二，连续两年人口增量在 10 万以上。深圳作为经济特区，经济发展水平高，2024 年规上工业总产值达 5.4 万亿元，规上工业总产值、工业增加值连续 3 年实现全国城市“双第一”。同时，深圳的创业氛围浓厚，政府大力支持创业，创业孵化器、投资机构等配套设施完善，PCT 国际专利申请量连续 21 年居全国城市首位。科技、金融、现代服务业等产业为各类人才提供了发展机会，吸引了众多企业和外来人口。此外，深圳的户籍政策相比京沪较为宽松，对高层次人才还提供住房补贴、子女入学优先权等优惠政策；作为移民城市，深圳文化包容性强。这些因素共同影响下，深圳成为人口流入的热门城市。

（2）城镇化进程中，区域中心城市凭借资源及产业优势，人口有望持续导入

表6-4　　2024年主要省份及其省会常住人口、城镇化水平

城市	2024年城市常住人口（万人）	所属省份	2024年所在省常住人口（万人）	常住人口占全省比重	2024年省城镇化率	省城镇化率增幅（个百分点）
上海	2480	上海	2480	/	89.9%	0.4
北京	2183	北京	2183	/	88.2%	0.4
天津	1364	天津	1364	/	86.0%	0.5
广州	1898	广东	12780	15%	75.9%	0.5
南京	958	江苏	8526	11%	75.5%	0.5
杭州	1262	浙江	6670	19%	75.5%	1.2
沈阳	924	辽宁	4155	22%	74.2%	0.7
重庆	3190	重庆	3190	/	72.1%	0.5
福州	850	福建	4193	20%	71.8%	0.8
呼和浩特	364	内蒙古	2388	15%	70.7%	1.2
银川	291	宁夏	729	40%	68.2%	0.9
哈尔滨	978	黑龙江	3029	32%	68.1%	0.9
济南	952	山东	10080	9%	66.5%	1.0
武汉	1381	湖北	5834	24%	66.4%	0.9
太原	551	山西	3446	16%	66.3%	1.4
西安	1317	陕西	3953	33%	66.1%	1.0
长春	909	吉林	2317	39%	65.8%	1.1
西宁	248	青海	593	42%	63.9%	1.1
南昌	667	江西	4502	15%	63.8%	0.6
石家庄	1125	河北	7378	15%	63.4%	0.6
海口	303	海南	1048	29%	63.1%	0.6
合肥	1000	安徽	6123	16%	62.6%	1.1
长沙	1062	湖南	6539	16%	62.1%	0.9
乌鲁木齐	413	新疆	2623	16%	60.4%	1.1
成都	2147	四川	8364	26%	60.1%	0.6
郑州	1309	河南	9785	13%	59.2%	1.1
南宁	897	广西	5013	18%	57.4%	0.6
兰州	444	甘肃	2458	18%	56.8%	1.3
贵阳	660	贵州	3860	17%	56.7%	0.7
昆明	869	云南	4655	19%	54.1%	1.2
拉萨	88	西藏	370	24%	39.7%	0.8

注：哈尔滨常住人口为2023年数据。

数据来源：各城市统计局、统计年鉴。

从城镇化进程来看，2024年，全国常住人口城镇化率67.0%，较上年末提升0.84个百分点，较

“十四五”规划提到的“2025年我国常住人口城镇化率将提高到65%”已高出2个百分点，城镇化进程的加速推进预示着当前我国城镇化发展已进入中后期，但结合发达经济体70%~80%水平来看，我国城镇化率仍有一定发展空间。2024年8月，国务院印发的《深入实施以人为本的新型城镇化战略五年行动计划》提出发展目标，“未来5年我国常住人口城镇化率提升至接近70%”。

从主要省份来看，广东、江苏、浙江、辽宁、福建城镇化率较高，2024年城镇化率均在70%以上。山东、河北、安徽、湖南、四川、河南等省份常住人口规模较大，但城镇化率仍低于全国平均水平，其中河南省拥有近1亿常住人口，城镇化率仅59%；四川省人口超8000万，城镇化率仅60%；另外，西南的广西、贵州、云南等省份城镇化率均低于58%，未来这些省份城镇化仍有较大提升空间，在此过程中，区域中心城市有望成为人口主要流向地。

2. 增长潜力：小学在校生数量保持稳定，广州、成都、武汉、合肥等城市小学生在校人数同比增长较快

目前，我国小学入学率已接近100%，且在校生数量的统计为具有学籍的注册学生数，数据精确性较高，而幼儿园在园人数能更快反映出人口变化趋势。因此，报告采用这两个指标来判断各城市人口潜力，同时幼儿园及小学生人数也一定程度可以代表家庭结构情况，对判断改善性住房需求空间具有参考价值。

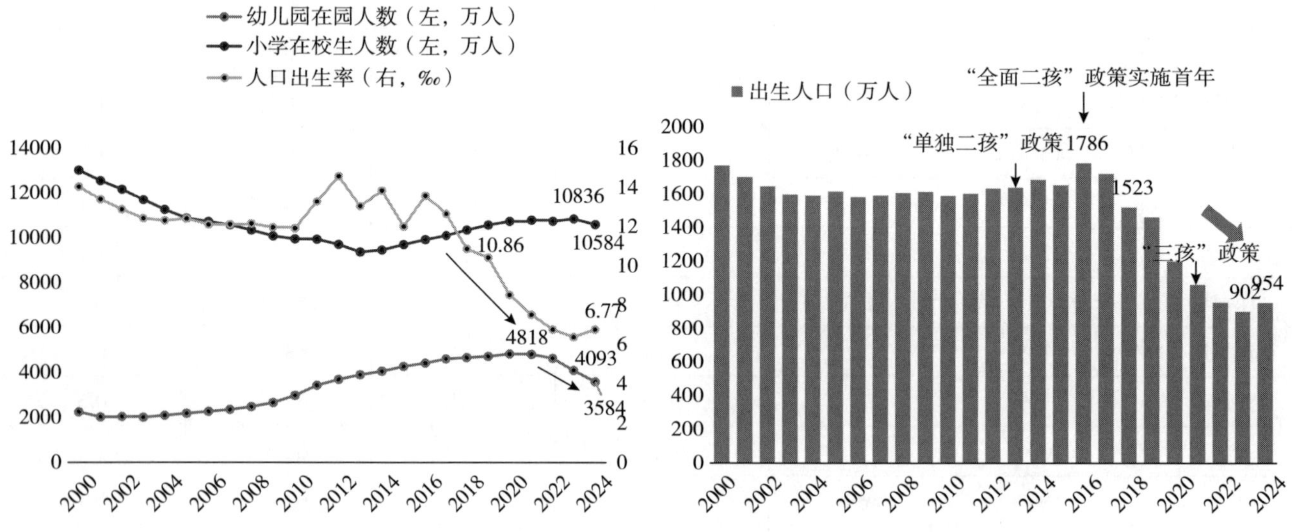

图6-6 历年全国人口出生率及幼儿园在园人数、小学生在校生人数

数据来源：国家统计局。

随着2018年以来我国出生人口明显下降，幼儿园在园人数自2021年也开始逐年回落。根据国家统计局数据，2018年我国人口出生率降至10.86‰，2020年开始降至10‰以下，2022年开始出生人口降至1000万以下。出生人口的减少逐步在幼儿园在园人数中体现，2021年起，在园人数连续4年下降。2024年全国人口出生率为6.77‰，出生人口为954万；2024年我国在园幼儿3584万人，较2023年减少509万人；2024年小学在校生人数为10584万，较上年减少252万。“全面二孩”政策实施后，2016—2017年出生人口出现一定增长，适龄儿童入学仍支撑近几年小学在校生保持一定规模，但预计未来几年小学生规模也将下降。从不同城市来看，2024年，已公布数据的GDP超万亿元及常住人口超千万的26个城市中，幼儿园在园人数均出现回落，多数城市小学在校生保持一定增长。

从对房地产的影响角度来看，在园幼儿和小学生规模大意味着城市拥有更多的年轻家庭，随着孩子成

长过程中对居住空间需求的变化，更多改善性购房需求将得到释放，进而对城市房地产市场形成更强的支撑。其中，一线城市人口基数较大，在园幼儿及小学生规模均较大，广州、深圳在园幼儿均超50万，小学生数量分别达133万和124万人，规模全国领先；相对京沪更宽松的人口政策，为广深带来较为充足的人口潜力；除上海外，北京、广州、深圳小学生规模保持增长。二线核心城市中，重庆城市体量相当于中等省份，幼儿园在园人数和小学在校生人数分别达77.8万和203.2万人，均居全国首位，但2024年出现明显下滑，尤其是在园幼儿减少近10万；成都规模同样较大，幼儿园人数位居全国第二位，达56.3万人，小学在校生位居全国第三，超过130万，且2024年同比增长4.4万，在核心城市中增量最大。此外，2024年郑州、西安小学在校生规模也超过百万，在园幼儿规模超35万，人口规模突出；武汉、合肥、佛山、杭州、青岛等城市小学生增量超2.5万，人口活力较强。

表6-5　　2024年主要城市小学在校生及幼儿园在园生人数及变化

2024年主要城市小学在校生人数及变化（万人）				2024年主要城市幼儿园在园人数及变化（万人）			
城市		2024年	相比2023年变化	城市		2024年	相比2023年变化
一线	广州	133.2	3.8	一线	广州	55.0	–4.9
	深圳	124.0	1.4		深圳	52.0	–3.5
	北京	116.8	0.7		北京	47.6	–3.9
	上海	92.7	–1.0		上海	44.8	–3.6
	重庆	203.2	–2.7	其他GDP超万亿及常住人口超千万城市	重庆	77.8	–9.8
其他GDP超万亿及常住人口超千万城市	成都	131.4	4.4		成都	56.3	–5.4
	郑州	120.6	2.4		郑州	35.9	–4.9
	西安	100.7	1.5		西安	35.8	–3.2
	长沙	89.6	2.2		长沙	32.7	–4.7
	石家庄	89.2	–3.1		石家庄	24.3	–4.7
	泉州	85.9	–1.7		泉州	27.7	–4.1
	武汉	83.4	3.0		武汉	33.5	–3.2
	天津	82.9	1.1		天津	25.8	–3.2
	东莞	82.1	–1.6		东莞	31.4	–3.4
	杭州	78.8	2.6		杭州	34.8	–2.5
	青岛	76.4	2.6		青岛	25.9	–4.1
	佛山	76.0	2.9		佛山	30.6	–3.3
	济南	72.9	2.3		济南	26.4	–4.5
	合肥	72.1	3.0		合肥	30.8	–3.2
	福州	61.0	–1.5		福州	21.0	–1.3
	宁波	57.9	0.1		宁波	23.9	–2.3
	南京	57.8	1.0		南京	22.8	–2.5
	唐山	55.6	0.0		唐山	16.0	–2.9
	无锡	48.3	–0.5		无锡	16.7	–1.9
	南通	38.8	–0.8		南通	13.2	–1.7
	烟台	33.0	0.2		烟台	13.7	–2.4

注：苏州、常州未公布数据。

数据来源：各城市统计局。

3. 人才优势：广州、武汉、北京、上海等地高校资源及在校生规模优势明显，人才支撑力强

我国正经历从“人口规模红利”向“人口质量红利”的关键转型，人才将成为城市产业创新和实现高质量发展的关键所在，这一转变也正在重塑区域发展格局。高校资源丰富的城市，高端人才供给具备显著优势，尽管近两年，在宏观经济承压及AI等技术进步加快背景下，高校毕业生面临就业难问题，但多地出台人才落户、租房补贴、购房补贴等人才支持政策，同时加大产业升级力度，通过提供更多就业岗位来吸引人才流入。这些高素质劳动力不仅为城市的产业经济发展提供动力，同时也是城市未来房地产市场的需求来源。

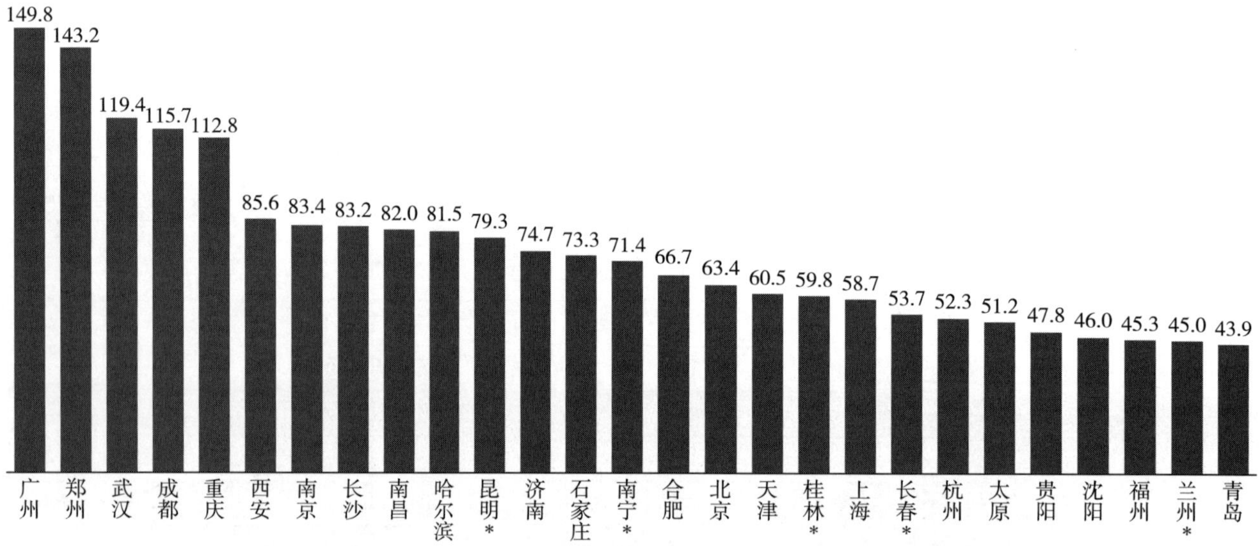

图6-7 2024年主要城市高校在校生人数（万人）

注：统计口径为本专科在校生，南昌、哈尔滨、济南为高校全部在校生人数，* 为2023年城市统计年鉴数据。

核心城市凭借丰富的教育资源，高校在校生规模突出。2024年，广州本专科在校生人数达到149.8万人，郑州本专科在校生143.2万人，位列全国前二位；武汉、成都、重庆高校在校生人数均突破110万人，西安、南京、长沙、南昌、哈尔滨在校生人数均超80万人。学校所在地是大学生毕业后的就业首选地，充足的人才供给为城市未来的产业发展提供了良好基础。当然，其中也有不少城市虽然高等教育资源较丰富，但毕业生留存率相对偏低，核心原因仍在于当地未能提供承接大学生的就业岗位。

此外，相比本专科在校生，研究生规模往往更能代表各地教育质量。根据《2024年全国教育事业发展统计公报》，2024年我国在学研究生409.54万人，10座城市在学研究生数量超过10万人，分别是北京、上海、南京、武汉、西安、广州、成都、杭州、重庆和天津，其中北京研究生在学人数已达47.5万，远高于其他城市。庞大的研究生群体为这些核心城市的高端产业布局和创新发展提供了强劲的人才支撑。

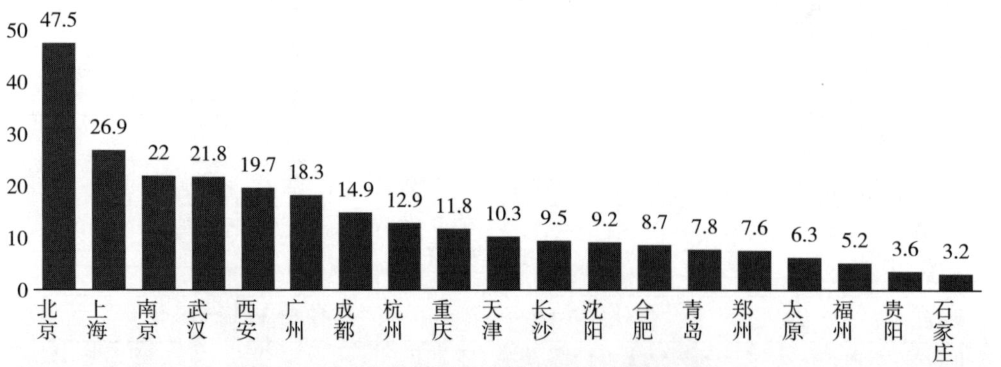

图6-8 2024年主要城市在学研究生规模（万人）

数据来源：各城市统计局、城市统计年鉴。

我国正经历从“人口规模红利”向“人口质量红利”的转型期，尽管在全国人口连续三年回落背景下，核心城市人口增长趋缓，但凭借资源优势及产业升级带来的发展红利，核心城市仍吸引大量人口聚集。尤其是近几年多地提出的“强省会”战略初见成效，除东部核心城市外，中西部的贵阳、长沙、南昌等省会城市也实现人口较快增长，而人口聚集又为城市发展带来规模经济及创新活力，同时也为房地产市场提供了潜在需求支撑。

（二）产业

产业发展质量仍是决定城市人口吸引力及居民购买力的核心因素，产业优势区域通过持续吸引高质量人口流入，不仅能够带来增量住房需求，还能够推动本地改善性住房需求持续释放。近年来，我国经济发展的核心动能正从传统要素驱动转向创新驱动，高质量发展成为主旋律，新质生产力有望重塑城市竞争力底层逻辑。长期来看，不同城市有望形成产业梯度格局：核心大城市的竞争聚焦科技创新及高端产业引领能力；中小城市发挥比较优势，承接功能转移，获得发展机会。值得关注的是，2025 年 4 月美国启动新一轮对华关税政策，虽在近期有所缓和，但不确定因素仍存，或将对部分外向型经济区域带来阶段性挑战。

2024 年，我国经济在内外复杂环境下展现出较强韧性，全年 GDP 达 134.9 万亿元，同比增长 5.0%，增速居世界主要经济体前列。面对外部环境压力及内需不振、预期偏弱等挑战，9 月中央政治局会议果断部署一揽子增量政策，推动经济在四季度企稳回升。同时，新质生产力培育初见成效，2024 年规模以上高技术制造业增加值占比升至 16.3%，新能源汽车产量突破 1300 万辆，工业机器人、集成电路等战略新兴产业产量增速分别达 14.2% 和 22.2%，本土 AI 大模型企业在长文本处理、逻辑推理及多模态交互等领域取得技术突破，为智能制造、智慧城市等场景注入新动能。此外，“两重”“两新”政策持续显效，2024 年内需对经济增长贡献率为 69.7%，继续成为经济增长的主动力。

1. 经济水平：2024 年 27 城 GDP 超万亿元，上海经济总量首次超 5 万亿元，唐山首次超 1 万亿元；万亿城市中福州、合肥、泉州、南通、常州、烟台增速超 6%

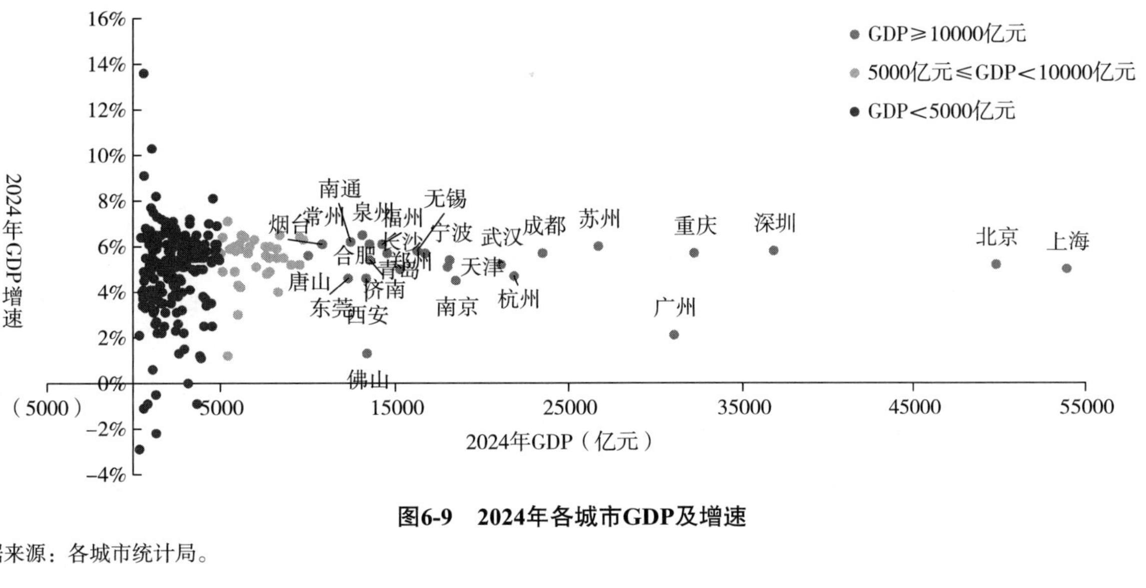

图6-9　2024年各城市GDP及增速

数据来源：各城市统计局。

2024年，我国GDP万亿城市数量达27个，较2023年增加1个，唐山GDP首次超万亿元，27个城市经济总量占全国的比重达40.9%。其中，上海、北京保持领先优势，上海成为全国首个经济总量超过5万亿元的城市，北京经济总量为4.98万亿元；深圳、重庆、广州在3万亿元以上，其中重庆经济总量再次超越广州，重回全国第4位；苏州、成都、杭州、武汉GDP在2万亿元以上；而唐山首次迈上GDP万亿元台阶。

从增速来看，2024年多数城市GDP增速有所放缓，2025年一季度核心城市经济增长普遍加快。2024年，我国GDP实际增速为5.0%，较2023年有所放缓，名义增速为4.3%，国内有效需求仍显不足，物价仍在低位，截至2024年12月，CPI连续22个月运行在“零值”附近，PPI连续27个月负增长，GDP平减指数同比已连续7个季度为负。其中，万亿城市中福州、合肥、泉州、南通、常州、烟台增速超6%；苏州同比增长6%，保持较快增长；而广州、佛山GDP增速分别为2.1%和1.3%，受汽车制造业、房地产下行等因素影响，2024年广州传统支柱产业之一的汽车制造业增加值同比下降18.2%，拖累经济增速增长。

2025年一季度，我国GDP增速达5.4%，其中北京、合肥、苏州、成都等核心城市经济增速较快，GDP实际增速超过全国均值。合肥、苏州等城市通过新能源汽车、高端装备等新兴产业拉动经济增长，工业增加值增速普遍超过10%。

表6-6　　重点城市2025年一季度GDP增速及经济发展特点

城市	2025年一季度GDP增速	2025年一季度经济发展要点	城市	2025年一季度GDP增速	2025年一季度经济发展要点
上海	5.1%	经济开局平稳。一季度第三产业引领增长，金融与信息服务业贡献突出。第三产业增加值达10289.43亿元，占比80.8%，增速5.6%。其中，金融业（增长9.4%）和信息传输、软件和信息技术服务业（增长13.0%）对GDP增长的贡献率合计超60%。	苏州	6.0%	经济增速高于全国平均。工业投资增速达23.1%，电子信息业、通用设备制造业投资领跑。大规模设备更新政策推动设备工器具购置投资增长36.9%，半导体设备、智能生产线等高端装备占比提升。
北京	5.5%	新质生产力引领增长。战略性新兴产业和高技术制造业增加值分别增长16.1%和10.4%，新能源汽车、锂电子电池、集成电路等产品产量分别增长3.7倍、1.4倍和18.3%。	成都	6.0%	经济增速高于全国平均。一季度规模以上工业增加值同比增长8.1%，较2024年全年提升3.3个百分点，创近年同期新高。计算机通信和电子设备制造业等支柱产业表现强劲，新能源汽车产量大幅增长4.1倍，锂离子电池产量增长100.3%。
深圳	5.2%	新能源汽车引领工业增长。汽车制造业增加值大幅增长56.3%。比亚迪一季度销量突破100万辆，新能源整车制造产值增长53.2%，深圳连续两年蝉联全国新能源汽车产量第一城。	杭州	5.2%	工业新质生产力加速突破。一季度规模以上工业增加值同比增长7.0%，创近12个季度新高。计算机通信、电子设备制造业与汽车制造业成为增长核心，其中工业机器人产量增长62.7%、集成电路产量增长34.3%。
重庆	4.3%	新质生产力带动经济增长。集成电路、工业机器人、新能源汽车产量分别增长67.8%、61.7%、13.3%。	武汉	5.4%	高技术制造业领跑增长。一季度规模以上高技术制造业增加值同比增长20.1%，连续15个月保持两位数增长，对工业增长贡献率超100%。锂离子电池、医疗仪器、工业机器人等新兴产品产量爆发式增长。

续表

城市	2025年一季度GDP增速	2025年一季度经济发展要点	城市	2025年一季度GDP增速	2025年一季度经济发展要点
广州	3.0%	汽车产业有所恢复，外贸增速亮眼。一季度汽车制造业增加值同比下降6.4%，比上年全年降幅收窄11.8个百分点；3月受部分新车型销量较好等因素带动，单月实现增加值增长11.5%。一季度出口总值1917.19亿元，同比大幅增长30.6%，增速在外贸十强城市中排名第一。	合肥	6.6%	新能源汽车产业表现亮眼。规模以上工业增加值同比增长14.0%，较去年同期加快2.0个百分点，其中高技术制造业增加值增长15.7%，占规上工业比重达29.7%。汽车及零部件产业增加值增长49.1%，新能源汽车产量增长74.9%。

数据来源：中指研究院综合整理。

2. 居民购买力：长三角、珠三角等地经济发达，居民购买力保持稳定增长，对改善性需求主导的新房市场具备较强支撑

表6-7　2024年主要城市城镇人均可支配收入、人均存款及增速

城市	2024年城镇居民人均可支配收入（万元）	2024年城镇居民收入增速	2024年人均住户存款余额（万元）	2024年住户存款余额增速	城市	2024年城镇居民人均可支配收入（万元）	2024年城镇居民收入增速	2024年人均住户存款余额（万元）	2024年住户存款余额增速
上海	9.31	4.0%	26.6	9.6%	常州	7.50	4.5%	17.2	12.4%
北京	9.25	4.3%	33.1	10.0%	佛山	7.01	2.1%	14.9	7.0%
苏州	8.66	4.4%	17.0	12.2%	珠海	7.01	3.4%	14.3	8.7%
绍兴	8.36	4.0%	17.1	9.6%	东莞	6.98	3.7%	10.6	10.7%
广州	8.34	3.6%	17.3	9.1%	长沙	6.97	4%	11.7	10.9%
杭州	8.34	3.4%	20.5	10.3%	青岛	6.88	4.7%	13.7	11.1%
宁波	8.31	3.1%	16.7	13.8%	镇江	6.77	4.8%	14.8	11.6%
南京	8.31	4.0%	18.1	12.3%	中山	6.75	4.0%	11.3	8.5%
温州	8.15	4.6%	14.4	7.6%	马鞍山	6.56	5.3%	11.8	12.0%
深圳	8.11	5.5%	17.3	12.5%	东营	6.55	5.4%	15.1	12.1%
无锡	8.00	4.4%	17.8	13.1%	南通	6.55	4.7%	17.9	11.7%
舟山	7.94	3.9%	17.0	10.7%	济南	6.54	4.6%	/	/
嘉兴	7.86	3.6%	15.0	10.8%	武汉	6.43	4%	11.8	11.6%
台州	7.76	5.0%	14.9	10.4%	泉州	6.36	4.8%	8.3	9.2%
湖州	7.76	4.2%	14.4	11.9%	衢州	6.36	4.9%	12.1	10.9%
金华	7.69	4.4%	14.0	9.0%	合肥	6.27	5.2%	10.8	14.9%
厦门	7.61	4.4%	12.2	9.8%	泰州	6.24	4.7%	14.5	12.3%

注：人均存款余额 = 住户存款余额 / 常住人口。

数据来源：各城市统计局。

根据国家统计局数据，2024年我国城镇居民人均可支配收入54188元，较上年增长4.6%，收入增速与GDP增速基本相当，而2024年末我国住户本外币存款余额为152.3亿元，同比增长10.4%，增长较快，反映出在经济承压、就业收入预期偏弱影响下，当前居民更倾向于储蓄。2024年末，人均存款余额约为10.8万元。

长三角城市群居民购买力领先，2024年城镇居民人均可支配收入超8万元的11个城市中，长三角区域占据8个，其中上海城镇居民人均可支配收入超9.3万元，居全国首位；苏州、绍兴、杭州、宁波、南京、温州、无锡等城市也超8万元，居民收入水平较高；这些城市的人均存款余额多超过17万元。深圳、广州城镇居民人均可支配收入分别为8.3万元和8.1万元，人均存款余额均为17.3万元；北京城镇居民人均可支配收入9.25万元，人均存款达32.1万元。一线城市居民收入及存款保持在较高水平，购买力突出。中部核心城市仅长沙、武汉城镇居民人均可支配收入跻身前列。此外，天津、太原、沈阳、大连等城市人均存款余额也超过15万元，居民储蓄倾向较强。

3. 产业创新：核心城市竞争聚焦科技创新及高端产业引领能力，新质生产力加快发展

（1）北京发明专利授权数全国第一，一线城市及杭州产业创新能力突出

科技创新是经济迈向高质量发展的关键支撑。发明专利是对技术创新的法律认可，授权数直观地体现了城市在技术创新方面取得的实际成果数量。拥有更多的发明专利，意味着城市在技术研发上有更多的突破和创新，这些成果可以为城市的经济发展、产业升级提供有力支撑。

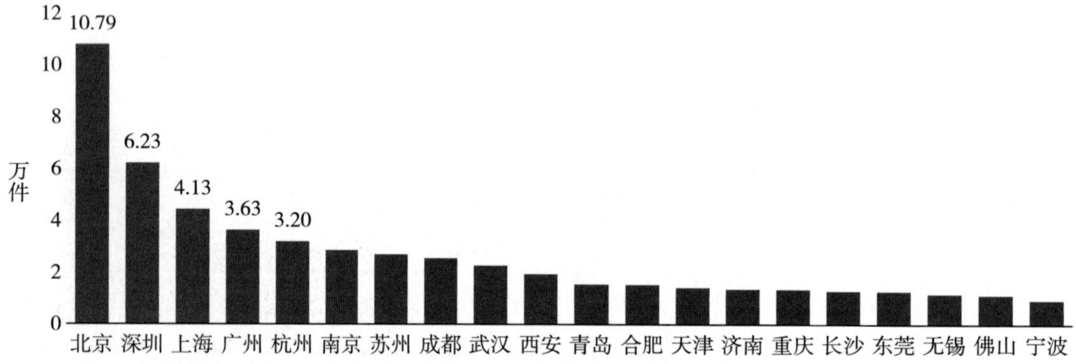

图6-10 2023年主要城市发明专利授权数

数据来源：中国城市统计年鉴。

一线城市发明专利授权规模位居全国前四位。2023年，北京发明专利授权量10.8万件，规模全国领先，同比增长22.4%，深圳为6.23万件，上海、广州分别为4.43万件和3.63万件。杭州以3.2万件位居全国第五位，南京、苏州、成都、武汉均超2万件，创新能力领先。

此外，2023年，深圳、北京、上海PCT国际专利申请量分别达1.59万件、1.14万件、6185件，合计占全国比例约48%（WIPO公布的2023年全球PCT申请数据显示，中国以69610件位居第一），其中深圳占比高达23%，华为等企业贡献显著，华为一家的申请量占全国9.3%。

（2）多地加快发展新质生产力，深圳、北京、上海等地在新能源汽车、人工智能领域具备竞争优势

新质生产力作为驱动我国经济高质量发展的核心动能，在2025年政策体系中占据战略核心地位，其重要意义通过多项最新政策部署得以系统阐释。习近平总书记在《什么是新质生产力，如何发展新质生产力》中指出："概括地说，新质生产力是创新起主导作用，摆脱传统经济增长方式、生产力发展路径，具有高科技、高效能、高质量特征，符合新发展理念的先进生产力质态。它由技术革命性突破、生产要素创新性配置、产业深度转型升级而催生，以劳动者、劳动资料、劳动对象及其优化组合的跃升为基本内涵，以全要素生产率大幅提升为核心标志，特点是创新，关键在质优，本质是先进生产力。"本部分我们以人工智能、新能源汽车以及量子计算等新兴产业为切入点，分析各城市在新质生产力方面

的发展状况及潜力。

①新能源汽车产业

新能源汽车产业作为我国经济高质量发展的重要引擎，其战略地位在2025年政府工作报告中被明确提升至新高度。报告首次将智能网联新能源汽车定位为“新一代智能终端”，标志着该产业从单纯的交通工具向融合人工智能、能源革命和数字技术的复合型载体跨越。

当前，新能源汽车产业在我国经济发展中已呈现出“高占比”和“高增长”的特点，2024年我国新能源汽车销量达到1286.6万辆，同比增长35.5%，新能源新车销量占到汽车新车总销量的40.9%。出口方面，2024年新能源汽车出口量达128.4万辆，同比增长6.7%。2025年一季度，新能源汽车销量达到307.5万辆，同比增速达47.1%，新能源汽车产业已成为拉动我国经济增长的重要抓手，全国及地方密集出台政策推动产业发展。

表6-8　全国及部分重点城市部分新能源汽车政策

时间	地区	政策	主要内容
2024.09	全国	《关于延续和优化新能源汽车车辆购置税减免政策的公告》	2024—2025年期间免征车辆购置税（每辆免税额≤3万元）。
2025.01	全国	《关于2025年加力扩围实施规模设备更新和消费品以旧换新政策的通知》	新能源车置换最高补贴1.5万元。
2023.11	深圳	《深圳市促进新能源汽车和智能网联汽车产业高质量发展的若干措施》	支持电动化、智能化、网联化技术攻关，对关键技术研发给予最高3000万元资助。鼓励总部落户，提供资金、用地、人才等支持，并设立产业基金加强资本联动 。
2025.02	上海	《2025年上海市进一步支持汽车置换更新补贴实施细则》	外牌旧车置换新能源车补贴1.5万元，燃油车1.3万元；叠加国家补贴后最高可达3.5万元。
2025.04	合肥	《合肥市推动智能网联新能源汽车产业高质量发展若干政策》	对“车电分离”模式的全新车型研发给予最高4000万元补助，动力电池优化研发最高3000万元补助；支持车规级芯片批量化应用项目，最高补贴2000万元。

数据来源：中指研究院综合整理。

从不同城市来看，深圳新能源汽车产销量位居全国首位。2024年，深圳新能源汽车产量达293.53万辆，成功卫冕“中国新能源汽车第一城”，产量同比增长69%。根据中国汽车工业协会数据，2024年国内新能源汽车产量达1288.8万辆，深圳占全国比重达22.3%。其中，比亚迪2024年销量达427.2万辆，蝉联中国车企销量冠军。除深圳外，合肥、西安、长沙、郑州、济南等城市新能源汽车产量上升也与比亚迪密切相关。

合肥、上海、西安2024年新能源汽车产量也超过100万辆。其中，合肥全年产量135万辆，超越上海、西安，跻身全国第二，同比增长74.6%。合肥提出，到2027年，新能源车产能超300万辆，集群营收超7000亿元。上海作为传统的汽车工业制造中心，拥有上汽集团等大型传统车企，新能源汽车则拥有特斯拉的超级工厂，2024年新能源车产量为122.5万辆，但同比小幅下降4.8%。西安2024年以112.5万辆的产量居全国第四位。

重庆、柳州、郑州、北京等城市增长较快。重庆2024年汽车产量达95.32万辆，同比增速高达90.5%，远超全国平均增速（34.4%）。其中，赛力斯全年新能源汽车产量达42.69万辆，占重庆总产量的44.8%。

赛力斯凭借与华为深度合作的问界M7、M9等车型，在高端市场实现突破。柳州2024年新能源汽车产量排名全国第七，同比增速超过60%。五菱宏光MINIEV等明星车型持续热销，全年销量突破26万辆。郑州2024年产量同比增速接近100%，河南省政府通过“整零协同”策略，引入宁德时代、多氟多等配套企业，形成覆盖电池、电机、智能驾驶等环节的全产业链。宁波2024年新建成共（专）用充电桩5779个，车桩比达1.2：1，居国内城市前列。此外，北京2024年新能源汽车产量达29.7万辆，同比增速高达282.7%，增速位居全国第一，其中2024年小米SU7上市后订单量突破32万辆，全年交付量达13.5万辆，成为增长核心引擎。

表6-9　　2024年新能源汽车产量TOP15城市

2024 年新能源汽车产量 TOP15 城市				
排序	城市	新能源汽车产量（万辆）	产量同比增速	主要品牌
1	深圳	293.5	69.2%	比亚迪
2	合肥	137.6	84.5%	比亚迪、蔚来、江淮
3	上海	122.5	–4.8%	特斯拉、上汽
4	西安	112.5	14.3%	比亚迪、吉利
5	重庆	95.3	90.5%	长安、赛力斯
6	长沙	95.0	30.7%	比亚迪、上汽、广汽埃安
7	柳州	76.4	60.2%	上汽通用五菱
8	常州	71.9	18.0%	理想、比亚迪
9	广州	65.0	4.6%	广汽埃安、小鹏、比亚迪
10	郑州	62.6	98.1%	比亚迪、上汽、东风日产
11	济南	54.5	45.5%	比亚迪、吉利
12	宁波	39.5	109.0%	极氪、领克
13	武汉	30.0	13.9%	东风、莲花
14	北京	29.4	282.7%	小米、理想、北汽
15	南京	27.2	35.30%	比亚迪、长安、创维、荣威

注：长沙、南京数据为同比增速计算；济南数据为月度数据估算。

数据来源：网络公开数据整理。

② 人工智能产业

2024 年，“人工智能 +”首次写入《政府工作报告》，明确要“深化大数据、人工智能等研发应用，开展‘人工智能 +’行动，打造具有国际竞争力的数字产业集群。”2025 年政府工作报告再次强调要“持续推进‘人工智能 +’行动，将数字技术与制造优势、市场优势更好结合起来，支持大模型广泛应用，大力发展智能网联新能源汽车、人工智能手机和电脑、智能机器人等新一代智能终端以及智能制造装备”。

人工智能作为新质生产力的核心驱动力，已深度赋能工业、医疗、教育等领域。例如，以工业富联为代表的智能工厂通过“5G+ 工业互联网”实现全流程自动化。根据工信部数据，截至 2025 年 2 月，全国已建成 3 万余家基础级智能工厂、1200 余家先进级智能工厂、230 余家卓越级智能工厂，智能工厂梯度培育行动取得初步成效。目前，多地密集出台人工智能产业政策，并明确产业发展路径和目标。

表6-10　　部分地区人工智能产业政策

时间	地区	政策	主要内容
2025.02	北京	《北京具身智能科技创新产业培育行动计划》	到2027年，原始创新能力显著提升，围绕具身大小脑模型、具身智能芯片、全身运动控制等方面突破不少于100项关键技术，产出不少于10项国际领先的软硬件产品，具身智能上下游产业链基本实现国产化。
2023.11	上海	《上海市推动人工智能大模型创新发展若干措施》	支持引进高水平创新企业，支持本市创新主体打造具有国际竞争力的大模型，鼓励形成数据飞轮，加速模型迭代，对取得重大成果的予以专项奖励。
2025.03	深圳	《深圳市加快打造人工智能先锋城市行动计划》	到2026年，全市人工智能企业数量超3000家，独角兽企业超10家，产业规模年均增长超20%，推出10个以上产业集聚效应明显的人工智能和具身智能机器人创新孵化器。
2025.02	杭州	《杭州市建设人工智能产业发展高地实施方案（2025年版）》	每年2.5亿元市级算力券；数据采购、加工补贴30%；模型研发补助等。
2025.04	无锡	《市政府关于建设“人工智能+”标杆城市的政策意见》	算力券、模型券、数据券最高补助3000万元，降低企业要素成本

数据来源：网络公开数据整理。

北上深位居第一梯队。北京市政府推动《人工智能+行动计划（2024—2025）》，布局数据流通基础设施，建设“数据流通协作网络”。通过区块链和隐私计算技术解决数据共享难题，已上架3000多款数据产品，计划2026年接入超3万项数据资源。2024年北京拥有超2400家人工智能企业，46家上市公司，36家独角兽企业占全国一半。上海推出“模塑申城”政策，整合算力、数据、资本等要素，形成大模型产业生态。应用方面，上海2024年有60款大模型备案，覆盖金融、医疗、城市治理等场景，其中晶泰科技AI药物研发技术全球领先，物质结构预测准确率100%。深圳以硬件制造和终端产品见长，依托制造业基础实现技术快速迭代。华为昇腾AI一体机、腾讯混元大模型等底层实现技术突破；云豹智能推出国产高性能DPU芯片。人形机器人领域，逐际动力研发全球领先的运动控制技术，光峰科技实现仿生表情投影。

杭州已成为中国人工智能产业的核心城市之一。深度求索（DeepSeek）推出全球首个成本效率领先的大模型DeepSeek-V3，其模型DeepSeek-R1应用用户在2025年2月1日突破3000万，微软、英伟达等200多家国际企业接入；杭州人工智能已经实现与其他新兴产业的融合，宇树科技机器人已在蔚来汽车工厂承担搬运任务。2024年，成都人工智能核心产业规模达1079亿元，同比增长39%，2025年目标规模提升至1300亿元，已有8款大模型通过国家生成式人工智能服务备案。合肥科大讯飞为全球智能语音领军企业，研发“讯飞星火大模型”赋能教育、医疗等领域，语音同传时延5秒内，达到人类专家水平。武汉已形成“基础层—技术层—应用层”全产业链布局，人工智能企业超过1000家，武汉紫东太初推出全球首个千亿参数多模态大模型，赋能智能制造、医疗等领域，日均调用超百万次，服务企业超1万家。

表6-11　　全国主要城市及代表性人工智能企业

城市	人工智能代表企业	优势领域
北京	百度智能云、寒武纪、火山引擎、加速进化、杉树科技、神州信息	云计算、AI芯片、通用大模型、具身智能、智能计算、金融科技
上海	东方财富、非夕科技、华院计算、阶跃星辰、MiniMax	金融科技、智能机器人、AI算法、基座大模型、通用大模型
深圳	东信时代、晶泰科技、元象XVERSE	AI营销、AI药物研发、通用大模型
杭州	阿里云、DeepSeek、宇树科技	云计算、通用大模型、具身智能
成都	考拉悠然、恒图科技	空间智能、图像生成
合肥	科大讯飞、智象未来	智能语音、AIGC
武汉	武汉紫东太初、数传集团、声通科技	AI出版、多模态大模型、交互式人工智能
广州	趣丸科技	AI音乐
南京	蔚蓝科技	具身智能
厦门	美图	AIGC

数据来源：网络公开数据整理。

③ 量子技术产业

量子技术产业应用将显著提升多个行业的生产效率和安全性。习近平总书记在2020年10月主持学习时强调："量子科技发展具有重大科学意义和战略价值，是一项对传统技术体系产生冲击、进行重构的重大颠覆性技术创新，将引领新一轮科技革命和产业变革方向。加快发展量子科技，对促进高质量发展、保障国家安全具有非常重要的作用。"

量子技术分为量子通信、量子计算和量子传感三个领域。以金融领域为例，量子计算可通过优化风险评估模型和交易算法，加速复杂金融数据分析，例如平安银行已利用量子算法实现信贷特征筛选的毫秒级求解，大幅提升决策效率。在制药与材料研发中，量子模拟能缩短新药开发周期，如本源量子计算机可快速解析分子结构，助力企业抢占全球竞争优势。量子通信通过不可破译的加密技术保障数据安全，如中国电信的量子城域网和"量子密信"平台已为政务、金融等行业提供高等级防护，降低信息泄露风险。量子传感在工业检测、地质勘探等场景实现纳米级精度，例如国仪量子的磁力仪可无损检测材料特性，提升制造质量。

表6-12　　全国重点量子技术初创公司及其所在地

公司名称	所在地	主要成果
国仪量子	合肥	全球首台商用低温版扫描氮空位探针显微镜；信噪比10000:1的AI电子顺磁共振波谱仪
昆峰量子	上海	全球首家"昆昇"量子芯片设计云平台；首个政府资助的量子AI工业互联网平台
本源量子	合肥	第三代超导量子计算机"本源悟空"；支持500+量子比特的"本源天机4.0"测控系统
问天量子	合肥	国内首款商密认证量子随机数芯片WT-QRNG3001314；量子安全芯片CCM3310SQ-T
科大国盾量子	合肥	主导建设全球首条量子保密通信干线"京沪干线"；量子密钥分发设备市占率国内第一
启科量子	北京	国内首台模块化离子阱量子计算机"天算1号"；量子通信与计算全栈解决方案
深圳量子通科技	深圳	单光子探测器、大功率激光器等核心器件研发
量旋科技	深圳	全球首台桌面型核磁量子计算机"双子座"；首枚出口中东的超导量子芯片"少微"
图灵量子	上海	全球首台全系统集成光量子计算机；国内首条光子芯片中试线（110纳米工艺）

数据来源：网络公开信息整理。

位于合肥的中国科学技术大学为当地量子技术企业的孵化提供了良好的环境。根据澳大利亚智库数据，在量子传感领域，中国科学技术大学在高质量论文研究机构中排名世界第五，中国第二；在量子计算领域，中国科学技术大学在高质量论文研究机构中排名世界第五，中国第一；根据英国 QS 大学排名，中国科学技术大学是唯一入围研究生与博士生毕业生数量排名前二十的中国机构。

4. 外贸依存度：全球经济环境复杂多变背景下，外贸依存度较高的城市或面临阶段性挑战

2025 年 4 月，特朗普政府以“对等关税”为名，一度将中国输美商品税率推升至 145%，中方同步反制至 125%。5 月 10 日中美紧急会谈后达成协议，双方将关税从峰值回调至“10% 保留 +24% 暂停”，并建立定期磋商机制。此举缓解了短期压力，但保留的关税和未解决的科技、产业矛盾为后续博弈埋下伏笔。

表6-13　　2024年全国重点城市外贸依存度

序号	省份	梯队	城市	进出口总额（亿元）	出口总额（亿元）	进口总额（亿元）	GDP（亿元）	外贸依存度（进出口 / GDP）	出口依存度（出口 / GDP）
1	广西	三四线	崇左	2730	2304	425	1313	207.9%	175.5%
2	浙江	三四线	金华	8795	7719	1076	6926	127.0%	111.5%
3	广东	一线	深圳	45048	28122	16926	36802	122.4%	76.4%
4	广东	三四线	东莞	13880	8897	4983	12282	113.0%	72.4%
5	江苏	二线	苏州	26193	16369	9824	26727	98.0%	61.2%
6	广东	三四线	中山	2841	2491	349	4143	68.6%	60.1%
7	福建	二线	厦门	9326	4980	4346	8589	108.6%	58.0%
8	浙江	三四线	舟山	3703	1235	2468	2226	166.3%	55.5%
9	浙江	二线	宁波	14203	9455	4747	18148	78.3%	52.1%
10	广东	三四线	珠海	3242	2296	947	4479	72.4%	51.3%
11	浙江	三四线	嘉兴	4818	3594	1225	7570	63.7%	47.5%
12	浙江	三四线	绍兴	4137	3762	375	8369	49.4%	45.0%
13	山东	三四线	威海	2040	1618	422	3729	54.7%	43.4%
14	广东	三四线	江门	1917	1611	306	4210	45.5%	38.3%
15	浙江	三四线	湖州	1664	1531	133	4213	39.5%	36.3%
16	广东	三四线	惠州	3938	2219	1719	6136	64.2%	36.2%
17	浙江	三四线	台州	2626	2386	240	6656	39.4%	35.8%
18	上海	一线	上海	42681	18176	24505	53927	79.1%	33.7%
19	海南	三四线	儋州	1294	335	959	1013	127.7%	33.0%
20	山东	二线	青岛	9077	5278	3798	16719	54.3%	31.6%
21	江苏	二线	无锡	7709	5037	2673	16263	47.4%	31.0%
22	山东	三四线	潍坊	3583	2450	1133	8203	43.7%	29.9%
23	广东	三四线	佛山	4997	3874	1123	13362	37.4%	29.0%
24	浙江	二线	杭州	8549	5950	2600	21860	39.1%	27.2%
25	广西	三四线	防城港	1282	314	968	1168	109.8%	26.9%
26	浙江	二线	温州	2937	2520	417	9719	30.2%	25.9%
27	福建	三四线	宁德	1477	1006	470	3902	37.8%	25.8%
28	山东	三四线	烟台	4723	2774	1950	10783	43.8%	25.7%
29	河南	二线	郑州	5566	3551	2015	14532	38.3%	24.4%
30	江苏	三四线	常州	3274	2604	670	10814	30.3%	24.1%

注：外贸依存度 = 进出口贸易总额 /GDP；出口依存度 = 出口总额 /GDP。

数据来源：各地统计局。

从出口依存度来看，2024 年全国共有 21 个城市出口占 GDP 比重超 30%，其中浙江 7 个（金华、舟山、宁波、嘉兴、绍兴、湖州、台州），广东 6 个（深圳、东莞、中山、珠海、江门、惠州 6 个地级市）。出口依赖度较高的城市，若关税持续攀升，可能引发部分出口企业经营压力增加，员工就业及收入也会受到一定影响，进而影响居民购房计划。整体来看，目前高依存度城市市场表现与重点城市整体差异并不明显，高出口依赖度的城市多为长三角及珠三角核心城市，此类城市经济发达，人口基数大，房地产韧性较强。

2024 年，中国经济在复杂内外部环境中展现出较强韧性，GDP 增长 5.0%，2025 年 GDP 目标仍定于 5% 左右。人工智能、新能源汽车等新质生产力发展取得一定成效。核心一二线城市科技创新能力领先，未来在产业竞争优势突出，通过提供优质岗位吸引高质量人才流入，为城市持续发展提供动能；同时，核心城市居民购买力较强，随着新房市场“改善化”趋势明显，这些城市未来在“好房子”建设导向下，新房开发仍具备较大潜力。值得关注的是，2025 年 4 月美国启动的新一轮对华关税政策，虽在近期有所缓和，但不确定因素仍存，需关注未来外贸形势变化对高出口依存度城市经济造成的影响。

（三）房地产市场

2024 年我国房地产市场整体延续调整态势，全国新建商品房销售面积 9.7 亿平方米，同比下降 12.9%。“9·26”新政后市场信心有所改善，核心城市销售出现阶段性回稳。2025 年一季度，核心城市新房市场保持修复，二手房成交同比继续增长，但二季度以来市场再次面临一定压力。今年两会政府工作报告首次将“稳住楼市”写进总体要求，为市场传递信心。此外，“好房子”也首次被写入政府工作报告，好房子建设提速有助于住宅产品迭代升级，以优质供给促进市场止跌回稳。从趋势来看，政策空间及力度、市场供求关系、城市聚集效应等是影响城市市场恢复节奏的核心因素，预计不同城市、不同项目分化趋势将延续，“好城市 + 好房子”新房市场空间仍在。

销售方面，2024 年全国新建商品房销售面积 9.7 亿平方米，绝对规模回落至 2009 年水平，较 2021 年最高点下降了 43%。尽管 2024 年四季度以来市场有所回稳，但房地产市场销售止跌仍面临诸多挑战：一是居民收入预期尚未根本性扭转；二是新开工面积持续下滑，连续三年新开工面积低于销售面积，有效供给不足或将制约新房销售恢复；三是二手房市场对新房市场“替代效应”明显，预计将继续分流新房市场需求。

投资方面，土地缩量、新开工下滑制约投资修复，近些年房地产开发投资持续下行。2024 年，房地产开发投资额为 10.0 万亿元，同比下降 10.6%，较 2021 年高点下降 30%，绝对值基本持平于 2016 年水平。供给端恢复时点取决于需求端回稳节奏，预计短期仍面临下行压力。

从房价预期来看，根据中指调查数据，2024 年“9·26”新政后，居民房价预期出现明显改善，但年末再次回落，2025 年以来虽有所波动，但房价上涨预期仍在低位。2025 年 5 月，预期“房价上涨”的受访者占比为 14%，较 2024 年末提升 3.3 个百分点，但较上年四季度已有所回落；预期“房价下跌”的受访者占比为 28%，较 2024 年末下降 4.3 个百分点。从制约居民置业的因素来看，收入不稳定、房价会下跌、还贷压力大持续位居前列，房地产市场恢复仍依赖整体宏观形势好转。

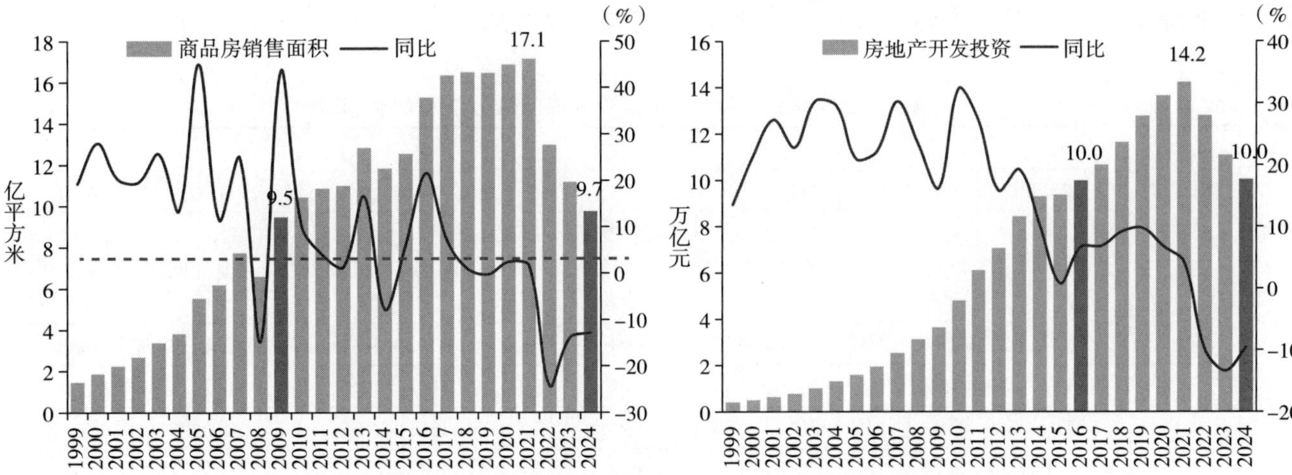

图6-11　1999年以来新建商品房销售面积、房地产开发投资额及同比增速

注：历年数据为国家统计局公布的年度数据，同比为年度数据计算所得。

数据来源：国家统计局，中指数据 CREIS。

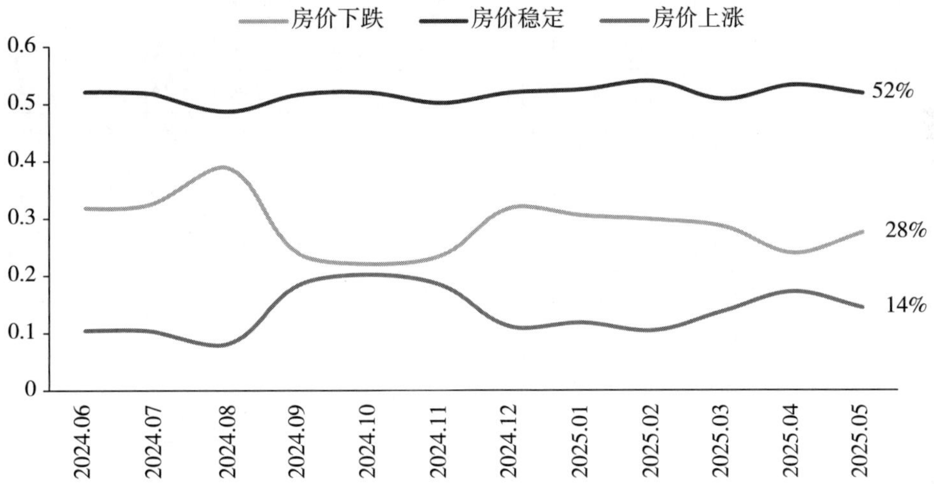

图6-12　居民房价预期变化

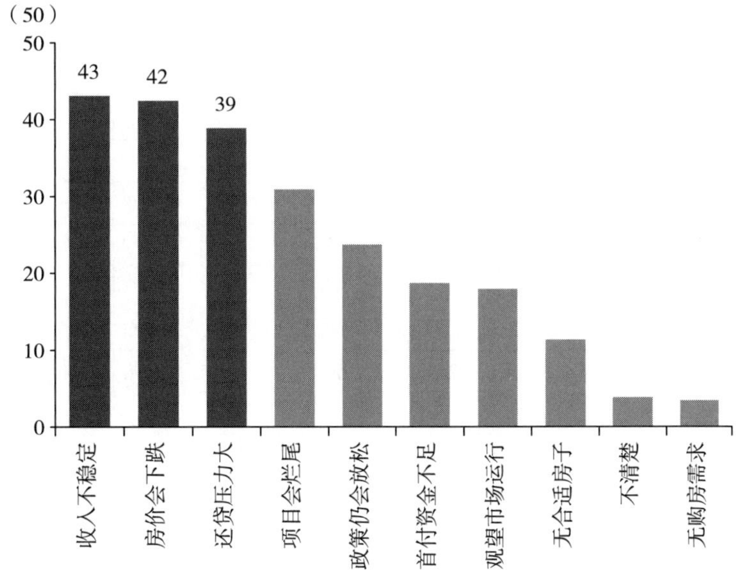

图6-13　制约居民购房的原因

1. 市场概况：城市分化加剧，核心城市新房销售出现一定修复

表6-14 重点城市2024年新房和二手房成交规模及同比变化（网签口径）

梯队	城市	新房							二手房						
		2024		Q1	Q2	Q3	Q4		2024		Q1	Q2	Q3	Q4	
		销售面积（万 m^2）	同比	同比	同比	同比	同比	月均销售较前三季度均值变化	成交套数（万套）	同比	同比	同比	同比	同比	月均销售较前三季度均值变化
一线	深圳	390	22%	-27%	-21%	-4%	142%	191%	5.4	67%	16%	49%	63%	128%	96%
	广州	791	-1%	-45%	-15%	2%	64%	98%	9.6	10%	11%	-9%	26%	18%	21%
	北京	595	-23%	-31%	-43%	-20%	8%	42%	17.6	13%	-28%	8%	24%	60%	47%
	上海	1163	-19%	-43%	-21%	-19%	17%	31%	21.3	20%	-23%	25%	16%	73%	51%
二线	武汉	1225	-6%	-58%	-33%	-12%	87%	221%	9.9	-4%	-17%	-14%	-3%	19%	21%
	厦门	194	-3%	-41%	-44%	46%	67%	146%	2.1	4%	-29%	-8%	11%	53%	59%
	苏州	452	-21%	-47%	-43%	-24%	42%	108%	6.1	-6%	-24%	-21%	18%	14%	17%
	合肥	294	-37%	-68%	-52%	-31%	29%	92%	7.5	7%	-10%	15%	-12%	38%	24%
	无锡	203	-22%	-47%	-39%	-16%	32%	74%	4.4	-3%	-26%	-4%	6%	19%	20%
	南京	447	-28%	-70%	-39%	13%	14%	73%	9.0	-9%	-23%	-32%	23%	7%	11%
	成都	1466	-25%	-40%	-38%	-33%	15%	69%	23.1	5%	-21%	-6%	15%	36%	43%
	重庆（主城区）	495	-25%	-48%	-29%	-30%	17%	62%	10.7	1%	-17%	19%	-3%	5%	9%
	宁波	480	-15%	-53%	-26%	-1%	55%	61%	6.4	12%	-31%	14%	10%	72%	41%
	长沙	483	-30%	-64%	-10%	-39%	1%	53%	6.2	11%	10%	65%	17%	-22%	3%
	杭州	800	-33%	-60%	-36%	-10%	-14%	50%	7.2	26%	-27%	43%	62%	44%	50%
	天津	808	-17%	-43%	-17%	-14%	12%	46%	14.6	-2%	-28%	0%	11%	16%	20%
	郑州	551	-14%	-60%	2%	-3%	21%	46%	9.2	-9%	-10%	-15%	-1%	-8%	-6%
	西安	718	-22%	-25%	-13%	-19%	-28%	24%	10.1	5%	-9%	10%	12%	7%	18%
	济南	623	-21%	-43%	-23%	-20%	19%	19%	5.3	8%	18%	54%	-2%	-18%	-6%
	福州	254	-35%	88%	-61%	-63%	-34%	6%	3.4	-5%	-14%	4%	1%	-11%	-6%
	青岛	802	-34%	-32%	-46%	-34%	-21%	4%	6.7	10%	-12%	16%	13%	24%	17%
	温州	591	-10%	-28%	-4%	-8%	27%	-25%	4.6	-9%	-21%	-20%	-4%	17%	8%
三四线	徐州	308	-45%	-65%	-35%	-65%	-14%	152%	–	–	–	–	–	–	–
	东莞	278	-13%	-59%	-37%	33%	29%	114%	2.8	-3%	-31%	-27%	11%	55%	56%
	烟台	172	-25%	-49%	-53%	-30%	78%	99%	1.2	18%	-53%	-20%	81%	175%	49%
	绍兴	54	-33%	-51%	-55%	-33%	31%	97%	–	–	–	–	–	–	–
	佛山	523	-16%	-57%	-23%	-1%	51%	70%	5.5	-7%	-18%	-13%	-2%	5%	16%
	惠州	396	-32%	-56%	-50%	-12%	26%	60%	3.7	4%	-16%	2%	12%	19%	26%
	常州	185	-31%	-64%	-33%	-5%	26%	46%	3.9	-5%	-24%	-5%	1%	15%	10%
	中山	219	-32%	-60%	-32%	-23%	5%	34%	–	–	–	–	–	–	–
	珠海	195	-14%	-23%	-13%	-13%	-7%	31%	–	–	–	–	–	–	–
	泉州	205	-44%	-42%	-59%	-53%	-12%	26%	–	–	–	–	–	–	–
	扬州	122	-14%	-44%	-27%	42%	34%	19%	1.8	-23%	-60%	-7%	0%	33%	10%
	淄博	504	-9%	-46%	19%	-4%	9%	-7%	–	–	–	–	–	–	–
	南通	169	0%	-13%	48%	58%	-43%	-31%	1.9	27%	20%	22%	24%	46%	-5%
	九江	79	-10%	-34%	32%	46%	-42%	-47%	–	–	–	–	–	–	–

数据来源：各地房管局，中指数据 CREIS。

2024年9月26日中央政治局会议定调以来，核心城市迅速跟进落实，出台放松限购、降低首付比例、降低房贷利率、取消普宅标准、优化税收等支持政策，市场预期及购房者信心有所改善，市场成交活跃度明显提升，四季度新房销售面积持续回升，北上广深、杭州、成都等地表现明显，12月二手房成交普遍创新高。

深圳：新房方面，在一系列政策优化刺激下，2024年四季度新房市场多次出现"日光盘"现象，市场活跃度明显提升，新房成交规模环比增长162%，同比增长142%；二手房方面，四季度二手住宅成交套数环比增长86%，同比增长128%，其中12月二手住宅成交8282套，创51个月以来新高（自2020年10月起）。

广州：新房方面，从出台政策力度来看，广州是一线城市中政策支持力度最大的城市，限制性政策已基本放开。在一系列政策推动下，2024年四季度新房销售面积环比增长90%，同比增幅超60%。二手房方面，四季度二手住宅成交套数环比增长9%，同比增长18%，其中12月二手住宅成交超1.1万套，创43个月新高（2021年6月以来）。

北京：新房方面，2024年四季度销售面积环比增长34%，同比增长8%，12月销售面积为近11个月新高（自2024年2月以来）；二手房方面，政策落地后成交量持续回升，四季度二手住宅成交环比增长33%，同比增长60%，12月成交套数超2.1万套，创近21个月新高（自2023年4月以来）。

上海：新房方面，在政策优化带动下，上海改善需求释放亦加快，豪宅市场热度也在上升。四季度上海新房销售面积环比增长24%，同比增长17%。二手房方面，四季度二手住宅成交套数环比增长51%，同比增长73%，12月二手住宅成交套数超2.5万套，创近42个月新高（自2021年7月以来）。

杭州：新房方面，在政策支持带动下，市场活跃度明显提升，四季度新房成交面积环比增长48%，受2023年同期高基数影响，单季度成交同比下降14%。二手房方面，四季度二手住宅成交套数2.4万套，环比增长54%，同比增长44%。

成都：新房方面，在政策支持带动下，市场活跃度明显改善，四季度新房成交面积环比增长92%，同比增长15%，12月新房成交面积近220万平方米，创36个月新高。二手房方面，四季度二手住宅成交套数环比增长38%，同比增长36%，12月二手住宅成交套数超2.8万套，创单月成交套数历史新高。

2025年以来，在前期政策的有力推动及"好房子"产品陆续入市等多重因素带动下，核心城市新房市场持续修复，"止跌回稳"取得一定成效。但与此同时，市场分化现象日益加剧，多数城市仍面临压力，政策力度及宏观基本面仍是决定市场走势的关键因素。

从市场回调幅度及库存压力来看，一线城市以及成都、西安等核心二线城市新房可售库存出清周期相对可控，且前期新房销售规模降幅相对较小，市场韧性较强。合肥、福州等二线城市及徐州、中山等三四线城市新房销售规模降幅较大，南京、无锡等二线城市以及烟台、珠海等三四线城市出清周期较长，这部分城市市场恢复仍需较长时间。

2. 市场潜力：政策空间及力度、市场供求关系、城市聚集效应等是影响城市市场恢复节奏的核心因素

从短期因素来看，政策支持及优化空间是影响市场走势的关键，包括限购限贷、房贷利率等政策空间，以及房票安置、收储存量房等政策推进节奏。另外，市场供求关系也决定了房价走势及市场恢复基础。中长期因素中，城市人口吸引力、区域辐射力等决定了城市对外部购房需求的吸引力，是城市长期发展过程中形成的优势，短期难以发生较大改变，在多数城市取消限购的当下，城市聚集效应带来的外部新

增购房需求也是支撑市场恢复的重要因素。前文已对城市人口吸引力、居民购买力及区域辐射力等因素进行分析，本部分主要围绕政策因素作分析。

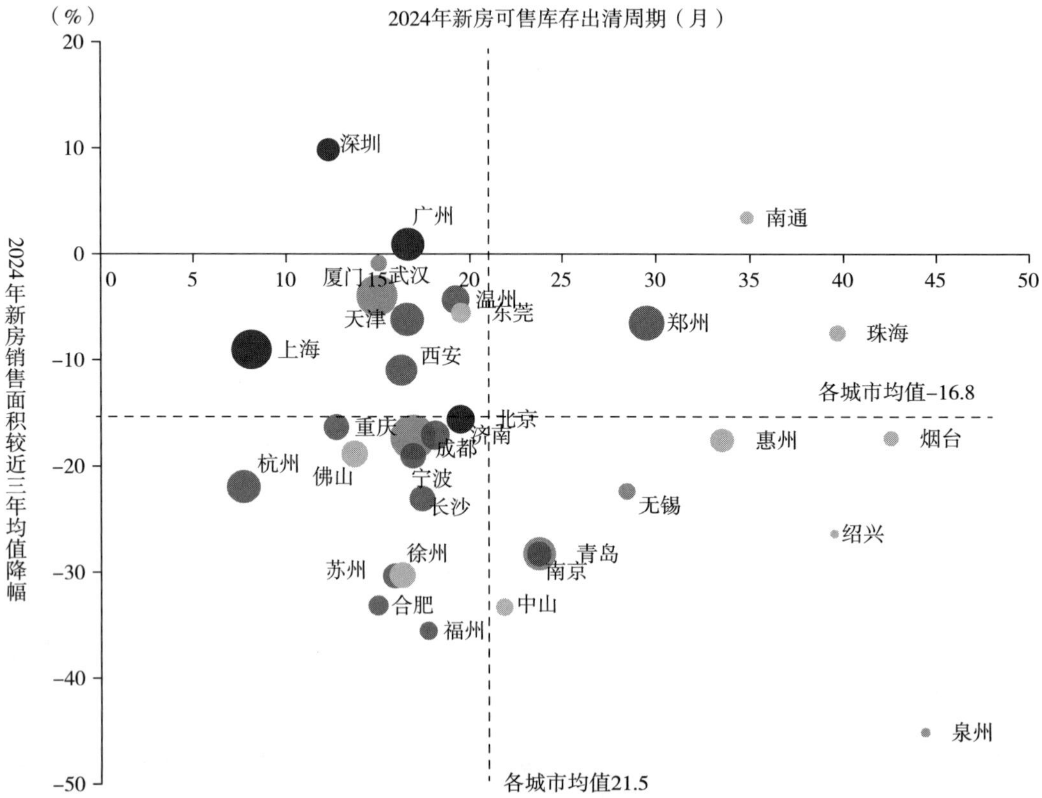

图6-14　重点城市2024年新房销售面积较近三年均值降幅与出清周期（网签口径）

注：气泡大小表示各城市 2024 年新房销售面积。

数据来源：中指数据 CREIS。

2021 年下半年起，房地产市场进入深度调整阶段，已历经 3 年多时间。在此期间，中央及地方的房地产调控政策不断优化，力度也在不断增强。2024 年“去库存”相关提法再次出现在重大会议中，9 月中央政治局召开非常规经济主题会议，明确提出要促进房地产市场“止跌回稳”，政策拐点到来；12 月政治局会议定调 2025 年要“稳住楼市”，中央经济工作会议延续此基调，进一步强调“持续用力推动房地产市场止跌回稳”。

（1）去库存政策

2024 年 4 月 30 日，中央政治局会议提出“统筹研究消化存量房产和优化增量住房的政策措施”，去库存成为房地产政策发力的重点内容之一。5 月 17 日，央行设立 3000 亿元保障性住房再贷款，支持地方国有企业以合理价格收购已建成未出售商品房用作保障性住房，央行按照贷款本金的 60% 发放再贷款，预计可带动银行贷款 5000 亿元，同时，住建部、自然资源部也提出妥善处置闲置土地、盘活存量土地，允许企业按照程序合理调整规划条件和设计要求，也支持地方以合理价格收回土地。6 月，自然资源部和国家发改委发布《关于实施妥善处置闲置存量土地若干政策措施的通知》（104 号文），提出三个方面 18 条举措处置闲置存量土地。9 月 24 日，央行提出将 3000 亿元保障性住房再贷款的央行支持比例从 60% 提高到 100%，进一步提升商业银行贷款支持规模，同时结合央行降息落地，有利于降低国企收储成本。10 月 12 日，财政部宣布支持政府专项债券、保障性安居工程补助资金用于收购存量房，具体执行细则落地有望进一步提升地方收储积极性，加速推进收储进程。12 月 27 日中央经济工作会议强调加力实施城中村和危旧房改造，推动库存去化。

在政策推动下，各地存量土地盘活加速落地。如越秀地产通过“退地—地票置换—再购地”模式在广州实现土地储备优化升级；武汉则通过“商改住”规划调整推动多宗地块价值提升。值得注意的是，专项债券支持土地储备政策的推进尤为关键，成为市场关注焦点。2024 年底地方政府已积极摸底闲置存量土地规模，部分地区发布了公开征集收回收购闲置存量土地的公告，个别城市起草了相关政策文件。进入 2025 年，部分地区进展加快，2025 年 3 月 11 日，自然资源部和财政部联合发布《关于做好运用地方政府专项债券支持土地储备有关工作的通知》，通过明确发债主体准入、项目筛选标准、资金闭环管理等实施细则，进一步规范地方专项债券管理流程，加速存量土地收储项目落地实施。根据中指研究院不完全统计，截至 5 月 30 日，各地公示拟使用专项债收回收购闲置存量土地的数量约 3412 宗，拟收储金额超 4345 亿元（含已经发行专项债的项目）。

表6-15　　部分地区拟使用专项债收购存量土地的数量（截至2025年5月30日）

省 / 市	宗数（宗）	收储用地面积（万平方米）	拟收储总金额（亿元）
广东	344	1698.2	655.2
重庆	311	1506.3	435.0
河南	477	1708.1	411.0
浙江	91	752.2	385.0
福建	157	626.4	354.4
四川	298	1215.2	270.1
河北	202	1049.5	247.2
湖南	289	1459.3	246.1
安徽	174	881.8	226.8
江西	231	775.2	208.6
山东	153	607.6	182.2
湖北	122	588.5	161.6
广西	142	906.7	161.0
陕西	31	162.3	132.5
云南	185	616.8	84.1
天津	41	297.4	75.1
新疆	75	392.2	24.8
辽宁	43	209.8	23.5
山西	20	83.4	19.2
贵州	4	45.8	15.9
海南	1	16.4	13.4
甘肃	15	128.6	7.8
吉林	5	47.0	4.6
内蒙古	1	5.8	0.1
总计	3412	15780.7	4345.2

数据来源：各地政府官网，中指研究院综合整理。

（2）城中村改造政策

2024 年 10 月 17 日，住建部、财政部、金融监管总局、央行、自然资源部在“推动高质量发展”系列主题新闻发布会介绍有关情况，通过货币化安置等方式，新增实施 100 万套城中村改造和危旧房改造。11 月 15 日，住建部、财政部联合发布通知部署各地进一步做好城中村改造工作，将城中村改造政策支持范围进一步扩大到近 300 个地级及以上城市。12 月 12 日，中央经济工作会议再强调“加力实施城中村和危旧房改造”。2025 年 5 月，中办、国办发布《关于持续推进城市更新行动的意见》，其中推进城中村改造成为城市更新中的重点任务之一，预计政策支持力度将加大。

（3）“好房子”政策

中央及各部委多次提到“好房子”建设导向。2024 年以来，多省市已先行调整层高地方标准，新标准的要求普遍集中在 3 米到 3.3 米之间，如《江苏省改善型住宅设计与建造导则》规定，改善型住宅的层高不应小于 3.1 米，设有地暖、管道式新风或集中式中央空调系统的改善型住宅层高不应小于 3.15 米；《江西省商品住宅品质提升设计指引（试行）》提出，住宅净高不应小于 3.10 米。2025 年“好房子”也首次被写入政府工作报告，好房子建设提速有助于住宅产品迭代升级，以优质供给促进市场止跌回稳。2025 年 3 月 9 日，在十四届全国人大三次会议民生主题记者会上，住房和城乡建设部部长倪虹表示“近期，住房和城乡建设部在组织编制《好房子建设指南》、修订《住宅项目规范》，推动建设安全、舒适、绿色、智慧的‘好房子’”。

表6-16　　部分重点省市高品质住宅/好房子设计导则主要内容

省市	时间	文件名称	部分重点内容
浙江省	2025.04	《浙江省住宅品质提升设计导则（试行）》	住宅层高不应小于 3.00m，设有地暖、户式中央空调系统的住宅，层高不应小于 3.15m。 朝向高速公路、高架等噪声源的外窗采用三玻两腔玻璃，将 80 分贝噪音降至 40 分贝以下。 住宅小区应设置室内公共服务空间，兼顾全龄段人群需求，重点关注“一老一小”。 鼓励通过一站式布局方式，打造集邻里交往、运动健身、图书阅览等多功能于一体的邻里中心。
四川省	2025.03	《四川省好住房设计导则（征求意见稿）》	住区用地容积率不应大于 3.0，不宜大于 2.8。 住宅层高不应低于 3.00m。设有中央空调和集中新风系统或地暖的住宅，不宜低于 3.10m。 最高入户层为二层及二层以上的住宅建筑，每个住宅单元应设置电梯，且至少应设置 1 台可容纳担架的电梯。 住区应合理提升小区绿化水平，绿地率不应低于 30%，不宜低于 35%。
江苏省	2024.03	《江苏省改善型住宅设计与建造导则》	除临江、临湖及城市规划特殊区域外，住宅建筑高度原则上不应大于 60m，容积率不宜小于 0.8，也不宜大于 1.8。 住区绿地率不应小于 33%，集中绿地面积不应小于 1.1m/ 人。 应达到绿色建筑二星级以上标准要求。
北京市	2025.02	《北京市平原多点地区“好房子”规划管理相关技术要点（试行）》	按需设置封闭或开敞阳台，阳台水平投影面积不大于套内建筑面积的 10%，进深不大于 1.8 米，针对封闭阳台、开敞阳台、错层阳台三种不同类型，明确部分面积不计入容积率。 允许套内面积超过 140 平方米的住宅，在起居室设置一定比例面积的挑空空间，挑空部分在要求范围内的，按其水平投影面积计算容积率。
	2024.11	《北京市高品质商品住宅设计导则（试行）》	首次提出鼓励住宅底层空间适度架空，架空面积可不计入容积率。 允许建筑高度局部弹性，增加布局灵活性，打造活力宜居住区。 可结合整体绿化在住区场地内设置有盖且不封闭的风雨连廊，当风雨连廊为不封闭的建筑空间时，其建筑面积可不计入用地容积率。

数据来源：各地政府官网，中指研究院综合整理。

2025 年两会政府工作报告首次将“稳住楼市”写进总体要求，为市场传递积极信号，4 月政治局会议提出“持续巩固房地产市场稳定态势”。此外，针对城市更新和高品质住房建设的配套支持政策或将陆续落地，为行业发展注入新动能。预计后续政策维持宽松基调，尤其是专项债收储、城中村改造等政策的落实进展有望加快。自 2024 年四季度以来，居民观望情绪有所改善，核心城市新房市场持续修复，叠加“好房子”规范逐渐完善及新规产品逐步入市，核心城市新房销售或得到一定支撑，但未来仍存在不确定性，当前居民就业收入预期偏弱仍是制约需求释放的首要因素，各城市之间、新老项目之间分化行情仍将延续。

四、聚焦核心城市群重点城市，把握楼市率先回稳机会

二十大报告中明确强调“以城市群、都市圈为依托构建大中小城市协调发展格局”，为区域发展明确方向。近年来，我国城市群都市圈发展格局逐渐形成以核心城市引领、圈层梯度发展、产业协同分工、设施互联互通、服务共建共享为路径，最终构建高质量一体化发展新格局。从发展阶段来看，长三角、粤港澳、京津冀三大核心城市群持续强化创新协同与制度突破，在人口集聚、产业升级和经济高质量发展中发挥核心引擎作用。同时，成渝、长江中游城市群依托核心城市较快发展，保持一定区域优势。同时，从近期的政策导向和地方实践来看，都市圈在国家区域建设中的提及频率和重视程度有所提高，2024年印发的《深入实施以人为本的新型城镇化战略五年行动计划》中提出要“加快转变超大特大城市发展方式，依托中心城市辐射带动周边市县共同发展，培育一批同城化程度高的现代化都市圈，推动通勤便捷高效、产业梯次配套、生活便利共享，引导大中小城市和小城镇协调发展、集约紧凑布局”。截至2025年3月，国家级都市圈已增至17个，新晋的厦漳泉都市圈、合肥都市圈均以产业协同和跨区域合作为重点，华北首个国家级都市圈——石家庄都市圈则聚焦推动冀南区域协同发展，重点建设轨道上的都市圈。

2025年，“十五五”发展规划启动在即，长三角、成渝等地已建立跨省协同编制机制，未来随着体制机制改革、要素流动、区域治理等领域持续发力，核心城市群将进一步实现经济集聚与人口、资源的高效匹配，成为中国经济可持续增长的关键力量。

表6-17　　2024年国家关于城市群、都市圈相关政策

时间	文件名称	关于城市群、都市圈的表述
2024.04	《都市圈国土空间规划编制规程》	深入实施区域协调发展战略、区域重大战略、主体功能区战略、新型城镇化战略，引导人口、产业等要素向都市圈高效集聚。落实各地方都市圈发展战略要求，优化产业链、供应链、创新链布局，保护生态系统完整性，增强整体安全韧性，完善设施体系，将都市圈建设成支撑构建“双循环”新发展格局、促进共同富裕的重要空间单元。
2024.07	《中共中央关于进一步全面深化改革、推进中国式现代化的决定》	坚持人民城市人民建、人民城市为人民。健全城市规划体系，引导大中小城市和小城镇协调发展、集约紧凑布局。深化城市建设、运营、治理体制改革，加快转变城市发展方式。推动形成超大特大城市智慧高效治理新体系，建立都市圈同城化发展体制机制。
2024.07	《深入实施以人为本的新型城镇化战略五年行动计划》	实施现代化都市圈培育行动。加快转变超大特大城市发展方式，依托中心城市辐射带动周边市县共同发展，培育一批同城化程度高的现代化都市圈，推动通勤便捷高效、产业梯次配套、生活便利共享，引导大中小城市和小城镇协调发展、集约紧凑布局。

数据来源：政府官网。

五大核心城市群经济、人口保持明显优势，新建商品房销售面积占全国比重约48%。

表6-18　　主要城市群经济、人口规模①

城市群	城市数量（个）	面积（万平方公里）	2024GDP（万亿元）	2024GDP平均增速	2024常住人口（亿人）	人均GDP（万元）	2024商品房销售面积（亿平方米）
长三角	27	22.1	28.6	5.8%	1.78	16.1	1.56
珠三角	9	5.5	11.5	3.4%	0.79	14.5	0.58

① 粤闽浙沿海城市群因具体包含城市未公布，本次报告沿用海峡西岸城市群覆盖范围统计；为避免重复计算，中原城市群未统计与京津冀、山东半岛城市群重叠的城市；长江中游城市群和成渝城市群均出现规划中只含某城市部分县、区的情况，为方便计算，本次研究中城市群面积、GDP和人口等指标均按地级市全市计算。

续表

城市群	城市数量（个）	面积（万平方公里）	2024GDP（万亿元）	2024GDP平均增速	2024常住人口（亿人）	人均GDP（万元）	2024商品房销售面积（亿平方米）
京津冀	13	21.6	11.5	5.4%	1.07	10.7	0.63
长江中游	28	34.4	12.1	5.4%	1.24	9.8	1.00
成渝	16	24.0	9.0	6.1%	1.03	8.7	0.89
全国		963.4	134.9	5.0%	14.08	9.6	9.74
五大城市群占比		11%	54%	/	42%	/	48%
山东半岛	16	15.9	9.8	5.9%	1.01	9.7	0.94
粤闽浙沿海	16	21.5	7.6	4.8%	0.73	10.3	0.52
中原	25	23.8	8.2	5.2%	1.30	6.6	0.88
八大城市群占比		18%	73%	/	64%	/	72%

注：常住人口变化统计中，2024 年未公布人口数据的暂未统计。

数据来源：各城市统计局，中指数据 CREIS。

2024 年，五大核心城市群（长三角、珠三角、京津冀、长江中游、成渝）以占全国十分之一的地域面积承载了全国超四成的人口和超五成的经济总量，商品房销售面积在全国占比约 48%，仍是我国房地产市场最主要的需求集中区域。

经济水平方面，长三角城市群作为我国经济最发达地区，2024 年 GDP 规模达 28.6 万亿元，显著高于其他城市群；长三角、珠三角人均 GDP 均超 14 万元，京津冀人均 GDP 突破 10 万元，人均效益较高。成渝、山东半岛、长三角城市 GDP 平均增速较高，分别为 6.1%、5.9% 和 5.8%，经济增长动能领先。

人口基础方面，长三角、长江中游以及中原城市群常住人口规模较大，其中长三角城市群常住人口规模接近 1.8 亿，长江中游和中原城市群常住人口均为 1.24 亿人。珠三角城市群人口增长势头仍较强劲，2024 年 9 城常住人口合计增加约 63 万人口，长三角 27 城合计增长约 57 万人，两大区域人口吸引力突出。

房地产市场方面，2024 年，全国房地产市场整体仍处调整修复阶段，商品房销售面积同比均下降，其中长三角、珠三角韧性相对较强，京津冀、成渝、山东半岛在双核城市带动下，市场保持一定活力，其余城市群调整压力较大。2024 年 9 月 26 日中央政治局会议定调后，随着“一揽子”政策逐步落实，市场预期及购房者信心有所改善，2024 年四季度核心城市新房销售面积持续改善。2025 年以来，各项“稳地产”配套政策持续出台落地，未来随着房地产供需两端政策加快落实，叠加“好房子”项目供给增加，基本面较好、库存压力相对可控的地区房地产市场恢复节奏或相对较快。

（一）长三角城市群

长三角地区一直是中国经济发展的重要引擎，是我国经济最活跃、开放程度最高、创新能力最强的区域之一。2024 年，长三角城市群经济持续稳中向好，区域一体化纵深推进，并发布了《长三角地区一体化发展三年行动计划（2024—2026 年）》，旨在打造世界级城市群。长三角三省一市不断推进世界级产业集群建设，重点布局低空经济、新能源汽车产业链及 G60 科创走廊，全国经济核心增长极地位持续强化。房地产市场方面，上海、杭州需求支撑度较强，房地产市场保持一定活跃度，而其他城市更多仍处于调整修复阶段。中长期看，长三角经济基本面稳健，产业基础和人口吸附力较强，居民购买力突出，为房地产市场发展奠定了较好基础，尤其是除上海外，其他核心城市均已取消限购，未来有望吸引区域内三四线及全国更多购房者置业，是房企重要的战略布局区域。

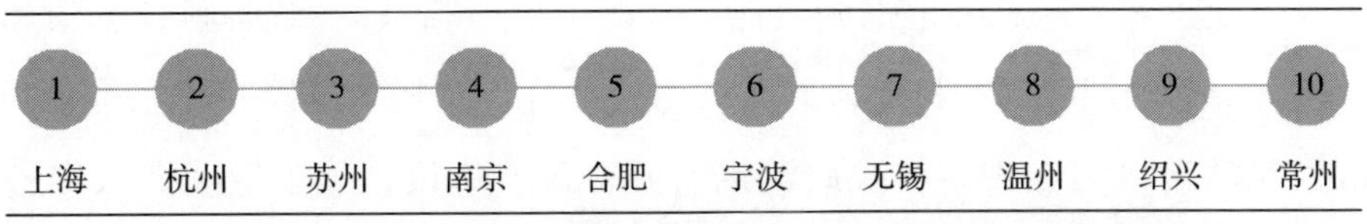

图6-15　2025年长三角城市群房地产开发投资吸引力排名

上海是长三角龙头城市，经济总量全国第一，产业基础雄厚，在全球具有较高知名度和影响力，投资吸引力常年居长三角及全国首位。杭州经济基础较好，2024 年“六小龙”强势崛起，人工智能领域持续位居全国前列，人口导入能力强，投资吸引力居城市群第 2 位。苏州持续筑牢先进制造根基，保持全国经济十强地位，投资吸引力在区域排名第 3 位。南京作为江苏省会城市，经济稳健增长，但近两年房地产市场面临一定压力，投资吸引力位居区域第 4 名。合肥、宁波人口吸附力强，未来住房发展空间较大，位居城市群第 6、7 名。

1. 长三角一体化三年行动计划发布，上海、杭州、苏州、南京、合肥、宁波等地迎来发展机遇

表6-19　《长三角地区一体化发展三年行动计划（2024—2026年）》主要内容

一、加强长三角科技创新跨区域协同	二、协同建设长三角世界级产业集群	三、加快完善一体化发展体制机制	四、加快提升区域市场一体化水平
深入推进张江、合肥两大综合性国家科学中心合作共建，支持南京、杭州—宁波创建区域科技创新中心。 深化长三角基础研究合作，探索设立长三角基础研究联合基金，协同开展跨学科交叉基础研究。 深化长三角国家技术创新中心体系布局。 加强人才政策区域协同创新，推进人才评价标准、人才资质跨区域互认。	实施制造业重点产业链高质量发展行动，共建长三角新能源汽车产业链体系。 支持低空经济发展，发展通用航空，加快布局低空产业基础设施建设、产品研发和制造。 加快建设一体化发展示范区集群、芜湖集群两个数据中心集群。 加快推动 G60 科创走廊科创产业融合发展，加快建设 G60 卫星互联网产业集群等。	深化长三角政务服务“一网通办”，推广远程虚拟窗口跨省通办模式，创新跨省“一件事”集成服务。 深入推进健康信息互联互通，探索医疗检查检验互联互通互认。 建立轨道交通一体化运营推进工作机制，研究组建长三角轨道交通运营公司。	制定出台长三角市场监管部门服务建设全国统一大市场先行区举措。 加强长三角地区投资类企业准入等市场准入规范统一，…。 联合编制实施长三角区域物流提质增效降本行动方案。 共建“轨道上的长三角”，开行串联长三角重点城市的大环线列车。
五、积极推进长三角区域高层次协同开放	六、切实加强生态环境共保联治	七、积极探索建设中华民族现代文明	八、有力拓展城市合作广度和深度
制定实施浦东新区放宽市场准入特别措施……。 支持虹桥国际中央商务区打造“丝路电商”合作先行区辐射引领区，加大进博会与长三角各地展会的联动力度。 支持三省一市自贸试验区在大宗商品资源配置、生物医药等方面进行差异化探索。	加强生态保护红线无缝衔接。 加强长江口—杭州湾重点海域河口海湾协同治理，推进新一轮太湖流域水环境综合治理。 共建长三角绿色低碳供应链公共服务平台。	开发推出互联互通的红色旅游编制实施新一轮长三角体育产业一体化发展规划，…。 协同推进大黄山世界级休闲度假康养旅游目的地建设。	配合自然资源部编制长三角国土空间规划，联合编制实施上海大都市圈国土空间总体规划。 推动上海、南京、杭州、合肥、宁波、苏锡常都市圈联动发展，在产业分工协作、科技协同创新、高水平开放等方面加强合作。 推进苏州与上海深化一体化发展、嘉兴与上海全面接轨发展。
九、着力提升安全发展能力			

数据来源：政府官网，中指研究院综合整理。

自 2019 年长三角区域一体化发展上升为国家战略后，协同发展不断推进。2023 年 11 月，深入推进长三角一体化发展座谈会上，习近平总书记强调要抓好“四个统筹”，即：统筹科技创新和产业创新、统筹龙头带动和各扬所长、统筹硬件联通和机制协同、统筹生态环保和经济发展，要求推动长三角一体化发展取得新的重大突破。2024 年 4 月，中共中央政治局召开会议，审议《关于持续深入推进长三角一体化高质量发展若干政策措施的意见》。7 月，长三角区域合作办公室印发《长三角地区一体化发展三年行动计划（2024—2026 年）》（以下简称《三年行动计划》），为长三角未来三年工作重点明确了路线图和任务书，标志着长三角一体化发展向纵深推进。

新一轮《三年行动计划》中提出了九个方面共 165 项重点任务。其中，加强长三角科技创新跨区域协同方面提出，要深入推进张江、合肥两大综合性国家科学中心合作共建，支持南京、杭州—宁波创建区域科技创新中心。协同建设长三角世界级产业集群方面重点提及共建长三角新能源汽车产业链体系和支持低空经济发展，同时提出加快建设一体化发展示范区集群、芜湖集群两个数据中心集群，加快推动 G60 科创走廊科创产业融合发展，加快建设 G60 卫星互联网产业集群等，为相关城市在产业集群建设上带来机遇。有力拓展城市合作广度和深度方面提出，推动上海、南京、杭州、合肥、宁波、苏锡常都市圈联动发展，在产业分工协作、科技协同创新、高水平开放等方面加强合作，推进苏州与上海深化一体化发展、嘉兴与上海全面接轨发展。

2. 长三角 27 个城市 GDP 总量占全国 21.2%，14 城 GDP 增速在 6% 及以上，居民购买力强

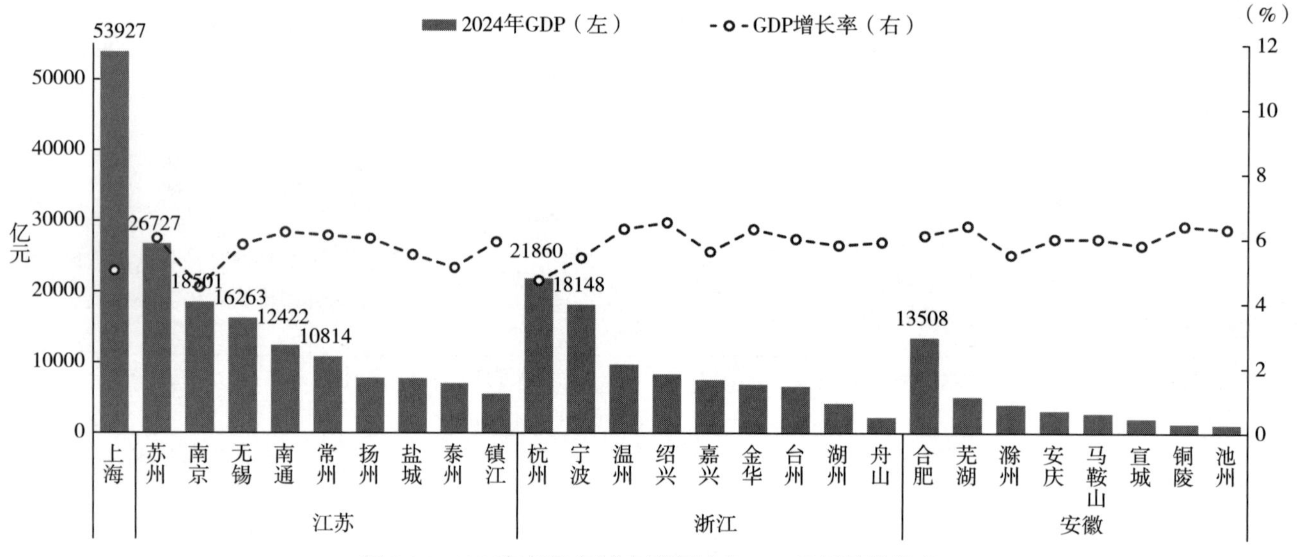

图6-16　2024年长三角城市群各城市GDP总量及增长率

数据来源：各省市统计局，中指数据 CREIS。

2024 年，长三角三省一市 GDP 总量占全国 24.6%，其中 27 个核心城市 GDP 总量约 28.6 万亿元，占全国总量的比重提升至 21.2%，经济规模居各城市群之首。长三角城市群中，万亿 GDP 城市数量有 9 个，占全国 1/3，其中上海以近 5.4 万亿元蝉联全国经济第一城，苏州、杭州、南京、宁波、无锡、合肥、南通、常州等城市形成万亿梯队矩阵，区域经济实力全国领先。从增速上看，2024 年长三角城市群各城市 GDP 平均增速高于全国平均水平 0.8 个百分点，14 城 GDP 增速在 6% 及以上。同时，长三角城市群居民购买力领先。2024 年城镇居民人均可支配收入超 8 万元的 11 个城市中，长三角区域占据 8 个，其中上海

城镇居民人均可支配收入超 9.3 万元，居全国首位；苏州、绍兴、杭州、宁波、南京、温州、无锡等城市也超 8 万元，购买力较强；同时，这些城市的居民人均存款余额多超过 17 万元。

分省来看，江苏省 2024 年 GDP 达 13.7 万亿元，13 个地级市的 GDP 平均值突破万亿元，经济较发达。苏州在产创融合方面持续发力，全面推动科技创新和高新技术产业的升级，2024 年 GDP 达 2.67 万亿元，稳居万亿城市前列；同时，苏州各类产业集群加速发展，在新能源、人工智能、低空经济等重点领域表现突出，苏州智能建造工厂企业数量以 33 家居全省首位。南京以科技创新为核心的现代服务业发展动能较强，高新技术产业及新能源汽车产业发展较快，2024 年 GDP 超 1.8 万亿元，继续稳居全国第十；同时南京接连入选国家首批"5G+ 工业互联网"融合应用试点城市、国家首批 5G 应用"扬帆"行动重点城市、国家中小企业数字化转型试点城市，制造业"智改数转网联"走在全国前列。无锡以制造业立市，前瞻布局低空经济、商业航天等产业，其民营经济发展持续活跃，新能源产业发展迅速，2024 年 GDP 超 1.6 万亿元，人均 GDP 达 21.68 万元，居全国前列。南通通过沿海开发与产业集群实现高速增长，2024 年 GDP 增速达 6.2%，成全省增速最快"万亿城市"。

浙江省 11 个地级市 GDP 均值超过 8100 亿元，杭州以数字经济为引擎，云计算、大数据等产业增速显著，2024 年 GDP 接近 2.2 万亿元，领跑浙江省，同时科技领域亮点突出，"六小龙"等创新型企业强势崛起，为杭州的产业升级与创新发展注入了新的活力。宁波依托宁波舟山港优势，经济持续向好发展，除制造业保持强势外，根据宁波统计公报数据，2024 年宁波人工智能、高端装备和战略新兴三大新兴产业增加值增速均超 10%。绍兴通过"集成电路 + 生物医药 + 文旅"三产融合实现动能转换，经济快速发展，2024 年 GDP 增速达 6.5%，居全省 GDP 增速首位。

安徽省各城市经济水平差异较大，仅合肥 GDP 超万亿，其余城市 GDP 均不足 5500 亿元。近年来，合肥通过"工业立市、制造强市"战略构建起"芯屏汽合"现代产业体系。根据合肥统计局数据，战新产业产值占规上工业比重达 55.8%，其中新能源汽车产业实现跨越式增长，2024 年产量突破 137.6 万辆（同比增长 84.5%），跻身全国新能源汽车产能前列。

2025 年，三省一市以"科创 + 产业 + 制度"协同为引擎，加速构建区域发展共同体。在科创领域，通过联合基金、创新联合体等方式，推动产业链、创新链深度融合，打造新能源汽车"4 小时产业圈"和人工智能产业集群。同时，轨道交通一体化提速，沪苏湖高铁建成通车，宁马城际即将建成，沿江高铁合沪段加速推进，轨道网络密度持续提升。未来，上海、苏州、合肥、宁波之间将实现更紧密的交通联系，各地的产业优势在交通融合的助力下，不断实现优势互补与协同共进，为长三角区域整体的高质量发展注入强大动力。

3. 长三角外贸依存度较高，贸易局势复杂多变背景下各地积极出台措施，楼市影响尚不明显

外贸对经济发展具有重要的带动作用，在当前关税争端背景下，外向型经济城市可能面临一定的阶段性压力。2024 年，长三角三省一市出口总额占全国 39.1%，其中 27 个核心城市出口总量达 6.1 万亿元，占全国出口总额 24.0%。从城市对外依存度来看，2024 年长三角城市群共有 15 个城市出口占 GDP 比重超 20%（全国为 18.9%），其中苏州、宁波、金华、舟山等城市出口占 GDP 比重超 50%，其经济对出口贸易的依赖程度较高。对于出口依赖度较高的城市而言，关税争端等外部环境变化，可能引发部分出口企业经营压力增加，员工就业及收入也会受到一定影响，进而影响居民购房计划。

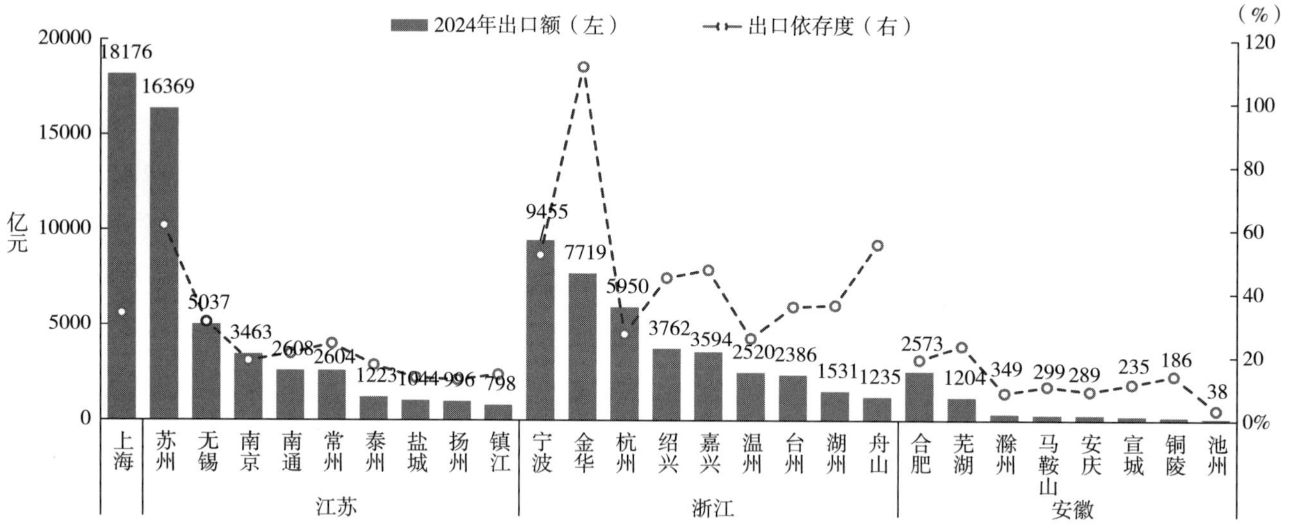

图6-17 2024年长三角城市群各城市对外出口总额及出口依存度

注：出口依存度 =2024 年出口额 /GDP。

数据来源：各城市统计局、海关总署。

表6-20 2024年长三角城市群部分对外依存度较高城市对外出口总额及出口特点

城市	2024 年出口额（亿元）	出口依存度	2024 年对外出口特点
金华	7719	111%	2024 年出口总额同比增长 16.4%，占浙江份额 19.8%，创历史新高。机电与劳密产品双轮驱动：机电产品、劳密产品出口分别增长 14.4% 和 20.1%，均高于浙江同类产品增速；制造业出口占比超 95%，锂电扫雪机等新能源产品成为新增长点。
苏州	16369	61%	2024 年出口总额同比增长 8.5%，占江苏份额 44.8%。结构优化与新兴业态并进：机电产品出口占比 77.7%，其中新能源、锂电池、光伏产品等“新三样”出口增长 13.4%（电动汽车增长 5.6 倍）；跨境电商进出口增长 86.3%。
舟山	1235	55%	大宗商品与船舶出口主导：油品、铁矿石等大宗贸易稳定基本盘，船舶出口增长 132.1%。
宁波	9455	52%	机电产品主导：机电产品出口占比 52.9%。汽车（包括底盘）、摩托车等交通工具出口分别增长 20.2%、17.6%；集装箱出口值大幅增长 361.7%。
嘉兴	3594	47%	传统与新兴市场双增长：劳密产品出口增长 8.9%（家具增长 40.1%），机电产品出口增长 1.7%；对中东、拉美等新兴市场出口增速超 10%。
绍兴	3762	45%	高新技术与机电产品出口表现突出，前三季度分别增长 17.0% 和 12.9%。
湖州	1531	36%	机电产品与纺织服装占主导：机电产品、纺织服装的出口占比超 50%，其中机械设备出口额从 2021 年的 144.3 亿元增长到 2024 年的 244.0 亿元，年均增长率达 19.1%，成为拉动湖州市外贸增长的重要引擎。
台州	2386	36%	跨境电商与二手车出口表现突出：传统出口下降，但跨境电商出口额突破 110 亿元，增幅超 100%，二手车出口台数和交易金额均居全省前列。
上海	18176	34%	2024 年出口总额同比增长 4.6%。绿色贸易与高端制造引领：机电产品出口增长 2.9%，大型 LNG 船出口增长 67.3%，混合动力汽车出口增长 400%。
无锡	5037	31%	高新技术产品主导：机电产品出口占比 70.2%，集成电路和自动数据处理设备及其零部件出口分别增长 20.1% 和 39.2%。

数据来源：各城市统计局、海关总署，中指院整理。

2025 年 4 月以来，针对关税摩擦，各地尤其是外贸大省迅速行动，积极部署应对措施。

上海：助力外贸企业拓内销。4 月 18 日，上海市商务委举办“上海市电商助力外贸拓内销对接会”，帮助外贸企业对接国内市场资源，16 家国内主要电商平台、近 80 家外贸企业现场对接，同时相关部门围绕拓展国内市场渠道和销售网络、减轻外贸企业拓内销成本压力、提升外贸企业国内市场经营能力等进行政策介绍。

浙江省：4 月 16 日，浙江省印发《关于做好跨周期调节进一步稳外贸的若干通知》，提出要拓展市场、优化营商环境、发挥出口信用保险作用、保障外贸产业链供应链稳定等。

江苏省：强化产业创新与拓展多元出口。4 月 9 日，江苏省政府常务会议强调要精准应对加征关税带来的负面影响，进一步强化产业创新、拓展多元出口、降低企业成本，“一行一案”“一企一策”帮扶受冲击较大的行业和企业。

安徽省：举办对接会促进合作。4 月 1 日，由安徽省商务厅指导、徽派企业国际经贸合作联盟主办的徽派企业国际经贸合作联盟“抱团出海”（东盟）对接会在合肥举行，100 多家产业链国际合作意愿企业与泰国、越南、马来西亚等多家境外园区进行了深入交流，寻求合作。

4. 2024 年多数城市常住人口保持增长，合肥、杭州人口增长超 10 万，上海人口规模下降

2024 年，上海常住人口减少 7.2 万，其他多数城市人口保持增长，合肥、杭州人口增长超 10 万。从人口规模来看，2024 年，上海拥有 2480 万人，为长三角人口规模最大的城市；苏州、杭州人口规模均在 1200 万以上，优势明显；合肥人口 1000.2 万，成为全国第 18 座千万人口城市；温州、宁波、南京人口在 900 万 ~1000 万之间，南通、无锡、金华等 8 个城市人口在 500 万 ~800 万之间。

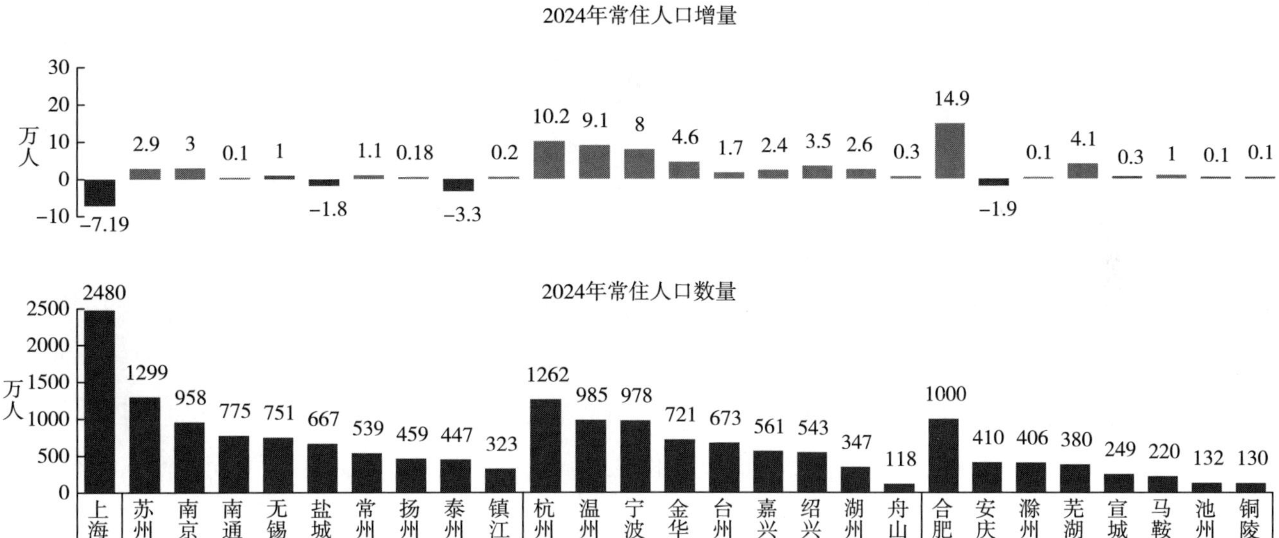

图6-18　2024年长三角城市群各城市常住人口数量及增量

数据来源：各省市统计局，中指数据 CREIS。

从人口增量上看，2024 年长三角城市群常住人口增加约 57 万人，区域人口集聚效应持续显现。其中，合肥、杭州人口增加规模比较突出。合肥依托新兴产业迅猛发展和人才政策红利，全年新增常住人口 14.9 万人，位居全国人口增量第四，彰显出强劲的“创新经济”虹吸效应；杭州受益于数字经济产业复苏和落户新政实施，全年人口增量超 10 万人，位居全国人口增量第七位；温州、宁波作为民营经济重镇，凭借雄厚的产业基础和完善的就业生态，分别实现 8 万 ~9 万人口净流入。

5. 2024年多地市场处于调整修复阶段，2025年以来优质供应带动核心城市销售保持修复，城市之间分化行情延续

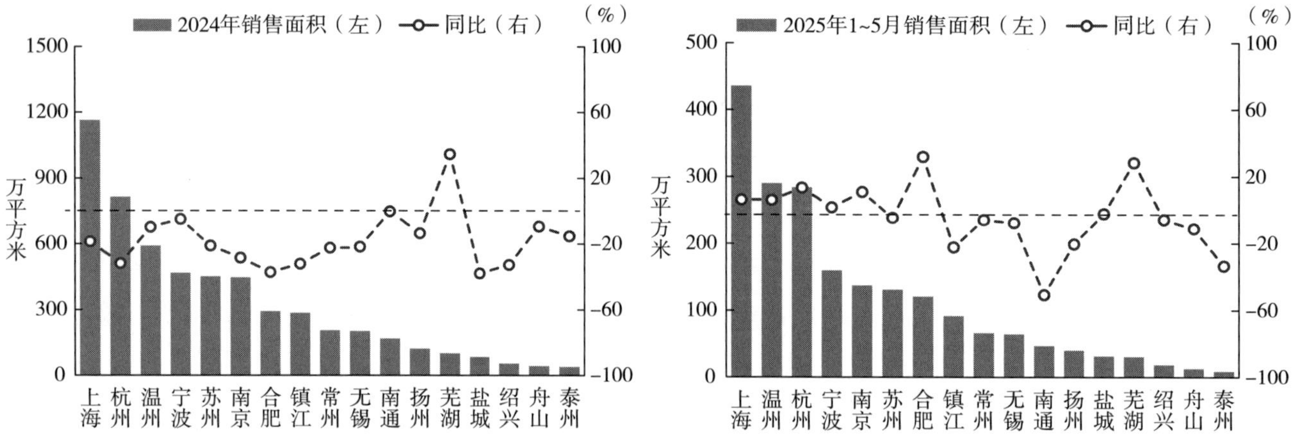

图6-19　2024年和2025年1~5月长三角城市群重点城市网签新建商品住宅销售面积及同比变化

数据来源：各地房管局，中指数据 CREIS。

2024年，长三角市场整体呈现“先冷后稳”态势，全年多数城市新建商品住宅销售面积同比下降，9月26日中央政治局会议定调后，长三角多数城市迅速跟进落实，出台放松限购、降低首付比例、降低房贷利率、优化税收等支持政策，市场预期及购房者信心有所改善，市场活跃度明显提升，四季度新房销售面积明显改善。上海在政策利好支持及改善需求释放带动下，四季度新建商品住宅销售面积同比增长17%；杭州、南京、合肥在多重政策利好带动、优质项目供应增加、房企促销等因素共同作用下，四季度新建商品住宅销售面积持续改善；宁波、温州在契税优惠及房票补贴政策刺激、改善型项目入市带动影响下，四季度整体规模同比分别增长55%、27%；无锡在改善性需求集中释放带动下，四季度整体规模同比增长32%；芜湖在经历几年大幅回落后，低基数带动2024年新建商品住宅销售面积同比增幅较大。

2025年以来，部分核心城市在政策支持及优质项目供应增加带动下，新房市场延续修复态势。2025年以来，长三角多地通过优化公积金政策、出台特色金融化产品降低购房初期还款压力、加大购房补贴力度等举措促进购房需求释放，加上高品质项目供应增加及传统营销季带动，部分核心城市新房销售面积同比保持增长态势，但城市之间分化行情延续。根据中指数据，2025年1~5月，合肥在优质项目供应增加及房企促销推动下，新建商品住宅销售面积同比增长32%；杭州、南京整体销售规模同比增幅均超一成，上海、宁波同比增幅在5%左右。

表6-21　　长三角城市群重点城市2025年1~5月宅地土拍成交情况（市本级）

城市	成交宗数	成交规划建面（万平方米）	成交溢价率	溢价地块成交占比	底价地块成交占比
杭州	58	410	37%	78%	22%
上海	18	99	26%	67%	33%
苏州	14	56	21%	36%	64%
宁波	7	72	15%	86%	14%
温州	7	71	7%	29%	71%
合肥	10	71	5%	30%	70%
南京	41	270	4%	12%	88%
无锡	6	35	0%	0%	100%

数据来源：中指数据 CREIS。

土地市场方面，2025年前5个月，杭州、上海等核心城市土地市场热度较高，相继拍出高溢价地块。2024年以来，长三角多地加快优化住宅规划设计条件，带动企业对新项目规划条件和去化速度预期提升。2025年以来，上海、杭州等核心城市加大优质地块的供应力度，推出了不少位于城市核心区、配套成熟、低容积率的地块，吸引房企参拍，土地市场热度延续。根据中指数据，1~5月杭州、上海、苏州、宁波等城市住宅平均溢价率分别为37.0%、25.8%、20.6%、15.3%，其中杭州、上海高溢价地块占比在70%左右，多次刷新地价纪录。而南京、无锡、温州等城市土地市场则保持低温运行，今年以来出让地块多为底价成交。

中长期来看，长三角城市群经济水平及产业创新能力在全国各城市群中保持领先地位，合肥、杭州等城市在产业、交通等优势作用下，人口持续导入，为房地产市场发展提供支撑。短期来看，多数城市市场整体仍处调整修复期，杭州、上海等核心城市土拍热度回升，有利于提振市场信心，并对房价形成一定支撑。未来随着优质项目供给增加以及高净值客群加速配置核心城市优质不动产，预计上海、杭州市场有望进一步恢复，同时上海目前限制性政策仍有优化预期，市场仍有改善空间；其他多数城市短期库存普遍存压。

（二）珠三角城市群

珠三角地区是中国经济发展的重要引擎，是全球具有影响力的先进制造业与现代服务业基地，同时也是全国科技创新与技术研发的核心区域。2025年1月22日，佛山、东莞国土规划获得国务院批复，战略地位进一步提升。2024年，珠三角9城人口均保持净流入，为房地产市场长期发展带来支撑，但短期市场调整态势未改，城市间、新老项目间分化仍较明显。

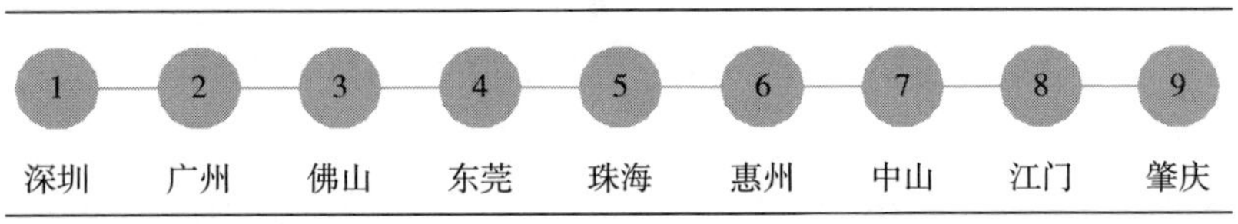

图6-20　2025年珠三角9城市房地产开发投资吸引力排名

广州、深圳均定位为“国际科技创新中心重要承载地”，经济实力和产业发展质量处于全国领先地位，研发投入与产业创新能力持续增强。2024年深圳、广州城市常住人口增量分列全国城市第2、3位，带动珠三角城市群常住人口增量位居五大城市群首位，区域发展潜力居前。佛山、东莞具备较好的经济和产业基础，投资吸引力分别位于城市群第3、4位，尽管目前仍处于新旧动能转换阶段，房地产市场也出现明显调整，但长期来看，仍具备一定发展潜力。

1. 深圳、广州、佛山、东莞国土空间规划获国务院批复，成为区域发展重要引擎

国土空间规划是国家空间发展的指南、可持续发展的空间蓝图。2025年1月，随着佛山、东莞国土规划获得国务院批复，广东省17个省批城市、4个国批城市（广州、深圳、佛山、东莞）的国土空间总体规划均已批复完成，相比其他省份，广州、深圳、佛山、东莞4座城市总规由国务院批复，数量最多（全国国批城市数量合计43个）。从城市定位来看，国务院审批侧重落实国家战略，强调在国家层面的统筹和引领作用，凸显了广州、深圳、佛山、东莞的重要地位和作用。各城市国土空间总体规划的城市性质及核心功能定位如下。

广州：广东省省会，我国重要的中心城市，国家历史文化名城，彰显海洋特色的现代化城市，国际性综合交通枢纽城市，科技教育文化中心。核心功能定位是国际商贸中心、全国先进制造业基地、综合性门户、国际科技创新中心重要承载地。

深圳：经济特区，国家创新型城市，现代海洋城市，国际性综合交通枢纽城市。核心功能定位是全国性经济中心、全国先进制造业基地、对外开放门户、国际科技创新中心重要承载地。

东莞：粤港澳大湾区重要的节点城市。核心功能定位是全国先进制造业基地、国际科技创新中心承载地。

佛山：粤港澳大湾区重要的节点城市，国家历史文化名城。核心功能定位是全国先进制造业基地、国际科技创新中心承载地。

2. 广州、佛山处于新旧动能转换期，深圳科技创新能力强；珠三角 9 市人口均增长

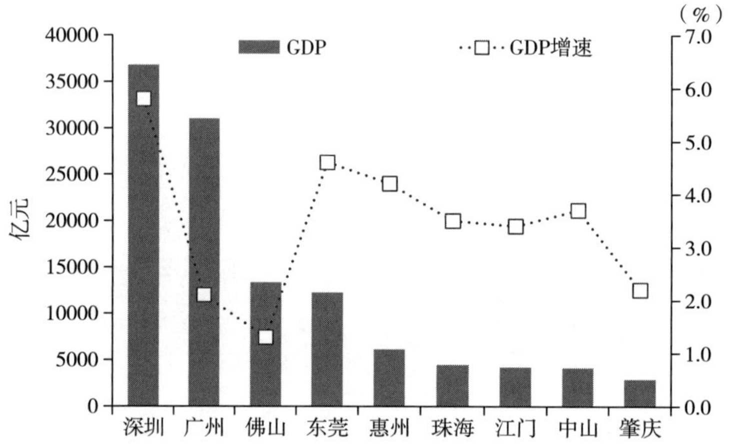

图6-21　2024年珠三角城市群各城市GDP总量及增长率

数据来源：各省市统计局。

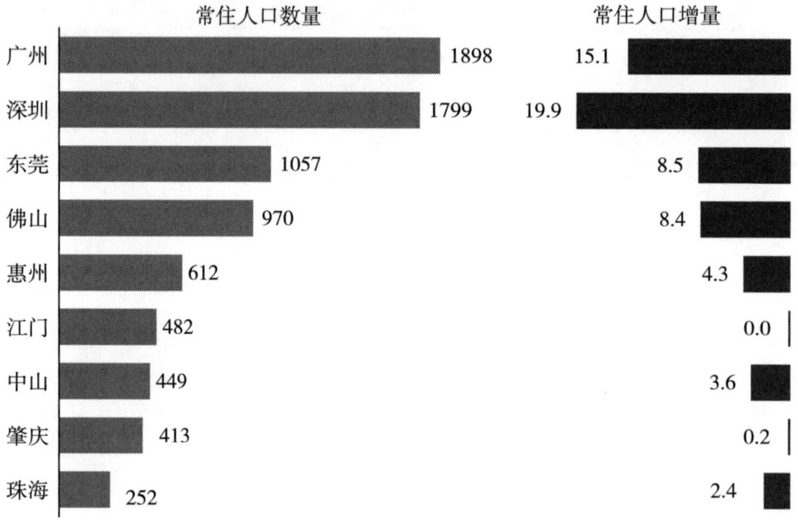

图6-22　2024年珠三角9市常住人口规模及增量（万人）

数据来源：各省市统计局。

2024 年，深圳经济增速领跑一线城市，广州、佛山传统行业占比较高，目前处于新旧动能转换阶段。珠三角九市 GDP 总量达 11.54 万亿元，但平均增速低于全国水平。

深圳 2024 年 GDP 总量同比增长 5.8%，一线城市中增速排名第一，近几年新质生产力快速布局。

2024 年，深圳智能网联汽车产业群、低空经济、人工智能产业集群增加值分别同比增长 38.8%、26.4% 以及 12.7%；全年出口总值 2.81 万亿，同比增长 14.6%，以锂离子蓄电池、电动载人汽车、太阳能电池为代表的“新三样”出口近千亿，同比增长 11.5%。

广州 GDP 同比仅增长 2.1%，2024 年广州传统支柱产业之一的汽车制造业增加值同比下降 18.2%，拖累经济增速。目前广州传统燃油车产能占比过高，仍处于向新能源汽车转型的过程中，但广州作为华南地区的经济中心，整体产业基础雄厚，不仅在汽车制造领域拥有完整产业链和强大技术实力，在电子信息、生物医药、高端装备等多元产业方面也具备优势，这为新能源汽车产业的后续发展提供了坚实支撑。

佛山近几年房地产行业持续调整，导致关联行业持续承压。佛山新兴产业培育初具成效，尤其是在新能源汽车、高端装备制造和生物医药等领域的布局逐步完善，但整体规模相较于传统产业仍较小。东莞 2024 年 GDP 增速在珠三角城市群中排名第二，通过“8+8+4”产业体系（8 大战略新兴产业、8 大传统产业、4 大未来产业）重塑发展格局，在实现新兴产业高速增长的同时，也推动传统产业智能化升级。惠州传统支柱石化产业从“大炼油”向“高精尖”持续升级，产业链向下游新材料纵向延伸，同时与电子信息产业横向融合，2024 年行业增加值增加 17.9%，但经济增速仍在低位。

珠三角城市群中，各城市积极调整产业结构，佛山、东莞、惠州等城市通过不同路径探索产业发展新模式。深圳作为区域创新发展的领头羊，不仅自身在新旧动能转换上取得显著成效，还带动周边城市协同发展。根据《中国区域创新能力评价报告 2024》，广东省区域创新能力连续 8 年位居全国第一，研发经费投入达 4802.6 亿元，占 GDP 比例升至 3.54%；广东省发明专利有效量、PCT 国际专利申请量等关键指标位居全国首位。

深圳通过“硬核科技 + 集群作战”实现以华为、比亚迪等龙头企业带动上下游协同创新，形成新能源汽车、智能终端、半导体的万亿产业集群。同时，深圳通过“工业上楼”“产城综合体”等模式将土地资源向先进制造业倾斜，最大化土地要素生产效率的同时，为财政提供长期可持续性的收入来源。在深圳带动下，珠三角城市群已经初步形成新旧动能转换成果。另外，值得关注的是，近期中办、国办印发《关于深入推进深圳综合改革试点深化改革创新扩大开放的意见》，在这一政策背景下，深圳交易所有望迎来“H+A”上市企业，进一步深化粤港澳大湾区与内地资本市场的互联互通，并为优质企业提供更丰富的融资渠道，使其能够同时在两个市场获得资金支持。此外，根据佛山市政府公布的数据，2024 年佛山通过“设备更新 + 技改投资”，为超过 7000 家企业完成数字化转型，转型后企业生产效率得到提升，成本与产品不良率降低。江门实施传统产业技术改造升级行动，引导推动更多的装备制造企业转型为系统集成和智能装备整体解决方案提供商，着力建设国家级传统产业转型升级特色产业发展高地。

人口吸引力方面，珠三角作为外来人口高度聚集的区域，其产城融合发展模式有力地推动了人口持续净流入。与此同时，珠三角各地持续推出多项人才吸引政策，进一步增强了人口吸引力。如深圳全市及各区均发布了青年人才补贴政策，补贴金额从 1 万元至 10 万元不等；广州市也放宽了人才引进的年龄和社保限制。在这些因素的共同作用下，2024 年，珠三角 9 市人口实现了持续增长。其中，深圳的人口增量最大，达 19.9 万人；广州的人口增量为 15.1 万人；东莞在 2023 年和 2024 年分别增加了 4.8 万人和 8.5 万人，连续两年的人口流入已经补回了 2022 年的人口流出缺口；佛山增加了 8.4 万人，惠州增加了 4.3 万人。

3. 房地产政策不断优化，广州、深圳市场回暖，其他城市仍有调整压力

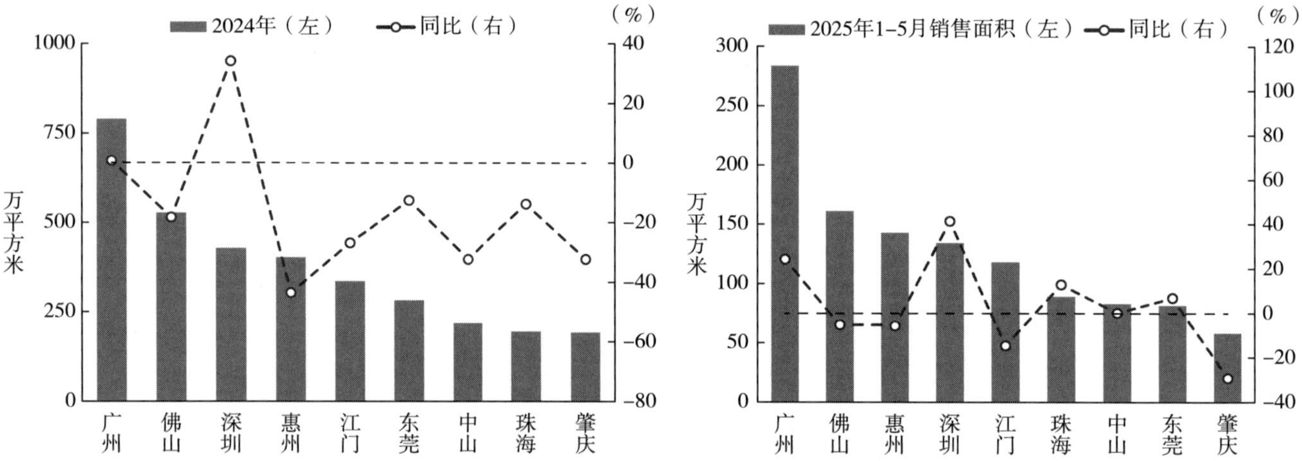

图6-23 2024年和2025年1~5月珠三角城市群各城市新建商品住宅销售面积及同比变化

数据来源：中指数据 CREIS。

2024 年珠三角城市房地产市场整体仍深度调整，“9·26”新政后深圳、广州成交回暖。2024 年，珠三角 9 市新建商品住宅销售面积同比整体下降 8.5%，江门、中山降幅超 20%。2025 年 1~5 月，珠三角 9 城新建住宅销售面积同比增长 4%，其中，深圳、广州分别增长 41%、24%。

值得关注的是，近两年广州持续优化住宅容积率规则，加快新房产品迭代，新规产品整体去化加快对市场止跌回稳起到积极作用，但也使得老项目去化压力加大。2023 年 11 月，广州市修订《规划管理容积率指标计算办法》，提出住宅套内阳台等半开敞空间半计容比例由原来的套内建筑面积 15% 提高至 20%，并允许设置一个满足连续开敞率不低于 40% 的主景观阳台，不限制其进深。在这一规则修订下，2024 年广州多个项目得房率超过 100%，叠加 2024 年 9 月广州全面取消限购，购房需求得到释放，2025 年 1~5 月，广州新房销售面积同比增长 24%。另外，2025 年 2 月，广东率先发行 307 亿元专项债用于回收闲置存量土地，是今年全国首个落地专项债券资金回收闲置存量土地的省份，其中广州涉及土地宗数 17 宗，总金额为 75 亿元，预计后续支持力度将继续加大。该政策实施有利于缓解企业资金，一定程度上提振了土地市场信心。

深圳 2024 年 9 月 29 日出台楼市新政，放松限购、限贷政策，随后还取消了非普宅标准。在一系列政策优化带动下,2024 年四季度深圳新房市场多次出现“日光盘”现象，市场活跃度明显提升。2025 年以来，核心区项目集中入市，叠加科创产业、高净值人士资产配置需求带动，深圳 1~5 月新房销售面积同比增幅较大。

整体来看，作为传统制造业大省，广东不少城市面临新旧动能转换所带来的发展阵痛，但珠三角地区正不断深化科技创新与产业创新的协同发展，加速培育新质生产力，使得内生增长动能持续增强。同时，随着人才新政密集落地，高端人才的净流入规模逐渐扩大，有力地支撑了城市群人口红利的延续。从中长期来看，广州和深圳凭借其核心引擎功能，市场韧性仍较突出，但区域间的分化行情仍会延续；区域更多三四线城市的复苏或需更多时间。

（三）京津冀城市群

历经十余年时间，京津冀协同发展取得一定成效，在交通互联互通方面，三地已建成“轨道上的京津冀”；产业协同方面，形成“北京研发、津冀转化”的良性互动格局。十一年间京津冀区域经济总量连跨 6 个万亿元台阶，2024 年地区生产总值达到 11.5 万亿元。当前，京津冀三地资源要素加速流动，2024 年北京向津冀输出技术合同 835 亿元，河北吸纳京津技术达 1100 亿元。京津冀协同发展纵深推进，但城市群内部发展仍不均衡，区域经济和产业发展仍存差距。另外，在政策性疏解、产业结构调整等因素影响下，京津冀地区常住人口持续下滑，多数城市房地产市场也面临较大调整压力。

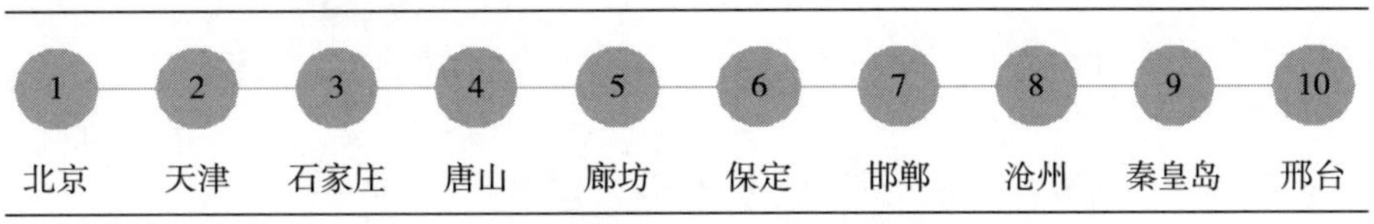

图6-24　2025年京津冀城市群房地产开发投资吸引力排名

北京作为国家政治、文化、国际交往、科技创新中心，凭借丰富的高校与科研资源、高新技术产业集群、现代服务业体系，构建了全方位的竞争优势，投资吸引力居全国前 2 位。天津投资吸引力位列区域第 2 位，但受产业转型阵痛延续的影响，全国排名仅位列第 17。石家庄立足省会城市定位，重点培育医药健康和装备制造等特色产业，并积极承接北京、天津的科技转化项目，城市投资吸引力位列城市群第 3 名。唐山为省内重要工业和港口城市，2024 年 GDP 突破万亿元，投资吸引力位列区域第 4 名。

1. 京津冀协同发展持续推进，三地经济总量突破 11.5 万亿元

2024 年，京津冀城市群经济规模达 11.5 万亿元，京津两地经济规模合计占比 59%。其中，北京 GDP 接近 5 万亿元，同比增长 5.2%，重点行业中，计算机、通信和其他电子设备制造业，汽车制造业，信息传输、软件和信息技术服务业同比增幅均超 10%。天津经过产业结构调整后，经济增长显示出回暖迹象，GDP 同比增长 5.1%，增速较上年加快 0.6 个百分点。河北省经济规模超过 4.7 万亿元，其中唐山 GDP 超 1 万亿元，继续领跑全省；石家庄 GDP 首次突破 8000 亿元，生物医药、装备制造等领域展现较强增长动能，GDP 增速为 5.5%；保定、沧州、邯郸经济体量相当，均在 4000 亿 ~5000 亿元左右。

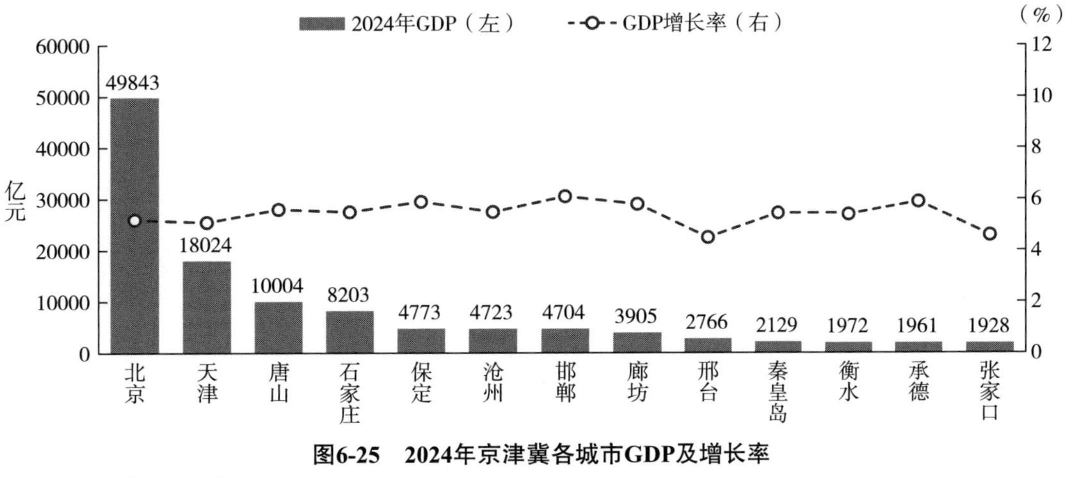

图6-25　2024年京津冀各城市GDP及增长率

注：保定含定州；石家庄含辛集。

数据来源：各省市统计局，中指数据 CREIS。

京津冀区域协同发展进入深化阶段。三地充分发挥各自优势，形成“北京研发、津冀转化”的良性互动格局。数据显示，2024 年北京向津冀转移技术合同成交额达 835 亿元，同比增长 12.7%；河北吸纳京津技术合同成交额约 1100 亿元，同比增长 34.8%，实现技术要素跨区域流动。自 2023 年《京津冀产业协同发展实施方案》实施以来，三地持续推动“六链五群”产业布局落地，已培育京津冀安全应急装备集群、京津冀新一代信息技术应用创新集群等国家先进制造业集群。在智能网联汽车领域，依托于北京顺义、天津武清和河北廊坊三地园区的智能网联新能源汽车科技生态港已投入运营，旨在打造 1 小时汽车零部件配套圈。生物医药产业方面，京津冀 · 沧州产业园已吸引包括天津医药集团在内的 60 余家国内外知名企业入驻。此外，首批“机器人 +”产业园正式挂牌，以天津南开智能制造产业园等 5 个园区为载体，推动机器人技术成果转化和产业化合作。

2. 2024 年北京继续疏解非首都功能，人口减少 2.6 万，区域内仅石家庄、邯郸等地人口微增

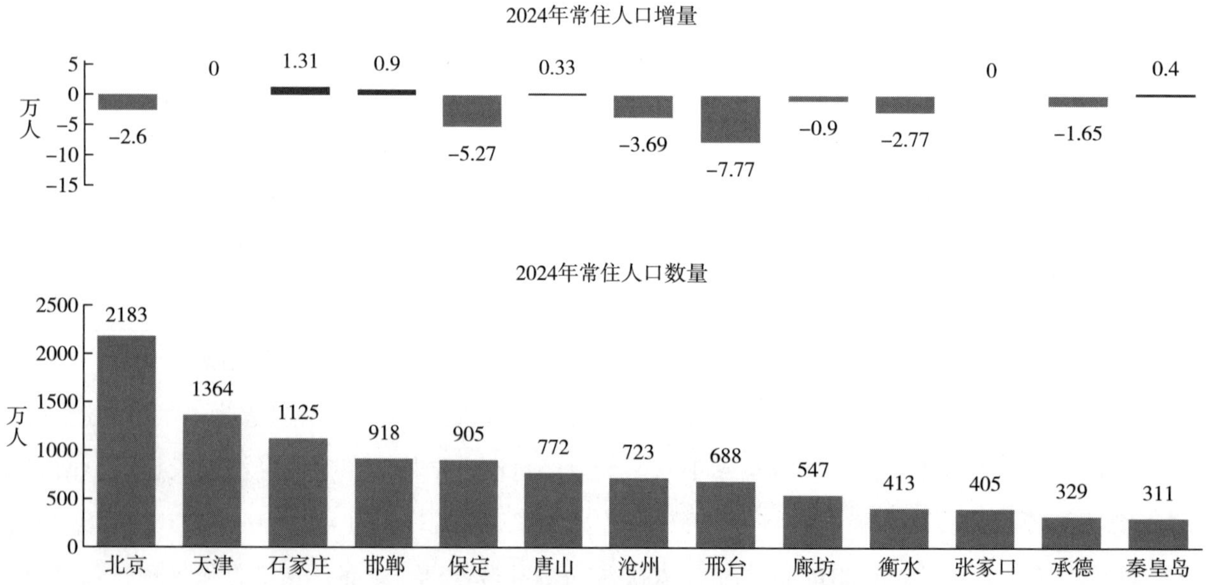

图6-26 2024年京津冀各市常住人口数量及增量

注：保定不含定州、雄安新区；石家庄含辛集。

数据来源：各省市统计局，中指数据 CREIS。

2024 年，京津冀城市群常住人口约 1.1 亿人，较 2023 年减少超 20 万人。北京常住人口 2183 万，较上年减少 2.6 万人。天津 2024 年常住人口为 1364 万，与上年持平，2018 年海河英才政策虽吸引了较多人口流入，但近些年因产业调整与经济活力不足，人口逐渐外流。河北省内仅石家庄、邯郸、秦皇岛、唐山 2024 年常住人口有所增长，其中石家庄常住人口增长 1.3 万人。石家庄在“强省会”战略推动下人口保持增长，生物医药、电子信息等产业集聚创造就业机会，同时京津冀协同发展深化与户籍政策放宽，进一步增强了石家庄的城市吸引力。而邢台、保定、沧州等城市因经济发展动能偏弱，2024 年人口下降超 3 万。

3. 2024 年京津冀城市房地产市场普遍承压，2025 年前五月市场有所改善

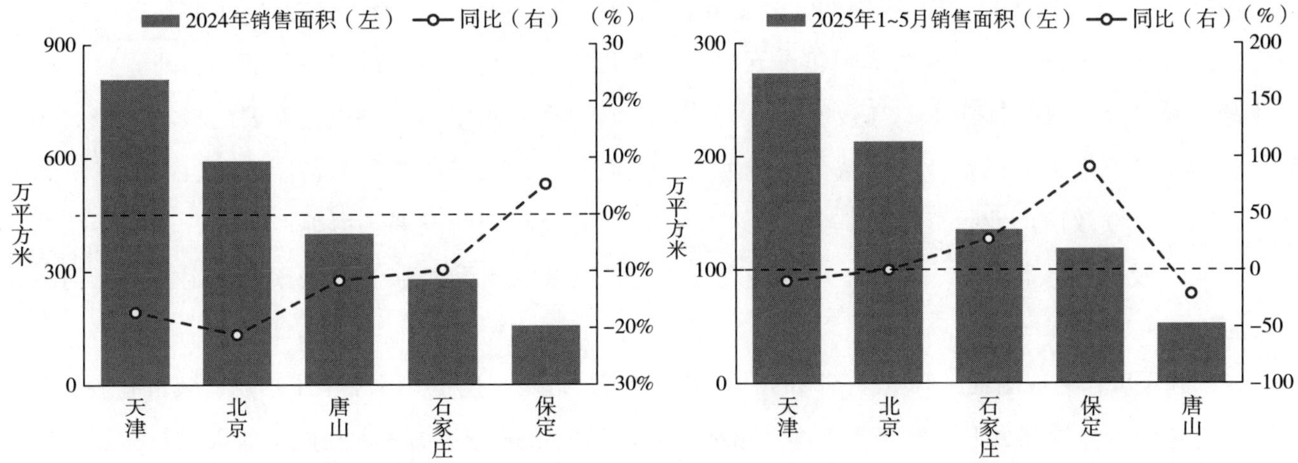

图6-27　2024年和2025年1~5月京津冀城市群重点城市新建商品住宅销售面积及同比变化

数据来源：各地房管局，中指数据 CREIS。

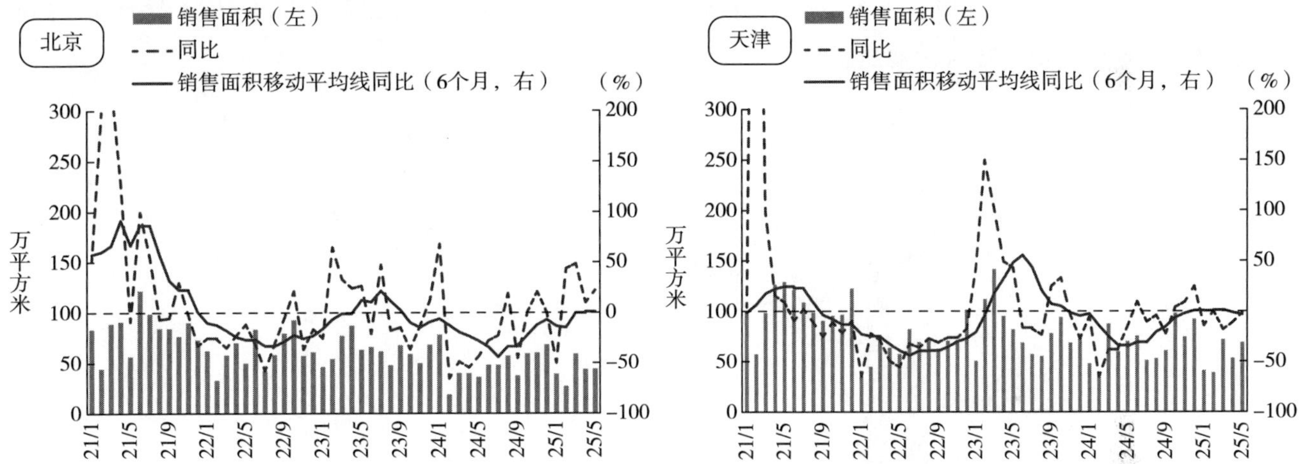

图6-28　2021至2025年5月北京、天津新建商品住宅月度销售面积及同比走势

数据来源：中指数据 CREIS。

京津冀城市群内多个城市房地产市场仍面临调整压力。2024 年北京楼市调控政策持续优化，四季度后，北京商品住宅成交稳步回暖，但从全年来看，市场仍处调整态势，叠加供应下滑，2024 年北京商品住宅成交同比下降超 20%。天津在取消住宅限购、降低首付比例等方面优化政策，2024 年四季度后市场呈现阶段性复苏现象，但全年来看，商品住宅成交同比下降 17%。唐山、石家庄新房成交量降幅相近，均在 10% 左右。保定在低基数下，同比增长约 4%，但成交规模处于较低水平。2025 年以来，北京、天津新房市场在核心区优质项目入市带动下缓慢修复，而其余城市仍普遍承压，以价换量仍是市场主旋律。

整体来看，京津冀房地产市场差异化仍较明显。北京近些年虽然持续疏解人口，但经济基本面较强，购房需求仍有一定支撑，同时未来限制性政策具备优化空间，市场潜力较大。天津的优质教育资源对外来人口仍有一定吸引力，叠加新房优质供给不断增加，市场有望逐步实现企稳。河北城市楼市政策较宽松，政策优化空间有限，楼市多依靠本地需求推动市场去库存进程，底部行情或将持续一段时间。

（四）成渝城市群

2024年，成渝城市群GDP规模约9万亿元，其中成都、重庆两大核心城市合计贡献占比提升至62%。2024年是成渝地区双城经济圈建设五周年，近几年来该经济圈通过共建跨区域科研平台、深化产业链互补创新、推进要素资源高效配置等举措，已成为驱动西部地区高质量发展的核心引擎。2024年，成渝在航空航天、低空经济领域等新质生产力方面提速，汽车产业和装备制造业也高质量协同发展，并组建设立政府产业投资引导基金，促进产业转型升级和创新发展。房地产方面，成都产品加速迭代，同时吸引外部购房需求进入，市场表现较稳定；其余城市受库存及市场预期不足影响，仍面临调整压力。

成都和重庆作为成渝地区双城经济圈的两大核心城市，近年来携手共建了电子信息、装备制造、先进材料和特色消费品等四大万亿级产业集群。2024年，成渝两地进一步加大了在航空航天和新能源等战略性新兴产业的建设力度，西部科学城也正式在两地挂牌成立，投资吸引力保持在城市群前列，其中成都全国排名第6位，重庆位列第15。绵阳连续三年常住人口净增长，连续两年GDP增速超过7%，其电子信息、先进材料等产业渐成规模，排名位居城市群第3；宜宾经济总量首次突破4000亿元，新能源、白酒等产业稳定发展，排名位居城市群第4。

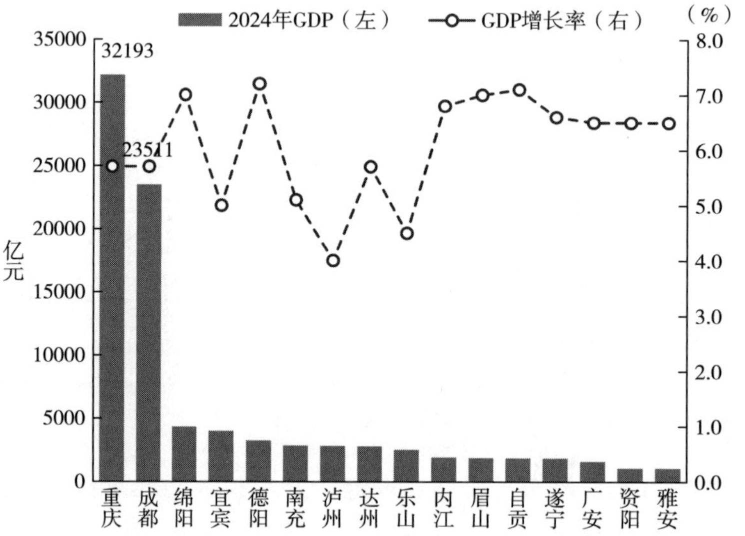

图6-29 2024年成渝城市群各城市GDP增量和增速

资料来源：各省市统计局，中指数据CREIS。

成渝经济双核对城市群带动效应明显。2024年，成渝城市群GDP总值达8.9万亿元，平均增速达5.8%，高于全国GDP增速0.8个百分点。同时，绵阳、德阳、眉山、自贡GDP增速超7%，城市群超过半数城市GDP增速超过6%，宜宾经济总量首次超过4000亿元。

2024年，成渝双城加大项目投资，产业集群化发展迅速，带动城市群经济高速发展。根据四川省发展改革委数据，2024年成渝双城经济圈共建300个标志性重大项目，相比上年增加52个，完成年度投资5200亿元，年度完成率达122%。同时，成渝汇聚2000家以上规模以上电子信息企业，包括30余家本土上市企业，形成了全球最大的智能终端生产基地，设计出全国首颗国产X86通用芯片，性能达国际先进水平。

2024 年，成渝城市群持续推进新质生产力发展。在航空航天及低空经济领域，成都、德阳、绵阳、自贡、凉山的航空航天集群入选工信部 2024 年国家先进制造业集群名单，成都、重庆被确定为全国电动垂直起降航空器试点城市。绵阳借助“成渝中线科创走廊”建设契机，建成 SG–III 激光聚变装置等大科学设施，形成“科技基础设施 + 产业园”复合模式。此外，内江、资阳等城市积极承接成渝电子信息转移产业，其中内江电子信息产业总产值达 61 亿元，同比增长 37.9%。

1. 成都人口吸引力突出，重庆持续面临人口流出压力

2024 年，成渝城市群常住人口整体有所减少，仅成都常住人口明显增长。2024 年，成都常住人口达 2147 万，净增长 7.1 万人。2024 年，成都将人才需求与城市战略、产业发展紧密结合，持续升级加码人才新政，政策涵盖人才引进、培养、激励等各个环节；同时，成都拥有众多高校和科研机构，并积极发展新兴经济，如电子信息、生物医药、高端装备制造等，创造了大量的就业机会。值得注意的是，2024 年，成都户籍人口增长了 25.3 万人，增量远超常住人口。

2024 年，重庆常住人口较上年末减少 1 万人。2024 年 4 月，重庆推出《百万高校毕业生留渝计划》，但仅完成目标的三分之一。近几年传统支柱产业面临转型压力，为提升城市人口吸引力，重庆通过 3 大主导产业、3 大支柱产业、6 大特色产业、18 个“新星产业”重塑产业结构，为城市提供新的人口增长点。

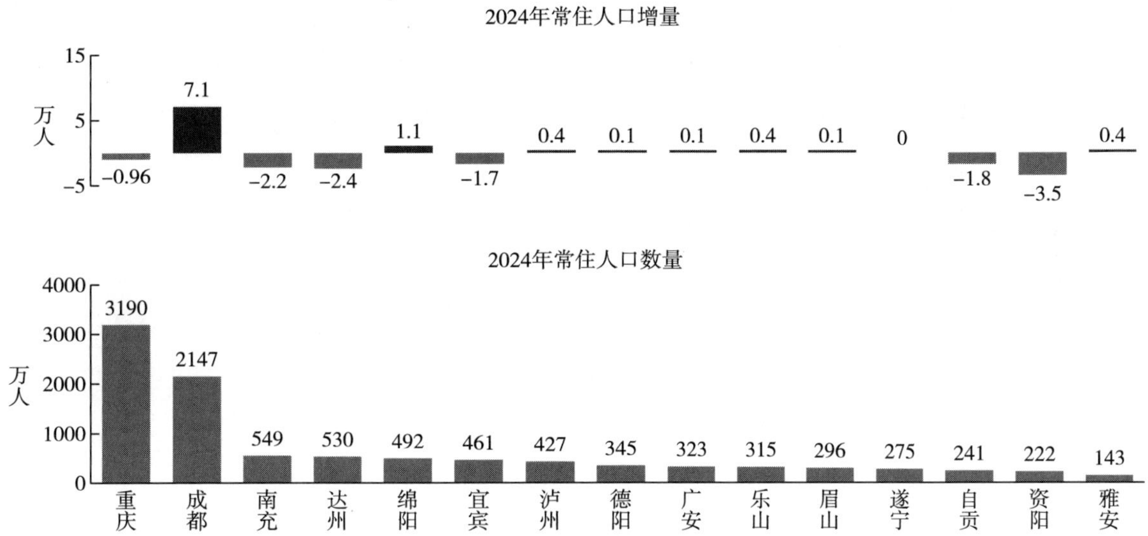

图6-30　2024年成渝城市群各城市常住人口数量及增量

注：内江未公布 2024 年常住人口。

数据来源：各省市统计局。

城市群内绵阳、泸州 2024 年人口延续增长态势，分别增长 1.1 万人、0.4 万人。绵阳作为科技城，军工电子和新材料产业发展良好，吸引了较多专业技术人才；泸州则依托化工和酒类产业的集群效应带动了就业，人口实现增长。与之相比，南充、达州连续两年人口减少超过 2 万人，资阳人口减少 3.5 万人。南充和达州的产业结构以传统农业和劳动密集型制造业为主，产业附加值较低，对高技能人才吸引力有限，而成渝两地的经济辐射和人口虹吸效应明显，导致南充、达州等城市的人口流失加剧。

2. 成都住宅产品迭代加快，楼市表现稳定；重庆楼市以价换量，区域分化明显

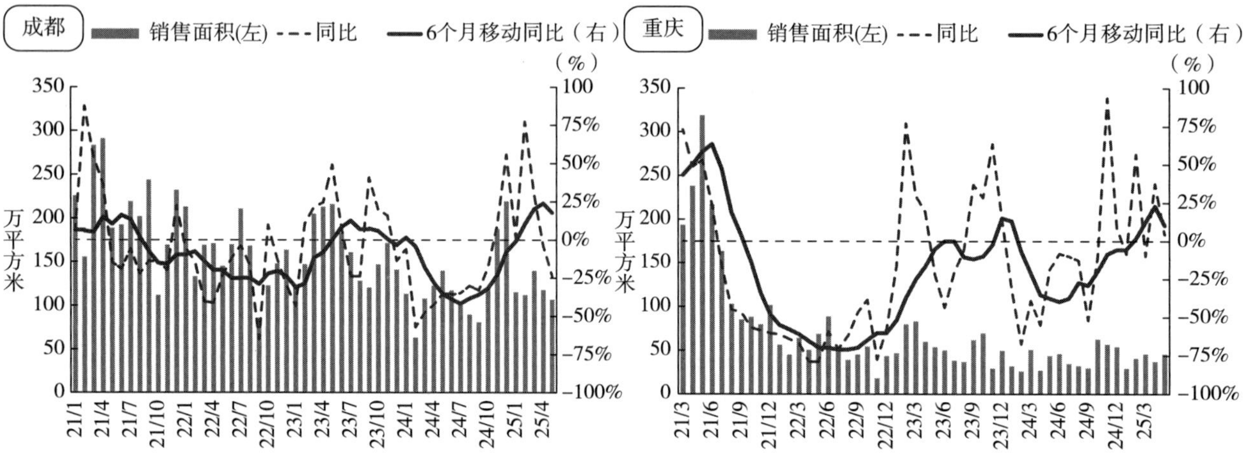

图6-31　2021年至2025年4月成都、重庆新建商品住宅月度销售面积及同比走势

注：重庆统计口径为重庆 9 区数据。

数据来源：中指数据 CREIS。

2024 年，成都住房产品迭代加快，成交面积受到高基数影响，同比回落，新房成交面积同比下降 25%。2024 年，成都持续优化楼市政策，包括取消限购、首付降低至 15%、降低房贷利率等，在“4・28”新政、“9・26”新政及规划条件更新后，部分项目得房率达 130%，潜在购房需求得到释放，市场恢复迹象明显，12 月新房成交面积达到 219 万平方米，为近三年月度最高。2025 年以来，随着新规项目不断入市，改善需求释放支撑 1~5 月成都新房销售面积同比增长 8%，但区域间分化趋势明显。

2021 年下半年以来，重庆市场持续调整。2024 年，在政策带动下，重庆新房市场在四季度出现明显恢复迹象，但全年新房成交面积仍同比下降 25.0%。库存高企、居民信心不足仍是市场尚未企稳的主要因素。2025 年以来，在核心区供应增加及房企加大促销力度推动下，重庆新房市场表现相对平稳，1~5 月新房销售面积同比增长 11%。5 月，重庆市规资局发布《关于支持实施高品质住宅的若干规划措施》，围绕“安全、舒适、绿色、智慧”的“好房子”建设目标，提出 13 项具体措施，旨在推动房地产行业向高品质、多样化方向转型升级。预计随着“好房子”产品逐渐入市，市场恢复节奏有望加快。

成渝双城经济圈是西部地区的经济战略支点，其辐射带动效应持续显现。在区域协同发展框架下，产业资源整合与创新链构建取得显著进展，区域经济基本面表现稳健。成都通过新经济产业布局和智慧城市建设，持续强化人口集聚效应，为楼市提供稳定的购买力支撑。而重庆因库存规模相对较大，短期以价换量仍是主流，且产业新旧动能转换的优势尚未显现，市场或继续调整，但“好房子”产品入市或带来一定支撑。区域内三四线城市受产业基础及人口流动等因素影响，市场调整周期预计相对较长。

（五）长江中游城市群

2024 年，武汉、长沙、南昌等省会城市以及 12 个观察员城市共同签署了《长江中游城市群 2024 年重点合作事项》，明确了交通互通、科技合作、产业发展、市场一体化、生态环保、民生服务 6 个方面 63 项合作事项。武汉光电子（全球光纤产能占比 25%）、长沙工程机械、南昌航空产业优势互补，通过科创

走廊联动、跨江通道建设、“中三角”集装箱班轮航线等领域的协同项目，正推动形成产业链深度互补、要素高效流通的现代化城市群体系，为区域发展打开更广阔空间。

武汉是中部地区唯一GDP超过2万亿元的城市，2024年全年GDP增速超过全国平均，并带动湖北省其他城市经济实现较快增长，投资吸引力位居城市群首位；长沙规模工业高速增长，2024年常住人口增加10万人以上，人才集聚效应显现，排名位居城市群第2位；南昌保持自身经济平稳发展，城市投资吸引力位居城市群第3位。

1. 武汉经济核心带动效应明显，长沙、南昌保持平稳发展

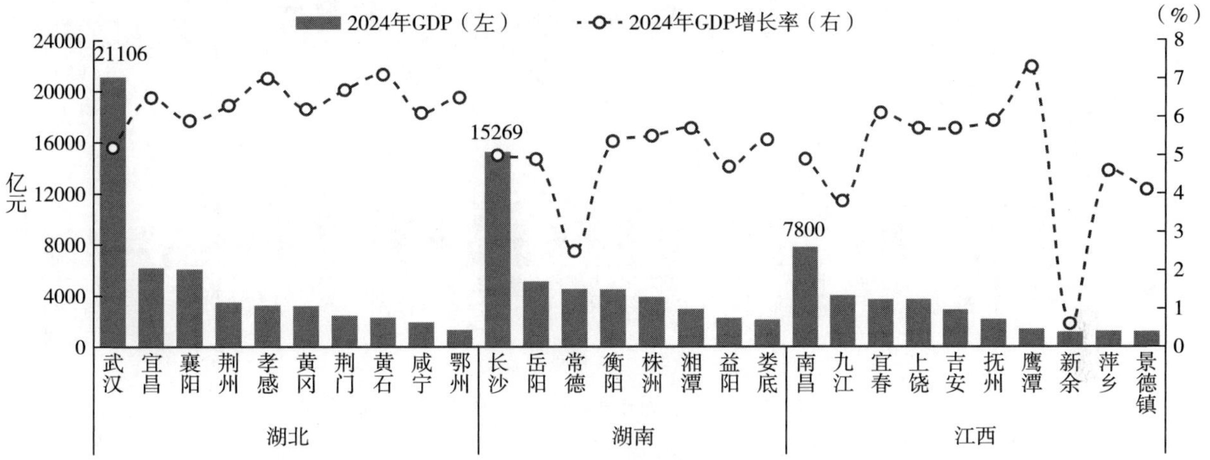

图6-32　2024年长江中游城市群各城市GDP及增长率

数据来源：各省市统计局，中指数据CREIS。

在长江中游城市群中，湖北的经济增速表现较好，已领先于湖南、江西，其核心城市武汉在城市群中处于领跑地位。2024年，长江中游城市群的GDP达到了12.1万亿元，其中，武汉GDP达到2.1万亿元，同比增长5.2%，高于全国平均增速。

科技产业方面，2024年，武汉高新技术企业总量突破1.6万家，实现三年翻番，在高端芯片、心肌旋切、北斗通导遥一体化等前沿技术领域，武汉已达到世界领先水平。此外，在汉单位牵头的项目共获得19项国家科技奖，这一数量位居全国城市第2位。同时，武汉的新兴动能也在加速成长，光电子信息、生命健康等五大优势产业的营收增长了10%以上，存储芯片的产值超过600亿元，增长率高达97%，规模位居全国城市第2位。同时，武汉凭借其强大的“单核引领”作用，推动了湖北省区域经济实现“梯次发展”。武汉光谷的光电子信息产业技术外溢，有力地支持了黄石、鄂州相关产业集群的发展。此外，武汉经开区新能源汽车产能的释放，也推动了襄阳、十堰等传统汽车基地转型升级。

相比之下，长沙和南昌在2024年维持了较为平稳的发展态势，GDP增速分别为5.0%、4.9%，与全国平均增速基本持平。2024年，长沙加快构建“4433”现代化产业体系（4个支柱产业、4个新兴产业、3个传统产业、3个未来产业），拥有工程机械、新一代自主安全计算系统、特高压输变电装备等3个国家级先进制造业集群；同时推动科技创新引领产业创新，根据《自然指数—科研城市2024》，长沙在全球科研城市中排名第23位，上升7位。

2024年，南昌通过大力发展汽车及装备、电子信息等关键产业链，有力地推动了赣江新区、九江

等地的产业升级。特别是在新能源汽车领域，2024 年南昌新能源汽车产量同比增长达 226.8%，产业规模与市场竞争力显著提升。同时，安义县的铝型材产业集群实现跨越发展，成功成为国家级特色产业集群。

2. 长江中游城市群核心城市人口保持增长，长沙、南昌人口增量约 10 万人，武汉增加 3.5 万人

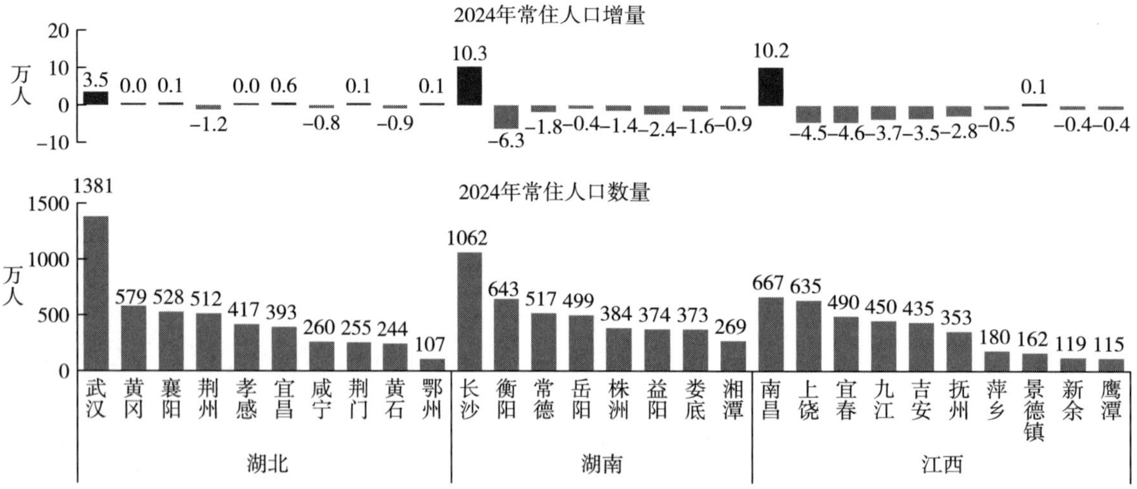

图6-33 2024年长江中游城市群各城市常住人口及人口增量

数据来源：各省市统计局，中指数据 CREIS。

武汉产教结合带动人口稳定增长，长沙低房价收入比吸纳省内及周边省份人口，南昌整合资源吸纳省内人才。2024 年武汉新增常住人口 3.5 万人，产业与教育相结合为武汉人口增长提供坚实基础。产业方面，武汉拥有高新技术企业超 1.6 万家，光电子信息、新能源汽车、生物医药三大万亿级产业集群能够提供较多高质量就业岗位；教育资源方面，武汉 2024 年年末在校大学生人数达 141 万（包括研究生 21.8 万），配合零门槛落户及购房补贴政策，为高新技术企业提供高质量人才。长沙 2024 年常住人口新增 10.3 万人，依托产业发展优势及较低的房价收入比，近几年常住人口保持较快增长。南昌通过“强省会”战略整合全省资源，近 4 年年均人口增长超 10 万人。

3. 新房市场持续以价换量，去库存仍是市场短期首要任务，不同区域分化加剧

2024 年武汉新房成交面积同比小幅回落，长沙、南昌新房成交同比降幅仍较大。2024 年，武汉全年新房成交 1225.3 万平方米，同比回落 5.5%，但四季度成交显著反弹，单季度成交占全年 51.7%。武汉推出“汉十条”优化政策，包括公积金贷款额度上调、首套认定标准放宽、“卖旧买新”补贴等，四季度政策效果集中显现。另外，供给端持续优化，高品质改善型产品对新房市场提振效果明显。2025 年以来，武汉聚焦于青年群体、多子女家庭以及改善型住房需求群体，持续出台一系列地产支持政策，新房市场热度有一定回暖，1~5 月新房成交面积累计同比增长 25%。长沙 2024 年全面取消限购，并对高层次人才放宽了公积金贷款额度，但市场观望情绪较重，2024 年新房销售面积同比下降 33%，今年 1~5 月新房成交面积较去年下降 6%。南昌需求端政策效果不明显，叠加二手房分流，市场观望情绪普遍较重，新房销售规模同比下降较多，2025 年以来政府加大了优质土地的供应力度，推动高品质新房加速入市，1~5 月南昌新房成交面积同比增长 24%。

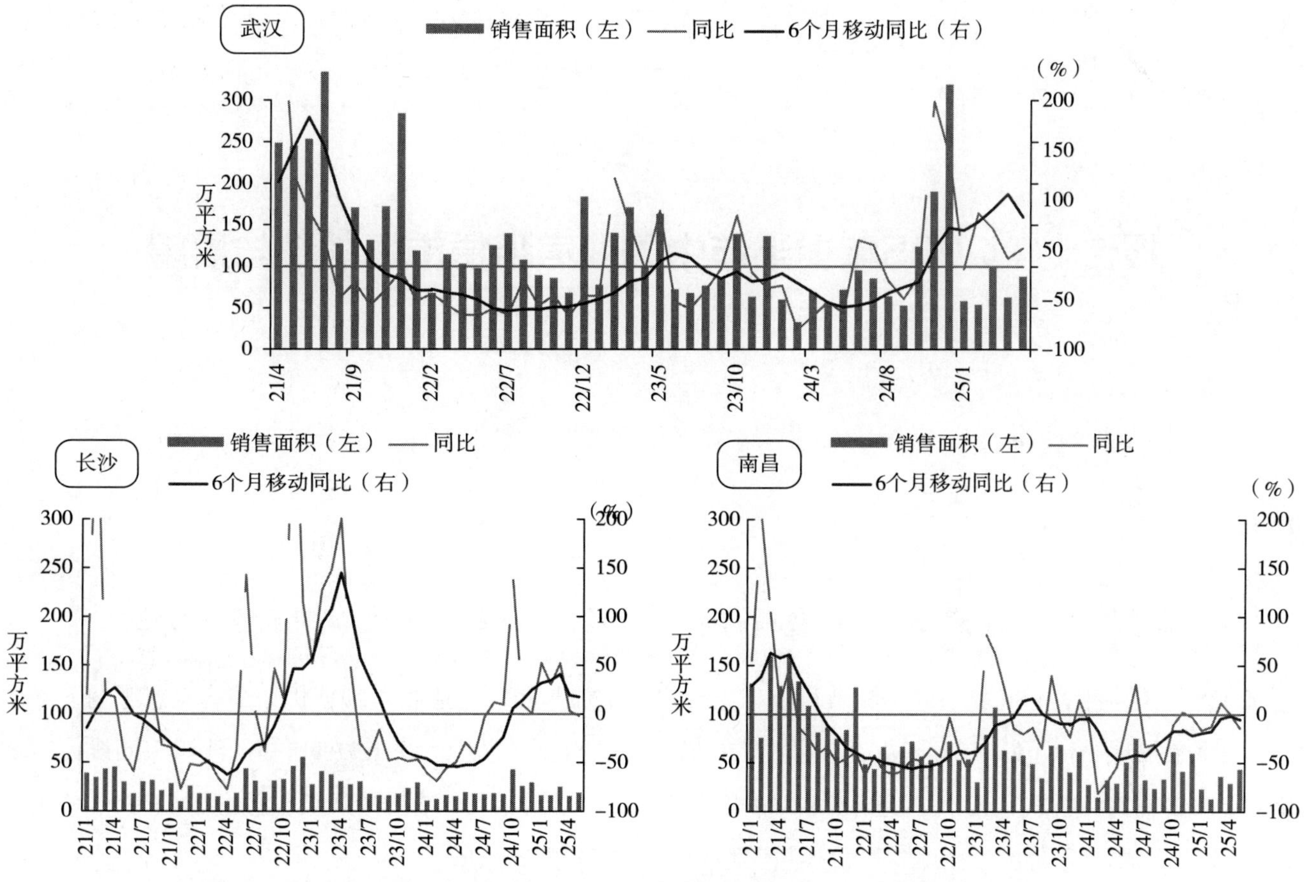

图6-34　2021年至2025年5月武汉、长沙和南昌新建商品住宅月度销售面积及同比走势

数据来源：中指数据 CREIS。

当前，长江中游城市群已形成"武汉—长沙—南昌"三核联动格局，在我国"双循环"战略中承担着承东启西、贯通南北的关键作用，持续重塑区域经济格局。武汉交通便利、产业发达，通过武鄂黄都市圈实现产业协同发展，高校云集，潜在购房需求旺盛，但因库存高位，以价换量现象仍将持续。长沙、南昌人口保持一定吸附力，但市场信心不足，去库存仍是市场主旋律。

报告七　2025年上半年中国住房租赁市场总结与展望

摘要

1. 住宅租赁价格指数走势：短期重点城市租金继续温和调整，一线城市表现较为稳健

2025 年上半年，重点城市住房租赁市场在整体供应增加与居民就业收入预期仍偏弱的双重影响下，住宅平均租金呈现小幅下跌态势。1~6 月，全国 50 城住宅平均租金累计下跌 1.37%，一二线与三四线代表城市租金均出现累计下跌，其中一线城市累计跌幅相对较小。上半年 30 城集中式长租公寓中，有 25 城租金累计下跌，市场竞争加剧。企业“以价换量”稳运营，市场租金承压。

2. 租客特征分析：高学历、新毕业租客注重居住体验，租金下跌背景下租客换租意愿仍较强

2025 年上半年全国租客调查结果显示，受过高等教育的青年人是租客群体的主力，其中高学历、新毕业的年轻租客对长租公寓更加青睐。在租金下跌的背景下，租客换租意愿增强，超六成租客计划在租约到期后换租。租住在集中式长租公寓的租客续签意愿明显较低，仅 29% 的租客计划继续租住。企业需优化公寓产品设计，并持续完善服务体系以稳固自身竞争力。

3. 住房租赁政策回顾：财政金融等配套政策持续落位，收储转租进程逐步推进

中央层面，《政府工作报告》进一步明确“盘活存量用地和商办用房，推进收购存量商品房，在收购主体、价格和用途方面给予城市政府更大自主权。拓宽保障性住房再贷款使用范围。”各部委也从金融、财政、收储等多个方面对住房租赁市场提出政策支持。地方层面，据不完全统计，上半年各地政府共出台住房租赁相关政策超 80 次，供需两端政策支持力度不断强化，推动租赁住房品质提升，促进租住需求释放。

4. 保障性租赁住房发展情况：保租房筹集速度有所放缓，保租房公募 REITs 首发与扩募进程提速

2025 年，根据各地公布的年度保租房筹集进度及筹集计划，多地保租房已接近完成“十四五”筹

集目标。“十五五”期间保租房将更多按照“以需定购、以需定建”的模式，通过存量转化与新建相结合的方式筹集。2025 年第一季度，保租房公募 REITs 底层资产运营较为稳健，但受短期租金下调影响，整体收益环比略有下降。受益于较强的抗周期韧性，上半年二级市场价格集体上涨，走势明显好于公募 REITs 整体表现。保租房公募 REITs“首发 + 扩募”进程提速，首单保租房公募 REITs 扩募产品正式完成发售。

5. 企业发展格局：地方国企继续引领规模增长，竞争加剧背景下，资产持有方与运营方合作更加密切

2025 年，随着住房租赁行业融资环境改善及企业盘活存量资产需求增加，企业布局租赁赛道的积极性继续增强，但随着供给增加，行业竞争有所加剧。截至 5 月，全国开业、管理规模 TOP30 企业的开业、管理规模均较 2024 年末增加 7 万间以上，其中地方国企系增长较快。为应对行业竞争，地方国企发挥房源获取优势，专业运营商专注轻资产运营，通过双方优势互补协同发展。经营层面，优秀企业以租户居住体验为出发点，注重构建全链条精细化运营管理能力，持续强化核心竞争力，推动企业进阶式发展。

6. 发展趋势：行业进入存量提质新阶段，企业需把握存量盘活及资产证券化机遇，持续优化资产结构

短期来看，住房租赁市场正逐步从大规模筹集建设进入存量提质阶段。各地收购存量商品房用作保租房的“收储转租”模式取得一定进展，有效盘活存量资产并增加租赁房源供给。同时，“好房子”理念首次被写入《政府工作报告》，租赁市场同样需要“好房子”，品质化转型成为未来市场重要发展方向。企业应积极把握政策窗口，利用“收储转租”盘活存量资产，借助 REITs 等金融工具实现资产证券化和资金回笼，优化资产结构，长期专注打造符合市场需求的优质租赁项目。

一、住宅租赁价格指数走势

（一）50 城住宅租金：短期重点城市租金小幅调整态势延续，一线城市表现较为稳健

1. 整体租金：上半年 50 城住宅租金累计下跌 1.4%，2 月租金短期企稳，3 月以来再次转跌

2025 年上半年重点城市住宅平均租金小幅下行。2025 年上半年，重点城市住房租赁市场在整体供应增加与居民就业收入预期仍偏弱影响下，住宅平均租金呈现小幅下跌态势。根据 50 城住宅租赁价格指数，2025 年上半年，全国重点 50 城住宅平均租金累计下跌 1.37%，跌幅较去年同期扩大 0.47 个百分点。其中，6 月 50 城住宅平均租金为 35.0 元 / 平方米 / 月，环比下跌 0.27%，同比下跌 3.71%。

从月度走势来看，行业仍显现明显的季节效应。从上半年运行情况来看，重点城市租金下跌态势仍在延续，仅在春节后的“返城季”（2 月）出现了短暂的企稳迹象，其余月份均下跌，且 4、5 月份租金跌幅有所扩大，6 月受高校毕业季影响，短期重点城市住房租赁需求增加，租金跌幅有所收窄。

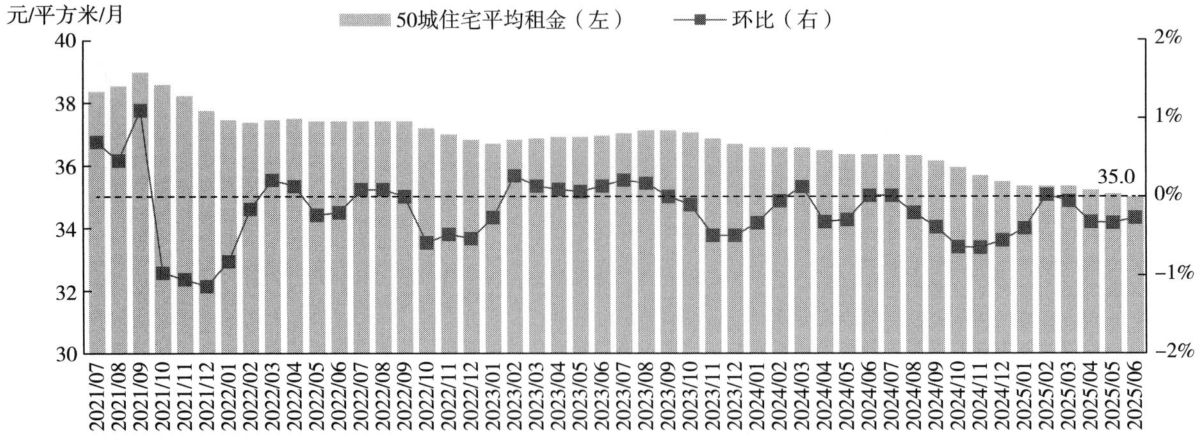

图7-1　2021年7月至2025年6月50城住宅平均租金与环比涨跌幅

数据来源：中指数据 CREIS

2. 城市租金：上半年 50 城中 49 城住宅租金累计下跌，一线城市租金跌幅相对较小

从城市涨跌幅来看，2025 年上半年 50 城中仅有 1 个城市住宅租金累计上涨，其余 49 城均累计下跌。具体来看，2025 年上半年，仅乌鲁木齐住宅平均租金累计上涨 0.53%，其余 49 个城市租金均累计下跌。其中温州、三亚、杭州、北海累计跌幅在 3% 以上，武汉、南京等 33 个城市跌幅在 1%~3% 之间，北京、沈阳等 4 个城市跌幅在 0.5%~1% 之间，深圳、上海等 8 个城市跌幅在 0.5% 以内。

表7-1　50城住宅租赁价格指数（元/平方米/月）

城市	2025 年 6 月平均租金	2025 上半年累计涨跌	2024 上半年累计涨跌	城市	2025 年 6 月平均租金	2025 上半年累计涨跌	2024 上半年累计涨跌
北京	84.7	−0.90%	−0.92%	温州	24.3	−5.20%	−4.76%
上海	83.1	−0.01%	−0.06%	济南	24.2	−1.18%	−1.42%
深圳	83.1	−0.34%	0.00%	常州	23.3	−1.22%	−2.00%
杭州	49.9	−3.37%	−2.46%	乌鲁木齐	23.2	0.53%	1.17%
广州	48.9	−1.30%	−0.93%	哈尔滨	23.2	−0.14%	−0.70%
三亚	41.8	−4.31%	0.68%	兰州	23.2	−0.13%	−1.99%
厦门	40.7	−2.19%	−2.54%	泉州	23.0	−1.25%	0.03%
南京	37.9	−2.73%	−1.80%	沈阳	22.8	−0.55%	−0.53%
珠海	35.5	−1.75%	−0.47%	南宁	22.3	−1.30%	−2.54%
苏州	34.4	−1.11%	−1.06%	西宁	22.3	−0.12%	−0.84%
福州	33.3	−2.76%	−2.65%	嘉兴	22.1	−2.86%	−0.16%
成都	32.8	−1.07%	−0.18%	长春	22.0	−0.78%	−1.04%
宁波	32.2	−1.90%	−1.99%	南昌	21.9	−2.43%	−0.74%
大连	29.7	−1.45%	−0.13%	昆明	21.2	−1.99%	−2.30%
天津	29.7	−0.19%	−0.17%	郑州	21.0	−2.55%	−2.18%
海口	27.3	−2.83%	−1.81%	贵阳	20.5	−1.72%	−1.63%
青岛	26.8	−1.66%	−0.13%	绍兴	20.4	−2.17%	−2.30%
合肥	26.4	−1.05%	−0.75%	石家庄	20.4	−0.49%	1.44%
武汉	26.3	−2.93%	−1.36%	南通	19.5	−2.16%	−1.88%
长沙	26.2	−2.26%	−0.85%	惠州	18.8	−1.85%	−1.86%
西安	26.0	−1.13%	1.34%	太原	18.7	−1.47%	1.05%
东莞	26.0	−0.52%	−1.22%	呼和浩特	18.4	−1.09%	−0.33%
无锡	25.9	−1.74%	−1.47%	徐州	16.8	−2.33%	−1.83%
佛山	24.4	−1.64%	−0.47%	银川	14.8	−0.17%	−0.19%
重庆（主城区）	24.4	−2.05%	−1.73%	北海	11.5	−3.27%	1.54%

数据来源：中指数据 CREIS

分梯队来看，各线城市住宅平均租金均呈下跌态势，一线城市租金跌幅相对较小。根据50城住宅租赁价格指数，2025年上半年，一线城市住宅平均租金累计下跌0.56%，跌幅较2024年同期扩大0.1个百分点；二线城市住宅平均租金累计下跌1.83%，跌幅较2024年同期扩大0.7个百分点；三四线代表城市住宅平均租金累计下跌1.47%，跌幅较2024年同期扩大0.4个百分点。

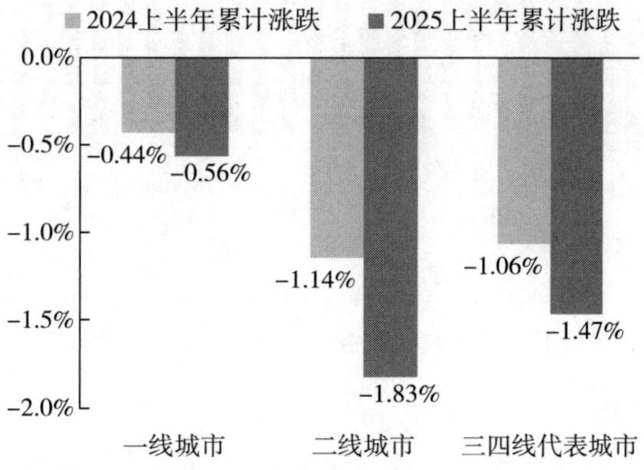

图7-2　各梯队城市住宅租金上半年累计涨跌幅

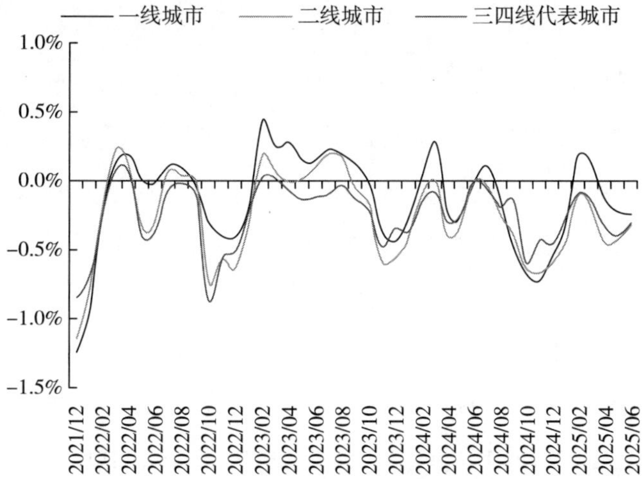

图7-3　各梯队城市住宅租金月度环比涨跌幅

数据来源：中指数据CREIS

3. 租金收入比：50城租金收入比延续缓慢回落趋势，居民租房负担有所减轻

截至2025年6月，50城租金收入比均值为16.4%，随着租金回调，租金收入比缓慢回落，同比2024年6月（17.8%）下降约1.4个百分点。按具体城市来看，50城租金收入比均较去年同期有所下降，其中北京、深圳、杭州、三亚、福州等热点城市下降幅度较为突出。

从绝对水平来看，截至2025年6月，50城中有43个城市租金收入比在20%以下，多数城市租房负担相对合理；杭州、广州、海口租金收入比略超20%。而深圳、北京、上海租金收入比仍保持在30%以上，租房负担相对较重，预计未来政策有望进一步发力，通过调节住房租赁市场供需结构，缓解居民住房压力。

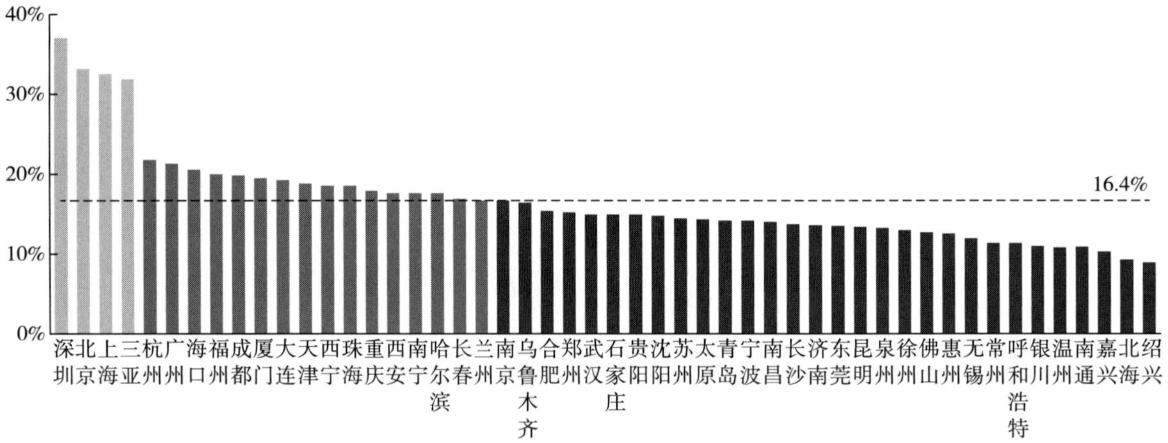

图7-4　50个重点城市租金收入比

注：租金收入比 =2025 年 6 月城市住宅平均租金 × 人均住房建筑面积 ×12 ÷ 2024 年城镇居民人均可支配收入，其中人均住房建筑面积按 30 平方米估算。

数据来源：各地统计局，中指数据 CREIS。

（二）30 城集中式长租公寓租金：市场竞争激烈，长租企业以价换量稳运营，短期租金承压

根据中指研究院对重点城市集中式长租公寓的监测数据，从租金水平来看，截至 2025 年 6 月，北京、上海集中式长租公寓租金均价保持领先，位居第一梯队，其中北京租金均价超 170 元 / 平方米 / 月，上海约 140 元 / 平方米 / 月；南京租金均价接近 100 元 / 平方米 / 月，位居第二梯队；深圳、杭州、广州、苏州租金均价在 70~90 元 / 平方米 / 月之间，位居第三梯队；其余 23 个城市租金均价在 70 元 / 平方米 / 月以下，位居第四梯队。

从涨跌变化来看，2025 年上半年，30 城中 5 个城市集中式长租公寓租金累计上涨，25 城累计下跌，下跌城市数量较 2024 年同期增加 5 个。具体来看，无锡、苏州、宁波、沈阳、青岛等 5 个城市上半年租金有所上涨，但累计涨幅均在 1.5% 以内。租金累计下跌的 25 个城市中，郑州、南昌、广州、长沙、东莞累计跌幅在 5% 以上；南京、武汉等 7 个城市跌幅在 3%~5% 之间；北京、上海等 7 个城市跌幅在 1%~3% 之间；深圳、西安等 6 个城市跌幅在 1% 以内。短期来看，在保租房项目大规模入市的背景下，长租公寓市场竞争有所加剧，加之就业、收入等预期仍需进一步稳固，部分城市长租公寓运营面临一定压力，企业“以价换量”稳定项目出租率的现象较为明显。

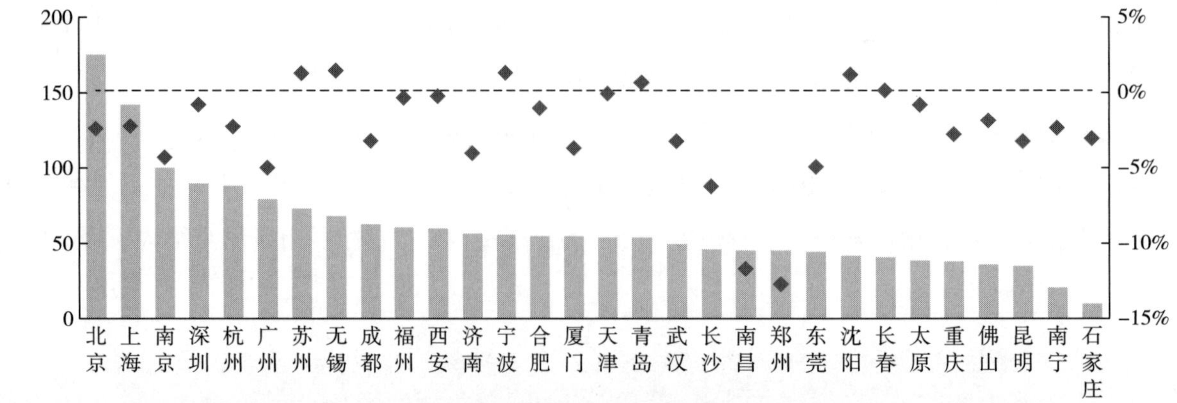

图7-5　2025年6月30城集中式长租公寓平均租金与累计涨跌幅

数据来源：中指数据 CREIS。

（三）投资回报率：重点城市租金房价比延续小幅上升趋势，优质资产出租回报改善

2025 年上半年，重点城市租金房价比继续提升。截至 2025 年 6 月，50 城住宅租金房价比为 2.17%，较去年同期（2.09%）提升 0.08 个百分点。具体来看，50 城中，仅杭州、三亚等 6 个城市租金房价比较去年同期微幅下降，其余 44 个城市租金房价比均有所提升，其中哈尔滨、常州、东莞等地提升幅度较为显著。从绝对水平来看，厦门、深圳、北京租金房价比仍在 1.5% 及以下，广州、上海、杭州、苏州租金房价比在 1.5%~2% 之间，武汉、西安、成都租金房价比在 2%~2.5% 之间，重庆、长沙租金房价比在 2.5%~3% 之间，哈尔滨、贵阳、长春等城市租金房价比已超过 3%，其中哈尔滨最高，为 3.27%。

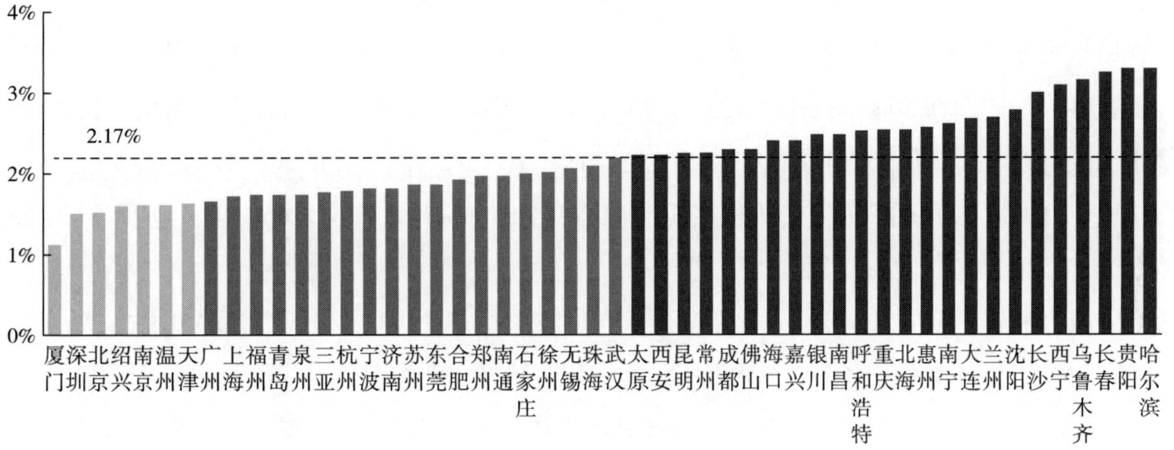

图7-6　2025年6月50个重点城市租金房价比

注：租金房价比 =2025 年 6 月城市住宅平均租金 ×12 ÷ 2025 年 6 月城市二手住宅均价。

数据来源：中指数据 CREIS。

重点城市住房租赁投资回报率持续改善，住房租赁投资吸引力提升。2025 年上半年，重点城市房价延续调整态势，而住房租赁市场受益于行业需求刚性特征，规范化程度与租住品质继续提升，平均租金调整幅度较为缓和，优质资产的投资回报率持续改善。根据中指院监测，截至 2025 年 6 月，重点 50 城平均租金房价比较 2023 年初低点已提高 0.19 个百分点；且在宽松的货币政策推动下，部分城市的住房租赁投资回报率与五年期定期存款利率、十年期国债收益率的利差也在进一步走扩，住房租赁资产投资价值显现。

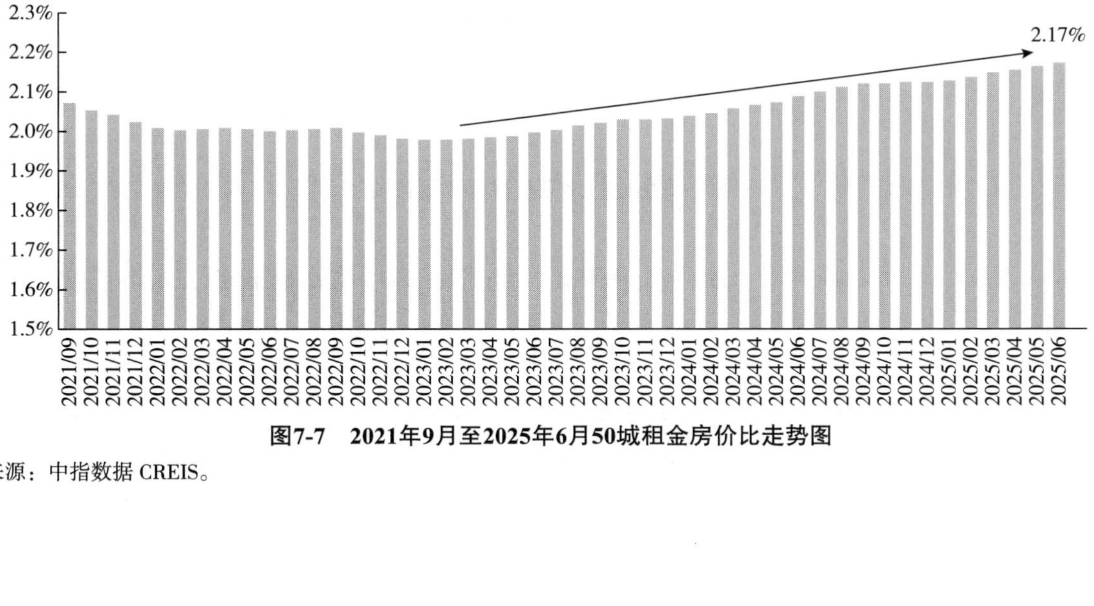

图7-7　2021年9月至2025年6月50城租金房价比走势图

数据来源：中指数据 CREIS。

二、租客特征分析

为充分反映居民的租房状况，了解当前居民租房偏好和痛点问题，中指研究院自2022年6月起每半年开展一次全国租客问卷调查，对租客画像进行描摹。2025年上半年的全国租客问卷调查，剔除无效样本后，共收回5286份有效样本。根据租客租住的房源类型，租客群体可分为集中式公寓租客、分散式公寓租客和个人房源租客。

（一）租客画像：高学历、新毕业租客是长租公寓主力客群，愿意为高品质租住生活付费

1. 租客群体基本特征：以受过高等教育的青年人为主，对个人空间与租住安全较为看重

调查结果显示，59%的受访租客年龄介于25~34岁之间，84%的受访租客为本科或专科学历，42%的受访租客月收入分布在5000~10000元之间。租房选择方面，88%的受访租客选择整租（包含与朋友等一起整租），85%的受访租客选择租住在普通住宅小区（含个人房源与分散式公寓），62%的受访租客月租金在1000~3000元之间，72%的受访租客租金收入比在10%~30%之间，65%的受访租客租房面积在30~90平方米之间。

从不同城市来看，租住方式方面，整租独居、与朋友整租是受访租客中最常见的租住方式，可见租客对个人空间与租住安全较为看重，其中北上广深受访租客选择这两类租住方式的占比超出平均水平。租金负担方面，高能级城市的租金收入比较高，根据调研结果，北上广深与省会城市受访租客的租金收入比在20%~30%之间的比重均达40%，明显高于其他能级城市，地级及以下城市受访租客的租金收入比则主要分布在20%以下。

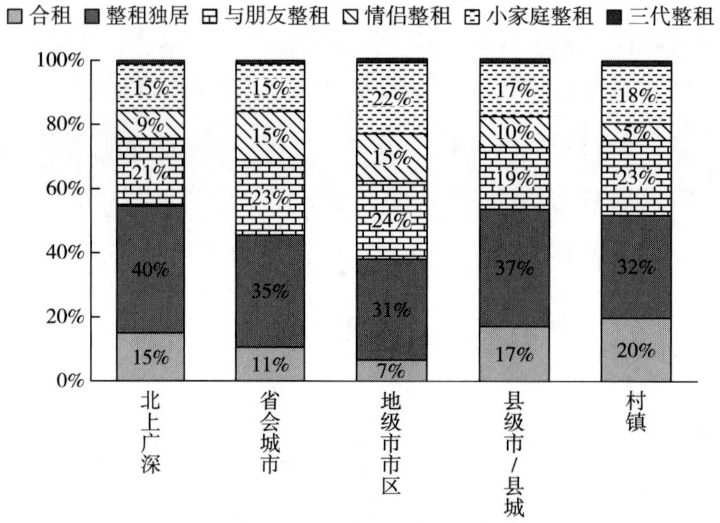

图7-8 各能级地区租客的租住方式

2. 不同房源客群特征：高学历、新毕业年轻人对价格、品质较高的长租公寓具有更高接受度

从租住房源类型来看，居住在个人房源的受访租客占比过半，居住在分散式公寓、集中式公寓的比例分别为28%、12%。结合租客学历来看，超半数的硕士及以上学历受访租客租住在分散式与集中式长租公寓，占比明显高于本科及以下学历租客。与过去几年调查结果一致，高学历人才普遍收入较高，且为人才

补贴的重点支持对象，对价格较高、品质较好的长租公寓具有更高接受度。从毕业年限来看，毕业年限较短的年轻人对分散式、集中式长租公寓的偏好较为明显，根据调研结果，毕业 1 年以内、1~3 年的受访租客租住分散式公寓的比例均在 35% 左右，租住集中式长租公寓的比例在 16%~19% 之间，占比均明显高于其他类型租客。长租公寓品质高、服务好，与年轻人的需求较为适配，而随着毕业年限延长，租客在租住结构变动（如结婚生子等）、子女教育或租住性价比的驱动下，选择个人房源的占比有所提升。

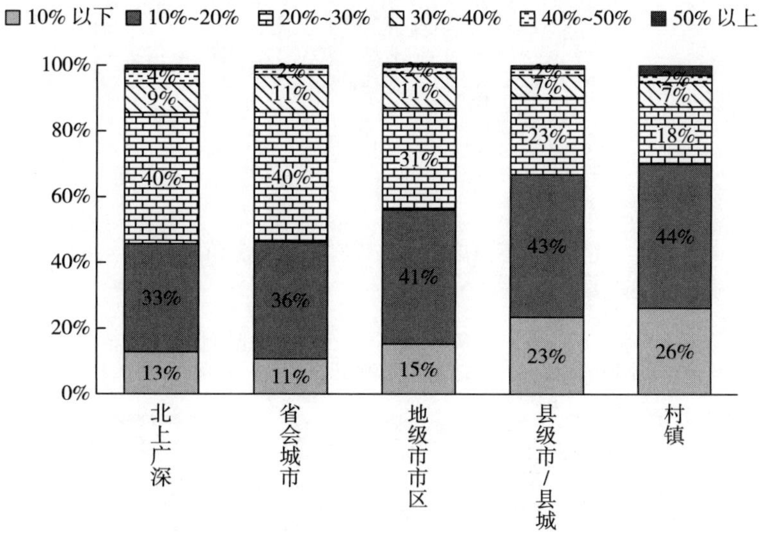

图7-9　各能级地区租客租金占收入的比重

数据来源：中指调查。

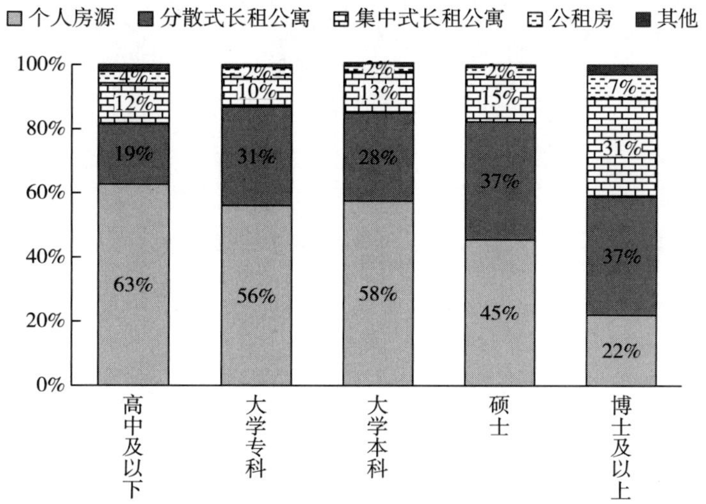

图7-10　不同学历租客租住的房源类型

数据来源：中指调查。

从租金水平来看，分散式、集中式长租公寓租金结构较个人房源明显上移，其中月租金高于 2000 元的集中式公寓、分散式公寓租客占比分别为 71%、60%，个人房源租客占比仅 38%。从租金收入比来看，个人房源租客租金收入比在 10%~20% 之间的比例最高，为 43%；而租住在分散式、集中式长租公寓的租客，租金收入比则更多分布在 20%~30% 区间，且其租金收入比在 30% 以上的租客占比分别为 17%、27%，个人房源仅为 9%。整体来说，集中式、分散式长租公寓品质较高，租金相对较贵，租客也承受着较高的租金负担。

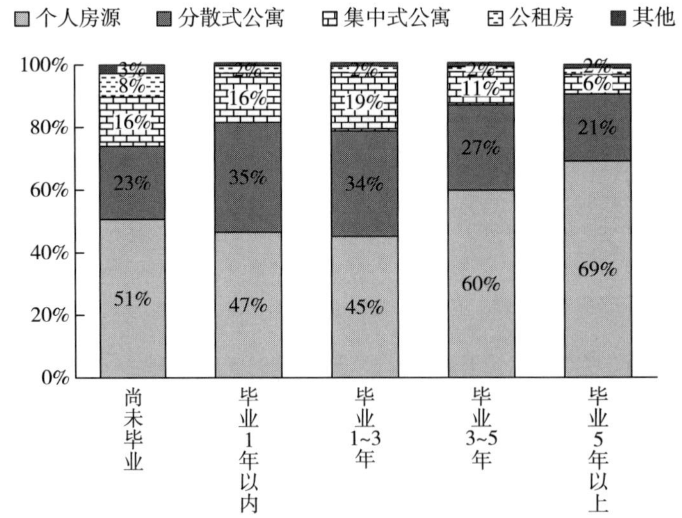

图7-11　不同毕业年限租客租住的房源类型

数据来源：中指调查。

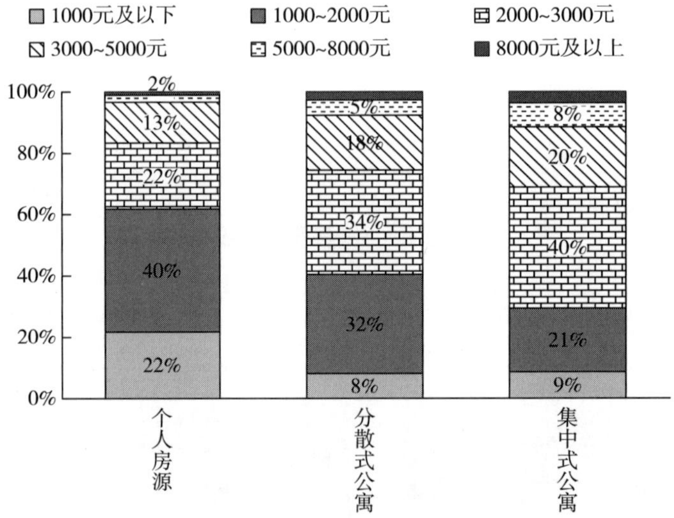

图7-12　不同房源租客的月租金

数据来源：中指调查。

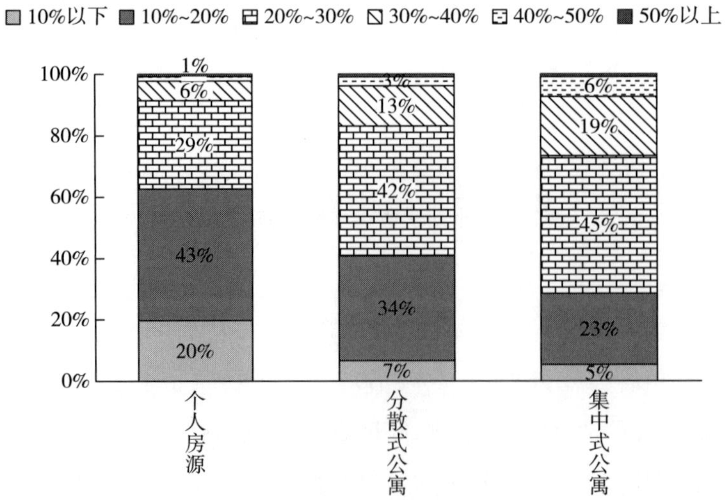

图7-13　不同房源租客租金占收入的比重

数据来源：中指调查。

（二）租房偏好：租房仍是过渡性选择，集中式公寓需聚焦租客痛点提升运营稳定性

1. 换租计划：租金下跌背景下租客换租意愿强烈，集中式长租公寓租客续约面临一定压力

近两年，在宏观经济环境及市场供应持续增加等因素影响下，重点城市租金有所下跌，根据调研结果，44.1% 的受访租客近一年租金有所下降，35% 的受访租客表示近一年租金无变化。在对未来租金走势的判断上，仅有 15% 的受访租客认为未来一年租金将上涨。在短期住宅租金下跌预期较强的背景下，租户群体掌握更多主动权。根据调查结果，63% 的受访租客计划在租约到期后换租。

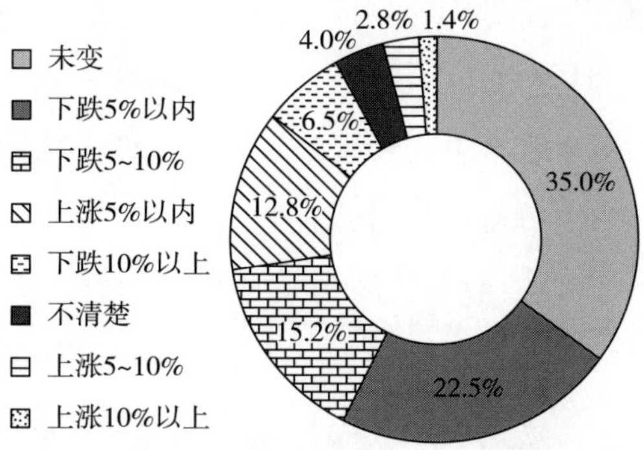

图7-14　受访租客租住房屋最近一年租金涨跌幅

数据来源：中指调查。

结合租住的房源类型来看，目前租住分散式长租公寓的租客计划换租比例最高，为 75%；集中式公寓租客换租比例次之，为 66%；个人房源租客换租比例最低，为 57%。从换租原因来看，因市场租金下跌而换租是各类房源租客的共识，因“购房”“收入预期下降”“工作变动”而选择换租的比例同样较高。相较之下，个人房源租客因租住品质一般，有一定的改善居住环境的需求。

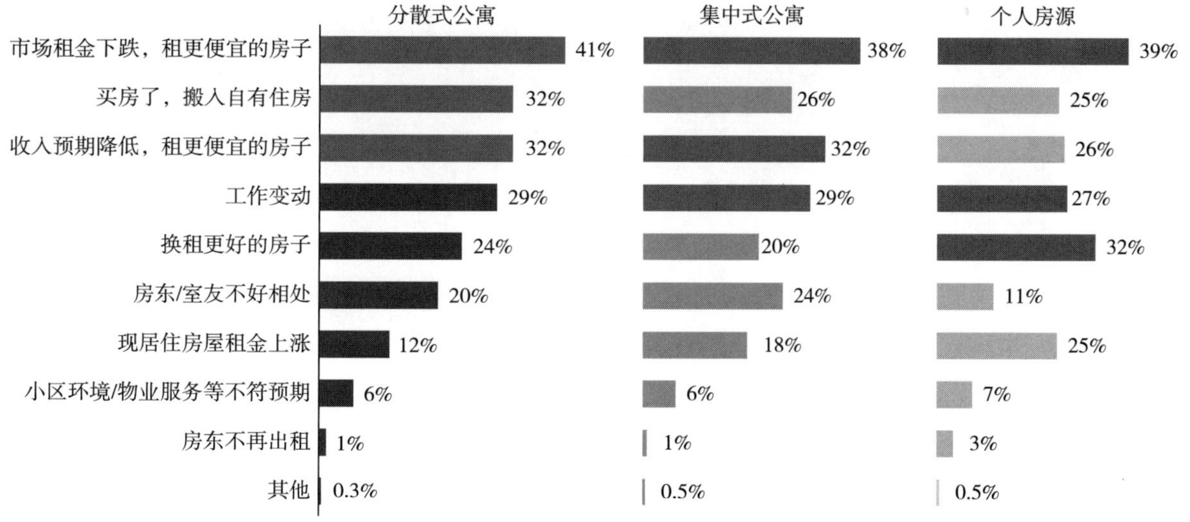

图7-15　不同房源租客换房的原因

数据来源：中指调查。

结合受访租客未来计划租住的房屋类型来看，个人房源、分散式长租公寓、集中式长租公寓租客计划继续在同类房源租住的比例分别是 76%、60%、29%。相较而言，个人房源、分散式长租公寓租户对当前租住的房屋类型满意度较高，“坚守”意愿较强，而当前租住在集中式长租公寓的租客续签意愿明显较低，仅 29% 的租客计划继续选择集中式公寓，长租公寓运营商需提前摸排租户续签意向，及时调整服务与营销策略，降低潜在的获客成本。

表7-2　当前和未来计划租住房屋类型

		未来计划租住类型			
		个人房源	分散式长租公寓	集中式长租公寓	其他
当前租住类型	个人房源	76%	17%	4%	2%
	分散式长租公寓	25%	60%	14%	1%
	集中式长租公寓	20%	47%	29%	4%
	其他	19%	26%	22%	33%

数据来源：中指调查。

针对集中式长租公寓换租意愿较高的问题，调查结果显示，其主要痛点集中在居住空间的舒适度方面，如公寓房间隔音效果较差、户型差 / 通风效果不好、缺少阳台 / 不方便晾晒、储物空间少等排名较靠前。同时，结合租住民宅的优势与近半数集中式长租公寓租客计划未来换租分散式公寓的情况来看，换租并非受价格因素驱动，而是租客追求更可持续、舒适的生活体验。因此，长租公寓企业需在产品和服务上双重发力：一方面，通过优化户型设计、增加公区配套等方式，积极借鉴住宅的核心优势（如通风、阳台、空间感）；另一方面，需持续提升产品力和服务力，稳固集中式长租公寓产品优势。

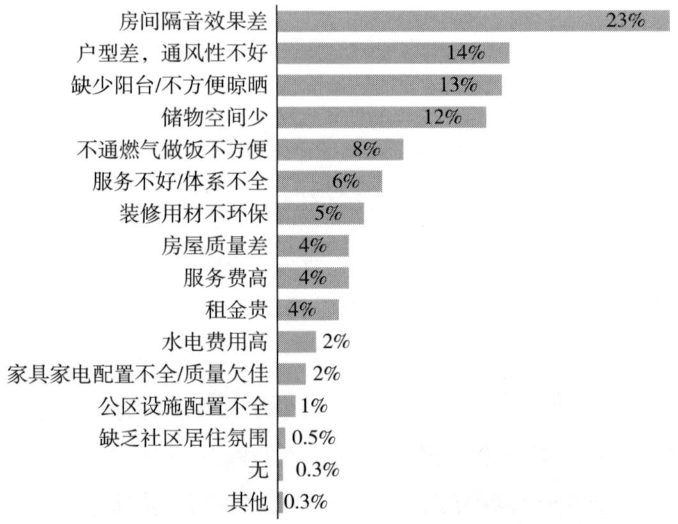

图7-16　集中式公寓租客对公寓哪个方面最不满意

数据来源：中指调查。

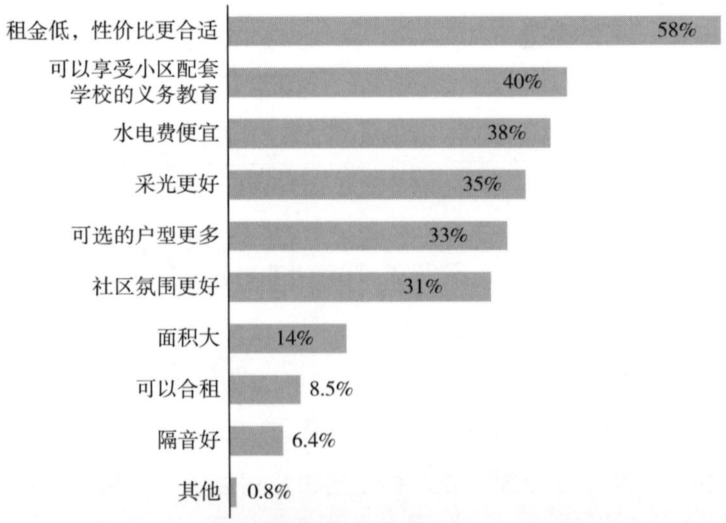

图7-17　民宅小区租客认为租住在民宅小区的优势

数据来源：中指调查。

2. 关注因素：集中式公寓租客注重居住体验，对个人空间与社区活动、公区关注度高

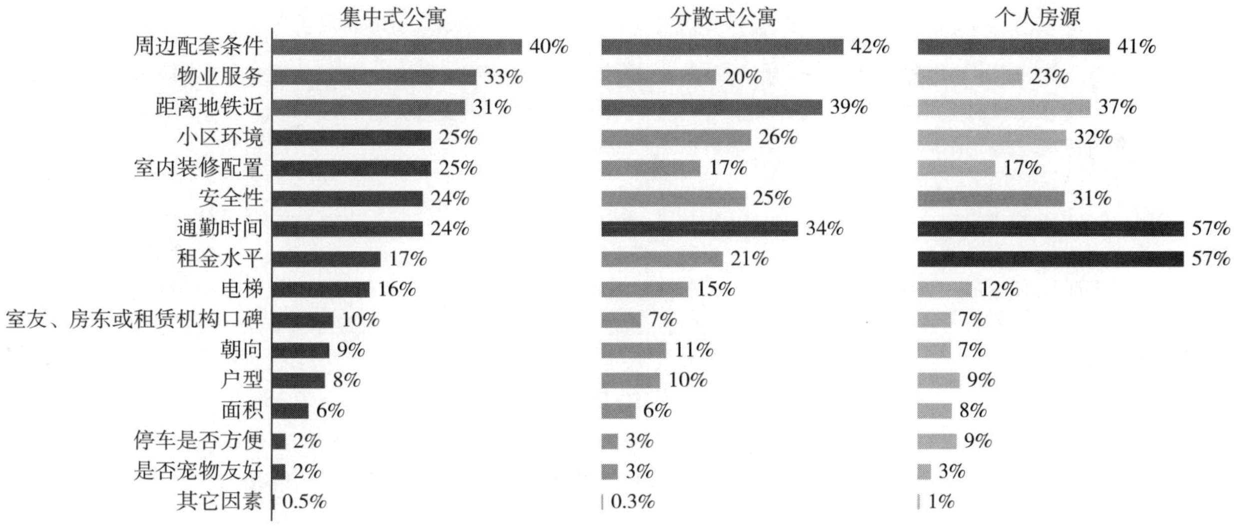

图7-18　不同房源租客租房时主要考虑的因素

数据来源：中指调查。

关于租客在租房时关注的主要要素，分不同房源类型来看，除了周边配套条件是共性原因，也存在一定差异，如个人房源租客对租金水平与通勤时间关注度高，分散式与集中式长租公寓租客更关注地铁位置或物业服务等。

调查显示，集中式长租公寓租客普遍重视居住品质。过半受访者因看重独立空间与私密性选择集中式公寓，34.5% 因地理位置便利，另有逾两成受访者看重社区活动、公共配套及室内品质。长租公寓运营商应聚焦租客对空间、安全、社交和配套设施的核心需求，优化项目设计与服务，提升产品吸引力与运营效益。

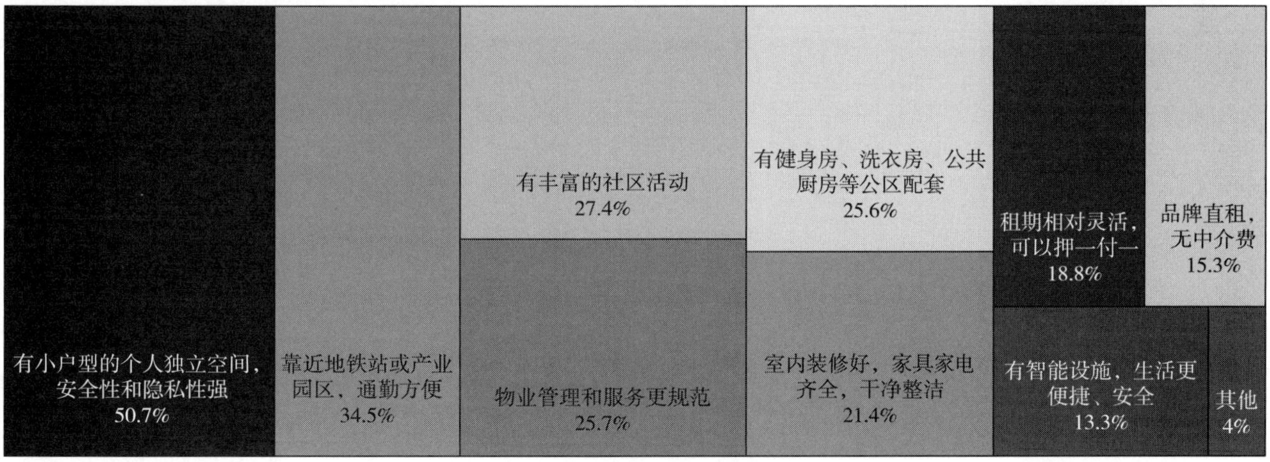

图7-19　集中式长租公寓租客选择租住当前公寓的原因

数据来源：中指调查。

具体来看，在公区配置设施方面，受访租客最期待的公区配置 TOP5 分别为阅览室、电竞游戏室、公共洗烘房、健身房、影音室，以期满足日常清洁、休闲娱乐、自我提升等个性化需求。在周边商业配套方面，35% 以上的受访租客期待配置便利店或商超、宠物医院、药店、社区医院等。在社区活动方面，受访租客对宠物交友、创意市集、派对或舞会、手工活动、桌游剧本杀等活动较为期待，希望通过互动增强社

区归属感。企业在项目设计中可适当融入宠物友好与社交元素，提升项目吸引力。

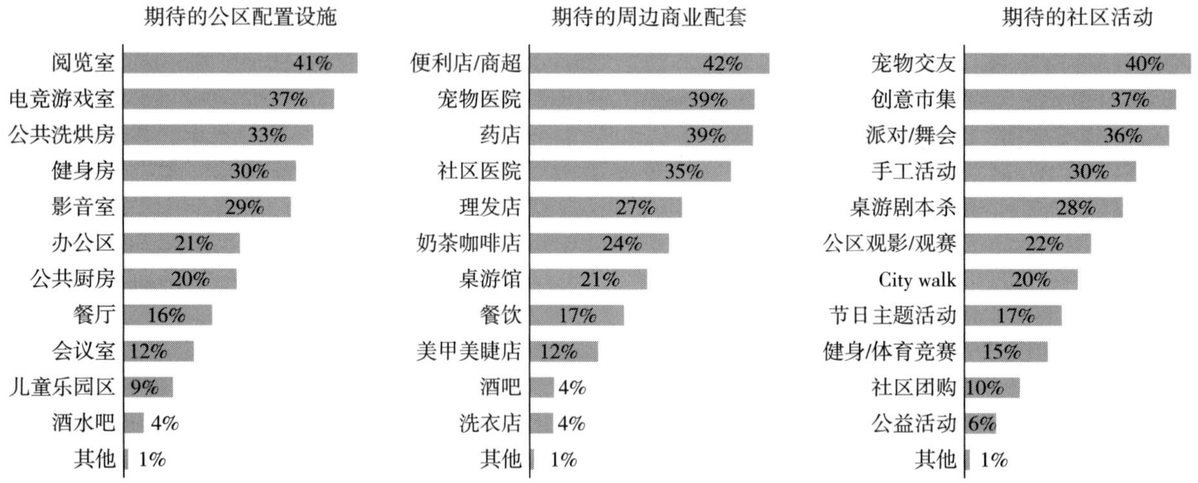

图7-20 集中式长租公寓租客最期待的公区配置、商业配套、社区活动

数据来源：中指调查。

3. 住房规划：租房仍是多数租客群体在资金压力和房价下行预期下的过渡性选择

从租客对未来3年的租房规划来看，租房仍是多数租客群体的过渡性选择。调研显示，66%的受访租客表示攒够首付后将选择在本地或房价更低的城市购房，仅有17%的受访租客计划长期租房。分不同房源类型来看，个人房源租客中长期租房意愿相对更强，而分散式、集中式长租公寓的受访租客计划长期租房的占比均在10%及以下，客群稳定性存忧。分不同年龄段来看，30岁以下租客群体选择攒够首付后本地购房的比例在50%左右，20岁以下租客群体计划转去房价较低的城市买房的占比在各年龄段中最高，而20~29岁、40岁以上的租客群体计划长期租房的比例则较为突出，均在20%左右。

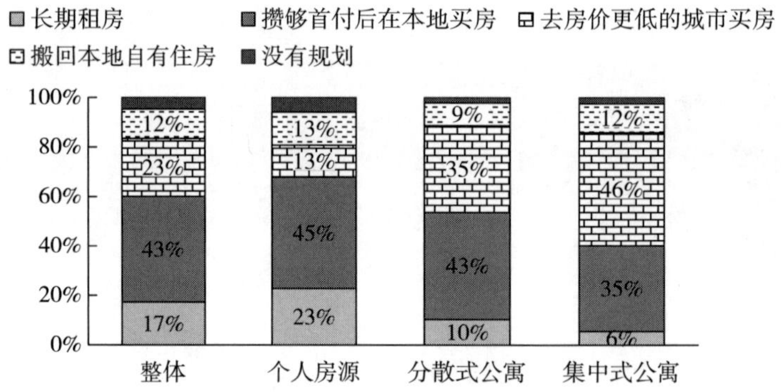

图7-21 不同房源租客未来3年的租房规划

数据来源：中指调查。

关于无房租客计划长期租房的原因，调查结果显示，经济压力较大、买房性价比不高或不看好房地产市场、工作不稳定是主要影响因素。同时，随着住房租赁市场规范化程度持续提升，租房成为越来越多人的主动选择，个人房源和分散式长租公寓租客中，均有超过10%的租客出于“更自由”“生活质量更高”等主观意愿选择长期租房。未来，随着住房租赁市场监管体系的完善与落实，行业将进一步提质升级，租房也将成为一种重要的生活方式。

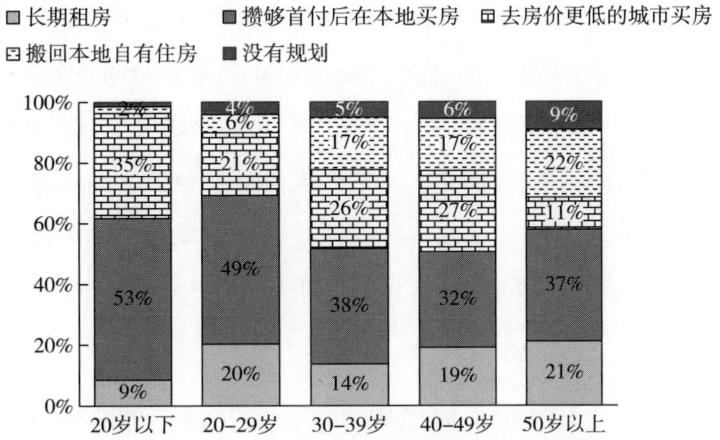

图7-22　不同年龄段租客未来3年的租房规划

数据来源：中指调查。

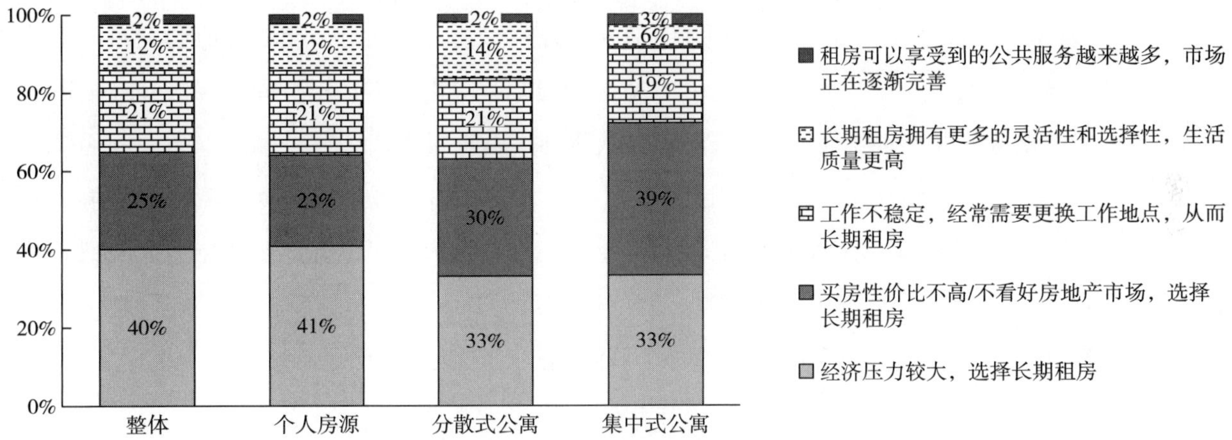

图7-23　不同房源租客打算一直租房的原因

数据来源：中指调查。

三、住房租赁政策回顾

2025年是“十四五”收官之年，住房租赁市场正逐步从大规模筹集建设向存量提质阶段转变。一方面，存量房源盘活成为重点方向，各地持续推动非居改租、收购存量商品房转为保租房等举措，拓宽住房租赁房源筹集渠道。另一方面，住房租赁财政金融支持体系逐步完善，政策性工具持续加力，市场化融资渠道不断拓宽，助力企业提升资产运营能力。随着支持政策持续落地见效，住房租赁行业专业化、机构化程度将不断提升。

（一）中央：财政金融等配套政策持续落位，收储转租进程逐步推进

2024年末中央经济工作会议提出“盘活存量用地和商办用房，推进处置存量商品房”，为2025年政策奠定基调。2025年3月，《政府工作报告》进一步明确“盘活存量用地和商办用房，推进收购存量商品房，在收购主体、价格和用途方面给予城市政府更大自主权。拓宽保障性住房再贷款使用范围”。4月李强总理在北京调研人才公寓时再次强调“收购存量商品房用作保障性住房，是促进房地产市场止跌回稳、保障和改善民生的重要抓手”。5月，中共中央办公厅、国务院办公厅印发《关于持续推进城

市更新行动的意见》，继续强调“支持利用存量低效用地建设保障性住房、发展产业、完善公共服务设施。”6月，印发《关于进一步保障和改善民生 着力解决群众急难愁盼的意见》，提出“支持各地统筹资金渠道，加大保障性住房供给，引导支持社会力量运营长期租赁住房”“引导支持在保障性住房中加大兼顾职住平衡的宿舍型、小户型青年公寓供给”。中央政策基调确定后，长租房财政金融支持政策堵点有望打通，相关制度安排和配套政策将加速完善。收储转租有望成为稳定房地产市场预期、支撑租赁市场结构优化的重要手段。同时在政策引导下，宿舍型、小户型青年公寓供给规模也有望扩大，更好解决了青年群体的住房问题。

1. 金融支持：推动基础设施REITs市场发展，保障性住房再贷款使用范围有望拓宽

各部委继续明确支持基础设施REITs市场发展。1月，发改委强调“更大力度支持基础设施REITs市场扩围扩容”。2月，证监会主席吴清发表《充分发挥资本市场功能 更好服务新型工业化》一文，提到“持续推进基础设施不动产信托投资基金（简称REITs）常态化发行”。3月，交易商协会发布关于《银行间债券市场进一步支持民营企业高质量发展行动方案》的通知，提出“推动银行间多层次REITs市场发展和供应链票据资产支持证券扩面增量，通过证券化方式盘活民营存量资产”。

央行再次强调拓宽保障性住房再贷款使用范围。《政府工作报告》提出“拓宽保障性住房再贷款使用范围”，意味着更多符合条件的项目能够获得政策资金的支持，收购的房源类型或从住宅扩展到商业、办公等非住宅类房产，有助于盘活市场存量资源。但值得注意的是，当前非居改租仍面临用地性质变更困难、消防验收难以过关等堵点，后续相关配套政策仍有待进一步优化完善。

2. 收储转租：专项债支持收储进入落地阶段，收购存量房转保租房持续推进

各部委多次提及收购存量商品房，盘活存量仍是当前重要方向。2月，央行发布《2024年第四季度中国货币政策执行报告》，其中提到“着力推动已出台金融政策措施落地见效，加大存量商品房和存量土地盘活力度，推动房地产市场止跌回稳，完善房地产金融基础性制度，助力构建房地产发展新模式”。3月，中共住建部党组学习（扩大）会议上也再次提出“加力实施城中村和危旧房改造、推进收购存量商品房、加快构建房地产发展新模式，从供需两端持续发力，推动房地产市场止跌回稳”。同时，专项债支持收储工作已由研究阶段进入实际落地阶段。2025年1月财政部指出“专项债支持收购存量商品房用作保障性住房的政策，正在配合相关行业主管部门抓紧研究，细化有关措施安排”。3月，财政部发布《2024年中国财政政策执行情况报告》，明确“推进专项债券支持土地储备和收购存量商品房用作保障性住房等工作”。

从专项债收购存量商品房的情况来看，5月以来，浙江、四川先后发行专项债券收购存量商品房，合计发行金额21.9亿元。目前，仅“自审自发”试点地区成功发行了存量房专项债券，非试点地区尚未有相关政策落地。从操作层面看，一方面，收购存量商品房流程复杂，需经历购房需求锁定、房源筛选、价格谈判等多个环节，推进周期相对较长；另一方面，非试点地区在启动项目前仍需报送住建部和财政部审核，短期内推进节奏仍受限。

表7-3　　浙江省、四川省专项债收购存量商品房情况（截至6月23日）

省	市	项目名称	收购项目企业性质	发行金额（亿元）	发行期限	发行利率
浙江	杭州	祥生·银湖新语	民企	1.0	30年	1.93%
				0.3	30年	/
	湖州	溪畔居	地方国企	5.1	10年	1.73%
		忆境府	地方国企	4.7	20年	2.02%
		星悦里	地方国企	4.5	20年	2.02%
		臻品府	地方国企	0.5	20年	2.02%
	台州	路桥区月和湾小区保障性租赁住房项目	地方国企	2.0	30年	/
	嘉兴	桐乡市乌镇镇保障性租赁住房收购项目	地方国企	0.6	30年	1.93%
	温州	温州市闻海中心区站前单元C-17地块（万科—欧洲华庭）	混合所有制	0.5	30年	1.93%
		瑞安市望荣锦苑收购项目（一期）	地方国企	0.3	30年	1.93%
		温州市三溪片区货站单元A-13地块（万科—臻湾华庭）	混合所有制	0.3	30年	1.93%
	衢州	龙游县兰亭小区保障性住房建设工程	民企	0.4	30年	/
四川	南充	南充市顺庆区2025年收购存量商品房用作保障性住房项目	民企	1.0	30年	2.13%
		仪陇县收购存量房用作保障性住房	地方国企	0.7	20年	2.12%
合计			/	21.9	/	/

数据来源：各地官方网站，中指研究院综合整理。

除了浙江、四川专项债收购存量商品房，其他地方也在陆续推进收储转租。长春、合肥、贵阳等地均已累计收购存量商品房超5000套，多数用作保租房、人才租赁住房及配售型保障房。辽宁省计划2025—2027年通过收购存量商品房方式新增12万套配租型保障性住房，其中2025年目标4.5万套。

表7-4　　部分省市收储进展及计划

类型	省市	时间	收储进度及计划
收储进展	长春	5月	已累计收购存量商品房项目14个，房屋6837套；目前已有4个项目、2908套（间）房屋投入运营。
	安徽省	4月	合肥、蚌埠等地已收购10279套存量商品房用作保障性住房和人才租赁住房，其中保障性住房2917套，获得再贷款银行授信10.19亿元。
	河北省	4月	已筹集保障性租赁住房8359套，其中通过收购存量商品房方式筹集3859套。
	贺州	4月	收购平桂区6个项目共1301套房源用作保障性租赁住房，收购面积15.21万平方米。
	合肥	2月	合肥已经收购存量商品房5733套、58.9万平方米。
	长沙	2月	长沙完成了首批436套存量商品房用作保障性住房收购项目。
	贵阳	2月	贵阳全市已经收购存量商品房5162套，改造后投用的超过3500套，解决了4100多位居民的住房需求。
收储计划	武汉	4月	全市计划收购个人二手住房3000套用于各类租赁住房、安置房。
	青岛	4月	全市拟通过收购个人二手住房1200套以上用作保障性租赁住房、长租房等。
	辽宁省	3月	2025年，全省通过收购存量商品房方式新增4.5万套配租型保障性住房，其中，新增1万套公租房、3.5万套保障性租赁住房。

资料来源：中指研究院综合整理。

（二）地方：上半年各地出台租赁政策超 80 次，供需两端政策支持力度不断强化

据中指研究院监测，2025 年上半年，我国地方政府共出台住房租赁相关政策 80 余次。1~5 月各月政策出台频次均在 10 次及以上，各月频次较为平均。分城市来看，一线城市出台政策频次超 20 次，二线城市中天津、重庆、郑州等地出台政策频次较多，均在 3 次以上。

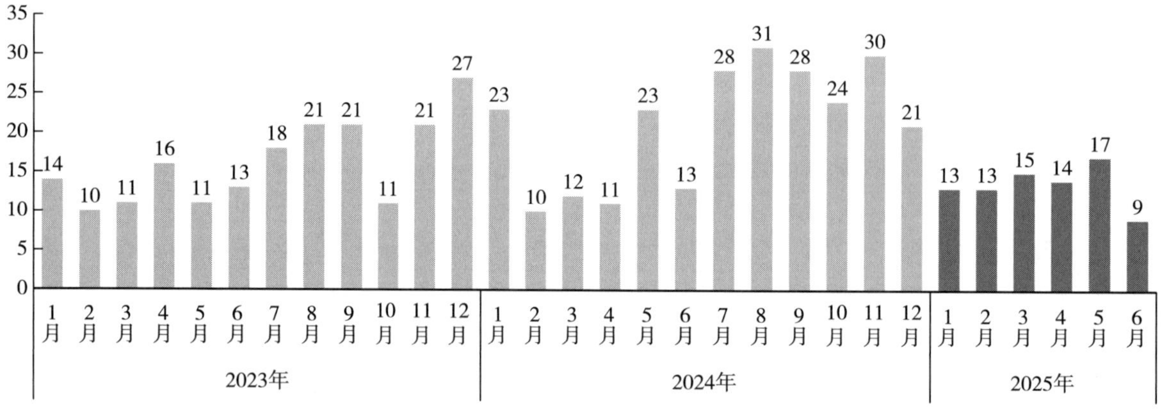

图7-24　2023—2025年上半年各地出台的住房租赁相关政策数量汇总（不完全统计）

注：统计截至 2025 年 6 月 20 日。

资料来源：中指研究院综合整理。

分类来看，2025 年上半年各地供需两端政策持续发力，进一步推动行业平稳健康发展。供给端方面，政策重心逐步从大规模建设转向以需定供、品质提升及规范化管理等。多地陆续出台住房租赁管理办法、保租房项目准入规范等文件，积极鼓励收购存量商品住房，同时部分地区推进保障房“好房子”建设，持续优化租赁住房供应体系。需求端方面，各地进一步降低居民租金负担，从公积金、住房补贴等方面为承租人提供支持，并与人口、人才政策相结合，持续拉动住房租赁市场的潜在需求释放。

表7-5　2025年上半年各地出台的住房租赁相关政策分类汇总（不完全统计）

分类		1月（次）	2月（次）	3月（次）	4月（次）	5月（次）	6月（次）	总计（次）	
供给侧	市场培育	4	5	3	0	4	3	19	51
	金融财政	0	0	1	1	1	0	3	
	规范管理	1	2	3	7	6	2	21	
	收储转租	1	3	0	2	2	0	8	
需求侧	公积金支持	2	1	4	1	3	2	13	30
	人口人才	4	2	3	3	1	2	15	
	租住补贴	1	0	1	0	0	0	2	
总计		13	13	15	14	17	9	81	

数据来源：中指研究院综合整理。

1. 供给侧：完善供给体系，健全市场管理，推动租赁住房品质全面提升

市场培育：2025 年，多地在政策方向上继续强调“完善‘市场 + 保障’住房供应体系”，但在保障性住房筹建路径上存在一定差异，上海、天津等一二线城市要求扩大保障性租赁住房供给，以应对大城市住房压力；而部分三四线城市明确坚持“以需定建、以需定购”原则，强调根据实际需求动态掌握保障对象和房源匹配情况。在企业支持方面，多地要求重点发展专业化、规模化住房租赁企业，鼓励和引导住房租

赁企业提升产品品质及服务水平，并支持引入第三方专业机构运营管理人才公寓及个人闲置房源，以提高市场运行效率。

规范管理：上半年各地积极出台住房租赁市场规范管理政策，围绕租赁住房备案、租赁合同规范、保障性住房分配、房源品质规范等方面持续完善制度建设。广州、大理、乐山等地发布管理办法，明确保租房建设筹集、项目管理、配租资格等内容。合肥制定租赁住房运营管理服务规范，山西省发布租赁住房建设标准，提高住房租赁居住舒适度。郑州发布房屋租赁合同范本，规范住房租赁市场，保障租赁双方的合法权益。

好房子：随着租赁住房供给逐渐充足，市场发展正从“有没有”进入“好不好”阶段。从各地表述来看，山东省要求“保障房率先建成‘好房子’”；福建省将分阶段推进“好房子”建设，2025 年试点打造保障性住房更新改造“好房子”项目，2027 年每个城市新建和改造一批“好房子”，2030 年新建保障性住房原则上全面建成“好房子”。

2. 需求侧：公积金政策持续优化，保障人口、人才的住房租赁需求

公积金支持：公积金支持政策仍是需求端重要举措之一，各地对于公积金政策的支持仍集中在租房提取方面。如深圳、沈阳、宁波等地继续调高公积金提取额度，宁波增加提取频次，北京、大连探索推出提取住房公积金支付房租模式。

人口人才：多地将住房租赁政策与人口、人才政策相结合，进一步加大对人口和人才的吸引力。如北京、上海、广州等地均为高校毕业生求职实习提供一定期限的免费住宿服务。陕西省、重庆、攀枝花采取实物配租和货币补贴等方式，提高农业转移人口的住房保障水平。

四、保障性租赁住房发展情况

（一）保租房筹集：多地接近完成“十四五”筹集目标，后续筹集速度或有所放缓

从住房保障体系建设来看，我国已取得显著进展。2025 年 2 月 28 日，国务院政策例行吹风会上，住建部副部长姜万荣表示，“经过多年的发展，中国已经建成了世界上最大的住房保障体系”，“党的十八大以来，累计建设各类保障性住房和棚改安置住房 6800 多万套，1.7 亿多住房困难家庭圆了住房梦”。从保租房筹集规模来看，“十四五”时期，全国计划筹集保租房 870 万套（间），截至 2023 年底已筹集 573 万套（间），完成率达 66%；统计局发布的 2024 年统计公报指出“全年配售型保障性住房、保障性租赁住房和公租房等开工建设和筹集 180 万套（间）”。整体来看，各地保租房筹集已达到一定规模，一大批新市民、青年人、农民工住房问题得到解决，预计“十五五”期间保租房更多将按照“以需定购、以需定建”的模式，通过存量转化及新建相结合的方式进行筹集。

截至 2024 年末，江苏省、安徽省已提前完成“十四五”保租房筹集目标，浙江省、北京、上海等地均已完成 90% 以上的筹集任务。而贵州省、重庆进度相对较慢，筹集规模未达到“十四五”规划的 80%，2025 年仍有一定空间。

随着“十四五”保租房筹集进展超预期，2025 年筹集速度有所减缓。根据各地 2025 年与 2024 年保租房筹集目标对比，多数地区年度任务目标降低，如江苏省、浙江省筹集套数分别减少 11.2 万套、6 万套。

对于一线城市及部分前期筹建完成率较低的省市，保租房筹集目标仍保持一定规模，其中广州、上海筹集目标与上年保持一致，海南省、青海省则在上年基础上调高目标。

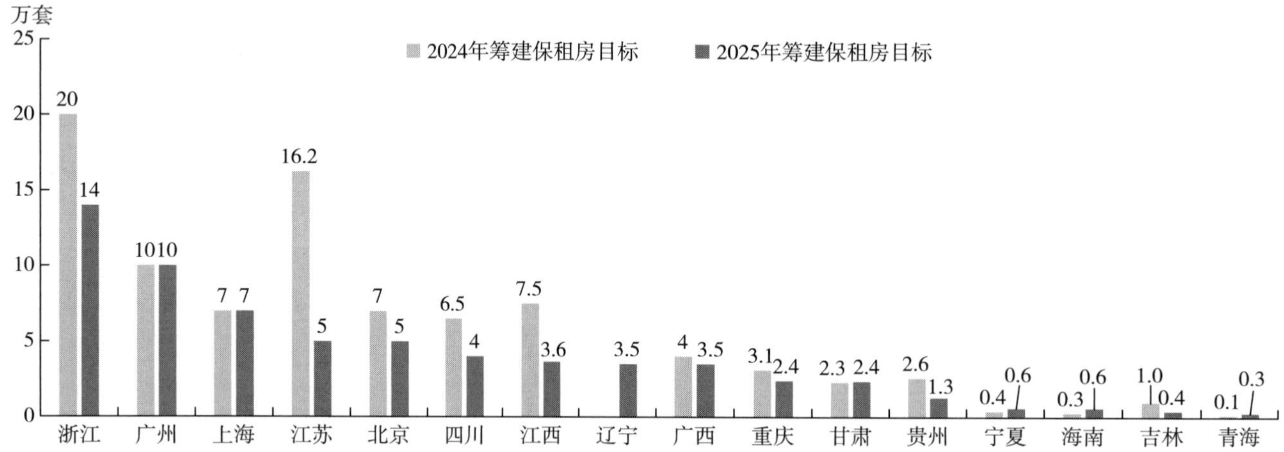

图7-25　2024年与2025年各省市筹建保租房目标对比

注：宁夏、广西为保障性住房筹集目标。

数据来源：各省市政府工作报告，中指研究院综合整理。

（二）保租房 REITs：底层资产稳健运营支撑二级市场价格攀升，REITs 发行扩募进程提速

1. 项目运营：整体出租率保持相对高位，但不同项目之间存在差异

根据各保租房 REITs 最新披露的 2025 年第一季度报告[①]，截至 2025 年 3 月末，六只保租房 REITs 的 14 个底层资产项目出租率普遍在 90% 以上，保持较高水平运营。具体来看，中金厦门安居 REIT 底层资产延续基本满租状态，国泰君安城投宽庭保租房 REIT 底层资产平均出租率较 2024 年末略有下降，其余四只保租房 REITs 底层资产平均出租率均有所回升。其中华夏基金华润有巢 REIT 平均出租率居近两年高位，而招商基金蛇口租赁住房 REIT 的林下项目则逐步摆脱去年末企业租户集体退租的影响，出租率较去年末提升 20.4 个百分点。整体而言，在短期重点城市长租市场竞争加剧的背景下，保租房 REITs 底层资产凭借区位优势、优良品质与专业化的运营能力，在当前市场波动中展现出较强的抗周期韧性。

表7-6　六支保租房REITs底层资产项目不同时期出租率对比

保租房 REITs	资产项目	房源套数（套）	出租率				
			2024Q1	2024Q2	2024Q3	2024Q4	2025Q1
华夏北京保障房 REIT	文龙家园	1396	94.7%	97.1%	95.0%	95.0%	96.9%
	熙悦尚郡	772	95.4%	95.3%	94.4%	93.1%	92.3%
	合计	2168	95.0%	96.5%	94.8%	94.4%	95.4%
红土创新深圳安居 REIT	安居百泉阁	594	98.3%	98.1%	96.5%	95.8%	97.8%
	安居锦园	360	97.8%	98.0%	99.2%	95.9%	94.9%
	保利香槟苑	210	98.6%	95.6%	90.3%	90.8%	91.1%
	凤凰公馆	666	98.9%	99.3%	98.9%	98.6%	99.5%
	合计	1830	98.4%	98.2%	97.2%	96.3%	97.1%

① 截至2025年6月，我国共发行8只租赁住房公募REITs，其中2025年上市两只，尚无季度报告披露，故项目运营和基金收益模块仅统计2024年之前发行的6只租赁住房公募REITs。

续表

保租房 REITs	资产项目	房源套数（套）	出租率				
			2024Q1	2024Q2	2024Q3	2024Q4	2025Q1
中金厦门安居 REIT	园博公寓	2614	99.5%	99.4%	99.6%	99.6%	99.1%
	珩琦公寓	2051	99.2%	99.7%	99.7%	99.9%	99.5%
	合计	4665	99.4%	99.5%	99.7%	99.7%	99.3%
华夏基金华润有巢 REIT	泗泾项目	1264	94.4%	94.1%	90.6%	94.1%	95.1%
	东部经开项目	1348	94.3%	94.4%	94.4%	94.6%	94.6%
	合计	2612	94.3%	94.2%	92.6%	94.3%	94.8%
国泰君安城投宽庭保租房 REIT	江湾社区	1719	91.0%	89.5%	91.3%	90.8%	88.9%
	光华社区	1234	93.0%	91.8%	95.2%	95.7%	95.4%
	合计	2953	91.7%	90.3%	92.7%	92.5%	91.1%
招商基金蛇口租赁住房 REIT	太子湾项目	462	—	94.6%	—	92.9%	95.8%
	林下项目	465	—	97.9%	—	70.4%	90.8%
	合计	927	—	96.6%	—	79.0%	92.4%

数据来源：保租房 REITs 公开资料，中指研究院综合整理。

从各保租房 REITs 内部底层资产对比来看，部分保租房 REITs 底层资产出租率存在一定分化。如红土创新深圳安居 REIT、国泰君安城投宽庭保租房 REIT 与招商基金蛇口租赁住房 REIT，底层资产间出租率差别较大，其中招商蛇口 REIT 的林下项目因去年末有企业租户集体退租，短期在促销策略带动下，出租率虽明显改善，但整体仍处于爬坡阶段，出租率与太子湾项目仍存在一定差距。城投宽庭 REIT 底层两项资产均位于上海杨浦区新江湾城板块，其中光华社区区位更佳，随着光华社区租金下跌，两项目单位租金逐步接近持平，一季度末江湾社区出租率低于光华社区 6.5 个百分点。深圳安居 REIT 底层资产之间出租率分化显著，凤凰公馆项目地处深圳坪山区碧岭街道，周边分布着华为、比亚迪、中兴等头部企业的生产基地，同时租金定价低，项目基本满租；安居百泉阁、安居锦园分别位于福田区、罗湖区等中心城区，租赁需求旺盛，出租率次之；保利香槟苑项目位于大鹏新区，受区位及产业配套限制，出租表现较弱。综合来看，在住房租赁市场竞争加剧的背景下，项目的稳健运营依赖于项目自身条件与专业运营等多方面的合力，企业需进一步提升运营的精细化水平。

2. 基金收益：一季度保租房 REITs 收益整体小幅下降，中金厦门安居 REIT 表现突出

第一季度保租房公募 REITs 整体收益略有下降。根据最新披露数据，按可比口径[①]计算，2025 年一季度保租房 REITs 整体收入、净利润、可供分配金额同环比普遍小幅下降，但下降幅度均在 6% 以内。

基金收入方面，一季度保租房 REITs 收入同环比均微幅下降。具体来看，2025 年一季度，华夏北京保障房 REIT、红土创新深圳安居 REIT 与中金厦门安居 REIT 收入环比微幅增长；华夏基金华润有巢 REIT、国泰君安城投宽庭保租房 REIT 受短期租金下调或出租率下降影响，收入同环比小幅下降；招商基金蛇口租赁住房 REIT 的林下项目，一季度仍处于去化爬坡阶段，在综合促销策略下租金有所下调，REIT 整体收入环比下降 10% 以上。

① 计算整体环比时，底层数据为公布一季度报告的全部6支保租房REITs数据；计算同比时，底层数据为前5支上市的保租房REITs数据。

表7-7 保租房公募REITs核心财务指标数据

指标	基金名称	2024Q1（万元）	2024Q2（万元）	2024Q3（万元）	2024Q4（万元）	2025Q1（万元）	2025Q1环比	2025Q1同比
基金收入	华夏北京保障房 REIT	1821	1786	1803	1817	1852	1.9%	1.7%
	红土创新深圳安居 REIT	1363	1376	1367	1333	1346	1.0%	-1.2%
	中金厦门安居 REIT	1954	1965	2001	2010	2011	0.1%	2.9%
	华夏基金华润有巢 REIT	1962	1970	1998	1978	1947	-1.6%	-0.8%
	国泰君安城投宽庭保租房 REIT	4574	4343	4405	4678	4467	-4.5%	-2.4%
	招商基金蛇口租赁住房 REIT	—	—	—	2069	1791	-13.4%	—
	合计	—	—	—	13884	13414	-3.4%	-0.4%
净利润	华夏北京保障房 REIT	783	832	838	899	861	-4.2%	9.9%
	红土创新深圳安居 REIT	609	627	608	561	499	-11.0%	-18.1%
	中金厦门安居 REIT	705	693	731	630	760	20.6%	7.7%
	华夏基金华润有巢 REIT	153	264	301	250	276	10.1%	80.3%
	国泰君安城投宽庭保租房 REIT	2050	1870	1954	2175	2022	-7.0%	-1.4%
	招商基金蛇口租赁住房 REIT	—	—	—	-147	-146	-0.3%	—
	合计	—	—	—	4369	4271	-2.2%	2.7%
可供分配金额	华夏北京保障房 REIT	1344	1339	1347	1355	1347	-0.7%	0.2%
	红土创新深圳安居 REIT	1341	1203	1191	1202	1153	-4.1%	-14.0%
	中金厦门安居 REIT	1425	1485	1465	1439	1476	2.5%	3.6%
	华夏基金华润有巢 REIT	1220	1221	1232	1232	1210	-1.8%	-0.8%
	国泰君安城投宽庭保租房 REIT	3277	3066	3267	3458	3140	-9.2%	-4.2%
	招商基金蛇口租赁住房 REIT	—	—	—	1463	1240	-15.2%	-
	合计	—	—	—	10149	9565	-5.7%	-3.3%

数据来源：保租房 REITs 公开资料，中指研究院综合整理。

净利润方面，第一季度保租房 REITs 整体环比小幅波动。具体来看，2025 年第一季度，各保租房 REITs 净利润走势明显分化，其中中金厦门安居 REIT、华夏基金华润有巢 REIT 净利润同环比均显著增长，其余四只房 REITs 净利润环比均有一定程度下降。其中红土创新深圳安居 REIT 因两个底层资产项目房产税三年免税期结束，缴纳房产税导致净利润同环比降幅显著。

可供分配金额方面，第一季度保租房 REITs 整体同环比均小幅下降。具体来看，2025 年第一季度，仅中金厦门安居 REIT 可供分配金额同环比小幅增长，华夏北京保障房 REIT 较为稳定，其余 REITs 可供分配金额均呈下降态势。其中红土创新深圳安居 REIT、华夏基金华润有巢 REIT、国泰君安城投宽庭保租房 REIT 同环比均有所下降，招商基金蛇口租赁住房 REIT 环比下降 15% 以上。

3. 二级市场：上半年保租房 REITs 价格集体显著上涨，抗周期属性获投资者高度认可

2025 年上半年，保租房 REITs 二级市场表现活跃，价格普遍显著上涨。具体来看，上市的 8 支保租房 REITs 均在 1~5 月实现 10% 以上的涨幅，其中今年新上市的汇添富上海地产租赁住房 REIT 与华泰苏州恒泰租赁住房 REIT 均在上市首日触达涨幅上限，1~5 月累计上涨 50% 左右。除红土创新深圳安居 REIT 外，其余 5 支保租房 REITs 累计涨幅均在 20% 左右。从 IPO 至今累计涨幅情况来看，受 2025 年上半年强

势行情带动，保租房 REITs 整体涨幅显著提升，普遍超过 40%；其中中金厦门安居 REIT、华夏北京保障房 REIT 表现尤为突出，涨幅均超 70%。

表7-8　　六支保租房公募REITs二级市场表现

证券简称	发行首日涨跌幅	2022 年涨跌幅	2023 年涨跌幅	2024 年涨跌幅	2025 年 1~3 月涨跌幅	2025 年 4~5 月涨跌幅	2025 年 1~5 月涨跌幅	IPO 至今涨跌幅
华夏北京保障房 REIT	30.0%	13.3%	−10.8%	41.3%	10.3%	8.6%	19.8%	71.2%
红土创新深圳安居 REIT	30.0%	9.5%	−8.4%	32.9%	5.4%	7.0%	12.8%	50.3%
中金厦门安居 REIT	30.0%	11.6%	−9.5%	40.3%	5.9%	15.3%	22.0%	72.9%
华夏基金华润有巢 REIT	16.8%	6.7%	−8.4%	22.8%	10.2%	6.9%	17.7%	41.2%
国泰君安城投宽庭 REIT	−0.1%	—	—	18.6%	10.1%	7.9%	18.8%	40.9%
招商基金蛇口租赁住房 REIT	7.2%	—	—	17.2%	13.7%	7.7%	22.4%	43.4%
汇添富上海地产租赁住房 REIT	30.0%	—	—	—	30.0%	14.0%	48.2%	48.2%
华泰苏州恒泰租赁住房 REIT	30.0%	—	—	—	—	50.1%	50.1%	50.1%
中证 REITs 指数（收盘）	—	−3.8%	−28.3%	4.4%	9.8%	0.2%	10.0%	—

数据来源：wind，中指研究院综合整理。

对比中证 REITs 指数来看，2025 上半年保租房 REITs 二级市场表现明显好于公募 REITs 整体。2025 年 1~5 月，中证 REITs 指数（收盘）累计上涨 10%，涨幅明显低于各支保租房 REITs。受益于需求刚性，叠加保租房 REITs 底层资产运营稳健，现金流支撑力高、可预测性强，抗周期属性获得投资者认可，二级市场价格累计涨幅明显高于公募 REITs 整体。

4.REITs 发行：保租房 REITs 发行速度明显加快，上半年 REITs 首发与扩募均进展明显

2025 年，中央及各部委多次表态支持基础设施 REITs 市场扩围扩容，保租房公募 REITs 发行速度明显加快。上半年，两支保租房 REITs 正式发行上市，我国保租房公募 REITs 扩容至 8 支，首发规模近 120 亿元，在公募 REITs 总规模中的占比达 7.0%，较 2024 年末提升 1.1 个百分点。与此同时，保租房公募 REITs 扩募进程也在加速推进，6 月，华夏北京保障房 REIT 扩募发售正式完成。

表7-9　　2025年上半年保租房公募REITs首发与扩募相关的重要事件

类型	REIT 简称	重要事件
首发	汇添富上海地产租赁住房 REIT	1 月 15 日获上交所反馈； 3 月 5 日正式获批； 3 月 31 日在上交所挂牌上市。
	华泰苏州恒泰租赁住房 REIT	1 月 8 日获上交所反馈； 3 月 26 日正式获批； 5 月 21 日在上交所挂牌上市。
	宁波城投集团保障性租赁住房公募 REIT	3 月 19 日宣布启动招标； 4 月 8 日，中金公司携中金基金预中标 REIT 管理人。
扩募	华夏北京保障房 REIT	3 月 26 日扩募正式获批； 6 月 13 日扩募发售正式完成。
	中金厦门安居 REIT	4 月 28 日申报扩募； 5 月 10 日扩募申报获受理。

资料来源：中指研究院综合整理。

首发方面，2025 年上半年汇添富上海地产租赁住房 REIT、华泰苏州恒泰租赁住房 REIT 先后上市。其中，汇添富上海地产租赁住房 REIT 从获批到正式上市仅用时 18 个工作日，整体发行节奏较快，该 REIT 也是国内首例“商改保”REIT，进一步丰富了保租房 REITs 产品品类。华泰苏州恒泰租赁住房 REIT 于 5 月 21 日正式上市，上市前三个工作日价格涨幅均触发上限（上市首日涨幅 30% 触顶、上市次日涨幅 10% 触顶、上市第三日累计涨幅超 50% 触发停牌机制），获投资者广泛关注。此外，宁波城投集团保租房公募 REIT 申报工作也在有序推进，中金公司携中金基金预中标基金管理人资格。

扩募方面，首单保租房 REITs 扩募已完成发售。3 月，华夏北京保障房 REIT 扩募申请正式获批，6 月正式完成发售，募集金额达 9.5 亿元，成为全国首只首单保租房 REIT 扩募产品。本次扩募的资产包括海淀区温泉凯盛家园、通州区光机电项目、房山区朗悦嘉园、大兴区盛悦家园 4 个公租房项目，项目分布范围较首发资产进一步拓展。纳入其他区域的项目，有助于分散单一区域潜在风险，同时扩募项目均位于各区域的新兴产业板块，资产具备长期增值潜力。此外，中金厦门安居 REIT 扩募项目也于 4 月底正式申报，并已获上交所受理；华夏基金华润有巢 REIT 扩募筹备工作也在有序推进。

五、住房租赁企业发展格局

（一）市场格局：资产持有方与运营方发挥差异化优势协同发展，地方国企系继续引领增长

表7-10 2025年中国住房租赁优秀企业

企业名称	企业名称
万科泊寓	百瑞纪集团
龙湖冠寓	乐乎集团
华润有巢	金地草莓社区
瓴寓国际	广州安居集团
招商伊敦	华发租赁住房

住房租赁行业专业化、机构化、规模化程度持续提升。伴随我国“租购并举”住房制度建设的持续深化与“购 + 租”“市场 + 保障”住房体系的加速完善，住房租赁行业已迈入存量优化与增量提质并行的发展新阶段。2025 年作为“十四五”规划收官之年，在收储转租、财政金融等支持政策持续落地见效的背景下，行业专业化、机构化、规模化程度显著提升，保租房公募 REITs 发行提速，进一步拓宽企业融资渠道，为行业发展注入新动能。同时，重点城市住宅租金房价比持续提升，行业投资收益率改善，吸引更多市场主体积极布局。头部企业加快资源整合与业务拓展，巩固行业领先地位。根据中指研究院监测数据，截至 2025 年 5 月，全国开业规模 TOP30 企业累计开业房源量达 133.2 万间，较 2024 年末增加 7.5 万间；管理规模 TOP30 企业累计管理房源量达 192.3 万间，较 2024 年末增加 10 万间以上。

表7-11　　截至2025年5月规模TOP30住房租赁企业开业与管理房源规模

分类	开业规模 TOP30 企业		管理规模 TOP30 企业	
	企业数量（个）	开业规模（万间）	企业数量（个）	管理规模（万间）
房企系	11	60.6	11	91.4
创业系	5	25.8	6	34.7
地方国企系	9	25.3	9	40.9
酒店系	3	15.1	3	19.7
中介系	1	4.8	1	5.5
金融系	1	1.5	0	0.0
合计	30	133.2	30	192.3

数据来源：中指数据 CREIS。

分类型来看，住房租赁行业“专业化分工”格局基本成型，各类型长租企业优势互补，推动行业高质量发展。

房企系长租企业凭借先发规模优势及综合开发能力等资源禀赋，积极拓展“轻重并举”的业务模式，稳固行业领先地位。其基于自身优势，继续拓展“轻重并举”的业务模式，并通过与地方国资平台深化业务合作，持续巩固市场领先地位；2025 年上半年，房企系长租企业开业、管理房源量均有所提升，开业规模与管理规模 TOP30 榜单中房企系长租企业规模占比均在 45% 以上。根据中指院监测，截至 2025 年 5 月，管理规模 TOP30 企业中，房企系长租企业合计规模达 91.4 万间，较 2024 年末增加 3.7 万间；其中万科泊寓、华润有巢管理规模增量超万间，瓴寓国际、碧家公寓等管理规模增量超 5000 间。

地方国企系长租企业依托平台与政策红利，主导保租房规模化供给，管理规模与开业规模均明显提升。作为落实“十四五”保租房建设任务的核心主体，地方国企系企业凭借存量资产盘活及政策支持优势，在保租房规模化供给中发挥主导作用，随着企业布局深耕，越来越多的地方国企长租企业系跻身开业、管理 TOP30 规模榜。根据中指院监测，截至 2025 年 5 月，开业规模 TOP30 企业中，地方国企系长租企业数量增至 9 家，合计开业规模达 25.3 万间，较 2024 年末增加 7.4 万间；管理规模 TOP30 企业中，地方国企系长租企业数量增至 9 家，合计管理规模达 40.9 万间，较 2024 年末增加 5.3 万间。广州安居集团成立于 2023 年 9 月 1 日，是广州市市管功能类国企，主要负责广州市保障性住房投资、融资、建设、运营及配套性商业物业运营管理等，注册资本 300 亿元。集团秉承“广州安居，为广州安居乐业”愿景，充分发挥住房保障专营机构优势，积极探索解决超大城市宜居宜业住房问题。截至目前，集团资产总额约 290 亿元，在管保障房小区 50 个。

创业系及酒店系长租企业专注轻资产运营，以数字化管理与品牌输出等为抓手，获取地方国企轻资产合作机会。这类专业化长租公寓运营商，依托其长期积累的精细化运营经验、成熟品牌体系与数字化管理能力，聚焦轻资产管理输出赛道，通过构建先进的数字化运营体系提升资产管理服务能力，积极争取与地方国企等资产持有方的合作机会。根据中指院监测，截至 2025 年 5 月，管理规模 TOP30 企业中，创业系、酒店系长租企业数量稳定，整体管理规模分别为 34.7 万间、19.7 万间，均较 2024 年末有所提升；其中城家管理规模增量超 5000 间，乐乎、百瑞纪、魔方生活服务集团等企业管理规模增量超千间。

分区域来看，长租企业在布局城市上更加聚焦，且与产业集群深度绑定。根据中指院监测，近几年在市场竞争加剧、盈利承压的背景下，企业在投资决策中更加重视需求支撑的强度，区域扩张策略逐步由广泛布局向重点城市深耕转变，呈现出明显的收敛化与聚焦化特征。一方面，企业普遍收缩战线，集中资源聚焦于租赁需求旺盛、租金支付能力较强的一线及核心二线城市，以提升运营效率与规模效益。如乐乎集团从早期全国 12 城布局逐步回归北京等核心主力市场；招商伊敦投资端向北上深杭等核心城市核心区域聚焦，不断提高区域浓度和规模效益。另一方面，项目选址与区域产业集群紧密结合，产业导向成为企业布局的重要考量因素。产业园区配套租赁住房项目因其稳定的租客来源和抗周期属性，获得市场高度认可。如安歆集团与乐舱物流旗下资本运作平台及泓毅有限公司签署战略合作协议，成立合资公司深耕租赁资产运营与管理赛道，战略聚焦北上广深城市价值洼地租赁资产盘活与长三角、粤港澳大湾区、成渝核心产业带产业园区的轻资产管理输出。另外，2025 年 5 月，以苏州工业园区核心人才社区“菁英公寓”为底层资产的华泰苏州恒泰租赁住房 REIT 成功上市，有力证明了产业园区长租项目的稳健运营能力与投资价值，进一步提振了行业对该类项目的信心。

（二）企业经营：强化全链条精细化运营管理能力，提升企业核心竞争力

表7-12　2025年中国住房租赁经营质量优秀企业

企业名称
华润有巢
万科泊寓
龙湖冠寓
瓴寓国际
自如寓

经营质量方面，优秀租赁企业一方面优化运营策略实现降本增效，通过长短租结合等灵活租期模式提升项目坪效，并依托数字化体系提升管理效率；另一方面聚焦服务生态构建，以标准化、增值化服务增强客户黏性，延长收益链条，最终推动经营质量的综合提升。华润有巢深度引入华润置地高品质住宅开发经验，高标准推进租赁住房的建设与运营。其独创“智慧型科技 + 伙伴式服务 + 一站式生活”三维社区理念，对社区生态、产品品质、公区配套、社群运营、智慧系统等进行一体化规划，打造高品质租住社区。截至目前，有巢已布局全国 15 座城市，管理项目 68 个、房源 8.4 万间，在北京、上海、广州、深圳四个超一线城市均有大型租赁社区布局。

表7-13　2025年中国住房租赁资产管理优秀企业

企业名称
华润有巢
招商伊敦
万科泊寓
广州安居集团
雄安安居

资产管理方面，随着住房租赁行业“投融建管退”全周期金融支持体系加速成型，保租房 REITs 扩募路径也已完全跑通，企业融资渠道进一步拓宽。在此背景下，优秀住房租赁企业持续强化资管能力建

设，在专业化投资研判、精细化产品定位及全局化运营协同等多维度升级，系统化赋能住房租赁资产管理，最终通过REITs等工具实现资金快速回笼与再投资，推动企业可持续发展。华润有巢作为行业领先的租住“运营+资管”平台，以REITs平台打通了“投融建管退”闭环模式，为行业探索出一条可持续、高质量发展的创新路径。根据公开数据，华夏基金华润有巢REIT底层资产经营稳健，持续为投资者创造稳定且可观的回报，凸显了项目的市场竞争力和企业优秀的资管能力。同时，华润有巢正积极把握REITs扩募机遇，聚焦投资于一线、强二线人口净流入城市的优质潜在可扩募资产，持续增强优质资产的获取与整合能力。广州安居集团以土地保障、金融支持、按需定建为三大支柱，以科学规划、精心设计、新型建筑工业化为三大抓手，聚焦“公租房+保障性租赁住房+配售型保障性住房”和市场化租赁房源等，构建多层次、多元化、多样化住房市场化供应保障体系，服务民生、服务人才，致力于解决新市民、青年人、低收入群体、工薪群体等多元化住房需求。雄安安居作为雄安新区管委会唯一指定的政府产权保障房运营管理单位，统筹管理华望城、华序府、中交启园、招商·公园1872等重点项目。公司产品体系丰富，涵盖“人才公寓”“租赁社区”“保障性住房”等多类型房源，管理房源超万套。目前，其租赁住房基础设施公募REITs申报准备工作正有序推进，未来退出路径的明确将显著提升雄安安居对新区吸引人才、汇聚人气、打造宜居宜业环境的核心支撑作用。

（三）项目运营：以智能化、人性化的管理与服务体系为着力点，持续优化租户租住体验

表7-14　　2025年中国长租公寓优秀项目

项目名称
泊寓南头古城店
中建幸孚家公寓上海临港店
港城领寓（泥城）
城投橙寓江南社区
有巢国际公寓社区南京江心洲店

项目运营层面，优秀长租公寓项目普遍以租户体验为核心，致力于为租户构建全维度的品质生活场景。立足精准的项目选址、高品质的私密居住空间和多样化共享区域等产品设计，依托线上数字化平台与专业的管家团队，提供高效细致的基础保障服务与精细化的生活增值服务，从而持续优化租户的居住体验与满意度。中建幸孚家公寓上海临港店区位优势突出，距离临港高校集群及滴水湖核心办公区较近，辐射科教人才超5万名；项目秉承中建幸孚家“城市青年理想生活运营商”的品牌定位，将临港新片区人才战略与品牌服务深度绑定，通过精装现房、智慧安防、全周期生活配套构建品质租住场景，同时设立“青年驿站”强化社会责任形象，依托产教融合的区位特征传递“与城市发展同频”的品牌愿景；项目开业3个月出租率即达95%，并长期保持高位运行。港城领寓（泥城）是大型保障性租赁住房项目，由港城集团自主开发建设，旗下租赁住房品牌港城领寓负责运营。项目位于临港新片区，临近万达广场等成熟商业综合体，生活便利；提供46~141平方米多样化户型，注重空间实用性与通透性，并融入“立体花园”理念，通过景观连廊、架空层及丰富活动场地打造多功能公共品质空间；在运营上推行管家式服务及智能化应用，并结合社区商业提供个性化、定制化增值服务，全方位为租户提供安心、便捷、高品质的居住保障。

六、市场发展趋势展望

（一）趋势展望：财政金融赋能“收储转租”盘活存量资产，长租公寓好房子引领产品升级

1. 金融财政工具协同发力，“收储转租”取得一定进展，政策仍待发力

2025年，各地“收储转租”政策继续推进，截至6月，全国已有约90个城市（区）发布收购存量商品房作为保障性住房的相关公告。同时，中央及相关监管部门不断加大对资金端的支持，推动“收储转租”从试点探索走向逐步落地。其中，住房租赁团体购房贷款自2024年初“住房租赁金融17条”提出后在多地落地，成为地方国企实施收购交易的重要金融工具。保障性住房再贷款在2024年5月明确设立3000亿元额度后，尽管前期发放节奏偏缓，但随着2025年《政府工作报告》明确提出“拓宽使用范围”，预计下半年资金投放有望提速。此外，近期浙江、四川率先发行21.9亿元专项债券用于收购存量商品房，专项债券收储商品房政策取得一定进展。随着各地经验逐步积累，以及相关政策和金融工具进一步优化完善，预计收购存量商品房转为保障性住房政策有望持续推进。

2. 政策、需求、供给三重驱动，“好房子”引领住房租赁市场品质化转型

当前，住房租赁市场正处于从增量扩张向存量优化转变的关键期，“好房子”正契合了这一时期的发展方向与质量提升的要求。2025年3月，“好房子”首次被写入《政府工作报告》，明确要推动建设安全、舒适、绿色、智慧的“好房子”。两会民生主题记者会上，倪虹部长进一步提出“各地首先要把保障房建成‘好房子’，政府的民生工程一定要带头”。5月，国新办发布会介绍《关于持续推进城市更新行动的意见》有关情况，住建部副部长秦海翔要求“努力把老房子、旧房子也改造成好房子”。

从需求端来看，近年来租赁市场整体租金水平持续承压，租客在换租选择中愈加重视房屋品质与居住体验，换租行为正在从“价格导向”向“价值导向”演变。尤其集中式长租公寓的租客超半数为高学历、毕业年限3年以内的年轻人，该群体更倾向于选择品质较高的租赁产品，更愿意为品质支付合理溢价。

从供给端来看，目前我国90%以上的租赁房源仍来自个人业主，其中大多数房龄较高、装修老旧、配套设施不足，与新一代租客日益提升的需求形成错配。未来，一方面，随着老旧小区改造、城市更新行动深入推进，把老房子、旧房子改造成好房子，可以提升整体租赁住房供给质量。另一方面，在头部机构加速产品力升级的带动下，通过全面升级室内空间布局、引入智能家居体系、构建多元化社区服务场景等方式，长租公寓市场“好房子”供给有望增加，为租客提供更好的租住服务。

（二）策略建议：盘活存量资产拓展长租业务；提升资管能力，借助REITs发行实现资金回笼

1. 借助收储转租、改租盘活存量资产

2025年上半年，政策对盘活存量、收储转租的支持持续强化，财政金融支持陆续落地，为企业拓展住房租赁业务提供了重要机遇。在此背景下，地方国企可依托资源整合与融资优势，参与本地收储转租项目，重点围绕自有或关联项目推动资产盘活。同时，随着商业办公类资产空置率上升，“非居改租”作为近年来政策探索的重要方向，企业需结合自身资产结构与运营能力，对符合条件的存量项目进行转化，在

盘活资源的同时实现产品结构调整。

2. 把握 REITs 机遇回笼资金，项目前置布局资产证券化路径

2024 年下半年以来，中央及各部委多次表态支持基础设施 REITs 常态化发行，其已成为企业盘活存量资产、优化资本结构的重要金融工具。2025 年，保租房 REITs 的扩募与新发节奏明显提速，首批项目示范效应初显，实现“投、融、管、退”的全链条闭环。企业应把握政策窗口期主动布局，通过 REITs 实现资金回笼，同时推动项目由重资产持有逐步向轻资产运营转型。短期来看，保租房 REITs 的覆盖范围也有望从保障性住房向市场化长租住房延伸，更多优质长租公寓项目亦有望被纳入其中。同时，REITs 产品更依赖长期稳定的租金收益和持续运营能力，对企业提出了更高的专业化管理与财务规范要求。企业应从项目开发阶段即考虑 REITs 退出路径，围绕资产筛选、运营管理、数据披露等环节持续优化，全面提升长租公寓的证券化可行性。

2025 年是“十四五”收官之年，住房租赁市场正逐步从大规模筹集建设转向存量提质阶段。上半年，在各项政策支持下，“收储转租”取得一定进展，有效盘活存量资产并增加租赁房源供给。同时，“好房子”理念首次被写入《政府工作报告》，租赁市场同样需要“好房子”，品质化转型成为未来市场重要发展方向。企业应积极把握政策窗口期，利用“收储转租”盘活存量资产，并借助 REITs 等金融工具实现资产证券化和资金回笼，优化资产结构，长期专注打造符合市场需求的优质租赁项目。

附录：50 城住宅租赁价格指数编制规则

50 城住宅租赁价格指数旨在反映全国 50 个重点城市在不同时点普通住宅租赁价格水平及其不同时点的变化情况，其中价格水平以 50 个城市住宅租金挂牌价均值表示。

（一）样本

1. 样本选择及定期更新：

（1）“50 城住宅租赁价格指数”监测的样本为普通住宅。

（2）对 50 个城市固定样本进行监测，固定样本小区的筛选方法如下：选择具有一定活跃度的小区，即选取 2021 年 1 月 ~12 月中至少 6 个月有租赁房源挂牌的小区作为固定样本小区。

（3）定期更新：为保证样本的代表性，50 城住宅租赁价格指数对固定样本进行定期更新，以确保样本涵盖城市所有市辖区重点活跃小区，剔除部分代表性差、活跃度低的小区。

2. 样本覆盖范围：城市中有连续挂牌租赁房源的全部市辖区，根据各城市实际情况确定。

3. 样本价格：指住宅租赁样本小区租金挂牌均价，如果单个样本当期价格环比变化幅度过大，需进一步核实，选择保留或剔除样本小区中的相应房源。

（二）计算模型

本研究采用加权平均法和中位数法来计算 50 城、单个城市、城市市辖区及各面积段住宅租赁价格指数，具体如下：

1. 50 城、单个城市、市辖区平均租金计算方法

（1）基于各样本小区单位面积平均租金，计算单个城市、市辖区单位面积平均租金，具体计算公式如下：

$$P_j^t = \frac{\sum P_{ij}^t * Q_{ij}^0}{\sum Q_{ij}^0}$$

其中，P_j^t 为第 j 个城市在第 t 期的单位面积平均租金，P_{ij}^t 为第 j 个城市第 i 个样本小区在第 t 期的单位面积平均租金，Q_{ij}^0 为第 j 个城市第 i 个样本小区的固定权重，即该小区 2021 年 1 月 ~12 月月均挂牌建筑面积占该城市同期月均挂牌建筑面积的比值。市辖区单位面积平均租金计算方法与此相同。

（2）50 城单位面积平均租金由各城市单位面积平均租金加权平均计算得出，具体计算公式如下：

$$P^t = \frac{\sum P_j^t Q_j^0}{\sum Q_j^0}$$

其中，P^t 为 50 城第 t 期单位面积平均租金，P_j^t 为第 j 个城市在第 t 期的单位面积平均租金，Q_j^0 为第 j 个城市的固定权重，即该城市 2021 年 1 月 ~12 月月均挂牌建筑面积占 50 城同期月均挂牌建筑面积的比值。为了避免单城市均价变动对整体造成过大影响，城市固定权重设置了上下限。

2. 单个城市分面积段套租金计算方法

基于各样本小区分面积段套平均租金，计算单个城市各面积段套平均租金，具体计算公式如下：

$$P_{jk}^t = \frac{\sum P_{ijk}^t * Q_{ijk}^0}{\sum Q_{ijk}^0}$$

其中，P_{jk}^t 为第 j 个城市 k 面积段在第 t 期的套平均租金，P_{ijk}^t 为第 j 个城市第 i 个样本小区 k 面积段在第 t 期的套平均租金，Q_{ijk}^0 为第 j 个城市第 i 个样本小区 k 面积段的固定权重，即 i 小区 k 面积段 2021 年 1 月 ~12 月月均挂牌建筑面积占 j 城市各面积段同期月均挂牌建筑面积和的比值。

3. 50 城、单个城市、市辖区单位面积租金、城市各面积段套租金中位数计算方法

中位数是指将数据按大小顺序排列成数列，居于数列中间位置的那个数据。若总共有偶数个数据，则为最中间两个数据的算术平均值。全国单位面积租金中位数为 50 个城市单位面积租金的中位数，城市（市辖区）单位面积租金中位数为该城市（市辖区）所有样本小区单位面积均租金的中位数，城市各面积段套租金中位数为该城市该面积段所有样本小区套均租金的中位数。

（三）数据采集和复核

采集时间：每月 25 日。

采集方法：依托房天下、链家、贝壳、安居客等住宅租赁平台网站公开挂牌数据，每月定期提取样本信息。

数据复核：通过各地分析师电话复核、总部分析师抽查复核、总部专职人员归纳整理的三级复核系统，对固定样本数据进行复核确认，以确保样本数据的准确客观。

报告八　2024中国房地产品牌价值研究报告

一、研究背景与方法体系

（一）研究背景与目的

2024年上半年，房地产政策持续调整优化，房地产市场在发生积极变化。一季度新房市场整体延续调整态势，二季度新房销售面积同比降幅持续收窄，特别是改善型需求支撑更加强劲。在此背景下，购房者置业愈发理性，也更加看重房企品牌、产品力、交付力等，因此，品牌房企坚持稳健运营的同时，不断打磨产品，升级产品线，提供符合市场需求的适销产品；坚持如期交付、品质交付，提升客户满意度。伴随着行业进入新的发展阶段，品牌企业积极探索新的发展模式，拓展代建、住房租赁和商业轻资产运营等，掌握市场主导权，不断夯实品牌价值。企业秉持品牌建设的长期主义，稳住基本盘，守住品牌价值，在变化的市场中保持一席之地。

2024中国房地产品牌价值研究全面启动以来，中指研究院中国房地产TOP10研究组在深入理解国家政策的基础上，针对中国房地产企业的整体发展状况，进一步完善了2023中国房地产品牌价值研究的方法体系，为更加客观地评价企业品牌实力提供了理论与实践依据，通过品牌价值的客观评价彰显优秀企业的品牌发展成就，促进企业有效提升品牌建设水平，推动中国房地产行业健康有序发展。

2024中国房地产品牌价值研究的目的：

① 客观量化房地产企业品牌价值，判断房地产企业品牌的行业地位，为企业定位品牌、规划品牌、管理品牌提供科学依据；

② 挖掘房地产企业品牌价值内涵，发挥品牌价值在业绩评价、投资融资、兼并收购及对外合作等活动中的作用，帮助企业吸纳、聚集、整合社会资源；

③ 推动社会和消费者全面认知房地产品牌价值，建立房地产企业品牌良好的社会形象，建立房地产企业产品与消费者之间的品牌契约关系，帮助企业提升消费者的品牌忠诚；

④ 定期跟踪房地产企业品牌价值变化，指导企业及时调整品牌管理策略和措施，促进企业无形资产的保值、增值。

（二）研究方法体系

1. 研究对象

2024 中国房地产品牌价值研究继承 2023 中国品牌价值研究思路，重点对公司品牌和构建公司品牌的重要组成部分——项目品牌（产品品牌）以及专业领先品牌进行深入量化与分析。其中，公司品牌与项目品牌分别划分为全国性品牌和区域性品牌。研究对象具体包括：

① 在全国范围内有较强影响力和知名度的房地产企业；

② 在全国范围内有较强影响力和知名度的房地产项目；

③ 在某一地区范围内有较强影响力和知名度的房地产企业；

④ 在某一地区范围内有较强影响力和知名度的房地产项目；

⑤ 在某一专业领域有较强影响力的房地产企业或房地产项目。

2. 研究方法

在研究方法上，TOP10 研究组充分借鉴国内专家学者以及国外著名品牌价值评估机构 Interbrand 和 Brand Finance 的研究经验和操作实务，并结合中国宏观经济发展条件和房地产行业发展特点，基于现金流折现法（DCF：Discounted Cash Flow）和无形资产评估的理论方法，建立了一套实操性较强的研究体系，客观全面地评价中国房地产品牌价值。

该研究体系中对房地产品牌价值的主要评估流程如下。

（1）公司财务分析：对未来经营收入和净收益进行预测

TOP10 研究组在全面分析宏观经济环境、政策环境的基础上，对中国房地产行业的市场状况和企业进入主要城市的市场进行深入分析，并根据企业经营业绩、区域布局、土地储备及发展潜力，预测企业未来 3~5 年的经营收入及其发展趋势。

考虑到房地产业是一个有着比较明显经营周期性的产业，为防止品牌价值受经营周期波动的影响过大，TOP10 研究组将对企业过去 3 年净利润进行加权平均，得到企业的基准净收益，再结合企业的发展趋势，预测企业未来 3~5 年的净收益。

（2）BVA 分析：计算品牌对公司收益的贡献

在计算房地产品牌贡献率（BVA 系数）时，TOP10 研究组假设房地产品牌的价格溢价由其产品或公司品牌、技术等因素所贡献，并采用“品牌作用指数”（Role of Branding Index）的方法来决定品牌资产所创造的收益。

（3）品牌风险分析：确定品牌折现系数

房地产品牌价值评估的关键环节是对品牌进行风险分析以确定品牌未来收益的折现系数。折现系数的确定首先需要对房地产品牌进行风险分析得到品牌强度系数，由品牌强度系数得到对应的品牌贝塔系数，再运用资产定价模型相关原理，计算得到房地产品牌未来收益的折现系数。

（4）计算品牌价值

TOP10 研究组采用资产评估中未来收益折现公式（DCF），将房地产品牌未来 3 年的品牌收益进行折现，并对 3 年后的品牌收益作年金化处理，从而计算出相应的房地产品牌价值。

BVA 系数、品牌强度系数和品牌贝塔系数是中国房地产品牌价值研究体系中的三个重要模型。

① BVA 系数模型

TOP10 研究组通过分析房地产品牌对销售市场溢价和资本市场溢价的贡献度得到品牌贡献率。因此，BVA 系数由品牌对房地产销售市场溢价的贡献率 BVA_1 系数和品牌对资本市场溢价的贡献率 BVA_2 系数组成。

其中，BVA_1 系数是指假设某房地产开发项目的价格溢价是由品牌、技术等因素所贡献的，因此，BVA_1 系数由该品牌销售溢价总和占该品牌销售收入比例，乘以品牌在销售市场的作用指数 RBI_1 得到：

$$BVA_1系数=\frac{S_1\times(P_1-AVP_1)+S_2\times(P_2-AVP_2)+\cdots\cdots+S_i\times(P_i-AVP_i)}{S_1\times P_1+S_2\times P_2+\cdots\cdots S_i\times P_i}\times RBI_1 \tag{1}$$

公式（1）中：S 为项目销售面积，P 为项目销售均价，AVP 为同质条件下的周边项目销售均价，其中，同质条件是指某一时间段内项目在区位特征、产品特征、环境特征等方面相接近。

BVA_2 系数是指品牌对资本市场溢价的贡献率，TOP10 研究组通过计算房地产公司的 Tobin's Q 值来反映其在资本市场的溢价水平，乘以品牌在资本市场作用指数 RBI_2，得到 BVA_2 系数。

$$BVA_2\ 系数=(\text{Tobin's Q}-1)\times RBI_2 \tag{2}$$

公式（2）中：Tobin's Q 值是房地产上市公司资本市场溢价水平，非房地产上市公司 Tobin's Q 值为 1。Tobin's Q 值的计算公式如下：

$$\text{Tobin's Q}=\frac{MV}{RC}=\frac{MV_E+MV_L}{RC} \tag{3}$$

公式（3）中：MV 表示公司的市场价值，RC 表示公司的重置成本，MV_E 表示公司所有者权益的市场价值，MV_L 表示公司负债的市场价值。

② 品牌强度系数模型

TOP10 研究组在研究品牌价值评估相关理论的基础上，结合中国房地产行业发展状况和市场运行特性，对中国房地产品牌强度指标结构及指标含义作如下设定。

a. 品牌强度指标结构图

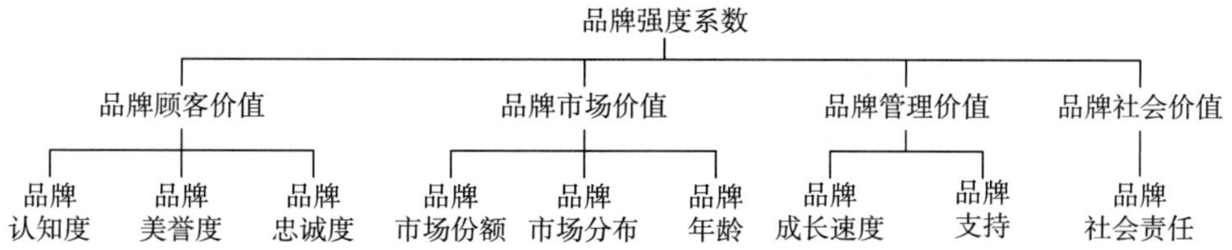

b. 品牌强度指标的含义

序号	品牌强度系数	指标含义
1	品牌认知度	反映消费者对房地产品牌内涵 / 价值的认识和理解的情况
2	品牌美誉度	反映消费者心目中对房地产品牌的口碑和信任程度的情况
3	品牌忠诚度	反映消费者在购买决策中，多次表现出来对某品牌有偏向性行为反应，通过消费者再次购买、推荐购买和缺货忠诚等来反映
4	品牌市场份额	反映房地产品牌的销售额、销售面积等指标的市场占有率情况
5	品牌市场分布	反映房地产品牌的区域市场分布情况和进入城市的数量
6	品牌年龄	反映房地产品牌进入市场的时间，较早进入市场的品牌往往拥有更多的忠诚消费者，具有更强的品牌效应
7	品牌成长速度	反映房地产品牌在房屋销售额方面的增长速度
8	品牌支持	反映品牌获得品牌投入费用、重点投资、持续推广和支持等情况
9	品牌社会责任	反映房地产品牌在依法纳税、慈善捐赠、公益事业等方面的表现

为了更加全面、准确地衡量房地产企业的品牌强度系数，TOP10 研究组将根据房地产品牌区域扩张和进入城市的状况，针对各房地产品牌主要进入城市的消费者，深入开展品牌三度（认知度、美誉度和忠诚度）问卷调查，调查对象将覆盖不同年龄、不同收入的消费群。为了进一步保证品牌三度调研数据的准确与全面，研究组结合中指研究院房地产顾客满意度研究成果对相关数据进行复核，综合评定了企业的品牌三度水平。

③ 品牌贝塔系数模型

TOP10 研究组利用资产定价模型（Capital Asset Pricing Model），确定品牌收益折现率：

$$E(R_j)-R_f=(R_m-R_f)*\beta_j \quad (4)$$

公式（4）中的贝塔系数综合考虑了行业风险和品牌风险，其中，行业风险系数由房地产上市公司板块数据测算。

公式（4）中的行业预期回报率是通过对房地产企业以及进行房地产投资的金融机构等的调查获得。

3. 数据来源

① 经中指研究院中国房地产 TOP10 研究组复核的房地产企业填报的数据；

② 2024 中国房地产企业 / 项目品牌认知度、品牌美誉度和品牌忠诚度的调查结果；

③ 中指研究院中国房地产 TOP10 研究组 2004—2024 中国房地产百强企业研究企业资料库；

④ 中指研究院中国房地产 TOP10 研究组 2003—2024 中国房地产上市公司研究企业资料库；

⑤ 中指研究院中国房地产 TOP10 研究组 2004—2023 中国房地产品牌价值研究企业资料库；

⑥ 中指研究院房地产顾客满意度研究资料库；

⑦ 中国房地产指数系统（CREIS）数据库及监测数据；

⑧ 相关政府部门（包括建委、房管局和统计局等）的公开数据。

4. 数据复核

企业填报的数据须如实客观，同时，TOP10 研究组将对企业填报的数据进行复核。

① 企业财务数据通过会计师事务所出具的报表进行复核。

② 通过税单复核企业经营收入及利润。

③ 对收集的数据坚持交叉复核：通过各地房地产交易中心公开的项目交易情况复核企业提供的销售数据；通过统计局的企业直报数据进行交叉复核；对有疑问的数据研究组可要求进行现场复核。

二、2024 中国房地产品牌价值研究成果

在 2024 中国房地产品牌价值研究中，中指研究院中国房地产 TOP10 研究组根据房地产品牌的发展状况与经营表现，基于 BVA 系数模型、品牌强度系数模型和品牌贝塔系数模型，运用现金流折现法和无形资产评估的理论方法，科学全面地评估房地产品牌价值，研究产生了房地产公司品牌、房地产产品品牌、商业地产品牌和特色地产品牌。

（一）2024 中国房地产公司品牌价值 TOP10

中国房地产行业领导公司品牌：2023 年，行业领导公司品牌企业积极探索新发展模式，坚持轻重并举的发展战略。产品打造方面，从客户需求与使用价值出发，升级产品、夯实品质，打造高质量“好房子”；业务方面，持续探索创新业务模式，做优资产运营，升级服务；经营管理方面，以精益化管理推动经营提效；在绿色低碳发展道路上步履不停，坚持走可持续发展道路，实现高质量发展。

表8-1　　2024中国房地产行业领导公司品牌

品牌	企业名称	品牌价值（亿元）	品牌	企业名称	品牌价值（亿元）
保利发展	保利发展控股集团股份有限公司	1435	招商蛇口	招商局蛇口工业区控股股份有限公司	1126
中海地产	中海企业发展集团有限公司	1422	万科	万科企业股份有限公司	1070
绿城	绿城中国控股有限公司	1188	华润置地	华润置地有限公司	985

保利发展，秉承“和者筑善”的品牌理念，致力于“打造具有卓越竞争力的不动产生态平台”。2023年，秉承“美好生活领创者”品牌定位，保利发展推出“人文社区”产品理念及“天悦人和”产品品牌，打造品质人居标杆，引领行业发展新模式。2024 年，保利发展以恒心办恒业，以品质树品牌，从客户需求与使用价值出发，正式发布“人文服务”服务理念及多元服务子品牌，将人文精神注入不动产生态平台各业态产品与服务中，推动不动产经营新趋势。保利发展坚持用全局性眼光去理解行业的转变，用系统性思维重塑产品体系，推动产业链资源的整合利用，向制造业化、极致专业化发展。

中海迎难而上，聚焦主要矛盾，全力增收创效。中海坚持敬畏市场、客户为本、合作共赢，是推动房地产市场平稳健康发展最有效的方式。2024 年是中海创立 45 周年，历经多轮经济与房地产周期而持续稳健，保持行业领先。中海将继续坚持“客户为本、品质保障、价值创造”的核心价值观，坚持“好产品、好服务、好效益、好公民”的经营理念，与同行一道，推动房地产业向新发展模式平稳过渡，引领房地产下半场高质量发展。中海提出的“三个韧性”战略，即中国经济的强大韧性、改善型住房需求的韧性和中海可持续发展的韧性，是企业未来的发展方向。中海在一线和强二线城市的深耕，不仅提升了市场占有率，也为未来的持续增长打下了坚实的基础。

绿城作为中国领先的优质房产品开发及生活综合服务供应商，历经二十九年的发展，始终秉持“品质为先”的发展战略指引，布局房地产上下游业务，形成重资产、轻资产和“绿城 +”三大板块。重资产板块聚焦房产开发业务，轻资产板块强化代建业务，“绿城 +”板块发展和培育不动产产业链业务，建立产业生态圈，协同赋能主业。一直以来，绿城坚守“真诚、善意、精致、完美”的企业价值观，坚持“内外出品相、过程求品质、工作有品位、结果树品牌、队伍讲品行、精神显品格”的“六品”方针，不断增强发展韧性。面向未来，绿城将保持战略定力，以打造“TOP10 中的品质标杆”为目标，以“最懂客户、最懂产品”为战略支点，持续践行“以客户为中心的产品主义”，同时全面提升能力，稳中精进，提质增效，坚定走“全品质、高质量、可持续”的发展道路。

招商蛇口作为中国领先的城市和园区综合开发运营服务商，围绕开发业务、资产运营、城市服务三类业务，在提质量、增效益上积极进取。2023 年，招商蛇口通过“投资聚焦、营销穿透、服务升级”细化开发操盘颗粒度，推动开发业务稳中有进；资产运营以“一业态一模板”“一园一策”为重要抓手，全面提升经营效益；城市服务助力转型发展，招商积余深耕物业基础服务，发力增值业务，邮轮、会展业务爆发式增长，蓄力发展代建业务，经营管理态势持续向好。招商蛇口将进一步弘扬“蛇口精神”，加快推动转型发展，勇当招商局“第三次创业”的主力军；积极探索构建房地产发展新模式，建设“好房子”、运营“好资产”、提供“好服务”，不断满足人民美好生活的需要，勇当高质量发展的排头兵。

万科积极主动适应，保障现金流安全，保持经营正常有序。在合规经营的道路上，万科持续提升公司治理水平，为品质铸就坚实基础。在绿色低碳发展的征程上，万科从未停止探索，屡次成为行业的先锋者。在社会可持续发展的征途上，万科通过长期的实践和创新，始终走在前列。面向未来，万科将着力在确保安全底线、坚定降杠杆、坚定为社会提供好产品、好服务、实现可持续的内生发展等方面开展工作，推动公司平稳度过模式转型期。万科将不忘初心，继续肩负为人民创造美好生活的使命，在可持续发展之路上稳步前行，与城市同步发展，和客户共同成长，为各利益相关方创造更加持续的价值。

华润置地坚持战略引领投资，持续调结构、调节奏、调布局，投资强度行业领先，战略性项目获取成效显著，投资质量不断提升。大力推进生产运营精益化管理，以打造全价值链组织能力为牵引，推动开发提速、产品提质、经营提效。2024 年，华润置地坚定推动“124563”战略规划体系高效落地，大力实施四大管理主题和四大管理抓手，推动开发销售型业务进一步夯实行业地位，经营性不动产业务高质量发行华润商业REIT，向“大资管”模式稳步转型，轻资产管理业务不断精进管理能力和服务品质，生态圈要素型业务持续提升行业地位和品牌影响力。依托业务全面高质量发展，实现主要业绩指标稳中精进、提质增效。

表8-2　2024中国房地产公司品牌价值TOP30

品牌	企业名称	品牌	企业名称
金地	金地（集团）股份有限公司	高速地产集团	安徽省高速地产集团有限公司
中国金茂	中国金茂控股集团有限公司	珠江投资	广东珠江投资股份有限公司
首开	北京首都开发控股（集团）有限公司	君一控股	青岛君一控股集团有限公司
中粮大悦城	大悦城控股集团股份有限公司	新希望地产	新希望五新实业集团有限公司
新城控股	新城控股集团股份有限公司	天地源	天地源股份有限公司
华发股份	珠海华发实业股份有限公司	成都轨道城市	成都轨道城市投资集团有限公司
保利置业	保利置业集团有限公司	广州地铁地产	广州地铁地产
华侨城	华侨城集团有限公司	上海建工房产	上海建工房地产有限公司
大家房产	杭州市城建开发集团有限公司	金隅集团	北京金隅集团股份有限公司
卓越集团	卓越置业集团有限公司	首创城发	北京首创城市发展集团有限公司
北京城建地产	北京城建投资发展股份有限公司	陕建地产集团	陕西建工房地产开发集团有限公司
中建东孚	上海中建东孚投资发展有限公司	宁夏中房集团	宁夏中房实业集团有限公司
中建壹品	中建壹品投资发展有限公司	京投发展	京投发展股份有限公司
联发集团	联发集团有限公司	山西建投城运集团	山西建投城市运营集团有限公司
中天美好集团	中天美好集团有限公司	城投置地	上海城投置地集团有限公司

2024 中国房地产公司品牌价值 TOP30，综合分析有以下几方面特点。

第一，大家房产、高速地产集团、新希望地产等品牌企业坚持以客户为中心，注重产品品质，通过精品项目树立品质地产形象，夯实品牌价值。大家房产成立 42 年来，现已开拓 30 余座城市，建设近 200 个精品项目，用心服务近 18 万户家庭，荣获荣誉奖项超 310 个。从“五比五好”产品哲学出发，大家房产推出“大美为家”品牌主张，以“杭派精工”的品质营造“美好社区”。高速地产集团始终坚持“以客户为核心，以品质赢市场”，敏锐地把握城市发展的脉搏，稳步实施“东进”战略布局。在产品端，高速地产集团成功打造了一系列精品项目，以品质为基石、以创新为动力、以责任为担当，始终走在品质地产的前列，为城市树立了美好人居的标杆。在品牌端，高速地产集团以开放的姿态拥抱市场变化，全面升级品牌标识和品牌定位，以品牌IP“高小豚”传递阳光积极、活力向上、更具亲和力的品牌形象，完成从“精品筑家、臻于至善”到“好房子、国企造”、“美好生活尽在高速地产”再到“质造唯美”的品牌更新之路，为城市人居发展探索更多新的可能。新希望地产秉持集团“希望·让生活更美好”的使命，贯彻“产品为根、客户为本”经营理念，以“产业与客户的双向连接者，美好生活场景的构筑者”为品牌定位，践行长期主义，精研产品力和服务力，锻造穿越市场周期的产品实力。

第二，新城控股、中建东孚、宁夏中房等品牌企业强化服务品质，协同主业延伸业务链条，轻重并举构筑新发展模式。新城控股秉持“住宅＋商业”双轮驱动战略，在“稳运营、守价值、谋发展”经营方针下，轻重并举、稳健经营。地产开发与商业运营优势互补、协同共进，构筑了公司可持续发展的核心竞争力。中建东孚始终以“拓展幸福空间”为品牌使命，以“成为城市综合开发服务领域的引领者”为品牌愿景，持续坚持高品质战略，布局城市多元业态，构建以城市开发为基础、重点发展城市运营和城市服务、集合众多创新服务为核心的“1+2+N”业务体系。宁夏中房始创于1982年，在地产、物业、教育、养老等多个领域践行“引领美好人居生活”的企业使命。

第三，华发股份、君一控股等品牌企业加速创新，为产品注入科技要素，品牌竞争力持续加强。华发股份44载稳健前行，秉持“品质中国、匠心筑家”品牌理念，业务拓展至全国近50座重要城市，服务业主超百万人，并形成以精品住宅为主业，商业运营、物业管理与上下游产业链为支撑的“1+3”业务发展新格局，已成长为全国知名的综合型房地产品牌。2024年，华发首发“科技＋好房子产品体系”，打造房地产发展新模式“珠海范本”。君一控股（原海尔产城创），创始于青岛，公司开放创新，积极转型，以创造用户最佳体验为经营目标，以物联网智慧科技为发展引擎，担纲智慧城市发展为己任，公司以AIoT、BIM、大数据等新一代信息技术为翼，将科技“智造”理念注入产品和服务，用科技筑造美好生活。

2024中国房地产公司品牌价值TOP10（央企）：央企品牌企业坚持核心区域深耕，结合自身优势整合优势资源，联动上下游各链条实现效益提升，同时，夯实产品力，提升服务力，维稳品牌价值。

表8-3　　2024中国房地产公司品牌价值TOP10（央企）

品牌	企业名称	品牌价值（亿元）
中国金茂	中国金茂控股集团有限公司	683
中粮大悦城	大悦城控股集团股份有限公司	500
保利置业	保利置业集团有限公司	322
中交地产	中交地产股份有限公司	305
中建东孚	上海中建东孚投资发展有限公司	303
能建城市发展公司	中能建城市投资发展有限公司	300
中建壹品	中建壹品投资发展有限公司	205
南光置业	南光置业有限公司	110
信达地产	信达地产股份有限公司	106
中建信和	中建信和地产开发有限公司	102

央国企背景全国品牌价值TOP10企业坚持区域深耕和产业链延伸，通过打造“好品牌”、“好产品”和“好服务”，不断升级人居体验，提升品牌竞争力，其主要发展特点如下。第一，能建城市发展公司、南光置业等品牌企业依托集团优势，不断延伸上下游产业链条，实现高质量发展。能建城市发展公司秉承建设美丽中国的时代使命，依托中国能建集团全产业链，积极拓展城市更新、产城融合、片区开发等业务，有

力推进区域协调发展和城乡融合发展；大力推动创新、绿色、数智、融合四大转型，从人民群众对美好生活的需求出发，与城市共发展、与人民共美好。南光置业是唯一将总部设在澳门的国资委直属中央企业南光（集团）有限公司的下属全资企业，秉持“用最好的回报社会”的企业宗旨，履行历史赋予的光荣使命，始终践行“根植澳门、融入内地、拓展海外”的发展战略。南光坚持“造自己也要买的房子”的经营理念，怀揣“每入一城，必筑精品”的初心，致力于城市焕新，目前项目覆盖澳门、上海、珠海、无锡、南通、启东、海口、江门、赣州等多座城市。公司布局四大业务板块，以房地产开发为主，并持续深耕资产管理、物业服务、基建工程及代建业务，并先后参与港珠澳大桥澳门口岸人工岛、澳门轻轨延伸横琴线、澳门大学连接横琴口岸通道桥、澳门轻轨东线北段等多项标志性公共设施基建工程。第二，中建壹品、中建信和等品牌企业坚持核心区域深耕，通过提升产品力与服务力，实现品牌价值提升。中建壹品始终秉承“匠心筑造品质、科技智引未来”的品牌理念，坚持以“成为受人尊敬的科技型地产标杆企业”目标引领，持续深耕长江中游、京津冀、成渝、长三角、粤港澳大湾区等区域核心城市，研发落地新一代“一美八好”科技住宅，持续提升产品与服务品质。中建信和地产坚持拓展幸福空间，创造美好生活，建设以“好品牌、好雇主、好伙伴、好管家、好公民”为主要内容的最具持续价值创造力的“五好”城市运营服务商，瞄准“一最三强”战略目标，致力于打造国内一流、区域领先的城市运营服务商。第三，中粮大悦城、保利置业等品牌企业坚持多轮驱动，不断创造新的价值增长点。中粮大悦城坚持“双轮双核”的发展模式，以“开发＋经营”双轮驱动，稳健发展；以“产品＋服务”双核赋能，不断创造新的价值增长点。保利置业已形成以境内外高端房地产开发、城市综合投资运营、城市美好生活服务、科技创新为主要业务板块，以集团优质产业资源融合为支撑的“两轮、双翼、多元驱动”发展战略。

2024 中国房地产公司品牌价值 TOP10（国企）：发挥国有企业的带头作用，承担社会责任并推动城市发展，以高附加值产品和高品质服务推动品牌成长。

表8-4　2024中国房地产公司品牌价值TOP10（国企）

品牌	企业名称	品牌价值（亿元）
首开	北京首都开发控股（集团）有限公司	550
华发股份	珠海华发实业股份有限公司	370
北京城建地产	北京城建投资发展股份有限公司	306
联发集团	联发集团有限公司	226
金隅集团	北京金隅集团股份有限公司	221
兴城人居	成都兴城人居地产投资集团股份有限公司	206
石家庄城发投集团	石家庄国控城市发展投资集团有限责任公司	107
京投发展	京投发展股份有限公司	56
山西建投城运集团	山西建投城市运营集团有限公司	52
城投置地	上海城投置地集团有限公司	50

国企背景全国品牌价值 TOP10 企业发展特点如下。第一，首开、北京城建地产、山西建投城市运营集团坚持区域深耕，不断夯实优势区域品牌口碑，实现品牌价值提升。做标杆引领的“领唱者”与统筹发展的“合唱者”，一年来，首开集团践行“城市复兴”理念，紧密围绕首都城市战略定位大力推进城市更新，深入研究“街区一体化更新”实施模式，探索历史文化街区更新实施路径，实施以首开 LONG 街为代表的 20 多个老旧厂房、园区和低效楼宇等产业类城市更新项目，探索形成一批具有示范效应的典型创新案例，不断激发城市更新的创新活力和澎湃动力。北京城建地产立足北京，拓展一二线及核心城市，不

断优化区域布局，秉承“共创美好生活”的崇高使命和“品质・人生”的品牌理念，房地产开发、对外股权投资、商业地产运营三大板块协同发展，并不断向文旅地产转型升级，始终围绕“国内领先的城市开发运营商”的战略目标持续迈进。山西建投城市运营集团立足房地产、物业、城市服务三大主业板块，深耕住宅地产、商业地产、城市更新、老旧小区改造和租赁住房开发等领域，倾力筑造品质人居，开创美好生活。通过自身过硬实力和构建起的市场良好口碑，不断提升企业品牌价值，持续打造山西地产、物业、城市服务领域第一品牌。第二，联发集团、石家庄城发投集团等品牌企业发挥国企带头作用，坚持将自身发展与区域发展相结合，为城市提供高品质人居与服务。联发集团有限公司成立于1983年，系《财富》世界500强企业厦门建发集团旗下核心行业集团。联发集团聚焦房地产开发、物业服务、代建业务及城市更新、产业运营等领域，其中房地产开发核心主业业务遍及厦门、上海、深圳、广州等28座城市，为近50万业主提供品质人居和服务。石家庄城发投集团自成立以来，谋划实施了高铁片区、太平河片区、龙泉湖片区、和平东路片区、9个城中村改造试点项目、1975年以前危旧住房改造项目等城市更新重点项目建设，全力推动在二环内做“减法”、在二环外做“乘法”，拉开城市发展框架，实现“拥河发展”等城市发展战略落地落实，一步一个脚印把现代化、国际化美丽省会城市美好蓝图变为现实。

表8-5　　2024中国重点城市群房地产公司品牌价值TOP10

京津冀		长三角	
品牌	企业名称	品牌	企业名称
首开	北京首都开发控股（集团）有限公司	滨江集团	杭州滨江房产集团股份有限公司
北京住总集团	北京住总集团有限责任公司	颐居建设	南京颐居建设有限公司
北京建工地产	北京建工地产有限责任公司	上海城建置业	上海城建置业发展有限公司
首钢地产	北京首钢房地产开发有限公司	上海地产	上海地产（集团）有限公司
石家庄城发投集团	石家庄国控城市发展投资集团有限责任公司	大华集团	大华（集团）有限公司
天津城投集团	天津城市基础设施建设投资集团有限公司	众安集团	众安集团有限公司
天恒置业	北京天恒置业集团有限公司	祥新控股	浙江祥新科技控股集团有限公司
中建天津	中建地产（天津）有限公司	苏高新地产	苏州高新地产集团有限公司
河北旅投集团	河北旅游投资集团股份有限公司	浙江交控	浙江省交投控股集团有限公司
贻成实业	天津贻成实业集团有限公司	宁波轨道交通	宁波市轨道交通集团有限公司
粤港澳		中西部	
品牌	企业名称	品牌	企业名称
越秀地产	越秀地产股份有限公司	武汉城建集团	武汉城市建设集团有限公司
深铁置业	深圳地铁置业集团有限公司	润达丰滨江	润达丰控股集团有限公司
珠实地产	广州珠江实业集团有限公司	湖北联投	湖北联投集团有限公司
深业集团	深业集团有限公司	武汉城投	武汉市城市建设投资开发集团有限公司
广州地铁地产	广州地铁地产	恺德集团	武汉恺德控股集团有限公司
中建四局城市发展公司	中建四局城市发展投资有限公司	湖南建投地产集团	湖南建投地产集团有限公司
广州城投地产	广州城投地产	陕建地产集团	陕西建工房地产开发集团有限公司
京基集团	京基集团有限公司	北投产城集团	广西北投产城投资集团有限公司
星河地产	星河地产集团	中建七局地产集团	中建七局地产集团有限公司
南山控股	深圳市新南山控股（集团）股份有限公司	海成集团	重庆海成实业（集团）有限公司

京津冀区域品牌企业依托京津冀城市群的发展机遇，在加强区域专业深耕的同时，将自身发展融入区域建设中，积极进行城市更新与保障房建设，实现品牌社会效益的大幅提升。北京住总集团主动融入国家、北京市和城建集团发展战略，发挥好“一体化”优势，做好“绿色低碳、智慧建造、城市更新”必答题。开发板块做优增量、盘活存量，持续做好指标增长的主力军。聚焦拿地补仓，采取“集团引领 + 企业积极”方式，推进土地投资精准化、生产经营精益化、成本管控精细化，提升房地产综合能力。施工板块合理增长规模，继续扛起规模增长的稳定极。采取“领导营销 + 激励机制”方式，优化布局，让京内市场稳中更优，外埠市场高效精准。2023 年，北京建工牢牢抓住让人民群众安居这个基点，以好房子为基础，依托集团绿色智慧全产业链优势，持续在房地产开发、城市更新、康养等领域发力，企业品牌影响力、美誉度不断提升。同时，集团以科技创新开辟发展新领域新赛道，塑造发展新动能新优势，累计 137 项新技术新产品（服务）在土木工程建筑、科技服务业、绿色能源与节能环保等多个领域获得北京市认定，交出靓丽成绩单。石家庄城发投集团以“6+2+2”城市更新重点项目为抓手，持续加快重点项目建设，不断提高经营管理水平，片区建设初见成效，旧城改造提升群众幸福感，路网建设拉开城市框架，省市重点代建项目全面开花，房产品牌影响力进一步扩大，科技创新水平和公共服务保障能力进一步提升，经营领域不断拓宽，经营业态稳健发展。

长三角区域品牌企业基于成熟的企业经营管理经验，深耕长三角区域，坚持以品质树口碑，以精品项目夯实品牌价值。滨江集团秉承“让老百姓都能住上一套好房子”的理念，长期坚守产品主义，凭借稳健经营的理念、优异的产品打造能力，品质与销量表现双优，不断提高社会的认可度、行业的影响力、业主的美誉度和员工的满意度。公司提出要做“行业品牌领跑者，产品品质标准制订者”，从“抓质量”到“做品质”“创品牌”，未来要做“名牌”，要为千家万户创造安居乐业的理想栖息地并成为消费者心中值得信赖的著名房地产品牌。上海城建置业始终以质量树品牌，以品质树口碑，践行国企担当，履行社会责任，不断追求卓越，用“以诚置信，以精至臻，以行致远”的核心价值观引领企业前行。城建置业用一家企业不变的定力、从业者的社会担当，致力于在每一个时代里，为城市履好职、为人民尽好责。祥新控股是吴兴城投集团的子公司，秉承“让生活常新”的理念，以“首创向新生活方式的综合服务商”为战略定位，立足湖州，深耕长三角，稳健落子湖州、杭州、嘉兴、丽水等城市，通过产品、服务、社群等，逐步构筑向新生活版图。祥新控股坚持站在城市、文化与生活的前沿思考，构造“大”系、“境”系、“品”系三大产品序列，实现精品高层、低密排屋到商业综合体的全方位覆盖，以精品创新的理念打造每一部作品，实现产品力的不断升级。

粤港澳区域品牌企业深耕粤港澳大湾区，不断拓展业务布局，围绕美好生活方向升级产品与服务，完善城市功能，扩大品牌影响力。广州地铁地产行稳致远，秉持“以城为本，以人为本”的开发理念，用“稳健”和“扎实”的步伐，持续创新迭代产品及服务，用强大的 TOD 产品运营能力，为客户打造更多高品质的人居标杆。京基集团成立于 1994 年，总部位于深圳，辐射环渤海、珠三角及粤港澳大湾区等城市，先后开发了一系列城市地标性综合体、大型高端住宅、资源豪宅等经典项目，不仅是精品建筑构建者及城市地标建造者，更是城市更新领域的先行者与实践者。

中西部区域品牌企业聚焦地域，坚持房地产开发主业，多元协同构建地产生态，锻造产品力和服务力，推动品牌价值持续增长。润达丰滨江坚持“地域聚焦、合纵连横、运营优先、产品升级”发展战略，深耕大西南，往东向南开拓，布局全国，已汇集地产开发、商业运营和物业服务、智慧科技、现代农业等多元业务，成为助力城市发展的“中国新生代城市运营商”。恺德集团，作为一家武汉本土综合型集团化企业，以“勤觉当恺，厚德以载”的企业精神，专注地产主业，致力于为社会创造价值，为客户生活赋能做出贡献。湖南建投地产集团是湖南省国资委定位的省属企业唯一地产开发平台公司。公司坚持走精品化、专业化、品牌化路线，坚守国企“鲁班奖”品质担当，以科技引领、健康发展为核心思路，潜心打造品质项目，致力做美丽城市和美好生活的建设者、服务者、引领者。陕建地产集团依托全产业链优势，整合资源，采用自主开发、合作开发、投资开发等多种模式，秉承“陕建·向善而建”的企业哲学，弘扬国匠精神，坚持“居有品，筑无界”的企业价值理念，致力于为客户创造更高品质的生活体验。

（二）2024 中国房地产产品品牌价值 TOP10

伴随着房地产行业政策的不断深化与调整，人们对产品质量的要求不断提升，房地产企业不断提高产品和服务质量，依托科技创新打造低碳绿色、健康智慧的高品质“好房子”；利用专业优势在运营、服务等领域加速延伸，持续提升品牌价值。

表8-6　　2024中国房地产综合开发专业领先品牌

品牌	企业名称	专业领域
北辰实业	北京北辰实业股份有限公司	复合地产
中粮大悦城	大悦城控股集团股份有限公司	城市运营与美好生活服务商
中原建业	河南中原建业城市发展有限公司	绿色代建
成都城投置地	成都城投置地集团有限公司	城市综合运营
天地源	天地源股份有限公司	文化地产
高速地产集团	安徽省高速地产集团有限公司	美好生活服务商
联投置业	武汉联投置业有限公司	城市更新全产业链综合服务商
青岛城建	青岛城市建设集团房地产开发有限公司	品质地产

综合开发专业领先品牌企业秉承推动城市发展的经营与服务理念，利用品牌资源的整合能力，持续进行综合性开发，以实现企业价值与社会价值的同步增长。其主要发展特点如下。第一，品牌企业深耕专业领域，不断提升综合运营能力，为人们提供综合城市优质服务，扩大品牌优势。北辰实业致力于打造国际一流的会展品牌企业和独具特色的复合地产品牌企业，聚焦会展、商业物业、房地产开发三大业态，凭借会展品牌综合影响力及复合地产开发运营能力，以会展战略实施为突破，进一步带动地产、商管业务合力发展。联投置业以“城市更新全产业链综合服务商”为定位，先后落地 50 余个功能性项目，总资产近 500 亿元，土地储备 5000 亩，开发面积超 3000 万平方米，形成了城市更新、品质住宅、全龄康养、购物商街、长租公寓、智慧办公、商业综合体、高端酒店等多元业态，综合实力凸显。第二，品牌企业以品质为导向，打造专业领先的特色产品和服务，提升品牌效能。天地源围绕“转型升级、创新发展”发展战略，加速推进住宅开发与资产运营两大引擎，通过稳健经营、管理创新、品质提升、品牌升级，增强可持续发展韧性。作为“文化地产引领者，美好生活运营商”，天地源坚守传承、创造、至美、臻和的文化内核，追求建筑、景观、社区的物形之美以及服务、人文、幸福的精神之美，致力于为万千居者打造美好生活家。武汉联投置业有限公司（以下简称联投置业）成立于 2009 年，注册资本 30 亿元，是湖北省国资委控股企业湖北联投集团城市更新板块核心子公司，具有国家房地产开发企业一级资质，主要负责城市更新、地产开发、全龄康养、商业运营等业务。联投置业以“城市更新全产业链综合服务商”为定位，先后

落地50余个功能性项目，总资产近500亿元，土地储备5000亩，开发面积超3000万平方米，形成了城市更新、品质住宅、全龄康养、购物商街、长租公寓、智慧办公、商业综合体、高端酒店等多元业态，综合实力位列“中国房地产百强企业”第36名、武汉本土房企第一方阵，获中国房地产交付力TOP10、中国房地产客户满意度TOP8、湖北省房地产交付力TOP1。

表8-7　2024中国房地产项目品牌价值TOP10

住宅项目	精品项目	系列项目
保利光合跃城	龙湖御湖境	泰达建设集团格调系
御璟星城·元启	中建丨吴江城投·阅湖之星	中国铁建地产西派系
联发·嘉悦里	联发·观音桥	绿城月华系
维科大家·明湖逸庐	湖南建投·象山国际	新希望·D10天系
万科东望	祥新·湖悦湾	金地·峯系
国瑞·浩月府	华润润月雅筑	中交地产·春系
中交·天府九章	中海领邸·玖序	天津城投集团·东方系
华发半岛华庭	观辰·千重锦	城发投·云歌系
星悦·礼玉金湾	天地源高新宸樾	新城控股品悦系
建投·誉河院	华宇春江明月	上海建工房产海玥系

住宅项目品牌价值TOP10以人居生活品质为本，融合现代科技、自然美景和文化精髓，为客户提供更加宜人的居住体验，并建立行业内的居住标准，促进品牌价值增长。御璟星城·元启为中建壹品西红门升级之作，邻近地铁、名校，营造东方意境、艺术园林，全系产品线，带来便捷高效、人文舒适的品质居住享受。联发深耕厦门四十余载，至今已服务近10万业主，2024年，秉持对现代精英人群居住需求的洞察，打造新升级项目“联发·嘉悦里”。联发·嘉悦里创意打造学习、办公、健身、娱乐等十大共享空间及约2000㎡活力街区，旨在构建一个全方位、多维度的生活生态系统，为业主营造更智能、更便利、更新潮、更温情的新型社区。

精品项目品牌价值TOP10坚持匠心锻造精品品质，重塑精品住宅新标准，提升品牌形象。中建丨吴江城投·阅湖之星位于苏州市吴江太湖新城CBD，距太湖东岸约400米，是中建之星全国首个新宋风低密墅区。项目打造“一环两轴三坊七巷”宋境园林，大平层级精装叠墅，契合苏州人居所向，塑造不断进阶的时代作品。建投·象山国际营造约80万平方米品质山居，容积率≤3.04，绿化率40%。项目外瞰洋湖，内享中央山体公园，吸纳片区生态、教育、文化、商业等优势资源，于浅山之上打造集居住、商业、休闲于一体的全龄互动性复合社区，是一个极具引领性的全生命周期社区。作为实力国企祥新控股在丽水的开篇巨作，祥新·湖悦湾定位为丽水罕有的沉浸式滨水墅区。项目内外景观交相辉映，于外坐拥明星湖与寿元湖，内部则规划了戏水池、风雨连廊、悬浮草坪等六大森域景观，聚集城市高阶资源。延承祥新“大系”豪宅开发经验，祥新·湖悦湾构筑现代极简风尚建筑——大面积玻璃幕墙引景入室，超大窗墙比、退台式露台、巨幕横厅等迭代设计，造就峰层湖岸人居。

系列项目品牌价值TOP10坚持产品线创新升级，精细化标准化打造系列项目，提升品牌竞争力。泰达建设集团格调系是由天津泰达建设集团自2003年精心打造的地产品牌，从品牌创立就坚持“无理由退房”，持续至今。20年来，格调专注于产品的打磨和创新，悉心服务业主，用好口碑享誉业界，获得了多项地产界顶尖奖项。西派系（CITY PARK）是中国铁建地产旗下TOP级人居产品系列，产品择址通常占据中国一二线城市核心地段，坐拥众多城市稀缺资源。同时以优秀的规划设计、与所在地自然相和谐的园林景观、优雅稳重的建筑风格和经典与时尚兼有的精装人居产品为特色。中国铁建地产现已在成都、重庆、昆明等城市建设了二十余座西派系产品，每一座均为所在区域高端住宅的风向标。“城发投·云歌系”是城发投所属城运集团主力产品系列，承载城市更新重要使命。该系以“云歌好房子，无忧新生活”为核心理念，致力于打造教育配套完善、生活品质卓越、物业服务周全、交付使用安心的优居产品。

（三）2024 中国商业地产品牌价值 TOP10

2024 年，消费市场延续恢复态势，但国内有效需求仍显不足，居民消费注重品质的同时回归理性，对服务型消费的需求不断增长，商业地产市场机遇与挑战并存。在此背景下，优秀品牌企业主动顺应消费变化趋势，通过不断强化项目运营水平，提升品牌影响力，实现稳健发展。同时，今年以来，消费基础设施 REITs 持续扩容，7 月国家发改委发布通知，全面推动基础设施公募 REITs 常态化发行，运营能力突出的商业地产企业迎来新的发展机遇。

表8-8　　2024中国商业地产公司品牌价值TOP10

品牌	企业名称
万达	珠海万达商业管理集团股份有限公司
华润万象生活	华润万象生活有限公司
新城控股	新城控股集团股份有限公司
龙湖商业	龙湖集团控股有限公司
招商商管	深圳招商商置投资有限公司
新建元圆融发展	苏州圆融发展集团有限公司
东孚资管	上海中建东孚资产管理有限公司
中海商业	中海商业发展有限公司
合生商业	合生商业集团
中国金茂	中国金茂控股集团有限公司

品牌企业不断提升商业地产开发运营能力，拓展业务规模，打造标杆项目，提升品牌影响力，部分品牌企业的商业地产业务已成为与住宅开发主业协同互补的业务增长第二曲线。例如新城控股秉持“住宅 + 商业”双轮驱动战略，在“稳运营、守价值、谋发展”经营方针下，轻重并举，稳健经营；地产开发与商业运营优势互补，协同共进，构筑了公司可持续发展的核心竞争力。同时，部分品牌企业着力构建包含购物中心、写字楼、酒店、文旅等多种业态的产品体系，持续拓展业务边界，提升运营能力的同时实现规模效应。例如招商商管致力于商业地产项目的投资、运营和资产管理，在管项目涵盖商业综合体、甲级写字楼等业态，引领招商蛇口商业业务发展，围绕“X+ 商业”战略，着眼于多元与特色品牌发展，开业三年以上项目出租率 90%，推动城市商业提档升级。新建元圆融发展以地产开发、商业运营、投资管理为引擎支柱，以商业、旅游、文化投资和运营为核心竞争力，打造了圆融时代广场、李公堤、圆融星座、斜塘老街、月光码头等一批具有代表性的文商旅精品项目。东孚资管是中建八局资产运营管理旗舰平台，以“拓展幸福空间”为使命，发挥企业自身优良基因，形成了甲级办公、购物中心、长租公寓、星级酒店及幸福康养“4+1”业态，构筑多元、活力、智慧、创新的悦生态圈体系，打造符合时代发展需求和精神气质的城市作品。

表8-9 2024中国商业地产项目品牌价值TOP10

品牌	企业名称
万象城	华润万象生活有限公司
大悦城	大悦城控股集团股份有限公司
吾悦广场	新城控股集团股份有限公司
万达广场	珠海万达商业管理集团股份有限公司
圆融时代广场	苏州圆融发展集团有限公司
天街	龙湖集团控股有限公司
印象城	印力商用置业有限公司
环宇城	中海商业发展有限公司
合生汇	合生商业集团
览秀城	中国金茂控股集团有限公司

品牌项目持续关注消费趋势变化，通过优化租户组合、引进新业态、打造新场景等方式提升消费体验；同时以科技赋能精细化运营，深入挖掘消费者需求，做好消费者服务。例如吾悦广场秉持“深度运营”的经营方针，以用户思维为根本，充分发挥自身的规模化和平台化效应，强化构建“商场－商户－用户”共赢的消费场域；截至 2024 年 6 月末，吾悦广场全国布局达 201 座，开业数量位居我国境内外上市公司首位。此外，部分项目将商业与科技、艺术、历史、文旅等元素相结合，以文商旅融合项目满足居民多重消费需求。例如圆融时代广场处于金鸡湖湖东核心区域，打造 500 米超长天幕、200 平方米裸眼 3D 屏、多业态滨河餐饮，是集购物、餐饮、休闲、娱乐、商务、文化、旅游等多种功能于一体的高品质城市商业综合体，也是金鸡湖 5A 级风景区的重要组成部分。

表8-10 2024中国商业地产运营优秀品牌

品牌	企业名称
万达	珠海万达商业管理集团股份有限公司
华润万象生活	华润万象生活有限公司
中粮大悦城	大悦城控股集团股份有限公司
南国置业	南国置业股份有限公司
粤海天河城	广东粤海天河城（集团）股份有限公司

商业地产运营优秀品牌依托母公司资源优势及自身强大商业运营能力实现规模拓展，打造差异化产品体系覆盖更多消费群体，提升品牌影响力。例如南国置业是一家以商业地产为引导，涵盖多种物业类型的综合性开发、运营企业，作为央企控股的上市商业地产公司，南国置业借助两大平台的资本及资源优势，从区域型企业逐步成长为全国型企业，公司商业开发与运营板块运营项目已达到 20 个，形成了泛悦 Mall、泛悦汇、泛悦坊、南国大家装四大标准产品线。

（四）2024 中国房地产优秀特色品牌

行业进入调整期，品牌企业不断探索新发展模式，坚持轻重并举的发展战略。在此背景下，品牌企业围绕自身特色，深挖自身优势，不断增强特色品牌实力。一方面，品牌企业紧跟新型城镇化发展，以专业化、市场化、多元化的服务，持续挖掘市场潜力，加速特色品牌建设，品牌价值进一步提升。另一方面，品牌企业紧跟消费升级，围绕品质、城市生活等理念，持续丰富特色品牌内涵。

表8-11　　2024中国产业园区运营商优秀品牌

品牌	企业名称
联东 U 谷	北京联东投资（集团）有限公司
苏高科	苏州苏高新科技产业发展有限公司
东湖高新	武汉东湖高新集团股份有限公司

产业园区运营商优秀品牌深化产业运营管理，全面提升服务品质，创新升级服务理念，推动品牌价值的持续提升。2024 年，联东不断创新破局，开展了创立“三湾工业”品牌、海外布局、建立“U 谷大模型”等一系列重大创新举措，以不断创新升级的服务理念，服务新兴产业，助力中国经济发展。

表8-12　　2024中国产业新城运营商优秀品牌

品牌	企业名称
新建元	苏州新建元控股集团有限公司
上海临港	上海临港经济发展（集团）有限公司
联投新城	湖北省联投新城发展集团有限公司

产业新城运营商优秀品牌汇聚顶尖资源，以新发展理念做引领，打造独特的配套设备和服务，推动产业与城市协同发展，从而持续增强企业的品牌价值。在“产城融合集成服务商”战略定位的指引下，新建元以新发展理念引领新型智慧城市建设，开创“三位一体”的区域综合开发“新建元模式”，创新构建全程服务体系和新基建数字平台，成功布局六大合作园区项目，成为复制、推广、丰富扩展苏州工业园区先进经验的践行者，全力打造中国领先的产城融合集成服务商。湖北省联投新城发展集团有限公司自 2009 年启动武汉花山生态新城以来，先后布局了鄂州梧桐湖新城、红莲湖数字产业园、十堰中央商务活力区等项目，紧紧围绕全省“一主引领、两翼驱动、全域协同”区域发展布局，秉承“以城兴产、以产促城、产城融合”指导思想，充分发挥“一二三级联动、多业务板块协同”综合优势，打造全国有影响力的城－区－园全产业链综合运营服务商，助推湖北省“经济量级、产业层级、城市能级”提升。

表8-13　　2024中国产业运营项目优秀品牌

项目	企业名称
新建元数智湾	苏州新建元控股集团有限公司
深圳・星河 WORLD	深圳市星河产业投资发展集团有限公司
能建・新能源生态城	中能建城市投资发展有限公司
联投新城 | 红莲湖数字产业园	湖北联投光谷产业投资有限公司
山东发展・绿动谷产业园	山东发展智慧园区投资有限公司

产业运营项目优秀品牌利用资源优势进行产业投资和运营管理，采用“产・城・融・投”的创新运营策略，不断增强项目的品牌价值。以星河产业集团为代表的产业新城品牌企业，深耕产业运营，已经在产业新城领域形成了自身的特色，拥有了较为成熟的业务模式与产品线，品牌影响力不断彰显。星河双子塔的全面封顶，进一步扩大了深圳・星河 WORLD 的品牌影响力。地处雄安站枢纽片区的能建・新能源生态城，按照“产城融合、站城一体、绿色低碳、示范引领”的规划理念，着力打造“双碳”技术解决方案示范园、新能源产业创新研发标杆基地。联投新城红莲湖数字产业园位于武汉新城中心片区，是湖北联投新城集团光谷公司打造的现代化产业园区。产业园以大数据与云计算、5G 通信网络、网络信息安全产品和服务等新一代信息技术产业为核心，延伸带动智能终端、人工智能、数字经济等相关行业细分领域，承接打造“光芯屏端网”战略性新兴产业集群。

表8-14　　2024中国房地产城镇化运营领先品牌

品牌	企业名称
蓝城	蓝城房产建设管理集团有限公司

房地产城镇化运营领先品牌集中优质资源，探索城乡美好生活，促进社会民生问题的改善。蓝城始终积极响应国家“乡村振兴”战略，以“美丽城乡，美好生活”为愿景，关注三农三生，不断探索、研究和实践新型城镇化之路，积极参与城乡保障房、城市更新和公建领域，致力于成为美好生活综合服务商。

表8-15　　2024中国房地产产品力优秀品牌

品牌	企业名称
绿城	绿城中国控股有限公司
招商蛇口	招商局蛇口工业区控股股份有限公司
中海地产	中海企业发展集团有限公司
中交地产	中交地产股份有限公司
联发集团	联发集团有限公司
能建城市发展公司	中能建城市投资发展有限公司
天地源	天地源股份有限公司
联投置业	武汉联投置业有限公司
中建信和	中建信和地产开发有限公司
海成集团	重庆海成实业（集团）有限公司

产品力优秀品牌企业将产品质量作为核心，持续优化产品线，开发符合市场需求的产品，并通过建立高效的质量控制体系，确保项目交付时的品质符合标准，以赢得市场。其一，绿城、招商蛇口等企业加强品控管理，持续升级产品系。以产品品质作为“一号工程”的绿城，以“让更多人住上好房子”为初心，以“高颜值、极贤惠、最聪明，房低碳、全周期、人健康”为目标，持续升级产品力，营造让客户满意的绿城“好房子”。2024年，为了响应国家提倡，绿城构建了好房子“1+6+N”体系，持续升级产品系，相继在南京、福州、义乌、苏州等地落地“月华系”“凤起系”“玫瑰园系”等引领型产品系，打造高品质“全维实景示范区”，全面展现自身的产品力，为业主家人提前上映未来生活的美好。招商蛇口近年来一直在投研、产研和客研体系齐头并进，基于市场和产品的开发业务协调系统迅速成熟，实现从择址布局、项目定位、产品定制到营销去化的全链条高效对接，在迭代升级中持续夯实产品力，以品质诠释央企责任，以实力筑美好人居。其二，中交地产、联投置业等企业在绿色科技等方面持续发力，以技术创新实现产品力升级。中交地产始终秉承创新精神，践行央企产品责任，产品力不断向新突围，在绿色健康住宅科技战略体系搭建，TOD级产品价值体系、社区场景、景观体系、精装体系、新材料研究、标准化迭代等方面不断精进研发，加快技术升级，多维提升产品力，以研发创新赋能中交地产品牌。联投置业践行国企担当，以两年实现零渗漏为核心目标，利用联投U建数字化管理平台，推行管理精细化、技术标准化、施工规范化，推动工程品质提升，打造极致产品力。在重防渗漏取得一定成果后，逐步转向重结构安全、使用功能、精装细节、景观效果等客户敏感点，通过持续开展品质攻坚专项行动，实现由“工程合格”到“高品质”的质量提升。联投置业精心打造“三造六好零渗漏”品牌IP，坚持长期主义，聚焦城市居民高品质生活需求，建设好房子，实现客户由“知道联投”到“认可联投”的品牌提升。

表8-16　2024中国房地产产品力项目优秀品牌

项目	品牌名称
绿城・苏州逸庐	绿城
中海领邸・玖序	中海地产
龙湖・观萃	龙湖集团
深圳园・和光书苑	深保发展
中交建发・五缘海悦	中交地产 & 建发房产

产品力优秀项目融合自然景观，为业主提供舒适居住环境和心灵栖息之地。以庐系建筑为基础，绿城・苏州逸庐萃取苏州文化肌理，打造既有传承性又具备时代感的高端项目。传承绿城低密产品的审美基因，苏州逸庐的立面设计采用了歇山顶和三重檐的形式，呈现出东方韵味的质感；秉持“宅园合一”的理念，运用“精、细、雅、巧”的苏作技艺，精琢建筑之美，呈现卓越的产品力。深圳园・和光书苑在为业主提供舒适物理空间基础上，构建了一个动人的“精神家园”，从生活美学进阶生活哲学，以《道德经》的和光同尘为精神内核，2.03 容积率、超 6000 ㎡核心景观，纯小高层住区，以极致南向面宽打造低密光氧宽境大宅，将自我融于自然。

表8-17　2024中国房地产交付力优秀品牌

品牌	企业名称
保利发展	保利发展控股集团股份有限公司
绿城	绿城中国控股有限公司
华发股份	珠海华发实业股份有限公司
金科集团	金科地产集团股份有限公司
南光置业	南光置业有限公司

交付力优秀品牌企业在确保项目按时完成的基础上，超越质量标准，从而提高品牌满意度，进一步塑造企业的良好形象。交付能力是企业核心竞争力和品牌影响力的体现。企业将坚持“按时交付”作为基本承诺，在此基础上探索如何提升交付质量。只有实现高质量交付，才能获得购房者、金融机构和政府等各方的信任与支持。提升交付力不仅可以加速房屋的交付流程，从而更快地回收资金，提高资金周转效率，而且能增强企业的信誉，巩固品牌形象，赢得更多购房者的信任和选择，为企业的长远发展奠定坚实的基础。如南光置业积极履行央企责任，努力监管及促进各项目完美交付，全力保障业主权益。自带“基建基因”的南光置业，坚信交付只是底线，“高品质的交付”才是一直以来的使命。2023 年 12 月，南光置业践行央企“压舱石”责任，积极协调推进合作项目无锡南光城・星锐交付，通过高标准的交付兑现，实现收房率 91%，满意度 96%，获得百位业主点赞好评；珠海南光泊岸项目采用“3V1”服务，全方位兼顾业主体验感受，为期 4 天分批次交付，到访收楼率 100%，客户满意度高达 95%。

三、2024 中国房地产品牌价值研究成果分析

（一）行业调整致品牌价值下降 4.6%，“产品 + 服务”夯实品牌根基

1. 行业调整致品牌价值下降，品牌维稳作用更加重要

2024 全国品牌企业[①] 品牌价值均值为 361.1 亿元，同比小幅下降 4.6%，连续第三年下降。其中，中国

① 2024全国品牌企业范围数量36家。

房地产行业领导公司品牌保利发展、中海地产、绿城、招商蛇口、万科、华润置地的品牌价值平均同比下降 0.3%，降幅远低于全国品牌企业，在市场调整期仍保持了较强的韧性。领导公司品牌企业积极发挥引领作用，根据自身资源禀赋，不断适应市场竞争及购房者需求变化，灵活调整自身战略，通过聚焦高质量发展、创新产品与服务，重塑“好房子、好服务”的品牌理念，领导行业发展。此外，部分品牌企业持续深耕代建、商业运营、长租公寓等领域，利用优势资源锻造特色鲜明的专业品牌形象。区域品牌企业[①]品牌价值均值为 50.2 亿元，同比下降 7.6%，企业分化进一步加剧，布局聚焦一二线城市的企业品牌价值表现明显好于三四线城市库存过剩的企业。

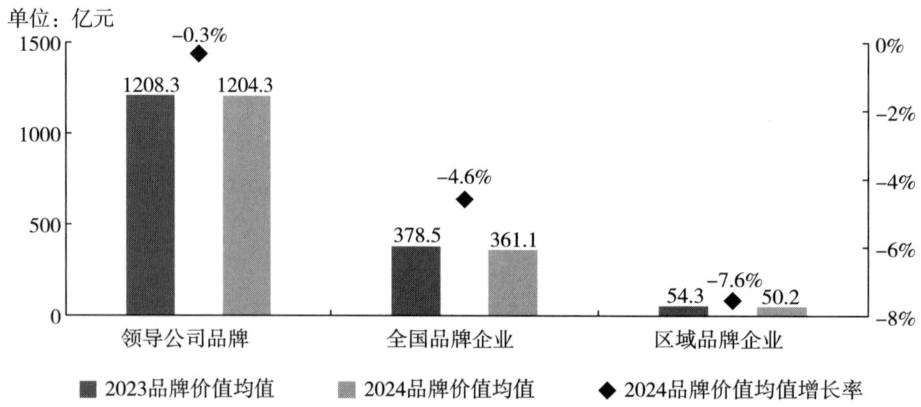

图8-1 2024领导公司、全国和区域品牌企业品牌价值均值及其变化

品牌企业受行业调整、销售业绩和盈利能力下降等影响，品牌价值有所下降。2023 年，一方面，行业持续调整，行业整体品牌价值连续三年下降。房地产企业受市场需求疲软、房价进一步下行、市场竞争加剧等因素影响，销售持续下降，全国商品房销售额 11.66 万亿元，同比下降 6.5%。受去化压力影响，“以价换量”成为去库存常用手段，进而导致营收规模增长动力不足、利润水平承压；房企持续对投资性物业以及存货等计提减值等因素也在一定程度上侵蚀了行业利润水平。2023 年沪深、内地在港上市房地产公司净利润均值分别为 3.0 亿元、−21.3 亿元，同比分别下降 38.2%、29.6%。因行业调整、销售业绩和盈利能力下降等，房企的品牌价值有所下降。另一方面，品牌企业实行轻重并举战略，前瞻性布局轻资产业务，围绕稳健经营进行品牌传播，从产品品质、资本市场认可等方面塑造正面形象，在进一步撬动消费者购买力的同时维系产品价值，发挥品牌的抗风险性，以优质品牌聚集优势资源，赢得市场信任。

通过品牌延伸前瞻性布局轻资产运营服务，品牌价值效应显现。行业竞争与分化进一步加剧，其中三四线城市库存过剩、产品同质化严重、成本管控偏弱导致盈利能力进一步弱化的部分企业，品牌价值降幅相对较大。城市布局聚焦一二线城市、去化压力小、产品定位精准有鲜明特点、持有型业务能带来稳定现金流的企业，品牌价值受损较少或有小幅提升。部分品牌企业前瞻性地开展轻资产业务，通过提前布局物业服务、商业运营、代建、长租公寓等多元业务，为企业打造第二增长曲线。新业务为企业发展带来新效益，有效夯实了品牌价值。同时，品牌企业注重品牌先行，又通过品牌延伸，发挥品牌效益，促进轻资产业务进一步发展，最终实现品牌价值与企业效益相辅相成，双向赋能。2018 年至 2023 年，品牌房企经营性业务毛利整体保持了增长态势，年复合增长率为 23.2%；品

① 2024区域品牌企业范围数量40家，分别为京津冀、长三角、粤港澳和中西部区域品牌企业。

牌房企毛利中来自经营性业务的占比从8.9%增长到26.5%，年均增长约3.5个百分点。如华润置地2023年经营性不动产与资管业务再进阶，旗下写字楼持续优化租户结构，出租率提升2.6个百分点至81.8%；旗下轻资产管理业务平台华润万象生活继续保持增长态势，2023年管理的在营购物中心为101座，实现营业额人民币147.7亿元，同比增长22.9%，实现核心净利润人民币29.2亿元，同比增长31.2%。

行业调整期，房价走势持续低迷，品牌可以维稳销售价格，助力企业经营更具韧性。根据中国房地产指数系统百城价格指数，2023年百城新建住宅价格累计上涨0.27%。研究组选取了2023年十家全国品牌企业，计算品牌企业2023年百城价格同比增速。十家品牌企业2023年销售价格增速为5.79%，高于百城新建住宅价格增速。品牌企业通过以消费者需求为核心不断提升产品品质，提供全过程品牌化服务，为消费者带来比同类别产品更高的价值，在品牌与目标消费者之间建立价值共鸣，塑造消费者对品牌的认同和信赖，从而提升产品溢价能力。房企需要加强对于品牌建设的重视，全方位维护企业良好的品牌形象，在行业调整期具备更强的适应能力。

2.“强产品”提升品牌美誉度，“优服务”夯实品牌忠诚度

行业调整期，消费者更加青睐满意度高的企业的产品，因此，品牌企业更加注重夯实“品牌三度”。品牌企业通过加强“品牌三度”和满意度建设，成立客研委员会和客研中心，聚焦客群需求，升级产品体系；充分利用客群基础，借助在深耕市场上积累起来的认知度和美誉度，不断完善服务体系建设，提升业主满意度，增强客户黏性提升品牌忠诚度。2024中国房地产品牌价值研究中，研究组以品牌企业的“品牌三度”为维度进行了问卷调查，结果显示：中国房地产行业领导公司品牌认知度、美誉度和忠诚度均值分别为76.21%、72.22%和69.64%，整体较上一年有所提升，整体好于行业水平，品牌聚集效应明显，行业领导作用始终彰显。全国品牌企业的认知度、美誉度和忠诚度均值分别为53.86%、54.32%和52.34%，较上一年有不同程度下降。其中，受舆情等因素影响，品牌企业认知度较去年变化不大，品牌房企积极塑造正面的形象，从而在行业调整中赢得口碑；美誉度方面，受制于行业持续下行以及部分企业经营困难，整体品牌企业美誉度有一定程度下滑；忠诚度方面，重点核心城市市场竞争压力进一步加深，整体品牌忠诚度有所下降。

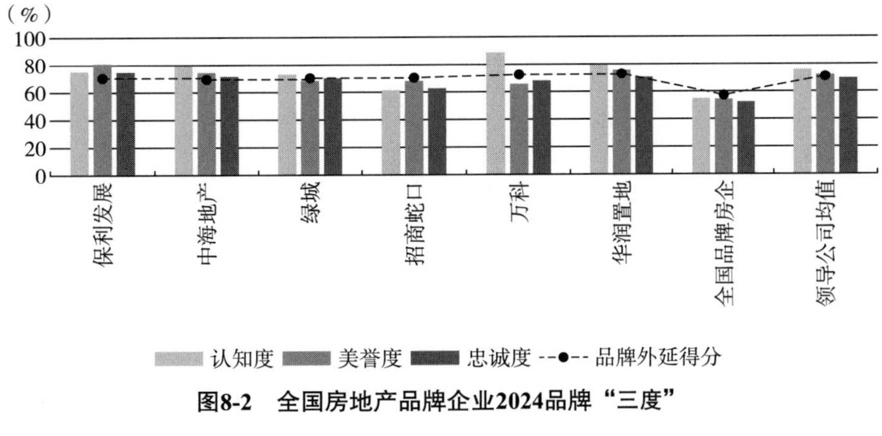

图8-2　全国房地产品牌企业2024品牌“三度”

表8-18 2024中国房地产顾客满意度领先品牌

品牌	企业名称
绿城	绿城中国控股有限公司
中海地产	中海企业发展集团有限公司
中建东孚	上海中建东孚投资发展有限公司
大家房产	杭州市城建开发集团有限公司
宁夏中房集团	宁夏中房实业集团有限公司

顾客满意度领先品牌通过提供优质的产品和服务来促进城市发展，凭借在行业中领先的产品质量和服务理念回报客户，顾客满意度持续增长。客户满意度是绿城的“一号标准”。截至目前，绿城中国已连续14年在“中国城市居民居住满意度”调查中荣获佳绩，助力房地产行业实现高质量发展，为实现“住有优居”的美好愿景贡献绿城力量。2024年，绿城在所进驻的杭州、苏州、合肥、西安、大连、乌鲁木齐、重庆、天津、济南、青岛、宁波、绍兴、台州、嘉兴、衢州、金华等16座城市总体满意度处于领先地位。宁夏中房实业集团有限公司始创于1982年，是宁夏首家取得国家一级资质的房地产开发企业，公司始终“以用户满意度统领全局工作”，用实际行动践行“引领美好人居生活”的企业使命，秉承“满意、惊喜、感动”的服务理念，围绕全生命周期持续在产品品质和服务品质方面追求卓越，是中国健康住宅领跑者，西北科技住宅领跑者，绿色建筑、宁静住宅先行者和引领者。

3. 产品品牌联动服务品牌，增强品牌活力释放品牌效益

品牌企业前瞻性地实施以轻重并举战略为核心的新发展模式，践行品牌高质量发展理念，通过产品品牌、服务品牌并行为品牌注入了更多活力，在夯实了品牌价值的同时为品牌带来更丰富的发展维度，进一步撬动业务增长，实现品牌价值和效益的多倍释放。

从客户需求反推产品定位焕新产品系，推动销量和品牌价值的提升。品牌生命力的核心在于产品力，在市场调整阶段，消费者购房意愿更加理性，只有从消费者需求出发的产品创新、品牌创新，才能够为用户提供强而有力的核心价值。从消费者出发的品牌价值创新，一方面是创新满足用户需求的产品，另一方面是创造新的消费者价值。2023年，品牌企业不断根据市场竞品、购房者需求、销售数据的调研结果，使产品可以根据需求变化迅速迭代，焕新产品系；同时部分品牌企业通过长期对用户的洞察、市场的判断，结合自身资源禀赋，跳出定式思维来焕新产品定位和品牌定位，创造一种新的用户需求、使用场景，推动销量和品牌价值的提升。

打造服务产品及对应品牌矩阵，丰富品牌发展维度，提升品牌生命力。房地产业务作为一个空间载体，能承担的品牌吸引力具备较长的时效性，而房企品牌建设应当贯穿房企与消费者关系的全周期活动。通过打造标准化的上下游服务产品及对应品牌谱系，为品牌带来更丰富的发展维度，在提升客户满意度的同时应对市场调整具有更强的适应能力，帮助企业延伸品牌生命力的根基。开发业务方面，品牌房企结合物业业务，围绕客户核心需求提供一站式服务，在客户群体中建立了鲜明可识别的品牌影响力。经营性业务方面，服务产品是品牌的核心载体，构建综合性服务平台结合产业上下游服务业务联动，形成产业生态圈，不断拓宽自身服务品牌的“护城河”，共建品牌“发光矩阵”。如保利发展通过物业公服、商业服务、公寓租赁、健康养老、会展赛事等多元服务业态，为客户营造更多理想生活场景；在服务子品牌方面，发布“时光系”购物中心品牌和“和寓”公寓品牌，系统性提升品牌价值。星河控股集团秉承城市运营引领者理念，在全新品牌

主张的指导下，结合旗下地产集团、产业集团、智善生活集团、商业集团、资本集团打造“五大生态圈”，以更多元丰富的生态系统，搭建“交通，建筑，邻里，生态，教育，健康，创业，数字，治理”9大场景，致力为人们构筑一个“全城市，全生态，全生活，全情感”的城市美好生活共同体。

（二）代建企业注重“四化”建设，运营类企业升级品牌谱系

2023年以来，房地产市场仍处于调整阶段，行业下行压力持续。探索新模式过程中，房地产企业持续进行品牌战略调整，以适应行业新挑战。一方面，实行轻重并举的战略举措，夯实开发主航道的同时，发力轻资产代建业务，加强在代建领域的品牌建设力度，实现品牌价值提升。另一方面，坚持品牌聚焦，结合自身优势进行品牌深耕，做精做深已有子品牌业务，在长租公寓、产业新城、商业运营、城市更新等运营领域寻找品牌价值的突破与提升。

1. 代建竞争加剧，企业通过“品牌化”“专业化”“系统化”“差异化”构建竞争壁垒

2023年以来，入局代建领域的企业持续增多，导致行业竞争加剧。房地产代建企业更加注重将代建品牌化，通过“专业化”“系统化”“差异化”加大代建业务拓展力度。

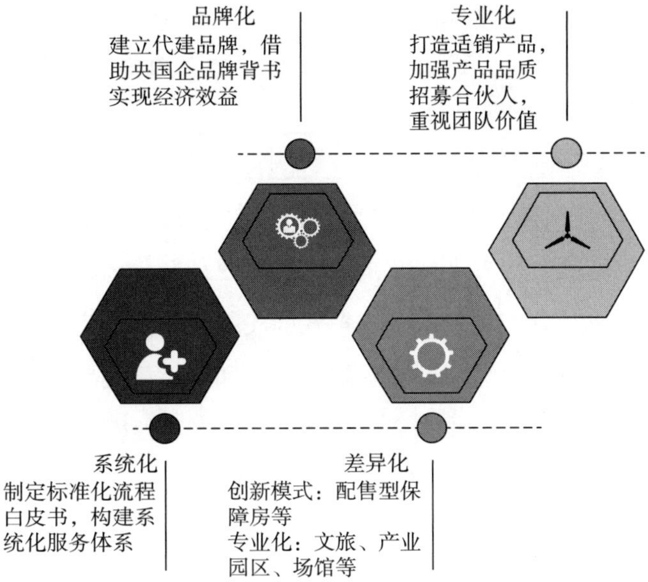

图8-3　品牌企业代建发展方向

品牌化：代建企业更加注重代建品牌化，利用代建品牌提升认知度与影响力。房地产代建本质是品牌输出，品牌作为双方信任的基础，在代建领域尤为重要。代建品牌化有利于品牌企业确立行业标杆地位，带动代建业务拓展。因此，随着行业竞争加剧，代建企业纷纷成立代建品牌，如招商蛇口涉足房地产代建多年，2024年将代建业务品牌化，创立招商建管代建品牌。同时，部分企业借助央国企品牌背书，拓展代建业务，让品牌发挥更大的经济效益。

专业化：不断提升服务能力，打造专业化代建品牌。一方面，代建企业通过打造适销产品，提升服务水平。当前多数代建项目为代建代销，因此，销售去化能力成为企业突围的重要能力。中指研究院调查显示，近六成受访者认为产品定位的适销性是代建企业受到委托方青睐的重要原因。因此，代建企业通过准确的项目定位、优质的产品品质和良好的项目去化能力，不断提升品牌口碑和委托方满意度。另一方面，品牌企业引进合伙人制度，拓宽项目拓展渠道，扩大品牌输出范围。代建品牌建设过程中，专业的人员

与团队对品牌作用的影响日益加强，2023 年以来，代建企业均推出合伙人制度，旨在通过发展有深耕经验、有项目资源、有人脉关系的外部合伙人，不断拓展代建业务。如绿城管理的“百川计划”、旭辉建管的“千帆计划”等，均通过人才招募计划，加速项目拓展。

系统化：通过制定标准化流程、建立服务体系，加速代建业务系统化。品牌的载体是产品，随着房企加强在轻资产领域发展，产品也由有形的房屋延伸到无形的服务，因此，代建企业通过制定服务标准，将无形服务产品“有形化”，通过白皮书等形式，制定标准化流程，彰显企业的专业能力，向委托方传达服务特色，让委托方感知到服务的实体化存在，进而加大业务拓展力度，提升品牌影响力。如 2024 年，绿城管理供应链体系持续优化，多元赛道能力提升，首发《绿城管理集采发展白皮书》和《绿城管理公建能力白皮书》，凸显企业专业能力。

表8-19　　2024中国房地产代建领先品牌

序号	品牌	企业名称	序号	品牌	企业名称
1	绿城管理	绿城房地产建设管理集团有限公司	2	中原建业	河南中原建业城市发展有限公司
3	金地	金地（集团）股份有限公司	3	蓝城	蓝城房产建设管理集团有限公司
4	蓝绿双城	蓝绿双城科技集团有限公司	5	龙湖龙智造	成都龙湖龙智造工程建设管理有限公司
6	旭辉建管	旭辉管理集团有限公司	7	华润置地	华润置地有限公司
8	中天美好集团	中天美好集团有限公司	9	融者共创	浙江兴元建设管理有限公司
10	腾云筑科	腾云筑科科技发展有限公司	11	绿发管理	浙江绿发房地产建设管理有限公司
12	方正商业	方正商业地产有限责任公司	13	东原睿建	上海东原睿建建设管理有限公司
14	金科金建管	金科开发管理发展集团	15	天健地产	深圳市天健地产集团有限公司

中国房地产代建领先品牌持续提升专业能力和创新能力，不断扩大代建品牌影响力。其一，绿城管理、金地等企业以服务质量为基石，以专业化解决方案为客户创造价值，不断夯实代建品牌价值。绿城管理集团是中国代建第一股，中国房地产轻资产开发模式的先行者、引领者，代建领先品牌。绿城管理通过项目管理整合资源、输出品牌及标准，以定制化的解决方案和高品质的服务，为客户创造价值。金地集团自 2006 年进入代建领域以来，积累了 18 年丰富代建经验，其专属经营的代建业务平台——金地管理，以“代建专家”的极致追求，始终坚持直营，精研代建能力与体系，践行价值代建之道，以“产品力、经营力、服务力”代建三力创造价值，实现多方价值共赢，保持行业领先优势，为委托方创造效益与价值。

其二，龙湖龙智造、腾云筑科等企业以数字化科技手段为代建赋能。龙湖龙智造集成龙湖集团全业态开发经验及行业领先的数字科技能力，以“龙湖智造未来城市”为理念，面向未来城市发展提供全业态、全周期、数字化的“一站式解决方案”，致力于成为“智慧营造领航者”。腾云筑科以生态为纽带，以产业为核心，通过科技手段结合地产生态垂直领域中的应用场景，致力成为中国领先的科技产业生态运营商与城市发展服务商。

其三，融者共创（兴元建设）、东原睿建等企业不断提升代建综合能力，坚持代建与城市发展同频共振。融者共创（兴元建设）定位为高端不动产综合解决方案服务商，以“做一成一、创造价值”为经营理念，聚焦研策定位、产品规划、开发管理、营销服务、资产运营、物业服务等全业务链，专注提供“一体化解决方案服务体系”，主要包括“综合解决方案”咨询服务、“全周期开发运营管理”标准服务、“复杂个性问题”特色服务三大服务模块。东原集团成立于 2004 年，20 年来，东原始终坚持稳健创进、运营创新、生活创造，深耕精选。2022 年，秉承轻重结合的发展战略，创立“东原睿建”专业服务平台，以“建销服”为核心，涵盖房地产开发共建综合服务、新媒体营销、商业管理、城市更新、医疗康养等六大业务板块，为委托方提供项目开发及城市运维的一站式综合解决方案。

其四，旭辉建管、中天美好集团光影管理不断夯实自身核心竞争力，以定制化和专业化服务扩展代建业务。旭辉建管坚持“定制化服务”，通过多元业务的协同发展、致力于为委托方综合解题、创造最大价值。作为代建行业的“新兵”，旭辉建管始终保持创新，为自身的高质量发展和行业的良性进步注入动力。光影管理秉承中天美好集团“真心缔造美好生活”的企业使命和自身“管理成就品质，用心创造美好”的企业愿景，以代建管理为核心业务，专注于完善公共设施配套、提升产业集群竞争力并提供全方位咨询服务，致力于成为最受业主信任的综合代建服务商。依托“1+N”全过程服务体系，光影管理在政府保障型项目代建、商业项目代建、工程全过程咨询、造价咨询及城市乡村振兴服务五大领域积累了丰富经验，通过专业化、规范化和系统化的全产业链服务为合作伙伴创造显著价值。

差异化：代建企业创新业务模式，以差异化在竞争中突围。一方面，代建企业针对不同服务对象，积极探索并利用新的结构性机遇扩大规模，如2024年6月，绿城管理通过竞标成为杭州市西湖区转塘单元XH1803-11地块一期、二期项目的代建团队，该项目是浙江省在配售型保障性住房项目上的首次探索。中铁置业成功签约广州增城“佳源华府”项目，通过“预重整+重整+共益债+服务信托”创新模式成功盘活企业资产，实现社会效益与经济效益的双赢。另一方面，代建企业针对不同物业类型，拓展康养、产业园区、场馆等领域的代建业务。

表8-20　2024中国房地产政府代建领先品牌

品牌	企业名称	品牌	企业名称
蓝城	蓝城房产建设管理集团有限公司	绿城管理	绿城房地产建设管理集团有限公司
金地	金地（集团）股份有限公司	旭辉建管	旭辉管理集团有限公司
蓝绿双城	蓝绿双城科技集团有限公司	中原建业	河南中原建业城市发展有限公司
中天美好集团	中天美好集团有限公司	融者共创	浙江兴元建设管理有限公司
绿发管理	浙江绿发房地产建设管理有限公司	绿地智造	绿地智造建设管理（江苏）有限公司

政府代建领先品牌企业积极参与各类保障性住房建设，扩大政府代建领域品牌影响力。融者共创（兴元建设）在城中村改造，安置房、人才房、共有产权房等保障性住房，学校代建、古建修复等公建基础设施等各类型建筑开发营运领域均有涉及。融者共创始终以人居安居为己任，品质先行。绿地智造作为绿地控股旗下专业代建业务平台，自2016年以来，加速全国布局，依托集团综合优势，紧随国家区域经济发展战略，深耕长三角，整合大湾区，布局广西、云南等，快速拓展轻资产代建新赛道。围绕“2+3”定制化服务模式，为委托方提供房地产项目全过程开发管理，包括综合代建、城市更新两类核心业务及代销服务、运营服务、咨询服务三类服务业务；立足全产业链和全生命周期管理体系，构筑代建服务核心竞争力。

表8-21　2024中国房地产代建项目领先品牌

项目	企业名称
绿城滨江·江门潮闻东方	绿城房地产建设管理集团有限公司
蓝城·颐和桃李春风	蓝城房产建设管理集团有限公司
金地·玖峯禧	金地（集团）股份有限公司
黄浦·庆成府	浙江兴元建设管理有限公司
溪前雅居	旭辉管理集团有限公司

代建领先项目品牌企业注重产品力打造，以高质量代建项目回馈业主期许。如黄浦·庆成府，位于上

海最具里弄气息的中华路与糖坊弄，属于上海风貌保护项目，规划有 2 栋高层及数栋风貌别墅。融者共创团队在保护黄浦“老上海”风貌基础上，规划产品整体风格传承海派文化精神内核，并结合大面积玻璃、金属元素和开放性等设计，凸显现代都市的居住尺度和潮流风尚。项目立足于高起点规划、高标准建设、高质量开发，已成为上海城央“高质量旧改”的先锋作品。

表8-22　　2024中国房地产共建领先品牌

品牌	企业名称
蓝绿双城	蓝绿双城科技集团有限公司

中国房地产共建领先品牌企业顺应新形势，积极探索新发展模式。如蓝绿双城首创“共建”新模式，是专注从事城市建设、城市运维以及城市服务的混合所有制现代服务企业，其品牌信誉良好，拥有高新技术企业、一级开发和甲级设计院等资质。在定位营销、规划设计、建造、景观、精装修、成本管理、资产经营、商业运营、物业服务和生活服务等十大专业能力方面表现优异，提供存量消化、变量纾困、增量发展的系统解决方案，为政府、资本、产业、供方、同行、客户等共建各方创造价值，实现共赢。

2. 长租公寓运营商升级产品谱系，产业运营企业通过搭建平台“卖服务”

品牌企业坚持品牌聚焦，均结合自身优势，在已建立的子品牌方面，通过完善品牌谱系、输出服务、实现产品品牌落地等形式，围绕长租公寓、产业新城、商业运营、城市更新等领域加强运营品牌延伸与建设，同时将品牌建设融入国家建设之中，实现经济效益提升。

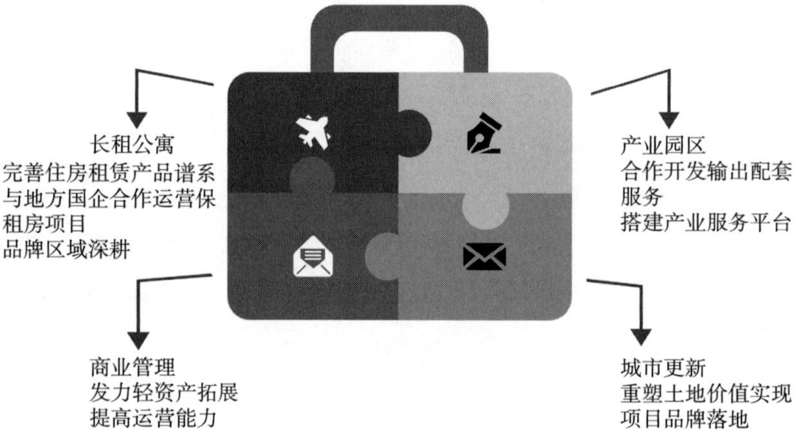

图8-4　运营类品牌建设

随着住房租赁商业模式基本打通，长租公寓产品体系和品牌谱系持续完善，品牌长租公寓运营商积极与地方国企合作扩大品牌输出力度。2023 年以来，住房租赁行业的融资环境持续改善，租赁住房商业模式已基本打通，二十届三中全会也进一步强调了“租购并举”的重要地位。长租公寓提升品牌影响力的举措有三。其一，品牌长租公寓运营商积极顺应多样化需求趋势，不断完善住房租赁产品体系，为不同租客群体提供相适应的租住产品。在居民租住理念转变及生活水平提升等因素推动下，租户群体对居住生活的需求更趋多元化，优秀企业不断迭代升级租住产品，住房租赁产品体系和品牌谱系持续完善。其二，在政策支持下，品牌长租公寓运营商也积极进行品牌输出，与地方国企合作运营保租房项目，持续扩大品牌影响力。其三，品牌长租公寓运营商坚持品牌的区域深耕，不断夯实优势区域，提升品牌影响力。

表8-23　　2024中国住房租赁领先品牌

品牌	企业名称
万科泊寓	万科公寓管理有限公司
龙湖冠寓	上海龙智冠寓商业管理有限公司
华润有巢	有巢住房租赁（深圳）有限公司
中海长租公寓	中海商业发展有限公司
联投新青年	湖北省住房保障建设管理有限公司
首创和园	北京首创城市发展集团有限公司
广州安居集团	广州安居集团有限公司
乐乎集团	北京乐乎公寓物业管理有限公司
城投资管	成都城投资产经营管理有限公司
浦发有家	上海浦发有家房屋租赁有限公司
南京安居瑾家	南京安居瑾家公寓管理有限公司
西安高新安居	西安高新安居投资建设运营有限公司
硚口安居供应链	武汉市硚口更新安居供应链有限公司
华发优生活	华发优生活租赁服务（珠海）有限公司

住房租赁领先品牌在“租购并举”制度指引下，不断优化品牌发展与产品策略，聚焦核心城市，提升市场份额。其中，央国企领先品牌秉持社会责任，依托资源优势与精细化管理体系，品牌持续发展壮大。中海长租公寓以重资产为基石，构建了两大旗舰品牌——商务服务型公寓品牌“中海海堂”和舒适社交型公寓品牌“中海友里”，从精研客户需求入手，聚焦产品力、资管力及绿色可持续发展，以“中海长租模式”不断呈现美好人居标杆和经营新模式。湖北省住房保障建设管理有限公司立足湖北联投“三全三商”战略定位，着力解决新市民、青年人等群体住房困难问题，创建全国保租房“投－建－管－运”一体化模式，构建以“联投新青年”为核心的品牌矩阵。首创和园是北京市大型国企首创城发集团为充分响应国家租购并举政策、大力发展住房租赁业务而打造的租住品牌，打造“繁星”租住社区标杆，服务首都规划建设，促进区域职住平衡。广州安居集团是广州市市属一级功能类国有企业，主要负责广州市保障性住房投资、融资、建设、运营及配套性商业物业运营管理等，集团秉承“安居筑梦，活力广州”愿景，充分发挥住房保障专营机构优势，积极探索解决超大城市宜居宜业住房问题。成都城投资管是成都城投集团所属的全资专业化资管公司，以服务城市发展和运营城市资产为核心，以创新资产运营业务为导向，形成“商业资产、住房租赁、共享办公、数智平台、物业管理”五大业务，实现了“创造城市价值、服务城市发展”的企业使命。浦发有家秉承“懂你的友好型租赁社区”品牌愿景，以上海市不同层次、产业和领域青年人才为目标客群，提供保障性租赁住房、高品质租赁社区、服务式公寓产品及服务，打造“居住＋配套＋社交＋创新＋人才孵化”五位一体人才安居服务生态圈。西安高新安居公司作为西安高科集团旗下专业从事西安高新区保障性住房项目投资、建设、运营的专业化市场化平台公司，秉持国企初心，坚持精细化管理，从项目规划、设计、建设、融资、服务、资产管理等方面搭建标准化体系，全力打造“高新安居”品牌，为市民在西安高新区的“宜居”和“乐居”贡献力量。

表8-24　　2024中国社区租赁领先品牌

品牌	企业名称
瓴寓国际	上海领昱公寓管理有限公司
招商伊敦	深圳招商伊敦酒店及公寓管理有限公司
金地草莓社区	深圳金地草莓社区公寓管理有限公司
城方	上海城方租赁住房运营管理有限公司

社区租赁领先品牌聚集租户“居住＋社交＋娱乐”等一体化需求，为租户提供更加完善的社区服务和生活配套，精心打造覆盖全生命周期租住需求的品质安居社区。瓴寓国际是国内租赁住房领域卓越的一站式综合服务商，旗下拥有三条产品线——综合型租赁社区柚米社区、白领公寓柚米寓、服务式酒店公寓博乐诗，覆盖用户全生命周期。早在2019年，瓴寓即提出深耕大型租赁社区赛道，不断聚焦综合型租赁社区业务，凭借丰富的社区管理经验，瓴寓国际与多家国企项目达成合作，形成了一套成熟的社区管理体系和社群文化体系。

表8-25　　2024中国住房租赁产品力优秀品牌

品牌	企业名称
龙湖冠寓	上海龙智冠寓商业管理有限公司
华润有巢	有巢住房租赁（深圳）有限公司
中海长租公寓	中海商业发展有限公司
广州安居集团	广州安居集团有限公司
合范集团	合范商业管理有限公司

住房租赁产品力优秀品牌积极应对品质化租住时代的多样性租住需求，聚焦住宅租赁产品力升级，在契合市场个性化租住需求的同时，积极构建自身差异化竞争优势。例如合范提倡青年租户做生活中的“四有青年”，即有颜、有品、有趣、有范；合范的产品宗旨是满足客户的高品质租住需求，始终从客户需求出发，针对客户需求差异和不同产品价值差异，打造覆盖住宅、公寓和宿舍完整的产品体系，提供多元化复合型的服务式租住社区。

表8-26　　2024中国住房租赁项目优秀品牌

项目	企业名称
泊寓南山云城旗舰店	万科公寓管理有限公司
首开乐尚公寓（香悦店）	福州首开峻宸置业有限公司
安居瑾家阅江台租赁社区	南京安居瑾家公寓管理有限公司
星悦居	西安高新安居投资建设运营有限公司
联投新青年·奕家	湖北省住房保障建设管理有限公司

住房租赁项目优秀品牌立足于为租户提供理想的租住体验，从租户需求角度出发，巧妙融合高品质、健康、幸福等居住理念，为租户打造理想的租住生活空间。首开乐尚公寓（香悦店）作为首开股份福建总部长租公寓板块的福建首店，致力于为租客打造高品质的居住空间，让每一位租客都能找到属于自己的幸福感和归属感，运营业绩亮眼，凭借其独特的品牌魅力和社群组织能力，在福州长租公寓市场中独树一帜。西安高新安居建设运营的首个保租房项目星悦居，位于“国家双中心”——丝路科学城区域，多维交通便捷，生态资源丰富，项目打造45、70、90平方米三种灵动户型，自建6762.8平方米商业街区，切身以住户角度感受出发，满足住户多元化需求。

品牌企业在产业新城领域进行品牌建设时，积极探索由重资产模式逐步向轻重并举模式转型，通过运营品牌输出，以较少的资金和较低的风险实现规模的快速扩张。一方面，合作开发输出配套服务。随着产业地产融资收紧、政府要求不断提升，运营商之间的合作已成为常态，通过共享资源降低项目风险，提高竞争力。另一方面，搭建产业服务平台。通过"卖服务"搭建产业生态平台，将园区内企业的人才、资源和品牌打包起来形成运营商的"软实力"。

表8-27　　2024中国康养运营领先品牌

品牌	企业名称
泰康之家	泰康健康产业投资控股有限公司
保利健投	保利健康产业投资有限公司
慧享福康养集团	上海慧享福养老服务有限公司
光大养老	光大养老健康产业发展有限公司
耘林生命公寓	江苏耘林养老发展集团有限公司

中国康养运营领先品牌企业立足于养老服务和医疗保健，通过在健康产业的投资，打造集医疗与养老于一体的综合健康服务体系。如保利健康产业投资有限公司（简称"保利健投"）隶属国资央企保利发展控股集团，是中国保利集团推进大健康产业的唯一平台，以健康养老服务为切入点，秉承助力"积极应对人口老龄化"国家战略的央企责任，旨在为社会提供专业的全生命周期、全链条、全龄居的健康服务，构建健康产业投资及运营的良性生态圈。旗下养老服务平台"保利养老"以北京、上海、广州、成都为核心，全国四大片区布局，在营在建项目超过50个，打造知名养老品牌"和熹会""和悦会"。养老用品平台"保利和品"拥有适老化产品千余款，产品专利上百项，14款产品入选工信部推广名录。慧享福康养集团是一家从事康养投资、大健康策划、养老项目咨询、养老项目运营、养老人才培育输出的全国连锁养老品牌，历时14载，现已辐射全国八大核心城市，深耕50余个养老项目，运营40余家养老机构，服务超10万人次，令30万家庭受益。

商业管理加速轻资产拓展，洞察消费者需求，实现品牌主张与消费者情绪共鸣。2023年以来，品牌企业紧抓消费市场及服务业经济恢复契机，稳扎稳打，一方面，继续发力轻资产拓展，以管理规模扩大提升品牌价值。在外部环境承压的情况下，品牌企业普遍发力轻资产拓展，实现管理规模的增长，管理能力价值持续释放。同时，拓展轻资产项目也有助于企业提升盈利能力。与重资产拓展相比，轻资产运营毛利较高，提高轻资产业务的占比有助于企业优化利润结构，实现品牌效益与经济效益双提升。另一方面，品牌企业通过用户洞察、业务创新、营销活动等手段满足消费者需求，提高运营管理能力。当前，居民消费需求已发生改变，更注重休闲、社交体验，对情绪价值的需求提高。品牌企业及时洞察消费需求变化，通过消费空间与内容的重构更好触达消费者，实现品牌主张与消费者情绪的共鸣。

品牌企业积极响应国家号召，参与城市更新建设，促进品牌落地及价值提升。品牌企业一方面重塑土地价值，为城市全生命周期生长献策出谋，另一方面通过城市更新实现项目品牌落地，实现经济效益与品牌效益双赢。如保利发展参与的西安市首个一级开发试点项目丈八北路项目，通过前期与政府合作开发，完成旧改项目拆迁安置，获取优质地块；通过探索并实现一二级联动的开发模式，实现保利·天悦系高端产品品牌落地。

表8-28　　2024中国房地产城市更新领先品牌

品牌	企业名称
招商蛇口	招商局蛇口工业区控股股份有限公司
卓越城市更新集团	卓越城市更新集团
绿发管理	浙江绿发房地产建设管理有限公司
蓝绿双城	蓝绿双城科技集团有限公司
中建东孚	上海中建东孚投资发展有限公司
硚口区城更集团	武汉市硚口城市更新集团有限公司

城市更新领先品牌企业致力于与城市共同发展和繁荣，专注于产业现代化、文化价值塑造以及城市文化遗产维护等多个方面，推动城市的改造和发展，为老旧城区带来新的生机。招商蛇口以深圳为基点，通过推动深圳一系列城市转型更新项目，业务遍布全国重点城市及粤港澳大湾区核心城市，通过所积累的城市更新的经验能力和深谋远虑的开发策略，深入参与城市更新战略，为城市更新与高质量发展贡献经验与力量。卓越城市更新集团秉承"共赢、诚信、品质"的核心企业理念，长期聚焦城市核心，积极疏通城市肌理，改善城市功能，提升城市形象，延续城市文脉，目前已成为推动区域经济保持高质量发展的重要力量，并发展成为行业领先的城市更新标杆企业。硚口城更公司是2024中国房地产城市更新领先品牌，2024上半年区城市更新位居全市第一。公司成立于2023年4月6日，坚持打造市场化、专业化、品牌化国有企业，突出城市更新为核心的"规划设计、建设融资、开发建设、产业运营"一体化模式，是集城市改造更新前期服务建设运营、保障房筹集建设运营、城市更新供应链平台于一体的城市综合运营商。

（三）科技赋能品牌管理，高品质交付与公益活动有效支撑品牌

当前形势下，舆情易被放大且社会舆论发酵速度更快，因此，品牌企业更加重视做好舆情监管，建立品牌长效管理机制。其一，利用科技手段赋能舆情管理，通过建立监测系统、加强内部管理和及时回应，实现有效的舆情管理。其二，品牌企业注重交付时效和交付率的同时，更加注重高品质交付，为品牌筑牢底线。其三，品牌企业积极履行房企责任担当，提升企业公信力，增强市场信心，树立正面和有责任的品牌形象。

1. 借助科技快速处置突发事件，引导正向舆论，集约化管理降本增效

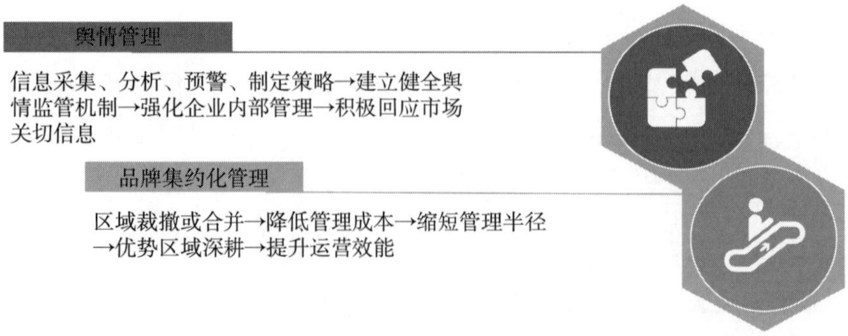

图8-5　科技赋能品牌管理

利用科技手段赋能舆情管理，建立健全舆情监管机制。一方面，品牌企业利用技术手段，从网络信息采集、信息分析、信息预警、策略制定等方面入手，强化品牌网络信息的监测和管理，实现品牌形象

的提升。随着科技不断进步，算法模型的不断应用，为品牌企业提供了更加精准、高效的信息分析与预警工具，品牌企业得以根据以往的数据，迅速制定信息管理方案，强化品牌的网络信息管理。另一方面，建立健全的舆情监管机制。为应对突发事件，品牌企业均已搭建起完善的舆情监管体系，内部通过对各种舆情进行监测、分析、反馈，保障危机处理的及时性与高效性；外部通过与专业机构的合作，实现对舆情的全面监测。同时，强化企业内部管理，防范风险发生。当前，品牌企业均已制定各类员工管理手册，加强员工培训；同时，企业也要加强内部管控，防范各类金融风险发生，以免对企业品牌造成不可弥补的损耗。当舆情发生时，积极回应市场关切信息，及时发布权威、准确的信息，避免信息真空导致的舆情升级。

品牌企业调整组织架构，通过区域合并精简，实现集约化品牌管理。新的发展形势下，决策和执行的高效性对企业发展至关重要，品牌企业积极优化组织架构，以提高管理效能和提升协同业务效率。2023 年以来，品牌企业或对发展前景较弱的区域进行裁撤或合并，或对较大区域进行进一步架构调整，既可以降低管理成本，又能够缩短管理半径，聚集资源深耕优势区域，通过集约化的品牌管理，提升运营效能。2023 年以来，万科、招商蛇口、华润置地、绿城等企业均合并区域公司，收敛聚焦优势区域深耕。

2. 高品质交付筑牢品牌价值底线，投身公益提升品牌形象

近年来，房地产企业违约事件频发，社会事件不断，企业公信力受到挑战。与此同时，行业下行压力持续，消费者对市场预期的悲观情绪不变。在此背景下，品牌企业一方面坚持承担交付义务，通过高品质交付消弭消费者顾虑；另一方面，积极投身社会公益之中，以自身行动，化解社会问题，为市场树立良好的品牌形象。

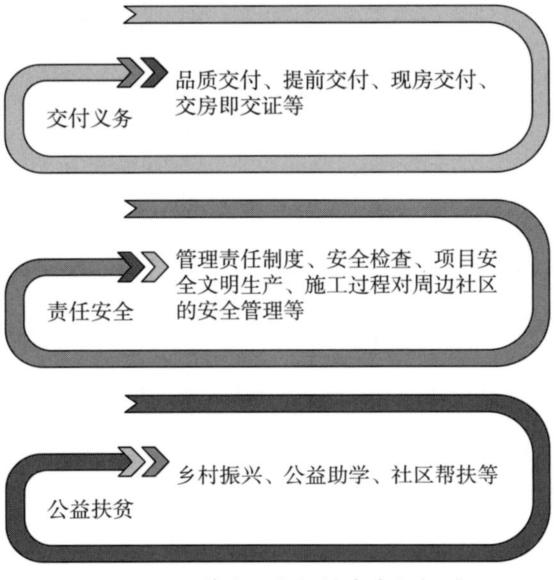

图8-6 品牌企业承担社会责任领域

企业履行交付义务，保障按时交付的同时，实现高品质交付。交付既是企业实力的印证，也是品牌责任的试金石，更是构筑品牌价值的有力支撑。2023 年以来，品牌企业继续履行保交付义务，并在按时交付的基础上，保障品质交付。品牌企业一方面多维度覆盖内部管控指标和外部评价指标，将交付质量检查工作落实到多个阶段，有序实施项目交付的质量把关，以高质量产品，提升品牌美誉度；同时，品牌企业

亦通过提前交付、现房交付、交房即交证等行动满足消费者期待，持续提升品牌口碑。如 2023 年，中海完成交付套数超 9.4 万套，及时交付率 100%，并将交付质量检查工作落实到四个阶段，有序实施项目交付的质量把关，让中海在客户心中始终“值得信赖”。

夯实安全管理，落实责任风险。品牌企业重视产品质量评价体系建设，严格落实内部质量审查和第三方质量评估，形成全过程质量监督、评估、考核体系，抓好安全控制，全面强化安全风险防控措施。如保利发展的内部质量审查覆盖项目设计、施工、竣工交付等多个阶段，并设置了严格的产品质量绩效考核机制；多专业线对施工过程、完工品质进行联合巡查，落实质量缺陷整改闭环。中海地产从制度层面明确了安全管理责任制度和安全检查规定等，确保项目安全文明生产，并使施工过程对周边社区的安全隐患降至最低。

投身爱心帮扶、社区公益等活动，树立良好的品牌形象。品牌企业通过参与乡村振兴、助学等公益活动，加强与社区的联系等方式，传递企业正能量，提升企业社会形象。如保利发展和基金成立 13 年来，陆续开展了“十元计划”“一对一帮扶”“筑巢计划”“梦想艺术课堂”等公益项目，为贫困地区的孩子带去爱与力量。截至 2023 年，和基金已连续三年发起“点亮计划”，累计开展 42 节美育课程，让近 1000 名青少年感受美育的魅力，为实现协同发展、美好同行贡献保利力量。绿城中国为街道办辖区内特困家庭赠送爱心物资，帮助困难居民享有更好的生活、更好的学习环境。

（四）传播内容突出“好房子”与“高品质”，彰显品牌历史凝聚消费者信心

随着供求关系发生变化，消费者对产品的要求也发生了改变。品牌企业洞察这一变化，在品牌传播方面，一方面传播内容更加突出企业的专业能力，另一方面，以品牌年龄作为突破点，增强企业和消费者信心的同时，传播品牌理念与历史底蕴。

1. 利用多维传播工具进行品牌宣传，通过发布精品项目展现“好房子”与“好品质”

品牌发布会内容突出“好房子”，以精品项目建立品牌区隔。2023 年以来，住房产品结构发生改变，高端改善类产品日益受到市场青睐。品牌企业不断提升产品定位的精准性，迭代升级产品，并紧跟政策导向，为消费者打造高品质的“好房子”。在传播内容上，通过推出高端产品线，以精品项目传递品牌实力并建立品牌区隔。2024 年 4 月，招商蛇口 2024 品牌暨 7 大高定产品发布会在成都举行，推出的多个臻系新品均继承了招商蛇口的高端产品力，并通过提速产品研发步伐，持续革新高端居住标准。2023 年 12 月，华润置地举办首届高品质大会，重新升级高品质产品标准，提出“高品质九观”的标准，发布新一代住宅产品线、产品硬核创新成果等，以产品凸显品牌硬实力。

2. 品牌年龄传播企业历史与文化底蕴，向消费者传递发展信心

2024 年，部分品牌企业已成立 30 年以上，品牌企业在传播方面，一方面加大庆祝力度，举办各类庆祝活动；另一方面，利用这一机遇发布新的品牌形象片、新标识等，传播品牌理念与品牌故事。同时，品牌企业也通过连续多年打造公益品牌 IP，强化品牌记忆，持续扩大品牌影响力。

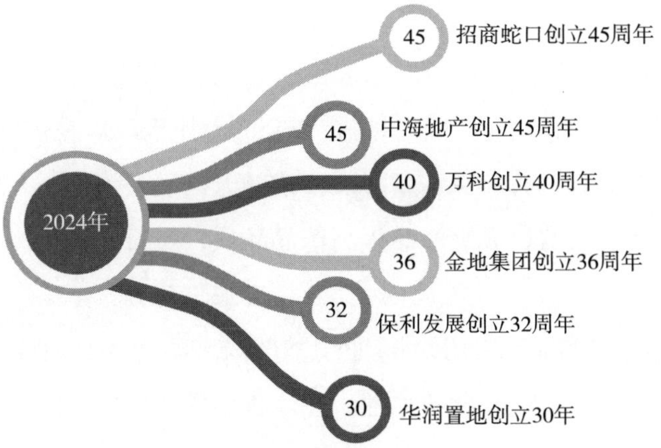

图8-7　部分品牌企业品牌年龄

借助周年庆焕新品牌形象，彰显企业实力，树立市场信心。品牌年龄是品牌价值的影响因素之一，直接关联企业历史积淀和持续发展的能力。品牌创立的时间越长，越可以积累丰富的历史和文化底蕴，凝聚消费者的信任，并不断扩大品牌影响力，对于品牌的认知度和忠诚度均有较大的积极作用。同时，品牌的创立时间也是其品牌故事和文化传承的重要部分，是企业核心竞争力的体现。2024 年，品牌企业通过司庆的形式，积极传播品牌理念、焕新品牌形象，彰显企业实力。如中海地产成立 45 周年，不仅举办各类庆祝活动，而且公开征集 45 周年标识设计方案，彰显企业文化及发展历程；华润置地成立 30 周年，不仅发布了新的品牌形象片，而且发布了全新的品牌视觉体系，更清晰地呈现企业的品牌战略，系统性地展现企业品牌形象。

图8-8　典型品牌企业公益品牌IP

连续多年打造公益品牌 IP，强化品牌记忆。公益品牌 IP 可以展现企业的社会责任，增强消费者对企业的信任和好感，提升企业的品牌形象，增强社会影响力，并扩大品牌传播广度。品牌企业持续在公益品牌打造力度方面加大投入，通过连续多年的品牌打造，让公益品牌 IP 形象深入人心，进而提升公司品牌认知度和美誉度。如保利发展连续 16 年打造和乐中国 IP，2023 年《人民日报》点赞保利发展以“和乐中国”活动讲好中国故事，不断增加企业品牌的曝光度。万科连续 11 年发起“乐跑”活动，举办超过 470 场赛事、吸引全国近 571 万人参与，并已吸引 3.1 万家企业、51 所高校参与，乐跑足迹遍布国内外 371 个城市，是参与度最深、影响力最大、覆盖面最广的全民健身 IP 之一，对企业品牌传播起到了积极作用。

结语

2023年，我国房地产市场仍处于下行阶段，房企资金面承压未改。在供求发生重大变化的新形势下，市场格局与企业格局继续面临调整，行业探索新发展模式的方向逐渐清晰。在此背景下，品牌企业紧抓市场机会积极作为，并主动适应新形势，升级产品提高产品品质，履行义务承担企业责任，轻重并举实现高质量发展。

2024上半年，房地产政策持续调整优化，行业调整期内，品牌企业韧性生长，继续发挥品牌的抗风险性，穿越行业周期。第一，品牌企业具有前瞻性，在注重重资产打造的同时，率先探索轻重并举的新发展模式，注重品牌先行，以轻资产品牌的不断延伸夯实品牌价值，实现高质量发展。第二，品牌企业加速轻资产品牌输出，坚持品牌聚焦，结合自身优势加强子品牌建设力度。第三，品牌企业持续优化组织架构，集中优势资源进行区域深耕，夯实企业责任，化解社会风险，不断树立正面、可信任的品牌形象。第四，品牌传播更加注重专业化，以精品项目夯实品牌实力，通过周年庆活动与公益品牌IP持续提升品牌传播的广度。

中国房地产已进入高质量发展的品质时代，供求关系发生重大变化，发展模式也从“三高”向高质量发展转型。品牌企业应建立新的发展观，紧跟国家发展方向，紧抓城市发展步伐，以好产品满足客户需求，以好服务提升产品满意度。逆势中，房企更应利用好品牌资产，通过品牌延伸进行价值提升与经济效益变现，用品牌效益为企业发展带来更强生命力。

专题报告 “好房子”塑造好品牌，成就好房企
——中国房地产企业品牌提升策略

2024年4月30日，中央政治局会议强调：“要结合房地产市场供求关系的新变化、人民群众对优质住房的新期待，抓紧构建房地产发展新模式，促进房地产高质量发展。”2024年8月23日，国务院新闻办举行发布会，住建部部长倪虹在会上表示，构建房地产发展新模式，建设适应人民群众期待的好房子；从我国城镇化发展进程看，从人民群众对好房子的期待看，房地产市场还是有很大潜力和空间。当前，人民群众对住房的需求已经从“有没有”转向“好不好”，从“有房住”变为“住好房”。在新形势下，房地产企业应顺势而为，用心建设“好房子”。

建设“好房子”、提供“好服务”，是房企铸就好品牌的根本。其一，“好房子”具有绿色、安全、宜居、智能、友好、美观等特征，建设“好房子”，需要从精心设计、精工建造和品质交付等方面着手，“好房子”需要好设计、好建造、好交付；其二，“好房子”需要“好服务”来维护，通过房屋体检、维修和改造，实现“好房子”的长期使用。展望未来，房地产企业要洞察需求新变化，依托“好房子”与“好服务”塑造好品牌，进而提升企业的市场竞争力和可持续发展能力，促进企业高质量发展。

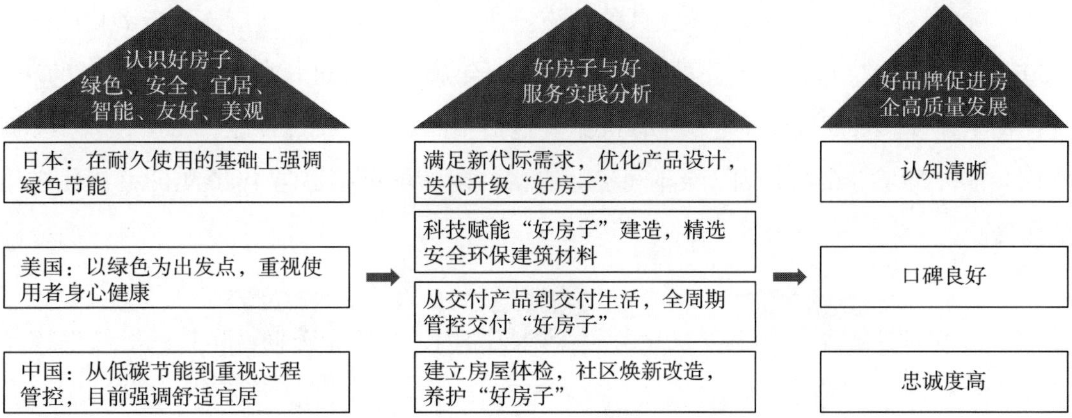

图8-9　好房子与好服务铸就房企好品牌

一、认识“好房子”：绿色、安全、宜居、智能、友好、美观

当前，建设“好房子”获得政策倡导，能够满足国内购房者更高需求。2023 年 11 月，住建部部长倪虹在答新华社记者提问时表示，“好房子”要绿色、低碳、智能、安全，让群众住得健康，用得便捷，成本又低，又放心安心。2024 年 4 月，中央政治局会议强调：“要结合房地产市场供求关系的新变化、人民群众对优质住房的新期待……抓紧构建房地产发展新模式，促进房地产高质量发展。”从近两年市场表现来看，在房地产持续调整的过程中，改善型楼盘表现出较强韧性，客观上反映出购房者对建设标准高、品质好的楼盘的选择偏好。

社会对于“好房子”的认识随着经济、文化和社会的发展而不断演变。在国外，伴随着环保运动和绿色建筑的兴起，“好房子”在功能全面、健康舒适的同时更强调与自然环境的融合以及对低碳节能的更高要求。在国内，目前全国城镇住宅套户比已经超过 1，已经迈过住宅绝对短缺阶段，人民群众对住房的需求已经从“有没有”转向“好不好”。“好房子”在满足功能、绿色等要求的同时，还包括了对现代生活方式的满足、对中国传统文化的传承以及对家庭结构变化的适应。

（一）日本：在耐久使用的基础上强调绿色节能

在经过城镇化快速发展和大量建造之后，日本住宅面临老化问题，以长期使用为目标的建筑长寿化技术成为符合日本现代社会需求的重要课题。二战之后，日本经历了快速的城镇化发展，1945 年至 1975 年的 30 年间城镇化率年均增长超过 1.5 个百分点，到 1975 年城镇化率超过 75%。为应对住宅老化等问题，日本建设省于 1980 年提出百年住宅体系（CHS），其核心理念是将住宅视为可以持续使用一百年以上的资产，强调长寿化设计、适应性设计、维护与管理、主体与内装分离等方面。

受到可持续发展观以及城镇化速度放缓的影响，日本对于建筑的评价标准在坚持长期使用的同时愈加重视绿色节能。日本城镇化进程显著放缓，1976 年至 2000 年城镇化率的年均提升幅度仅有约 0.27 个百分点，与此同时民众的绿色低碳意识不断增强。日本 CASBEE 认证体系于 2003 年 7 月由日本建筑物综合环境性能评价委员会发布，从环境质量（室内环境、服务质量、室外环境）、环境负荷（能源、资源和材料、场外环境）两方面进行评价。

随后，为了降低环境负荷，建设价值长久的高质量住宅，同时也为了适应人口老龄化的发展趋势，日本政府于2007年提出了“200年住宅”的构想，于2009年施行《促进长期优良住宅普及的法律》，全面推行长期优良住宅建设。长期优良住宅认定标准主要包括主体耐久、抗震性能、易于管理和更新、节能对策、居住空间、居住环境、维修计划、灵活可变、高龄者对策等因素，与1980年的百年住宅体系相比有相当程度的拓展。

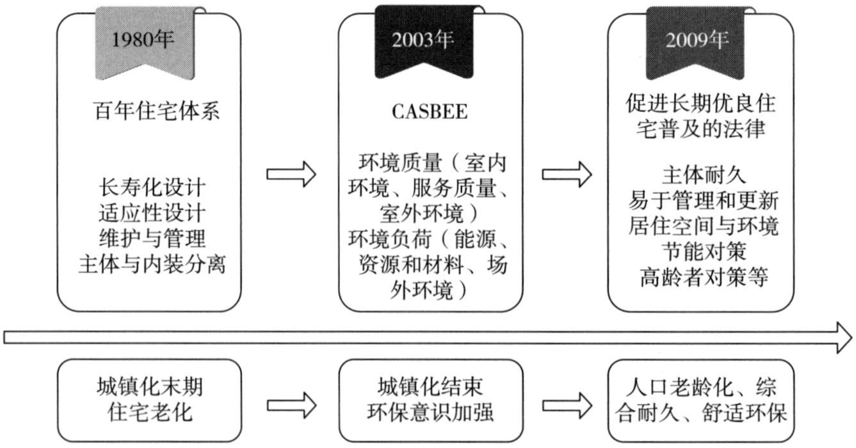

图8-10　日本住宅与建筑评价标准变化

（二）美国：以绿色为出发点，重视使用者身心健康

世界环保运动兴起于20世纪60年代，同时也是绿色建筑的启蒙阶段，首次提出“生态建筑”这一概念。70年代，石油输出国组织的禁运导致石油和天然气价格飙升并引发了能源危机，美国人开始质疑交通和建筑对化石燃料的依赖，绿色建筑运动逐渐兴起。1993年，来自60多家美国公司和非营利组织的代表成立了美国绿色建筑委员会（USGBC），该组织旨在推进建筑行业的可持续性，并于1998年发布第一版LEED认证体系。

美国LEED认证体系在实践中不断拓展适用范围，由新建筑拓展到既有建筑和翻新建筑，并涵盖学校、医院、数据中心、酒店、零售店、仓库和物流中心等业态。目前，LEED认证体系的评价指标涉及选址与交通、可持续场址、用水效率、能源与大气、材料和资源、室内环境、创新设计、地域优先等多个方面，更加强调环境效益、经济效益和社会效益有机结合。如LEED在第一版之后的版本里加入支持地域优先这一评价标准，并在后续版本中进一步发展和细化，加入推荐采购当地材料和产品来支持当地的经济活动，采取措施保护和恢复当地的生态系统，设计建筑适应当地气候条件，通过提供社区服务设施、改善交通连接和增强社区凝聚力来促进社区的发展，尊重和保护当地的文化遗产等评价依据。

建筑是人们最主要的工作和生活空间，健康建筑是构建健康社区、健康村镇和健康城市的基石，新的评价标准也随着对人们生理及心理健康的重视而出现。2014年，国际WELL建筑研究院（IWBI）提出WELL建筑标准，从空气、水、营养、光线、健身、舒适性和精神等方面评估建筑的性能，更加关注建筑对人类生理和心理健康的影响。

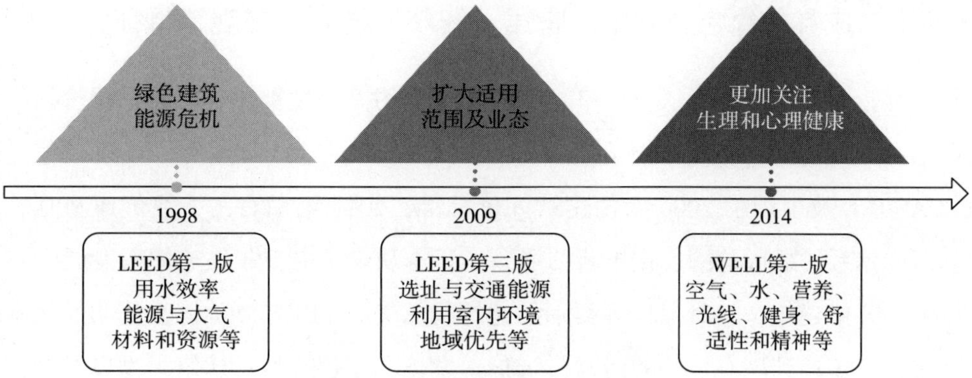

图8-11　美国建筑评价标准变化

（三）中国：从低碳节能到重视过程管控，目前强调舒适宜居

2000年左右，国内城镇化快速发展，对建筑的环保、节能和可持续性提出了更高要求，居民的环保意识也不断增强。我国第一部《绿色建筑评价标准》于2006年发布实施，评价体系包括节地与室外环境、节能与能源利用、节水与水资源利用、节材与材料资源利用、室内环境质量和运营管理六个方面，彰显对低碳节能的重视。

商品房施工面积保持高速增长，伴随着建设施工过程也产生了水污染、空气污染、建筑垃圾污染等生态问题。为了减少这些环境问题，施工单位有必要通过合理规划施工工序、使用绿色建筑材料、控制噪音和粉尘排放、有效回收利用废物等措施管理施工过程。2014年，《绿色建筑评价标准》加入施工管理的评价细节，进一步规范施工管理。

随着技术进步、新理念的融入与新时代发展要求的提出，居民对于居住品质提出了更高的要求，我国对建筑的评价也更加全面。2019年，我国城镇居民人均住房面积达39.8平方米，反映出城镇居民住房条件已得到显著改善。《绿色建筑评价标准》2019年版的评价指标与前两版相比也出现了较大幅度的变化，评价维度从以低碳节能为主拓展到安全耐久、健康舒适、生活便利、资源节约、环境宜居等多个方面。

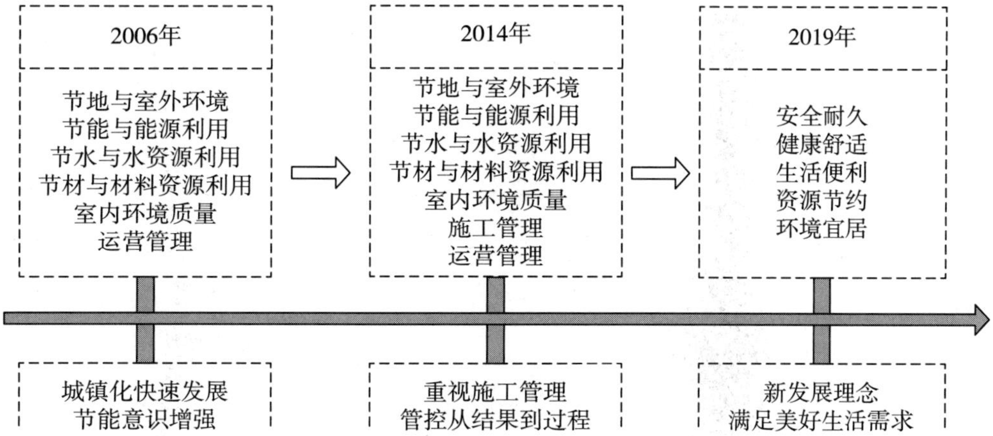

图8-12　我国《绿色建筑评价标准》评价指标变化

近期，多家研究机构提出“好房子”内涵与标准。2024年2月，中国工程建设标准化协会组织研编的《好住房评价标准》通过审查，确定了好住房评价指标体系以“宜居、低碳、智慧、安全、和美、其他”6类核心指标。清华大学房地产研究所提出，“好房子”内涵应涵盖室内、建筑及社区三个层面的绿色健康、智慧友好等特点。

（四）“好房子”应具备绿色、安全、宜居、智能、友好、美观等特征

国内外住宅评价标准普遍经历了从较为单一向综合全面的演变过程。一方面，评价指标关注的重点在演变，1980年代，关注安全耐久，如日本的百年住宅评价体系；2000年左右，关注绿色低碳，如美国的LEED、日本的CASBEE及中国的2006绿色建筑评价标准；2015年左右，关注健康宜居，如美国WELL等。另一方面，评价体系的适用范围也在不断拓展，如日本从最早的百年住宅体系发展到CASBEE覆盖新建建筑、现有建筑、装修建筑、临时建筑等类别的建筑物，美国LEED评价体系从初始版本主要关注新建建筑和室内设计与施工拓展到现有建筑的运营与维护、学校和零售等特定建筑类型以及社区和城市等建筑类别。

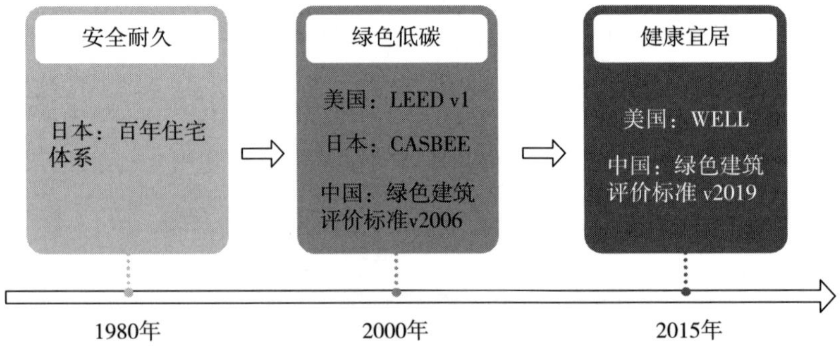

图8-13　国内外住宅评价标准重点变化

总结国内外住宅评价标准体系，我们综合归纳“好房子”应具备“6S”特征。初级特征：绿色低碳（sustainable）、安全耐久（safe）；中级特征：健康宜居（salubrious）、科技智能（smart）；高级特征：全龄友好（suitable for all ages）、协调美观（stylish）。具体来看，绿色低碳主要包括建筑选材、建筑能耗、降碳节能、资源循环等指标；安全耐久主要反映项目在安全防护措施和建筑耐久性上的表现；健康宜居包括空间宜居、环境健康、设施便利、社区规划等维度；近年人工智能迅速发展，也要快速应用于住宅建设，我们考虑把智能科技作为评价“好房子”的重要因素，主要体现项目在室内及公区所运用的科技智能设备及先进技术；我国社会逐渐进入深度老龄化阶段，住宅建设要着重考虑老年人需求，全龄友好主要体现项目在适老化、适幼化等方面的应用，产品功能空间具备灵活性；人们生活水平提高，对审美提出了更高要求，协调美观包括建筑风格、园林设计、色彩及材质搭配等方面。

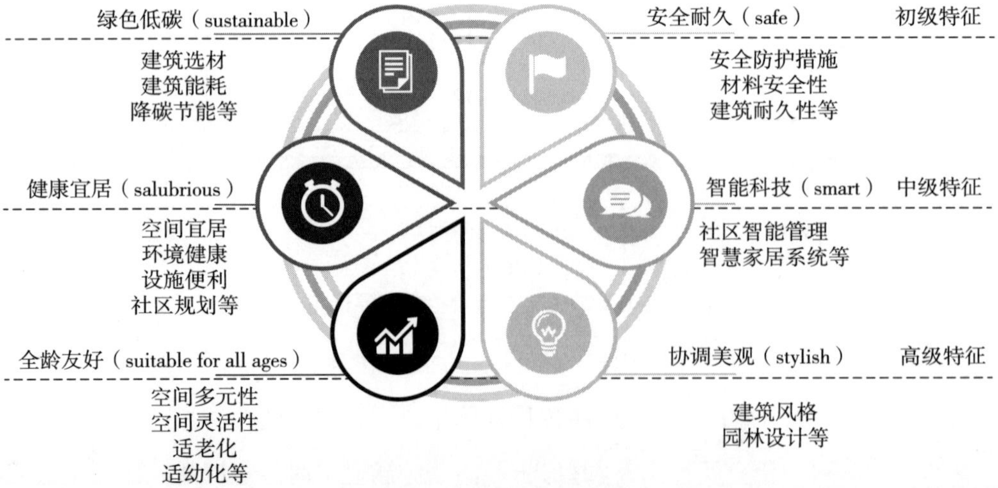

图8-14　“好房子”特征

二、“好房子”与“好服务”实践分析

2024 年 8 月 23 日，国新办举行新闻发布会，住建部部长倪虹表示“好房子”要有好标准、好设计、好材料、好建造、好服务。综合国内外好住宅评价标准可以看出，“好房子”建设涉及项目从规划设计到建造交付的全周期过程。我们总结优秀房企先进经验，从设计、建造与交付等方面分析如何建设“好房子”。“好服务”有助于养护“好房子”长期使用，也是对“好房子”的外延和拓展。国内外部分好住宅评价标准已在住宅保养维护、物业服务等方面提出要求。优秀房企在建设“好房子”的基础上养护“好房子”，满足居民对于美好生活的需求。

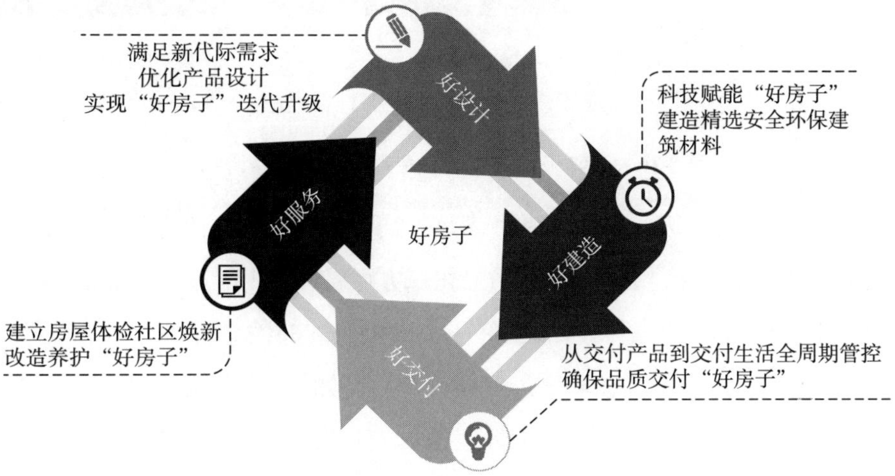

图8-15　建设“好房子”，“好服务”养护“好房子”

（一）满足新代际需求，优化产品设计，实现“好房子”迭代升级

当前市场“改善”特征明显，置业需求呈现出品质诉求增强、新技术新功能诉求增强、大户型诉求增强等特点。首先，刚需刚改客群对居住品质有了更高的要求，集中体现在对配套、产品性价比、区位更加敏感，对景观、入户的品质要求更高。其次，高端市场客群年轻化趋势明显，职业背景更加多元化；年轻的高端客户对地段敏感度更高，对大平层偏好度更高，对管家式的服务需求度更高。再次，改善客群对科技住宅、第四代住宅等新兴住宅产品形态关注度越来越高，愿意体验。保障空气质量、用水洁净是消费者对科技住宅的最基本诉求。收入越高的家庭，对科技住宅接受度越高，对额外增加的费用接受度更高。最后，多孩家庭换房改善需求将有明显增长态势。多孩家庭数量增加，叠加各地补贴、放宽多孩家庭购房政策，特别是一二线城市的多孩家庭换房需求有望进一步释放。

房企研究当前市场需求变化，强化研发设计能力，为产品升级打好基础。绿城中国研发设计中心作为绿城“好房子”的创新引擎，已建立生活实验室、工法研究院、未来创新工场三大板块，近年来在客户敏感点上发力，从无界公寓、中央车站、春知学堂、到生活街角、139 归家动线体系等，高品质完成一系列创新成果，创造出多个新 IP，为项目价值提升赋能，推动绿城在标准化、产业化、环保化、科技化四个方面不断提升。

房企优化产品设计，迭代升级产品。随着新代际逐步成为主力客群，购房者呈现出新的消费与需求特征，新技术的出现以及绿色人文等理念的强化，也直接影响着人们的生活理念和生活方式。房地产企业通过市场调研和客户反馈，更加准确地把握购房者需求，不断优化产品功能和设计，采用先进的设计理念、

环保材料和智能家居技术，实现产品持续创新和升级，提供更加智能化、个性化的住宅解决方案，以满足现代消费者对舒适、便捷和健康生活的追求。

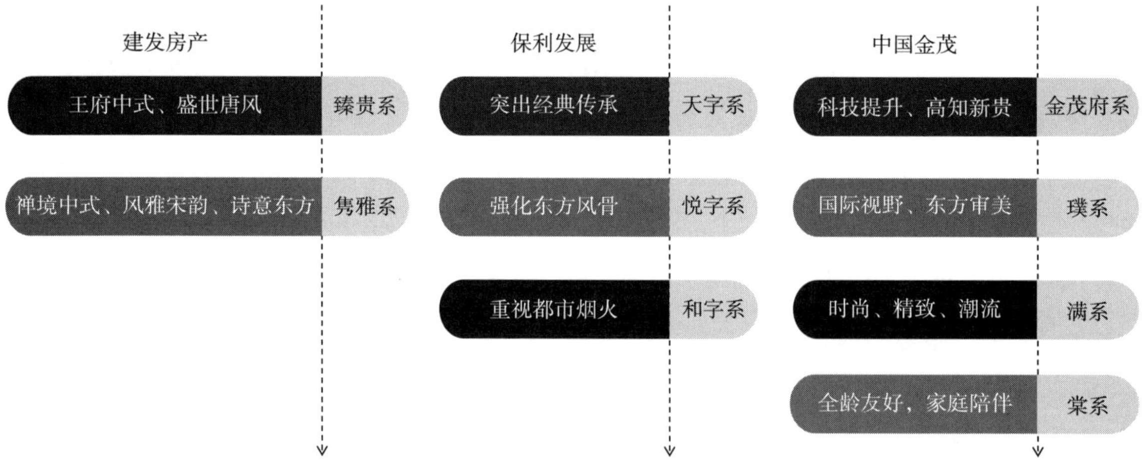

图8-16　近年来优秀代表房企升级住宅产品谱系

近年来，优秀代表房企纷纷升级住宅产品系，满足不同客群的需求。保利发展全新升级“天·悦·和”三大产品系，“天”字系突出经典传承，“悦”字系强化东方风骨，“和”字系重视都市烟火，满足各类客群对高端配置、文化格调、环境性能等不同产品偏好。中国金茂发布“金玉满堂”四大产品线，其中“金”指进化到3.0的“金茂府系”，以科技为核心全维度提升，为高知及新贵家庭营造“自然生长的社区”；“玉”是建立在国际视野、东方审美下的返璞归真，为静奢派人士打造“璞”系高定生活；主打时尚、精致、潮流的“满系”，寻求为悦己派带来精神共鸣；“棠系”以全龄友好为底色，倡导家庭陪伴、亲子成长和元气活力。优秀房企重塑产品品牌体系，用产品系快速建立客户稳定预期，降低品牌传播难度，形成品牌势能。

（二）科技赋能“好房子”建造，精选安全环保建筑材料

实行智能建造是房企发展新质生产力的突出体现。房企通过建立“绿色+数字”管理体系，升级智能化建造。龙湖集团建立“双碳数字化管理体系”，从低碳绿色建造、节能减碳改造、新能源实践等不同维度，建立目标管理－策略制定－实践反馈－目标及策略优化迭代的PDCA一体化管理模式，实现内部自上而下的目标管理及自下而上的实践反馈的管理闭环，为可持续发展奠定管理基础。

房企应用物联网、云计算及BIM技术，实现施工现场海量数据实时上传、汇总、分析和展示，实现从传统管理工地到智慧工地的转型。万科用无人机助力高质量建造管理，使用无人机在工地实施土方测量、采集现场信息，为设计团队及工程团队提供更全面的信息及数据支持，设计团队依据现场土方信息综合优化地下工程方案，工程团队依据土方信息合理排布地下工期并进行过程跟踪，确保建造高效高质。

房企将装配式建筑、工业化理念和技术深度融入建造环节，形成标准化产品的装配式应用内容清单，夯实智能建造的基础技术底盘。保利发展提出科技创新“和翎计划”，总部产品研发中心联合头部企业研究全屋装配式精装，完成10项新材料工艺构造，并联动行业上下游企业持续优化建造技术，深化ALC墙板、预制PC外墙或构件、装配式内隔墙等装配式部件的应用和施工工艺，整合装配式上下游材料、部品、集成产品资源，通过供应链平台进行采购、服务的搭接，扩大产业链的集成能力，不断促进行业装配式建筑发展。

以科技创新推动家装“绿起来”，是让人们在“好房子”里过上好生活的重要抓手。科技发展推动住宅产品向智能化、绿色化升级。智能化住宅通过集成先进的智能家居系统实现对家庭环境的自动化控制，在提高居住便捷性和舒适度的同时有效节约能源，降低生活成本。绿色住宅采用环保材料和节能设计，减少对环境的影响，并提升居住者的生活质量。“凤起系”代表了绿城“好房子”现阶段的满格配置。绿城·义乌凤起潮鸣与华为联袂打造智能化精装交付标准项目（部分楼幢），强调智慧安防系统，减少干扰，提供六大归家礼遇与五维便捷服务，塑造科技时代的安全、便捷与尊崇生活，同时通过 WELL 金级认证，整合空气系统、智慧科技与健康服务。

房企在建设“好房子”过程中使用环保和高质量建筑材料。北京保利广场在更新改造过程中全面实现碳中和，10% 以上建材为可再循环材料，同时开展材料路径优化，缩短运送距离，减少运输过程中的碳排放。北京中海甲叁號院为北京中海首个藏峰系产品，深研铝板幕墙防渗漏工艺，采用开缝幕墙配合内层打胶体系，技术角度实现铝板幕墙集美观性与功能性于一体。华润置地义乌下车门悦府作为浙江省首批“未来社区”试点项目之一，立面设计以现代手法整合古典元素，将米黄石材与香槟色金属作为材质基底，融合弧线、拉槽等细节控制，塑造出质感立面效果。

（三）从交付产品到交付生活，全周期管控确保品质交付“好房子”

完备的交付体系与流程，是实现品质交付的基础。优秀房企围绕项目交付“前 – 中 – 后”全周期打造品质闭环。保利华南建立“520”交付项目管理体系，确保实现公区查验问题不大于 5 条、户内查验问题不大于 2 条、交付质量 0 瑕疵，从交付前的工地开放日、专业验房等环节，到交付中的一对一服务、全景交付等一系列动作，再到交付后的居住焕新，围绕产品交付“前 – 中 – 后”各环节践行“品质交付”承诺。绿城天津在交付前 6 个月到交付后的 2 个月内均有一系列要求：交付前 6 个月成立交付小组，交付前 5 个月物业前期介入，交付前 3 个月开展“一房五验”，交付前 1 个月业主预收房、开展交付前评估，在正式交付时实行交付规范化，交付后 2 个月进行集中整改。依托完善的交付体系，提前交付、交付即交证逐渐成为房企交付的“标配”。

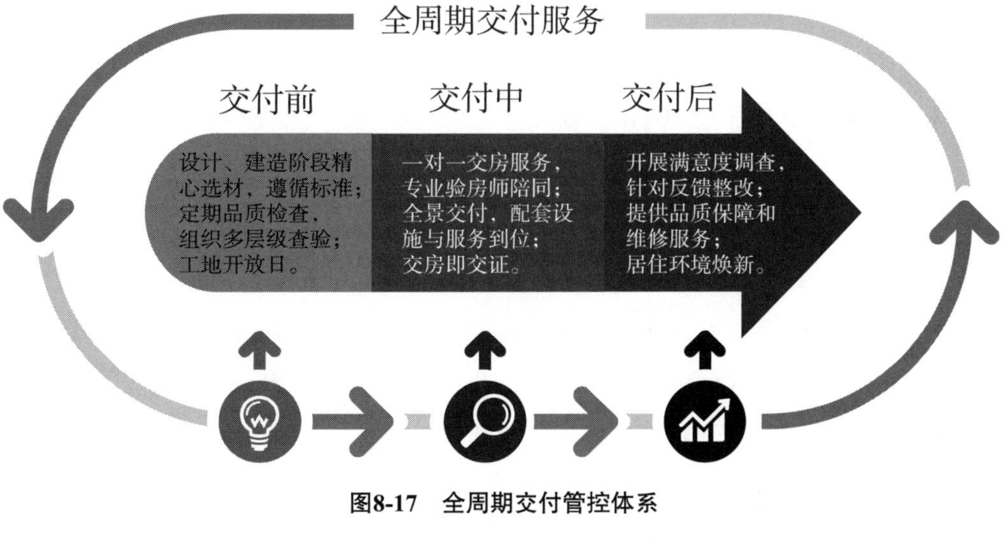

图8-17　全周期交付管控体系

从交付产品到交付生活，优秀房企全面升级交付服务，实现全景交付。保利华南从回家动线、邻里空间到社区运营、配套设施，实现硬件和软件百分百呈现，为业主带来实景家境，实现所见即所得的高品质交付，并开启夜间交付服务，个性化服务业主，在细微之处彰显服务品质。华发在交付时即实现实景园林呈现，并承诺社区配套原则，即社区商业确保在小区交付之时同步开业，让业主入住就能享受成熟的生活配套。

（四）建立房屋体检，社区焕新改造，养护“好房子”

2024 年 8 月，住建部部长倪虹在国新办举行的新闻发布会上表示，住建部目前正在研究建立房屋体检、房屋养老金、房屋保险制度，构建全生命周期房屋安全管理长效机制。目前，《中华人民共和国物业管理条例》与《住房和城乡建设部等部门关于加强和改进住宅物业管理工作的通知》等条例规范均规定了物业管理活动中物业服务企业的权利与义务，包括对房屋及配套的设施设备和相关场地进行维修、养护、管理等方面的内容。2023 年，《住房城乡建设部关于全面开展城市体检工作的指导意见》提出围绕住房、小区（社区）、街区、城区（城市）等层面建立城市体检基础指标体系，其中住房维度应从安全耐久、功能完备、绿色智能等方面设置房屋结构安全、管线管道、入户水质、建筑节能、数字家庭等指标，小区（社区）维度从设施完善、环境宜居、管理健全等方面设置养老、托育、停车、充电等指标。

图8-18　房企多举措维护提升居住品质

房企定期对房屋及社区环境进行养护和焕新，提升业主居住品质。龙湖集团开展“善居计划”，以“安全安心，常住常新”为主题，分为三大整改类别：一是完善设施和硬件品质，安心居住氛围；二是设施焕新，兼具功能性和宣传性，强调“视觉冲击”；三是聚焦受众面广、业主使用频率高的要求，提高社区生活舒适度。保利物业通过“清洁、绿化、修理”三大举措焕新二手住宅项目，并严格执行监管违建、规范装修管理等工作，以规范化管理流程和标准化申报程序对装修管理采取“规范、差异、阳光”的管理方法，保障园区安全。

同时，房企改造老旧社区提升居住品质，并通过在公共空间、居家环境进行适老化改造提升老年人生活的安全性与便利性。保利华南持续开展“优居焕新”活动，在七城 31 个小区更新、改造、添置社区公共设施，为交付满两年以上的社区注入新活力。龙湖集团开展“万年青计划”，已在重庆、沈阳、苏州、上海、赣州等 17 个城市落地 103 个老旧小区适老化改造项目，惠及 13.6 万名老人。

三、“好房子”与“好服务”塑造好品牌，促进房企高质量发展

房地产企业品牌建设的基础，在于凭借自身综合实力提供优质的产品和服务，建设好房子。产品和服

务的质量直接影响客户的满意度和忠诚度，是企业声誉和形象的直接体现。面临市场需求与行业发展的变化，房企从“好房子”与“好服务”两方面着手夯实品牌根基。一方面，房企通过精心设计、精工建造高质量的住宅产品，建设绿色、安全、宜居、智能、友好、美观的“好房子”；另一方面，房企构建“好服务”建立房屋体检，对老旧社区进行焕新改造，养护“好房子”。

展望未来，市场变化将推动住宅产品加速升级。房企可将产品聚焦景观、入户、科技、健康等购房者的关注热点，满足不同客群对居住品质的更高要求。同时，应完善综合服务体系，完善房屋体检制度，对社区持续进行维护升级，提升居民居住品质。房地产企业建设“好房子”、提供“好服务”，是房企品牌建设的根本所在，将促进企业迈向高质量发展。

为促进房地产行业高质量发展，满足人民群众对优质住房的新期待，中指研究院启动2024年重点省市人居梦想“好房子”研究与优选工作，最终在全国范围内优选出重点省市人居梦想“好房子”。研究组发现，“好房子”普遍在宜居、绿色、科技、美观等方面均超过行业平均水准。“好房子”不仅关注房子的物理属性，如户型设计、建材质量、施工品质等，还强调房子的环境及配套、居住细节及功能拓展，并符合绿色低碳、智能化的大趋势。

表8-29　　2024年重点省市人居梦想“好房子”

北京市			上海市		
项目名称	区县	开发商	项目名称	区县	开发商
元玺	石景山区	首钢建投、香港置地、招商蛇口	中海领邸	徐汇区	中海地产
保利·天汇	朝阳区	保利发展	招商臻境	浦东新区	招商蛇口
能建国贸·璟上兰园	顺义区	能建城发、国贸地产	中环置地中心·润府	宝山区	华润置地
兴城之星	大兴区	北京兴创投资、中建三局	绿城·留香园	嘉定区	绿城中国
建发·观云	顺义区	建发房产	中环金茂府	宝山区	中国金茂
广州市			**武汉市**		
项目名称	区县	开发商	项目名称	区县	开发商
中海大境	海珠区	中海地产	中建壹品汉韵公馆	东湖高新	中建壹品
中建天河精诚壹号	天河区	中建四局城市发展公司、高新集团、天河投资	恺德雲麓	硚口区	恺德集团
联投文津府	天河区	联投置业	御江尚品·江玺	青山区	武汉交投地产
中央公馆	黄埔区	保利发展、招商蛇口、华发股份	松阅	青山区	运盛集团
万科·理想花地·朗庭	荔湾区	万科、中信股份	武汉甘露山文创城	黄陂区	武汉城建集团
长沙市			**陕西省**		
项目名称	区县	开发商	项目名称	城市	开发商
保利天瑞	岳麓区	保利发展	越秀铁建·樽樾	西安	中国铁建地产、越秀地产
城发恒伟·君樾文昌	开福区	城发恒伟	金茂璞逸曲江	西安	中国金茂
长沙瑞府	雨花区	华润置地	高科·云天	西安	西安高新安居
建发缦云	岳麓区	建发房产	中国铁建·轨交·秦风雅颂	西安	中国铁建地产、西安地铁
中建·和悦宸光	天心区	中建信和、天心城发集团	金泰·太白云境	宝鸡	金泰恒业

续表

浙江省			四川省		
项目名称	城市	开发商	项目名称	城市	开发商
霞映锦绣里	杭州	滨江集团、建杭置业	青羊润府	成都	华润置地
绿城沁百合	杭州	绿城中国	保利新川天珺	成都	保利发展
和栖云境	宁波	奉化城开、蓝绿双城	建发书香云锦	成都	建发房产
宸樾恒久府	杭州	西房集团	万科古翠隐秀	成都	万科
绿城·桂冠东方城	杭州	绿城中国	龙湖西宸·御湖境	成都	龙湖集团
中港·西湖院子	杭州	中港集团	陆肖 TOD·麓鸣九天	成都	成都轨道城市
中海·玖樾	宁波	中海地产	成都科创生态岛 U6	成都	天投集团
天樾玺一期	温州	招商蛇口、保利发展	绛溪里	成都	成都东部集团
绿城锦海棠	杭州	绿城中国	华西悦湖公园城	成都	四川华西集团
保利云城瑧悦府	杭州	保利发展	圆中润达丰滨江郦城	眉山	圆中控股集团、润达丰控股集团
河北省			山西省		
项目名称	城市	开发商	项目名称	城市	开发商
华望城	雄安新区	雄安集团城发公司	中国铁建·花语堂	太原	中国铁建地产
深圳园·燕华城	保定	深保发展	建投·诗意汾河	太原	山西建投
中冶·德贤公馆	雄安新区	中冶置业	中海学仕里	太原	中海地产
中海峯叁號院	石家庄	中海地产	招商时代主场	太原	招商蛇口
万科·华府 ONE	唐山	万科	保利和光尘樾	大同	保利发展

元玺是由首钢建投、香港置地、招商蛇口联袂打造的人居范本，是北京首钢园里的 TOP 系藏品。项目凭借稀贵的地段、质感的艺术设计、以“自然装饰主义”为宗旨的园林景观、高定的环幕空间、前沿的生活方式，打造高阶人士的理想居所。能建国贸·璟上兰园由双世界 500 强国央企联袂打造，基于后沙峪土地价值的共识和人居迭代的信仰，打造融合能建城发“兰园系”、国贸地产“上系”的双改善产品线洋房力作，演绎高品质理想生活。招商臻境位于上海浦东三林板块，建筑上以海派美学为基础，通过流动曲线勾勒建筑轮廓，园林上以“海派腔调，静奢生活”为设计理念，打造海派 Deco 风情园林。

中建天河精诚壹号位于广州天河智慧城，北揽城市火炉山森林公园，东临一线湖景东大湖。项目打造 2.5 容积率低密住区，内设全龄段社区配套，以多元架空层打造童趣梦岛、社交盒子等 4 大主题空间，全面满足业主休闲娱乐需求。联投文津府落址于广州天河中央生态住区，由联投置业开发建设。项目邻近珠江新城 CBD 和金融城 CBD，周边有岐山公园等多个景观公园，形成天然的森氧之境，社区规划“一轴、两心、三节点、六境园韵”，打造共享会客厅、亲子共读空间等八大功能区，升级居住体验。

松阅是武汉青山区首个负公摊四代宅示范项目，容积率仅 2.35。园林上，项目采用以“书院”为主题的造景手法，打造约 3000 平方米的东方山水园林前场空间及私家会所；项目引进万科物业，为业主提供舒适的居住环境。城发恒伟·君樾文昌项目由千亿长沙城发集团旗下唯一地产主体城发恒伟打造，项目定位为长沙 TOP 级高端大宅。项目邻近 1、6 号线文昌阁站，两站即达五一广场；西侧紧邻沿江风光带，俯瞰湘江美景，远眺岳麓山和橘子洲，景观资源得天独厚。

越秀铁建·樽樾以东方美学为基调，设计上以“庭、院、园”空间展开，景观复刻辋川画境，提取画中文化、自然等元素，打造东方山水意境庭院，呈现独特的文化气质，配置有 18 大功能的“超能级”会所。高科·云天位于西安软件产业的核心承载区——丝路软件城，项目打造建面约240~490 ㎡精装大平层，拥有先进的分户式“七恒”科技，用科技力量赋能健康生活，以前瞻性的社区规划、立面设计、园林营造、空间设计打造人居梦想作品。中国铁建·轨交·秦风雅颂项目占地251亩，容积率1.58，规划有叠拼、四代洋房、高层等多种业态，实现了约18%建筑密度、超40%绿地率；在“TOD综合开发”专家中国铁建地产与西安轨交合力打造下，成就集文化、公园、商业、住宅于一体的品质住宅项目。

和栖云境地处奉化东部新城中山东路，周边配套齐全，紧邻万达广场，双水系公园环绕。项目采用“安缦灵感”风格，以蓝绿双城共建体系，打造拥有超2000平方米下沉会所、超1.6万平方米中央花园以及270° 环幕视野双套卧的高品质改善大宅。绿城·桂冠东方城是中国的第三座亚运村，绿城第五座运动村，也是绿城以“让更多人住上好房子”为初心，以“高颜值、极贤惠、最聪明，房低碳、全周期、人健康”为目标，营造出的让客户满意的绿城“好房子”。中港·西湖院子为杭州本土房企中港集团打造的最高端序列产品，项目位于未来科技城2.0板块，南湖创新小镇、阿里达摩院等科技产业集聚。项目秉持经典中式建筑设计，灰瓦白墙，尽显江南水乡的雅致。园林上，项目运用飞檐画窗、假山叠石等元素构成多维立体园林风景。

陆肖TOD·麓鸣九天是由成都轨道在成都高新区打造的千亩TOD大盘项目，项目集居住、商业、办公、教育等多元化功能于一体。项目全新产品打造高端度假酒店式园林，营造森林小径仪式归家体验，园区设有湖边木屋会所，迭新高新森活先行样板。绛溪里位于成都东部新区核心板块，是成都市“未来公园社区”的标杆之一，拥有天府国际机场、城市级TOD等城市配套，近享三岔湖等自然资源。项目整体规划以山丘林湖为基底，打造高品质生态住宅产品，具有高实得、大阳台、多绿地等核心亮点。华西悦湖公园城位于四川省第二大湖——三岔湖东岸，毗邻成都七中东部校区及东部新区未来医学城，项目遵循“建设公园城市示范区”的新城市发展理念，依托湖景及生态公园资源，打造容积率低、建筑密度小的当代湖居样板。

华望城是雄安新区首批市场化项目，坐落于雄安开发建设先行区容东片区东南部，与启动区一路之隔。项目聚焦疏解北京非首都功能需求，秉承职住平衡、绿色智能的全新生活理念，打造生态优先、配套丰盛的高质量宜业宜居城市样板。深圳园·燕华城落址于保定莲池区，地处深圳园生态人文主轴，享受园区所聚合的教育、商业、公园、就业等优质城市资源。建筑设计上，项目通过玻璃幕墙与铝板的巧妙结合，呈现现代简约质感立面形象，同时规划全龄友好社区园林，构建绿色低碳舒居空间。中冶·德贤公馆位于雄安新区启动区核心地带，为人才疏解提供职住平衡的优居方案。项目以新中式风格为设计语言，融合宋代简约山水园林艺术，打造生态智慧的宜居环境。通过精心规划的住宅与办公空间，实现工作与生活的无缝对接，为高端人才提供舒适便捷的居住体验。

中国铁建·花语堂择址太原长风CBD，景观设计上，项目将登门望府、掬月捧松、池山游廊的传统美学，融入现代艺术风格的自然庭院中，同时融入山西首个立体儿童乐园等功能，配置三大会所，成为代言山西文化的人居封面作品。建投·诗意汾河是由山西建投打造的高品质改善项目，项目距离汾河仅约1公里，周边自然资源丰富，环境宜居。项目近邻地铁2号线，周边有坞城南路、滨河东路等主干道，出行便捷。

报告九　2025中国城市居民居住满意度调查报告

一、中国城市居民居住满意度调查概述

1. 调查背景与目的

2025年，我国经济全面转向高质量发展阶段，房地产行业在“保交楼、稳民生”政策指引下步入发展模式深度变革期。核心城市调控政策效力逐步释放，但市场呈现结构性分化持续深化态势，品质改善型需求加速迭代，多元化需求场景持续拓展，置业群体愈发注重房企经营稳健性及品牌美誉度。在此背景下，系统推进中国城市居民居住满意度行业普查具有重要战略价值：既助力开发企业精准完善产品服务体系、厚植品牌资产，构筑差异化竞争壁垒；亦为行业建立服务品质评价基准、推动标准化体系建设提供支撑；更能有效对接民生诉求、夯实居民居住福祉，成为房企应对市场周期性调整、行业实现高质量发展的重要战略抓手。

自2007年始，中指研究院已持续十八年开展全国房地产居民居住满意度普查工作，研究成果获得社会各界高度关注及行业普遍认可。2025年4月，中国城市居民居住满意度普查工作在北京、上海、广州、深圳、天津、重庆、杭州、南京、苏州等全国重点城市再度同步启动。

中国城市居民居住满意度调查目的如下。

① 基于多年全国性满意度调查实践，动态追踪行业整体、不同调查对象、城市各层面满意度真实水平，分析房地产行业发展周期不同阶段满意度水平的波动趋势。

② 通过建立行业标尺，帮助企业定位自身在行业内所处位置，发现优势方面，寻找竞争差距；同时通过城市层面的对标帮助企业了解自己在已进入的城市里所处城市位置，为企业决策提供科学参考。

③ 挖掘各城市满意度优秀企业，尤其是在行业筑底的大背景下，进一步发挥领先企业行业示范效应，全面提升行业整体满意度水平。

2. 调查时间

2025年4月至6月。

3. 调查指标

在借鉴ACSI理论模型框架基础上，对已购买新房的居民从顾客忠诚、质量感知、价格感知三个方面进行有效定量调查，客观反映居民对于产品及服务体验的满意度评价。

表9-1　　2025年中国城市居民居住满意度调查指标体系

调查指标	准业主1	准业主2	准业主3	磨合期1	磨合期2	稳定期	老业主
总体满意度	★	★	★	★	★	★	★
再购意向	★	★	★	★	★	★	★
推荐意向	★	★	★	★	★	★	★
销售服务	★						
签约后需求	★	★					
签约后服务	★	★	★				
工地开放日			★	★			
交付服务				★			
现场快修				★			
房屋质量				★	★	★	
精装质量				★－精装	★－精装	★－精装	
公区质量				★	★	★	
整改维修				★	★	★	
房屋设计			★	★	★	★	
户内装修设计				★－精装	★－精装	★－精装	
规划设计			★	★	★	★	
物业服务－装修管理				★	★		
物业服务－基础服务					★	★	★
物业服务－社区文化活动						★	★
物业服务－入户维修						★	★
投诉处理	★	★	★	★	★	★	★
物有所值	★	★	★	★	★	★	★

4. 调查方式

为确保研究质量及样本数据的科学价值，本次调查严格遵循随机抽样原则，统筹整合多元技术手段构建具有充分代表性的研究样本。本次调研所采用的具体方法如下：

① 借助房天下平台开展线上调研；

② 以微信扫码为主的“互联网 +”调研；

③ 重点城市安排访问员在固定地点筛选符合条件的受访者进行拦截访问，以获得被访者真实评价。

考虑到居民生活习惯的改变，本次调研以“互联网 +”方式为主，降低了现场拦截访问的比例。同时对调查流程、问卷形式也进行了相应优化，进一步提升答题效率与样本质量。

5. 评分体系

对于定量问卷实际测评题目，采用 5 级李克特量表评价体系。李克特量表是评分加总式量表最常用的一种，该量表由一组陈述组成，每一组陈述有“非常满意”“比较满意”“一般”“不太满意”“非常不满意”五种回答，分别记为 5 分、4 分、3 分、2 分、1 分，在最终的满意度评分百分制转化中，分别对应 100 分、75 分、50 分、25 分、0 分。

5 分	4 分	3 分	2 分	1 分
非常满意	比较满意	一般	不太满意	非常不满意
100 分	75 分	50 分	25 分	0 分

6. 社区选择标准

为建立科学统一的中国城市居民居住满意度研究体系，形成行业调查规范，满足连续测评与不同城市及企业间对比测评的要求，研究组对调查社区进行了全面、严格的筛选，入选社区需满足以下条件：

① 全国房地产百强企业开发以及全国物业服务百强企业服务的社区；

② 当地主流房地产企业开发以及主流物业服务企业服务的社区；

③ 以商品住宅类社区为主。

7. 受访者选择标准

为获得有效定量数据，客观反映居民对于产品及服务体验的满意度评价，研究组严格筛选受访对象，目标群体需满足以下条件：

① 自有住房，且购买的是新房；

② 对目前居住的社区产品及物业状况比较了解。

8. 样本分布

2025 年中国城市居民居住满意度调查在全国近 30 个省份 200 多个城市同步推进，累计收集 40 多万份有效样本。

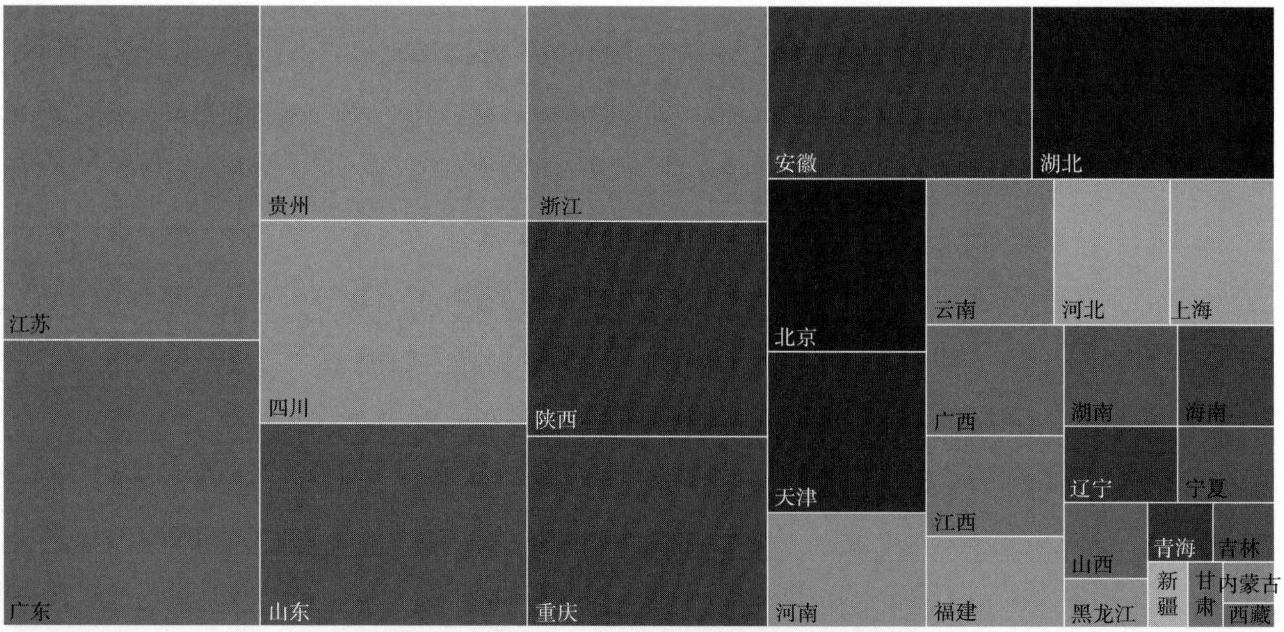

图9-1 2025年中国城市居民居住满意度调查样本分布

数据来源：中指研究院 · 中指调查。

9. 受访者背景

本次调研中，受访者性别分布呈现出相对均衡的态势。其中，女性占 51.0%，男性占 49.0%，性别构成差异较小，能在一定程度上保证调研结果的普适性。调研覆盖了从 50 后到 00 后的多代际群体，从年龄分布来看，80 后占比最高，达 36.2%，90 后占 33.4%，二者构成调研的主体人群。从居室及面积构成看，住三居室的受访者最多；住房面积集中在 91~143m^2 刚需、刚改区间。

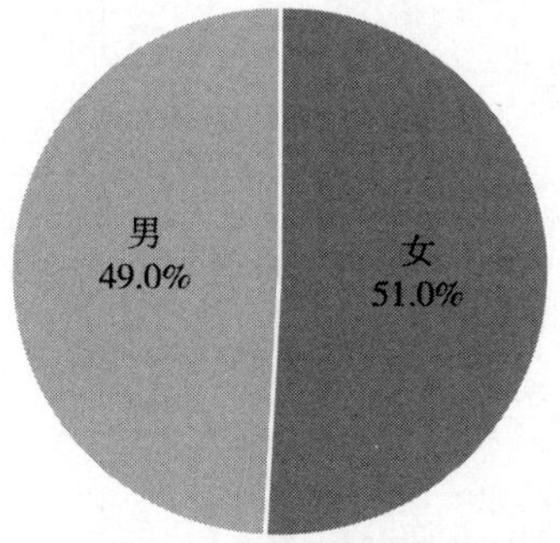

图9-2　受访者性别分布

数据来源：中指研究院・中指调查。

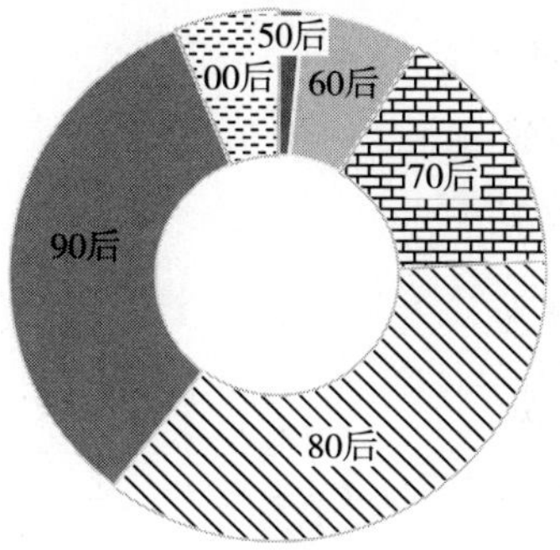

图9-3　受访者年龄分布

数据来源：中指研究院・中指调查。

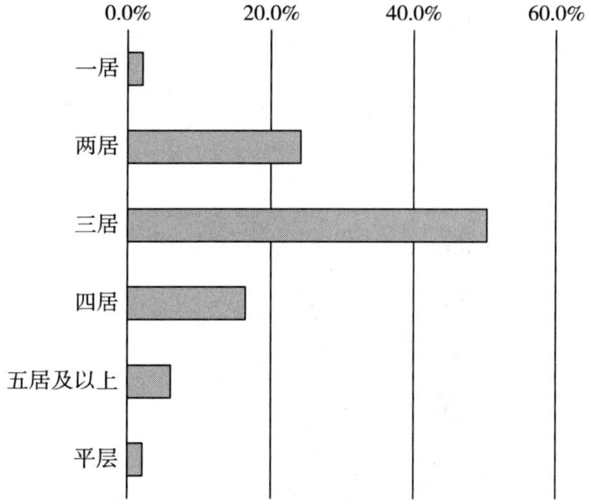

图9-4　受访者居住居室情况分布

数据来源：中指研究院・中指调查。

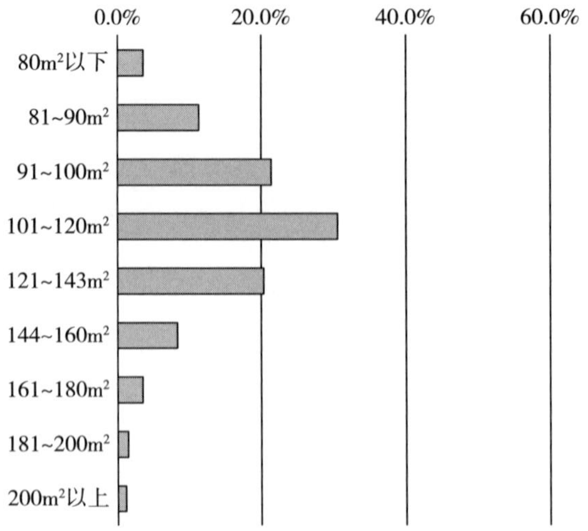

图9-5 受访者居住面积情况

数据来源：中指研究院·中指调查。

二、中国城市居民居住满意度调查结果

（一）全国总体评价结果

1. 总体满意度降幅收窄，市场修复处关键期

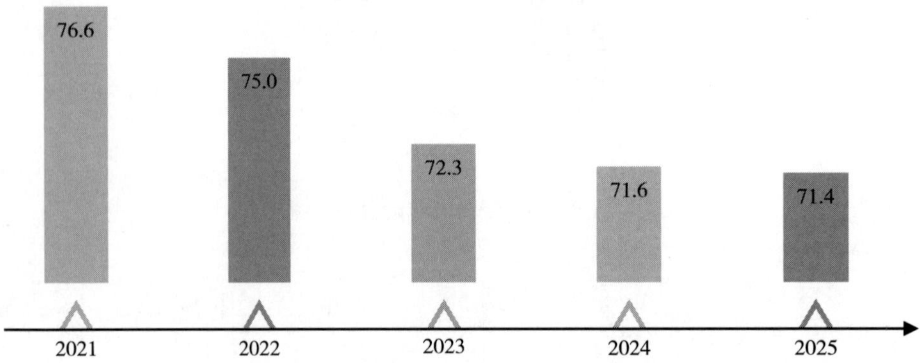

图9-6 近年来中国城市居民居住总体满意度调查结果及对比

数据来源：中指研究院·中指调查。

最新调查数据显示，2025 年度中国城市居民居住总体满意度为 71.4 分，较 2024 年的 71.6 分下降 0.2 分。该指标自 2021 年以来持续下降，但 2025 年的降幅显著收窄，回落速率明显减缓。值得注意的是，在房地产市场政策托底效应逐步显现的背景下，居民对居住体验的预期显著提升。当前市场观望情绪有所缓和，但消费者对房屋交付标准、售后服务响应效率及价格波动敏感度等关键指标表现出更高的关注。尽管区域发展失衡、房价收入比失调等结构性矛盾仍制约行业发展，但在“保交楼”政策持续深化与企业服务提质升级的双轮驱动下，居住体验下行压力已初步缓解。随着居民住房需求由“基本居住保障”向“品质生活追求”转变，重点城市在建筑品质升级、公共配套优化等方面取得的局部突破，有效缓冲了满意度指数的下行惯性。虽然区域分化格局与房价波动风险尚未完全消弭，但市场信心指数已步入筑底修复通道。这一态势既反映出住房领域长期积累的深层次矛盾仍需系统性解决，也彰显出政策调控与市场机制协同发力对居住体验改善的边际效益，为构建以“住有优居”为目标的住房供给体系提供了实践基础。通过多维政策工具的精准施策与市场主体的创新实践，有望实现居住满意度指标的渐进式回升，切实增强人民群众

的居住幸福感，推动房地产市场形成良性发展新格局。

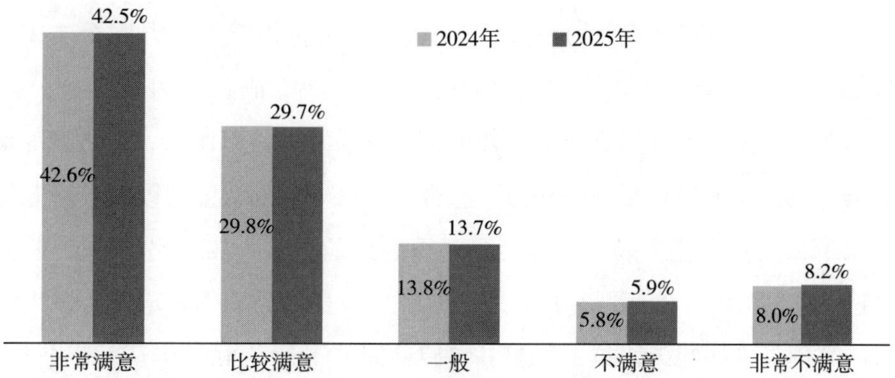

图9-7　2025年中国城市居民居住总体满意度分布情况及对比

数据来源：中指研究院·中指调查。

从满意度分布情况来看，非常满意及比较满意占比分别下降0.1个百分点，相对稳定，主要源于头部房企通过全周期服务优化（如提前介入客户需求调研、交付后定期回访）维持了高忠诚度客户的体验。非常不满意占比从2024年的8.0%上涨至2025年的8.2%。这一数据变化反映出，尽管头部企业持续推行“交付力+服务力”双提升策略，在按时交付、售后响应等环节表现良好，但可能受市场整体环境或其他因素影响，并未进一步拉高满意群体比例。而尾部企业在货不对板、整改拖延、物业服务缺位等问题上的持续恶化，导致负面口碑扩散。同时，中性评价占比未有明显变化，意味着更多居民对居住体验的感受并不鲜明，说明行业整体在服务与产品质量上，尚未给居民带来足够突出、差异化的体验，还有较大的提升空间。

2. 百强房企满意度分化加剧，头部企业增长遇瓶颈，中小房企满意度承压

不同梯队房企总体满意度呈现显著分化态势且特征鲜明。TOP10房企以89.7分保持领先，虽较2024年微降0.1分，但与TOP51~TOP100房企分差达18.4分。不过，头部企业满意度增长面临瓶颈，一方面客户对其服务标准和品质迭代要求提高，从“交付无虞”转向“全生命周期服务体验”，尽管企业构建了涵盖拿地调研、交付前验收、交付后整改等的全周期客户体验管理模式，但“工地开放日”“透明直播”等服务创新举措成为行业标配，差异化优势收窄，边际效益递减；另一方面，土地成本上升、高端市场调控等宏观环境压缩了服务投入空间，使其满意度增速从持续提升转为微降企稳，需在智慧社区、社群运营等新兴领域突破服务创新天花板。

其他梯队房企满意度也出现小幅下滑，TOP11~TOP20、TOP21~TOP30、TOP31~TOP50得分依次递减。部分房企因资金链紧张、过度“价格战”导致交付标准缩水、品质下降，引发业主不满，且缺乏全周期服务体系，在客户体验管理上存在整改响应滞后、服务协同不足等短板。在行业马太效应下，部分房企加速向聚焦本地市场的区域化和深耕产业以及文旅地产等细分赛道的特色化转型，以规避与头部企业直接竞争，缓解满意度承压。

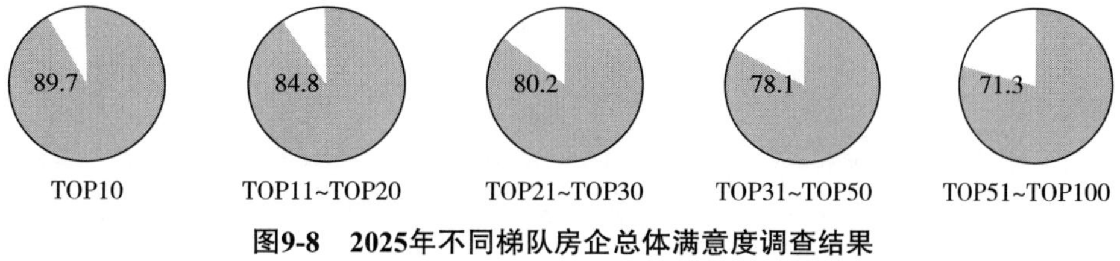

图9-8　2025年不同梯队房企总体满意度调查结果

数据来源：中指研究院·中指调查。

3. 房企满意度呈现差异化，央企稳居行业领先地位

调查显示，央国企满意度显著高于民企；内部分化中，央企领跑，地方国企与民企接近。2025 年，央国企总体满意度为 74.7 分，微降 0.3 分，降幅收窄。其中，央企满意度达 80.0 分，凭借稳健财务表现与强劲政策支持，其在保交付、保质量方面优势依旧，整体满意度得以维持；地方国企满意度为 69.2 分，较 2024 年下降 0.6 分，部分企业因项目管理松散、忽视客户需求，满意度持续低于行业均值。

在政策放宽背景下，民营企业采取“确保交付 + 服务提前介入”的策略组合，使部分区域领先企业的客户满意度下滑趋势得以缓解。然而，客户对资金链风险及交付品质不确定性的担忧仍未完全消除，仅少数优质民企通过产品创新（如绿色建筑）与服务口碑稳固基本盘。2025 年，民营企业满意度小幅下滑，达 69.7 分。

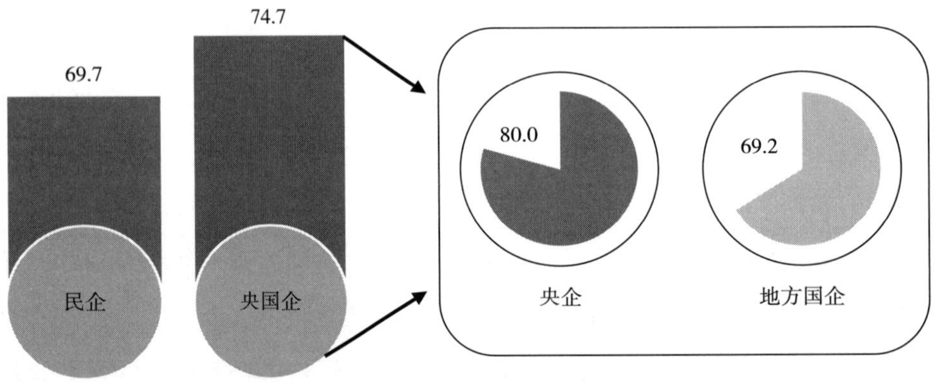

图9-9　2025年不同属性房企总体满意度调查结果

数据来源：中指研究院 · 中指调查。

4. 房企应全周期关注业主需求，提升不同阶段居住者服务质量

准业主：2025 年准业主满意度指标由 78.9 分微降至 78.7 分。尽管行业整体客户满意度呈现小幅波动，准业主服务环节仍构成房地产开发企业实施差异化竞争战略的核心领域。在此关键周期内，开发企业系统构建全周期客户体验管理体系，着力实现从“单次交易流量”向“全生命周期客户价值”的战略转化。典型案例包括：建立高频次、多维度的客户互动机制，定期披露工程进度专项报告，组织施工现场观摩及工程节点验收活动。此类举措通过可视化、可感知的服务场景，深度挖掘客户全生命周期价值，有效提升客户对项目品质的信任度。

磨合期：2025 年磨合期业主满意度由 61.1 分微降至 60.8 分。在保交楼政策推进过程中，项目交付率虽实现提升，但仍普遍存在重交付规模轻质量管控的倾向。具体而言，房屋交付阶段结构性质量问题（含墙体开裂、管道渗漏等）呈现集中化趋势，且整改流程普遍存在周期冗长问题，业主诉求难以及时响应。叠加物业管理端人力成本持续攀升，物业基础服务呈现收缩态势，具体表现为保洁服务频次缩减、设备维修响应时效超标等现象。需特别关注的是，中小型房企开发项目的风险暴露更为显著，受限于资金储备与管理体系完善度，该类项目在工程建造质量与物业服务标准执行层面存在系统性短板，导致该阶段业主满意度指标持续承压。

稳定期：2025 年稳定期业主满意度由 70.0 分微降至 69.9 分。该阶段表现与行业均值的持续偏离，折射出行业“重交付、轻运维”的运营惯性尚未得到根本性扭转。多数房企在完成房屋交付后，对后续运维服务的资源投入仍显不足，仅行业领军企业具备构建“交付至入住后两年”全周期服务闭环的能力。在此

阶段，业主的核心诉求聚焦于物业管理服务的延续保障与质量稳定，具体体现为公共设施设备维护升级、社区环境品质提升等持续性工作。倘若上述基础服务效能未能达标，将直接影响业主居住体验的满意度评价。

老业主：2025 年老业主满意度由 74.6 分微降至 74.5 分。物业增值服务体系完善度及老旧小区改造政策红利释放效果，构成影响该群体满意度的关键变量。调研数据显示，实施房屋托管、家电维护等标准化增值服务的住宅项目，已形成生活服务便捷化解决方案，有效提升业主居住品质。同步推进的老旧小区改造工程，通过道路铺装更新、景观绿化系统升级等基础设施提质，切实优化了人居环境体验。但部分项目仍存在增值服务覆盖面不足、改造工程推进力度不均等实施层面的短板，最终反映为满意度指标的小幅回落。

（二）忠诚度评价

1. 居民忠诚度持续下滑，与头部差距显著，需重塑客户运营体系

2025 年全国居民居住忠诚度指标呈现连续下行态势，较上年同期下降 0.6 个百分点至 52.8%，该数据深刻揭示行业在客户关系全生命周期维系与价值深耕方面存在系统性能力缺失。相较于 TOP10 房企 77.7% 的忠诚度，全国均值差值达 24.9 个百分点，既彰显头部企业在客户黏性培育与口碑沉淀机制建设方面的领先优势，亦暴露出行业普遍存在的“重短期销售交易、轻长效客户运营”结构性矛盾，亟须构建全周期客户忠诚度管理体系实现战略转型。

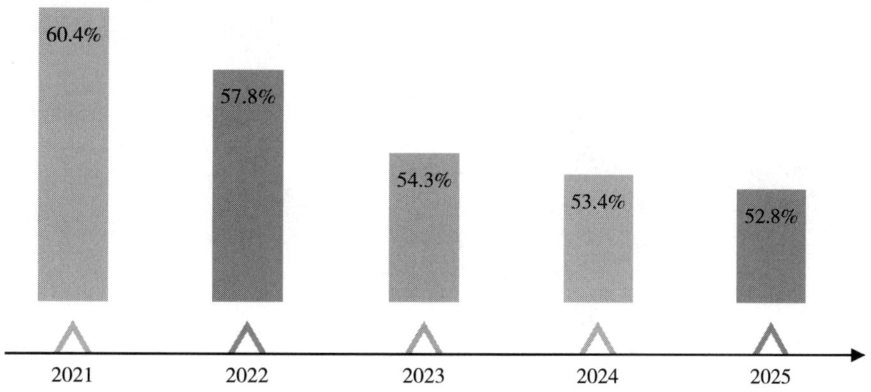

图9-10　近年来中国城市居民居住忠诚度调查结果及对比

数据来源：中指研究院・中指调查。

从细分指标看，居民再购意愿与推荐意愿呈现双重疲软态势。再购意愿指标由 64.5% 回落至 63.2%，较 TOP10 房企 82.1% 的再购意愿存在 18.9 个百分点的显著差距。究其核心症结，在于房企对存量客户价值开发存在系统性缺失：既未构建“存量客户专属权益体系”（如二次置业专项折扣、优先选房通道等核心权益），亦缺乏持续性社区运营机制（居住阶段互动服务体系断层），致使存量客户群体呈现出归属感弱化、复购动能衰减的典型特征；反观行业头部企业，通过构建全周期客户价值管理体系，诸如打造存量客户积分兑换生态平台、组建垂直化业主社群矩阵等创新举措，持续深化情感纽带与价值回馈机制，显著提升客户复购转化效能。推荐意愿指标由 67.8% 下滑至 66.4%，与 TOP10 房企 85.8% 的行业标杆形成 19.4 个百分点的落差，深刻折射出口碑传导机制失效的结构性矛盾。其症候群表现为双重困境：其一，服务体系存在结构性断层，售后与销售环节衔接失序，导致客户入住后的诉求响应滞后、问题解决效能衰

减；其二，体验价值缺乏差异化亮点，未能构筑激发客户自主传播意愿的服务触点，致使推荐行为多停留于人情维系的被动推荐，而非价值认同的主动传播。相较而言，头部房企依托超预期服务交付体系与推荐激励机制的创新融合，例如交付阶段定制化尊享礼遇、成功推荐关联物业费减免政策等系统性设计，有效实现客户从“服务满意”到“价值认同”的认知跃迁，构建起高效能口碑传播生态。

综上分析，客户忠诚度呈现“双重下滑与梯度分化”的深层症结，根源在于行业普遍存在的客户运营体系结构性缺陷与价值传导机制失效。面向未来发展，房地产企业亟须突破短期交易导向的思维定式，系统构建深度客户洞察（精准识别需求层次）—全周期情感维系（深化情感联结）—多维价值赋能（增强品牌认同与传播意愿）的完整运营闭环。通过完善客户价值生命周期管理体系，实现与行业标杆企业的运营效能对齐，推动客户忠诚度实现从量化指标向品牌资产的质态跃迁，进而重构客户关系管理中可持续的价值共创生态。

2. 不同属性房企居民居住忠诚度分化显著，央国企凭借优势更获认可

2025 年调查结果显示，央国企（57.2%）与地方国企（53.2%）的居住忠诚度分别较民企（50.2%）高出 7.0 个和 3.0 个百分点，且央企更以 62.1% 的忠诚度形成显著梯度差异。研究表明，房企属性差异与居民居住忠诚度呈现显著正相关。中央及地方国有企业依托稳定的经营模式、长效发展规划机制以及相对可控的产品服务质量，在市场周期波动中更易形成持续信任关系；而民企在动态市场环境与经营风险双重影响下，其信任度构建面临更大系统性挑战。调查结果显示，居民对房企忠诚度的评估体系，与企业属性所对应的经营稳健性及品质保障能力存在密切关联，这为房企优化客户关系管理提供实践路径——通过强化制度性优势，构建以运营稳定性为核心、以服务品质为支撑的长效信任机制。

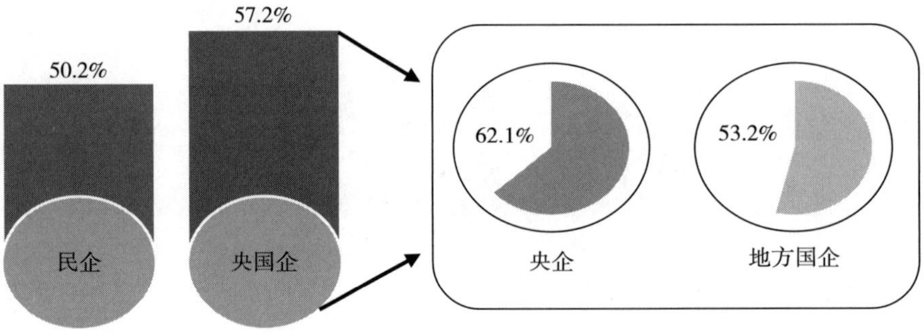

图9-11　2025年不同属性房企忠诚度调查结果

数据来源：中指研究院 · 中指调查。

（三）关键指标评价结果

2025 年度中国城市居民居住满意度调查指标体系由服务类与产品类两大维度架构组成。其中服务类维度下设销售服务、签约后服务、交付服务、物业服务四大评估模块；产品类维度涵盖规划设计、房屋设计、工程质量及整改维修等核心评价指标。

1. 服务类指标：正逐步从前端销售向全周期服务延伸，但仍有较大提升空间

近两年全国居民居住满意度服务类指标呈波动下滑趋势，销售、签约后、交付服务连续两年递减，物业服务短暂回升后回落，反映行业服务延伸中部分环节问题待解，但物业服务的探索为优化提供经验。

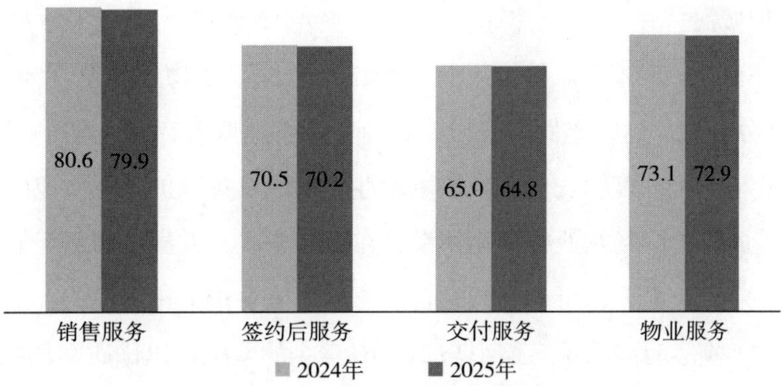

图9-12 2025年服务类指标满意度调查结果及对比

数据来源：中指研究院·中指调查。

（1）销售服务：透明承诺＋专业体验，新形态诚信问题亟待治理

2025年全国销售服务满意度下滑至79.9分，相较于2024年下降0.7分，呈现系统性走低态势。调查结果显示，68%的受访者反馈交付延期与合同条款履行偏差是主要痛点，32%的消费者遭遇配套降标与精装减配问题。行业前端销售环节暴露承诺兑现机制缺失、服务同质化严重、人员专业素养参差等结构性矛盾，如部分房企在示范区刻意营造景观视觉差，精装标准宣传材料与交付实景存在20%~35%的货不对板率，案场服务过度依赖标准话术模板导致个性化咨询应答率不足40%。TOP10房企销售服务满意度以93.5分领先全国，其构建"透明化＋定制化"服务体系，通过服务承诺书明确标准并开通进度查询端口，打造全场景样板间与工地开放日直播，同时依托星级认证体系及"1+N"服务模式，确保服务质量与答疑精准度。

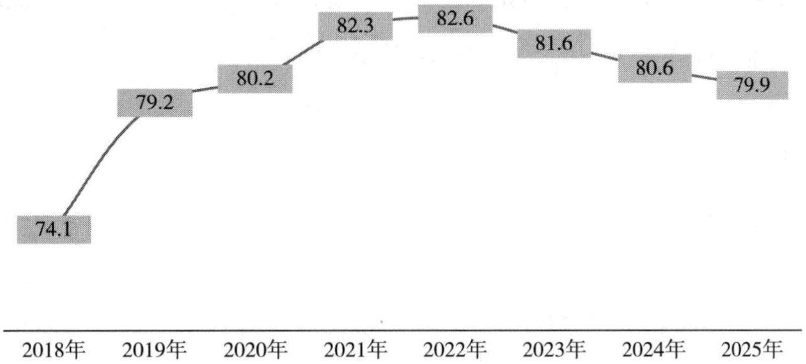

图9-13 2025年销售服务满意度调查结果及对比

数据来源：中指研究院·中指调查。

销售服务细分指标调查数据显示，置业顾问服务、签约服务、案场物业、销售诚信、案场环境及硬件设施等核心环节均呈现环比下滑态势，揭示销售服务全链条均存在服务短板。相较于2025年行业TOP10企业水准，全国整体数据呈现全方位滞后特征，进一步凸显行业头部企业相对整体平均水平的服务质量优势。

置业顾问——专业、口碑遇"双滑坡"。2025年全国置业顾问服务满意度测评结果显示，行业平均得分为81.9分，较之于标杆企业TOP10阵营（93.7分）存在11.8分的显著差距。究其根源，行业普遍面临人才流失率高企、培训机制系统性不足等症结，从业人员在产品参数解析、政策法规阐释方面呈现粗放化特征，难以精准对接客户多维诉求。行业内优秀企业通过构建阶梯式、全周期培养机制实现突破：建立"基础业务模块（户型价值解析、政策合规应用）＋服务标准体系"的入职集训机制；实施"市场趋势研析＋典型场景应对"月度专项提升计划；配套季度星级评定考核制度。该体系有效规避因人才流失及知识断层导致的服务品质波动，通过知识沉淀与能力进阶的良性循环，确保服务响应精准度与服务体验延续性，最终形成专业价值护城河。

案场物业——基础体验“拖后腿”。从结果看，2025 年全国案场物业满意度为 83.2 分，与 TOP10 房企水平（87.4 分）存在 4.2 分差距。这一差距，反映出行业案场物业服务存在优化空间。全国案场物业在基础服务维度，如案场保洁的精细化程度、安保服务的主动性、设施设备维护的响应速度等方面，与标杆房企仍有差距。TOP10 房企凭借成熟的案场物业标准化体系，在服务流程、人员培训、智能管理上优势明显，能持续输出高品质案场体验。对行业而言，可对标领先企业“标准化 + 精细化”模式，从规范保洁频次、强化安保服务意识、缩短设施维护响应时间入手，缩小与 TOP10 房企的差距，以优质案场物业为销售服务加分。

销售诚信——信任底线亟待加固。全国销售诚信满意度测评结果显示，当前行业平均得分为 71.0 分，与 TOP10 企业 95.5 分的标杆值存在 24.5 分的显著差距，构成销售服务体系的核心短板。销售环节中普遍存在的过度承诺、信息选择性披露等违规行为，直接诱发后续群体性维权事件，导致客户信任度严重透支。市场领先房企已建立“诚信承诺函签署—第三方机构监督”的双重保障机制，将传统销售话术中的口头承诺转化为具有法律效力的可追溯契约关系，为行业信任体系重构提供实践样本。全行业亟须通过“刚性约束机制构建 + 交易信息全流程透明化”的体系化解决方案，系统性重塑行业诚信形象与市场公信力。

签约服务——流程体验“降维差”。全国签约服务满意度测评结果显示，当前行业平均得分为 77.9 分，较 TOP10 企业 85.2 分的标杆水平存在 7.3 分的显著差距。究其症结，合同条款释义不明确、电子签约系统运行迟滞、业务流程复杂度偏高等系统性问题，导致客户签约流程耗时冗长且存有疑虑。行业领先企业通过构建“预审核—可视化协议”协同机制，将标准签约时长有效控制在 30 分钟以内。这种“效率优化 + 信息透明”的双重策略，为纾解客户焦虑提供了有效解决方案。建议行业整体推进签约流程再造工程，着力实现从被动受理型服务向主动引导型服务的系统性转型。

案场环境及设施——体验创新待突破。全国房地产案场环境及设施满意度调研数据显示，2025 年行业平均得分为 82.1 分，较 TOP10 房企 91.0 分的标杆值存在 8.9 分差距。现存突出问题集中体现为：案场空间风格趋同化显著，互动体验设施配置不足，功能区域动线规划失序等，导致客户场景代入感明显弱化。市场领先企业已率先实施“场景化营造与数字科技赋能”战略，通过打造主题式实景样板空间、部署 AR 增强现实户型解析系统等创新举措，将销售案场转化为沉浸式体验营销平台，借由精细化场景设计深度激发客户置业意愿。当前行业整体亟待通过体验创新实现服务能级提升，以缩小与标杆企业的运营差距。

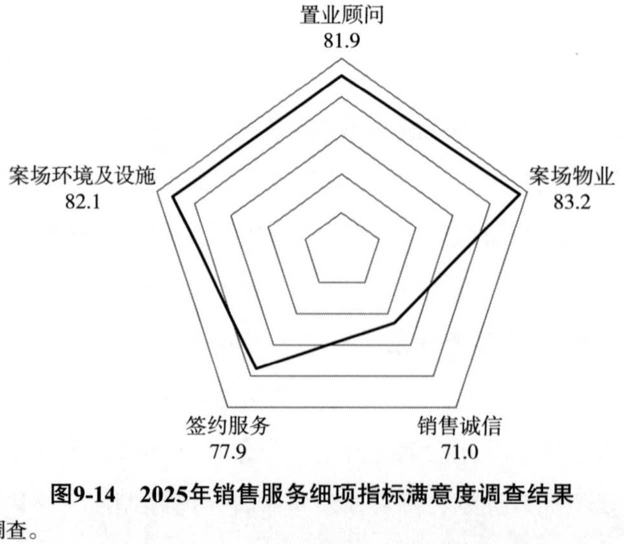

图9-14　2025年销售服务细项指标满意度调查结果

数据来源：中指研究院 · 中指调查。

综上所述，销售服务细项呈现的整体性滞后，本质上是专业化建设薄弱、流程体系欠完善、信任基础薄弱等多重因素的综合作用。标杆房企通过构建专业化协同机制、实施服务流程再造、强化信任纽带、推进客户体验创新，逐步形成服务信任与口碑的良性循环。面向行业发展，亟须以精细化指标对标体系为切入点，推动服务改进从局部优化向全流程标准化体系升级，方能有效缩小与行业前十强差距，切实提升销售服务满意度，使销售效能回归服务价值本源。

（2）签约后服务：销售后服务延伸存短板，衔接断层待破局

调查显示，2025 年签约后服务满意度由 70.5 分降至 70.2 分，较 TOP10 企业均值（86.2 分）存在显著差距，可见，行业全周期服务能力存在系统性短板。值得注意的是，该项指标已连续两年呈现持续下行态势，暴露出销售与交付环节的服务脱节问题。当前行业普遍存在重前端营销、轻后端服务延续的现象，致使客户签约后陷入 3~6 个月的服务断档期，与 TOP10 企业构建“签约—交付—入住”全周期服务闭环形成鲜明对比。这从本质上反映出房地产开发企业亟待实现服务理念转型，从传统房产销售模式向客户全生命周期价值管理体系升级。

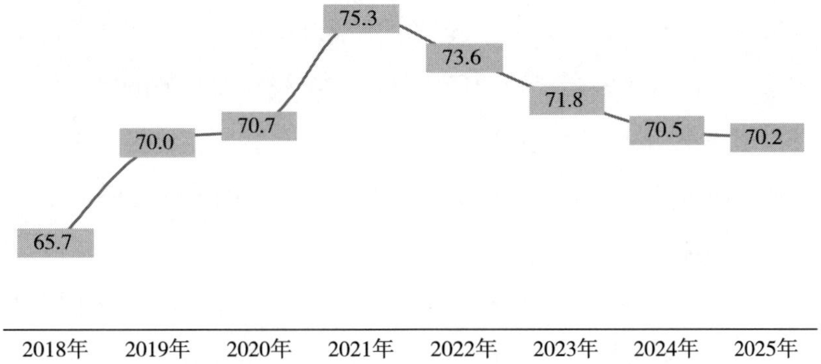

图9-15　2025年签约后服务满意度调查结果及对比

数据来源：中指研究院·中指调查。

从细分指标落实情况看，各服务模块落实率仅六成左右，“形式化服务”现象具有普遍性特征。

楼盘工程进度信息披露：信息透明度不足引发信任危机。全国范围内该环节落实率仅为 55.8%，构成签约后服务体系中的关键薄弱环节。多数房企尚未建立工程可视化追踪机制，导致客户无法获取实时建设节点信息，最终导致客户产生被忽视的心理感知；相较而言，行业 TOP10 企业通过建立“工程进度直播 + 月度专项报告”双轨机制，构建客户实时监督体系，以信息透明化策略巩固信任基础，其方法论具有行业借鉴价值。

节庆 / 生日关怀服务：情感关怀服务呈现显著的程式化倾向。该模块 56.5% 的落实率客观反映出服务内容的形式化特征。多数企业依赖标准化群发模板，缺乏基于客户画像的差异化运营策略，致使关怀服务价值损耗；而行业领先企业通过构建客户标签系统与定制化权益体系，实现情感温度与实用价值的有机统一，有效提升客户关系黏性。

客户活动邀约体系：资源整合能力欠缺导致参与度低迷。调查显示，客户活动邀约达成率目前为 60.7%，该指标深度折射出活动质量与客户需求匹配机制存在系统性矛盾。传统房企在活动运营层面呈现出显著短板：客户邀约精准性不足，活动内容同质化倾向显著，致使客户参与意愿持续走低；相较而言，行业标杆企业已构建起社区活动长效运营机制，通过有机整合周边商业配套与业主社群资源，创新性构建“兴趣导向 + 积分激励”双轮驱动型活动体系，在增强客户黏性与参与活跃度方面形成显著竞争优势。

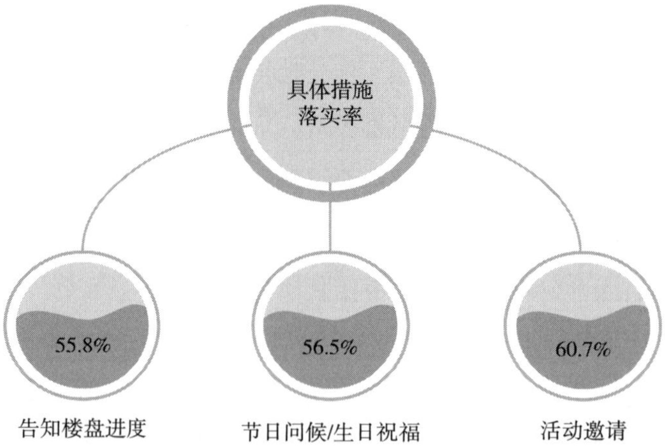

图9-16 2025年签约后服务细项指标调查结果

数据来源：中指研究院·中指调查。

由此可见，签约后服务已由基础履约向情感共鸣阶段演进升级。当前全国范围内签约后服务呈现服务指标小幅下降与落实率偏低的双重困境，其本质折射出行业普遍存在的服务流于形式、需求响应迟滞等共性症结。行业领先企业依托信息化平台建设、差异化的情感维系机制及生态化资源整合体系，已构建出完整的签约后服务价值体系。面向未来发展，行业亟须突破传统履约式服务范式，以客户全生命周期需求为导向，借助数字化工具打通信息壁垒，通过精准化运营提升服务温度，运用生态资源激发参与活力，从而有效缩小与行业头部企业的服务差距，切实实现销售后服务价值链的延伸与增值。

（3）交付服务："保交付"后品质待进阶

2025 年全国交付服务满意度由 65.0 分下降至 64.8 分，与 TOP10 企业均值差距持续扩大，表明房地产行业在服务品质与体验优化层面仍存在系统性提升需求。该指标连续两年持续小幅回落，反映出后"保交付"时期开发企业在产品交付标准完善及服务流程精细化方面驱动力不足。当前行业从基础交付能力建设向优质交付服务体系升级的进程相对滞后，较之 TOP10 企业已形成的"全周期品质管控体系"存在明显代际差异，凸显出亟须构建交付规模与服务效能双重维度协同发展的新型行业范式。

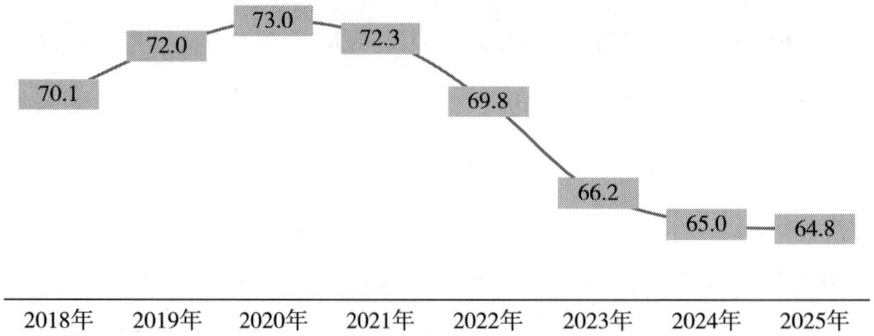

图9-17 2025年交付服务满意度调查结果及对比

数据来源：中指研究院·中指调查。

毛坯房：基础工程质量与交付服务体系亟待完善。调查结果显示，2025 年全国毛坯住宅项目交付服务满意度测评得分为 68.8 分，较全国交付服务基准值高出 4.0 分，但与行业标杆企业（TOP10）仍存有 18.0 分的显著级差。现存问题集中体现于工程建造质量与服务管理体系两大维度：在工程实体质量方面，结构性质量通病如墙体空鼓、门窗气密性缺陷等尚未形成体系化解决方案；在服务交付流程方面，存在验收主体权责倒置现象，主要表现为业主方需自行主导验收程序，且瑕疵整改环节存在信息传导阻滞与执行效率欠佳等问题。对比研究表明，TOP10 企业通过构建“三级预验收管控体系”（工程部门自检、第三方机构复验、业主核验），并组建专项维修攻坚团队，实现质量缺陷化解率达 82% 以上；在交付环节同步推行《建筑工程质量保证书》制度，配置持有专业资质的技术陪验团队，依托标准化服务规程与全周期快速响应机制，形成差异化服务竞争力。

精装房:“面子工程”与“实用品质”失衡。调查结果显示，2025 年全国精装住宅项目交付服务满意度测评得分为 61.2 分，揭示行业普遍存在“装修标准未达承诺水平及施工细节管控失当”的核心问题。具体表现为开发商擅自降低建材品牌等级、施工工艺存在系统性缺陷（如饰面空鼓率超标、橱柜接缝精度不足等）、收纳系统规划失当导致空间规划效能低下等典型问题；行业标杆企业通过构建“标准化精装交付体系 + 样板间全维度透明展示”双轨机制，叠加“交付后一年期质量维保”服务承诺，显著提升产品履约质量的可验证性，有效缓解客户对精装品质的信任危机。

当前全国交付服务呈现微降态势与低满意度并存的现象，其根源在于行业普遍存在的“质量管控失位、服务流程粗放”共性问题。未来行业亟须突破“交付即告终结”的传统思维定式，构建以客户体验为核心的价值体系。通过建立质量预控机制、实施全流程服务优化、构建透明化沟通渠道三位一体的系统性解决方案，逐步缩小与行业标杆的运营差距，最终达成从物理空间交付向生活方式价值升级的战略转型目标。

（4）物业服务：行业满意度微降，头部引领差距显著

调查结果显示，2025 年全国物业服务满意度由 73.1 分微降至 72.9 分，呈现微幅下探态势。该指标较行业标杆企业（TOP10）89.9 分的卓越水平仍存在显著差距，凸显出行业在物业服务全周期运营体系构建、服务品质提升及客户体验优化等关键环节仍存提升空间。物业企业需围绕标准化流程建设、精细化场景运营与创新化服务模式三大维度构建系统化服务体系，逐步缩小与行业领先集团的效能差。

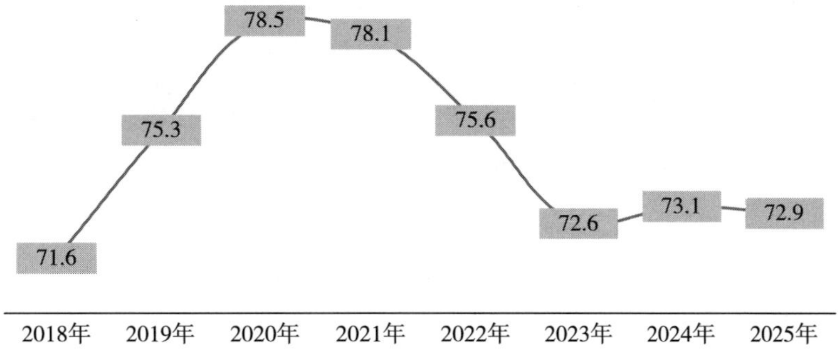

图9-18　2025年物业服务满意度调查结果及对比

数据来源：中指研究院・中指调查。

物业服务细项指标：短板凸显，头部优势多维领先。物业服务细分指标调查显示，车辆管理以 70.1 分的满意度位列末位，揭示基础服务运维体系存在结构性缺陷；装修管理（72.4 分）、公共设施维护（72.6 分）、清洁卫生（73.5 分）及安全管理（74.0 分）等关键指标均未突破 75.0 分。与行业标杆企业相比，各细分指标均存在逾 10.0 分的显著差距。标杆企业依托成熟的服务标准化体系、精准的客户需求洞察及高效的资源配置机制，已建立多维度的竞争优势。建议对标头部企业，通过完善人员培训机制、优化服务流程体系、创新服务模式等多维举措，针对性破解各细分领域的专项瓶颈，进而实现物业服务质量的全维度提升。

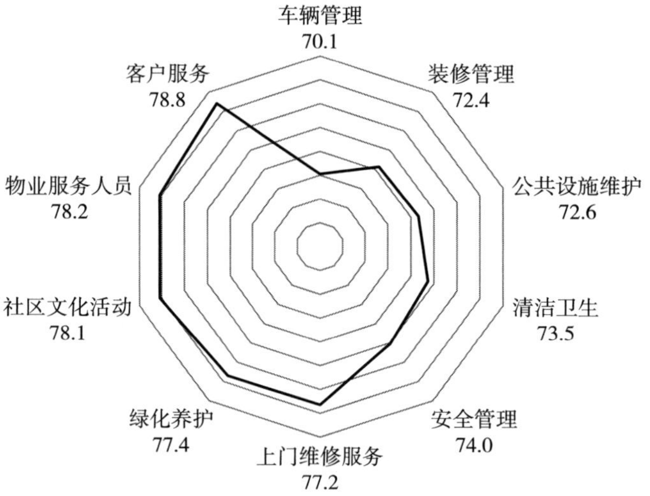

图9-19　2025年物业服务细项指标满意度调查结果

数据来源：中指研究院·中指调查。

2. 产品类指标：质量问题突出，依旧是行业核心痛点

（1）规划设计：创新不足，需从“功能满足”向“价值创造”升级

2025年全国规划设计满意度指标由68.5分微降至68.0分，实现连续三年持续走低，暴露出行业在创新研发体系构建与品质管控能力建设方面存在系统性短板。相较于TOP10企业84.9分的标杆水准，差距达16.9分，这一数据印证了头部企业在“社区整体规划科学性、前瞻性及体验感营造”领域形成的显著竞争优势。行业转型亟须突破传统空间布局范式，加快构建以客户价值创造为导向的规划方法论体系。

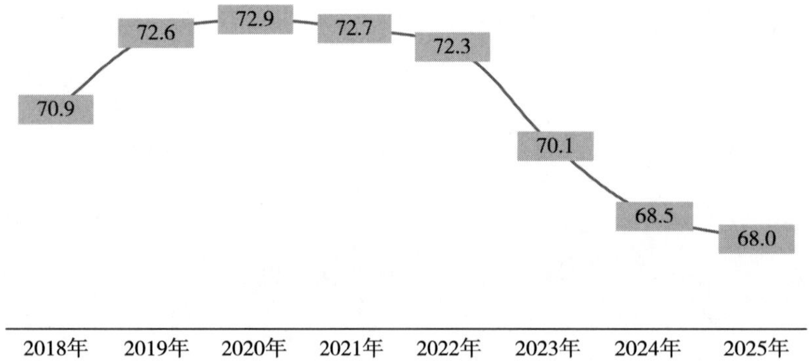

图9-20　2025年规划设计满意度调查结果及对比

数据来源：中指研究院·中指调查。

园林景观：同质化+实用性弱。2025年全国园林景观满意度调研数据显示，行业整体得分为71.4分，成为城市规划设计领域的显著短板，与标杆企业TOP10均值（87.4分）形成16.0分的分差。现存问题主要体现为双重矛盾：其一，景观同质化现象突出，多数社区园林机械套用标准化模板，未能有效融合地域自然禀赋与人文特质；其二，功能体系呈现单一化倾向，全龄段互动场景存在结构性缺失，例如儿童游乐设施配置简陋、适老化休憩空间匮乏等。行业领先企业通过构建“定制化景观体系+复合功能场景营造”双轮驱动模式（如植入当地文化IP的主题园林、创新设置林下书斋及萌宠社交场域等），成功实现园林空间向“社区活力发生器”的转型升级，形成差异化体验护城河。

社区配套：重建设，轻使用。全国社区配套满意度调查数据显示，2025年全国平均得分为63.8分，虽优于园林景观评价指标，但与行业TOP10企业（83.2分）仍存在19.4分的显著差距。该结果揭示出社区配套领域存在功能效用薄弱与运营机制缺失的双重困境。调研发现，当前配套设施普遍呈现建设与使用效能失衡现象，具体表现为：公共健身设备故障维护滞后、邻里中心功能性缺失。值得注意的是，部分行业领先企业通过构建全周期配套运营体系（包括引入专业机构运营社区餐饮设施、建立常态化社群活动机制等），成功实现配套空间从基础物理载体向综合性生活服务平台的转型，从而有效提升社区服务能级与居民黏性。

当前社区规划领域呈现设计效能递减与品质落差显著的行业症候，究其本质源于产品创新滞后与功能定位偏离市场需求。反观头部房企实践路径，其通过构建定制化景观体系与复合型功能配套，已成功构筑社区规划的核心竞争力。面向未来发展，行业亟须突破“标准化复制”的传统范式，着力深化地域文脉研究与客群需求洞察，推动规划设计从基础空间配置向多维生活场景营造转型。唯有实现此战略升级，方能有效弥合行业差距，切实塑造兼具人文温度与地域特色的新型社区产品。

（2）房屋设计：产品迭代速度滞后，难以持续匹配市场需求

调研数据显示，2025 年全国房屋设计满意度指标由 71.0 分微降至 70.7 分，显现出行业创新动能不足的客观现状。该项数据波动揭示，当前住房设计领域的创新迭代速率已滞后于市场需求的动态升级进程。值得注意的是，TOP10 企业以 83.9 分持续领跑，形成 13.2 分的显著差距，凸显出优秀房企在户型功能优化、装修品质管控、建筑美学创新等领域形成的系统性优势。此态势要求行业主体突破基础功能供给的惯性思维，亟待推动行业由单一空间建造向复合型居住体验提升的转型升级。

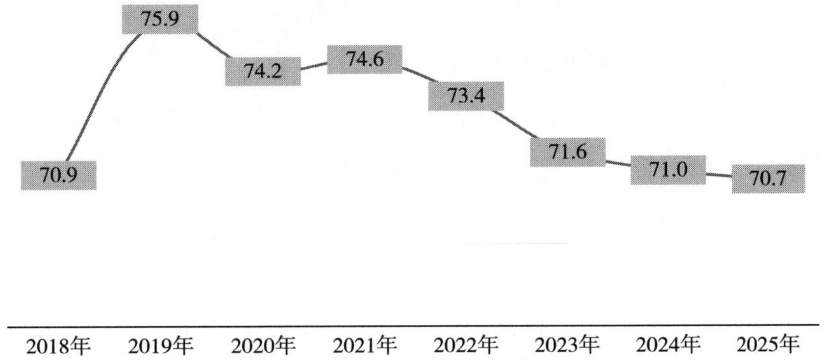

图9-21　2025年房屋设计满意度调查结果及对比

数据来源：中指研究院·中指调查。

户型设计：空间利用低效，需求适配不足。调查数据显示，2025 年户型设计满意度行业整体得分 70.1 分，与行业 TOP10 企业 83.4 分的均值存在 13.3 分的显著差距。现存问题主要集中于空间利用效率与功能需求适配性两大维度：针对刚需客群的小户型产品普遍存在收纳空间系统性规划缺失，具体表现为入户玄关柜配置缺位、飘窗区域功能拓展不足等设计硬伤；而改善型产品则暴露出功能分区规划失当，典型表现为主卧与客卫动线存在交叉干扰等结构性缺陷。领先房企通过建立客户需求前置研究机制与可变空间模块化设计体系，实现居住空间与用户全生命周期需求的精准适配，从而形成差异化产品竞争力。

户内装修：交付降级，风格同质化。2025 年户内装修设计满意度得分 69.4 分，构成住宅房屋设计评价体系中最薄弱环节，较行业 TOP10 企业 81.7 分相比存在 12.3 分的显著差距，揭示“精装修标准降级执行”与“风格趋同化”两大核心问题。调研显示，部分开发企业品牌承诺与交付标准存在偏差，其装修方案呈现显著单一性特征，现代简约风格占比超八成且普遍采用程式化设计模板，既未形成差异化竞争优势，亦缺乏可延展性设计架构。行业领先企业通过构建精装修标准化管理体系与风格定制化解决方案，系统提升精装工程品质的可验证性与风格适配度，有效建立市场信任基础与审美契合度。

建筑外观：美学设计滞后，地域融合不足。2025 年建筑外观设计满意度得分为 74.8 分，与 TOP10 企业均值（87.8 分）存在 13.0 分的显著落差。该数据指标反映出建筑行业存在两大系统性短板：美学演进速率与地域文化适应性不足。行业普遍存在设计同质化倾向，主要体现在对境外建筑形制的简单移植，缺乏对当地文化基因解析及地理特征适配性的考量。标杆房企通过建立“地域适配性设计方法论 + 先锋美学演绎系统”双轮驱动机制，系统性实施建筑符号转译工程，结合参数化形态生成技术，成功构建具有城市身份特征的建筑美学体系，显著提升项目市场识别度与品牌溢价空间。

楼内公区设计：空间浪费 + 功能缺失。调查结果显示，2025 年楼宇公共区域设计满意度行业平均得分为 70.2 分，较标杆企业 TOP10 阵营（81.8 分）存在 11.6 分的显著差距。调研发现核心症结集中于空间效能低下与功能配置不足两大维度，具体表现为电梯厅空间局促且存在压迫感，消防通道长期闲置未有效利用，同时缺乏基础便民设施配套。行业领先企业通过推行公共区域多功能复合设计理念，如电梯厅嵌入艺术展示功能、消防通道改造为应急共享书架系统等创新实践，实现公共区域功能价值转化，将传统过渡性空间升级为多元化服务节点。

当前住宅设计领域效能衰减，产品力梯度分化显著，折射出行业在需求洞察深度与产品创新动能方面的不足。行业标杆企业通过构建全周期设计管理体系与客户需求精准适配体系，已形成具有市场竞争力的体验价值壁垒。展望未来发展趋势，行业亟须突破传统经验范式，以用户价值为导向实施系统性产品升级，实现技术代差弥合，推动住宅设计回归人本主义居住属性。

（3）工程质量：全维度下滑，与头部差距显著

2025 年工程质量三大核心指标——房屋质量、公区质量及整改维修均呈现整体下行态势，其中房屋质量指标由 65.3 分降至 64.5 分，公区质量由 67.8 分降至 67.2 分，整改维修由 56.6 分降至 55.8 分，数据表明行业在工程建设全周期的品质管控与服务响应环节存在系统性薄弱环节。相较于 TOP10 企业的房屋质量 82.6 分、公区质量 83.1 分、整改维修 79.3 分的行业标杆水平，全行业均值差距扩大至 15.0 分以上，这一结构化落差清晰揭示领先企业在施工标准制定、质量过程控制及售后服务体系等领域形成的竞争优势。当前建筑产业亟待突破传统粗放式发展路径，全面推进精细化品质管理转型升级。

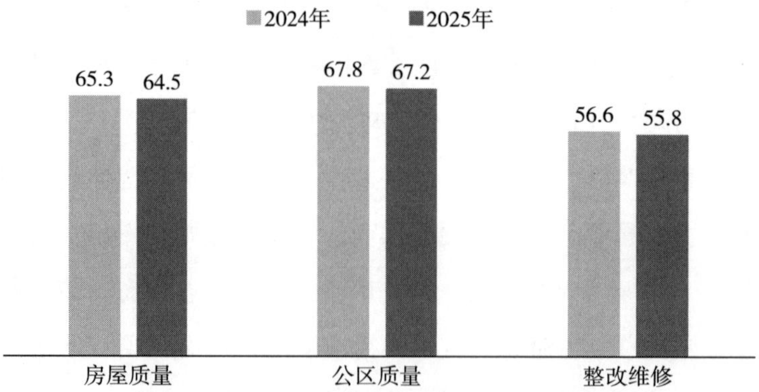

图9-22　2025年工程质量满意度调查结果及对比

数据来源：中指研究院·中指调查。

房屋质量：隐蔽工程缺陷与主体结构质量瑕疵并存。调查显示，房屋质量主要问题表现为墙面空鼓、屋顶渗漏等质量问题高频显现，门窗气密性不足、水电管线敷设失当等系统性隐患尤为突出。行业领先企业依托“第三方飞行检查机制与全流程施工溯源体系”（包括引入独立检测机构实施月度动态抽检、构建全工序施工影像电子数据库），系统性完善质量管控体系，通过全生命周期质量监管实现质量隐患前置化

消解，从而构筑产品品质信任体系。

公区质量："重形式、轻实质"倾向。调查发现，公区质量普遍存在三大系统性缺陷：其一，景观硬质铺装材料耐久性不足，破损率高企；其二，电梯设备运行存在异常声响，维保体系亟待完善；其三，消防设施维护存在滞后风险，存在安全隐患。更值得关注的是，设计与运维标准衔接不足（典型如儿童游乐区塑胶地垫厚度未达防护标准、地下车库环氧地坪出现起砂剥落等），导致设施全周期管理效能弱化。行业标杆企业通过构建公区全生命周期管理体系，实现形态美观与使用性能同步达标，有效延长设施设备服役周期。

整改维修：响应慢，整改差，闭环难。调查显示，2025年行业整改维修主要问题为故障申报后24小时内响应及时性不足，施工作业精细度欠佳（如墙体修复存在显著色差问题），重复报修率居高不下。标杆企业通过构建48小时快速响应机制并配套维修进度可视化管理系统（具体举措包括运用数字化平台实现维修进程实时反馈、建立整改后客户满意度回访制度），将传统整改维修模式由被动善后转型为主动服务体系，有效修复客户信任关系。

由此可见，当前房地产市场工程质量普遍下滑且差距显著，其根源在于管控体系不完善、服务闭环未打通。行业TOP10企业凭借"全流程质量管控+高效售后响应"，构筑起坚实的品质护城河。未来，行业需突破"重建设、轻运维"的传统思维，围绕工程质量全周期，着力建立"施工标准化（明确工艺、材料与检测标准）、运维数字化（运用智能化手段实时监测设施状态）、服务透明化（引导业主参与质量监督与维修评价）"的完整体系。唯有如此，才能逐步缩小与领先房企的差距，真正推动工程质量从"影响口碑的风险隐患"蜕变为"产品竞争的硬实力"，重塑行业在客户心中的品质形象。

（四）典型城市评价结果

1. 北京

2025年，北京房地产市场整体表现较上年有所回升，但内部分化现象严重，高端改善需求快速释放，刚需置业者观望情绪依然浓厚，在此背景下，2025年北京居民整体居住满意度及忠诚度均稍有回落：2025年北京居民居住满意度得分为72.4分，相比2024年下滑0.2分，标杆企业得分为87.1分，较2024年下滑0.1分；2025年北京居民忠诚度为55.5%，相比2024年下滑0.4个百分点，标杆企业忠诚度为78.8%，相比2024年下滑0.3个百分点。从另一角度看，标杆企业两项指标下滑幅度均低于城市均值，主要是因为标杆企业在产品品质和服务质量方面始终以客户为中心，积极回应消费者的需求和期望。同时，建立了良好的品牌形象和信任关系，使其在市场竞争中展现出了较强的韧性。

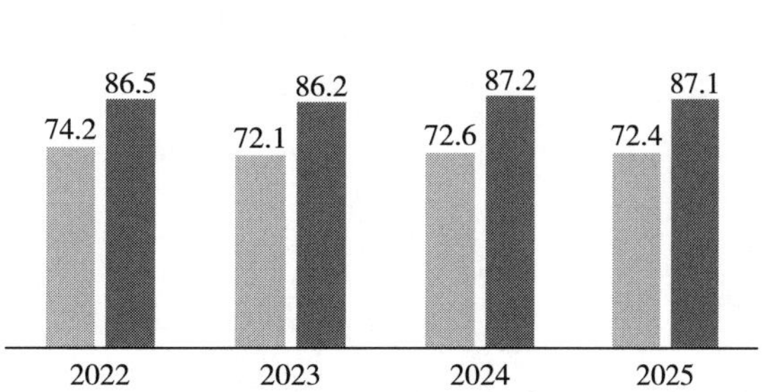

图9-23　北京居民居住满意度

数据来源：中指研究院·中指调查。

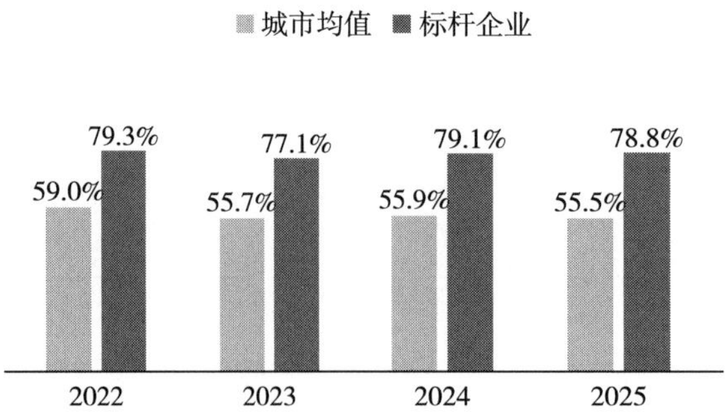

图9-24 北京居民忠诚度

数据来源：中指研究院·中指调查。

中海地产始终将为客户提供“好产品”与“好服务”视为“四好公司”可持续发展的战略基础，坚持以客研为顺向推导、以客户满意度为倒逼机制的价值创造体系，精准定位客户需求，更加聪明适配，以匠心获得广泛认可。同时，中海地产作为中国房地产行业领导公司品牌，切实履行央企担当，积极投身“好房子”建设，秉持“问需于民”的理念，致力于打造人民群众满意、经得起时间检验的好房子。其打造的“高性能＋好体验”的好房子综合解决方案，全面回应人民群众对“好房子”的124项需求，并结合中海多年的开发经验与客户洞察，新增10项需求，实现“安全耐久、健康舒适、绿色低碳、智慧便捷、服务周全”五大维度全覆盖，着力解决人民群众在居住中的难点、堵点、痛点，建造真正能让人民群众住得好、住得起的“好房子”。北京中海以“好产品”“好服务”赢得20多万业主家庭的信赖与认可，以“好效益”“好公民”展现央企的行业担当与责任，以稳健力量与城市共发展。

绿城中国始终以产品品质作为“一号工程”，以客户满意度作为“一号标准”，从“造房子”到“造生活”，从“业主”到“家人”，绿城始终坚信，产品品质是立命之本，而检验产品品质唯一标准是客户满意度。以“让更多人住上好房子”为初心，以“高颜值、极贤惠、最聪明，房低碳、全周期、人健康”为目标，持续升级产品力，营造让客户满意的绿城“好房子”。作为中国精品物业营造专家和生活综合服务商，绿城的“好房子”不仅包含硬件，也关注“好服务”和“好生活”。北京绿城在细节处严苛品质标准，尽力做到极致，让品质感渗透到房子的每一个细节。

在市场重归理性，居住者回归自我与家庭，地产行业不断迭新演进的当下，华润置地持续迭新时代的答案。以“三好十二优”为策略核心，即好社区、好产品、好服务，细分出“活力街区、疗愈景观、灵动户型、技术中枢、润心友邻”等十二个关键场景，承接“健康、智慧、安全、绿色、全龄、精工、多元、格调”八大价值。既有从生活专家视角对客户需求的洞察，也有从产品专家视角对行业趋势的响应，打造华润置地好房子的产品体系。在深耕北京的30余年中，华润置地在京持续进行产品力升级。从2009年的高品质战略到如今的高品质九观，始终以客户需求为核心，经过不断的人居探索与产品精研，进行产品的迭代升级。将高品质追求融于企业血脉，通过精工美学与匠筑实践，在京已实现“悦系、润系、时光系”产品线的多个标杆作品落地，营造出兼富人文温度、空间价值与功能细节的人居产品。与此同时，华润置地围绕客户全旅程搭建服务体系，通过交付前停止点管控、第三方评估保障高品质交付，以超百项服务事项覆盖客户全生命周期。围绕“生活方式、生活场景、社群生活、品质服务”四大维度，焕新升级社群品牌“润比邻”。以“社群有温度，生活有意思”的社群理念出发，重塑邻里关系、升级生活的多样性，链接业主、企业等资源，高频组织业主活动、邀约参与社区治理，实现从“交付房子”到“交付生活”的升级。华润置地以产品力与服务力的双重进阶，持续提升客户满意度，践行“品质给城市更多改变”的使命。

2. 上海

2025年上海居民居住满意度得分为71.1分，较2024年小幅下降0.1分；标杆企业得分为86.6分，较2024年微降0.1分。上海居民忠诚度为52.6%，较2024年下滑0.3个百分点；标杆企业忠诚度为77.5%，下降0.3个百分点。上海作为一线城市，其经济活力与资源集聚效应持续为楼市提供有力支撑。2025年以来，上海房地产市场延续稳健态势，在政策优化与市场信心修复双重驱动下，呈现出结构性回暖特征。标杆房企以长远眼光精准布局核心地段，用优质产品力带动市场信心，使得品牌口碑效应进一步凸显，客户评价始终保持在较高水准。

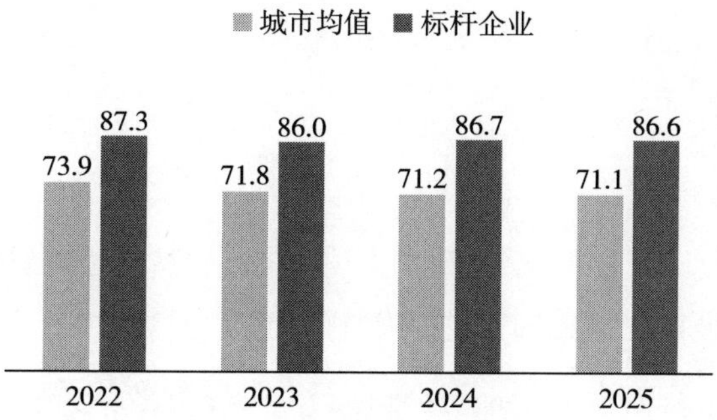

图9-25　上海居民居住满意度

数据来源：中指研究院・中指调查。

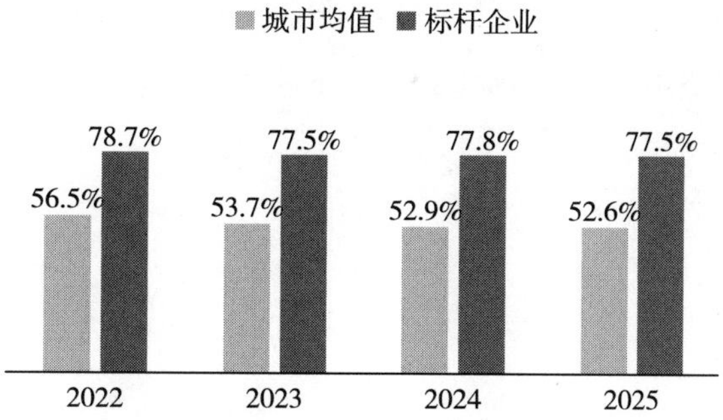

图9-26　上海居民忠诚度

数据来源：中指研究院・中指调查。

中海地产通过流程优化、技术赋能及团队管理强化三大核心举措系统性提升客户满意度。在流程优化方面，建立多渠道反馈机制（热线、在线客服、社交媒体），同时推行标准化投诉处理流程，包括紧急投诉24小时分类、48小时跨部门协同方案及闭环跟踪机制，确保问题高效解决。技术升级上，引入智能CRM系统，实现客户信息自动化归档、服务记录实时更新，并通过AI分析客户行为数据预测需求，推送个性化服务，同时监测服务响应速度与解决率，生成效能报告驱动流程迭代。团队管理层面，定期开展服务礼仪、沟通技巧及产品知识培训，结合客户满意度评分与投诉处理时效优化绩效考核，激励员工提升专业能力；同时建立客户关怀体系，策划节日慰问、亲子活动等增值服务，并针对高价值客户提供积分兑换、优先选房等权益，增强客户黏性。

华润置地通过产品力升级与服务体验优化双维度提升客户满意度。在产品端，华润置地积极推进“好房子”建设，新开发注重创新设计与高端配置，强化实用性与品质感；同时融入海派文化元素，实现历史文脉与现代美学的融合。在服务端，华润置地通过全周期社群运营与透明化交付提升体验。例如，推出“润比邻”社群品牌组织四季主题活动，并设立“润服务”小程序实现线上社群管理；交付阶段采用“云交付”模式结合工地开放日，业主可自主预约验房并由快修团队即时响应。此外，案场实施“神秘客检查”机制优化服务细节，部分项目配备“金钥匙”管家提供全流程专属服务，强化客户信任。

招商蛇口以全周期服务与社群运营为抓手，构建多维体验。交付保障推行“模拟验收”与“客户开放日”，邀请业主参与实景验收并即时整改，交付当天配备一对一验房师及10分钟响应快修团队，确保问题高效闭环；社群运营开展“乌镇十二社”康养问诊、智能健康检测等活动，并打造“课后托管空间”与“亲子研学”，解决家庭育儿痛点；智慧服务试点AI智能客服系统覆盖80%常见问题应答，响应速度缩短至20秒内，同时探索独居老人安全监测、儿童放学提醒等场景化设施，增强居住安全感。同时，招商蛇口注重提升团队专业能力，对员工开展服务礼仪与情绪管理培训，结合客户满意度评分优化绩效考核，实现客户服务效率与体验双提升。

3. 深圳

2025年深圳居民居住满意度得分为72.3分，相比2024年下降了0.3分；标杆企业得分为87.8分，较2024年微降0.1分。深圳居民忠诚度为55.8%，较2024年下滑0.5个百分点；标杆企业忠诚度为78.9%，小幅下滑0.3个百分点。深圳作为高房价城市，居民对居住成本的敏感度持续上升，部分群体对住房改善的预期受挫。另外，企业对政策稳定性的敏感度较高。例如，房地产行业调整导致相关税收减少，可能间接影响关联企业的经营信心。2025年数据的小幅下滑，可能是经济周期与政策调整叠加的结果，既是深圳发展进程中的“压力测试”，也是城市治理向纵深推进的契机。通过精准回应居民关切、优化企业生态、强化数据治理，深圳有望在保持经济活力的同时，重塑满意度与忠诚度的上升通道，为超大城市高质量发展提供样本。

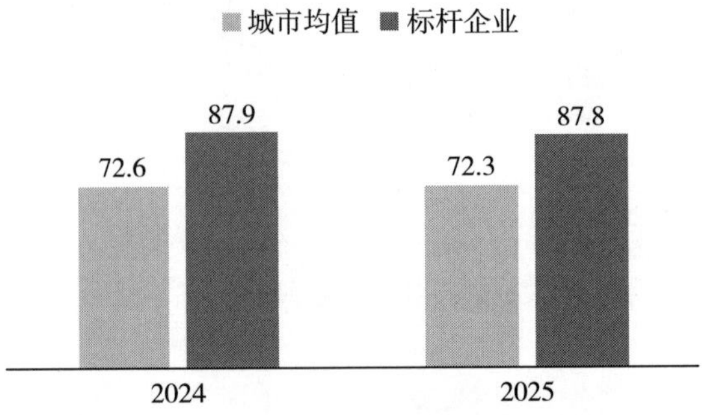

图9-27　深圳居民居住满意度

数据来源：中指研究院·中指调查。

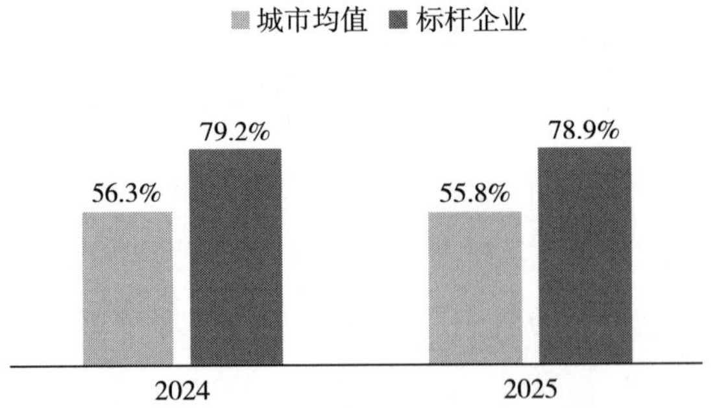

图9-28　深圳居民忠诚度

数据来源：中指研究院·中指调查。

招商蛇口作为行业领军企业，秉承“美好生活承载者”的品牌主张，始终以匠心“产品观”深耕人居领域，持续聚焦客户需求，精研打磨产品品质。通过打造玺系、启序系、天青系、揽阅系、林屿系等产品新谱系，招商蛇口在全国多地书写品质人居篇章，其项目已在北京、合肥、武汉等众多城市落地，成功构建起独特的产品力 IP，为当代人居需求交出优质答卷。2024 年，招商蛇口在客户满意度上成绩斐然，住宅客户总体满意度位居行业 TOP5，销售服务、交付服务、房屋质量、物业服务满意度同样跻身行业 TOP5；在西安、苏州、成都等核心城市，其产品和服务总体满意度均排名 TOP3，凭借过硬的产品与服务，赢得了市场的广泛认可与信赖。

中海地产在深圳以“产品力 + 服务力”双轮驱动，既满足刚需客群的实用需求，又通过高端项目树立品质标杆。其满意度优势源于央企信用背书、精细化运营及持续优化的客户互动机制，成为深圳楼市穿越周期的“品质标杆”。随着深湾超总等标杆项目入市，中海将进一步巩固市场地位，通过构建立体化的服务护城河，从基础物业的标准化执行到情感化社群运营，从单一空间管理到城市公共服务参与，实现“超越地产开发”的服务生态。

4. 广州

2025 年广州居民居住满意度得分为 73.8 分，较 2024 年下降 0.2 分；标杆企业得分为 86.1 分，较 2024 年下降 0.1 分。广州居民忠诚度为 58.5%，较 2024 年下降 0.3 个百分点；标杆企业忠诚度为 77.2%，较 2024 年下降 0.3 个百分点。2024 年以来，广州房地产政策持续宽松优化，全面取消限售、限购等限制性政策，在一系列利好政策的推动下，广州房地产市场发生了积极变化，短期内市场成交回升明显。进入 2025 年，伴随着行业持续调整，叠加政策效应持续减弱影响，居民购房需求释放不足，广州房地产市场整体仍处于低位运行阶段。新房市场的分化叠加二手房价的持续回调，使得居民购房信心持续不足，业主再购、推荐意愿持续下降，同时由于前些年交付产品出现的问题导致业主的居住满意度下滑，2025 年广州居民居住满意度及忠诚度均有所下降。进入房地产新周期阶段，居民对住房品质与服务要求也越来越高，提升居民居住满意度及忠诚率也是企业赢得市场的重要策略，未来房地产企业需要持续打磨产品力与服务力，保障高品质交付，赢得客户的信任与认可。

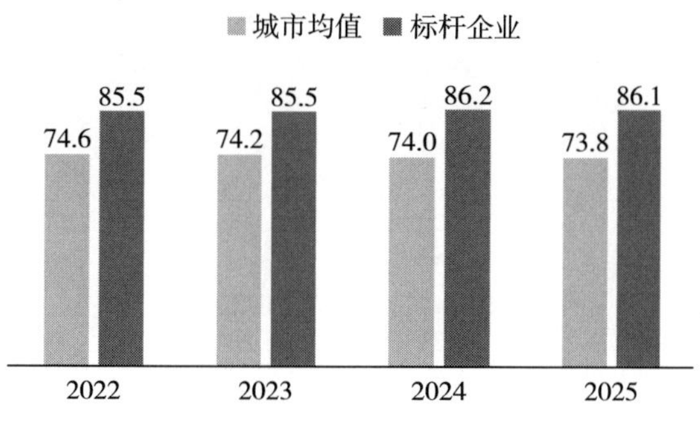

图9-29　广州居民居住满意度

数据来源：中指研究院·中指调查。

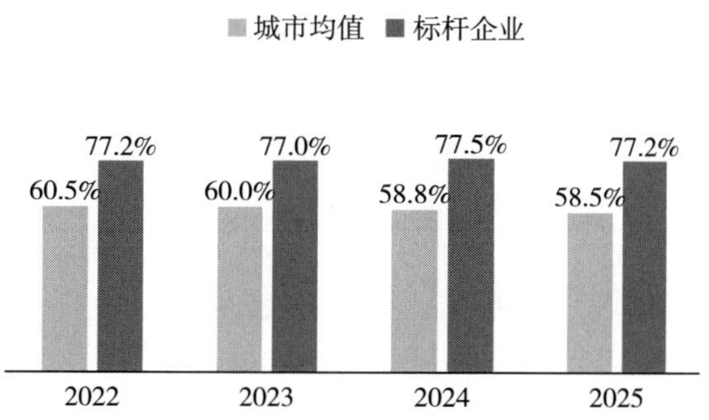

图9-30　广州居民忠诚度

数据来源：中指研究院·中指调查。

保利发展控股始终以城市远见者的姿态，精研人居理想，致力于为时代精英呈现匹配其生活品位的高品质居所，践行央企担当。2025年保利发展通过扎实的产品力与服务力，满意度和忠诚度均位居广州市第一。

越秀地产秉持“成就美好生活”的企业使命，一如既往用品质人居兑现美好承诺，2025年越秀地产凭借高品质产品力及高品质服务赢得客户的广泛认可，满意度和忠诚度均排名第二。一直以来，越秀地产通过赋能城市、产品布局、资源整合，不断开拓着崭新的美好生活图景。

绿城始终将产品力视为根基，将属地创新作为动力。从绿城柳岸晓风、绿城晓风印月引领交付口碑，到轻重协同、品质代建，产品品质一直是绿城一以贯之的核心竞争力。2025年，绿城在广州落地“绿城好房子”标准，以1个标准总则、6大核心理念、6宅实操手册、N项技术系统、226项条款为标准架构，践行“以客户为中心的产品主义”；同时持续发力全维实景示范区，以全流程、全要素、全实景的方式呈现园区场景。绿城馥香园问鼎广州4月新房TOP1，绿城玉海棠荣登番禺5月新房TOP1，在100天的时间里实现了“繁花双冠”，完成了与广州的双向奔赴。绿城将持续深入践行“战略聚焦、能力深耕、品质致胜”经营策略，以高品质交付力、卓越的产品创新力、贴心的服务力，兑现更多的美好生活。

5. 杭州

作为始终以“生活品质之城”为发展目标的杭州，房地产行业2025年面临着市场环境与居民需求的双重迭代。从居民居住满意度与忠诚度的最新数据来看，行业在调整期展现出阶段性特征。据2025年调查结果显示，杭州城市居民居住满意度均值为76.8分，较2024年的77.1分小幅回落0.3分；标杆企业得分88.5分，较2024年的88.6分微降0.1分，行业领先优势依旧显著。居民忠诚度方面，杭州均值61.5%，较2024年下降0.6个百分点；标杆企业忠诚度83.2%，较2024年微降0.3个百分点，品牌房企的虹吸效应依旧稳固。

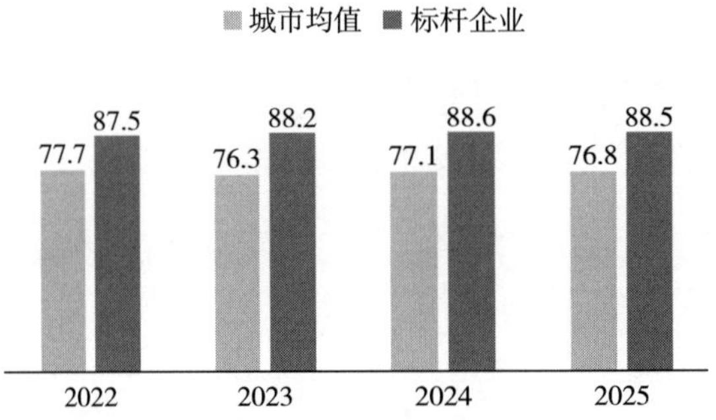

图9-31　杭州居民居住满意度

数据来源：中指研究院·中指调查。

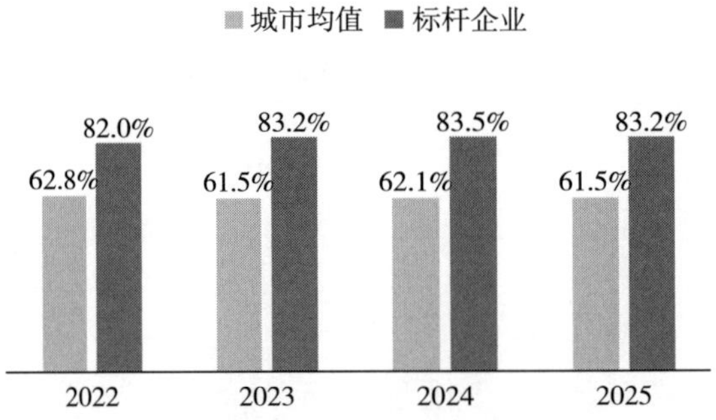

图9-32　杭州居民忠诚度

数据来源：中指研究院·中指调查。

绿城中国始终以“产品即信仰”的执着深耕杭州，以“好房子”标准为纲，以“绿式工程管理”为基，持续兑现“所见即所得，所得及所安”的承诺。绿城杭州的突破性实践体现在以下几个维度：产品创新上，以“智慧宅、健康宅、生命宅、绿色宅”为核心提升，全面系统地实现了绿城产品的创新迭代；工程品质上，将日式管理精髓内化为“绿式工程管理”体系，涵盖 6 大模块、24 项关键节点，形成从材料飞检到工艺工法的闭环管控；人文关怀上，首创“139”归家动线体系，从社区中央车站到架空层泛会所，从下沉式庭院到全龄主题空间，覆盖“老有所乐、幼有所育、居有所安”的多元需求。全维服务上，绿城 5G“心”服务构建房屋、关怀、物业三大体系，通过“绿粉节”“社群生活节”等活动激活社区活力。30 载深耕，绿城杭州以“最懂产品、最懂客户”的初心，将杭州大本营打造为产品力试验场与创新策源地。未来，绿城将继续以“特而美”路线为指引，以杭州为原点，向全国输出“好房子”标准。

建发房产自 2016 年首入杭州以来，以“新中式生活匠造者”之姿深耕钱塘，秉持“建识东方，发献大美”的理念，为城市注入东方美学与人居智慧。凭借极致产品力与严苛工程管理，相继打造云启之江、养云静舍、缦云等标杆之作。2025 年，更以总价 34.35 亿元竞得西湖蒋村地块，彰显深耕决心。建发物业坚持以客户为中心，依托“天天好”服务体系，从观感、便利、特色、动能四大维度，构建“好小区、好贴心、好时节、好管家”的四好服务生态，践行“客户满意为最终检验标准”的承诺。从养云静舍的当代雅韵到云启之江的未来社区实践，建发房产始终以产品力为核、服务力为翼，于杭州诠释东方人居新境，树立品质与价值的时代标杆。

滨江集团以“创造生活、建筑家”的理念为引领，凭借“产品能力、管理能力、服务能力”三大核心优势，持续领跑区域市场，成为行业高质量发展的典范。滨江集团通过深化部门管理标准化建设，覆盖财务、投资、工程等全链条，实现运营效率与风险管控的全面提升。滨江集团将继续以匠心筑就品质人居，以管理创新赋能发展，为杭州城市升级与美好生活贡献更多标杆作品。

6. 重庆

2025 年重庆居民居住满意度得分为 71.7 分，较 2024 年下降 2.1 分；标杆企业得分为 85.2 分，较 2024 年下降 1.9 分。重庆居民忠诚度为 56.5%，较 2024 年下降 0.4 个百分点，标杆企业忠诚度为 79.7%，较 2024 年下降 0.3 个百分点。交付降标减配、服务质价不符问题显著，物业费指导价远低于现行价引发的物业降费潮、物业公司撤场等系列问题直接影响居民居住满意度水平。

2025 年，为适应人民群众高品质居住需要，重庆多措并举加快“好房子”建设。在新政和市场需求双重作用下，“四代住宅”在重庆顺势兴起并呈爆发态势，标杆企业可充分利用此契机通过产品筑基、品质坚守、服务赋能满足业主需求，提升服务体验，助推业主满意度和忠诚度回升。

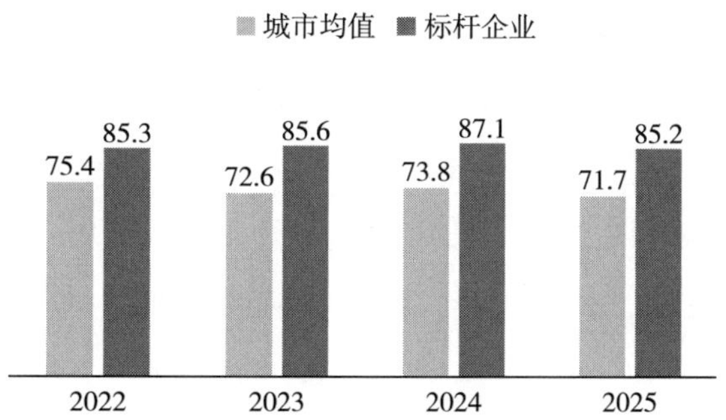

图9-33　重庆居民居住满意度

数据来源：中指研究院·中指调查。

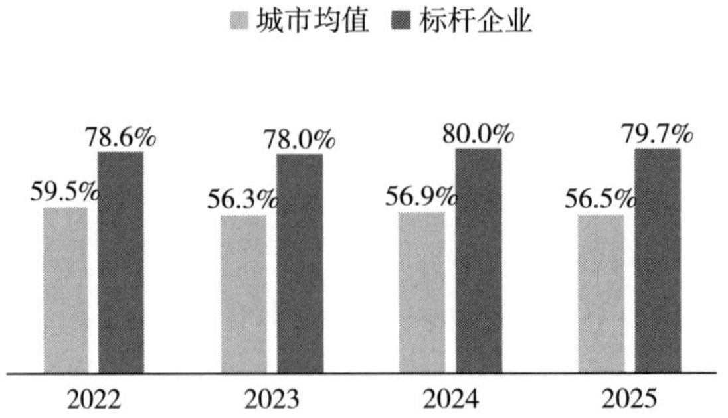

图9-34　重庆居民忠诚度

数据来源：中指研究院·中指调查。

保利发展入渝 21 年，秉持“和者筑善”理念，以“美好生活领创者”为定位，构建“人文社区”理念与“天悦人和”产品品牌，从客户需求出发，打造品质时代标杆。在渝累计开发超 30 个项目，规模达 1400 万方，服务 9 万余户业主。保利发展不仅注重产品品质，通过“361 精益品质保障体系”严格把控质量，同时还积极践行“人文服务”，开展多样社区活动，提升服务品质，以全方位的用心，为重庆业主创造和美生活，赢得高度认可。

华润置地入渝多年，秉持“品质给城市更多改变”理念，以“城市投资开发运营商”为定位，构建多元业务模式。在产品打造上，华润置地深研客户需求，打造了观宸等多个标杆项目，从规划到细节，严格把控品质。不仅如此，华润置地注重交付服务，通过“润服务”小程序等举措，提升交付体验；积极开展社区活动，增进邻里关系。凭借对产品品质的坚守与服务的用心，华润置地持续为重庆业主营造高品质居住体验，收获良好口碑。

绿城中国深耕重庆 8 年，其核心竞争力源于对“最懂客户，最懂产品”的深度践行：一是产品为基，将品质作为“一号工程”，以匠心理念打磨细节——从社区规划中自然景观的巧妙融合，到户型设计中对生活场景的深度考量，均依托高标准产品体系兑现鲜明特色；二是服务赋能，从“造房子”升级到“造生活”，聚焦业主痛点打造全周期有温度的服务，以满意度兑现“美好生活”承诺。在行业调整期，绿城中国以“产品筑基 + 服务赋能”双引擎突破同质化竞争，最终实现从“交付房子”到“运营生活”的跨越，为行业树立品质与服务融合的标杆范本。

7. 天津

2025 年天津城市居民居住总体满意度为 74.3 分，同比下降 0.3 分，降幅收窄 1.1 分；居民忠诚度为 56.2%，较 2024 年下降 0.4 个百分点。同期，标杆企业表现相对稳健但亦有回落，标杆企业满意度得分为 86.7 分，同比下降 0.1 分，而其忠诚度为 76.8%，同比下降 0.3 个百分点。当前地产行业深度调整持续，部分开发商通过减配降本和延期交付转嫁经营压力，叠加物业服务权责错位，居民对居住成本敏感度攀升，多重因素导致体验值与预期落差扩大。在此行业艰难时期，仍有一些品牌企业凭借优质产品打造、如期保质交付以及卓越服务体验，赢得了购房者的信赖与认可。

天津绿城深耕津门，14 盘齐发，始终秉持“品质是一种信仰”，坚持产品研发与创新体系化。2024 年 8 月 23 日，“美好生活在绿城”华北发布会重磅发布绿城好房子华北标准，打造“六好社区”（好品相、好户型、好配套、好环境、好智慧、好服务）样本。2023 年，绿城在津首次大规模实景交付，为 2324 户家庭开启美好生活，入住率达 96%。2024 年，天津绿城桃李春风叠拼、柳岸晓风南区、桂语朝阳一期、凤起悦鸣、水西雲庐 A/F 地块等项目均实现提前交付，并达成到访收房率 100%、交付满意度满分。为确保品质，每个项目严格执行“一房五验”，分别从工程专业视角、客户使用视角、社区长期运营视角进行查验、评估，并通过业主预品鉴活动把好质量关。对天津绿城而言，交付是美好共进的新起点。交付后，围绕“家园”的服务即刻开启：2~5 年内提供“房屋 4S”贴心陪伴，驻点维修工程师及时响应，涵盖户内至公区的维修、维保服务，让园区生活持久“保鲜”。

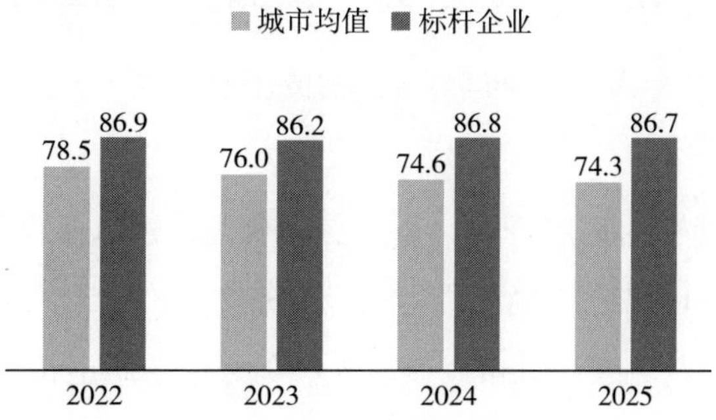

图9-35　天津居民居住满意度

数据来源：中指研究院・中指调查。

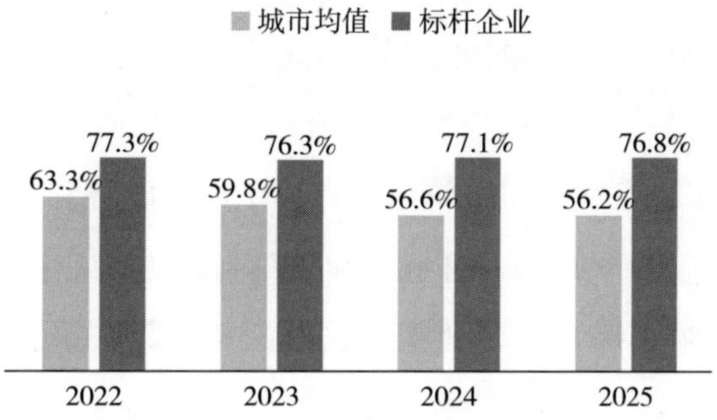

图9-36　天津居民忠诚度

数据来源：中指研究院・中指调查。

8. 成都

2025 年成都居民居住满意度得分为 71.9 分，较 2024 年微降 0.2 分；标杆企业得分为 87.6 分，较 2024 年小幅下降 0.1 分。成都居民忠诚度为 53.8%，较 2024 年下滑 0.5 个百分点；标杆企业忠诚度为 79.0%，小幅下降 0.3 个百分点。自 2022 年以来，房地产进入下行周期，成都居民满意度和忠诚度均有明显下降。此外成都新房市场进入全面改善时代，居民对产品的要求逐渐提升，2023—2025 年总体满意度和忠诚度小幅波动。标杆企业得益于强大的综合实力及口碑效应，客户评价虽有波动，但仍保持在较高水平，领先优势进一步扩大。

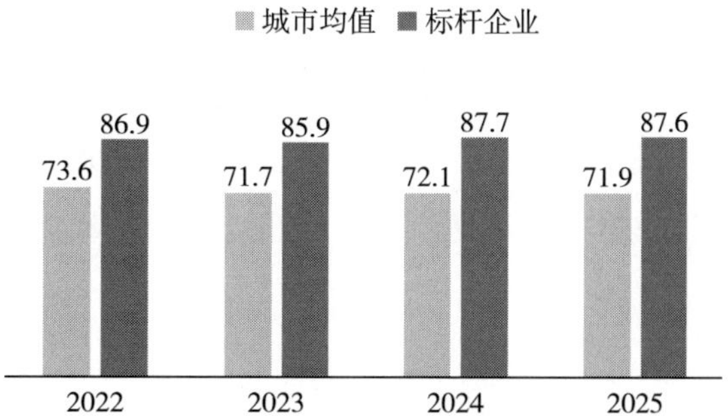

图9-37　成都居民居住满意度

数据来源：中指研究院・中指调查。

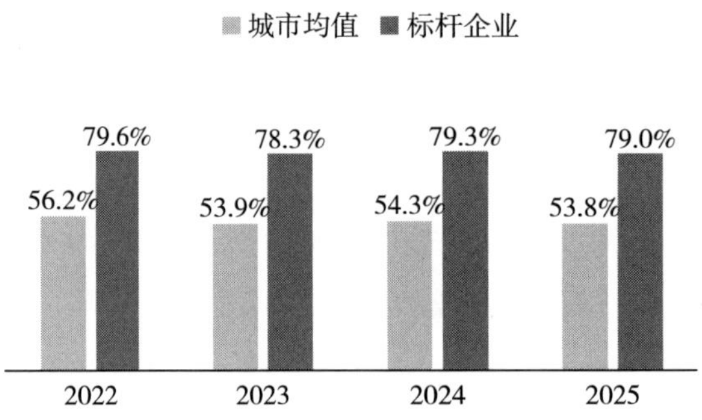

图9-38 成都居民忠诚度

数据来源：中指研究院·中指调查。

保利发展控股以“和者筑善”为品牌理念，以“保国利民，追求卓越”为企业使命，旗下地产开发、物业服务长年稳居央企龙头，凭借出色的建设、运营、服务实力，担纲国际国内大型赛事服务商，参与多个城市重要项目建设，为推动行业创新、城市发展、人民美好生活做出长足贡献。

保利四川深耕成都、辐射全川核心城市，在区域开发、城市更新、空间及文化运营等领域，助力城市发展，领创美好生活。入川 18 年以来，开发超 90 个住宅项目，开拓成都 16 大板块，服务超 40 万成都人的美好生活。2024 年，在成都全面落地保利发展人文社区“天悦和”三大产品系，打造花照天珺、新川天珺、天府瑧悦、怡心和颂等多个城市标杆项目，10 月成都保利时光里商场开业，以开敞式花园设计为金融城板块再立地标。2025 年，保利四川坚持以客户为中心，围绕“好产品、好服务、好房子”宗旨，倾听客户声音，落地五大品质提升专项行动，打造属于成都人的“三好生活”。

招商蛇口是招商局集团旗下城市综合开发旗舰企业，作为中国领先的城市和园区综合开发运营服务商，招商蛇口成都公司入蓉 14 载，一直与城市共生长。2025 年，招商蛇口推出的“招商好房子”技术体系以“此心安处是吾家”为核心理念，构建了“智慧恒久的品质之家、自然和谐的美学之家、友邻相伴的长情之家”三大价值主张，并细化为“安居无忧、舒适健康、绿色低碳、智能便捷、精工匠心、美学焕新、贴心服务”七大维度内容。这一体系不仅全面对接“好房子”国家标准的各项要求，更从人居体验的深层次需求出发，重新定义了新时代品质住宅的内涵与外延。招商积余作为招商蛇口服务体系的践行者，致力于将服务创新与睦邻文化深度融合。通过打造“熟人社区”生态圈，构筑邻里互动的活力磁场，让公共空间充盈着邻里爽朗的欢笑声，让每个角落都生长着温情脉脉的故事。“绿萝行动”是由招商蛇口打造的绿色可持续 IP，旨在面向社会传递绿色思想，以公众意识先行，推动低碳社会建设。自 2017 年起，历经多年耕耘，“绿萝行动”已成为招商蛇口积极承担央企社会责任的标志性活动；2025 年绿萝行动以“绿色生活·友邻共建”为主题，以旧衣换荟豆、绿萝花园、绿色生活节三大主题活动，与业主共同书写绿色生活新诗篇。

中国铁建地产以高品质产品和高质量服务赢得市场认可，其中以西派系产品最为亮眼。中国铁建地产择址通常在中国一二线城市的核心地段，周边拥有众多该城市稀缺资源。中国铁建地产与所在地自然相和谐的园林景观、优雅稳重的建筑风格以及经典与时尚兼具的精装人居产品为特色，现已在成都、重庆、昆明等城市建设了十余座西派系产品，每一座都是所在区域高端住宅的风向标。

9. 佛山

2025 年佛山居民居住满意度得分为 73.4 分，较 2024 年下降 0.6 分；标杆企业得分为 87.1 分，较 2024 年下降 0.1 分。佛山居民忠诚度为 55.4%，较 2024 年下降 1.2 个百分点，而标杆企业忠诚度为 75.2%，较

2024 年下降 0.3 个百分点。伴随着房地产行业持续调整进入下行周期，同时由于居民收入及信心预期不足，佛山房地产市场近年来整体处于低位运行阶段。2025 年，佛山房地产市场依然持续承压，市场信心依旧不足。受房价的持续调整，以及近年来部分房企在房屋交付过程中出现的问题影响，佛山居民居住满意度持续下滑，标杆房企整体满意度及忠诚率表现较强韧性，较 2024 年有略微下滑。

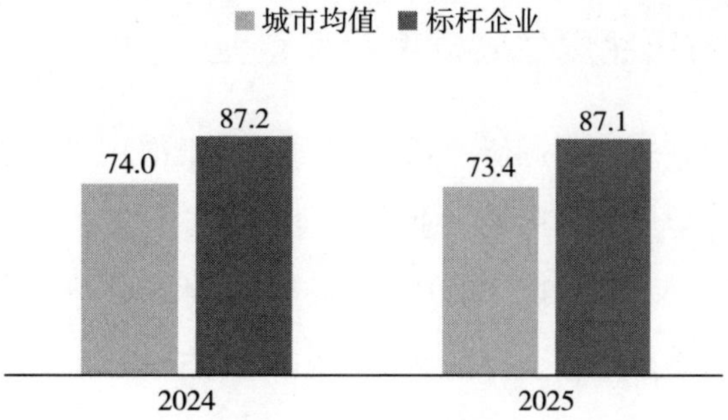

图9-39　佛山居民居住满意度

数据来源：中指研究院·中指调查。

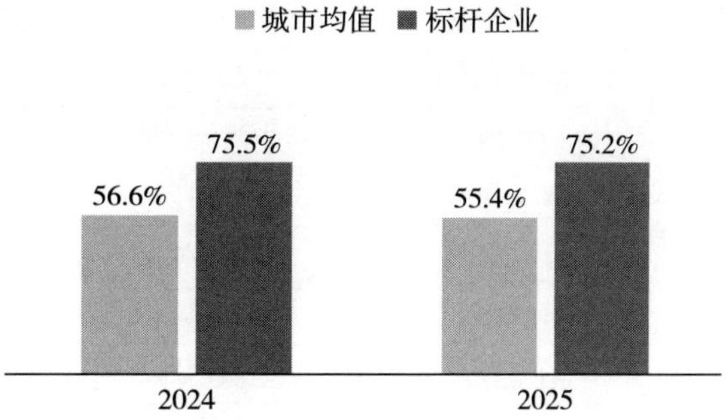

图9-40　佛山居民忠诚度

数据来源：中指研究院·中指调查。

佛山城发作为佛山本土国企，秉持“国企城发 更懂佛山”的品牌初心，始终以城市共建者的责任与担当，与佛山发展同频共振，深刻理解城市文化与居民需求，将佛山特色与人文情怀融入城市建设，凭借前瞻性的战略眼光，精准布局优质地块。坚持创新引领，以卓越品质打造多元化产品线，助力城市升级，连续 2 年荣获佛山最佳口碑服务案例奖，多个项目荣获美国缪斯等国际大奖，为近 3 万名业主兑现美好生活。

广东顺控城投置业有限公司自 1992 年成立以来历经 33 载发展，始终以顺德区城市建设者与产城融合践行者为使命，聚焦打造引领区域转型升级的城市载体与产业载体双核心，以产城融合为抓手，通过撬动区域经济活力、服务城市发展进程，逐步成长为“培育高质量产业、创造高品质生活”的综合型产城融合服务商。在地产开发领域，广东顺控城投置业有限公司已成功开发运营 19 个项目，覆盖顺德 8 个镇街，累计投资超 300 亿元，形成规模化的区域开发布局，招商运营业务辐射顺德全域，管理及在建园区面积超 200 万平方米，商办、商业及公寓项目体量超 30 万平方米，构建起覆盖产业空间与城市生活场景的运营体系。

绿城自进驻佛山以来，先后开发了绿城桂语兰庭、绿城凤起兰庭、绿城杨柳郡、绿城桂语映月等多个作品，以所见即所得的产品品质和值得信赖的兑现力、服务力，赢得了业主和市场的口碑。在深耕佛山的过程中，绿城始终将产品作为立身之本，从绿城凤起兰庭到绿城杨柳郡，绿城将产品品质作为“一号工程”；从绿城杨柳郡的来访收楼率 100%、绿城桂语映月的交付满意度 99%，到海豚计划等四季 IP 落地，再到小家和大家社群生活节，绿城将客户满意度作为“一号标准”，为业主家人营造美好生活。2025 年，绿城继续立足“最懂客户、最懂产品”的战略支点，以绿城好房子迭新区域人居标准。

保利发展华南公司秉承“城市服务运营商”的企业使命，作为城市引领者，不断向市场输出高品质的产品及有温度的服务品牌。2025 年保利发展华南公司凭借高品质产品及高品质服务赢得客户的广泛认可。从 2005 年起，保利在佛山深耕 20 载，秉持“深耕城市美好，引领城市发展”的理念，精心雕琢出 130 余个精品项目，为 30 万户家庭缔造幸福家园。

（五）2025 中国重点城市居民居住满意度优秀企业

本研究严格遵循行业基准开展满意度调研，旨在助力企业精准识别竞争优势与提升空间，构建覆盖全国主要城市的客观评价体系，科学界定各区域企业满意度水平在行业内的相对位置。通过系统性遴选各城市满意度标杆企业，强化行业标杆示范效应。鉴于当前行业整体满意度呈下行态势，优秀企业的引领价值愈发凸显。基于上述研究成果，项目组综合评估并遴选出“2025 年中国城市居民居住满意度优秀企业”。

表9-2　2025年中国城市居民居住满意度优秀企业

北京	上海	广州	深圳	杭州	武汉
中海地产	中海地产	保利发展	招商蛇口	绿城中国	华润置地
绿城中国	绿城中国	越秀地产	华润置地	建发房产	绿城中国
华润置地	华润置地	中海地产	中海地产	滨江集团	保利置业
保利发展	保利发展	绿城中国	金地集团	招商蛇口	中海地产
中国金茂	万科集团	万科集团	鸿荣源	大家房产	联投置业
南京	**重庆**	**成都**	**天津**	**西安**	**苏州**
招商蛇口	保利发展	华润置地	绿城中国	绿城中国	绿城中国
绿城中国	华润置地	保利发展	保利发展	中国铁建地产	保利发展
奥林建设	绿城中国	中国铁建地产	万科集团	保利发展	象屿地产
雨润集团	招商蛇口	招商蛇口	中海地产	招商蛇口	旭辉集团
颐居建设	海成集团	绿城中国	金地集团	天地源	招商蛇口
长沙	**青岛**	**大连**	**郑州**	**无锡**	**宁波**
万科集团	绿城中国	绿城中国	中海地产	绿城中国	绿城中国
绿城中国	保利发展	保利发展	华润置地	中信泰富	江山万里
保利发展	华润置地	华润置地	绿都地产集团	建发房产	保利发展
中建信和	中国金茂	中海地产	万科集团	华发股份	伟星房产
中海地产	万科集团	万科集团	招商蛇口	旭辉集团	建发房产
合肥	**济南**	**嘉兴**	**绍兴**	**台州**	**南宁**
绿城中国	中海地产	绿城中国	绿城中国	绿城中国	北投产城集团
保利发展	山东城发	华润置地	金昌集团	伟星房产	彰泰集团
伟星房产	绿城中国	金地集团	万科集团	方远房地产集团	荣和集团
安徽高速地产	万科集团	万科集团	保利发展	杨帆地产	南宁轨道地产集团
安徽置地	龙湖集团	海宁鸿翔	众安集团	众安集团	中国铁建地产
乌鲁木齐	**金华**	**湖州**	**衢州**	**佛山**	
绿城中国	绿城中国	绿城中国	绿城中国	保利发展	
中天美好集团	滨江集团	滨江集团	中国金茂	美的置业	
中海地产	保利发展	大家房产	天阳地产	万科集团	
万科集团	众安集团	祥新控股	贝林地产	佛山城发	
广汇置业	万科集团	得力房产	华都集团	绿城中国	

（六）2025 中国重点城市居民居住忠诚度优秀企业

基于行业宏观环境研判，当前市场呈现客户忠诚度系统性下行态势，而头部企业凭借长期积淀的品牌溢价效应仍维系竞争优势。根据房地产行业周期性演进特征分析，客户满意度与品牌美誉度已演变为构筑行业竞争壁垒的关键性指标。研究团队依托 2025 年度中国城市居民居住满意度普查数据，构建包含总体满意度、复购意愿指数及推荐倾向系数的多维评价模型，经科学量化分析最终形成“2025 年中国城市居民忠诚度优秀企业”研究成果。

表9-3　　2025年中国城市居民忠诚度优秀企业

北京	上海	广州	深圳	杭州	武汉
中海地产	中海地产	保利发展	招商蛇口	绿城中国	绿城中国
绿城中国	华润置地	越秀地产	华润置地	滨江集团	华润置地
华润置地	绿城中国	中海地产	中海地产	建发房产	中海地产
招商蛇口	招商蛇口	万科集团	金地集团	万科集团	保利置业
保利发展	保利发展	绿城中国	鸿荣源	招商蛇口	中建壹品
南京	**重庆**	**成都**	**天津**	**西安**	**苏州**
绿城中国	保利发展	保利发展	绿城中国	绿城中国	绿城中国
招商蛇口	华润置地	华润置地	中海地产	中国铁建地产	保利发展
金基地产	龙湖集团	招商蛇口	万科集团	保利发展	招商蛇口
中国金茂	招商蛇口	中国铁建地产	保利发展	天地源	象屿地产
颐居建设	海成集团	万科集团	泰达建设	招商蛇口	旭辉集团
长沙	**青岛**	**大连**	**郑州**	**无锡**	**宁波**
万科集团	绿城中国	保利发展	华润置地	绿城中国	绿城中国
保利发展	保利发展	绿城中国	中海地产	建发房产	江山万里
绿城中国	华润置地	华润置地	电建地产	中信泰富	滨江集团
中建信和	中国金茂	中海地产	绿都地产集团	华发股份	荣安地产
中海地产	万科集团	万科集团	正弘置业	万科集团	保利发展
合肥	**济南**	**嘉兴**	**绍兴**	**台州**	**南宁**
保利发展	中海地产	绿城中国	金昌集团	绿城中国	彰泰集团
绿城中国	山东城发	华润置地	绿城中国	伟星房产	北投产城集团
安徽高速地产	绿城中国	万科集团	万科集团	方远房地产集团	荣和集团
伟星房产	万科集团	金地集团	宝业集团	杨帆地产	中国铁建地产
安徽置地	龙湖集团	海宁鸿翔	众安集团	众安集团	华润置地
乌鲁木齐	**金华**	**湖州**	**衢州**	**佛山**	
绿城中国	绿城中国	绿城中国	绿城中国	保利发展	
中天美好集团	滨江集团	滨江集团	中国金茂	美的置业	
万科集团	保利发展	得力房产	贝林地产	万科集团	
广汇置业	万科集团	大家房产	华都集团	佛山城发	
中海地产	众安集团	祥新控股	天阳地产	顺控城投	

（七）趋势与建议

在政策调控、技术革新与市场需求的协同驱动下，房地产行业正呈现三个显著演进方向。政策维度，随着《住宅品质提升专项行动实施方案》的全面施行，2026 年或将成为行业质量管控体系的里程碑年份，绿色建筑认证、适老化设施配置等强制性技术规范将系统纳入居住满意度评价指标，实质性推动产业向精细化发展转型。技术革新层面，数字化转型已深度重构客户服务生态，行业领军企业正着力构建“VR 看房—区块链合同—AI 报修”三位一体的全链路数字化服务体系，据行业预测，至 2026 年客户体验管理平台的渗透率将突破 60% 阈值，显著提升服务响应精度与运营效能。业态创新领域，“物业 + 康养”“地产 + 社区商业”等复合型开发模式持续迭代，通过整合多元服务矩阵，正在形成提升存量客户居住价值的关键增长极。

应对行业结构性变革，要求市场主体聚焦交付质量、客户运营、供应链协同三大核心环节实施战略升级。在项目交付端，建议构建“资金链—工程节点—验收规范”三维联动的风险预警模型，对关键流程实施全周期动态监测，推动行业从保交付基准线向优交付高标准演进。客户运维层面，针对交付初期（0~12 个月）的适配期业主，可实施“百日焕新”专项服务计划，系统解决装修工艺瑕疵及配套设施缺口等高频诉求；对成熟期业主则推行“信用积分 × 社群生态”双轨运营机制，强化品牌认同与客户终身价值。供应链优化方面，建议组建由优质建材商、装饰企业构成的品质保障联合体，通过集约化采购降低边际成本，同步建立工艺工法标准化体系，系统性解决精装产品品控难题。

回溯 2025 年行业发展轨迹，“政策托市机制”与“企业纾困举措”的双向协同有效稳定了市场基本面，然而产品迭代乏力、服务标准缺失等结构性矛盾仍未根本缓解。未来三年，行业竞争范式将完成向“客户价值创造”的深度转换，发展动能从规模扩张向体验优化迁移，商业模式由单次交易向全周期服务跃升。在此转型关键期，唯有深度践行客户中心主义，持续构建品质护城河的企业主体，方能在存量市场红海竞争中确立差异优势，实现可持续发展。

附录：中指调查研究方法概述

中指调查成立于 2004 年，隶属于中指研究院，是专业从事房地产企业、市场和客户调查的研究机构。中指调查基于高素质的研究团队、庞大的房地产数据库资源、完善的市场监测和调研体系、丰富的调查和顾问咨询经验，严格的质量管理手册，为房地产及相关企业提供客户满意度研究、城市进入决策研究、项目可行性与项目定位研究、地块投资决策研究、房地产企业战略规划研究等服务。自成立以来，中指调查已完成超过 1000 个专项调查，为 500 多家企业提供城市、市场及客户研究服务。同时，完成了 9000 多万平方米的房地产项目的可行性研究和市场定位，为 200 多家企业提供了企业战略和品牌顾问服务。

客户满意度调查、神秘客暗访调查、客户需求调查，是中指调查的三大核心产品。

1. 客户满意度调查

从第三方角度出发，对房地产行业的客户全生命周期中的产品与服务满意度进行量化评估，深入挖掘企业在产品与服务领域的优势及亟待改进的关键要素，为企业构建以“客户为中心”的经营管理体系提供支持，助力企业持续优化产品和服务质量，为改进客户体验提供科学依据，帮助企业建立并保持长期稳定的客户关系，进一步培育并不断提升新老客户的品牌忠诚度。

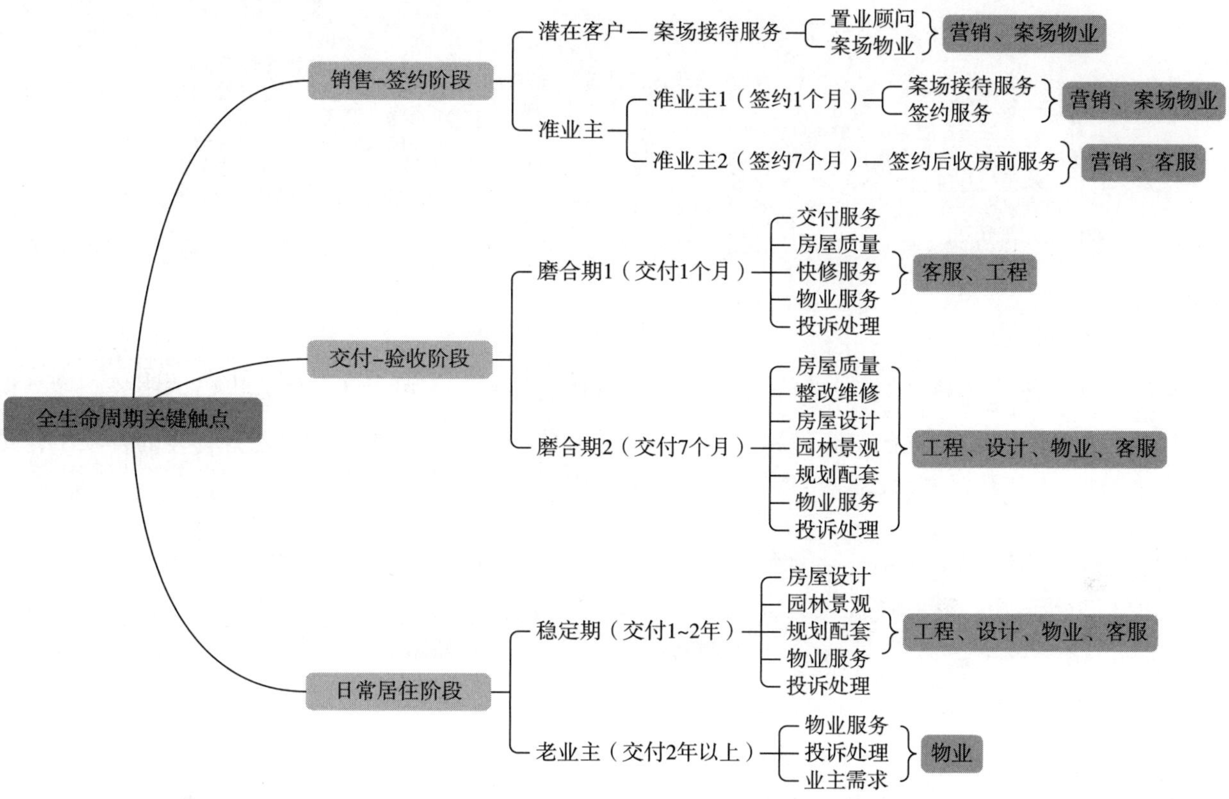

图9-41　中国房地产客户满意度调查指标体系

常见的三种调查方式：

（1）互联网＋调查：借助“中指·云调查”系统平台，实现“互联网＋”云调研模式。通过二维码扫码答题、短信邀约、公众号推送等多种方式收集数据，使受访者从传统的被动调查转变为主动参与，充分利用碎片化时间，激发受访者的表达需求。这种调查方式能够在更短的时间内、以更低的成本获取精确的访问数据。

（2）CATI电话访问：访问员利用中指院研发的CATI系统，即电脑辅助电话调查系统，进行一系列的调查访问工作。该系统具备全程录音监控功能，使得调查者能够实时掌握访员的操作情况，包括访员上机、拨打电话等各个环节，从而确保以更加高效的方式获取准确的访问数据。

（3）APP入户访问：被访问者在家中单独接受访问的一种调查方式。即调查员根据抽样方案，进入选定的家庭或企业单位，按照预先设定的方法，选取合适的被访者，然后面对面地直接提问，以完成问卷或调查提纲。

2. 神秘客暗访调查

神秘客暗访调查是一种由经过专业培训的调查员以潜在或真实消费者的身份，对企业产品与服务标准的实施情况进行暗访调查。这种方式通过“顾客”的视角来评估服务质量，具有高度的隐蔽性和真实性。它能够真实地揭示服务过程中各个环节存在的问题，并与服务标准形成对照，为服务校验和改进提供依据。

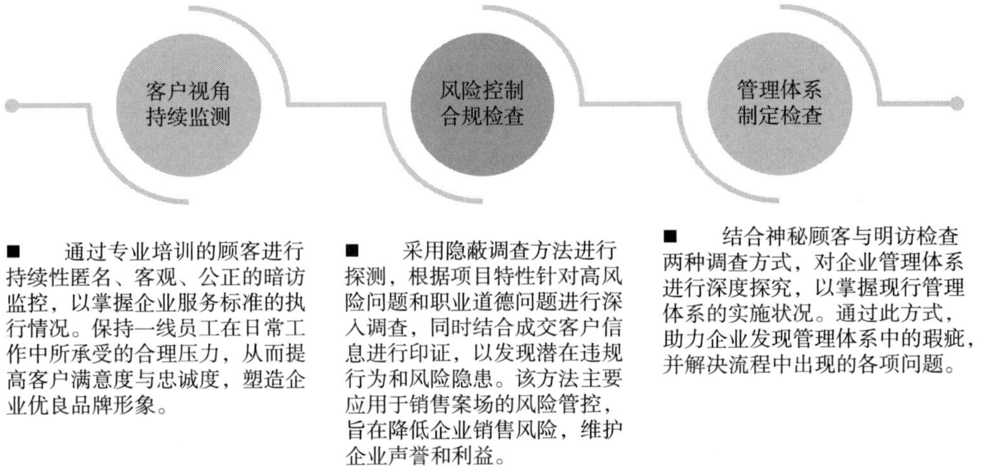

图9-42 神秘客暗访调查内容

神秘客暗访在地产销售案场、社区物业服务等领域广泛应用。它可以评估销售人员的服务态度、楼盘介绍的详尽程度以及购房合同的清晰度等，也可以体验社区物业的各项服务，对社区物业的各项工作进行全面监测和评估。这是企业持续改善客户体验、提升服务质量、提高客户满意度的重要手段。

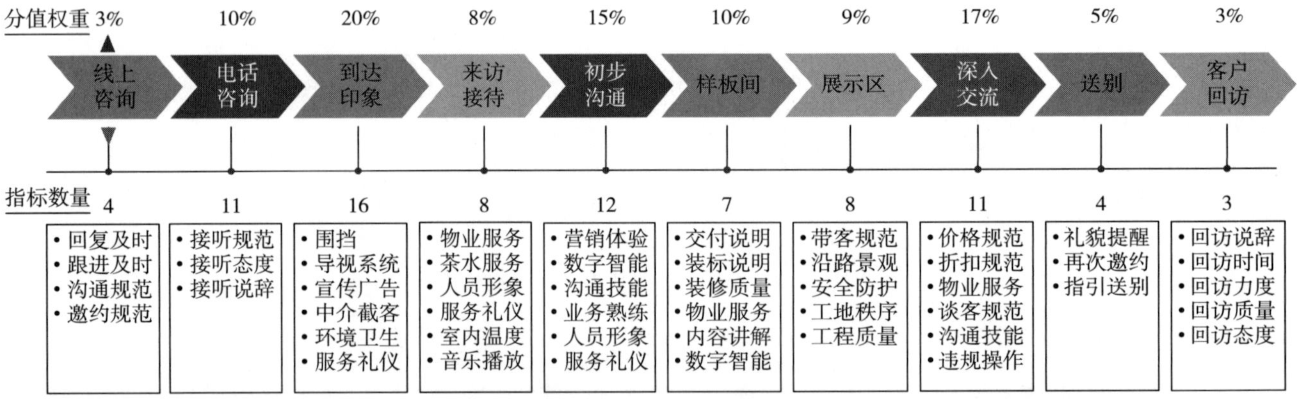

图9-43 销售案场神秘客暗访调查指标

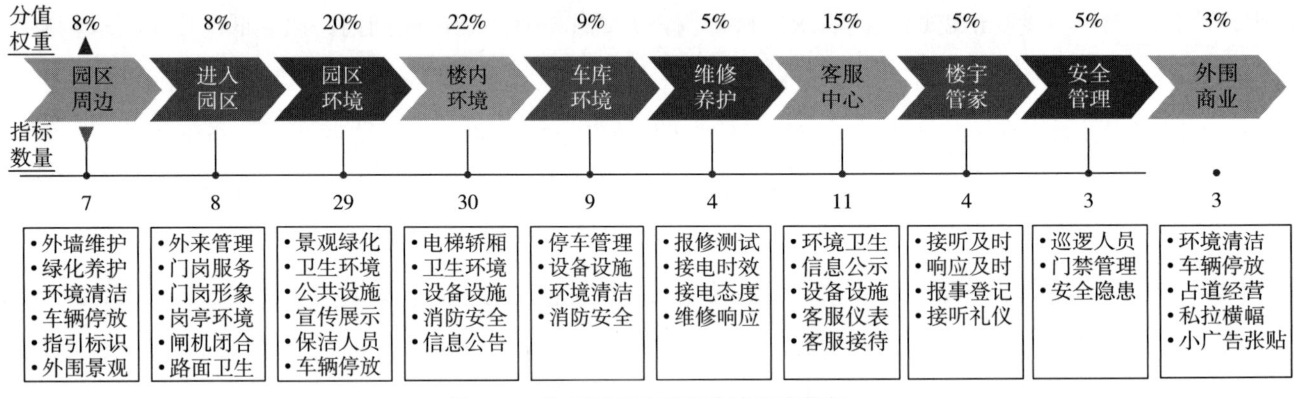

图9-44 住宅园区神秘客暗访调查指标

3. 客户需求调查

中指·客户调查定制化服务主要建立在不同维度的大数据（内部多体系强大的客群数据支持）、房天下潜客数据，以及中指调查强大的调研工具（中指云调研系统）基础上的线上及线下调研。目前，中指已为万科、保利发展、远洋地产、新城控股、当代置业、美的置业等多家房企提供包括板块客户地图研究、城市居民置业需求跟踪调查、住房产品需求偏好调查、精装修发展策略与配置需求调研、科技住宅需求调研、第四代住宅需求调研，以及其他专项调查等多项服务。

表9-4　　中指·客户需求调查及研究服务内容

服务类型	服务内容	解决问题
01 城市板块客户地图研究	1. 研究城市板块土地价值属性，形成土地属性地图 2. 通过大数据、抽样调研研究城市板块客户特征及流动特点，形成各板块客户画像 3. 结合土地属性、各板块客户画像，建立对应的产品落位建议	建立土地—客户—产品对应关系，快速精准落位产品，助力去化
02 城市居民置业需求跟踪调查	中指调查每月开展对全国城市居民的置业意愿调查，动态了解居民置业信心、置业计划、政策及价格预期等。截至2024年5月，本调查已形成49期置业跟踪调查报告，累计样本超过50万份。 1. 针对企业划定的重点城市开展居民置业需求月度调研跟踪（12期/年） 2. 调研内容包括但不限于： （1）城市居民当前住房满足程度 （2）政策预期、价格预期 （3）产品、服务等住房需求偏好 （4）置业行为、置业意愿变化 （5）其他企业需要加入的个性化题目	提前了解市场需求变化，安排营销、投资节奏
03 住房产品需求偏好调查	通过设计问卷，以量访+深访形式了解需求偏好 类型1：城市居民住房产品需求调研 类型2：区域或板块居民产品需求调研 类型3：为产品线优化开展的客户需求调研 类型4：围绕特定地块调研潜在客群需求 类型5：老业主入住体验痛点及需求调查 类型6：养老/康养客户住房产品需求调查	为企业拿地决策、产品设计、产品优化方向提供参考
04 精装修需求调研	包括但不限于以下方面： 1. 全国及区域装修市场分析 2. 城市精装修市场特征分析 3. 不同类型客户精装修偏好及触点调研分析 4. 典型开发企业装修策略分析 5. 典型城市精装修项目分析 6. 企业装修配置策略建议	为企业精装修产品配置提供建议
05 科技住宅需求调研	1. 科技住宅行业发展研究 2. 某城市科技住宅客户调研分析 3. 某城市科技住宅科技产品配置建议	为企业科技住宅产品发展及配置提供建议
06 第四代住宅需求调研	1. 第四代住宅发展情况分析 2. 典型第四代住宅项目分析 3. 某城市居民对第四代住宅偏好分析 4. 企业发展第四代住宅设计建议	为企业第四代住宅产品发展及配置提供建议
07 企业年度客户服务白皮书	主要内容包括：企业客服梳理、行业客服对标、客户服务需求调查、年度白皮书撰写与发布	凸显企业客户服务成绩与价值，提高客户黏性
08 其他专项需求调查	根据企业需要沟通相应的服务提纲及相关内容	为企业解决特定阶段、特定业态相关问题开展的调研和策略建议输出

4. 员工满意度调查

针对以“员工敬业度”为核心的测量，衡量企业在发展前景构建、公平环境建设、日常管理效能等方面的综合表现，通过了解员工的工作状态和公司管理上的成绩和不足，改善公司管理，提高员工满意度和工作绩效。

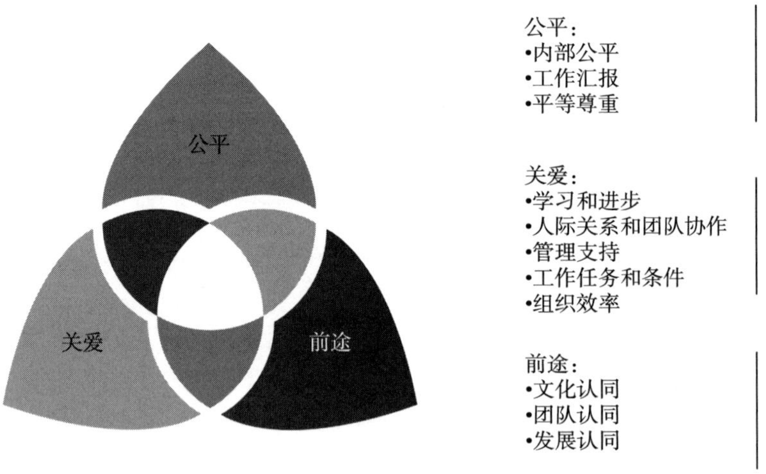

图9-45　员工满意度调查指标体系

5. 企业品牌调查

对企业已有品牌认知度、品牌形象和宣传等方面进行测量，帮助企业明确品牌预期状况及实际所处的状态，并进一步洞察企业品牌影响力。

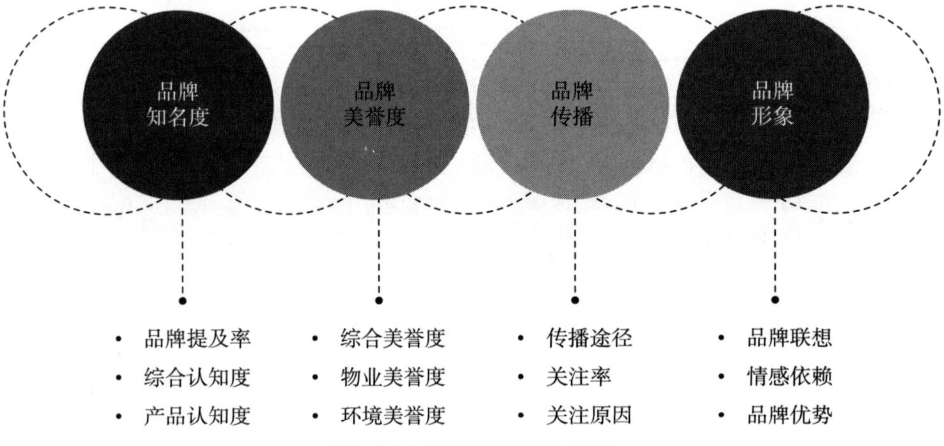

图9-46　品牌调查指标体系

CREIS中指·云调研是中指研究院借助大数据及云计算功能研发的中国房地产客户满意度调研平台。该系统贯穿于客户满意度调研的全流程：问卷制作—数据采集—质量管控—统计分析，为企业精准、高效、低成本、智能地获得客户反馈信息提供了渠道和方法保证。借助该系统平台帮助企业及时洞悉客户满意度变化情况，并针对性地去提升产品质量、客户服务和企业绩效。

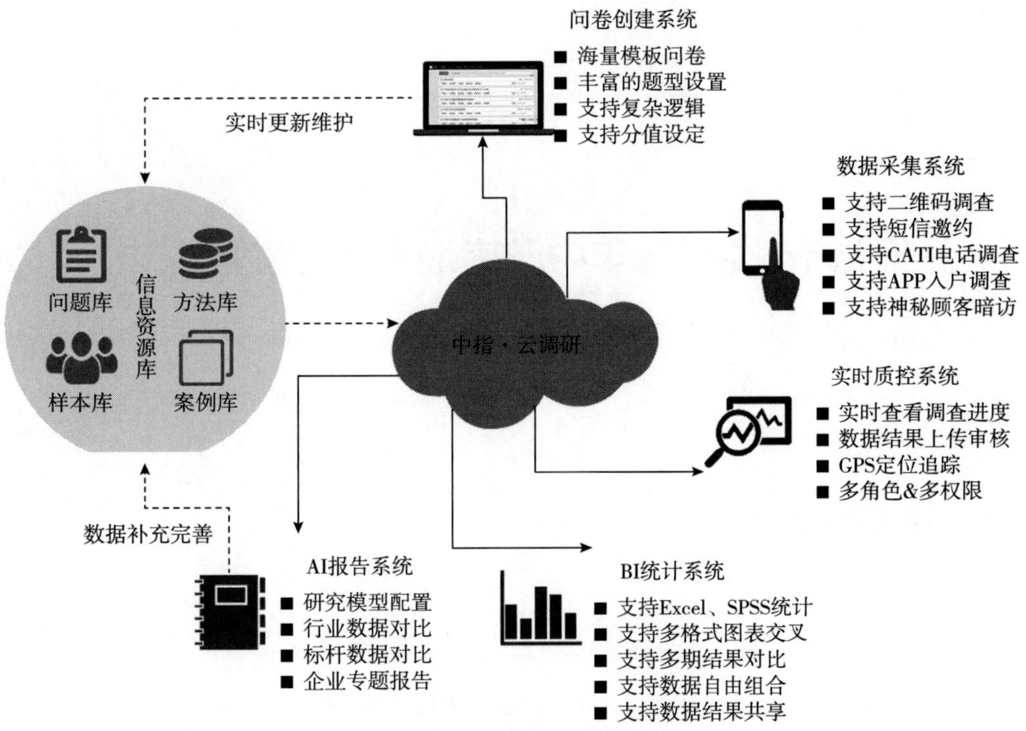

图9-47　中指·云调研系统功能介绍

报告十　2024年中国房地产代建发展报告

一、房地产代建市场分析

（一）政策分析

2024 年，代建地方政府性规范政策主要有以下几个特征。其一，出台频次显著下降，由于当前主要省市均已出台政府性代建相关规范性文件，新出台规范有所减少。其二，主要法律规范均是对既往规范的修订和补充，如石家庄、郑州均是在原有规范的基础上的增补。其三，增补代建单位名录库，如南宁市将代建单位名录库原有的 24 家增补至 49 家。

表10-1　　2024年部分代建政策梳理

序号	时间	区域	政策	重点内容
1	2024.1.6	石家庄市	《石家庄市政府投资项目代建制管理办法》	石家庄市政府印发了《石家庄市政府投资项目代建制管理办法》，共计 5 章 35 条，对职责与分工、项目组织实施、监督管理等做了规定。其中，规定“市本级政府投资 500 万元（含）以上且总投资 50%（含）以上的非经营性项目，原则上实行代建”。石家庄 2021 年已出台过《石家庄市政府投资管理办法》，此次是在原法规基础上进一步修订。
2	2024.3.5	河南省	《河南省省级政府投资项目代建管理办法》	河南省人民政府办公厅印发了《河南省省级政府投资项目代建管理办法》（以下简称《办法》），《办法》规定了“职责与分工”“项目实施程序”“投资计划与资金管理”等六章，同时指出，办法自印发日起生效，原《河南省发展和改革委员会关于印发河南省省级政府投资项目代建制管理办法的通知》（豫发改投资〔2017〕1145 号）同时废止。
3	2024.7	湖南省	湖南省发改委向社会公开征求《湖南省政府投资项目代建制管理办法（征求意见稿）》	湖南省发改委发文称，《湖南省政府投资项目代建制管理办法》修订已纳入湖南省人民政府 2024 年立法计划。根据立法工作安排，为进一步深化投融资体制改革，规范政府投资项目代建行为，发改委牵头研究起草了《湖南省政府投资项目代建制管理办法（征求意见稿）》，现予以公告，向社会公开征求意见。
4	2024.7.15	郑州市	《郑州市政府投资项目代建制实施办法》	郑州市人民政府印发《郑州市政府投资项目代建制实施办法》（以下简称《办法》），进一步规范市级政府投资项目建设管理，提高政府投资项目建设管理水平和投资效益。《办法》明确提出，总投资 3000 万元以上的建设项目实行代建制。《办法》还对代建制项目的各方职责、组织实施、资金管理等作了明确。

续表

序号	时间	区域	政策	重点内容
5	2024.8	广州市从化区	《从化区政府投资公共建设项目代建管理实施办法》	《从化区政府投资公共建设项目代建管理实施办法》(以下简称《代建管理办法》)自2021年9月1日颁布实施，将于2024年8月31日届满失效，为了继续加强区政府投资公共建设项目建设管理，从化区代建中心对《代建管理办法》不涉及实体内容的有关文件名称、管理部门名称等内容作简易修改，重新发布施行。新法有效期从2024年9月1日至2025年8月31日，相比原法规，有效期有所缩短。
6	2024.8	南宁市	南宁市人民政府办公室关于增补南宁市政府投资项目代建单位名录库的通知	根据《南宁市人民政府办公厅关于印发南宁市政府投资项目代建制管理办法的通知》要求，进一步做好南宁市政府投资项目代建制管理工作，经市人民政府同意，新增南宁市勘测设计院集团有限公司等25家单位纳入南宁市政府投资项目代建单位名录库。代建单位名录库此前在库单位共24家，本次增补后，在库单位数量增至49家。
7	2024.9.18	佛山市	《佛山市政府投资非经营性项目市场化代建管理实施细则(试行)》	佛山市发展和改革局印发《佛山市政府投资非经营性项目市场化代建管理实施细则(试行)》(以下简称《细则》),《细则》分为7章，其中规定代建管理费按工程总概算0.4%~2%计提。
8	2024.10.13	深圳市龙岗区	《龙岗区政府投资项目代建管理办法》	深圳市龙岗区人民政府印发《龙岗区政府投资项目代建管理办法》(以下简称《办法》),《办法》共分7章，对代建决策及代建单位确定、职责分工等做了明确。其中，拟实行代建的项目总投资规模应为5000万元以上(含5000万元)，部分符合规定的项目如投资额低于5000万元，也可采用代建制度。
9	2024.10	新乡市	《新乡市市级政府投资项目代建管理办法》	为进一步规范市级政府投资项目建设管理，提高项目管理水平、建设效率和投资效益，新乡市印发了《新乡市市级政府投资项目代建管理办法》(以下简称《管理办法》)。《管理办法》对代建进行了说明，是指由新乡市建筑工程服务中心经授权代表项目单位履行建设单位职责，负责项目建设实施，严格控制项目投资、质量、安全和工期，竣工验收合格后移交给项目单位的建设管理模式。

资料来源：中指研究院整理。

(二)经营现状分析

1. 新签约规模

同比首次下降，但总规模仍然保持高位。2024年，初步统计，代建企业代建项目新签约规划建筑面积预计为16500万平方米，较2023年下降4.7%，近年首次出现下降，但规模仍然保持高位。主要由于，一方面，2023年代建企业新签约规划建筑面积基数较高；另一方面，2024年代建企业解约率(含停工3个月以上但未实际解约项目)较高。近年来，随着竞争加剧，代建企业项目拓展力度持续增加，导致解约率(含停工3个月以上但未实际解约项目)也持续攀升，未来，企业还是应将发展重心放在项目品质上，而非盲目追求规模扩张。

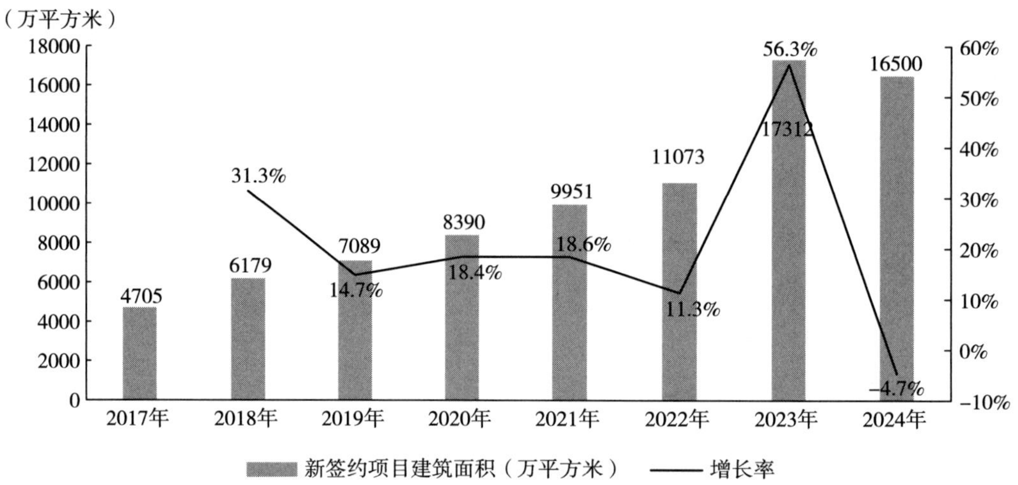

图10-1　2017—2024年房地产代建新签约项目规划建筑面积与增长率情况

注：2024 年数据为初步统计的预估值。

数据来源：CREIS 中指数据。

2. 市场集中度

市场集中度略有上升，仍保持高位。2024 年，从代建新签约项目建筑面积来看，前 5 企业所占市场份额预计为 54.0%，较 2023 年小幅上升 4.2 个百分点。从历年数据来看，代建头部企业市场集中度始终保持高位，项目拓展能力依旧突出。

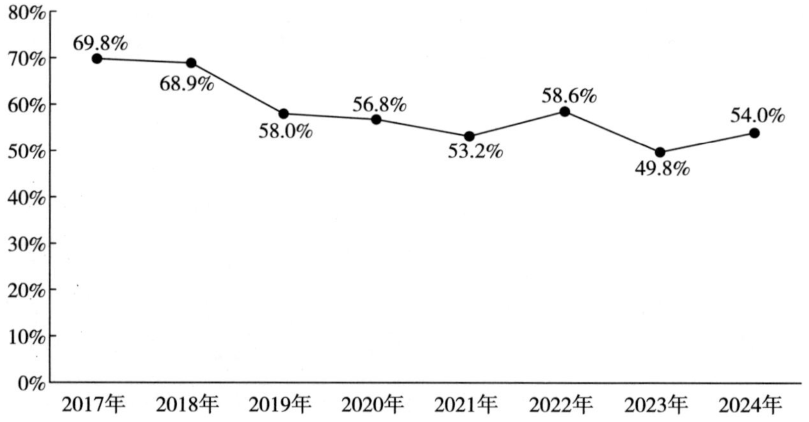

图10-2　2017—2024年房地产代建新签约项目前五企业市场集中度

数据来源：CREIS 中指数据。

3. 代建模式

商业代建占比超 7 成，占比保持稳定。根据对典型代建企业代建模式统计，2024 年，代建企业新签约规划建筑面积中，政府代建、商业代建和资本代建的占比分别为 22.8%、73.9% 和 3.3%。相较 2024 上半年，商业代建占比上升 4.5 个百分点，略有增长；政府代建保持稳定，微降 0.5 个百分点，资本代建占比下降 4 个百分点。一方面，以纾困项目为主的资本代建由于对代建企业要求较高，涉足企业较少。另一方面，纾困项目代建周期较长，企业同一周期内持有的项目通常不多。因而，2024 年资本代建有所下降。

4. 业务布局

二线城市更受代建企业青睐，但占比有所下降。根据对典型代建企业业务布局统计，从城市等级来看，2024年代建企业新签约规划建筑面积中，一线城市、二线城市和三四线城市占比分别为5.0%、50.2%和44.8%，与2024上半年相比，二线城市占比下降3.5个百分点，但依旧是占比最高区域；三四线城市占比上升4.1个百分点。由于一二线城市代建竞争激烈，部分企业亦会选择三四线城市拓展业务，通过良好的产品设计及营造能力，满足当地改善类客群需求，三四线城市占比有一定上升。

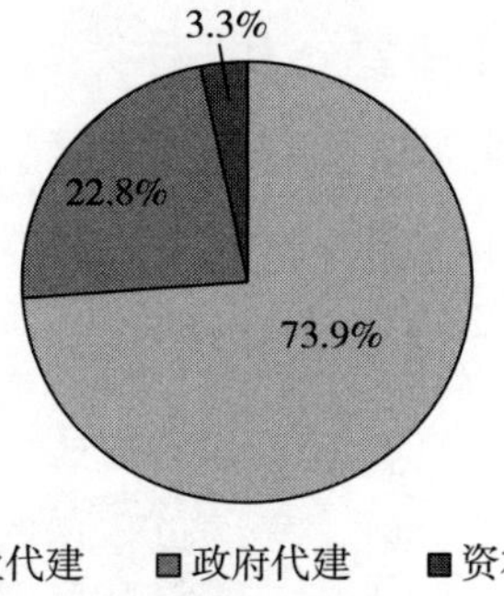

图10-3　2024年典型代建企业新签约规划建筑面积各代建模式占比

数据来源：CREIS中指数据。

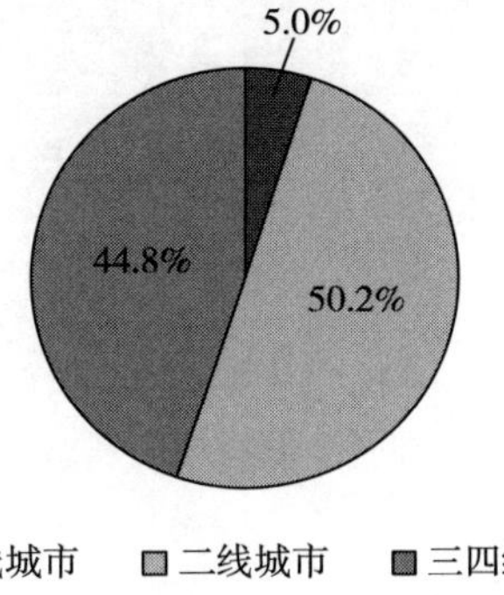

图10-4　2024年典型代建企业新签约规划建筑面积城市等级占比

数据来源：CREIS中指数据。

五大城市群占比超6成，长三角区域依旧更受代建企业青睐。从城市群来看，2024典型代建企业新签约规划建筑面积中，长三角、京津冀、粤港澳、中西部和成渝五大城市群占比为64.8%。其中，长三角占比28.0%，较2024上半年增长1.6个百分点。长三角区域政府代建法律法规透明度高，有利于代建企业在政府代建方面进行项目拓展；区域内房地产市场保持稳定，有利于代建企业在商业代建方面进行项目拓展。京津冀城市群占比13.2%，较2024年上半年增长3.3个百分点，增长最快。随着长三角区域竞争加剧，部分代建企业会选择避开热点区域拓展项目。

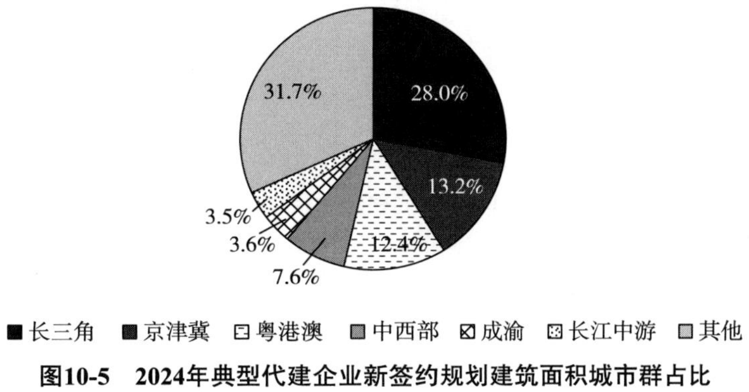

图10-5　2024年典型代建企业新签约规划建筑面积城市群占比

数据来源：CREIS中指数据。

5. 代建项目业态

商品住宅占比超 5 成。从代建项目业态来看，2024 年典型代建企业新签约规划建筑面积中，商品住宅、商办和保障性住房占比 86.8%，此三类业态也是房地产开发的主要业态，亦成为代建的主要业态类型。其中，商品住宅占比 55.3%，占比最高，商办类占比 23.4%，保障性住房占比 8.1%。值得注意的是，产业园类代建占比达 7.2%。产业园代建当前主要分为三种类型，即纯代建、产业定位 + 代建、产业定位 + 代建 + 引入资源，当前前两类代建占比最高。产业园代建通常较为考验代建企业能力，对代建企业相关经营有一定要求，从企业来看，华夏幸福、旭辉建管、远洋建管等企业均有涉足。

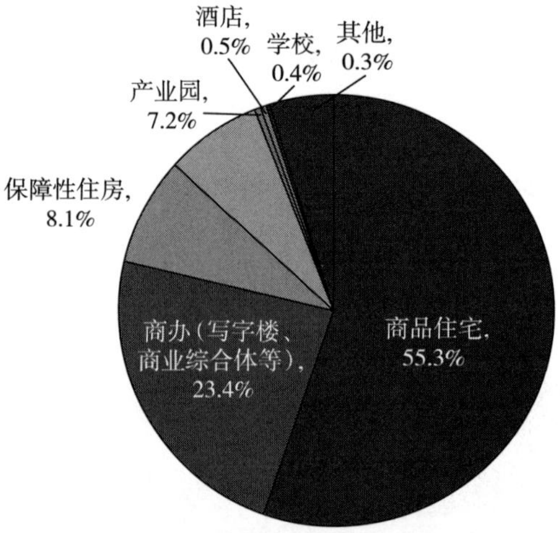

图10-6　2024年典型代建企业新签约规划建筑面积项目业态占比

数据来源：CREIS 中指数据。

6. 代建费率

超 4 成项目代建费率在 1%~2% 之间。根据对典型代建企业代建项目统计，77.7% 的代建项目代建费率在 1%–3% 之间，其中，42.7% 的项目代建费率仅在 1%–2% 之间，占比最高。近年来，随着代建企业竞争加剧，代建费率持续压缩，预计该趋势未来还将延续。

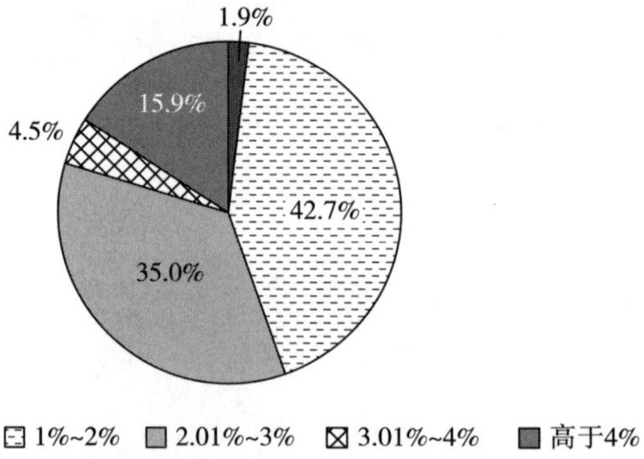

图10-7　2024年典型代建企业代建费率区间占比

数据来源：CREIS 中指数据。

二、房地产代建招投标监测分析

（一）招标监测分析

2024 年，通过对全国房地产招标数据[①]监测分析，从发布区域来看，浙江省、上海市和湖南省信息发布条数最高，其中，浙江省占比超 20.8%，上海市和湖南省占比分别为 14.2% 和 12.8%。与 2023 年相比，该三个省份占比均有提升。广东省占比虽超 10%，但相较 2023 年占比有所下降。同样有较大幅度下降的省份还包括江苏省、内蒙古自治区、河北省和黑龙江省。

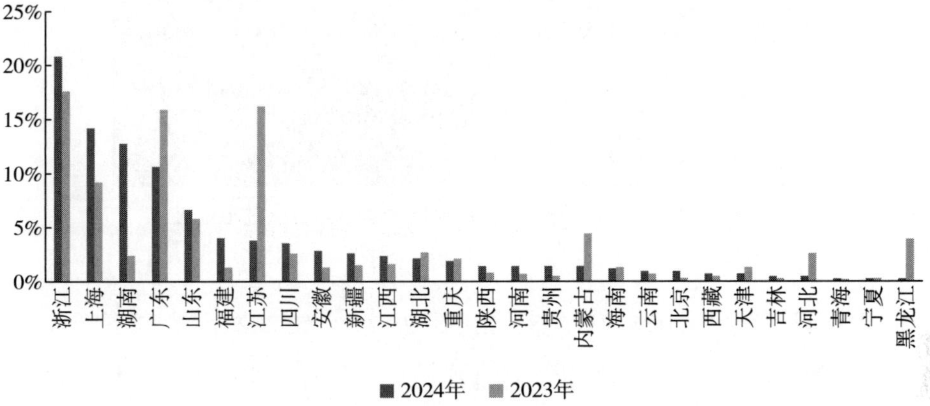

图10-8　2023—2024年公开市场房地产代建招标公告区域占比情况

数据来源：公开市场招标公告，CREIS 中指数据。

从招标物业类型来看，学校物业占比为 35.6%，与 2023 年基本持平，占比最高。住宅物业占比 17.8%，较 2023 年大幅下降；医院物业占 13.5%，较 2023 年有所上升。2024 年，办公物业占比 12.0%，较 2023 年显著提升 11 个百分点。

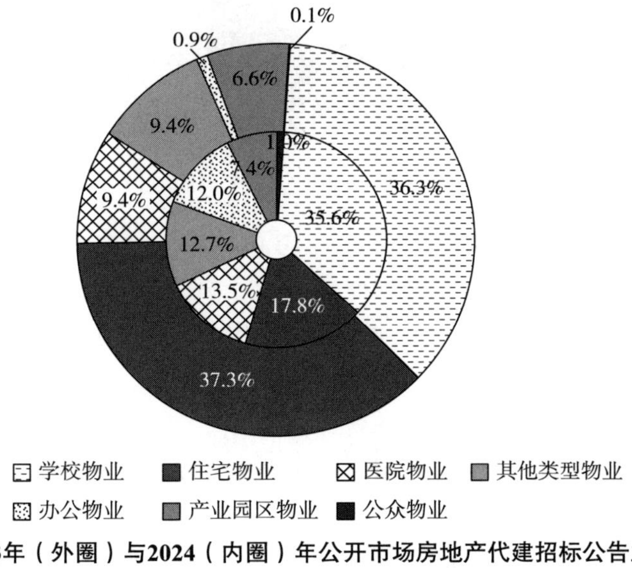

图10-9　2023年（外圈）与2024（内圈）年公开市场房地产代建招标公告业态占比情况

数据来源：公开市场招标公告，CREIS 中指数据。

① 数据仅包含房地产开发相关数据，不包含道路、桥梁等公共基础设施数据；全年数据已剔除重开标、截标等数据。

（二）中标监测分析

2024 年，通过对全国房地产中标数据分析，占比较高的前五企业分别为绿城管理、蓝城集团、润地管理、金地管理和蓝绿双城。

图10-10　2024年公开市场房地产代建中标占比前五企业

数据来源：公开市场中标公告，CREIS 中指数据。

从房地产企业中标业态来看，2024 年住宅物业占比 28.7%，较 2023 年大幅下降。2024 年，代建企业各业态中标数量较为均衡，占比趋势更符合招标各业态占比，招标与中标的适配性更加均衡。

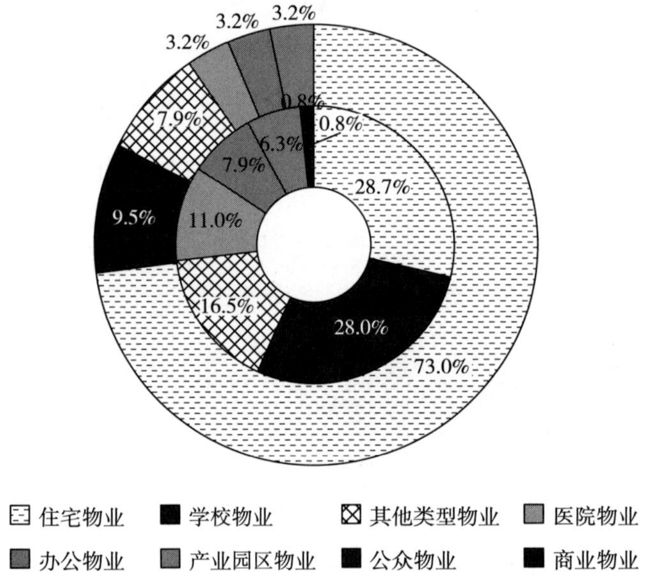

图10-11　2023（外圈）—2024（内圈）年公开市场房地产代建房地产企业中标业态占比情况

数据来源：公开市场中标公告，CREIS 中指数据。

三、房地产代建企业发展趋势及应对策略

解约率持续攀升，需要注重高质量发展。影响房地产代建合约履行的因素较多，因而解约情况时有发生。根据中指研究院对代建企业的调研，优秀房地产代建企业可将解约率（含停工 3 个月以上但未实际解约项目）控制在 15% 以下。近年来，代建竞争加剧，部分代建企业为追求规模化发展，加速项目拓展。一方面，当前房地产市场变化较大，项目在合约签订时，代建企业评估项目可按合约完成，但执行阶段，由于市场变化，与评估出现偏差，代建企业通常会采用项目停工的方式暂停项目；另一方面，由于委托方资金出现

问题的项目停工也时有发生，因而，代建解约率（含停工 3 个月以上但未实际解约项目）持续攀升。房地产代建本质是品牌与管理输出，口碑十分重要，高解约率不利于代建企业长远发展。未来，房地产代建企业仍需注重高质量发展，而不应以规模发展作为目标。对于已经规模化发展的代建企业，应注重代建品质，做好前期项目评估，降低因市场原因等导致的解约，同时需加强风险防控机制，对于因委托方违约造成的项目及时补救。对于新入局代建的企业，需秉持“做一成一”的原则，积累代建经验和口碑，追求高质量发展。

代建管理费率持续压缩，需时刻注意降本增效。根据中指研究院对典型代建企业代建项目统计，77.7% 的代建项目代建费率在 1%~3% 之间，其中，42.7% 的项目代建费率仅在 1%~2% 之间，占比最高。未来，随着竞争加剧，低管理费率、微利趋势或将延续。这就需要代建企业更加注重运营效率，一方面，提高人员利用率，另一方面，在房地产代建业务外，增加项目咨询、设计等轻资产业务，提高营业收入，以弥补低管理费带来的营收减少。

合同款延迟收回现象明显，代销项目加速去化仍是重要目标。通常，商品住宅代建均会涉及代销。对于代销项目，委托方通常要求代销项目去化率超 70% 才会支付合同款，因而，部分项目虽然已进入销售阶段，但代建企业并不能收回全部合同款，导致应收账款减值损失对当期利润造成负面影响持续增加。未来，房地产代建企业还需加强营销能力，加速项目去化，及时收回合同款。

非房企代建机遇仍在，需持续探索新的发展机遇。随着竞争加剧，部分房地产代建企业也在积极探索并利用新的结构性机遇扩大规模，如城市更新中的保障性住房、配售型保障性住房、共有产权房等。同时，非房企委托代建机遇仍在，如龙湖龙智造代建蚂蚁总部二期、远洋建管代建友芝友集团武汉新建医疗器械生产基地项目等，均是与非房企的代建合作。未来，房地产代建企业需不断拓展委托方的边界，积极接洽非房企代建，一方面在激烈的竞争中突围，另一方面，部分非房企代建对代建方要求较高，代建管理费率通常也较高，可增加代建企业的营收。

品牌化发展成为主流，需更加爱惜品牌。房地产代建本质是品牌输出，品牌作为双方信任的基础，在代建领域尤为重要。当前，主要代建企业均已设立代建品牌，走品牌化发展道路。代建品牌化有助于代建企业积极提升代建品牌影响力，确立行业标杆地位，带动代建业务拓展。未来，房地产代建企业需格外重视自己的羽毛，夯实自身产品品质，提升项目甄别和风险管控能力，避免代建过程中因内外部因素造成的品牌受损。

表10-2　　2024年部分企业发力代建情况

业务方向	企业名称	具体情况
成立代建平台及品牌	招商蛇口	2024 年 1 月，招商蛇口设立代建业务专业公司，统筹管理并开展代建业务。代建业务是招商蛇口“城市服务”业务的重要组成部分。公司将依托现有开发业务的运营管理体系，强化专业赋能支持，深化代建业务与城市更新、住宅开发、资产管理等其他业务资源联动、协同发展。
	绿地集团	2024 年初，绿地集团在前期探索实践的基础上，成立绿地智慧代建平台，全面整合房地产、基建、金融、商贸、酒店、文旅等多元产业资源，发力打造城市建设运营集成服务平台，赋能代建业务升级，为业主提供规划设计、建设、运营等一揽子服务。
	金科集团	2024 年 5 月，金科开发管理发展集团正式成立，并推出全新代建品牌“金建管”。
代建品牌更名	兴元建设	2024 年 11 月，兴元建设更名“而今管理”，协同而今资本正式入局资本代建。
	德信绿建集团	2024 年，德信绿建集团引入国资背景、实力雄厚的浙商资产，正式更名为浙商绿建集团。

数据来源：企业发布，中指研究院综合整理。

四、房地产代建典型事件梳理

2024 年，房地产代建企业在代建领域典型事件持续增加，无论是项目拓展还是战略合作，均为近年来最高。通过对全年事件梳理，代建企业典型事件主要有以下几个方面。其一，多方合作，不断拓展代建业务。绿城管理、蓝城集团、金地管理、旭辉建管等多家代建企业期内大力加强战略合作，主要方向包括地方城投、地方政府、资管公司和部分民营房企；部分代建企业与地方国企合作，实现强强联合。其二，获取新的代建项目，积累代建实力。全年，代建企业代建新签约项目类型更加丰富，除传统住宅开发外，旭辉建管中标文化中心，国贸地产中标产业园区，远洋建管中标城市更新项目等。其三，战略调整，成立代建平台公司或转型轻资产业务。招商蛇口、金科集团均成立代建平台；迪马股份将逐步向轻资产代建、代销及代管理方向转化。

附录：指标说明

附录一　行业数据指标解释

（1）物业管理项目总管理面积是指该年度末企业依据合同提供全面管理服务已交付使用的所有物业项目管理总建筑面积，不含仅提供单项服务内容的项目面积。

（2）物业管理项目总数指该年度企业依据合同提供全面物业管理服务已交付使用的所有物业项目总数。

（3）已进入城市个数指企业提供服务的所有物业项目所在城市的数量。

（4）营业总收入指年度物业管理费和其他各类经营收入总额，包括物业基础服务收入和多元服务收入。

（5）物业基础服务收入指为客户提供如保洁、保安、绿化等全面管理的物业服务，即直接收取物业管理费的收入。

（6）毛利润指年度营业总收入扣除物业管理和各类经营活动的直接成本（营业成本）后的利润部分。

（7）净利润指年度物业管理和各类经营活动中产生的合法净利润，不含应上交给上级公司的和属于业主权益的物业管理费的结余。

（8）人均产值本企业各类经营和物业管理费收入总额与企业员工总数（不含外包人员）的比值。

（9）物业服务费收缴率指企业在管所有物业项目实际收取物业服务费总和与在管所有物业项目按照物业服务合同约定应收物业服务费总和之间的比率（不含未清缴的）。

（10）物业管理项目留存率指企业截至本年末在管所有物业项目的数量与本年度内在管过的所有物业项目的数量的比值。

（11）合同储备项目总建筑面积指本企业已经签订物业服务合同，但还未正式进场服务的项目建筑面积。

（12）就业岗位个数指在本企业工作的人员总数，包括：在岗职工、再就业的离退休人员、在企业中工作的外方人员和港澳台方人员、兼职人员、借用的外单位人员、外包服务人员和第二职业者等。不包括离开本单位仍保留劳动关系的职工。

附录二　企业数据指标解释

（1）总资产净利润率：又称总资产收益率，是企业净利润总额与企业资产平均总额的比率，即过去所说的资金利润率。它是反映企业资产综合利用效果的指标，也是衡量企业利用债权人和所有者权益总额所取得盈利的重要指标。总资产净利润率 = 净利润 / 平均总资产。

（2）净资产收益率：又称股东权益报酬率 / 净值报酬率 / 权益报酬率，是衡量企业盈利能力的重要指标。是指利润额与平均股东权益的比值，该指标越高，说明投资带来的收益越高。

净资产收益率 = 净利润 / 平均股东权益。

（3）资产负债率：又称举债经营比率，它是用以衡量企业利用债权人提供资金进行经营活动的能力，以及反映债权人发放贷款的安全程度的指标，通过将企业的负债总额与资产总额相比较得出，反映在企业全部资产中属于负债比率。

（4）流动比率：是流动资产对流动负债的比率，用来衡量企业流动资产在短期债务到期以前，可以变为现金用于偿还负债的能力。一般来说，比率越高，说明企业资产的变现能力越强，短期偿债能力也越强；反之则弱。一般认为流动比率应在 2：1 以上，流动比率 2：1，表示流动资产是流动负债的两倍，即使流动资产有一半在短期内不能变现，也能保证全部的流动负债得到偿还。

（5）总资产周转率：是考察企业资产运营效率的一项重要指标，体现了企业经营期间全部资产从投入到产出的流转速度，反映了企业全部资产的管理质量和利用效率。是企业一定时期的销售收入净额与平均资产总额之比。

（6）存货周转率：又名库存周转率，是企业一定时期营业成本（销货成本）与平均存货余额的比率。用于反映存货的周转速度，即存货的流动性及存货资金占用量是否合理，促使企业在保证生产经营连续性的同时，提高资金的使用效率，增强企业的短期偿债能力。存货周转率是对流动资产周转率的补充说明，是衡量企业投入生产、存货管理水平、销售回收能力的综合性指标。

附录三　房地产开发数据指标解释

（1）本年完成投资：是指从当年1月1日起至当年最后一天止完成的全部用于房屋建设工程、土地开发工程的投资额以及公益性建筑和土地购置费等的投资。其中土地购置费在实际统计工作中如难以区分，可放在"商品房建设投资额"中。

（2）商品住宅：是指房地产开发企业（单位）建设并出售、出租给使用者，仅供居住用的房屋。

（3）土地开发投资额：是指房地产开发企业完成的前期工程投资，即路通、水通、电通、场地平整等（也称"七通一平"）所完成的投资。一般指生地开发成熟地的投资。在旧城区（老区拆迁）的开发中，如果有统一的规划，如政府有关部门批准的小区建设的前期工程中，有场地平整，原有建筑物、构筑物拆除，供水供电工程等工作量也可计算。未进行开发工程，只进行单纯的土地交易活动不作为土地开发投资统计。土地开发投资额在房屋用途分组中能分摊的部分就分摊，不能分摊的全部计入其他。

（4）土地购置费：是指房地产开发企业为取得土地使用权而支付的费用。土地购置费按当期发生数计入投资，如土地购置费为分期付款的，可分期计入投资；不计入新增固定资产。土地购置费包括：①通过划拨方式取得的土地使用权所支付的土地补偿费、附着物和青苗补偿费、安置补偿费及土地征收管理费等；②通过出让方式取得土地使用权所支付的出让金。

（5）住宅：是指专供居住的房屋，包括别墅、公寓、职工家属宿舍和集体宿舍（包括职工单身宿舍和学生宿舍）等。但不包括住宅楼中作为人防用、不住人的地下室等。

经济适用房：是指根据国家经济适用房计划安排建设的住宅。由国家统一下达计划，用地一般实行行政划拨的方式，免收土地出让金，对各种经批准的收费实行减半征收；出售价格实行政府指导价，按保本微利的原则确定。

（6）办公楼：指企业、事业、机关、团体、学校、医院等单位使用的各类办公用房（又称写字楼）。

（7）商业营业用房：是指商业、粮食、供销、饮食服务业等部门对外营业的用房，如度假村、饭店、商店、门市部、粮店、书店、供销店、饮食店、菜店、加油站、日杂等房屋。

（8）本年资金来源合计：是指房地产开发企业（单位）实际拨入的，用于房地产开发的各种货币资金。包括国家预算内资金、国内贷款、债券、利用外资、自筹资金和其他资金。

（9）国内贷款：指报告期房地产开发企业（单位）向银行及非银行金融机构借入的用于房地产开发与经营的各种国内借款，包括银行利用自有资金及吸收的存款发放的贷款、上级主管部门拨入的国内贷款、国家专项贷款（包括煤代油贷款、劳改煤矿专项贷款等），地方财政专项资金安排的贷款、国内储备贷款、周转贷款等。

（10）利用外资：是指报告期收到的用于房地产开发与经营的境外资金（包括外国及港澳台地区），包括外商直接投资、对外借款（外国政府贷款、国际金融组织贷款、出口信贷、外国银行商业贷款、对外发行债券和股票）及外商其他投资（包括补偿贸易和加工装配由外商提供的设备价款、国际租赁）。不包括我国自有外汇资金（包括国家外汇、地方外汇、留成外汇、调剂外汇和中国银行自有资金发行的外汇贷款等）。

（11）自筹资金：是指各地区、各部门及企事业单位筹集用于房地产开发与经营的预算外资金。

（12）定金及预收款：指房地产开发企业（单位）预收的购买者用于买房的定金及预收款。定金是为了使签订合同的甲乙双方履行经济合同，根据有关规定由购房单位在报告期交纳的押金。预收款是甲乙双方签订购销房屋合同后，由于经营活动的需要，在报告期由购房单位提前交付的购房款（包括预收购房款中的外汇）。

（13）本年完成开发土地面积：是指报告期内对土地进行开发并已完成“七通一平”等前期开发工程，具备进行房屋建筑物施工或出让条件的土地面积。

（14）本年购置土地面积：是指在本年内通过各种方式获得土地使用权的土地面积。

（15）房屋施工面积：是指报告期内施工的全部房屋建筑面积。包括本期新开工的面积和上年开工跨入本期继续施工的房屋面积，以及上期已停建在本期恢复施工的房屋面积。本期竣工和本期施工后又停建缓建的房屋面积仍包括在施工面积中，多层建筑应填各层建筑面积之和。

（16）房屋新开工面积：是指在报告期内新开工建设的房屋面积。不包括上期跨入报告期继续施工的房屋面积和上期停缓建而在本期恢复施工的房屋面积。房屋的开工应以房屋正式开始破土刨槽（地基处理或打永久桩）的日期为准。

（17）竣工房屋面积：是指报告期内房屋建筑按照设计要求已全部完工，达到住人和使用条件、经验收鉴定合格（或达到竣工验收标准）、可正式移交使用的各栋房屋建筑面积的总和。

（18）实际销售面积：是指报告期已竣工的房屋面积中已正式交付给购房者或已签订（正式）销售合同的商品房屋面积。不包括已签订预售合同正在建设的商品房屋面积，但包括报告期或报告期以前签订了预售合同，在报告期内又竣工的商品房屋面积。

（19）空置面积：是指报告期末已竣工的可供销售或出租的商品房屋建筑面积中，尚未销售或出租的商品房屋建筑面积，包括以前年度竣工和本期竣工的房屋面积，但不包括报告期已竣工的拆迁还建、统建代建、公共配套建筑、房地产公司自用及周转房等不可销售或出租的房屋面积。

（20）实际销售额：指报告期内出售房屋的总收入（即双方签署的正式买卖合同中所确定的合同总价）。该指标与实际销售面积同口径，包括正式交付的商品房屋在建设前期预收的定金、预收的款项及结算尾款和拖欠款。不包括未交付的商品房所预收的款项。收取的外汇按当时外汇调节市场价折算在其中。如果商品房是跨年完成的，应包括以前年度所收的定金及预收款。

中指控股

CHINA INDEX HOLDINGS

中指控股（China Index Holdings）致力于以大数据和创新科技赋能中国地产行业，拥有近千位优秀的数据研发人员和专业分析师，分支机构遍布中国主要城市。

依托三十年来积累的海量房、地、人、企等详实数据，中指控股整合空间、宏观、移动、规划、POI等多维信息，构建扎实的数据底层，充分运用新技术，结合行业各类应用场景，提供AI应用智能体、SaaS工具、数据分析、研究及市场推广、调查咨询等多项产品和专业服务，全方位服务房地产开发商、金融机构、物业公司及上下游企业，为合作伙伴提供高效解决方案，助力行业健康持续发展。

北京中指信息技术研究院

Beijing China Index Academy

北京中指信息技术研究院（Beijing China Index Academy，简称“中指研究院”）是中指控股（China Index Holdings Ltd）历时最长的下属研究机构。

中指研究院建立了庞大的数据库——CREIS中指数据库，涵盖土地、住宅及商用物业、企业、宏观经济等数据。基于长期深厚的数据积累，中指研究院的研究成果已成为房地产及上下游相关行业的重要决策参考，出版的专著填补了多项行业研究空白，对中国房地产行业产生了深远的影响。

中指控股CIH
中指研究院总部
地址：北京市丰台区郭公庄中街
20号院A座
邮编：100070

中指控股CIH

中国房地产指数系统（CREIS）

中国房地产指数系统（China Real Estate Index System，简称CREIS）是一套以价格指数形式来反映全国各主要城市房地产市场运行状况和发展趋势的指标体系和分析方法。它由国务院发展研究中心、中国房地产开发集团等于1994年发起，1995年通过部级评审，2005年再次通过由国务院发展研究中心、建设部、国土资源部、中国银监会、清华大学和北京大学等单位的著名专家学者组成的鉴定委员会的学术鉴定。

中国房地产指数系统（CREIS）目前覆盖全国主要城市，定期发布中国主要城市房地产价格指数，包括新房价格指数（综合指数、住宅指数、写字楼指数、商铺指数）、百城新建住宅价格指数、百城二手住宅价格指数及租赁价格指数等。2010年起，中国房地产指数系统启动“百城价格指数”研究，每月发布100个城市新建住宅价格指数，成为中国覆盖范围广、城市数量多的房屋价格指数系统。2020年7月起，每月发布100个城市二手住宅价格指数；2022年7月起，每月发布50个城市住宅租赁价格指数，进一步丰富“百城价格指数”体系。

中指控股CIH

中国房地产TOP10研究组

为了促进中国房地产行业健康持续发展，2003年1月，由国务院发展研究中心企业研究所、清华大学房地产研究所和中指研究院三家机构正式发起成立中国房地产TOP10研究组，致力于对中国规模大、效益佳、品牌优的房地产企业群体进行研究。2019年9月，研究组特邀国务院发展研究中心设立的、民政部注册、唯一具备企业评价资质的国家级社团法人组织——中国企业评价协会作为研究主办单位之一，全面升级中国房地产相关研究工作。

研究组本着客观、公正、准确、全面的基本原则，排除主观因素的影响，以客观数据为唯一依据，充分借鉴国外TOP10研究的理论框架和操作实务，结合中国房地产发展特点，开展TOP10系列研究工作。旨在发掘中国房地产优秀企业群体，打造中国房地产品牌，引领房地产业平稳健康发展。中国房地产TOP10研究组办公室设于北京中指信息技术研究院。

系列成果报告

CREIS中指数据

全行业覆盖　颗粒度细　可追溯期长

中指研究院基于强大的数据基础和技术能力，建立了中国历时长、信息全、覆盖范围广的CREIS中指数据库，被发改委和国家统计局指定为数据第二轨。

中指数据二十年来，持续扩大数据覆盖面，服务了中国95%以上的房地产品牌企业，以及国内外主流金融机构、高校和房地产上下游企业，是企业市场研究和投资决策的重要基础。

25年+ 数据沉淀	2300城 土地覆盖	2300城 宏观经济覆盖	50城 地块航拍	218城 新房成交
290万宗 地块档案	60万 住宅项目	10万 商办项目	1.2亿 企业数据	3800万 POI位置信息

通过数据API接口服务，赋能企业数字化升级

助力企业快速搭建自有数据平台

- 海量的数据底层，通过丰富的标准数据API接口服务，实现用户按需调取
- 帮助企业打通数据链路，助力企业科学决策

丰富的数据应用场景拓展

- 提供行业用户典型使用场景的数据结论输出，辅助用户高效获取高价值信息
- 灵活支持在标准产品基础上进行二次开发，可快速部署上线，无须大量开发工作

数据服务

土地	住宅	商办	行业	宏观	POI	信令	潜客
城市规划	项目信息	项目信息	经营动态	宏观经济	教育	居住人口	购房偏好
地块信息	一二手成交	品牌信息	财务状况	开发经营	医疗	工作人口	工作地
出让文件	供应库存	租户数据	新闻舆情	指数研究	交通	迁徙数据	居住地
四至标点	精装部品	大宗交易	招标资讯	政策法规	商业	消费偏好	
地块航拍	法拍数据	租赁交易					

01

开发云

集中国房地产数据与工具之大成

提供的服务

开发云全面整合中指大数据和SaaS分析工具，依托2300城290万+土地信息、60万+住宅项目、10万+商办项目以及人口、潜客、交通、配套等数据，通过构建场景化解决方案，搭建了完整的房地产大数据综合查询和一站式分析平台。通过开发云强大的综合查询、灵活的多维度统计分析等功能，用户可以实现宏观-中观-微观数据的逐层下钻，查看土地-项目-企业联动信息，辅助用户进行更加客观、科学、精细化的决策。

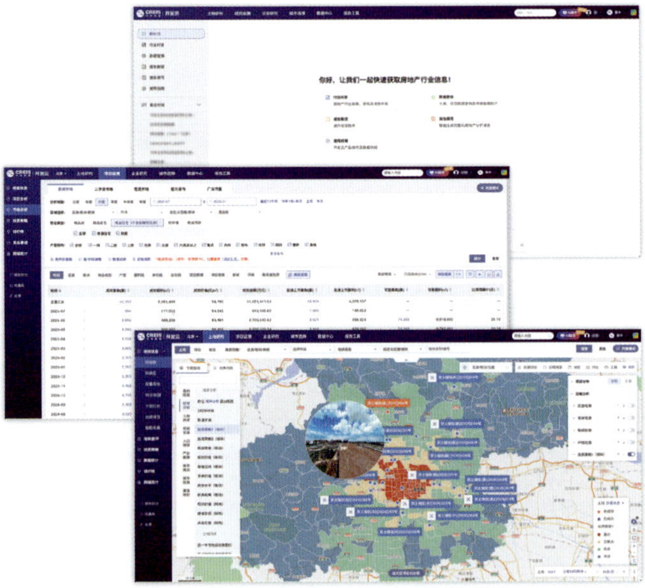

地块研判

- 实时查询全国 2300 城土地动态，掌握土地交易信息
- 自建地块、踏勘竞调、综合测评、团队协作一应俱全
- 土地资料全方位审视，标书、航拍、竞价记录一览无余
- 全面洞察地块周边环境，深入分析配套资源与竞品布局

项目监测

- 全量查询城市项目信息，支持单套房产交易状态查看
- 交易数据可按户型、面积、价格等维度快捷交叉分析
- 项目周边竞品项目、全市潜在竞品项目数据快速对比
- 实现跨城市项目、土地数据的一张表统计分析与下载

城市选择

提供大批量、快捷的全国及各城市开发经营、指数研究、宏观经济、交易数据的提取与下载功能，全面掌握宏观市场形势及房地产市场变化

企业研究

一键查询目标企业的拿地布局、项目分布情况，掌握标杆房企的经营数据、财务数据、融资信息，快速对比分析企业的货值与房产销售表现

数据中心

包括政策、交通、配套、控规、竞品、人口、产业等11大维度数据全方位覆盖

解决的问题

全栈数据赋能企业科学布局、精准拿地、把握营销节奏

科学布局 | 基于4个层面19个指标分析城市吸引力，对目标城市给出定量得分，为用户研判城市布局提出投资策略建议

精准拿地 | 从地块区位、配套、规划、负面要素四个方面评价地块投资价值，可按既定策略标注地块，领先竞争对手做出决策

营销节奏 | 详细展示市场供求、销售去化、产品结构、客户画像等数据，帮助企业动态监测市场、了解市场竞争强度

AI Agent | 通过自然语言对话实现高效获取市场数据、辅助撰写专业报告、快速解读行业政策

物业云 02

提供的服务

全面整合行业数据，依托物业企业数据、合约到期项目、新增项目、招标项目等模块，支持物业服务企业拓展业务，提高优质物业覆盖率。为物业企业打通数据通道，提供系统性数据服务，加速物业行业数字化进程。

新增项目

解决的问题：帮助用户紧抓新增项目拓展机会。

功能：联动各城市的土地信息，匹配拿地开发商与物业企业信息；根据成交土地价格等信息，推算未来房价，测算未来物业管理费收费情况，预估收入；进行多项目对比分析，联动推进业务。

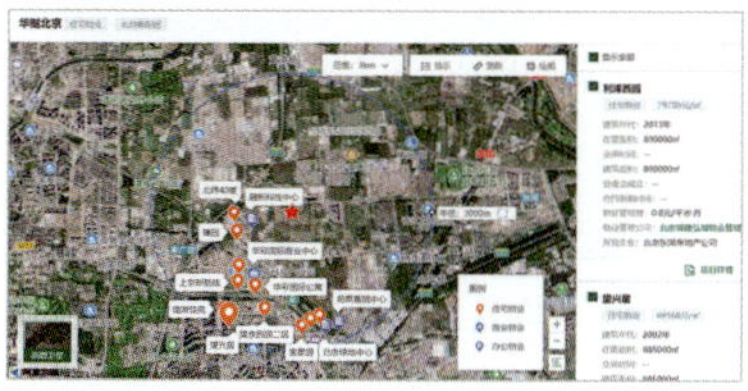

合约到期项目

解决的问题：监测存量项目合约到期时间，助力用户快速筛选更具价值标的。

功能：整理底层数据，监测、测算合约到期时间。根据合约到期时间、城市、物业类型等信息可倒排三个月内合约到期项目，并通过是否成立业委会进行筛选，再根据物业费情况确认拓展目标；通过查看、对比周边项目，进行集中拓展。

招标项目

解决的问题：为用户提前介入拟招标项目提供精准信息，助力企业外拓。

功能：监测、筛选、整合、清洗、优化招中标信息并实时更新，多方位、组合筛选招中标项目，并直接链接原始招标网站，便于企业直接参与投标。

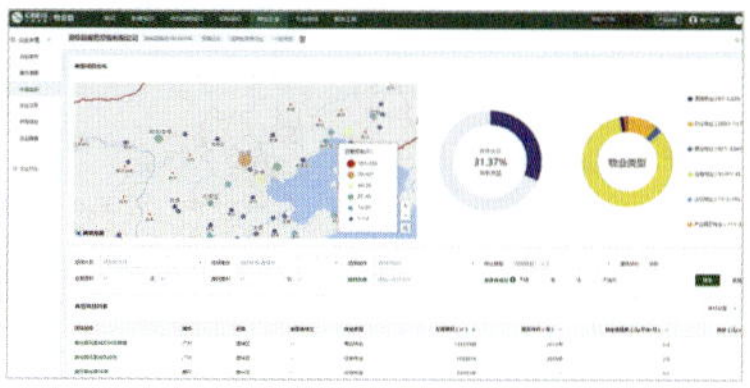

物业企业

解决的问题：了解标杆、学习标杆。

功能：了解标杆企业项目，与自身项目进行对比，找出差距，自我提升。

报告工具

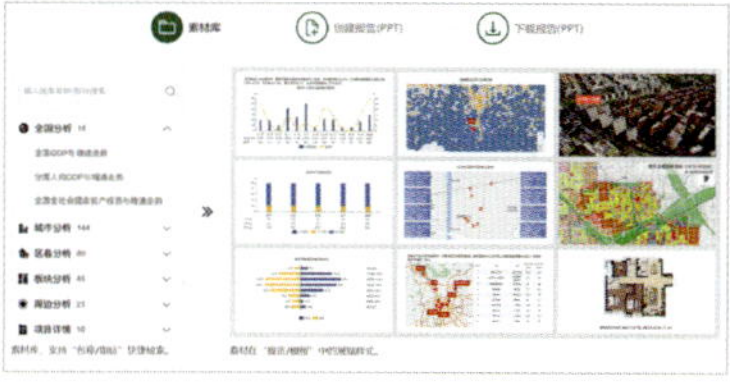

解决的问题：结合用户个性化需求，帮助用户更好地应用数据，快速输出定制化报告。

功能：预生产上千个报告图表素材，提供在线编辑功能，支持实时调取、更换数据，支持修改图表条件及展示形式，通过模块组合，一键生成报告。

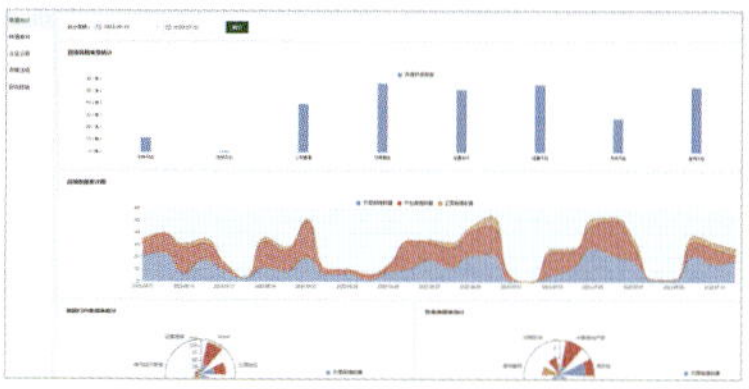

行业资讯

解决的问题：为用户把握行业动态、研判政策走向提供全方位支持。

功能：实时更新行业政策法规，动态监测企业信息。

物业云已收录全国大部分物业服务企业基本信息，覆盖600+城市各业态共计40万+在管项目数据，监测55万+新增项目和160万+招中标项目，并收录上市公司所有经营数据、400+收并购信息及7万+舆情信息，已涵盖2000+行业政策法规及300+行业研究报告。

03 中指地产企业研究与推广

中指研究院建立了具有权威性和影响力的企业评价标准体系

中国房地产百强企业研究（2004年至今）— 企业综合实力与行业地位认证

中指研究院百强企业研究，发掘综合实力强、经营稳健以及具备较强社会责任感的优秀企业，相关研究成果已成为评判房地产企业经营实力及行业地位的重要依据。

中国房地产品牌价值研究（2004年至今）— 量化品牌价值、彰显企业软实力

品牌彰显投资价值、品牌增强发展动力。中指研究院客观量化企业品牌价值，综合评价企业品牌实力，促进企业无形资产的保值增值，助力企业提升品牌建设水平。

中国房地产上市公司研究（2003年至今）— 资本市场的投资参考

中指研究院挖掘成长质量佳、投资价值大的优秀上市企业，为投资者提供科学全面的投资参考依据。相关研究成果成为投资者评判上市公司综合实力、发掘证券市场投资机会的重要标准。

与时俱进，开展相关领域的理论研究与实践探索

● 轻资产代建研究

中国房地产行业专业化、市场化、精细化趋势日趋明显。房地产代建作为房地产行业轻资产化的重要方向，有更广阔的发展空间。中指研究院在2017年就研究撰写了《中国房地产代建行业发展蓝皮书》，填补了中国房地产代建服务研究的空白，2020年中指院助力绿城管理成为港股代建第一股。

● 产业+地产

中指研究院已经开展了近10余年产业园区、产业新城领域专项研究，构架相关评价指标体系、调研产业新城、产业园区实践案例，形成了《中国产业新城运营理论与实践》等专著。

● TOD模式研究

以轨道站点周边开发为契机，以TOD发展为导向，引导城市房地产业从住宅建设向综合服务转变，是我国城市化提质增效的重要内容。在此背景下，中指研究院与中国城市轨道交通协会、西南交通大学TOD研究中心/西南交通大学公共管理学院，三方共四家单位共同开展“中国城轨TOD指数”研究，并于2020年开始定期发布《中国城轨TOD指数报告》，成为政府部门、轨道公司、城市运营商、房地产开发商等各参与主体进行TOD项目开发建设的重要参考依据。

资本市场–上市行业顾问服务

中指研究院拥有多年房地产、商管、代建、策划代理、物业等研究经验与数据积累，帮助企业实现资本价值，丰富的上市行业顾问经验得到资本市场及企业的广泛认可。先后推动港股代建第一股“绿城管理”、商业运营服务第一股“星盛商业”、物业第一股“彩生活”等成功登陆资本市场。

扫描二维码
获取物业资讯

中指物业研究与推广 04

权威评价物业服务水平及行业地位

物业服务百强企业研究（2008年至今）—— 认证企业综合实力与行业地位

中指研究院自2008年起，开展“物业服务百强企业研究”，科学评价企业综合实力，发掘一批服务水平优、业主满意度高的优秀物业服务企业，相关研究成果已成为评判物业服务企业综合实力及行业地位的重要标准。

物业服务品牌价值研究（2011年至今）—— 沉淀企业“软实力”

作为典型的服务行业，物业服务企业更需要品牌的力量。中指研究院进行深入研究，客观量化企业品牌价值，剖析优秀品牌的成功要素，积极探索品牌可持续发展之路，为企业定位品牌、规划品牌、管理品牌提供科学依据。

物业服务上市公司研究（2015年至今）—— 资本市场的投资参考

中指研究院深入研究物业服务上市公司经营规律，发掘成长质量佳、投资价值大的优秀上市公司，扩大上市公司在机构投资者中的影响力，拓宽融资渠道，同时也为投资者提供科学全面的投资参考依据。

专业解决企业发展痛点难点

中指研究院针对企业痛点、难点，输出定制化顾问咨询服务，为不同规模、类型的物业服务企业发展提供针对性建议，包含标准化体系建设、对标研究、发展战略规划、品牌战略规划、上市行业顾问、非住宅业态研究及多种经营研究等。

标准化体系建设

中指研究院汇集优秀企业各业态、各服务类型的“标准化体系”，构建了全面的“标准化体系”库，并在此基础上，梳理各层级服务标准；基于专业深耕，为企业量身定制适配其发展的标准化体系，助推企业加速标准化体系建设进程，并帮助企业树立在特定领域服务标准的权威性。

业务发展战略规划

明确企业业务战略发展方向与目标，结合经营现状及管理情况，定量、定性深度剖析。

分析企业外部环境，与优秀企业进行对标，挖掘优势，指出劣势。

协助企业整合优质资源，明晰实现战略目标的具体保障措施，助力企业高质量发展。

上市行业顾问

基于多年的专业深耕与深厚的数据积累，中指研究院充分发掘了物业服务企业及生态链相关服务商的优势与核心竞争力，并进行充分论证，为企业赴港上市提供了有力支撑。截至2024年8月，港交所主板市场已有60多家物业服务上市公司，其中40多家是由中指研究院担任行业顾问并提供相关服务，占比近70%。

05 调查咨询

客户调研

三大核心产品

客户满意度调查

通过第三方视角量化客户在全生命周期内对产品和服务的满意程度，深入挖掘企业在产品与服务方面的优势及需要改进之处。为企业持续提升产品和服务质量提供科学依据，同时有助于培养和稳固新老客户的品牌忠诚度。

神秘客暗访调查

以潜在消费者和真实消费者的体验为核心，全面监测产品与服务标准的落实情况。通过整合"顾客"体验，推动案场服务与社区物业服务标准的有效落地，确保每一个环节都能满足消费者的高标准，从而帮助企业提升客户满意度。

客户需求调查

以需求调查为核心，通过定量访谈与深度访谈相结合的方式，向委托方提供全面的调查服务。包括城市客群置业研究、板块客户特征分析、户型需求评估、精装修市场调查、车位需求分析、居民置业信心调查以及其他定制化服务。旨在为企业提供切实可行的产品及营销建议，助力产品实现快速去化。

城市调研

城市/板块研究	房地产行业监测报告	"十五五"相关规划报告	项目定位/可研报告	城市更新/城中村改造	项目价格调研报告	其他热点/深度专题
• 多城投资价值评价及投资组合建议 • 新进城市市场机遇及进入时点研判 • 板块价值及风险评价	• 销售市场定期监测 • 企业定期监测 • 土地市场定期监测 • 其他类型监测报告	• 企业"十五五"规划专题 • 住房"十五五"规划专题 • "十五五"相关子课题研究	• 项目定位报告 • 地块可研分析报告 • 项目收购市场调研	• 城市更新白皮书 • 企业对标与发展策略 • 城市更新/城中村监测报告 • 盈利路径研究 • 优秀城市更新企业/优秀项目测评	• 项目一房一价定价 • 项目阶段性价格调整论证报告	• 热点政策专题报告 • 市场运行相关专题 • 相关细分领域专题 • 新赛道、新模式相关专题研究

服务优势

科学的理论体系

最早将满意度引入中国房地产行业，构建了中国房地产顾客满意度的理论体系，出版专著《中国房地产顾客满意度指数系统理论与实践》；根据6大市场研究模块、20余年历史数据，构建完善的市场需求预测模型；依托市场变化、政府调控规律、城市运行特性，建立各城市市场运行监测体系。

全方位的数据支持

连续十八年组织全国唯一、公益满意度普查，覆盖全国200多个城市，200多家房企，成功建立了领先的房地产专业数据库，形成了全国、行业、省市等各层面的权威评价标准，可为房地产市场研究提供全方位数据支持。

强大的智能平台支持

CREIS 中指 ·云调研系统贯穿于客户调研的全流程：问卷创建–数据采集–实时质控–BI统计–AI报告，利用该系统平台，用户可以实时查看进度、进行AI复核，并进行多维度智能统计，确保数据的真实性与准确性。

深刻的行业视角，丰富的服务经验

二十余年专注中国房企研究、房地产市场研究、城市研究，具有深刻的行业视角；持续发布《百城价格指数》、《政策评估报告》、《房地产市场研究报告》、《城市投资吸引力研究》、《百强房企研究报告》系列研究报告，积累了丰富的方法论和实操经验，能够针对性为企业提供数据采集及服务提升解决方案，帮助企业在竞争中脱颖而出，提供全面深入的洞察。

2025 中国房地产优秀企业

企业名称

保利发展控股集团股份有限公司	湖北联投集团有限公司	天地源股份有限公司
中海企业发展集团有限公司	杭州市城建开发集团有限公司（大家房产）	陕西建工房地产开发集团有限公司
华润置地有限公司	北京城建投资发展股份有限公司	上海建工房产有限公司
招商局蛇口工业区控股股份有限公司	中建智地置业有限公司	成都轨道城市投资集团有限公司
绿城中国控股有限公司	金融街控股股份有限公司	天正地产集团有限公司
龙湖集团控股有限公司	中能建城市投资发展有限公司	润达丰控股集团有限公司
越秀地产股份有限公司	象屿地产集团有限公司	成都天投地产开发有限公司
金地（集团）股份有限公司	中建信和地产有限公司	山西建投城市运营集团有限公司
新城控股集团股份有限公司	厦门国贸地产集团有限公司	北京建工地产有限责任公司
珠海华发实业股份有限公司	中建玖合发展集团有限公司	武汉恺德控股集团有限公司
中国铁建房地产集团有限公司	深业集团有限公司	苏州城投地产发展有限公司
中国金茂控股集团有限公司	星河地产集团有限公司	安徽省高速地产集团有限公司
建发房地产集团有限公司	中国旅游集团投资运营有限公司	京投发展股份有限公司
北京首都开发控股(集团)有限公司	上海城投控股投资有限公司	北京首钢房地产开发有限公司
中交房地产集团有限公司	深圳地铁置业集团有限公司	京基集团有限公司
保利置业集团有限公司	深圳市天健地产集团有限公司	上海城建置业发展有限公司
大悦城控股集团股份有限公司	成都城投置地集团有限公司	绿城房地产建设管理集团有限公司
中铁置业集团有限公司	浙江建杭置业集团有限公司	河南中原建业城市发展有限公司
上海中建东孚投资发展有限公司	众安集团有限公司	蓝城房产建设管理集团有限公司
中建壹品投资发展有限公司	成都兴城人居地产投资集团股份有限公司	金地集团开发管理公司
联发集团有限公司	重庆海成实业（集团）有限公司	成都龙湖龙智造工程建设管理有限公司
新希望五新实业集团有限公司	石家庄国控城市发展投资集团有限责任公司	蓝绿双城科技集团有限公司
武汉城市建设集团有限公司	武汉市城市建设投资开发集团有限公司	浙江兴元建设管理有限公司(而今管理)

企业名称

旭辉管理集团有限公司	眉山环天发展有限公司	腾云筑科科技发展有限公司
中天美好集团有限公司	浙江祥新科技控股集团有限公司	腾云当代绿建工程管理集团有限公司
新城建管（上海）企业管理有限公司	浙江英冠控股集团有限公司	重庆金科金建管企业管理集团有限责任公司
浙商绿建建设管理集团有限公司	青岛君一控股集团有限公司	北京联东投资(集团)有限公司
建发房地产集团更新建设公司	江苏海晟控股集团有限公司	深圳市星河产业投资发展集团有限公司
成都华天文化旅游开发有限责任公司	太仓市上禾置地有限公司	山西园区建设发展集团有限公司
五矿地产有限公司	常熟市恒嘉置业有限公司	北京科技园建设(集团)股份有限公司
中信城市开发运营有限责任公司	天津泰达建设集团有限公司	绿城美好产业发展有限公司
华侨城集团有限公司	天津轨道交通城市发展有限公司	武汉东湖高新集团股份有限公司
华中集团	宜昌城发地产集团有限公司	苏州新建元控股集团有限公司
南光置业有限公司	西安高科地产有限公司	苏州苏高新科技产业发展有限公司
中建国际投资发展有限公司	郑州绿都地产集团股份有限公司	大悦城控股产业
中铁投资集团有限公司	河南信友置业集团有限公司	杭州商旗科技有限公司
中交投资有限公司	周口城投城市运营	杭州新天地集团有限公司
厦门地铁上盖投资发展有限公司	河南省中成房地产开发集团有限公司	太仓联达产业投资发展有限公司
方正商业地产有限责任公司	河南常绿集团置业有限公司	苏州城投产业发展有限公司
甘肃令牌房地产开发有限公司	重庆科学城高新置业有限公司	园动力产业发展集团
北京大兴发展国有资本投资运营有限公司	重庆两江新区产城融合发展有限公司	成都陆港枢纽投资发展集团有限公司
北京中交景通置业有限公司	中铁二十局集团房地产开发有限公司	深圳招商商置投资有限公司
北京城建房地产开发有限公司	广西北投产城投资集团有限公司	星盛商业管理股份有限公司
北京市华远置业有限公司	深圳招商建设管理有限公司	上海中建东孚资产管理有限公司
河北深保投资发展有限公司	蓝城控股集团有限公司	苏州工业园区邻里中心发展有限公司
四川众恒置地集团有限公司	浙江绿发房地产建设管理有限公司	成都圣瑞商业管理有限公司

2025中国物业服务优秀企业

企业名称

碧桂园服务	荣万家生活服务股份有限公司	湖北联投城市运营有限公司
中海物业管理有限公司	广州敏捷新生活物业管理有限公司	曙一物业服务有限公司
龙湖智创生活	第一服务控股有限公司	苏新美好生活服务股份有限公司
雅生活智慧城市服务有限公司	宝石花物业管理有限公司	鲁商生活服务股份有限公司
绿城物业服务集团有限公司	福建伯恩物业集团有限公司	上海中建东孚物业管理有限公司
融创物业服务集团有限公司	江苏银河物业管理有限公司	上海复医天健医疗服务产业股份有限公司
金科智慧服务集团股份有限公司	天骄智慧服务集团股份有限公司	大华集团上海物业管理有限公司
长城物业集团股份有限公司	弘阳服务集团（南京弘阳物业管理有限公司）	伟星物业
越秀服务集团有限公司	广东康景物业服务有限公司	力高健康生活有限公司
上海永升物业管理有限公司	路劲物业服务集团有限公司	潍坊恒信物业管理有限公司
河南建业新生活服务有限公司	幸福基业物业服务有限公司	厦门国贸城市服务集团股份有限公司
时代邻里控股有限公司	新希望物业服务集团有限公司	云南鸿园电力物业服务有限公司
新城悦服务集团有限公司	青岛海尚海生活服务集团有限公司	江苏中住物业服务开发有限公司
卓越商企服务集团有限公司	德信盛全物业服务有限公司	南京新鸿运物业管理股份有限公司
广州天力物业发展有限公司	中天城投集团物业管理有限公司	河南正弘物业管理有限公司
杭州滨江物业管理有限公司	世邦泰和（上海）物业管理有限公司	北京科住物业管理有限公司
金茂物业服务发展股份有限公司	成都蜀信物业服务有限公司	阳光壹佰物业发展有限公司
中铁建物业管理有限公司	深圳市莲花物业管理有限公司	众安智慧生活服务有限公司
广东省合景悠活控股集团有限公司	南京朗诗物业管理有限公司	北京网信物业管理有限公司
南京银城物业服务有限公司	康桥悦生活服务集团有限公司	深圳历思联行物业管理有限公司
高地城市服务产业集团（复悦生活）	中交物业服务集团有限公司	成都德商产投物业服务有限公司
广州珠江城市服务集团管理股份有限公司	阳光恒昌物业服务股份有限公司	重庆海源怡生活服务集团有限公司
深业物业运营集团股份有限公司	新日月生活服务集团股份有限公司	深圳第一亚太物业管理有限公司
深圳市彩生活物业管理有限公司	山东绿地泉物业服务有限公司	西安高科物业服务管理有限公司
金融街物业股份有限公司	正商服务	深圳市华创生活股份有限公司
鲁能物业服务有限公司	大悦城控股集团物业服务有限公司	金服物业服务集团有限公司
鑫苑科技服务集团有限公司	永旺永乐服务管理集团有限公司	深圳市赛格物业管理有限公司
重庆新东原物业管理有限公司	融通地产物业管理有限公司	西安经发物业股份有限公司

续表

企业名称		
重庆两江新区物业管理有限公司	广西安信物业服务有限公司	中國國信服務集團
绘生活服务（巨和物业服务有限公司）	深圳市鸿荣源物业服务有限公司	四川旅投商汇物业服务集团有限责任公司
河南绿都物业服务有限公司	山西锦地物业管理有限公司	四川蜀道物业服务集团有限责任公司
宁波荣安物业服务有限公司	安徽省高速地产物业管理服务有限公司	万怡物业服务有限公司
重庆海泰管理服务有限公司	成都励志一行物业服务有限公司	上海地益物业管理有限公司
浙江大家物业服务集团有限公司	杭州新天地园区运营服务有限公司	上海锦江城市服务有限公司
四川保利物业服务有限公司	北京北控物业管理有限责任公司	大连德泰城市服务集团有限公司
贵州绿地物业管理有限责任公司	贵阳市物业集团有限公司	龙祥物业管理有限公司
河南亚新物业服务有限公司	武汉百步亭花园物业管理有限公司	杭州萧山城市服务管理有限公司
青岛天泰爱家物业服务有限公司	苏州市天翔物业管理有限公司	成都城投资产经营管理有限公司
中天美好生活服务集团有限公司	浙江金昌物业服务有限公司	许昌恒达物业管理有限公司
上海合创嘉锦物业管理有限公司	中能未来智慧城市服务集团(浙江)有限公司	杭州市安居城市服务有限公司
昆明银海物业服务有限公司	浙江鸿城物业股份有限公司	苏州工业园区建屋物业发展有限公司
北京北大资源物业经营管理集团有限公司	重庆通邑卫士智慧生活服务有限公司	南光服务（上海华高物业有限公司）
成都嘉善商务服务管理有限公司	武汉嘉信物业管理有限公司	苏州工业园区圆融商业物业管理有限公司
中信泰富（上海）物业管理有限公司	江山智联(江苏)物业服务有限责任公司	中新苏州和乔物业服务有限公司
武汉城市服务集团有限公司	江苏雨润物业服务有限公司	中建七局物业管理有限公司
山西建投城市运营集团有限公司	绿益物业服务集团有限公司	成都花园物业管理有限责任公司
奥联服务集团股份有限公司	重庆渝地康田智慧生活服务有限公司	河南港投城市运营管理有限公司
上海复瑞物业管理有限公司	上海科箭物业服务有限公司	成都瑞升橡树林物业管理有限公司
中建壹品物业运营有限公司	融信世欧物业服务集团有限公司	成都航兴城市管理服务有限公司
长春赢时物业服务股份有限公司	上海高力国际物业服务有限公司	成都优品道物业管理有限公司
惠之美生活服务集团有限公司	云南城建物业运营集团有限公司	四川滨江鼎信物业服务有限公司
浙江彩虹物业服务集团有限公司	北京长峰新联工程管理有限责任公司	抱朴物业集团有限公司（深圳市抱朴物业服务有限公司）
苏州书香服务股份有限公司	重庆高新数智安防科技有限公司	深圳市恒基物业管理有限公司
四川邦泰物业服务有限公司	上海中建智地物业服务有限公司	安徽新地锐意物业服务有限公司
深圳德诚物业服务有限公司	中信资产运营有限公司	深圳市万厦世纪物业管理有限公司
宁波城广物业管理有限公司	北京亦庄城市服务集团股份有限公司	天正云生活服务集团有限公司

续表

	企业名称	
北京东亚时代物业管理有限公司	湖北襄投物业管理有限公司	湖北楚天中大物业管理有限公司
深圳市赤湾物业管理有限公司	江苏洁霸物业管理有限公司	河北雄安城市发展生活服务有限公司
上海海鸿福船物业管理有限公司	南京亿文物业管理有限责任公司	宁波普罗物业服务有限公司
成都智荟生活服务有限公司	河南华信玖邻好生活服务有限公司	北京鼎兴物业管理有限公司
苏州工业园区综保产业服务有限公司	武汉正阳物业管理有限公司	一爱城市建设服务有限公司
安徽超禾物业有限公司	湖北长运物业服务有限公司	中建三局云服科技武汉有限公司
贵阳欣和逸居物业管理有限公司	深圳市金众物业管理有限公司	宜昌城投物业服务有限公司
南京汇仁恒安物业管理有限公司	浙江绿荣智慧城市运营服务有限公司	山西信通联物业管理有限公司
重庆瑞盈实业有限公司	中铁十一局集团（湖北）城市运营服务有限公司	武汉智园科技运营有限公司
深圳企生活运营服务有限公司	浙江蓝城乐居物业服务集团有限公司	石家庄市物业服务集团有限责任公司
武汉宜居宜业服务管理有限公司	苏州城投物业管理有限公司	成都易典物业管理有限公司
苏州中锐华田物业管理有限责任公司	浙江嘉兴幸福嘉城市管理股份有限公司	成都鱼凫物业服务有限公司
深圳市绿景物业管理有限公司	济南成家物业管理有限公司	北京首佳物业管理有限公司
北京首钢物业管理有限公司	河南华启金管家物业服务有限公司	安徽华安物业管理服务有限公司
上海复欣物业管理发展有限公司	河南鸿宝物业服务有限公司	北京鲁能物业服务有限责任公司
天津滨海一号物业管理有限公司	武汉迅和物业管理有限公司	中国旅游集团投资和资产管理有限公司
湖州湖城投物业管理有限公司	北京丰汇物业管理有限责任公司	智达基业物业管理（北京）有限公司
广东钧明物业服务有限公司	湖北交投智城发展有限公司	北京万通鼎安国际物业有限公司
吉林省力旺智慧生活物业服务有限公司	北京中航大北物业管理有限公司	北京京龙大厦物业管理有限责任公司
深圳市城投物业管理集团有限责任公司	苏州金狮大厦发展管理有限公司	珠海九洲现代服务有限公司
宜昌城投物业服务有限公司	杭州西湖乐居物业服务有限公司	青岛红叶谷物业管理有限公司
江苏万邦物业服务有限公司	重庆经开区物业管理有限公司	上海古北物业管理有限公司
天津城投物业管理有限公司	上海城建物业管理有限公司	凯家生活服务集团有限公司
贵州深盛佳物业管理有限公司	重庆渝高物业管理有限责任公司	上海农工商旺都物业管理有限公司
武汉万嘉弘泰物业服务有限公司	上海外滩科浦工程管理有限公司	晶龙物业有限公司
安居（深圳）城市运营科技服务有限公司	宁波天宁物业有限公司	重庆朵力物业管理有限责任公司

2025中国房地产关联优秀企业

企业名称

有巢住房租赁(深圳)有限公司	中国建设银行	中保产业基金
深圳招商伊敦酒店及公寓管理有限公司	中国邮政储蓄银行	建信住房租赁基金
上海城方租赁住房运营管理有限公司	招商银行股份有限公司	江苏洛德股权投资基金管理有限公司
苏州工业园区恒泰租赁住房有限公司	平安银行股份有限公司	中粮信托有限责任公司
华发租赁住房	华夏银行	华泰期货有限公司
上海浦发有家房屋租赁有限公司	北京银行	保利健康产业投资有限公司
西安高新安居投资建设运营有限公司	中国工商银行山东省分行	物产中大金石集团有限公司
福州安住发展有限公司	中国长城资产	江苏耘林养老发展集团有限公司
成都锦东不动产投资管理有限公司	中国东方资产	杭州老板电器股份有限公司
保利和润房地产投资顾问有限公司	中国信达资产	宝山钢铁股份有限公司
深圳世联行集团股份有限公司	中信金融资产	郑州和尔解商业管理有限公司
同策房产咨询股份有限公司	新华资产管理股份有限公司	奥普智能科技股份有限公司
新联康（中国）有限公司	浙江省浙商资产管理股份有限公司	宁波柏厨集成厨房有限公司
广州越秀兴业地产代理有限公司	深圳资产管理有限公司	宁波方太厨具有限公司
深圳市戴德梁行土地房地产评估有限公司北京分公司	华润渝康资产管理有限公司	富俊汇赢科技(上海)有限公司
若缺集团	中国建银投资有限责任公司	吉博力(上海)投资管理有限公司
莱坊测量师行有限公司	中金公司	奥的斯电梯管理(上海)有限公司
中国工商银行	信保基金	西安卓越软件开发有限公司